中国投资年鉴

2018

CHINA INVESTMENT YEARBOOK

《中国投资年鉴》编委会　编

中国市场出版社
China Market Press
·北京·

图书在版编目（CIP）数据

中国投资年鉴．2018／《中国投资年鉴》编委会编
-- 北京：中国市场出版社，2019.6
ISBN 978-7-5092-1830-3

Ⅰ．①中… Ⅱ．①中… Ⅲ．①投资－中国－2018－年鉴 Ⅳ．①F832.48-54

中国版本图书馆 CIP 数据核字（2019）第 072510 号

中国投资年鉴 2018

ZHONGGUO TOUZI NIANJIAN 2018

编　　者：《中国投资年鉴》编委会
责任编辑：张再青
出版发行：中国市场出版社
社　　址：北京市西城区月坛北小街 2 号院 3 号楼（100837）
电　　话：（010）68024335/68034118/68022950/68020336
经　　销：新华书店
印　　刷：北京朝阳印刷厂有限责任公司
规　　格：210mm×285mm　16 开本
印　　张：39.25　　字　　数：1020 千字
版　　次：2019 年 6 月第 1 版　　印　　次：2019 年 6 月第 1 次印刷
书　　号：ISBN 978-7-5092-1830-3
定　　价：680.00 元

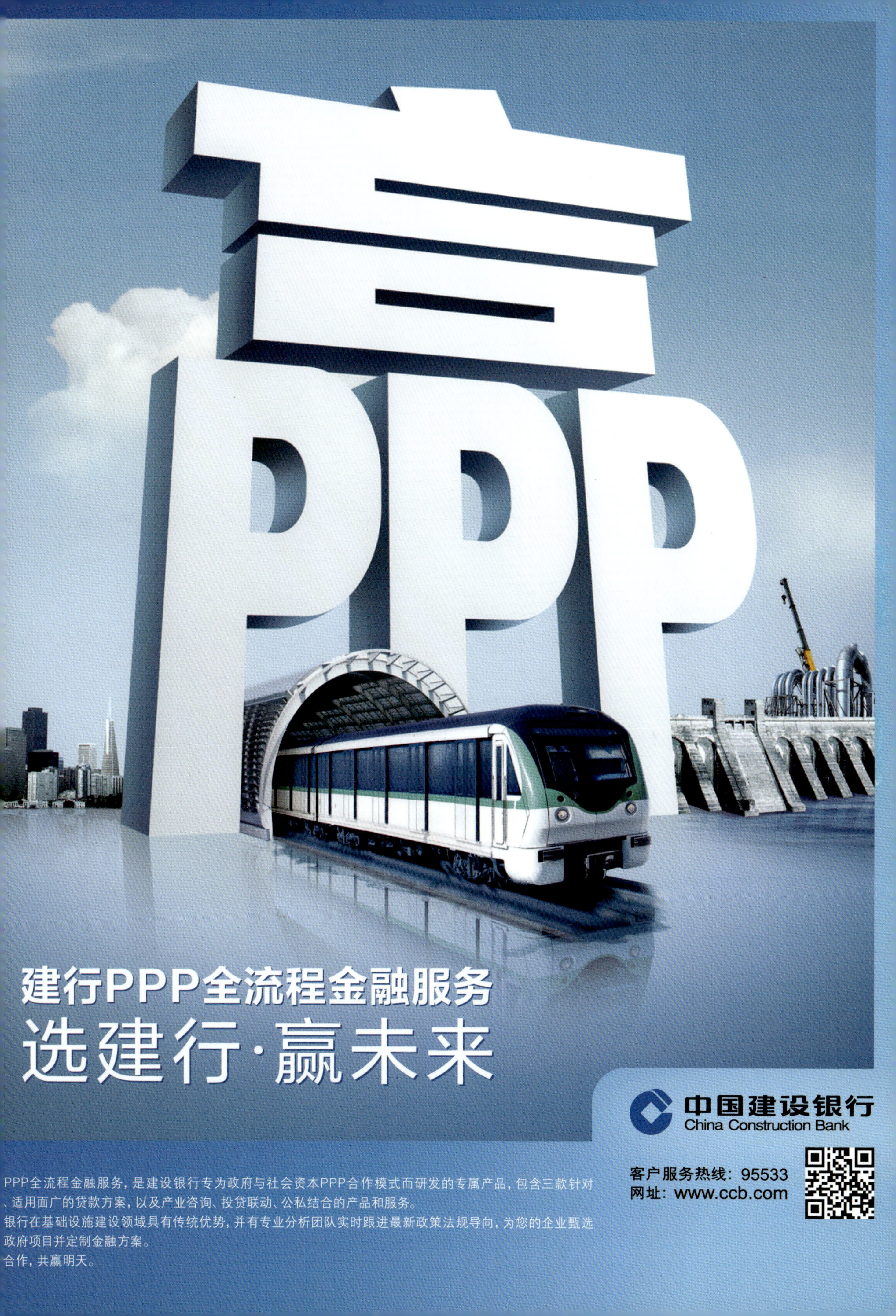

言
PPP
建行PPP全流程金融服务
选建行·赢未来
中国建设银行
China Construction Bank
客户服务热线：95533
网址：www.ccb.com
PPP全流程金融服务，是建设银行专为政府与社会资本PPP合作模式而研发的专属产品，包含三款针对
、适用面广的贷款方案，以及产业咨询、投贷联动、公私结合的产品和服务。
银行在基础设施建设领域具有传统优势，并有专业分析团队实时跟进最新政策法规导向，为您的企业甄选
政府项目并定制金融方案。
合作，共赢明天。

《中国投资年鉴》编委会

李位民　山东能源集团有限公司董事长、党委书记
李雨时　商务部国际贸易经济合作研究院原副院长
李春洪　广东省发展改革委原主任
李敬辉　财政部经济建设司原副司长
连建家　中国石油天然气集团公司规划计划部
余自甦　攀枝花钢铁（集团）公司总经理
余和平　西藏自治区发展改革委原副书记、副主任
沙先华　中国长江三峡集团公司副总经理
沈传立　青海省发展改革委副主任
沈晓钟　重庆市发展改革委主任
初　鹏　中国石油化工集团公司发展计划部原副主任
张八五　宁夏回族自治区发展改革委主任
张汉亚　中国投资协会原会长
张守成　青海省经委原主任
张光进　陕西省发展改革委原副主任
张志强　天津市发展改革委原主任
张建东　北京市人民政府副市长、党组成员
张金铸　福建省经贸委原副主任
张海东　民航局规划司副司长
张晓刚　鞍山钢铁集团公司副董事长
张韶春　安徽省发展改革委主任
陈元先　中国航空工业集团公司副总经济师
陈永久　河北省发展改革委原主任
陈俐民　西安市经委原主任
范恒山　国家发展改革委副秘书长
罗　涛　中国有色矿业集团有限公司原总经理
罗云毅　国家发展改革委投资研究所原所长
郄建伟　原国家粮食局副局长
周学文　水利部原副部长、党组成员
周建平　国家发展改革委国民经济动员办公室原主任
郑栅洁　福建省发展改革委原党组副书记、副主任
胡成栋　哈尔滨市发展改革委副主任
胡祖才　国家发展改革委副主任
赵庆波　国家电网公司总经济师
赵家荣　国家发展改革委原副秘书长
姜　周　大连市发展改革委市长原助理、主任
姚昌恬　国家林业局发展规划与资金管理司原司长
秦　柯　山东省发展改革委原副主任
贾　康　财政部财政科学研究所原所长
徐　莹　江苏省发展改革委原副主任
徐水师　中国煤炭地质总局原局长
唐利民　四川省发展改革委原主任
黄春旺　中国国旅集团有限公司原总经理助理
黄晓舟　厦门市发改委原党组成员、副巡视员
章远新　广西壮族自治区发展改革委主任
梁铁城　内蒙古自治区发展改革委原主任
隋　斌　农业部发展计划司原副司长
韩　勇　海南省军民融合发展委员会办公室常务副主任
彭　林　沈阳市发展改革委原主任
董贺义　国家发展改革委办公厅原巡视员
蒋为民　宝钢集团有限公司原总经理助理
蒋作斌　湖南省发展改革委原主任
程晓蔚　南京市发展改革委原副主任
舒　庆　环境保护部规划财务司原司长
窦　皓　中国国际工程咨询公司副总经理
蔡　勇　广东省经贸委副主任
臧秋华　甘肃省发展改革委原副主任
裴伟东　辽宁省发展改革委原副主任
谭成旭　辽宁省经济和信息化委员会原主任
潘建国　广州市发展改革委原主任
魏国旗　国家海洋局政策法规和规划司副巡视员

《中国投资年鉴》主办单位与编委会名单

建设面向"三农"、城乡联动、
融入国际、服务多元的
一流商业银行。

发挥开发性金融作用 积极支持中小企业发展

一、国家开发银行概况

作为我国中长期投融资领域的主力银行，国家开发银行以“增强国力、改善民生”为使命，在积极贯彻国家宏观经济政策，重点支持基础设施、基础产业、支柱产业以及高新技术等重大领域建设的同时，不断加大力度支持中小企业、新农村建设、低收入家庭住房、节能环保、医疗卫生、微贷款、助学贷款、应急贷款等与百姓生活息息相关的领域，促进社会主义和谐社会建设，在经济社会发展中发挥了重要而独特的作用。

二、中小企业贷款业务工作进展

国开行认真贯彻国务院关于促进中小企业发展的战略方针，形成了以“国开行融资推动、政府组织协调、合作主体承贷和协助管理、担保公司担保、信用协会等群众组织民主评议与监督、中小金融机构代理结算”为主要特色的批发融资模式，支持了制造业、农林牧渔业等近20个行业，惠及中小型企业、微型企业、个体工商户、创业青年、城市下岗职工及农村劳动妇女等各类社会群体。

三、中小企业贷款业务特色模式与服务创新

（一）金融产品“量身定做”，差别服务特殊人群

国家开发银行坚持以客户为中心，致力建立多元化、个性化的金融产品体系，满足不同类型、不同发展阶段的中小企业客户融资需求。

——支持农村发展和农民增收

在天津蓟县，国家开发银行创新实践了农户小额贷款运行模式，将小额贷款直接发放给农户和农民专业合作社。该模式以“政府组织推动＋农民组织化＋融资推动”

为主要特征，推动政府将信用建设和市场建设同抓共进，把融资服务工作作为政府职能和系统工程，全面、系统地解决了县域和农村地区经济发展所需的技术、市场和管理等问题。

——支持青年创业就业

在青海省，国开行与共青团组织合作，向有一技之长、有创业梦想的撒拉族有志青年发放青年创业小额贷款。其中一批青年还将拉面馆开到了省外，被社会各界称之为“拉面经济”。

——支持贫困妇女经营生产

在宁夏，国家开发银行构建盐池县惠民扶贫微贷款模式，与宁夏惠民小额信贷有限公司合作，开展担保类小额贷款，通过前期建立起的高度社会化的组织链条（小贷公司经理－协调员－推广员－信贷村组－信贷小组－农户）管理最终用款人，向农村贫困妇女发放微贷款，有效地缓解农民贷款难、增收难，农村基层组织建设活动难以开展等问题。

（二）业务模式“因地制宜”，创新支持经济发展

国家开发银行针对不同区域经济发展特征，积极开展金融创新，不断完善业务模式，探索以批发方式解决零售问题，为促进当地经济建设和社会发展发挥了重要的作用。

——与政府合作创新贷款模式

在吉林，国家开发银行通过与省工信厅、省中小企业服务中心、省内各级担保公司、省农信社以及各行业协会和特色园区的合作，创新推出了面向个体和微小企业的信贷产品—万民创业小额贷款，创建了“融资平台＋协会、园区＋三级风险分担机制＋贴息激励机制＋止损机制”的运作模式。

——与担保公司合作贷款

在浙江、山东青岛等地，国家开发银行会同当地的信用与担保协会，选择多家小型担保公司组成共同评审、联合担保的信用共同体，发挥了“1+1>2”的作用。这种信用共同体被形象地称为“抱团取暖”。

——借助现代网络，创新贷款模式

在湖北，国家开发银行按照“市场建设、规划先行、社会共建、融资推动”的理念，探索总结出以政府合作为基础、以襄阳金融网与“四台一会”（承贷平台、管理平台、担保平台、公示平台、信用协会）有机结合为载体的“台网结合”中小企业贷款模式，确保了贷款发放“零不良”。

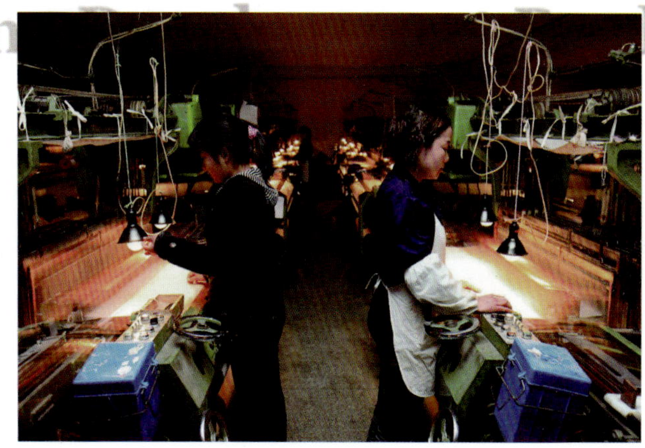

借风上万里，双翼展鹏程。支持中小企业成长与发展，开发性金融责无旁贷。在当前和今后一个时期，国家开发银行将继续秉承“金融普惠”的目标，以政府合作为基础，不断创新符合中国国情、具有国家开发银行特色的金融服务模式及产品，为国家经济发展与社会和谐做出新的、更多更大的贡献！

2018年《中国投资年鉴》编辑说明

《中国投资年鉴2018》系统收录了全国和各行业、各省市自治区2017年投资经济领域的重要文献资料、政策法规和统计数据，是一部如实反映中华人民共和国投资建设情况的专业性与资料性年度出版物。

本年鉴的内容包括：特载、宏观经济与投资、产业发展与投资、地区投资、利用外资与境外投资、生态文明建设投资、自主创新投资、发展建设规划、银行信贷与证券投资、投资政策法规、投融资统计、优秀企业展示等12个部分。由于鲜明的投融资专业性，本年鉴得到国家有关部委和各地投资主管部门的支持，受到商业银行、证券公司、投资公司、投资中介机构、科研机构、高等院校、企事业单位及广大投资者关注，成为了解国家投资政策与投融资社会热点演变的窗口，是进行投融资宏观与微观决策的重要参考书。

本书特载部分，收录了中央委员会总书记习近平在中共十九届三中全会上的重要讲话和国务院总理李克强在第十三届全国人民代表大会第二次会议上的政府工作报告，便于本年鉴读者随时查阅。

本书“投融资统计”部分包括：宏观经济与全社会固定资产投资，固定资产投资（不含农户）与城市设施建设，住宅投资与房地产开发，涉外投资与环保投资，金融概况，香港、澳门、台湾地区生产总值与投资。所载数据全部来自中华人民共和国国家统计局所编的《中国统计年鉴2018》，并以其中“固定资产投资篇”为主要来源，同时选取国民经济核算、对外经济贸易、价格指数、人民生活、城市概况、资源和环境、金融业，以及香港、澳门、台湾地区主要社会经济指标等篇中有关投融资的数据，以便投资专业人员查阅使用。

《中国投资年鉴》编委会

目　　录

特载

第一部分　宏观经济与投资

第二部分　产业发展与投资

第三部分　地区投资

第四部分　利用外资与境外投资

第五部分　生态文明建设投资

第六部分　自主创新投资

第七部分　发展建设规划

第八部分　银行信贷与证券投资

第九部分　投资政策法规

第十部分　投融资统计

一、宏观经济与全社会固定资产投资

二、固定资产投资（不含农户）与城市建设

三、住宅投资与房地产开发

四、涉外投资与环保投资

五、金融概况

六、香港、澳门、台湾省生产总值与投资

优秀企业展示篇

特载

中共十九届三中全会在京举行 习近平作重要讲话

——中央政治局主持会议 中央委员会总书记习近平作重要讲话

人民日报

2018年3月1日

通过拟向十三届全国人大一次会议推荐的国家机构领导人员人选建议名单和拟向全国政协十三届一次会议推荐的全国政协领导人员人选建议名单，通过《中共中央关于深化党和国家机构改革的决定》和《深化党和国家机构改革方案》，同意把《深化党和国家机构改革方案》的部分内容按照法定程序提交十三届全国人大一次会议审议。

全会号召，全党全国各族人民要紧密团结在以习近平同志为核心的党中央周围，统一思想，统一行动，锐意改革，确保完成深化党和国家机构改革的各项任务，不断构建系统完备、科学规范、运行高效的党和国家机构职能体系，为决胜全面建成小康社会、加快推进社会主义现代化、实现中华民族伟大复兴的中国梦而奋斗。

中国共产党第十九届中央委员会第三次全体会议公报

（2018年2月28日中国共产党第十九届中央委员会第三次全体会议通过）

中国共产党第十九届中央委员会第三次全体会议，于2018年2月26日至28日在北京举行。

出席这次全会的有，中央委员202人，候补中央委员171人。中央纪律检查委员会副书记和有关方面负责同志列席会议。

全会由中央政治局主持。中央委员会总书记习近平作了重要讲话。

全会听取和讨论了习近平受中央政治局委托作的工作报告。全会审议通过了中央政治局在广泛征求党内外意见、反复酝酿协商的基础上提出的拟向十三届全国人大一次会议推荐的国家机构领导人员人选建议名单和拟向全国政协十三届一次会议推荐的全国政协领导人员人选建议名单，决定将这两个建议名单分别向十三届全国人大一次会议主席团和全国政协十三届一次会议主席团推荐。全会审议通过了《中共中央关于深化党和国家机构改革的决定》和《深化党和国家机构改革方案》，同意把《深化党和国家机构改革方案》的部分内容按照法定程序提交十三届全国人大一次会议审议。

全会充分肯定党的十九届一中全会以来中央政治局的工作。一致认为，面对复杂多变的国际形势、艰巨繁重的国内改革发展稳定任务，中央政治局全面贯彻党的十九大和十九届一中、二中全会精神，高举中国特色社会主义伟大旗帜，坚持以马克思列宁主义、毛泽东思想、邓小平理论、“三个代表”重要思想、科学发展观、习近平新时代中国特色社会主义思想为指导，不忘初心、牢记使命，全面加强党对一切工作的领导，坚持稳中求进工作总基调，勇于创新，扎实工作，统筹推进“五位一体”总体布局，协调推进“四个全面”战略布局，团结带领全党全国各族人民，坚定信心，凝心聚力，只争朝夕，真抓实干，着力全面深化改革、保持经济平稳健康发展，着力全面依法治国、推进中国特色社会主义法治体系建设，全力以赴打好防范化解重大风险、精准脱贫、污染防治的攻坚战，着力全面从严治党、切实转变工作作风，全面推进社会主义经济建设、政治建设、文化建设、社会建设、生态文明建设和党的建设，在决胜全面建成小康社会、开启全面建设社会主义现代化国家新征程上迈出新的步伐，推动党和国家各项事业取得新的成绩。

全会认为，开好十三届全国人大一次会议和全国政协十三届一次会议，对动员全党全国各族人民为决胜全面建成小康社会、夺取新时代中国特色社会主义伟大胜利而奋斗具有重大意义。

全会提出，深化党和国家机构改革是推进国家治理体系和治理能力现代化的一场深刻变革。党和国家机构职能体系是中国特色社会主义制度的重要组成部分，是我们党治国理政的重要保障。新中国成立后，在我们党领导下，我国确立了社会主义基本制度，逐步建立起具有我国特点的党和国家机构职能体系。在社会主义建设和改革开放过程中，我们党积极推进党和国家机构改革，各方面机构职能不断优化、逐步规范。党的十八大以来，以习近平同志为核心的党中央紧紧围绕完善和发展中国特色社会主义制度、推进国家治理体系和治理能力现代化这个总目标全面深化改革，加强党的领导，坚持问题导向，突出重点领域，深化党和国家机构改革，在一些重要领域和关键环节取得重大进展，为党和国家事业取得历史性成就、发生历史性变革提供了有力保障。

全会强调，面对新时代新任务提出的新要求，党和国家机构设置和职能配置同统筹推进“五位一体”总体布局、协调推进“四个全面”战略布局的要求还不完全适应，同实现国家治理体系和治理能力现代化的要求还不完全适应。全党必须统一思想、坚定信心、抓住机遇，在全面深化改革进程中，下决心解决党和国家机构职能体系中存在的障碍和弊端，加快推进国家治理体系和治理能力现代化，更好发挥我国社会主义制度优越性。

全会强调，深化党和国家机构改革的指导思想是，全面贯彻党的十九大精神，坚持以马克思列宁主义、毛泽东思想、邓小平理论、“三个代表”重要思想、科学发展观、习近平新时代中国特色社会主义思想为指导，适应新时代中国特色社会主义发展要求，坚持稳中求进工作总基调，坚持正确改革方向，坚持以人民为中心，坚持全面依法治国，以加强党的全面领导为统领，以国家治理体系和治理能力现代化为导向，以推进党和国家机构职能优化协同高效为着力点，改革机构设置，优化职能配置，深化转职能、转方式、转作风，提高效率效能，为决胜全面建成小康社会、开启全面建设社会主义现代化国家新征程、实现中华民族伟大复兴的中国梦提供有力制度保障。深化党和国家机构改革，必须贯彻坚持党的全面领导、坚持以人民为中心、坚持优化协同高效、坚持全面依法治国的原则。

全会提出，深化党和国家机构改革的目标是，构建系统完备、科学规范、运行高效的党和国家机构职能体系，形成总揽全局、协调各方的党的领导体系，职责明确、依法行政的政府治理体系，中国特色、世界一流的武装力量体系，联系广泛、服务群众的群团工作体系，推动人大、政府、政协、监察机关、审判机关、检察机关、人民团体、企事业单位、社会组织等在党的统一领导下协调行动、增强合力，全面提高国家治理能力和治理水平。既要立足实现第一个百年奋斗目标，针对突出矛盾，抓重点、补短板、强弱项、防风险，从党和国家机构职能上为决胜全面建成小康社会提供保障；又要着眼于实现第二个百年奋斗目标，注重解决事关长远的体制机制问题，打基础、立支柱、定架构，为形成更加完善的中国特色社会主义制度创造有利条件。

全会提出，深化党和国家机构改革的首要任务是，完善坚持党的全面领导的制度，加强党对各领域各方面工作领导，确保党的领导全覆盖，确保党的领导更加坚强有力。要建立健全党对重大工作的领导体制机制，强化党的组织在同级组织中的领导地位，更好发挥党的职能部门作用，统筹设置党政机构，推进党的纪律检查体制和国家监察体制改革。

全会提出，转变政府职能，优化政府机构设置和职能配置，是深化党和国家机构改革的重要任务。要坚决破除制约使市场在资源配置中起决定性作用、更好发挥政府作用的体制机制弊端，围绕推动高质量发展，建设现代化经济体系，调整优化政府机构职能，合理配置宏观管理部门职能，深入推进简政放权，完善市场监管和执法体制，改革自然资源和生态环境管理体制，完善公共服务管理体制，强化事中事后监管，提高行政效率，全面提高政府效能，建设人民满意的服务型政府。

全会提出，统筹党政军群机构改革，是加强党的集中统一领导、实现机构职能优化协同高效的必然要求。要统筹设置相关机构和配置相近职能，理顺和优化党的部门、国家机关、群团组织、事业单位的职责，完善党政机构布局，深化人大、政协和司法机构改革，深化群团组织改革，推进社会组织改革，加快推进事业单位改革，深化跨军地改革，增强党的领导力，提高政府执行力，激发群团组织和社会组织活力，增强人民军队战斗力，使各类机构有机衔接、相互协调。

全会提出，治理好我们这样的大国，要理顺中央和地方职责关系，更好发挥中央和地方两个积极性。要统筹优化地方机构设置和职能配置，构建从中央到地方运行顺畅、充满活力、令行禁止的工作体系，中央加强宏观事务管理，地方在保证党中央令行禁止前提下管理好本地区事务，赋予省级及以下机构更多自主权，合理设置和配置各层级机构及其职能，增强地方治理能力，加强基层政权建设，构建简约高效的基层管理体制。

全会提出，机构编制法定化是深化党和国家机构改革的重要保障。要完善党和国家机构法规制度，依法管理各类组织机构，加快推进机构、职能、权限、程序、责任法定化，全面推行政府部门权责清单制度，规范和约束履职行为，让权力在阳光下运行，强化机构编制管理刚性约束，加大机构编制违纪违法行为查处力度。

全会强调，深化党和国家机构改革是一个系统工程，各级党委和政府要把思想和行动统一到党中央关于深化党和国家机构改革的决策部署上来，增强“四个意识”，坚定“四个自信”，坚决维护以习近平同志为核心的党中央权威和集中统一领导，把握好改革发展稳定关系，不折不扣抓好党中央决策部署贯彻落实，依法依规保障改革，增强改革的系统性、整体性、协同性，加强党政军群各方面机构改革配合，使各项改革相互促进、相得益彰，形成总体效应。

全会号召，全党全国各族人民要紧密团结在以习近平同志为核心的党中央周围，统一思想，统一行动，锐意改革，确保完成深化党和国家机构改革的各项任务，不断构建系统完备、科学规范、运行高效的党和国家机构职能体系，为决胜全面建成小康社会、加快推进社会主义现代化、实现中华民族伟大复兴的中国梦而奋斗！

政府工作报告

（文字实录）

——2019年3月5日在第十三届全国人民代表大会第二次会议上

国务院总理 李克强

各位代表：

现在，我代表国务院，向大会报告政府工作，请予审议，并请全国政协委员提出意见。

一、2018年工作回顾

过去一年是全面贯彻党的十九大精神开局之年，是本届政府依法履职第一年。我国发展面临多年少有的国内外复杂严峻形势，经济出现新的下行压力。在以习近平同志为核心的党中央坚强领导下，全国各族人民以习近平新时代中国特色社会主义思想为指导，砥砺奋进，攻坚克难，完成全年经济社会发展主要目标任务，决胜全面建成小康社会又取得新的重大进展。

——经济运行保持在合理区间。国内生产总值增长6.6%，总量突破90万亿元。经济增速与用电、货运等实物量指标相匹配。居民消费价格上涨2.1%。国际收支基本平衡。城镇新增就业1361万人、调查失业率稳定在5%左右的较低水平。近14亿人口的发展中大国，实现比较充分就业至关重要。

——经济结构不断优化。消费拉动经济增长作用进一步增强。服务业对经济增长贡献率接近60%，高技术产业、装备制造业增速明显快于一般工业，农业再获丰收。单位国内生产总值能耗下降3.1%。质量和效益继续提升。

——发展新动能快速成长。嫦娥四号等一批重大科技创新成果相继问世。新兴产业蓬勃发展，传统产业加快转型升级。大众创业万众创新深入推进，日均新设企业超过1.8万户，市场主体总量超过1亿户。新动能正在深刻改变生产生活方式、塑造中国发展新优势。

——改革开放取得新突破。国务院及地方政府机构改革顺利实施。重点领域改革迈出新的步伐，市场准入负面清单制度全面实行，简政放权、放管结合、优化服务改革力度加大，营商环境国际排名大幅上升。对外开放全方位扩大，共建“一带一路”取得重要进展。首届中国国际进口博览会成功举办，海南自贸试验区启动建设。货物进出口总额超过30万亿元，实际使用外资1383亿美元、稳居发展中国家首位。

——三大攻坚战开局良好。防范化解重大风险，宏观杠杆率趋于稳定，金融运行总体平稳。精准脱贫有力推进，农村贫困人口减少1386万，易地扶贫搬迁280万人。污染防治得到加强，细颗粒物（PM2.5）浓度继续下降，生态文明建设成效显著。

——人民生活持续改善。居民人均可支配收入实际增长6.5%。提高个人所得税起征点，设立6项专项附加扣除。加大基本养老、基本医疗等保障力度，资助各类学校家庭困难学生近1亿人次。棚户区住房改造620多万套，农村危房改造190万户。城乡居民生活水平又有新提高。

我们隆重庆祝改革开放40周年，深刻总结改革开放的伟大成就和宝贵经验，郑重宣示在新时代将改革开放进行到底的坚定决心，激励全国各族人民接续奋斗，再创新的历史伟业。

回顾过去一年，成绩来之不易。我们面对的是深刻变化的外部环境。经济全球化遭遇波折，多边主义受到冲击，国际金融市场震荡，特别是中美经贸摩擦给一些企业生产经营、市场预期带来不利影响。我们面对的是经济转型阵痛凸显的严峻挑战。新老矛盾交织，周期性、结构性问题叠加，经济运行稳中有变、变中有忧。我们面对的是两难多难问题增多的复杂局面。实现稳增长、防风险等多重目标，完成经济社会发展等多项任务，处理好当前与长远等多种关系，政策抉择和工作推进的难度明显加大。经过全国上下共同努力，我国经济发展在高基数上总体平稳、稳中有进，社会大局保持稳定。这再次表明，在中国共产党领导下，中国人民有战胜任何艰难险阻的勇气、智慧和力量，中国的发展没有过不去的坎。

一年来，我们深入贯彻以习近平同志为核心的党中央决策部署，坚持稳中求进工作总基调，统筹稳增长、促改革、调结构、惠民生、防风险，稳妥应对中美经贸摩擦，着力稳就业、稳金融、稳外贸、稳外资、稳投资、稳预期，主要做了以下工作。

一是创新和完善宏观调控，经济保持平稳运行。面对新情况新变化，我们坚持不搞“大水漫灌”式强刺激，保持宏观政策连续性稳定性，在区间调控基础上加强定向、相机调控，主动预调、微调。坚持实施积极的财政政策，着力减税降费、补短板调结构。下调增值税税率，扩大享受税收优惠小微企业范围，出台鼓励研发创新等税收政策。全年为企业和个人减税降费约1.3万亿元。优化财政支出结构，盘活财政存量资金，重点领域支出得到保障。坚持实施稳健的货币政策，引导金融支持实体经济。针对融资难融资贵问题，先后4次降低存款准备金率，多措并举缓解民营和小微企业资金紧张状况，融资成本上升势头得到初步遏制。及时应对股市、债市异常波动，人民币汇率基本稳定，外汇储备保持在3万亿美元以上。

二是扎实打好三大攻坚战，重点任务取得积极进展。制定并有序实施三大攻坚战三年行动方案。稳步推进结构性去杠杆，稳妥处置金融领域风险，防控地方政府债务风险，改革完善房地产市场调控机制。深入推进精准脱贫，加强扶贫力量，加大资金投入，强化社会帮扶，贫困地区自我发展能力稳步提高。全面开展蓝天、碧水、净土保卫战。优化能源和运输结构。稳妥推进北方地区“煤改气”“煤改电”。全面建立河长制、湖长制。化肥农药使用量实现双下降。加强生态环保督察执法。积极应对气候变化。

三是深化供给侧结构性改革，实体经济活力不断释放。加大“破、立、降”力度。推进钢铁、煤炭行业市场化去产能。实施稳投资举措，制造业投资、民间投资增速明显回升。出台促进居民消费政策。全面推进“互联网+”，运用新技术新模式改造传统产业。深入推进简政减税减费。取消一批行政许可事项，“证照分离”改革在全国推开，企业开办时间大幅压缩，工业生产许可证种类压减三分之一以上。“双随机、一公开”监管全面实施。清理规范各类涉企收费，推动降低用电、用网和物流等成本。深化“互联网+政务服务”，各地探索推广一批有特色的改革举措，企业和群众办事便利度不断提高。

四是深入实施创新驱动发展战略，创新能力和效率进一步提升。大力优化创新生态，调动各类创新主体积极性。深化科技管理体制改革，推进关键核心技术攻关，加强重大科技基础设施、科技创新中心等建设。强化企业技术创新主体地位，将提高研发费用加计扣除比例政策扩大至所有企业。制定支持双创深入发展的政策措施。技术合同成交额增长30%以上。科技进步贡献率提高到58.5%。

五是加大改革开放力度，发展动力继续增强。深化国资国企改革，国有企业优化重组、提质增效取得新进展。针对民营企业发展遇到的困难和问题，千方百计帮助解忧纾困。推进财税体制改革，预算绩效管理改革全面启动。改革金融监管体制，完善利率、汇率市场化形成机制。农业农村、社会事业、生态环保等领域改革不断深化。推出对外开放一系列重大举措。共建“一带一路”引领效应持续释放，同沿线国家的合作机制不断健全，经贸合作和人文交流加快推进。出台稳外贸政策，货物通关时间压缩一半以上。下调部分商品进口关税，关税总水平由9.8%降至7.5%。新设一批跨境电商综合试验区。复制推广自贸试验区改革经验。大幅压缩外资准入负面清单，扩大金融、汽车等行业开放，一批重大外资项目落地，新设外资企业增长近70%。

六是统筹城乡区域发展，良性互动格局加快形成。乡村振兴战略有力实施，粮食总产量保持在1.3万亿斤以上。新型城镇化扎实推进，近1400万农业转移人口在城镇落户。推进西部开发、东北振兴、中部崛起、东部率先发展，出台一批改革创新举措。京津冀协同发展取得明显进展，长江经济带生态优先、绿色发展格局不断巩固。粤港澳大湾区规划建设迈出实质性步伐，港珠澳大桥建成通车。加大对革命老区、民族地区、边疆地区、贫困地区改革发展支持力度。新增高速铁路运营里程4100公里，新建改建高速公路6000多公里、农村公路30多万公里。城乡区域发展协调性持续增强。

七是坚持在发展中保障和改善民生，改革发展成果更多更公平惠及人民群众。针对外部环境变化给就业带来的影响，及时出台稳就业举措。大力推动义务教育教师工资待遇政策落实，加强乡村小规模学校和乡镇寄宿制学校建设。建立企业职工基本养老保险基金中央调剂制度，提高退休人员基本养老金，城乡居民基础养老金最低标准从每月70元提高到88元。继续提高优抚、低保等标准，残疾人“两项补贴”惠及所有符合条件人员。加强退役军人服务管理工作，维护退役军人合法权益。深化医疗、医保、医药联动改革。稳步推进分级诊疗。提高居民基本医保补助标准和大病保险报销比例。加快新药审评审批改革，17种抗癌药大幅降价并纳入国家医保目录。加快推进文化惠民工程，持续加强基层公共文化服务。全民健身蓬勃开展，体育健儿在国际大赛上再创佳绩。

八是推进法治政府建设和治理创新，保持社会和谐稳定。提请全国人大常委会审议法律议案18件，制定修订行政法规37部。改革调整政府机构设置和职能配置。深入开展国务院大督查，推动改革发展政策和部署落实。发挥审计监督作用。改革完善城乡基层治理。创新信访工作方式。改革和加强应急管理，及时有效应对重大自然灾害，生产安全事故总量和重特大事故数量继续下降。加强食品药品安全监管，严厉查处长春长生公司等问题疫苗案件。健全国家安全体系。强化社会治安综合治理，开展扫黑除恶专项斗争，依法打击各类违法犯罪，平安中国建设取得新进展。

认真贯彻党中央全面从严治党战略部署，加强党风廉政建设。推进“两学一做”学习教育常态化制度化。严格落实中央八项规定及其实施细则精神，坚定不移纠正“四风”。严肃查处各类违法违规行为，惩处腐败分子，反腐败斗争取得压倒性胜利。

过去一年，中国特色大国外交取得新成就。成功举办博鳌亚洲论坛年会、上合组织青岛峰会、中非合作论坛北京峰会等重大主场外交活动。习近平主席等国家领导人出访多国，出席亚太经合组织领导人非正式会议、二十国集团领导人峰会、金砖国家领导人会晤、亚欧首脑会议、东亚合作领导人系列会议等重大活动。同主要大国关系总体稳定，同周边国家关系全面发展，同发展中国家团结合作纽带更加牢固。推动构建新型国际关系，推动构建人类命运共同体。坚定维护国家主权、安全、发展利益。经济外交、人文交流成果丰硕。中国致力于促进世界和平与发展，作出了世人共睹的重要贡献。

各位代表！

过去一年取得的成绩，是以习近平同志为核心的党中央坚强领导的结果，是习近平新时代中国特色社会主义思想科学指引的结果，是全党全军全国各族人民团结奋斗的结果。我代表国务院，向全国各族人民，向各民主党派、各人民团体和各界人士，表示诚挚感谢！向香港特别行政区同胞、澳门特别行政区同胞、台湾同胞和海外侨胞，表示诚挚感谢！向关心和支持中国现代化建设的各国政府、国际组织和各国朋友，表示诚挚感谢！

思危方能居安。在充分肯定成绩的同时，要清醒看到我国发展面临的问题和挑战。世界经济增速放缓，保护主义、单边主义加剧，国际大宗商品价格大幅波动，不稳定不确定因素明显增加，外部输入性风险上升。国内经济下行压力加大，消费增速减慢，有效投资增长乏力。实体经济困难较多，民营和小微企业融资难融资贵问题尚未有效缓解，营商环境与市场主体期待还有差距。自主创新能力不强，关键核心技术短板问题凸显。一些地方财政收支矛盾较大。金融等领域风险隐患依然不少。深度贫困地区脱贫攻坚困难较多。生态保护和污染防治任务仍然繁重。在教育、医疗、养老、住房、食品药品安全、收入分配等方面，群众还有不少不满意的地方。去年还发生了多起公共安全事件和重大生产安全事故，教训极其深刻。政府工作存在不足，一些改革发展举措落实不到位，形式主义、官僚主义仍然突出，督查检查考核过多过频、重留痕轻实绩，加重基层负担。少数干部懒政怠政。一些领域腐败问题仍然多发。我们一定要直面问题和挑战，勇于担当，恪尽职守，竭尽全力做好工作，决不辜负人民期待！

二、2019年经济社会发展总体要求和政策取向

今年是新中国成立70周年，是全面建成小康社会、实现第一个百年奋斗目标的关键之年。做好政府工作，要在以习近平同志为核心的党中央坚强领导下，以习近平新时代中国特色社会主义思想为指导，全面贯彻党的十九大和十九届二中、三中全会精神，统筹推进“五位一体”总体布局，协调推进“四个全面”战略布局，坚持稳中求进工作总基调，坚持新发展理念，坚持推动高质量发展，坚持以供给侧结构性改革为主线，坚持深化市场化改革、扩大高水平开放，加快建设现代化经济体系，继续打好三大攻坚战，着力激发微观主体活力，创新和完善宏观调控，统筹推进稳增长、促改革、调结构、惠民生、防风险工作，保持经济运行在合理区间，进一步稳就业、稳金融、稳外贸、稳外资、稳投资、稳预期，提振市场信心，增强人民群众获得感、幸福感、安全感，保持经济持续健康发展和社会大局稳定，为全面建成小康社会收官打下决定性基础，以优异成绩庆祝中华人民共和国成立70周年。

综合分析国内外形势，今年我国发展面临的环境更复杂更严峻，可以预料和难以预料的风险挑战更多更大，要做好打硬仗的充分准备。困难不容低估，信心不可动摇，干劲不能松懈。我国发展仍处于重要战略机遇期，拥有足够的韧性、巨大的潜力和不断迸发的创新活力，人民群众追求美好生活的愿望十分强烈。我们有战胜各种困难挑战的坚定意志和能力，经济长期向好趋势没有也不会改变。

今年经济社会发展的主要预期目标是：国内生产总值增长6%～6.5%；城镇新增就业1100万人以上，城镇调查失业率5.5%左右，城镇登记失业率4.5%以内；居民消费价格涨幅3%左右；国际收支基本平衡，进出口稳中提质；宏观杠杆率基本稳定，金融财政风险有效防控；农村贫困人口减少1000万以上，居民收入增长与经济增长基本同步；生态环境进一步改善，单位国内生产总值能耗下降3%左右，主要污染物排放量继续下降。上述主要预期目标，体现了推动高质量发展要求，符合我国发展实际，与全面建成小康社会目标相衔接，是积极稳妥的。实现这些目标，需要付出艰苦努力。

要正确把握宏观政策取向，继续实施积极的财政政策和稳健的货币政策，实施就业优先政策，加强政策协调配合，确保经济运行在合理区间，促进经济社会持续健康发展。

积极的财政政策要加力提效。今年赤字率拟按2.8%安排，比去年预算高0.2个百分点；财政赤字2.76万亿元，其中中央财政赤字1.83万亿元，地方财政赤字9300亿元。适度提高赤字率，综合考虑了财政

收支、专项债券发行等因素，也考虑为应对今后可能出现的风险留出政策空间。今年财政支出超过23万亿元，增长6.5%。中央对地方均衡性转移支付增长10.9%。改革完善县级基本财力保障机制，缓解困难地区财政运转压力，决不让基本民生保障出问题。

稳健的货币政策要松紧适度。广义货币M2和社会融资规模增速要与国内生产总值名义增速相匹配，以更好满足经济运行保持在合理区间的需要。在实际执行中，既要把好货币供给总闸门，不搞“大水漫灌”，又要灵活运用多种货币政策工具，疏通货币政策传导渠道，保持流动性合理充裕，有效缓解实体经济特别是民营和小微企业融资难融资贵问题，防范化解金融风险。深化利率市场化改革，降低实际利率水平。完善汇率形成机制，保持人民币汇率在合理均衡水平上的基本稳定。

就业优先政策要全面发力。就业是民生之本、财富之源。今年首次将就业优先政策置于宏观政策层面，旨在强化各方面重视就业、支持就业的导向。当前和今后一个时期，我国就业总量压力不减、结构性矛盾凸显，新的影响因素还在增加，必须把就业摆在更加突出位置。稳增长首要是为保就业。今年城镇新增就业要在实现预期目标的基础上，力争达到近几年的实际规模，既保障城镇劳动力就业，也为农业富余劳动力转移就业留出空间。只要就业稳、收入增，我们就更有底气。

要继续坚持以供给侧结构性改革为主线，在“巩固、增强、提升、畅通”八个字上下功夫。更多采取改革的办法，更多运用市场化、法治化手段，巩固“三去一降一补”成果，增强微观主体活力，提升产业链水平，畅通国民经济循环，推动经济高质量发展。

要继续打好三大攻坚战，精准发力、务求实效。防范化解重大风险要强化底线思维，坚持结构性去杠杆，防范金融市场异常波动，稳妥处理地方政府债务风险，防控输入性风险。精准脱贫要坚持现行标准，聚焦深度贫困地区和特殊贫困群体，加大攻坚力度，提高脱贫质量。污染防治要聚焦打赢蓝天保卫战等重点任务，统筹兼顾、标本兼治，使生态环境质量持续改善。

做好今年政府工作，要注重把握好以下关系。一要统筹好国内与国际的关系，凝心聚力办好自己的事。我国仍处于并将长期处于社会主义初级阶段，仍是世界最大发展中国家。发展是解决我国一切问题的基础和关键，必须牢牢扭住经济建设这个中心，毫不动摇坚持发展是硬道理、发展应该是科学发展和高质量发展的战略思想，不断解放和发展社会生产力。在国际形势复杂多变的背景下，我们要保持战略定力，按确定的目标和部署推进工作，更好利用国际国内两个市场两种资源，敢于应对挑战，善于化危为机，牢牢把握发展主动权。二要平衡好稳增长与防风险的关系，确保经济持续健康发展。长期积累的诸多风险隐患必须加以化解，但要遵循规律，讲究方式方法，按照坚定、可控、有序、适度要求，在发展中逐步化解，坚决避免发生系统性、区域性风险。在当前经济下行压力加大情况下，出台政策和工作举措要有利于稳预期、稳增长、调结构，防控风险要把握好节奏和力度，防止紧缩效应叠加放大，决不能让经济运行滑出合理区间。同时，也不能只顾眼前，采取损害长期发展的短期强刺激政策，产生新的风险隐患。三要处理好政府与市场的关系，依靠改革开放激发市场主体活力。只要市场主体有活力，就能增强内生发展动力、顶住经济下行压力。要大力推进改革开放，加快建立统一开放、竞争有序的现代市场体系，放宽市场准入，加强公正监管，打造法治化、国际化、便利化的营商环境，让各类市场主体更加活跃。从根本上说，市场活力和社会创造力源于亿万人民积极性的发挥。要坚持以人民为中心的发展思想，尽力而为、量力而行，切实保障基本民生，推动解决重点民生问题，促进社会公平正义，让人民过上好日子。中国人民勤劳智慧，具有无限的创新创造潜能，只要充分释放出来，中国的发展就一定会有更为广阔空间。

三、2019年政府工作任务

今年经济社会发展任务重、挑战多、要求高。

我们要突出重点、把握关键，扎实做好各项工作。

（一）**继续创新和完善宏观调控，确保经济运行在合理区间。**坚持以市场化改革的思路和办法破解发展难题，发挥好宏观政策逆周期调节作用，丰富和灵活运用财政、货币、就业政策工具，增强调控前瞻性、针对性和有效性，为经济平稳运行创造条件。

实施更大规模的减税。普惠性减税与结构性减税并举，重点降低制造业和小微企业税收负担。深化增值税改革，将制造业等行业现行16%的税率降至13%，将交通运输业、建筑业等行业现行10%的税率降至9%，确保主要行业税负明显降低；保持6%一档的税率不变，但通过采取对生产、生活性服务业增加税收抵扣等配套措施，确保所有行业税负只减不增，继续向推进税率三档并两档、税制简化方向迈进。抓好年初出台的小微企业普惠性减税政策落实。这次减税，着眼“放水养鱼”、增强发展后劲并考虑财政可持续，是减轻企业负担、激发市场活力的重大举措，是完善税制、优化收入分配格局的重要改革，是宏观政策支持稳增长、保就业、调结构的重大抉择。

明显降低企业社保缴费负担。下调城镇职工基本养老保险单位缴费比例，各地可降至16%。稳定现行征缴方式，各地在征收体制改革过程中不得采取增加小微企业实际缴费负担的做法，不得自行对历史欠费进行集中清缴。继续执行阶段性降低失业和工伤保险费率政策。今年务必使企业特别是小微企业社保缴费负担有实质性下降。加快推进养老保险省级统筹改革，继续提高企业职工基本养老保险基金中央调剂比例、划转部分国有资本充实社保基金。我们既要减轻企业缴费负担，又要保障职工社保待遇不变、养老金合理增长并按时足额发放，使社保基金可持续、企业与职工同受益。

确保减税降费落实到位。减税降费直击当前市场主体的痛点和难点，是既公平又有效率的政策。全年减轻企业税收和社保缴费负担近2万亿元。这会给各级财政带来很大压力。为支持企业减负，各级政府要过紧日子，想方设法筹集资金。中央财政要开源节流，增加特定国有金融机构和央企上缴利润，一般性支出压减5%以上、“三公”经费再压减3%左右，长期沉淀资金一律收回。地方政府也要主动挖潜，大力优化支出结构，多渠道盘活各类资金和资产。我们要切实让市场主体特别是小微企业有明显减税降费感受，坚决兑现对企业和社会的承诺，困难再多也一定要把这件大事办成办好。

着力缓解企业融资难融资贵问题。改革完善货币信贷投放机制，适时运用存款准备金率、利率等数量和价格手段，引导金融机构扩大信贷投放、降低贷款成本，精准有效支持实体经济，不能让资金空转或脱实向虚。加大对中小银行定向降准力度，释放的资金全部用于民营和小微企业贷款。支持大型商业银行多渠道补充资本，增强信贷投放能力，鼓励增加制造业中长期贷款和信用贷款。今年国有大型商业银行小微企业贷款要增长30%以上。清理规范银行及中介服务收费。完善金融机构内部考核机制，激励加强普惠金融服务，切实使中小微企业融资紧张状况有明显改善，综合融资成本必须有明显降低。

有效发挥地方政府债券作用。今年拟安排地方政府专项债券2.15万亿元，比去年增加8000亿元，为重点项目建设提供资金支持，也为更好防范化解地方政府债务风险创造条件。合理扩大专项债券使用范围。继续发行一定数量的地方政府置换债券，减轻地方利息负担。鼓励采取市场化方式，妥善解决融资平台到期债务问题，不能搞“半拉子”工程。

多管齐下稳定和扩大就业。扎实做好高校毕业生、退役军人、农民工等重点群体就业工作，加强对城镇各类就业困难人员的就业帮扶。对招用农村贫困人口、城镇登记失业半年以上人员的各类企业，三年内给予定额税费减免。加强对灵活就业、新就业形态的支持。坚决防止和纠正就业中的性别和身份歧视。实施职业技能提升行动，从失业保险基金结余中拿出1000亿元，用于1500万人次以上的职工技能提升和转岗转业培训。加快发展现代职业教育，既有利于缓解当前就业压力，也是解决高技能人才短缺的战略之举。改革完善高职院校考试招生办法，鼓励更多应届高中毕业生和退役军人、下岗职工、农民工等报考，今年大规模扩招100万人。扩大高职院校奖助学金覆盖面、提高补助标准，加快学历证书和职业技能等级证书互通衔接。改革高职院校办学体制，提高办学质量。中央财政大幅增加对高职院校的投入，地方财政也要加强支持。设立中等职业教育国家奖学金。支持企业和社会力量兴办职业教育。我们要以现代职业教育的大改革大发展，加快培养国家发展急需的各类技术技能人才，让更多青年凭借一技之长实现人生价值，让三百六十行人才荟萃、繁星璀璨。

（二）激发市场主体活力，着力优化营商环境。我国有上亿市场主体，而且还在不断增加。把市场主体的活跃度保持住、提上去，是促进经济平稳增长的关键所在。要深化“放管服”改革，推动降低制度性交易成本，下硬功夫打造好发展软环境。

以简审批优服务便利投资兴业。市场配置资源是最有效率的形式。要进一步缩减市场准入负面清单，推动“非禁即入”普遍落实。政府要坚决把不该管的事项交给市场，最大限度减少对资源的直接配置，审批事项应减尽减，确需审批的要简化流程和环节，让企业多用时间跑市场、少费功夫跑审批。今年，要对所有涉企经营许可事项实行“证照分离”改革，使企业更便捷拿到营业执照并尽快正常运营，坚决克服“准入不准营”的现象；在全国推开工程建设项目审批制度改革，使全流程审批时间大幅缩短。推行网上审批和服务，加快实现一网通办、异地可办，使更多事项不见面办理，确需到现场办的要“一窗受理、限时办结”“最多跑一次”。持续开展“减证便民”改革行动，不能让繁琐证明来回折腾企业和群众。建立政务服务“好差评”制度，服务绩效由企业和群众来评判。政府部门做好服务是本分，服务不好是失职。

以公正监管促进公平竞争。公平竞争是市场经济的核心，公正监管是公平竞争的保障。改革完善公平竞争审查和公正监管制度，加快清理妨碍统一市场和公平竞争的各种规定和做法。政简易从。规则越简约透明，监管越有力有效。国家层面重在制定统一的监管规则和标准，地方政府要把主要力量放在公正监管上。推进“双随机、一公开”跨部门联合监管，推行信用监管和“互联网+监管”改革，优化环保、消防、税务、市场监管等执法方式，对违法者依法严惩、对守法者无事不扰。深化综合行政执法改革，清理规范行政处罚事项，坚决治理多头检查、重复检查。对监管者也要强监管、立规矩，决不允许搞选择性执法、任性执法，决不允许刁难企业和群众。依法打击制售假冒伪劣商品等违法行为，让违法者付出付不起的代价。用公正监管管出公平、管出效率、管出活力。

以改革推动降低涉企收费。深化电力市场化改革，清理电价附加收费，降低制造业用电成本，一般工商业平均电价再降低10%。深化收费公路制度改革，推动降低过路过桥费用，治理对客货运车辆不合理审批和乱收费、乱罚款。两年内基本取消全国高速公路省界收费站，实现不停车快捷收费，减少拥堵、便利群众。取消或降低一批铁路、港口收费。专项治理中介服务收费。继续清理规范行政事业性收费。加快收费清单“一张网”建设，让收费公开透明，让乱收费无处藏身。

（三）坚持创新引领发展，培育壮大新动能。发挥我国人力人才资源丰富、国内市场巨大等综合优势，改革创新科技研发和产业化应用机制，大力培育专业精神，促进新旧动能接续转换。

推动传统产业改造提升。围绕推动制造业高质量发展，强化工业基础和技术创新能力，促进先进制造业和现代服务业融合发展，加快建设制造强国。打造工业互联网平台，拓展“智能+”，为制造业转型升级赋能。支持企业加快技术改造和设备更新，将固定资产加速折旧优惠政策扩大至全部制造业领域。强化质量基础支撑，推动标准与国际先进水平对接，提升产品和服务品质，让更多国内外用户选择中国制造、中国服务。

促进新兴产业加快发展。深化大数据、人工智能等研发应用，培育新一代信息技术、高端装备、生物医药、新能源汽车、新材料等新兴产业集群，壮大数字经济。坚持包容审慎监管，支持新业态新模式发展，促进平台经济、共享经济健康成长。加快在各行业各领域推进“互联网+”。持续推动网络提速降费。开展城市千兆宽带入户示范，改造提升远程教育、远程医疗网络，推动移动网络基站扩容升级，让用户切实感受到网速更快更稳定。今年中小企业宽带平均资费再降低15%，移动网络流量平均资费再降低20%以上，在全国实行“携号转网”，规范套餐设置，使降费实实在在、消费者明明白白。

提升科技支撑能力。加大基础研究和应用基础研究支持力度，强化原始创新，加强关键核心技术攻关。健全以企业为主体的产学研一体化创新机制。扩大国际创新合作。全面加强知识产权保护，健全知识产权侵权惩罚性赔偿制度，促进发明创造和转化运用。科技创新本质上是人的创造性活动。要充分尊重和信任科研人员，赋予创新团队和领军人才更大的人财物支配权和技术路线决策权。进一步提高基础研究项目间接经费占比，开展项目经费使用“包干制”改革试点，不设科目比例限制，由科研团队自主决定使用。要在推动科技体制改革举措落地见效上下功夫，决不能让改革政策停留在口头上、纸面上。大力简除烦苛，使科研人员潜心向学、创新突破。加强科研伦理和学风建设，惩戒学术不端，力戒浮躁之风。我国有世界上最大规模的科技人才队伍，营造良好的科研生态，就一定能够迎来各类英才竞现、创新成果泉涌的生动局面。

进一步把大众创业万众创新引向深入。鼓励更多社会主体创新创业，拓展经济社会发展空间，加强全方位服务，发挥双创示范基地带动作用。强化普惠性支持，落实好小规模纳税人增值税起征点从月销售额3万元提高到10万元等税收优惠政策。改革完善金融支持机制，设立科创板并试点注册制，鼓励发行双创金融债券，支持发展创业投资。改革完善人才培养、使用、评价机制，优化归国留学人员和外籍人才服务。把面向市场需求和弘扬人文精神结合起来，善聚善用各类人才，中国创新一定能更好发展，为人类文明进步作出应有贡献。

（四）促进形成强大国内市场，持续释放内需潜力。充分发挥消费的基础作用、投资的关键作用，稳定国内有效需求，为经济平稳运行提供有力支撑。

推动消费稳定增长。多措并举促进城乡居民增收，增强消费能力。落实好新修订的个人所得税法，使符合减税政策的约8000万纳税人应享尽享。要顺应消费需求的新变化，多渠道增加优质产品和服务供给，加快破除民间资本进入的堵点。我国60岁以上人口已达2.5亿。要大力发展养老特别是社区养老服务业，对在社区提供日间照料、康复护理、助餐助行等服务的机构给予税费减免、资金支持、水电气热价格优惠等扶持，新建居住区应配套建设社区养老服务设施，改革完善医养结合政策，扩大长期护理保险制度试点，让老年人拥有幸福的晚年，后来人就有可期的未来。婴幼儿照护事关千家万户。要针对实施全面两孩政策后的新情况，加快发展多种形式的婴幼儿照护服务，支持社会力量兴办托育服务机构，加强儿童安全保障。发展壮大旅游产业。稳定汽车消费，继续执行新能源汽车购置优惠政策。发展消费新业态新模式，促进线上线下消费融合发展。健全农村流通网络，支持电商和快递发展。加强消费者权益保护，让群众放心消费、便利消费。

合理扩大有效投资。紧扣国家发展战略，加快实施一批重点项目。完成铁路投资8000亿元、公路水运投资1.8万亿元，再开工一批重大水利工程，加快川藏铁路规划建设，加大城际交通、物流、市政、灾害防治、民用和通用航空等基础设施投资力度，加强新一代信息基础设施建设。今年中央预算内投资安排5776亿元，比去年增加400亿元。创新项目融资方式，适当降低基础设施等项目资本金比例，用好开发性金融工具，吸引更多民间资本参与重点领域项目建设。落实民间投资支持政策，有序推进政府和社会资本合作。政府要带头讲诚信守契约，决不能“新官不理旧账”，对拖欠企业的款项年底前要清偿一半以上，决不允许增加新的拖欠。

（五）对标全面建成小康社会任务，扎实推进

脱贫攻坚和乡村振兴。坚持农业农村优先发展，加强脱贫攻坚与乡村振兴统筹衔接，确保如期实现脱贫攻坚目标、农民生活达到全面小康水平。

打好精准脱贫攻坚战。重点解决实现“两不愁三保障”面临的突出问题，加大“三区三州”等深度贫困地区脱贫攻坚力度，落实对特殊贫困人口的保障措施。脱贫致富离不开产业支撑，要大力扶持贫困地区特色优势产业发展。开展贫困地区控辍保学专项行动、明显降低辍学率，继续增加重点高校专项招收农村和贫困地区学生人数，用好教育这个阻断贫困代际传递的治本之策。基本完成“十三五”易地扶贫搬迁规划建设任务，加强后续扶持。对摘帽县和脱贫人口的扶持政策要保持一段时间，巩固脱贫成果。完善考核监督，用好中央脱贫攻坚专项巡视成果。越是到脱贫攻坚的关键阶段，越要抓实抓细各项工作，确保脱贫有实效、可持续、经得起历史检验。

抓好农业特别是粮食生产。近14亿中国人的饭碗，必须牢牢端在自己手上。要稳定粮食产量，优化品种结构。加强农田水利建设，新增高标准农田8000万亩以上。稳定生猪等畜禽生产，做好非洲猪瘟等疫病防控。加快农业科技改革创新，大力发展现代种业，实施地理标志农产品保护工程，推进农业全程机械化。培育家庭农场、农民合作社等新型经营主体，加强面向小农户的社会化服务，发展多种形式规模经营。支持返乡入乡创业创新，推动一二三产业融合发展。务工收入是农民增收的大头。要根治农民工欠薪问题，抓紧制定专门行政法规，确保付出辛劳和汗水的农民工按时拿到应有的报酬。

扎实推进乡村建设。科学编制建设规划，大力改善生产生活条件。加快实施农村饮水安全巩固提升工程，今明两年要解决好饮水困难人口的饮水安全问题，提高6000万农村人口供水保障水平。完成新一轮农村电网升级改造。新建改建农村公路20万公里。继续推进农村危房改造。因地制宜开展农村人居环境整治，推进“厕所革命”、垃圾污水治理，建设美丽乡村。

全面深化农村改革。推广农村土地征收、集体经营性建设用地入市、宅基地制度改革试点成果。深化集体产权、林权、国有林区林场、农垦、供销社等改革。改革完善农业支持保护体系，健全粮食价格市场化形成机制，扩大政策性农业保险改革试点。持续深化农村改革，广袤乡村必将焕发新的生机活力。

（六）促进区域协调发展，提高新型城镇化质量。围绕解决发展不平衡不充分问题，改革完善相关机制和政策，推动区域优势互补、城乡融合发展。

优化区域发展格局。制定西部开发开放新的政策措施，西部地区企业所得税优惠等政策到期后继续执行。落实和完善促进东北全面振兴、中部地区崛起、东部率先发展的改革创新举措。京津冀协同发展重在疏解北京非首都功能，高标准建设雄安新区。落实粤港澳大湾区建设规划，促进规则衔接，推动生产要素流动和人员往来便利化。将长三角区域一体化发展上升为国家战略，编制实施发展规划纲要。长江经济带发展要坚持上中下游协同，加强生态保护修复和综合交通运输体系建设，打造高质量发展经济带。支持资源型地区经济转型。加快补齐革命老区、民族地区、边疆地区、贫困地区发展短板。大力发展蓝色经济，保护海洋环境，建设海洋强国。

深入推进新型城镇化。坚持以中心城市引领城市群发展。抓好农业转移人口落户，推动城镇基本公共服务覆盖常住人口。更好解决群众住房问题，落实城市主体责任，改革完善住房市场体系和保障体系，促进房地产市场平稳健康发展。继续推进保障性住房建设和城镇棚户区改造，保障困难群体基本居住需求。继续推进地下综合管廊建设。城镇老旧小区量大面广，要大力进行改造提升，更新水电路气等配套设施，支持加装电梯，健全便民市场、便利店、步行街、停车场、无障碍通道等生活服务设施。新型城镇化要处处体现以人为核心，提高柔性化治理、精细化服务水平，让城市更加宜居，更具包容和人文关怀。

（七）加强污染防治和生态建设，大力推动绿色发展。绿色发展是构建现代化经济体系的必然要求，是解决污染问题的根本之策。要改革完善相关制度，协同推动高质量发展与生态环境保护。

持续推进污染防治。巩固扩大蓝天保卫战成果，今年二氧化硫、氮氧化物排放量要下降3%，重点地区细颗粒物（PM2.5）浓度继续下降。持续开展京津冀及周边、长三角、汾渭平原大气污染治理攻坚，加强工业、燃煤、机动车三大污染源治理。做好北方地区清洁取暖工作，确保群众温暖过冬。强化水、土壤污染防治，今年化学需氧量、氨氮排放量要下降2%。加快治理黑臭水体，推进重点流域和近岸海域综合整治。加强固体废弃物和城市垃圾分类处置。企业作为污染防治主体，必须依法履行环保责任。改革创新环境治理方式，对企业既依法依规监管，又重视合理诉求、加强帮扶指导，对需要达标整改的给予合理过渡期，避免处置措施简单粗暴、一关了之。企业有内在动力和外部压力，污染防治一定能取得更大成效。

壮大绿色环保产业。坚持源头治理，加快火电、钢铁行业超低排放改造，实施重污染行业达标排放改造。调整优化能源结构。推进煤炭清洁化利用。健全天然气产供储销体系。大力发展可再生能源，加快解决风、光、水电消纳问题。加大城市污水管网和处理设施建设力度。促进资源节约集约和循环利用，推广绿色建筑、绿色快递包装。改革完善环境经济政策，健全排污权交易制度，加快发展绿色金融，培育一批专业化环保骨干企业，提升绿色发展能力。

加强生态系统保护修复。推进山水林田湖草生态保护修复工程试点，持续抓好国土绿化，加强荒漠化、石漠化、水土流失治理。加大生物多样性保护力度。继续开展退耕还林还草还湿。深化国家公园体制改革。健全生态补偿机制。绿色发展人人有责，贵在行动、成在坚持。我们要共同努力，让人民群众享有美丽宜居环境。

（八）深化重点领域改革，加快完善市场机制。聚焦突出矛盾和关键环节，推动相关改革深化，健全与高质量发展相适应的体制机制，把市场活力和社会创造力充分释放出来。

加快国资国企改革。加强和完善国有资产监管，推进国有资本投资、运营公司改革试点，促进国有资产保值增值。积极稳妥推进混合所有制改革。完善公司治理结构，健全市场化经营机制，建立职业经理人等制度。依法处置“僵尸企业”。深化电力、油气、铁路等领域改革，自然垄断行业要根据不同行业特点实行网运分开，将竞争性业务全面推向市场。国有企业要通过改革创新、强身健体，不断增强发展活力和核心竞争力。

下大气力优化民营经济发展环境。坚持“两个毫不动摇”，鼓励、支持、引导非公有制经济发展。按照竞争中性原则，在要素获取、准入许可、经营运行、政府采购和招投标等方面，对各类所有制企业平等对待。构建亲清新型政商关系，健全政企沟通机制，激发企业家精神，促进民营经济发展升级。保护产权必须坚定不移，对侵权行为要依法惩处，对错案冤案要有错必纠。要努力打造良好营商环境，让企业家安心搞经营、放心办企业。

深化财税金融体制改革。加大预算公开改革力度，全面实施预算绩效管理。深化中央与地方财政事权和支出责任划分改革，推进中央与地方收入划分改革。完善转移支付制度。健全地方税体系，稳步推进房地产税立法。规范地方政府举债融资机制。以服务实体经济为导向，改革优化金融体系结构，发展民营银行和社区银行。改革完善资本市场基础制度，促进多层次资本市场健康稳定发展，提高直接融资特别是股权融资比重。增强保险业风险保障功能。加强金融风险监测预警和化解处置。我国财政金融体系总体稳健，可运用的政策工具多，我们有能力守住不发生系统性风险的底线。

（九）推动全方位对外开放，培育国际经济合作和竞争新优势。进一步拓展开放领域、优化开放布局，继续推动商品和要素流动型开放，更加注重规则等制度型开放，以高水平开放带动改革全面深化。

促进外贸稳中提质。推动出口市场多元化。扩大出口信用保险覆盖面。改革完善跨境电商等新业态扶持政策。推动服务贸易创新发展，引导加工贸易转型升级、向中西部转移，发挥好综合保税区作用。优化进口结构，积极扩大进口。办好第二届中国国际进口博览会。加快提升通关便利化水平。

加大吸引外资力度。进一步放宽市场准入，缩减外资准入负面清单，允许更多领域实行外资独资经营。落实金融等行业改革开放举措，完善债券市场开放政策。加快与国际通行经贸规则对接，提高政策透明度和执行一致性，营造内外资企业一视同仁、公平竞争的公正市场环境。加强外商合法权益保护。赋予自贸试验区更大改革创新自主权，增设上海自贸试验区新片区，推进海南自贸试验区建设、探索建设中国特色自由贸易港。支持国家级经开区、高新区、新区开展自贸试验区相关改革试点，增强辐射带动作用，打造改革开放新高地。中国投资环境一定会越来越好，各国企业在华发展机遇一定会越来越多。

推动共建“一带一路”。坚持共商共建共享，遵循市场原则和国际通行规则，发挥企业主体作用，推动基础设施互联互通，加强国际产能合作，拓展第三方市场合作。办好第二届“一带一路”国际合作高峰论坛。推动对外投资合作健康有序发展。

促进贸易和投资自由化便利化。中国坚定维护经济全球化和自由贸易，积极参与世贸组织改革。加快构建高标准自贸区网络，推进区域全面经济伙伴关系协定、中日韩自贸区、中欧投资协定谈判，继续推动中美经贸磋商。中国秉持互利合作、共赢发展，一贯主张通过平等协商解决贸易争端。我们对作出的承诺认真履行，对自身合法权益坚决维护。

（十）加快发展社会事业，更好保障和改善民生。今年财政收支平衡压力加大，但基本民生投入确保只增不减。支持社会力量增加非基本公共服务供给，满足群众多层次、多样化需求。

发展更加公平更有质量的教育。深化教育教学改革。推进城乡义务教育一体化发展，加快改善乡村学校办学条件，加强乡村教师队伍建设，抓紧解决城镇学校“大班额”问题，保障进城务工人员随迁子女教育，发展“互联网+教育”，促进优质资源共享。多渠道扩大学前教育供给，无论是公办还是民办幼儿园，只要符合安全标准、收费合理、家长放心，政府都要支持。推进高中阶段教育普及，办好民族教育、特殊教育、继续教育，依法支持民办教育发展。持续抓好义务教育教师工资待遇落实。推进一流大学和一流学科建设，支持中西部建设有特色、高水平大学。今年财力虽然很紧张，国家财政性教育经费占国内生产总值比例继续保持在4%以上，中央财政教育支出安排超过1万亿元。我们要切实把宝贵的资金用好，努力办好人民满意的教育，托起明天的希望。

保障基本医疗卫生服务。继续提高城乡居民基本医保和大病保险保障水平，居民医保人均财政补助标准增加30元，一半用于大病保险。降低并统一大病保险起付线，报销比例由50%提高到60%，进一步减轻大病患者、困难群众医疗负担。加强重大疾病防治。我国受癌症困扰的家庭以千万计，要实施癌症防治行动，推进预防筛查、早诊早治和科研攻关，着力缓解民生的痛点。做好常见慢性病防治，把高血压、糖尿病等门诊用药纳入医保报销。加快儿童药物研发。加强罕见病用药保障。深化医保支付方式改革，优化医保支出结构。抓紧落实和完善跨省异地就医直接结算政策，尽快使异地就医患者在所有定点医院能持卡看病、即时结算，切实便利流动人口和随迁老人。完善药品集中采购和使用机制。深化公立医院综合改革。促进社会办医。发展“互联网+医疗健康”，加快建立远程医疗服务体系，加强基层医疗卫生机构能力建设和医护人员培养，提升分级诊疗和家庭医生签约服务质量。坚持预防为主，将新增基本公共卫生服务财政补助经费全部用于村和社区，务必让基层群众受益。抓好传染病、地方病、青少年近视防治。完善生育配套政策，加强妇幼保健服务。支持中医药事业传承创新发展。加强健康教育和健康管理。药品疫苗攸关生命安全，必须强化全程监管，对违法者要严惩不贷，对失职渎职者要严肃查办，坚决守住人民群众生命健康的防线。

完善社会保障制度和政策。推进多层次养老保障体系建设。继续提高退休人员基本养老金。落实退役军人待遇保障，完善退役士兵基本养老、基本医疗保险接续政策。适当提高城乡低保、专项救助等标准，加强困境儿童保障。加大城镇困难职工脱困力度。提升残疾预防和康复服务水平。我们要尽力为群众救急解困、雪中送炭，基本民生的底线要坚决兜牢。

丰富人民群众精神文化生活。培育和践行社会主义核心价值观，广泛开展群众性精神文明创建活动，大力弘扬奋斗精神、科学精神、劳模精神、工匠精神，汇聚起向上向善的强大力量。加快构建中国特色哲学社会科学。加强互联网内容建设。繁荣文艺创作，发展新闻出版、广播影视和档案等事业。加强文物保护利用和非物质文化遗产传承。推动文化事业和文化产业改革发展，提升基层公共文化服务能力。倡导全民阅读，推进学习型社会建设。深化中外人文交流。广泛开展全民健身活动。扎实做好2020年奥运会、残奥会备战工作，精心筹办北京冬奥会、冬残奥会，办好第七届世界军人运动会。人民群众身心健康，社会就充满活力，国家就繁荣兴旺。

加强和创新社会治理。推动社会治理重心向基层下移，推广促进社会和谐的“枫桥经验”，构建城乡社区治理新格局。引导支持社会组织、人道救助、志愿服务和慈善事业健康发展。健全社会信用体系。保障妇女、儿童、老人、残疾人合法权益。改进信访工作，依法及时解决群众合理诉求。加强社会心理服务。健全国家应急体系，提高防灾减灾救灾能力。加强安全生产，防范遏制重特大事故。做好地震、气象、水文、地质、测绘等工作。健全公共法律服务体系，深化普法宣传教育。加强国家安全能力建设。完善立体化社会治安防控体系，深入推进扫黑除恶专项斗争，依法惩治盗抢骗黄赌毒等违法犯罪活动，打击非法集资、传销等经济犯罪，整治侵犯公民个人信息等突出问题，坚决守护好人民群众的平安生活。

各位代表!

新的形势和任务，对政府工作提出了新的更高要求。各级政府要树牢“四个意识”，坚定“四个自信”，坚决做到“两个维护”，自觉在思想上政治上行动上同以习近平同志为核心的党中央保持高度一致，落实全面从严治党要求，勇于自我革命，深入推进简政放权，加快转职能、提效能，增强政府公信力和执行力，更好满足人民对美好生活的新期待。

坚持依法全面履职。深入贯彻全面依法治国基本方略，严格遵守宪法法律，把政府活动全面纳入法治轨道。各级政府要依法接受同级人大及其常委会的监督，自觉接受人民政协的民主监督，主动接受社会和舆论监督，让权力在阳光下运行。政府干的，都应是人民盼的。要坚持科学、民主、依法决策，认真听取人大代表、政协委员意见，听取民主党派、工商联、无党派人士和各人民团体意见，听取社会公众和企业意见，使各项政策符合基本国情和客观实际，更接地气、更合民意。全面推进政务公开。支持工会、共青团、妇联等群团组织更好发挥作用。全面落实行政执法责任制和问责制，对一切违法违规的行为都要坚决查处，对一切执法不公正不文明的现象都要坚决整治，对所有行政不作为的人员都要坚决追责。

深入推进党风廉政建设。扎实开展“不忘初心、牢记使命”主题教育。认真贯彻落实中央八项规定及其实施细则精神，持之以恒纠治“四风”。加强廉洁政府建设，一体推进不敢腐、不能腐、不想腐。强化审计监督。政府工作人员要自觉接受法律监督、监察监督和人民监督。衡量政绩最终是看结果。各级政府要坚决反对和整治一切形式主义、官僚主义，让干部从文山会海、迎评迎检、材料报表中解脱出来，把精力用在解决实际问题上。压减和规范督查检查考核事项，实施“互联网+督查”。减少开会和发文数量，今年国务院及其部门要带头大幅精简会议、坚决把文件压减三分之一以上。

切实强化责任担当。中国改革发展的巨大成就，是广大干部群众筚路蓝缕、千辛万苦干出来的。实现“两个一百年”奋斗目标，成就中国人民的幸福与追求，还得长期不懈地干。为政以公，行胜于言。各级政府及其工作人员要求真务实、力戒浮华，以推动改革发展的成果说话，以干事创业的实绩交卷。健全激励约束机制和尽职免责机制，营造干部愿干事、敢干事、能干成事的环境。更好发挥中央和地方两个积极性，尊重基层和群众首创精神，为地方大胆探索提供激励、留足空间。广大干部要树立强烈的事业心和进取心，事不避难、义不逃责，埋头苦干、结合实际创造性地干，努力干出无愧于人民的新业绩，干出中国发展的新辉煌。

各位代表！

我们要坚持和完善民族区域自治制度，全面贯彻党的民族政策，深化民族团结进步教育，促进各民族和睦相处、和衷共济、和谐发展。加大对民族地区和人口较少民族发展的支持，深入实施兴边富民行动，同心协力建设56个民族共同团结奋斗、共同繁荣发展的美好家园。

我们要全面贯彻党的宗教工作基本方针，坚持我国宗教的中国化方向，依法管理宗教事务，发挥宗教界人士和信教群众在促进经济社会发展中的积极作用。

我们要认真落实侨务政策，保障海外侨胞和归侨侨眷合法权益，改善和加强服务，发挥好他们的独特优势和重要作用，画好海内外中华儿女的最大同心圆，汇聚起共创辉煌的澎湃力量。

各位代表！

过去一年，国防和军队建设扎实推进，强军事业展现许多新气象新作为。新的一年，要继续以党在新时代的强军目标为引领，牢固确立习近平强军思想在国防和军队建设中的指导地位，深入推进政治建军、改革强军、科技兴军、依法治军。坚持党对军队绝对领导的根本原则和制度，全面深入贯彻军委主席负责制。贯彻新时代军事战略方针，提高实战化军事训练水平，坚决维护国家主权、安全、发展利益。继续深化国防和军队改革，建立健全中国特色社会主义军事政策制度体系。加强和完善国防教育、国防动员体系建设，增强全民国防意识。深入实施军民融合发展战略，加快国防科技创新步伐。各级政府要大力关心支持国防和军队建设，深入开展“双拥”活动，让军政军民团结之树根深叶茂、永葆常青。

各位代表！

我们要继续全面准确贯彻“一国两制”、“港人治港”、“澳人治澳”、高度自治的方针，严格依照宪法和基本法办事。全力支持香港、澳门特别行政区政府和行政长官依法施政。支持港澳抓住共建“一带一路”和粤港澳大湾区建设的重大机遇，更好发挥自身优势，全面深化与内地互利合作。我们坚信，香港、澳门一定能与祖国内地同发展共进步、一定能保持长期繁荣稳定。

我们要坚持对台工作大政方针。全面贯彻落实习近平总书记在《告台湾同胞书》发表40周年纪念会上的重要讲话精神，坚持一个中国原则和“九二共识”，推动两岸关系和平发展、推进祖国和平统一进程。坚决反对和遏制“台独”分裂图谋和行径，坚决维护国家主权和领土完整。深化两岸融合发展，持续扩大两岸经济文化交流合作。两岸同胞同根相系、同命相连，应携手共创共享全体中国人的美好未来。

各位代表！

当今世界面临百年未有之大变局。我们将坚定不移走和平发展道路、奉行互利共赢的开放战略，坚定维护多边主义和以联合国为核心的国际体系。积极参与全球治理体系的改革完善，坚定维护开放型世界经济，推动构建人类命运共同体。加强与主要大国沟通对话与协调合作，深化同周边国家关系，拓展与发展中国家互利合作。积极为妥善应对全球性挑战和解决地区热点问题提供更多中国建设性方案。中国愿与各国携手合作、同舟共济，为促进世界持久和平与共同发展作出新的贡献。

各位代表！

奋斗创造历史，实干成就未来。我们要更加紧密地团结在以习近平同志为核心的党中央周围，高举中国特色社会主义伟大旗帜，以习近平新时代中国特色社会主义思想为指导，迎难而上，开拓进取，以经济社会发展的优异成绩迎接中华人民共和国成立70周年，为决胜全面建成小康社会、夺取新时代中国特色社会主义伟大胜利，为把我国建设成为富强民主文明和谐美丽的社会主义现代化强国、实现中华民族伟大复兴的中国梦不懈奋斗！

第一部分 宏观经济与投资

2017年国民经济和社会发展统计公报[1]

中华人民共和国国家统计局

2018年2月28日

2017年，各地区各部门在以习近平同志为核心的党中央坚强领导下，不断增强政治意识、大局意识、核心意识、看齐意识，深入贯彻落实党的十八大和十八届三中、四中、五中、六中、七中全会精神，认真学习贯彻党的十九大精神，以习近平新时代中国特色社会主义思想为指导，按照中央经济工作会议和《政府工作报告》部署，坚持稳中求进工作总基调，坚定不移贯彻新发展理念，坚持以提高发展质量和效益为中心，统筹推进“五位一体”总体布局和协调推进“四个全面”战略布局，以供给侧结构性改革为主线，统筹推进稳增长、促改革、调结构、惠民生、防风险各项工作，经济运行稳中有进、稳中向好、好于预期，经济社会保持平稳健康发展。

一、综合

初步核算，全年国内生产总值[2]827122亿元，比上年增长6.9%。其中，第一产业增加值65468亿元，增长3.9%；第二产业增加值334623亿元，增长6.1%；第三产业增加值427032亿元，增长8.0%。第一产业增加值占国内生产总值的比重为7.9%，第二产业增加值比重为40.5%，第三产业增加值比重为51.6%。全年最终消费支出对国内生产总值增长的贡献率为58.8%，资本形成总额贡献率为32.1%，货物和服务净出口贡献率为9.1%。全年人均国内生产总值59660元，比上年增长6.3%。全年国民总收入[3]825016亿元，比上年增长7.0%。

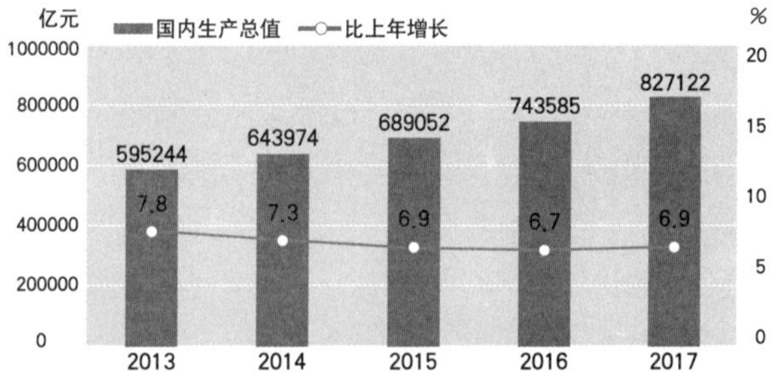

图1 2013—2017年国内生产总值及其增长速度

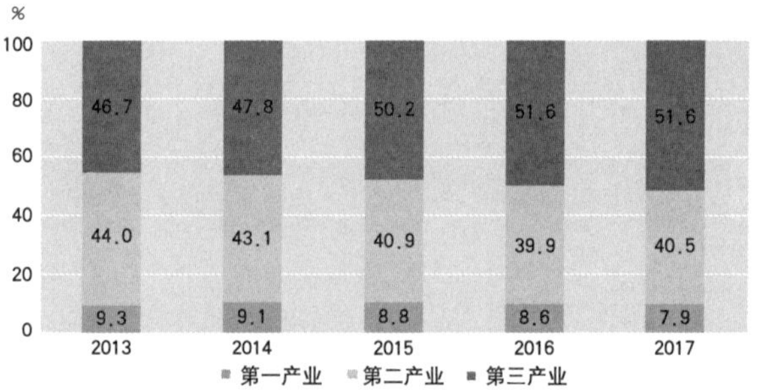

图2 2013—2017年三次产业增加值占国内生产总值比重

年末全国大陆总人口139008万人，比上年末增加737万人，其中城镇常住人口81347万人，占总人口比重（常住人口城镇化率）为58.52%，比上年末提高1.17个百分点。户籍人口城镇化率为42.35%，比上年末提高1.15个百分点。全年出生人口1723万人，出生率为12.43‰；死亡人口986万人，死亡率为7.11‰；自然增长率为5.32‰。全国人户分离的人口[4]2.91亿人，其中流动人口[5]2.44亿人。

表1　2017年年末人口数及其构成

指标	年末数（万人）	比重（%）
全国总人	139008	100.0
其中：城镇	81347	58.52
乡村	57661	41.48
其中：男性	71137	51.2
女性	67871	48.8
其中：0～15岁（含不满16周岁）[6]	24719	17.8
16～59岁（含不满60周岁）	90199	64.9
60周岁及以上	24090	17.3
其中：65周岁及以上	15831	11.4

年末全国就业人员77640万人，其中城镇就业人员42462万人。全年城镇新增就业1351万人，比上年增加37万人。年末城镇登记失业率为3.90%，比上年末下降0.12个百分点。全国农民工[7]总量28652万人，比上年增长1.7%。其中，外出农民工17185万人，增长1.5%；本地农民工11467万人，增长2.0%。

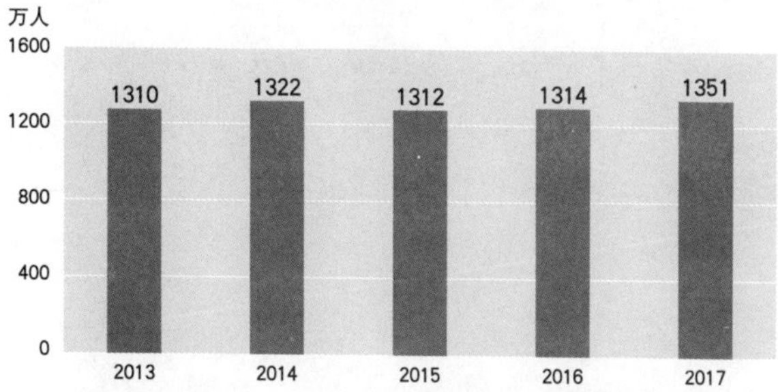

图3　2013—2017年城镇新增就业人数

全年居民消费价格比上年上涨1.6%。工业生产者出厂价格上涨6.3%。工业生产者购进价格上涨8.1%。固定资产投资价格上涨5.8%。农产品生产者价格[8]下降3.5%。

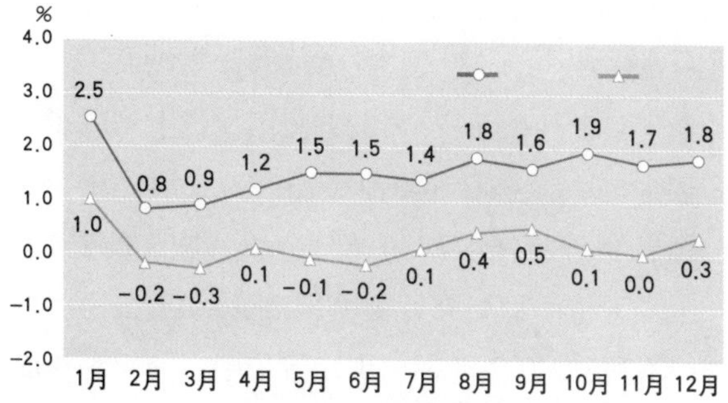

图4　2017年居民消费价格月度涨跌幅度

表2　2017年居民消费价格比上年涨跌幅度

单位：%

指标	全国	城市	农村
居民消费价格	1.6	1.7	1.3
其中：食品烟酒	−0.4	−0.2	−1.1
衣着	1.3	1.2	1.3
居住[9]	2.6	2.5	2.7
生活用品及服务	1.1	1.0	1.2
交通和通信	1.1	1.0	1.4
教育文化和娱乐	2.4	2.4	2.3
医疗保健	6.0	6.8	4.2
其他用品和服务	2.4	2.5	2.4

12月份70个大中城市新建商品住宅销售价格月同比上涨的城市个数为61个，比1月份减少5个；下降的为9个，增加5个。

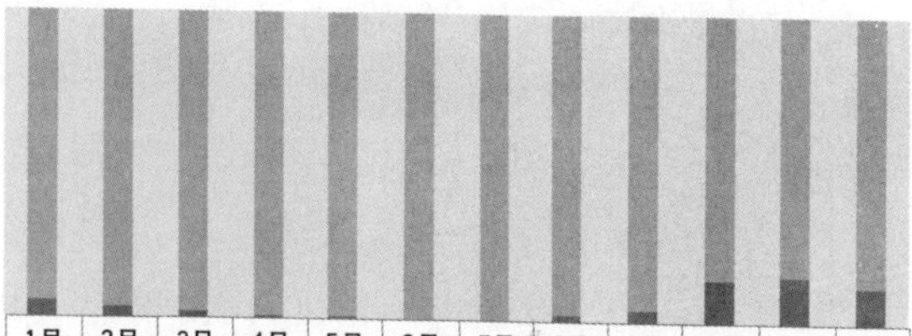

	1月	2月	3月	4月	5月	6月	7月	8月	9月	10月	11月	12月
■上涨	66	67	68	69	69	70	70	68	67	60	59	61
■下降	4	3	4	1	1	0	0	2	3	10	11	9

图5　2017年新建商品住宅销售价格月同比上涨、下降城市个数变化情况

年末国家外汇储备31399亿美元，比上年末增加1294亿美元。全年人民币平均汇率为1美元兑6.7518元人民币，比上年贬值1.6%。

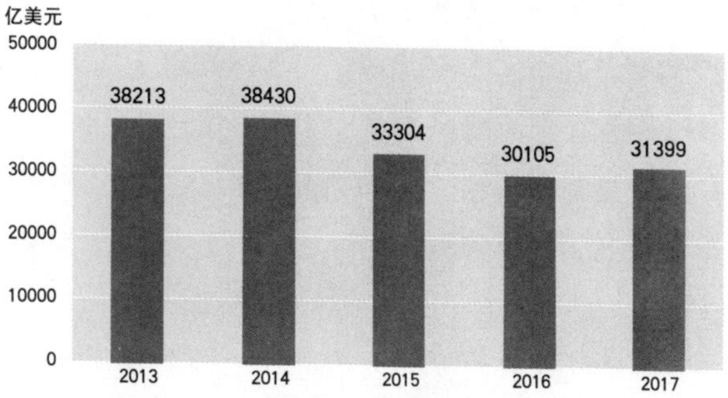

图6　2013—2017年年末国家外汇储备

供给侧结构性改革扎实推进。全年全国工业产能利用率[10]为77.0%，比上年提高3.7个百分点。其中，煤炭开采和洗选业产能利用率为68.2%，比上年提高8.7个百分点；黑色金属冶炼和压延加工业产能利用率为75.8%，提高4.1个百分点。年末商品房待售面积58923万平方米，比上年末减少10616万平方米。其中，商品住宅待售面积30163万平方米，减少10094万平方米。年末规模以上工业企业资产负债率为55.5%，比上年末下降0.6个百分点。全年规模以上工业企业每百元主营业务收入中的成本为84.92元，比上年下降0.25元；每百元主营业务收入中的费用为7.77元，下降0.2元。全年生态保护和环境治理业、公共设施管理业、农业固定资产投资（不含农户）分别比上年增长23.9%、21.8%和16.4%。

新动能新产业新业态加快成长。全年规模以上工业战略性新兴产业[11]增加值比上年增长11.0%。高技术制造业[12]增加值增长13.4%，占规模以上工业增加值的比重为12.7%。装备制造业[13]增加值增长11.3%，占规模以上工业增加值的比重为32.7%。全年新能源汽车产量69万辆，比上年增长51.2%；智能电视产量9666万台，增长3.8%；工业机器人产量13万台（套），增长81.0%；民用无人机产量290万架，增长67.0%。全年规模以上服务业[14]中，战略性新兴服务业[15]营业收入41235亿元，比上年增长17.3%；实现营业利润7446亿元，增长30.2%。全年高技术产业投资[16]42912亿元，比上年增长15.9%，占固定资产投资（不含农户）的比重为6.8%；工业技术改造投资[17]105912亿元，增长16.3%，占固定资产投资（不含农户）的比重为16.8%。全年网上零售额[18]71751亿元，比上年增长32.2%。其中网上商品零售额54806亿元，增长28.0%，占社会消费品零售总额的比重为15.0%。在网上商品零售额中，吃类商品增长28.6%，穿类商品增长20.3%，用类商品增长30.8%。2016年末全国25.1%的村有电子商务配送站点。

发展质量效益改善。全年全国一般公共预算收入172567亿元，比上年增长7.4%[19]。其中税收收入144360亿元，比上年增加13999亿元，增长10.7%。全年规模以上工业企业实现利润75187亿元，比上年增长21.0%。分经济类型看，国有控股企业实现利润16651亿元，比上年增长45.1%；集体企业400亿元，下降8.5%，股份制企业52404亿元，增长23.5%，外商及港澳台商投资企业18753亿元，增长15.8%；私营企业23753亿元，增长11.7%。分门类看，采矿业实现利润4587亿元，比上年增长2.6倍；制造业66511亿元，增长18.2%；电力、热力、燃气及水生产和供应业4089亿元，下降10.7%。全年规模以上服务业企业实现营业利润23645亿元，比上年增长24.5%。全年全员劳动生产率[20]为101231元/人，比上年提高6.7%。全年制造业产品质量合格率[21]为93.71%。

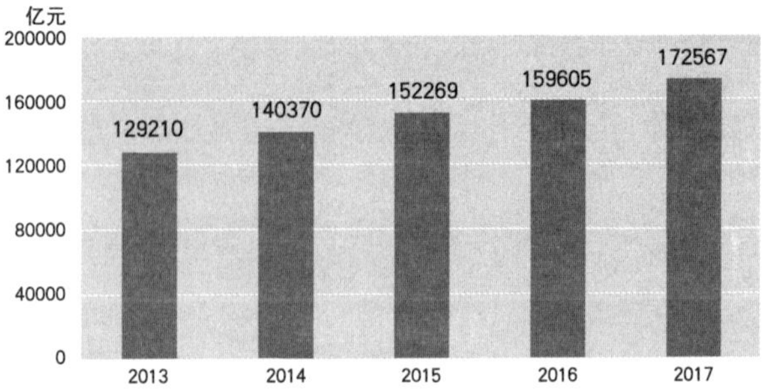

图7　2013—2017年全国一般公共预算收入

注：图中2013年至2016年数据为全国一般公共预算收入决算数，2017年为执行数。

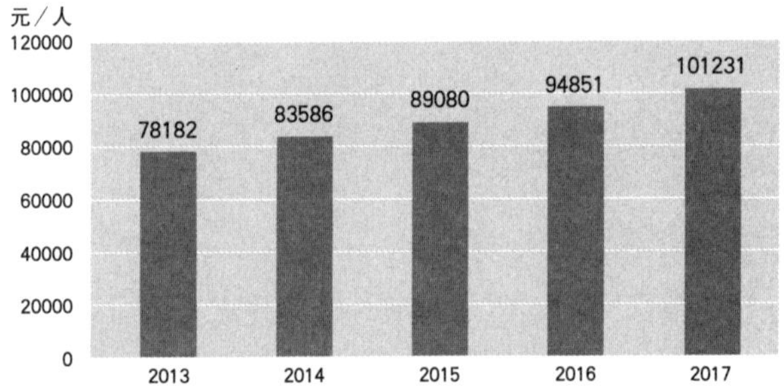

图8　2013—2017年全员劳动生产率

二、农业

全年粮食种植面积11222万公顷，比上年减少81万公顷。其中，小麦种植面积2399万公顷，减少20万公顷；稻谷种植面积3018万公顷，减少0.2万公顷；玉米种植面积3545万公顷，减少132万公顷。棉花种植面积323万公顷，减少12万公顷。油料种植面积1420万公顷，增加7万公顷。糖料种植面积168万公顷，减少1万公顷。

全年粮食产量61791万吨，比上年增加166万吨，增产0.3%。其中，夏粮产量14031万吨，增产0.8%；早稻产量3174万吨，减产3.2%；秋粮产量44585万吨，增产0.4%。全年谷物产量56455万吨，比上年减产0.1%。其中，稻谷产量20856万吨，增产0.7%；小麦产量12977万吨，增产0.7%；玉米产量21589万吨，减产1.7%。

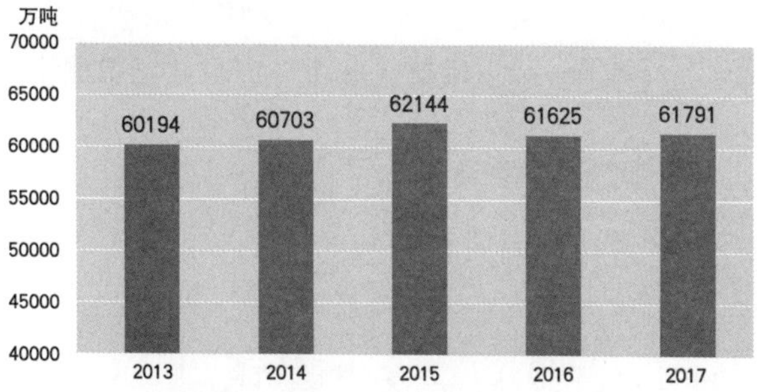

图9 2013—2017年粮食产量

全年棉花产量549万吨，比上年增产3.5%。油料产量3732万吨，增产2.8%。糖料产量12556万吨，增产1.7%。茶叶产量255万吨，增产6.0%。

全年猪牛羊禽肉产量8431万吨，比上年增长0.8%。其中，猪肉产量5340万吨，增长0.8%；牛肉产量726万吨，增长1.3%；羊肉产量468万吨，增长1.8%；禽肉产量1897万吨，增长0.5%。禽蛋产量3070万吨，下降0.8%。牛奶产量3545万吨，下降1.6%。年末生猪存栏43325万头，下降0.4%；生猪出栏68861万头，增长0.5%。

全年水产品产量6938万吨，比上年增长0.5%。其中，养殖水产品产量5281万吨，增长2.7%；捕捞水产品产量1656万吨，下降5.8%。

全年木材产量7682万立方米，比上年下降1.2%。

全年新增耕地灌溉面积109万公顷，新增高效节水灌溉面积144万公顷。

三、工业和建筑业

全年全部工业增加值279997亿元，比上年增长6.4%。规模以上工业增加值增长6.6%。在规模以上工业中，分经济类型看，国有控股企业增长6.5%；集体企业增长0.6%，股份制企业增长6.6%，外商及港澳台商投资企业增长6.9%；私营企业增长5.9%。分门类看，采矿业下降1.5%，制造业增长7.2%，电力、热力、燃气及水生产和供应业增长8.1%。

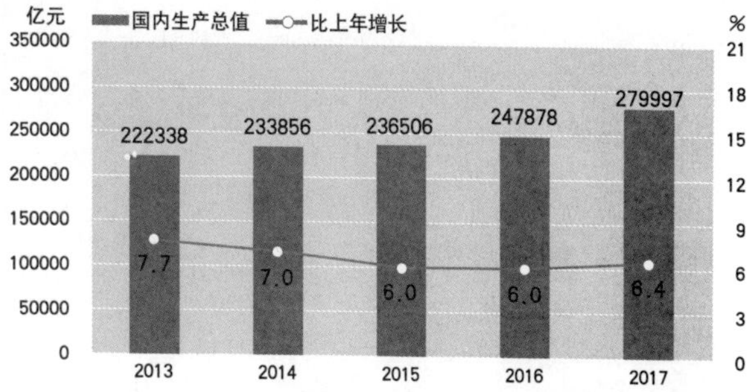

图10 2013—2017年全部工业增加值及其增长速度

全年规模以上工业中，农副食品加工业增加值比上年增长6.8%，纺织业增长4.0%，化学原料和化学制品制造业增长3.8%，非金属矿物制品业增长3.7%，黑色金属冶炼和压延加工业增长0.3%，通用设备制造业增长10.5%，专用设备制造业增长11.8%，汽车制造业增长12.2%，电气机械和器材制造业增长10.6%，计算机、通信和其他电子设备制造业增长13.8%，电力、热力生产和供应业增长7.8%。六大高耗能行业[22]增加值增长3.0%，占规模以上工业增加值的比重为29.7%。

表3 2017年主要工业产品产量及其增长速度

产品名称	单位	产量	比上年增长(%)
纱	万吨	4050.0	8.5
布	亿米	868.1	-4.3
化学纤维	万吨	4919.6	0.7
成品糖	万吨	1470.6	1.9
卷 烟	亿支	23448.3	-1.6
彩色电视机	万台	15932.6	1.0
其中：液晶电视机	万台	15755.9	0.3
家用电冰箱	万台	8548.4	0.8
房间空气调节器	万台	17861.5	24.5
一次能源生产总量	亿吨标准煤	35.9	3.6
原 煤	亿吨	35.2	3.3

续表

产品名称	单位	产量	比上年增长(%)
原 油	万吨	19150.6	-4.1
天然气	亿立方米	1480.3	8.2
发电量	亿千瓦小时	64951.4	5.9
其中：火电[23]	亿千瓦小时	46627.4	5.1
水电	亿千瓦小时	11898.4	0.5
核电	亿千瓦小时	2480.7	16.3
粗 钢	万吨	83172.8	3.0
钢 材[24]	万吨	104958.8	0.1
十种有色金属	万吨	5501.0	2.9
其中：精炼铜（电解铜）	万吨	897.0	6.3
原铝（电解铝）	万吨	3329.0	2.0
水 泥	亿吨	23.4	-3.1
硫 酸（折 100%）	万吨	9212.9	0.9
烧 碱（折 100%）	万吨	3365.2	5.1
乙 烯	万吨	1821.8	2.3
化 肥（折 100%）	万吨	6184.3	-6.7
发电机组（发电设备）	万千瓦	11830.4	-9.8
汽 车	万辆	2901.8	3.2
其中：基本型乘用车（轿车）	万辆	1194.5	-1.4
运动型多用途乘用车（SUV）	万辆	1004.7	9.9
大中型拖拉机	万台	41.8	-32.4
集成电路	亿块	1564.6	18.7
程控交换机	万线	1240.8	-14.9
移动通信手持机[25]	万台	188982.4	2.2
微型计算机设备	万台	30678.4	5.8

年末全国发电装机容量177703万千瓦，比上年末增长7.6%。其中[26]，火电装机容量110604万千瓦，增长4.3%；水电装机容量34119万千瓦，增长2.7%；核电装机容量3582万千瓦，增长6.5%；并网风电装机容量16367万千瓦，增长10.5%；并网太阳能发电装机容量13025万千瓦，增长68.7%。

全年全社会建筑业增加值55689亿元，比上年增长4.3%。全国具有资质等级的总承包和专业承包建筑业企业实现利润7661亿元，增长9.7%。其中国有控股企业2313亿元，增长15.1%。

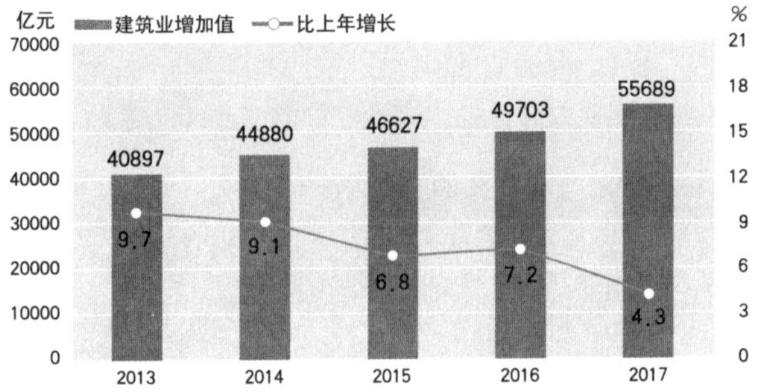

图11　2013—2017年建筑业增加值及其增长速度

四、固定资产投资

全年全社会固定资产投资641238亿元，比上年增长7.0%[27]。其中固定资产投资（不含农户）631684亿元，增长7.2%。分区域看[28]，东部地区投资265837亿元，比上年增长8.3%；中部地区投资163400亿元，增长6.9%；西部地区投资166571亿元，增长8.5%；东北地区投资30655亿元，增长2.8%。

在固定资产投资（不含农户）中，第一产业投资20892亿元，比上年增长11.8%；第二产业投资235751亿元，增长3.2%；第三产业投资375040亿元，增长9.5%。基础设施投资[29]140005亿元，增长19.0%，占固定资产投资（不含农户）的比重为22.2%。民间固定资产投资[30]381510亿元，增长6.0%，占固定资产投资（不含农户）的比重为60.4%。六大高耗能行业投资64430亿元，下降1.8%，占固定资产投资（不含农户）的比重为10.2%。

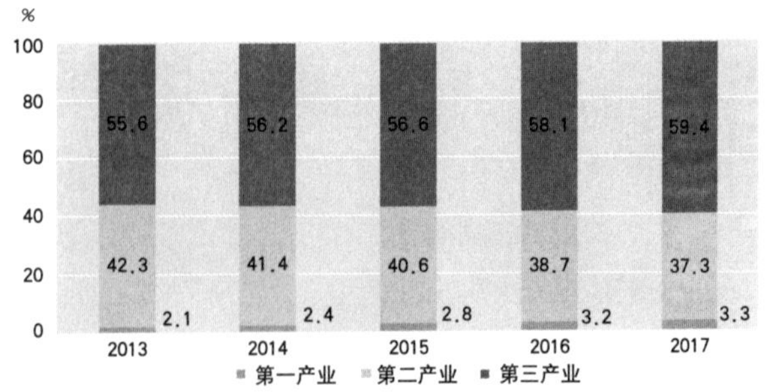

图12　2013—2017年三次产业投资占固定资产投资（不含农户）比重

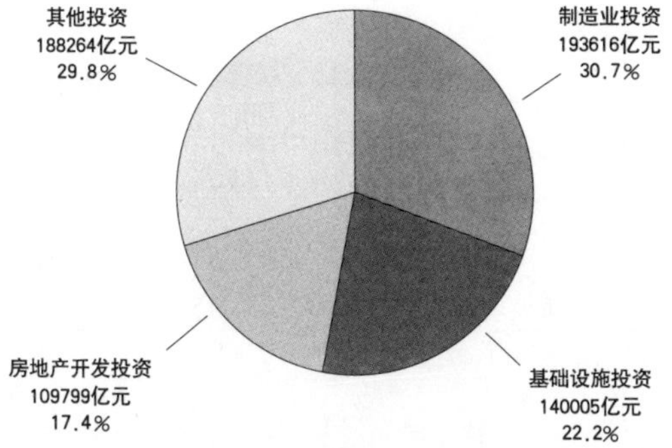

图13 2017年按领域分固定资产投资（不含农户）及其占比

表4 2017年分行业固定资产投资（不含农户）及其增长速度

行业	投资额（亿元）	比上年增长（%）
总 计	631684	7.2
农、林、牧、渔业	24638	9.1
采矿业	9209	−10.0
制造业	193616	4.8
电力、热力、燃气及水生产和供应业	29794	0.8
建筑业	3648	−19.0
批发和零售业	16542	−6.3
交通运输、仓储和邮政业	61186	14.8
住宿和餐饮业	6107	3.9
信息传输、软件和信息技术服务业	6987	12.8
金融业	1121	−13.3
房地产业[31]	139734	3.6
租赁和商务服务业	13304	14.4
科学研究和技术服务业	5932	9.4
水利、环境和公共设施管理业	82105	21.2
居民服务、修理和其他服务业	2686	2.4
教育	11084	20.2
卫生和社会工作	7327	18.1
文化、体育和娱乐业	8732	12.9
公共管理、社会保障和社会组织	7931	−2.0

表5 2017年固定资产投资新增主要生产与运营能力

指标	单位	绝对数
新增220千伏及以上变电设备	万千伏安	24263
新建铁路投产里程	公里	3038
其中：高速铁路[32]	公里	2182
增、新建铁路复线投产里程	公里	3223
电气化铁路投产里程	公里	4583
新改建公路里程	公里	313607
其中：高速公路	公里	6796
港口万吨级码头泊位新增通过能力	万吨／年	24858
新增民用运输机场	个	11
新增光缆线路长度	万公里	705

全年房地产开发投资109799亿元，比上年增长7.0%。其中住宅投资75148亿元，增长9.4%；办公楼投资6761亿元，增长3.5%；商业营业用房投资15640亿元，下降1.2%。

全年全国城镇棚户区住房改造开工609万套，棚户区改造基本建成604万套，公租房基本建成82万套。全年全国农村地区建档立卡贫困户危房改造152.5万户[33]。

表6 2017年房地产开发和销售主要指标及其增长速度

指标	单位	绝对数	比上年增长（%）
投资额	亿元	109799	7.0
其中：住宅	亿元	75148	9.4
其中：90平方米及以下	亿元	22367	−9.7
房屋施工面积	万平方米	781484	3.0
其中：住宅	万平方米	536444	2.9
房屋新开工面积	万平方米	178654	7.0
其中：住宅	万平方米	128098	10.5
房屋竣工面积	万平方米	101486	−4.4
其中：住宅	万平方米	71815	−7.0
商品房销售面积	万平方米	169408	7.7
其中：住宅	万平方米	144789	5.3
本年到位资金	亿元	156053	8.2
其中：国内贷款	亿元	25242	17.3
个人按揭贷款	亿元	23906	−2.0

五、国内贸易

全年社会消费品零售总额366262亿元，比上年增长10.2%。按经营地统计，城镇消费品零售额314290亿元，增长10.0%；乡村消费品零售额51972亿元，增长11.8%。按消费类型统计，商品零售额326618亿元，增长10.2%；餐饮收入额39644亿元，增长10.7%。

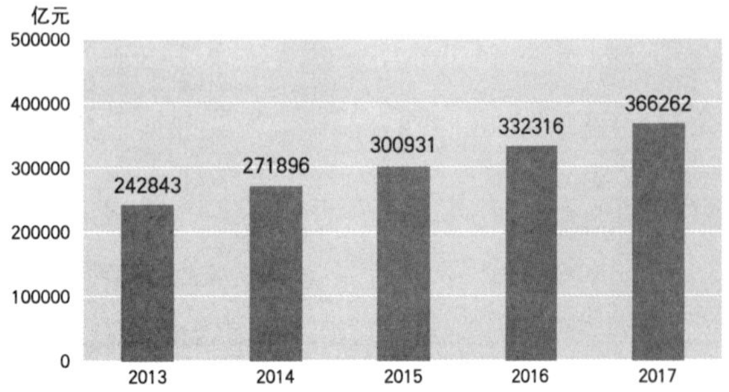

图14 2013—2017年社会消费品零售总额

在限额以上企业商品零售额中，粮油、食品、饮料、烟酒类零售额比上年增长9.7%，服装、鞋帽、针纺织品类增长7.8%，化妆品类增长13.5%，金银珠宝类增长5.6%，日用品类增长8.0%，家用电器和音像器材类增长9.3%，中西药品类增长12.4%，文化办公用品类增长9.8%，家具类增长12.8%，通信器材类增长11.7%，建筑及装潢材料类增长10.3%，汽车类增长5.6%，石油及制品类增长9.2%。

六、对外经济[34]

全年货物进出口总额277923亿元，比上年增长14.2%。其中，出口153321亿元，增长10.8%；进口124602亿元，增长18.7%。货物进出口差额（出口减进口）28718亿元，比上年减少4734亿元。对“一带一路”[35]沿线国家进出口总额73745亿元，比上年增长17.8%。其中，出口43045亿元，增长12.1%；进口30700亿元，增长26.8%。

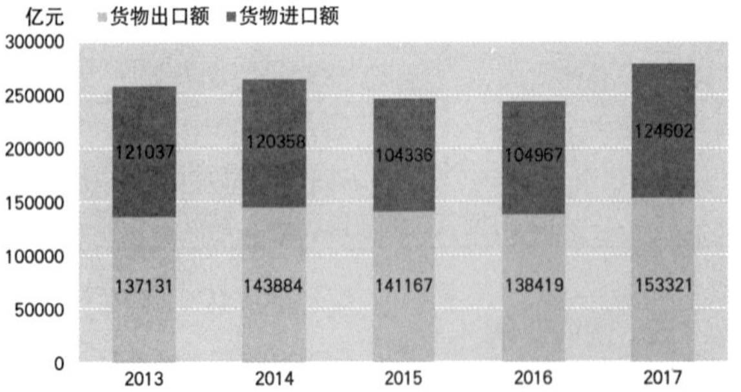

图15 2013—2017年货物进出口总额

表7 2017年货物进出口总额及其增长速度

指标	金额（亿元）	比上年增长（%）
货物进出口总额	277923	14.2
货物出口额	153321	10.8
其中：一般贸易	83325	11.7
加工贸易	51381	8.8
其中：机电产品	89465	12.1
高新技术产品	45150	13.3
货物进口额	124602	18.7
其中：一般贸易	73299	23.2
加工贸易	29180	11.3
其中：机电产品	57785	13.3
高新技术产品	39501	14.1
货物进出口差额（出口减进口）	28718	—

表8 2017年主要商品出口数量、金额及其增长速度

商品名称	单位	数量	比上年增长（%）	金额（亿元）	比上年增长（%）
煤（包括褐煤）	万吨	817	−7.0	75	64.7
钢材	万吨	7541	−30.5	3700	3.1
纺织纱线、织物及制品	—	—	—	7441	7.4
服装及衣着附件	—	—	—	10656	2.3
鞋类	万吨	450	6.5	3269	5.0
家具及其零件	—	—	—	3385	7.4
自动数据处理设备及其部件	万台	154208	−3.1	10710	18.1
手持或车载无线电话	万台	121087	−4.8	8503	11.3
集装箱	万个	300	50.6	567	103.2
液晶显示板	万个	193367	1.6	1737	2.3
汽车	万辆	104	43.1	898	27.2

表9 2017年主要商品进口数量、金额及其增长速度

商品名称	单位	数量	比上年增长（%）	金额（亿元）	比上年增长（%）
谷物及谷物粉	万吨	2559	16.4	440	17.2
大豆	万吨	9553	13.8	2688	19.6
食用植物油	万吨	577	4.4	307	11.3
铁矿砂及其精矿	万吨	107474	5.0	5175	35.0
氧化铝	万吨	287	−5.3	75	29.5
煤（包括褐煤）	万吨	27090	6.1	1536	63.7
原油	万吨	41957	10.1	11003	42.7
成品油	万吨	2964	6.4	982	33.3
初级形状的塑料	万吨	2868	11.5	3284	20.1
纸浆	万吨	2372	12.6	1039	28.5
钢材	万吨	1330	0.6	1027	18.2
未锻轧铜及铜材	万吨	469	−5.2	2115	21.3
集成电路	亿个	3770	10.1	17592	17.3
汽车	万辆	124	15.7	3422	16.3

表10　2017年对主要国家和地区货物进出口额及其增长速度

国家和地区	出口额（亿元）	比上年增长（%）	占全部出口比重（%）	进口额（亿元）	比上年增长（%）	占全部进口比重（%）
欧盟	25199	12.6	16.4	16543	20.2	13.3
美国	29103	14.5	19.0	10430	17.3	8.4
东盟	18902	11.9	12.3	15942	22.8	12.8
日本	9301	8.9	6.1	11204	16.3	9.0
中国香港	18899	−0.4	12.3	495	−54.9	0.4
韩国	6965	12.6	4.5	12013	14.4	9.6
中国台湾	2979	12.2	1.9	10512	14.5	8.4
巴西	1962	35.2	1.3	3974	31.4	3.2
印度	4615	19.8	3.0	1107	42.4	0.9
俄罗斯	2906	17.8	1.9	2790	31.0	2.2
南非	1004	18.4	0.7	1649	12.1	1.3

全年服务进出口[36]总额46991亿元，比上年增长6.8%。其中，服务出口15407亿元，增长10.6%；服务进口31584亿元，增长5.1%。服务进出口逆差16177亿元。

全年吸收外商直接投资（不含银行、证券、保险）新设立企业35652家，比上年增长27.8%。实际使用外商直接投资金额8776亿元（折1310亿美元），增长7.9%，增速比上年加快3.8个百分点。其中“一带一路”沿线国家对华直接投资新设立企业3857家，增长32.8%；对华直接投资金额374亿元（折56亿美元）。全年高技术制造业实际使用外资666亿元，增长11.3%。

表11　2017年外商直接投资（不含银行、证券、保险）及其增长速度

行业	企业数（家）	比上年增长（%）	实际使用金额（亿元）	比上年增长（%）
总　计	35652	27.8	8776	7.9
其中：农、林、牧、渔业	706	26.5	72	−41.6
制造业	4986	24.3	2259	−1.9
电力、燃气及水生产和供应业	372	19.6	235	68.1
交通运输、仓储和邮政业	517	21.7	374	13.6
信息传输、计算机服务和软件业	3169	116.6	1389	157.1
批发和零售业	12283	30.7	770	−23.9
房地产业	737	95.0	1133	−10.4
租赁和商务服务业	5087	9.9	1125	7.5
居民服务和其他服务业	349	42.5	38	16.0

全年对外直接投资额（不含银行、证券、保险）8108亿元，按美元计价为1201亿美元，比上年下降29.4%。其中，对“一带一路”沿线国家直接投资额144亿美元。

表12　2017年对外直接投资额（不含银行、证券、保险）及其增长速度

行业	对外直接投资金额（亿美元）	比上年增长（%）
总　计	1201	−29.4
其中：农、林、牧、渔业	22	−25.3
采矿业	83	−4.4
制造业	191	−38.4
电力、热力、燃气及水生产和供应业	32	26.5
建筑业	73	37.5
批发和零售业	249	−9.6
交通运输、仓储和邮政业	30	−16.9
信息传输、软件和信息技术服务业	103	−49.3
房地产业	22	−79.6
租赁和商务服务业	349	−17.3

全年对外承包工程业务完成营业额11383亿元，按美元计价为1686亿美元，比上年增长5.8%。其中，对“一带一路”沿线国家完成营业额855亿美元，增长12.6%，占对外承包工程业务完成营业额比重为50.7%。对外劳务合作派出各类劳务人员52万人，增长5.7%。

七、交通、邮电和旅游

全年货物运输总量479亿吨，比上年增长9.3%。货物运输周转量196130亿吨公里，增长5.1%。全年规模以上港口完成货物吞吐量126亿吨，比上年增长6.4%，其中外贸货物吞吐量40亿吨，增长5.7%。规模以上港口集装箱吞吐量23680万标准箱，增长8.3%。

表13　2017年各种运输方式完成货物运输量及其增长速度

指标	单位	绝对数	比上年增长(%)
货物运输总量	亿吨	479.4	9.3
铁路	亿吨	36.9	10.7
公路	亿吨	368.0	10.1
水运	亿吨	66.6	4.3
民航	亿吨	705.8	5.7
管道	亿吨	7.9	7.3
货物运输周转量	亿吨公里	196130.4	5.1
铁路	亿吨公里	26962.2	13.3
公路	亿吨公里	66712.5	9.2
水运	亿吨公里	97455.0	0.1
民航	亿吨公里	243.5	9.5
管道	亿吨公里	4757.2	13.4

全年旅客运输总量185亿人次，比上年下降2.6%。旅客运输周转量32813亿人公里，增长5.0%。

表14　2017年各种运输方式完成旅客运输量及其增长速度

指标	单位	绝对数	比上年增长(%)
旅客运输总量	亿人次	185.1	−2.6
铁路	亿人次	30.8	9.6
公路	亿人次	145.9	−5.4
水运	亿人次	2.8	4.1
民航	亿人次	5.5	13.0
旅客运输周转量	亿人公里	32812.7	5.0
铁路	亿人公里	13456.9	7.0
公路	亿人公里	9765.1	−4.5
水运	亿人公里	77.9	7.7
民航	亿人公里	9512.8	13.5

年末全国民用汽车保有量21743万辆（包括三轮汽车和低速货车820万辆），比上年末增长11.8%，其中私人汽车保有量18695万辆，增长12.9%。民用轿车保有量12185万辆，增长12.0%，其中私人轿车11416万辆，增长12.5%。

全年完成邮政行业业务总量[37]9764亿元，比上年增长32.0%。邮政业全年完成邮政函件业务31.5亿件，包裹业务0.3亿件，快递业务量400.6亿件；快递业务收入4957亿元。全年完成电信业务总量[38]27557亿元，比上年增长76.4%。电信业全年新增移动电话交换机容量[39]23646万户，达到242186万户。年末全国电话用户总数161125万户，其中移动电话用户141749万户。移动电话普及率上升至102.5部/百人。固定互联网宽带接入用户[40]34854万户，比上年增加5133万户，其中固定互联网光纤宽带接入用户[41]29392万户，比上年增加6627万户；移动宽带用户[42]113152万户，增加19077万户。移动互联网接入流量246亿G，比上年增长162.7%。互联网上网人数7.72亿人，增加4074万人，其中手机上网人数[43]7.53亿人，增加5734万人。互联网普及率达到55.8%，其中农村地区互联网普及率达到35.4%。软件和信息技术服务业[44]完成软件业务收入55037亿元，比上年增长13.9%。

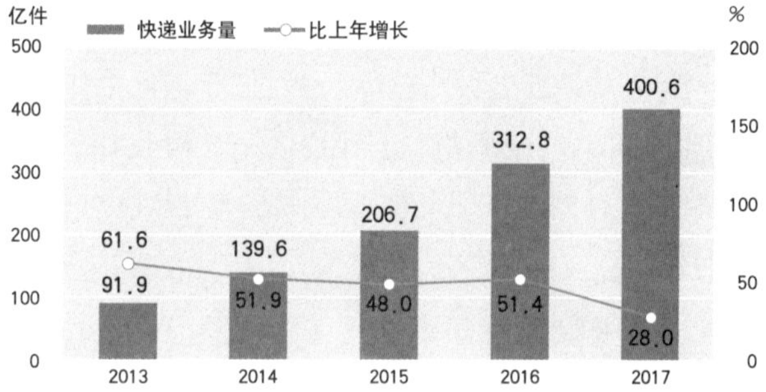

图16　2013—2017年快递业务量及其增长速度

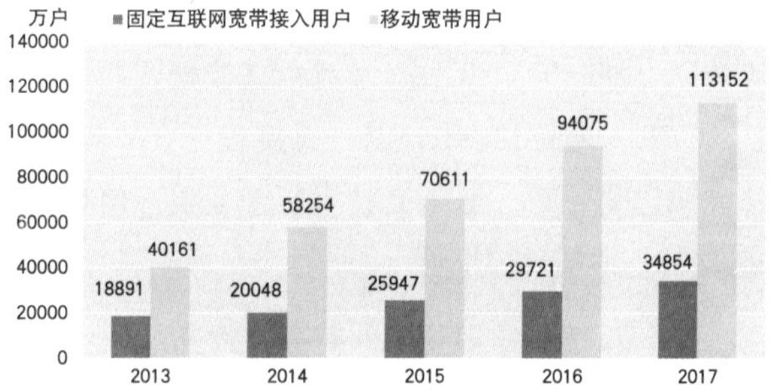

图17　2013—2017年年末固定互联网宽带接入用户和移动宽带用户数

全年国内游客50亿人次，比上年增长12.8%；国内旅游收入45661亿元，增长15.9%。入境游客13948万人次，增长0.8%。其中，外国人2917万人次，增长3.6%；香港、澳门和台湾同胞11032万人次，与上年持平。在入境游客中，过夜游客6074万人次，增长2.5%。国际旅游收入1234亿美元，增长2.9%。国内居民出境14273万人次，增长5.6%。其中因私出境

13582万人次，增长5.7%；赴港澳台出境8698万人次，增长3.6%。

八、金融

年末广义货币供应量（M2）余额167.7万亿元，比上年末增长8.2%；狭义货币供应量（M1）余额54.4万亿元，增长11.8%；流通中货币（M0）余额7.1万亿元，增长3.4%。

全年社会融资规模增量[45]19.4万亿元，按可比口径计算比上年多1.6万亿元；年末社会融资规模存量[46]174.6万亿元，比上年末增长12.0%。年末全部金融机构本外币各项存款余额169.3万亿元，比年初增加13.7万亿元，其中人民币各项存款余额164.1万亿元，增加13.5万亿元。全部金融机构本外币各项贷款余额125.6万亿元，增加13.6万亿元，其中人民币各项贷款余额120.1万亿元，增加13.5万亿元。

表15　2017年年末全部金融机构本外币存贷款余额及其增长速度

指标	年末数（亿元）	比上年末增长（%）
各项存款	1692727	8.8
其中：境内住户存款	651983	7.5
其中：人民币	643768	7.7
境内非金融企业存款	571641	7.7
各项贷款	1256074	12.1
其中：境内短期贷款	411153	8.2
境内中长期贷款	750894	18.2

年末主要农村金融机构（农村信用社、农村合作银行、农村商业银行）人民币贷款余额149820亿元，比年初增加15602亿元。全部金融机构人民币消费贷款余额315194亿元，增加64717亿元。其中，个人短期消费贷款余额68041亿元，增加18724亿元；个人中长期消费贷款余额247154亿元，增加45993亿元。

全年上市公司通过境内市场累计筹资40836亿元，比上年减少12244亿元。其中，首次公开发行A股完成申购419只，筹资2186亿元；A股现金再融资（包括公开增发、定向增发、配股、优先股）9209亿元，减少4178亿元；上市公司通过沪深交易所发行债券（包括公司债、可转债、可交换债和企业资产支持证券）筹资28105亿元，减少8563亿元。全年全国中小企业股份转让系统[47]新增挂牌公司2176家，筹资1336亿元，减少3.95%。

全年发行公司信用类债券[48]5.64万亿元，比上年减少2.59万亿元。

全年保险公司原保险保费收入[49]36581亿元，比上年增长18.2%。其中，寿险业务原保险保费收入21456亿元，健康险和意外伤害险业务原保险保费收入5291亿元，财产险业务原保险保费收入9835亿元。支付各类赔款及给付11181亿元。其中，寿险业务给付4575亿元，健康险和意外伤害险赔款及给付1518亿元，财产险业务赔款5087亿元。

九、居民收入消费和社会保障

全年全国居民人均可支配收入[50]25974元，比上年增长9.0%，扣除价格因素，实际增长7.3%。全国居民人均可支配收入中位数[51]22408元，增长7.3%。按常住地分，城镇居民人均可支配收入36396元，比上年增长8.3%，扣除价格因素，实际增长6.5%。城镇居民人均可支配收入中位数33834元，增长7.2%。农村居民人均可支配收入13432元，比上年增长8.6%，扣除价格因素，实际增长7.3%。农村居民人均可支配收入中位数11969元，增长7.4%。按全国居民五等份收入分组[52]，低收入组人均可支配收入5958元，中等偏下收入组人均可支配收入13843元，中等收入组人均可支配收入22495元，中等偏上收入组人均可支配收入34547元，高收入组人均可支配收入64934元。全国农民工人均月收入3485元，比上年增长6.4%。

全国居民人均消费支出18322元，比上年增长7.1%，扣除价格因素，实际增长5.4%。按常住地分，城镇居民人均消费支出24445元，增长5.9%，扣除价格因素，实际增长4.1%；农村居民人均消费支出10955元，增长8.1%，扣除价格因素，实际增长6.8%。恩格尔系数为29.3%，比上年下降0.8个百分点，其中城镇为28.6%，农村为31.2%。

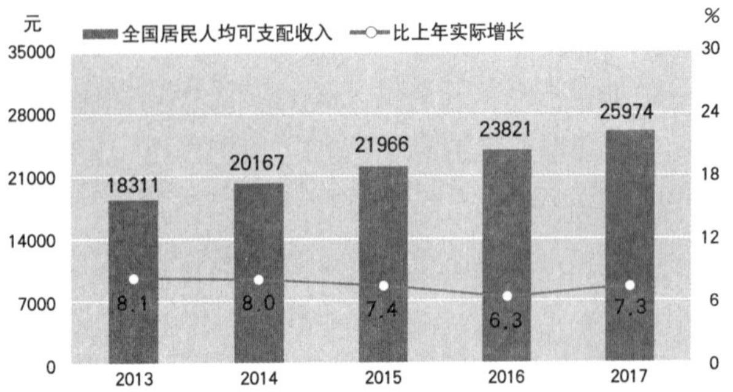

图18 2013—2017年全国居民人均可支配收入及其增长速度

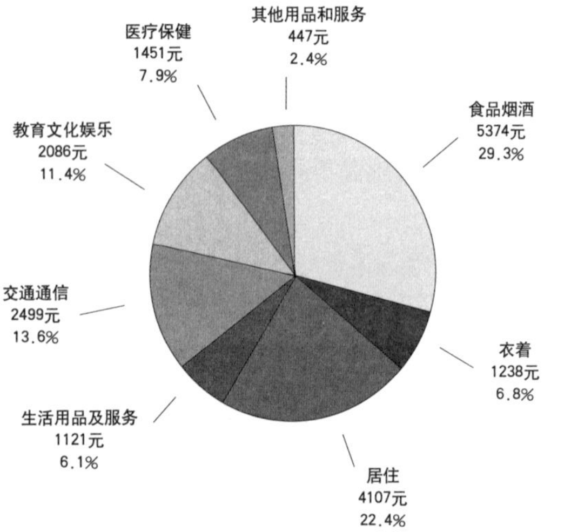

图19 2017年全国居民人均消费支出及其构成

按照每人每年2300元（2010年不变价）的农村贫困标准计算，2017年，年末农村贫困人口3046万人，比上年末减少1289万人[53]；贫困发生率[54]3.1%，比上年下降1.4个百分点。贫困地区[55]农村居民人均可支配收入9377元，比上年增长10.5%，扣除价格因素，实际增长9.1%。

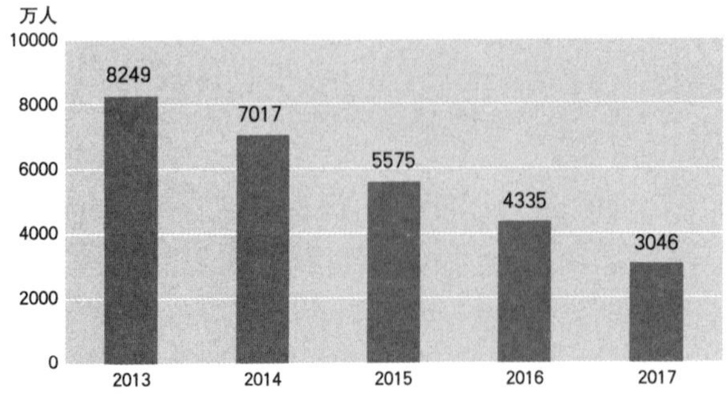

图20 2013—2017年年末全国农村贫困人口

年末全国参加城镇职工基本养老保险人数40199万人，比上年末增加2269万人。参加城乡居民基本养老保险人数51255万人，增加408万人。参加基本医疗保险人数117664万人，增加43272万人。其中，参加职工基本医疗保险人数30320万人，增加789万人；参加城乡居民基本医疗保险人数87343万人[56]，增加42483万人。参加失业保险人数18784万人，增加695万人。年末全国领取失业保险金人数220万人。参加工伤保险人数22726万人，增加836万人，其中参加工伤保险的农民工7807万人，增加297万人。参加生育保险人数19240万人，增加789万人。年末全国共有1264万人享受城市居民最低生活保障，4047万人享受农村居民最低生活保障，467万人享受农村特困人员[57]救助供养。全年资助5203万人参加基本医疗保险，医疗救助3536万人次。国家抚恤、补助各类优抚对象859万人。

十、教育、科学技术和文化体育

全年研究生教育[58]招生80.5万人，在学研究生263.9万人，毕业生57.8万人。普通本专科招生761.5万人，在校生2753.6万人，毕业生735.8万人。中等职业教育[59]招生582.4万人，在校生1592.5万人，毕业生496.9万人。普通高中招生800.1万人，在校生2374.5万人，毕业生775.7万人。初中招生1547.2万人，在校生4442.1万人，毕业生1397.5万人。普通小学招生1766.6万人，在校生10093.7万人，毕业生1565.9万人。特殊教育招生11.1万人，在校生57.9万人，毕业生6.9万人。学前教育在园幼儿4600.1万人。九年义务教育巩固率为93.8%，高中阶段毛入学率为88.3%。

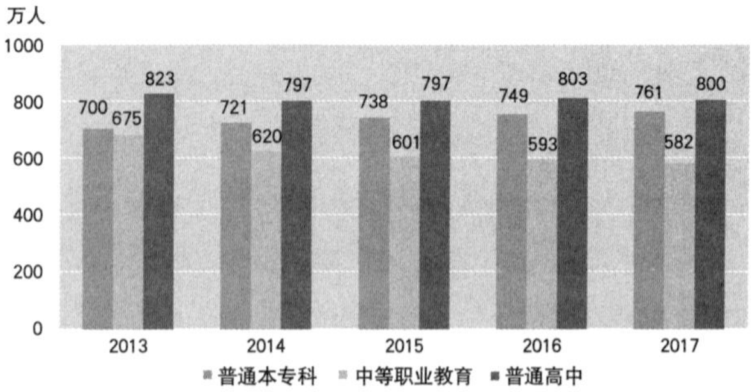

图21 2013—2017年普通本专科、中等职业教育及普通高中招生人数

全年研究与试验发展（R&D）经费支出17500亿元，比上年增长11.6%，与国内生产总值之比为2.12%，其中基础研究经费920亿元。全年国家重点研发计划共安排42个重点专项1115个科技项目，国家科技重大专项共安排454个课题，国家自然科学基金共资助43935个项目。截至年底，累计建设国家重点实验室503个，国家工程研究中心131个，国家工程实验室217个，国家企业技术中心1276家。国家科技成果转化引导基金累计设立5支子基金，资金总规模247.2亿元。全年境内外专利申请369.8万件，授予专利权183.6万件；PCT专利申请受理量[60]为5.1万件。截至年底，有效专利714.8万件，其中境内有效发明专利135.6万件，每万人口发明专利拥有量9.8件。全年共签订技术合同36.8万项，技术合同成交金额13424亿元，比上年增长17.7%。

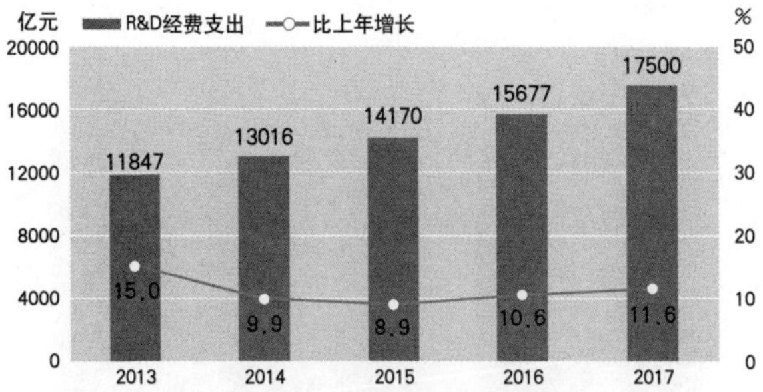

图22　2013—2017年研究与试验发展（R&D）经费支出及其增长速度

表16　2017年专利申请、授权和有效专利情况

指标	专利数（万件）
专利申请数	369.8
其中：境内专利申请	351.3
其中：发明专利申请	138.2
其中：境内发明专利	123.4
专利授权数	183.6
其中：境内专利授权	170.5
其中：发明专利授权	42.0
其中：境内发明专利	32.0
年末有效专利数	714.8
其中：境内有效专利	620.4
其中：有效发明专利	208.5
其中：境内有效发明专利	135.6

全年成功完成17次宇航发射。首颗高轨道高通量通信卫星实践十三号、首颗大型硬X射线空间探测卫星“慧眼”卫星成功发射；北斗导航全球卫星系统组网首发双星成功发射；天舟一号货运飞船成功发射，完成与天宫二号交会对接。“墨子号”量子卫星成功实现预定科学目标，暗物质粒子探测卫星“悟空”发现反常电子信号，C919大型客机、“鲲龙”AG600水陆两栖飞机首飞成功。

年末全国共有产品检测实验室35000个，其中国家检测中心739个。全国现有产品质量、体系认证机构401个，已累计完成对140250个企业的产品认证。全国共有法定计量技术机构4037个，全年强制检定计量器具8326万台（件）。全年制定、修订国家标准3811项，其中新制定2684项。

年末全国文化系统共有艺术表演团体2054个，博物馆3217个。全国共有公共图书馆3162个，总流通[61]72641万人次；文化馆3327个。有线电视实际用户2.20亿户，其中有线数字电视实际用户1.98亿户。年末广播节目综合人口覆盖率为98.7%，电视节目综合人口覆盖率为99.1%。全年生产电视剧310部13310集，电视动画片83599分钟。全年生产故事影片798部，科教、纪录、动画和特种影片[62]172部。出版各类报纸368亿份，各类期刊26亿册，图书90亿册（张），人均图书拥有量[63]6.49册（张）。年末全国共有档案馆4237个，已开放各类档案13806万卷（件）。2016年，文化及相关产业增加值30785亿元，比上年增长13.0%；占国内生产总值的比重为4.14%，比上年提高0.19个百分点。

全年我国运动员在24个运动大项中获得106个世界冠军，共创6项世界纪录。全年我国残疾人运动员在11项国际赛事中获得160个世界冠军。2016年，体育产业增加值6475亿元，比上年增长17.8%；占国内生产总值的比重为0.9%，比上年提高0.1个百分点。

十一、卫生和社会服务

年末全国共有医疗卫生机构99.5万个，其中医院3.0万个，在医院中有公立医院1.2万个，民营医院1.8万个；基层医疗卫生机构94.0万个，其中乡镇卫生院3.7万个，社区卫生服务中心（站）3.5万个，门诊部（所）23.0万个，村卫生室63.8万个；专业公共卫生机构2.2万个，其中疾病预防控制中心3482个，卫生监督所（中心）3133个。年末卫生技术人员891万人，其中执业医师和执业助理医师335万人，注册护士379万人。医疗卫生机构床位785万张，其中医院609万张，乡镇卫生院125万张。全年总诊疗人次[64]81.0亿人次，出院人数[65]2.4亿人。

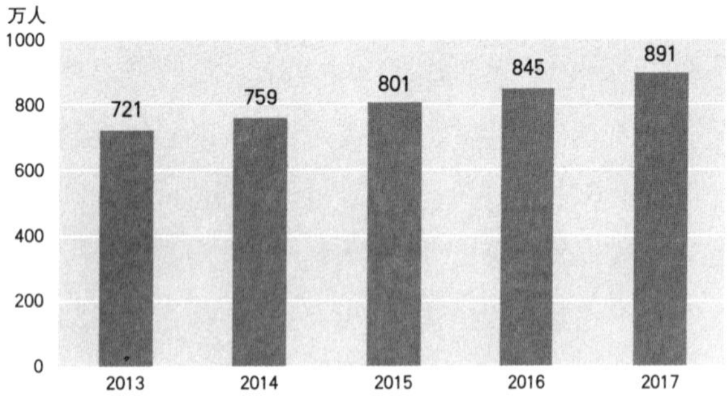

图23　2013—2017年年末卫生技术人员人数

年末全国共有各类提供住宿的社会服务机构3.2万个，其中养老服务机构2.9万个，儿童服务机构656个。社会服务床位[66]749.5万张，其中养老服务床位714.2万张，儿童服务床位9.6万张。年末共有社区服务中心2.5万个，社区服务站13.9万个。

十二、资源、环境和安全生产

全年全国国有建设用地供应总量[67]60万公顷，比上年增长16.4%。其中，工矿仓储用地12万公顷，增长1.6%；房地产用地[68]11.5万公顷，增长7.2%；基础设施等用地36.5万公顷，增长26.1%。

全年水资源总量28675亿立方米。全年平均降水量640毫米。年末全国监测的604座大型水库蓄水总量3518亿立方米，比上年末蓄水量有所增加。全年总用水量6090亿立方米，比上年增长0.8%。其中，生活用水增长2.8%，工业用水增长0.2%，农业用水增长0.6%，生态补水增长1.7%。万元国内生产总值用水量[69]78立方米，比上年下降5.6%。万元工业增加值用水量49立方米，下降5.9%。人均用水量439立方米，比上年增长0.3%。

全年完成造林面积736万公顷，其中人工造林面积390万公顷，占全部造林面积的53.0%。森林抚育面积830万公顷。截至年底，自然保护区达到2750个，其中国家级自然保护区463个。新增水土流失治理面积5.6万平方公里。

初步核算，全年能源消费总量44.9亿吨标准煤，比上年增长2.9%。煤炭消费量增长0.4%，原油消费量增长5.2%，天然气消费量增长14.8%，电力消费量增长6.6%。煤炭消费量占能源消费总量的60.4%，比上年下降1.6个百分点；天然气、水电、核电、风电等清洁能源消费量占能源消费总量的20.8%，上升1.3个百分点。全国万元国内生产总值能耗下降3.7%。重点耗能工业企业单位烧碱综合能耗下降0.3%，吨水泥综合能耗下降0.1%，吨钢综合能耗下降0.9%，吨粗铜综合能耗下降4.8%，每千瓦时火力发电标准煤耗下降0.8%。全国万元国内生产总值二氧化碳排放下降5.1%。

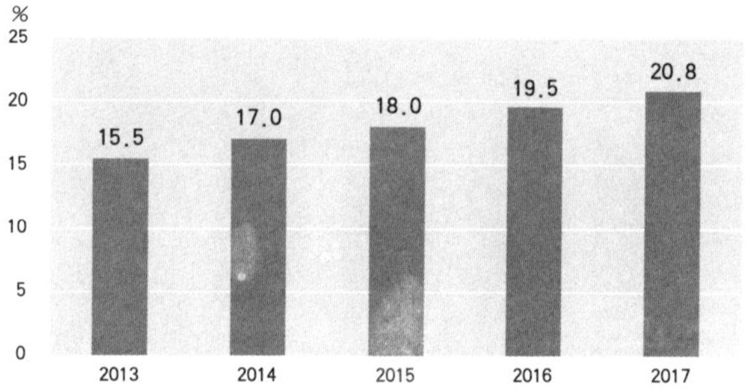

图24　2013—2017年清洁能源消费量占能源消费总量的比重

近岸海域417个海水水质监测点中，达到国家一、二类海水水质标准的监测点占67.8%，三类海水占10.1%，四类、劣四类海水占22.1%。

在监测的338个地级及以上城市中，城市空气质量达标的城市占29.3%，未达标的城市占70.7%。细颗粒物（PM2.5）未达标城市（基于2015年PM2.5年平均浓度未达标的262个城市）年平均浓度48微克/立方米，比上年下降5.9%。

在监测的323个城市中，城市区域声环境质量好的城市占5.9%，较好的占65.0%，一般的占27.9%，较差的占0.9%，差的占0.3%。

全年平均气温为10.39℃，比上年上升0.03℃。

共有8个台风登陆。

全年农作物受灾面积1848万公顷，其中绝收183万公顷。全年因洪涝和地质灾害造成直接经济损失1910亿元，因旱灾造成直接经济损失375亿元，因低温冷冻和雪灾造成直接经济损失19亿元，因海洋灾害造成直接经济损失58亿元。全年大陆地区共发生5.0级以上地震13次，成灾11次，造成直接经济损失148亿元。全年共发生森林火灾3223起，森林火灾受害森林面积2.5万公顷。

全年各类生产安全事故共死亡37852人。工矿商贸企业就业人员10万人生产安全事故死亡人数1.639人，比上年下降3.7%；道路交通事故万车死亡人数2.06人，下降3.7%；煤矿百万吨死亡人数0.106人，下降32.1%。

注释:

[1]本公报中数据均为初步统计数。各项统计数据均未包括香港特别行政区、澳门特别行政区和台湾省。部分数据因四舍五入的原因，存在着与分项合计不等的情况。

[2]国内生产总值、各产业增加值和人均国内生产总值绝对数按现价计算，增长速度按不变价格计算。

[3]国民总收入，原称国民生产总值，是指一个国家或地区所有常住单位在一定时期内所获得的初次分配收入总额。它等于国内生产总值加上来自国外的初次分配收入净额。

[4]人户分离的人口是指居住地与户口登记地所在的乡镇街道不一致且离开户口登记地半年及以上的人口。

[5]流动人口是指人户分离人口中扣除市辖区内人户分离的人口。市辖区内人户分离的人口是指一个直辖市或地级市所辖区内和区与区之间，居住地和户口登记地不在同一乡镇街道的人口。

[6]2017年年末，0～14岁（含不满15周岁）人口为23348万人，15～59岁（含不满60周岁）人口为91570万人。

[7]年度农民工数量包括年内在本乡镇以外从业6个月及以上的外出农民工和在本乡镇内从事非农产业6个月及以上的本地农民工两部分。

[8]农产品生产者价格是指农产品生产者直接出售其产品时的价格。

[9]居住类价格包括租赁房房租、住房保养维修及管理、水电燃料等价格。

[10]产能利用率是指实际产出与生产能力（均以价值量计量）的比率。企业的实际产出是指企业报告期内的工业总产值；企业的生产能力是指报告期内，在劳动力、原材料、燃料、运输等保证供给的情况下，生产设备（机械）保持正常运行，企业可实现的、并能长期维持的产品产出。

[11]工业战略性新兴产业包括节能环保产业，新一代信息技术产业，生物产业，高端装备制造产业，新能源产业，新材料产业，新能源汽车产业等七大产业中的工业相关行业。

[12]高技术制造业包括医药制造业，航空、航天器及设备制造业，电子及通信设备制造业，计算机及办公设备制造业，医疗仪器设备及仪器仪表制造业，信息化学品制造业。

[13]装备制造业包括金属制品业，通用设备制造业，专用设备制造业，汽车制造业，铁路、船舶、航空航天和其他运输设备制造业，电气机械和器材制造业，计算机、通信和其他电子设备制造业，仪器仪表制造业。

[14]规模以上服务业包括年营业收入1000万元及以上，或年末从业人员50人及以上的交通运输、仓储和邮政业，信息传输、软件和信息技术服务业，房地产业（不含房地产开发经营），租赁和商务服务业，科学研究和技术服务业，水利、环境和公共设施管理业，教育，卫生和社会工作；年营业收入500万元及以上，或年末从业人员50人及以上的居民服务、修理和其他服务业，文化、体育和娱乐业法人单位。

[15]战略性新兴服务业包括节能环保产业，新一代信息技术产业，生物产业，高端装备制造产业，新能源产业，新材料产业，新能源汽车产业等七大产业中的服务业相关行业。

[16]高技术产业投资包括医药制造、航空航天器及设备制造等六大类高技术制造业投资和信息服务、电子商务服务等九大类高技术服务业投资。

[17]工业技术改造投资是指工业企业利用新技术、新工艺、新设备、新材料对现有设施、工艺条件及生产服务等进行改造提升，实现内涵式发展的投资活动。

[18]网上零售额是指通过公共网络交易平台（主要从事实物商品交易的网上平台，包括自建网站和第三方平台）实现的商品和服务零售额。其中，网上零售额包括的服务，以及少部分用于生产经营用或被转卖的商品不统计在社会消费品零售总额中。

[19]为推进财政资金统筹使用，2017年1月1日起将新增建设用地土地有偿使用费、南水北调工程基金、烟草企业上缴专项收入3项政府性基金调整转列一般公共预算。为此，在2016年基数中考虑3项政府性基金转列一般公共预算的影响，并以此为基础计算同口径同比增减额和增减幅。

[20]全员劳动生产率为国内生产总值（以2015年价格计算）与全部就业人员的比率。

[21]制造业产品质量合格率是指以产品质量检验为手段，按照规定的方法、程序和标准实施质量抽样检测，判定为质量合格的样品数占全部抽样样品数的百分比，统计调查样本覆盖制造业的29个行业。

[22]六大高耗能行业包括石油加工、炼焦和核燃料加工业，化学原料和化学制品制造业，非金属矿物制品业，黑色金属冶炼和压延加工业，有色金属冶炼和压延加工业，电力、热力生产和供应业。

[23]火电包括燃煤发电量，燃油发电量，燃气发电量，余热、余压、余气发电量，垃圾焚烧发电量，生物质发电量。

[24]钢材产量数据中含企业之间重复加工钢材约24000万吨。

[25]移动通信手持机、钢材2016年产量根据有关专项调查进行了调整，2017年产量增速均按可比口径计算。

[26]少量发电装机容量（如地热等）公报中未列出。

[27]根据第三次农业普查结果对2016年固定资产投资基数进行调整，2017年增速按可比口径计算。

[28]固定资产投资（不含农户）按东部、中部、西部和东北地区计算的合计数据小于全国数据，是因为有部分跨地区的投资未计算在地区数据中。其中，东部地区是指北京、天津、河北、上海、江苏、浙江、福建、山东、广东和海南10省（市）；中部地区是指山西、安徽、江西、河南、湖北和湖南6省；西部地区是指内蒙古、广西、重庆、四川、贵州、云南、西藏、陕西、甘肃、青海、宁夏和新疆12省（区、市）；东北地区是指辽宁、吉林和黑龙江3省。

[29]基础设施投资是指建造或购置为社会生产和生活提供基础性、大众性服务的工程和设施的支出。公报中的基础设施投资包括交通运输、邮政业，电信、广播电视和卫星传输服务业，互联网和相关服务业，水利、环境和公共设施管理业投资。

[30]民间固定资产投资是指具有集体、私营、个人性质的内资企事业单位以及由其控股（包括绝对控股和相对控股）的企业单位建造或购置固定资产的投资。

[31]房地产业投资除房地产开发投资外，还包括建设单位自建房屋，以及物业管理、中介服务和其他房地产投资。

[32]高速铁路是指线路最大速度200公里/小时及以上的铁路和200公里/小时以下仅运行动车组列车的铁路。

[33]各省（自治区、直辖市）汇总上报截至2017年12月底建档立卡贫困户农村危房改造实际竣工数。

[34]货物进出口、服务进出口、吸收外资采用人民币计价。对外投资和对外承包工程由于技术原因仍主要沿用美元计价。

[35]“一带一路”是指“丝绸之路经济带”和“21世纪海上丝绸之路”。

[36]服务进出口按照《国际收支手册（第六版）》标准统计，增速按可比口径计算。

[37]邮政行业业务总量按2010年价格计算。

[38]电信业务总量按2015年价格计算。

[39]移动电话交换机容量是指移动电话交换机根据一定话务模型和交换机处理能力计算出来的最大同时服务用户的数量。

[40]固定互联网宽带接入用户是指报告期末在电信企业登记注册，通过xDSL、FTTx+LAN、FTTH/O以及其他宽带接入方式和普通专线接入公众互联网的用户。

[41]固定互联网光纤宽带接入用户是指报告期末在电信企业登记注册，通过FTTH或FTTO方式接入公众互联网的用户。

[42]移动宽带用户是指报告期末在计费系统拥有使用信息，占用3G或4G网络资源的在网用户。

[43]手机上网人数是指过去半年通过手机接入并使用互联网的6周岁及以上中国居民数量。

[44]软件和信息技术服务业包括软件开发，信息系统集成服务，信息技术咨询服务，数据处理和存储服务，集成电路设计和其他信息技术服务等行业。

[45]社会融资规模增量是指一定时期内实体经济（境内非金融企业和个人）从金融体系获得的资金总额。

[46]社会融资规模存量是指一定时期末（月末、季末或年末）实体经济（境内非金融企业和个人）从金融体系获得的资金余额。

[47]全国中小企业股份转让系统又称“新三板”，是2012年经国务院批准设立的全国性证券交易场所。

[48]公司信用类债券包括非金融企业债务融资工具、企业债券以及公司债、可转债等。

[49]原保险保费收入是指保险企业确认的原保险合同保费收入。

[50]全国居民收入名义增速快于分城乡居民收入增速的原因是：在城镇化过程中，一部分在农村收入较高的人口进入城镇地区，但在城镇属于较低收入人群，他们的迁移对城乡居民收入均有拉低作用。但无论在城镇还是农村，其收入增长效应都会体现在全体居民收入增长中。

[51]人均收入中位数是指将所有调查户按人均收入水平从低到高（或从高到低）顺序排列，处于最中间位置调查户的人均收入。

[52]全国居民五等份收入分组是指将所有调查户按人均收入水平从高到低顺序排列，平均分为五个等份，处于最高20%的收入群体为高收入组，依此类推依次为中等偏上收入组、中等收入组、中等偏下收入组、低收入组。

[53]减贫人口等于当年贫困人口减去上年贫困人口，也相当于当年脱贫人口减去当年返贫人口。

[54]贫困发生率是指贫困人口占目标调查人口的比重。

[55]贫困地区包括集中连片特困地区和片区外的国家扶贫开发工作重点县，原共有832个县。2017年开始将新疆阿克苏地区纳入贫困监测范围。

[56]参加城乡居民基本医疗保险人数增加较多，一是原参加新型农村合作医疗人员并入城乡居民基本医疗保险参保人员统计；二是开展全民参保登记，基本医疗保险覆盖面进一步扩大。

[57]农村特困人员是指无劳动能力，无生活来源，无法定赡养、抚养、扶养义务人或者其法定义务人无履行义务能力的农村老年人、残疾人以及未满16周岁的未成年人。

[58]2017年研究生招生、在学研究生指标口径发生变化（增加非全日制研究生）。

[59]中等职业教育包括普通中专、成人中专、职业高中和技工学校。

[60]PCT专利申请受理量是指国家知识产权局作为PCT专利申请受理局受理的PCT专利申请数量。PCT（Patent Cooperation Treaty）即专利合作条约，是专利领域的一项国际合作条约。

[61]总流通人次是指本年度内到图书馆场馆接受图书馆服务的总人次，包括借阅书刊、咨询问题以及参加各类读者活动等。

[62]特种影片是指那些采用与常规影院放映在技术、设备、节目方面不同的电影展示方式，如巨幕电影、立体电影、立体特效（4D）电影、动感电影、球幕电影等。

[63]人均图书拥有量是指在一年内全国平均每人能拥有的当年出版图书册数。

[64]总诊疗人次指所有诊疗工作的总人次数，包括门诊、急诊、出诊、预约诊疗、单项健康检查、健康咨询指导（不含健康讲座）人次。

[65]出院人数指报告期内所有住院后出院的人数，包括医嘱离院、医嘱转其他医疗机构、非医嘱离院、死亡及其他人数，不含家庭病床撤床人数。

[66]社会服务床位数除收养性机构外，还包括救助类机构、社区类机构以及军休所、军供站等机构的床位。

[67]国有建设用地供应总量是指报告期内市、县人民政府根据年度土地供应计划依法以出让、划拨、租赁等方式将土地使用权提供给单位或个人使用的国有建设用地总量。

[68]房地产用地是指商服用地和住宅用地的总和。

[69]万元国内生产总值用水量、万元工业增加值用水量和万元国内生产总值能耗按2015年价格计算。

资料来源：

本公报中户籍人口城镇化率、民用汽车、交通事故数据来自公安部；城镇新增就业、登记失业率、社会保障、技工学校数据来自人力资源社会保障部；外汇储备、汇率数据来自外汇局；财政数据来自财政部；制造业产品质量合格率、质量检验、国家标准制定修订等数据来自质检总局；水产品产量数据来自农业部；木材产量、林业、森林火灾数据来自林业局；灌溉面积、水资源、水土流失治理数据来自水利部；发电装机容量、新增220千伏及以上变电设备数据来自中电联；新建铁路投产里程、增新建铁路复线投产里程、电气化铁路投产里程、铁路运输数据来自铁路总公司；新改建公路里程、港口万吨级码头泊位新增通过能力、公路运输、水运、港口货物吞吐量数据来自交通运输部；新增民用运输机场、民航数据来自民航局；新增光缆线路长度、电信业务总量、电话交换机容量、电话用户、宽带用户、移动互联网接入流量、上网人数、互联网普及率、软件业务收入等数据来自工业和信息化部；棚户区住房改造、公租房、农村地区建档立卡贫困户危房改造数据来自住房城乡建设部；货物进出口数据来自海关总署；服务进出口、外商直接投资、对外直接投资、对外承包工程、对外劳务合作等数据来自商务部；管道数据来自中石油、中石化、中海油；邮政业务数据来自邮政局；农村地区互联网普及率数据来自中国互联网络信息中心；旅游数据来自旅游局、公安部；货币金融、公司信用类债券数据来自人民银行；上市公司数据来自证监会；保险业数据来自保监会；城乡低保、农村特困人员救助供养、社会服务、农作物受灾面积、洪涝地质灾害造成直接经济损失、旱灾造成直接经济损失、低温冷冻和雪灾造成直接经济损失来自民政部；教育数据来自教育部；重点研发计划、科技重大专项、国家重点实验室、科技成果转化引导基金、技术合同等数据来自科技部；自然科学基金项目数据来自自然基金委；国家工程研究中心、国家工程实验室、企业技术中心、万元国内生产总值二氧化碳排放等数据来自国家发展改革委；专利数据来自知识产权局；宇航发射数据来自国防科工局；艺术表演团体、博物馆、公共图书馆、文化馆数据来自文化部；广播电视、电影、报纸、期刊、图书数据来自新闻出版广电总局；档案数据来自档案局；体育数据来自体育总局；残疾人运动员数据来自中国残联；卫生数据来自卫生计生委；国有建设用地供应数据来自国土资源部；自然保护区、环境监测数据来自环境保护部；平均气温、登陆台风数据来自气象局；海洋灾害造成直接经济损失数据来自海洋局；地震次数、地震灾害直接经济损失数据来自地震局；安全生产数据来自安全监管总局；其他数据均来自国家统计局。

2017年国民经济和社会发展计划执行情况

——《关于2017年国民经济和社会发展计划执行情况与2018年国民经济和社会发展计划草案的报告》节选

国家发展和改革委员会

2018年3月5日

去年以来，面对复杂多变的国际国内形势，在以习近平同志为核心的党中央坚强领导下，各地区各部门不断增强政治意识、大局意识、核心意识、看齐意识，深入学习贯彻习近平新时代中国特色社会主义思想和党的十九大精神，按照中央经济工作会议和《政府工作报告》部署，坚持稳中求进工作总基调，坚定不移贯彻新发展理念，认真执行十二届全国人大五次会议审议批准的2017年国民经济和社会发展计划，落实全国人大财政经济委员会的审查意见，坚持以提高发展质量和效益为中心，以推进供给侧结构性改革为主线，统筹推进稳增长、促改革、调结构、惠民生、防风险各项工作，经济运行稳中有进、稳中向好、好于预期，全年经济社会发展主要目标任务较好完成，计划执行情况总体良好。

（一）着力创新和完善宏观调控，经济运行保持在合理区间。扎实开展经济监测预测预警，准确把握国内国际经济形势走势趋势变化，在区间调控基础上加强定向调控、相机调控、精准调控，强化财政、货币、消费、投资等宏观政策的组合运用，保持宏观政策连续性和稳定性，高度重视重点领域风险防控，确保经济平稳运行。

一是经济增长保持在合理区间。国内生产总值82.7万亿元，增长6.9%，符合预期。

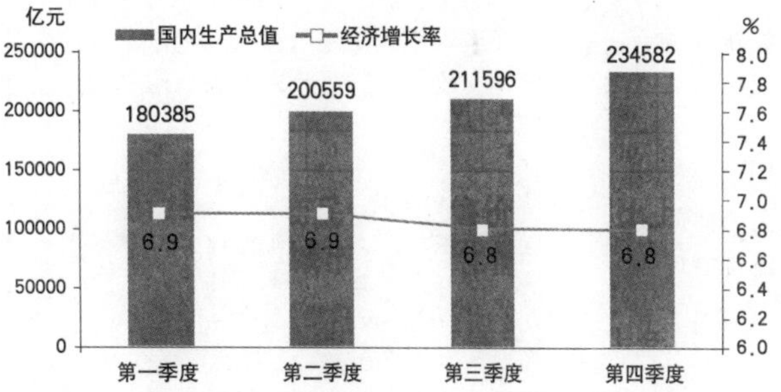

图1　2017年各季度国内生产总值和经济增长率

数据来源：国家统计局。

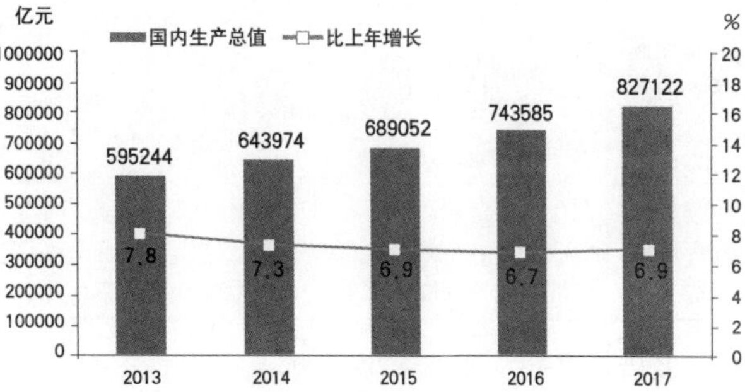

图2　2013—2017年国内生产总值及其增长速度

资料来源：国家统计局。

财政政策更加积极有效，财政支出结构调整优化，重点项目和民生支出得到有效保障。全国一般公共预算收入17.26万亿元，增长7.4%；财政赤字2.38万亿元，与预算持平。货币政策保持稳健中性，流动性基本稳定，社会融资规模和信贷平稳适度增长，采取定向降准、支农支小扶贫再贷款等差别化政策，加大对重点领域和薄弱环节的金融支持力度。12月末广义货币M2增长8.2%，社会融资规模存量增长12%。企业效益明显改善，全年规模以上工业企业实现利润7.52万亿元，增长21%，增速比上年加快12.5个百分点。

消费在经济发展中的基础性作用不断增强，旅游、文化、体育、健康、养老、教育培训等幸福产业服务消费进一步提质扩容，全年社会消费品零售总额增长10.2%，最终消费支出对经济增长的贡献率达到58.8%。

专栏1　幸福产业服务消费提质扩容

加速升级旅游消费	实施促进乡村旅游发展提质升级行动，支持休闲农业和乡村旅游配套设施建设，改进旅居车准驾管理制度，进一步促进邮轮、游艇旅游发展，推进体育与旅游融合发展
创新发展文化消费	支持实体书店建设成为复合式文化场所，稳步推进引导城乡居民扩大文化消费试点工作，开展文化文物单位文化创意产品开发试点，推动数字文化产业发展
大力促进体育消费	制定实施马拉松运动、汽车自驾营地运动、自行车运动等专项运动产业发展规划，支持社会力量举办相关大型群众性体育赛事活动
培育发展健康消费	支持社会力量发展多层次、多样化医疗卫生服务，推广实施商业健康保险个人所得税税前扣除政策，促进健康旅游
全面提升养老消费	提升养老服务质量，进一步降低养老服务机构准入门槛，增加适合老年人吃住行等日常需要的优质产品和服务供给，推动办公养老机构改革，推进国家级医养结合试点地区创新区医养结合管理机制和服务模式，实施家政服务提质扩容行动
持续扩大教育培训消费	深化国有企业所办教育机构改革，加强教育培训与“双创”的有效衔接，鼓励社会资本参与相关教育培训实践，开展高水平、示范性的中外合作办学

多措并举扩大有效投资，规范有序推广政府和社会资本合作（PPP）模式，全社会固定资产投资增长7%。投资结构持续优化，民生、高技术、工业技术改造等领域投资保持较快增长，高技术制造业、装备制造业投资分别增长17%和8.6%。

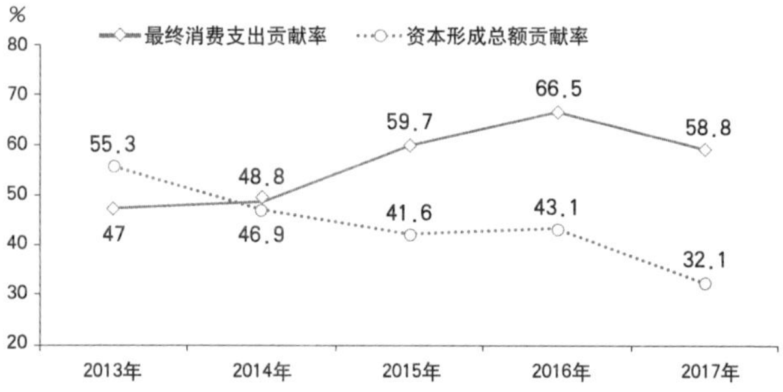

图3　2013—2017年消费和投资对经济增长的贡献率

数据来源：国家统计局。

二是就业形势总体较好。深入落实“十三五”促进就业规划，持续完善更加积极的就业政策体系，就业创业服务不断加强，重点群体就业得到较好保障，高技能人才振兴计划、农民工职业技能提升计划等深入推进。全年城镇新增就业1351万人，年末城镇登记失业率3.90%。

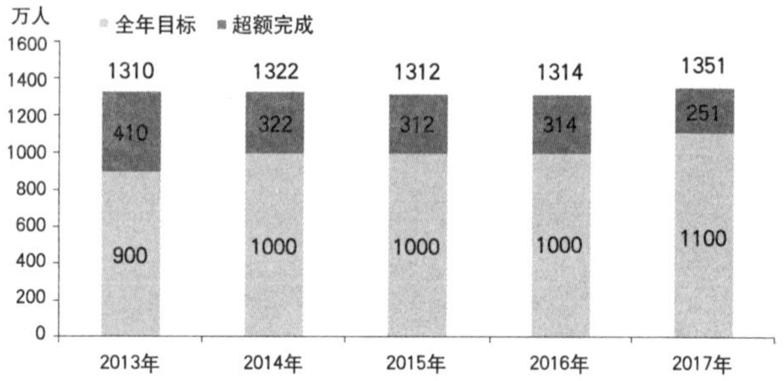

图4　2013—2017年城镇新增就业人数

数据来源：人力资源和社会保障部。

全国居民人均可支配收入达到25974元，实际增长7.3%，高于国内生产总值增速0.4个百分点，农村居民收入增长继续快于城镇居民。

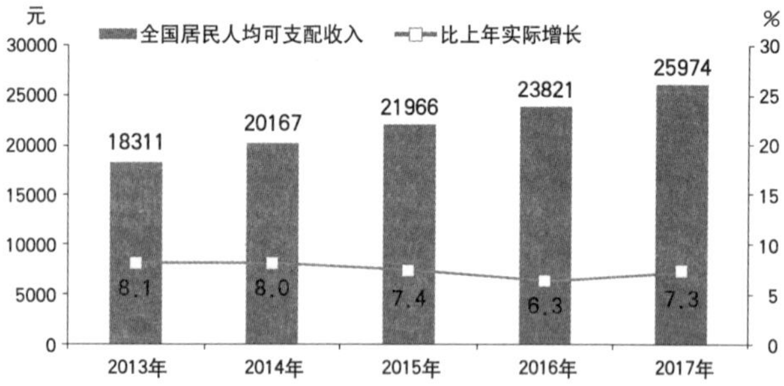

图5　2013—2017年全国居民人均可支配收入及其增长速度

数据来源：国家统计局。

三是价格总水平基本稳定。价格监测分析预警调控不断完善。持续加大价格监管和反垄断执法力度。积极应对天然气价格波动等突发情况，开展专项监督检查，有效保供稳价。全年居民消费价格上涨1.6%。

四是重点领域风险防控稳妥推进。地方政府债务风险防控有序推进，股票、债券、期货、保险市场总体平稳，金融监管统筹协调加强。热点城市房地产市场交易量价变化趋于稳定。国家储备制度进一步健全。强化预期管理，提高政策公开性和透明度，市场信心不断增强。

（二）深入推进供给侧结构性改革，发展质量和效益不断提升。着力改善供给结构，减少无效供给，扩大有效供给，促进资源配置效率不断提高。

一是“三去一降一补”成效明显。钢铁、煤炭去产能年度目标任务超额完成，“地条钢”全面取缔，淘汰停建缓建煤电产能6500万千瓦。人口净流入大中城市住房租赁试点工作加快，房地产库存继续减少，年末商品房待售面积比上年末下降15.3%。企业杠杆率稳中趋降，年末规模以上工业企业资产负债率为55.5%，下降0.6个百分点。加大减税降费力度，全年为各类市场主体减负超过1万亿元。关键领域和薄弱环节补短板工作积极推进，生态环保、基础设施、贫困地区公共服务设施等领域投资保持较快增长，生态保护和环境治理业、水利管理业、农业投资分别增长23.9%、16.4%和16.4%，快于全部投资16.7个、9.2个和9.2个百分点。

二是实体经济振兴取得积极进展。制造强国建设迈出坚实步伐，“中国制造2025”加快落实，制造业创新中心、工业强基、绿色制造、智能制造等重大工程稳步实施，机械装备、石化医药、冶金建材、新材料、轻纺等产业转型升级步伐加快。《国务院关于深化“互联网+先进制造业”发展工业互联网的指导意见》（国发〔2017〕50号）出台，新能源汽车推广应用取得显著成效。轨道交通装备、工业机器人等重点领域增强核心竞争力三年行动计划持续推进。“中国品牌日”设立。

三是服务业向高效优质发展迈进。加快发展生产性服务业和生活性服务业，服务业创新发展大纲出台实施，新一轮服务业综合改革试点扎实推进。服务业增加值增长8%，对经济增长的贡献率达到58.8%，比上年提高1.3个百分点。

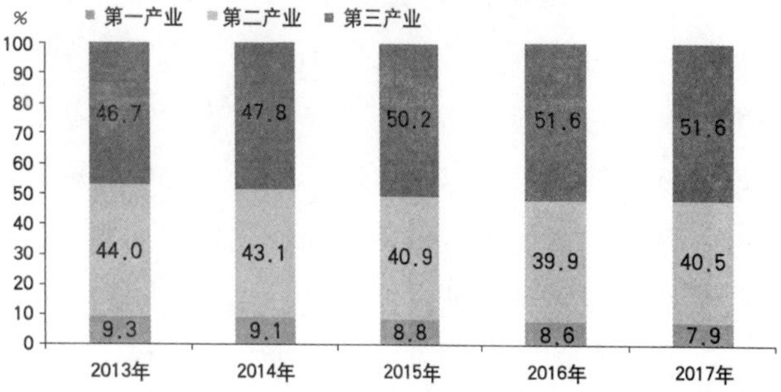

图6 2013—2017年三次产业增加值占国内生产总值比重

数据来源：国家统计局。

四是基础设施保障水平进一步提升。172项重大水利工程已累计开工122项，其中2017年新开工16项，现代综合交通运输体系加快完善，交通基础设施网络布局不断优化，全年铁路建设完成投资超过8000亿元，公路水路完成投资超过2万亿元，民航完成投资825亿元。多式联运加快发展，集装箱铁水联运量增长20%以上。能源生产和消费革命战略全面实施，能源基础设施网络建设统筹推进。

专栏2 重大基础设施建设

铁路	铁路投产新线3038公里，铁路营业里程达12.7万公里，其中高速铁路2.5万公里。武汉至九江、包机至兰州、西安至成都、石家庄至济南等高铁及九江经景德镇至衢州等铁路建成通车
公路	公路通车里程达到477万公里，其中高速公路里程13.6万公里。港珠澳大桥全线贯通，基本具备通车条件
水路	内河航道里程达12.7万公里。长江南京以下12.5米深水航道基本建成。全球最大的单体全自动化集装箱码头上海洋山港四期开港运行
机场	全国民用运输机场数量达到229个。北京新机场、成都新机场加快建设。吉林松原、云南澜沧、贵州遵义等11个运输机场建成投运
能源	水电、风电、太阳能发电装机分别达到3.4亿千瓦、1.6亿千瓦、1.3亿千瓦
水利	滇中饮水等一批重大水利工程开工建设，172项重大水利工程已累计开工122项，在建工程投资规模超过9000亿元
信息	全面建成光网城市，电信普遍服务试点完成3.2万个行政村通光纤任务，全面取消手机国内长途漫游费，4G用户平均下载速率提高40%

（三）积极推进农业供给侧结构性改革，农业农村发展新动能加快培育。农业现代化稳步推进，优质农产品比重持续提升，农业基础进一步夯实。

一是农业结构调整步伐加快。粮食总产量达6.18亿吨，籽粒玉米种植面积调减1984万亩，粮改饲面积超过1300万亩。高标准农田建设大力推进，一批高标准节水农业示范区扎实建设。粮食生产功能区、重要农产品生产保护区和特色农产品优势区建设积极开展。黑土地保护利用、耕地轮作休耕和土壤重金属污染治理试点深入推进，耕地质量得到保护提升。

二是农业农村改革稳步推进。完善稻谷、小麦最低收购价政策，深化玉米收储制度改革，调整完善棉花、大豆目标价格政策，粮食、棉花库存加快消化，粮棉油糖等大宗农产品市场运行平稳。发挥化肥、农药等农资储备吞吐调节作用，保障农资市场供应充足与价格基本稳定。农村集体产权制度改革稳步开展，农村承包地确权登记完成确权面积11.1亿亩。农村土地“三权分置”改革稳妥实施。

三是农村新产业新业态发展壮大。农产品电子商务发展迅速，休闲农业和乡村旅游蓬勃发展，新型农业经营主体不断增多。农村一二三产业融合发展加快，电子商务进农村综合示范、农村产业融合发展“百县千乡万村”试点示范工程深入实施，创建一批国家现代农业产业园，直供直销、创意农业、教育农园、智慧农业、田园综合体等新业态不断涌现，农业农村发展新动能加快集聚。

四是农业农村生产生活条件持续改善。农业节水加快推进，全国新增高效节水灌溉面积2165万亩，百万公里农村公路工程深入实施，新建改建农村公路28.5万公里，改造贫困农户危房190.6万户。农田水利、农村饮水安全巩固提升工程和粮油仓储物流设施、农产品冷链物流设施、公益性农产品批发市场等建设加快推进。中西部农村信息基础设施建设积极推进，县乡村物流网络加快完善。黄河下游滩区居民迁建工作全面开展。

（四）大力实施创新驱动发展战略，经济发展新动能加速成长。着力推进创新型国家建设，创新引领发展的第一动力作用进一步增强。

一是创新能力持续提升。全国研究与试验发展经费投入强度达到2.12%，科技进步贡献率提高到57.5%。

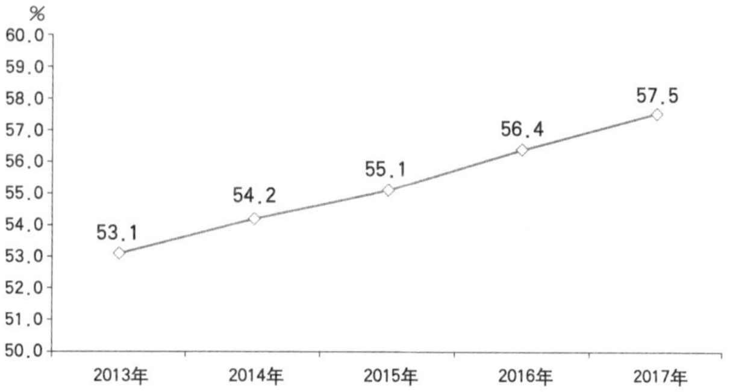

图7　2013—2017年科技进步贡献率

数据来源：科学技术部。

一批重大科技成果涌现，“慧眼”卫星成功发射运行，C919大型客机首飞，量子计算机研制取得重大突破，首艘国产航母顺利下水，海域可燃冰首次试采成功。全面创新改革试验深入推进，169项先行先试改革举措全面启动，其中13项改革举措向全国推广。北京、上海科技创新中心，北京怀柔、上海张江、安徽合肥三个综合性国家科学中心加快建设。国家实验室建设启动，国家重大科技基础设施建设持续推进。国家科技重大专项加速攻坚，“科技创新2030－重大项目”启动实施。研发费用加计扣除、股权激励和技术入股所得税优惠政策、完善高新技术企业认定办法等进一步落实，17家国家自主创新示范区、156家国家高新区形成区域创新发展的核心载体和重要引擎。

专栏3　重大科技成果

通信	世界首台超越早期经典计算机的光量子计算机诞生，量子保密通信“京沪干线”全线贯通，北斗卫星开始全球组网
航天	天舟一号货运飞船成功发射升空，首颗大型硬 X 射线调制望远镜卫星“慧眼”成功发射，暗物质粒子探测卫星“悟空”发现疑似暗物质踪迹
交通	国产大型客机 C919 首飞，大型灭火／水上救援水陆两栖飞机 AG600 首飞，具有完全自主知识产权的中国标准动车组复兴号正式运营

续表 **专栏3 重大科技成果**

能源	我国“人造太阳”（全超导托卡马克核聚变实验装置）创造世界新纪录，海域可燃冰首次试采成功
生物	海水稻成功进行测产，中科院推出高产水稻新种质，我国科学家利用化学物质合成完整活性染色体
海洋	首艘国产航母下水，新型万吨级驱逐舰首舰下水，国产深海滑翔机“海翼”号下潜6329米刷新世界记录

二是大众创业万众创新不断深化。《国务院关于强化实施创新驱动发展战略进一步推进大众创业万众创新深入发展的意见》（国发〔2017〕37号）印发实施。新支持92个国家双创示范基地建设，建成4298家众创空间、3255家科技企业孵化器和400余家企业加速器，第三届全国双创活动周及“创响中国”巡回接力活动成功举办。全年新登记企业达到607.4万户，增长9.9%，日均新登记企业达到1.66万户。

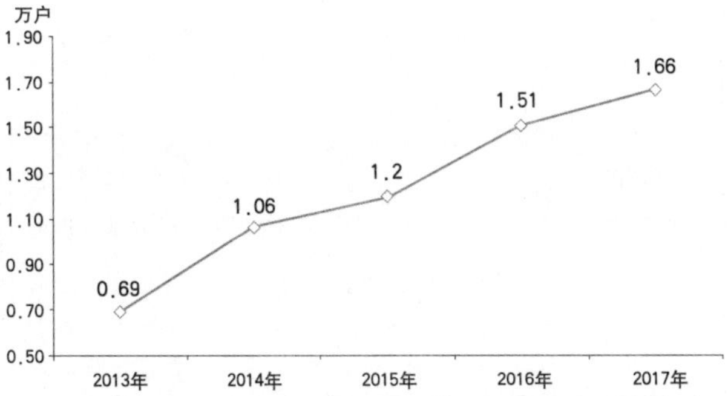

图8 2013—2017年全国日均新登记企业数

数据来源：国家工商行政管理总局。

三是新兴产业蓬勃发展。“十三五”国家战略性新兴产业发展规划全面落实。集成电路、人工智能、大数据、数字经济、新一代信息基础设施、民用空间基础设施、通用航空、新型健康技术惠民等一批重大工程顺利实施。规模以上高技术制造业、工业战略性新兴产业和装备制造业增加值分别增长13.4%、11%和11.3%，比规模以上工业增加值增速快6.8个、4.4个和4.7个百分点。“互联网+”行动深入推进，推动实体经济振兴和加快转型升级。高铁网络、电子商务、共享经济、移动支付、基因检测等走在世界前列。移动宽带用户普及率达到81.4%。全年网上零售额达7.18万亿元，增长32.2%。

（五）全面深化经济体制改革，经济社会发展活力进一步释放。围绕构建有效的市场和有为的政府，持续拓展重要领域、关键环节改革的广度和深度。

一是“放管服”改革深入推进。全年共削减国务院部门行政许可事项和中央指定地方实施行政许可事项127项，市场准入负面清单制度试点扩大至15个省份。国家职业资格目录、政府定价经营服务性收费目录发布实施。“多证合一”改革全面实施，“证照分离”改革试点稳步扩大。出台企业投资项目核准和备案管理办法，集中修订了12部法律法规，核准项目前置要件精简为2项，其他前置审批事项与核准实现并联办理。“双随机、一公开”监管在价格、工商、质检、税务、海关等领域全面推行。政务信息系统整合共享深入推进，初步实现71个部门、32个地方“网络通”，16个重点领域“数据通”“业务通”。

二是国企国资改革积极推进。已分三批在50家国有企业开展混合所有制改革试点。国有企业公司制改革基本完成，中央企业兼并重组步伐加快。国有资本投资、运营公司试点扎实开展，中央企业领导人员分类分层管理制度初步建立。国有资产监管进一步强化。

三是重点行业改革取得新进展。电力体制改革加快推进，电力市场化交易比重提高到26%，增量配电业务改革试点顺利开展。《中共中央 国务院关于深化石油天然气体制改革的若干意见》实施，盐业体制改革全面推进。进一步加强垄断行业价格监管的意见出台，政府定价成本监审力度加大。行业协会商会与行政机关脱钩前两批试点全面完成。

四是财税和金融体制改革稳步推进。分领域推进中央与地方财政事权和支出责任划分改革，预算管理制度改革继续深化，完善增值税制度，扩大水资源税改革试点。国有商业银行和开发性、政策性金融机构改革持续深化，利率汇率市场化改革继续开展，人民币国际化稳妥推进，企业外债登记制管理制度深入落实。国务院金融稳定发展委员会正式成立，金融监管体制改革积极稳妥推进。

五是价格改革继续深化。全面深化价格机制改革的意见出台实施。持续推进能源领域价格改革，完成首轮省级电网输配电价改革，降低非居民用气基准门站价格，天然气全产业链价格监管制度基本建立。公立医院药品加成全部取消，公立医疗机构特需等医疗服务定价稳步放开。交通运输价格改革加快推进。水资源价格改革稳步推进。

专栏4　重点领域价格改革

电力	出台跨省跨区专项工程和区域电网输电价格定价规则，建立地方电网、增量配电网配电价格机制。全年降低企业用电成本约1000亿元
天然气	加强燃气管道运输价格监管。开展天然气跨省管道运输成本监审，核减成本比例达16%。降低非居民用气门站价格0.1元／立方米，减少企业用气支出160亿元
公立医院医疗服务	全国所有公立医疗机构药品加成全部取消，医疗服务比价关系进一步理顺，初步建立了公立医院新型补偿机制
交通运输	制定出台铁路普通旅客列车运输定价成本监审办法，放开5家及以上航空公司共同经营的国内航线票价，调整完善邮政普通包裹寄递资费体系结构，完善港口服务价格形成机制
水资源	扎实推进农业水价综合改革，建立绩效评价机制和资金分配挂钩激励机制。深化城镇供水价格改革，出台加快建立健全城镇非居民用水超定额累进加价制度的指导意见
经营服务性收费	清理规范政府定价的经营服务性收费，进一步放开公民身份认证服务收费、国家储备糖储备肉交易服务价格、代办中国公民因私签证服务价格

六是公平竞争市场环境进一步健全。认真落实《中共中央国务院关于完善产权保护制度依法保护产权的意见》，配合推进民法典编纂工作，修订出台公安机关办理经济犯罪案件的若干规定。社会信用体系建设加快推进，国务院60多个部门签署4个守信联合激励备忘录和29个失信联合惩戒备忘录，制定奖惩措施超过100项。政务诚信体系建设积极推进，政务失信专项治理行动扎实开展。公平竞争审查制度加快推进。知识产权保护力度加大。

（六）以“一带一路”建设为重点，开放型经济新体制稳步健全。着力提高“引进来”水平，持续改善“走出去”结构，更深层次更高水平的全方位开放格局加快形成。

一是“一带一路”建设有力有序有效推进。首届“一带一路”国际合作高峰论坛成功举办。已与86个国家和国际组织签署“一带一路”合作文件101份。中欧班列累计开行6637列，其中2017年开行3673列。蒙内铁路建成投运，匈塞铁路、中老铁路、中泰铁路开工建设，雅万高铁建设积极推进。中俄原油管道复线工程建成。中白工业园、中泰罗勇工业园等境外园区稳步发展。

专栏5　“一带一路”建设进展

促进政策沟通	共建“一带一路”倡议得到100多个国家和国际组织的响应和支持，率先实现中东欧16国“全覆盖”，与老挝、匈牙利等国签署国别合作规划
加强设施联通	陆海天网“四位一体”互联互通体系加快构建，铁路、公路、支点港口、原油和天然气管道、空间信息走廊、跨境光缆等建设取得积极进展，政策、规则、标准“软联通”实现新突破，数字（网上）丝绸之路建设合作国家达到14个，已覆盖亚、欧、拉美等多个地区
加快贸易畅通	投资经贸合作持续扩大，与沙特等8国新签署产能合作文件，已在相关国家建设75个境外经贸合作区。自贸区谈判加快推进，海上丝路贸易指数对外发布
推动资金融通	金融支持“一带一路”建设总体规划印发实施，多元化投融资支撑体系加快建设。积极增强丝路基金对“一带一路”建设的支持能力，金融机构人民币海外基金业务进展顺利。与沿线24个国家和地区央行签订双边本币互换协议，总规模约1.4万亿元人民币
深化民心相通	推进人文交流合作，累计与相关国家签署了40余项科技合作协定和300多个文化交流执行计划，在相关国家设立了35个海外中国文化中心、140所孔子学院、135个孔子课堂、16个中医药海外中心，建立了45个国际联合实验室和国际联合研究中心

二是对外贸易回稳向好势头巩固发展。全年货物贸易进出口总额27.79万亿元，增长14.2%，扭转了连续两年下降的局面。外贸新业态新模式加快发展。服务贸易发展“十三五”规划印发实施，深入开展服务贸易创新发展试点。全国通关一体化继续推进，降低部分消费品进口关税。

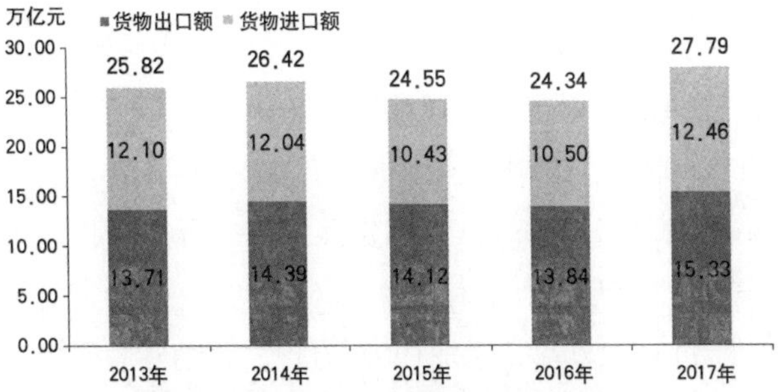

图9 2013—2017年货物进口总额

数据来源：海关总署。

三是利用外资规模企稳结构优化。扩大对外开放积极利用外资和促进外资增长的政策措施出台，修订外商投资产业指导目录，实施外商投资准入负面清单，内外资公平竞争环境进一步改善。辽宁、浙江、河南、湖北、重庆、四川、陕西等7个自贸试验区启动建设。全年实际使用外资1363亿美元，创历史新高，高技术制造业和高技术服务业利用外资增长较快，国家级开发区的开放平台作用明显增强。

四是境外投资发展规范有序。制定出台进一步引导和规范境外投资方向的指导意见、企业境外投资管理办法和对外投资备案（核准）报告暂行办法，企业境外投资便利化水平和规范化程度同步提高，企业对外投资更趋理性，主要流向制造业、租赁和商务服务业、批发零售业以及信息传输、软件和信息技术服务业。全年非金融类境外直接投资1201亿美元。

（七）深入推进城乡区域协调发展，新增长点增长极增长带加快培育。强化地区间一体联动，提升新型城镇化质量和水平，区域发展格局进一步拓展优化。

一是区域发展协调性增强。对革命老区、民族地区、边疆地区经济社会发展的支持力度进一步加大，沿边开发开放取得重要进展。西部大开发“十三五”规划印发实施，西部地区开发开放水平不断提升，全年新开工重点工程17项，总投资4941亿元。东北地区经济触底回暖迹象增多，国企改革、民营经济发展、优化营商环境、与东部地区对口合作等加快推进。中部地区发展活力和可持续发展能力不断提升，成为我国经济增长新的支撑。东部地区新动能加快培育壮大，泛珠三角区域合作迈出新步伐。资源枯竭城市转型发展、独立工矿区和城区老工业区改造、采煤沉陷区综合治理等有序推进。国家级新区引领作用进一步显现，临空经济示范区、承接产业转移示范区、产城融合示范区等建设扎实推进。全国海洋经济发展“十三五”规划加快实施。

二是京津冀协同发展迈出重要步伐。雄安新区正式设立。北京城市副中心加快建设。疏解北京非首都功能控增量、疏存量相关政策意见出台实施，一般制造企业、批发市场等疏解项目有序向外疏解转移。京津冀打通“断头路”和“瓶颈路段”扩容工作加快推进，大气污染联防联治取得成效，一批京津冀产业协同发展重大项目建成投产。京津冀产业协同发展基金投入运作。

专栏6 京津冀协同发展进展

雄安新区	新区规划编制工作取得重要阶段性成果，规划框架基本成熟。生态环保、植树造林、文化保护等工作先期启动
北京城市副中心	相关城市设计和通州区总体规划制定完成，行政办公区一期工程基本建成，北京市级机关及市属行政部门率先启动搬迁
重点领域率先突破	京津冀“2+26”城市大气污染防治工作方案出台实施，2017年京津冀区域内13个主要城市$PM_{2.5}$平均浓度比2013年下降近40%。北京、沧州生物医药园入住北京医药企业达到79家
改革创新试点示范	北京全国科技创新中心加快建设，京津冀系统推进全面创新改革试验18项改革措施取得阶段性成果、开始向全国推广，三省市建设众创空间200余家
公共服务共建共享	成立12个高校创新联盟和7个高校协同创新中心，组建跨区域医联体，230多家医院开展临床检验、医学影像检查结果互认共享。“一对一”对口帮扶扎实推进

三是长江经济带发展取得积极进展。全面落实《长江经济带发展规划纲要》，省际合作协商机制有效运行，“共抓大保护”格局初步形成。非法码头非法采砂整治、饮用水水源地安全检查等专项行

动深入开展，负面清单、跨界断面考核等生态环保制度建设加快推进，水环境治理、水生态修复和水资源保护等重大工程大力实施。综合立体交通走廊加快建设，上海、武汉、重庆三大航运中心建设进展顺利，沪蓉、沪渝、沪昆高速公路全线通车。

专栏7　长江经济带发展进展

健全规划政策体系	《长江经济带发展规划纲要》分工方案印发实施，沿江 11 省市实施方案全部印发实施，生态环境保护等专项规划制定出台
推动生态环境保护	深入开展“共抓大保护”中突出问题整改、非法码头非法采砂专项整治、沿江化工污染专项整治、入河排污口专项检查、长江沿线饮用水水源地安全专项检查、长江干流岸线保护与利用专项检查等专项行动，应取缔的 959 座非法码头彻底拆除，大部分完成生态复绿
建设综合交通走廊	不断提升黄金水道功能，长江南京以下 12.5 米深水航道主体工程完工，中游荆江河段航道整治工程竣工验收。积极推进船型标准化，稳步推进长江集装箱江海直达运输发展，积极推进综合交通网络建设，加快实现区域通关一体化，长江大通关机制进一步完善
上中下游协同发展	沿江 11 省市参加的覆盖全域的“1+3”长江经济带省际协商合作机制有效运行，在环境保护联防联控、基础设施互联互通、产业协同发展、一体化市场体系建设等方面取得新突破

四是粤港澳大湾区建设有序推进。《深化粤港澳合作推进大湾区建设框架协议》签署，合作编制粤港澳大湾区发展规划纲要工作加紧推进。国际科技创新中心建设实施方案编制工作顺利开展。港珠澳大桥全线贯通，基本具备通车条件。

五是以人为核心的新型城镇化建设扎实推进。农业转移人口市民化有序推进，户籍制度改革和居住证制度落地实施。全国常住人口城镇化率达到58.52%，户籍人口城镇化率达到42.35%，均比上年增加1个百分点左右。城镇化空间格局持续优化，长三角、长江中游、成渝、哈长、中原、北部湾等城市群规划加快实施，关中平原、呼包鄂榆等跨省区城市群规划编制完成。以市场化方式规范推进特色小镇和小城镇建设。新型城镇化综合试点取得积极进展。

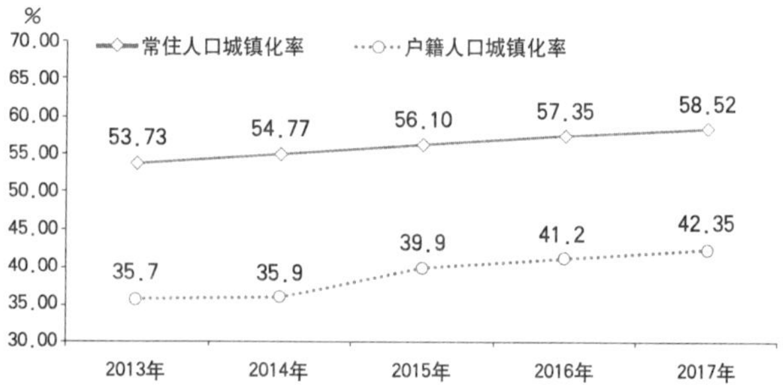

图10　2013—2017年常住人口城镇化率和户籍人口城镇化率

注：2014年7月国务院印发《关于进一步推进户籍制度改革的意见》（国发〔2014〕25号），自2015年起户籍人口城镇化率统计口径作了调整。

数据来源：国家统计局、公安部。

（八）加强能源资源节约和生态环境保护，绿色发展取得新进展。单位国内生产总值能耗和二氧化碳排放量分别下降3.7%和5.1%，万元国内生产总值用水量下降5.6%，完成全年目标。

一是生态文明制度体系加快形成。福建、江西、贵州国家生态文明试验区建设稳步推进。健全国家自然资源资产管理体制试点积极推进，浙江、福建、河南、四川开展用能权有偿使用和交易试点。全面实施排污许可制度，全面推行河长制、湖长制进展顺利，扎实推进耕地草原河湖休养生息。生态保护补偿工作取得新进展，纵向补偿力度进一步加大，横向补偿试点范围进一步扩大。《建立国家公园体制总体方案》出台实施，三江源、东北虎豹、大熊猫、祁连山等国家公园体制试点积极推进。

二是主体功能区战略深入实施。《中共中央 国务院关于完善主体功能区战略和制度的若干意见》、全国国土规划纲要印发实施，省级国土规划编制基本完成，新一轮土地利用总体规划编制工作启动，配套政策不断完善。“多规合一”空间规划改革扎实开展。重点生态功能区产业准入负面清单制度深入实施。资源环境承载能力监测预警长效机制建立健全。完成京津冀3省（市）、长江经济带11省（市）和宁夏回族自治区共15省份生态保护红线划定工作。

三是能源资源利用效率继续提高。开展2016年度能源消耗总量和强度“双控”目标责任评价考核。落实最严格的水资源管理制度、耕地保护和节约用地制度。矿产资源开发利用制度进一步健全，启动矿业权出让制度改革。培育壮大节能环保产业，加大能效、水效领跑者制度推广力度，加强再生资源规划引导，生产者责任延伸制度不断深化，资源循环利用基地建设启动，重点行业清洁生产评价指标体系编制出台。

四是环境治理和生态保护力度加大。中央环境保护督察实现31个省（区、市）全覆盖。大气、水、土壤污染防治三大行动计划深入实施。积极实施具备条件的燃煤机组超低排放改造，累计完成超过7亿千瓦。淘汰黄标车和老旧车300多万辆。2198家工业集聚区建成污水集中处理设施。京津风沙源带、岩溶石漠化区、三江源等重点区域山水林田湖草系统治理积极推进，退耕还林还草、天然林资源保护、生物多样性保护等重点工程深入实施，全年营造林面积预计23496万亩。重点流域农业面源污染综合治理、农牧交错带已垦草原综合治理和东北黑土地保护试点继续开展。生活垃圾分类制度实施方案出台。

五是应对气候变化工作积极开展。全国碳排放交易体系顺利启动。“十三五”控制温室气体排放工作方案深入落实，开展2016年度控制温室气体排放目标责任评价考核。统筹推进低碳发展试点示范，启动气候适应型城市建设试点。积极推动联合国气候变化波恩大会成功达成《斐济实施动力》成果。气候变化南南合作“十百千”项目进展顺利。

（九）着力保障和改善民生，人民生活水平进一步提升。坚持以人民为中心的发展思想，民生领域投入力度持续加大。

一是脱贫攻坚战取得重要进展。中央财政补助地方专项扶贫资金增长30.3%。安排中央预算内投资244亿元、中央财政贷款贴息资金72.49亿元用于易地扶贫搬迁。全年实现1289万农村贫困人口脱贫，340万人易地扶贫搬迁建设任务顺利完成，贫困发生率降至3.1%。聚焦深度贫困地区和特殊贫困人口，产业扶贫、教育扶贫、就业扶贫、科技扶贫、健康扶贫、生态扶贫扎实推进，以工代赈投入力度加强，基础设施和公共服务设施建设支持力度进一步加大。

二是社会保障体系不断健全。养老保险制度顶层设计取得关键性进展，划转部分国有资本充实社保基金实施方案印发实施。城乡居民基本医疗保险制度整合深入推进，异地就医直接结算取得重要突破，所有省级异地就医结算系统、所有统筹地区均与国家异地就医结算系统实现对接。高龄津贴制度已在全国31个省份和新疆生产建设兵团实现全覆盖。城镇职工基本养老和城乡居民养老保险参保人数分别达到4.02亿人和5.13亿人。城镇棚户区住房改造开工609万套。

专栏8　社会保障体系不断健全

社会保障	基本养老保险基金中央调剂制度方案加快制定。企业年金办法正式出台，职工基本医疗保险个人账户和门诊统筹制度逐步完善
社会救助	医疗救助与大病保险在保障对象、支付政策、经办服务、监督管理等方面的制度衔接不断加强。城乡低保统筹发展试点不断推进，城乡低保标准动态调整机制建立健全
服务能力	异地就医直接结算加快推进，已有8499家定点医疗机构接入国家异地结算系统，覆盖参加基本医保和新农合各类人员，符合规定的省内和跨省异地住院费用实现直接结算。医养结合试点持续推进
保障水平	退休人员基本养老金水平平均提高约5.5%，各级财政对城乡居民医保补助标准提高到年人均450元。城乡低保标准分别达到534.1元／人·月和350.9元／人·月，比上年底提高8.0%、12.5%

三是基本公共服务体系进一步完善。“十三五”推进基本公共服务均等化规划出台，国家基本公共服务清单制度开始建立。九年义务教育巩固率93.8%，高中阶段教育毛入学率88.3%，财政性教育经费支出占国内生产总值比例继续超过4%。全部三级公立医院参加医联体建设，每千人口医疗卫生机构床位数达到5.66张。公共文化服务保障法正式实施，以县为单位加快落实国家基本公共文化服务指导标准和省级实施标准。全民健身指南发布，“十三五”国

家老龄事业发展和养老体系建设规划印发实施。加强社会兜底保障，困难残疾人生活补贴和重度残疾人护理补贴受益人数均超过1000万，近6000万低保人员和特殊困难群众基本生活得到有效保障，农村留守儿童关爱保护体系全面构建，近50万孤儿和艾滋病毒感染儿童纳入政府保障。全面两孩政策持续推进，全年出生人口1723万人，年末总人口13.9亿人，人口自然增长率为5.32‰。

专栏9 基本公共服务水平提升

公共教育	统一城乡义务教育学生"两免一补"政策，推进县域义务教育均衡发展督导评估，实施高中阶段教育普及攻坚计划，进一步完善国家资助政策，农村义务教育学生营养改善计划实现国家扶贫开发工作重点县全覆盖
医疗卫生	落实国家基本公共卫生服务项目，印发实施防治慢性病中长期规划，推进医联体建设和家庭医生签约服务，完善中医药健康管理服务规范
社会服务	细化特困人员认定条件，落实特困人员救助供养政策。推动建立适度普惠的老年人补贴制度，开展居家和社区养老服务改革试点。积极帮扶退役士兵就业创业，推进"阳光安置"
文化体育	实施公共文化服务保障法，全面建设基层综合性文化服务中心，深入推进全民阅读，加快推进广播电视节目无线数字化覆盖。推动公共体育场馆免费或低收费对外开放，组织开展公益性全民健身活动
残疾人服务	实施第二期特殊教育提升计划，保障家庭经济困难残疾学生12年免费教育。781.7万残疾人得到基本康复服务，89万户残疾人家庭进行无障碍改造，成年无业重度残疾人单独施保加快推进

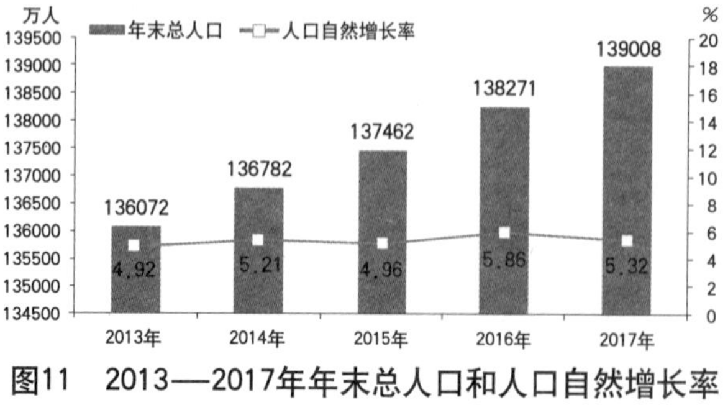

图11 2013—2017年年末总人口和人口自然增长率

数据来源：国家统计局。

从2017年经济社会发展情况看，经济增长、就业、价格总水平、国际收支平衡等主要指标保持在合理区间，创新驱动、民生保障等反映发展质量和效益的指标进一步改善，总的完成情况是好的。

19个约束性指标中，16个指标完成全年目标，非化石能源占一次能源消费比重、地级及以上城市空气质量优良天数比率、地表水达到或好于Ⅲ类水体比例3个指标完成情况与全年目标存在差距。具体情况是：（1）在工业回升带动下，2017年火电发电量大幅增长，煤炭消费4年来首次转为正增长，而2017年特别是上半年来水情况较差，水电发电量增速低于往年，因此非化石能源占一次能源消费比重低于全年目标0.6个百分点。（2）2017年工业企业生产回暖，导致污染物排放上升，加上一季度气象条件极为不利，因此地级及以上城市空气质量优良天数比率低于全年目标1个百分点。（3）2017年全国水污染物排放量居高不下，加之平均降水量同比减少，因此地表水达到或好于Ⅲ类水体比例低于全年目标0.4个百分点。根据"十三五"规划要求，上述3个指标"十三五"期间应累计分别提高3个百分点、3.3个百分点以上和4个百分点以上，"十三五"前两年已分别提高1.7个、1.3个和1.9个百分点，后三年经过努力，仍有望顺利完成规划目标。

46个预期性指标中，44个指标运行情况符合或好于预期。全社会固定资产投资指标和服务贸易进出口额指标运行值与预期值存在一定差距。关于全社会固定资产投资指标，一方面，近几年来，我们坚持贯彻新发展理念，更加注重优化投资结构、提高投资效率，减少投资依赖。2017年在投资增速低于预期的同时，我国经济依然保持了稳中向好态势，体现了需求结构调整、发展动能转换的成效。另一方面，受投资回报率偏低、市场前景不明朗、营商环境有待进一步改善等影响，民间投资和制造业投资活力不强，导致全社会固定资产投资增速放缓。关于服务贸易进出口额指标，一方面，近几年来，服务贸易结构进一步优化，新兴业态快速发展，服务贸易创新发展取得积极成效，2017年服务出口增长10.6%，7年来首次高于进口增速。另一方面，主要受旅行进出口同比下降、统计口径调整等因素影响，服务贸易进出口额增速放缓，低于年初制定的预期目标。

总的来看，2017年经济运行稳中向好态势持续发展，决胜全面建成小康社会又向前迈出坚实一步。在国内外经济形势极其错综复杂的情况下，经济社会发展取得这样的成绩来之不易，这是以习近平同志为核心的党中央坚强领导的结果，是习近平新时代中国特色社会主义思想科学指引的结果，是党的十八大以来党中央、国务院一系列重大方针政策和重大举措累积效应的结果，更是全党全国各族人民共同奋斗、各方面工作久久为功的结果。五年来，各地区各部门以习近平新时代中国特色社会主义思想为指引，坚持稳中求进工作总基调，贯彻新发展理念，“十二五”规划胜利完成，“十三五”规划顺利实施。一是经济实力显著增强。国内生产总值从2012年的54万亿元增加到82.7万亿元，年均增长7.1%，对世界经济增长的贡献率超过30%。二是发展质量和效益明显提高。全国一般公共预算收入从11.7万亿元增至17.3万亿元。全员劳动生产率从人均7.3万元提高到10万元以上。居民人均可支配收入从1.7万元增至2.6万元，增速总体快于经济增长，城乡居民收入倍差由2.88：1下降至2.71：1。单位国内生产总值能耗降低20.9%。三是经济结构发生重大变革。需求结构“消费超投资”，最终消费对经济增长的贡献率提高了近4个百分点。产业结构“三产超二产”，服务业占国民经济的比重不断上升。区域发展格局不断优化，新型城镇化扎实推进，8000多万农业转移人口成为城镇居民。四是新旧动能加快接续转换。供给侧结构性改革扎实推进，有效改善了市场供求关系和企业盈利状况。创新驱动发展战略深入实施，天宫、蛟龙、天眼、悟空、墨子、大飞机等重大科技成果相继问世，新产业新业态新模式层出不穷，传统产业通过改造升级焕发生机。五是市场主体活力持续释放。营商环境不断优化，产权保护不断加强，公平竞争市场环境进一步健全。五年来，国务院部门行政审批事项削减44%，中央层面核准的企业投资项目减少90%，中央政府定价项目缩减80%。大众创业万众创新蓬勃发展，全国日均新登记企业从5400户上升到1.66万户，活跃度保持在70%左右，经济社会发展内生动力不断增强。六是改革开放全面深化。重要领域和关键环节改革取得突破性进展，主要领域改革主体框架基本确立。“一带一路”倡议由构想逐步变为现实，贸易大国地位更加巩固，利用外资保持稳定增长，我国对世界经济发展的影响力大幅提升。七是民生福祉得到有效保障。城镇新增就业6600万人以上，脱贫攻坚取得决定性进展，贫困人口减少6800多万。覆盖城乡居民的社会保障体系基本建立，基本公共服务均等化程度不断提高。八是生态环境建设保护力度持续加大。大气、水、土壤污染防治行动取得明显成效，重点区域PM2.5平均浓度下降30%左右，生态文明制度体系加快形成，环境状况得到改善。

五年来经济社会发展取得的历史性成就、发生的历史性变革，为党和国家事业取得历史性成就、发生历史性变革提供了重要物质条件，进一步坚定了全党全国各族人民对习近平新时代中国特色社会主义思想的高度认同，进一步凝聚了全党全国各族人民的思想共识，为推动高质量发展奠定了坚实的思想基础。

同时，我们也清醒认识到，国际环境仍然错综复杂，世界经济有望继续复苏，但不稳定不确定因素依然很多，主要经济体政策调整对全球产业布局和资本流动带来外溢影响，贸易和投资保护主义上升，地缘政治风险较多。从国内看，发展不平衡不充分的一些突出问题尚未解决。一是经济增长内生动力还不够足。消费升级面临供给瓶颈制约，汽车、住房两大消费热点趋于平稳，其他消费新增长点暂时难以形成足够支撑，消费增长后劲有待增强。受市场准入限制、上游产能过剩和下游利润空间收窄影响，部分领域投资仍然乏力。二是实体经济发展仍面临困难。制度性交易成本仍然较高，原材料、物流等成本压力较大，融资难融资贵问题仍比较突出，一些企业特别是中小企业经营困难。传统产业产能过剩问题尚未根本解决。农业农村基础依然薄弱。三是营商环境仍待优化。市场准入中的各类许可仍然较多，部分领域不合理制度规定清理不及时不到位，“玻璃门”“弹簧门”“旋转门”依然存在。政务服务的主动性和便利性仍需加强，群众和企业仍受证照多、办事慢之累，改革的获得感还不够强。四是创新能力不够强。基础研究、应用基础研究能力比较薄弱，特殊材料、关键零部件、工业母机等“卡脖子”问题仍较突出。创新创业平台有待完善，落实科技成果转化政策还存在一些障碍，公共科技资源对社会的开放共享程度有待提升，对新产业新业态新模式的包容审慎监管仍然经验不足、需要探索。五是生态环境保护任重道远。部分区域流域污染仍然较重，大气、水、土壤污染防治都需加大力度，农业农村污染问题突出，生态修复还有不少欠账，完善政策制度体系、补齐体制机制短板还需要长期扎实推进。六是民生领域还有不少短板。脱贫攻坚任务艰巨，农村仍有数千万贫困人口，且深度贫困人口占比大，越往后脱贫难度越大。城乡区域发展和收入分配差距依然较大，中低收入群体增收困难。群众在教育、医疗、住房、就业、养老等方面还面临不少难题。教育发展不平衡不协调问题仍然存在，学前教育、职业教育、特殊教育、网络教育、继续教育等仍是薄弱环节。医疗卫生结构布局不合理、基层服务能力不强。住房保障和供应体系仍待健全。高校毕业生、农民工、去产能分流安置职工等重点群体就业压力不减。养老服务供给不足，质量有待提高。七是金融等领域风险仍较突出。银行不良贷款、债券市场信用、资本市场波动等风险仍然较高，非法集资等金融犯罪活动时有发生。社会治理、国家安全也面临新的挑战，其他一些突出问题和潜在风险也不容忽视。对这些问题，我们将高度重视，积极调动各方面资源妥善应对，及时化解各类风险隐患，努力实现更高质量、更有效率、更加公平、更可持续的发展。

2017年中央和地方预算执行情况

——《关于2017年中央和地方预算执行情况与2018年中央和地方预算草案的报告》节选

财政部

2018年3月5日

2017年，在以习近平同志为核心的党中央坚强领导下，各地区各部门牢固树立政治意识、大局意识、核心意识、看齐意识，以习近平新时代中国特色社会主义思想为指导，全面深入贯彻党的十九大精神，坚持稳中求进工作总基调，坚持新发展理念，坚持以提高发展质量和效益为中心，以推进供给侧结构性改革为主线，严格执行十二届全国人大五次会议审查批准的预算，认真落实全国人大财政经济委员会的审查意见，统筹推进稳增长、促改革、调结构、惠民生、防风险各项工作，经济运行稳中向好态势持续发展，改革开放全面深化，经济结构继续优化，质量效益明显提升，风险管控稳步推进，市场信心显著增强，社会大局保持稳定。中央和地方预算执行情况较好。

（一）2017年一般公共预算收支情况

1.全国一般公共预算

全国一般公共预算收入172566.57亿元，为预算的102.3%，比2016年同口径（下同）增长7.4%。加上使用结转结余及调入资金10138.85亿元（包括中央和地方财政从预算稳定调节基金、政府性基金预算、国有资本经营预算调入资金，以及地方财政使用结转结余资金），收入总量为182705.42亿元。全国一般公共预算支出203330.03亿元，完成预算的104.3%，增长7.7%。加上补充中央预算稳定调节基金3175.39亿元，支出总量为206505.42亿元。收支总量相抵，赤字23800亿元，与预算持平。

2017年全国一般公共预算收入扭转了2012年以来增速放缓态势。一些收入项目超出预算较多，其中，国内增值税超出2677.56亿元，企业所得税超出1875.61亿元，进口货物增值税、消费税和关税超出3086.25亿元。主要是供给侧结构性改革深入推进，经济发展的质量和效益提升，税源相应增加；工业生产者价格指数回升超出预期，直接带动以现价计算的相关税收快速增长；国内外需求回暖，进口商品量价齐增，进口税收增加较多。

2.中央一般公共预算

中央一般公共预算收入81119.03亿元，为预算的103.2%，增长7.1%。加上从中央预算稳定调节基金调入1350亿元，从中央政府性基金预算、中央国有资本经营预算调入283.35亿元，收入总量为82752.38亿元。中央一般公共预算支出95076.99亿元（包括本级支出、对地方税收返还和转移支付），完成预算的99.3%，增长5.4%。加上补充中央预算稳定调节基金3175.39亿元，支出总量为98252.38亿元。收支总量相抵，中央财政赤字15500亿元，与预算持平。

主要收入项目执行情况。国内增值税28165.97亿元，为预算的104.9%。国内消费税10225.09亿元，为预算的99.6%。进口货物增值税、消费税15968.56亿元，为预算的120.8%。关税2997.69亿元，为预算的112.7%。企业所得税20422.62亿元，为预算的104.4%。个人所得税7180.71亿元，为预算的111.2%。出口货物退增值税、消费税13870.37亿元，为预算的106.7%。非税收入5424.43亿元，为预算的66.2%。

中央本级支出29858.89亿元，完成预算的100.9%，增长7.5%。主要支出项目执行情况是：一般公共服务支出1271.46亿元，完成预算的100.9%。外交支出519.67亿元，完成预算的95.2%。国防支出10226.35亿元，完成预算的100%。公共安全支出1848.94亿元，完成预算的100.6%。教育支出1548.39亿元，完成预算的101.9%。科学技术支出2826.96亿元，完成预算的99.5%。粮油物资储备支出1597.48亿元，完成预算的108.2%。债务付息支出3779.43亿元，完成预算的100.8%。

中央对地方税收返还和转移支付65218.1亿元，完成预算的99.3%，增长4.5%。其中，税收返还8163.59亿元，完成预算的89.3%，主要是根据全面推开营改增试点后有关税收返还政策据实安排；一般性转移支付35167.9亿元，完成预算的100.4%；专项转移支付21886.61亿元，完成预算的101.9%。一般性转移支付占转移支付总额的比重提高至61.6%，其中，老少边穷地区转移支付增长19.7%，县级基本财力保障机制奖补资金增长9.5%。

2017年中央一般公共预算收入超收2507.38亿元、支出结余668.01亿元，全部转入中央预算稳定调节基金。中央预备费预算500亿元，实际支出60.7

亿元，用于大气污染成因与治理攻关等方面，剩余439.3亿元（已包含在上述支出结余668.01亿元中）全部转入中央预算稳定调节基金。2017年末，中央预算稳定调节基金余额4666.05亿元。

3.地方一般公共预算

地方一般公共预算收入156665.64亿元，其中，地方一般公共预算本级收入91447.54亿元，增长7.7%；中央对地方税收返还和转移支付收入65218.1亿元。加上地方财政使用结转结余及从地方预算稳定调节基金、政府性基金预算、国有资本经营预算调入资金8505.5亿元，收入总量为165171.14亿元。地方一般公共预算支出173471.14亿元，增长7.7%。收支总量相抵，地方财政赤字8300亿元，与预算持平。

（二）2017年政府性基金预算收支情况

全国政府性基金收入61462.49亿元，增长34.8%。加上2016年结转收入298.5亿元和地方政府发行专项债券筹集收入8000亿元，全国政府性基金相关收入总量为69760.99亿元。全国政府性基金相关支出60700.22亿元，增长32.7%。

中央政府性基金收入3824.77亿元，为预算的103.2%，增长6.4%。加上2016年结转收入298.5亿元，中央政府性基金收入总量为4123.27亿元。中央政府性基金支出3669.19亿元，完成预算的91.6%，增长9.2%。其中，中央本级支出2683.6亿元，对地方转移支付985.59亿元。中央政府性基金收大于支454.08亿元。其中，结转下年继续使用385.59亿元；单项政府性基金结转超过当年收入30%的部分合计68.49亿元，按规定补充中央预算稳定调节基金。

地方政府性基金本级收入57637.72亿元，增长37.3%，其中国有土地使用权出让收入52059.01亿元，增长40.7%。加上中央政府性基金对地方转移支付收入985.59亿元和地方政府发行专项债券筹集收入8000亿元，地方政府性基金相关收入为66623.31亿元。地方政府性基金相关支出58016.62亿元，增长34.2%，其中国有土地使用权出让收入相关支出51779.63亿元，增长37.1%。

（三）2017年国有资本经营预算收支情况

国有资本经营预算收入主要根据国有企业上年实现净利润一定比例收取，同时按照收支平衡原则安排相关支出。

全国国有资本经营预算收入2578.69亿元，下降1.2%。全国国有资本经营预算支出2010.93亿元，下降6.7%。

中央国有资本经营预算收入1244.27亿元，为预算的96.5%，下降13%，主要是石油、电力等行业企业2016年经济效益下滑。加上2016年结转收入128.03亿元，收入总量为1372.3亿元。中央国有资本经营预算支出1001.71亿元，完成预算的86.3%，下降30.9%，主要是2017年国有资本经营预算收入规模下降，同时调入一般公共预算比例提高，支出规模相应减少。其中，中央本级支出766.34亿元，对地方转移支付235.37亿元。向一般公共预算调出257亿元。结转下年支出113.59亿元。

地方国有资本经营预算本级收入1334.42亿元，增长13.2%。加上中央国有资本经营预算对地方转移支付收入235.37亿元，收入总量为1569.79亿元。地方国有资本经营预算支出1244.59亿元，增长2.1%。向一般公共预算调出310.61亿元。

（四）2017年社会保险基金预算收支情况

全国社会保险基金收入55380.16亿元，为预算的106.9%，增长10.5%。其中，保险费收入39563.61亿元，财政补贴收入12264.49亿元。全国社会保险基金支出48951.67亿元，完成预算的101%，增长12.3%。当年收支结余6428.49亿元，年末滚存结余72037.47亿元。目前全国社会保险基金整体上还有较大结余，但受人口老龄化等因素影响，部分省份企业职工基本养老保险抚养比偏低，基金收支平衡压力较大。

2017年末，中央财政国债余额134770.16亿元，控制在全国人大批准的债务余额限额141408.35亿元以内；地方政府债务余额164706.59亿元，包括一般债务余额103322.35亿元、专项债务余额61384.24亿元，控制在全国人大批准的债务余额限额188174.3亿元以内。

以上预算执行的具体情况详见《中华人民共和国2017年全国预算执行情况2018年全国预算（草案）》。

（五）2017年主要财税政策落实和重点财政工作情况

2017年，财政部门认真落实十二届全国人大五次会议预算决议要求，全面贯彻实施预算法，有效实施积极的财政政策，持续深化财税体制改革，加大重点领域保障力度，支持推进供给侧结构性改革，有力促进了经济社会持续健康发展。

着力实施减税降费政策。密切跟踪营改增试点实施情况，落实并不断完善试点政策，简化增值税税率结构。享受减半征收企业所得税优惠的小型微利企业年应纳税所得额上限由30万元提高到50万元。科技型中小企业研发费用加计扣除比例由50%提高到75%。启动创业投资和天使投资有关税收政策试点。将商业健康保险个人所得税税前扣除试点政策推至全国。继续实施2016年底到期的部分税收优惠政策等。实行上述措施，全年新增减税超过3800亿元。取消、停征或免征房屋转让手续费等43项中央行政事业性收费，降低7项收费标准；取消、停征或减免城市公用事业附加等5项政府性基金，降低2项征收标准；取消工业企业结构调整专项资金。加上地方自主清理的政府性收费，全年涉及减收超过1900亿元。此外，相关部门还出台了清理规范经营服务性收费、推进网络提速降费、降低企业用能成本、推进物流降本增效等措施，全年减轻社会负担超过4400亿元。进一步规范涉企收费行为，创建实施政府性基金和行政事业性收费、政府定价的经营服务性收费目录清单全国“一张网”制度，清单之外一律不得收费，并建立了乱收费举报投诉查处机制。

扎实推进供给侧结构性改革。落实“三去一降一补”重点任务。拨付专项奖补资金222亿元，支持钢铁、煤炭行业超额完成2017年化解过剩产能任务，妥善安置分流职工。淘汰停建缓建煤电产能6500万千瓦。拨付资金566.7亿元，支持中央企业处置“僵尸企业”以及解决国有企业“三供一业”等历史遗留问题。完善棚改安置方式，在商品房库存量大的地方积极推行货币化安置。落实和完善企业兼并重组、债权转让核销等相关政策，市场化法治化债转股工作有序推进。进一步优化中央基建投资支出结构，集中用于重大水利工程、新一轮农网改造升级等。规范推行政府和社会资本合作（PPP）模式，民营企业参与率稳步提高。推进农业供给侧结构性改革。启动41个国家现代农业产业园创建。实施农业补贴制度改革，突出绿色生态导向。支持完成粮改饲面积超过1300万亩，耕地轮作休耕制度试点1200万亩，重金属污染耕地修复治理242万亩，引导种植结构调整，促进耕地地力保护。完善粮食等重要农产品价格形成机制和收储制度，消化政策性粮棉油库存8501万吨。国家农业信贷担保联盟有限公司和33家省级农业信贷担保公司完成组建，累计为超过4.9万个农业项目提供贷款担保，担保总额442.5亿元，缓解了农业经营主体融资难、融资贵、融资慢问题。在13个粮食主产省选择200个产粮大县，面向适度规模经营农户开展农业大灾保险试点，保障水平提高约90%。推进土地整治，农业综合开发建设高标准农田2500万亩，高效节水灌溉面积新增2165万亩，灾后水利薄弱环节和重大水利基础设施建设有序推进。支持18个省份开展田园综合体建设试点示范。

培育壮大经济发展新动能。加强对公共科技活动的支持，全面落实中央财政科技计划和科研项目资金管理改革举措，运用市场化方式促进科技成果转移转化。深入实施“中国制造2025”，支持智能制造、工业强基、绿色制造工程建设。落实和完善首台（套）重大技术装备保险补偿政策，将新材料纳入首批次应用保险保费补偿范围。发挥国家集成电路产业投资基金等引导作用，促进制造业重点领域加快发展。实施调整后的财政补贴政策，全年推广新能源汽车约80万辆。支持30个城市开展小微企业创业创新基地城市示范，加快国家中小企业发展基金运行，促进大众创业、万众创新蓬勃发展。

大力支持脱贫攻坚。中央财政补助地方专项扶贫资金861亿元，比2016年增长30.3%，农业、教育、医疗、交通等领域也加大了对贫困地区的投入力度。在全国832个国家扶贫开发工作重点县和连片特困地区县全面推开涉农资金整合试点，截至2017年底，实际整合财政涉农资金3286亿元。中央财政安排易地扶贫搬迁贷款贴息，支持地方完成340万建档立卡贫困人口易地扶贫搬迁建设任务。大力推进资产收益扶贫，带动贫困群众增收。脱贫攻坚继续保持良好态势，全年实现1289万农村贫困人口脱贫。

保障和改善民生。促进教育改革发展。统一城乡义务教育学生“两免一补”政策，全国约1.43亿义务教育学生获得免学杂费、免费教科书资助，1377万家庭经济困难寄宿生获得生活补助，1400万进城务工农民工随迁子女实现相关教育经费可携带。落实高等教育领域“放管服”改革要求，完善和加强高校经费使用管理，进一步扩大高校办学自主权。博士生国家助学金资助标准提高了3000元。深化医药卫生体制改革。全面推开公立医院综合改革，取消了实行60多年的药品加成政策。开展生育保险和职工基本医疗保险合并实施试点。城乡居民基本医疗保险财政补助标准由每人每年420元提高到450元。基本公共卫生服务项目年人均财政补助标准由45元提高到50元。整合公共卫生服务项目，改革资金分配方式。推进基层卫生综合改革。支持做好就业和社会保障工作。完善就业创业政策体系，扩大求职创业补贴补助范围，鼓励地方对符合条件的高校毕业生、就业困难人员创业给予一次性补贴。出台划转部分国有资本充实社保基金实施方案。机关事业单位和企业退休人员基本养老金标准提高了约5.5%。整合设立困难群众救助补助资金，由各地统筹用于低保、特困人员救助供养、临时救助、流浪乞讨人员救助、孤儿基本生活保障支出，惠及全国7797万困难群众。提高优抚对象等人员抚恤和生活补助标准，惠及全国860万优抚对象。完善救灾补助政策，大幅提高灾害应急救助等4项中央财政补助标准。加强基本住房保障。支持棚户区改造开工609万套，推进公租房配套基础设施建设。中央财政农村危房改造补助资金集中用于低保户、农村分散供养特困人员、贫困残疾人家庭和建档立卡贫困户等4类重点对象，户均补助标准由2016年7500元（贫困地区为8500元）大幅提高至2017年约1.4万元，支持改造农村危房190.6万户。推动文化体育事业发展。加快构建现代公共文化服务体系，49863家公益性文化设施向社会免费开放，1257个体育馆向社会免费或低收费开放，城乡公共文化体育基础条件进一步改善。

支持生态环保建设。落实京津冀及周边、长三角、珠三角地区大气污染防治重点任务。启动中央财政支持北方地区冬季清洁取暖试点。支持地方落实水污染、土壤污染防治行动计划。增加国家重点生态功能区转移支付规模，全国享受重点补助的县域达819个。加大祁连山生态环境保护支持力度，推动妥善解决历史遗留问题。开展第二批山水林田湖草生态保护和修复工程试点。推进湿地保护与恢复，落实新一轮退耕还林还草、新一轮草原生态保护补助奖励和天然林保护全覆盖政策，支持全面停止天然林商业性采伐。支持循环经济发展和清洁生产，启动畜禽粪污资源化利用试点。深入开展排污权有偿使用和交易试点。完善流域上下游横向生态保护补偿机制。支持建立国家公园体制试点。

深化财税体制改革。改进预算管理制度。清理规范重点支出同财政收支增幅或生产总值挂钩事项，完善重点支出保障机制。财政转移支付结构进一步优化，专项转移支付项目数量减少18项、减至76项。首次在中国政府网、财政部门户网站集中公开中央政府预算、中央部门预算和中央对地方转移支付，公开部门预算的中央部门增加到105个。完善政府预算体系，中央国有资本经营预算调入一般公共预算的比例提高到22%，将新增建设用地土地有偿使用费等3项政府性基金项目转列一般公共预算，取消排污费等以收定支、专款专用的规定。强化预算绩效管理，绩效目标管理范围覆盖中央部门所有一级和二级项目、全部中央对地方专项转移支付，绩效目标随同预算批复和下达，全面开展项目绩效目标执行监控和绩效自评，会同第三方机构开展重点绩效评价，部分绩效自评结果和重点绩效评价结果向全国人大报告并向社会公开。健全政府会计准则体系，开展政府财务报告编制试点。推进税制改革和税收立法。完善增值税制度，将增值税税率由四档减至17%、11%和6%三档，取消13%的税率，将农产品等税率从13%降至11%。水资源税改革试点扩大到10个省份。出台个人收入和财产信息系统建设总体方案。配合加快税收立法工作，烟叶税法、船舶吨税法以及环境保护税法实施条例顺利出台，增值税暂行条例修订公布，耕地占用税法、车辆购置税法、资源税法、关税法等立法工作深入开展。完善财政体制。分领域推进中央与地方财政事权和支出责任划分改革，出台外交领域改革方案，起草教育、医疗卫生领域改革方案。研究进一步理顺中央与地方收入划分改革总体方案，起草健全地方税体系改革方案。

加强地方政府债务管理。依法规范地方政府举债融资，强化地方政府债务限额管理，全年发行地方政府新增债券1.59万亿元，控制在全国人大批准的2017年新增地方政府债务限额1.63万亿元以内。着力发展项目收益与融资自求平衡的地方政府专项债券品种，启动发行土地储备、政府收费公路专项债券。印发进一步规范地方政府举债融资行为、坚决制止地方以政府购买服务名义违法违规融资等文件，设定“正面清单”和“负面清单”，严禁各种形式的违法违规或变相举债，初步实现对当前地方政府主要违法违规融资行为的监管政策全覆盖。组织核查部分市县和金融机构违法违规融资担保行为，严格依法依规问责处理，相关责任人被给予撤职、行政降级、罚款等处分。公开曝光处理结果，发挥警示教育作用。同时，继续开展地方政府债务风险评估和预警，督促指导地方有效防范政府债务风险。

强化财政监督。组织开展地方预决算公开、扶贫资金使用管理、中央部门财经纪律执行情况、工业企业结构调整专项奖补资金等监督检查，查处违规使用财政资金490多亿元，对相关责任人严肃追责，推动完善制度、规范管理，促进重大财税政策和制度落实。

2017年的财政预算工作，是过去五年财政改革发展实践的重要组成部分。五年来，国家财政实力不断迈上新台阶，财政政策的精准性有效性不断实现新提升，现代财政治理体系和能力建设不断取得新突破，财政在党和国家事业取得历史性成就、发生历史性变革的伟大进程中发挥了积极作用。一是坚持实施积极的财政政策，促进经济运行保持在合理区间。全国一般公共预算支出由2012年的12.6万亿元增加到2017年的20.3万亿元，赤字率一直控制在3%以内。全面推开营改增试点，实现增值税对货物和服务全覆盖，征收66年的营业税退出历史舞台，营改增累计减税超过2万亿元。取消、免征、停征或减征1368项政府性基金和行政事业性收费，涉及减收金额3845亿元。积极调整财政支出结构、盘活沉淀资金，保障基本民生和重点项目。二是坚持推进供给侧结构性改革，推动实现供求关系新的动态均衡。扎实推进“三去一降一补”，出台实施一批有利于实体经济健康发展的财税政策，促进经济结构优化和新动能加快成长。着眼于提高农业供给质量，进一步完善财政支农政策，支持构建现代农业产业体系、生产体系、经营体系，推动农业农村发展向绿色生态可持续、更加注重满足质的需求转变。深入实施创新驱动发展战略，持续加大财政科技投入力度、优化投入结构、完善支持方式，创新对发展的支撑作用不断增强。三是坚持深化财税体制改革，现代财政制度建设取得重要阶段性成果。在推进预算公开、实行中期财政规划管理、完善转移支付制度、加强预算绩效管理等方面，出台实施一系列重大改革举措，现代预算管理制度主体框架基本建立。完善消费税制度，调整征收范围、优化税率结构和改进征税环节。全面推进资源税从价计征改革。加快推进财政事权和支出责任划分改革。合理确定全面推开营改增试点后增值税收入分享比例，中央和地方财力格局总体稳定。四是坚持保障和改善民生，人民群众获得感不断增强。深入实施精准扶贫、精准脱贫，中央财政补助地方专项扶贫资金年均增长22.7%。建立城乡统一、重在农村的义务教育经费保障机制，健全家庭经济困难学生资助政策体系。调整完善就业创业政策措施，重点群体和总体就业形势保持稳定。基本医保制度实现全覆盖，大病保险制度基本建立，城乡居民基本养老保险制度实现统一。构建起以低保、特困人员救助供养、临时救助等为主体的社会救助制度体系。连续提高退休人员基本养老金、城乡低保、优抚等标准。全国城镇保障性安居工程开工建设3400多万套，完成农村危房改造1700多万户。五是坚持推进依法理财，提升财政管理水平。修改后的预算法颁布施行，出台环境保护税法、资产评估法、政府采购法实施条例等，财税法治建设不断取得新进展。全面推行“双随机、一公开”监管，加大财政监督检查力度。建立规范的地方政府举债融资机制，强化地方政府债务管理，初步形成地方政府债务监督管理制度框架和风险防控体系。现代国库管理体系建设向纵深推进，国债市场化改革、收益率曲线建设取得重要成果，政府采购运行机制不断优化。建立健全财政部和财政系统内控机制，财政核心业务及权力运行的风险管控与监督制衡持续加强。配合推进预算联网监督，中央预算联网监督系统建成并上线运行，省级财政部门全面实现与同级人大联网，主动接受人大监督。

五年来财政改革发展工作取得的成绩，是以习近平同志为核心的党中央坚强领导的结果，是习近平新时代中国特色社会主义思想科学指引的结果，是全国人大、全国政协及代表委员们监督指导的结果，是各地区、各部门以及全国各族人民共同努力的结果。同时，我们也清醒地看到，预算执行和财政工作中还面临一些困难和挑战。主要是：财政收支紧平衡特征明显，部分基层财政运行困难，保工资、保运转、保基本民生面临较大压力；财政支出结构还需进一步优化，支出项目只增不减的固化格局没有根本改变，资金使用碎片化问题亟待破解；预算执行不够均衡，年末结转资金规模较大，部分专项转移支付项目预算执行率偏低；加强财政绩效管理十分紧迫，一些地方、部门和预算单位重分配轻管理，花钱不问效，资金闲置浪费问题严重；财税改革还有不少硬骨头，有的改革需要进一步加快，有的改革举措落地见效需要下更大功夫；一些地方违法违规或变相举债，风险隐患不容忽视。我们高度重视这些问题，将采取有力措施加以解决。

2017年税收收入增长的结构性分析

华律网

2018年4月5日

一、2018年税收收入增长的总体情况

2018年全国税收总收入完成100600.88亿元，同比增长12.1%。2018年税收收入增长的主要特点：一是税收总收入增速大幅回落，为近三年最低水平。2018年全国税收总收入增速分别比2018年和2010年低10.5和10.9个百分点。二是分季度来看税收收入增速呈现“前高后低、逐步回落”走势，四季度略有回升。三是主体税种收入增速明显回落。国内增值税、营业税和企业所得税同比分别增长8.9%、15.1%和17.2%，比上年增速分别回落6.1、7.5和13.4个百分点。进口货物增值税消费税和关税同比分别增长9.1%和8.7%，比上年增速分别回落20.2和17.5个百分点。四是个人所得税收入降幅较大。个人所得税同比下降3.9%，比上年增速回落29.1个百分点，其中工资薪金所得税和个体工商户生产经营所得税降幅较大，同比分别下降8%和12.5%。

2018年税收收入增速大幅回落是经济增长放缓、企业效益增速下滑、进口增长乏力以及实施结构性减税政策的综合反映。具体来看：一是经济增速回落。2018年1–11月规模以上工业增加值增长10%，比上年增速回落3.9个百分点；社会消费品零售总额增长14.2%，比上年增速回落2.8个百分点；全国规模以上工业企业实现利润同比增长3%，比上年增速回落21.4个百分点。二是价格总水平涨幅大幅回落使得以现价计算的税收收入增速回落。1–11月全国工业生产者出厂价格和居民消费价格同比分别下降1.7%和上涨2.7%，比上年增速分别回落8.1和2.8个百分点，使得以现价计算的税收收入增速回落。三是一般贸易进口额增速大幅回落。2018年一般贸易进口额同比增长1.4%，比上年增速回落29.6个百分点。四是结构性减税政策力度较大，使一些主体税种都有不同程度减收。2018年，在继续实施和完善已经出台的减税政策的同时，国家进一步加大了结构性减税力度，如积极推进营业税改征增值税改革试点，实施小型微型企业所得税优惠政策、提高增值税和营业税起征点等支持实体经济发展的政策，促进出口增加进口、支持流通业和鲜活农产品生产流通、推动区域协调发展、鼓励技术创新等结构性减税政策。

二、主要税种收入情况

(一)国内增值税

2018年国内增值税实现收入26415.69亿元，同比增长8.9%，比上年增速回落6.1个百分点。国内增值税收入占税收总收入的比重为26.2%。

分行业看，在20个重点工业行业中，钢坯钢材和煤炭行业增值税收入下降幅度较大，同比分别下降12.3%和5.4%。

增值税的税基大体相当于工业增加值和商业增加值。

国内增值税收入增速回落的主要原因：一是工业增加值增速回落。2018年1—11月规模以上工业增加值同比增长10%，比上年增速回落3.9个百分点。二是价格水平回落使得增值税税基相应缩小。1—11月工业生产者出厂价格同比下降1.7%，比上年增速回落8.1个百分点。三是部分工业品及原材料市场持续低迷，价格普遍降低，使得相关行业增值税收入下降。11月份煤炭及炼焦工业品出厂价格同比下降12.9%；1-11月黑色金属材料类工业生产者购进价格平均同比下降6.9%。四是结构性减税政策。如提高增值税起征点，对集成电路重点项目和部分进口设备留抵税额予以退税，免征蔬菜和鲜活肉蛋产品流通环节增值税等等。这些结构性减税政策的实施使得增值税相应减收。

（二）国内消费税

2018年国内消费税实现收入7872.14亿元，同比增长13.5%，与上年增速基本持平。国内消费税收入占税收总收入的比重为7.8%。

分产品看，卷烟、酒和贵重首饰等同比分别增长17.8%、16.9%和13.2%。

国内消费税的税基是烟、酒、汽车、成品油等14类特定商品的销售额或销售量。

国内消费税收入平稳增长的主要原因：一是烟酒产品结构升级，高档产品增长较快。2018年1—11月卷烟产量同比增长2.4%，1—11月白酒产量同比增长17.7%。二是贵重首饰销售额持续增长。1—11月金银珠宝零售额同比增长15.6%。

（三）进口货物增值税、消费税

2018年进口货物增值税、消费税实现收入14796.41亿元，同比增长9.1%，比上年增速回落20.2个百分点。进口货物增值税、消费税收入占税收总收入的比重为14.7%。

进口货物增值税、消费税的税基是一般贸易进口额。

进口货物增值税、消费税增速大幅回落的主要原因是一般贸易进口额增速回落。2018年我国一般贸易进口额同比增长1.4%，比上年增速回落29.6个百分点。部分重点商品进口额增速大幅回落或负增长。如原油进口额同比增长12.1%，比上年增速回落33.2个百分点；钢材进口额同比下降17.5%，比上年增速回落24.8个百分点。

（四）出口货物退增值税、消费税

2018年出口货物退增值税、消费税10428.88亿元，同比增长13.3%。出口货物退增值税、消费税在账务上冲减税收总收入。

（五）营业税

2018年营业税实现收入15747.53亿元，同比增长15.1%，比上年同期增速回落7.5个百分点。营业税收入占税收总收入的比重为15.6%。

分行业看，除金融业外，其他行业营业税增速均有所回落。其中，租赁和商务服务业营业税下降16.5%，比上年增速回落47.7个百分点；交通运输业、建筑业和房地产业营业税同比分别增长6.7%、18.6%和11.6%，比上年增速分别回落了13.7、6.7和3.3个百分点。

营业税的税基是交通运输业、建筑业、金融保险业、邮电通信业、文化体育业、娱乐业、服务业、转让无形资产和销售不动产等9个行业取得的营业收入。

营业税收入增速回落的主要原因：一是商品房成交额萎缩、建筑业投资额增速回落，使得房地产和建筑业营业税增速回落。1—11月商品房销售额同比增长9.1%，比上年增速回落6.9个百分点；1—11月建筑业固定资产投资额同比增长18.7%，比上年增速回落20.1个百分点。二是政策性减收因素。如，自2018年11月1日起，提高营业税起征点；2018年起先后在上海等12个省市对交通运输业和部分现代服务业等行业进行营业税改征增值税试点，营业税相应减收。

（六）企业所得税

2018年企业所得税实现收入19653.56亿元，同比增长17.2%，主要是汇算清缴2018年企业所得税增加较多，比上年增速回落13.4个百分点。企业所得税收入占税收总收入的比重为19.5%。

企业所得税收入中，汇算清缴2018年企业所得税5098.38亿元，同比增长25.1%，增加1022.34亿元，占企业所得税增加额的近四成；而预缴当年企业所得税同比增长8.4%，比上年预缴企业所得税增速回落21.6个百分点。

分行业看，工业企业所得税中，半数以上行业的企业所得税收入下降，成品油、钢坯钢材和纺织品等行业企业所得税降幅较大，同比分别下降43%、25.2%和20.1%。其他行业企业所得税增速都有所回落。

企业所得税的税基是企业利润总额。

企业所得税收入增速回落的主要原因是企业利润增速放缓，影响了预缴企业所得税收入。2018年1—11月全国规模以上工业企业实现利润同比增长3%，比上年同期增速回落21.4个百分点。在41个工业大类行业中，有10个行业利润同比下降，1个行业亏损。特别是黑色金属冶炼和压延加工业利润下降47.9%，石油加工、炼焦和核燃料加工业由上年同期盈利转为亏损，影响了成品油、钢坯钢材等行业企业所得税的增长。

(七)个人所得税

2018年个人所得税实现收入5820.24亿元，同比下降3.9%，比上年增速回落29.1个百分点。个人所得税收入占税收总收入的比重为5.8%。

分项目看，个体工商户生产经营所得税和工资薪金所得税大幅下降，同比分别下降12.5%和8%。利息股息红利所得税、劳务报酬所得税和财产转让所得税同比分别增长14.7%、10.8%和6.5%。

个人所得税的税基是个人(主要是城镇居民)收入。

个人所得税收入下降的主要原因：一是受提高个人所得税工薪所得减除费用标准，以及调整工薪所得和个体工商户经营所得的税率结构等减税政策的影响。二是二手房交易价格回调，财产转让所得税相应减收。2018年11月份70个大中城市中二手住宅价格同比下降的城市达到49个，其中，北京同比下降0.2%，杭州同比下降3.3%。

(八)房产税

2018年房产税实现收入1372.49亿元，同比增长24.5%，与上年增速基本持平。房产税收入占税收总收入的比重为1.4%。

房产税的税基是企业保有的自用房产原值总额和出租房屋的租金收入总额，它的增长速度是由纳税人房产的保有总量和房屋出租价格的增长速度决定的。

房产税收入平稳增长的主要原因：一是房屋租赁价格上升，2018年居民消费价格中的居住类价格同比上涨2.6%。二是翘尾因素带来的增收。2018年下半年各地开始将地价计入房产计税原值，使得2018年上半年房产税翘尾增收。

(九)证券交易印花税

2018年证券交易印花税实现收入303.52亿元，同比下降30.8%，比上年降幅加深11.4个百分点。证券交易印花税收入占税收总收入的比重为0.3%。

证券交易印花税的税基是A股和B股的交易总金额。

证券交易印花税下降的主要原因是股票市场持续低迷。2018年上交所股票总成交金额同比下降30.7%，深交所股票总成交金额同比下降18.4%。

(十)城镇土地使用税

2018年城镇土地使用税实现收入1541.72亿元，同比增长26.1%，比上年增速加快4.4个百分点。城镇土地使用税收入占税收总收入的比重为1.5%。

城镇土地使用税的税基是纳税人占用的土地面积。

城镇土地使用税较快增长的主要原因：一是办公楼销售面积持续增长，2018年1—11月全国办公楼销售面积同比增长11.6%。二是部分地区调整城镇土地使用税地段等级和税额标准。

(十一)车辆购置税

2018年车辆购置税实现收入2228.27亿元，同比增长9%，比上年增速回落5.1个百分点。车辆购置税收入占税收总收入的比重为2.2%。

车辆购置税的税基是应税车辆(包括汽车、摩托车、电车、挂车、农用运输车)的销售总额。

车辆购置税增速回落的主要原因是汽车零售额增速放缓，2018年全国汽车零售额同比增长7.1%，比上年增速回落了8.1个百分点。

（十二）关税

2018年关税实现收入2782.74亿元，同比增长8.7%，比上年增速回落17.5个百分点。关税收入占税收总收入的比重为2.8%。

关税的税基是一般贸易进口额。

关税增速回落的主要原因：一是2018年我国一般贸易进口额增速比上年回落29.6个百分点。二是年初对730种商品下调进口关税税率。

（十三）契税

2018年契税实现收入2873.92亿元，同比增长3.9%，比上年增速回落8.3个百分点。契税收入占税收总收入的比重为2.9%。

契税的税基大体相当于土地和房产的交易总金额，土地的交易额与国土部门的用地规划密切相关，房产的交易额主要受新建住房、二手房的交易量和价格的影响。

契税收入增速回落的主要原因：一是2018年1—11月商品房销售额增速比上年回落6.9个百分点。二是房地产开发商购置土地的意愿下降。1—11月房地产开发企业土地购置费同比增长6.9%，比上年增速回落10.4个百分点。

2017年全国国有及国有控股企业经济运行情况

财政部资产管理司

2018年1月23日

2017年1–12月，全国国有及国有控股企业[1]（以下简称国有企业）经济运行态势良好、稳中有进，国有企业收入和利润持续较快增长，利润增幅高于收入9.9个百分点。

一、 国有企业主要经济效益指标情况

（一）营业总收入。1—12月，国有企业营业总收入522014.9亿元，同比增长13.6%。（1）中央企业308178.6亿元，同比增长12.5%。（2）地方国有企业213836.3亿元，同比增长15.2%。

（二）营业总成本。1—12月，国有企业营业总成本507003.9亿元，同比增长12.6%，其中销售费用、管理费用和财务费用同比分别增长9.5%、8.5%和8%。（1）中央企业297048.4亿元，同比增长12%，其中销售费用、管理费用和财务费用同比分别增长7.6%、7.9%和4.6%。（2）地方国有企业209955.5亿元，同比增长13.5%，其中销售费用、管理费用和财务费用同比分别增长12.5%、9.3%和11.2%。

（三）实现利润。1—12月，国有企业利润总额28985.9亿元，同比增长23.5%。（1）中央企业17757.2亿元，同比增长16%。（2）地方国有企业11228.7亿元，同比增长37.6%。

（四）应交税金。1—12月，国有企业应交税金42345.5亿元，同比增长9.5%。（1）中央企业30812.9亿元，同比增长5%。（2）地方国有企业11532.6亿元，同比增长23.6%。

（五）资产、负债和所有者权益。12月末，国有企业资产总额1517115.4亿元，同比增长10%；负债总额997157.4亿元，同比增长9.5%；所有者权益合计519958亿元，同比增长11%。（1）中央企业资产总额751283.5亿元，同比增长8.2%；负债总额511213亿元，同比增长7.3%；所有者权益合计240070.5亿元，同比增长10.2%。（2）地方国有企业资产总额765831.9亿元，同比增长11.8%；负债总额485944.4亿元，同比增长11.9%；所有者权益合计279887.5亿元，同比增长11.7%。

二、 主要行业盈利情况

1—12月，钢铁、有色等去年同期亏损的行业持续保持盈利，煤炭、交通、石油石化等行业利润同比增幅较大；电力等行业利润同比降幅较大。

注：[1]本月报所称全国国有及国有控股企业，包括中央管理企业、中央部门和单位所属企业，以及36个省（自治区、直辖市、计划单列市）的地方国有及国有控股企业，不含国有金融类企业。

2018年上半年金融机构贷款投向统计报告

中国人民银行

2018年7月20日

人民银行统计，2018年6月末，金融机构人民币各项贷款余额129.15万亿元，同比增长12.7%，增速比上季末低0.1个百分点；上半年增加9.03万亿元，同比多增1.06万亿元。

贷款投向呈现以下特点：

一、企业及机关团体贷款增速提升

2018年6月末，本外币非金融企业及机关团体贷款余额86.20万亿元，同比增长9.3%，增速比上季末高0.4个百分点；上半年增加5.1万亿元，同比多增7668亿元。

从期限看，6月末非金融企业及机关团体短期贷款及票据融资余额34.37万亿元，同比增长3.9%，增速比上季末高1.9个百分点，上半年增加1.33万亿元，同比多增1.23万亿元；中长期贷款余额49.52万亿元，同比增长13.0%，增速比上季末低1个百分点，上半年增加3.66万亿元，同比少增4902亿元。

从用途看，6月末非金融企业及机关团体固定资产贷款余额37万亿元，同比增长10.3%，增速比上季末低0.3个百分点；经营性贷款余额38.11万亿元，同比增长8.4%，增速比上季末低2个百分点。

二、普惠领域小微企业贷款增长加快

2018年6月末，人民币小微企业贷款余额25.40万亿元，同比增长12.2%，增速比上季末低2.1个百分点，比同期大型和中型企业贷款增速分别高1.2个和2.5个百分点。

2018年6月末，小微企业贷款余额占企业贷款余额的32.3%，占比比上季末低0.4个百分点。上半年小微企业贷款增加1.07万亿元，同比少增6994亿元，增量占同期企业贷款增加额的20.9%。

2018年6月末，普惠领域小微企业贷款（包括单户授信小于500万的小微企业贷款、个体工商户及小微企业主经营性贷款）余额7.35万亿元，同比增长15.6%，增速比上季末高3.6个百分点，上半年增加5743亿元，同比多增3836亿元。

三、工业中长期贷款增速提高

2018年6月末，本外币工业中长期贷款余额8.43万亿元，同比增长6.2%，增速比上季末高0.8个百分点；上半年增加4354亿元，同比多增1069亿元。其中，重工业中长期贷款余额7.47万亿元，同比增长6.6%，增速比上季末高1个百分点；轻工业中长期贷款余额9560亿元，同比增长3.4%，增速比上季末低0.4个百分点。

2018年6月末，本外币服务业中长期贷款余额33.48万亿元，同比增长14.6%，增速比上季末低1.6个百分点。水利、环境和公共设施管理业中长期贷款余额同比增长9.0%；信息传输和软件服务业中长期贷款余额同比增长51.5%；科学研究和技术服务业中长期贷款余额同比增长24.9%。

四、农村和农业贷款增速减缓

2018年6月末，本外币涉农贷款余额32.16万亿元，同比增长7.3%，增速比上季末低0.6个百分点，上半年增加1.71万亿元，同比少增3864亿元。

2018年6月末，本外币农村（县及县以下）贷款余额26.07万亿元，同比增长6.9%，增速比上季末低0.7个百分点，上半年增加1.38万亿元，同比少增4154亿元；农户贷款余额8.81万亿元，同比增长14.6%，增速比上季末高0.5个百分点，上半年增加7077亿元，同比多增874亿元；农业贷款余额4.02万亿元，同比增长3.6%，增速比上季末低1个百分点，上半年增加1700亿元，同比少增608亿元。

五、个人住房贷款增速放缓

2018年6月末，人民币房地产贷款余额35.78万亿元，同比增长20.4%，增速比上季末高0.1个百分点；上半年增加3.54万亿元，占同期各项贷款增量的39.2%，占比比上季末高0.1个百分点。

2018年6月末，房产开发贷款余额8.18万亿元，同比增长27.7%，增速比上季末高2.4个百分点。其中，保障性住房开发贷款余额4.08万亿元，同比增长37.4%，增速比上季末低0.5个百分点。地产开发贷款余额1.46万亿元，同比增长7.1%，增速比上季末高4.9个百分点。个人住房贷款余额23.84万亿元，同比增长18.6%，增速比上季末低1.4个百分点。

六、住户消费性贷款增长持续回落

2018年6月末，本外币住户贷款余额44.13万亿元，同比增长18.8%，增速比上季末低1.2个百分点；上半年增加3.6万亿元，同比少增1721亿元。

2018年6月末，本外币住户消费性贷款余额34.47万亿元，同比增长21.1%，增速比上季末低2.3个百分点，上半年增加2.94万亿元，同比少增4539亿元；住户经营性贷款余额9.66万亿元，同比增长11.0%，增速比上季末高1.6个百分点，上半年增加6586亿元，同比多增2818亿元。

2017年支付体系运行总体情况[1]

中国人民银行

2018年3月5日

2017年支付业务统计数据显示，全国支付体系运行平稳，社会资金交易规模不断扩大，支付业务量保持稳步增长。

一、非现金支付工具

2017年，全国共办理非现金支付业务[2]1608.78亿笔，金额3759.94万亿元，同比分别增长28.59%和1.97%。

（一）票据

票据业务量持续下降。2017年，全国共发生票据业务2.56亿笔，金额172.37万亿元，同比分别下降12.79%和8.21%。其中，支票业务2.37亿笔，金额153.81万亿元，同比分别下降13.09%和7.23%；实际结算商业汇票业务1648.39万笔，金额16.77万亿元，同比分别下降0.49%和11.48%；银行汇票业务52.73万笔，金额3644.82亿元，同比分别下降65.54%和61.65%；银行本票业务164.70万笔，金额1.42万亿元，同比分别下降29.77%和31.92%。

电子商业汇票系统业务量快速增长。2017年，电子商业汇票系统出票655.42万笔，金额12.68万亿元，同比分别增长184.38%和52.02%；承兑678.00万笔，金额13.02万亿元，同比分别增长185.17%和51.75%；贴现179.23万笔，金额6.95万亿元，同比分别增长113.96%和20.50%；转贴现503.48万笔，金额44.48万亿元，笔数同比增长62.71%，金额同比下降2.89%。质押式回购44.00万笔，金额6.92万亿元，同比分别增长181.20%和104.90%[3]。

（二）银行卡

发卡量保持稳步增长。截至2017年末，全国银行卡在用发卡数量66.93亿张，同比增长9.27%。其中，借记卡在用发卡数量61.05亿张，同比增长7.87%；信用卡和借贷合一卡在用发卡数量共计5.88亿张，同比增长26.35%。借记卡在用发卡数量占银行卡在用发卡数量的91.22%，较上年末有所下降。全国人均持有银行卡4.84张[4]，同比增长8.35%。其中，人均持有信用卡0.39张，同比增长25.82%。

受理市场环境不断完善。截至2017年末，银行卡跨行支付系统联网商户2592.60万户，联网POS机具3118.86万台，ATM96.06万台，较上年末分别增加525.40万户、665.36万台和3.64万台。全国每万人对应的POS机具数量225.56台，同比增长26.04%，每万人对应的ATM数量6.95台，同比增长3.06%。

银行卡交易量继续增长。2017年，全国共发生银行卡交易[5]1494.31亿笔，金额761.65万亿元，同比分别增长29.41%和2.67%，日均4.09亿笔，金额2.09万亿元。其中，银行卡存现96.41亿笔，金额67.92万亿元，同比分别下降7.95%和11.99%；取现173.17亿笔，金额65.07万亿元，同比分别下降3.78%

和0.65%；转账业务638.46亿笔，金额559.99万亿元，同比分别增长31.17%和3.20%；消费业务586.27亿笔，金额68.67万亿元，同比分别增长52.96%和21.54%。全年银行卡渗透率达到48.71%，比上年上升0.24个百分点。银行卡卡均消费金额为1.03万元，同比上升11.22%；银行卡笔均消费金额为1171.24元，同比下降20.54%。

银行卡信贷规模继续增长。截至2017年末，银行卡授信总额[6]为12.48万亿元，同比增长36.58%；银行卡应偿信贷余额为5.56万亿元，同比增长36.83%。银行卡卡均授信额度2.12万元，授信使用率[7]44.54%。信用卡逾期半年未偿信贷总额663.11亿元，占信用卡应偿信贷余额的1.26%，占比较上年末下降0.14个百分点。

（三）贷记转账等其他结算业务

贷记转账等其他结算业务量保持增长。2017年，全国共发生贷记转账、直接借记、托收承付、国内信用证等其他业务111.91亿笔，金额2825.92万亿元，同比分别增长19.77%和2.48%。其中，贷记转账业务96.67亿笔，金额2780.67万亿元。

（四）电子支付

移动支付业务量保持较快增长。2017年，银行业金融机构共处理电子支付[8]业务1525.80亿笔，金额2419.20万亿元。其中，网上支付业务485.78亿笔，金额2075.09万亿元，笔数同比增长5.20%，金额同比下降0.47%；移动支付业务375.52亿笔，金额202.93万亿元，同比分别增长46.06%和28.80%；电话支付业务1.60亿笔，金额8.78万亿元，同比分别下降42.58%和48.56%。

2017年，非银行支付机构发生网络支付业务[9]92867.47亿笔，金额143.26万亿元，同比分别增长74.95%和44.32%。

二、支付系统

2017年，支付系统[10]共处理支付业务773.34亿笔，金额5414.25万亿元，同比分别增长30.44%和5.86%。

（一）人民银行支付系统

2017年，人民银行支付系统[11]共处理支付业务122.89亿笔，金额3964.57万亿元，同比分别增长53.44%和3.75%，分别占支付系统业务笔数和金额的15.89%和73.22%。日均处理业务3528.45万笔，金额15.68万亿元[12]。

大额实时支付系统业务量持续平稳增长。2017年，大额实时支付系统处理业务9.32亿笔，金额3731.86万亿元，同比分别增长12.89%和3.20%。日均处理业务371.35万笔，金额14.87万亿元。

小额批量支付系统业务量保持增长。2017年，小额批量支付系统处理业务25.28亿笔，金额33.14万亿元，同比分别增长7.63%和7.22%。日均处理业务692.48万笔，金额908.07亿元。

网上支付跨行清算系统业务量增长较快。2017年，网上支付跨行清算系统共处理业务84.64亿笔，金额61.72万亿元，同比分别增长90.07%和64.76%。日均处理业务2318.98万笔，金额1690.96亿元。

同城清算系统业务金额小幅增长。2017年，同城清算系统[13]共处理业务3.59亿笔，金额130.85万亿元，笔数同比下降3.61%，金额同比增长0.03%。日均处理业务143.04万笔，金额5213.15亿元。

境内外币支付系统业务量小幅下降。2017年，境内外币支付系统共处理业务201.66万笔，处理业务金额1.01万亿美元（折合人民币约为6.75万亿元[14]），同比分别增长1.55%和22.84%。日均处理业务8034.26笔，金额40.13亿美元（折合人民币约为268.75亿元）。

全国支票影像交换系统并入小额支付系统。自2017年9月4日起，银行业金融机构统一通过小额批量支付系统处理全国支票影像交换系统业务。2017年1月1日至9月3日，全国支票影像交换系统共处理业务443.50万笔，金额2456.87亿元。日均处理业务1.80万笔，金额9.99亿元。

（二）其他机构支付系统

银行业金融机构行内支付系统业务量持续增长。2017年，银行业金融机构行内支付系统共处理业务

323.13亿笔，金额1333.69万亿元，同比分别增长25.10%和9.73%。日均处理业务8852.98万笔，金额3.65万亿元。

银行卡跨行支付系统业务量稳步增长。2017年，银行卡跨行支付系统共处理业务293.48亿笔，金额93.85万亿元，同比分别增长23.51%和39.93%。日均处理业务8040.47万笔，金额2571.21亿元。

城市商业银行汇票处理系统和支付清算系统业务笔数增长较快。2017年，城市商业银行汇票处理系统和支付清算系统处理业务[15]3311.46万笔，金额9162.58亿元。日均处理业务9.07万笔，金额25.10亿元。

农信银支付清算系统业务 笔数保持快速增长。2017年，农信银支付清算系统共处理业务33.49亿笔，金额6.67万亿元，同比分别增长99.23%和22.99%。日均处理业务917.54万笔，金额182.87亿元。

人民币跨境支付系统业务量快速增长。2017年，人民币跨境支付系统处理业务125.90万笔，金额14.55万亿元，同比分别增长97.92%和233.67%。日均处理业务5056.22笔，金额584.50亿元。

网联平台试运行平稳。截至2017年末，共有248家商业银行和65家支付机构接入网联平台，各支付机构有序将涉及银行账户的网络支付业务从直连通道切换至网联平台。

三、人民币银行结算账户

截至2017年末，全国共开立人民币银行结算账户92.23亿户，同比增长10.43%，增速下降2.91个百分点。

（一）单位银行结算账户

单位银行结算账户数量总体保持增长，基本存款账户数量在单位银行结算账户中的占比小幅上升，临时存款账户数量持续减少。截至2017年末，全国共开立单位银行结算账户5483.43万户，同比增长11.01%，增速下降0.26个百分点。其中，基本存款账户3792.31万户，一般存款账户1331.11万户，专用存款账户340.96万户，临时存款账户19.05万户，分别占单位银行结算账户总量的69.16%、24.28%、6.22%和0.35%。基本存款账户、一般存款账户、专用存款账户同比分别增长15.53%、1.87%和3.32%，临时存款账户同比下降5.08%。

（二）个人银行结算账户

个人银行结算账户数量平稳增长。截至2017年末，全国共开立个人银行结算账户91.69亿户，同比增长10.42%，增速下降2.93个百分点。

注释：

[1]自2015年起，支付体系运行总体情况按照《支付业务统计指标》金融行业标准披露支付业务数据。

[2]非现金支付业务包含票据、银行卡及其他结算业务。其中，其他结算业务包含贷记转账、直接借记、托收承付及国内信用证业务。

[3]自2017年第三季度起，转贴现和质押式回购分开统计，并按照可比口径计算同比数据。

[4]指标涉及人均值时，人数使用国家统计局公布的2016年末全国大陆总人口138271万人，下同。

[5]银行卡交易量为银行卡本外币交易量之和。

[6]银行卡授信总额为信用卡和借贷合一卡的授信总额之和。

[7]授信使用率为银行卡应偿信贷余额与银行卡授信总额之比。

[8]电子支付是指客户通过网上银行、电话银行、手机银行、ATM、POS和其他电子渠道，从结算类账户发起的账务变动类业务笔数和金额。包括网上支付、电话支付、移动支付、ATM 业务、POS业务和其他电子支付等六种业务类型。

[9]非银行支付机构处理网络支付业务量不包含红包类等娱乐性产品的业务量。

[10]包含大额实时支付系统、小额批量支付系统、网上支付跨行清算系统、同城清算系统、境内外币支付系统、全国支票影像交换系统、银行业金融机构行内支付系统、银行卡跨行支付系统、城市商业银行汇票处理系统和支付清算系统、农信银支付清算系统、人民币跨境支付系统。

[11]包含大额实时支付系统、小额批量支付系

统、网上支付跨行清算系统、同城清算系统、境内外币支付系统、全国支票影像交换系统。

[12]2017年大额实时支付系统实际运行251个工作日，小额批量支付系统实际运行 365 个工作日，网上支付跨行清算系统实际运行365个工作日，同城清算系统实际运行 251 个工作日，境内外币支付系 统实际运行251个工作日，全国支票影像交换系统实际运行246个工作日，此处按实际运行工作日计算，下同。

[13]同城清算系统包括同城票据交换系统和同城电子清算系统。

[14]境内外币系统业务量使用每个季度末最后一个交易日的汇率按季度折算为人民币。

[15]自2017年起，城市商业银行汇票处理系统和支付清算系统业务除统计银行汇票、汇兑、通存通兑外，还统计实时代收付业务。

2017年全国固定资产投资主要情况

国家统计局

2018年1月18日

2017年，全国固定资产投资（不含农户）631684亿元，比上年增长7.2%，增速与1–11月份持平。从环比速度看，12月份比11月份增长0.53%。

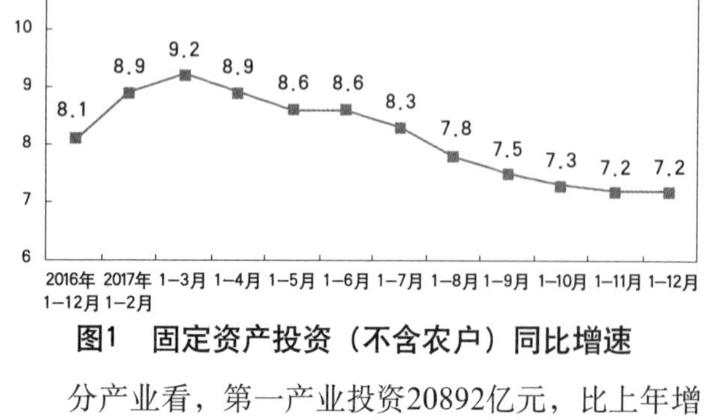

图1　固定资产投资（不含农户）同比增速

分产业看，第一产业投资20892亿元，比上年增长11.8%，增速比1–11月份提高0.4个百分点；第二产业投资235751亿元，增长3.2%，增速提高0.6个百分点；第三产业投资375040亿元，增长9.5%，增速回落0.6个百分点。

第二产业中，工业投资232619亿元，比上年增长3.6%，增速比1–11月份提高0.5个百分点。其中，采矿业投资9209亿元，比上年下降10%，降幅收窄0.2个百分点；制造业投资193616亿元，比上年增长4.8%，增速提高0.7个百分点；电力、热力、燃气及水生产和供应业投资29794亿元，增长0.8%，增速回落0.3个百分点。

第三产业中，基础设施投资（不含电力、热力、燃气及水生产和供应业）140005亿元，比上年增长19%，增速比1–11月份回落1.1个百分点。其中，水利管理业投资增长16.4%，增速回落0.6个百分点；公共设施管理业投资增长21.8%，增速回落1.5个百分点；道路运输业投资增长23.1%，增速回落1.5个百分点；铁路运输业投资同比下降0.1%，

1－11月份为增长0.5%。

分地区看，东部地区投资265837亿元，比上年增长8.3%，增速比1－11月份提高0.2个百分点；中部地区投资163400亿元，增长6.9%，增速与1－11月份持平；西部地区投资166571亿元，增长8.5%，增速回落0.8个百分点；东北地区投资30655亿元，增长2.8%，增速提高2.7个百分点。

分登记注册类型看，内资企业投资604550亿元，比上年增长7.7%，增速比1－11月份回落0.1个百分点；港澳台商投资13562亿元，比上年下降4%，降幅扩大1.1个百分点；外商投资11322亿元，下降2.7%，降幅收窄2.6个百分点。

从项目隶属关系看，中央项目投资23552亿元，比上年下降5.7%，降幅比1－11月份收窄0.1个百分点；地方项目投资608132亿元，比上年增长7.7%，增速回落0.1个百分点。

从施工和新开工项目情况看，施工项目计划总投资1311629亿元，比上年增长18.2%，增速比1－11月份回落0.5个百分点；新开工项目计划总投资519093亿元，增长6.2%，增速与1－11月份持平。

从到位资金情况看，固定资产投资到位资金629815亿元，比上年增长4.8%，增速比1－11月份提高0.4个百分点。其中，国家预算资金增长7.8%，增速回落1.7个百分点；国内贷款增长9.0%，增速回落0.3个百分点；自筹资金增长2.3%，增速提高0.6个百分点；利用外资比上年下降3.1%，降幅收窄0.7个百分点；其他资金比上年增长11.6%，增速提高0.5个百分点。

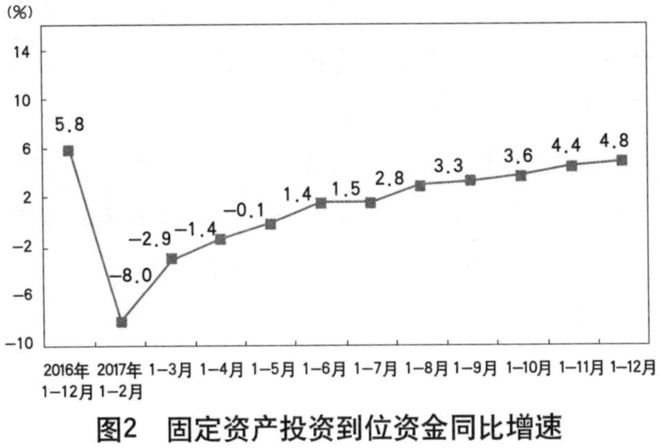

图2　固定资产投资到位资金同比增速

表1　2017年固定资产投资（不含农户）主要数据

指　标	2017年	
	绝对量	比上年增长（%）
固定资产投资（不含农户）（亿元）	631684	7.2
其中：国有控股	232887	10.1
民间投资	381510	6.0
分项目隶属关系		
中央项目	23552	−5.7
地方项目	608132	7.7
按构成分		
建筑安装工程	441772	7.7
设备工器具购置	114058	3.7
其他费用	75855	9.5
分产业		
第一产业	20892	11.8
第二产业	235751	3.2
第三产业	375040	9.5
分行业		
农林牧渔业	24638	9.1
采矿业	9209	−10.0
其中：煤炭开采和洗选业	2648	−12.3
石油和天然气开采业	2649	13.9
黑色金属矿采选业	751	−22.8
有色金属矿采选业	1109	−21.3
非金属矿采选业	1755	−16.3
制造业	193616	4.8
其中：农副食品加工业	11986	3.6
食品制造业	5843	1.7
纺织业	6936	5.9
化学原料和化学制品制造业	13903	−4.0
医药制造业	5986	−3.0
橡胶和塑料制品业	6979	1.2
非金属矿物制品业	16953	1.6
黑色金属冶炼和压延加工业	3804	−7.1
有色金属冶炼和压延加工业	5038	−3.0
金属制品业	10390	4.7
通用设备制造业	13247	3.9
专用设备制造业	12347	4.7
汽车制造业	13100	10.2
铁路、船舶、航空航天和其他运输设备制造业	2986	2.9
电气机械和器材制造业	13347	6.0
计算机、通信和其他电子设备制造业	12914	25.3
电力、热力、燃气及水生产和供应业	29794	0.8
其中：电力、热力生产和供应业	22055	−1.9

续表

指　标	2017年	
	绝对量	比上年增长(%)
交通运输、仓储和邮政业	61186	14.8
其中：铁路运输业	8006	-0.1
道路运输业	40304	23.1
水利、环境和公共设施管理业	82105	21.2
其中：水利管理业	10021	16.4
公共设施管理业	68262	21.8
教育	11084	20.2
卫生和社会工作	7327	18.1
文化、体育和娱乐业	8732	12.9
公共管理、社会保障和社会组织	7931	-2.0
分注册类型		
其中：内资企业	604550	7.7
港澳台商投资企业	13562	-4.0
外商投资企业	11322	-2.7
分施工和新开工项目		
施工项目计划总投资	1311629	18.2
新开工项目计划总投资	519093	6.2
固定资产投资（不含农户）到位资金	629815	4.8
其中：国家预算资金	38742	7.8
国内贷款	72149	9.0
利用外资	2146	-3.1
自筹资金	408823	2.3
其他资金	107955	11.6

注：1. 此表中速度均为未扣除价格因素的名义增速。

2. 此表中部分数据因四舍五入的原因，存在总计与分项合计不等的情况。

附注

1.指标解释

固定资产投资（不含农户）：是以货币形式表现的在一定时期内完成的建造和购置固定资产的工作量以及与此有关的费用的总称。

到位资金：是指固定资产投资单位在报告期内收到的，用于固定资产投资的各种货币资金，包括国家预算资金、国内贷款、利用外资、自筹资金和其他资金。

新开工项目：是指报告期内所有新开工的建设项目。

国有控股：在企业的全部实收资本中，国有经济成分的出资人拥有的实收资本（股本）所占企业全部实收资本（股本）的比例大于50%的国有绝对控股。

在企业的全部实收资本中，国有经济成分的出资人拥有的实收资本（股本）所占比例虽未大于50%，但相对大于其他任何一方经济成分的出资人所占比例的国有相对控股；或者虽不大于其他经济成分，但根据协议规定拥有企业实际控制权的国有协议控股。

投资双方各占50%，且未明确由谁绝对控股的企业，若其中一方为国有经济成分的，一律按国有控股处理。

行政和事业单位的投资项目都属于国有控股。

登记注册类型：划分企业登记注册类型的依据是工商行政管理部门对企业登记注册的类型，按照国家统计局、国家工商行政管理总局联合印发《关于划分企业登记注册类型的规定》的通知（国统字〔2011〕86号）执行。划分个体经营登记注册类型是依据国家统计局相关规定，按照国家统计局《关于"个体经营"登记注册类型分类及代码的通知》（国统办字〔1999〕2号）执行。

固定资产投资统计报表制度规定，基层统计单位均要填报登记注册类型。登记注册类型由从事固定资产投资活动的企业或个体经营单位填报。已在工商行政管理部门登记的，按登记注册类型填报，未登记的，按投资者的登记注册类型或有关文件的规定填报。

其中内资企业包括国有企业、集体企业、股份合作企业、联营企业、有限责任公司、股份有限公司、私营企业和其他企业。

港澳台商投资企业包括合资经营企业、合作经营企业、港澳台商独资经营企业、港澳台商投资股份有限公司和其他港澳台商投资企业。

外商投资企业包括中外合资经营企业、中外合作经营企业、外资企业、外商投资股份有限公司和其他外商投资企业。

2.统计范围

计划总投资500万元以上的固定资产项目投资及所有房地产开发项目投资。

3.调查方法

固定资产投资统计报表按月进行全面调查（1月份数据免报）。

4.东、中、西部和东北地区划分

东部地区包括北京、天津、河北、上海、江苏、浙江、福建、山东、广东、海南10个省（市）；中部地区包括山西、安徽、江西、河南、湖北、湖南6个省；西部地区包括内蒙古、广西、重庆、四川、贵州、云南、西藏、陕西、甘肃、青海、宁夏、新疆12个省（市、自治区）；东北地区包括辽宁、吉林、黑龙江3个省。

5.行业分类标准

执行国民经济行业分类标准（GB/T 4754-2011），具体请参见http://www.stats.gov.cn/tjsj/tjbz/hyflbz。

6.环比数据修订

根据季节调整模型自动修正程序，对2016年12月份以来的固定资产投资（不含农户）环比增速进行修订。修订结果及2017年12月份环比数据如下：

年 度	月 份	环比速度(%)
2016年	12月	0.56
2017年	1月	0.54
	2月	0.57
	3月	0.59
	4月	0.58
	5月	0.57
	6月	0.60
	7月	0.58
	8月	0.57
	9月	0.55
	10月	0.54
	11月	0.52
	12月	0.53

第二部分

行业发展与投资

2017年农业生产数据（节选）

农业部

2018年2月8日

总体数据

2017年全国13个粮食主产区粮食产量占全国比重提高至76.2%，新疆棉花产量占全国比重提高至74.4%，南方水网密集区生猪存栏累计调减2300万头，前11个月海洋捕捞产量同比减少7.4%，生产力布局与资源禀赋匹配度进一步提高。

粮食产量达到12358亿斤，优质强筋弱筋小麦占比提高到27.5%，籽粒玉米调减1984万亩，大豆面积增加871万亩；牛肉和羊肉产量分别增长1.3%和1.8%，快于猪肉产量增速0.5个和1个百分点；果菜茶等“菜篮子”农产品供应充足，全国农产品质量安全例行监测总体合格率达到97.8%，涌现出一批“站得稳、叫得响、传得广”的特色农产品品牌。

预计全年农产品加工业主营业务收入达到21万亿元；农业农村电子商务发展进入“快车道”，农产品网络零售交易额保持两位数增长。

休闲农业和乡村旅游蓬勃发展，营业收入近6200亿元，新产业、新业态、新模式等成为农业农村经济发展的增长极。

价格数据

2017年农产品批发价格200指数和“菜篮子”产品批发价格指数分别为100.1和99.9，同比分别略低5.6个和6.6个点，为CPI平稳运行发挥了“压舱石”作用。

其中，受食品需求增加、加工带动，三种主粮价格总体逐月回升，但同比仍略降0.3%；优质稻价格较普通稻价格高二到三成；玉米价格改革激活产业链，市场需求增加超预期，价格持续走强，全年累计增长3.5%。

畜禽价格整体先下降后上升，生猪供求基本平衡，价格在15元/公斤上下波动；受产能调整、消费转型升级拉动影响，牛羊肉稳中趋强，全年累计分别上涨2.4%和14.7%，同比分别上涨1.1%和5.4%；伴随蛋鸡产能调整，鸡蛋价格先降后涨，但同比仍下降7.6%。

受种植面积增加、全年气象条件好等多重因素影响，蔬菜价格走弱，比上年下降10.6%。受原料成本和环保成本上升影响，农资、农用柴油价格下半年起全面上涨，7月份以来农用柴油累计上涨13%，12月份国产尿素同比涨34%。12月份以来，受节日来临、消费走强影响，“菜篮子”农产品价格呈现季节性上涨。

农民收入数据

2017年农村居民人均可支配收入达到13432元，增速为7.3%，分别高于GDP增速和城镇居民收入增速0.4个和0.8个百分点，城乡收入倍差缩小至2.71：1，贫困地区农民收入继续保持较快增长。

工资性收入主体地位继续巩固。受农民工总量和工资水平双增长影响，工资性收入保持较快增长，达到5498元，比重超过四成，增收贡献率达到44.5%。经营净收入结构不断优化。

在粮棉油糖等农产品价格弱势运行的背景下，农村产业融合发展、创业创新拓展了农民增收空间，带动经营净收入增速达到6%。转移净收入成为增收新亮点。今年以来，民生持续改善、扶贫力度持续加大，转移净收入增速达到11.8%，领跑其他收入增速，增收贡献率与经营净收入基本持平。财产净收入贡献率不断提高。土地流转收租金、要素入股分红等模式不断推广，农村集体产权制度改革红利不断释放，财产净收入增加到303元，增收贡献率提高0.8个百分点。

农业投资数据

据国家统计局统计，全年第一产业固定资产投资（不含农户）2.09万亿元，同比增长11.8%，高于全国固定资产投资增速4.6个百分点。

具体看，呈现四大特点。

一是民间投资主导地位持续巩固。第一产业民间投资增长13.3%，总量达到1.7万亿元，占第一产业投资的81.3%，增长贡献率超过90%。

二是结构调整推动种植业投资加快。种植业（农业）投资增速达到16.4，高于第一产业投资增速4.6个百分点，总量近1.2万亿元，占比提高2.3个百分点。

三是区域间更加协调。东北地区投资增速持续加快、领跑其他地区，投资总量达到1850亿元，占全国的比重较去年提高1.5个百分点；中部和西部地区增速均高于东部地区。

四是新产业新业态成为投资热点。采摘园、农家乐、休闲农业和乡村旅游特色村等保持较高关注度，农业主题公园、产业园等投资大幅升温。据统计，41家产业园带动投资近600亿元。

国际农产品市场数据

国际农产品供求仍然宽裕，价格或将温和上涨。2017年世界经济温和复苏，国内经济稳中向好，原油、天然气等大宗商品价格增长近10%，带动粮食等重要农产品温和上涨。

据联合国粮农组织监测，2017年食品价格指数为174.7，较去年提高13.2个点。其中，大米价格同比上涨2.8%，玉米、小麦价格基本持平，大豆、棉花、油料价格总体回落。预计2018年，世界经济有望继续复苏，消费者和投资者信心提振，原油等大宗产品有望稳步上涨；全球农业生产形势稳定、供求仍将宽松，价格涨跌主要取决于外部因素输入影响，预计将温和上涨。

2017年中国林业发展报告

中国林业网

2017年12月21日

1.森林质量稳步提升，生态建设成效显著

造林绿化任务完成。2016年，全国共完成造林面积720.35万公顷，全面完成造林任务。义务植树尽责形式多样，参加义务植树人数达5.7亿人次，共植树20.3亿株（含折算株数）。城市建成区绿地面积达197.1万公顷，绿地率达36.4%。林业重点生态工程完成造林面积250.55万公顷，其中，天然林资源保护工程、退耕还林工程、京津风沙源治理工程和三北及长江流域等防护林建设工程造林分别占全部造林面积的6.76%、9.49%、3.19%和15.34%。完成国家储备林基地建设任务82.48万公顷。

森林质量精准提升力度加大。2016年，完成森林抚育任务850.04万公顷，退化林修复99.11万公顷，与2015年相比，分别增长8.80%、34.06%。林种、树种结构进一步优化，新造和改造混交林面积85.65万公顷。持续推进森林经营示范样板建设，新增5个全国森林经营样板基地，加大多功能森林经营理念和技术的示范推广。

防沙治沙步伐加快。2016年，完成沙化土地治理面积233.94万公顷。推进沙化土地封禁保护区补助试点建设，新增试点县10个，封禁保护面积达133.24万公顷；印发了《国家沙漠公园发展规划（2016—2025年）》，新增国家沙漠（石漠）公园试点15个。四部委印发《岩溶地区石漠化综合治理工程“十三五”建设规划》。

湿地保护增强。2016年，国家做出了湿地保护的顶层设计，印发了《湿地保护修复制度方案》，从完善湿地分级管理体系、实行湿地保护目标责任制、健全湿地用途监管机制、建立退化湿地修复制度、健全湿地评价体系五个方面提出了湿地保护的具体政策措施。中央财政安排资金16亿元，实施补贴项目334个。新批准建立国家湿地公园试点134处，新增湿地公园（试点）面积34.3万公顷，新增湿地保护面积21.0万公顷，新增通过验收的国家湿地公园76处。

生物多样性保护成效明显。2016年，林业系统自然保护区增加73处；组织实施野生动物野外巡护、栖息地维护改造、救护繁育等重点项目，继续优化华南虎、朱鹮、金丝猴、长臂猿等物种人工繁育配对，安排了30余种珍稀濒危野生动物人工繁育项目；继续实施珍稀濒危野生动物野化训练和放归自然工作；开展华盖木等野生植物回归自然试验，对近30种极小种群野生植物开展了野外救护与繁育。

2.林业产业规模继续加大，产出能力增强

产值继续较快增长。2016，年林业产业总产值达到6.49万亿元（按现价计算），比2015年增长9.30%。其中，第一、二、三产业分别增长6.99%、7.32%、20.77%。中、西部地区林业产业增长势头强劲，增速分别达到16.12%和13.46%。林业产业总产值前十位的省份分别是广东、山东、广西、福建、江苏、浙江、湖南、江西、安徽、四川。

产业结构略有优化。林业三次产业的产值结构由2015年的34：50：16调整为2016年的33：50：17，以林业旅游与休闲为主的林业服务业所占比重逐年提高。

产量增加，服务提升。2016年，商品材有所增加，非商品材有所减少。全国商品材总产量为7775.87万立方米，比2015年增长7.73%；非商品材总产量为2357.82万立方米，比2015年减少20.39%。各类经济林产品产量稳定增长，达1.80亿吨，比2015年增长3.45%。人造板总产量30042.22万立方米，木竹地板产量8.38亿平方米。木竹热解产品产量176.67万吨，比2015年增长8.35%；木质生物质成型燃料产量81.03万吨，比2015年增长67.04%。全国林业旅游与休闲人数达26.09亿人次。联合举办了7个与林业产业相关的博览会，参观人数达120.6万人次，交易金额103.8亿元。

3.生态服务载体丰富，生态文明宣传力度加大

2016年，全国绿化委员会、国家林业局授予吉林省长春市等22个城市“国家森林城市”称号。截至2016年，全国已有118个城市被授予“国家森林城市”称号，开展省级森林城市创建活动的省份由13个增加到26个。各地生态服务基础设施建设继续推进，古树名木保护活动逐步深入。国家林业局印发《中国生态文化发展纲要（2016－2020年）》。各主要新闻单位和网站共刊播生态文明建设报道1.2万多条（次），各媒体刊发国家林业局领导专访33篇。《中国绿色时报》等中央林业报刊和各省林业报刊成为林业工作宣传的重要阵地。社会公众的生态文明理念逐步提升，青少年生态文明教育继续向“注重体验、注重参与”的方向发展，越来越多企业主动参与生态公益活动。

4.林业改革步伐加快，改革取得重大进展

国有林区改革进入实质性阶段。2016年，国家批复了吉林省、黑龙江省和大兴安岭林业集团公司省级国有林区改革实施方案，标志着重点国有林区改革进入了实质性推动阶段。重点国有林区全面停伐后，多渠道安置富余职工，共安置职工6万余人。其中，内蒙古将1.6万名富余职工全部转岗到森林管护等一线岗位，吉林省安置富余职工1.8万人，龙江森工安置富余职工3万余人，大兴安岭安置富余职工0.54万人。推进“四分开”改革，内蒙古森工社会管理职能全部剥离，移交机构22个，涉及人员4369人、资产6.05亿元。吉林省重点林区的教育、公检法等社会职能已剥离完成，龙江森工集团承担的公检法移交完成，教育、公安纳入财政预算。2016年，中央安排224亿元用于支持国有林区改革。为解决东北、内蒙古重点国有林区金融债务，对天然林资源保护工程一期以后新增与停伐相关的金融债务130亿元，财政部从2017年起，每年安排贴息补助6.37亿元，补助到天然林资源保护工程二期结束的2020年。

国有林场改革加快推进。2016年，31个省（自治区、直辖市）的省级改革实施方案全部获得国家批复，并全部出台了省级改革实施方案。截至2016年，国有林场改革所涉及的市、县已有近1/3完成了市、县改革实施方案的审批。完成了河北、浙江、江西、山东、湖南、甘肃6省的改革试点工作验收。国家林业局、国家发展和改革委员会同中央机构编制委员会办公室、财政部等8个部委组成了16个督查组，对河北等24省（自治区、直辖市）进行了改革专项督察，有效推动了改革主体责任落实，加快了改革进程。中央财政落实国有林场改革补助133.8亿元。广东、湖北、宁夏新成立了单独的省级国有林场管理机构，吉林、河南、云南加挂了国有林场机构牌子，相应增加了处级领导职数和人员编制。北京等8省（直辖市）的国有林场全部定性为公益性事业单位。全国国有林场的天然林商业性采伐全面停止，全年减少天然林消耗量556万立方米。

集体林权制度改革进一步深化。2016年11月16日，国务院办公厅印发了《关于完善集体林权制度

的意见》。至2016年底，除上海和西藏以外，全国29个省（自治区、直辖市）确权集体林地面积27.05亿亩，发证面积累积达26.41亿亩，发放林权证1.01亿本，约5亿农民获得了集体林地承包经营权。积极培育新型林业经营主体，评定了348家全国林业专业合作社示范社、117家林业专业合作社入围2016年国家农民合作社示范社评选，85家农民林业专业合作社纳入国家林下经济示范基地建设支持范围。28个省（自治区、直辖市）出台了林下经济发展规划和支持林下经济发展的意见。

大熊猫、东北虎豹两个国家公园体制试点方案获批复。2016年12月5日，中央全面深化改革领导小组第三十次会议审议通过了《大熊猫国家公园体制试点方案》和《东北虎豹国家公园体制试点方案》。大熊猫国家公园试点区面积2.71万平方千米，覆盖了现有野生大熊猫种群数量的86.59%。东北虎豹国家公园试点区面积1.46万平方千米，覆盖了我国东北虎豹野生种群总数量的75%以上。2016年，9个国家公园体制试点方案获得国家批复。

5.林业政策进一步完善，林业法制建设加强

林业新政策颁布实施。2016年，国家林业局印发了《关于规范集体林权流转市场运行的意见》，进一步规范和促进林权流转。在天然林资源保护方面，国家明确集体和个人所有的天然林协议停止商业性采伐，将福建、广西等重点省（自治区）集体和个人天然林停伐纳入补助试点，进一步扩大天然林资源保护范围。在沙化土地修复保护方面，国家林业局印发《沙化土地封禁保护修复制度方案》，提出要实行严格的保护制度、建立沙化土地修复制度、建立多元化投入机制、推行地方政府责任制等。在林业精准扶贫方面，国家明确从八个方面推进产业扶贫。加强贫困地区生态保护和产业发展促进精准扶贫和精准脱贫，2016年，在中西部21个省（自治区、直辖市）的建档立卡贫困人口中，选聘了28.8万名生态护林员，中央财政安排20亿元用于购买生态服务，精准带动108万人脱贫，实现了生态保护与精准脱贫双赢。在林业投融资创新方面，国家提出，在林业重大生态工程、国家储备林建设、林区基础设施建设、林业保护设施建设和野生动植物保护及利用等重点领域实施政府和社会资本合作模式。发挥政策性和开发性金融作用支持林业发展。在林业改革资金管理方面，财政部、国家林业局印发《林业改革发展资金管理办法》，明确中央财政预算安排用于森林资源管护、森林资源培育、生态保护体系建设、国有林场改革、林业产业发展等支出方向的专项资金有关规定。建立起由林业、财政、金融部门共同参与、分工协作的林业贴息贷款联合监管机制，林业贴息贷款监督管理进一步加强。

林业法制建设进程加快。2016年，《中华人民共和国野生动物保护法》由中华人民共和国第十二届全国人民代表大会常务委员会第二十一次会议修订通过；公布4件部门规章，共建立了21个基层立法联系点。2016年，全国共发生林业行政案件19.66万起，查处19.48万起，案件发现总量较2015年减少575起，下降0.29%。全国森林公安机关共立案侦查森林和野生动物刑事案件2.98万起，打击处理违法犯罪人员2.90万人次，收缴林木7.29万立方米、野生动物26.79多万（头）只，全部涉案价值达20.88亿元。国家林业局开展了“2016打击破坏野生动物资源违法犯罪活动专项行动”“净网行动”“严厉打击非法占用林地等涉林违法犯罪专项行动”等一系列专项行动，有力地遏制了涉林违法犯罪高发势头及破坏野生动植物等自然资源的违法犯罪行为。2016年，国家林业局本级共依法办理林业行政许可事项4553件，其中，准予许可4282件，不予许可等271件。

6.林业投资渠道拓宽，重点突出

2016年，中国经济下行压力持续加大，中央财政收入增速继续回落，但全国林业建设投资仍实现较高增速，主要原因包括新增了国家公园、生态护林员、国有林区防火应急道路等资金投入渠道，启动了国家级自然保护区和湿地保护大项目建设试点等。全国林业完成投资4509.57亿元，比2015年增长5.11%。其中，国家预算资金2151.73亿元，占全年完成投资的47.71%。用于生态建设与保护的投资为2110.00亿元，占全部林业投资完成额的46.79%；用于林木种苗、森林防火、有害生物防治、民生保障等林业支撑与保障的投资为403.38亿元，用于林业产业发展的资金为1741.93亿元，其他资金254.26亿元，在林业投资完成额中所占比重依次为8.94%、38.63%和5.64%。

7.林业支撑保障能力增强，体系逐步完善

森林资源管理加强，资源监督进一步强化。2016年，各级林业主管部门严格执行《建设项目使用林地审核审批管理办法》等规定，按照林地保护利用规划审核审批建设项目使用林地。出台了《国家林业局关于进一步加强森林资源监督工作的意见》，森林资源监督工作机制不断创新，黑龙江、大兴安岭等8个森林资源监督专员办事处与监督区的省级人民检察院建立了联合工作机制。全国共审核审批建设项目使用林地2.74万项，使用林地面积18.62万公顷，收取植被恢复费189.32亿元。

林业种苗管理规范，防控森林火灾能力明显提高。2016年，国家林业局印发《林木种质资源普查技术规程》，出台《国家林木种质资源库管理办法》，确定了第二批86处国家林木种质资源库。批复了172个国家重点林木良种基地“十三五”发展规划，考核了国家重点林木良种基地工作，开展了国有苗圃普查工作。成立了“国家林木种子资源设施保存库”建设领导小组和专家咨询组，审议通过了项目建议书。出台了《森林防火视频监控技术规范》《森林火险预警信号分级及标识》等18项林业行业标准。中央基本建设投资14亿元，启动了东北、内蒙古国有林区森林防火应急道路和无人机试点建设项目。全国共发生森林火灾2034起，发生次数逐年降低，其中，一般火灾1340起、较大火灾693起、重大火灾1起。

林业有害生物防治成效明显，野生动物疫源疫病监测防控有序推进。2016年，全国31个省（自治区、直辖市）人民政府印发了贯彻落实《国务院办公厅关于进一步加强林业有害生物防治工作的意见》的文件。督促各地加快推进落实《2015—2017年重大林业有害生物防治目标责任书》。全国主要林业有害生物发生1211.34万公顷，属偏重发生状态。全国完成林业有害生物防治面积833.82万公顷，主要林业有害生物成灾率控制在4.5‰以下，无公害防治率达到85%以上。2016年，将野生动物疫病检测预警体系建设作为重要内容，纳入国家突发事件应急、生物安全战略、生态安全保障等政策体系，完善了《国家突发野生动物疫情应急预案》等规章制度及印发了相关文件，完成监测防控信息管理系统和移动采集系统的功能优化和推广应用准备工作。全国共报告野生动物异常情况86起，死亡野生动物51种6818只（头）。

林业安全生产和科技创新加强，林业教育改革成果丰富。2016年，强化林业安全生产，印发了《林业行业遏制重特大事故工作方案》和《国家林业局关于进一步加强汛期林业安全生产工作的通知》，组织开展了林业行业危险化学品安全专项整治活动，加大对国有林区、国有林场、林业自然保护区、森林公园、湿地公园、沙漠公园等有关地区和单位安全生产工作的指导力度，明确了企业安全生产主体责任，督促14个省（自治区、直辖市）编制完善了省级林业部门安全生产应急预案。召开了全国林业科技创新大会，部署了“十三五”林业科技创新的思路和重点任务。国家林业局成立了林业科技创新领导小组，统筹各方资源推进林业科技创新。出台了《国家林业局关于加快实施创新驱动发展战略支撑林业现代化建设的意见》，发布了《林业科技创新“十三五”规划》《林业标准化“十三五”发展规划》《主要林木育种科技创新规划（2016—2025）》3项规划。共发布林业重点科技成果100项。推广木本粮油、林特资源等六大类先进实用技术443项。2016—2017学年，全国林业教育毕业研究生7085人、本科毕业生5.01万人、高职

（专科）毕业生4.41万人、中职毕业生4.73万人。国家林业局启动了高等职业学校第一批7个林业类专业教学标准修（制）订工作。干部教育培训规范化建设得到加强，干部教育培训信息化建设稳步推进，重点人员培训进一步强化。林业行业职业资格许可和认定得到进一步清理和规范，职业技能鉴定规模有所调整。全年78个涉林职业（工种）2.94万人通过林业行业职业技能鉴定，获取人力资源社会保障部颁发的《职业资格证书》。

林业信息化成效显著，大数据建设加强2016年，林业信息化首抓顶层设计，全面启动“互联网+”林业建设，推动信息化与林业深度融合，形成了智慧化发展长效机制和高效高质发展新模式，取得多项成果，为“十三五”林业信息化建设打下坚实基础。完成《中国林业大数据发展战略研究》，印发了《中国林业大数据发展指导意见》，推进生态建设智慧共治，推动林业产业转型升级。国家林业局与国家发展和改革委员会签署《关于联合开展生态大数据应用与研究工作的战略合作协议》，全面启动“一带一路”、京津冀协同、长江经济带林业数据共享平台建设。发布《长江经济带林业数据资源协同共享工作机制》《京津冀一体化林业数据资源协同共享工作机制》《京津冀生态信息资源共享管理暂行办法》。

林业工作站建设稳步推进，森林公园建设取得进展2016年，发布了《全国林业工作站“十三五”发展建设规划》，对“十三五”林业工作站发展建设做出了整体规划。按照《标准化林业工作站建设检查验收办法》规定，对2009—2014年完成建设任务的904个林业工作站进行了核查，有860个林业工作站达到合格标准。全国共有444个林业工作站新建了办公用房，644个站配备了通信设备，409个站配备了机动交通工具，1103个站配备了计算机。全国有10397个林业工作站受委托行使林业行政执法权。全国完成林业工作站基本建设投资4.60亿元，新建乡（镇）林业工作站197个。2016年，全国新建森林公园158处，共投入建设资金537.95亿元。

8.区域林业持续发展，各具特色

2016年，“一带一路”“长江经济带”“京津冀区域”林业发展力度持续增强，传统的东、中、西和东北各区域间及区域内的林业发展更趋均衡，东北国有林区改革进入全面实施阶段。

国家发展战略下的区域林业。2016年，“一带一路”倡议林业合作成果显著。坚持共商、共建、共享绿色丝绸之路，聚焦重点地区、重点国家、重点项目，着力推进“一带一路”建设林业合作。编制了《丝绸之路经济带和21世纪海上丝绸之路建设林业合作规划》，搭建了“一带一路”林业贸易与投资合作平台。

2016年，长江经济带发展全面推进。长江经济带“共抓大保护”生态修复工作加快开展，全面落实《长江经济带森林和湿地生态系统保护与修复规划（2016—2020年）》和《长江沿江重点湿地保护修复工程规划（2016—2020年）》。国家林业局与国家发展和改革委员会联合出台了《关于加强长江经济带造林绿化的指导意见》，安排中央林业资金360多亿元。

2016年，“京津冀协同发展”林业生态率先突破，工作取得成效。国家林业局会同京津冀三省（直辖市）共同签订了《共同推进京津冀协同发展林业生态率先突破框架协议》，加强顶层设计和协同合作；针对区内的天然林资源保护、湿地保护和修复、自然保护区建设、重点生态修复工程建设等方面加大资金投入；京津冀所涉及的北京、天津及河北纳入《国家储备林建设规划》建设范围；科技支撑助力区内协同发展。

传统区划下的区域林业东部地区包括北京、天津、河北、山东、上海、江苏、浙江、福建、广东、海南10省（直辖市），是我国重要的林业经济发展优势区域。该区林业产业发达，单位森林面积产出能力较强。2016年，区内林业产业总产值为30133.10亿元，比2015年增长7.15%，占全国林业产业总产值的46.44%；人造板产量为17785.93万立方米，占全国的59.20%；竹木地板产量为52225.17

万平方米，占全国的62.32%；单位森林面积实现林业产业产值92747.19元/公顷，是全国平均水平的2.87倍。中部地区包括山西、河南、湖北、湖南、江西、安徽6省，木本油料和木本药材种植成为该区的特色与优势。2016年，区内林业产业总产值15739.96亿元，比2015年增长16.12%，占全国林业产业总产值的24.25%；木本油料和木本药材产品占全国总产量的33.14%和29.06%；区内油茶林面积262.94万公顷，占全国的65.59%。西部地区包括内蒙古、广西、重庆、四川、贵州、云南、西藏、陕西、甘肃、青海、宁夏、新疆12个省（自治区、直辖市），是我国造林的主战场。2016年，该区共完成造林面积379.42万公顷，占全国造林总面积的52.67%，内蒙古的造林面积达61.85万公顷，名列全国首位。东北地区包括辽宁、吉林、黑龙江3省，国有林区135个森工局有82个分布在该区，国有林业经济比重较高。2016年，区内完成林业投资296.26亿元，其中国家投资占94.26%；该区森林食品占全国总产量的24.03%，是我国森林食品的主产区；该区的林业在岗职工年平均工资34655元，是全国林业系统在岗职工年平均工资的74.19%，为各区最低。

9.林业开放成果丰富，履约尽责

2016年，政府间部门合作深入开展。5项林业相关工作被纳入中美战略与经济对话成果清单；中俄两国召开了中俄林业工作组第八次会议、中俄林业投资政策论坛、中俄边境地区森林防火联防第四次会晤和中俄兴凯湖保护混委会第二次会议等，重新签署了《中俄林业合作谅解备忘录》；推进与沿线国家交流合作，促成中国-中东欧国家林业合作会议通过“16+1”林业合作行动计划，与柬埔寨、越南签署林业合作协议；召开了中欧森林执法与治理双边协调机制第七次会议；深化双边林业务实合作，组织高级别对话活动60余场，新签署政府部门间合作协议10份，召开双边和区域机制性会议18个。2016年，中国政府履行林业国际公约，派团参加《濒危野生动植物种国际贸易条约》《联合国防治荒漠化公约》《湿地公约》《联合国气候变化框架公约》和《国际植物新品种保护公约》等国际公约会议，阐述中国政府立场，维护国家利益；按照公约要求开展履约活动，实施履约合作项目，取得丰富成果。

10.林产品进出口小幅下降，贸易顺差微幅缩小；木材产品市场总供给（总消费）低速增长；原木与锯材产品价格水平环比稳中微涨、同比下跌

2016年，林产品出口726.77亿美元、进口624.26亿美元，分别比2015年下降2.14%和1.85%，在全国商品出口额与进口额中的占比分别为3.46%和3.93%。林产品贸易顺差为102.51亿美元，比2015年缩小了4.08亿美元。

2016年，木材产品市场总供给为55777.69万立方米，比2015年增长1.10%。其中，国内商品材产量为7775.87万立方米，木质刨花板和纤维板折合木材（扣除与薪材供给的重复计算）15359.74万立方米，农民自用材和烧柴产量3072.59万立方米，进口原木及其他木质林产品折合木材28374.74万立方米。上年库存、超限额采伐等形式形成的木材供给为1194.76万立方米。木质林产品进口中，原木进口4872.47万立方米，比2015年增长9.32%，锯材进口3152.64万立方米，比2015年增加18.53%。胶合板、纤维板和刨花板的进口量分别为19.61万立方米、24.10万立方米和90.31万立方米，分别比2015年增加18.20%、9.30%和41.35%；木家具进口9.62亿美元，比2015年增长9.07%；木浆进口2101.91万吨，比2015年增长6.20%；纸和纸制品（按木纤维浆比例折合值）进口309.17万吨，比2015年增长3.54%；废纸进口2849.84万吨，比2015年减少2.68%。

2016年，木材产品市场总消费为55777.69万立方米，比2015年增长1.10%。其中，工业与建筑用材消耗量为42988.36万立方米，农民自用材（扣除农民建房用材）和烧柴消耗量为2452.66万立方米，出口原木及其他木质林产品折合10336.67万立方米。木质林产品出口中，原木出口9.46万立方米，锯材（不包括特形材）出口26.20万立方米，比2015年下降9.15%。胶合板、纤维板和刨花板的出口量分别为1117.30万立方米、264.92万立方米和28.82万立方米，与2015年比，胶合板和刨花板出口分别增长3.77%和13.29%，纤维板出口下降12.13%；木家具出口222.09亿美元，比2015年下降2.82%；纸和纸制品（按木纤维浆比例折合值）出口942.25万吨，比2015年增长12.73%。

2016年，木材产品（原木与锯材）总体价格水平，环比除2月和10月下跌外，其余月份持续上涨，涨幅为0.19%～1.56%，同比除12月外，其他各月较大幅度下跌，跌幅为0.09%～9.97%，但跌幅逐月收窄；木材进口价格综合指数由1月的104.2%持续降至4月的99.2%，随后涨跌交替波动上涨至12月的109.0%。

2016年，非木质林产品出口186.54亿美元，比2015年增长3.84%，占林产品出口额的25.67%；进口206.30亿美元，比2015年下降5.98%，占林产品进口额的33.05%。

2016年，出口市场仍以美国为主，市场集中度小幅提高；进口则维持以美国、东盟国家、俄罗斯、加拿大为主的市场格局，市场集中度略有下降。按市场份额，前5位出口贸易伙伴依次是美国（22.80%）、中国香港（9.01%）、日本（7.33%）、越南（4.19%）、英国（4.11%）；前5位进口贸易伙伴分别为美国（13.10%）、泰国（9.72%）、印度尼西亚（8.58%）、俄罗斯（7.38%）、加拿大（6.50%）。

2017年全国渔业经济统计公报

农业农村部渔业渔政管理局

2018年9月20日

2017年是加快推进渔业转方式调结构、深化供给侧结构性改革的关键一年，也是实施“十三五”规划的重要一年。在部党组的坚强领导下，全国渔业系统深入贯彻习近平总书记关于三农工作的重要讲话精神，以提质增效、减量增收、绿色发展、富裕渔民为总目标，坚持稳中求进工作总基调，坚持新发展理念，持续深化渔业供给侧结构性改革，扎实推进渔业转型升级和渔业经济健康持续发展。

一、全社会渔业经济总产值和增加值

按当年价格计算，全社会渔业经济总产值24761.22亿元，其中渔业产值12313.85亿元，渔业工业和建筑业产值5666.62亿元，渔业流通和服务业产值6780.76亿元。其中，休闲渔业产值764.41亿元，同比增长15.03%。三个产业产值的比例为49.7∶22.9∶27.4。

渔业产值中，海洋捕捞产值1987.65亿元，海水养殖产值3307.40亿元，淡水捕捞产值461.75

亿元，淡水养殖产值5876.25亿元，水产苗种产值680.80亿元。

渔业产值中（不含苗种），海水产品与淡水产品的产值比例为45.5：54.5，养殖产品与捕捞产品的产值比例为78.9：21.1。

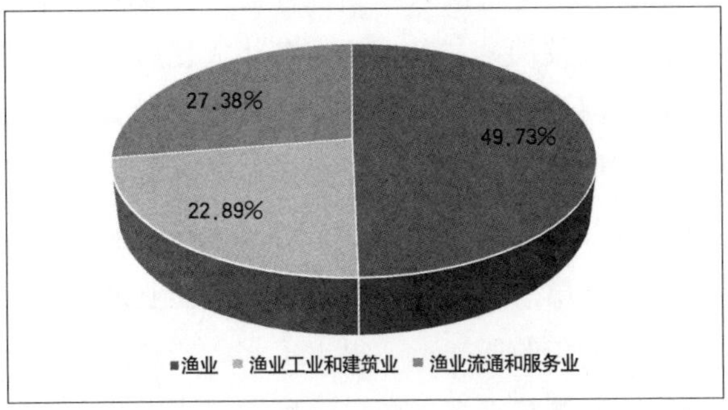

图1　2017年渔业经济总产值构成

二、渔民人均纯收入

据对全国1万户渔民家庭当年收支情况调查，全国渔民人均纯收入18452.78元，比上年增加1548.58元、增长9.16%。

三、水产品产量及人均占有量

全国水产品总产量6445.33万吨，比上年增长1.03%。其中，养殖产量4905.99万吨，同比增长2.35%；捕捞产量1539.34万吨，同比降低2.96%；养殖产品与捕捞产品的产量比例为76.1：23.9。海水产品产量3321.74万吨，同比增长0.62%；淡水产品产量3123.59万吨，同比增长1.47%；海水产品与淡水产品的产量比例为51.5：48.5。

表1　2017年全国水产养殖产量

单位：万吨

指标	养殖产量	海水养殖		淡水养殖	
		产量	同比（%）	产量	同比（%）
全国总计	4905.99	2000.70	4.46	2905.29	0.95
鱼类	2682.92	141.94	8.44	2540.98	0.03
甲壳类	454.97	163.12	8.44	291.85	10.69
贝类	1458.61	1437.13	3.44	21.48	−9.77
藻类	223.50	222.78	5.73	0.72	−1.99
其他	85.99	35.73	5.32	50.26	1.35

表2　2017年国内捕捞产量

单位：万吨

指标	国内捕捞产量	海洋捕捞		淡水捕捞	
		产量	同比（%）	产量	同比（%）
全国总计	1330.72	1112.42	−6.30	218.30	8.97
鱼类	926.79	765.22	−6.78	161.58	11.29
甲壳类	236.53	207.60	−4.85	28.93	0.95
贝类	69.47	44.29	−4.24	25.18	6.39
藻类	2.03	2.00	−13.65	0.04	−1.06
头足类	61.66	61.66	−4.90		
其他	34.23	31.67	−8.94	2.57	−7.50

远洋渔业产量208.62万吨，占海水产品产量的6.28%，比上年增加9.87万吨、增加4.97%。

全国水产品人均占有量46.37千克（人口139008万人），比上年减少0.23千克、降低0.50%。

四、水产养殖面积

全国水产养殖面积7449.03千公顷，比上年增长0.05%。其中，海水养殖面积2084.08千公顷，同比降低0.67%；淡水养殖面积5364.96千公顷，同比增长0.33%；海水养殖与淡水养殖的面积比例为28.0：72.0。

表3　2017年全国海水养殖面积

单位：千公顷

指标	2017年	同比（%）	占总面积比重（%）
总计	2084.08	−0.67	
鱼类	89.92	−11.40	4.32
甲壳类	299.05	−2.21	14.35
贝类	1286.77	−1.23	61.74
藻类	145.26	8.88	6.97
其他类	263.07	3.33	12.62

表4　2017年全国淡水养殖面积

单位：千公顷

指标	2017年	同比（%）	占总面积比重（%）
总计	5364.96	0.33	
池塘	2527.78	3.30	47.12
湖泊	886.49	−3.09	16.52
水库	1615.41	−1.75	30.11
河沟	213.74	−2.85	3.98
其他	121.54	0.03	2.27

五、渔船拥有量

年末渔船总数94.62万艘、总吨位1082.36万吨。其中，机动渔船59.93万艘、总吨位1038.63万吨、总功率2108.90万千瓦；非机动渔船34.68万艘、总吨位为43.73万吨。

机动渔船中，生产渔船57.53万艘、总吨位927.23万吨、总功率1879.56万千瓦。生产渔船中，捕捞渔船39.14万艘、总吨位854.19万吨、总功率1669.60万千瓦；养殖渔船18.39万艘、总吨位73.04万吨、总功率209.96万千瓦。

六、渔业人口和渔业从业人员

渔业人口1931.85万人，比上年减少41.56万人、降低2.11%。渔业人口中传统渔民为652.14万人，比上年减少8.97万人、降低1.36%。渔业从业人员1359.39万人，比上年减少22.30万人、降低1.61%。

七、水产品加工与贸易

截至2017年底，全国水产品加工企业数量9674个，水产加工能力2926.23万吨/年，同比增长2.71%，用于加工的水产品总量为2680.02万吨，同比增长1.68%。水产加工品总量2196.25万吨，同比增长1.42%，其中海水加工产品1788.06万吨，同比增长0.73%；淡水加工产品408.19万吨，同比增长4.57%；海水、淡水加工产品比例为81.4∶18.6。

据海关统计，2017年我国水产品进出口总量923.65万吨，进出口总额324.96亿美元，同比分别增长11.56%和7.92%，均创历史新高。其中，出口量433.94万吨，出口额211.50亿美元，同比分别增长2.40%和1.99%；进口量489.71万吨，进口额113.46亿美元，同比分别增长21.17%和21.03%。贸易顺差98.04亿美元，比上年同期减少15.6亿美元。

八、渔业灾情

全年由于渔业灾情造成水产品产量损失95.69万吨，直接经济损失173.56亿元。其中，受灾养殖面积719.60千公顷；沉船164艘，经济损失0.30亿元；死亡、失踪和重伤人数58人。

附：根据第三次全国农业普查结果部分渔业统计数据有所调整

根据《中华人民共和国统计法》的要求和《全国农业普查条例》“县级以上各级人民政府统计机构和有关部门可以根据农业普查结果，对有关常规统计的历史数据进行修正”的规定，农业农村部会同国家统计局联合发布了《农业农村部 国家统计局关于根据第三次农业普查结果开展渔业统计数据核定修正工作的通知》，提出了水产养殖面积和水产品产量的调整方案，商定采用下核一级的原则，以2016年第三次全国农业普查水产养殖面积调查结果为基础，以各省（区、市）2016年的养殖从业人员、苗种投放等为参考依据，综合测算各省（区、市）水产品产量调减比例，核定2016年水产品产量。并以此为基数，参考渔业统计年报中各年度间的产量调整比例，对2012−2015年的水产品产量数据进行了相应调整。稻田养鱼与远洋渔业产量未作调整。2017年的水产养殖面积、产量等数据，以调整后的2016年相关数据为基础，以各省上报的2017年统计年报为参考进行调整确定。

调整后，2016年全国水产养殖面积为7445.54千公顷，其中海水养殖面积2098.10千公顷，淡水养殖面积5347.44千公顷。2016年全国水产品总产量相应调整为6379.48万吨，其中海水养殖产量1915.31万吨，淡水养殖产量2877.89万吨（含稻田养殖），海洋捕捞产量1187.20万吨（不含远洋渔业），远洋渔业产量198.75万吨，淡水捕捞产量200.33万吨。根据调整后的2016年渔业统计主要数据，参考各地报送的2017年渔业统计年报，确定调整后的2017年全国水产养殖面积、水产品产量等数据。

注：部分数据合计数由于单位取舍不同而产生的计算误差，均未做机械调整。

2017年中国海洋经济统计公报

国家海洋局

2018年3月

一、海洋经济总体运行情况

据初步核算，2017年全国海洋生产总值77611亿元，比上年增长6.9%，海洋生产总值占国内生产总值的9.4%。其中，海洋第一产业增加值3600亿元，第二产业增加值30092亿元，第三产业增加值43919亿元，海洋第一、第二、第三产业增加值占海洋生产总值的比重分别为4.6%、38.8%和56.6%。据测算，2017年全国涉海就业人员3657万人。

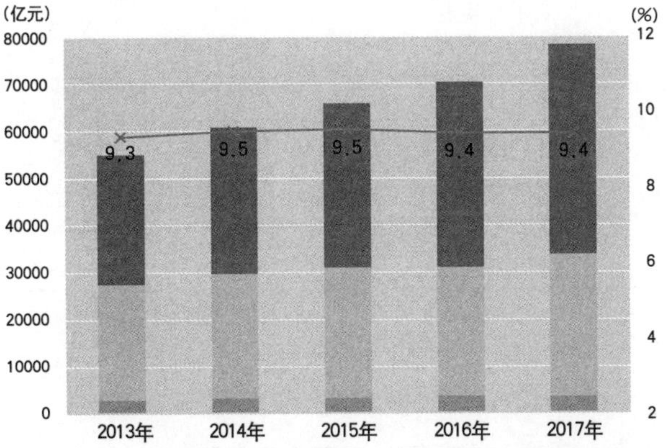

图 1　2013—2017年全国海洋生产总值情况

二、主要海洋产业发展情况

2017年，我国海洋产业保持稳步增长。其中，主要海洋产业增加值31735亿元，比上年增长8.5%；海洋科研教育管理服务业增加值16499亿元，比上年增长11.1%。

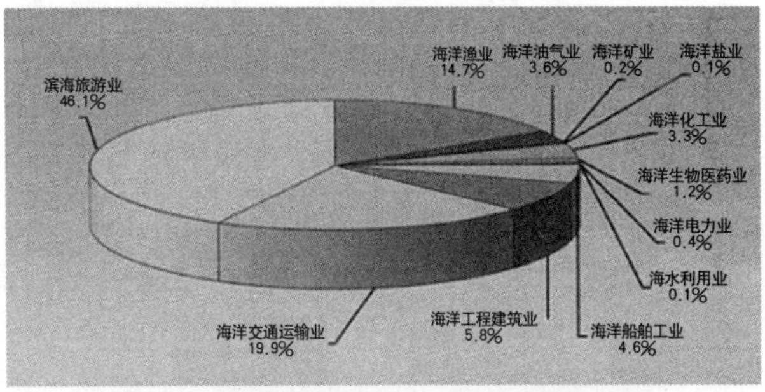

图2　2017年主要海洋产业增加值构成图

主要海洋产业发展情况如下：

——**海洋渔业**　海洋渔业生产结构加快调整，海水养殖产量稳步增长。海洋渔业全年实现增加值4676亿元，比上年下降3.3%。

——**海洋油气业**　受国内外市场需求和海洋油气业生产结构调整的影响，海洋原油产量4886万吨，比上年下降5.3%，海洋天然气产量140亿立方米，比上年增长8.3%。海洋油气业全年实现增加值1126亿元，比上年下降2.1%。

——**海洋矿业**　受市场需求和近岸海砂资源管控力度加大的影响，海洋矿业全年实现增加值66亿元，比上年下降5.7%。

——**海洋盐业**　受市场需求下降影响，海洋盐业全年实现增加值40亿元，比上年下降12.7%。

——**海洋化工业**　受去库存影响，烧碱、乙烯等海洋化工产品产量增速回落。海洋化工业全年实现增加值1044亿元，比上年下降0.8%。

——海洋生物医药业 海洋生物医药业快速增长，产业集聚逐渐形成。海洋生物医药业全年实现增加值385亿元，比上年增长11.1%。

——海洋电力业 海洋电力业继续保持良好的发展势头，海上风电项目加快推进，新增装机容量近1200兆瓦。海洋电力业全年实现增加值138亿元，比上年增长8.4%。

——海水利用业 海水利用业稳步增长，应用规模逐渐扩大。海水利用业全年实现增加值14亿元，比上年增长3.6%。

——海洋船舶工业 海洋船舶工业受国内外市场需求影响，手持订单下降，船企开工不足。全年实现增加值1455亿元，比上年下降4.4%。

——海洋工程建筑业 受国家宏观经济影响，海洋工程项目投资放缓，固定资产投资增速回落，海洋工程建筑业增长下行压力显现。全年实现增加值1841亿元，比上年增长0.9%。

——海洋交通运输业 国内外航运市场逐步复苏，沿海规模以上港口生产保持良好增长态势，预计货物吞吐量同比增长6.4%，集装箱吞吐量同比增长7.7%。海洋交通运输业全年实现增加值6312亿元，比上年增长9.5%。

——滨海旅游业 滨海旅游发展规模持续扩大，海洋旅游新业态潜能进一步释放。滨海旅游业全年实现增加值14636亿元，比上年增长16.5%。

三、区域海洋经济发展情况

2017年，环渤海地区海洋生产总值24638亿元，占全国海洋生产总值的比重为31.7%，比上年回落了0.8个百分点；长江三角洲地区海洋生产总值22952亿元，占全国海洋生产总值的比重为29.6%，比上年回落了0.1个百分点；珠江三角洲地区海洋生产总值18156亿元，占全国海洋生产总值的比重为23.4%，比上年提高了0.5个百分点。

注释：

1.本公报为初步核算数据。部分数据因四舍五入的原因，存在着与分项合计不等的情况。

2.本公报中增长速度均按可比价格计算。

3.沿海地区包括辽宁省、河北省、天津市、山东省、江苏省、上海市、浙江省、福建省、广东省、广西壮族自治区和海南省。

4.各项数据均未包括香港、澳门特别行政区和台湾省。

5.数据来自沿海地区海洋行政管理机构、统计机构和国务院有关部门。

附录1 2017年海洋生产总值

	总量(亿元)	增速(%)
海洋生产总值	77611	6.9
海洋产业	48234	9.4
主要海洋产业	31735	8.5
海洋渔业	4676	-3.3
海洋油气业	1126	-2.1
海洋矿业	66	-5.7
海洋盐业	40	-12.7
海洋化工业	1044	-0.8
海洋生物医药业	385	11.1
海洋电力业	138	8.4
海水利用业	14	3.6
海洋船舶工业	1455	-4.4
海洋工程建筑业	1841	0.9
海洋交通运输业	6312	9.5
滨海旅游业	14636	16.5
海洋科研教育管理服务业	16499	11.1
海洋相关产业	29377	——

注：部分数据因四舍五入的原因，存在着与分项合计不等的情况。

附录2 主要名词解释

海洋经济 开发、利用和保护海洋的各类产业活动，以及与之相关联活动的总和。

海洋生产总值 海洋经济生产总值的简称，指按市场价格计算的沿海地区常住单位在一定时期内海洋经济活动的最终成果，是海洋产业和海洋相关产业增加值之和。

增加值 按市场价格计算的常住单位在一定时期

内生产与服务活动的最终成果。

海洋产业　开发、利用和保护海洋所进行的生产和服务活动，包括海洋渔业、海洋油气业、海洋矿业、海洋盐业、海洋化工业、海洋生物医药业、海洋电力业、海水利用业、海洋船舶工业、海洋工程建筑业、海洋交通运输业、滨海旅游等主要海洋产业，以及海洋科研教育管理服务业。

海洋科研教育管理服务业　开发、利用和保护海洋过程中所进行的科研、教育、管理及服务等活动，包括海洋信息服务业、海洋环境监测预报服务、海洋保险与社会保障业、海洋科学研究、海洋技术服务业、海洋地质勘查业、海洋环境保护业、海洋教育、海洋管理、海洋社会团体与国际组织等。

海洋相关产业　以各种投入产出为联系纽带，与主要海洋产业构成技术经济联系的上下游产业，涉及海洋农林业、海洋设备制造业、涉海产品及材料制造业、涉海建筑与安装业、海洋批发与零售业、涉海服务业等。

海洋渔业　包括海水养殖、海洋捕捞、远洋捕捞、海洋渔业服务业和海洋水产品加工等活动。

海洋油气业　在海洋中勘探、开采、输送、加工原油和天然气的生产活动。

海洋矿业　包括海滨砂矿、海滨土砂石、海滨地热、煤矿开采和深海采矿等采选活动。

海洋盐业　利用海水生产以氯化钠为主要成分的盐产品的活动，包括采盐和盐加工。

海洋化工业　包括海盐化工、海水化工、海藻化工及海洋石油化工的化工产品生产活动。

海洋生物医药业　以海洋生物为原料或提取有效成分，进行海洋药品与海洋保健品的生产加工及制造活动。

海洋电力业　在沿海地区利用海洋能、海洋风能进行的电力生产活动。不包括沿海地区的火力发电和核力发电。

水利用业　对海水的直接利用和海水淡化活动，包括利用海水进行淡水生产和将海水应用于工业冷却用水和城市生活用水、消防用水等活动，不包括海水化学资源综合利用活动。

海洋船舶工业　以金属或非金属为主要材料，制造海洋船舶、海上固定及浮动装置的活动，以及对海洋船舶的修理及拆卸活动。

海洋工程建筑业　在海上、海底和海岸所进行的用于海洋生产、交通、娱乐、防护等用途的建筑工程施工及其准备活动，包括海港建筑、滨海电站建筑、海岸堤坝建筑、海洋隧道桥梁建筑、海上油气田陆地终端及处理设施建造、海底线路管道和设备安装，不包括各部门、各地区的房屋建筑及房屋装修工程。

海洋交通运输业　以船舶为主要工具从事海洋运输以及为海洋运输提供服务的活动，包括远洋旅客运输、沿海旅客运输、远洋货物运输、沿海货物运输、水上运输辅助活动、管道运输业、装卸搬运及其他运输服务活动。

滨海旅游　包括以海岸带、海岛及海洋各种自然景观、人文景观为依托的旅游经营、服务活动。主要包括：海洋观光游览、休闲娱乐、度假住宿、体育运动等活动。

沿海地区　有海岸线（大陆岸线和岛屿岸线）的省（自治区、直辖市）。

环渤海地区　环绕着渤海（包括部分黄海）的沿岸地区所组成的经济区域，主要包括辽宁省、河北省、天津市和山东省三省一市的海域与陆域。

长江三角洲地区　长江三角洲的沿岸地区所组成的经济区域，主要包括江苏省、上海市和浙江省两省一市的海域与陆域。

珠江三角洲地区　珠江三角洲的沿岸地区所组成的经济区域，主要包括广东省所辖的广州、深圳和珠海等城市的海域与陆域。

上述名词解释主要摘自《海洋及相关产业分类》（GB/T 20794-2006）、《沿海行政区域分类与代码》（HY/T 094-2006）。

2017 中国土地矿产海洋资源统计公报[1]

(节选)

自然资源部

2018年5月

2017年，全系统以习近平新时代中国特色社会主义思想为指导，全面贯彻党的十九大精神，认真落实党中央、国务院决策部署，坚持稳中求进工作总基调，主动适应经济发展新常态，深入贯彻新发展理念，坚持职责定位，重点领域改革全面深化，法治建设大力推进，为党和国家事业取得历史性成就、发生历史性变革作出了积极贡献。

一、土地资源

2016年年末，全国共有农用地64512.66万公顷，其中耕地13492.10万公顷（20.24亿亩），园地 1426.63万公顷，林地25290.81万公顷，牧草地21935.92万公顷；建设用地3909.51万公顷，其中城镇村及工矿用地3179.47万公顷。

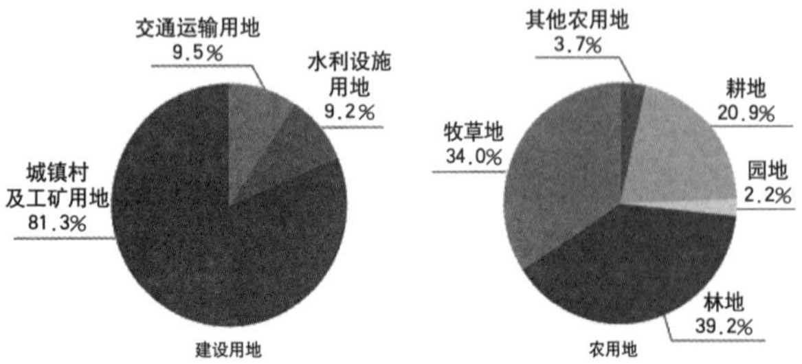

图1-1　2016年全国建设用地和农用地利用情况

2016年，全国因建设占用、灾毁、生态退耕、农业结构调整等减少耕地面积34.50万公顷，通过土地整治、农业结构调整等增加耕地面积26.81万公顷，年内净减少耕地面积7.69万公顷。

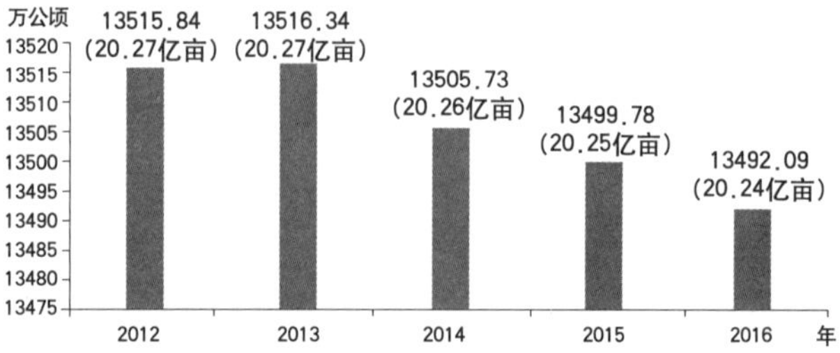

图1-2　2012—2016年全国耕地面积变化情况

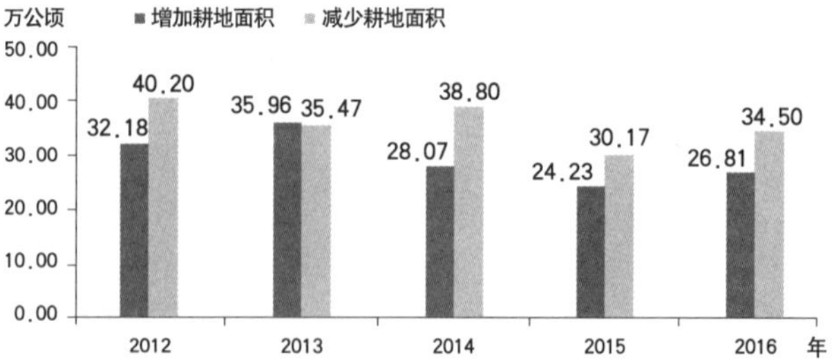

图1-3　2012—2016年耕地面积增减变化情况

全国土地利用数据预报结果[2]显示，2017年年末，全国耕地面积为13486.32万公顷（20.23亿亩），全国因建设占用、灾毁、生态退耕、农业结构调整等减少耕地面积32.04万公顷，通过土地整治、农业结构调整等增加耕地面积25.95万公顷，年内净减少耕地面积6.09万公顷；全国建设用地总面积为3958.65万公顷，新增建设用地53.44万公顷。

2017年，开展并验收土地整治项目1.64万个，同比增长17.1%。建设总规模为162.63万公顷，同比下降53.1%。新增耕地22.73万公顷，同比增长22.7%。总投资754.92亿元，同比增长16.0%。

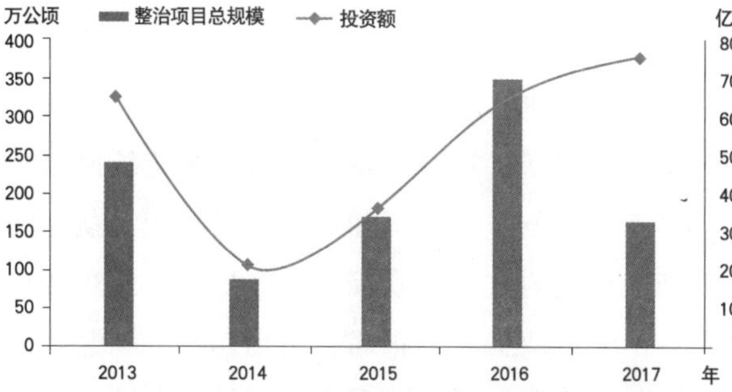

图1-4 2013—2017年全国土地整治项目情况

2016年年末，全国耕地平均质量等别为9.96等[3]。其中，优等地面积为389.91万公顷（5848.58万亩），占全国耕地评定总面积的2.90%；高等地面积为3579.57万公顷（53693.58万亩），占26.59%；中等地面积为7097.49万公顷（106462.40万亩），占52.72%；低等地面积为2395.41万公顷（35931.40万亩），占 17.79%。

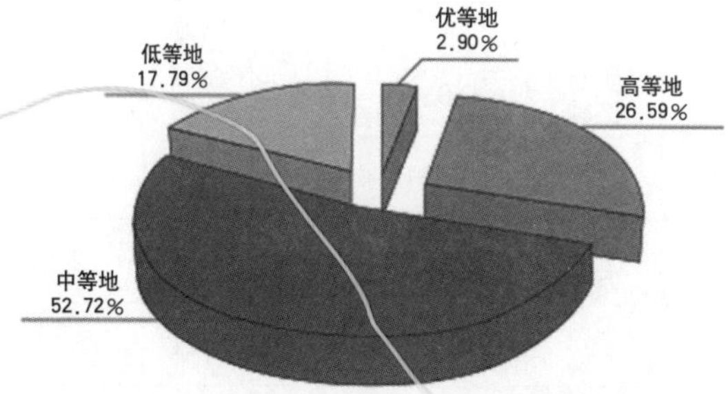

图1-5 2016年全国耕地质量等别结构

2017年，供应国有建设用地60.31万公顷（904万亩），同比增长13.5%。其中，工矿仓储用地12.28万公顷，同比下降0.2%；商服用地3.09万公顷，同比下降 12.0%；住宅用地8.43万公顷，同比增长13.2%；基础设施及其他用地36.52万公顷，同比增长22.4%。

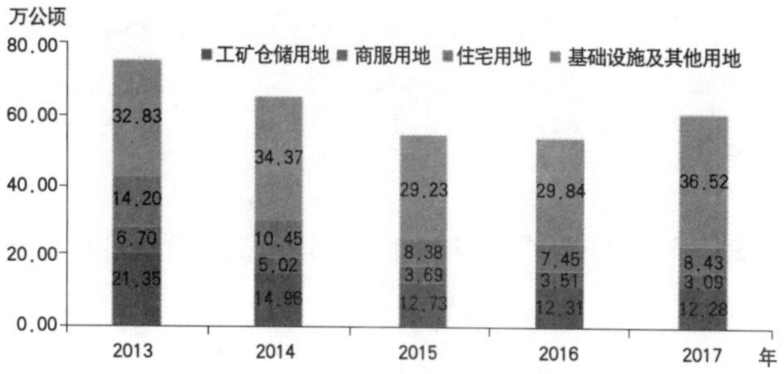

图1-6 2013—2017年国有建设用地供应情况

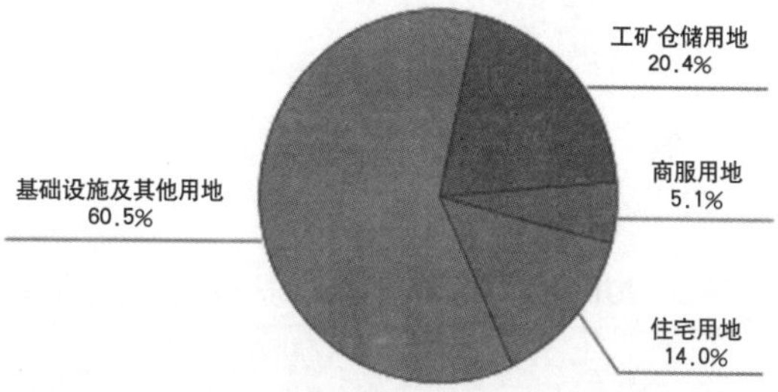

图1-7 2017年国有建设用地供应结构

2017年，出让国有建设用地22.54万公顷，同比增长6.4%；出让合同价款[4]4.99万亿元，同比增长36.7%。

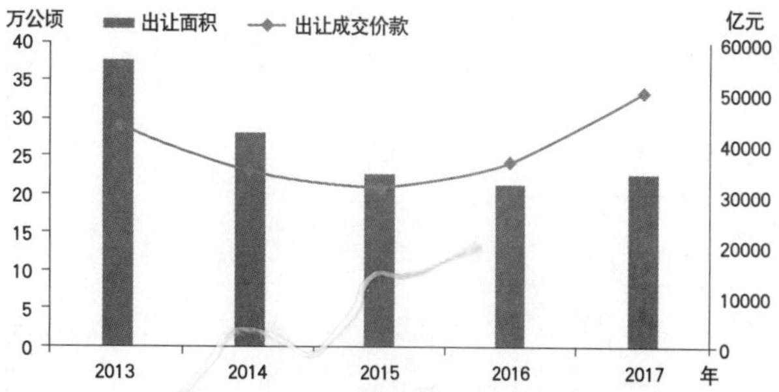

图1-8 2013—2017年国有建设用地出让面积和成交价款情况

2017年年末，全国105个主要监测城市综合地价、商服地价、住宅地价、工业地价分别为4083元／平方米、7251元／平方米、6522元／平方米和803元／平方米，同比分别增长6.71%、4.52%、10.21%和 3.02%。

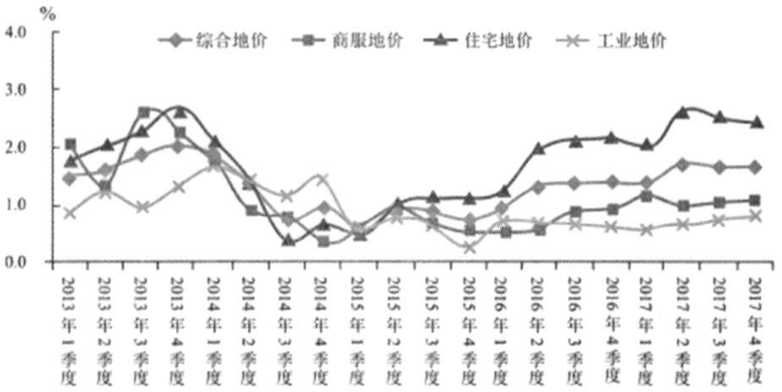

图1—9　2013—2017年全国主要城市监测地价环比变化情况

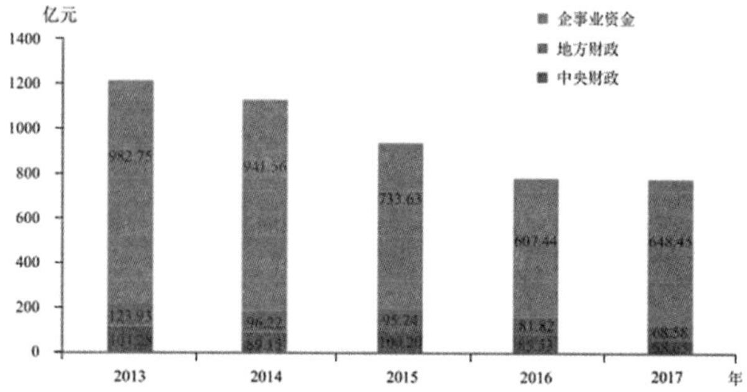

图2—1　2013—2017年我国地质矿产勘查投资变化情况

二、矿产资源

2016年年末，我国主要矿产查明资源储量保持增长。其中，能源矿产查明资源储量稳定增长，钨矿、铅矿和锌矿等查明资源储量快速增长，铜矿、铝土矿、钨矿、金矿、银矿和磷矿等查明资源储量也均有不同幅度的增长。

表2—1　2016年年末我国主要矿产查明资源储量*

矿种	单位	查明资源储量	矿种	单位	查明资源储量
煤 炭	亿吨	15980.01	钨矿	WO_3 万吨	1015.95
石 油	亿吨	35.01	锡 矿	金属万吨	445.32
天然气	万亿立方米	5.44	钼 矿	金属万吨	2882.41
页岩气	亿立方米	1224.13	锑 矿	金属万吨	307.24
铁 矿	矿石亿吨	840.63	金 矿	金属吨	12166.98
铜 矿	金属万吨	10110.63	银 矿	金属万吨	27.52
铅 矿	金属万吨	8546.77	硫铁矿	矿石亿吨	60.37
锌 矿	金属万吨	17752.97	磷 矿	矿石亿吨	244.08
铝土矿	矿石亿吨	48.52	钾 盐	KCl亿吨	10.57

* 石油、天然气、页岩气为剩余技术可采储量。

2017年，地质勘查投入资金775.68亿元，与上年基本持平。其中，油气地勘投资577.90亿元，同比增长9.6%；非油气地勘投资197.78亿元，同比下降20.2%。从资金来源看，企事业资金增长6.8%，财政投入资金下降24.0%。

2017年，新发现矿产地124个，其中大中型油气矿产15处，非油气矿产109处。煤炭、页岩气、锌矿和银矿等重要矿产均获得较多新增查明资源储量。鄂尔多斯盆地的华庆油田和姬塬油田，四川盆地的涪陵和威远页岩气田，新疆三道岭煤矿，山东西岭金矿，内蒙古双尖子山银铅锌多金属矿，湖北堰边上磷矿等取得重要找矿成果。南海神狐海域天然气水合物试采成功，天然气水合物被列为我国第173个矿种。

表2—2　2017年我国主要矿产勘查新增查明资源储量*

矿种	单位	新增查明资源储量	矿种	单位	新增查明资源储量
煤 炭	亿吨	853.05	钨 矿	WO_3 万吨	31.89
石 油	亿吨	8.80	锡 矿	金属万吨	4.92
天然气	亿立方米	5544.99	钼 矿	金属万吨	88.45
页岩气	亿立方米	3767.60	锑 矿	金属万吨	14.46
铁 矿	矿石亿吨	8.02	金 矿	金属吨	1095.47
铜 矿	金属万吨	284.61	银 矿	金属万吨	4.15
铅 矿	金属万吨	552.19	硫铁矿	矿石亿吨	2.11
锌 矿	金属万吨	943.27	磷 矿	矿石亿吨	8.20
铝土矿	矿石亿吨	1.58	钾 盐	KCl万吨	1107.27

* 石油、天然气、页岩气为勘查新增探明地质储量

2017年，出让探矿权749个，同比下降36.6%；出让价款32.96亿元，同比下降81.8%。出让采矿权1576个，同比下降14.5%；出让价款174.74亿元，同

比增长0.8%。从出让方式看，以“招拍挂”方式出让探矿权228个，以“招拍”方式出让采矿权 1250个。

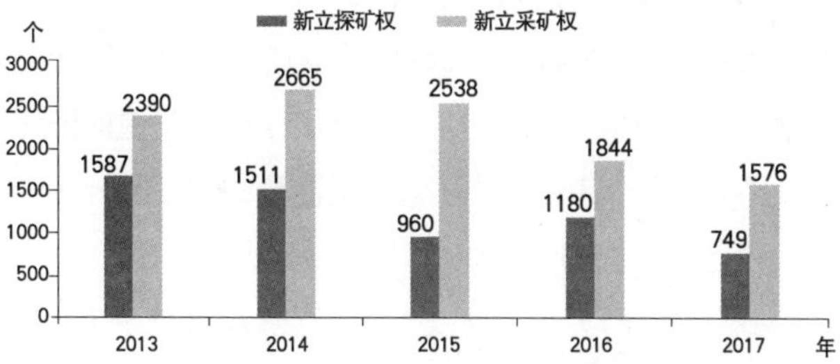

图2—2　2013—2017年新立探矿权和采矿权数量变化情况

三、海洋资源

2017年，海洋生产总值为77611亿元，同比增长6.9%，海洋生产总值占国内生产总值的9.4%。其中，海洋产业增加值48234亿元，海洋相关产业增加值29377亿元。海洋第一产业增加值3600亿元，第二产业增加值30092亿元，第三产业增加值43919亿元，海洋第一、第二、第三产业增加值占海洋生产总值的比例分别为4.6%、38.8%和56.6%。从区域上看，环渤海地区海洋生产总值为24638亿元，占全国海洋生产总值的比例为31.7%；长江三角洲地区海洋生产总值为22952亿元，占29.6%；珠江三角洲地区海洋生产总值为18156亿元，占23.4%。全国涉海就业人员为3657万人。

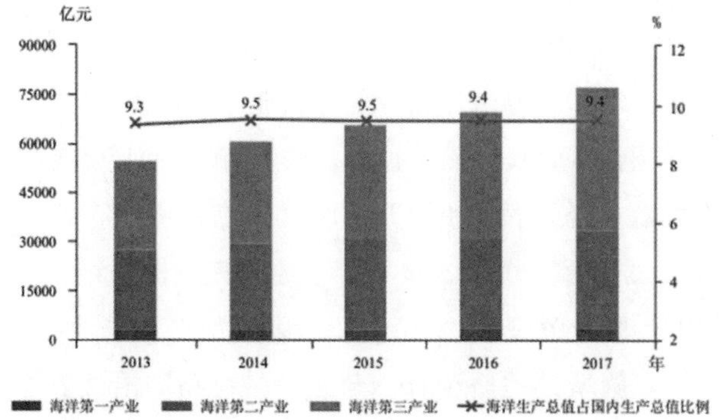

图3—1　2013—2017年全国海洋生产总值情况

近岸局部海域污染严重，春季、夏季、秋季和冬季劣于第四类海水水质标准的海域面积分别为4.11万平方千米、3.35万平方千米、4.68万平方千米和4.81万平方千米。海洋保护区生态环境状况基本稳定，海水增养殖区环境质量基本满足增养殖活动要求，旅游休闲娱乐区环境状况总体良好。主要河流污染物排海总量1600万吨，陆源入海排污口达标排放次数比例为57%。监测的河口、海湾、滩涂湿地、珊瑚礁、红树林和海草床等海洋生态系统中16个处于亚健康和不健康状态。赤潮、绿潮灾害影响面积较上年明显减少，但渤海海水入侵和土壤盐渍化依然严重。

全年各类海洋灾害共造成直接经济损失63.98亿元，死亡（含失踪）17人。其中，风暴潮灾害（风暴潮灾害损失包含近岸浪灾害损失）造成直接经济损失55.77亿元，死亡（含失踪）6人；海浪灾害造成直接经济损失0.27亿元，死亡（含失踪）11人；海冰灾害造成直接经济损失0.01亿元；马尾藻暴发造成直接经济损失4.48亿元；海岸侵蚀灾害造成直接经济损失3.45亿元。

全年海平面较常年高58毫米，较2016年低24毫米，为1980年以来第四高位，中国沿海近6年的海平面处于30多年来的高位（将1993—2011年的平均海平面定为常年平均海平面）。

全年新增审批宗海数为1238宗，审批海域面积14.37万公顷，征收海域使用金64.85亿元。批准重大项目用海共计7个，投资规模1188.68亿元。审批用岛项目8个。制定《无居民海岛名称管理办法》，实施无居民海岛基本要素监测，评价无居民海岛自然生态和开发利用状态。推进海岛生态保护，开展119个海岛整治修复与保护项目监督检查和实施效果评估，发布40个海岛生态和发展指数。完成7个领海基点保护范围选划。发布17项海洋行业标准。

加快海洋经济创新发展示范城市建设，批复威海市、秦皇岛市、上海浦东新区、宁波市、深圳市、北海市、海口市等7个城市（区）为第二批海洋经济创新发展示范城市（区）。

四、地质调查

2017年，地质调查项目预算投入76.80亿元，完成经费68.45亿元。

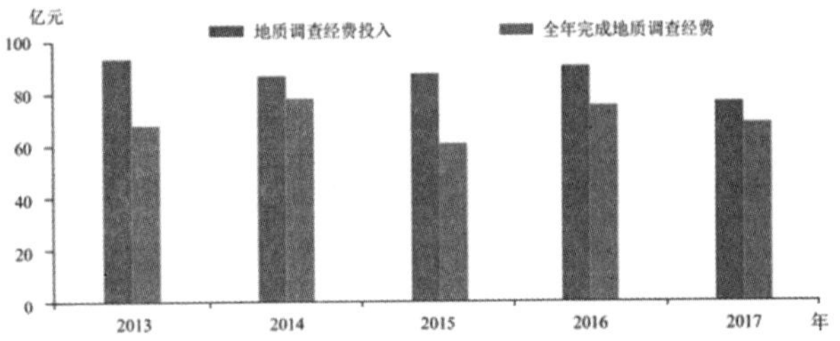

图4-1 2013—2017年地质调查投入情况

全年完成1∶5万区域地质调查16.2万平方千米，完成矿产地质调查12.7万平方千米，完成1∶5万区域水文地质调查3.8万平方千米，完成区域工程地质调查2.2万平方千米，完成区域环境地质调查4.9万平方千米，完成航空物探28.1万测线千米，完成1∶25万多目标区域地球化学调查13.5万平方千米，完成机械岩心钻探23.5万米，完成槽探33.5万立方米。

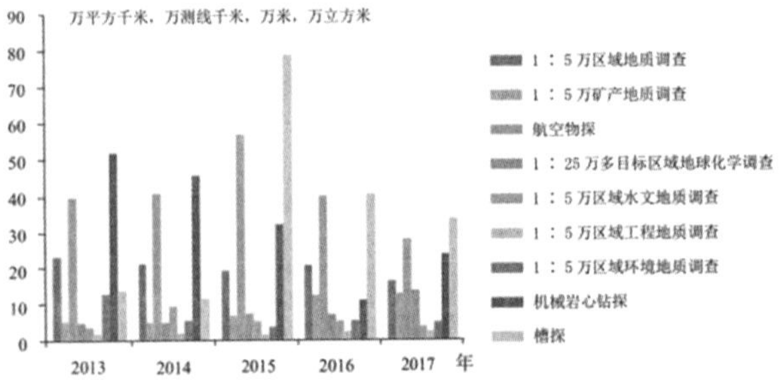

图4-2 2013—2017年主要实物工作量完成情况

全年地质调查项目人员投入2.41万人次，同比下降29.0%。其中，中国地质调查局及直属单位投入1.94万人次，行业地勘单位投入3551人次，院校338人次，其他单位投入564人次。

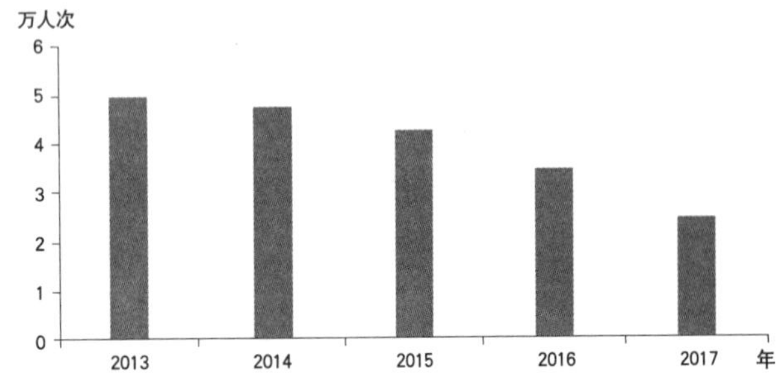

图4-3 2013—2017年地质调查项目人员投入情况

加强地质矿产调查。圈定找矿靶区450余处，新发现矿产地60余处。新疆奇台县新发现世界规模最大的晶质石墨矿，估算晶质石墨矿物量7264万吨。西藏山南地区发现我国规模最大的铍多金属矿，预测资源量为铍15.9万吨，锡19.0万吨，钨（WO_3）27.5万吨。新疆西昆仑大红柳滩锂矿基地已现雏形，探获氧化锂资源量54.7万吨。广西南丹—宜州地区圈定沉积型锰矿找矿靶区4处，估算资源量8300万吨。在青海共和盆地钻获236℃高温优质干热岩。

推进海洋地质调查。完成1∶25万营口等7幅海洋区域地质调查。编制《粤港澳大湾区自然资源与环境图集》《渤海湾陆海统筹环境地质图集》《杭州湾大湾区资源与环境图集》。圈定东海闽江斜坡带、南海东北部中生界油气新区域新层位油气远景区2个。锁定南黄海油气钻探井位1口。适用我国海域天然气水合物试采环境影响监测与评价体系初步建立，申请国家发明专利11项。首次在南海神狐海域攻克资源量占全球总量90%以上的泥质粉砂储层类型天然气水合物试采难题，连续稳定试采60天，累计产气量30.9万立方米。“海洋地质八号”“海洋地质九号”“海洋地质十号”3艘调查船相继入列。

开展油气地质调查。长江中游湖北宜昌鄂宜页1井、鄂阳页1井、贵州六盘水杨煤参1井、四川宜宾高参1井获高产工业气流，新疆温宿新温地1井钻获高产工业油流。

支撑贫困地区精准脱贫。全年累计落实扶贫资金投入20.40亿元。在集中连片特困地区，圈定绿色富硒土地1084万亩，指导建立农业科技示范园7个，支撑调整富硒农产品种植面积800万亩，使1500万贫困群众受益，助力150万人脱贫。在乌蒙山、沂蒙山、太行山、赣南、陕甘宁等地区完成探采结合井1400余眼，解决300多万人饮水困难。

实施境外地质调查。与“一带一路”沿线25个国家地质调查机构合作，完成野外地质调查面积覆盖约200万平方千米。首次在境外完成赞比亚航空物探8万平方千米。全球矿产资源信息系统新增12个国家数据，为100多家单位提供信息服务。

深化地质资料社会化服务。“地质云1.0”正式上线运行，完成19个节点业务网络建设，建立健全8项保障制度和3项技术规范，打通75个地质核心数据库，新开发2300多个公开版地质信息产品。实现不同比例尺地质成果、全国重要地质钻孔、全国实物地质岩心等数据在线查询、浏览和下载服务。地质资料馆全年接待单位381个、4324人次，为748个项目提供地质资料服务，提供地质资料1.60万种、36.27万份次、87.63万件次。

注释：

[1]为适应机构改革形势需要，《2017中国国土资源公报》更名为《2017中国土地矿产海洋资源统计公报》，发布单位调整为中华人民共和国自然资源部。

[2]该数据为预报数据，最终数据以全国土地变更调查结果数据为准。

[3]全国耕地评定为15个等别，1等耕地质量最好，15等耕地质量最差。1~4等、5~8等、9~12等、13~15等耕地分别划为优等地、高等地、中等地、低等地。

[4]统计口径为2017年全国土地出让合同价款数，与财政部门统计的全国土地出让收入缴入国库数口径不同。

2017年中国矿产资源报告（节选）

国土资源部

2017年10月17日

第一章 矿产资源储量

煤炭、锰矿等36种重要矿产查明资源储量增长，钨矿、石墨等战略性矿产增长明显。石油、天然气、锌矿等矿产新增查明资源储量显著增长，其中超过亿吨的油田2个，超过千亿立方米的天然气田 2个，超过千万吨的铅锌矿1个。

一、矿产资源储量

1．查明资源储量变化

2016年，主要矿产中36种矿产的查明资源储量增长，12种减少。其中，石油剩余技术可采储量增长0.1%，天然气增长4.7%，煤层气增长9.2%，页岩气下降6.0%。煤炭查明资源储量增长2.0%，铁矿下降1.2%，铜矿增长2.0%，铝土矿增长3.1%，钨矿增长6.0%，锡矿增长6.5%，金矿增长5.2%，晶质石墨增长13.3%，磷矿增长5.6%，钾盐下降 1.9%（表 1–1）。

2.新增查明资源储量

2016年，石油新增探明地质储量9.14亿吨，天然气7265.6亿立方米。煤炭新增查明资源储量606.8亿吨，铁矿5.18亿吨，铜矿363.0万吨，铝土矿1.56亿吨，钨矿60.3万吨，金矿824.5吨，晶质石墨3666.3万吨（表 1–2）。

表1-1 主要矿产查明资源储量

矿 产	单 位	2015年	2016年	增减变化%
煤 炭	亿吨	15663.1	15980.01	2.0
石 油	亿吨	35.0	35.01	0.1
天然气	亿立方米	51939.5	54365.46	4.7
煤层气	亿立方米	3062.5	3344.04	9.2
页岩气	亿立方米	1301.8	1224.13	-6.0
铁 矿	矿石 亿吨	850.8	840.63	-1.2
锰 矿	矿石 亿吨	13.8	15.51	12.6
铬铁矿	矿石 万吨	1245.8	1233.19	-1.0
钒 矿	V_2O_5 万吨	6125.7	6401.77	4.5
钛 矿	TiO_2 亿吨	7.64	7.86	2.9
铜 矿	金属 万吨	9910.2	10110.63	2.0
铅 矿	金属 万吨	7766.9	8546.77	10.0
锌 矿	金属 万吨	14985.2	17798.89	18.8
铝土矿	矿石 亿吨	47.1	48.52	3.1
镍 矿	金属 万吨	1116.6	1118.37	0.2
钴 矿	金属 万吨	68.0	67.25	-1.2
钨 矿	WO_3 万吨	958.8	1015.95	6.0
锡 矿	金属 万吨	418.0	445.32	6.5
钼 矿	金属 万吨	2917.6	2882.41	-1.2
锑 矿	金属 万吨	292.6	307.24	5.0
金 矿	金属 吨	11563.5	12166.98	5.2
银 矿	金属 万吨	25.4	27.5	8.4
铂族金属	金属 吨	369.2	365.5	1.0
锶 矿	天青石 万吨	5583.3	5515.64	1.2
锂 矿	氧化物 万吨	970.84	961.46	-1.0
菱镁矿	矿石 亿吨	29.7	30.9	3.9
萤 石	矿物 亿吨	2.21	2.22	0.4
耐火黏土	矿石 亿吨	25.6	25.81	0.8
硫铁矿	矿石 亿吨	58.8	60.4	2.7
磷 矿	矿石 亿吨	231.1	244.1	5.6
钾 盐	KCl 亿吨	10.8	10.6	-1.9
硼 矿	B_2O_3 万吨	7575.7	7647.6	0.9
钠 盐	NaCl 亿吨	13680.0	14128.6	3.3
芒 硝	Na_2SO_4 亿吨	1170.7	1171.1	0.1
重晶石	矿石 亿吨	3.30	3.5	6.4
水泥用灰岩	矿石 亿吨	1282.3	1343.3	4.8
玻璃硅质原料	矿石 亿吨	79.0	83.2	5.3
石 膏	矿石 亿吨	1004.2	972.6	-3.1
高岭土	矿石 亿吨	27.1	33.9	25.4
膨润土	矿石 亿吨	28.9	29.7	2.8
硅藻土	矿石 亿吨	4.8	4.9	2.1
饰面花岗岩	矿石 亿立方米	34.3	46.4	35.1
饰面大理岩	矿石 亿立方米	16.1	16.3	1.2
金刚石	矿物 千克	3396.5	3124.6	-8.0
晶质石墨	矿物 亿吨	2.6	3.0	15.4
石 棉	矿物 万吨	9157.4	9566.2	4.5
滑 石	矿石 亿吨	2.75	2.86	4.1
硅灰石	矿石 亿吨	1.7	1.66	-2.4

注：石油、天然气、煤层气、页岩气为剩余技术可采储量。

表1–2 重要矿产勘查新增查明资源储量

矿 产	单 位	2015年	2016年
煤 炭	亿吨	390.3	606.8
石 油	亿吨	11.18	9.14
天然气	亿立方米	6772.2	7265.6
煤层气	亿立方米	26.34	576.1
页岩气	亿立方米	4373.79	0.00
铁 矿	矿石 亿吨	12.0	5.18
锰 矿	矿石 亿吨	1.1	1.72
铜 矿	金属 万吨	392.2	363.0
铅 矿	金属 万吨	437.2	630.8
锌 矿	金属 万吨	573.2	2240.4
铝土矿	矿石 亿吨	4.91	1.56
镍 矿	金属 万吨	112.9	12.8
钨 矿	WO_3 万吨	248.4	60.3
锡 矿	金属 万吨	4.4	4.1
钼 矿	金属 万吨	102.3	22.6
锑 矿	金属 万吨	14.7	5.2
金 矿	金属 吨	1720.4	824.5
银 矿	金属 万吨	1.8	1.6
硫铁矿	矿石 万吨	11448.1	18976.3
磷 矿	矿石 亿吨	17.4	13.4
钾 盐	KCl 亿吨	0	-691.5
石 墨	晶质石墨矿物 万吨	4137.6	3666.3

注：石油、天然气、煤层气、页岩气为勘查新增探明地质储量。

二、矿产资源储量报告评审备案

2016年，全国（国土资源部和省级国土资源部门两级主管部门，下同）评审备案矿产资源储量报告2568份，同比下降15.3%；其中油气矿产108份，非油气矿产2460份（表1–3）。国土资源部评审备案204份，下降19.0%；省级国土资源主管部门评审备案2364份，下降15.0%。评审备案数量位居前五的矿种依次为煤炭653份，占25.4%；金矿263份，占10.2%；铁矿221份，占8.6%；地热145份，占5.6%；水泥用灰岩96份，占3.7%。

表1–3 全国矿产资源储量报告评审备案

单位：份数

评审备案部门		2015 年	2016 年	同比变（%）
国土资源部	固体	77	96	24.7
	油气	175	108	–38.3
	合计	252	204	–19.0
省级国土资源主管部门		2781	2364	–15.0
总计		3033	2568	–15.3

2016年，非油气矿产资源储量报告评审备案2460份，其中储量核实报告1167份，占47.5%；勘查报告947份，占38.5%；压覆报告180份，占7%；生产地质报告84份，占3.5%；闭坑报告71份，占3%；其他类型报告11份，占0.5%（表1–4）。

表1–4 非油气矿产储量报告评审备案情况

报告类型	2016		2015	
	报告份数	占比 %	报告份数	占比（%）
核实报告	1167	47.5	1329	46.5
勘查报告	947	38.5	1118	39.1
压覆报告	180	7.3	199	7.0
闭坑报告	71	2.9	102	3.6
生产报告	84	3.4	81	2.8
其他类型报告	11	0.4	29	1.0

三、矿产资源潜力

1.油气矿产资源潜力

截至2016年底，石油地质资源量1257亿吨、可采资源量301亿吨。天然气地质资源量90万亿立方米、可采资源量50万亿立方米。页岩气埋深4500米以浅地质资源量122万亿立方米，可采资源量22万亿立方米。煤层气埋深2000米以浅地质资源量30万亿立方米，可采资源量12.5万亿立方米。

2.非油气矿产资源潜力

煤炭、铁矿、锰矿、铬铁矿、铜矿、铅矿、锌矿、铝土矿、钨矿、锡矿、钼矿、锑矿、镍矿、金矿、银矿、锂矿、硫铁矿、自然硫、磷矿、钾盐、菱镁矿、萤石、硼矿和重晶石等24种重要矿产资源2000米以浅潜力评价结果表明找矿潜力巨大（表1–5）。

表1–5 中国重要矿产资源潜力

矿 产	单 位	预测资源量	资源查明率（%）
煤 炭	亿吨	38796	30.3
铁 矿	矿石 亿吨	1960.2	33.2
锰 矿	矿石 亿吨	35.2	35.6
铬铁矿	矿石 万吨	5556	24.5
铜 矿	金属 万吨	30445	30.5
铅 矿	金属 万吨	23503	33.1
锌 矿	金属 万吨	51125	32.3
铝土矿	矿石 亿吨	129.7	29.1
镍 矿	金属 万吨	2451.4	36.7

续表

矿 产	单 位	预测资源量	资源查明率 (%)
钨 矿	WO_3 万吨	2973.1	30.1
锡 矿	金属 万吨	1861.2	31.7
钼 矿	金属 万吨	8960.3	25.4
锑 矿	金属 万吨	1518.1	30.2
金 矿	金属 吨	32668	36.1
银 矿	金属 万吨	72.6	35.1
锂 矿	锂辉石 万吨	593.7	37.7
	LiCl 万吨	9248.1	18.9
硫铁矿	矿石 亿吨	184	26.6
自然硫	硫 亿吨	2.3	60.3
磷 矿	矿石 亿吨	560	31.9
钾 盐	KCl 亿吨	20	39.4
重晶石	矿石 亿吨	14.4	27.6
硼 矿	B_2O_3 万吨	18859.1	38.2
菱镁矿	矿石 亿吨	131.4	20.1
萤 石	晶质石墨矿物 万吨	95276	25.9

第二章 矿产资源勘查

2016年，全国地质勘查投入770多亿元，用于基础地质调查等社会公益性地质工作投入比例不断提高，财政投入在矿产勘查中发挥了更加重要的作用。石油、天然气、铜、钨、石墨等战略性矿产找矿成果显著。

一、地质勘查投入

1.全国地质勘查投入连续四年下降

2016年，全国地质勘查投入774.79亿元，同比下降16.6%，连续第四年下降。其中，油气矿产地质勘查投入527.50亿元，下降12.1%；非油气矿产地质勘查投入247.29亿元，下降 24.8%（图 2-1）。

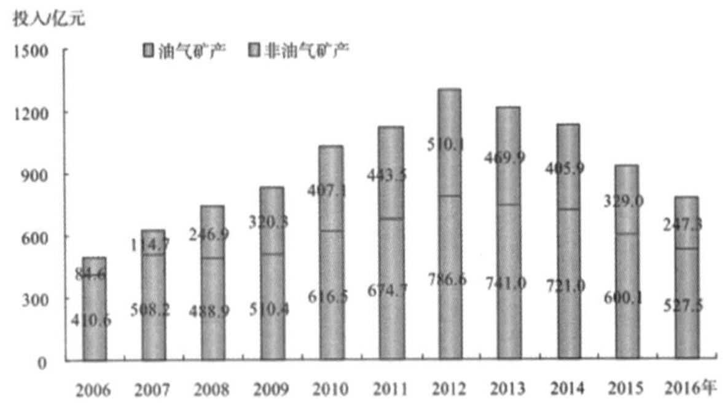

图2-1 地质勘查投入

2016年，全国油气勘查完成钻探井2715口，同比下降10.2%；完成二维地震勘探52869.80千米，下降37.4%；完成三维地震勘探26452.09平方千米，下降20.0%。

2.非油气矿产地质勘查投入结构不断优化

2011年以来，非油气矿产地质勘查投入中基础地质调查等社会公益性地质工作投入比例不断提高，矿产勘查占比呈下降趋势。2016年，非油气矿产地质勘查投入中矿产勘查占68.7%，比2011年下降11.4个百分点；基础地质调查占14.1%，比2011年增加4.6个百分点；水工环地质调查占10.2%，比2011年增加3.8个百分点；地质科技占5.7%，比2011年增加2.2个百分点；资料服务与信息化占1.3%，比2011年增加0.8个百分点（图2-2）。

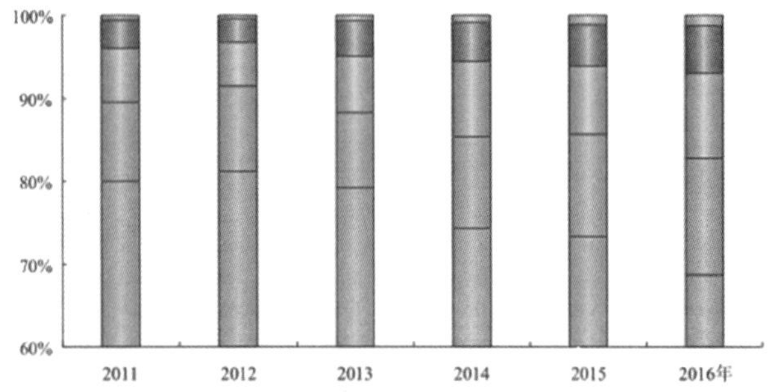

图2-2 非油气矿产地质勘查投入结构

3.财政投入发挥重要作用

在非油气矿产地质勘查投入中，2016年，中央财政投入占13.4%，比2011年提高了6.4个百分点；地方财政投入占31.2%，比2011年提高了10.4个百分点；财政合计投入占44.6%，比2011年提高了16.8个百分点；社会资金投入占55.4%，比2011年下降了16.8个百分点（图2-3）。

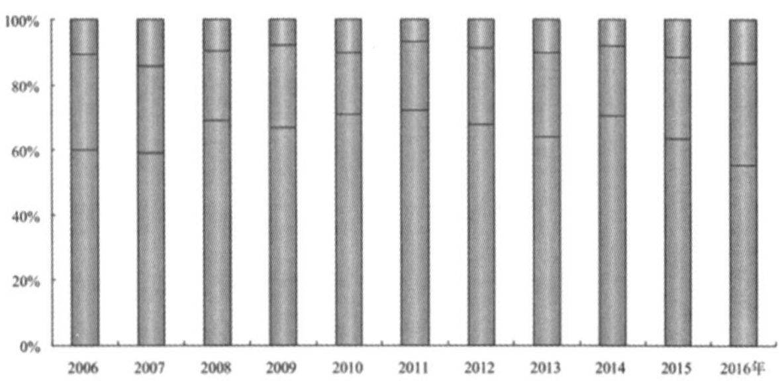

图2-3 非油气矿产地质勘查投入资金来源

二、油气矿产勘查

2016年，石油新增探明地质储量9.14亿吨，天然气7265.59亿立方米，主要集中在鄂尔多斯、四川、准噶尔、塔里木等中西部盆地和海域。鄂尔多斯盆地继续保持储量高增长态势，陇东地区新增南梁和环江两个亿吨级油田；苏里格气田新增天然气探明地质储量3111亿立方米，占全国新增天然气储量的近一半。四川盆地安岳气田新增天然气探明储量1528亿立方米，逐步成为万亿方级大气区。塔里木盆地顺北地区石油勘探取得重大突破，塔中东部中古58井寒武系潜山勘探获重大发现。准噶尔盆地玛湖东坡二叠系、三叠系石油勘探取得重要发现，具备亿吨级储量规模。渤海海域新增石油探明地质储量超过1亿吨。

三、非油气矿产勘查

2016年，煤炭新发现矿产地10处，新增查明资源储量606.8亿吨，主要分布在新疆、内蒙古、陕西和贵州等省区。

铁矿新发现矿产地8处，新增查明资源储量5.18亿吨，主要分布于安徽、新疆、辽宁等。锰矿新发现矿产地2处，新增1.72亿吨，主要分布于贵州、广西等。

铜矿新发现矿产地7处，新增查明资源储量363万吨，主要分布于江西、新疆、西藏等。铅矿、锌矿新发现矿产地11处，分别新增630.8万吨、2230.4万吨，主要分布于新疆、西藏、内蒙古等。铝土矿新发现矿产地2处，新增1.56亿吨，主要分布于贵州、河南等。镍矿新增12.8万吨，主要分布在青海。钨矿新发现矿产地2处，新增60.3万吨，主要分布于湖南、江西等。锡矿新发现矿产地2处，新增4.1万吨，主要分布于湖南、青海、云南等。钼矿新增22.6万吨，主要分布于河南、甘肃、西藏等。金矿新发现矿产地12处，新增824.5吨，主要分布于贵州、山东、内蒙古等。银矿新发现矿产地2处，新增1.6万吨，主要分布于江西、内蒙古、广东等。

磷矿新增查明资源储量13.4亿吨，主要分布于贵州、湖北、云南。石墨新发现矿产地5处，新增3666.3万吨，主要分布于内蒙古、黑龙江等。

专栏 2-1　地质勘查基金找矿新进展

2016年，中央地勘基金投入1.2亿元，完成钻探工作量2.7万米，新发现矿产地17处；省级地勘基金投入48.85亿元，开展项目1148个。其中，中央地勘基金和江西省地勘基金联合实施的“江西省浮梁县铜坞-乐平市柏树坞铜多金属矿普查”项目，新增三氧化钨资源量57.85万吨。该项目累计探明三氧化钨资源量344.33万吨，铜资源量11.26万吨。

第三章　矿产资源开发利用

一次能源、粗钢、黄金、水泥等矿产品生产和消费均居世界前列。化解煤炭、钢铁过剩产能效果明显，能源消费结构不断优化。发布锂、锶等6种矿产开发利用的“开采回采率、选矿回收率、综合利用率”最低指标要求，优选第五批62项先进适用技术予以推广。

一、采矿业固定资产投资

2016年，中国采矿业固定资产投资1.0万亿元，同比下降20.4%。其中，煤炭开采和洗选业3038亿元，下降24.2%；石油与天然气开采业2331亿元，下降31.9%；黑色金属矿采选业978亿元，下降28.4%；有色金属矿采选业1429亿元，下降10.0%；非金属矿采选业2126亿元，增长1.6%（图 3-1）。

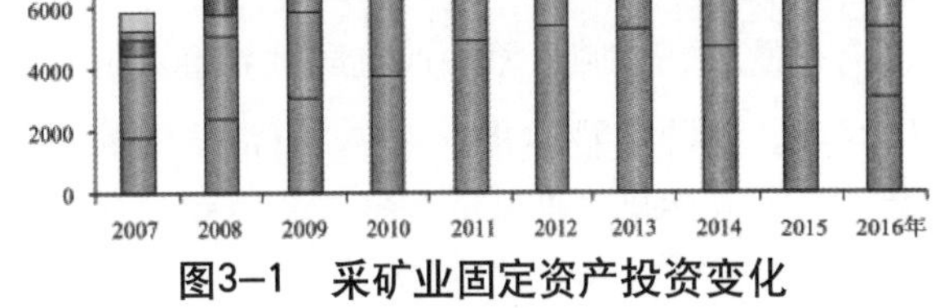

图3-1　采矿业固定资产投资变化

二、矿产品生产与消费

1.能源矿产品生产与消费

中国为世界上第一大能源生产和消费国。2016年一次能源生产总量为34.6 亿吨标准煤，同比下降4.2%（图3-2）；消费总量为43.6亿吨标准煤，增长1.4%，能源自给率为79.4%。2016年能源消费结构中煤炭占62.0%，石油占18.3%，水电、风电、核电、天然气等清洁能源占19.7%。

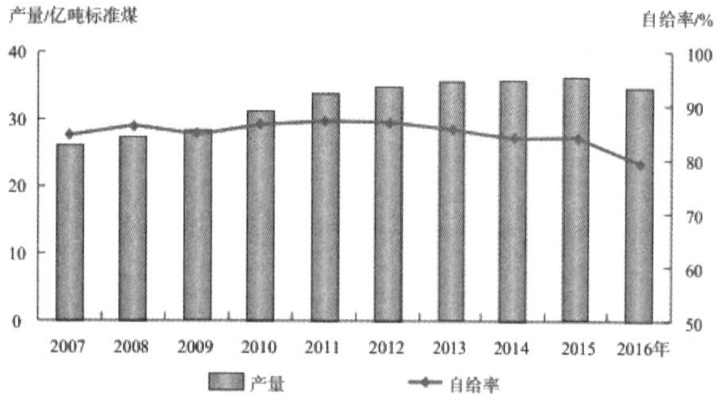

图3-2　一次能源生产情况

中国能源消费结构不断改善，煤炭比重不断下降，天然气等清洁能源比重不断上升。2016年，煤炭消费总量占能源的比重较上年下降0.2个百分点，较2007年则下降10.5个百分点。与上年相比，水电、风电、核电、天然气等增长1.8个百分点（图3-3）。

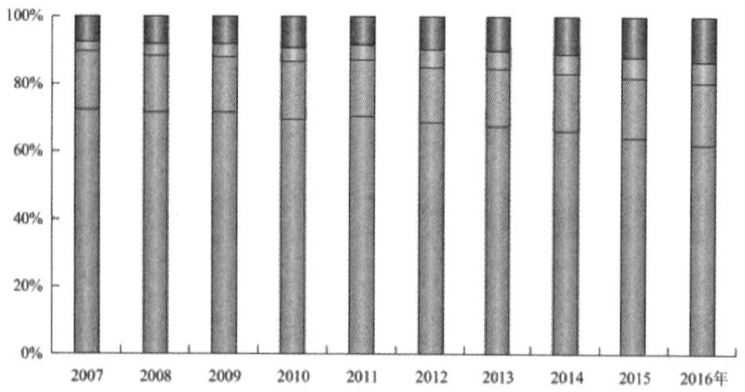

图3-3　一次能源消费结构变化

煤炭产量连续多年居世界第一位，2016年为33.6亿吨，同比下降3.0%，全年退出产能超过2.9亿吨，消费量37.8亿吨；原油产量居世界第六位，为2.00亿吨，下降7.7%（图3-4），石油消费量5.79亿吨；天然气产量居世界第六位，为1368.3亿立方米，增长1.7%，消费量2103.4亿立方米。

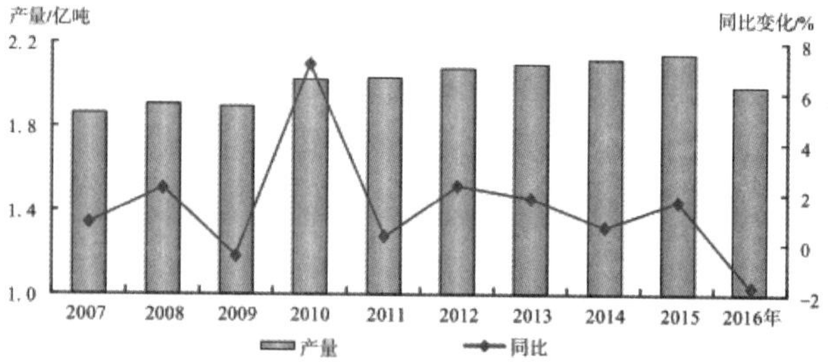

图3-4　原油产量变化

专栏 3-1　中国海域天然气水合物试采成功

2017年7月29日，由中国地质调查局组织实施的南海神狐海域天然气水合物试采工程全面完成了海上作业，标志着我国首次海域天然气水合物试采圆满结束。截至2017年7月9日，中国南海神狐海域天然气水合物试采已连续产气60天，累计产气30.9万立方米，平均日产5000立方米以上，最高产量达3.5万立方米/天，甲烷含量最高达99.5%。获取科学试验数据647万组，为后续科学研究积累了大量翔实可靠的数据资料。本次试采取得了持续产气时间最长、产气总量最大、气流稳定、环境安全等多项重大突破性成果，创造了产气时长和总量的世界纪录。

2.金属矿产品生产与消费

2016年，粗钢、十种有色金属、黄金产消量均位居世界首位。其中，铁矿石产量12.8亿吨，同比下降3.0%，视消费量16.9亿吨（折算为进口矿）；粗钢8.1亿吨，增长1.2%（图3-5），全年退出钢铁产能超过6500万吨。十种有色金属5283.2万吨，增长2.5%；其中精炼铜843.6万吨，增长6.0%；电解铝3187.3万吨，增长1.3%。生产黄金453.5吨，增长0.8%；消费 975.4 吨，下降 6.7%。

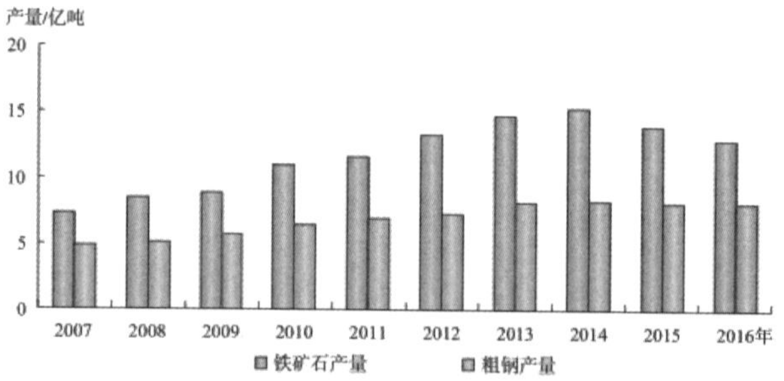

图3-5　铁矿石与粗钢产量变化

3.非金属矿产品生产

2016年，生产磷矿石1.4亿吨（折含P2O5 30%），同比增长1.0%；平板玻璃7.7亿重量箱，增长5.8% ；水泥24.0亿吨，增长2.5%（图 3–6）。

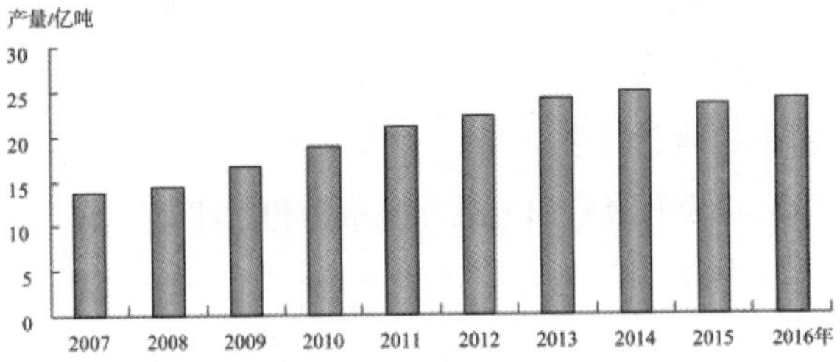

图3–6　水泥产量变化

三、矿产资源节约与综合利用

1.建立矿产资源开发利用水平调查评估制度

2016年，发布锂、锶、重晶石、石灰岩、菱镁矿和硼矿等6个矿种矿产资源合理开发利用开采回采率、选矿回收率、综合利用率最低指标要求。印发《矿产资源开发利用水平调查评估制度工作方案》（国土资发〔2016〕195号），到2020年建成调查评估常态化、科学化、标准化和激励约束差别化的开发利用水平调查评估制度，基本建立主要矿种“三率”指标体系，不断提高矿产资源开发利用水平。

2.加快推广矿产资源节约与综合利用先进适用技术

发布第五批62项先进适用技术推广目录。其中，煤炭类6项、油气类13项、金属类31项、非金属类12项（表3–1)。目前共遴选公布了272项先进适用技术推广目录。

第四章 矿山地质环境保护和绿色矿业发展

进一步探索政策和制度创新，积极推进矿山地质环境治理恢复和地质环境保护。倡导绿色勘查理念，大力发展和推广绿色勘查技术。明确用矿、用地、财政、金融等支持政策，全面推进绿色矿业发展。

一、矿山地质环境保护与治理恢复

1.进一步探索政策和制度创新

发布实施《国土资源部　工业和信息化部　财政部　环境保护部　国家能源局关于加强矿山地质环境恢复和综合治理的指导意见》（国土资发〔2016〕63号），推进矿山地质环境恢复和综合治理的政策和制度创新。通过严格准入、强化监管、落实企业责任等手段严防产生和积累新的矿山环境问题；通过创新用地用矿政策、鼓励采取公共私营合作制（PPP）模式和第三方治理等措施加快历史遗留问题的解决。

表3–1　矿产资源综合利用先进适用技术推广目录（第五批）

矿类	序号	高效采选和综合利用技术
煤炭（6 项）	1	西部干旱半干旱煤矿区土地复垦的菌根等微生物修复技术
	2	覆岩隔离注浆充填不迁村采煤技术
	3	厚煤层无煤柱自成巷 110 工法技术
	4	模块式干法重介质流化床选煤关键技术与装备
	5	煤矿生产系统信息采集与智能识别控制技术
	6	煤矿深埋煤层底板注浆保水采煤关键技术
石油天然气（13 项）	7	高含硫气田安全高效开采技术
	8	超深生物礁滩气藏精细刻画及高效开发技术
	9	特大型致密气藏大井组集约化开发技术
	10	有杆泵抽油系统高效节能设计技术
	11	高含硫化氢原油净化提质技术
	12	被污原油超声－高频电处理利用技术
	13	定向井井眼抽油井管杆防偏磨技术
	14	注水测调一体化工艺技术
	15	一种污水回收再利用的自动化系统
	16	低渗致密油气藏 CO_2 压裂改造技术
	17	埋地油气管道非开挖原位换管技术
	18	页岩气钻井岩屑资源化高效利用关键技术
	19	钻机“油改电”技术
金属（31 项）	20	全尾砂无动力深锥浓密膏体制备充填技术
	21	特大型露天矿高效开采技术
	22	CFP 系列磁浮选柱及浮选工艺技术
	23	低钛型钒钛磁铁矿选矿新技术
	24	缓倾斜－倾斜中厚矿体超大盘区高强度开采技术
	25	干式粉磨分选集成技术
	26	高硫低硅铁尾矿的梯级利用技术
	27	矿产资源数字化评价与开采软件
	28	生物提铜矿山生物安全性鉴定技术
	29	复杂难采特大型水平矿柱开采关键技术

续表

矿类	序号	高效采选和综合利用技术
金属（31项）	30	斑岩铜矿及伴生元素浮选技术
	31	露天金属矿大规模安全高效开采关键技术
	32	智能图像选矿工艺技术
	33	采选过程信息化集成技术
	34	全尾砂膏体充填技术
	35	分级尾砂胶结充填采矿新技术
	36	铅锌浮选厂废水处理与循环利用技术
	37	极坚硬岩石条件下边坡控制爆破及矿岩爆破技术
	38	有色金属矿山数字化采选技术
	39	矿山低浓度酸性废水低成本无害化处理技术
	40	含悬浮物选矿废水高效絮凝处理及回收利用技术
	41	难选高硫铜钴多金属矿清洁高效选矿关键技术
	42	CCGRI 生物氧化提金技术
	43	炭浆尾矿深度净化与综合利用工程化技术及装备
	44	废石就地回填并能提高矿石回收率的采矿方法
	45	黄金矿山低品位资源规模化开发关键技术
	46	难选轻稀土矿低碳高效利用新技术
	47	锶矿（天青石）重－浮联合高效选矿技术
	48	活动空区监控强充协同治理技术
	49	中厚矿体无矿柱连续高效开采技术
	50	常温常压湿法活性炭再生技术
非金属（12项）	51	复杂蓝晶石中性回收及伴生矿物综合利用技术
	52	萤石选择性磨矿关键技术
	53	轨道轮锯切割石材技术
	54	胶磷矿重介质旋流器选矿技术
	55	中厚破碎磷矿体安全高效开采技术
	56	脉状矿体残留矿柱回采技术
	57	露天矿数字化智能爆破技术
	58	低品位萤石粗精矿再磨浮选工艺技术
	59	晶质石墨矿选矿自动控制系统
	60	吸音降噪用页岩矿高效利用技术
	61	低品位硫铁矿资源综合高效利用技术与装备
	62	石灰石－白云石互层矿开采与配矿技术

2.深化制度改革，强化保护预防

2016年，印发了《国土资源部办公厅关于做好矿山地质环境保护与土地复垦方案编报有关工作的通知》，下发了《矿山地质环境保护与土地复垦方案编制指南》，实施矿山企业矿山地质环境保护与治理恢复方案和土地复垦方案合并编报制度。减少行政审批环节，提高工作效率，减轻矿山企业负担，推动矿区范围内环境问题的综合整治和土地利用效率的提高。

3.积极开展矿山地质环境调查和治理

2016年，以重要矿产资源开发区为单元，选择9个不同矿产资源集中开采区，开展1：5万矿山地质环境调查6150平方千米，投入经费6069万元，重点调查水土环境污染和矿坑排水造成的生态破坏，初步研判了矿产资源开发活动对区域地质环境的影响特征。完成矿山地质环境治理面积590平方千米。

4.大力推进矿山公园建设

正式命名国家矿山公园32处，建立省级矿山公园41个。各地累计投入矿山公园建设资金22.94亿元。

二、绿色勘查

1.倡导绿色勘查理念

绿色勘查以绿色发展理念为引领，以科学管理和先进技术为手段，以同时产生环境效益和经济效益为目标，实施地质勘查全过程环境影响最小化控制。2016年4月，大力倡导绿色勘查被纳入《国土资源“十三五”规划纲要》。2016年5月10日，发布《绿色勘查行动宣言》。

专栏 4-1　青海省率先启动绿色勘查示范工作

青海省国土资源厅贯彻实施省政府制定的“生态立省”战略，2016年初印发了《关于开展绿色勘查开发年活动的通知》，实施了10个绿色勘查示范项目。青海省有色地勘局在多彩地区的整装勘查中，把地质勘查与生态保护、牧民利益、藏族聚居区和谐等要素有机结合，提出了在生态脆弱、民族聚集区、找矿远景区开展绿色勘查的“多彩模式”，绿色勘查工作走在了全国的前列。

2.发展和推广绿色勘查技术

通过勘查前的环境承载力评价，适度调整和替代对地表环境影响大的槽探等勘查手段。制定绿色勘查监管制度，严格落实勘查施工生态保护各项措施。大力发展和推广航空物探、遥感等新技术和新方法，减少地质勘查对生态环境的影响。

三、绿色矿山

1.发布《关于加快绿色矿山建设的实施意见》

2017年3月，国土资源部、财政部、环境保护部、国家质量监督检验检疫总局、中国银行业监督管理委员会、中国证券监督管理委员会联合下发了《关于加快绿色矿山建设的实施意见》（国土资规〔2017〕4号），明确了三大目标：一是基本形成绿色矿山建设新格局。新建矿山全部达到绿色矿山建设要求，生产矿山加快改造升级。实施百个绿色勘查项目示范，建设50个以上绿色矿业发展示范区。二是探索矿业发展方式转变新途径。探索资源产业发展新模式和矿业经济增长的新途径，推动中国矿业迈向中高端水平。三是建立绿色矿业发展工作新机制。健全绿色勘查和绿色矿山建设标准体系，完善配套激励政策体系。

2.积极施行激励性政策措施

矿产资源政策支持方面，从开采总量指标调控、矿业权投放和出让等，依法优先支持绿色矿山和绿色矿业发展示范区建设。用地保障方面，从规划规模、年度计划指标、矿山建设新增用地取得、存量用地使用方面支持和保障用地需求。财税政策方面，从统筹各类中央地方财政资金安排、实施高新技术企业税费优惠政策等，加大对绿色矿山的支持。金融政策方面，从实施扶持性绿色信贷、上市融资、构建征信体系等方面加大支持力度。

3.树立了一批先进典型，取得了可复制、能推广的成功经验

树立了一批推进资源高效利用、综合利用、循环利用以及加强矿山生态环境保护、以科技创新引领绿色发展、矿地和谐发展共享资源开发收益的绿色矿山建设先进典型，取得了值得借鉴的经验。

第五章 矿产资源政策法规

2016年以来，修改了4部地质矿产管理部门规章，废止315件规范性文件。继续简化地质矿产行政许可事项。开展矿业权出让制度和矿产资源权益金制度改革，全面实行资源税从价计征。稳步推进石油天然气体制改革。

一、矿产资源法规

1. 继续简化行政审批事项

2016年，《国务院关于取消13项国务院部门行政许可事项的决定》（国发〔2016〕10号）取消了行政许可事项“地质资料保护登记”。《国务院关于第二批取消152项中央指定地方实施行政审批事项的决定》（国发〔2016〕9号），取消了由省级国土资源主管部门实行的行政审批事项“在国家地质公园地质遗迹保护区外的园区进行矿产资源勘查、开发和工程建设活动审批”。

2.修改多项矿政法规政策

（1）2016年2月，《国务院关于修改部分行政法规的决定》（国务院令第666号）将《地质资料管理条例》第十一条修改为：“因不可抗力，地质资料汇交人不能按照本条例第十条规定的期限汇交地质资料的，应当将造成延期汇交地质资料的不可抗力事实书面告知负责接收地质资料的地质矿产主管部门。”3月，《国务院关于修改和废止部分行政法规的决定》（国务院令第676号）将《地质资料管理条例》第十五条第二款修改为“前款规定以外的地质资料，自汇交之日起90日内，由地质资料馆或者地质资料保管单位予以公开。需要保护的，由接收地质资料的单位按照国务院地质矿产主管部门的规定予以保护。”

2017年3月，国土资源部、财政部、环境保护部、国家质量监督检验检疫总局、中国银行业监督管理委员会、中国证券监督管理委员会联合下发了《关于加快绿色矿山建设的实施意见》（国土资规

〔2017〕4 号）。

（2）2016年，公布施行了《国土资源部关于修改和废止部分规章的决定》（国土资源部令第64号），对《地质资料管理条例实施办法》（国土资源部令第16号）、《矿山地质环境保护规定》（国土资源部令第44号）、《古生物化石保护条例实施办法》（国土资源部令第57号）和《中华人民共和国海洋石油勘探开发环境保护管理条例实施办法》（国家海洋局令第1号）等4部地质矿产管理方面的部门规章进行了修改。向社会公布了《国土资源部关于公布已废止或者失效的规范性文件目录的公告》（国土资源部公告2016年10号），废止和宣布失效315件规范性文件。

（3）2017年5月，国土资源部发布实施《国土资源行政应诉规定》（国土资源部令第71号），重点强化行政机关应诉责任的落实，明确国土资源主管部门作出被诉行政行为的工作机构为应诉承办机构，负责承办相应的行政应诉工作。

3.新制定国家法律中有关矿产资源的规定

2017年3月通过的《中华人民共和国民法总则》（第十二届全国人民代表大会第五次会议表决通过，2017年10月实施）第七十九条规定所有人不明的埋藏物、隐藏物，归国家所有。接收单位应当对上缴的单位或者个人，给予表扬或者物质奖励。第八十一条规定国家所有的矿藏，可以依法由全民所有制单位和集体所有制单位开采，也可以依法由公民采挖。国家保护合法的采矿权。国家所有的矿藏、水流，国家所有的和法律规定属于集体所有的林地、山岭、草原、荒地、滩涂不得买卖、出租、抵押或者以其他形式非法转让。

二、矿产资源制度

1.扩大矿业对外开放

2017年1月，《国务院关于扩大对外开放积极利用外资若干措施的通知》(国发〔2017〕5号 ）要求采矿业放宽油页岩、油砂、页岩气等非常规油气以及矿产资源领域外资准入限制。石油、天然气领域对外合作项目由审批制改为备案制。

2017年6月，《外商投资产业指导目录（2017年修订）》发布，自2017年7月28日起施行。

2.矿业权出让制度改革

2017年2月，中共中央办公厅、国务院办公厅印发《矿业权出让制度改革方案》，选取山西、福建、江西、湖北、贵州、新疆等6省（区）开展试点，重点完善矿业权竞争出让制度，严格限制矿业权协议出让，下放审批权限和强化监管服务等。

专栏 5-1 《矿业权出让制度改革方案》

完善矿业权竞争出让制度。除特殊情形外，矿业权一律以招标拍卖挂牌方式出让，出让收益可按年度分期缴纳。建立探矿权占用费累进动态调整机制，适时调整采矿权占用费和最低勘查投入标准。

严格控制矿业权协议出让。矿业权协议出让严格控制在国务院确定的特定勘查开采主体和批准的重点建设项目，以及大中型矿山已设采矿权深部，并建立协议出让基准价制度。

下放审批权限。国土资源部负责石油、天然气、页岩气、放射性矿产、钨、稀土等6种矿产的探矿权采矿权审批，负责资源储量规模10亿吨以上的煤炭以及大型以上的煤层气、金、铁、铜、铝、锡、锑、钼、磷、钾盐等11种矿产的采矿权审批，其他原由国土资源部审批的下放至省级国土资源主管部门。

3.深化石油天然气体制改革

2017年5月，中共中央、国务院印发了《关于深化石油天然气体制改革的若干意见》，要求“深化油气勘查开采、进出口管理、管网运营、生产加工、产品定价体制改革和国有油气企业改革，释放竞争性环节市场活力和骨干油气企业活力，提升资源接续保障能力、国际国内资源利用能力和市场风险防范能力、集约输送和公平服务能力、优质油气产品生产供应能力、油气战略安全保障供应能力、全产业链安全清洁运营能力。通过改革促进油气行业持续健康发展，大幅增加探明资源储量，不断提高资源配置效率。”

专栏5-2　《关于深化石油天然气体制改革的若干意见》改革任务

1.完善并有序放开油气勘查开采体制。2.完善油气进出口管理体制。3.改革油气管网运营机制。4.深化下游竞争性环节改革。5.改革油气产品定价机制。6.深化国有油气企业改革。7.建立完善政府储备、企业社会责任储备和企业生产经营库存有机结合、互为补充的储备体系。8.建立健全油气安全环保体系。

第六章　矿产资源领域国际合作

积极响应“一带一路”倡议，推动地质矿产领域双边与多边合作。通过中国国际矿业大会、中国－东盟矿业合作论坛等国际交流平台和地质调查项目，进一步拓展与东盟、非洲、南美洲等矿业国家的交流与合作。

一、双边与多边合作机制

1.双边合作不断加强

与摩洛哥能源、矿业、水利与环境部以及沙特阿拉伯能源、工业与矿产资源部分别签署了在地质和矿业领域的合作谅解备忘录，提升了矿产资源合作在双边合作中的重要地位。

成功举办中蒙政府间经贸委员会矿产资源合作分委会第六次会议、中墨矿业工作小组会议、中哈合作委员会地质矿产分委会第八次会议。继续巩固与澳大利亚、加拿大、南非等矿业大国的友好合作，开拓与英国、荷兰等发达国家在油气资源管理、页岩气勘查开发、地质环境保护等领域的合作。在地学研究、地质调查、矿政管理等领域，与老挝、柬埔寨、巴布亚新几内亚、埃塞俄比亚、纳米比亚、尼日利亚、阿根廷、秘鲁、墨西哥等亚非拉重要资源国家开展密切合作。

与美国、俄罗斯、瑞士等15个国家的地质调查机构签署合作谅解备忘录和合作协议。举办中国－加拿大地质科技国际合作研讨会、中国－澳大利亚地质科技国际合作研讨会、尼日利亚－中国矿业投资合作论坛，举行中美两国地质调查局双边会谈，推进与发达国家地质调查领域科技创新合作及与发展中国家矿业投资合作。

2.积极搭建多边合作平台

积极参与矿产资源领域多边会议，先后参与国际海底管理局第22届会议，成功当选国际海底管理局法律与技术委员会委员。参加亚太经合组织矿业工作组第十次工作会议、金伯利进程、南非第35届国际地质大会、国际地质科学联合会（IUGS）第69次执行委员会会议等多边组织会议，中国科学家成功竞选国际地科联主席等国际组织重要职务。

围绕“三深一土”科技创新战略，推进国土资源国际科技合作。长期以来，国土资源部与联合国教科文组织开展了富有成效的合作。2016年，签署《中华人民共和国政府与联合国教育、科学及文化组织关于在中华人民共和国廊坊建立由教科文组织支持的全球尺度地球化学国际研究中心（第2类）的协定》和《中华人民共和国政府与联合国教育、科学及文化组织关于在中国桂林建立由联合国教科文组织支持的国际岩溶中心（第2类）的协定》，建立“联合国教科文组织全球尺度地球化学国际研究中心”，启动“‘化学地球’国际大科学计划”和“全球岩溶动力学系统资源环境效应国际大科学计划”。

二、对外开放与合作

1.推进与“一带一路”国家的资源领域合作

完成《“一带一路”地质调查规划（2016—2030）》、《“一带一路”建设海上合作规划》和《南海及其周边海洋国际合作框架计划（2016—2020）》的制定和“21世纪海上丝绸之路”的总体设计，加强了与周边国家、海洋大国、海洋强国的对话交流。《深海海底区域资源勘探开发法》颁布实施，推进深海海底区域资源勘探与开发。

顺利完成中越北部湾湾口外海域共同考察海上实地作业；推动与东盟国家合作，举办“中国－东盟海洋地学能力建设与减灾防灾学术研讨会”等11个地矿领域的研讨会或培训班。

2.开展地质调查国际合作

与32个国家开展联合地质调查国际合作项目38项，合作内容主要涉及地质填图、地球化学填图、技术培训、方法技术合作研究、成矿规律研究与合作编图等。与乌兹别克斯坦、俄罗斯、巴基斯坦、老挝、埃塞俄比亚、澳大利亚、秘鲁等27个国家开展不同比例尺地质地球化学填图，覆盖面积364万平方千米。

2016年合作编制各种比例尺地质矿产图件117幅，包括1∶2500万世界海洋矿产资源图、1∶1000万亚洲成矿图；中东亚及邻区、东北非、西非、非洲中东部等地区1∶250万地质矿产等系列图；中蒙跨境成矿带、中吉乌天山造山带、中哈跨境成矿带、中巴铁路沿线地区、安第斯秘鲁南部等重要成矿区带1∶100万地质、矿产、构造和成矿规律图；“一带一路”沿线地区1∶500万三维遥感影像图和35个国家1∶100万遥感影像图等。

3.举办对外地质矿产培训班

2016年共举办对外地质矿产培训班18期，累计培训50多个国家400多名地矿人员。在马来西亚、柬埔寨和泰国共举办三期境外国际培训，推进了中国地质调查方法技术国际合作，有力地支撑了中国“一带一路”共建倡议的实施和国际矿业产能合作。

三、国际矿业合作平台

1.成功举办2016中国国际矿业大会

2016中国国际矿业大会有来自53个国家和地区的7000余名代表参会参展。大会提出“创新驱动型、改革引领型、绿色安全型、包容共享型、开放互利型”矿业发展理念，展示和宣传了新形势下中国矿业改革发展方向；拓展政府合作平台，携手打造全球矿业命运共同体；深刻分析全球矿业发展态势，提振了各界对矿业发展的信心。

2.召开中国–东盟矿业合作论坛

第7届中国－东盟矿业合作论坛由广西壮族自治区人民政府和国土资源部共同举办，主题为“信息共享、合作共赢”。论坛在深化中国－东盟政府间合作，推进矿业合作协议签署，加强矿业权管理和人才培训合作以及绿色矿山建设等领域合作起到积极作用，推动了与马来西亚、柬埔寨、泰国等东盟国家地质矿产领域务实合作。

3.成立多个地学合作研究中心

2016年先后成立中国－东南亚南亚地学合作研究中心、中国－拉丁美洲大洋洲地学合作研究中心、中国－东北亚地学合作研究中心和中国－西非北非地学合作研究中心，为开展地学合作搭建了国际平台，夯实了地学合作基础。

2017年全国房地产开发投资和销售情况

国家统计局

2018年1月18日

一、房地产开发投资完成情况

2017年，全国房地产开发投资109799亿元，比上年名义增长7.0%，增速比1-11月份回落0.5个百分点。其中，住宅投资75148亿元，增长9.4%，增速回落0.3个百分点。住宅投资占房地产开发投资的比重为68.4%。

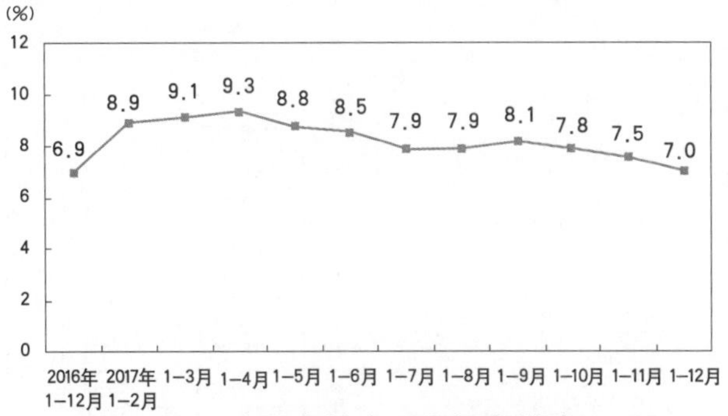

图1　全国房地产开发投资增速

2017年，东部地区房地产开发投资58023亿元，比上年增长7.2%，增速比1-11月份回落0.2个百分点；中部地区投资23884亿元，增长11.6%，增速回落0.8个百分点；西部地区投资23877亿元，增长3.5%，增速回落0.8个百分点；东北地区投资4015亿元，增长1.0%，增速回落0.4个百分点。

2017年，房地产开发企业房屋施工面积781484万平方米，比上年增长3.0%，增速比1-11月份回落0.1个百分点。其中，住宅施工面积536444万平方米，增长2.9%。房屋新开工面积178654万平方米，增长7.0%，增速提高0.1个百分点。其中，住宅新开工面积128098万平方米，增长10.5%。房屋竣工面积101486万平方米，下降4.4%，降幅扩大3.4个百分点。其中，住宅竣工面积71815万平方米，下降7.0%。

2017年，房地产开发企业土地购置面积25508万平方米，比上年增长15.8%，增速比1-11月份回落0.5个百分点；土地成交价款13643亿元，增长49.4%，增速提高2.4个百分点。

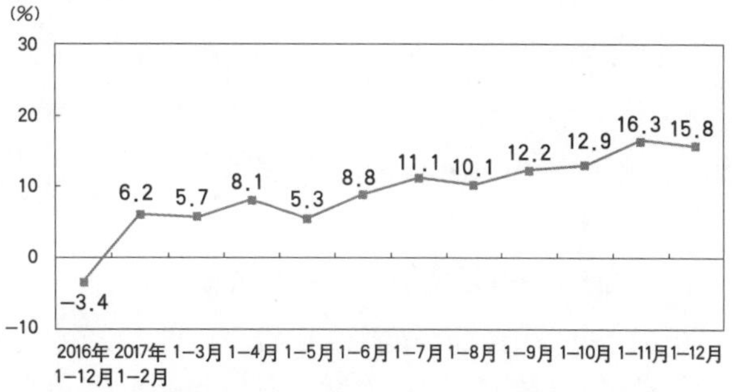

图2　全国房地产开发企业土地购置面积增速

二、商品房销售和待售情况

2017年，商品房销售面积169408万平方米，比上年增长7.7%，增速比1-11月份回落0.2个百分点。其中，住宅销售面积增长5.3%，办公楼销售面积增长24.3%，商业营业用房销售面积增长18.7%。商品房销售额133701亿元，增长13.7%，增速提高1个百分点。其中，住宅销售额增长11.3%，办公楼销售额增长17.5%，商业营业用房销售额增长25.3%。

2017年，东部地区商品房销售面积71199万平方米，比上年增长2.9%，增速比1-11月份回落0.3个百分点；销售额74439亿元，增长6.2%，增速提高0.9个百分点。中部地区商品房销售面积47460万平方米，

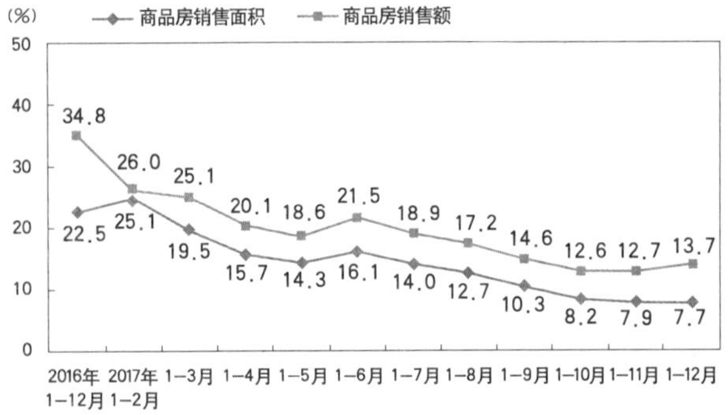

图3 全国商品房销售面积及销售额增速

增长12.8%，增速提高0.3个百分点；销售额28665亿元，增长24.1%，增速提高1.6个百分点。西部地区商品房销售面积42459万平方米，增长10.7%，增速回落0.9个百分点；销售额25231亿元，增长25.9%，增速提高0.3个百分点。东北地区商品房销售面积8289万平方米，增长7.0%，增速回落0.4个百分点；销售额5367亿元，增长21.8%，增速回落0.3个百分点。

2017年末，商品房待售面积58923万平方米，比11月末减少683万平方米。其中，住宅待售面积减少670万平方米，办公楼待售面积增加118万平方米，商业营业用房待售面积减少215万平方米。

三、房地产开发企业到位资金情况

2017年，房地产开发企业到位资金156053亿元，比上年增长8.2%，增速比1-11月份提高0.5个百分点。其中，国内贷款25242亿元，增长17.3%；利用外资168亿元，增长19.8%；自筹资金50872亿元，增长3.5%；其他资金79770亿元，增长8.6%。在其他资金中，定金及预收款48694亿元，增长16.1%；个人按揭贷款23906亿元，下降2.0%。

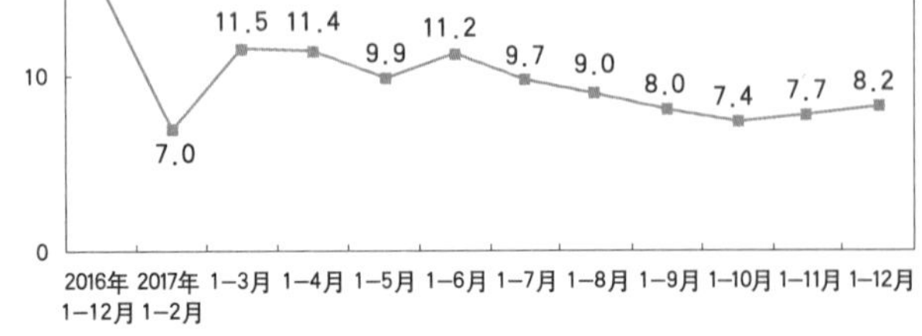

图4 全国房地产开发企业本年到位资金增速

四、房地产开发景气指数

12月份，房地产开发景气指数（简称“国房景气指数”）为101.72，比11月份提高0.09点。

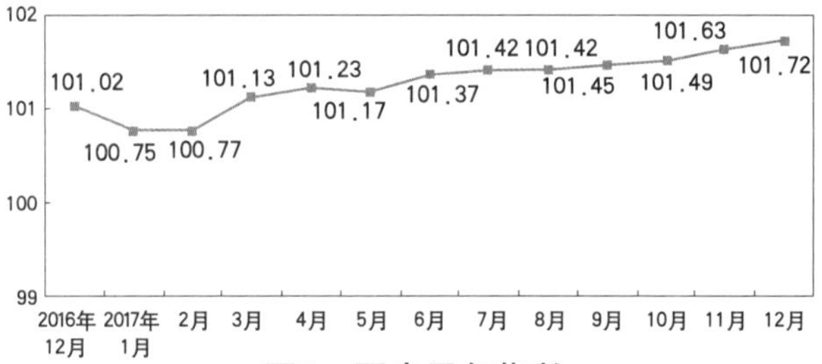

图5 国房景气指数

表1 2017年全国房地产开发和销售情况

指标	绝对量	比上年增长（%）
房地产开发投资（亿元）	109799	7.0
其中：住宅	75148	9.4
办公楼	6761	3.5
商业营业用房	15640	-1.2
房屋施工面积（万平方米）	781484	3.0
其中：住宅	536444	2.9
办公楼	36015	2.8
商业营业用房	105232	0.6
房屋新开工面积（万平方米）	178654	7.0
其中：住宅	128098	10.5
办公楼	6140	-4.3
商业营业用房	20484	-8.2
房屋竣工面积（万平方米）	101486	-4.4
其中：住宅	71815	-7.0
办公楼	4007	10.4
商业营业用房	12670	1.2
土地购置面积（万平方米）	25508	15.8
土地成交价款（亿元）	13643	49.4
商品房销售面积（万平方米）	169408	7.7
其中：住宅	144789	5.3
办公楼	4856	24.3
商业营业用房	12838	18.7
商品房销售额（亿元）	133701	13.7
其中：住宅	110240	11.3
办公楼	6441	17.5
商业营业用房	13253	25.3
商品房待售面积（万平方米）	58923	-15.3
其中：住宅	30163	-25.1
办公楼	3664	0.9
商业营业用房	15204	-4.0
房地产开发企业到位资金（亿元）	156053	8.2
其中：国内贷款	25242	17.3
利用外资	168	19.8
自筹资金	50872	3.5
其他资金	79770	8.6
其中：定金及预收款	48694	16.1
个人按揭贷款	23906	-2.0

表2 2017年东中西部和东北地区房地产开发投资情况

地区	投资额（亿元）		比上年增长（%）	
		住宅		住宅
全国总计	109799	75148	7.0	9.4
东部地区	58023	39770	7.2	9.3
中部地区	23884	17006	11.6	14.1
西部地区	23877	15510	3.5	6.2
东北地区	4015	2862	1.0	1.7

表3 2017年东中西部和东北地区房地产销售情况

地区	商品房销售面积		商品房销售额	
	绝对数（万平方米）	比上年增长（%）	绝对数（亿元）	比上年增长（%）
全国总计	169408	7.7	133701	13.7
东部地区	71199	2.9	74439	6.2
中部地区	47460	12.8	28665	24.1
西部地区	42459	10.7	25231	25.9
东北地区	8289	7.0	5367	21.8

附注

1.指标解释

房地产开发企业本年完成投资：指报告期内完成的全部用于房屋建设工程、土地开发工程的投资额以及公益性建筑和土地购置费等的投资。该指标是按照形象进度原则统计累计数据。

商品房销售面积：指报告期内出售新建商品房屋的合同总面积（即双方签署的正式买卖合同中所确认的建筑面积）。该指标是累计数据。

商品房销售额：指报告期内出售新建商品房屋的合同总价款（即双方签署的正式买卖合同中所确认的合同总价）。该指标与商品房销售面积同口径，也是累计数据。

商品房待售面积：指报告期末已竣工的可供销售或出租的商品房屋建筑面积中，尚未销售或出租的商品房屋建筑面积，包括以前年度竣工和本期竣工的房屋面积，但不包括报告期已竣工的拆迁还建、统建代建、公共配套建筑、房地产公司自用及周转房等不可销售或出租的房屋面积。

房地产开发企业本年到位资金：指房地产开发企业报告期内实际可用于房地产开发的各种货币资金及来源渠道。具体细分为国内贷款、利用外资、自筹资金和其他资金。该指标是累计数据。

房屋施工面积：指房地产开发企业报告期内施工的全部房屋建筑面积。包括本期新开工的面积、上期跨入本期继续施工的房屋面积、上期停缓建在本期恢复施工的房屋面积、本期竣工的房屋面积以及本期施工后又停缓建的房屋面积。多层建筑物的施工面积指各层建筑面积之和。

房屋新开工面积：指房地产开发企业报告期内新开工建设的房屋面积，以单位工程为核算对象。不包括在上期开工跨入报告期继续施工的房屋建筑面积和上期停缓建而在本期复工的建筑面积。房屋的开工以房屋正式开始破土刨槽（地基处理或打永久桩）的日期为准。房屋新开工面积指整栋房屋的全部建筑面积，不能分割计算。

房屋竣工面积：指报告期内房屋建筑按照设计要求已全部完工，达到住人和使用条件，经验收鉴定合格或达到竣工验收标准，可正式移交使用的各栋房屋建筑面积的总和。

土地购置面积：指房地产开发企业在本年内通过各种方式获得土地使用权的土地面积。

土地成交价款：指房地产开发企业进行土地使用权交易活动的最终金额。在土地一级市场，是指土地最后的划拨款、“招拍挂”价格和出让价；在土地二级市场是指土地转让、出租、抵押等最后确定的合同价格。土地成交价款与土地购置面积同口径，可以计算土地的平均购置价格。

2.统计范围

全部房地产开发经营法人单位。

3.调查方式

按月（1月份除外）进行全面调查。

4.全国房地产开发景气指数简要说明

全国房地产开发景气指数（简称“国房景气指数”）遵循经济周期波动的理论，以景气循环理论与景气循环分析方法为依据，运用时间序列、多元统计、计量经济分析方法，以房地产开发投资为基准指标，选取了房地产投资、资金、面积、销售有关指标，剔除季节因素的影响，包含了随机因素，采用增长率循环方法编制而成，每月根据新加入的数据对历史数据进行修订。国房景气指数选择2012年为基年，将其增长水平定为100。通常情况下，国房景气指数100点是最合适的景气水平，95至105点之间为适度景气水平，95以下为较低景气水平，105以上为偏高景气水平。

5.东、中、西部和东北地区划分

东部地区包括北京、天津、河北、上海、江苏、浙江、福建、山东、广东、海南10个省（市）；中部地区包括山西、安徽、江西、河南、湖北、湖南6个省；西部地区包括内蒙古、广西、重庆、四川、贵州、云南、西藏、陕西、甘肃、青海、宁夏、新疆12个省（市、自治区）；东北地区包括辽宁、吉林、黑龙江3个省。

2017煤炭行业发展年度报告

中国煤炭工业协会

2018年3月29日

2017年是煤炭工业发展进程中极不平凡的一年。这一年，全行业深入学习领会习近平新时代中国特色社会主义思想内涵，认真贯彻落实党的十九大精神和中央经济工作会议的决策部署，以推动煤炭供给侧结构性改革为主线，以提高发展质量为中心，去产能工作取得明显成效，煤炭市场实现了供需基本平衡，行业运行质量不断提高，产业结构调整进一步优化，转型升级取得了新的进展。

一、行业改革发展取得新进展

（一）化解过剩产能取得成效

2017年，煤炭行业超额完成年初提出的1.5亿吨目标任务；据相关部门数据，2016年以来累计完成煤炭去产能5亿吨以上。在化解煤炭过剩产能进程中，积极推动先进产能建设，新核准建设了一批大型现代化煤矿，优质产能比重大幅提高。煤炭产能利用率达到68.2%，同比提高8.7个百分点。

（二）煤炭开发布局不断优化

煤炭生产重心向晋陕蒙等资源禀赋好、竞争能力强的地区集中。2017年，14个大型煤炭基地产量占全国的94.3%，同比提高0.6个百分点。内蒙古、山西、陕西、新疆、贵州、山东、河南、安徽等8个亿吨级（省区）原煤产量30.6亿吨，占全国产量的86.8%。其中，晋陕蒙三省区煤炭产量占全国的66.82%。

（三）产业结构调整步伐加快

全国煤矿数量大幅减少，大型现代化煤矿已经成为全国煤炭生产主体。2017年底，全国煤矿数量减少到7000处以下。其中，年产120万吨及以上的大型现代化煤矿达到1200多处，产量占全国的75%以上；建成千万吨级特大型现代化煤矿36处，产能6.12亿吨/年；在建和改扩建千万吨级煤矿34处，产能4.37亿吨/年；30万吨以下小型煤矿减少到3200处、产能3.2亿吨/年左右。前4家大型企业产量9.33亿吨，占全国的26.5%，同比增加1.12亿吨、提高2.4个百分点。

煤电联营与煤电一体化发展迅速。2017年底，煤炭企业参股、控股电厂权益装机容量3亿千瓦，占全国火电装机的27.1%。煤炭由单纯燃料向燃料与原料并重转变取得成效。煤制油、煤制烯烃、煤制气、煤制乙二醇产能分别达到800万吨/年、800万吨/年、51亿立方米/年、270万吨/年。

（四）企业兼并重组有序推进

神华集团与国电集团合并重组；中煤能源兼并重组国投、保利和中铁等企业的煤矿板块；中煤平朔、山西大同煤矿、晋能集团3家煤炭企业与大唐、中电国际、江苏国信等发电企业合作共同组建苏晋能源公司，推动了煤电一体化发展的进程；甘肃省推动企业重组，组建能源化工投资集团，竞争力明显提升。

（五）自主创新能力显著增强

以企业为主体的产学研用协同创新体制机制不断完善，煤炭清洁高效利用产业协同创新共同体、煤炭行业矿区土地整治与生态修复工程研究中心、中国国际卓越煤矿瓦斯治理中心等相继成立。

我国首座TBM施工长距离煤矿斜井（神东煤炭集团补连塔煤矿2号辅运斜井）建成启用，首台全断面矩形快速掘进机投入使用，首台矿用全断面硬岩快速掘进机、首套煤矿大型护盾式快速掘锚装备研制成功，8米大采高采煤机、8.2米超大采高智能输送系统、3～4米煤层千万吨级智能化综采成套装备实现了国产化。全国大型煤炭企业采煤和掘进机械化程度达到96.1%和54.1%，同比分别提高0.18和0.49个百分点，回采工作面单产、掘进工作面单进分别达到8.05万吨/（个·月）、156米/（个·月），同比分别提高0.2和7.6个百分点；井工和露天煤矿原煤生产人员效率同比分别提高10.94和1.4个百分点。

现代煤化工产业化快速发展。神华宁煤400万吨/年间接煤制油、神华百万吨煤炭直接液化项目等现代煤化工示范工程实现平稳运行，潞安高硫煤清洁利用示范项目打通全流程；全球首套煤基乙醇工业示范项目建成投产，低阶煤分级转化、煤电/煤化工废物协同处置与循环利用等关键技术取得突破。

2017年，全行业共获国家科技进步奖、技术发明奖5项、中国专利奖14项，其中，“煤制油品/烯烃大型现代煤化工成套技术开发及应用”项目获得国家科技进步一等奖，“一种旋流干煤粉气化炉”项目获得中国专利金奖。

（六）绿色发展取得积极进展

2017年，全国原煤入选率70.2%，同比提高1.3个百分点；矿井水利用率达到72%，同比提高1.4个百分点；煤矸石综合利用处置率达到67.3%，井下瓦斯抽采利用量达到48.9亿立方米，大中型煤矿原煤生产综合能耗、生产电耗分别达到11.6公斤标煤/吨、21.2度/吨，煤矸石及低热值煤综合发电装机3600万千瓦；土地复垦率达到49%，同比提高1个百分点。以煤矿保水开采、充填开采、无煤柱自成巷开采等为主的绿色开采技术得到普遍推广。

全行业树立和践行“绿水青山就是金山银山”的发展理念，推进煤炭开发利用全过程节能减排和全产业链、全生命周期、全物质循环利用，加强采煤塌陷区整治，建成了以同煤塔山、神华宁东为代表的一批循环经济产业园区、以开滦国家矿山公园和徐州贾汪区潘安湖为代表的国家近代工业博览园和生态旅游示范区，促进了矿区资源开发与生态环境协调发展。

（七）煤炭市场化改革稳步推进

2017年，煤炭经济运行监测与协调机制不断健全，行业运行月度分析与季度交流制度不断深化；《煤炭购销合同示范文本》得到越来越多煤炭供需企业认可和采用；“煤炭中长期合同”制度和“基础价+浮动价”定价机制、防范价格异常波动制度、最低和最高库存制度、调峰和应急储备产能制度、社会责任企业制度等市场化、法制化机制逐步确立，为保障煤炭稳定供应、维护行业平稳运行发挥了积极作用；行业诚信体系建设稳步推进，“信用煤炭”上线；99家煤炭企业获得国家

"AAA""AA"信用等级，17家煤炭企业发布社会责任报告，守信激励和失信惩戒机制得到充分发挥，市场主体信用行为得到规范；夏季和年度全国煤炭交易会培育和提升了品牌，创新了煤炭交易模式；区域性煤炭交易中心建设稳步推进，煤炭价格指数体系不断完善，市场发现价格功能明显增强，企业市场主体作用得到充分发挥，统一开放、竞争有序的煤炭市场体系正在逐步形成。

（八）国际合作领域不断拓展

落实第八轮中美战略与经济对话成果，成功举办中美煤矿安全健康合作项目总结会；参加了第98次世界采矿大会国际组委会会议，邀请国外主要媒体宣传我国煤炭清洁高效利用情况；第十七届中国国际煤炭采矿技术交流及设备展览会，展示了近年来煤炭采矿领域和煤机制造领域技术创新、产品创新的成果；第六届中国煤炭企业国际化研讨会，为煤炭企业"走出去"搭建了国际交流与合作的平台。"一带一路"建设取得新成果。国家能源投资集团与美国西弗吉尼亚州签署框架协议，投资837亿美元开发该州页岩气、电力和化工生产项目；兖煤澳洲报价高达26.9亿美元并购力拓资产，兖矿集团获得厄瓜多尔多个有色金属矿权；陕煤化集团在"一带一路"沿线布局石油炼化、煤炭资源勘探、煤化工、煤电一体化等项目；盘江集团承担"长沙-布达佩斯"整个线路的运营、销售以及货物清关配送任务，我国煤炭工业国际影响力进一步提升。

二、2017年煤炭经济运行情况

（一）煤炭产量增加

全国原煤产量自2014年以来首次出现恢复性增长，全年原煤产量35.2亿吨，同比增加1.1亿吨，增长3.3%。从全年煤炭产量月度变化情况看，全行业在积极淘汰落后煤炭产能的同时，着力推动煤炭企业兼并重组和产能减量置换，加快优质产能释放，优化煤炭生产结构，不断提高煤炭有效供给质量。全国煤炭产量在4—9月份保持较快增长，10、11月份受火电、焦炭等下游产品增速放缓等因素影响，煤炭产量增速放缓，11月份产量负增长，12月份增速由负转正。

（二）煤炭进口增加、出口下降

2017年全国共进口煤炭2.71亿吨，同比增加1547万吨，增长6.1%；出口煤炭817万吨，同比下降7%；煤炭净进口2.63亿吨，同比增加1609万吨，增长6.5%。2017年各月度进口波动较大，5—7月份进口量减少，8月、9月份明显增长，10—12月份下降。

（三）煤炭运输量大幅增加

2017年全国铁路发运煤炭21.55亿吨，同比增加2.53亿吨，增长13.3%。前10个月铁路发运煤炭一直保持较快增长，同比增长16.6%；11月、12月份发运量增速明显放缓，11月份当月同比增长0.3%、12月份下降4.7%。主要港口发运煤炭7.27亿吨，同比增长12.9%。

（四）煤炭库存恢复到正常水平

2017年全社会存煤继续下降。年末，重点煤炭企业存煤6100万吨，同比减少2284万吨，下降27.24%。全国统调电厂存煤10712万吨，同比增加295万吨，增长2.8%，可用18天。

（五）煤炭市场化价格机制形成

"中长期合同制度"和"基础价＋浮动比例"的定价机制，为保障煤炭有效供应和价格平稳奠定了良好基础。2017年5500大卡下水动力煤中长期合同平均价格568元/吨，在绿色区间。市场煤价格震荡波动。

（六）煤炭固定资产投资继续回落

自2012年以来煤炭采选业固定资产投资持续下降，2017年投资总额2648亿元，同比下降12.3%，降幅比上年收窄11.9个百分点；其中民间固定资产投资1471亿元，同比下降20.4%。

（七）行业效益增加

2017年，全国规模以上煤炭企业主营业务收入2.54万亿元，同比增长25.9%，利润总额2959.3亿元，同比增长290.5%（2016年同期利润757.8亿元）。协会统计的90家大型煤炭企业（产量占全国的70%）实现利润1451.9亿元（2016年同期利润320.6亿元）。

展望今后一个时期煤炭供需走势，从供给侧看，一是全国煤炭产能仍然较大，但结构不合理的问题突出，落后产能仍占较大比重，全国30万吨以下的煤矿数量仍有3209处、产能约5亿吨，其中，9万吨及以下的煤矿数量1954处、产能1.26亿吨，淘汰落后、提升优质产能的任务依然较重。二是区域供需矛盾凸显。随着煤炭去产能步伐加快，南方不符合安全生产条件的小煤矿退出较多，原煤生产逐步向资源条件好、竞争能力强的晋陕蒙地区集中，区域供应格局发生变化，对运力配置提出了新的挑战，煤炭铁路运输的压力加大。从需求侧看，宏观经济运行稳中向好，将进一步拉动能源需求，随着国家治理大气环境、优化能源结构、控制煤炭消费总量，非化石能源对煤炭的替代作用不断增强，煤炭在一次能源中的比重将继续下降，但受我国能源资源禀赋的约束，煤炭作为我国的主体能源，需求总量依然较大。从近几年煤炭经济运行情况分析，气候因素、煤炭转运能力及市场预期对短时煤炭供需平衡的影响越来越大，值得高度关注。

三、当前行业发展面临的主要问题

（一）化解过剩产能仍面临许多难点问题

一是由于煤矿所在区域产业单一，社会吸纳剩余劳动力能力较弱，前两年关闭煤矿的职工安置大多是企业内部消化，企业内部安置难度越来越大。二是关闭退出煤矿资产处置难度依然较大，多数关闭退出煤矿资产损失尚未得到处置。三是多数煤炭企业债务为集团公司统借统贷，去产能关闭煤矿债务分割难、处置难的问题尚未得到解决。四是股份制煤矿利益主体多，煤矿关闭退出难度较大。

（二）企业负债高、融资难、资金紧张等问题依然突出

2017年，规模以上煤炭企业资产负债率67.8%，仍处于较高水平。特别是部分承担去产能任务的企业由于债务得不到及时处理，资产负债率上升明显，企业融资成本进一步提高，部分企业资金紧张的问题仍然突出，提高煤矿工人收入、补还煤矿安全生产与采掘工程欠账、职工工资、社保基金的压力依然较大。

（三）部分企业经营依然较为困难

由于历史欠账较多，负担较重，部分煤炭企业经营状况并未得到根本好转。2017年行业亏损面仍有20.6%。特别是一些去产能任务重的老矿区、老企业、老煤矿职工和矿区工亡遗属、工伤残人员等特殊群体的生活困难问题还值得关注。

（四）人才流失与采掘一线招工接替问题凸显

一方面，煤矿现代化迫切需要大量高素质员工，而近几年煤炭企业人才流失严重，煤炭院校采矿专业招生却很困难；另一方面煤矿存在大量富余人员的同时，部分煤矿一线职工年龄偏大，招工难，职工新老接替问题突出。

四、贯彻落实新发展理念，推动行业高质量发展

党的十九大着眼于实现社会主义现代化和中华民族伟大复兴，制定了未来一个时期的基本方略和发展蓝图，提出了一系列新理念新思想新战略，特别是把能源发展作为生态文明建设的重要内容，强调要推进绿色发展，推进能源生产和消费革命，构建清洁低碳、安全高效的能源体系，进一步指明了新时代煤炭工业发展方向，提出了新的更高的要求。煤炭行业要坚持以习近平新时代中国特色社会主义思想为指导，认真学习贯彻党的十九大精神，以煤炭供给侧结构性改革为主线，以提高质量和效益为目标，以煤炭安全绿色智能化开采和清洁高效低碳集约化利用为主攻方向，以知识、技术、信息、数据等新生产要素为支撑，推动煤炭质量变革、效率变革、动力变革，着力构建现代化煤炭经济体系，推动煤炭工业实现更高质量、更有效率、更可持续的发展。

（一）深化煤炭供给侧结构性改革

1. 推动大基地、大集团建设。按照“压缩东部、限制中部和东北、优化西部”煤炭开发总体布局思路，统筹资源禀赋、开发强度、市场区位、环境容量、输送通道、去产能等因素，推动煤炭生产向大型煤炭基地集中，向陕北、神东、黄陇、新疆等大型煤炭基地转移。创新体制机制，深化国有企

业改革，鼓励具有资金、技术、管理优势的大型企业通过市场机制、经济手段、法治办法，加快兼并重组和上下游深度融合发展，培育形成若干个具有较强国际竞争力的亿吨级特大型煤炭企业集团和一批现代化煤炭企业集团。

2.优化煤炭供给结构。坚持以提高煤炭供给质量为重点，加快淘汰达不到环保、质量、技术、安全标准要求的产能，退出安全保障程度低、风险大的产能，加快退出资源枯竭、生产成本高、煤质差、扭亏无望的落后产能。推动安全高效智能化煤矿建设，加快释放先进产能，提高大型现代化煤矿产能比重。

3.推动产业转型升级。按照建设现代化经济体系新要求，着力构建促进煤炭产业发展的新机制，推动互联网、大数据、人工智能、区块链技术和煤炭经济深度融合，推进煤炭与新经济、新产业、新业态协同发展，培育新兴产业和高技术产业，培育新增长点、形成新动能；深入推进煤电一体化、煤焦一体化、煤化工、煤建材、现代物流、电子商务等产业相互融合，促进煤炭全产业链整体升级，提升产业价值链和产品附加值；推动管理模式、管理手段和管理方法创新，健全完善企业法人治理结构，促进煤炭企业管理升级；推动煤炭供给侧与需求侧协同发展，构建煤炭产销一体化发展机制，探索煤炭市场供需新模式、新业态。

（二）建设现代化煤炭经济体系

1.推动智能化开采。推动工业互联网、云计算、大数据、人工智能等技术在研发设计、生产制造过程中的综合集成应用，提高煤机装备绿色制造、精准制造、敏捷制造能力。加快煤矿巷道高效快速掘进与支护技术及装备、千万吨级煤炭综采成套装备研发，提高煤机装备数字化控制、自动化生产和远程操作能力，提升我国煤炭智能化开采水平。

2.推动绿色发展。牢固树立和践行绿水青山就是金山银山的理念，加快发展绿色开采技术与装备，推广应用充填开采、保水开采、无煤柱自成巷开采和先进的防尘降尘技术等绿色开采和清洁生产技术，科学合理高效地利用煤炭和与煤共伴生资源，加快煤层气开发利用。发展绿色产业、生态产业、循环经济，推进清洁生产、资源节约和循环利用；因地制宜实施矿区生态再建工程，推广先进适用的矿区土地整治与修复技术，努力构建清洁低碳、安全高效的煤炭工业体系，形成人与自然和谐共生的矿山发展新格局。

加大原煤入选比例，倡导按商品煤计量、按发热量计价，向社会提供高质量的煤炭产品，推进生产、销售原煤向销售商品煤、洁净煤转变。完善煤炭质量标准，推进煤炭的分质分级利用，最大限度提高煤炭利用效率，减少煤炭生产和利用过程中的环境污染；在大中城市、集中成片乡镇和农村、工业园区大力推进高效煤粉型工业锅炉，着力解决散煤清洁化燃烧和污染物控制问题。持续推动水煤浆、型煤和民用散煤清洁化技术攻关和设备研制，加大农村民用散煤洁净化燃烧技术、锅炉与灶具研制，提高散煤清洁高效利用水平。

3.推动现代煤化工产业化发展。深入推进现代煤化工示范工程建设，组织关键技术攻关，加强原料煤与气化炉的适应性研究，推动系统工艺优化集成。在百万吨煤炭直接液化、间接液化、煤制烯烃、煤制乙二醇、煤制天然气示范取得成功的基础上，推进煤气化装备国产化，有序建设一批大型煤化工项目，探索产业化发展方向和模式，构建以煤焦化、煤气化、煤深加工转化为基础的现代煤化工产业体系，有效替代油气资源，延长产业链条，拓展煤炭作为工业原料的消费空间和途径，提高国家能源安全供应保障能力。

4.推进现代煤炭市场交易体系建设。深化煤炭市场化改革，健全完善现代煤炭市场交易规则和诚信体系，推动煤炭交易数据平台建设，建立煤炭市场信息服务和监测预警新机制，构建全国统一开放、竞争有序的煤炭交易市场体系。发展煤炭现货市场，完善期货市场，推动煤炭供给侧与需求侧协同发展，构建高效率、高质量、洁净化的煤炭供应保障体系。创新商业模式，发展现代煤炭物流产业，推动煤炭运输方式变革，实现煤炭企业由单纯提供煤炭产品向提供产品服务转变，促进煤炭价值链由低端向高端转变。

（三）坚持依靠科技创新，培育行业发展新动能

1.加强煤炭科技创新体系建设。坚持以煤炭安全绿色智能化开采和清洁高效低碳集约化利用为主攻方向，健全完善煤炭科技创新平台，优化科技创新资源配置，推进科技与产业横向联合，促进产学研用深度合作，系统提升行业持续创新能力。

2.推动基础理论研究与关键技术攻关。加强煤炭资源综合开发、煤矿重大灾害防治与环境保护、煤炭高效转化与清洁利用等基础理论研究，为煤炭资源绿色开采和清洁高效利用提供基础支撑。加快煤炭安全绿色开采、智能矿山建设、煤炭清洁利用和高效转化等关键技术攻关，扎实推进企业技术升级、煤炭安全绿色开采、煤炭深加工、煤层气开发利用等示范工程建设，推广煤矿绿色开采、煤田高精度勘探、煤矿巷道全断面掘进、井下高效清洁辅助运输等先进适用技术，着力提升煤炭生产力水平。

3.提高煤机装备制造水平。按照《中国制造2025》总体战略部署，加强煤炭智能地质钻探、高效绿色开采、智能开采洗选、灾害防治和应急救援等关键装备的攻关，不断提升关键零部件的加工精度、性能稳定性、质量可靠性和使用寿命，提高煤机装备成套化和国产化水平，为煤炭结构调整、转变发展方式提供有力支撑。

4.推动“知识性+技能型”人才队伍建设。适应煤炭开采智能化、煤炭利用清洁化、企业管理信息化的需要，加快培养一批高层次科技研发人才、国际化经营管理人才，培养一批面向行业需求的煤机装备制造业、煤炭深加工、战略性新兴产业、生产性服务业、金融业行业紧缺的工程技术类人才，建设知识型、技能型、创新型人才队伍，形成推动现代化煤炭经济体系建设的新动力。

（四）提高煤炭行业对外开放水平

坚持以“一带一路”建设为重点，坚持引进来和走出去并重，加强同沿线国家能源发展战略对接，重点加强“一带一路”沿线国家煤炭资源、法律法规、煤炭产业政策、国际贸易政策和文化风俗研究，加强与国际能源组织、煤炭采矿界的对话与交流，构建煤炭国际贸易及技术信息交流平台，探索与沿线国家企业、相关机构建立战略合作伙伴关系，深化互信合作、促进互利共赢，推进海外并购，以煤炭产能合作为契机，带动我国煤机装备、技术、标准、服务走出去，培育有国际影响力的品牌产品，推动煤炭国际合作由注重规模速度向质量效益转型，由注重资源开发向全方位合作跨越，朝着优化结构、拓展深度、提高效益方向转变。

2017年，煤炭工业协会围绕推动煤炭供给侧结构性改革中心任务，深入贯彻落实国务院《关于煤炭行业化解过剩产能实现脱困发展的意见》（国发〔2016〕7号）文件精神，发挥部际联席会议成员单位作用，加强调研、反映问题、提出建议，推动相关政策措施落实。着力推动煤炭市场化体制机制建设，搭建产需衔接平台，促进行业平稳运行。推动建立了煤炭“中长期合同”制度和“基础价+浮动价”的市场化定价机制。举办全国煤炭清洁高效利用与产业结构调整现场推进会、煤炭清洁燃烧技术发展座谈会，为推动煤炭清洁高效集约化利用提供了支撑。坚持服务宗旨，创新工作机制，夯实行业基础工作。加强行业人才培养与教育培训平台建设，推动行业技能大师、大师工作室工作，努力提升从业者素质。加强行业文化建设，弘扬煤炭精神，会同人力资源社会保障部，组织开展了全国煤炭工业劳模评选活动，目前评选出的150名劳动模范和120个先进集体已进入公示表彰阶段。

2018年，煤炭工业协会将以推动现代化煤炭经济体系建设为重点，着力开展以下几项工作：一是开展现代化煤炭经济体系建设研究，提出推动高质量发展，建设现代化煤炭经济体系思路、目标和重点任务；二是加强调查研究，跟踪煤炭去产能煤矿退出职工安置、资产、债务处置、产能置换与指标交易等政策实施效果；三是深入开展我国煤炭供需中长期发展趋势及产业发展路线研究，提出全国煤炭安全稳定供应保障体系的思路和建议；四是推动煤炭市场化体制机制建设，研究建立合同监管和履约守信激励与失信联合惩戒制度，稳定煤炭市场价格，提高供给质量；五是组织重大关键技术攻关，推广先进适用技术，推进煤炭结构调整和转型升级；六是加强工作体系建设，推进行业诚信体系建设，提升精准服务的水平和能力；七是研究行业人才需求结构，制定行业人才培养规划，提升行业从业人员素质；八是推动煤炭文化建设，选树行业典型，提振行业士气；加强国际交流与合作，推动煤炭行业国际化发展；九是加强党的建设，用党的十九大精神统一思想和行动，推进协会内部改革，完善协会体制机制，努力构建新时代中国特色一流协会。

2017年中国电力行业运行情况

中国产业信息网

2018年1月18日

2017年1—9月份全国全社会用电量46888亿千瓦时，同比增长6.9%，增速较去年同期提高2.4个百分点。其中，第二产业对增长贡献最大，前三季度用电量32630亿千瓦时，同比增长6.0%，增速比上年同期提高4.1个百分点，占全社会用电量的比重为69.6%，对全社会用电量增长的贡献率为61.3%；第三产业用电量6659亿千瓦时，同比增长10.5%，增速比上年同期回落1.0个百分点；城乡居民生活用电量6688亿千瓦时，同比增长7.5%，增速比上年同期回落4.0个百分点。

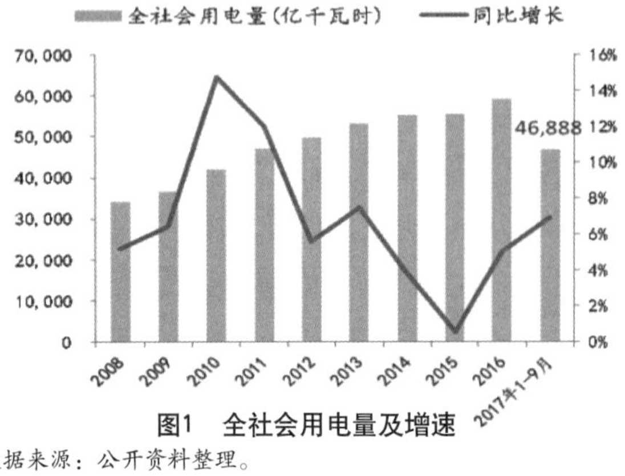

图1　全社会用电量及增速

数据来源：公开资料整理。

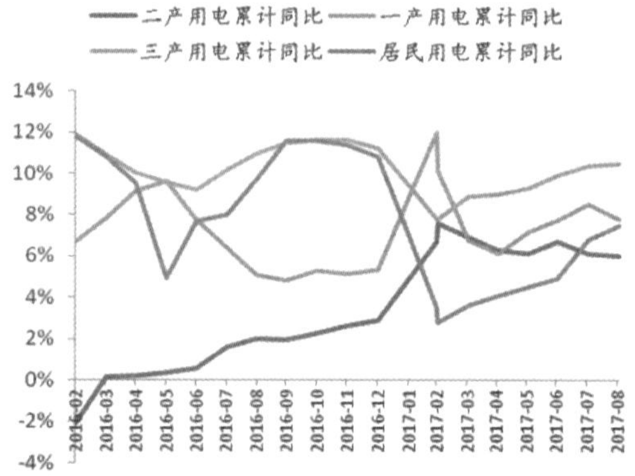

图2　各产业及居民用电量累计增速

数据来源：公开资料整理。

2017年截止9月份我国全社会用电量同比增长6.9%，大幅高于年初预期，主要由于：①宏观经济延续稳中向好。②工业生产情况得到改善。③服务业快速发展。④气温明显偏高。17年全年用电量增长有望达到6.7%左右，增速较16年继续提升。在宏观经济已经企稳进入新周期的情况下，2018年我国电力需求预计将维持平稳增长。

截至9月底，全国基建新增发电生产能力9339

万千瓦，全国6000千瓦及以上电厂装机容量达到16.7亿千瓦，同比增长7.6%，增速比上年同期回落3.2个百分点。其中，水电2.9亿千瓦，火电10.8亿千瓦，核电3582万千瓦，并网风电1.6亿千瓦。2017年截至目前，火电新增机组约3098万千瓦，占新增装机33%，新增规模得到较好控制，清洁能源装机占比继续提升。

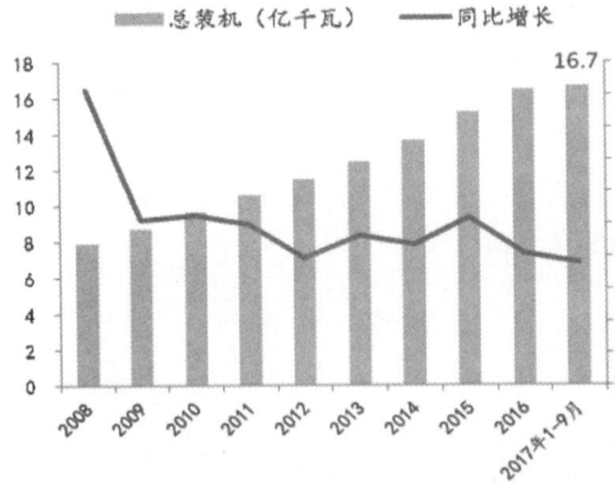

图3 全国规模以上电厂总装机

数据来源：公开资料整理。

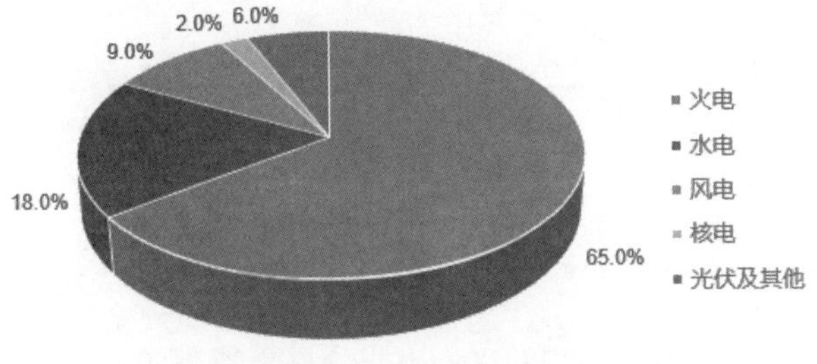

图4 规模以上电厂分电源装机比例

数据来源：公开资料整理。

2017年1-9月份，全国发电设备累计平均利用小时2811小时，比上年同期降低7小时。水电设备平均利用小时为2674小时，比上年同期降低92小时。火电设备平均利用小时为3117小时，比上年同期增加47小时。核电设备平均利用小时5379小时，比上年同期增加144小时；风电设备平均利用小时1386小时，比上年同期增加135小时。2017年1-9月份，全国主要发电企业电源工程完成投资1728亿元，同比下降13.1%。其中，水电339亿元，同比下降4.1%；火电496亿元，同比下降25.0%；核电296亿元，同比下降10.3%；风电397亿元，同比下降14.1%。水电、核电、风电等清洁能源完成投资占电源完成投资的71.3%，比上年同期提高4.5个百分点。

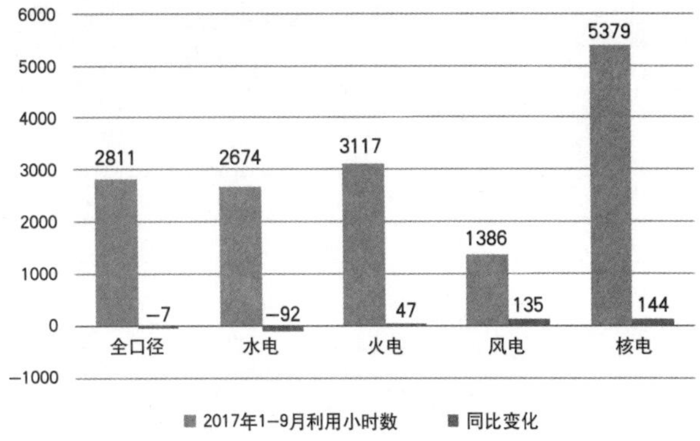

图5 2017年1-9月机组利用小时数

数据来源：公开资料整理。

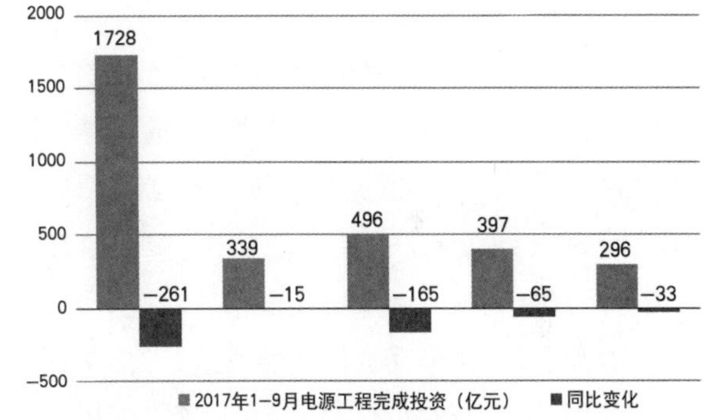

图6 2017年1-9月电源工程完成投资（亿元）

数据来源：公开资料整理。

近年来，我国煤电设备利用率由于新增装机快速增长但全社会用电量增幅放缓而持续下降，火电设备利用小时数从2011年的5294小时降至2016年的4165小时，产能过剩形势日趋严峻。因此，国家发展改革委、能源局从2016年以来多次出台政策严控产能过快增长，促进煤电领域供给侧改革，要求到2020年全国煤电装机控制在11亿千瓦内。目前已有11省公布了煤电产能控制方案，共计将把1亿千瓦装机建设延缓至“十四五”期间进行建设，煤电管控政策力度远超预期。2017年1月，国家能源局向13个省区印发通函，要求落实“取消一批、缓核一批、缓建一批”政策，拟调控1.09亿千瓦核准及在建煤电到“十四五”期间投产。目前已有11个省份发布停建/缓建项目，总规模约1亿千瓦。

表1 “十三五”期间煤电停建/缓建规模及新增规模限制

省份	停建/缓建项目规模（万千瓦）	“十三五”期间煤电新增规模限制（万千瓦）
山西	1532	542
山东	1254	932
广东	1222	390
内蒙	1182	2350
陕西	1064	746
宁夏	936	878
新疆	894	1514
甘肃	736	476
河南	550	832
青海	338	202
广西	302	402
合计	10010	9264

数据来源：公开资料整理。

2017年8月，多部委联合印发的《关于推进供给侧结构性改革防范化解煤电产能过剩风险的意见》以下简称《意见》，《意见》明确“十三五”期间，全国停建和缓建煤电产能1.5亿千瓦，淘汰落后产能0.2亿千瓦以上，实施煤电超低排放改造4.2亿千瓦、节能改造3.4亿千瓦、灵活性改造2.2亿千瓦，到2020年，全国煤电装机规模控制在11亿千瓦以内。此外，《意见》提出加严对自备电厂的管理，当前自备电厂普遍欠缴政府性基金并且不参与调峰，很多自备电厂能耗及环保排放不达标。目前我国自备电厂煤电机组总装机约1.15亿千瓦，自备电厂关停或改造将成为煤电去产能的重要抓手。

表2 电力“十三五”规划目标

类别	2015年	2020年	年均增速
总装机（亿千瓦）	15.3	20	5.50%
全社会用电量（万亿千瓦时）	5.69	6.8-7.2	3.6-4.8%
常规水电（亿千瓦）	2.97	3.4	2.80%
抽水蓄能（万千瓦）	2303	4000	11.70%
核电（亿千瓦）	0.27	0.58	16.50%
风电（亿千瓦）	1.31	2.1	9.90%
太阳能发电（亿千瓦）	0.42	1.1	21.20%
煤电（亿千瓦）	9	<11	4.10%
气电（亿千瓦）	0.66	1.1	10.80%

数据来源：公开资料整理。

2016年三季度开始煤价迅速上涨并维持高位运行，火电企业从16年4季度起出现大面积亏损，国家发改委多次发文意图平抑煤炭价格效果均不太理想。2017年7月1日全国燃煤上网标杆电价平均上调约0.88分/千瓦时，略微缓解火电企业目前经营困难的局面。根据现行煤电联动规则，2018年燃煤机组上网电价有望上调3.62分/kwh，火电经营情况有望大幅改善。

图7 2014—2017.9全国电煤价格指数

数据来源：公开资料整理

2017年1-9月的平均电煤价格指数为509.77元/吨，若全年平均电煤价格维持当前水平，较14年444.44元/吨高出约65元/吨，达到触发煤电联动机制的条件。假设标准煤耗为308克/千瓦时，则煤电联动后煤电上网电价较14年应上升约1.5分/千瓦时，由于2015年下调过3分钱煤电上网电价、2017年7月1日各省上调煤电上网电价约0.88分/千瓦时，2018年煤电上网电价可上调3.62分/千瓦时，目前全国平均煤电上网电价约0.364元/千瓦时，涨幅约9.9%。预计2018年火电发电量4.3万亿千瓦时，则煤电联动上调电价将为行业增加收入1075亿营收。若煤电联动仍不启动，电力企业则会通过减小市场化交易电价降幅的方式消化上涨煤价，达到提升营业收入的效果。

表3 2018年各省区煤电上网电价较2014年应调整幅度

地区	2017 年 1–9 月平均电煤价格指数	2017 年电煤价格较 2014 年变化（元 / 吨）	上网电价较 2014 年应上涨（分 / 千瓦时）	2016 年煤电上网电价调整（分 / 千瓦时）	2017 年 7 月煤电上网电价调整（分 / 千瓦时）	2018 年煤电上网电价上调空间（分 / 千瓦时）
蒙西	288.57	44.80	0.638	–1.65	0.57	1.718
北京	484.97	40.49	0.452	–2.39	0.83	2.012
黑龙江	451.74	53.23	1.002	–1.41	0.17	2.242
福建	571.60	53.10	0.996	–3.38	1.95	2.426
上海	563.40	43.90	0.599	–3.11	1.07	2.639
青海	514.43	64.23	1.458	–1.23	0	2.688
山西	366.15	44.42	0.622	–3.33	1.15	2.802
重庆	596.36	46.17	0.697	–4.17	1.68	3.187
辽宁	527.08	80.31	2.082	–1.78	0.64	3.222
山东	598.83	48.68	0.805	–4.65	2.2	3.255
吉林	489.07	92.29	2.547	–0.86	0.14	3.267
宁夏	369.87	84.38	2.24	–1.16	0	3.4
安徽	599.63	65.00	1.488	–3.76	1.51	3.738
冀北	465.92	60.10	1.297	–3.37	0.86	3.807
河南	562.31	73.23	1.807	–4.46	2.28	3.987
江西	679.67	67.64	1.59	–4.03	1.5	4.12
江苏	576.63	85.51	2.295	–3.16	1.3	4.155
冀南	496.54	72.17	1.766	–4.17	1.47	4.466
天津	542.11	101.67	2.904	–3.01	1.41	4.504
湖北	620.30	84.19	2.232	–4.35	1.8	4.782
甘肃	461.18	80.22	2.078	–2.72	0	4.798
广西	698.00	103.21	2.957	–2.84	0.67	5.127
广东	612.71	108.93	3.154	–2.3	0.25	5.204
四川	619.16	88.05	2.382	–3.9	0	6.282
湖南	649.93	153.20	4.571	–2.49	0.29	6.771
蒙东	238.86	13.93	–	–0.33	0	–
浙江	561.24	14.20	–	–3	0	–
海南	568.20	18.52	–	–3.3	1	–
贵州	496.90	29.75	–	–3.46	1.52	–
云南	485.54	9.61	–	–2.05	0	–
陕西	449.60	5.22	–	–4.5	1.99	–
新疆	186.37	1.08	–	–	0	–
全国平均	509.77	65.33	1.5	–3	0.88	3.62

数据来源：公开资料整理。

表4 截至2017年9月全国各省份火电装机容量及燃煤上网电价

省份	火电装机（万千瓦）	燃煤机组上网电价(元/兆瓦时)	省份	火电装机（万千瓦）	燃煤机组上网电价(元/兆瓦时)
山东	10281	394.9	上海	2365	415.5
江苏	9230	391	湖南	2270	450
广东	8102	453	黑龙江	2249	374
内蒙古	7710	303.5	宁夏	2159	259.5
河南	6458	377.9	甘肃	2121	297.8
山西	6314	332	广西	1999	420.7
浙江	6098	415.3	江西	1924	414.3
安徽	5041	384.4	吉林	1775	373.1
河北	4694	冀北371	四川	1626	401.2
		冀南364.4	天津	1541	365.5
新疆	4546	262	重庆	1402	396.4
辽宁	3182	374.9	云南	1255	335.8
陕西	3088	354.5	北京	976	359.8
贵州	3058	351.5	海南	464	429.8
福建	3036	393.2	青海	381	324.7
湖北	2727	416.1	西藏	39	–

数据来源：公开资料整理。

2017年我国动力煤价格维持高位运行，煤炭供给侧改革成效显著，动力煤市场维持紧平衡状态。2017年1–9月，我国动力煤总需求23.43亿吨，同比增长2.39%。其中，电力行业消费量14.07亿吨，占比60%，同比下降0.02%；建材行业2.3亿吨，占比10%，同比下降37.89%；冶金行业消费量1.1亿吨，占比5%，同比增长3.27%；化工行业消费量1.3亿吨，占比5%，同比下降17.36%；供热行业消费量1.6亿吨，占比7%，同比增长7.84%；其他行业消费量3亿吨，占比13%，同比增长223.64%。2016年的动力煤消费量约为31亿吨，其中电力行业消费动力煤19.1亿吨，占比约为62%、建材行业消费动力煤5亿吨，占比16%、两者占比合计为78%，其余包括供热、冶金、化工以及其他行业动力煤消费量合计占比为22%左右。

2017年1–9月，全国规模以上电厂火电发电量34525亿千瓦时，同比增长6.3%。同期，电力行业动力煤消费量14.07亿吨，同比下降0.02%。9月全

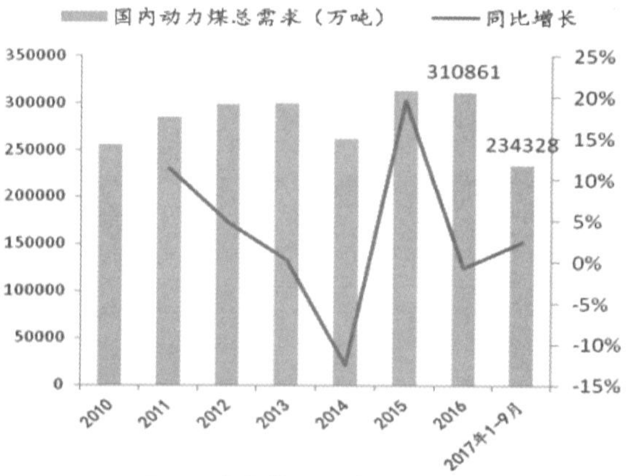

图8 动力煤总需求量及增速

数据来源：公开资料整理。

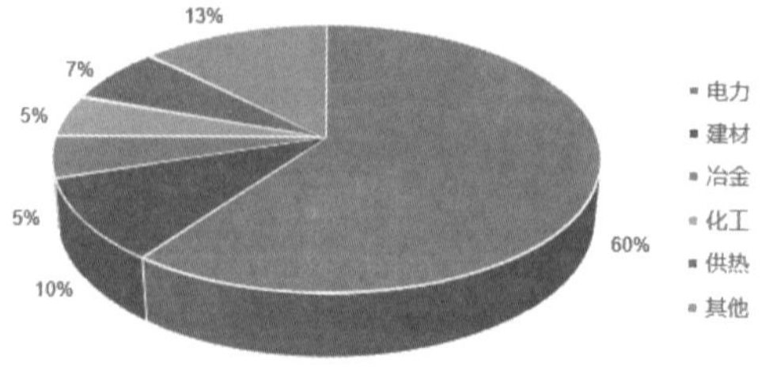

图9 动力煤消费量结构

数据来源：公开资料整理。

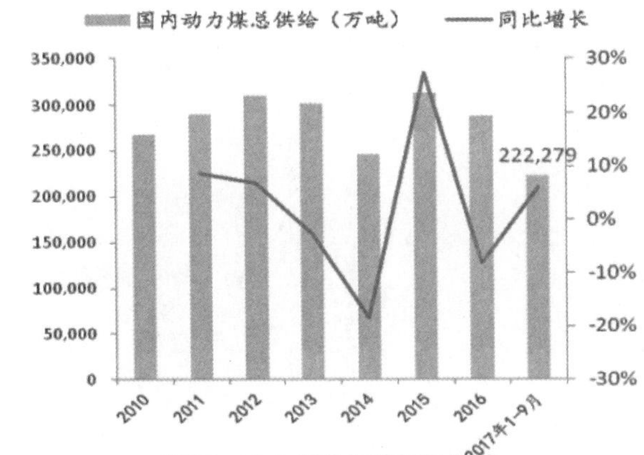

图10 动力煤总供给量及增速

数据来源：公开资料整理。

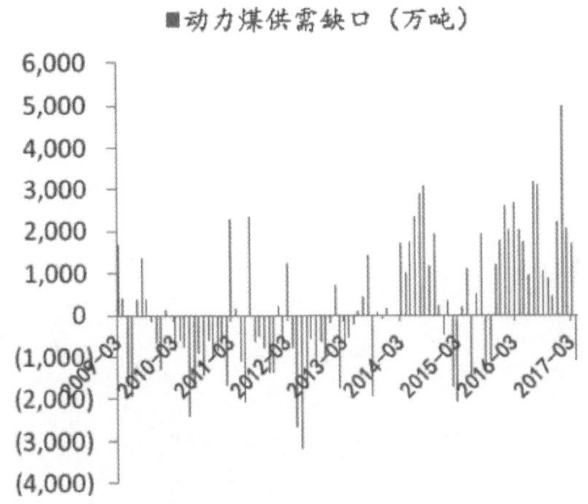

图11 动力煤供需缺口

数据来源：公开资料整理。

国重点电厂煤炭库存6219万吨，环比8月增加556万吨，同比减少231万吨。1-9月全国重点电厂平均煤炭库存5891万吨，较2016年同期增加235万吨。2017年1-9月，六大发电集团煤炭库存平均1124万吨，较16年减少39万吨；平均库存可用天数17.42天，较16年同期减少3.5天。

火电发电量同比增长6.3%，而同期电力行业动力煤消耗却没有随之增长，我们分析主要可能有以下原因：①火电中燃气机组发电增速较高，燃煤机组发电增速低于6.3%。②行业集中度提升，较为先进的大型机组发电量增加，度电煤耗降低，2017年1-9月平均供电煤耗307克/千瓦时，同比减少约2克/千瓦时。③2016年受闰年影响多一天。④电厂煤炭库存增长减少。

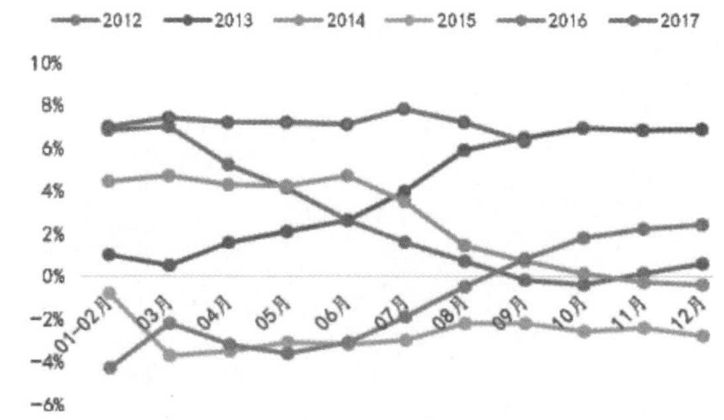

图12 火电发电量累计增速

数据来源：公开资料整理。

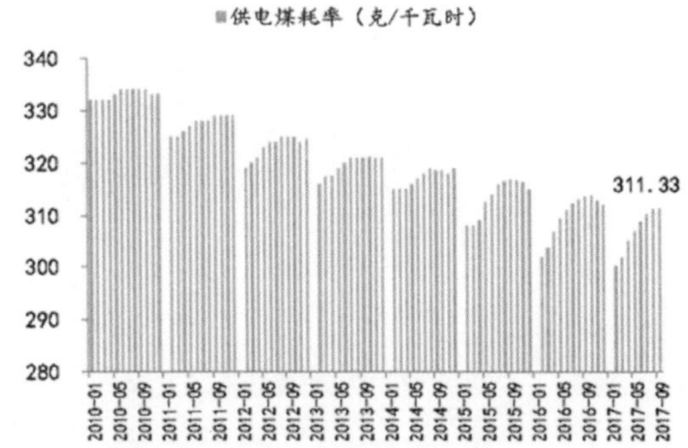

图13 供电煤耗率（克/千瓦时）

数据来源：公开资料整理。

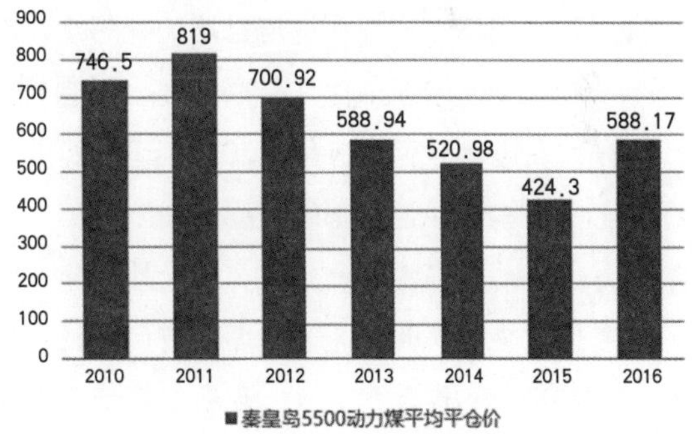

图14 六大电厂库存可用天数

数据来源：公开资料整理。

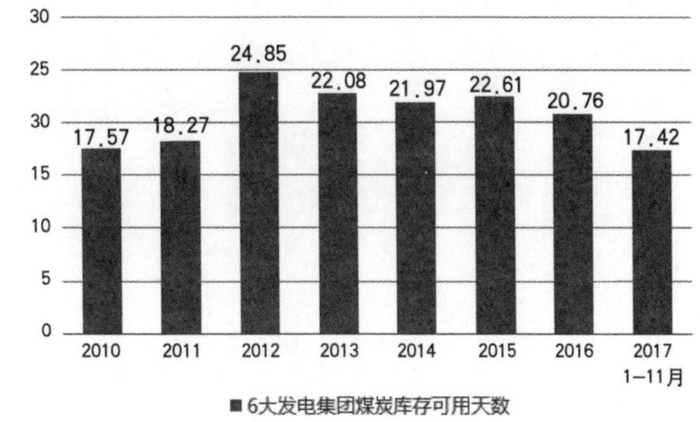

图15 六大电厂平均库存可用天数

数据来源：公开资料整理。

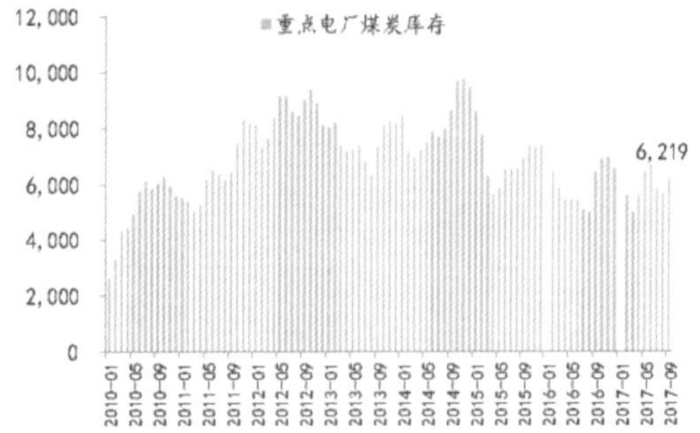

图16 重点电厂煤炭库存（万吨）

数据来源：公开资料整理。

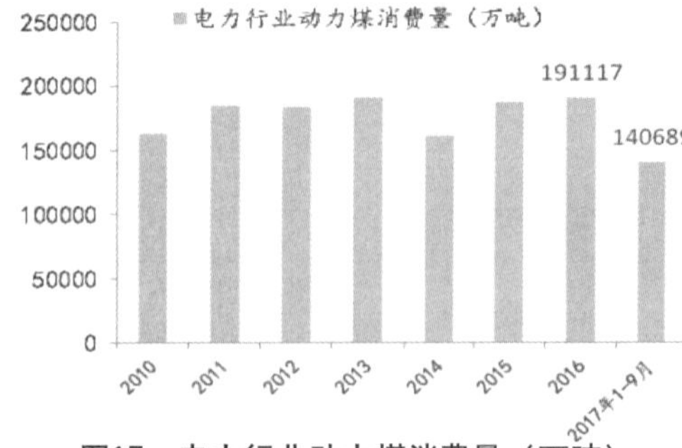

图17 电力行业动力煤消费量（万吨）

数据来源：公开资料整理。

2017年全国用电量增速将在6.5%左右，而火电机组发电量增长也将维持在6%左右。在目前的经济形势下，我们预计2018年全社会用电量增长仍将维持在4%～5%，火电发电量增速预计将在3%～4%。结合供电煤耗、库存、发电量等因素，预计2018年电力行业动力煤消费量增速将在2%左右，增长量约4000万吨。

除电力行业动力煤消费占比约60%以外，建材、化工、冶金、供热及其他行业动力煤消费量合计占比约40%。2016年，除电力外其他行业动力煤消费合计11.9亿吨，同比增长5.84%；2017年1—9月，除电力外其他行业动力煤消费合计7.2亿吨，同比增长6.38%。

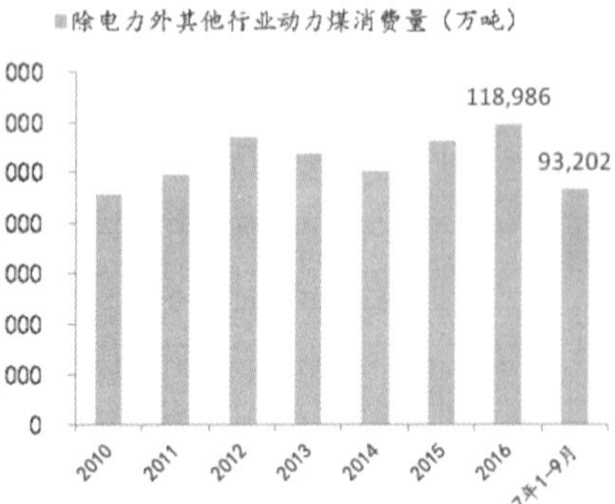

图18 电力外其他行业动力煤消费（万吨）

数据来源：公开资料整理。

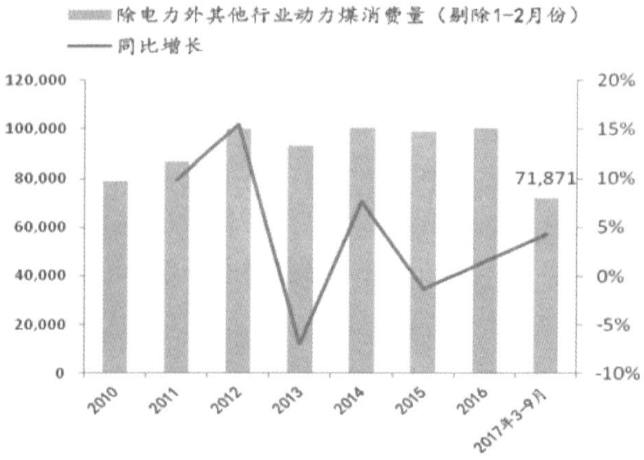

图19 除电力外其他行业动力煤消费量（剔除1—2月份）

数据来源：公开资料整理。

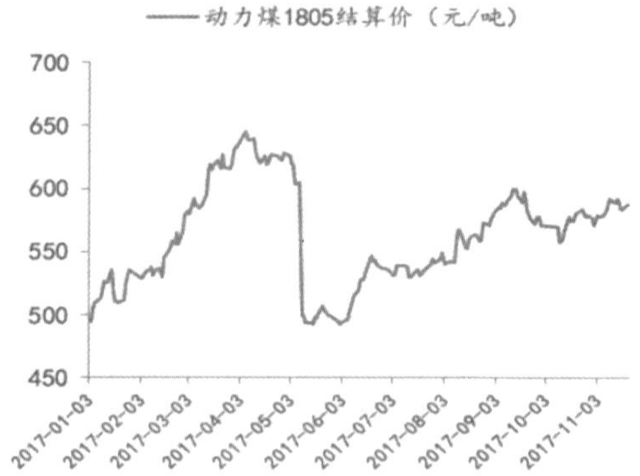

图20 动力煤期货1805结算价

数据来源：公开资料整理。

动力煤价格自2016年7月开始大幅增长，主要原因是煤炭供给侧改革大力推进，2017年目标退出煤炭产能1.5亿吨已经基本完成。根据国家能源局最新数据，截至2017年6月底，全国取得安全生产许可证等证照的生产煤矿4271处，产能34.10亿吨/年；已核准（审批）、开工建设煤矿1228处、产能10.53亿吨/年，其中已建成、进入联合试运转的煤矿231处，产能3.68亿吨/年。目前，已经核准以及在建的煤炭产能约7亿吨，其中大部分将转化为动力煤产能。据测算2018年动力煤需求增量将在5000万～6000万吨，边际供给增量将远超边际需求增量，预计煤价在2018年将进入下行通道。

2017年1—9月，我国水电发电量8147亿千瓦时，同比增长0.3%。水电板块19家企业合计实现营收约1012亿元，同比增加8.63%；合计实现归母净利润298亿元，同比增长2.52%。

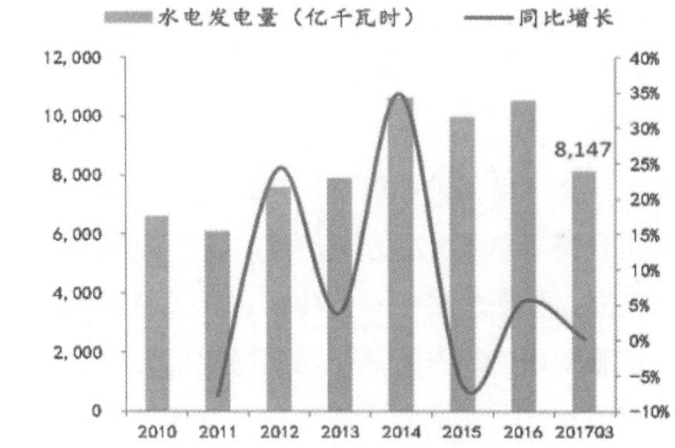

图21 我国水电发电量及增速

数据来源：公开资料整理。

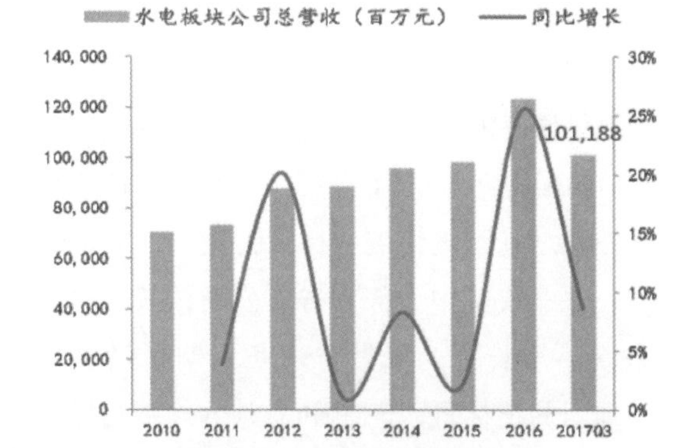

图22 水电板块总营收及增速

数据来源：公开资料整理。

电力消费阶段性有所恢复：2012年以来全国用电量增速下降到了10%以下，其中2015年增速不足1%，为30年以来新低。去年由于气候变化加上基数影响，增速恢复到了5%，2017年前三季度，宏观经济整体表现稳中向好；尤其工业产能利用率持续回升，用电情况回暖；消费服务仍旧保持了较高增速，并且新模式、新场景仍在涌现；加之2017年三季度气温异常，显著拉动了用电量增长，预计2017全年电力消费同比增长约6.5%，整体处于较平稳的恢复增长状态。电力消费结构持续转变，第三产业、居民用电的占比仍在小幅提升，新能源汽车、煤改电等新的消费快速增长，过去高耗能重工业拉动的高负荷在持续下降，中期来看，电力消费结构的转变仍将持续，尽管增速可能交平缓，但考虑到极大的基数，行业新增消费仍旧可观。传统电力资产总体利用率维持低位。从平均发电利用小时数来看，2016年已经下降至3800小时以内，火电去年全年利用小时数不到4200小时，预计2017年利用情况可能与去年持平。近两年光伏新增装机容量增长迅速，2016年新增3459万千瓦时，此外核电较为平稳，水电、风电新增装机有一定下滑。输电、配电资产的利润率指标不够直接，但从高压线路负荷情况来看（包括特高压线路），总体利用率也处于较低水平。传统领域新增投资难以大幅增长，但仍有望总体保持平稳。电力装备是为社会需求服务，考虑到目前负荷的增量有限，同时存量资产利用率偏低，传统设备投资的黄金期已经度过，在此背景下的重复低效投资是不可持续的。由于国内电力投资是建立在“成本加成”的基础上，依靠电价、用电量和管制模式，投资成本可以转嫁给消费者，因此一直以来，存在着较高密度的投资，同时也有超前投资的状况出现。目前管制模式大概率不会出现巨大变化，电价也处于较低水平，预计未来用电量有望保持低速温和增长，因此，电力投资的总体规模，尽管难有大的增长，也有能力保持在当前的水平上。

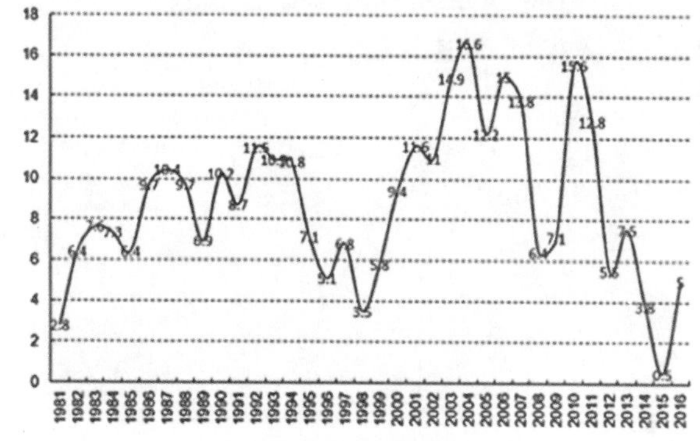

图23 电力消费增速统计（%）

数据来源：公开资料整理。

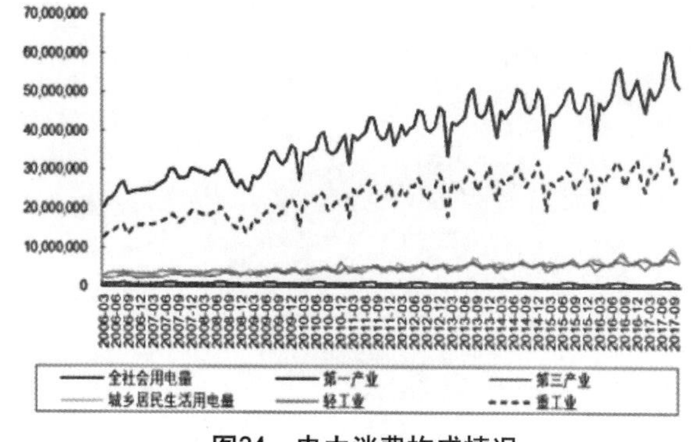

图24 电力消费构成情况

数据来源：公开资料整理。

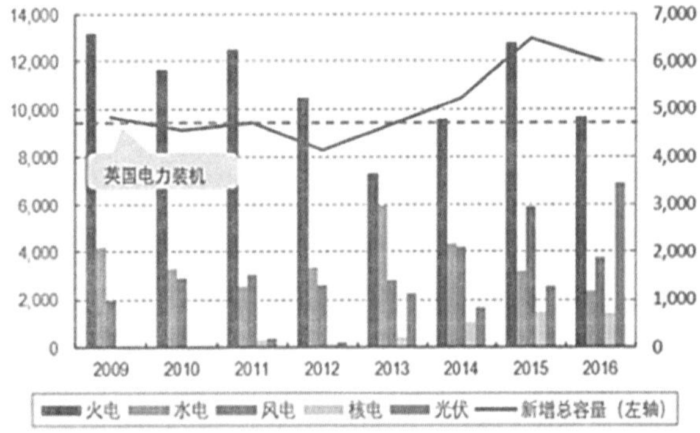

图25 新增装机情况（万千瓦）

数据来源：公开资料整理。

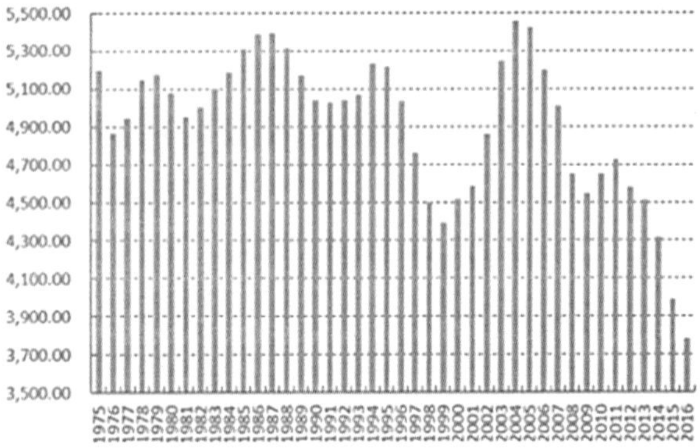

图26 发电利用小时数情况（小时）

数据来源：公开资料整理。

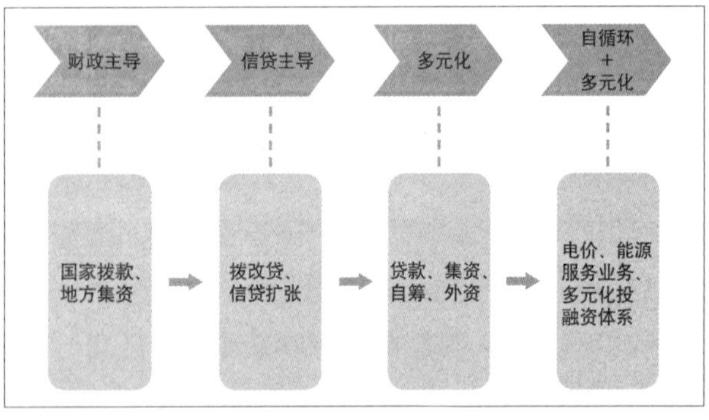

图27 行业投资模式演变

数据来源：公开资料整理。

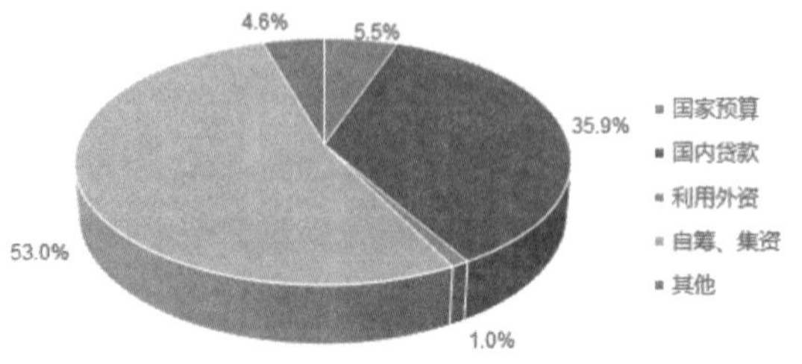

图28 “十二五”中国电力行业投资资金来源结构

数据来源：公开资料整理。

1.配电自动化细分领域未来可能超预期

配网领域仍具有结构性机会。2015年发展改革委和能源局就已经提出“十三五”期间要解决区域发展不平衡，提高供电质量，2015—2020年，配网投资累计将不低于2万亿元。目前城乡配电网的自动化监控、智能应用；农网建设；以及新能源并网等场景的增加，都将持续拉动配网投资。主站、终端集中招标量大幅增长并创新高：自2015年政策文件明确规定后，配网自动化迅速发展，2016年国家电网配电自动化主站招标16个站，较2015年大幅增长，2017年截至11月中旬的统计数据，主站、终端招标已较2016年实现了翻倍，主站达36个，终端超7万个，不仅增速极高，也创下了5年以来新高。2017年各省网的配电终端招标，DTU、FTU、TTU均创新高，并且之前配电终端招标较为集中，但是2017年的增长并非仅集中于部分省市公司，从国网招标情况来看，增长更为分散，增长点明显增多，仅2017年国网的招标量，FTU和总计的终端招标量接近了过去两年的总和。

表4 配电自动化常用模式

模式	主要设备	功能	应用场合
简易型	重合器、分段器/断路器、故障指示器	故障自隔离与指示	农网等单辐射电网接线简单或无通信条件的城网
实用型	环网柜、柱上开关，实现两遥的终端，部分简易型模型的设备	故障自动处理、实时监视	较大规模的配网
标准型	环网柜、柱上开关，DSCADA、FTU/DTU	故障自动处理、识别与恢复供电，实时监控	多电源、多分段、结构较复杂的城网
集成型	环网柜、柱上开关，DSCADA、FTU/DTU、总线/数据平台、高级应用系统	综合应用	信息化程度高电网复杂大中型城市电网
智能型	环网柜、柱上开关，DSCADA、FTU/DTU、总线/数据平台、高级应用系统兼容微网、新能源、储能应用	智能复杂应用	大型城市有特殊应用需求的复杂电网

数据来源：公开资料整理。

表5 国网配电自动化集中招标情况统计（个）

主站		DTU	FTU	TTU	终端合计	故障指示
2014	23	19,979	15,030	–	35,009	–
2015	3	14,841	15,059	–	29,900	–
2016	16	13,576	20,412	–	33,988	–
2017	36	26,501	45,410	122	72,033	741,254

数据来源：公开资料整理

表6 国网集中招标招投标政策分析

招投标层级				招投标频次		评分政策
主站		终端	故障指示器	国网	网省	接近最低价
2014	国网集中	国网集中	省公司集中招标	一年1次	协议库存一年2~3次	接近最低价中标
2015	国网集中	国网集中	省公司集中招标	一年1次	协议库存一年2~3次	接近最低价中标
2016	国网集中	国网集中	省公司集中招标	一年2次	协议库存一年2~3次	次低价中标
2017	国网集中	国网集中	国网、省公司集中招标	一年2次或更多	协议库存一年2~3次	–

数据来源：公开资料整理

大规模主站建设向更多省份扩散：2014年前后，配电自动化主站迎来了第二次较大规模的投入，具体是集中在北京、江苏、山东等省份，2016年，更多省份开始投入和建设，如西藏、山西等，2017年大规模的建设扩散向了更多省份，辽宁、江西、湖北、河南主站建设都超过5个站。配电终端以更大规模向全国扩散：2014—2016年，江苏、山东、北京三大市场合计占比分别达到74%、69%、61%。但去年开始，新增招标省份增多，2017年的两批省网招标中，浙江、湖北、安徽、江西单省份的招标数量都超过5000个，浙江省甚至高达20000个以上，辽宁省去年招标仅4个，2017年猛增至8000以上，配电终端正以更高的增速向全国市场扩散。

电力改革在售电侧推进，电网公司角色或逐步转变：能源供给结构以及系统形态的转变是行业发展的大趋势，近期国家发展改革委、能源局、国网也分别发布了相应文件，其中《关于开展分布式发电市场化交易试点的通知》提出分布式项目可在试点区域展开“隔墙售电”；《国家电网公司关于在各省公司开展综合能源服务业务的意见》明确各省网公司应将综合能源服务作为主营业务，逐步实现从电能供应商向综合能源服务商的转变。新能源并网或为配电设备供应商带来新的增长点。如果售电侧的改革能顺利推进，新能源的接入将给配网设备带来新的增长点。但新能源大范围的并网对电网系统的稳定性和可靠性会形成一定冲击，相应对配网设备企业的技术及平台能力都将提出更高要求，包括：直流、柔直技术在配网中的应用、使用大功率IGBT以提高可靠性和可控性、搭建源网荷实时监控和交互平台等以及中长期以冷热电三联供建设集成供能系统。上述每个环节都需要平台型的设备企业提供配套支持。竞争门槛持续提升，一二次融合企业具有更大竞争优势。不论从配电设备的运行、运维还是效率角度，还是新能源并网可能带来的增量市场来看，行业对技术、平台的要求都在提升。国网在 2016年已发布《配电设备一二次融合技术方案》，目前来看，一二次的融合不仅是对企业规范化的要求，也是开展市场化新业务的需求。国内传统电力装备市场经历了过去几年较激烈的竞争后，已经进入了大鳄竞争时代，如果一二次融合能够实现，国内装备行业的门槛还会持续提升，行业竞争要求具备更强软实力、平台化、系统化的公司，装备行业的竞争格局可能发生较大变化。

2.节能与服务业务可能较快发展

从更大的背景来看，节能业务也符合电网对自身角色转变的要求，电网经营的原本是管制性业务，电费是重要盈利来源，但目前下游需求以及国内新增售电量的挖掘已经面临一定瓶颈，电网向竞争性业务以及公共服务供应商转变也是符合其中期发展要求的。节能服务需要较强劲的资产实力支持。节能业务目前主要通过EMC模式展开，通过能效管理系统以及区域综合治理，提高供电质量，降低配网损耗，因此对服务供应商而言，如果能在更广的范围内提供全面的服务，可以最大程度享受市场发展的红利。相应的对企业经营能力以及资产实力都提出了更高要求。包括配网节能、 配网租赁在内等新模式，大概率是具有资产负债表支撑能力的大型企业主导：无论配网租赁还是配网PPP，要求参与者特别是租赁公司、PPP公司代替最终甲方先行进行垫资或投入，这些模式本身就要求参与企业有很强的资产负债表支撑能力。配电网本身资产很重，而由于电网业务的特殊性，即使是连接用户终端的配电网，也多数是成网络运行的，这也是电网自然垄断特性体现。这些特点也决定了各个配电网主体，最后都必须具有一定的规模，只有达到一定体量和规模，才有经济性；并且配网内的资产又很难独立的核算成本和运营。因此，配网PPP等模式下，必然导致单个项目的体量比较大。未来能持续参与在租赁、PPP模式中做大的，应该多数是具有很强的资产负债表的大企业。

表7 电网租赁情况进展

时间	地区	内容	模式
2012 年	江苏、天津、湖北	施工装备租赁	安装、建设公司购置装备后对内外进行租赁
2015 年	江苏、浙江、福建	配电网设备租赁	电网公司通过议标寻找装备合作方，租赁对方的装备或系统
2015 年	江苏	与电能替代相关的用电设施租赁	电力公司、用户与装备企业三方合作
2016 年	福建	电网设备租赁	采用设备租赁模式进行电网建设
2016 年	浙江	电力设备租赁	电力公司与直属单位旗下的装备公司合作
2017 年	福建	光伏发电设备租赁	出租、承租双方进行融资租赁
2017 年	天津	电网设备租赁	采用设备租赁模式进行电网建设

数据来源：公开资料整理。

3.特高压直流具有国际竞争力，海外市场或有较大增量

国内特/超高压直流快速发展中，已经形成了较强的竞争力：从葛南直流开始，中国直流产业经过了几十年的模式和发展，形成了全球最大的存在直流输电体系。在快速发展中，也培育了有很强的竞争力的产业公司。目前不仅实现了超高压直流的国产化，也较自主的研发了特高压直流并实现了产业化；当前，我国在柔性直流输电领域也具备了较强的竞争力。国内优秀企业具备与国际巨头竞争的实力：我国近几年已成功实施巴西美丽山水电送出项目，其中二期主要由中国企业EPC和提供装备。2017年，中国EPC的巴基斯坦直流启动，土耳其背靠背直流以及英国设德兰柔直项目国内项目都参与其中，国内企业在与西门子、ABB的竞争中，均实现了关键设备的中标。直流/柔直可以受益于全球产业化发展。超/特高压直流的经济性在全球都得到了较高的认同，目前来看，国网已有“八交八直”特高压工程建成投运，“两交三直”正在建设期，2017年新增一条特高压交流核准（预计年底国内还有直流项目核准）。但全球来看，跨区域洲际输电等项目可能逐步展开。合计特高压线路已超过3.2万千米，换流容量达到3.3亿千伏安（千瓦），显著高于全球平均水平。近几年，国内电力装备成功实施巴西美丽山水电送出项目，其中二期主要由中国企业EPC和提供装备；2017年，中国企业先后拿下巴基斯坦直流输电项目、土耳其凡城背靠背直流项目、英国设德兰柔性直流输电项目。后续，中国进行较早前期工作的东非直流、埃及直流有望逐步启动。全球水电送出、长距离大容量输电，未来大部分将采用超/特高压直流输电技术，中国直流产业具备长期输出能力。

柔性直流有望接力特高压直流：柔性直流具有一系列优异的技术性能，特别适合风电场接入等问题，目前受造价高、输送容量有限（半导体功率器件功率不足）等限制，还在商业化应用的前期。目前国家电网、南方电网都成功建成了3端、5端等多

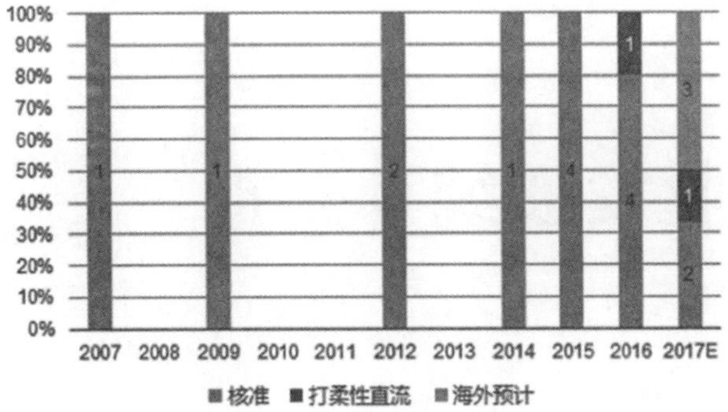

图29 特高压直流核准情况

数据来源：公开资料整理。

表8 近几年中国承接海外直流项目

国家	项目	电压等级或	时间	总包
巴西	美丽山水电送出一/二期	±800	二期2015年开始	中电装备
巴基斯坦	默蒂亚里－拉合尔直流	±660千伏	2017年开工	中电装备
土耳其	凡城背靠背（与伊朗）	600兆瓦	2017年将启动	中电装备
东非地区	埃塞俄比亚－肯尼亚	±500千伏	即将启动	中电装备
英国	设德兰柔性直流	－	2017年开始	－

数据来源：公开资料整理。

端柔性直流试验项目，并已试验了±400kV的柔性直流项目，预计±500kV柔性直流项目也将很快投运，柔性直流开始快速商业化。亚非拉等发展中国家电力消费持续有新增市场。与发达国家相比，包括我国在内的很多亚非拉地区的发展中国家人家装机、人均用电量都处于较低水平，尤其东南亚、南亚各国，这一区域人口接近20亿，除新加坡、文莱外，人均用电量基本都在2kkwh/人以下，电力行业从投资建设到消费的各幻觉都有较大的潜力。国内装备制造企业具有比较优势，我国电力体系长期以来形成了系统化的分工，保护、自动化、电网控制等产品及服务水平已经处于比较领先的地位，企业已经具有较强的总包实力，与国际巨头相比，系统定制化能力以及性价比更优，装备产能具有输出实力。中国装备企业正在从设备供应商向解决方案转型，海外市场的增量是高压装备企业实现增长的重要来源。由于传统装备制造的产能和国内的需求已经出现了一定不匹配，而企业又往往资产较重，过去几十年国内的高速发展中，电力尤其高压电力装备企业提供了基础设施的支持，并且经受住了国内高负荷和较复杂环境的考验，如果企业的制造与总包能力可以持续实现海外市场的输出，电力装备企业依旧具有持续发展的空间。

表9 2011—2035年世界电力投资及用电预测

投资需求（十亿美元）				用电量（TWh）			用电量增长（%）	
－	发电	输电	配电	1990	2009	2035	1990–2009	2009–2035
北美	1737	402	869	3255	4477	5940	37.5	32.7
欧洲	1978	179	737	2321	3088	4028	33	30.4
亚洲	3751	850	2417	1049	4796	13876	357.2	189.3
中国	2037	623	1308	559	3263	9070	483.7	178
印度	998	111	521	212	632	2465	198.1	290
东南亚/南亚	716	116	588	278	901	2341	224.1	159.8
中东	351	59	172	190	600	1393	215.8	132.2
非洲	360	78	199	263	532	1084	102.3	103.8
拉丁美洲	405	93	220	404	816	1430	102	75.2
巴西	212	63	130	211	408	750	93.4	83.8
全球合计	6650	1839	5252	10084	17217	31722	70.7	84.2

数据来源：公开资料整理

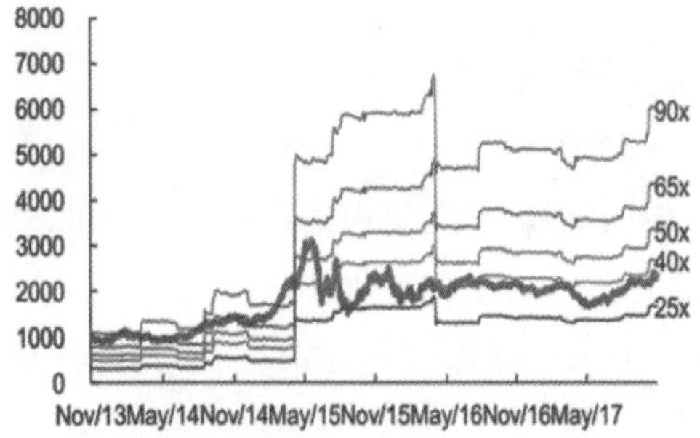

图30 新能源行业历史PEBand

数据来源：公开资料整理

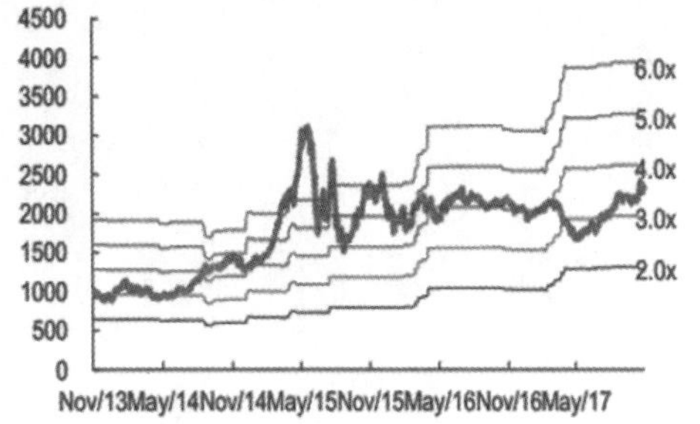

图31 新能源行业历史PBBand

数据来源：公开资料整理

2017年交通运输行业发展统计公报

交通运输部

2018年3月30日

2017年是供给侧结构性改革的深化之年，也是推进交通运输改革发展的重要一年，面对复杂多变的国际环境和艰巨繁重的国内改革发展稳定任务，全国交通运输行业以党的十九大精神为指引，深入学习贯彻习近平新时代中国特色社会主义思想，坚持稳中求进工作总基调，坚持贯彻落实新发展理念，坚持以供给侧结构性改革为主线，按照高质量发展要求，团结拼搏、攻坚克难、深化改革、开拓创新，圆满完成了各项年度目标任务，开创了交通运输发展新局面。

一、基础设施

（一）铁路

年末全国铁路营业里程达到12.7万公里，比上年增长2.4%，其中高铁营业里程2.5万公里。全国铁路路网密度132.2公里/万平方公里，增加3.0公里/万平方公里。

铁路营业里程中，复线里程7.2万公里，比上年增长5.4%；电气化里程8.7万公里，增长7.8%。

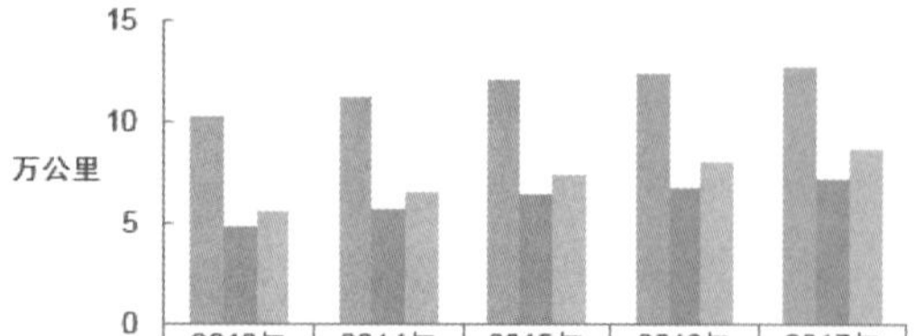

	2013年	2014年	2015年	2016年	2017年
营业里程	10.3	11.2	12.1	12.4	12.7
复线里程	4.8	5.7	6.4	6.8	7.2
电气化里程	5.6	6.5	7.4	8.0	8.7

图1　2013——2017年全国铁路营业里程

（二）公路

年末全国公路总里程477.35万公里，比上年增加7.82万公里。公路密度49.72公里/百平方公里，增加0.81公里/百平方公里。公路养护里程467.46万公里，占公路总里程97.9%。

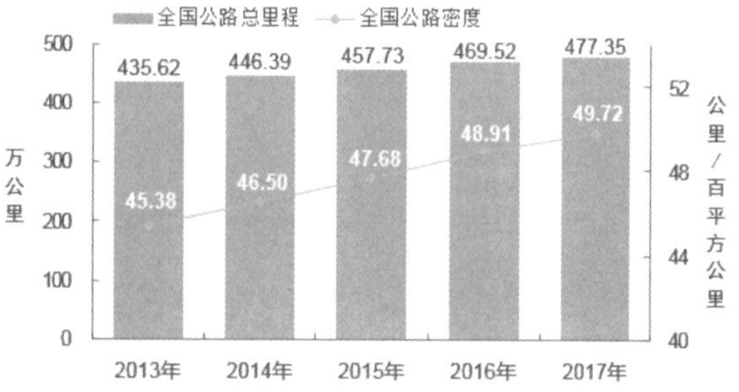

图2　2013——2017年全国公路总里程及公路密度

年末全国四级及以上等级公路里程433.86万公里，比上年增加11.31万公里，占公路总里程90.9%，提高0.9个百分点。二级及以上等级公路里程62.22万公里，增加2.28万公里，占公路总里程13.0%，提高0.3个百分点。高速公路里程13.65万公里，增加0.65万公里；高速公路车道里程60.44万公里，增加2.90万公里。国家高速公路10.23万公里，增加0.39万公里。

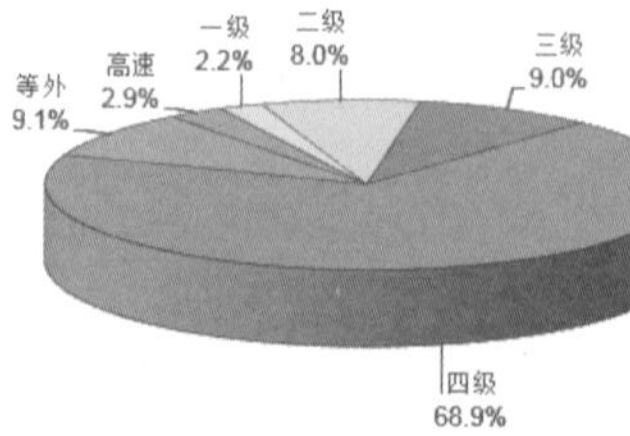

图3　2017年全国公路里程分技术等级构成

年末国道35.84万公里，省道33.38万公里。农村公路里程400.93万公里，其中县道55.07万公里，乡道115.77万公里，村道230.08万公里。

年末全国通公路的乡（镇）占全国乡（镇）总数99.99%，其中通硬化路面的乡（镇）占全国乡（镇）总数99.39%、比上年提高0.38个百分点；通公路的建制村占全国建制村总数99.98%，其中通硬化路面的建制村占全国建制村总数98.35%、提高1.66个百分点。

年末全国公路桥梁83.25万座、5225.62万米，比上年增加2.72万座、308.66万米，其中特大桥梁4646座、826.72万米，大桥91777座、2424.37万米。全国公路隧道16229处、1528.51万米，增加1048处、124.54万米，其中特长隧道902处、401.32万米，长隧道3841处、659.93万米。

（三）水路

1．内河航道

年末全国内河航道通航里程12.70万公里，比上年减少80公里。等级航道6.62万公里，占总里程52.1%，下降0.2个百分点。其中三级及以上航道1.25万公里，占总里程9.8%，提高0.3个百分点。

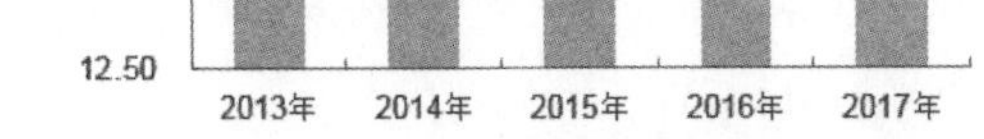

图4　2013—2017年全国内河航道通航里程

各等级内河航道通航里程分别为：一级航道1546公里，二级航道3999公里，三级航道6913公里，四级航道10781公里，五级航道7566公里，六级航道18007公里，七级航道17348公里。等外航道6.09万公里。

各水系内河航道通航里程分别为：长江水系64857公里，珠江水系16463公里，黄河水系3533公里，黑龙江水系8211公里，京杭运河1438公里，闽江水系1973公里，淮河水系17507公里。

2．港口

年末全国港口拥有生产用码头泊位27578个，比上年减少2810个。其中，沿海港口生产用码头泊位5830个，减少57个；内河港口生产用码头泊位21748个，减少2753个。

年末全国港口拥有万吨级及以上泊位2366个，比上年增加49个。其中，沿海港口万吨级及以上泊位1948个，增加54个；内河港口万吨级及以上泊位418个，减少5个。

表1　2017年全国港口万吨级及以上泊位数量

单位：个

泊位吨级	全国港口	比上年末增加	沿海港口	比上年末增加	内河港口	比上年末增加
合计	2366	49	1948	54	418	-5
1～3万吨级（不含3万）	834	20	651	14	183	6
3～5万吨级（不含5万）	399	15	285	6	114	9
5～10万吨级（不含10万）	762	5	653	25	109	-20
10万吨级及以上	371	9	359	9	12	0

全国万吨级及以上泊位中，专业化泊位1254个，比上年增加31个；通用散货泊位513个，增加7个；通用件杂货泊位388个，增加7个。

表2　全国万吨级及以上泊位构成（按主要用途分）

单位：个

泊位用途	2017年	2016年	比上年增加
专业化泊位	1254	1223	31
集装箱泊位	328	329	-1
煤炭泊位	246	246	0
金属矿石泊位	84	83	1
原油泊位	77	74	3
成品油泊位	140	132	8
液体化工泊位	205	200	5
散装粮食泊位	41	39	2
通用散货泊位	513	506	7
通用件杂货泊位	388	381	7

（四）民航

年末共有颁证民用航空机场229个，比上年增加11个，其中定期航班通航机场228个，定期航班通航城市224个。

年旅客吞吐量达到100万人次以上的通航机场有84个，比上年增加7个，年旅客吞吐量达到1000万人次以上的有32个，增加4个。年货邮吞吐量达到10000吨以上的有52个，增加2个。

（五）公路水路交通流量

全国国道观测里程21.24万公里，机动车年平均日交通量为13916辆，比上年增长8.9%，年平均日行驶量为295361万车公里，增长6.2%。其中，国家高速公路年平均日交通量为26328辆，增长10.5%，年平均日行驶量为127600万车公里，增长7.9%；普通国道年平均日交通量为10242辆，增长7.0%，年平均日行驶量为167764万车公里，增长4.5%。

长江干线航道设有27个水上交通流量观测断面，年平均日船舶流量702.9艘，比上年增长6.1%。其中，上游航道年平均日船舶流量188.9艘，下降11.6%；中游航道年平均日船舶流量295.1艘，增长1.5%；下游航道年平均日船舶流量942.3艘，增长7.8%。

二、运输装备

（一）铁路

年末全国拥有铁路机车2.1万台，其中内燃机车占40.4%，电力机车占59.5%。拥有铁路客车7.3万辆，比上年增加0.2万辆，其中动车组2935标准组、23480辆，增加349标准组、2792辆。拥有铁路货车79.9万辆。

（二）公路

年末全国拥有公路营运汽车1450.22万辆，比上年增长1.0%。

拥有载客汽车81.61万辆，比上年下降2.9%，2099.18万客位，下降1.9%。其中大型客车30.57万辆，增长0.01%，1339.88万客位，增长0.5%。

拥有载货汽车1368.62万辆，比上年增长1.2%，11774.81万吨位，增长8.8%。其中，普通货车902.90万辆，下降4.6%，4868.40万吨位，增长0.5%；专用货车46.25万辆，下降2.8%，499.10万吨位，下降5.4%；牵引车207.29万辆，增长19.0%；挂车212.18万辆，增长15.3%。

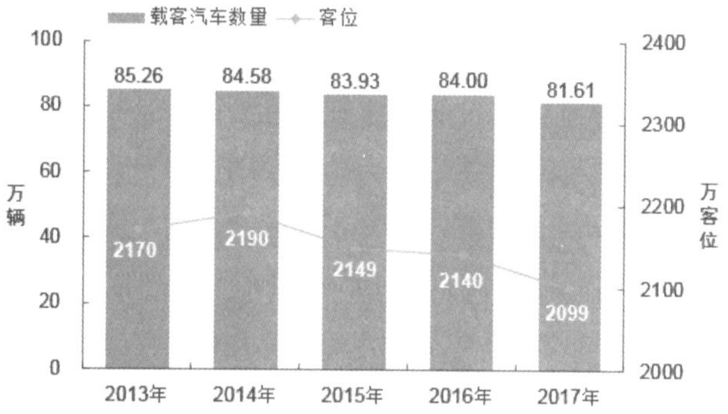

图5　2013—2017年全国载客汽车拥有量

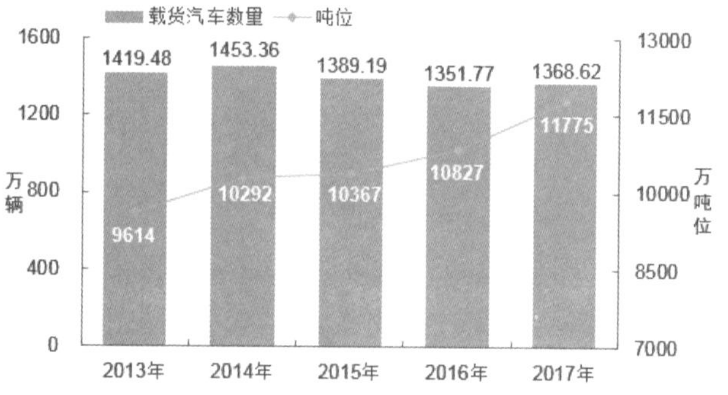

图6　2013—2017年全国载货汽车拥有量

（三）水路

年末全国拥有水上运输船舶14.49万艘，比上年下降9.5%；净载重量25651.63万吨，下降3.6%；载客量96.75万客位，下降3.5%；集装箱箱位216.30万标准箱，增长13.2%。

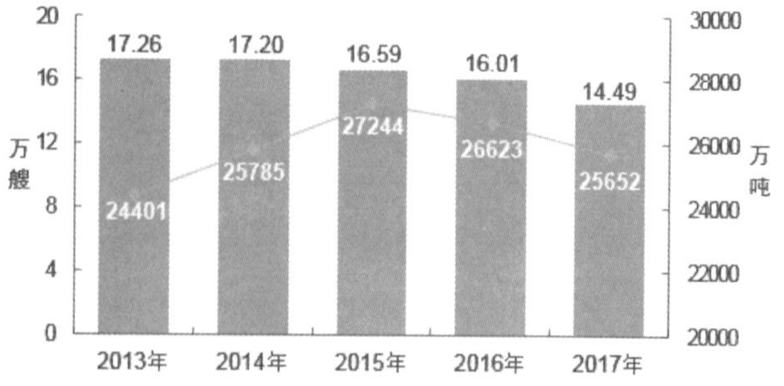

图7　2013—2017年全国水上运输船舶拥有量

表3 2017年全国水上运输船舶构成（按航行区域分）

指标	计量单位	实绩	比上年增长（%）
内河运输船舶			
运输船舶数量	艘	13.23	−10.1
净载重量	万吨	13149.73	−1.6
载客量	万客位	72.30	−6.6
集装箱箱位	万 TEU	32.48	9.3
沿海运输船舶			
运输船舶数量	艘	10318	−1.9
净载重量	万吨	7044.41	4.5
载客量	万客位	22.36	9.9
集装箱箱位	万 TEU	50.17	19.7
远洋运输船舶			
运输船舶数量	艘	2306	−4.3
净载重量	万吨	5457.50	−16.3
载客量	万客位	2.08	−13.7
集装箱箱位	万 TEU	133.66	11.9

（四）城市客运

年末全国拥有公共汽电车65.12万辆，比上年增长7.0%，其中BRT车辆8802辆，增长14.5%。按车辆燃料类型分，柴油车占28.7%，天然气车占27.9%，汽油车占1.0%，混合动力车占13.2%，纯电动车占26.3%。

全国有32个城市开通了轨道交通，2017年新开通2个。拥有轨道交通车站3040个，增加572个；运营车辆28125辆，增长18.2%。

拥有巡游出租车139.58万辆，下降0.6%。拥有城市客运轮渡船舶264艘，下降6.4%。

表4 全国城市客运装备拥有量

年份	公共汽电车（万辆）	轨道交通运营车辆（辆）	巡游出租车（万辆）	城市客运轮渡船舶（艘）
2013 年	50.96	14366	134.00	422
2014 年	52.88	17300	137.01	329
2015 年	56.18	19941	139.25	310
2016 年	60.86	23791	140.40	282
2017 年	65.12	28125	139.58	264

三、运输服务

2017年，完成营业性客运量184.86亿人，比上年下降2.7%，旅客周转量32812.55亿人公里，增长5.0%，营业性货运量472.43亿吨，增长9.5%，货物周转量192588.50亿吨公里，增长5.6%。

图8 2013—2017年营业性客运量

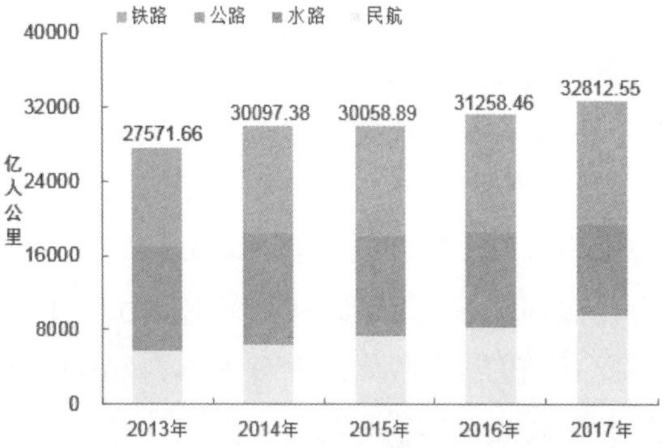

图9 2013—2017年营业性旅客周转量

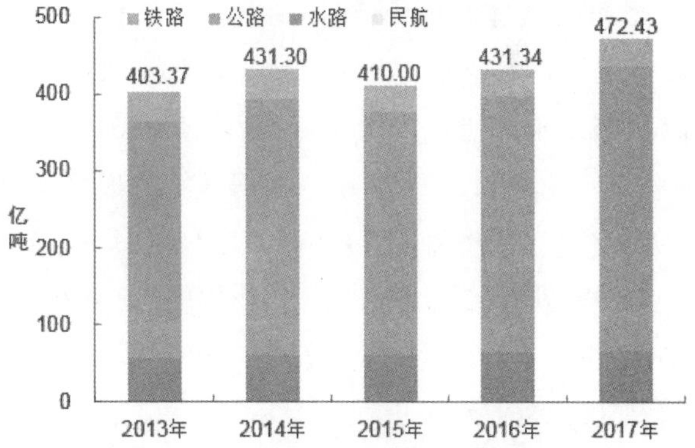

图10 2013—2017年营业性货运量

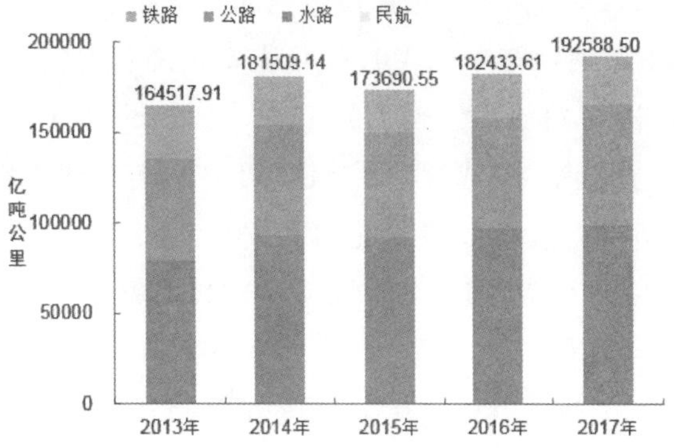

图11 2013—2017年营业性货物周转量

（一）铁路

全年完成旅客发送量30.84亿人，比上年增长9.6%，旅客周转量13456.92亿人公里，增长7.0%。其中国家铁路旅客发送量30.38亿人，增长9.6%，旅客周转量13396.96亿人公里，增长6.9%。

全国铁路完成货运总发送量36.89亿吨，比上年增长10.7%，货运总周转量26962.20亿吨公里，增长13.3%。其中国家铁路完成货运总发送量29.19亿吨，增长10.1%，货运总周转量24091.70亿吨公里，增长13.2%。

（二）公路

全年完成营业性客运量145.68亿人，比上年下降5.6%，旅客周转量9765.18亿人公里，下降4.5%。完成货运量368.69亿吨，增长10.3%，货物周转量66771.52亿吨公里，增长9.3%。

年末全国开通客运线路的乡镇比例为99.12%，开通客运线路的建制村比例为95.85%，建制村通车率比上年提高0.48个百分点。

（三）水路

全年完成客运量2.83亿人，比上年增长3.9%，旅客周转量77.66亿人公里，增长7.4%。完成货运量66.78亿吨，增长4.6%，货物周转量98611.25亿吨公里，增长1.3%。其中，内河运输完成货运量37.05亿吨、货物周转量14948.68亿吨公里；沿海运输完成货运量22.13亿吨、货物周转量28578.71亿吨公里；远洋运输完成货运量7.60亿吨、货物周转量55083.86亿吨公里。

全国港口完成旅客吞吐量1.85亿人，比上年增长0.2%。其中，沿海港口完成0.87亿人，增长5.7%；内河港口完成0.98亿人，下降4.1%。全年我国邮轮旅客运输量243万人，增长11.6%。

全国港口完成货物吞吐量140.07亿吨，比上年增长6.1%。其中，沿海港口完成90.57亿吨，增长7.1%；内河港口完成49.50亿吨，增长4.3%。

全国港口完成外贸货物吞吐量40.93亿吨，比上年增长6.3%。其中，沿海港口完成36.55亿吨，增长5.8%；内河港口完成4.38亿吨，增长10.0%。

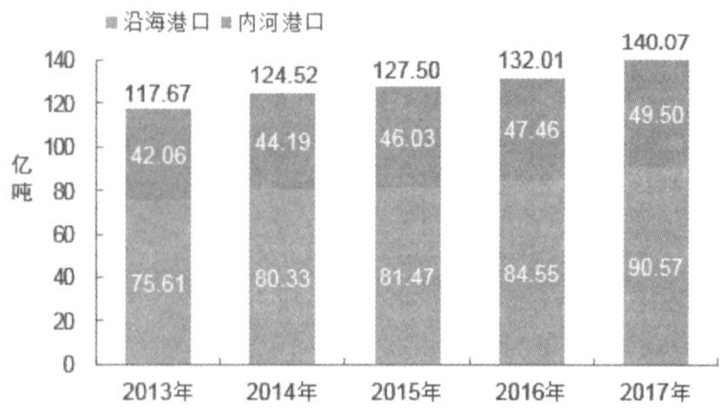

图12　2013—2017年全国港口货物吞吐量

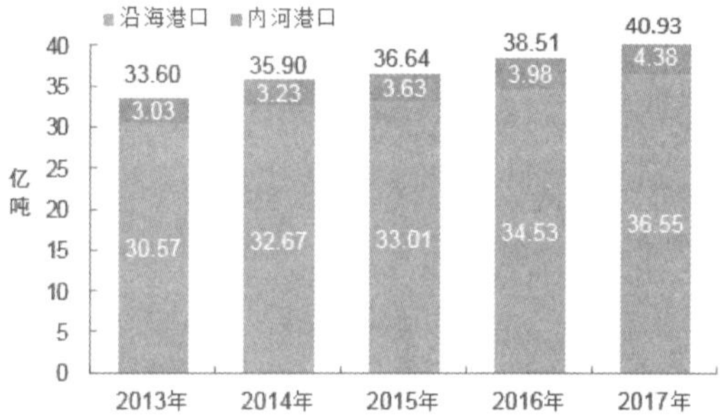

图13　2013—2017年全国港口外贸货物吞吐量

全国港口完成集装箱吞吐量2.38亿TEU，比上年增长8.3%。其中，沿海港口完成2.11亿TEU，增长7.7%；内河港口完成2739万TEU，增长13.4%。全国规模以上港口完成集装箱铁水联运量348万TEU，占规模以上港口集装箱吞吐量的比重为1.47%。

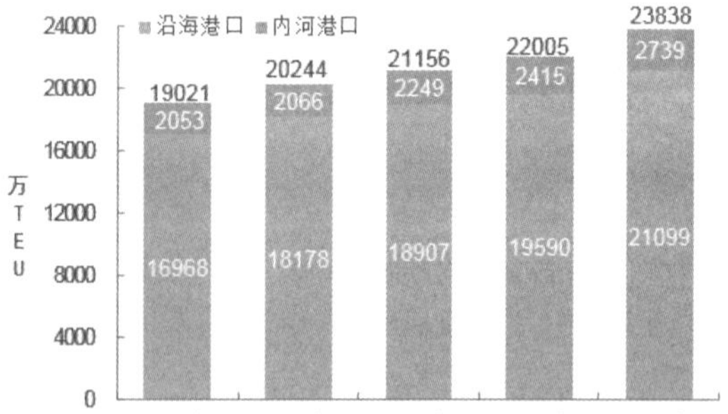

图14　2013—2017年全国港口集装箱吞吐量

全国规模以上港口完成货物吞吐量126.72亿吨，比上年增长6.6%。其中，完成煤炭及制品吞吐量23.34亿吨，增长8.5%；石油、天然气及制品吞吐量10.02亿吨，增长7.7%；金属矿石吞吐量20.28亿吨，增长6.0%。

（四）民航

全年完成旅客运输量5.52亿人次，比上年增长13.0%，旅客周转量9512.78亿人公里，增长13.5%。其中，国内航线完成旅客运输量4.86亿人次，增长13.9%；港澳台航线完成旅客运输量1027.0万人次，增长4.3%；国际航线完成旅客运输量5544.2万人次，增长7.4%。

完成货邮运输量705.8万吨，比上年增长5.7%，货邮周转量243.54亿吨公里，增长9.5%。

民航运输机场完成旅客吞吐量11.48亿人次，比上年增长12.9%。完成货邮吞吐量1617.7万吨，增长7.1%。

（五）邮政

全年完成邮政行业业务总量9763.71亿元，比上年增长32.0%。

邮政普遍服务完成函件业务31.48亿件，比上年下降13.0%；包裹业务完成2658.0万件，下降4.9%；报纸业务完成177.06亿份，下降1.6%；杂志业务完成7.92亿份，下降7.0%；汇兑业务完成3743.7万笔，下降35.5%。

快递业务量完成400.56亿件，比上年增长28.0%。快递业务收入完成4957.11亿元，增长24.7%，快递业务收入占邮政行业业务收入的74.9%，提高1.0个百分点。

（六）城市客运

年末全国拥有公共汽电车运营线路56786条，比上年增加3997条，运营线路总长度106.9万公里，增加8.82万公里。其中，公交专用车道10914.5公里，增加1136.7公里；BRT线路长度3424.5公里。轨道交通运营线路149条，增加25条，运营线路总长度4484.2公里，增加756.7公里；其中，地铁线路124条、3976.9公里，轻轨线路6条、203.0公里。城市客运轮渡运营航线92条，减少20条，运营航线总长度434.9公里，减少70.1公里。

全年完成城市客运量1272.15亿人，比上年下降1.0%。其中，公共汽电车完成722.87亿人，下降3.0%，其中BRT客运量21.96亿人次，增长24.4%，公共汽电车运营里程355.20亿公里，下降0.9%；轨道交通完成183.05亿人，增长13.3%，运营里程5.07亿列公里，增长17.1%；巡游出租车完成365.40亿人，下降3.2%；客运轮渡完成0.83亿人，下降11.5%。

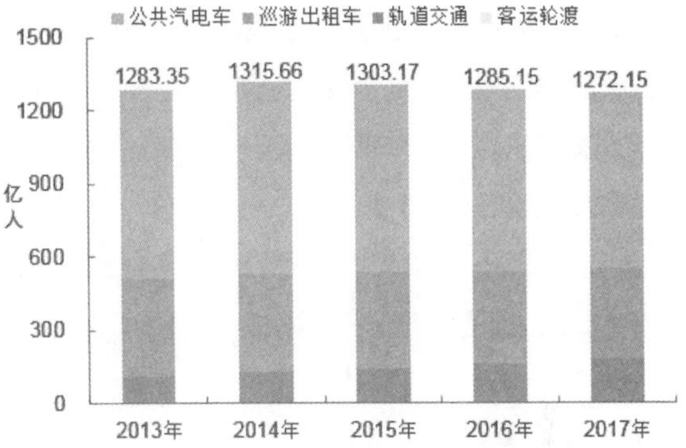

图15　2013—2017年全国城市客运量

四、固定资产投资

全年全国完成铁路公路水路固定资产投资31151.16亿元，比上年增长11.6%。

（一）铁路

全年完成铁路固定资产投资8010亿元，投产新线3038公里，其中高速铁路2182公里。

（二）公路

全年完成公路建设投资21253.33亿元，比上年增长18.2%。其中，高速公路建设完成投资9257.86亿元，增长12.4%；普通国省道建设完成投资7264.14亿元，增长19.5%；农村公路建设完成投资4731.33亿元，增长29.3%，新改建农村公路28.97万公里。

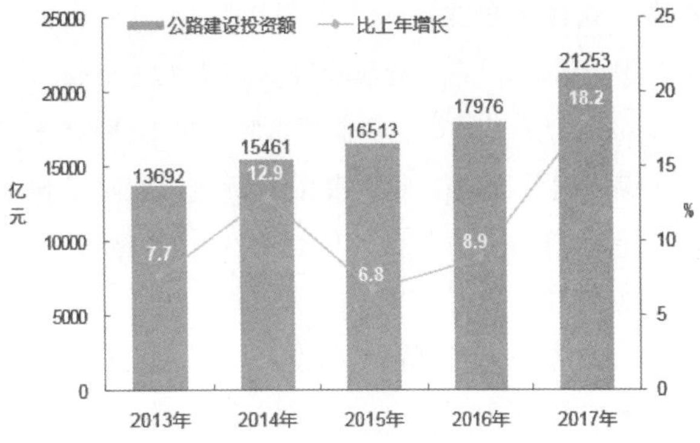

图16　2013—2017年公路建设投资额及增长速度

（三）水路

全年完成水运建设投资1238.88亿元，比上年下降12.6%。其中，内河建设完成投资569.39亿元，增长3.1%，内河港口新建及改（扩）建码头泊位180个，新增通过能力6597万吨，其中万吨级及以上泊位新增通过能力820万吨，全年改善内河航道里程590.38公里；沿海建设完成投资669.49亿元，下降22.6%，沿海港口新建及改（扩）建码头泊位107个，新增通过能力19581万吨，其中万吨级及以上泊位新增通过能力18153万吨。

全年完成公路水路支持系统及其他建设投资648.96亿元，比上年增长31.2%。

五、生产安全

全年未发生特别重大、重大铁路交通事故，铁路交通事故死亡人数比上年下降3.9%。

全年共发生运输船舶水上交通事故196件，与上年持平，死亡失踪190人，下降6.4%，沉船80艘，下降2.4%。

公路水路交通运输建设领域全年共发生生产安全事故44起，比上年增长12.8%，死亡66人，下降1.5%。未发生重特大事故。

六、能源消耗与环境保护

（一）能源消耗

全年共监测公路水路运输企业123家。监测的城市公交企业每万人次单耗1.6吨标准煤，比上年增长0.9%，百车公里单耗45.8千克标准煤，下降5.5%；公路班线客运企业每千人公里单耗14.7千克标准煤，增长1.2%，百车公里单耗29.3千克标准煤，下降1.3%；公路专业货运企业每百吨公里单耗1.8千克标准煤，增长3.4%；远洋和沿海货运企业每千吨海里单耗4.4千克标准煤，下降11.1%；港口企业每万吨单耗2.4吨标准煤，下降4.7%。

（二）公路水路环境保护投入

全年公路水路交通运输行业环境保护投入206.28亿元，其中公路环境保护投入165.65亿元，水路环境保护投入40.63亿元。公路环境保护投入中，生态保护措施投入108.07亿元，污染防治设施投入31.07亿元。水路环境保护投入中，生态保护措施投入6.66亿元，污染防治设施投入23.59亿元。

七、科技与人才队伍建设

全年铁路行业共发布89项铁道行业标准，5项科技成果获2017年度国家科学技术进步奖，其中一等奖1项，二等奖4项。

全年公路水路交通运输科研基础条件建设完成投资13亿余元。年末交通运输行业共有52个行业重点实验室，48个行业研发中心以及19个协同创新平台。3项科技成果获2017年度国家科学技术进步奖二等奖。

全年获得团中央、交通运输部联合表彰的全国青年文明号114个。全年获得“全国交通技术能手”称号207人，全年共培养“交通青年科技英才”141人。

注释：

1. 香港、澳门特别行政区及台湾省统计数据未包括在本公报内。

2. 按照《国家公路网规划（2013—2030年）》，结合各省（区、市）路网调整情况，本公报中国道、省道、县道、乡道、村道里程的统计口径做了部分调整。

3. 对2016年全国公路里程数据进行了修正。

4. 由于各省（区、市）路网调整，2017年国省干线公路交通量观测里程发生较大变化，国道观测里程为212443公里，其中，国家高速公路48467公里，普通国道163976公里。

5. 本公报中营业性旅客运输量为铁路、公路、水路、民航完成数，不包括城市客运量；营业性货物运输量为铁路、公路、水路、民航完成数，不包括管道数据。

6. 铁路客货发送量、客货周转量为精密数，其余铁路数据均为速报数。国家铁路含控股合资铁路。

7. 民航运输数据为快报数据。

8. 邮政数据为月度快报统计数据。

9. 公路环保投入统计范围为高速公路及普通国省道公路，水路环保投入统计范围为规模以上港口、干线航道及直属海事系统。

资料来源：

本公报数据来自交通运输部、国家铁路局、中国民用航空局、国家邮政局和中国铁路总公司。

2017年铁道统计公报

国家铁路局

2018年4月12日

2017年，全国铁路全面贯彻党的十九大精神，以习近平新时代中国特色社会主义思想为指引，坚持稳中求进的总基调，深化铁路供给侧结构性改革，落实高质量发展要求，客货运输、铁路安全、建设发展、科技创新取得新业绩。

一、运输生产

旅客运输。全国铁路旅客发送量完成30.84亿人，比上年增加2.70亿人，增长9.6%，其中，国家铁路30.38亿人，比上年增长9.6%。全国铁路旅客周转量完成13456.92亿人公里，比上年增加877.63亿人公里，增长7.0%，其中，国家铁路13396.96亿人公里，比上年增长6.9%。

表1 全国铁路旅客运输量

目标	单位	2017 年	比上年 ± %
旅客发送量	万人	308379	9.6
国家铁路	万人	303837	9.6
旅客周转量	亿人公里	13456.92	7.0
国家铁路	亿人公里	13396.96	6.9

图1 全国铁路旅客发送量

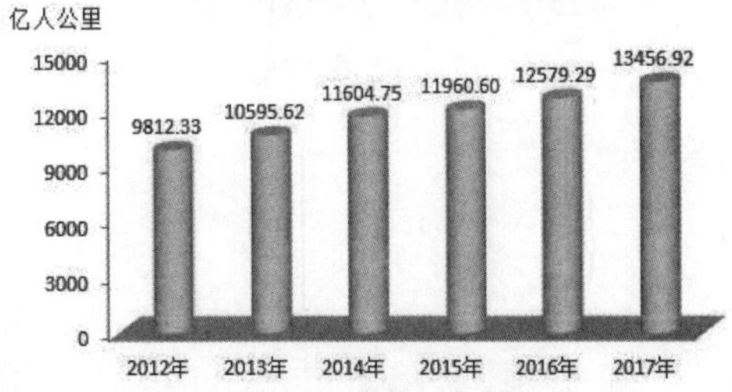

图2 全国铁路旅客周转量

货物运输。全国铁路货运总发送量完成36.89亿吨，比上年增加3.57亿吨，增长10.7%，其中，国家铁路29.19亿吨，比上年增长10.1%。全国铁路货运总周转量完成26962.20亿吨公里，比上年增加3169.94亿吨公里，增长13.3%，其中，国家铁路24091.70亿吨公里，比上年增长13.2%。集装箱、商品汽车、散货快运发送量比上年分别增长47.9%、58%和9.3%。

表2 全国铁路货物运输量

指标	单位	2017 年	比上年 ±%
货运总发送量	万吨	368865	10.7
国家铁路	万吨	291874	10.1
货运总周转量	亿吨公里	26962.20	13.3
国家铁路	亿吨公里	24091.70	13.2

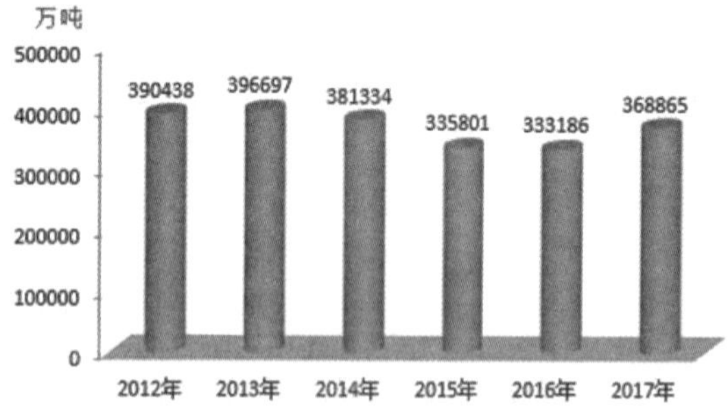

图3 全国铁路货运总发送量

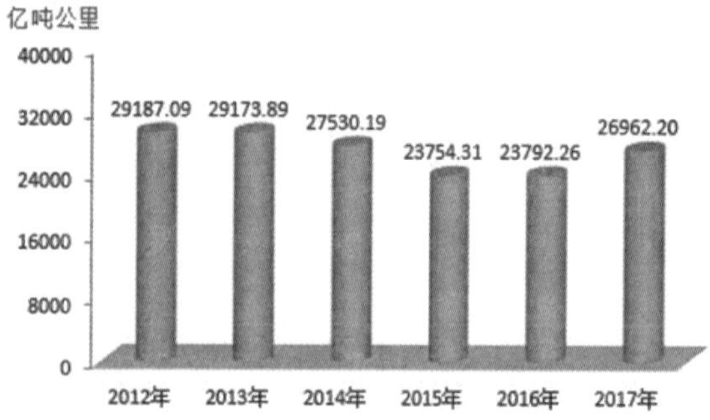

图4 全国铁路货运总周转量

换算周转量。全国铁路总换算周转量完成40419.12亿吨公里，比上年增加4047.57亿吨公里，增长11.1%，其中，国家铁路37488.66亿吨公里，比上年增长10.9%。

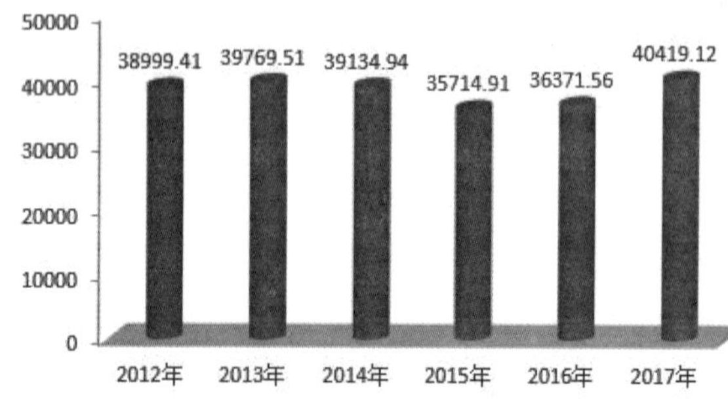

图5 全国铁路总换算周转量

运输安全。全年未发生特别重大、重大铁路交通事故，铁路交通事故死亡人数比上年下降3.6%。

二、铁路建设

全国铁路固定资产投资完成8010亿元，投产新线3038公里，其中高速铁路2182公里。

路网规模。全国铁路营业里程达到12.7万公里，比上年增长2.4%，其中，高速铁路营业里程达到2.5万公里。全国铁路路网密度132.2公里/万平方公里，比上年增加3.0公里/万平方公里。其中，复线里程7.2万公里，比上年增长5.4%，复线率56.5%，比上年提高1.6个百分点；电气化里程8.7万公里，比上年增长7.8%，电化率68.2%，比上年提高3.4个百分点。西部地区铁路营业里程5.2万公里，比上年增加1663.5公里，增长3.3%。

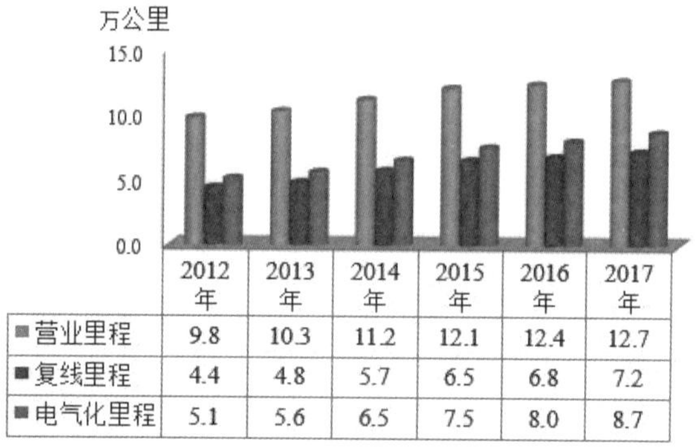

图6 全国铁路营业里程

移动装备。全国铁路机车拥有量为2.1万台，比上年减少372台，其中，内燃机车占40.4%，比上年下降1.4个百分点，电力机车占59.5%，比上年提高1.4个百分点。全国铁路客车拥有量为7.3万辆，比上年增加0.2万辆，其中，动车组2935标准组、23480辆，比上年增加349标准组、2792辆。全国铁路货车拥有量为79.9万辆。

三、技术标准和科技创新

重要技术标准制定。发布铁道行业技术标准公告7批，发布《交流传动电力机车》《ZPW-2000轨道电路技术条件》等铁道行业技术标准89项、铁道行业标准修改单2项。制修订《重载铁路设计规范》《铁路线路设计规范》等铁路工程建设标准13项。

发布《铁路基本建设工程设计概（预）算编制办法》等铁路工程造价标准18册。发布《动车组转向架》等铁道行业技术标准英文版25项。发布《铁路路基设计规范》等铁路主体设计规范标准英文版10项，《铁路工程建设标准英文版翻译词典》1部。

知识产权及获奖成果。完成铁路重大科技创新成果库入库铁路科技项目50项、铁路专利50项、铁路技术标准26项、铁路科技论文179项。北京交通大学“复杂环境下高速铁路无缝线路关键技术及应用”获得国家科技进步一等奖；石家庄铁道大学“高速运动刚柔相互作用系统非线性建模与振动分析”获得国家自然科学二等奖，北京交通大学“智慧协同网络及应用”等2个项目获得国家自然发明二等奖,中铁第四勘察设计院集团有限公司“高速铁路狮子洋水下隧道工程成套技术”等4个项目获得国家科技进步二等奖。中铁大桥勘测设计院有限公司高宗余获得全国创新争先奖奖章；西南交通大学翟婉明和何川获得全国创新争先奖奖状；中车株洲电力机车研究所有限公司丁荣军“功率半导体器件技术研发与产业化创新团队”与其他团队整合为“高速铁路技术攻关组”获得全国创新争先奖奖牌。中南大学“轨道车辆实车撞击试验系统”和中车株洲电力机车研究所有限公司“一种三电平双模式空间矢量过调制方法及其系统”两项发明专利荣获第十九届中国专利奖金奖；中国铁道科学研究院“不打孔式剪力传感器”等11项发明专利荣获第十九届中国专利奖优秀奖；长春轨道客车股份有限公司“车头（标准动车组）”专利荣获第十九届中国专利奖外观设计金奖；国家铁路局科技与法制司荣获第十九届中国专利奖优秀组织奖。

四、节能减排

综合能耗。国家铁路能源消耗折算标准煤1621.65万吨，比上年增加24.75万吨，增长1.5%。单位运输工作量综合能耗4.33吨标准煤/百万换算吨公里，比上年减少0.39吨标准煤/百万换算吨公里。单位运输工作量主营综合能耗3.96吨标准煤/百万换算吨公里，比上年减少0.20吨标准煤/百万换算吨公里，下降4.8%。

图7 国家铁路运输工作量综合单耗、主营单耗

主要污染物排放量。国家铁路化学需氧量排放量1901吨，比上年减排73吨，降低3.7%。二氧化硫排放量15817吨，比上年减排7511吨，降低32.2%。

图8 国家铁路化学需氧量、二氧化碳排放量

沿线绿化。国家铁路绿化里程4.62万公里，比上年增加0.01万公里，增长0.2%。

注：

1.除注明外，国家铁路含中国铁路总公司及其控股合资铁路。

2.客货发送量、客货周转量为确报数，其余数据均为速报数。

3.统计范围不含港澳台。

4.除注明外，比上年为同口径。

2017年水路运输经济运行情况

水运局

2018年5月4日

（一）国内沿海航运市场总体表现超出预期

1.干散货运输市场：主要货种量价齐升，运力阶段性偏紧

2017年，受供给侧结构性改革、工业生产提速等多重因素影响，沿海煤炭、铁矿石、粮食等主要干散货运输需求增长加快，主要干散货运量10.53亿吨，同比增长10.6%，其中，全国港口内贸煤炭发运量完成7.18亿吨，同比增长13%。截至2017年底，全国共拥有沿海省际万吨以上干散货船1671艘、5521.88万净载重吨，船舶运力同比增长2.8%。受运价持续高位运行、运力阶段性供给不足影响，二手船进口数量仍然较大，全年进口二手船64艘、318万载重吨，同比基本持平。2017年全年，中国沿海散货运输价格指数震荡上行。春节后运价开始上升，3月份出现阶段性高点，4月下旬下滑至年内低点，受迎峰度夏煤炭运输带动形成运价小高峰后再度回落，8月份开始连续上涨，12月份最高值达1597.8点，创2012年以来新高。中国沿海散货运输价格指数全年平均值为1148点，同比增长25.1%，煤炭、矿石和粮食运价指数同比分别增长30.2%，29.7%和39.8%。

2.液货危险品船运输市场：需求相对不足，细分市场各有不同

油轮运输市场需求小幅下滑，运力总体过剩，运价基本保持稳定。受国际油价持续低迷、海上油田产量下降、成品油运输需求不旺等因素影响，全年完成沿海省际原油、成品油运输量分别约7500万吨、3000万吨，同比略有回落。截至2017年底，全国共拥有沿海省际运输油轮1316艘、1008.89万载重吨，同比基本持平。油轮运力总体上供大于求，成品油轮运力在遇恶劣天气影响时达到“弱平衡”。全年，沿海原油运价指数保持稳定，平均值为1541.7点，同比持平；沿海成品油运价指数先扬后抑，平均值为1271.9点，同比增长0.3%。上半年由于地方炼厂产量增加、运输需求上涨带动运价上升，下半年由于成品油出口增加、运输需求回落带动运价回调。

化学品船运输需求基本稳定，船舶运力供给略有富余，运价先抑后扬。由于我国化工品生产和消费仍处于低速增长期，沿海省际化学品运输需求保持较低增长水平，全年完成运量2600万吨左右，同比增长5%。截至2017年底，沿海省际化学品船（含油品、化学品两用船）272艘、106.18万载重吨，同比增长2.6%。沿海省际化学品船运价自年初开始下降，至夏季达到最低，下半年在外贸化学品运输市场回暖带动下，运价逐步回升，年末达到最高，全年平均水平与上年基本持平。

液化气船运输需求稳步增长，船舶运力供给略有富裕，运输价格总体回升。由于国内液化气产量逐步提高，以丙烯、乙烯等为代表的液化气成为沿

海省际运输货源的新增长点，全年完成沿海省际液化气运量290万吨，同比增长8.4%。截至2017年底，沿海省际液化气船共72艘、24.50万载重吨，同比增长10.9%。全年沿海省际液化气船运输价格水平稳中有升，年度增幅在5%左右。

3.集装箱运输市场：供求关系好转，运价震荡上行

全年，沿海港口内贸集装箱运量同比增长6.1%，增速较上年加快0.5个百分点。截至2017年底，国内沿海省际运输700TEU以上集装箱船共计195艘、60.52万TEU，箱位数同比增长4.0%。受公路治理超限超载因素影响，年初内贸集装箱运价保持相对稳定。4月初由于企业前期新造船运力大规模投放，运价下降至近三年来的最低水平，下半年受沿海煤炭、粮食运输带动，运价快速上涨至近三年来的最高水平，全年运价增幅接近10%。

4.旅客运输市场：水路客运增速反弹

近年来，国内水路旅游市场持续升温，加之公路超限超载治理力度加大、私家车出行增加等因素影响，水路客运量、车辆运量增长加快，运价稳中有升，企业经营状况明显好转。全年，渤海湾省际客滚运输完成水路旅客和车辆运输量550万人次和124万台次，同比增长6%和9%；琼州海峡客滚运输分别完成水路旅客、车辆运输量1492万人次、305万台次，同比分别增长12.5%和22.7%。截至2017年底，渤海湾省际客滚船舶运力23艘、32340客位、3442车位，琼州海峡客滚船舶运力58艘、51024客位、2781车位。沿海省际客船运力供需基本平衡，平时供给略有富余，春运等高峰时期略显不足。

（二）海峡两岸间航运市场

2017年，两岸间海上直航完成货运量4992万吨，同比下降10.6%。其中，集装箱运量225万标准箱，同比下降14.7%；普通散杂货运量1446万吨，同比下降27.8%。由于台湾居民到大陆人数增加，两岸间海上直航完成客运量197.1万人次，同比增加3.2%。

（三）国际航运干散和集运市场总体回暖，原油市场持续低迷

2017年，受全球经济回暖、船队扩张放缓等周期性因素影响，世界海运需求增速超过供给，运力过剩得到一定缓解，市场由底部开始复苏。

1.干散货运输：供求关系继续向好，运价回升至盈利区间

世界干散货运输需求增长快于供给，市场整体向好，船队规模低速扩张，中国需求仍是重要动力。在基础设施建设需求提升、压减地条钢产能带动钢价上升等因素影响下，我国铁矿石海运进口量约11亿吨，同比增长5%；煤炭进口需求总体旺盛，但下半年进口量大幅减少，全年煤炭进口海运量超过2亿吨，同比减少1.4%。2017年，波罗的海干散货运价指数（BDI）均值为1145点，同比上涨70.1%。受海岬型和巴拿马型船舶运价带动，国际干散货运输价格回升至盈利区间或大幅减亏，企业效益整体改善。四季度最高点达1743点，为近四年来最高水平。

2.原油市场：运力过剩加剧，市场持续低迷

世界原油海运需求增长放缓，运力扩张有所放缓，中国进口仍然保持较快增速。我国全年原油海运进口量约3.9亿吨，同比增长9.9%。由于运力过剩加剧，全球原油运输市场运价低位徘徊，企业效益下跌。2017年，新世界油轮名义运费指数（WS）均值58.36点，同比下降0.41%，油轮的等价期租租金(TCE)为22682点，同比下降45.71%。多家航运企业盈利下滑甚至出现亏损。

3.集装箱市场：全球需求回暖，运价上涨较快

在全球经济复苏背景下，国际集装箱航运市场需求增长加快，我国集装箱外贸进出口量增长约7.8%，增速显著提高。

由于市场需求恢复，行业集中度提升，运力控制有效，承运人重回盈利区间。中国出口集装箱运价指数（CCFI）全年均值820点，同比上涨15.4%。企业效益全面改善，大型集装箱班轮承运人基本扭亏为盈。

4.国际邮轮：邮轮运输量增长高位回落

全年接待国际邮轮和旅客分别为1049航次、243万人，同比增长9.2%和11.6%，增速大幅回落。

2017年民航机场生产统计公报

中国民航局

2018年3月7日

一、通航城市和机场

2017年，我国境内民用航空（颁证）机场共有229个（不含香港、澳门和台湾地区，下同），其中定期航班通航机场228个，定期航班通航城市224个。

年内定期航班新通航的城市有：云南澜沧、新疆莎车、内蒙古霍林郭勒、吉林松原、吉林白城、江西上饶、河北承德、湖南邵阳、黑龙江五大连池、黑龙江建三江。陕西安康机场继续停航。

二、主要生产指标

2017年我国机场主要生产指标继续保持平稳较快增长，全年旅客吞吐量超过11亿人次，完成114786.7万人次，比上年增长12.9%。分航线看，国内航线完成103614.6万人次，比上年增长13.4%（其中内地至香港、澳门和台湾地区航线完成2710.9万人次，比上年下降1.9%）；国际航线完成11172.1万人次，比上年增长9.2%。

完成货邮吞吐量1617.7万吨，比上年增长7.1%。分航线看，国内航线完成1000.1万吨，比上年增长2.7%（其中内地至香港、澳门和台湾地区航线完成99.0万吨，比上年增长5.8%）；国际航线完成617.6万吨，比上年增长15.2%。

完成飞机起降1024.9万架次，比上年增长10.9%（其中运输架次为872.9万架次，比上年增长10.0%）。分航线看，国内航线完成938.0万架次，比上年增长11.3%（其中内地至香港、澳门和台湾地区航线完成19.2万架次，比上年下降5.4%）；国际航线完成86.9万架次，比上年增长7.3%。

三、旅客吞吐量分布

各机场中，年旅客吞吐量1000万人次以上的机场达到32个，较上年净增4个（太原武宿、长春龙嘉、南昌昌北、呼和浩特白塔机场），完成旅客吞吐量占全部境内机场旅客吞吐量的81.0%，较上年提高1.9个百分点，其中北京、上海和广州三大城市机场旅客吞吐量占全部境内机场旅客吞吐量的24.3%，较上年下降1.9个百分点。年旅客吞吐量200万～1000万人次机场有26个，较上年净增5个，完成旅客吞吐量占全部境内机场旅客吞吐量的11.8%，较上年下降1.0个百分点。年旅客吞吐量200万人次以下的机场有171个，较上年净增2个，完成旅客吞吐量占全部境内机场旅客吞吐量的7.3%，较上年下降0.8个百分点。

国内各地区旅客吞吐量的分布情况是：华北地区占15.0%（15.3%），东北地区占6.3%（6.1%），华东地区占29.0%（29.0%），中南地区占24.2%（23.8%），西南地区占16.5%（16.9%），西北地区占6.4%（6.2%），新疆地区占2.6%（2.7%）（注：由于四舍五入的原因，各地区占比之和可能不等于100%，括号内为2016年数字，下同）。

四、机场货邮吞吐量分布

各机场中，年货邮吞吐量10000吨以上的机场有52个，较上年净增2个，完成货邮吞吐量占全部境内机场货邮吞吐量的98.5%，较上年提高0.2个百分点，其中北京、上海和广州三大城市机场货邮吞吐量占全部境内机场货邮吞吐量的49.9%，较上年提高0.3个百分点。年货邮吞吐量10000吨以下的机场有177个，较上年净增9个，完成货邮吞吐量占全部境内机场货邮吞吐量的1.5%，较上年下降0.2个百分点。

国内各地区货邮吞吐量的分布情况是：华北地区占15.4%（15.8%），东北地区占3.4%（3.5%），华东地区占41.2%（40.4%），中南地区占26.2%（26.4%），西南地区占10.1%（10.2%），西北地区占2.5%（2.4%），新疆地区占1.2%（1.2%）。

表1 2017年民航机场吞吐量排名

2017-01-01到2017-12-31

机场	旅客吞吐量（人次）				货邮吞吐量（吨）				起降架次（架次）			
	名次	本期完成	上年同期	同比增速%	名次	本期完成	上年同期	同比增速%	名次	本期完成	上年同期	同比增速%
合计		1147866788	1016357068	12.9		16177345.4	15104056.7	7.1		10248859	9238291	10.9
北京/首都	1	95786296	94393454	1.5	2	2029583.6	1943159.7	4.4	1	597259	606081	−1.5
上海/浦东	2	70001237	66002414	6.1	1	3824279.9	3440279.7	11.2	2	496774	479902	3.5
广州/白云	3	65806977	59732147	10.2	3	1780423.1	1652214.9	7.8	3	465295	435231	6.9
成都/双流	4	49801693	46039037	8.2	5	642872.0	611590.7	5.1	6	337055	319382	5.5
深圳/宝安	5	45610651	41975090	8.7	4	1159018.6	1125984.6	2.9	5	340385	318582	6.8
昆明/长水	6	44727691	41980339	6.5	8	418033.6	382854.3	9.2	4	350273	325934	7.5
上海/虹桥	7	41884059	40460135	3.5	9	407461.1	428907.5	−5.0	10	263586	261981	0.6
西安/咸阳	8	41857229	36994506	13.1	14	259872.5	233779.0	11.2	7	318959	291027	9.6
重庆/江北	9	38715210	35888819	7.9	11	366278.3	361091.0	1.4	8	288598	276807	4.3
杭州/萧山	10	35570411	31594959	12.6	6	589461.6	487984.2	20.8	9	271066	251048	8.0
南京/禄口	11	25822936	22357998	15.5	10	374214.9	341267.1	9.7	11	209394	187968	11.4
厦门/高崎	12	24485239	22737610	7.7	12	338655.7	328419.5	3.1	13	186454	183546	1.6
郑州/新郑	13	24299073	20763217	17.0	7	502714.8	456708.8	10.1	12	195717	178054	9.9
长沙/黄花	14	23764820	21296675	11.6	21	138737.6	130276.1	6.5	17	179575	167910	6.9
青岛/流亭	15	23210530	20505038	13.2	15	232063.9	230747.8	0.6	16	179592	168537	6.6
武汉/天河	16	23129400	20771564	11.4	16	185016.7	175294.8	5.5	15	183883	175669	4.7
海口/美兰	17	22584815	18803848	20.1	20	154496.0	148814.2	3.8	21	157535	135523	16.2
乌鲁木齐/地窝堡	18	21500901	20200767	6.4	19	156741.5	157508.7	−0.5	20	167822	162265	3.4

续表

机场	旅客吞吐量（人次）				货邮吞吐量（吨）				起降架次（架次）			
	名次	本期完成	上年同期	同比增速 %	名次	本期完成	上年同期	同比增速 %	名次	本期完成	上年同期	同比增速 %
三亚 / 凤凰	20	19,389,936	17,369,550	11.6	29	89,115.9	86,846.8	2.6	26	121,558	114,581	6.1
哈尔滨 / 太平	21	18,810,317	16,267,130	15.6	23	121,176.2	124,794.7	–2.9	24	136,803	122,282	11.9
贵阳 / 龙洞堡	22	18,109,610	15,105,225	19.9	27	102,369.7	95,898.6	6.7	22	149,050	129,001	15.5
大连 / 周水子	23	17,503,810	15,258,209	14.7	17	164,777.6	149,008.0	10.6	23	141,428	127,680	10.8
沈阳 / 桃仙	24	17,342,626	14,967,228	15.9	18	159,117.1	155,769.4	2.1	25	127,387	115,164	10.6
济南 / 遥墙	25	14,319,264	11,616,914	23.3	28	95,151.5	100,013.2	–4.9	27	115,529	100,152	15.4
南宁 / 吴圩	26	13,915,542	11,559,860	20.4	25	110,444.2	104,618.1	5.6	28	108,049	94,065	14.9
兰州 / 中川	27	12,816,443	10,897,025	17.6	33	60,905.5	59,455.2	2.4	29	103,690	91,091	13.8
福州 / 长乐	28	12,469,235	11,606,446	7.4	22	125,602.7	121,657.5	3.2	31	98,908	97,606	1.3
太原 / 武宿	29	12,401,086	9,847,840	25.9	36	48,428.4	49,103.8	–1.4	30	101,076	82,641	22.3
长春 / 龙嘉	30	11,662,943	9,493,351	22.9	30	88,907.3	86,554.1	2.7	36	86,041	73,371	17.3
南昌 / 昌北	31	10,937,105	7,863,635	39.1	35	52,262.4	50,607.7	3.3	34	89,863	66,409	35.3
呼和浩特 / 白塔	32	10,348,617	8,185,210	26.4	40	39,611.3	37,446.1	5.8	33	96,872	81,873	18.3
石家庄 / 正定	33	9,582,921	7,214,590	32.8	39	41,013.2	43,765.2	–6.3	38	80,492	68,687	17.2
宁波 / 栎社	34	9,390,527	7,792,305	20.5	24	120,446.9	107,019.7	12.5	43	73,257	63,663	15.1
温州 / 龙湾	35	9,285,621	8,189,717	13.4	31	75,531.9	77,747.7	–2.9	42	74,505	67,916	9.7
珠海 / 金湾	36	9,216,808	6,130,384	50.3	42	37,379.0	31,511.6	18.6	41	74,694	61,400	21.7
合肥 / 新桥	37	9,147,128	7,391,998	23.7	32	63,575.0	58,096.7	9.4	40	76,263	63,750	19.6
银川 / 河东	38	7,936,445	6,341,479	25.2	37	42,181.6	37,106.6	13.7	45	67,059	53,921	24.4
桂林 / 两江	39	7,862,015	6,630,251	18.6	47	24,188.3	26,413.9	–8.4	46	64,260	57,387	12.0
丽江 / 三义	40	7,105,345	6,784,474	4.7	52	10,265.6	9,299.2	10.4	50	54,250	53,170	2.0
无锡 / 硕放	41	6,683,380	5,561,927	20.2	26	107,598.1	95,983.7	12.1	52	52,839	45,679	15.7
烟台 / 蓬莱	42	6,503,015	5,135,200	26.6	38	41,140.7	43,055.3	–4.4	47	62,105	50,962	21.9
北京 / 南苑	43	5,953,883	5,586,388	6.6	48	23,204.9	26,634.5	–12.9	63	41,340	39,507	4.6
泉州 / 晋江	45	5,340,586	3,793,150	40.8	34	59,277.8	49,683.4	19.3	59	43,926	33,787	30.0
揭阳 / 潮汕	46	4,851,015	3,818,152	27.1	46	26,271.4	25,243.2	4.1	53	49,109	42,684	15.1

续表

机场	旅客吞吐量（人次）				货邮吞吐量（吨）				起降架次（架次）			
	名次	本期完成	上年同期	同比增速 %	名次	本期完成	上年同期	同比增速 %	名次	本期完成	上年同期	同比增速 %
拉萨 / 贡嘎	48	3,718,350	3,339,429	11.3	43	32,364.9	27,686.8	16.9	67	32,561	31,054	4.9
绵阳 / 南郊	49	3,543,403	2,172,922	63.1	59	7,225.0	6,465.3	11.8	19	169,088	190,062	−11.0
常州 / 奔牛	50	2,510,512	1,955,844	28.4	49	18,871.3	15,690.4	20.3	64	40,498	26,121	55.0
宜昌 / 三峡	51	2,243,812	1,535,707	46.1	75	4,205.7	3,806.8	10.5	39	76,974	41,504	85.5
呼伦贝尔 / 东山	52	2,169,197	1,878,901	15.5	73	5,000.0	7,265.2	−31.2	82	18,464	16,443	12.3
鄂尔多斯 / 伊金霍洛	53	2,105,842	1,706,356	23.4	51	11,815.8	9,115.1	29.6	56	45,483	44,162	3.0
湛江	54	2,090,568	1,503,904	39.0	71	5,238.9	4,238.5	23.6	74	25,487	18,970	34.4
包头 / 二里半	55	2,089,009	1,867,690	11.8	55	8,981.5	9,409.5	−4.5	77	20,668	17,478	18.3
喀什	56	2,048,004	1,815,091	12.8	57	7,718.7	6,553.6	17.8	70	30,679	19,524	57.1
威海 / 大水泊	57	2,037,485	1,735,309	17.4	68	5,729.0	5,255.8	9.0	84	17,780	15,263	16.5
南通 / 兴东	58	2,009,038	1,538,158	30.6	41	39,447.3	35,371.1	11.5	72	28,623	21,281	34.5
徐州 / 观音	59	1,916,517	1,487,086	28.9	54	9,232.9	9,088.1	1.6	65	36,537	29,470	24.0
扬州 / 泰州	60	1,836,515	1,434,193	28.1	53	9,377.6	8,225.5	14.0	49	55,503	38,080	45.8
张家界 / 荷花	61	1,773,700	1,701,712	4.2	102	1,426.3	1,014.4	40.6	85	17,289	16,939	2.1
榆林 / 榆阳	62	1,771,190	1,513,793	17.0	76	4,178.5	3,709.2	12.7	83	18,327	15,551	17.9
北海 / 福成	63	1,711,199	1,234,031	38.7	70	5,511.2	4,654.5	18.4	88	16,635	14,868	11.9
德宏 / 芒市	64	1,652,533	1,537,536	7.5	56	8,510.5	6,857.7	24.1	94	13,982	12,726	9.9
大理	65	1,581,271	1,431,116	10.5	66	5,907.5	4,123.4	43.3	92	15,105	13,130	15.0
遵义 / 新舟	66	1,561,066	1,135,432	37.5	95	1,618.1	976.6	65.7	91	15,310	11,856	29.1
运城 / 张孝	67	1,444,590	843,226	71.3	78	3,173.0	3,200.0	−0.8	68	32,265	16,634	94.0
延吉 / 朝阳川	68	1,411,859	1,481,159	−4.7	63	6,354.6	7,237.0	−12.2	101	11,674	12,899	−9.5
临沂 / 沭埠岭	70	1,328,071	1,203,387	10.4	64	6,128.7	5,129.0	19.5	99	12,281	12,079	1.7
盐城 / 南洋	71	1,302,974	1,209,004	7.8	69	5,539.6	5,118.0	8.2	98	13,121	12,402	5.8
义乌	72	1,294,895	1,226,697	5.6	60	6,870.8	5,913.9	16.2	104	10,974	11,302	−2.9
淮安 / 涟水	73	1,286,369	861,533	49.3	72	5,006.7	4,637.5	8.0	90	15,385	23,215	−33.7
库尔勒	74	1,279,829	1,147,634	11.5	58	7,314.1	6,118.3	19.5	100	11,738	10,574	11.0
赣州 / 黄金	75	1,279,798	1,083,240	18.1	62	6,628.8	7,306.6	−9.3	87	16,787	15,269	9.9
阿克苏 / 温宿	76	1,276,512	1,103,589	15.7	65	6,109.1	5,170.5	18.2	105	10,805	10,052	7.5

续表

机场	旅客吞吐量（人次）				货邮吞吐量（吨）				起降架次（架次）			
	名次	本期完成	上年同期	同比增速 %	名次	本期完成	上年同期	同比增速 %	名次	本期完成	上年同期	同比增速 %
伊宁	78	1,151,337	1,041,470	10.5	74	4,567.6	3,904.3	17.0	108	10,462	9,673	8.2
柳州 / 白莲	79	1,136,021	1,036,219	9.6	67	5,906.1	5,409.8	9.2	102	11,323	11,393	-0.6
毕节 / 飞雄	80	1,110,613	733,605	51.4	113	1,046.1	432.9	141.6	95	13,708	10,455	31.1
连云港 / 白塔埠	81	1,092,924	850,972	28.4	94	1,663.1	1,245.0	33.6	103	11,232	9,322	20.5
和田	82	1,030,691	935,314	10.2	85	2,261.8	1,585.3	42.7	115	8,635	7,714	11.9
襄阳 / 刘集	83	1,027,010	824,160	24.6	79	2,914.7	2,510.8	16.1	35	89,270	83,261	7.2
舟山 / 普陀山	84	1,023,039	800,877	27.7	160	196.8	319.1	-38.3	76	22,395	21,359	4.9
腾冲 / 驼峰	85	997,372	805,638	23.8	83	2,389.1	1,443.8	65.5	113	9,001	7,144	26.0
济宁 / 曲阜	86	970,860	623,948	55.6	86	2,247.3	1,813.5	23.9	118	8,122	5,794	40.2
惠州 / 平潭	87	956,858	545,560	75.4	77	3,985.9	3,722.9	7.1	114	8,670	5,232	65.7
通辽	88	924,759	710,474	30.2	93	1,693.0	1,471.9	15.0	66	34,733	11,846	193.2
兴义	89	922,070	519,653	77.4	121	891.0	243.0	266.7	107	10,653	7,802	36.5
洛阳 / 北郊	90	880,253	915,971	-3.9	99	1,463.8	1,486.2	-1.5	14	184,810	176,630	4.6
十堰 / 武当山	91	869,780	388,923	123.6	220				109	9,905	4,726	109.6
宜宾 / 菜坝	92	827,867	762,935	8.5	82	2,490.9	2,919.9	-14.7	117	8,201	7,925	3.5
台州 / 路桥	93	821,965	691,442	18.9	61	6,841.7	6,719.5	1.8	123	6,454	5,658	14.1
牡丹江 / 海浪	94	784,991	694,286	13.1	116	986.5	1,162.3	-15.1	131	6,122	5,534	10.6
恩施 / 许家坪	96	770,053	496,148	55.2	107	1,202.0	988.8	21.6	78	20,027	4,050	394.5
南充 / 高坪	97	752,668	597,489	26.0	80	2,913.8	3,107.1	-6.2	55	47,904	18,542	158.4
日照 / 山字河	98	737,741	408,507	80.6	114	1,026.8	456.6	124.9	60	43,383	16,827	157.8
黄山 / 屯溪	99	725,948	604,911	20.0	84	2,291.1	2,067.0	10.8	119	8,063	6,575	22.6
邯郸	100	684,081	462,657	47.9	128	703.4	515.7	36.4	57	45,328	24,824	82.6
乌兰浩特 / 义勒力特	101	670,814	573,856	16.9	91	1,735.1	2,067.8	-16.1	71	29,039	12,261	136.8
佳木斯 / 东郊	102	667,788	455,337	46.7	111	1,076.4	1,080.5	-0.4	127	6,233	4,170	49.5
万州 / 五桥	103	656,189	550,727	19.1	81	2,501.7	2,247.4	11.3	75	22,786	17,438	30.7
锡林浩特	104	648,455	582,194	11.4	97	1,526.4	2,015.9	-24.3	81	18,756	21,016	-10.8
大同 / 云冈	105	640,095	544,530	17.5	92	1,704.4	1,655.3	3.0	73	27,666	19,147	44.5
西昌 / 青山	106	634,794	469,089	35.3	101	1,427.7	1,242.4	14.9	129	6,166	4,790	28.7
白山 / 长白山	107	626,884	537,709	16.6	169	118.5	176.1	-32.7	120	7,453	6,527	14.2

续表

机场	旅客吞吐量（人次）				货邮吞吐量（吨）				起降架次（架次）			
	名次	本期完成	上年同期	同比增速%	名次	本期完成	上年同期	同比增速%	名次	本期完成	上年同期	同比增速%
景德镇/罗家	109	621,880	543,371	14.4	88	2,120.0	1,811.0	17.1	150	4,638	4,252	9.1
大庆/萨尔图	110	621,053	489,354	26.9	103	1,399.5	1,347.4	3.9	140	5,464	4,563	19.7
阜阳	111	610,099	450,308	35.5	135	532.9	547.2	-2.6	86	16,969	8,560	98.2
保山/云瑞	112	601,307	410,557	46.5	109	1,127.5	835.2	35.0	133	6,032	3,960	52.3
张家口/宁远	113	600,658	351,950	70.7	167	122.7	96.5	27.2	128	6,173	3,822	61.5
潍坊	114	597,763	540,828	10.5	45	26,469.2	22,185.6	19.3	125	6,358	6,499	-2.2
普洱/思茅	115	581,680	487,808	19.2	110	1,078.8	814.1	32.5	121	7,156	5,713	25.3
迪庆/香格里拉	116	570,974	486,640	17.3	118	957.3	874.3	9.5	124	6,404	5,112	25.3
长治/王村	117	557,142	741,573	-24.9	139	465.0	718.6	-35.3	122	6,674	9,175	-27.3
宜春/明月山	118	542,727	469,976	15.5	144	370.0	275.4	34.3	130	6,153	5,078	21.2
敦煌	120	526,779	496,459	6.1	136	510.2	518.2	-1.5	138	5,509	5,839	-5.7
九寨/黄龙	121	523,130	1,122,223	-53.4	161	195.8	137.8	42.1	148	4,888	10,139	-51.8
唐山/三女河	122	519,164	240,999	115.4	105	1,261.0	836.7	50.7	143	5,405	2,986	81.0
满洲里/西郊	123	501,682	454,371	10.4	115	1,011.3	1,665.2	-39.3	136	5,672	5,390	5.2
武夷山	124	493,460	455,688	8.3	123	826.9	867.5	-4.7	135	5,832	5,845	-0.2
池州/九华山	125	475,132	355,956	33.5	140	408.3	364.3	12.1	141	5,430	4,275	27.0
佛山/沙堤	126	471,472	355,904	32.5	157	242.5	445.4	-45.5	163	3,381	2,784	21.4
衡阳/南岳	127	470,519	311,549	51.0	130	602.2	881.6	-31.7	146	4,962	3,644	36.2
林芝/米林	128	467,879	389,530	20.1	89	1,943.3	1,653.6	17.5	144	5,256	4,248	23.7
安庆	129	459,170	325,634	41.0	100	1,434.4	1,418.3	1.1	147	4,904	3,894	25.9
乌海	130	454,296	339,824	33.7	132	599.2	988.1	-39.4	132	6,083	4,069	49.5
常德/桃花源	131	438,362	413,484	6.0	145	368.7	257.6	43.1	37	83,847	89,336	-6.1
嘉峪关	132	434,483	399,401	8.8	96	1,616.1	1,703.5	-5.1	151	4,354	4,561	-4.5
凯里/黄平	133	425,155	94,137	351.6	213	0.6			112	9,476	5,862	61.7
达州/河市	134	424,496	402,691	5.4	98	1,464.2	1,474.7	-0.7	149	4,752	4,563	4.1
安顺/黄果树	135	421,517	250,798	68.1	120	897.2	957.9	-6.3	137	5,652	4,545	24.4
汉中/城固	136	414,361	195,178	112.3	129	630.5	401.7	57.0	106	10,753	2,137	403.2
齐齐哈尔/三家子	137	403,008	322,120	25.1	134	582.3	833.1	-30.1	159	3,556	2,964	20.0
临沧	138	399,406	353,467	13.0	125	751.1	669.6	12.2	154	3,918	3,200	22.4

续表

机场	旅客吞吐量（人次）				货邮吞吐量（吨）				起降架次（架次）			
	名次	本期完成	上年同期	同比增速 %	名次	本期完成	上年同期	同比增速 %	名次	本期完成	上年同期	同比增速 %
泸州/蓝田	140	395,575	985,108	-59.8	112	1,062.4	3,293.1	-67.7	153	3,996	9,992	-60.0
克拉玛依	141	389,677	272,585	43.0	153	281.4	210.9	33.4	61	43,089	41,598	3.6
六盘水/月照	142	385,141	227,958	69.0	184	48.0	51.0	-5.9	139	5,484	3,898	40.7
庆阳	143	337,346	324,790	3.9	182	48.6	37.6	29.4	93	14,749	19,234	-23.3
秦皇岛/北戴河	145	328,473	231,240	42.0	137	506.2	426.1	18.8	110	9,699	3,511	176.2
乌兰察布/集宁	146	324,128	66,507	387.4	205	3.2			145	5,171	1,203	329.8
琼海/博鳌	147	316,246	10,696	2856.7	180	52.0	1.7	2972.8	116	8,523	1,179	622.9
哈密	148	299,625	163,528	83.2	138	483.4	410.2	17.8	158	3,693	2,220	66.4
库车/龟兹	149	295,001	273,695	7.8	142	380.2	292.5	30.0	157	3,745	3,178	17.8
黔江/武陵山	150	288,749	153,443	88.2	168	120.5	78.3	53.8	165	3,320	2,086	59.2
巴彦淖尔/天吉泰	151	282,874	273,136	3.6	133	595.6	891.4	-33.2	152	3,997	4,066	-1.7
昭通	152	280,639	224,051	25.3	156	249.4	83.9	197.2	160	3,470	2,964	17.1
吕梁/大武	153	275,786	213,797	29.0	185	43.4	20.5	111.2	162	3,406	2,906	17.2
攀枝花/保安营	154	272,926	228,508	19.4	104	1,345.7	1,154.1	16.6	172	2,768	2,404	15.1
广元/盘龙	155	265,256	236,664	12.1	149	320.1	292.6	9.4	89	15,397	2,488	518.9
玉树/巴塘	156	263,706	181,215	45.5	126	722.1	387.2	86.5	169	3,106	2,090	48.6
忻州/五台山	157	261,146	111,585	134.0	190	25.8	10.7	141.5	155	3,864	1,798	114.9
临汾/乔李	158	254,290	151,093	68.3	124	780.1	174.6	346.8	168	3,116	2,174	43.3
锦州/锦州湾	159	232,715	158,154	47.1	119	911.8	829.0	10.0	183	2,110	1,593	32.5
昌都/邦达	160	231,235	225,666	2.5	127	713.6	976.2	-26.9	178	2,252	2,204	2.2
鸡西/兴凯湖	161	222,125	190,754	16.4	155	257.0	313.2	-17.9	174	2,752	2,078	32.4
营口/兰旗	162	205,528	115,468	78.0	162	188.3	25.5	637.5	177	2,459	1,515	62.3
衢州	163	202,620	208,219	-2.7	131	601.8	639.4	-5.9	192	1,652	1,692	-2.4
鞍山/腾鳌	164	199,279	152,647	30.5	193	15.5	16.8	-7.9	181	2,234	1,896	17.8
稻城/亚丁	165	198,952	186,350	6.8	154	267.5	206.3	29.7	187	1,930	1,980	-2.5
丹东/浪头	166	198,498	211,516	-6.2	106	1,218.0	1,623.3	-25.0	188	1,901	2,280	-16.6
天水/麦积山	169	178,227	109,207	63.2	179	52.3	37.5	39.4	164	3,340	2,426	37.7

续表

机场	旅客吞吐量（人次）				货邮吞吐量（吨）				起降架次（架次）			
	名次	本期完成	上年同期	同比增速 %	名次	本期完成	上年同期	同比增速 %	名次	本期完成	上年同期	同比增速 %
二连浩特 / 赛乌素	171	163,111	121,788	33.9	147	342.3	496.9	–31.1	156	3,788	2,130	77.8
中卫 / 香山	172	159,744	102,834	55.3	166	126.7	89.5	41.5	62	42,321	40,046	5.7
固原 / 六盘山	173	157,183	107,358	46.4	196	15.1	7.8	93.9	97	13,241	8,106	63.3
阿尔山 / 伊尔施	174	155,187	105,043	47.7	141	384.3	442.6	–13.2	173	2,758	1,726	59.8
金昌 / 金川	175	152,606	114,797	32.9	173	102.6	138.6	–25.9	185	2,075	3,502	–40.7
黑河	176	150,692	140,752	7.1	177	72.4	65.2	11.1	175	2,698	2,684	0.5
吐鲁番 / 交河	177	147,653	55,373	166.7	108	1,156.5	101.1	1043.9	176	2,642	1,360	94.3
加格达奇	178	147,417	132,221	11.5	181	50.2	37.0	35.5	170	2,977	2,772	7.4
承德 / 普宁	179	146,979			206	3.2			199	1,352		
上饶 / 三清山	180	146,655			201	6.6			193	1,634		
连城 / 冠豸山	181	142,794	115,931	23.2	159	224.5	96.4	132.8	194	1,604	1,609	–0.3
张掖 / 甘州	182	138,292	117,637	17.6	163	136.6	90.0	51.8	196	1,576	1,576	
朝阳	183	136,221	132,273	3.0	194	15.2	85.2	–82.2	44	70,461	83,469	–15.6
伊春 / 林都	184	135,326	122,081	10.8	178	53.1	43.7	21.5	198	1,407	1,273	10.5
博乐 / 阿拉山口	185	134,269	129,030	4.1	170	113.1	55.4	104.3	51	52,964	51,666	2.5
阿拉善左旗 / 巴彦浩特	186	121,884	56,690	115.0	214	0.3			134	5,997	2,866	109.2
布尔津 / 喀纳斯	187	121,284	99,574	21.8	204	4.3	3.4	26.3	166	3,126	1,105	182.9
甘南 / 夏河	189	118,282	91,556	29.2	151	303.5	249.3	21.8	189	1,888	1,438	31.3
甘孜 / 康定	190	116,324	133,669	–13.0	183	48.4	13.2	267.4	191	1,782	1,830	–2.6
百色 / 巴马	191	109,918	99,489	10.5	202	5.9			197	1,522	1,534	–0.8
文山 / 普者黑	192	108,571	91,699	18.4	152	291.3	253.9	14.7	111	9,582	1,126	751.0
阿勒泰	193	105,301	298,486	–64.7	174	87.8	183.6	–52.2	171	2,917	4,859	–40.0
通化 / 三源浦	194	104,234	74,831	39.3	225		0.1	–100.0	202	1,106	1,167	–5.2
遵义 / 茅台	195	101,563			226				201	1,188		
黔南州 / 荔波	196	101,462	46,242	119.4	211	0.9	1.0	–10.0	186	1,984	1,210	64.0
黎平	197	93,382	47,358	97.2	197	11.7	0.9	1266.0	179	2,250	1,310	71.8

续表

机场	旅客吞吐量（人次）				货邮吞吐量（吨）				起降架次（架次）			
	名次	本期完成	上年同期	同比增速 %	名次	本期完成	上年同期	同比增速 %	名次	本期完成	上年同期	同比增速 %
漠河/古莲	199	83,801	72,505	15.6	176	77.4	45.2	71.3	190	1,872	1,774	5.5
邵阳/武冈	200	82,232			208	2.2			206	937		
沧源/佤山	201	81,945	2,773	2855.1	191	24.0			213	742	22	3272.7
海西/德令哈	202	81,661	62,961	29.7	158	228.5	64.2	256.1	208	926	728	27.2
石河子/花园	203	80,949	38,646	109.5	171	110.6	3.3	3274.9	200	1,210	720	68.1
塔城	204	74,724	138,353	−46.0	192	17.5	22.0	−20.3	210	858	1,718	−50.1
果洛	205	70,834	12,369	472.7	175	85.5	0.04	213530.0	217	644	116	455.2
阿里/昆莎	206	66,342	62,341	6.4	188	35.1	52.2	−32.8	207	928	956	−2.9
抚远/东极	207	65,148	62,509	4.2	209	1.7	1.2	36.0	211	852	836	1.9
日喀则	208	64,539	48,132	34.1	150	311.4	257.0	21.2	214	739	606	21.9
澜沧/景迈	209	61,407			210	1.0			218	584		
扎兰屯/成吉思汗	210	56,675	432	13019.2	218	0.03			205	1,060	8	13150.0
且末	211	50,762	1,464	3367.3	203	4.6			215	726	16	4437.5
三沙/永兴	212	49,810	759	6462.6	198	10.4			216	716	16	4375.0
霍林河	214	47,010			216	0.2			204	1,068		
莎车	215	44,218			186	42.1			222	434		
富蕴/可可托海	216	41,796	38,805	7.7	187	37.4	8.1	359.9	182	2,224	690	222.3
海西/花土沟	217	38,935	24,082	61.7	200	6.9			220	451	244	84.8
白城/长安	218	31,439			215	0.3			221	438		
梧州/长州岛	219	27,475	70,639	−61.1	199	7.5	20.5	−63.5	32	98,260	95,876	2.5
松原/查干湖	220	24,231			212	0.7			225	386		
额济纳旗/桃来	221	23,843	17,264	38.1	217	0.04	0.1	−70.0	209	881	568	55.1
河池/金城江	222	14,083	30,299	−53.5	223				223	419	666	−37.1
阿拉善右旗/巴丹吉林	223	13,566	5,041	169.1	229				212	798	476	67.6
阿坝/红原	224	12,541	24,713	−49.3	228				227	210	346	−39.3
建三江/湿地	225	11,695			222				228	136		
神农架/红坪	226	10,299	18,074	−43.0	224				226	322	348	−7.5

续表

机场	旅客吞吐量（人次）				货邮吞吐量（吨）				起降架次（架次）			
	名次	本期完成	上年同期	同比增速 %	名次	本期完成	上年同期	同比增速 %	名次	本期完成	上年同期	同比增速 %
长海 / 大长山岛	228	2,958	3,392	−12.8	227				224	401	467	−14.1
安康	229				221				79	19,485	10,700	82.1

2017年全国电信业统计公报

运行监测协调局

2018年2月2日

2017年，我国通信业深入贯彻落实党中央、国务院决策部署，积极推进网络强国战略，加强信息网络建设，深入落实提速降费，加快发展移动互联网、IPTV、物联网等新型业务，为国民经济和社会发展提供了有力支撑。

一、行业保持较快发展

（一）电信业务总量大幅提高，电信收入增长有所加快

初步核算，2017年电信业务总量达到27557亿元（按照2015年不变单价计算），比上年增长76.4%，增幅同比提高42.5个百分点。电信业务收入12620亿元，比上年增长6.4%，增速同比提高1个百分点。

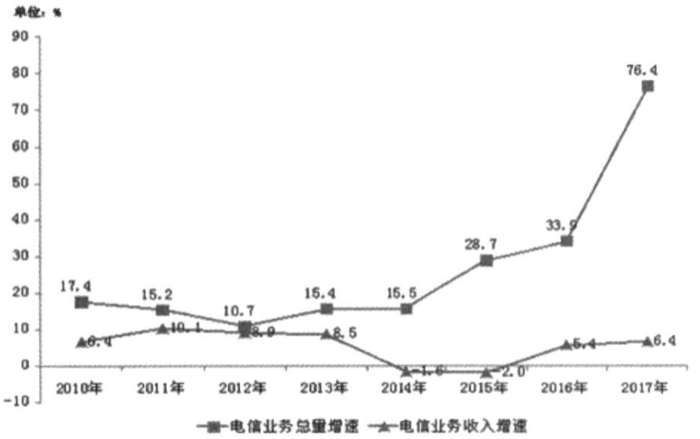

图1-1　2010—2017年电信业务总量与业务收入增长情况①

全年固定通信业务收入完成3549亿元，比上年增长8.4%。移动通信业务实现收入9071亿元，比上年增长5.7%，在电信业务收入中占比为71.9%，较上年回落0.5个百分点。

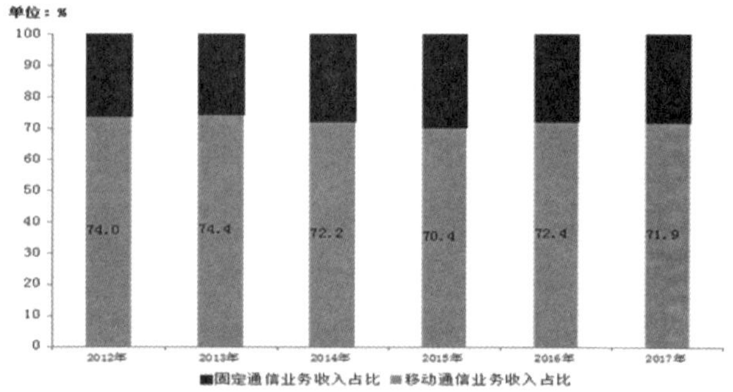

图1-2　2012—2017年固定通信和移动通信收入占比变化情况

（二）数据及互联网业务稳定增长，话音等传统业务继续萎缩

宽带中国战略加快实施带动数据及互联网业务加快发展。2017年，在固定通信业务中固定数据及互联网业务收入达到1971亿元，比上年增长9.5%，在电信业务收入中占比由上年的15.2%提升到15.6%，拉动电信业务收入增长1.4个百分点，对全行业业务收入增长贡献率达21.9%。受益于光纤接入速率大幅提升，家庭智能网关、视频通话、IPTV等融合服务加快发展。全年IPTV业务收入121亿元，比上年增长32.1%；物联网业务收入比上年大幅增长86%。

2017年，在移动通信业务中移动数据及互联网业务收入5489亿元，比上年增长26.7%，在电信业务收入中占比从上年的38.1%提高到43.5%，对收入增长贡献率达152.1%。

随着高速互联网接入服务发展和移动数据流量

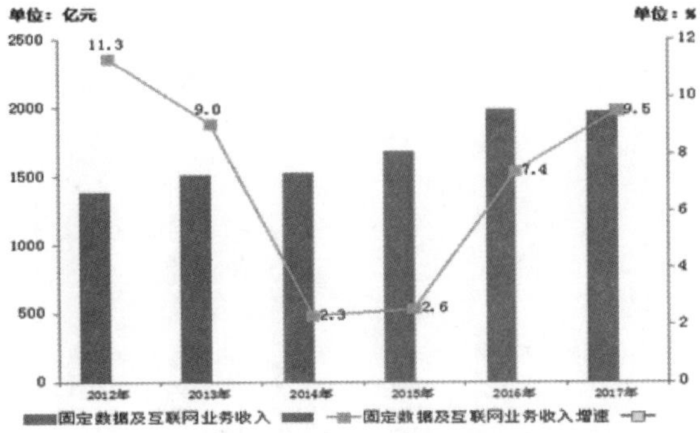

图1–3　2012—2017年固定数据及互联网业务收入情况

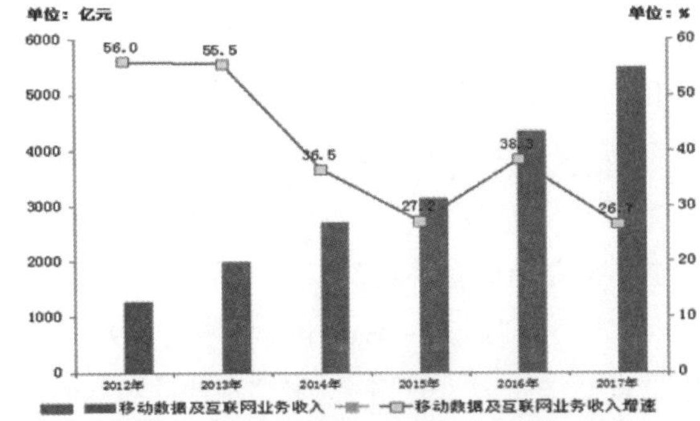

图1–4　2012—2017年移动数据及互联网业务收入情况

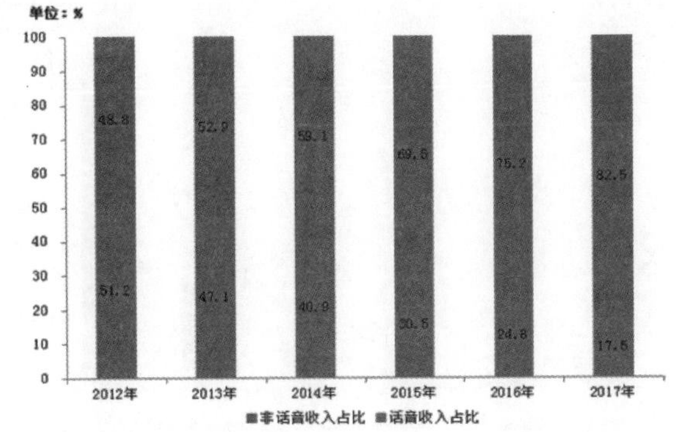

图1–5　2012—2017年电信收入结构（话音和非话音）情况

消费快速上升，话音业务（包括固定话音和移动话音）继续呈现大幅萎缩态势。2017年完成话音业务收入2212亿元，比上年下降33.5%，在电信业务收入中的占比降至17.5%，比上年下降7.3个百分点。

二、网络提速和普遍服务效果显现

（一）电话用户规模稳步扩大，移动电话普及率首次破百

2017年，全国电话用户净增8269万户，总数达到16.1亿户，比上年增长5.4%。其中，移动电话用户净增9555万户，总数达14.2亿户，移动电话用户普及率达102.5部/百人，比上年提高6.9部/百人，全国已有16省市的移动电话普及率超过100部/百人。固定电话用户总数1.94亿户，比上年减少1286万户，每百人拥有固定电话数下降至14部。

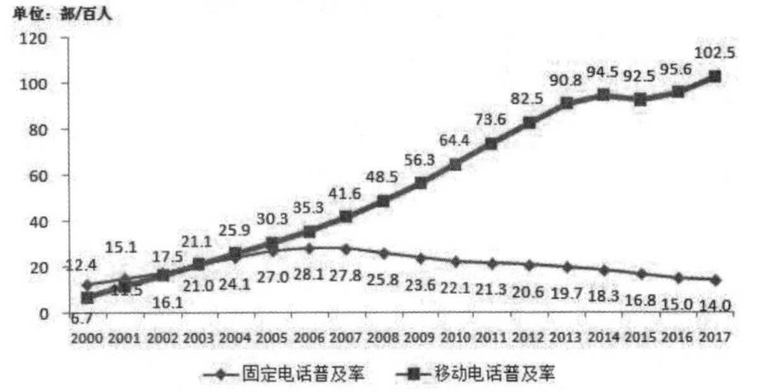

图2–1　2000—2017年固定电话、移动电话用户发展情况

（二）网络提速效果显著，高速率宽带用户占比大幅提升

进一步落实网络提速要求，加快拓展光纤接入服务和优化4G服务，努力提升用户获得感。截至12月底，三家基础电信企业的固定互联网宽带接入用户总数达3.49亿户，全年净增5133万户。其中，50Mbps及以上接入速率的固定互联网宽带接入用户总数达2.44亿户，占总用户数的70%，占比较上年提高27.4个百分点；100Mbps及以上接入速率的固定互联网宽带接入用户总数达1.35亿户，占总用户数的38.9%，占比较上年提高22.4个百分点。截至12月底，移动宽带用户（即3G和4G用户）总数达11.3亿户，全年净增1.91亿户，占移动电话用户的79.8%。4G用户总数达到9.97亿户，全年净增2.27亿户。

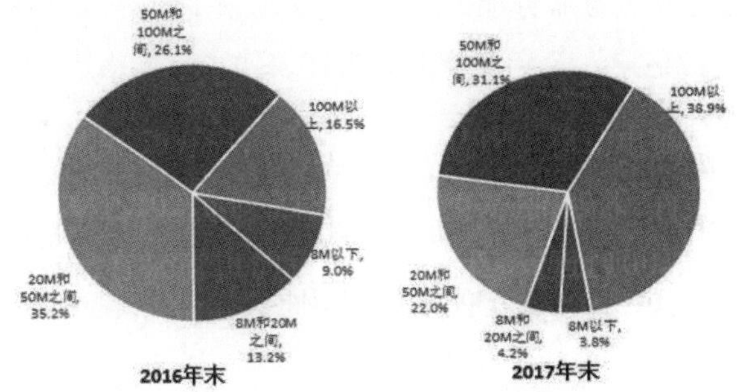

图2–2　2016—2017年固定互联网宽带各接入速率用户占比情况

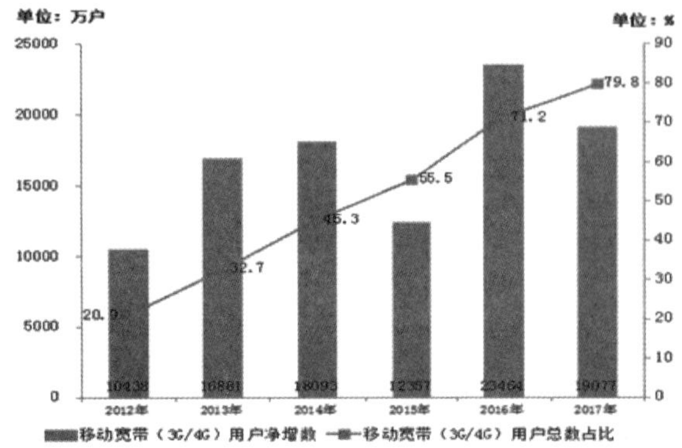

图2-3　2012—2017年移动宽带用户（3G/4G）发展情况

（三）普遍服务继续推进，农村宽带用户增长加速

2017年末，电信业完成3.2万个行政村通光纤的电信普遍服务任务部署。全国农村宽带用户达到9377万户，全年净增用户1923万户，比上年增长25.8%，增速较上年提高9.3个百分点；在固定宽带接入用户中占26.9%，占比较上年提高1.8个百分点。

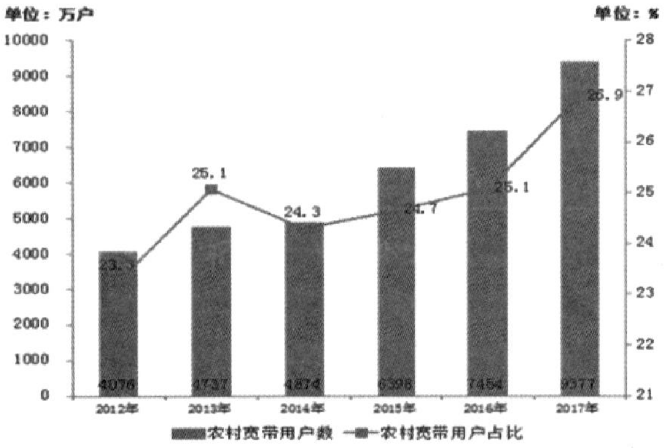

图2-4　2012—2017年农村宽带接入用户情况

（四）行业融合加深，新业务发展动能强劲

加快培育新兴业务，扎实提高IPTV、物联网、智慧家庭等服务能力。2017年末，IPTV用户数达到1.22亿户，全年净增3545万户，净增用户占光纤接入净增用户总数的53.5%。

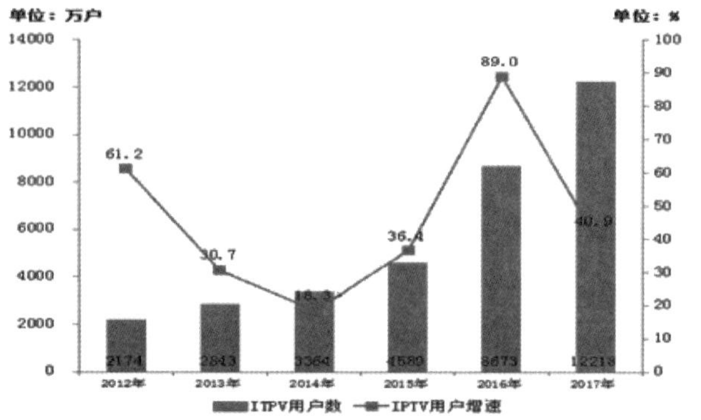

图2-5　2012—2017年IPTV用户及增速情况

三、移动数据流量消费等新兴业务继续大幅攀升

（一）移动互联网应用加快普及，户均流量翻倍增长

4G移动电话用户扩张带来用户结构不断优化，支付、视频广播等各种移动互联网应用普及，带动数据流量呈爆炸式增长。2017年，移动互联网接入流量消费达246亿GB②，比上年增长162.7%，增速较上年提高38.7个百分点。全年月户均移动互联网接入流量达到1775MB/月/户，是上年的2.3倍，12月当月户均接入流量高达2752MB/月/户。其中，手机上网流量达到235亿GB，比上年增长179%，在移动互联网总流量中占95.6%，成为推动移动互联网流量高速增长的主要因素。

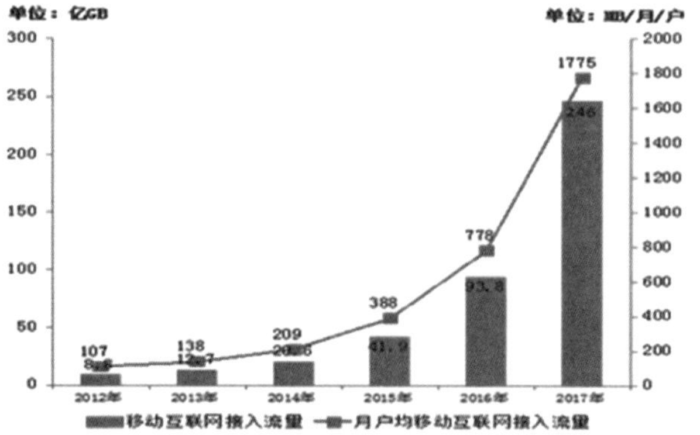

图3-1　2012—2017年移动互联网接入流量增长情况

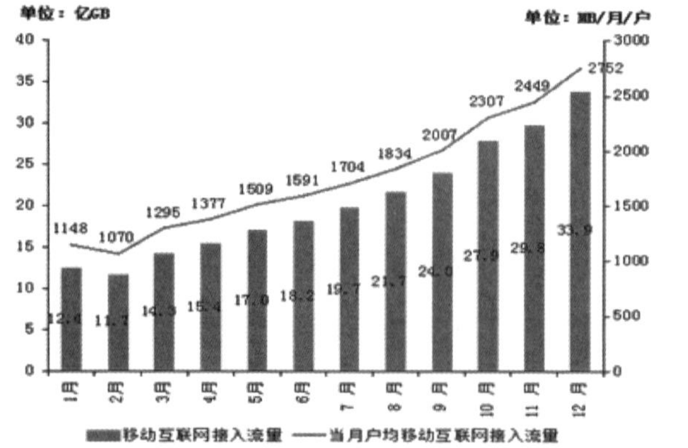

图3-2　2017年各月当月户均移动互联网接入流量增长情况

（二）互联网应用替代作用增强，传统业务持续下降

2017年，全国移动电话去话通话时长2.69万亿分钟，比上年减少4.3%，降幅较上年扩大2.8个百分点。全国移动短信业务量6644亿条，比上年减少0.4%。其中，由移动用户主动发起的点对点短信量比上年减少30.2%，占移动短信业务量比重由上年的28.5%降至19.9%。彩信业务量只有488亿条，比上年减少12.3%。移动短信业务收入358亿元，比上年减少2.6%。

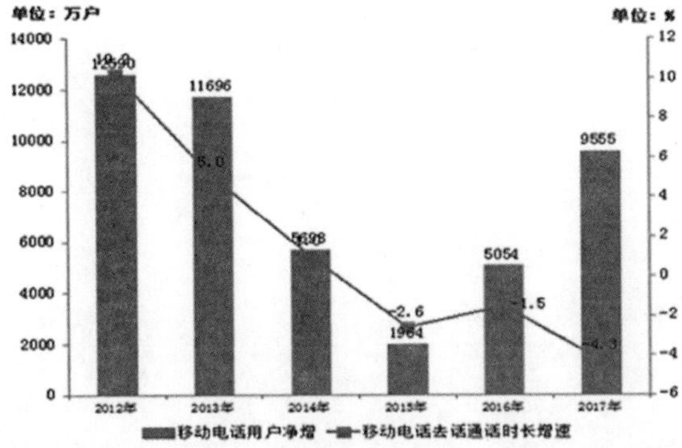

图3-3　2012—2017年移动电话去话通话时长增速和移动用户净增情况

四、网络基础设施建设继续加强

（一）信息网络建设扎实推进，4G移动网络深覆盖

着力提升网络品质，加快光纤网络建设，完善4G网络覆盖深度，不断消除覆盖盲点，移动网络服务质量和覆盖范围继续提升。2017年，全国净增移动通信基站59.3万个，总数达619万个，是2012年的3倍。其中4G基站净增65.2万个，总数达到328万个。

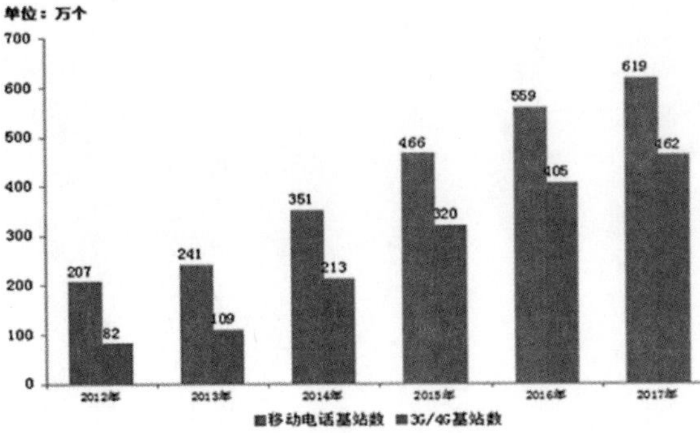

图4-1　2012-2017年移动电话基站发展情况

（二）光缆加快建设，网络空间综合实力加强

2017年新建光缆线路长度705万公里，全国光缆线路总长度达3747万公里，比上年增长23.2%。“光进铜退”趋势更加明显，截至12月底，互联网宽带接入端口数量达到7.79亿个，比上年净增0.66亿个，增长9.3%。其中，光纤接入（FTTH/0）端口比上年净增1.2亿个，达到6.57亿个，占互联网接入端口的比重由上年的75.5%提升至84.4%。xDSL端口比上年减少1639万个，总数降至2248万个，占互联网接入端口的比重由上年的5.5%下降至2.9%。

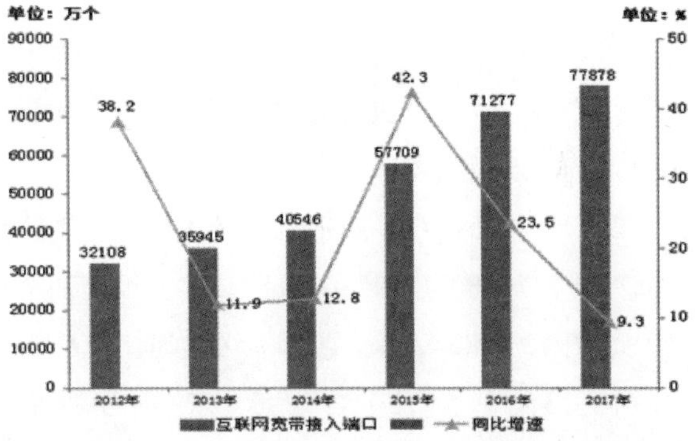

图4-2　2012—2017年互联网宽带接入端口发展情况

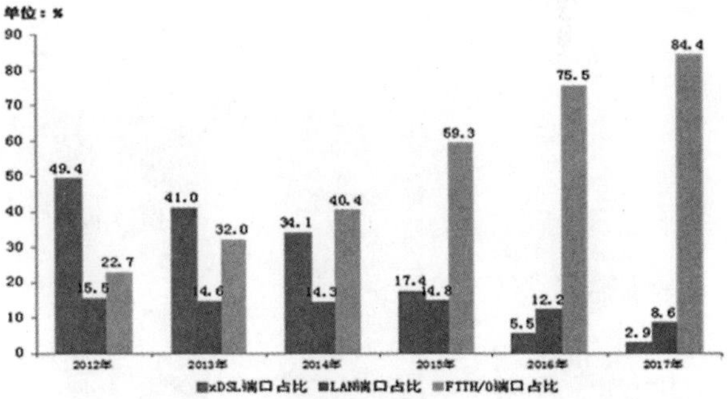

图4-3　2012—2017年互联网宽带接入端口按技术类型占比情况

五、东中西部地区协调发展

（一）东部地区电信业务收入继续占据半壁江山，中西部地区占比有所上升

2017年，东部地区实现电信业务收入6759亿元，比上年增长6.6%，占全国电信业务收入比重为53.5%，占比较上年减少0.5个百分点。中部和西部实现电信业务收入分别为2908亿元和2978亿元，比上年增长7.4%和8.5%，占比分别为23%和23.5%，比上年提升了0.1个、0.4个百分点。

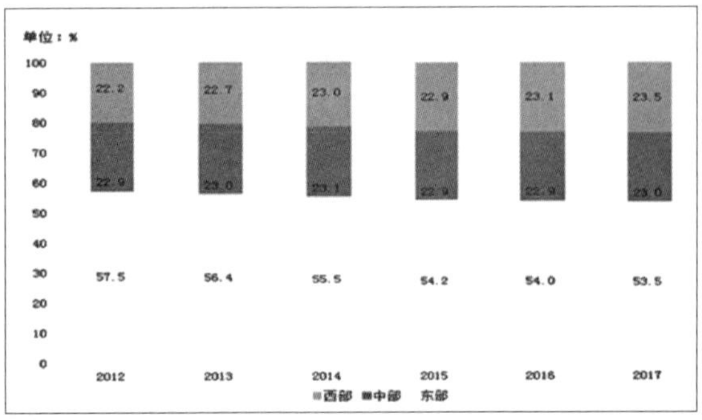

图5-1　2012—2017年东、中、西部地区电信业务收入比重

（二）东中西部光纤宽带接入用户渗透率均超过八成，西部地区提升明显

2017年，东、中、西部光纤接入用户分别达到14585万户、7708万户和7100万户，比上年分别增长24.9%、29.3%和38.5%。西部地区增速比东部和中部分别快13.6个和9.2个百分点。东、中、西部光纤接入用户在固定宽带接入用户中的占比分别达到83.2%、85.2%和85.9%，其中西部地区较上年大幅提高10.4个百分点。

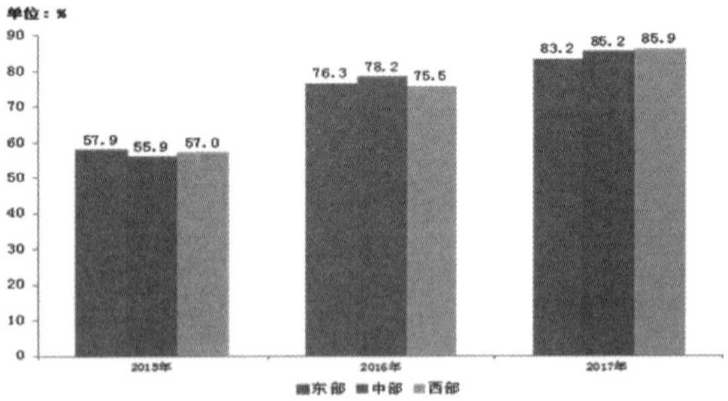

图5-2　2015—2017年东、中、西部地区光纤宽带接入用户渗透率

（三）东中西部移动数据业务均呈现加快发展态势，西部增长接近两倍

2017年，东、中、西部地区移动互联网接入流量分别达到121亿GB、59.9亿GB和64.9亿GB，比上年分别增长151%、154%和198.1%，西部增速比东部、中部增速分别高47.1个和44.1个百分点。东、中、西部地区月户均流量达到1780MB/月/户、1680MB/月/户、1865MB/月/户，西部比东部和中部分别高85MB/月/户和185MB/月/户。

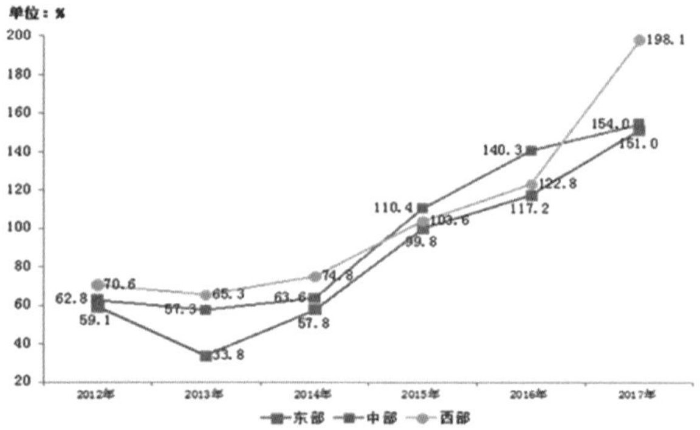

图5-3　2012—2017年东、中、西部移动互联网接入流量增速

注：

①2010-2015年电信业务总量按照2010年不变单价计算，2016—2017年按照2015年不变单价计算。

②1GB=1024MB

2017年邮政行业运行情况

国家邮政局

2018年1月13日

2017年，邮政行业业务收入（不包括邮政储蓄银行直接营业收入）累计完成6622.6亿元，同比增长23.1%；业务总量累计完成9763.7亿元，同比增长32%。

12月份，全行业业务收入完成653.9亿元，同比增长20.6%；业务总量完成1014.1亿元，同比增长29.7%。

2017年，邮政服务业务总量累计完成1696.1亿元，同比增长28.4%；邮政寄递服务业务量累计完成236.2亿件，同比增长1.4%；邮政寄递服务业务收入累计完成353.9亿元，同比增长14.8%。

12月份，邮政服务业务总量完成159.1亿元，同比增长30.4%；邮政寄递服务业务量完成20.6亿件，同比增长3%；邮政寄递服务业务收入完成31亿元，同比增长18.3%。

2017年，邮政函件业务累计完成31.5亿件，同比下降13%；包裹业务累计完成2658万件，同比下降4.9%；报纸业务累计完成177.1亿份，同比下降1.6%；杂志业务累计完成7.9亿份，同比下降7%；汇兑业务累计完成3743.7万笔，同比下降35.5%。

2017年，全国快递服务企业业务量累计完成400.6亿件，同比增长28%；业务收入累计完成4957.1亿元，同比增长24.7%。其中，同城业务量累计完成92.7亿件，同比增长25%；异地业务量累计完成299.6亿件，同比增长28.9%；国际/港澳台业务量累计完成8.3亿件，同比增长33.8%。

12月份，全国快递服务企业业务量完成42亿件，同比增长23.7%；业务收入完成519.8亿元，同比增长20.8%。

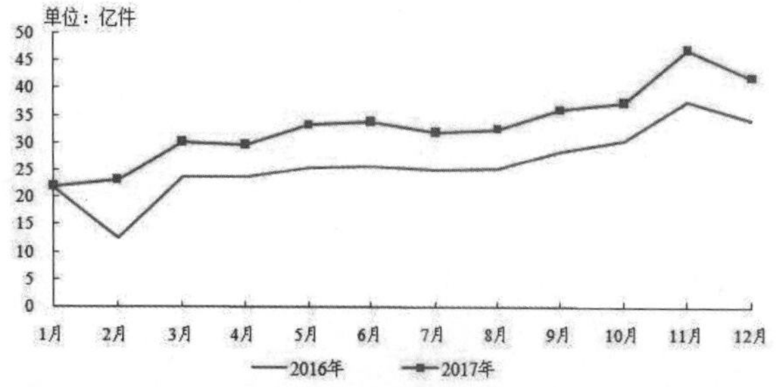

图1 快递业务量情况

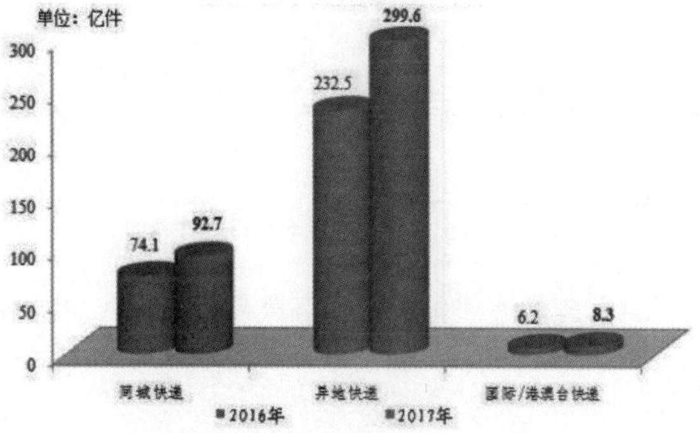

图2 分专业快递业务量比较

2017年，同城、异地、国际/港澳台快递业务量分别占全部快递业务量的23.1%、74.8%和2.1%；业务收入分别占全部快递收入的14.8%、50.7%和10.7%。与去年同期相比，同城快递业务量的比重下降0.6个百分点，异地快递业务量的比重上升0.5个百分点，国际/港澳台业务量的比重上升0.1个百分点。

2017年，东、中、西部地区快递业务量比重分别为81.1%、11.6%和7.3%，业务收入比重分别为80.9%、10.8%和8.3%。与去年同期相比，东部地区快递业务量比重上升0.2个百分点，快递业务收入比重下降0.2个百分点；中部地区快递业务量比重下降0.3个百分点，快递业务收入比重上升0.1个百分点；西部地区快递业务量比重上升0.1个百分点，快递业务收入比重上升0.1个百分点。

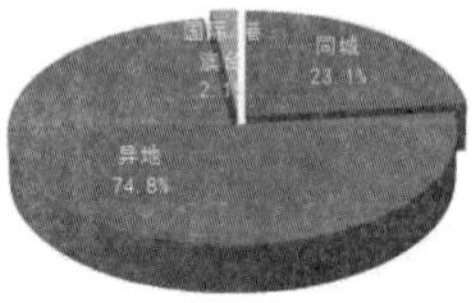

图3—1　快递业务量结构图

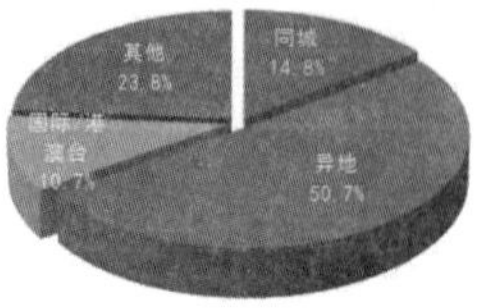

图3—2　快递业务收入结构

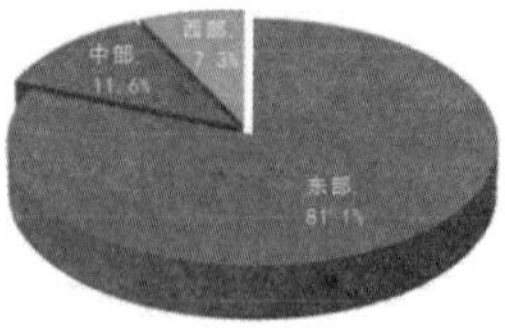

图4—1 地区快递业务量结构

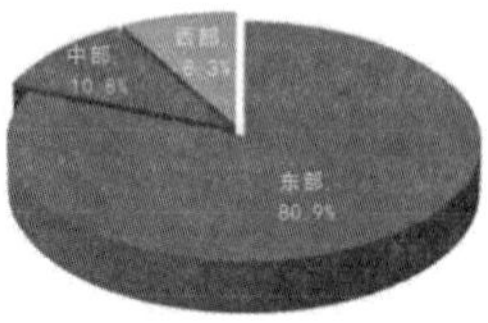

图4—2 地区快递业务收入结构

2017年，快递与包裹服务品牌集中度指数CR8为78.7，与1—11月基本持平。

表1　全国邮政行业发展情况表

指标名称	单位	12月份		比去年同期增长（%）	
		累计	当月	累计	当月
一、邮政行业业务收入	亿元	6622.6	653.9	23.1	20.6
1. 邮政寄递服务	亿元	353.9	31.0	14.8	18.3
2. 快递业务	亿元	4957.1	519.8	24.7	20.8
二、邮政行业业务总量	亿元	9763.7	1014.1	32.0	29.7
1. 邮政寄递服务	万件	2361976.5	206362.9	1.4	3.0
其中：函件	万件	314844.2	25799.0	−13.0	−4.5
包裹	万件	2658.0	278.4	−4.9	−4.8
订销报纸累计数	万份	1770567.2	150197.0	−1.6	−3.4
订销杂志累计数	万份	79177.1	6383.6	−7.0	−3.9
汇兑	万笔	3743.7	290.6	−35.5	−39.3
2. 快递业务	万件	4005591.9	420037.7	28.0	23.7
其中：同城	万件	926813.3	97313.8	25.0	27.1
异地	万件	2996248.8	313511.6	28.9	22.3
国际/港澳台	万件	82529.8	9212.3	33.8	38.8

注：邮政行业业务收入中未包括邮政储蓄银行直接营业收入。

表2　分省快递服务企业业务量和业务收入情况表

单位	快递业务量累计（万件）	同比增长（%）	快递收入累计（万元）	同比增长（%）
全国	4005591.9	28.0	49571088.8	24.7
北京	227452.1	16.0	3038329.8	18.4
天津	50199.0	22.4	763314.9	20.2
河北	119389.3	32.1	1264880.7	34.2
山西	24359.1	30.5	299901.6	35.4
内蒙古	11035.3	30.3	239592.8	29.5
辽宁	51434.5	29.1	680585.6	22.2
吉林	17569.4	26.5	304484.0	21.2
黑龙江	23185.6	6.5	358414.8	8.1
上海	311503.7	19.7	8688851.6	22.5
江苏	359627.8	26.7	4081730.6	20.3
浙江	793231.1	32.5	6682204.0	23.5
安徽	86332.3	25.3	895715.9	26.9
福建	166110.7	28.8	1619683.4	20.1
江西	43754.5	14.2	491976.7	19.1
山东	151474.6	25.7	1705165.2	22.7

续表

单位	快递业务量累计（万件）	同比增长（%）	快递收入累计（万元）	同比增长（%）
河南	107377.6	28.0	1159337.9	22.9
湖北	101277.9	30.9	1190450.7	36.6
湖南	59181.6	21.8	641882.9	24.4
广东	1013468.0	32.1	11466893.4	30.3
广西	31750.3	39.0	448672.2	32.4
海南	5915.8	21.5	126970.8	26.5
重庆	32874.9	15.8	447311.3	14.8
四川	110795.9	38.2	1274785.5	32.3
贵州	15781.9	40.2	311536.8	43.0
云南	22775.8	30.6	360114.9	24.4
西藏	567.5	−22.7	20487.7	−1.1
陕西	45750.6	24.0	563581.1	23.5
甘肃	7201.7	18.7	148095.9	18.4
青海	1449.7	34.4	38832.9	29.3
宁夏	3721.5	14.8	67784.4	15.7
新疆	9042.3	4.4	189518.9	9.3

表3　快递业务量前50位城市情况表

排名	城市	快递业务量累计（万件）	排名	城市	快递业务量累计（万件）
1	广州市	393320.2	26	西安市	33956.0
2	上海市	311503.7	27	长沙市	33133.7
3	深圳市	259509.7	28	绍兴市	32917.9
4	金华（义乌）市	255479.0	29	重庆市	32874.9
5	杭州市	232630.4	30	中山市	31194.6
6	北京市	227452.1	31	青岛市	31149.9
7	东莞市	122485.8	32	济南市	30216.6
8	苏州市	104054.9	33	南通市	29254.7
9	成都市	82605.0	34	湖州市	25424.4
10	泉州市	74432.1	35	沈阳市	25365.0
11	温州市	72309.8	36	保定市	25141.0
12	武汉市	70249.0	37	厦门市	24364.7
13	宁波市	63879.4	38	徐州市	21360.0
14	南京市	63415.7	39	惠州市	20259.3
15	揭阳市	58330.3	40	常州市	18925.6
16	台州市	53945.0	41	南昌市	18576.4
17	天津市	50199.0	42	临沂市	17979.5
18	郑州市	49139.2	43	哈尔滨市	16753.4
19	无锡市	45089.8	44	南宁市	16126.4
20	嘉兴市	41107.4	45	廊坊市	15773.7
21	汕头市	39982.3	46	宿迁市	15726.3
22	合肥市	39110.8	47	昆明市	14543.9
23	佛山市	39016.6	48	潍坊市	13818.1
24	石家庄市	35959.4	49	太原市	13431.9
25	福州市	33959.6	50	淮安市	13293.8

表4　快递业务收入前50位城市情况表

排名	城市	快递业务收入累计（万元）	排名	城市	快递业务收入累计（万元）
1	上海市	8688851.6	26	济南市	378449.8
2	深圳市	3754945.3	27	长沙市	364503.3
3	广州市	3749587.0	28	中山市	348494.9
4	北京市	3038329.8	29	厦门市	348460.9
5	杭州市	2510478.7	30	福州市	332604.2
6	金华（义乌）市	1577875.1	31	台州市	331851.8
7	东莞市	1476834.4	32	汕头市	301793.7
8	苏州市	1326474.9	33	南通市	287790.6
9	成都市	856603.6	34	常州市	286895.1
10	武汉市	810703.2	35	沈阳市	279636.4
11	天津市	763314.9	36	绍兴市	262460.3
12	南京市	738560.7	37	保定市	241938.1
13	宁波市	701056.7	38	哈尔滨市	238359.5
14	泉州市	583441.1	39	惠州市	233882.4
15	郑州市	576662.9	40	南宁市	230274.5
16	温州市	556702.0	41	南昌市	220656.2
17	无锡市	552617.5	42	昆明市	216200.7
18	佛山市	498468.4	43	大连市	212322.5
19	重庆市	447311.3	44	长春市	181737.5
20	嘉兴市	434430.0	45	湖州市	177553.5
21	揭阳市	429270.9	46	徐州市	175195.4
22	西安市	413699.6	47	廊坊市	174038.3
23	青岛市	413316.8	48	潍坊市	152854.3
24	合肥市	398847.5	49	贵阳市	145480.4
25	石家庄市	395465.2	50	烟台市	142176.0

2017年石化化工行业经济运行情况

工业和信息化部原材料工业司

2018年2月24日

2017年，石化化工行业按照党中央、国务院的战略部署，坚持深化供给侧结构性改革，大力推进创新驱动和转型升级，行业经济取得优异成绩，尤其是经济增速，为近六年增长最快一年，石化化工行业发展迈向崭新阶段。

一、整体运行情况

（一）产品生产整体平稳

2017年，石化化工行业生产整体保持平稳。乙烯产量1821.4万吨，增长2.4%；硫酸产量8694.2万吨，增长1.7%；烧碱产量3365.2万吨，增长5.4%；电石产量2447.3万吨，减少1.7%；纯苯产量833.5万吨，增长3.7%；甲醇产量4528.8万吨，增长7.1%；合成材料产量1.5亿吨，增长6.6%；轮胎产量9.26亿条，增长5.4%；化肥总产量6065.2万吨，下降2.6%。

（二）经济效益增速加快

2017年，石化化工行业规模以上企业28005家，工业增加值同比增长3.7%，累计实现主营业务收入13.45万亿元，增长15.8%，为6年来最快增速；其中化工行业主营业务收入9.10万亿元，增长13.8%。全年实现利润8313.6亿元，增长52.1%，为7年来最快增速；其中化工行业实现利润6072.4亿元，增长39.7%。

（三）对外贸易进一步扩大

2017年，石化化工行业进出口贸易总额5833.7亿美元，增长22.1%，其中出口1929.8亿美元，增长12.9%；逆差1974.2亿美元，增长45.1%。

（四）结构调整持续优化

合成树脂、合成纤维、电子化学品等高端、专用化工产品发展加快，合成材料、基础化学品和专用化学品收入和利润增速领先，对化工整体收入和利润增长的贡献率合计均超过八成；过剩行业去产能工作取得新进展，2017年，合成氨产能减少165万吨，尿素产能减少280万吨，电石产能减少350万吨，聚氯乙烯产能减少28万吨。

二、存在的主要问题

2017年石化化工行业经济运行实现了高速发展，全行业发展亮点纷呈，但行业仍然存在许多挑战和制约因素，比较突出的有：

（一）行业投资持续疲软

2017年，石化化工行业完成固定资产投资2.06万亿元，下降2.8%；其中化工行业投资1.50万亿元，下降5.2%，较上年扩大2.5个百分点，连续第二年下降。主要原因：一是新旧动能转换慢。大宗产品如合成氨、化肥、甲醇、氯碱、电石、轮胎等产能过剩，投资需求不旺；高端专用化工产品创新能力有待提高，产业化水平依然较低，投资动力尚未形成。二是宏观环境影响。近年来，环保督察逐年严格，去产能力度加大，对石化化工行业投资产生较大影响。

（二）行业安全事故频发

目前，全国有近30万家危化品生产经营单位，其中安全保障能力比较差的小化工占80%以上，安全事故时有发生。据安全监管总局披露，2017年，化工行业共发生事故218起，死亡271人，其中两起为重大事故，分别是：6月5日临沂金誉石化爆炸事故、12月9日连云港聚鑫生物科技有限公司爆炸事故。国内石化行业产业布局不尽合理，“化工围城”“城围化工”问题日益凸显，部分危险化学品生产企业临近城镇人口密集区，严重影响周边人民群众生命和财产安全，亟待开展搬迁改造，消除安全隐患。

（三）石化市场进口压力增大

2017年，国内合成材料和有机化学材料等石化产品进口持续增长，对国内市场产生较大压力。海关数据显示，2017年，合成材料进口总量4869.8万吨，增长8.3%；净进口3880.9万吨，增长8.2%；有机化学原料进口总量6222.7万吨，增长6.3%；净进口4783.2万吨，增长4.8%。主要原因：一是国内市场需求增长较快，合成材料和有机化学原料表观消费量分别增长了7.0个和5.5个百分点；二是受环保影响，一些企业减产、停产，供给增长缓慢；三是国内高端化工产品与世界先进水平还存在差距，竞争力相对较弱。

三、2018年行业工作要点

（一）大力推进危化品生产企业搬迁改造工作

2018年，我们将认真贯彻落实《关于推进城镇人口密集区危险化学品生产企业搬迁改造的指导意见》（国办发〔2017〕77号），会同安全监管总局成立危险化学品生产企业搬迁改造专项工作组，加强对危险化学品搬迁改造工作的监督检查、跟踪分析和通报，组织专家对各省（自治区、直辖市）上报实施方案进行评议，指导督促地方开展搬迁工作，及时总结推广典型经验做法，对工作扎实、成效显著的予以表扬，对工作不力、进度滞后的及时督促整改，确保中小型企业和存在重大风险隐患的大型企业要在2018年年底前全部启动搬迁改造。

（二）加快实施化工新材料补短板

围绕汽车、新一代信息技术、航空航天、轨道交通、节能环保和大健康等重点领域，编制《化工新材料补短板工程实施方案》并组织实施。指导碳纤维及复合材料产业发展联盟、电子化工新材料产业联盟等联盟开展工作，推动碳纤维、电子化学品、膜材料在下游领域的应用推广。推动成立汽车轻量化非金属材料产业联盟，推动工程塑料、碳纤维复合材料在汽车行业的应用。

（三）开展化工园区智能化改造

创建化工园区评价指标体系，开展全国化工园区摸底调查，创建化工园区“一张图”，开展化工园区综合评价。利用现有资金渠道支持化工园区开展智能化改造，不断提升化工园区基础设施和公共服务水平，增强化工园区对危险化学品生产企业搬迁的承接能力。

（四）推动化工行业两化深度融合

深入开展智能制造和工业互联网试点示范，加快出台相关标准规范。积极推动建立危险化学品监管信息共享平台，整合相关部门危险化学品监管信息资源，建立大数据库，形成政府建设管理、企业申报信息、数据共建共享、部门分工监管的综合信息平台。

（五）提升服务能力，引导石化行业扩大投资

加强财税、金融、贸易等政策与产业政策对接，落实银企对接和产融合作政策，加大对重点企业、重点项目的融资支持。加大对危化品生产企业搬迁改造、石化行业技术改造提升、智能制造试点、智慧化工园区、高端产品发展、绿色安全生产、公共服务平台建设等方面的支持力度。

（六）发力“一带一路”，提升行业“走出去”水平

积极推动轮胎、化肥、氯碱等重点行业与“一带一路”沿线国家开展国际产能合作。按照国别提出项目清单，组织企业与对方国家的产业进行有针对性的对接。鼓励企业之间采取不同模式联合起来“走出去”。完善财税支持政策，建立石化化工企业与金融机构和保险机构之间的协调机制，解决企业海外发展的融资需求。

2017年钢铁工业运行情况分析

中国产业竞争情报网

2018年4月19日

2017年12月，我国北方地区正值采暖季，京津冀及周边地区钢铁行业执行限产措施，对全国钢铁供给产生不利影响；同时，年末市场终端需求明显走弱，钢铁价格呈现冲高回落走势。具体来看，2017年1—12月，我国钢铁行业主要运行指标呈现以下特点：

投资方面，行业固定资产投资同比继续下降，但降幅不断收窄。生产方面，行业增加值增长率同比持续放缓，生铁、钢材产量增速环比回落，粗钢环比持平。需求方面，全国固定资产投资增速环比持平，规模以上工业整体平稳，房地产市场有所走弱，主要耗钢工业增加值增速放缓，钢材表观消费量同比下降。价格方面，国内钢材综合价格指数、长材和板材价格指数经历冲高回落过程，但整体依然保持高位运行。进出口方面，钢材出口量同比持续大幅萎缩，钢材进口量保持低速增长。经营方面，行业主营业务收入持续快速增长，利润总额继续保持超高速增长态势。

一、投资情况

2017年12月，受产业政策环境趋紧影响，钢铁行业固定资产投资累计同比继续下降，但降幅自10月份以来连续收窄。国家统计局数据显示，2017年1—12月，我国钢铁行业固定资产投资额3804.2亿元，同比下降7.1%，降幅较2017年1—11月收窄1.9个百分点，较上年同期扩大4.9个百分点。同时，钢铁行业累计投资额占全国投资额比重为0.6%，环比持平，同比下降0.1个百分点。

表1 2016年12月—2017年12月钢铁行业固定资产投资情况

单位：亿元，%

时间	累计投资额	累计同比	累计投资额占全国投资额比重
2016年1—12月	4161.5	−2.2	0.7
2017年1—2月	200.5	−20.1	0.5
2017年1—3月	584.2	−10.1	0.6
2017年1—4月	908.4	−12.4	0.6
2017年1—5月	1274.3	−11	0.6
2017年1—6月	1714	−11.9	0.6
2017年1—7月	2045.9	−11.8	0.6
2017年1—8月	2399.7	−10.8	0.6
2017年1—9月	2746.9	−11.2	0.6
2017年1—10月	3131.5	−10.2	0.6
2017年1—11月	3475	−9	0.6
2017年1—12月	3804.2	−7.1	0.6

注：钢铁行业指黑色金属冶炼及压延加工业，下同。

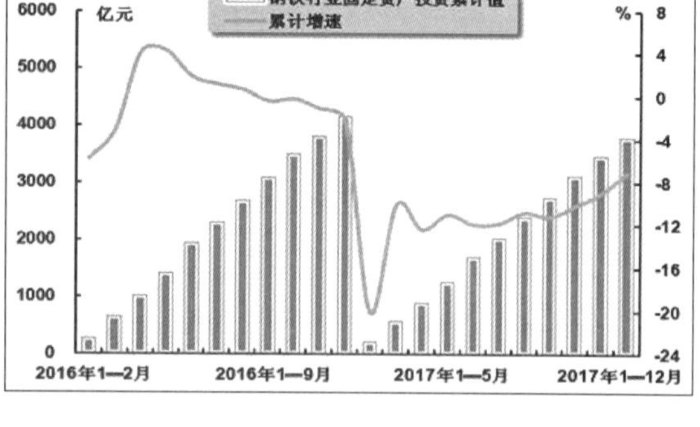

图1 2016年2月—2017年12月钢铁行业累计固定资产投资额及增速走势

二、生产情况

2017年12月，我国北方地区正值采暖季，京津冀及周边地区“2+26”城市钢铁企业全面执行限产措施，受其影响，钢铁行业增加值累计增长率持续放缓。国家统计局数据显示，2017年1—12月，我国钢铁行业工业增加值同比增长0.3%，增速较2017年1—11月回落0.1个百分点，而上年同期为同比下降1.7%。当月来看，2017年12月，钢铁行业增加值同比下降1.5%，降幅环、同比分别收窄1.3个和11.6个百分点。

表2　2016年12月—2017年12月钢铁行业增加值增长率情况

单位：%

时间	本月同比	累计同比
2016 年 12 月	−13.1	−1.7
2017 年 2 月	--	−9.1
2017 年 3 月	−0.2	1
2017 年 4 月	0.2	0.8
2017 年 5 月	−1.9	0.4
2017 年 6 月	0.7	0.5
2017 年 7 月	2.1	0.7
2017 年 8 月	0.9	0.7
2017 年 9 月	−1.4	0.6
2017 年 10 月	−1.3	0.5
2017 年 11 月	−2.8	0.4
2017 年 12 月	−1.5	0.3

注：①“增长率”为同比增长率，按可比价格计算。②为了消除春节日期不固定因素带来的影响，增强数据的可比性，按照国家统计制度，历年1—2月份数据一起调查，一起发布。

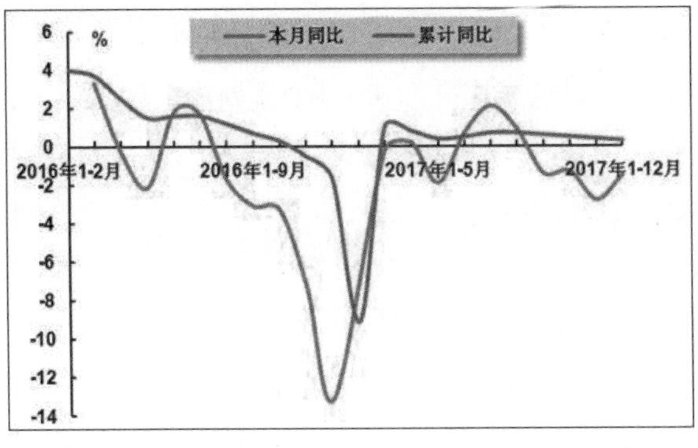

图2　2016年2月—2017年12月钢铁行业增加值增长率走势

2017年12月，受北方地区环保限产影响，钢铁主要产品累计产量增速放缓。国家统计局数据显示，2017年1—12月，生铁、粗钢和钢材产量分别为71075.9万吨、83172.8万吨和104818.3万吨，同比分别增长1.8%、5.7%和0.8%，增速与2017年1—11月相比，生铁、钢材分别回落0.5个和0.3个百分点，粗钢持平；增速与上年同期相比，生铁、粗钢分别加快1.1个和4.5个百分点，钢材回落1.5个百分点。当月来看，2017年12月，生铁、粗钢和钢材产量分别为5472.3万吨、6704.7万吨和8778.9万吨，与上月相比，生铁减少16.0万吨，粗钢、钢材分别增加89.6万吨、93.7万吨。

表3　2016年12月—2017年12月生铁产量及增长情况

单位：万吨，%

时间	本月产量	本月同比	累计产量	累计同比
2016 年 12 月	5746.9	4.1	70073.6	0.7
2017 年 2 月	--	--	11354.3	5.6
2017 年 3 月	6199.9	1.3	17563.7	4.1
2017 年 4 月	6257.7	5.4	23821.4	4.2
2017 年 5 月	6173.3	−0.1	30047.2	3.3
2017 年 6 月	6167.8	2.2	36255.6	3.4
2017 年 7 月	6207.4	5.1	42420.2	3.5
2017 年 8 月	6260.8	3.8	48670.4	3.6
2017 年 9 月	5959.9	0	54614.1	3.2
2017 年 10 月	6001.5	2.3	60296.5	2.7
2017 年 11 月	5488.3	−3.5	65614.3	2.3
2017 年 12 月	5472.3	−4.4	71075.9	1.8

表4　2016年12月—2017年12月粗钢产量及增长情况

单位：万吨，%

时间	本月产量	本月同比	累计产量	累计同比
2016 年 12 月	6721.9	3.2	80836.6	1.2
2017 年 2 月	--	--	12876.7	5.8
2017 年 3 月	7199.5	1.8	20109.9	4.6
2017 年 4 月	7277.7	4.8	27387	4.6
2017 年 5 月	7225.9	1.8	34683.3	4.4
2017 年 6 月	7323.1	5.7	41974.5	4.6
2017 年 7 月	7402.1	10.3	49155.2	5.1
2017 年 8 月	7459.4	8.7	56640.5	5.6
2017 年 9 月	7182.7	5.3	63873.1	6.3
2017 年 10 月	7236.2	6.1	70950	6.1
2017 年 11 月	6615.1	2.2	76480.2	5.7
2017 年 12 月	6704.7	1.8	83172.8	5.7

表5 2016年12月—2017年12月钢材产量及增长情况

单位：万吨，%

时间	本月产量	本月同比	累计产量	累计同比
2016 年 12 月	9571.1	−0.2	113801.2	2.3
2017 年 2 月	--	--	16655.3	4.1
2017 年 3 月	9676.4	−0.7	26294.6	2.1
2017 年 4 月	9489.8	0.5	35782.7	1.7
2017 年 5 月	9578.2	−1.9	45367.5	0.8
2017 年 6 月	9756.9	0.7	55154.7	1.1
2017 年 7 月	9667	2.7	64855.7	1.1
2017 年 8 月	9676.3	0.5	74517.8	1.2
2017 年 9 月	9356.4	−1.8	82986.3	1.2
2017 年 10 月	9178.5	−1.6	90272.6	1.1
2017 年 11 月	8685.2	−2.9	97298.2	1.1
2017 年 12 月	8778.9	−1.1	104818.3	0.8

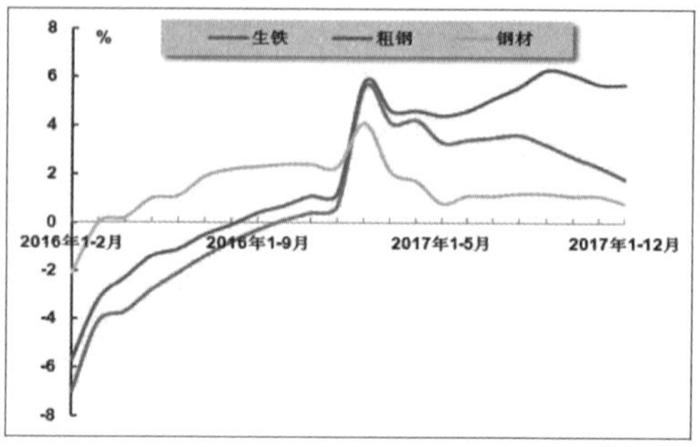

图3 2016年2月—2017年12月主要钢铁产品产量累计增速走势

三、需求情况

1.全国固定资产投资情况

2017年12月，全国固定资产投资（不含农户）累计同比保持平稳增长，稳定支撑国内整体钢铁市场需求。国家统计局数据显示，2017年1—12月，全国固定资产投资（不含农户）完成631684.0亿元，同比增长7.2%，增速与2017年1—11月持平，较上年同期回落0.9个百分点。

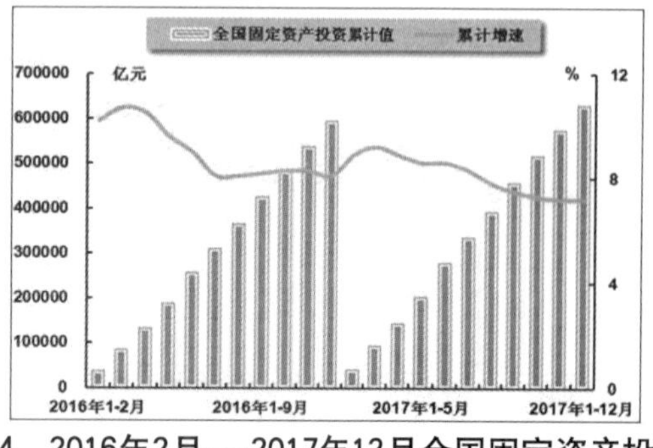

图4 2016年2月—2017年12月全国固定资产投资累计完成额及增速走势

2.工业生产用钢需求状况

2017年12月，全国工业部门整体保持良好运行态势，工业生产继续稳中向好，对工业用钢需求形成稳定支撑。国家统计局数据显示，2017年1—12月，规模以上工业增加值同比增长6.6%，增速与2017年1—11月持平，较上年同期加快0.6个百分点。当月来看，2017年12月，规模以上工业增加值同比增长6.2%，增速环、同比分别加快0.1个和0.2个百分点。

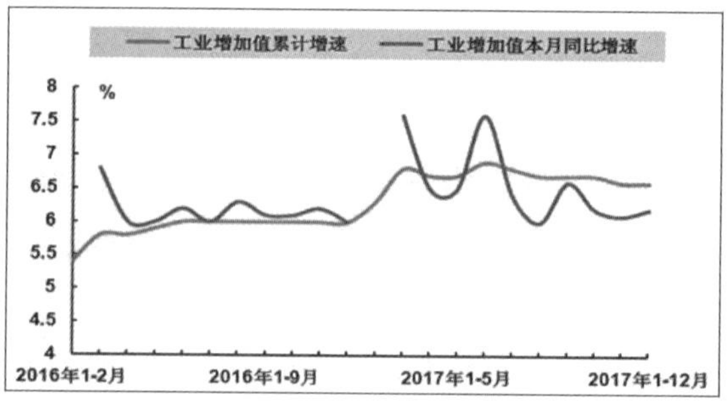

图5 2016年2月—2017年12月规模以上工业增加值增长率走势

注：每年1、2月份没有当月工业增加值统计。

3.房地产用钢需求状况

2017年12月，房地产市场有所走弱，虽然新开工面积累计增速略有提升，但开发投资、施工面积及销售面积累计增速均环比下降，房地产建筑用钢需求整体承压。国家统计局数据显示，2017年1—12月，房地产开发投资完成额、施工面积、新开工面积和销售面积分别同比增长7.0%、3.0%、7.0%和7.7%，增速与2017年1—11月相比，投资完成额、施工面积和销售面积分别回落0.5个、0.1个和0.2个百分点，新开工面积加快0.1个百分点；增速与上年同期相比，投资完成额加快0.1个百分点，施工面积、新开工面积和销售面积则分别回落0.2个、1.1个和14.8个百分点。

4.主要耗钢工业用钢需求状况

2017年12月，5个主要耗钢工业生产保持稳定增长，但增加值累计增速环比回落，对工业用钢需求增长产生不利。国家统计局数据显示，2017年

1—12月，金属制品业、通用设备制造业、专用设备制造业、汽车制造业、电气机械及器材制造业增加值同比分别增长6.6%、10.5%、11.8%、12.2%、10.6%；增速与2017年1—11月相比，金属制品业持平，通用设备制造业、专用设备制造业、汽车制造业和电气机械及器材制造业分别回落0.2个、0.1个、0.4个和0.1个百分点；增速与上年同期相比，金属制品业、汽车制造业分别回落1.6个、3.3个百分点，通用设备制造业、专用设备制造业、电气机械及器材制造业则分别加快4.6个、5.1个、2.1个百分点。

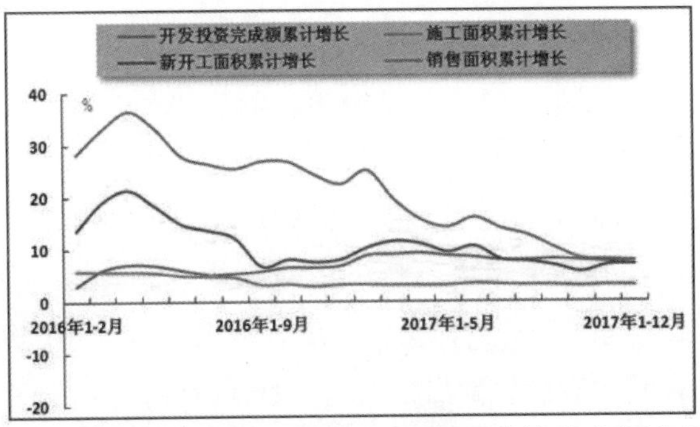

图6 2016年2月—2017年12月全国房地产市场主要指标累计增速走势

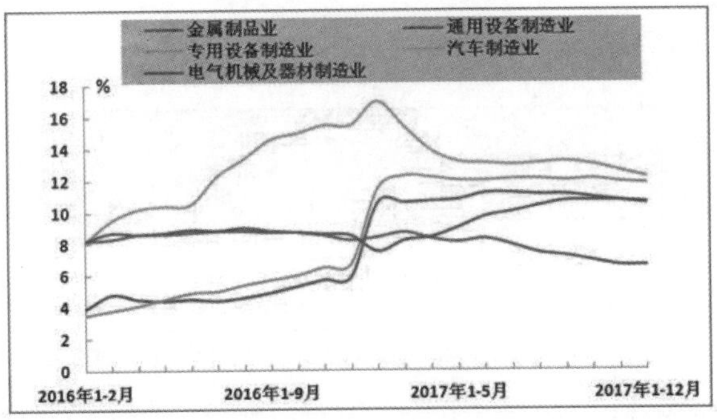

图7 2016年2月—2017年12月主要耗钢工业增加值累计增长率走势

5.钢材表观消费量情况

2017年12月，综合国内钢材产量及进出口情况，我国钢材累计表观消费量规模同比继续下降，且降幅环比有所扩大，反映表观消费需求持续走弱。根据国家统计局及海关总署数据，2017年1—12月，我国钢材累计表观消费量为98607.3万吨，同比下降5.4%，降幅较2017年1—11月扩大1.3个百分点，而上年同期为同比增长1.8%。

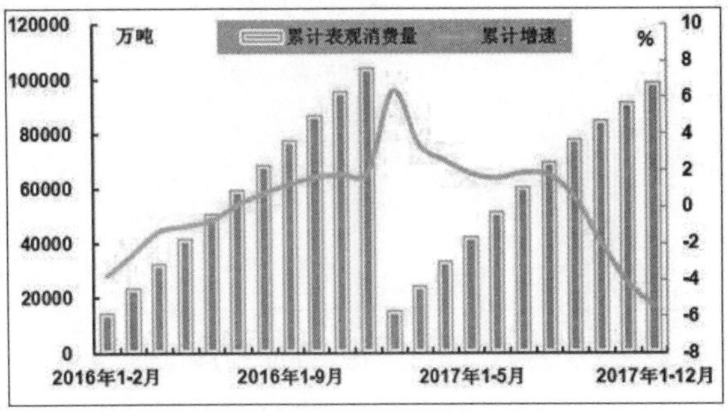

图8 2016年2月—2017年12月钢材累计表观消费量及增速走势

四、价格情况

2017年12月，供给端压缩空间有限，下游市场需求走弱，加之年底资金面偏紧，多重因素影响下，国内钢材价格出现冲高回落行情，但整体依然保持高位。中国钢铁工业协会统计数据显示，截至2017年12月末，国内钢材综合价格指数、长材价格指数和板材价格指数分别为121.80、128.98和117.37点，较2017年11月末分别上升3.14点、4.09点和2.83点，较上年同期分别上升22.29点、31.38点和12.77点。

表6 2016年12月—2017年12月钢材价格指数情况

单位：点

时间	国内钢材综合价格指数	长材价格指数	板材价格指数
2016 年 12 月末	99.51	97.6	104.6
2017 年 1 月末	99.97	98.46	104.67
2017 年 2 月末	106.22	108.35	107.54
2017 年 3 月末	101.8	107.2	99.1
2017 年 4 月末	92.64	98.48	88.97
2017 年 5 月末	99.27	108.39	93.16
2017 年 6 月末	101.03	106.73	97.86
2017 年 7 月末	106.49	111.77	103.73
2017 年 8 月末	115.3	120.96	111.64
2017 年 9 月末	113.82	118.57	110.86
2017 年 10 月末	115.96	120.1	113.53
2017 年 11 月末	118.66	124.89	114.54
2017 年 12 月末	121.8	128.98	117.37

图9 2015年12月—2017年12月钢材价格指数走势

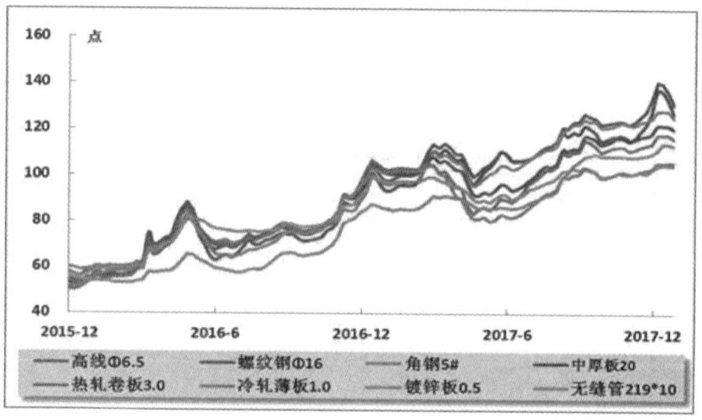

图10 2015年12月—2017年12月主要品种钢材价格指数走势

2017年12月，国内市场8个钢材品种价格指数同环比均经历冲高回落过程，但整体依然保持高位运行。中国钢铁工业协会数据监测显示，2017年12月末，高线、螺纹钢、角钢、中厚板、热轧卷板、冷轧薄板、镀锌板、无缝管的价格指数分别为130.86点、126.75点、125.17点、120.32点、116.20点、105.67点、104.48点、108.73点，与2017年11月末相比，依序分别上升3.13点、4.58点、1.44点、3.06点、3.07点、3.18点、3.33点、4.28点；与上年同期相比，依序分别上升32.69点、32.54点、28.66点、19.01点、13.35点、4.34点、7.19点、27.23点。

五、进出口情况

2017年12月，国内钢材市场的回暖抑制了出口动力，整体高位的钢铁价格也削弱了出口竞争优势，加之国际贸易摩擦不断，我国钢材累计出口量同比继续大幅萎缩。值得注意的是，新一轮出口关税调整于2018年1月1日起实施，随着钢材出口关税的取消以及钢坯出口关税的降低，钢材出口形势或将有所改观。海关总署统计数据显示，2017年1-12月，我国累计出口钢材7541.0万吨，同比下降30.5%，降幅较2017年1-11月收窄0.2个百分点，较上年同期扩大27.0个百分点。当月来看，2017年12

表7 2016年12月—2017年12月主要钢材品种价格指数情况

单位：点

时间	高线 Φ6.5	螺纹钢 Φ16	角钢 5#	中厚板 20	热轧卷板 2.75	冷轧薄板 1.0	镀锌板 0.5	无缝管 219x10
2016 年 12 月末	98.17	94.21	96.51	101.31	102.85	101.33	97.29	85.78
2017 年 1 月末	99.78	95.69	97.35	100.83	102.95	101.94	97.25	85.25
2017 年 2 月末	110.36	106.95	105.86	106.4	105.03	103.91	99.04	88.87
2017 年 3 月末	109.21	106.6	105.49	102.45	95.55	91.05	94.8	89.97
2017 年 4 月末	100.59	98.41	96.51	91.26	85	81.11	88.74	85.69
2017 年 5 月末	110.33	110.23	104.26	96.07	90.06	83.02	91.68	86.39
2017 年 6 月末	107.07	107.15	106.81	97.94	96.49	86.18	93.89	88.03
2017 年 7 月末	112.91	111.71	111.53	103.79	102.31	92.72	97.66	91.73
2017 年 8 月末	123	118.79	122.31	111.75	110.14	100.34	103.06	104.34
2017 年 9 月末	122.02	115.07	120.96	113.54	109.95	99.09	99.72	108.29
2017 年 10 月末	123.4	116.21	122.86	117.1	112.38	101.59	100.82	108.43
2017 年 11 月末	127.73	122.17	123.73	117.26	113.13	102.49	101.15	108.73
2017 年 12 月末	130.86	126.75	125.17	120.32	116.2	105.67	104.48	113.01

月，钢材出口量为567.0万吨，较上月增加32.0万吨，持续保持低位运行。

表8　2016年12月—2017年12月钢材出口情况

单位：万吨，%

时间	本月出口量	本月同比	累计出口量	累计同比
2016年12月	780	−26.8	10843	−3.5
2017年1月	742	−23.2	742	−23.2
2017年2月	575	−29.1	1317	−25.7
2017年3月	756	−24.2	2073	−25
2017年4月	649	−28	2721	−25.8
2017年5月	698	−25.9	3419	−25.7
2017年6月	681	−37.8	4099	−28
2017年7月	696	−32.4	4795	−28.7
2017年8月	652	−27.2	5447	−28.5
2017年9月	514	−41.4	5960	−29.8
2017年10月	497.9	−35.3	6448.8	−30.4
2017年11月	535	−34	6983	−30.7
2017年12月	567	−27.4	7541	−30.5

图11　2015年12月—2017年12月钢材累计出口量及增速走势

2017年12月，国内钢铁生产活动受到抑制的情况下，钢材累计进口量继续平稳低速增长。海关总署统计数据显示，2017年1—12月，我国钢材进口量为1330.0万吨，同比增长0.6%，增速与2017年1—11月持平，较上年同期回落2.8个百分点。当月来看，2017年12月，钢材进口量为120.0万吨，较上月增加6.0万吨，仅次于3月和9月，为全年第三高。

表9　2016年12月—2017年12月钢材进口情况

单位：万吨，%

时间	本月进口量	本月同比	累计进口量	累计同比
2016年12月	119	0.8	1,321.00	3.4
2017年1月	109	17.7	109	17.7

续表

时间	本月进口量	本月同比	累计进口量	累计同比
2017年2月	109	17.2	218	17.6
2017年3月	130	2.4	348	11.3
2017年4月	108	−2.2	456	7.8
2017年5月	111	1.8	567	6.5
2017年6月	113	−0.9	680	5.3
2017年7月	98	−13.3	779	2.6
2017年8月	99	−11.3	877	0.8
2017年9月	124	9.3	1001	1.8
2017年10月	95.1	−11.9	1096.1	0.5
2017年11月	114	1.9	1210	0.6
2017年12月	120	0.9	1330	0.6

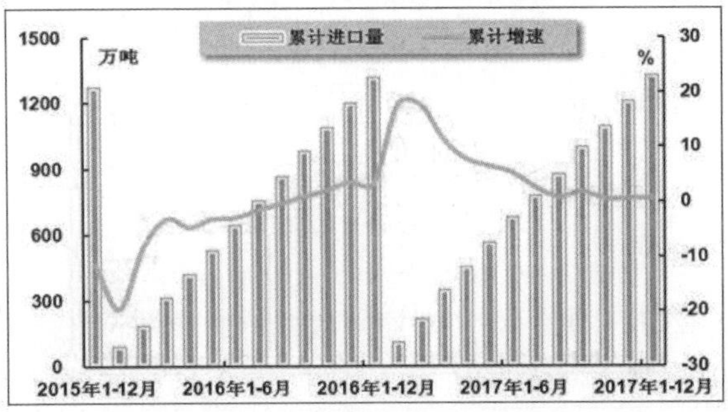

图12　2015年12月—2017年12月钢材累计进口量及增速走势

六、经营情况

2017年12月，整体高位运行的钢价继续支撑钢铁行业主营业务收入快速增长，但采暖季环保限产以及年末需求走弱带来供需双降，对行业主营业务收入累计增速有所拖累。国家统计局数据显示，2017年1—12月，钢铁行业累计实现主营业务收入67429.6亿元，同比增长22.4%，增速较2017年1—11月放缓0.5个百分点，而上年同期为同比下降0.7%。

表10　2016年12月—2017年12月钢铁行业主营业务收入情况

单位：亿元，%

时间	累计主营业务收入	累计同比
2016年1—12月	63174.3	−0.7
2017年1—2月	10388.1	27.3
2017年1—3月	16900.2	26.3
2017年1—4月	22923.1	24.2
2017年1—5月	29098.3	23.3
2017年1—6月	35493.3	23.2
2017年1—7月	41531.7	22.7

续表

时间	累计主营业务收入	累计同比
2017 年 1—8 月	47846.9	22.4
2017 年 1—9 月	53544.7	23.1
2017 年 1—10 月	58350.7	23.5
2017 年 1—11 月	62866.7	22.9
2017 年 1—12 月	67429.6	22.4

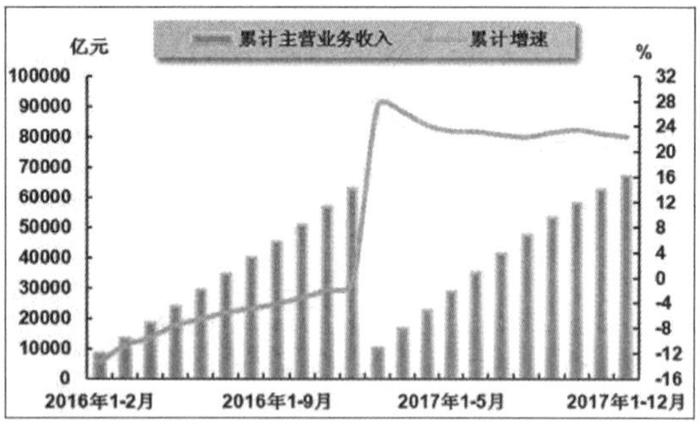

图13　2016年2月—2017年12月钢铁行业累计主营业务收入及增速走势

2017年12月，主营业务收入的快速增长支撑了钢铁行业盈利能力的持续提升，加之铁矿石等原料价格持续疲软，钢铁行业利润总额继续保持超高速增长。国家统计局数据显示，2017年1—12月，钢铁行业累计实现利润总额3419.4亿元，同比增长177.8 %，增速较2017年1—11月和上年同期分别回落2.3个和54.5个百分点。

表11　2016年12月—2017年12月钢铁行业利润情况

单位：亿元，%

时间	累计利润总额	累计同比
2016 年 1—12 月	1659.1	232.3
2017 年 1—2 月	360.2	2109.8
2017 年 1—3 月	657.1	358.9
2017 年 1—4 月	849.5	141.5
2017 年 1—5 月	1053.1	93.5
2017 年 1—6 月	1301.2	96.4
2017 年 1—7 月	1624.8	101.5
2017 年 1—8 月	2035	106.9
2017 年 1—9 月	2413.4	118.5
2017 年 1—10 月	2737.3	162.2
2017 年 1—11 月	3138.8	180.1
2017 年 1—12 月	3419.4	177.8

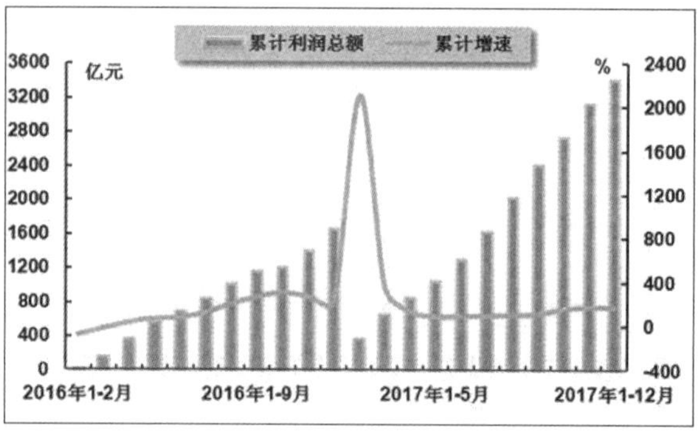

图14　2016年2月—2017年12月钢铁行业累计利润及增速走势

2017年建材工业运行情况

原材料工业司

2018年2月11日

2017年，建材工业认真落实党中央国务院决策部署，加快推进供给侧结构性改革，大力化解过剩产能，深入推动联合重组，精准实施错峰生产，在市场需求继续放缓的情况下，经济效益明显改善，产业结构持续优化，经济运行稳中向好。

一、2017年建材工业经济运行特点

（一）生产继续保持增长。2017年，建材生产保持增长态势，行业增加值同比增长3.6%，比前3季度放缓0.8个百分点。水泥产量23.2亿吨，同比微降0.2%；平板玻璃产量7.9亿重量箱，同比增长3.5%；夹层玻璃、陶瓷砖、商品混凝土等实现较快增长。

（二）价格水平大幅回升。全年建材产品均价同比上涨8.2%，扭转连续两年下降趋势。其中水泥价格涨幅明显，12月当月水泥出厂均价384元/吨，同比上涨26%。平板玻璃价格稳中有升，9月份以来连续上涨，12月当月出厂均价同比上涨8.5%。

（三）经济效益明显好转。全年建材行业完成主营业务收入7.5万亿元，同比增长8%；实现利润5173亿元，同比增长17%；销售利润率6.9%，高于整个工业0.4个百分点。建材行业资产负债率50.6%，同比降低1.2个百分点；亏损企业亏损总额271亿元，同比减亏24%。水泥行业营收攀上高位达9150亿元，同比增长18%；利润877亿元，同比增长94%。平板玻璃行业营收759亿元，同比增长20%；利润93亿元，同比增长81%。混凝土与水泥制品、卫生陶瓷制品、技术玻璃、玻璃纤维及制品、非金属矿制品等行业效益也均表现良好。

（四）出口同比有所下降。全年建材商品出口额306亿美元，同比下降1.3%，降幅比前3季度继续收窄。全年出口离岸均价同比下降52%。主要出口商品中，建筑卫生陶瓷出口量同比下降3.1%，金额增长1.8%；建筑与技术玻璃出口量同比增长2.9%，金额下降1.5%；建筑用石出口量同比基本持平，金额下降17%；玻璃纤维及制品出口情况较好，出口量和金额同比分别增长10%和9.2%。

二、存在的主要矛盾和问题

（一）产能过剩矛盾没有根本解决，行业运行存在下行风险。从全年来看，建材行业增速呈现趋缓的态势，大部分过剩产能只是暂时关停，一旦市场形势好转随时可能恢复生产。特别是水泥2500吨/日及以下的熟料产能（占比达到30%以上），能耗、排放水平明显落后于大型新型干法生产线，竞争乏力，如何进一步以市场化、法治化方式推动这部分产能加快退出是化解过剩产能的难点。

（二）需求增长乏力，建材行业投资出现了首度负增长。2017年全国固定资产投资同比增长7.2%，房地产、交通运输、水利、公共设施等基建领域投资增速均出现不同程度回落，固定资产投资对水泥等大宗建材产品需求拉动减弱。2017年建材行业完

成固定资产投资1.55万亿元，同比首次出现下降1.7%，细分行业中只有混凝土和水泥制品、纤维及复合材料、建筑卫生陶瓷保持增长，建材新兴产业培育和传统产业提升改造后劲不足。

（三）生产要素价格上涨，外部约束日益趋紧。2017年以来，煤炭、天然气、纯碱等大宗燃原料价格上涨明显，公路运输治超推高物流成本，环保督查力度加大，建材企业为还“欠账”实现达标排放，必须增加投入进行节能减排等专项技术改造，也增大了企业的运营压力。

2017年机械行业运行情况

中国产业信息网

2018年2月11日

伴随争议，2017年工程机械板块涨幅高达22.1%，处于行业内领先水平，业绩和股价表现证明年初以来坚定推荐是正确的。

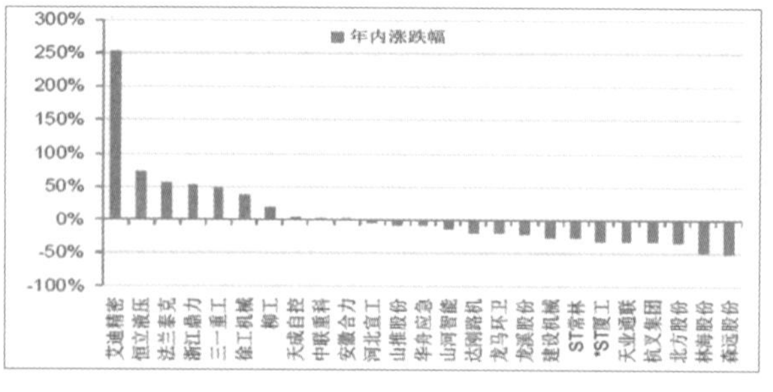

图1　2017年工程机械主机厂及核心零部件企业涨幅较大

资料来源：根据公开资料整理。

回顾2017年，市场对投资和销量增长持续性的担忧由始至终，但是销量从年初到年末每个月都在超预期，核心原因不仅在于低基数、低库存、投资超预期，还在于进入强劲的更新换代周期。

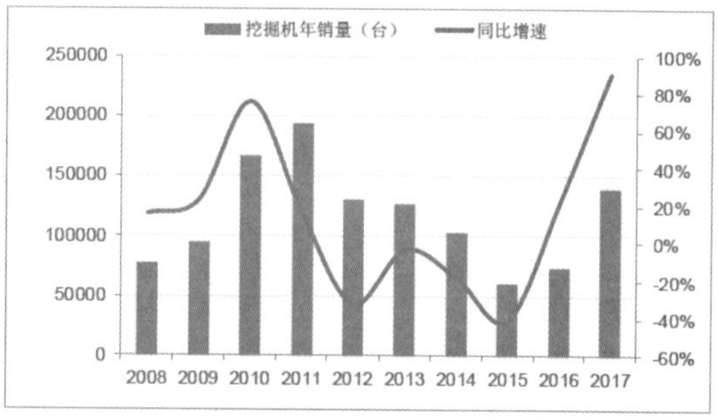

图2　挖掘机销量在2017年强势反弹

资料来源：根据公开资料整理。

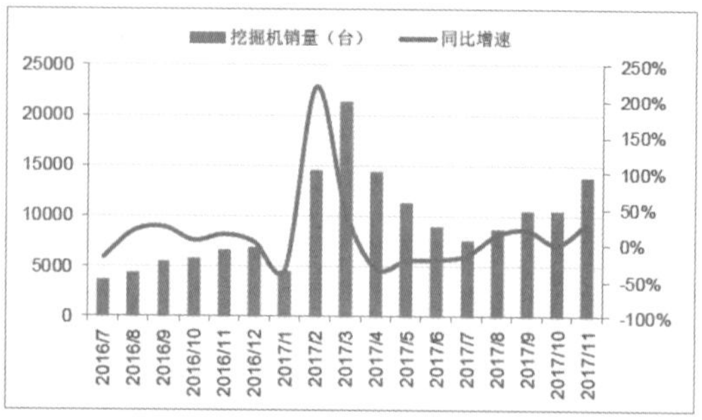

图3　挖掘机高景气持续性显著超预期

资料来源：根据公开资料整理。

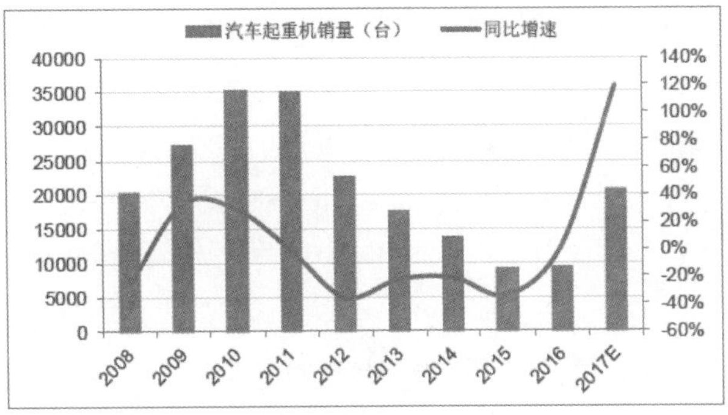

图4 汽车起重机销量在2017年强势反弹

资料来源：根据公开资料整理。

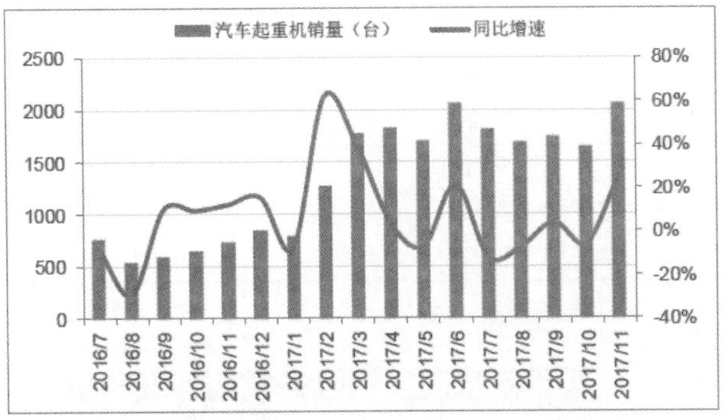

图5 汽车起重机高景气持续性显著超预期

资料来源：根据公开资料整理。

以挖机为例，理论测算2017年挖机更新换代需求占总需求比重已经接近38%，若考虑厂家以旧换新政策以及环保督查加速存量更新换代等因素，实际上2017年更新换代需求已经超过50%，导致2017年行业增速超出预判，预计2018年行业增速大概率还将超出测算。

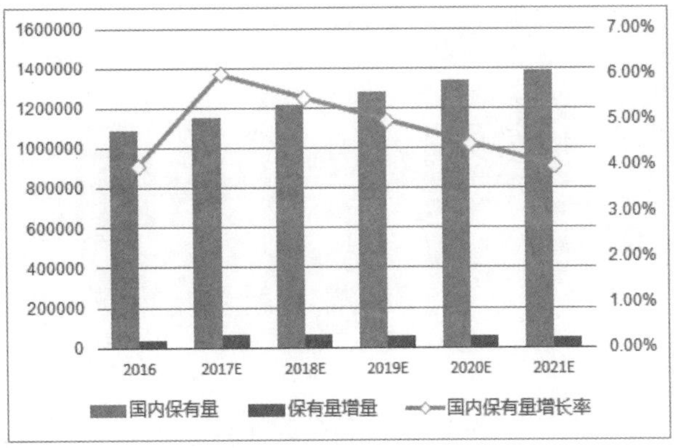

图6 2017—2021我国挖机行业保有量及增长率走势

资料来源：根据公开资料整理。

表1 2017—2021我国挖机行业年需求结构分析

年份	2016	2017E	2018E	2019E	2020E	2021E
国内保有量	1089421	1154786	1218300	1279214	1336779	1390250
增长率（%）	4.00	6.00	5.50	5.00	4.50	4.00
保有量增量	40611	65365	63513	60915	57565	53471
外资品牌更新量	17657	36463	26873	23328	28678	43528
内资品牌更新量	3942	8464	20438	26124	39826	53574
国内销量	62210	110292	110824	110367	126069	150574
国内销量增长率（%）	21.78	77.29	0.48	–0.41	14.23	19.44
出口量	7327	9159	12364	16074	20092	25115
出口增长率（%）	27.85	25.00	35.00	30.00	25.00	25.00
总销量	69537	119451	123189	126441	146161	175689
总销量增长率（%）	24.79	71.78	3.13	2.64	15.60	20.20
更新换代贡献率（%）	31.06	37.61	38.41	39.11	46.87	55.27
出口贡献率（%）	10.54	7.67	10.04	12.71	13.75	14.30
保有增量贡献率（%）	58.40	54.72	51.56	48.18	39.38	30.44

资料来源：根据公开资料整理。

（备注1：2017年出口销量增速小幅下滑，主要考虑到年内国内供不应求的影响。备注2：按照外资品牌使用寿命14年、内资品牌使用寿命10年测算,达到寿命期限全部退出。备注3：2010—2011年行业需求透支，这两年销售的机子在2020—2021年达到使用寿命后按80%退出。备注4：由于前几年行业较差时机主延缓购机，2017—2018年更新系数为120%）

主机厂销量表现已然很靓丽，受益报表修复业绩表现更胜一筹，表修复主要来自三点：①新增资本开支有限，规模效应显现，毛利率呈现上升趋势：在经历2009—2011年扩产后，行业产能过剩明显，行业再度景气带来的新增资本开支有限，规模效应下单位固定成本下降，毛利率上升。②企业采取大幅提高客户首付款比例等经营改善措施，三项费用率呈现下行趋势。不同于4万亿时期普遍存在的“零首付”销售模式，本轮行业高景气下，主要企业销售政策谨慎，首付比例大幅提升，按揭、融资租赁首付不低于25%，分期首付不低于40%。提高首付款比例，经营性现金流大幅改善，有息负债下降，财务费用率下行。同样的，促销减少、大规模裁员结束，销售费用率、管理费用率也有下行空间。③资产减值损失率呈下行趋势。当前来自存货的历史包袱已经基本出清，来自表内应收账款和表外或有负债的历史包袱正在加速解决。客户结构的优化，存货历史包袱的消化，应收账款和表外或有负债的下降，都会使得资产减值损失率下降。

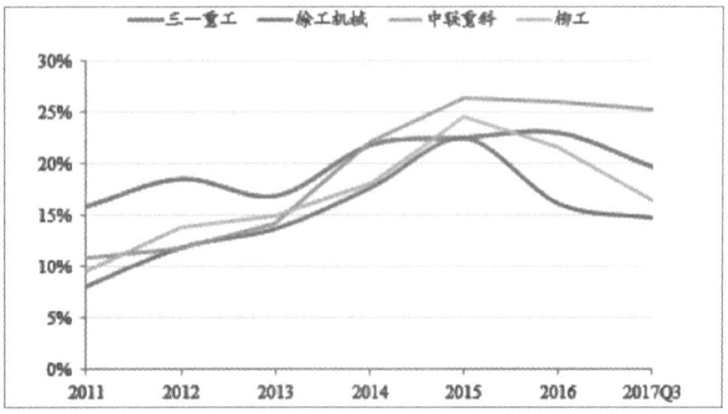

图7　报表修复过程中期间费用率下行

资料来源：根据公开资料整理。

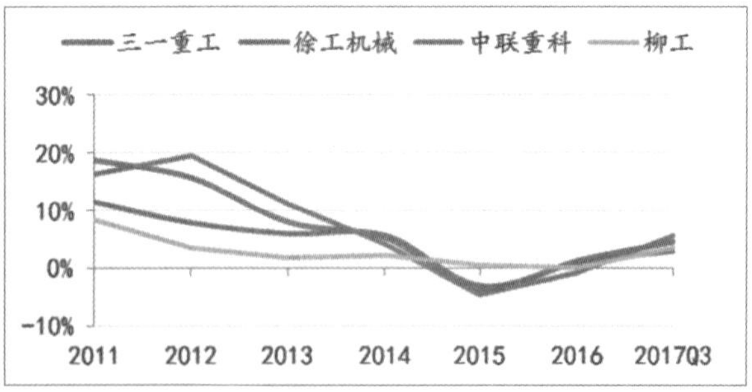

图8　报表修复带动净利率快速上行

资料来源：根据公开资料整理。

核心零部件全球供应缺口下，国产液压件制造商趁势而起。包括后市场在内，国内液压件市场规模超过500亿元。然而，国内高端液压件市场主要被川崎、力士乐和伊顿等企业把控，国产部件亟待突破。在国内挖掘机销量持续高增长，主要外资供应商产能受限及各主机厂市场份额严重依赖液压泵阀的局面下，寻求内资品牌替代商成为必然。国内恒立液压等民族品牌趁势而起，年内实现了液压泵阀的突破，目前已在三一重工、徐工等主机厂实现小挖泵阀批量出货。后期，卡特彼勒出于夺取核心零部件资源抢占份额考虑，将关闭其位于日本年产5万套阀的工厂，可以预见到后期川崎泵阀将优先供应日本和北美，国内主机厂能拿到多少泵阀将决定其来年份额。国产液压泵阀实现进口替代已刻不容缓。

表2　液压件价值占比高，为工程机械核心

挖掘机构成	成本占比
液压系统（油缸、泵、马达、阀等）	28%～33%
底盘（下车架、四轮一带）	18%～23%
发动机	10%～15%
上车架	10%～12%
驾驶室	8%～12%
工装（动臂、斗杆、铲斗等）	5%～6%
电控系统 1%～3%	合计 100%

资料来源：根据公开资料整理。

2017年轨道交通设备发展情况分析

2017年股价涨幅主要来自中国中车拉动，零部件公司表现较差。2017年轨交设备板块涨幅10.54%，如果剔除中国中车后，跌幅为15.16%。而从个股涨跌幅比较来看，差异较大，在24只个股中，上涨的个股只有5只，即祥和实业、海达股份、中国中车、晋亿实业、博深工具，其中祥和实业为2017年9月份上市的次新股，海达股份和博深工具上涨是因为并购重组，真正因为轨交行业上涨的只有中国中车和晋亿实业，轨交零部件公司表现较差。

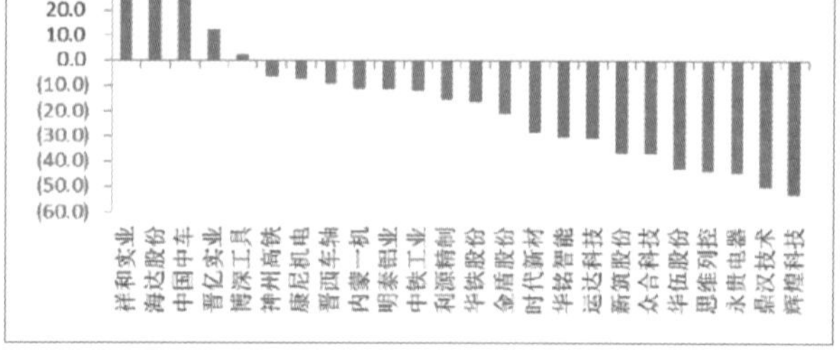

图9　2017年轨交设备个股涨跌幅差异很大

资料来源：公开资料整理

选取轨交业务占比较高的三只股票为研究对

象，其中中国中车和晋亿实业是2017年仅有的两只因为轨交行业因素上涨的股票，鼎汉技术轨交零部件业务占公司收入比重接近100%。

中国中车和晋亿实业股价上涨主要从9月底开始启动主要原因是：①从下半年开始车辆招标和交付开始逐渐恢复正常，其中动车招标中标动占比超过50%；②中国中车业绩从二季度降幅开始收窄，第三季度业绩开始恢复增长；③行业层面利好信息不断，如京沪复兴号正式运行、标动招标、货运动车化、启动160公里集中式动车对普客替代、高端装备未来三年行动计划中将轨交行业放在第一位等，市场对轨交行业关注度提升。而以鼎汉技术为代表的零部件公司股价出现大幅下跌的原因主要是业绩的持续低预期，由于2016年动车招标启动晚及招标量少导致2017年动车业务交付量出现大幅下滑。

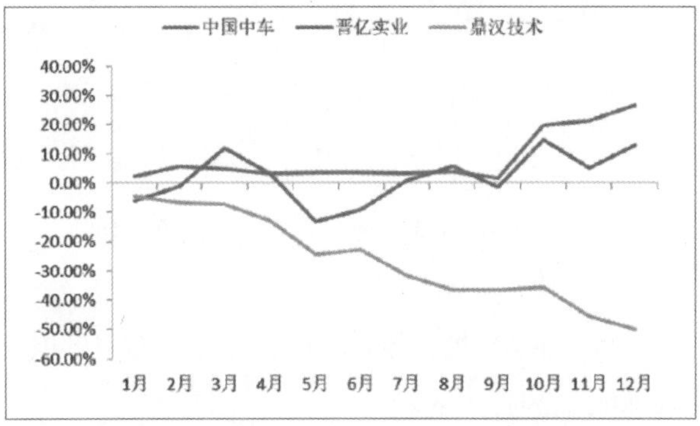

图10 轨交设备股价上涨主要从第三季度开始启动

资料来源：公开资料整理

2017年3C设备发展分析

2017年3C设备板块涨幅高达31.4%，在各子板块内处于领先水平，并且22只个股中17 只动态市盈率在40倍以上，说明目前市场对该板块仍具有较高成长预期。

回顾2017年，3C设备子板块间分化明显，其中集成电路设备受益政策驱动涨幅居前，面板设备受较多次新股估值中枢回落以及电子拖累涨幅不佳，结构件设备受龙头治理结构困扰以及电子拖累跌幅较深。

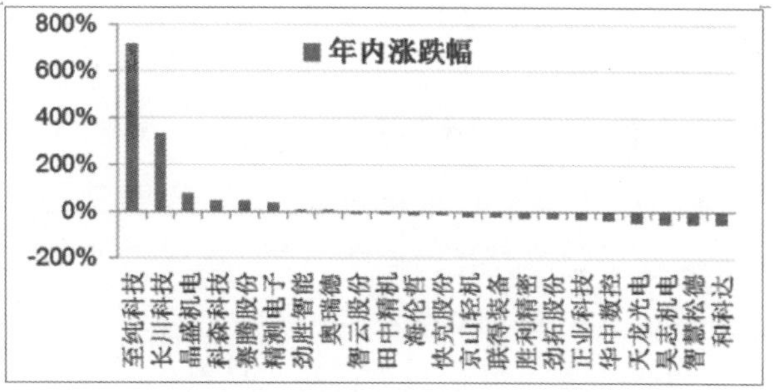

图11 2017年3C设备子各板块个股分化明显

资料来源：根据公开资料整理。

2017年锂电设备发展情况分析

2017年锂电设备板块整体涨幅62.45%，在机械各子版块中涨幅居前，主要受先导智能和新股星云股份、金银河、璞泰来、盛弘股份等次新股拉动。其中，先导智能全年涨幅达到68.09%，璞泰来上涨132.44%，星云股份上涨198.54%，金银河上涨194.54%，盛弘股份上涨66.43%，赢合科技、科恒股份虽然三季度冲高，但11月中旬后持续下跌，全年涨幅分别为9.32%、7.52%。

分阶段来看，锂电设备板块上半年表现平平，6—11月强势崛起，11月中旬以后开始下挫。

图12 2017年锂电设备板块企业涨幅居前

资料来源：根据公开资料整理。

1.政策换挡+下游产能结构性过剩，1—5月锂电设备板块表现平平

下游扩产+国产替代，锂电设备企业近年来业绩持续高增长。自2013年开始新能源汽车产业利好不断，在补贴政策刺激下，动力电池企业纷纷开始积极谋划扩产，且不断有新的企业涉足动力电池行业。下游积极扩产带来锂电设备企业订单大增，且

随着国内设备企业技术实力的提升，锂电设备的国产替代进程快速推进。2015、2016年锂电设备企业的业绩普遍持续维持着接近翻倍的增长。

1—5月锂电设备板块表现平平。年初锂电设备企业在手订单充足，业绩确定性很强，但1—5月板块内企业普遍表现平平，除先导智能小幅上涨18.76%之外，其他均为负增长（剔除次新股影响）。4月19日晚间先导智能公告获得格力智能11亿大单的重大利好消息都没能引起大的市场反应。1—5月锂电板块表现平平的原因主要有以下几点：

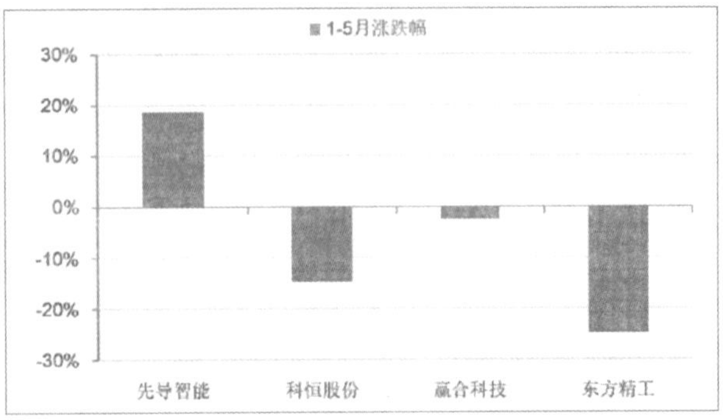

图13　1—5月份锂电设备板块表现平平

资料来源：根据公开资料整理。

2.上半年商用车产销量大幅低预期。

由于商用车单车带电量比乘用车更高，且2017年以前商用车总的动力电池装机量占所有新能源车动力电池装机量的比重非常高，商用车产销量低预期进一步加重了市场对动力电池产业链的悲观情绪。

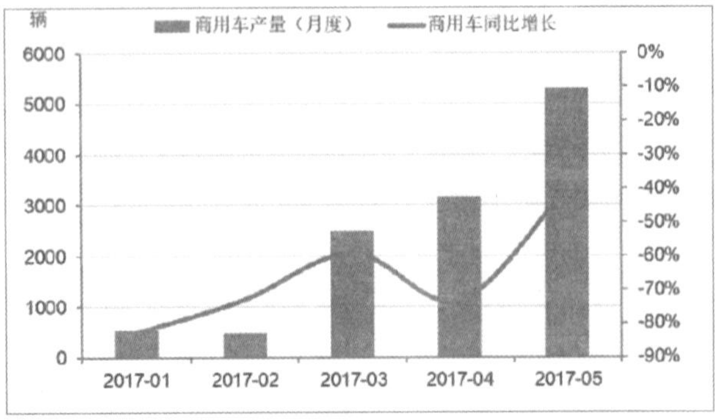

图14　1—5月商用车产量大幅低预期

资料来源：公开资料整理。

中长期来看，一方面新能源汽车渗透率提升是行业大势，动力电池需求也将持续提升，设备需求也将增加，锂电设备仍具极高的投资价值；另一方，产能过剩加速分化带来行业格局的优化，是动力电池行业发展的必经阶段，行业集中度将会提升，锂电设备行业的投资机会也应向绑定下游龙头的优质标的倾斜。

3. 6—10月政策事件频出，催化锂电设备板块强势崛起

6月—10月为锂电设备板块爆发期，各种政策和事件不断催化，市场信心获得修复，板块迎来大涨。剔除星云股份、金银河、璞泰来三只次新股的影响，6—10个月先导智能大涨101.5%，科恒股份上涨68.7%，赢合科技涨幅30.2%，板块热度持续提升，政策和事件利好不断，市场信心持续高涨。

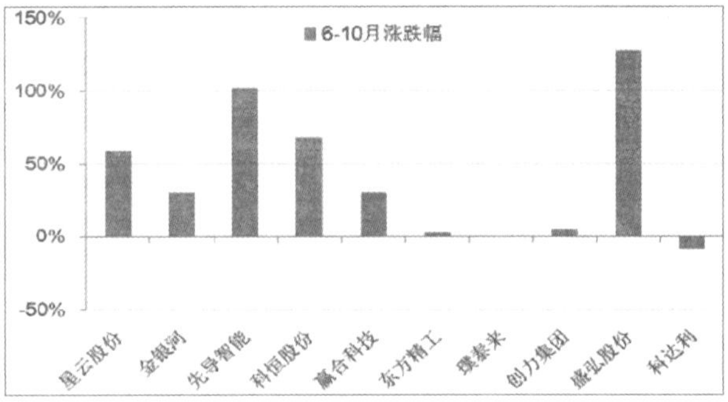

图15　6—10月锂电设备板块迎来爆发

资料来源：根据公开资料整理。

4.补贴加速退坡传闻+招标延迟，11—12月锂电设备板块开始走弱

从11月中旬开始，锂电设备板块急转直下。11—12月两个月间，先导智能下跌30%，科恒股份下跌24%，赢合科技下跌15%，金银河下跌14%、星云股份下跌15%。

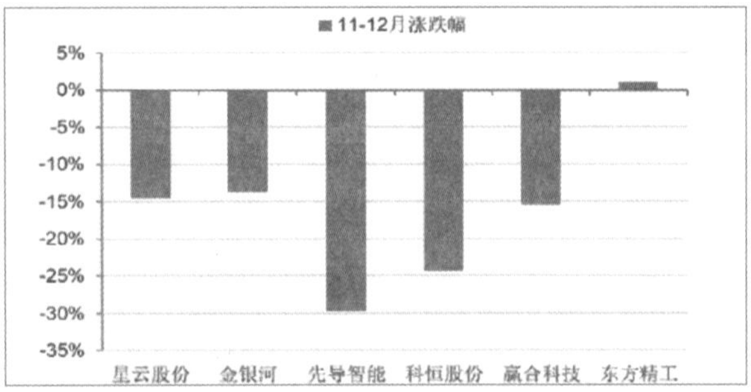

图16　11—12月锂电设备板块急转直下

资料来源：根据公开资料整理。

四季度锂电设备板块下挫的主要原因为：①受整个汽车行业10月份产量数据回落的影响，新能源汽车10月产量增速环比回落，市场出现对新能源汽车增速质疑的声音，虽然11、12月新能源汽车产销数据重回高增长轨道，但补贴加速退坡等因素影响下市场情绪再难回高点。②市场流传出补贴政策加速退坡传闻，悲观情绪进一步加剧。③动力电池产能过剩严重。前三季度动力电池产量累计达到31.5GWh，装机量约为14.7GWh，产量与装机量之间的缺口达到16.8GWh。④锂电设备招标旺季延迟。四季度是锂电设备招标的传统旺季，但2017年四季度并无较大的锂电设备订单出现，动力电池扩产节奏后延。

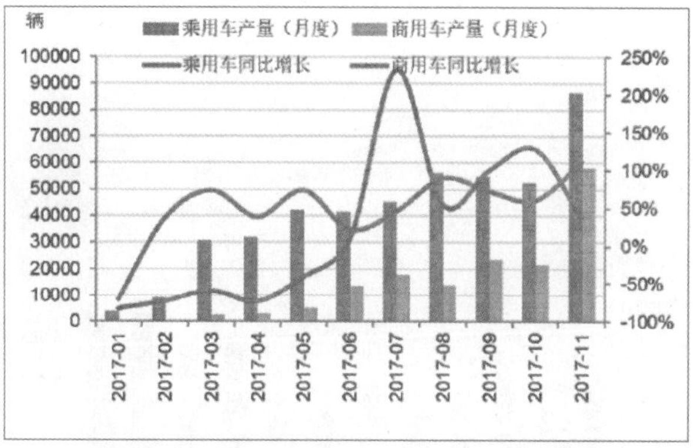

图17　10月新能源车产量增速环比回落

资料来源：根据公开资料整理。

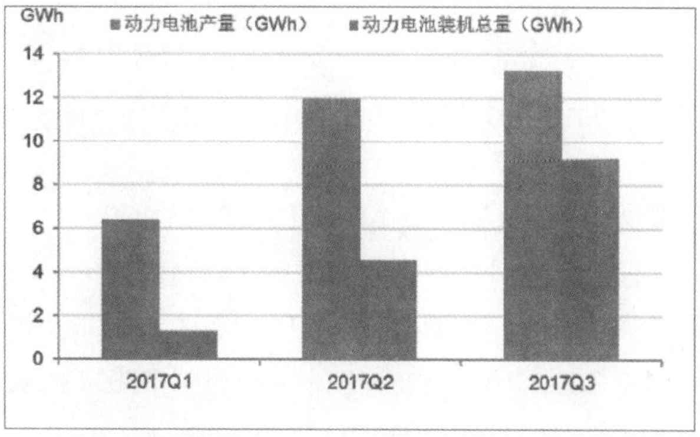

图18　Q1–3动力电池产量与装机量缺口扩

资料来源：根据公开资料整理。

在近期的周报中反复强调，动力电池产能过剩是行业健康发展的必经阶段，短期内将影响动力电池企业的扩产热情，从而对锂电设备行业的景气度造成影响。但新能源汽车销量逐年提升的大趋势没有变化，动力电池的需求持续增长的趋势也不会变。产能过剩状况将加速中小动力电池企业淘汰出局，行业格局将逐步优化，届时动力电池龙头的扩产需求将逐渐恢复，伴随下游龙头共同成长的锂电设备龙头企业也将迎来新的发展机遇。

2017年智能装备发展情况分析

2017年智能装备加权指数与上证综指走势出现背离，上证综指全年涨幅6.56%，智能装备板块跌幅约1.87%，其中个股股价走势低迷尤为明显，52只个股中只有10只上涨，占比仅19%，涨幅排在行业板块前列的股票几乎都是次新股。从估值角度来看，智能装备板块公司2017年估值中枢约38倍，2018年估值中枢也接近30倍。

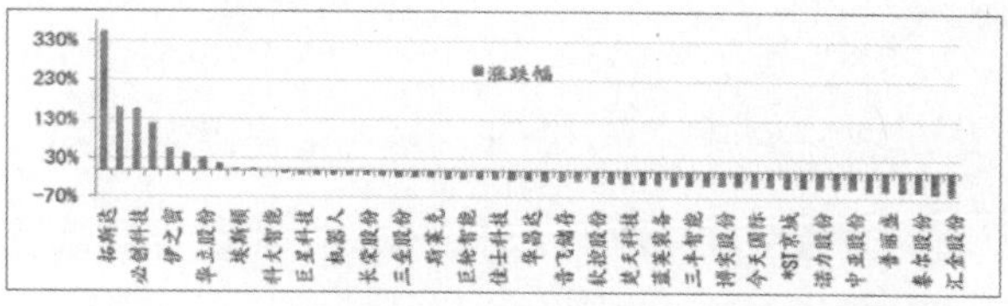

图19　2017年智能装备板块个股涨跌幅情况

资料来源：根据公开资料整理。

智能装备中的智能制造产业链包含机器人本体、核心零部件和系统集成等相关企业，虽然2017年智能制造行业大幅增长，但主要是国外企业受益颇丰，国内公司仍在砥砺前行，大多数个股要么估值较贵，要么质地不纯，股价表现平淡。

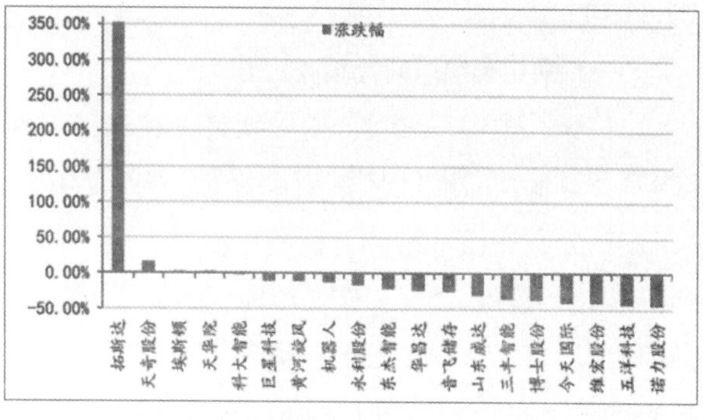

图20　智能制造公司涨跌幅

资料来源：根据公开资料整理。

智能装备中的专用智能装备表现较好：①受益制造业投资增速持续回暖，注塑机行业触底反弹，同时行业竞争格局也在不断优化，具有核心竞争力的企业伊之密脱颖而出。②受益消费升级，定制家具兴起，板式家具行业龙头弘亚数控快速增长。

2017年汽车工业经济运行情况

装备工业司

2018年1月12日

2017年汽车工业实现平稳健康发展，产销量再创新高，连续九年蝉联全球第一，行业经济效益增速明显高于产销量增速，中国品牌市场份额继续提高，新能源汽车发展势头强劲。

一、汽车销量同比增长3%

2017年，汽车产销分别完成2901.5万辆和2887.9万辆，同比分别增长3.2%和3%。

12月，汽车生产304.1万辆，同比和环比分别下降0.7%和1.3%，销售306万辆，同比和环比分别增长0.1%和3.5%。

（一）乘用车销量同比增长1.4%

2017年，乘用车累计产销分别完成2480.7万辆和2471.8万辆，同比分别增长1.6%和1.4%。其中，轿车产销分别完成1193.8万辆和1184.8万辆，同比分别下降1.4%和2.5%；SUV产销分别完成1028.7万辆和1025.3万辆，同比分别增长12.4%和13.3%；MPV产销分别完成205.2万辆和207.1万辆，同比分别下降17.6%和17.1%；交叉型乘用车产销分别完成53万辆和54.7万辆，同比分别下降20.4%和20%。

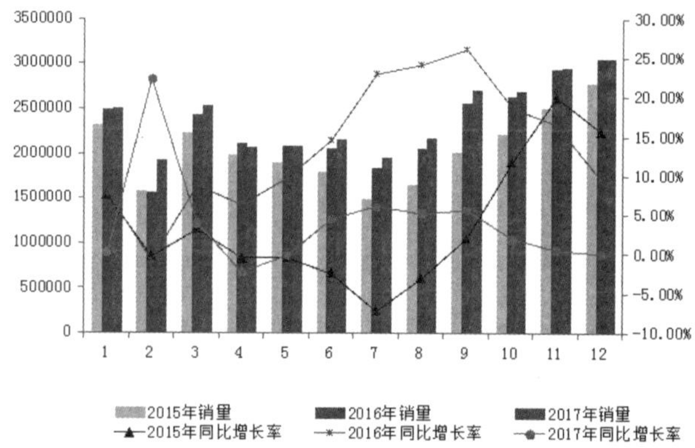

图1　2015—2017年月度汽车销量及同比变化情况

12月，乘用车产销分别完成261万辆和265.3万辆，同比分别下降1.3%和0.7%。其中，轿车产销分别完成123万辆和120万辆，同比分别下降1.3%和4.4%；SUV产销分别完成113.5万辆和117.3万辆，同比分别增长4.2%和8.4%；MPV产销分别完成19.9万辆和22.8万辆，同比分别下降19.5%和16%；交叉型乘用车产销分别完成4.6万辆和5.2万辆，同比分别下降25.6%和18.7%。

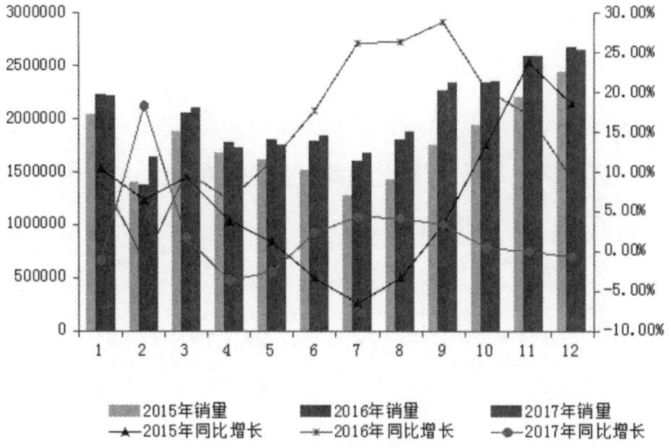

图2　2015—2017年月度乘用车销量及同比变化情况

1.1.6升及以下乘用车销量同比下降1.1%

2017年，1.6升及以下乘用车累计销售1719.3万辆，同比下降1.1%，占乘用车销量比重为69.6%，下降1.8个百分点。

12月，1.6升及以下乘用车销售188.8万辆，同比下降2.3%，占乘用车销量比重为71.1%，下降1.1个百分点。

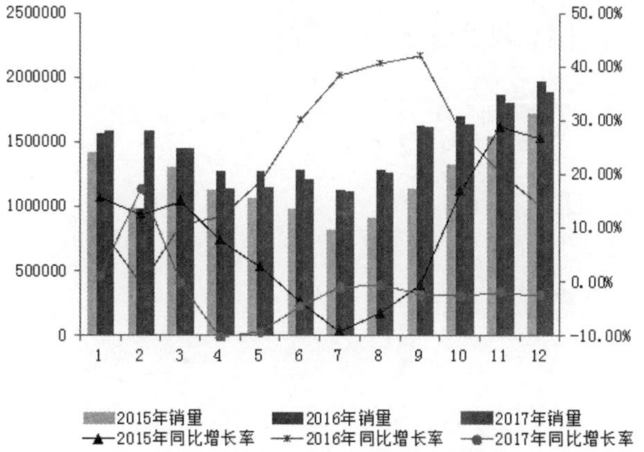

图3　2015—2017年1.6L及以下乘用车销量变化情况

2.中国品牌乘用车市场份额同比提高0.7个百分点

2017年，中国品牌乘用车累计销售1084.7万辆，同比增长3%，占乘用车销售总量的43.9%，占有率同比提升0.7个百分点；其中，轿车销量235.4万辆，同比增长0.6%，市场份额19.9%；SUV销量621.7万辆，同比增长18%，市场份额60.6%；MPV销量172.8万辆，同比下降22.8%，市场份额83.5%。

12月，中国品牌乘用车共销售129.4万辆，同比增长3.4%，占乘用车销售总量的48.8%，提高1.9个百分点。

（二）商用车销量同比增长14%

2017年，商用车产销累计分别完成420.9万辆和416.1万辆，同比分别增长13.8%和14%。分车型产销情况看，客车产销同比分别下降3.8%和3%；货车产销同比均增长16.9%。

12月，商用车生产43.2万辆，同比增长3.1%，销售40.7万辆，同比增长5.7%。

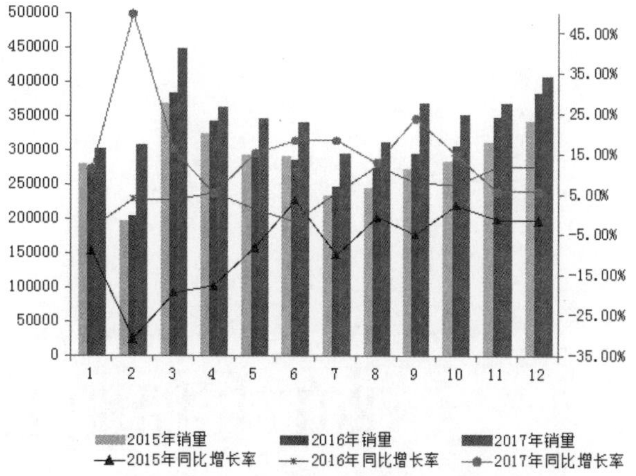

图4　2015—2017年商用车月度销量变化情况

二、新能源汽车销量同比增长53.3%

2017年，新能源汽车产销分别完成79.4万辆和77.7万辆，同比分别增长53.8%和53.3%。其中，纯电动汽车产销分别完成66.7万辆和65.2万辆，同比分别增长59.8%和59.6%；插电式混合动力汽车产销分别为12.8万辆和12.4万辆，同比分别增长28.5%和26.9%。

12月，新能源汽车产销分别完成14.9万辆和16.3万辆，同比分别增长68.5%和56.8%。其中，纯电动汽车产销分别完成12.9万辆和14.4万辆，同比分别增长67.7%和56.2%；插电式混合动力汽车产销分别完成2万辆和1.9万辆，同比分别增长73%和60.9%。

三、1—11月重点企业主营业务同比增长9.8%

行业内重点企业（集团）营业收入及利税均高于上年同期。1—11月，汽车工业重点企业（集团）

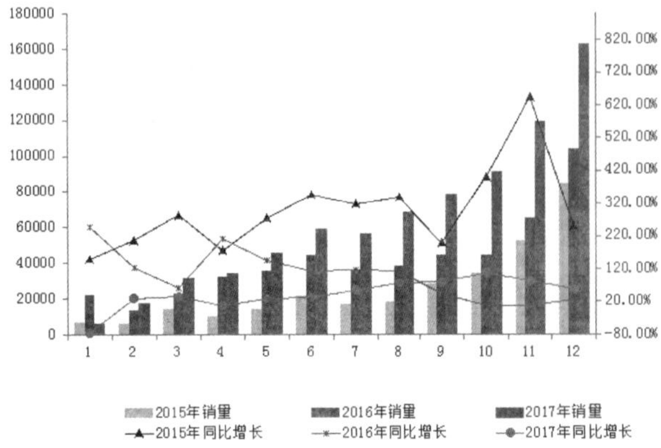

图5　2015—2017年月度新能源汽车销量及同比变化情况

累计实现主营业务收入35835.8亿元，同比增长9.8%。累计实现利税总额5760.2亿元，同比增长8.9%。

四、1—11月汽车出口同比增长30.5%

根据海关统计口径，1—11月，汽车整车累计进口114万辆，同比增长19%；汽车整车累计出口95.6万辆，同比增长30.5%。

11月汽车整车进口12.3万辆，同比增长14%；汽车整车出口11.6万辆，同比增长42.3%。

（注：上述一、二、三中数据来自汽车工业协会）。

2017年船舶工业经济运行分析

中船重工

2018年1月23日

2017年，《船舶工业深化结构调整加快转型升级行动计划（2016—2020年）》和《海洋工程装备制造业持续健康发展行动计划（2017—2020年）》正式发布。

行动计划明确了“十三五”期间船舶工业深化结构调整加快转型升级的总体要求、重点任务和保障措施，引导船舶企业健康平稳发展，同时2017年也是国际船舶市场经过长时间调整后的回升之年。我国船舶工业紧密围绕产业政策，抓住市场回暖的有利时机，在全行业的艰苦努力下，取得了三大造船指标继续领先、产品结构不断优化、产业结构更加合理、产融结合更加深入、船配产业质量升级、国际地位不断提升的良好业绩。但受国际船舶市场深度调整的影响，“融资难”“交付难”“盈利难”等深层次问题依然存在，船舶工业面临形势仍然严峻。

一、经济运行基本情况

（一）全国三大造船指标两增一降

2017年，全国造船完工4268万载重吨，同比增长20.9%；承接新船订单3373万载重吨，同比增长60.1%；12月底，手持船舶订单8723万载重吨，同比下降12.4%。

（二）船舶出口保持增长

2017年，全国完工出口船3944万载重吨，同比增长17.9%；承接出口船订单2813万载重吨，同比增长72.9%；12月底，手持出口船订单7868万载重吨，同比下降14.7%。出口船舶分别占全国造船完工量、新接订单量、手持订单量的92.4%、83.4%和90.2%。

2017年1—11月，我国船舶出口金额为210.7亿美元，同比增长4.4%。出口船舶产品中，散货船、油船和集装箱船仍占主导地位，出口额合计128.8亿美元，占出口总额的61.7%。船舶产品出口到181个国家和地区，仍然以亚洲为主。我国向亚洲出口船舶金额为110.7亿美元，占出口总额的52.5%；向欧洲出口船舶金额为41.2亿美元，占19.6%；向大洋洲出口船舶金额为27.9亿美元，占13.2%。

（三）船舶行业经济效益出现下降

2017年1—11月，全国规模以上船舶工业企业1407家，实现主营业务收入5900.4亿元，同比下降8.2%。其中，船舶制造业2791.9亿元，同比下降5.9%；船舶配套业845.3亿元，同比下降6.1%；船舶修理业206.9亿元，同比下降26.2%；海洋工程专用设备制造业416.9亿元，同比下降12%。

规模以上船舶工业企业实现利润总额141.8亿元，同比下降15.9%。其中，船舶制造业75亿元，同比下降35.4%；船舶配套业45.3亿元，同比下降10.3%；船舶修理业6.9亿元，同比增长38%；海洋工程专用设备制造业7.7亿元，实现扭亏为盈。

二、经济运行主要特点

（一）国际市场份额位居第一，产业集中度不断提高

2017年，国际航运市场触底反弹，新船市场保持活跃。我国船企紧抓市场回暖的有利时机，积极开拓市场。全年造船完工量、新船订单量和手持订单量在全球市场所占份额分别为41.9%、45.5%和44.6%，三大造船指标国际市场份额均位居世界第一。船舶行业产业集中度进一步提高，全国前10家企业造船完工量占全国58.3%，比2016年提高1.4个百分点。新接订单向优势企业集中趋势明显，前10家企业新接订单量占全国73.4%；我国骨干船企优势明显，产业核心竞争力不断提升，有5家企业进入全球完工量前10强，有4家企业进入全球新接订单量前10强。

（二）产品结构不断优化，品牌建设有序开展

2017年，我国骨干船企持续加大科技创新投入，产品结构不断升级，一批高技术、高附加值船舶研制成功。全球首艘3.88万吨智能船舶、全球最先进6000吨抛石船、8.4万立方米超大型气体运输船、饱和潜水支持船等一批高端船型和海洋工程装备成功交付。批量承接了全球最大的2.2万TEU双燃料集装箱船、17.4万立方米液化天然气（LNG）船、17.4万立方米浮式液化天然气存储及再气化装置(LNG−FSRU)、30万吨浮式生产储油船（FPSO）等高技术船舶和海工订单，新接订单修载比达0.34。我国船企紧跟市场需求，不断推动优势产品品牌建设。南通中远海运川崎船舶工程有限公司推动以大型集装箱船及清洁能源船舶等船型的产品升级，以良好的性能、质量和技术形成了品牌船型。2017年船舶行业有7个项目荣获国家科学技术奖，上海外高桥造船有限公司产品好望角型散货船、江南造船（集团）有限责任公司产品双燃料液化乙烯气体运输船、广船国际有限公司产品中程运输（MR型）成品油船、中船黄埔文冲船舶有限公司产品工程（工作）船4项入选第二届制造业单项冠军产品。

（三）精耕细作细分市场，主动引领市场需求

2017年，我国骨干船企针对近年来三大主流船型新船市场需求不足的现状，主动作为，在细分产品领域精耕细作，积极开展特种船舶、江海联运船舶、中小型船舶、远洋渔船等市场的开拓，成绩斐然。成功交付全球首艘三瓣独立C型储罐液态乙烷气体运输船、全球首制2.5万吨LNG高压双燃料杂货船，亚洲最大的自航绞吸式挖泥船“天鲲号”、国内首艘纯电动自卸货船实现下水；我国海工装备制造企业主动培育新的经济增长点，积极探索海洋矿产资源、海洋生物资源和海洋空间资源等非油气市场的开发。相继交付了世界首制深海半潜式大型智能渔场“海洋渔场1号”、自升式多功能海洋牧场平台、“深海勇士号”载人潜水器；超深水双塔半潜式钻井平台“蓝鲸1”号助力我国首次海域天然气水合物（可燃冰）试采成功；全球首艘深海采矿船项目正稳步推进。积极拓展海上风电、海上天然气发电船、“浮式发电+海水淡化”平台、海上垃圾发电船、海上娱乐综合平台、海上酒店等新领域。

（四）扎实推进精益管理，多措并举降低成本

2017年，全球航运和造船市场持续低迷，船舶企业面对“接单难”“交船难”“盈利难”等难题，围绕市场和客户需求变化，在产品策略、技术创新、管理模式等方面全力转型，通过精益管理、成本管控、智能制造、风险防范等措施努力降低成本。中国船舶重工集团有限公司深化“转模-精益造船”重点项目推进，集团企业建造效率不断提高，大连船舶重工集团有限公司7.2万吨成品油船首制船比计划节点提前17天下水，超大型原油船（VLCC）坞内建造周期不断缩短；黄埔文冲持续开展降本增效工作，通过严格执行预算管理、开展成本专项管理、积极抓好采购管理等措施“截流”，降低成本费用超过3亿元，金海智造股份有限公司通过光伏发电屋顶项目，每年节省电力成本10%，舟山万邦永跃修造有限公司引进修船机器人提高平均作业效率3倍；南通中远海运川崎通过智能制造实现了生产模式转型，其船舶制造智能化车间采用自动化生产线提高生产效率3倍；招商局集团、中船重工等通过发行公司债券节约融资成本。

（五）市场化手段去杠杆，产融结合更加深入

2017年，在欧洲银行不断观望，部分银行纷纷收紧船舶融资之际，中国进出口银行和国家开发银行通过政策性金融手段继续支持我国船舶工业向高质量制造转型升级。我国船舶融资租赁业务快速发展，逐渐成为全球新造船市场的主力买家。据不完全统计，2017年工银金融租赁有限公司、民生金融租赁股份有限公司、国银金融租赁股份有限公司和交银金融租赁有限责任公司等中资金融租赁公司累计在国内船厂订造了300多万吨船舶，以金融创新模式支持了我国船舶企业的健康发展。我国骨干船企不断创新融资模式，通过发行债券、债转股等市场化手段解决融资困难。中船重工通过实施市场化债转股，资本结构得到有效优化，杠杆率得到有效降低，资产负债率下降11%。

（六）关键技术自主创新，船配产业质量升级

2017年，国际海事规则对船舶配套产业，特别是对排放的要求日趋严格。为适应航运业及造船业对绿色、环保产品的新要求，我国船舶配套企业加大关键核心技术研发力度，加强产品研制和市场拓展。全球首台微引燃双燃料发动机、国内首台带自主研发高压选择性催化还原(SCR)系统船用低速柴油机、世界直径最大船用螺旋桨交付使用；自主研发具备主动升沉补偿功能的电驱动海洋绞车、CS21船用中速柴油机、全航速减摇鳍、R6系泊链、GCS1000齿轮箱等产品技术填补国内空白，打破国外垄断；青岛双瑞BalClor系列压载水管理系统成为亚洲首家获得美国海岸警卫队（USCG）型式认可证书的产品。

三、经济运行主要问题

（一）“融资难”问题未能得到有效缓解

2017年，金融机构进一步加大对船舶和海洋工程装备建造企业风险的关注度，部分银行已经出现收紧授信或延长授信审批的情况，增加了企业的融资难度。尽管市场有所回暖，但船舶和海洋工程装备市场仍处于低谷期，企业的现金流大幅萎缩，行业内骨干大型企业都面临着资金紧张的问题。船舶行业“融资难”问题未能得到有效缓解。

（二）手持订单连续下降，去产能工作任重道远

近年来，各主要造船国都在努力化解过剩产能，但与新船需求的大幅收缩相比，船企新接订单难以满足正常生产需求。我国手持船舶订单已连续4年下降，大部分船企只能维持1年左右的工活量，在保证连续生产能力方面面临严峻挑战。从需求侧来看，国际新造船市场年均8000万吨左右，我国可承接到40%多的市场订单。面对新船需求的新常态，只有坚持推进供给侧结构性改革，充分发挥市场在资源配置中的决定性作用，努力做好去产能工作，船舶行业才能真正走出低谷实现复苏。

（三）综合成本快速上升，盈利空间大幅萎缩

2017年，受手持船舶订单下降，开工船缺口增大的影响，新船市场竞争异常激烈，新船价格与成本倒挂矛盾凸显。一方面，船舶市场需求价低量少、船企开工不足、交付困难、两头受压。另一方面，2016年年末以来，以船板为主的原材料价格持续高涨，平均涨幅超过40%，人民币兑美元汇率出现连续性上涨，企业财务费用增多，劳动力不足导致用工成本刚性上涨；企业改单延期交付现象增多，管理费用持续增长。船舶企业综合成本的快速上升大幅挤压了船企的利润空间，行业盈利水平大幅下降，可持续发展受到冲击。

（四）外部环境持续恶化，在手项目风险加大

2017年，国际知名海工运营商哈菲拉航运、潮水公司、法斯塔德航运等申请破产或筹划债务重组对海工装备建造市场打击巨大，船企手持海工平台项目延期交付和弃船现象愈演愈烈，市场环境持续恶化。据统计，我国船企手持各类海工平台涉及合同终止和弃船项目明显增多，这些项目被船东反复要求延期交付，最终还是被弃船，对船厂生产经营造成极大影响。海洋工程装备产品定制化的特点，使之转手出售的难度极大，当前海工产业技术日新月异，船企在手海工项目的弃船风险不断集聚，交付形势尤为严峻。

四、预测

2018年，全球经济发展将趋于稳健，航运市场有望稳中向好。国际海运需求略有增长，老旧船舶不断淘汰，过剩运力将进一步消化和吸收，新船市场有望继续保持活跃。预计2018年全球新船成交量在7000万～7500万载重吨，海洋工程装备成交量约130亿美元，新船价格有小幅上涨的可能。大型船舶成交量将在2018年有所回落，部分中小型船舶成交将会活跃，豪华邮轮、汽车运输船、客滚船等少数特种船市场仍然值得关注。全球油气开发将继续回暖，市场热点仍将集中在浮式生产平台、海上风电场建设运维装备以及LNG相关装备等领域。

预计2018年，我国船舶工业主要经济指标将继续处于低位，造船完工量或将有所下降，新接订单比2017年或有提高，年底手持订单约8000万载重吨。

五、建议

（一）坚定不移推动船舶工业高质量发展

2018年，是船舶工业实施“十三五”规划承上启下的关键一年。全行业应紧紧围绕《中国制造2025》和建设海洋强国的战略目标，贯彻落实《船舶工业深化结构调整加快转型升级行动计划（2016—2020年）》和《海洋工程装备制造业持续健康发展行动计划（2017—2020年）》等政策提出的重点任务，以创新发展和产业升级为核心，以制造技术与信息技术深度融合为重要抓手，大力推进供给侧结构性改革，全面提升产业国际竞争力和持续发展能力。坚定不移地推动船舶工业高质量发展，为建成规模实力雄厚、创新能力强、质量效益好、结构优化的船舶工业体系，为步入世界造船强国和海洋工程装备制造先进国家行列而奋斗。

（二）多措并举破解船舶工业“融资难”困局

当前，我国船舶工业正处于结构调整、转型升级的关键时期，金融支持，特别是融资能力是船舶工业能否实现高质量发展的关键因素。建议金融机构在做好防范金融风险的同时，能够分企施策，根据实际情况对船舶和海洋工程装备产业实行差别化的授信政策，不断创新融资模式，加大对优质船企的融资支持力度。各企业应主动寻求多元化融资方式，通过在境内外上市融资、发行各类债务融资工具，优化融资结构。尝试在对外贸易及相关投融资活动中使用人民币计价结算，降低汇率风险，减少汇兑成本。鼓励优质骨干企业开展市场化债转股，降低资产负债率。

（三）统筹兼顾船舶工业去产能和结构调整

当前，全球造船市场新船需求有所回升，但冷静分析，2017年成交量与“十二五”和“十一五”

期间相比，仍处于较低水平，手持船舶订单规模不断萎缩。尽管我国骨干船企通过多种渠道积极化解过剩产能，取得阶段性成果。但全行业要充分认识国际造船市场供过于求的矛盾将在未来较长时间内存在的基本事实，高度重视去产能工作的重要性、艰巨性和复杂性，坚决遏制以建造高技术船舶扩张产能的冲动，坚持走市场化、法制化去产能道路。积极开拓船舶和海工装备制造产业与旅游、渔业、可再生能源、深海空间和矿物资源开发等领域的结合，拓展细分市场主动创造需求，培育新的经济增长点，加快产业结构优化调整。

（四）进一步做好企业技术创新和提质增效

当前，世界船舶科技发展迅速，国际造船新规范、新标准频繁出台，船东对技术、质量要求更加严格，日韩等主要竞争对手加大科技创新力度，使我国船舶工业面临更大的挑战。一方面，我们必须适应市场结构的变化，密切联系船东，加大研发投入，提高创新能力，努力开发适应市场需求的绿色环保船舶、打造品牌船型，以技术引领市场。另一方面，在船价低迷，制造业综合成本不断上涨的双重压力下，加强成本控制和管理，已成为企业提高国际竞争力的重要途径。应以提高生产效率、降低制造成本为核心推进各项工作。通过加强财务管理，狠抓降本增效，推进两化融合，发展智能制造，实行精益造船，控制采购成本，降低能源消耗等措施，全面提升企业管理水平。

（五）加强海洋工程装备在手订单风险管控

当前，国际海洋工程装备产业外部市场环境严峻，在手海工项目订单延期交付，甚至撤单情况频发。各企业应充分认识海工项目风险的重要性和紧迫性，加强和完善海工项目全流程管理和风险防范，减少企业自身违约风险因素。对在建项目，结合客户具体需求，帮助客户解决融资和运营租赁等方面的困难，为装备交付创造条件；对已出险项目，紧密跟踪仲裁、赔付等工作进展情况，采取有效措施积极应对，避免出现系统性风险。

2017年中国轻工业经济运行情况

中轻联

2018年3月14日

2017年，我国轻工行业以“让人民生活更美好”为宗旨，以消费升级为导向，积极推动供给侧结构性改革，全面贯彻“增品种、提品质、创品牌”战略部署，通过强化科技创新、促进“两化”融合、建设“智慧轻工”等举措，努力克服原材料成本大幅上升等困难，推动轻工业提质增效，走上高质量发展道路。

为深入贯彻落实“三品”战略，推动轻工业高质量发展，3月6日，中国轻工业联合会在北京召开“轻工业经济运行与加快高质量发展新闻发布会”。中国轻工业联合会副会长何烨发布《三品战略成效初显、高质量发展正在路上——2017年轻工行业经济运行情况》。会议由中国轻工业联合会新闻发言人郭永新主持。中轻联相关部门、30多家行业协会及新华社、光明日报、经济日报、消费日报社等30多家媒体出席发布会。

何烨在发布中指出，2017年，轻工业以“让人民生活更美好”为宗旨，以消费升级为导向，积极推动供给侧结构性改革，全面贯彻“增品种、提品质、创品牌”战略部署，通过强化科技创新、促进“两化”融合、建设“智慧轻工”等举措，努力克服原材料成本大幅上升等困难，推动轻工业提质增效，走上高质量发展道路。全年轻工业增加值增速8.5%，完成主营业务收入24.2万亿元，实现利润1.6万亿元，完成出口5998亿美元，为国民经济稳增长和满足人民群众美好生活需要做出重要贡献。

据何烨介绍，2017年，轻工业主要发展成就显著。主要体现在以下几个方面：

经济增长高位稳健

2017年，轻工行业规模以上工业增加值同比增长8.5%，工业增加值增速高于全国工业1.9个百分点，高于制造业1.3个百分点。主要轻工行业中：电池制造、家用电器、玻璃陶瓷制品、自行车、家具行业增加值增速较高，分别增长24.7%、14.1%、12.6%、11.8%、9.9%。轻工业较高的增长速度，为国民经济发展起到重要支撑。

轻工业国民经济地位突出。2017年轻工行业规模以上工业企业数占全国工业的29.9%，资产总额占全国工业的15%，主营业务收入占全国工业的20.8%，利润总额占全国工业的21.1%，全国轻工行业出口总额占全国出口总额的26.5%，轻工业贸易顺差是全国贸易顺差的1.03倍。

运行质量明显提升

2017年，轻工行业规模以上企业11.5万个，累计完成主营业务收入24.25万亿元，同比增长8.34%。其中，农副食品加工、食品制造、塑料制品、文体及工美、造纸、家电、皮革及羽绒等7个行业的主营业务收入均超过1万亿元。

2017年，轻工行业规模以上企业实现利润1.6万亿元，同比增长8.96%。其中，农副食品加工、食品制造、塑料制品、酿酒、家电、造纸等6个行业的利润总额均超过1000亿元。

2017年轻工行业主营业务收入利润率6.56%，比上年提高0.04个百分点。轻工行业主营业务收入利润率高于全国工业0.1个百分点，高于制造业0.21个百分点。其中酿酒行业利润率14.2%，列居第一位。其他效益突出的行业有：制糖行业利润率10.23%，日化行业利润率为9.67%，饮料行业利润率为8.65%，食品行业利润率为8.01%，家电行业利润率为7.73%，陶瓷行业利润率为7.51%，轻工机械行业利润率为7.47%。

内外市场繁荣巩固

轻工业国内市场稳健支撑。2017年轻工产品国内市场销售情况良好，快速消费品中粮油食品零售额增长10.2%、饮料增长10.3%；耐用消费品零售额快速增长，家电零售额增速由年初的5.6%提高到9.3%，家具零售额增速也比年初提高了1个百分点，达到了12.8%。其他轻工消费品零售总额增速也保持平稳，成为行业稳健发展的重要支撑。

轻工业国际市场增长有力。2017年初，轻工行业结束了连续17个月出口负增长的局面，并实现较快增长。全年轻工行业进出口贸易总额为7624.76亿美元，同比增长12.15%。其中：出口总额5998.44亿美元，同比增长8.67%，出口增速高于全国0.77个百分点；进口总额1626.31亿美元，同比增长27.17%。轻工行业出口额占全国出口总额的26.5%，轻工行业贸易顺差4372.13亿美元，是全国贸易顺差的1.03倍。

2017年，皮革、毛皮制品及其鞋类制品业、家用电器业、塑料制品业、文教体育用品业、家具制造业等5个行业累计出口额均超过500亿美元。

“一带一路”为轻工业带来更加广阔的市场机遇。2017年轻工商品对“一带一路”国家出口1577.25亿美元，同比增长8.78%，轻工商品对“一带一路”国家出口额占轻工出口总额的29.29%。

升级创新成效显著

轻工业“三品”战略取得显著成效。轻工消费品正在从“有没有”向“好不好”转变。目前轻工业品种丰富度、品牌认可度、品质满意度获得显著提升：农副食品加工、食品制造、酒和饮料等快速消费品产业发展突出安全、品质、绿色健康；家电、家具等耐用消费品发展突出创新、智能和美观时尚；文化用品、健身器材、工艺美术、玩具等产业通过先进设计与智能互联，助力“乐享生活”新模式，满足人们对教育、健康、娱乐等更高品质生活需求。轻工业正在实现从数量扩张向质量提高的战略性转变。

中国轻工业联合会在工业和信息化部消费品司的指导下编制完成了三批《升级和创新消费品指南》，评定出的产品包括百姓生活中最常用的电饭煲、洗碗机、豆浆机、吸油烟机、乳制品、玩具和婴童用品等共计161项。其中性能优良、质量稳定可靠、可引领消费趋势的升级消费品71项；采用新材料、新工艺，设计新颖,具有独特功能或使用价值的创新消费品90项。

特别是针对社会关注的消费热点，如电饭煲、智能马桶盖等，轻工企业经过研发创新，已制造出达到甚至优于国外同类产品水平的“中国制造”，并得到了国内外市场的认同：2017年我国出口电饭煲7.3亿美元，产品遍及日本、印度尼西亚、美国、越南、韩国等181个国家和地区；出口马桶盖3.4亿美元，产品遍及美国、英国、德国、荷兰、墨西哥等174个国家和地区。中国游客在海外抢购电饭煲、马桶盖的景象已经成了历史。我国轻工企业生产的冰箱、空调、洗衣机等家居消费品，也已能够满足中高端消费需求。如海尔公司卡萨帝品牌产品在高于行业平均单价3倍的情况下，冰箱实现高端市场占有率31.1%，洗衣机实现高端市场占有率69.2%，远超国外品牌。我国的轻工企业还针对中国国情，开发了适应中国家庭的创新产品，如无人智能豆浆机、水槽式洗碗机等新型厨电产品。这些升级与创新产品，提高了消费的品质，方便了人们的生活，让人民生活变得更加美好。

龙头企业快速跃升

轻工龙头骨干企业充分发挥企业家精神与工匠精神，坚持市场导向、依靠科技进步、锐意拼搏进取，成为引领行业发展的领军力量，根据中国轻工业联合会的评定，2017年评价出的轻工业百强企业的主营业务收入占到全国轻工业的10%，利润占到全国轻工业的13%。入围轻工业百强企业的最低主营业务收入从2011年10亿元提高到目前的40亿元。

2017年行业领军企业发展成就显著。以海尔公司为例，据公司预报，2017年海尔集团收入达到2419亿元，同比增长20%，增速创近年新高，集团利税首次突破300亿元，全球经营利润增长了41%。其他轻工行业前十强企业如美的集团、格力电器股份公司、茅台集团公司、晨鸣纸业集团公司等业务收入也实现了从30%到60%不等的大幅提升。龙头骨干企业强势发展，为轻工业提质增效做出了突出贡献。

轻工业在取得良好发展成就同时，也面临着较多的困难与挑战。财务成本大幅上升，原料价格持续上涨，部分规下企业困难较大，国际贸易摩擦加剧。

新闻发布会上，何烨还从“深入贯彻落实‘三品’战略，为美好生活需要提供支撑”“强化科技引领，推动轻工业创新发展”“落实‘中国制造2025’战略，推动轻工业智慧发展”“加快标准修制订工作，促进产品质量提升”“注重环境保护，推动轻工业绿色发展”“优化集群建设，推动轻工业集聚发展”等六个方面发布了2018年中国轻工业加快高质量发展的主要举措。她表示，要通过创新发展、绿色发展、智慧发展和集群发展，进一步提高发展水平，努力实现轻工业的高质量发展。预计全年轻工业将保持稳健运行态势，为国民经济发展做出新的更大的贡献。

会上，何烨以及中国轻工业食品中心主任于学军、中国轻工业联合会政策法规部主任李培松、综合业务部副主任王旭华、中国轻工业联合会新闻发言人郭永新分别就轻工业科技创新成果、行业高质量发展等问题回答了新华社、《经济日报》、《消费日报》、《中国新闻周刊》等媒体记者的提问。此次发布会是中国轻工业联合会就轻工行业迈向高质量发展取得成果及未来发展举措的集中展示。据悉，下一步，轻工业将按着十九大报告精神及政府工作报告要求，认真贯彻习近平新时代中国特色社会主义经济思想，坚持稳中求进工作总基调，为国民经济发展和满足人民群众美好生活需要做出新的更大的贡献。

2017年我国纺织行业经济运行述评

中国纺织网

2018年2月24日

2017年，在全球经济稳健复苏，我国经济增长6.9%的背景下，纺织行业认真贯彻新发展理念，以供给侧结构性改革为主线，坚持稳中求进，经济运行平稳、内需稳步增长、外需温和回暖、效益稳步提升。尽管国际棉价巨幅波动，但国内棉花及纱布保持平稳，出口数量继续增长，棉纱进口激增现象受到抑制。主要特点如下：

一、投资结构进一步优化，棉纺加工业投资缩小、化纤业投资大幅提升

受资源区域优势和市场环境影响，纺织行业投资结构更趋合理，智能创新、绿色环保型投资进一步增强，低水平规模膨胀型投资明显缩小。据国家统计局资料显示，2017年我国纺织行业固定资产投资同比增长5.2%，增速较上年下滑2.5个百分点。分行业看，纺织业同比增长4.4%，增速下滑6.3个百分点，其中棉纱加工业微增1.6%，增速大幅缩水17.8个百分点；服装业同比增长4.1%，增速下滑1.5个百分点；但化纤业大幅反弹，同比增长19.2%，增速大幅提升18.9个百分点，其中涤纶纤维大增54.5%(去年负增长16%)；人造纤维增长27.8%，增速提高25个百分点。分区域看，投资主要集中于东部和新疆地区，内地投资规模明显萎缩。

二、生产、效益稳步增长，化纤行业利润增幅明显

2017年，纺织制造业生产继续保持平稳增长，增速保持4%～6%水平。从增加值增速看，纺织业同比增长4%，服装、化纤业均增长5.8%。从主要产品产量看，除服装继续窄幅下降外，其他均保持不同程度增幅。2017年全国产纱4050万吨，同比增长5.6%；布695.59亿米，增长1.2%；印染布524.59亿米，增长4.8%；服装287.81亿件，下降2.6%（去年下降1.6%）；化纤4919.55万吨，增长5%，其中粘胶短纤363.8万吨，增长3.9%。

在全国纺织行业平稳增长中，新疆地区快速发展起着重要作用。据国家统计局资料显示，2017年新疆棉花产量达408.2万吨，比上年度增长13.6%，占全国棉花总产量548.6万吨的74%以上。由于棉花产能逐步集中于新疆，使纺织产能在新疆地区得到迅速扩张，估计2017年末新疆纱锭接近1200万锭。据国家统计局资料显示，2017年新疆纱产量达151.02万吨，比上年大增39.4%，是2010年的3.8倍；布产量2.56亿米，比上年增长45.5%，是2010年的1.64倍，增速均远远高于全国平均水平。

2017年，全国纺织服装行业经济效益有所提升，亏损企业亏损额有所下降，化纤行业表现尤为突出。据统计，2017年全行业实现销售收入68935.65亿元，同比增长4.18%；利润总额3768.81亿元，同比增长6.92%，增速较上年提高2.4个百分点。其中化纤业同比增长38.3%，涤纶纤维增长63.4%、人造纤维增长17.1%，大大高于全行业平均水平，而棉纺织业仅增长1.8%。全行业亏损企业亏

损额同比下降6.2%，其中化纤业大幅下降41.3%，涤纶纤维下降71.2%。值得关注的是，全行业产成品资金同比仅增长3.7%，增速远低于生产、销售收入等指标，尤其是棉纺织业在生产增长4%～5%、销售收入增长3.4%的情况下，产成品资金仅微增1.5%，反映产销平稳，产品库存压力小，形势较为乐观。

三、外需回暖、内需平稳，数量拉动出口增长，棉纱进口增速减缓

内需平稳回升。据国家统计局资料显示，2017年我国社会消费品零售总额达366262亿元，同比增长10.2%，其中服装、针纺织品14557亿元，增长7.8%，较上年增速提高0.8个百分点，这是7年来增速首次提高，零售额大幅增长反映出国内不断稳健提升。另从纺织服装出口与内销比重分析看，内销比例明显提升。2004年我国纺织品服装30%以上依赖出口，即内外销比为70：30，2017年内外销比为88：12。

外需逐渐回暖。受全球经济稳健复苏影响，2017年我国纺织品服装出口扭转连续2年负增长局面，出口2685.96亿美元，同比增长0.8%。

2017年我国纺织品服装进出口特点如下：

1.对重点市场出口回稳，对美国、东盟、日本出口恢复性增长，对欧盟出口降幅收窄，但在各地市场份额有所下降

据中国海关统计，2017年对欧盟出口488.627亿美元，同比下降1.1%，降幅有所收窄。其中对英国出口103.28亿美元，同比下降12.7%，占欧盟市场总额的21.1%，若剔除英国因素，2017年我国对欧盟出口微增2.5%。另据欧盟海关统计，2017年1—10月欧盟进口纺织品服装1093.3亿美元，同比增长2.8%，其中自中国进口372.2亿美元，增长1.3%，占欧盟市场的34%，份额略有下降；自东盟进口增长9.9%，市场份额逐年提升。

据中国海关统计，2017年对美国出口453.93亿美元，同比微增1%，其中纺织品出口增长6%、服装出口下降0.8%。另据美国海关统计，2007年1—11月美国进口纺织品服装1084.3亿美元，同比增长0.9%，其中自中国进口374.2亿美元，下降0.7%；但自东盟、印度、墨西哥进口分别增长2.9%、3.9%、6.2%，由于美国扩大对其他经济体进口，自中国进口比重由2012年的40.2%逐年下降至2017年的34.5%。

对东盟出口仍有所增长。2017年对东盟出口347.5亿美元，同比增长4.5%，其中对越南出口增长8.6%。

对日本出口恢复性增长，扭转持续下滑局面。2017年对日本出口203.2亿美元，同比微增0.1%。但在日本进口统计中，自中国进口继续下降。另据日本海关统计，2017年1—11月日本进口纺织品服装336.4亿美元，同比上升0.3%，其中自中国进口204.7亿美元，下降1.3%；自东盟进口增长5.2%。

2.出口结构逐步改变，量增价跌局面仍未扭转

2017年纺织品服装出口增长0.8%中，纺织品出口1104.87亿美元，同比增长4.2%，服装出口1581.09亿美元，同比下降1.4%，由于纺织品出口持续增长，纺织品与服装出口占比由2010年的37.3：62.7上升到2017年的41.1：58.9，纺织品出口占比已超过4成。这一指标折射出两个问题：一是我国纺织品尤其是化纤纱、面料有强劲竞争力；二是周边国家和地区服装行业发展迅速。

从出口商品量价变化情况看，仍是数量出口带动出口增长。据初步核算，2017年纺织品服装出口价格指数为95.98%，其中纺织96.95%、服装95.6%，价格同比分别下降4.02、3.05、4.4；纺织品服装出口数量指数为103.2%，其中纺织品105.4%、服装102.5%，数量同比分别上升3.2、5.4、2.5。

从具体出口商品看，除化纤纱出口价格回升外，其他价格均不同程度回落。2017年纱线出口数量473.77万吨，同比增长5.6%，出口金额增长7.8%，平均单价上升2.1%，其中棉纱线数量增长10.5%，金额增长6.1%，平均单价下滑3.9%。面料出口数量446.35亿米，同比增长8.4%，出口金额微增4.1%，平均单价下跌3.9%，其中棉布数量增长2.1%，金额下降0.2%，平均单价下跌1.97%。棉及化纤服装出口数量338.64亿件，同比增长2.4%，出口金额下降2.6%，平均单价下跌7.3%，其中棉制服装数量增长1.7%，平均单价下跌5.2%，化纤服装数量增长3.5%，平均单价下跌6.1%。

3.棉纱进口维持上年水平，自越南进口仍较强劲

受国际棉价起起落落和中国棉市持续平稳等因素影响，棉纱线进口激增现象受到抑制，进口总量基本维持上年水平，但自越南进口激增现象依旧突出。据中国海关统计，2017年我国棉纱线进口数量198.35万吨，较上年微增0.6%，进口金额增长6.5%，进口单价上涨6.8%。在主要进口国别中，来自印度、巴基斯坦的进口数量分别下降6.1%、12.5%，但自越南进口仍十分强劲。2017年自越南进口棉纱线71.59万吨，同比增长14.5%，占我国棉纱线进口总量的31.5%，占越南纱线出口总量的53.1%，即越南出口纱线中的一半以上面向中国市场。

四、国内棉市平稳，国际棉价起落杠杆，内外价差变化较大

受国内棉花直补政策和储备棉轮出影响，国内棉市持续平稳运行，对棉纺行业平稳运行起着重要作用。据统计，2017年储备棉累计成交322万吨，约占棉纺当年棉花消耗总量的4成以上，储备棉成为棉纺行业获取资源的主要渠道。从成交价看，成交平均价14754元/吨，储备棉行情基本与即期的内外棉价同步运行，同时又反过来引导现货市场走势。受储备棉量价影响，国内期现货棉市总体平稳，基本围绕15800元/吨上下振幅百元左右运行。

由于直补和轮储两项基本政策保驾护航，近两年来国内棉市基本不受任何外围市场影响而独自走自己平稳运行行情。2017年国际棉市在过渡炒作情况下，棉价起起落落，两度冲高近年来最高水平，尤其是从2017年8月—2018年1月中旬，受炒作及中国扩大棉花进口(2017年中国进口棉花115.3万吨，同比增长28.9%，扭转连续4年大幅下滑局面)，棉价持续攀高，纽约期棉由平均68美分/磅攀升到83美分/磅，累计上涨达1500点，涨幅22%；Cotlook A指数上涨1700点至94美分/磅近几年高位。受国际棉价大起大落杠杆影响，内外棉价差由最高3000元/吨左右缩小到300元/吨以内，滑准税折口岸价甚至高于国内棉价。国际棉价极不稳定和内外棉价价差倒挂，为增强国产纱竞争力打下坚实基础，也是棉纱进口激增缩水重要因素之一。

主要化纤价格则不如棉价稳定，受成本、环保、需求等因素影响，涤纶短纤价格持续攀高，粘胶短纤高位回落。其中涤纶短纤受原油价格急速回升(由不足30美元/桶升到60美元/桶左右)，2017年价格持续攀高，主体价由7300元/吨一路攀升到9200元/吨左右，累计上涨近2000元/吨，涨幅达25.6%，这也是涤纶行业效益大幅提升重要因素之一。粘胶短纤受后加工企业需求不力，价格高位回落，目前维稳14500元/吨左右。

2017年通信业统计公报

工业和信息化部运行监测协调局

2018年2月2日

2017年，我国通信业深入贯彻落实党中央、国务院决策部署，积极推进网络强国战略，加强信息网络建设，深入落实提速降费，加快发展移动互联网、IPTV、物联网等新型业务，为国民经济和社会发展提供了有力支撑。

一、行业保持较快发展

（一）电信业务总量大幅提高，电信收入增长有所加快

初步核算，2017年电信业务总量达到27557亿元（按照2015年不变单价计算），比上年增长76.4%，增幅同比提高42.5个百分点。电信业务收入12620亿元，比上年增长6.4%，增速同比提高1个百分点。

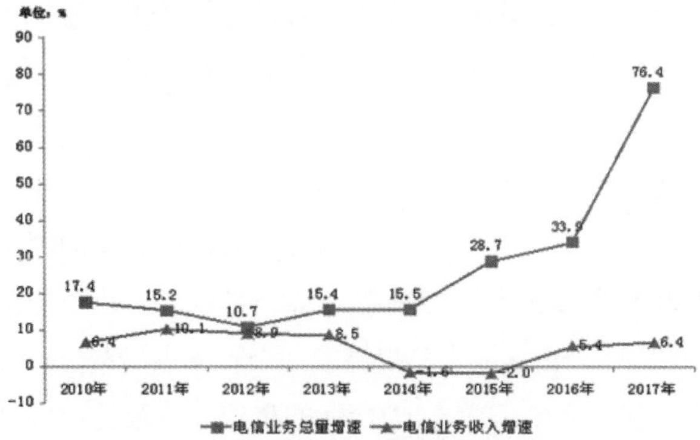

图1–1 2010—2017年电信业务总量与业务收入增长情况①

全年固定通信业务收入完成3549亿元，比上年增长8.4%。移动通信业务实现收入9071亿元，比上年增长5.7%，在电信业务收入中占比为71.9%，较上年回落0.5个百分点。

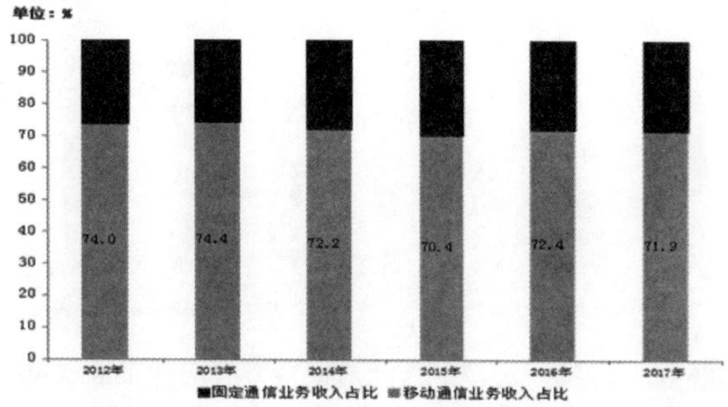

图1–2　2012—2017年固定通信和移动通信收入占比变化情况

（二）数据及互联网业务稳定增长，话音等传统业务继续萎缩

宽带中国战略加快实施带动数据及互联网业务加快发展。2017年，在固定通信业务中固定数据及互联网业务收入达到1971亿元，比上年增长9.5%，在电信业务收入中占比由上年的15.2%提升到15.6%，拉动电信业务收入增长1.4个百分点，对全行业业务收入增长贡献率达21.9%。受益于光纤接入速率大幅提升，家庭智能网关、视频通话、IPTV等融合服务加快发展。全年IPTV业务收入121亿元，比上年增长32.1%；物联网业务收入比上年大幅增长86%。

2017年，在移动通信业务中移动数据及互联网业务收入5489亿元，比上年增长26.7%，在电信业务收入中占比从上年的38.1%提高到43.5%，对收入增长贡献率达152.1%。

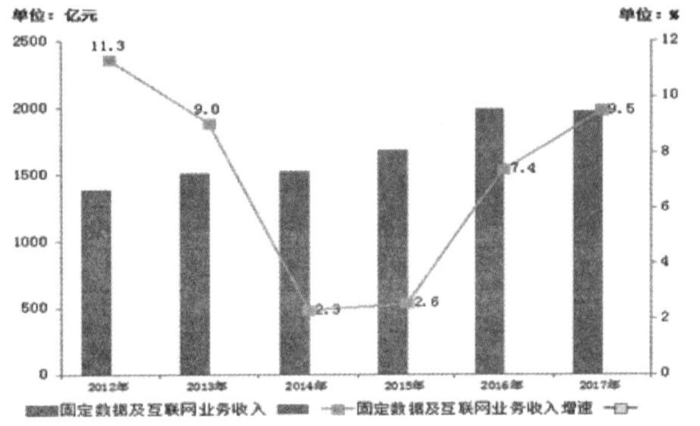

图1—3　2012—2017年固定数据及互联网业务收入情况

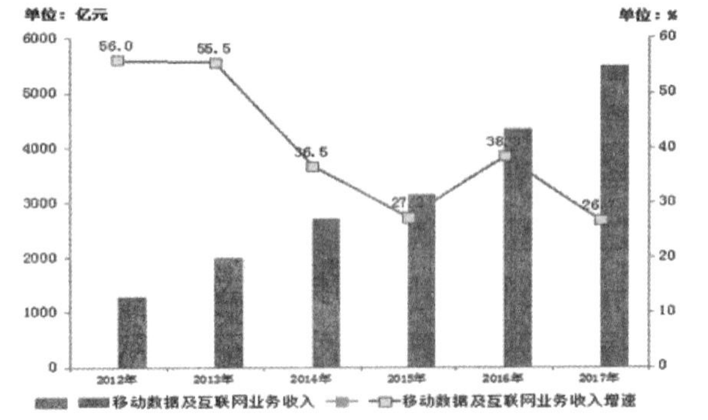

图1—4　2012—2017年移动数据及互联网业务收入情况

随着高速互联网接入服务发展和移动数据流量消费快速上升，话音业务（包括固定话音和移动话音）继续呈现大幅萎缩态势。2017年完成话音业务收入2212亿元，比上年下降33.5%，在电信业务收入中的占比降至17.5%，比上年下降7.3个百分点。

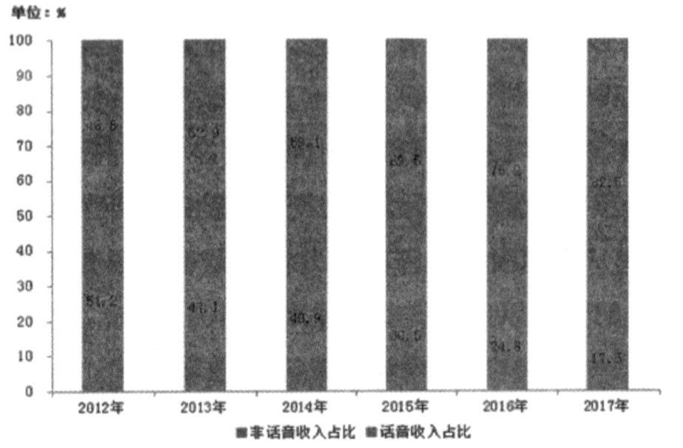

图1—5　2012—2017年电信收入结构
（话音和非话音）情况

二、网络提速和普遍服务效果显现

（一）电话用户规模稳步扩大，移动电话普及率首次破百

2017年，全国电话用户净增8269万户，总数达到16.1亿户，比上年增长5.4%。其中，移动电话用户净增9555万户，总数达14.2亿户，移动电话用户普及率达102.5部/百人，比上年提高6.9部/百人，全国已有16省市的移动电话普及率超过100部/百人。固定电话用户总数1.94亿户，比上年减少1286万户，每百人拥有固定电话数下降至14部。

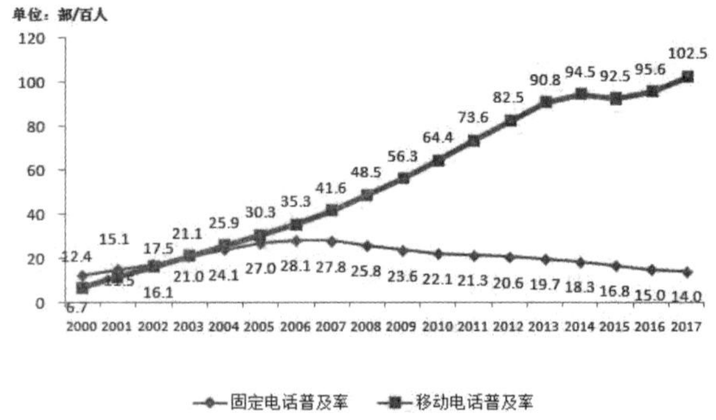

图2—1　2000—2017年固定电话、移动电话用户发展情况

（二）网络提速效果显著，高速率宽带用户占比大幅提升

进一步落实网络提速要求，加快拓展光纤接入服务和优化4G服务，努力提升用户获得感。截至12月底，三家基础电信企业的固定互联网宽带接入用户总数达3.49亿户，全年净增5133万户。其中，50Mbps及以上接入速率的固定互联网宽带接入用户总数达2.44亿户，占总用户数的70%，占比较上年提高27.4个百分点；100Mbps及以上接入速率的固定互联网宽带接入用户总数达1.35亿户，占总用户数的38.9%，占比较上年提高22.4个百分点。截至12月底，移动宽带用户（即3G和4G用户）总数达11.3亿户，全年净增1.91亿户，占移动电话用户的79.8%。4G用户总数达到9.97亿户，全年净增2.27亿户。

（三）普遍服务继续推进，农村宽带用户增长加速

2017年末，电信业完成3.2万个行政村通光纤的

电信普遍服务任务部署。全国农村宽带用户达到9377万户，全年净增用户1923万户，比上年增长25.8%，增速较上年提高9.3个百分点；在固定宽带接入用户中占26.9%，占比较上年提高1.8个百分点。

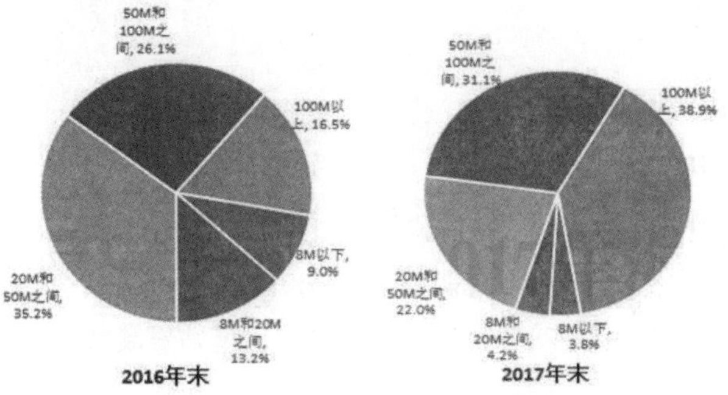

图2-2 2016—2017年固定互联网宽带各接入速率用户占比情况

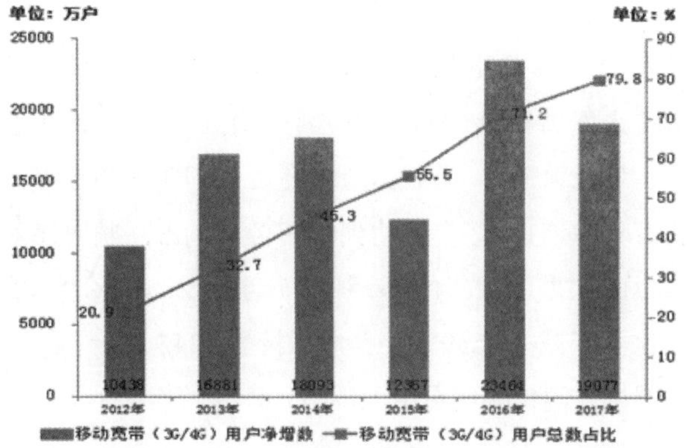

图2-3 2012—2017年移动宽带用户（3G/4G）发展情况

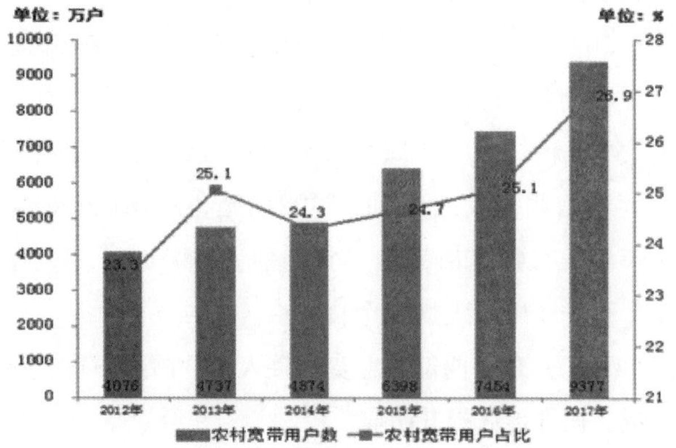

图2-4 2012—2017年农村宽带接入用户情况

（四）行业融合加深，新业务发展动能强劲

加快培育新兴业务，扎实提高IPTV、物联网、智慧家庭等服务能力。2017年末，IPTV用户数达到1.22亿户，全年净增3545万户，净增用户占光纤接入净增用户总数的53.5%。

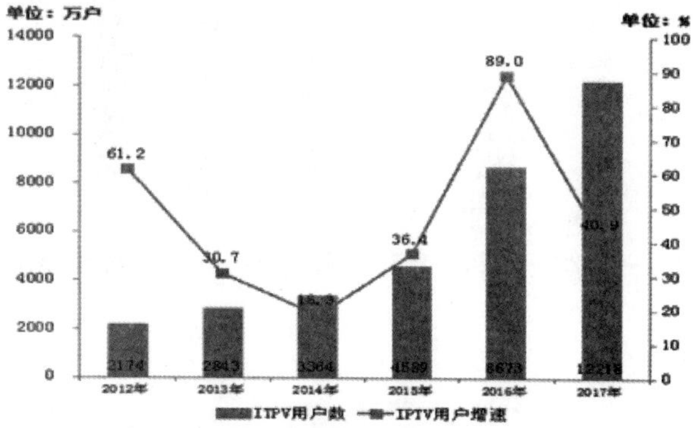

图2-5 2012—2017年IPTV用户及增速情况

三、移动数据流量消费等新兴业务继续大幅攀升

（一）移动互联网应用加快普及，户均流量翻倍增长

4G移动电话用户扩张带来用户结构不断优化，支付、视频广播等各种移动互联网应用普及，带动数据流量呈爆炸式增长。2017年，移动互联网接入流量消费达246亿GB②，比上年增长162.7%，增速较上年提高38.7个百分点。全年月户均移动互联网接入流量达到1775MB/月/户，是上年的2.3倍，12月当月户均接入流量高达2752MB/月/户。其中，手机上网流量达到235亿GB，比上年增长179%，在移动互联网总流量中占95.6%，成为推动移动互联网流量高速增长的主要因素。

（二）互联网应用替代作用增强，传统业务持续下降

2017年，全国移动电话去话通话时长2.69万亿分钟，比上年减少4.3%，降幅较上年扩大2.8个百分点。全国移动短信业务量6644亿条，比上年减少0.4%。其中，由移动用户主动发起的点对点短信量比上年减少30.2%，占移动短信业务量比重由上年的28.5%降至19.9%。彩信业务量只有488亿条，比上年减少12.3%。移动短信业务收入358亿元，比上年减少2.6%。

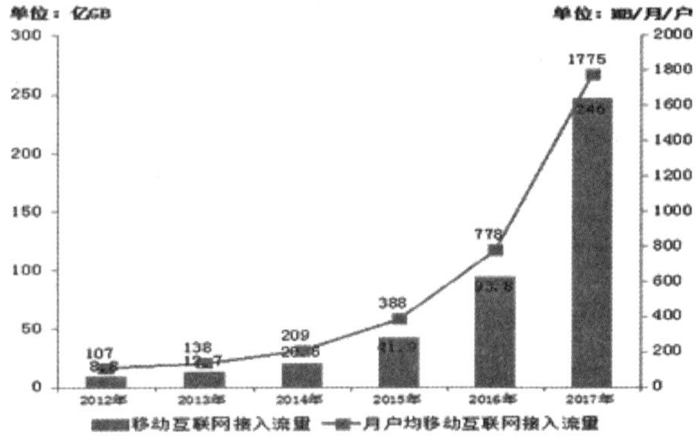

图3–1　2012—2017年移动互联网接入流量增长情况

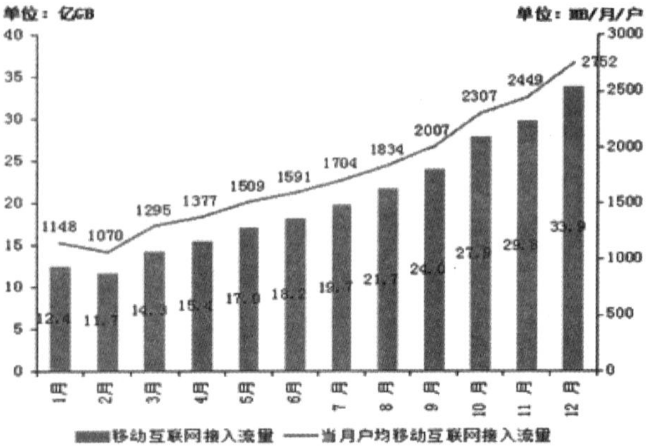

图3–2　2017年各月当月户均移动互联网接入流量增长情况

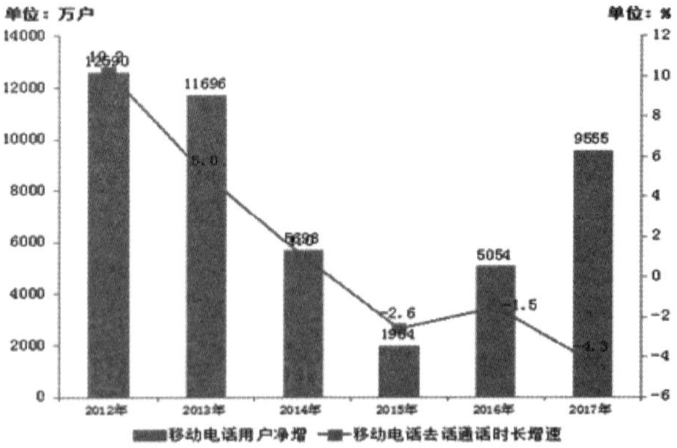

图3–3　2012—2017年移动电话去话通话时长增速和移动用户净增情况

四、网络基础设施建设继续加强

(一)信息网络建设扎实推进，4G移动网络深覆盖

着力提升网络品质，加快光纤网络建设，完善4G网络覆盖深度，不断消除覆盖盲点，移动网络服务质量和覆盖范围继续提升。2017年，全国净增移动通信基站59.3万个，总数达619万个，是2012年的3倍。其中4G基站净增65.2万个，总数达到328万个。

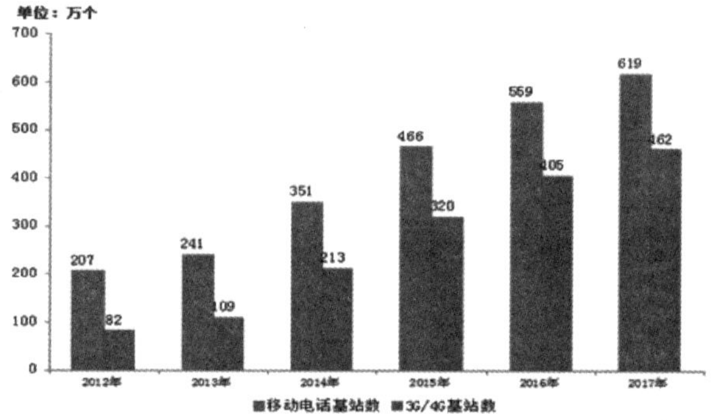

图4–1　2012—2017年移动电话基站发展情况

（二）光缆加快建设，网络空间综合实力加强

2017年新建光缆线路长度705万公里，全国光缆线路总长度达3747万公里，比上年增长23.2%。“光进铜退”趋势更加明显，截至12月底，互联网宽带接入端口数量达到7.79亿个，比上年净增0.66亿个，增长9.3%。其中，光纤接入（FTTH/0）端口比上年净增1.2亿个，达到6.57亿个，占互联网接入端口的比重由上年的75.5%提升至84.4%。xDSL端口比上年减少1639万个，总数降至2248万个，占互联网接入端口的比重由上年的5.5%下降至2.9%。

五、东中西部地区协调发展

（一）东部地区电信业务收入继续占据半壁江山，中西部地区占比有所上升

2017年，东部地区实现电信业务收入6759亿元，比上年增长6.6%，占全国电信业务收入比重为53.5%，占比较上年减少0.5个百分点。中部和西部实现电信业务收入分别为2908亿元和2978亿元，比上年增长7.4%和8.5%，占比分别为23%和23.5%，比上年提升了0.1个、0.4个百分点。

（二）东中西部光纤宽带接入用户渗透率均超过八成，西部地区提升明显

2017年，东、中、西部光纤接入用户分别达到14585万户、7708万户和7100万户，比上年分别增长24.9%、29.3%和38.5%。西部地区增速比东部和中部分别快13.6个和9.2个百分点。东、中、西部光

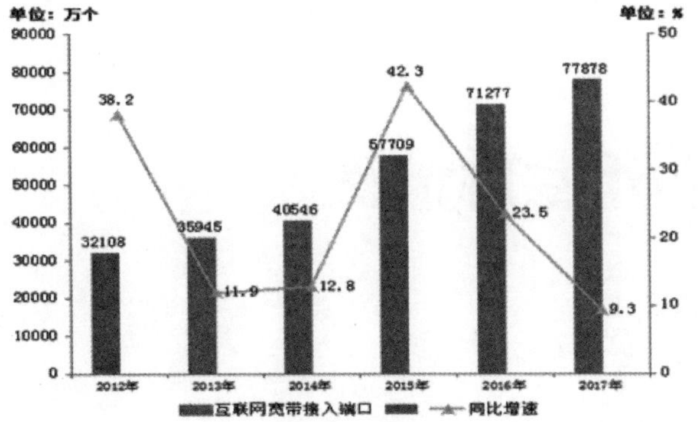

图4-2 2012—2017年互联网宽带接入端口发展情况

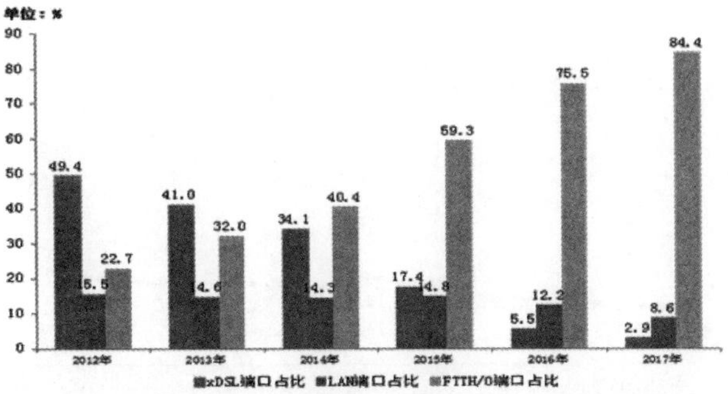

图4-3 2012—2017年互联网宽带接入端口按技术类型占比情况

纤接入用户在固定宽带接入用户中的占比分别达到83.2%、85.2%和85.9%，其中西部地区较上年大幅提高10.4个百分点。

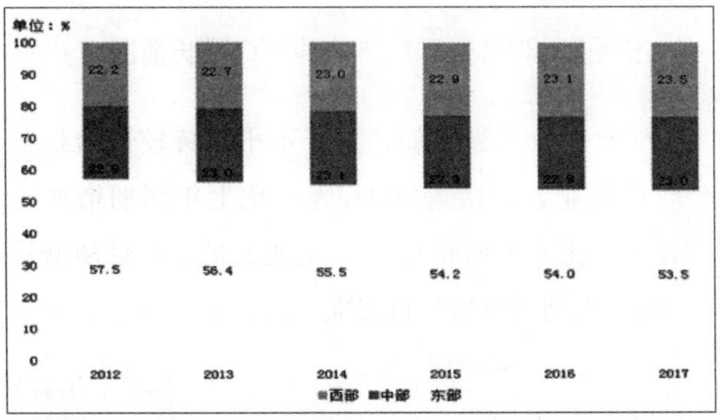

图5-1 2012—2017年东、中、西部地区电信业务收入比重

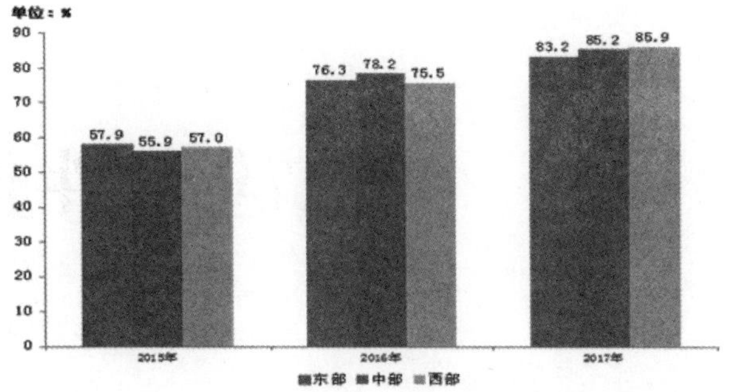

图5-2 2015—2017年东、中、西部地区光纤宽带接入用户渗透率

（三）东中西部移动数据业务均呈现加快发展态势，西部增长接近两倍

2017年，东、中、西部地区移动互联网接入流量分别达到121亿GB、59.9亿GB和64.9亿GB，比上年分别增长151%、154%和198.1%，西部增速比东部、中部增速分别高47.1个和44.1个百分点。东、中、西部地区月户均流量达到1780MB/月/户、1680MB/月/户、1865MB/月/户，西部比东部和中部分别高85MB/月/户和185MB/月/户。

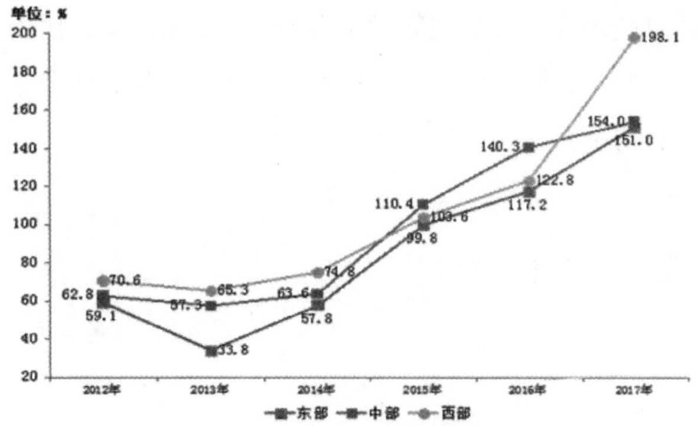

图5-3 2012—2017年东、中、西部移动互联网接入流量增速

注：

①2010—2015年电信业务总量按照2010年不变单价计算，2016—2017年按照2015年不变单价计算。

②1GB=1024MB

2017年软件业经济运行情况

运行监测协调局

2018年1月30日

快报数据显示，2017年我国软件和信息技术服务业继续呈现稳中向好运行态势，收入和效益同步加快增长，出口有所恢复，吸纳就业人数平稳增加，创新能力不断提升，产业结构持续调整优化，服务和支撑保障能力显著增强。

一、总体运行情况

软件业务收入加快增长。2017年，全国软件和信息技术服务业完成软件业务收入5.5万亿元，比上年增长13.9%，增速同比提高0.8个百分点。从全年增长情况看，走势基本平稳。

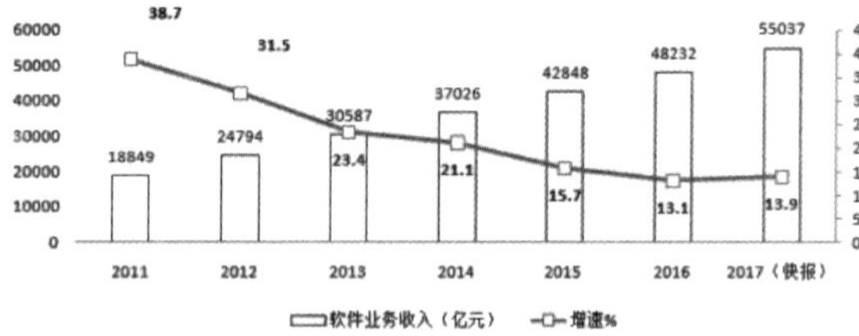

图1　2011—2017年软件业务收入增长情况

全行业利润增长快于收入增长。2017年，全行业实现利润总额7020亿元，比上年增长15.8%，比2016年提高2.1个百分点，高出收入增速1.9个百分点。分季度来看，一至四季度利润总额增速分别为9.6%、14.2%、15.6%和21.2%，呈逐步上升态势。

出口形势仍然低迷，但进入下半年以后情况有所改观。2017年，全国软件业实现出口538亿美元，同比增长3.4%，增速比上年提高2.4个百分点。其中，外包服务出口增长5.1%，比上年提高4.4个百分点；嵌入式系统软件出口增长2.3%。

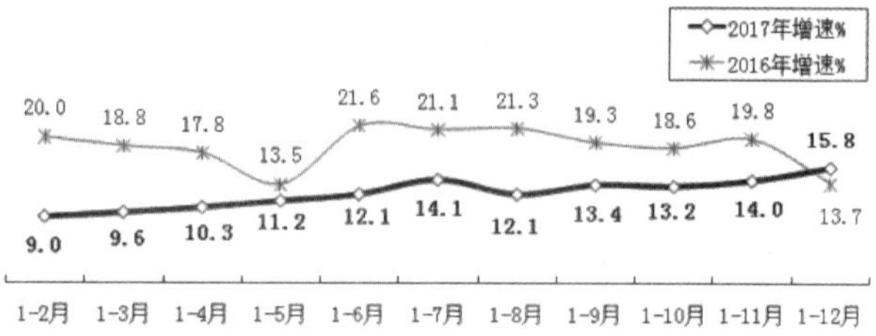

图2　2017年1—12月软件业利润总额走势

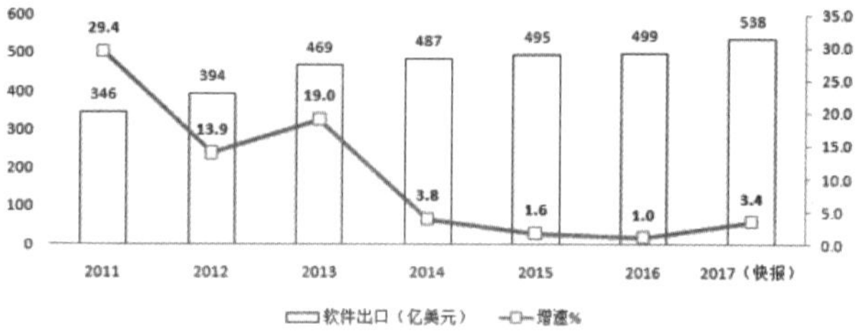

图3　2011—2017年软件出口赠长情况

从业人数平稳增加，工资水平保持较快增长。全行业从业人数接近600万人，比上年同期增加约20万人，比上年增长3.4%。从业人员工资总额增长14.9%，人均工资增长11.2%。

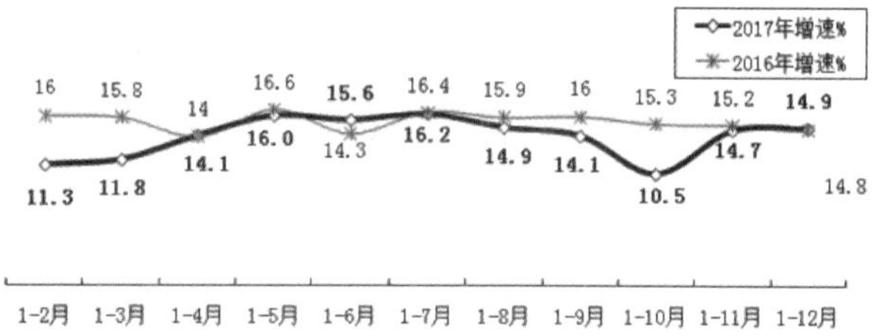

图4　2017年1—12月软件业从业人员工资总额增长情况

企业研发投入不断增强，创新能力逐步提升。

对重点软件企业的监测显示，全年企业研发投入强度接近11%。据中国版权保护中心的数据，2017年我国软件著作权登记量突破70万件，比上年增长达85%，呈现爆发式增长；大数据、云计算、人工智能等新技术迅速得到应用和扩展，产业活力不断增强。

二、分领域运行情况

软件和信息技术服务业结构继续调整，产业生态链不断完善，为制造强国和网络强国建设提供重要支撑和保障。

信息技术服务保持领先，产业继续向服务化、云化演进。2017年，全行业实现信息技术服务收入2.9万亿元，比上年增长16.8%，增速高出全行业平均水平2.9个百分点，占全行业收入比重为53.3%。其中，云计算相关的运营服务（包括在线软件运营服务、平台运营服务、基础设施运营服务等在内的信息技术服务）收入超过8000亿元，比上年增长16.5%。

软件产品平稳增长，支撑保障能力显著增强。2017年，全行业实现软件产品收入1.7万亿元，比上年增长11.9%，占全行业收入比重为31.3%。其中，信息安全和工业软件产品收入均超过1000亿元，分别增长14%和19.9%。随着核心关键技术的突破，软件产业正向构筑有力的产业基础、推进信息系统安全可控、驱动工业智能化等方向迈进。

软件技术加快向各领域渗透，应用服务能力不断提升。支撑电子商务快速发展，电子商务平台技术服务收入比上年增长30.3%；助力集成电路产业发展，集成电路设计服务收入比上年增长15.6%；加快向通信、医院、交通、装备等各领域渗透，嵌入式系统软件已成为产品和装备数字化改造、各领域智能化增值的关键性带动技术，全年实现收入8479亿元，比上年增长8.9%。

三、分地区运行情况

东部地区稳步发展，中西部地区软件业加快增长。2017年，东部地区完成软件业务收入4.4万亿元，同比增长13.8%，占全国软件业的比重为

2017年1—12月软件产业分类收入占比情况

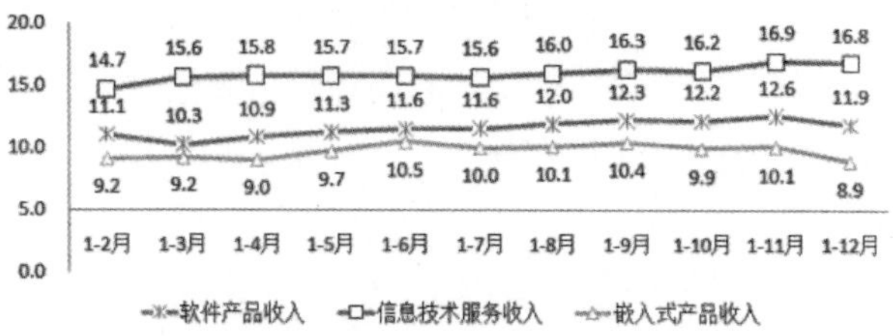

图5 2017年1—12月软件业分类收入增长情况（单位：%）

79.2%，比上年下降0.1个百分点；中部和西部地区完成软件业务收入分别为2497亿元和6187亿元，分别增长15.9%和17.3%，占全国软件业的比重为4.5%和11.2%，比上年分别提高0.1和0.3个百分点；东北地区完成软件业务收入2778亿元，增长7.1%，占全国软件业的比重为5.1%，同比下降0.3个百分点。

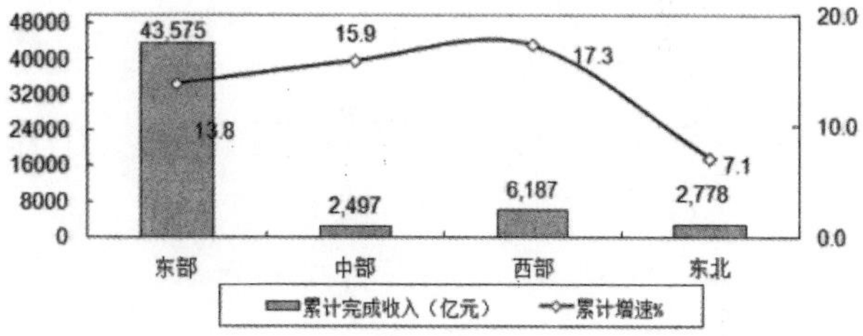

图6 2017年1—12月软件业分区域增长情况

主要软件大省保持平稳发展，部分中西部省市快速增长。总量居前5名的广东、江苏、北京、山东、浙江共完成软件业务收入3.5万亿元，占全国软件业比重的64%，分别增长14.2%、12.6%、12.2%、14.3%和20.1%。部分中西部省市增长较快，如西部的陕西增长超过20%，云南、青海增长达40%，中部的安徽增长达30%。

中心城市保持集聚发展态势，质量效益领先全国。全国15个副省级中心城市实现软件业务收入3万亿元，比上年增长14.3%，增速高出全国平均水平

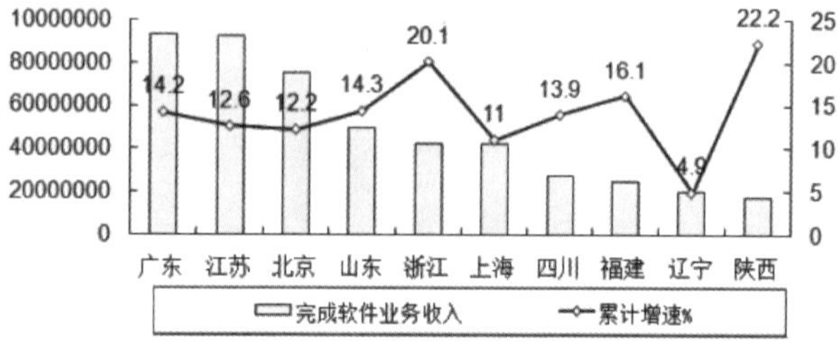

图7 2017年1—12月软件业务收入居前十位省市增长情况

0.4个百分点，占全国软件业的比重为55.2%，比上年回落0.3个百分点；实现利润总额4469亿元，增长19.1%，高出全国平均水平3.3个百分点，占全国比重的63.7%。全国软件业务收入达到千亿元的中心城市和直辖市共15个，合计实现软件业务收入4.3万亿，占全国的比重达到78%。

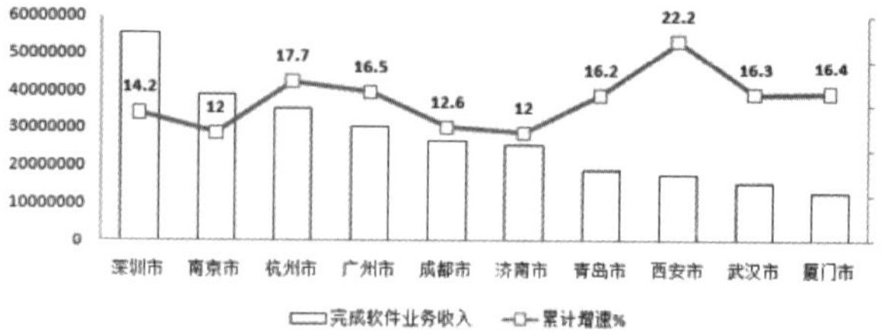

图8 2017年1—12月软件业务收入居前十位副省级中心城市增长情况

2017年全国物流运行情况通报

国家发展改革委

中国物流与采购联合会

2018年2月6日

2017年我国物流运行总体向好，社会物流总额增长稳中有升，社会物流总费用与GDP的比率有所回落。

一、社会物流总额增长稳中有升

2017年全国社会物流总额252.8万亿元，按可比价格计算，同比增长6.7%，增速比上年同期提高0.6个百分点。分季度看，一季度56.7万亿元，增长7.1%，提高1.1个百分点；上半年118.9万亿元，增长7.1%，提高0.9个百分点；前三季度184.8万亿元，增长6.9%，提高0.8个百分点。全年社会物流总需求呈现稳中有升的发展态势。

从构成看，工业品物流总额234.5万亿元，按可比价格计算，同比增长6.6%，增速比上年同期提高0.6个百分点；进口货物物流总额12.5万亿元，增长8.7%，提高1.3个百分点；农产品物流总额3.7万亿元，增长3.9%，提高0.8个百分点；再生资源物流总额1.1万亿元，下降1.9%；单位与居民物品物流总额1.0万亿元，增长29.9%。

二、社会物流总费用与GDP的比率有所回落

2017年社会物流总费用12.1万亿元，同比增长

9.2%，增速低于社会物流总额、GDP现价增长。

其中，运输费用6.6万亿元，增长10.9%，增速比上年同期提高7.6个百分点；保管费用3.9万亿元，增长6.7%，提高5.4个百分点；管理费用1.6万亿元，增长8.3%，提高2.7个百分点。

2017年社会物流总费用与GDP的比率为14.6%，比上年同期下降0.3个百分点。

三、物流业总收入较快增长

2017年物流业总收入8.8万亿元，比上年增长11.5%，增速比上年同期提高6.9个百分点。

2017年全国教育事业发展统计公报[1]

教育部

2018年7月19日

2017年，全国教育系统深入学习贯彻习近平新时代中国特色社会主义思想和党的十九大精神，按照《政府工作报告》部署，坚持教育“为人民服务，为中国共产党治国理政服务，为巩固和发展中国特色社会主义制度服务，为改革开放和社会主义现代化建设服务”。坚定不移贯彻新发展理念，转变教育发展方式，教育总体发展水平跃居世界中上行列。

一、综合

全国共有各级各类学校51.38万所，比上年增加2105所，增长0.41%；各级各类学历教育在校生2.70亿人，比上年增加545.54万人，增长2.06%；专任教师1626.89万人，比上年增加48.72万人，增长3.09%。

二、学前教育

全国共有幼儿园25.50万所，比上年增加1.51万所，增长6.31%。学前教育入园儿童[2]1937.95万人，比上年增加15.87万人，增长0.83%；在园儿童[3]4600.14万人，比上年增加186.28万人，增长4.22%。幼儿园教职工419.29万人，比上年增加37.50万人，增长9.82%；专任教师243.21万人，比上年增加20.01万人，增长8.96%。学前教育毛入园率[4]达到79.6%，比上年提高2.2个百分点。

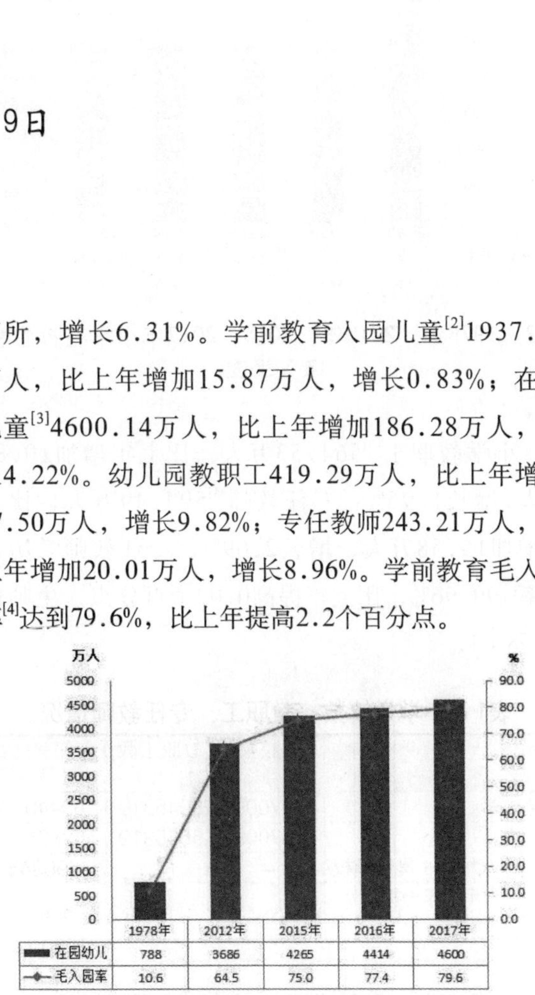

图1　1978年、2012年、2015—2017年学前教育在园幼儿和毛入园率

三、义务教育

全国共有义务教育阶段学校21.89万所，招生3313.78万人，在校生1.45亿人，专任教师949.36万人，九年义务教育巩固率[5]93.8%。

1.小学

全国共有小学16.70万所，比上年减少1.06万所，下降5.98%；另有小学教学点10.30万个，比上年增加4561个，增长4.63%。招生1766.55万人，比上年增加14.09万人，增长0.80%；在校生10093.70万人，比上年增加180.69万人，增长1.82%；毕业生1565.90万人，比上年增加58.45万人，增长3.88%。小学学龄儿童净入学率[6]达到99.91%。

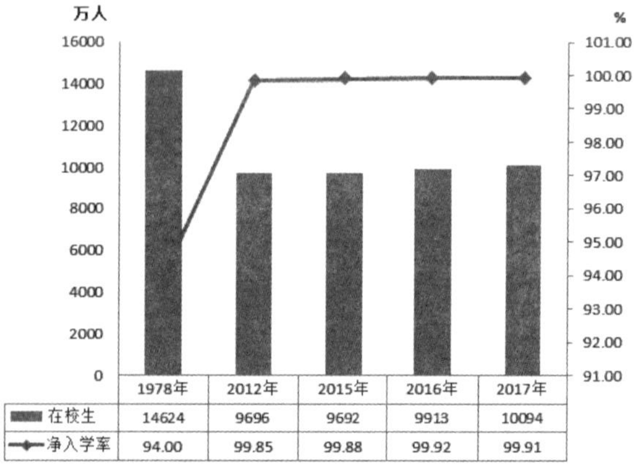

图2 1978年、2012年、2015—2017年小学在校生和净入学率

小学教职工[7]564.53万人，比上年增加10.80万人，增长1.95%；专任教师[8]594.49万人，比上年增加15.58万人，增长2.69%。专任教师学历合格率[9]99.96%，比上年提高0.02个百分点。生师比16.98：1。

表1 小学学校数、教职工、专任教师情况

	学校数（所）	教职工数（人）	专任教师数（人）
普通小学	167009	5645319	5944910
其中：小学	167009	5645319	5282512
九年一贯制学校	–	–	596348
十二年一贯制学校	–	–	66050

普通小学（含教学点）校舍建筑面积75088.46万平方米，比上年增加4123.98万平方米。设施设备配备达标[10]的学校比例情况分别为：体育运动场（馆）面积达标学校比例84.77%，体育器械配备达标学校比例89.99%，音乐器材配备达标学校比例89.60%，美术器材配备达标学校比例89.41%，数学自然实验仪器达标学校比例89.57%。

2.初中

全国共有初中学校5.19万所（含职业初中15所），比上年减少224所，下降0.43%。招生1547.22万人，比上年增加60.05万人，增长4.04%；在校生4442.06万人，比上年增加112.69万人，增长2.60%；毕业生1397.47万人，比上年减少26.40万人，下降1.85%。初中阶段毛入学率103.5%。

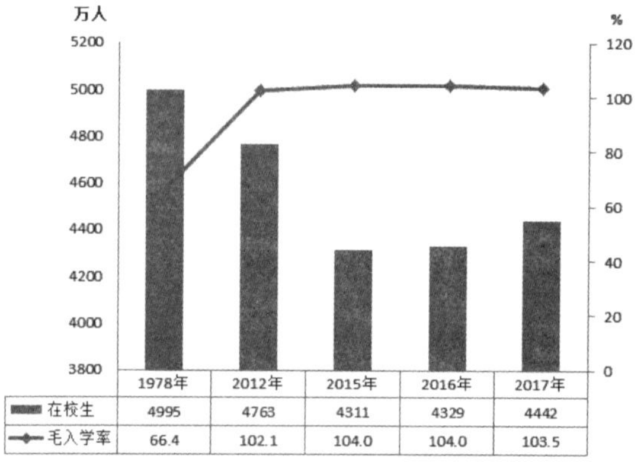

图3 1978年、2012年、2015—2017年初中阶段在校生和毛入学率

初中教职工407.81万人，比上年增加8.06万人，增长2.02%；专任教师[11]354.87万人，比上年增加6.09万人，增长1.75%。初中专任教师学历合格率99.83%，比上年提高0.07个百分点。生师比12.52：1。

表2 初中学校数、教职工、专任教师情况

	学校数（所）	教职工数（人）	专任教师数（人）
初中	51894	4078076	3548688
其中：初级中学	35696	2763493	2519334
九年一贯制学校	16183	1314104	551604
十二年一贯制学校	–	–	73131
完全中学	–	–	404179

初中校舍建筑面积61006.74万平方米，比上年增加3179.54万平方米。设施设备配备达标的学校比

例情况分别为：体育运动场（馆）面积达标学校比例90.35%，体育器械配备达标学校比例93.97%，音乐器材配备达标学校比例93.44%，美术器材配备达标学校比例93.17%，理科实验仪器达标学校比例94.11%。

3.进城务工人员随迁子女

全国义务教育阶段在校生中进城务工人员随迁子女[12]共1406.63万人。其中，在小学就读1042.18万人，在初中就读364.45万人。

四、特殊教育

全国共有特殊教育学校2107所，比上年增加27所，增长1.30%；特殊教育学校共有专任教师5.60万人，比上年增加0.28万人，增长5.20%。

全国共招收特殊教育学生11.08万人，比上年增加1.93万人，增长21.11%；在校生57.88万人，比上年增加8.71万人，增长17.71%；特殊教育毕业生6.94万人，比上年增加1.02万人，增长17.30%。

普通小学、初中随班就读和附设特教班招收的学生5.66万人，在校生30.40万人，分别占特殊教育招生总数和在校生总数的51.10%和52.52%。

五、高中阶段教育

全国高中阶段教育[13]共有学校2.46万所，比上年减少93所，下降0.38%；招生1382.49万人，比上年减少13.78万人，下降0.99%；在校学生3970.99万人，比上年增加0.93万人，增长0.02%。高中阶段毛入学率88.3%，比上年提高0.8个百分点。

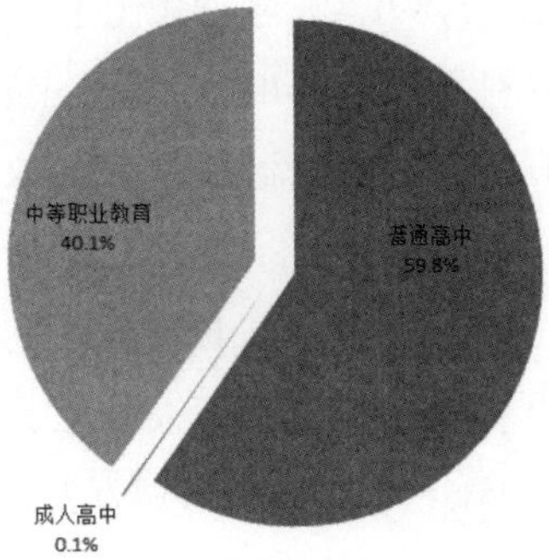

图4　高中阶段在校生规模结构

1.普通高中

全国普通高中1.36万所，比上年增加172所，增长1.29%；招生800.05万人，比上年减少2.87万人，下降0.36%；在校生2374.55万人，比上年增加7.90万人，增长0.33%；毕业生775.73万人，比上年减少16.62万人，下降2.10%。

普通高中教职工266.51万人，比上年增加7.31万人，增长2.82%；专任教师177.40万人，比上年增加4.05万人，增长2.34%。生师比13.39∶1；专任教师学历合格率98.15%，比上年提高0.24个百分点。

表3　普通高中学校数、教职工、专任教师情况

	学校数（所）	教职工数（人）	专任教师数（人）
普通高中	13555	2665073	1773953
其中：完全中学	5460	1056242	531255
高级中学	6780	1331610	1176082
十二年一贯制学校	1315	277221	66616

普通高中共有校舍建筑面积51511.74万平方米，比上年增加2369.43万平方米。普通高中设施设备配备达标的学校比例情况分别为：体育运动场（馆）面积达标学校比例91.14%，体育器械配备达标学校比例92.97%，音乐器材配备达标学校比例91.82%，美术器材配备达标学校比例91.94%，理科实验仪器达标学校比例93.15%。

2.成人高中

全国成人高中392所，比上年减少43所；在校生3.94万人，毕业生3.90万人。成人高中教职工3174人，专任教师2421人。

3.中等职业教育

全国中等职业教育[14]共有学校1.07万所，比上年减少222所，下降2.04%。其中，普通中等专业学校3346所，比上年减少52所；职业高中3617所，比上年减少109所；技工学校2490所，比上年减少36所；成人中等专业学校1218所，比上年减少25所。

中等职业教育招生582.43万人，比上年减少10.91万人，下降1.84%，占高中阶段教育招生总数的42.13%。其中，普通中专招生246.25万人，比上

年减少8.94万人；职业高中招生148.40万人，比上年减少3.04万人；技工学校招生130.91万人，比上年增加3.71万人；成人中专招生56.88万人，比上年减少2.65万人。

中等职业教育在校生1592.50万人，比上年减少6.52万人，下降0.41%，占高中阶段教育在校生总数的40.10%。其中，普通中专在校生712.99万人，比上年减少5.13万人；职业高中在校生414.06万人，比上年减少2.52万人；技工学校在校生338.21万人，比上年增加15.06万人；成人中专在校生127.24万人，比上年减少13.92万人。

中等职业教育毕业生496.88万人，比上年减少36.75万人，下降6.89%。其中，普通中专毕业生216.99万人，比上年减少12.03万人；职业高中毕业生128.99万人，比上年减少12.88万人；技工学校毕业生90.48万人，比上年减少2.59万人；成人中专毕业生60.41万人，比上年减少9.25万人。

表4　中等职业教育学生情况

单位：人

	毕业生数	招生数	在校生数
中等职业教育	4968770	5824303	15924968
其中：普通中专	2169933	2462485	7129894
成人中专	604125	568771	1272446
职业高中	1289923	1483979	4140553
技工学校	904789	1309068	3382075

中等职业教育学校共有教职工107.97万人，比上年减少0.64万人，下降0.59%。其中，普通中专教职工39.68万人，比上年减少4581人；职业高中教职工34.38万人，比上年减少880人；技工学校教职工26.86万人，比上年增加3512人；成人中等专业学校教职工5.97万人，比上年减少3939人。

中等职业教育学校共有专任教师83.92万人，比上年减少393人，下降0.05%，生师比[15]19.59：1。其中，普通中专专任教师30.16万人，比上年减少1120人；职业高中专任教师28.61万人，比上年增加979人；技工学校专任教师19.88万人，比上年增加2352人；成人中等专业学校专任教师4.48万人，比上年减少2437人。

六、高等教育

全国各类高等教育在学总规模[16]达到3779万人，高等教育毛入学率达到45.7%。全国共有普通高等学校2631所（含独立学院265所），比上年增加35所，增长1.35%。其中，本科院校1243所，比上年增加6所；高职（专科）院校1388所，比上年增加29所。全国共有成人高等学校282所，比上年减少2所；研究生培养机构815个，其中，普通高校578个，科研机构237个。普通高等学校校均规模[17]10430人，其中，本科学校14639人，高职（专科）学校6662人。

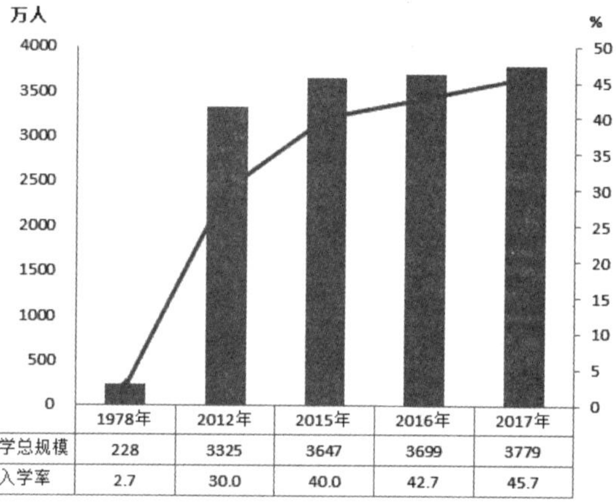

图5　1978年、2012年、2015—2017年高等教育在学规模和毛入学率

研究生[18]招生80.61万人，其中，全日制69.19万人。招收博士生8.39万人，硕士生72.22万人。在学研究生263.96万人，其中，在学博士生36.2万人，在学硕士生227.76万人。毕业研究生57.80万人，其中，毕业博士生5.8万人，毕业硕士生52.0万人。

普通本专科招生761.49万人，比上年增加12.88万人，增长1.72%；在校生2753.59万人，比上年增加57.74万人，增长2.14%；毕业生735.83万人，比上年增加31.65万人，增长4.49%。

成人本专科招生217.53万人，比上年增加6.30万人，增长2.98%；在校生544.14万人，比上年减少40.25万人，下降6.89%；毕业生247.04万人，比上年增加2.57万人，增长1.05%。

表5　普通本专科学生情况

单位：人

	毕业生数	招生数	在校生数
普通本专科	7358287	7614893	27535869
其中：本科	3841839	4107534	16486320
专科	3516448	3507359	11049549

全国高等教育自学考试学历教育报考470.94万人次，取得毕业证书55.27万人。

普通高等学校教职工244.30万人，比上年增加3.82万人，增长1.59%；专任教师163.32万人，比上年增加3.13万人，增长1.95%。普通高校生师比[19]为17.52∶1，其中，本科学校17.42∶1，高职（专科）学校17.74∶1。成人高等学校教职工4.14万人，比上年减少1711人；专任教师2.4万人，比上年减少1224人。

普通高等学校校舍总建筑面积[20]95400.32万平方米，比上年增加2729.28万平方米；教学科研仪器设备总值[21]4995.29亿元，比上年增加479.87亿元。

七、成人培训与扫盲教育

全国接受各种非学历高等教育的学生927.37万人次，当年已毕（结）业980.84万人次；接受各种非学历中等教育的学生达4538.30万人次，当年已毕（结）业4744.07万人次。

全国职业技术培训机构8.92万所；教职工51.50万人；专任教师28.96万人。

全国有成人小学0.97万所，在校生75.42万人，教职工1.93万人，其中，专任教师1.08万人；成人初中506所，在校生12.70万人，教职工1772人，其中，专任教师1367人。

全国共扫除文盲28.27万人，另有30.40万人正在参加扫盲学习。扫盲教育教职工1.44万人，其中，专任教师7546人。

八、民办教育

全国共有各级各类民办学校17.76万所，比上年增加6668所，占全国比重34.57%；招生1721.86万人，比上年增加81.63万人，增长4.98%；各类教育在校生达5120.47万人，比上年增加295.10万人，增长6.12%。其中：

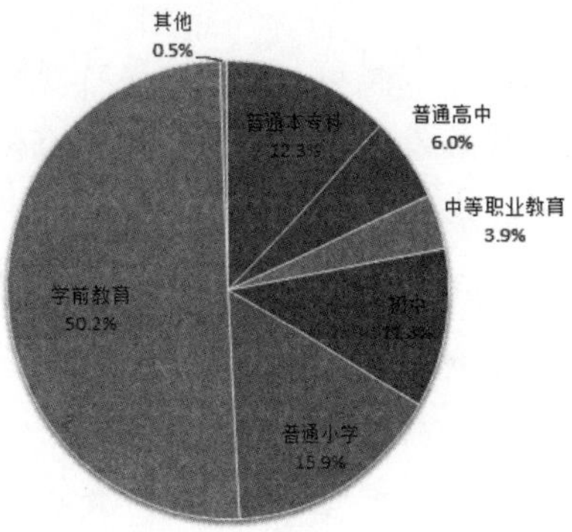

图6　民办教育在校生规模结构

民办幼儿园16.04万所，比上年增加6169所，增长4.00%；入园儿童999.32万人，比上年增加34.24万人，增长3.55%；在园儿童2572.34万人，比上年增加134.68万人，增长5.53%。

民办普通小学6107所，比上年增加132所，增长2.21%；招生137.70万人，比上年增加9.94万人，增长7.78%；在校生814.17万人，比上年增加57.84万人，增长7.65%。

民办初中5277所，比上年增加192所，增长3.78%；招生209.09万人，比上年增加20.36万人，增长10.79%；在校生577.68万人，比上年增加44.87万人，增长8.42%。

民办普通高中3002所，比上年增加215所，增长7.71%；招生111.41万人，比上年增加8.52万人，增长8.28%；在校生306.26万人，比上年增加27.18万人，增长9.74%。

民办中等职业学校2069所，比上年减少46所，下降2.17%；招生78.68万人，比上年增加5.04万人，增长6.84%；在校生197.33万人，比上年增加13.19万人，增长7.16%。

民办高校747所(含独立学院265所，成人高校1所)，比上年增加5所。普通本专科招生175.37万人，比上年增加1.51万人，增长0.87%；在校生628.46万人，比上年增加12.25万人，增长1.99%。硕士研究生招生747人，在学1223人。另有民办的其他高等教育机构800所，各类注册学生74.47万人。

注释:

[1]各项统计数据均未包括香港特别行政区、澳门特别行政区和台湾省。部分数据因四舍五入的原因，存在着与分项合计不等的情况。

[2][3]含独立设置的幼儿园和附设幼儿班幼儿。

[4]毛入学率，是指某一级教育不分年龄的在校学生总数占该级教育国家规定年龄组人口数的百分比。由于包含非正规年龄组（低龄或超龄）学生，毛入学率可能会超过100%。

[5]九年义务教育巩固率，是指初中毕业班学生数占该年级入小学一年级时学生数的百分比。

[6]小学学龄儿童净入学率，是指小学教育在校学龄人口数占小学教育国家规定年龄组人口总数的百分比，是按各地不同入学年龄和学制分别计算的。

[7]因九年一贯制学校的教职工数计入初中阶段教育，完全中学、十二年一贯制学校的教职工数计入高中阶段教育，而专任教师是按照教育层次进行归类，存在小学教职工数据小于专任教师数据的情况。

[8]含九年一贯制学校和十二年一贯制学校小学段专任教师。

[9]专任教师学历合格率，是指某一级教育具有国家规定的最低学历要求的专任教师数占该级教育专任教师总数的百分比。各级教育教师的最低学历要求，参照《中华人民共和国教师法》中的相关规定：取得小学教师资格，应当具备中等师范学校毕业及其以上学历；取得初级中学教师、初级职业学校文化、专业课教师资格，应当具备高等师范专科学校或者其他大学专科毕业及其以上学历；取得高级中学教师资格和中等专业学校、技工学校、职业高中文化课、专业课教师资格，应当具备高等师范院校本科或者其他大学本科毕业及其以上学历。

[10]设施设备配备达标的学校，是指体育运动场（馆）面积、体育器械配备达到《教育部卫生部财政部关于印发国家学校体育卫生条件试行基本标准的通知》（教体艺〔2008〕5号）的相关标准；音乐器材配备、美术器材配备、数学自然实验仪器、理科实验仪器等达到各省、自治区、直辖市规定的仪器配备相关标准。含普通小学、初中和普通高中。

[11]含九年一贯制学校、十二年一贯制学校和完全中学初中段专任教师。

[12]进城务工人员随迁子女，是指户籍登记在外省（区、市）、本省外县（区）的乡村，随务工父母到输入地的城区、镇区（同住）并接受义务教育的适龄儿童少年。

[13]高中阶段包括普通高中、成人高中、中等职业学校。

[14]中等职业教育包括普通中等专业学校、职业高中、技工学校和成人中等专业学校。

[15]中等职业教育生师比不含技工学校数据。

[16]包括研究生、普通本专科、成人本专科、网络本专科、高等教育自学考试本专科等各种形式的高等教育在学人数。

[17]普通高等学校校均规模，仅含普通本专科在校生，不含分校点数据。

[18]根据教育部办公厅《关于统筹全日制和非全日制研究生管理工作的通知》（教研厅〔2016〕2号）有关要求，2017年研究生招生、在校生指标口径发生变化，招生包含全日制和非全日制研究生；在校生包含全日制、非全日制研究生和在职人员攻读硕士学位学生。

[19]普通高校生师比，不含分校点数据，学生总数为折合学生数。

[20][21]包括学校产权和非产权独立使用。

资料来源:

技工学校数据来自人力资源和社会保障部；其他数据均来自教育部。

2017年医药行业运行情况分析（节选）

中国产业信息网

2018年4月19日

近年，我国医疗费用支出增长迅猛，城镇基本医疗保险基金支出增速更是两度（2009—2010年、2013—2014年）超过收入增速，支付压力巨大。随着人口老龄化的进程加快，预计未来我国医保基金仍将面临严峻的支付挑战，因此，严格控制医疗费用的不合理增长，保证医保基金的平稳运行将成为常态。在医保基金日益紧张的背景下，我们预计未来我国医药行业将很难回到2007—2011年间20%～30%的增长状态，未来行业发展将持续承压。

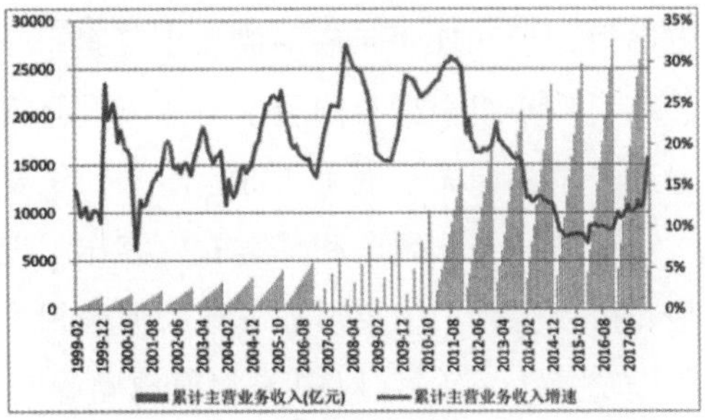

图1　1999年以来我国医药制造业累计主营业务收入及增速情况

数据来源：根据公开资料整理

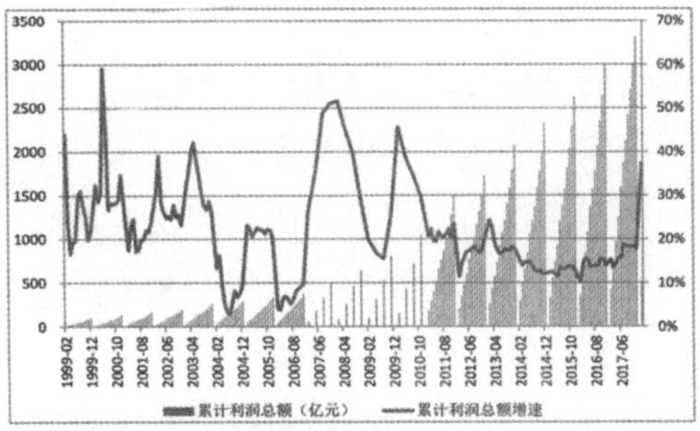

图2　1999年以来我国医药制造业累计利润总额及增速情况

数据来源：根据公开资料整理

根据2016年11月份工业和信息化部发布的《医药工业发展规划指南》所订立的发展目标，十三五期间我国医药工业年均增速将高于10%，占工业经济的比重显著提高。由此我们判定：尽管新医改控费举措不断推进，但行业整体增速再降至10%以下已不太可能，在政策的支持下，我们预计未来我国医药行业增速将长期维持在10%以上。

根据国家统计局数据，2018年1—2月，医药制造业累计主营业务收入、利润总额分别为4029.3亿元和512亿元，同比增长分别为18.30%、37.30%，收入和利润增速均大大超过2017年同期水平。在医药供给侧改革大背景下，一些落后产能被淘汰，原料药市场价格良性回升，血制品合理提价，市场集中度提升带来效益的提升，推动医药制造业整体环境有所改善。

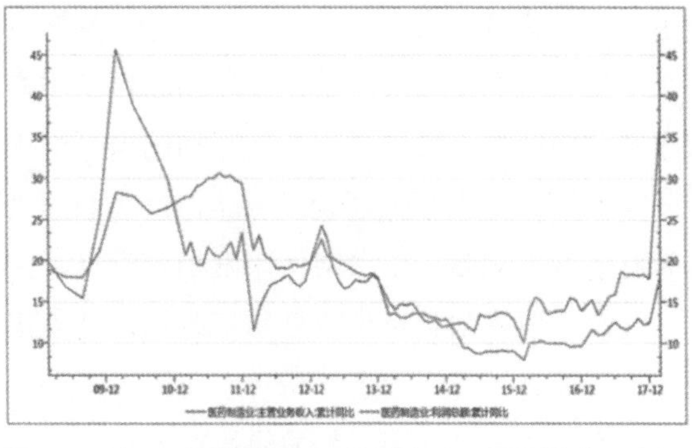

图3　近年来医药制造行业收入与利润增速（%）

数据来源：根据公开资料整理

2017年度卫生与健康十大新闻

一、党的十九大明确健康中国战略

党的十九大报告指出，人民健康是民族昌盛和国家富强的重要标志。党的十九大作出实施健康中国战略的一系列决策部署，明确要求完善国民健康政策，全面建立中国特色基本医疗卫生制度、医疗保障制度和优质高效的医疗卫生服务体系，为人民群众提供全方位、全周期的健康服务，为新时代卫生与健康工作指明了前进方向。

2017年是全面实施“十三五”规划的重要一年，也是推进健康中国建设打基础、利长远的关键一年。这一年，国务院印发《“十三五”卫生与健康规划》，提出“十三五”期间，卫生计生相关制度体系更加成熟定型，健康服务体系持续完善，疾病预防控制成效显著，健康服务模式实现转变；国务院印发《“十三五”深化医药卫生体制改革规划》，提出推动医改由打好基础转向提升质量，由形成框架转向制度建设，由单项突破转向系统集成和综合推进；13部门联合印发《“十三五”健康老龄化规划》，要求建立覆盖城乡老年人的基本医疗卫生制度，为老年人提供综合连续的整合型服务；国家卫生计生委印发《“十三五”国家医学中心及国家区域医疗中心设置规划》，启动国家医学中心和国家区域医疗中心规划设置工作，顶级医疗资源布局有了国家规划；中办国办印发指导意见，鼓励药品及医疗器械创新审评审批制度改革，助力医疗服务水平提升；国家提出深化医教协同，进一步推进医学教育改革与发展，以加快培养大批合格医学人才，为推进健康中国建设提供重要保障……

一系列规划明确了未来5年改革发展的顶层设计，体现了坚持以人民为中心的发展思想，将指引各领域奋力推进健康中国建设，带给人民群众实实在在的获得感。

二、《基本医疗卫生与健康促进法（草案）》审议

12月22日，第十二届全国人民代表大会常务委员会第三十一次会议在京开幕。《中华人民共和国基本医疗卫生与健康促进法（草案）》首次提交全国人大常委会审议。

作为卫生与健康领域第一部基础性、综合性的法律，《基本医疗卫生与健康促进法（草案）》在万众期待中，经历了多年的酝酿。2014年12月，全国人大教科文卫委员会组织召开立法工作启动会议，成立了立法工作领导小组、起草工作小组和专家咨询组，于2016年年底形成初步草案。今年以来，起草工作小组根据全国卫生与健康大会精神，以及习近平总书记关于卫生与健康的系列重要讲话精神，对前期的立法思路和草案的内容作了进一步的调整和修改完善，主要增加了健康促进相关的内容，使草案与目前的健康中国建设战略目标相适应。党的十九大召开后，起草工作小组根据十九大精神和习近平新时代中国特色社会主义思想对草案作了进一步修改完善。

该法的立法目的主要有3个方面：一是落实宪法关于国家发展医疗卫生事业，保护人民健康的规定；二是引领医药卫生事业改革和发展大局；三是推动和保障健康中国战略的实施。在该法草案起草过程中主要坚持4个方面的基本立法思路：一是反映医疗卫生事业基本规律，明确中国特色的基本医疗卫生制度和医疗卫生事业的发展方向；二是明确公民的基本健康权益，并保障其公平可及；三是明确

各级政府在保障公民基本健康权益和推动健康工作方面的责任；四是将医改中一些有效的、好的举措上升为法律规定。

全国人大教育科学文化卫生委员会主任委员柳斌杰在作草案说明时表示，目前草案所称的“基本医疗卫生与健康促进法”与原名称“基本医疗卫生法”仅多几个字，但是不仅涵盖基本医疗卫生制度建设的主要内容，还从更广泛的健康影响因素入手，充分体现大卫生、大健康，以及将健康融入所有政策的新理念。

三、健康扶贫举措频出力度加大

让贫困人口和贫困地区一道进入全面小康社会是党的庄严承诺。我国现有农村贫困人口中，因病致贫、返贫占比达到44%，成为最为突出的致贫因素。习近平总书记指出，因病致贫、返贫是扶贫攻坚的主攻方向。

2017年4月，国家卫生计生委等六部委联合启动健康扶贫工程“三个一批”行动计划提出，2017—2020年，对核实核准的患有大病和长期慢性病的农村贫困人口，按照“大病集中救治一批、慢病签约服务管理一批、重病兜底保障一批”的要求，实施分类分批救治，确保健康扶贫落实到人、精准到病。截至目前，各地分类救治421万名大病和慢性病贫困患者，其中30万人已治愈、134万人病情好转、48万人病情稳定转入长期康复治疗。

与此同时，在持续促进健康公平方面，我国卫生计生援疆援藏工作不断创新形式、丰富内涵、加大力度，深入开展“组团式”援疆、援藏工作，显著提升了西藏自治区、新疆维吾尔自治区的医疗卫生服务能力，为各族人民群众提供了有力的健康保障。目前，新疆各级医疗卫生机构由2012年的1.832万个增加到2016年的1.89万个，每千人病床数由5.89张提高到6.54张，卫生专业技术人员由13.67万人增加到17.10万人，孕产妇死亡率、婴儿死亡率分别下降到0.3314‰、19.42‰。西藏卫生人员增长到18882人，卫生机构1476个，病床总数14882张，人均基本公共卫生服务经费标准达到65元，孕产妇死亡率和婴儿死亡率分别下降到1.099‰、13.89‰，住院分娩率提高到92%，已有266种疾病不出自治区、1726种疾病不出地市就能治疗，县级医院能够治疗常见病。

四、公立医院综合改革探索运行新机制

以“抓落实”为医改主旋律的2017年，公立医院改革如期全面铺开，取得重大阶段性成效：实行了60多年的药品加成政策彻底退出历史舞台，全国公立医院从此告别以药补医，逐步建立起维护公益性、调动积极性、保障可持续的运行新机制，翻开了发展新篇章。

在我国，公立医院是医疗卫生服务供给侧当之无愧的中流砥柱。改革前，由于财政投入不足、补偿机制扭曲，以及医院内部分配与创收挂钩等不合理体制机制因素的存在，使得公立医院在运行发展中过度考虑经济收入，追求规模扩张，对资源和患者形成双重虹吸，拉高了卫生总费用。经过改革，公立医院收入结构趋于优化，次均费用增幅持续下降，医药费用过快上涨的势头得到初步遏制，人民群众的健康获得感不断增强。

为有效引导医疗卫生工作重心下移、医疗卫生资源下沉，医联体建设成为今年深化医改重点任务之一。今年《政府工作报告》明确提出，全面启动多种形式的医联体建设试点，三级公立医院要全部参与并发挥引领作用，建立促进优质医疗资源上下贯通的考核和激励机制，增强基层服务能力，方便群众就近就医。国务院办公厅4月23日印发《关于推进医疗联合体建设和发展的指导意见》，要求在全国范围内启动城市医疗集团、县域医疗共同体、跨区域专科联盟、远程医疗协作网等多种形式的医联体建设试点。以此为方向，各地迅速展开行动，三级医院纷纷投身医联体建设并发挥引领作用。

目前，全国近90%的三级医院参与了医联体试点，实现了同级医院检查检验结果互认，超过80%的居民15分钟内就可以到达最近的医疗点。通过把大医院的技术传到基层、把大医院的医生引到基层，基层服务能力不断提升，越来越多的居民实现了就近就医，在家门口就能看好病的梦想正在照进现实。

五、爱国卫生运动确立新时期工作方针

今年是爱国卫生运动65周年。5月，爱国卫生运动65周年暨全国爱国卫生工作座谈会召开，国务院副总理刘延东出席会议并讲话。新时期爱国卫生运动的42字工作方针同步出炉，即“以人民健康为中心，政府主导，跨部门协作，全社会动员，预防为主，群防群控，依法科学治理，全民共建共享”。

这是继1978年和1989年后，爱国卫生运动第三次发布工作方针。1978年，李先念同志提出了“加强领导、动员群众、措施得力、持之以恒”的16字爱国卫生运动方针。1989年，国务院《关于加强爱国卫生工作的决定》提出爱国卫生工作的基本方针：“政府组织，地方负责，部门协调，群众动手，科学治理，社会监督”。

改水改厕，是爱卫的“看家本领”。11月，习近平总书记就“厕所革命”作出重要指示，指出厕所问题不是小事情，是城乡文明建设的重要方面，不但景区、城市要抓，农村也要抓，要把这项工作作为乡村振兴战略的一项具体工作来推进，努力补齐这块影响群众生活品质的短板。

全国爱国卫生运动委员会办公室发布的数据显示，我国农村卫生厕所普及率已由1993年的7.5%提升至2016年的80.3%，东部部分省份超过90%。卫生厕所的普及对预防疾病、提高人民健康水平、提升社会文明程度发挥了重要作用。按照计划，2020年，全国农村卫生厕所普及率达到85%，东部地区和有条件的中西部地区基本完成农村户厕无害化改造。同时，进一步提升改厕质量，力争2030年实现无害化卫生厕所全覆盖。

六、全部省份接入国家异地就医结算系统

9月，国家卫生计生委召开例行新闻发布会通报说，截至8月底，新农合异地就医直接结报工作进展良好，顺利实现国务院确定的年度任务目标。同期，人社部也宣布，将在9月底前全面完成医保全国联网和跨省异地就医直接结算工作。10月，国务院常务会议指出，截至9月底，全国所有省份和统筹地区已全部接入国家异地就医结算系统并联网运行，覆盖全部参加基本医保和新农合人员。困扰我国参保人群的异地就医直接报销难题开始步入历史。

2016年全国两会上，针对医保异地报销的民生痛点，国务院总理李克强承诺，政府下决心要推进全国医保联网。

民之所望，迅速转化为政府行动，相关部门的工作进入“快车道”。2016年6月，国家卫生计生委会同财政部制订《全国新型农村合作医疗异地就医联网结报实施方案》，提出完善异地就医补偿管理政策、信息系统功能和服务网络；2017年2月，国家卫生计生委在前期举办8省互认签约的基础上，在京举办了城乡居民基本医疗保险（新农合）跨省就医结报签约仪式，将异地就医范围扩大到31个省（区、市）的定点医疗机构；2017年5月9日，人社部公布了首期基本医疗保险跨省异地就医住院医疗费用直接结算地区和定点医疗机构名单。此后，为全面完成和推进医保全国联网和跨省异地就医直接结算工作任务，国家卫生计生委提出“全力奋战50天，确保8月底前基本完成异地结报工作任务”。人社部也要求“决战3个月，打赢百日攻坚战，确保国家异地就医结算系统全面启动、联网运行，确保在线备案人员跨省异地就医住院医疗费用全部实现直接结算”。

在两部门的全力推动下，该项工作顺利完成了年度收官之战，越来越多的人开始享受到跨省异地就医直接报销的便利。国家卫生计生委表示，新农合异地就医直接结报工作已覆盖9省全部1.5亿参合人口；人社部统计，全国联网的异地就医结算系统已全面联通所有省份的400个统筹地区，覆盖城镇职工医保、城乡居民医保等各类医保制度。

七、国务院批复同意设立“中国医师节”

11月，国务院批复同意自2018年起，将每年8月

19日设立为“中国医师节”，引起业内广泛关注。经过医务界长期呼吁，我国医师终于有了自己的节日，这也是我国拥有的第4个行业性节日。国家卫生计生委新闻发言人介绍，2016年8月19日，新世纪第一次全国卫生与健康大会隆重召开，习近平总书记发表重要讲话，明确了卫生与健康工作在党和国家事业全局中的重要位置和新时代卫生与健康工作方针，是中国特色卫生与健康事业发展史上的里程碑。以此为标志设立“中国医师节”，体现了以习近平同志为核心的党中央对1100多万名卫生与健康工作者的关怀和肯定。

近年来，国家着力推动全社会形成尊医重卫良好氛围。在2017年8月17日召开的全国卫生计生系统表彰大会上，中共中央总书记、国家主席、中央军委主席习近平强调，党和国家始终高度重视发展卫生和健康事业、增进人民健康福祉。他指出，广大卫生计生工作者恪守宗旨、辛勤工作，以实际行动培育了“敬佑生命，救死扶伤，甘于奉献，大爱无疆”的崇高精神。各级党委和政府要关心关怀广大卫生计生工作者，采取切实措施帮助他们改善工作生活条件，推动全社会形成尊医重卫的良好氛围，加快建立中国特色基本医疗卫生制度，努力开创我国卫生和健康事业新局面。

除领导人的肯定和勉励外，国家还不断出台政策措施，改善医务人员执业环境、保障医务人员合法权益。例如，12月13日，最高人民法院发布《最高人民法院关于审理医疗损害责任纠纷案件适用法律若干问题的解释》规定，在患者需要抢救却不能取得近亲属意见的情况下，医务人员经医疗机构负责人或授权的负责人批准立即实施相应医疗措施，患者因此请求医疗机构承担赔偿责任的，人民法院不予支持。

八、改善医疗服务首个三年成效显著

近年来，分流困难、流程环节复杂等问题，让人们对大医院就诊环境、服务态度、服务流程等颇有微词。2014年12月13日，习近平总书记在江苏省镇江市视察时指出，人民群众对医疗服务均等化愿望十分迫切，像大城市的一些大医院始终处于“战时状态”，人满为患，要切实解决好这个问题。

为此，2015年1月，国家卫生计生委、国家中医药管理局在全国启动为期3年的“进一步改善医疗服务行动计划”，重点督促城市大型三级医院改进医疗服务流程，创新方便人民群众看病就医的措施。

2017年是“行动计划”第一阶段收官之年。北京协和医学院评估显示，今年，90%的重点任务已经在三级医院得到落实。我国所有三级医院均已开展预约诊疗；2777家医疗机构提供移动支付结算方式，同比增加1399家；一半以上的三级医院开展日间手术，占择期手术的比例提高至12.8%；1340家医疗机构开展日间病房服务，86%的医院实现同级检查检验结果互认。目前，远程医疗已覆盖1.3万个医疗机构和所有国家级贫困县。2017年开展远程会诊以及远程病理、影像、心电诊断等服务总例次超过6000万，进一步为患者提供了高质量、同质化的医疗服务。

国家卫生计生委医政医管局副局长焦雅辉介绍，“进一步改善医疗服务行动计划”第一阶段工作中形成的预约诊疗制度、远程医疗制度、临床路径管理制度、检查检验结果互认制度、医务社工和志愿者制度将固化成医院工作制度，不断落地深化。2018—2020年，将实施第二个改善医疗服务行动计划。未来3年将充分运用新理念、新技术提高医疗服务品质，计划创新开展10项改善医疗服务新举措，包括推广多学科诊疗模式、以重大疾病为重点创新急诊急救服务，以医联体为载体提供连续一体化服务、以日间服务为切入点推进实现急慢分治、以“互联网+”为手段建设智慧医院等，进一步增强群众就医获得感。

九、《中医药法》配套政策文件密集出台

2017年，无论是渴望获得正式行医资质的民间中医，还是有志于开办纯中医诊所的高水平中医人，都是充满利好的一年。自7月1日《中医药法》施行后，陆续出台的一系列配套文件，都在为他们

的职业生涯洞开新的“阳关道”。

11月，国家中医药管理局发布的《中医医术确有专长人员医师资格考核注册管理暂行办法》规定，对申请考核医师资格的中医医术确有专长人员实行学历“零门槛”考核，符合条件的人员经两名中医医师推荐，经各级中医药主管部门审核确认后，可参加中医医术确有专长人员医师资格考核，合格者经注册取得《中医（专长）医师执业证书》，可以个人开业的方式或在医疗机构内从事中医医疗活动。这不但对于我国多年来悬而未决的大量有名、有技的民间中医“非法行医”带来合法出路，而且有利于保存一些中医药的特色诊疗技术、方法。

而同时发布的《中医诊所备案管理暂行办法》则使得运用中药（民族药）和针灸、拔罐、推拿等非药物疗法开展诊疗服务，以及中药调剂、汤剂煎煮等中药药事服务的“纯中医”诊所，开办时少些办不下去的顾虑，不再受限于个别空间面积、饮片品种等，更加灵活便捷、便于因地因人因技术特点制宜。

伴随上述两举措的出台，相关“纯中医”诊所建设标准、各省中医医术确有专长人员医师资格考核的实施细则也将陆续出台，中医人多年来的诉求将变为现实。《中医药法》及配套文件的落地实施，必将推动中医药更加繁荣发展，促进中医药服务在基层释放出巨大活力，更好地满足人民群众多样化的健康需求。

十、国民营养计划开创大营养新格局

7月13日，国务院办公厅印发《国民营养计划（2017—2030年）》。计划围绕营养法规政策标准体系、加强营养能力建设、强化营养和食品安全监测与评估、发展食物营养健康产业、大力发展传统食养服务、加强营养健康基础数据共享利用、普及营养健康知识等方面做出具体阐述，并对人群贫血率、学生生长迟缓率、肥胖率、居民营养健康知识知晓率等方面设置了一系列量化指标，针对全人群、全周期开展多项重大行动，包括生命早期1000天营养健康行动、老年人群营养改善行动、贫困地区营养干预行动等。

7月19日，国务院新闻办公室召开《国民营养计划（2017—2030年）》新闻发布会，明确推动计划和行动方案“三步走”战略定位和具体路径，开创大营养、大健康、大融合、大发展的国民营养健康工作新格局。“第一阶段，以人民健康为中心，以加强营养健康与食品安全标准化建设为抓手，初步实现营养健康科学化、标准化”“第二阶段，满足营养健康多元化需求，实现营养健康精准化和现代化”“第三阶段，推进营养健康与科技革命、新生物学革命、人工智能、全息数字人、学习及计算机深度学习的融合创新发展，实现国民营养健康智慧化和个性化。”

12月22日，国家卫生计生委联合农业部、国家体育总局举办贯彻落实国民营养计划工作会议，提出要逐步实现营养健康的科学化、精准化和智慧化，把国民营养计划当成民生工程，建成民心工程，做成放心工程。会议对国民营养计划具体落实有了明确分工，农业部主抓农产品生产和食品加工的营养化转型，国家体育总局探索全民健身、促进体医融合。

第三部分

地区投资

2017年北京市投资情况

固定资产投资

全年完成全社会固定资产投资8948.1亿元，比上年增长5.7%。其中，完成基础设施投资2984.2亿元，增长24.4%。分产业看，第一产业投资95.9亿元，比上年下降3.9%；第二产业投资893.8亿元，增长23.6%；第三产业投资7958.4亿元，增长4.2%。

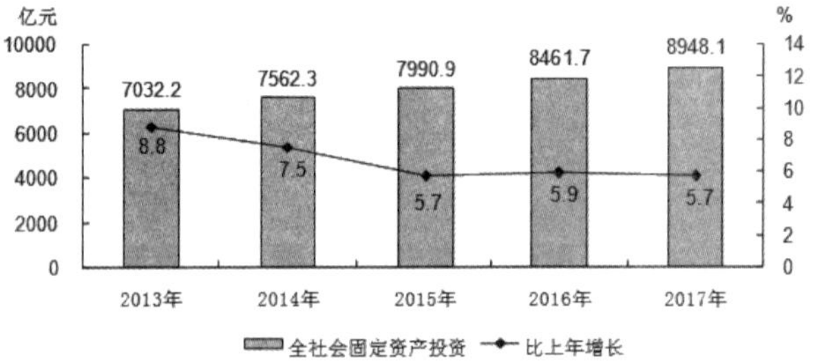

图1 2013—2017年全社会固定资产投资及增长速度

表1 2017年分行业固定资产投资

行业	投资额（亿元）	比上年增长（%）
农、林、牧、渔业	96.6	-6.3
采矿业	3.1	6.0
制造业	380.8	-0.7
电力、热力、燃气及水生产和供应业	511.3	54.0
建筑业	6.3	1.3
批发和零售业	30.7	3.7
交通运输、仓储和邮政业	1349.6	35.6
住宿和餐饮业	10.6	-76.9
信息传输、软件和信息技术服务业	283.9	42.8
金融业	38.7	-23.6
房地产业	4663.6	-3.0
租赁和商务服务业	283.8	119.6
科学研究和技术服务业	81.9	1.2
水利、环境和公共设施管理业	813.8	5.1
居民服务、修理和其他服务业	0.1	-99.6
教育	131.7	-5.9
卫生和社会工作	67.5	15.9
文化、体育和娱乐业	108.9	-49.2
公共管理、社会保障和社会组织	22.3	-43.3

房地产开发

全年完成房地产开发投资3745.9亿元，比上年下降7.4%。其中，住宅投资1725.5亿元，下降11.6%；办公楼投资742.9亿元，增长6.3%；商业、非公益用房及其他投资1277.5亿元，下降8.5%。年末全市商品房施工面积12608.6万平方米，比上年末下降3.7%。其中，本年新开工面积2475.7万平方米，下降12.0%。全年商品房竣工面积1466.7万平方米，下降38.5%。

表2 2017年房地产开发和销售主要指标

指标	单位	绝对数	比上年增长（%）
房地产开发投资	亿元	3745.9	-7.4
其中：住宅	亿元	1725.5	-11.6
本年实际到位资金	亿元	6992.6	-13.2
其中：国内贷款	亿元	1947.1	-9.4
自筹资金	亿元	1732.5	-12.5
定金及预收款	亿元	2408.9	-4.2
商品房施工面积	万平方米	12608.6	-3.7
其中：住宅	万平方米	5506.6	-7.1
其中：本年新开工面积	万平方米	2475.7	-12.0
其中：住宅	万平方米	1226.7	1.4
商品房竣工面积	万平方米	1466.7	-38.5
其中：住宅	万平方米	604.0	-52.6
商品房销售面积	万平方米	875.0	-47.8
其中：住宅	万平方米	612.8	-38.3
商品房待售面积	万平方米	2092.1	-3.2
其中：住宅	万平方米	811.2	-4.1

涉外经济

全年北京地区进出口总值21923.9亿元，比上年增长17.5%。其中，出口3962.5亿元，增长15.5%；进口17961.4亿元，增长18.0%。

全年实际利用外资243.3亿美元，比上年增长86.7%。其中，信息传输、计算机服务和软件业占

54.2%，租赁和商务服务业占9.4%，房地产业占8.5%，科学研究、技术服务和地质勘查业占8.3%。

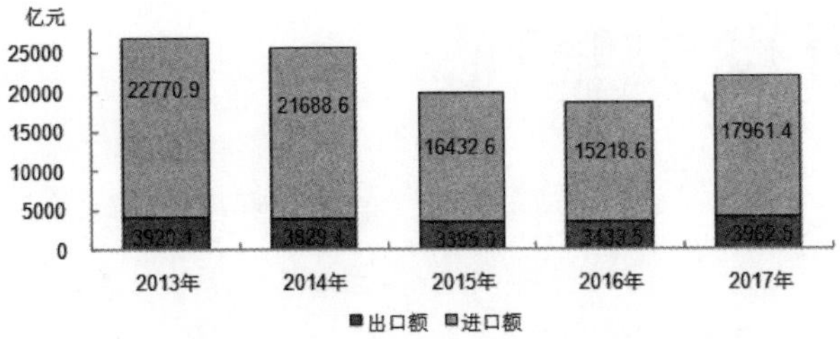

图2 2013—2017年进出口总值

表3 2017年分行业实际利用外商投资情况

行业	实际利用外资（万美元）	比上年增长（%）
总计	2432909	86.7
农、林、牧、渔业	838	-63.6
制造业	39318	-38.4
建筑业	2651	2246.0
交通运输、仓储和邮政业	138001	55.0
信息传输、计算机服务和软件业	1317877	1061.2
批发和零售业	182005	-68.9
住宿和餐饮业	3161	5.0
金融业	33992	-62.4
房地产业	206915	212.8
租赁和商务服务业	229595	90.7
科学研究、技术服务和地质勘查业	202393	28.5
水利、环境和公共设施管理业	490	-72.1
居民服务和其他服务业	215	1243.8
文化、体育和娱乐业	5144	-17.0

全年境外投资中方实际投资额61亿美元，比上年下降60.7%。对外承包工程完成营业额40.3亿美元，增长61.4%。对外劳务合作人员实际收入1.6亿美元，增长53.2%。

2017年天津市投资情况

固定资产投资

投资结构调整优化。全年固定资产投资（不含农户）11274.69亿元，增长0.5%。其中，第一产业投资262.22亿元，第二产业投资3475.80亿元，第三产业投资7536.67亿元。实体投资6803.95亿元，占全市投资的60.3%。工业投资3352.34亿元，增长3.8%。其中，工业优势产业投资增长6.9%。“三新”产业投资1926.15亿元，增长30.5%，占全市投资的比重为17.1%，比上年提高4.0个百分点。其中，高技术服务业投资增长66.6%。

房地产开发

房地产市场调整态势明显。全年房地产业增加值783.27亿元，下降11.2%。房地产开发投资2233.39亿元，下降2.9%。商品房销售面积1482.12万平方米，下降45.3%；销售额2272.30亿元，下降34.7%。全年存量房交易面积1010.4万平方米，下降44.8%；交易额1276.1亿元，下降42.3%。

涉外经济

招商引资势头良好。出台扩大对外开放积极利用外资的若干意见，全年新批外商投资企业951家，合同外资额264.23亿美元，实际直接利用外资106.08亿美元，增长5.0%；其中服务业实际直接利用外资71.64亿美元，增长6.3%，比重达67.5%。在津投资世界500强企业达到167家。全年实际利用内资2500.78亿元。

国际合作迈出新步伐。主动融入“一带一路”建设，加快建设天津中欧先进制造产业园，全力参与中巴经济走廊建设。全年新设境外企业机构67家，中方投资额33.24亿美元。对外承包工程新签合同额45亿美元，完成营业额50亿美元。截至年末，对外承包工程和劳务合作在外人员1.33万人。

外贸进出口回稳向好。全年外贸进出口总额7646.85亿元，增长12.8%。其中，进口4694.49亿元，增长21.6%；出口2952.36亿元，增长1.2%。从出口方式看，一般贸易出口1437.32亿元，增长3.7%，占全市出口的48.7%。从出口市场看，对日本、美国、欧盟出口分别增长11.2%、7.1%和8.3%，合计出口额占全市的37.8%。

2017年河北省投资情况

固定资产投资

全社会固定资产投资完成33406.8亿元，比上年增长5.2%。其中，固定资产投资(不含农户)33012.2亿元，增长5.3%。

在固定资产投资(不含农户)中，第一产业投资1648.0亿元，比上年增长7.0%；第二产业投资16157.8亿元，增长2.5%；第三产业投资15206.5亿元，增长8.3%。工业技改投资9964.8亿元，增长6.3%，占工业投资的比重为61.6%。基础设施投资8232.7亿元，增长15.3%，占固定资产投资（不含农户）的比重为24.9%。民间固定资产投资25577.0亿元，增长6.4%；占固定资产投资比重为77.5%，比上年提高0.8个百分点。高新技术产业投资4354.6亿元，增长5.3%，占固定资产投资（不含农户）的比重为13.2%。其中，电子信息投资增长26.6%，新材料投资增长9.0%，环保产业投资增长36.0%。

在固定资产投资（不含农户）项目中，总投资亿元以上项目8589个，比上年增加1722个；完成投资22048.9亿元，增长13.4%，占固定资产投资的比重为66.8%。

房地产开发

房地产开发投资4823.9亿元，比上年增长2.7%。其中，商品住宅投资3657.0亿元，增长5.2%；办公楼投资215.2亿元，下降1.8%；商业营业用房投资594.5亿元，下降8.8%。房屋新开工面积8417.2万平方米，增长3.1%，其中住宅新开工面积增长6.1%。商品房销售面积6425.9万平方米，下降3.8%，其中住宅销售面积下降5.5%。商品房销售额4628.4亿元，增长7.6%，其中住宅销售额增长5.8%。

涉外经济

进出口总值完成3375.8亿元，比上年增长9.7%。其中，出口总值2126.2亿元，增长5.5%；进口总值1249.6亿元，增长17.5%。 在出口中，纺织纱线、织物及制品出口128.5亿元，增长16.4%；服装及衣着附件出口282.5亿元，增长16.4%；钢材出口386.5亿元，下降27.7%；农产品出口101.6亿元，增长1.9%；机电产品出口648.6亿元，增长19.0%；高新技术产品出口147.6亿元，增长18.0%。

实际利用外资89.4亿美元，比上年增长9.7%。其中外商直接投资84.9亿美元，增长15.4%。全省新设立外商投资企业（项目） 194个，增长19.8%；合同外资额37.1亿美元，增长10.8%。其中，新设合同外资额1000万美元以上大项目48个，增长29.7%；合同外资额34.4亿美元，增长9.4%。

备案（核准）对外投资企业98家，比上年下降25.8%；对外投资总额40.5亿美元，增长11.7%；中方对外投资额37.8亿美元，增长12.7%。

对外承包工程业务完成营业额29.4亿美元，比上年增长14.1%；对外劳务合作派出各类劳务人员1797人，增长39.6%。对外劳务合作劳务人员实际收入总额2802万美元，增长75.6%。

2017年山西省投资情况

固定资产投资

全年全省全社会固定资产投资（新口径，下同）6140.9亿元，增长6.3%。其中，固定资产投资（不含跨省、农户,下同）5722.2亿元，增长6.3%。

在固定资产投资中，高技术投资229.0亿元，增长17.2%。基础设施投资1095.2亿元，增长7.2%。国有及国有控股投资2235.9 亿元，增长3.3%；民间投资3408.9亿元，增长7.8%。

分登记注册类型看，内资企业和个体经营投资5598.1亿元，增长6.2%；外商及港澳台商企业投资12.4亿元，增长12.8%。

分产业看，第一产业投资509.1亿元，增长0.8%；第二产业投资2104.6亿元，增长3.3%；第三产业投资3108.5亿元，增长9.9%。

全省工业投资（含第三产业中开采辅助活动和金属制品、机械和设备修理业）2112.2亿元，增长3.1%。其中，煤炭工业投资374.9亿元，下降8.6%，非煤工业投资1737.3亿元，增长6.0%；传统产业（煤炭、焦炭、冶金、电力）投资合计1120.1亿元，下降9.8%，非传统产业投资合计992.1亿元，增长22.9%。

表1　2017年分行业固定资产投资（不含跨省、农户）及其增长速度

单位：亿元

行业	绝对数	比上年增长（%）
总计	5722.2	6.3
农、林、牧、渔业	536.3	1.7
采矿业	470.0	-1.2
制造业	884.7	5.6
电力、热力、燃气及水生产和供应业	757.5	-0.6
建筑业	8.7	6.4
批发和零售业	97.5	-14.1
交通运输、仓储和邮政业	393.8	13.0
住宿和餐饮业	25.2	-12.9
信息传输、软件和信息技术服务业	28.0	-13.1
金融业	1.5	-18.8
房地产业	1421.1	16.0
租赁和商务服务业	53.3	-6.3
科学研究和技术服务业	31.5	0.4
水利、环境和公共设施管理业	738.6	3.7
居民服务、修理和其他服务业	8.2	-2.5
教育	74.7	1.2
卫生和社会工作	69.5	5.4
文化、体育和娱乐业	61.4	-8.9
公共管理、社会保障和社会组织	60.6	58.2

表2　2017年部分行业固定资产投资（不含跨省、农户）及其增长速度

单位：亿元

指标	投资额	比上年增长（%）
固定资产投资（不含跨省、农户）	5722.2	6.3
其中：高技术投资	229.0	17.2
高技术制造业	86.0	17.7
高技术服务业	143.0	17.0
其中：工业投资	2112.2	3.1
其中：装备制造业	194.3	13.0
其中：通用设备制造业	33.0	32.7
汽车制造业	29.7	45.5
铁路、船舶、航空航天等制造业	12.3	275.1
其中：工业企业技术改造	617.2	14.9
其中：新能源发电	341.2	15.1

房地产开发

全年全省房地产开发投资1166.3亿元，下降27.0%。其中，住宅投资846.4亿元，下降25.8%；

商业营业用房投资147.8亿元，下降32.0%。

表3　2017年房地产开发和销售情况

指标	单位	绝对数	比上年增长（%）
投资完成额	亿元	1166.3	-27.0
其中：住宅	亿元	846.4	-25.8
房屋施工面积	万平方米	16473.4	-3.5
其中：住宅	万平方米	11817.1	-3.3
房屋新开工面积	万平方米	3305.8	-14.2
其中：住宅	万平方米	2411.2	-9.2
房屋竣工面积	万平方米	1969.9	-26.6
其中：住宅	万平方米	1413.8	-30.8
商品房销售面积	万平方米	2415.9	17.2
其中：住宅	万平方米	2246.3	19.4
商品房待售面积	万平方米	1225.7	-30.4
其中：住宅	万平方米	811.3	-34.3
商品房销售额	亿元	1357.5	32.2
其中：住宅	亿元	1225.9	36.1

涉外经济

全年全省海关进出口总额1161.9亿元，增长5.6%。其中，进口额471.5亿元，增长6.0%；出口额690.3亿元，增长5.3%。

表4　2017年海关进出口总额及其增长速度

单位：亿元

指标	绝对数	比上年增长（%）
进出口总额	1161.9	5.6
出口额	690.3	5.3
其中：一般贸易	182.5	3.9
加工贸易	506.3	6.3
其中：机电产品	468.5	-2.3
高新技术产品	400.7	-3.6
其中：国有企业	153.8	26.3
外商投资企业	416.7	-3.0
进口额	471.5	6.0
其中：一般贸易	164.3	0.6
加工贸易	302.3	9.1
其中：机电产品	282.7	9.8
高新技术产品	239.5	10.4
其中：国有企业	141.8	6.5
外商投资企业	271.0	9.8

全年出口煤炭3.0万吨，增长1.3倍；出口焦炭20.5万吨，下降15.8%；出口镁及其制品4.3万吨，下降13.5%；出口钢材133.2万吨，下降6.3%，其中，不锈钢96.0万吨，增长20.1%。出口机电产品468.5亿元，下降2.3%；出口高新技术产品400.7亿元，下降3.6%。

全年进口铁矿砂504.0万吨，下降42.6%，进口金额20.5亿元，下降33.1%；进口机电产品282.7亿元，增长9.8%。

表5　2017年与山西有贸易往来的主要国家和地区进出口情况

单位：万元

国家和地区	出口额	比上年增长（%）	进口额	比上年增长（%）
韩国	336027	37.6	689311	6.2
日本	367006	-15.4	368267	0.3
印度	332961	-18.1	41278	13.5
中国台湾	358789	21.0	572763	37.0
越南	93502	23.2	169500	45.7
荷兰	1033625	21.3	1160	-1.1
德国	223555	-30.5	113985	35.8
意大利	220967	25.1	72556	-6.7
俄罗斯联邦	363465	38.1	7045	-90.5
英国	310682	17.5	20884	6.7
巴西	67157	-27.8	201063	-0.6
美国	1513550	19.6	90601	-26.1
澳大利亚	131071	6.2	185356	-28.9

全年全省新设立外商直接投资企业48家。按全口径统计实际使用外商直接投资金额16.9亿美元，下降27.5%。

全年全省对外经济合作新签合同额10.5亿美元，增长3.7倍，完成营业额7.1亿美元，增长3.8%。

2017年内蒙古自治区投资情况

固定资产投资

全年全社会固定资产投资总额14404.6亿元，比上年下降6.9%。其中，500万元以上项目完成固定资产投资14219.3亿元，下降7.0%。从投资主体看，国有经济单位投资6647.5亿元，集体单位投资92.6亿元，个体投资225.5亿元，其他经济类型单位投资7439.0亿元。从三次产业投资看，第一产业投资891.1亿元，增长15.0%；第二产业投资5617.6亿元，下降13.4%；第三产业投资7895.9亿元，增长11.6%。按项目隶属关系分，地方项目完成投资13746.6亿元，中央项目完成投资657.9亿元。

表1　分行业500万元以上固定资产投资及增速

单位：亿元

	2017 年	同比增长（%）
农、林、牧、渔业	1074.0	15.3
采矿业	988.4	3.0
制造业	3234.7	-9.2
电力、燃气及水的生产和供应业	1409.7	-25.9
建筑业	20.6	-86.4
批发和零售业	372.0	-3.5
交通运输、仓储和邮政业	1478.0	-16.1
住宿和餐饮业	97.7	45.3
信息传输、软件和信息技术服务业	189.8	50.7
水利、环境和公共设施管理	2818.1	6.5
教育	163.1	9.4
卫生和社会工作	154.1	20.8
文化、体育和娱乐业	231.2	9.8
公共管理、社会保障和社会组织	213.6	-27.5

房地产开发

新开工项目17404个，下降11.5%；在建项目投资总规模39027.9亿元，增长5.6%。全年房地产开发投资额889.7亿元。商品房待售面积1265.6万平方米，下降8.6%。

涉外经济

全年海关进出口总额942.4亿元（人民币，下同），比上年增长22.8%。其中，出口总额334.8亿元，增长15.8%；进口总额607.7亿元，增长27.0%。从主要贸易方式看，一般贸易进出口额达535.3亿元，占进出口总额的56.8%；边境小额贸易进出口额达302.9亿元；加工贸易进出口额达22.7亿元。

表2　海关进出口分项表

单位：亿元

	2017 年	比上年增长（%）
海关进出口总额	942.4	22.8
出口总额	334.8	15.8
一般贸易	281.7	29.2
边境小额贸易	31.3	19.3
加工贸易	11.9	-42.7
进口总额	607.7	27.0
一般贸易	253.6	20.8
边境小额贸易	271.6	49.2
加工贸易	10.8	-4.6

全年实际使用外商直接投资额31.5亿美元。年内全区在工商部门注册的外商投资企业3453家，比上年增加91家。新设立外商投资企业50家。

2017年辽宁省投资情况

固定资产投资

全年固定资产投资（不含农户）6444.7亿元，比上年增长0.1%。分投资渠道看，全年建设项目投资4155.1亿元，比上年下降4.3%；房地产开发投资2289.7亿元，增长9.3%。在建设项目中，改建和技术改造投资387.1亿元，增长40.2%。

分产业看，全年第一产业投资113.0亿元，比上年下降2.0%；第二产业投资2242.0亿元，增长2.0%，其中高技术制造业投资276.1亿元，增长42.0%；第三产业投资4089.8亿元，下降0.8%。

全年国有控股投资1933.6亿元，占固定资产投资的比重为30.0%。全年民间投资3940.4亿元，占固定资产投资的比重为61.1%。

全年基础设施投资1543.4亿元，比上年增长14.5%，占固定资产投资的比重为23.9%。其中，电力、热力生产和供应业投资478.2亿元，增长96.1%；公共设施管理业投资364.8亿元，下降11.1%；道路运输业投资273.7亿元，增长6.9%；铁路运输业投资70.1亿元，下降1.7%；水的生产和供应业投资49.0亿元，增长17.5%；管道运输业投资34.6亿元，增长3.4倍；装卸搬运和运输代理业投资29.2亿元，增长1.1倍；燃气生产和供应业投资16.5亿元，增长48.9%；邮政业投资4.2亿元，增长4.0倍；互联网和相关服务业投资3.3亿元，增长57.3%。

全年新开工的计划总投资超亿元的建设项目742个，比上年增加19个；完成投资1168.7亿元，增长34.1%。其中，10亿元以上的建设项目51个，完成投资419.1亿元，增长84.5%。大连英特尔非易失性存储器一期扩建项目，大连恒力石化2000万吨/年炼化一体化项目，沈阳利源轨道车辆制造及铝型材深加工项目，沈阳地铁10号线项目，中石油辽阳分公司俄罗斯原油加工优化增效改造项目，营口忠旺铝业年产70万吨高精铝及加工材料项目，锦州德商新能源汽车车身部件生产基地项目，盘锦浩业化工120万吨/年芳烃项目等重点项目建设进展顺利。

房地产开发

全年商品房销售面积4148.5万平方米，比上年增长11.8%，其中住宅销售面积3797.0万平方米，增长12.2%；商品房销售额2771.7亿元，增长22.8%，其中住宅销售额2452.2亿元，增长23.4%。年末商品房待售面积3558.6万平方米，比上年末下降13.8%。

涉外经济

全年进出口总额6737.4亿元，比上年增长17.9%。其中，出口总额3041.7亿元，增长7.1%；进口总额3695.7亿元，增长28.6%。分贸易方式看，全年一般贸易进出口总额3664.8亿元，比上年增长20.3%；加工贸易进出口总额1801.8亿元，增长2.4%。分经济类型看，全年国有企业进出口总额1918.7亿元，比上年增长37.9%；民营企业进出口总额1938.7亿元，增长10.1%；外商投资企业进出口总额2878.0亿元，增长12.5%。

在出口总额中，全年机电产品出口1215.0亿元，比上年增长5.4%；钢材出口381.2亿元，增长21.0%；高新技术产品出口375.8亿元，增长18.2%；农产品出口332.0亿元，增长10.5%；船舶出口120.9亿元，增长6.3%。

在进口总额中，全年机电产品进口938.0亿元，比上年增长7.6%；原油进口929.6亿元，增长46.5%；高新技术产品进口371.2亿元，增长16.6%；农产品进口369.2亿元，增长3.0%。

全年对亚洲出口1896.7亿元，比上年增长4.3%。其中，对东盟出口426.7亿元，下降21.5%；对日本出口600.0亿元，增长16.2%；对韩国出口342.6亿元，增长28.7%。全年对欧洲出口475.6亿元，比上年增长8.0%。其中，对欧盟出口401.6亿元，增长6.4%；对俄罗斯出口62.6亿元，增长19.4%。全年对北美洲出口403.4亿元，比上年增长14.9%。其中，对美国出口355.4亿元，增长14.7%。全年对拉丁美洲出口153.1亿元，比上年增长16.4%。全年对非洲出口59.8亿元，比上年增长12.1%。全年对大洋洲出口53.0亿元，比上年增长17.8%。年末对外贸易国家（地区）214个。

全年外商直接投资53.4亿美元。其中，第一产业外商直接投资0.3亿美元，第二产业外商直接投资30.9亿美元，第三产业外商直接投资22.2亿美元。

全年对外经济合作新签合同165份，新签合同额17.1亿美元，完成营业额16.1亿美元。全年共核准对外直接投资企业225家。全年对外劳务合作派出人员2.0万人。

2017年吉林省投资情况

固定资产投资

全年全省全社会固定资产投资13283.89亿元，比上年增长1.4%。其中，固定资产投资(不含农户)13130.90亿元，增长1.4%。

在固定资产投资(不含农户)中，第一产业投资852.91亿元，比上年增长28.9%；第二产业投资6351.31亿元，下降4.4%，其中，工业投资6118.49亿元，下降5.7%；第三产业投资5926.69亿元，增长5.1%。基础设施投资2155.68亿元，增长8.3%，占固定资产投资(不含农户)的比重为16.4%。民间投资9666.69亿元，增长1.3%，占固定资产投资(不含农户)的比重为73.6%。六大高耗能行业投资1273.81亿元，占固定资产投资(不含农户)的比重为9.7%，比上年下降1.5个百分点。

表1　2017年分行业固定资产投资(不含农户)及其增长速度

行业	投资额（亿元）	比上年增长（%）
农、林、牧、渔业	852.91	28.9
采矿业	319.69	-20.0
制造业	5254.13	-5.4
电力、热力、燃气及水生产和供应业	544.66	2.4
建筑业	232.82	45.3
批发和零售业	554.61	-21.2
交通运输、仓储和邮政业	1205.00	8.7
住宿和餐饮业	182.13	26.8
信息传输、软件和信息技术服务业	395.98	78.6
金融业	70.10	4.8
房地产业	1142.61	-5.4
租赁和商务服务业	293.22	12.2

全年新建项目完成投资6131.35亿元，比上年增长6.4%；扩建项目完成投资2257.54亿元，增长4.6%；改建和技术改造项目完成投资2885.12亿元，下降5.3%。

房地产开发

全年全省完成房地产开发投资910.14亿元，比上年下降10.5%。其中，住宅投资633.55亿元，下降10.9%。本年房屋竣工面积1478.85万平方米，增长9.4%。商品房销售面积1885.21万平方米，下降1.8%。其中，住宅销售面积1602.06万平方米，下降1.8%。商品房销售额1135.18亿元，增长10.3%。

表2　2017年房地产开发和销售主要指标及其增长速度

指标	单位	绝对数	比上年增长（%）
房地产开发投资	亿元	910.14	-10.5
其中：住宅	亿元	633.55	-10.9
房屋施工面积	万平方米	11887.33	0.8
其中：住宅	万平方米	8349.19	0.5
房屋新开工面积	万平方米	1907.88	-9.8
其中：住宅	万平方米	1412.47	-5.4
商品房竣工面积	万平方米	1478.85	9.4
其中：住宅	万平方米	1030.46	2.2
商品房销售面积	万平方米	1885.21	-1.8
其中：住宅	万平方米	1602.06	-1.8
本年实际到位资金	亿元	1090.05	-13.1
其中：国内贷款	亿元	105.55	-25.4
个人按揭贷款	亿元	162.68	4.5

涉外经济

全年全省实现货物进出口总额1254.15亿元，比上年增长3.0%。其中，出口总额299.92亿元，增长8.2%；进口总额954.22亿元，增长1.5%。

表3 2017年货物进出口总额及其增长速度

指标	金额（亿元）	比上年增长（%）
货物进出口总额	1254.15	3.0
出口总额	299.92	8.2
其中：一般贸易	204.88	15.6
加工贸易	73.35	-6.9
进口总额	954.22	1.5
其中：一般贸易	853.70	0.8
加工贸易	34.33	5.5

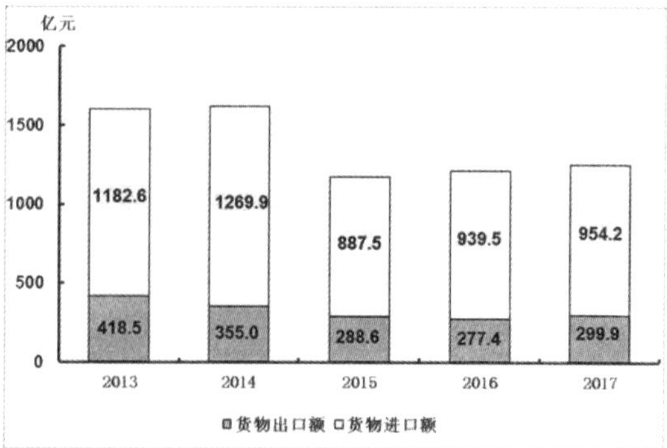

图1 2013—2017年货物进出口总额

2017年黑龙江省投资情况

固定资产投资

全省完成固定资产投资（不含农户）11079.7亿元，比上年增长6.2%。第一产业完成投资1262.9亿元，增长25.2%；第二产业投资4113.3亿元，增长3.6%，其中工业投资3959.9亿元，增长5.2%；第三产业投资5703.5亿元，增长4.6%。民间投资7915.9亿元，增长11.3%。全年施工项目24037个，增长10.3%；新开工项目17557个，增长4.9%。全省建筑业实现增加值896.4亿元，按可比价格计算，比上年增长2.0%。资质等级三级及以上的建筑业企业实现利润49.6亿元，下降5.5%。全省完成房屋建筑施工面积4768.7万平方米，比上年下降11.8%，其中竣工房屋面积占44.6%。

房地产开发

全省房地产开发投资815.6亿元，比上年下降5.7%。商品房销售面积2255.8万平方米，比上年增长6.5%，其中住宅销售面积1868.1万平方米，增长4.0%；商品房销售额1459.7亿元，增长30.2%，其中住宅销售额1134.5亿元，增长25.5%。

涉外经济

全省实现进出口总值189.4亿美元，比上年增长14.5%。其中，出口52.6亿美元，增长4.4%；进口136.8亿美元，增长18.9%。从贸易方式看，一般贸易进出口126.6亿美元，增长12.7%；边境贸易进出口32.7亿美元，增长3.1%；加工贸易进出口22.5亿美元，增长89.5%。从企业性质看，国有企业进出口86.5亿美元，增长4.7%；民营企业进出口76.7亿美元，增长8.6%；外商投资企业进出口25.2亿美元，增长1.3倍。从国别看，我省与俄罗斯贸易往来仍为对外贸易主体，对俄实现进出口109.9亿美元，比上年增长19.5%。其中，对俄出口16.1亿美元，下降5.3%；自俄进口93.8亿美元，增长25.1%。

全省直接利用外资58.4亿美元，增长0.3%。其中，第一产业比上年增长5.0倍，制造业增长12.8%，金融业增长8.0倍，住宿餐饮业增长2.6倍。

2017年上海市投资情况

固定资产投资

全年完成全社会固定资产投资总额7246.60亿元，比上年增长7.3%。其中，第三产业投资占全社会固定资产投资总额的比重为85.7%；非国有经济投资占全社会固定资产投资总额的比重为69.7%。

表1　2017年全社会固定资产投资及其增长速度

指标	绝对值（亿元）	比上年增长（%）
全社会固定资产投资总额	7246.60	7.3
按经济类型分		
国有经济	2192.32	18.8
非国有经济	5054.28	2.9
私营经济	1141.86	6.3
股份制经济	2830.73	8.4
外商及港澳台经济	1010.74	−12.4
按产业分		
第一产业	1.60	−60.8
第二产业	1033.58	5.2
第三产业	6211.42	7.7
按行业分		
工业	1031.69	5.3
交通运输、仓储和邮政业	960.28	1.6
金融业	16.76	−9.3
卫生和社会工作	51.12	−3.1

房地产开发

全年完成房地产开发投资3856.53亿元，比上年增长4.0%。其中，住宅投资2152.40亿元，增长9.5%；办公楼投资642.20亿元，下降7.7%；商业营业用房投资506.71亿元，下降2.4%。商品房施工面积15362.25万平方米，增长1.7%；竣工面积3387.56万平方米，增长32.8%。商品房销售面积1691.60万平方米，下降37.5%。其中，住宅销售面积1341.62万平方米，下降33.6%。全年商品房销售额4026.67亿元，下降39.9%。其中，住宅销售额3336.09亿元，下降36.3%。全年存量房买卖登记面积1563.53万平方米，下降54.0%。

涉外经济

全年上海口岸货物进出口总额79211.40亿元，比上年增长15.1%。其中，进口33445.10亿元，增长18.9%；出口45766.30亿元，增长12.5%。全年上海关区货物进出口总额59690.24亿元，比上年增长14.0%。其中，进口24684.20亿元，增长19.3%；出口35006.04亿元，增长10.6%。

全年上海市货物进出口总额32237.82亿元，比上年增长12.5%。其中，进口19117.51亿元，增长15.4%；出口13120.31亿元，增长8.4%。高新技术产品出口占全市比重超过40%。按市场分，对欧盟进口4488.51亿元，增长20.3%；出口2327.78亿元，增长16.9%；对美国进口2072.56亿元，增长15.6%；出口3147.10亿元，增长6.1%；对东盟进口2642.73亿元，增长27.7%；出口1595.16亿元，增长10.3%；对日本进口2224.75亿元，增长14.6%；出口1308.98亿元，增长3.3%。

表2　2017年上海市货物进出口总额及其增长速度

指标	绝对值（亿元）	比上年增长（%）
上海市货物进出口总额	32237.82	12.5
上海市货物进口总额	19117.51	15.4
国有企业	3059.50	1.2
外商投资企业	12725.57	18.4
私营企业	3220.07	23.0
一般贸易	10554.56	19.0
加工贸易	2143.30	5.4
机电产品	9275.07	13.9
高新技术产品	5715.01	11.3
上海市货物出口总额	13120.31	8.4

续表

指标	绝对值（亿元）	比上年增长（%）
国有企业	1548.37	4.7
外商投资企业	8755.24	7.3
私营企业	2717.55	15.5
一般贸易	5776.44	9.9
加工贸易	5360.26	10.6
机电产品	9289.44	9.2
高新技术产品	5696.83	9.2

表3　2017年上海对主要国家和地区货物进、出口总额及其增长速度

国家和地区	出口额（亿元）	比上年增长（%）	进口额（亿元）	比上年增长（%）
美国	3147.10	6.1	2072.56	15.6
欧盟	2327.78	16.9	4488.51	20.3
东盟	1595.16	10.3	2642.73	27.7
日本	1308.98	3.3	2224.75	14.6
中国香港	1217.63	1.7	26.89	-89.9
韩国	429.61	-11.3	1258.42	16.6
中国台湾	468.63	10.1	1212.35	15.4
俄罗斯	162.30	49.3	136.97	-0.1
"一带一路"沿线国家	2947.70	11.7	3649.40	25.4

全年新设外商直接投资项目3950项，比上年下降23.4%；合同金额401.94亿美元，下降21.2%；全年外商直接投资实际到位金额170.08亿美元，下降8.1%。全年第三产业外商直接投资实际到位金额161.53亿美元，下降1.1%，占全市实际利用外资的比重为95.0%。至年末，在上海投资的国家和地区达175个，在上海落户的跨国公司地区总部累计达到625家。其中，亚太区总部70家；投资性公司345家；外资研发中心426家。年内新增跨国公司地区总部45家。其中，亚太区总部14家；投资性公司15家；外资研发中心15家。与"一带一路"沿线国家和重要节点城市建立经贸合作伙伴关系，货物贸易额占全市比重达到1/5。

全年备案和核准对外直接投资项目608项，比上年下降57.3%；对外直接投资中方投资额110.8亿美元，下降70.3%。签订对外承包工程合同金额108.5亿美元，下降8.4%；实际完成营业额99.3亿美元，增长49.2%；派出人员13902人次，增长114.0%。对外劳务合作派出人员18935人次，增长23.8%。

全年举办各类展览会项目1020个，总展出面积1769.86万平方米，比上年增长10.1%。其中，国际展览会项目293个，展出面积1329.16万平方米，增长12.9%；国内展览会项目727个，展出面积440.70万平方米，增长2.6%。

2017年江苏省投资情况

固定资产投资

全年完成固定资产投资53000.2亿元，比上年增长7.5%。其中，国有及国有经济控股投资11030.2亿元，增长5.6%；港澳台及外商投资4484.5亿元，下降4.4%。投资中，民间投资37485.5亿元，增长9.5%，占固定资产投资比重达70.7%。分类型看，完成项目投资43371.1亿元，比上年增长7.3%；房地产开发投资9629.1亿元，增长7.5%。全年商品房销售面积14211.1万平方米，增长1.8%。其中，住宅销售面积12486.7万平方米，下降1.4%。

投资结构持续调优。第一产业投资343.4亿元，比上年增长17.2%；第二产业投资26412.4亿元，增长7.0%；第三产业投资26244.4亿元，增长7.5%。第二产业投资中，工业投资26180.8亿元，增长6.7%，其中制造业投资24418.1亿元，增长6.8%。工业技术改造投资15167.9亿元，增长11.5%，占工业投资比重达57.9%。高新技术产业投资7748.2亿元，增长8.1%。第三产业投资中，科学研究和技术服务业增长20.2%，水利、环境和公共设施管理业增长18.3%，居民服务、修理和其他服务业增长17.7%，教育增长14.8%，卫生和社会工作增长19.7%。

重点项目扎实推进。全省200个民生领域补短板重大项目顺利实施，完成投资4100亿元。交通、水利等一批重大基础设施项目相继启动或建成。南京禄口国际机场T1航站楼改扩建工程顺利启动，连徐高铁全线建设陆续开工，全国最大的内河水运工程长江南京以下12.5米深水航道二期基建疏浚工程开工，宁和城际轨道交通一期、宁高城际轨道交通二期工程开通运营，连盐铁路全线铺架及新建站房工程圆满完成。

建筑业发展

全年实现建筑业总产值27955.9亿元，比上年增长8.4%；竣工产值21542.9亿元，增长1.3%；竣工率达77.1%。全省建筑业企业实现利税总额1870.2亿元，增长3.0%。建筑业劳动生产率为31.2万元/人，增长2.4%。建筑业企业房屋建筑施工面积232034.2万平方米，增长4.8%；竣工面积75454.3万平方米，增长0.6%，其中住宅竣工面积54752万平方米，增长0.4%。

涉外经济

对外贸易保持较快增长。全年货物进出口总额40022.1亿元，比上年增长19.0%。其中，出口总额24607.2亿元，比上年增长16.9%；进口总额15414.9亿元，比上年增长22.6%。

利用外资保持稳定。全年新批外商投资企业3254家，比上年增长13.9%；新批协议注册外资554.3亿美元，增长28.5%；实际使用外资251.4亿美元，增长2.4%。新批及净增资9000万美元以上的外商投资大项目347个，比上年增长19.7%。全年新批境外投资项目631个，中方协议投资额92.7亿美元。

2017年浙江省投资情况

固定资产投资

全年固定资产投资31126亿元，比上年增长8.6%。非国有投资19586亿元，占62.9%，其中民间投资18152亿元，占58.3%。

在固定资产投资中，第一产业投资265亿元，比上年增长0.1%；第二产业投资9308亿元，增长6.2%；第三产业投资21553亿元，增长9.8%。施工项目50136个，增长0.3%，其中新开工项目34086个，下降6.3%。

房地产开发

全年房地产开发投资8227亿元，比上年增长10.1%，其中住宅投资5646亿元，增长17.5%。商品房销售面积9600万平方米，增长11.1%；商品房销售额12340亿元，增长28.5%。

涉外经济

全年货物进出口总额25604亿元，比上年增长15.3%。其中，出口19446亿元，增长10.1%，出口占全国的12.7%；进口6158亿元，增长35.6%。民营企业出口14956亿元，增长11.8%，占出口总额的76.9%，比上年提高1.2个百分点。机电产品出口8412亿元，增长12.3%；高新技术产品出口1260亿元，增长13.6%。对“一带一路”沿线国家合计出口6303亿元，增长9.2%。

全年服务贸易进出口额3663亿元，比上年增长15.5%,服务贸易进出口额占货物和服务贸易总额的12.5%。其中，出口2429亿元，增长17.1%；进口1234亿元，增长12.3%。

表1 2017年货物进出口主要分类情况

指标	金额（亿元）	比上年增长（%）
货物进出口总额	25604	15.3
货物出口额	19446	10.1
其中：一般贸易	15508	11.3
加工贸易	1701	8.9
市场采购贸易	1910	2.0
其中：机电产品	8412	12.3
高新技术产品	1260	13.6
货物进口额	6158	35.6
其中：一般贸易	4789	37.3
加工贸易	642	19.7
其中：机电产品	1067	25.2

表2 2017年对主要市场货物进出口情况

国家和地区	出口额（亿元）	比上年增长（%）	进口额（亿元）	比上年增长（%）
欧盟	4326.7	9.6	766.1	31.1
美国	3698.6	13.8	499.1	30.9
东盟	1742.6	7.9	834.0	42.0
日本	804.8	7.7	657.9	32.6
俄罗斯	544.7	22.5	108.7	11.2
韩国	503.4	13.1	535.2	32.1
中国香港	239.2	–9.9	8.8	–9.8
中国台湾	193.0	9.1	528.1	18.5

新批外商直接投资项目3030个，比上年增加885个；合同外资346.9亿美元，实际利用外资179.0亿美元，分别增长23.5%和1.8%。第二产业中，建筑业实际利用外资增长3.3倍。第三产业投资项目2438个，比上年增加720个，占外商直接投资项目总数的80.5%，合同外资238.8亿元，实际利用外资116.8亿元，分别增长32.5%和13.5%，占外资总额的比重分别为68.9%和65.2%。

国外经济合作完成营业额476.0亿元，比上年增长0.4%。其中，对外承包工程完成营业额466.5亿元，增长0.8%；新签合同额331.2亿元，下降12.4%；共派出各类劳务人员16233人次，外派劳务人员实际收入9.5亿元。

2017年安徽省投资情况

固定资产投资

全年固定资产投资29186亿元，按可比口径计算，比上年增长11%。其中，工业技术改造投资7352.9亿元，增长18%；基础设施投资6534.9亿元，增长24.2%；民间投资19233.4亿元，增长7.1%。分区域看，皖江示范区投资19689.4亿元，增长9.5%；皖北六市投资8092.9亿元，增长15.4%。分产业看，第一产业投资下降4.6%，第二产业增长12%，第三产业增长11%。分行业看，工业投资增长12.7%，其中制造业增长11.5%，制造业中装备制造业增长13.8%。六大高耗能行业投资增长14.4%。

表1　2017年全省分行业固定资产投资额及增速

行业	投资额（亿元）	比上年增长(%)
农、林、牧、渔业	775.8	-4.6
采矿业	231.8	-0.5
制造业	11434.3	11.5
电力、热力、燃气及水生产和供应业	1277.4	28.7
建筑业	72.9	-49.7
批发和零售业	602.8	-30.1
交通运输、仓储和邮政业	2036.5	11.6
住宿和餐饮业	193.5	-25.5
信息传输、软件和信息技术服务业	274.0	6.6
金融业	62.1	-23.6
房地产业	6551.6	14.4
租赁和商务服务业	612.8	2.5
科学研究和技术服务业	280.6	-10.4
水利、环境和公共设施管理业	3297.6	28.0
居民服务、修理和其他服务业	107.9	9.0
教育	443.4	23.1
卫生和社会工作	255.5	15.1
文化、体育和娱乐业	254.3	11.6
公共管理、社会保障和社会组织	421.2	-7.7

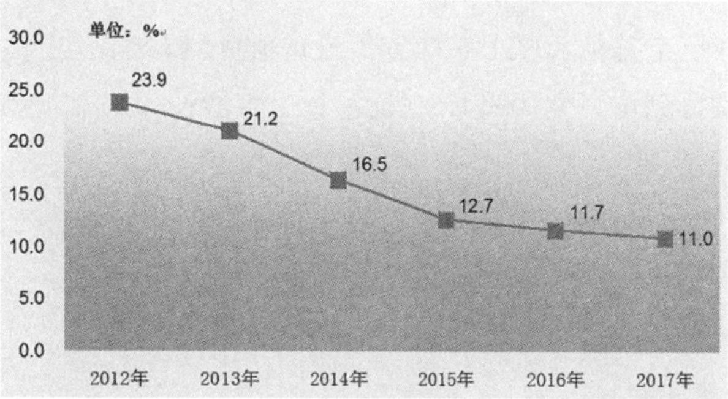

图1　2012—2017年全省固定资产投资增速

房地产开发

全年房地产开发投资5612.5亿元，比上年增长21.9%。商品房销售面积9200.7万平方米，增长8.2%；商品房销售额5865.8亿元，增长16.5%；年末商品房待售面积2021.3万平方米，下降15.8%。

涉外经济

全年进出口总额536.4亿美元，比上年增长20.8%。其中，出口304.8亿美元，增长7.2%；进口231.6亿美元，增长45%。从出口经营主体看，生产型企业出口增长8.8%，贸易型企业出口下降8.5%。从出口商品看，机电产品、高新技术产品出口分别增长10.1%和27.1%。

表2　2017年全省出口主要分类及地区分布

指标	绝对数（亿美元）	比上年增长（%）
出口额	304.8	7.2
其中：机电产品	169.4	10.1
其中：高新技术产品	75.4	27.1
其中：一般贸易	213.7	4.9
加工贸易	83.9	16.7
其中：对亚洲	132.6	8.4
对欧洲	59.7	3.4
对北美洲	61.8	5.9
对非洲	17.6	2.3
对拉丁美洲	26.4	13.4
对大洋洲	6.7	20.3

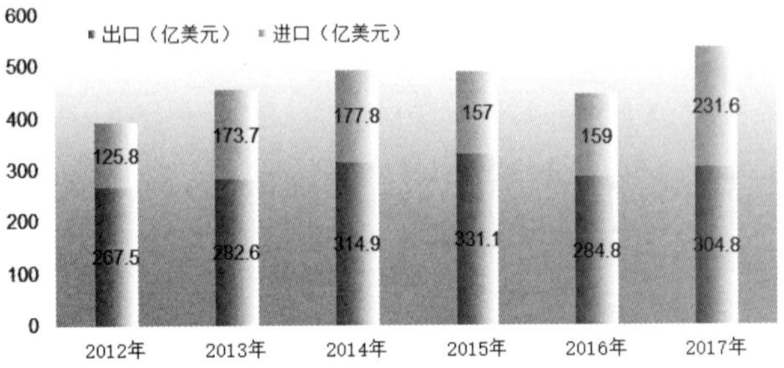

图2　2012—2017年全省进出口总额

全省亿元以上在建省外投资项目5482个，当年实际到位资金10954.8亿元、比上年增长10.6%。全年新备案外商投资项目338个，增长26.6%；合同利用外资90.6亿美元，增长120.1%；实际利用外商直接投资159亿美元，增长7.6%。到2017年末，来皖投资的境外世界500强企业增加到80家，其中当年新引进7家。

全年对外承包工程新签合同金额52.5亿美元，比上年增长70.8%；完成营业额34.8亿美元，增长12.5%；当年外派劳务人员11648人，增长16%。全年新批境外企业（机构）75个，实际对外投资9.3亿美元，下降25%，其中对"一带一路"沿线国家和地区投资8961万美元，增长21.9%。

2017年江西省投资情况

固定资产投资

全年全社会固定资产投资22085.3亿元，比上年增长12.1%。其中，固定资产投资（不含农户）21770.4亿元，增长12.3%。

固定资产投资（不含农户）中：分产业看，第一产业投资519.1亿元，增长19.0%；第二产业投资11810.1亿元，增长14.4%，其中，工业投资11782.9亿元，增长14.6%；占全部投资的比重54.1%，比上年提高1.0个百分点；第三产业投资9441.2亿元，增长9.5%。其中，金融业投资62.5亿元，增长27.9%；水利、环境和公共设施管理业投资2544.7亿元，增长27.0%；卫生和社会工作投资202.4亿元，增长38.9%；公共管理、社会保障和社会组织投资588.2亿元，增长79.6%。分投资主体看，国有投资4774.9亿元，增长15.1%；非国有投资16995.6亿元，增长11.6%，其中，民间投资15631.8亿元，增长13.0%，比上年提高3.2个百分点。

房地产开发

全年房地产开发投资2014.0亿元，比上年增长13.7%。其中，住宅投资1391.8亿元，增长11.6%；办公楼投资93.5亿元，增长26.6%；商业营业用房投资384.9亿元，增长21.9%。商品房竣工面积1854.4万平方米，增长13.4%；商品房销售面积5841.9万平方米，增长24.5%；商品房销售额3592.5亿元，增长34.1%。年末商品房待售面积1129.9万平方米，比上年下降21.2%，其中住宅待售面积599.7万平方米，下降36.1%。

涉外经济

全年货物进出口总值3020.0亿元，比上年增长14.5%。其中，出口值2222.6亿元，增长13.3%；进口值797.5亿元，增长17.9%。

分贸易方式看，一般贸易进出口总值2468.6亿元，比上年增长16.6%。其中，出口1965.2亿元，增长16.5%；进口503.3亿元，增长16.7%。加工贸易进出口总值529.7亿元，比上年增长5.2%。其中，出口243.9亿元，下降9.1%；进口285.9亿元，增长21.6%。分重点商品看，机电产品出口858.1亿元，比上年增长5.8%；进口313.6亿元，比上年下降4.7%。高新技术产品出口281.9亿元，比上年下降3.0%；进口228.3亿元，比上年下降7.5%。分地区看，对美国、欧盟、韩国、日本出口分别为384.2亿元、318.0亿元、138.2亿元、79.9亿元，分别增长19.5%、27.5%、22.8%、22.8%，自欧盟、日本、澳大利亚进口分别为65.6亿元、72.9亿元、88.0亿元，分别增长47.6%、43.6%、166.7%。

全年新批外商投资企业495家，实际使用外商直接投资金额114.6亿美元，比上年增长9.8%。利用省外项目实际进资6630.3亿元，增长12.3%。截至年底，在赣投资具有世界500强投资背景的企业达66家。

全年新签对外承包工程合同项目284个，比上年增长43.4%；合同金额41.1亿美元，增长42.2%；完成营业额42.6亿美元，增长8.1%。江西国际经济技术合作公司、江西中煤建设集团有限公司、中鼎国际工程有限责任公司等三家“走出去”龙头企业继续入围ENR全球最大国际工程承包商250强。

2017年福建省投资情况

固定资产投资

全年固定资产投资26226.60亿元，比上年增长13.5%。在固定资产投资中，第一产业投资980.25亿元，比上年增长36.0%；第二产业投资8846.49亿元，增长12.3%，其中，工业投资增长12.6%；第三产业投资16399.87亿元，增长13.0%。基础设施投资8705.64亿元，增长13.8%，占固定资产投资的比重为33.2%。民间投资15788.59亿元，增长18.6%，占固定资产投资的比重为60.2%。高技术产业投资1667.05亿元，增长10.6%，占固定资产投资

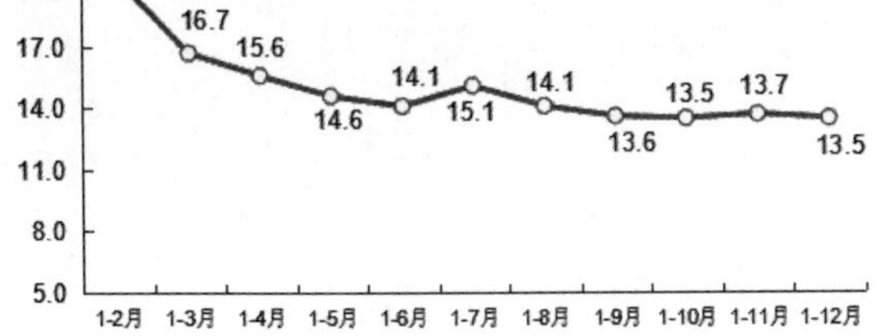

图1 2017年固定资产投资增长速度

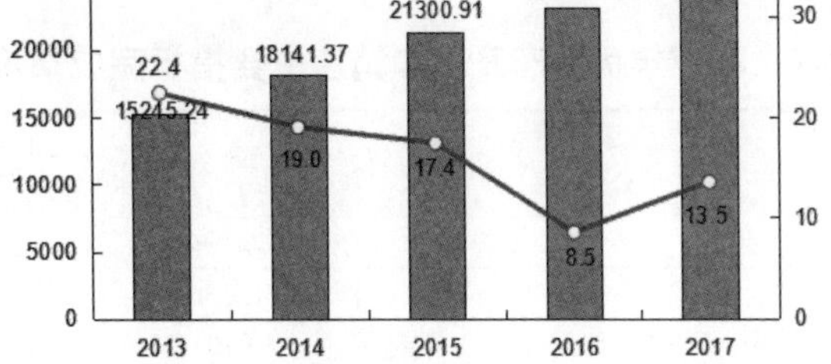

图2 2013—2017年固定资产投资及其增长速度

的比重为6.4%。从到位资金情况看，全年到位资金25554.77亿元，比上年增长12.5%。其中，国家预算资金下降4.5%，国内贷款增长5.9%，利用外资增长28.7%，自筹资金增长14.9%，其他资金增长15.2%。

表1　2017年分行业固定资产投资（含跨区项目）情况

行业	投资额（亿元）	比上年增长(%)
农、林、牧、渔业	1079.62	31.9
采矿业	172.51	-21.4
制造业	7565.69	17.2
电力、燃气及水的生产和供应业	1062.49	-7.1
建筑业	64.06	-20.5
批发和零售业	706.32	70.7
交通运输、仓储和邮政业	2921.78	9.1
住宿和餐饮业	213.11	11.3
信息传输、软件和信息技术服务业	364.51	17.2
金融业	17.60	-65.2
房地产业	5577.94	2.1
租赁和商务服务业	333.61	-0.7
科学研究和技术服务业	115.58	-0.3
水利、环境和公共设施管理业	4486.65	25.0
居民服务、修理和其他服务业	97.70	93.9
教育	369.64	12.6
卫生和社会工作	265.32	33.5
文化、体育和娱乐业	432.40	33.5
公共管理、社会保障和社会组织	380.08	11.3

房地产开发

全年房地产开发投资4794.23亿元，比上年增长4.5%。其中，住宅投资3236.51亿元，增长7.9%；办公楼投资282.37亿元，下降16.7%；商业营业用房投资555.87亿元，下降5.9%。年末商品房待售面积2079.59万平方米，比上年末增加21.09万平方米。年末商品住宅待售面积643.78万平方米，比上年末减少210.65万平方米。

全年新开工建设城镇保障性安居工程住房7.7万套（户），基本建成城镇保障性安居工程住房10.8万套。

表2　2017年房地产开发和销售主要指标完成情况

指标	单位	绝对数	比上年增长(%)
投资完成额	亿元	4794.23	4.5
其中：住宅	亿元	3236.51	7.9
其中：90平方米及以下	亿元	980.31	-0.1
房屋施工面积	万平方米	31939.55	2.8
其中：住宅	万平方米	20378.76	4.8
房屋新开工面积	万平方米	5528.75	13.4
其中：住宅	万平方米	3826.31	20.8
房屋竣工面积	万平方米	4266.69	16.4
其中：住宅	万平方米	2891.33	19.5
房屋销售面积	万平方米	5854.05	19.1
其中：住宅	万平方米	4526.13	9.5
本年实际到位资金	亿元	6426.29	5.9
其中：国内贷款	亿元	780.62	-3.5
其中：个人按揭贷款	亿元	1202.70	4.8
本年土地购置面积	万平方米	916.44	-5.5
土地购置费	亿元	1404.15	26.8

1102个在建省重点项目完成投资4745.94亿元。全年建成或部分建成200个项目，新开工200个项目。

涉外经济

全年进出口总额11590.78亿元，比上年增长12.0%。其中，出口7114.08亿元，增长4.1%；进口4476.70亿元，增长27.5%。进出口顺差2637.38亿元。

表3　2017年进出口主要分类情况

指　标	绝对数（亿元）	比上年增长(%)
进出口总额	11590.78	12.0
出口额	7114.08	4.1
其中：一般贸易	5135.69	2.1
加工贸易	1625.38	10.1
其中：机电产品	2587.80	8.6
其中：高新技术产品	999.75	21.4
进口额	4476.70	27.5
其中：一般贸易	3241.81	34.0
加工贸易	778.80	3.5
其中：机电产品	1398.08	15.8
其中：高新技术产品	1062.96	17.1

表4　2017年对主要国家和地区进出口情况

国家和地区	出口额（亿元）	比上年增长(%)	进口额（亿元）	比上年增长(%)
美国	1441.65	8.8	481.14	33.2
欧盟	1263.27	5.4	349.86	22.5
东盟	1209.52	7.2	715.97	41.1
日本	388.12	4.5	277.32	17.9
香港地区	475.05	-13.6	4.35	-36.0
台湾地区	295.06	16.3	479.54	19.6
韩国	204.48	-7.5	224.75	8.8
沙特阿拉伯	83.42	-14.0	269.08	39.6

表5　2017年分行业外商直接投资情况

行业	实际利用金额（万元）	比上年增长（%）
总计	5731707	8.2
其中：农、林、牧、渔业	286651	30.4
制造业	3353347	19.5
电力、燃气及水的生产和供应业	179528	155.8
交通运输、仓储和邮政业	192317	186.7
批发和零售业	310564	−65.6
房地产业	400313	128.9
租赁和商务服务业	268933	−6.7
居民服务、修理和其他服务业	216	−94.5

新设外商直接投资企业2041家，比上年下降13.3%。实际利用外商直接投资573.17亿元（折85.77亿美元），增长8.2%。

备案和核准对外直接投资项目148个，中方协议投资额35.14亿美元，分别比上年下降75.6%和68.5%。对外直接投资额16.66亿美元，下降69.5%。

全年对外承包工程完成营业额11.32亿美元，增长19.1%；对外劳务合作劳务人员实际收入总额8.90亿美元，增长26.3%。

2017年山东省投资情况

固定资产投资

固定资产投资（不含农户）54236.0亿元，比上年增长7.3%。三次产业投资构成为1.9：49.6：48.5，服务业投资比重比上年提高2.7个百分点。重点领域中，工业技术改造投资增长14.1%，水利、环境和公共设施管理业投资增长28.9%，邮政业、互联网和相关服务业、金融业等现代服务业投资分别增长2.2倍、39.8%和35.6%。

房地产开发

房地产开发投资6637.2亿元，比上年增长5.0%。其中，住宅投资4929.5亿元，增长5.1%。房屋施工面积63563.2万平方米，增长6.0%。其中，住宅施工面积46742.1万平方米，增长5.9%。竣工面积8429.1万平方米，增长2.1%。其中，住宅竣工面积6406.5万平方米，增长0.8%。商品房销售面积12813.2万平方米，增长8.7%。其中，住宅销售面积11201.0万平方米，增长5.7%。

涉外经济

对外贸易快速增长。货物进出口总额17823.9亿元，比上年增长15.2%。其中，进口7858.5亿元，增长22.2%；出口9965.4亿元，增长10.1%。出口商品中，机电产品出口3877.3亿元，增长11.9%；纺织服装出口1444.1亿元，增长5.9%；农产品出口1152.5亿元，增长7.2%。主要市场中，对美国、东盟、欧盟、韩国和日本出口分别增长12.6%、5.9%、12.7%、9.9%和17.9%。服务进出口总额3528.1亿元，增长15.2%。其中，出口1692.0亿元，增长12.1%；进口1836.1亿元，增长18.2%。

利用外资增势平稳。新设立外商投资企业1479家；合同外资1860.8亿元，比上年增长32.5%；实际使用外资1210.5亿元，增长9.0%。其中，制造业实际使用外资645.8亿元，增长9.7%；服务业实际使用外资466.7亿元，增长9.0%。新批及增资总投资过亿美元项目102个，合同外资158.1亿美元。世界500强企业投资项目54个，合同外资14.9亿美元。6家世界500强企业在山东首次投资，创历史新高。

“走出去”战略稳步推进。实际对外投资377.5亿元。其中，跨国并购实际投资117.8亿元。对外承包工程新签合同额874.7亿元，完成营业额793.7亿元，分别比上年增长4.0%和9.3%。派出各类劳务人员7.2万人，增长4.2%。

“一带一路”合作成效明显。与“一带一路”沿线国家商品进出口4816.3亿元，比上年增长16.4%。其中，出口2672.5亿元，增长6.7%。对“一带一路”沿线国家实际投资100.6亿元，增长81.7%。实际使用“一带一路”沿线国家资金99.8亿元，增长19.2%。在“一带一路”沿线国家承包工程完成营业额473.4亿元，增长11.2%。

2017年河南省投资情况

固定资产投资

全年全省固定资产投资（不含农户，下同）43890.36亿元，比上年增长10.4%。

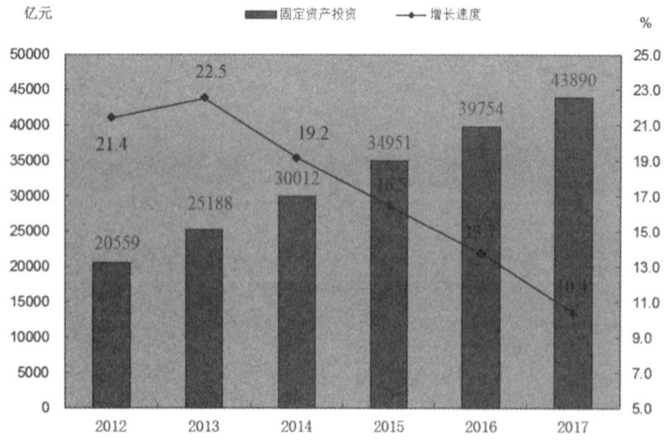

图1　2012—2017年固定资产投资及增长速度

在固定资产投资中，第一产业投资2382.58亿元，比上年增长23.3%；第二产业投资19172.70亿元，增长3.5%；第三产业投资22335.07亿元，增长15.7%。基础设施投资8831.39亿元，增长30.4%，占固定资产投资的比重20.1%。民间投资34276.03亿元，增长9.1%，占固定资产投资的比重78.1%。工业投资19190.97亿元，增长3.5%，占固定资产投资的比重43.7%。

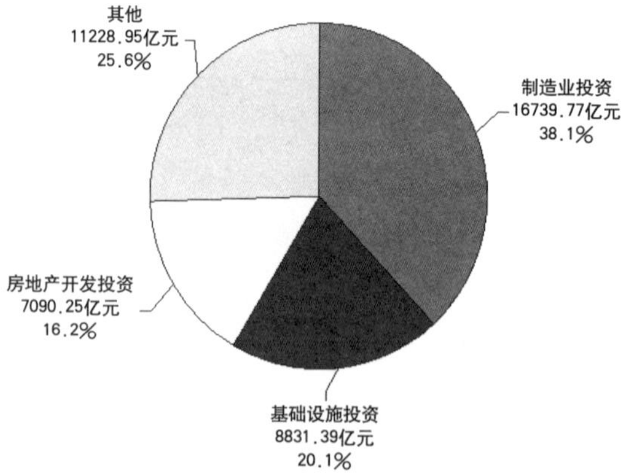

图2　2017年按领域分固定资产投资及占比

房地产开发

全年房地产开发投资7090.25亿元，比上年增长

表1　2017年分行业固定资产投资及增长速度

行 业	投资额（亿元）	比上年增长（%）
合 计	43890.36	10.4
农林牧渔业	2574.42	19.2
工业	19190.97	3.5
采矿业	506.58	-10.8
制造业	16739.77	3.1
电力、燃气及水的生产和供应业	1944.63	12.3
建筑业	13.38	276.1
批发和零售业	1252.40	2.5
交通运输、仓储和邮政业	2487.54	27.9
住宿和餐饮业	434.10	21.2
信息传输、软件和信息技术服务业	310.02	29.7
金融业	42.98	39.7
房地产业	9507.21	6.2
租赁和商务服务业	422.52	-6.2
科学研究和技术服务业	295.17	17.0
水利、环境和公共设施管理业	5005.70	35.4
居民服务、修理和其他服务业	151.55	-0.4
教育	763.43	43.0
卫生和社会工作	594.52	7.0
文化、体育和娱乐业	657.37	20.0
公共管理、社会保障和社会组织	187.08	54.6

14.7%。其中，住宅5330.80亿元，增长17.0%。城镇保障性安居工程新开工58.87万套，基本建成64.34万套。商品房待售面积2846.55万平方米，下降16.2%。其中，商品住宅1995.61万平方米，下降21.1%。

表2　2017年房地产开发和销售主要指标及增长速度

指 标	单 位	绝对数	比上年增长（%）
投资额	亿元	7090.25	14.7
住宅	亿元	5330.80	17.0
90 平方米及以下	亿元	1704.78	11.4
房屋施工面积	万平方米	49942.29	5.5
住宅	万平方米	37518.01	5.4
房屋新开工面积	万平方米	13628.78	-7.1
住宅	万平方米	10439.82	-4.7
房屋竣工面积	万平方米	6201.71	-1.6
住宅	万平方米	4701.53	-6.3
商品房销售面积	万平方米	13313.89	17.8
住宅	万平方米	11707.26	15.5
商品房待售面积	万平方米	2846.55	-16.2
住宅	万平方米	1995.61	-21.1

全年亿元及以上固定资产投资在建项目12140个，完成投资27054.02亿元，比上年下降4.6%。郑万、郑阜高铁线下工程基本完工，郑州南站、郑州轨道交通6号线开工建设，机场至南站城际铁路项目积极推进，出山店水库建设接近尾声，前坪水库总投资完成过半，信阳明港机场基本建成，洛阳石化1800万吨炼油项目启动实施，许昌年产20万辆纯电动汽车及50万套核心零部件项目进展顺利，上汽郑州乘用车基地一期工程建成投产。

全年产业集聚区固定资产投资21897.98亿元，比上年增长4.3%，占全省固定资产投资的比重49.9%。其中，工业投资14074.49亿元，增长1.2%。郑州航空港经济综合实验区固定资产投资682.03亿元，增长10.2%。

涉外经济

全年全省货物进出口总值5232.79亿元，比上年增长10.9%。其中，出口总值3171.81亿元，增长11.8%；进口总值2060.98亿元，增长9.6%。

表3　2017年货物进出口总值及增长速度

指标	金额（亿元）	比上年增长（%）
进出口总值	5232.79	10.9
出口总值	3171.81	11.8
#一般贸易	1056.18	22.1
加工贸易	2075.22	7.3
#机电产品	2345.73	9.4
高新技术产品	2070.02	10.2
进口总值	2060.98	9.6

全年吸收外商直接投资（不含银行、证券、保险）新设立企业210个。实际使用外商直接投资172.2亿美元，比上年增长1.4%。实际利用省外资金9106.8亿元，增长7.9%。

全年对外承包工程和劳务合作业务新签合同额37.5亿美元，比上年下降16.1%；营业额47.7亿美元，下降9.4%。

2017年湖北省投资情况

固定资产投资

全年全省完成固定资产投资（不含农户)31872.57亿元，增长11.0%。

房地产开发

房地产开发投资完成4574.89亿元，增长6.5%。商品房销售面积8155.21万平方米，增长9.8%，实现商品房销售额6258.92亿元，增长25.3%。按产业划分，全省一、二、三次产业投资分别为912.24亿元、13236.47亿元和17723.86亿元，分别增长2.5%、12.1%、10.6%。全省223个在建重点建设项目全年完成投资2374.17亿元，占固定资产投资的比重为7.5%。

全省亿元以上新开工项目4844个。亿元以上新开工项目完成投资9460.91亿元，增长11.2%。

涉外经济

全年全省实现外贸进出口总额3134.3亿元，增长20.6%，其中：进口1070.2亿元，增长21.4%；出口2064.1亿元，增长20.2%。新批外商直接投资项目272个。全年外商直接投资109.94亿美元，增长8.5%。

2017年湖南省投资情况

固定资产投资

全省固定资产投资（不含农户）31328.1亿元，比上年增长13.1%。其中，民间投资18759.6亿元，增长14.5%，占全部投资的比重为59.9%，比上年提高0.7个百分点。分经济类型看，国有投资10395.0亿元，增长12.3%；非国有投资20933.0亿元，增长13.6%。分投资方向看，民生投资3015.9亿元，增长12.8%；生态投资1402.5亿元，增长12.5%；基础设施投资8517.4亿元，增长15.9%；高新技术产业投资2213.0亿元，增长24.7%；工业技改投资6130.2亿元，增长3.9%；战略性新兴产业投资7258.4亿元，增长13.5%。分区域看，长株潭地区投资12395.3亿元，增长13.2%；湘南地区投资7110.4亿元，增长13.5%；大湘西地区投资5232.7亿元，增长13.8%；

洞庭湖地区投资6429.4亿元，增长14.0%。

表1　2017年固定资产投资及其增长速度

指标	投资额（亿元）	比上年增长（%）
固定资产投资（不含农户）	31328.1	13.1
第一产业	1251.6	25.1
第二产业	11370.1	7.6
其中：采矿业	437	-12.5
制造业	9469.9	7.3
电力、热力、燃气及水生产和供应业	1131.1	19
建筑业	355.7	11.6
第三产业	18706.4	16
其中：交通运输、仓储和邮政业	2104.4	8.2
信息传输、软件和信息技术服务业	388.7	30.3
批发和零售业	1320.3	19.5
住宿和餐饮业	353.3	20.2
金融业	60.9	-22.5
房地产业	4849.7	11
租赁和商务服务业	897.8	24.1
科学研究和技术服务业	434.4	21.3
水利、环境和公共设施管理	5421.3	19.8
居民服务、修理和其他服务业	158.3	20.8
教育	692.6	21.9
卫生和社会工作	483.9	16.8
文化、体育和娱乐业	650.2	26.8
公共管理、社会保障和社会组织	622.6	15.3

全省施工项目共有58178个，比上年增长16.4%。其中，本年新开工项目43966个，增长7.5%。本年投产项目42862个，增长28.4%。

房地产开发

全省房地产开发投资3426.1亿元，比上年增长15.9%。其中，住宅投资2194.4亿元，增长17.3%。商品房销售面积8532.3万平方米，增长5.5%。其中，住宅销售面积7368.3万平方米，增长2.5%。商品房销售额4460.7亿元，增长18.9%。其中，住宅销售额3570.8亿元，增长14.7%。年末商品房待售面积2015.5万平方米，下降30.5%，比上年末减少886.0万平方米。

涉外经济

全省进出口总额2434.3亿元，比上年增长39.8%。其中，出口1565.5亿元，增长33.3%；进口868.8亿元，增长53.3%。分贸易方式看，一般贸易出口1125.5亿元，增长28.5%；加工贸易出口431.7亿元，增长47.7%。出口额居前五位的商品中，服装及衣着附件出口98.9亿元，增长29.0%；鞋类69.3亿元，增长29.5%；扬声器61.3亿元，增长1.03倍；钢材53.8亿元，增长8.6%；箱包及类似容器46.5亿元，增长14.8%。分产销国别（地区）看，出口香港367.6亿元，增长28.6%；出口美国227.4亿元，增长30.5%；出口欧盟203.9亿元，增长31.5%；出口东盟219.0亿元，增长47.6%。

表2　2017年进出口总额及其增长速度

指标	绝对数（亿元）	比上年增长（%）
进出口总额	2434.3	39.8
出口额	1565.5	33.3
按贸易方式分		
其中：一般贸易	1125.5	28.5
加工贸易	431.7	47.7
按重点商品分		
其中：机电产品	735.5	37.9
高新技术产品	226.8	44.7
农产品	79.2	14.3
进口额	868.8	53.3
按贸易方式分		
其中：一般贸易	571.6	48.7
加工贸易	269.1	60.4
按重点商品分		
其中：机电产品	390.3	51.1
高新技术产品	160.5	69.8
农产品	63.2	94.8

全省实际使用外商直接投资144.7亿美元，比上年增长12.6%。其中，第一产业5.3亿美元，下降15.5%；第二产业74.6亿美元，增长8.8%；第三产业64.8亿美元，增长20.8%。实际到位资金3000万美元以上外资项目8个。年末在湘投资的世界500强企业达到193家，年内世界500强企业在湘新投资项目25个。实际到位境内省外资金5097.9亿元，增长16.9%。其中，第一产业403.7亿元，增长39.0%；第二产业2582.7亿元，增长17.2%；第三产业2111.5亿元，增长13.0%。引进2亿元以上境内省外项目512个，增长20.8%；实际到位资金1798.2亿元，增长15.0%。

全省新签对外承包工程、劳务合作和设计咨询合同金额76.0亿美元，比上年增长15.2%；实现营业额70.5亿美元，增长11.7%；外派劳务10.9万人，增长12.6%。对外合同投资额23.5亿美元，下降49.9%。其中，中方合同投资额20.1亿美元，下降40.1%。对外实际投资额13.5亿美元，下降18.1%。

2017年广东省投资情况

固定资产投资

全年固定资产投资37477.96亿元，比上年增长13.5%。分投资主体看，国有经济投资7341.39亿元，增长18.8%；民间投资23158.46亿元，增长12.9%；港澳台、外商经济投资4090.20亿元，增长1.3%。分地区看，珠三角地区投资25463.54亿元，增长13.7%；东翼投资4844.08元，增长18.4%；西翼投资3597.47 亿元，增长9.1%；山区投资3572.87亿元，增长11.1%。

在固定资产投资中，第一产业投资395.19亿元，比上年下降11.2%；第二产业投资12128.94亿元，增长9.4%，其中，工业投资12110.44亿元，增长9.6%；第三产业投资24953.84亿元，增长16.2%。基础设施投资9168.79亿元，增长24.3%，占固定资产投资的比重为24.5%。民间固定资产投资23158.46亿元，增长12.9%，占固定资产投资的比重为61.8%，高技术制造业投资2103.21亿元，增长27.6%，占固定资产投资的比重为5.6%。先进制造业投资4927.89亿元，增长13.8%，占固定资产投资的比重为13.1%。珠江西岸装备制造业投资1665.06亿元，增长17.5%。

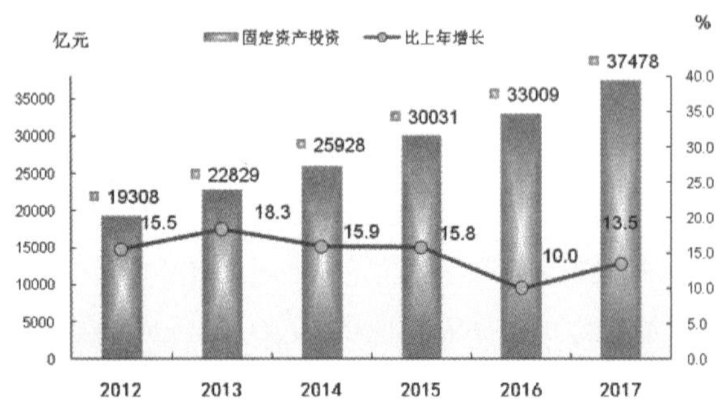

图1 2012—2017年固定资产投资及其增长速度

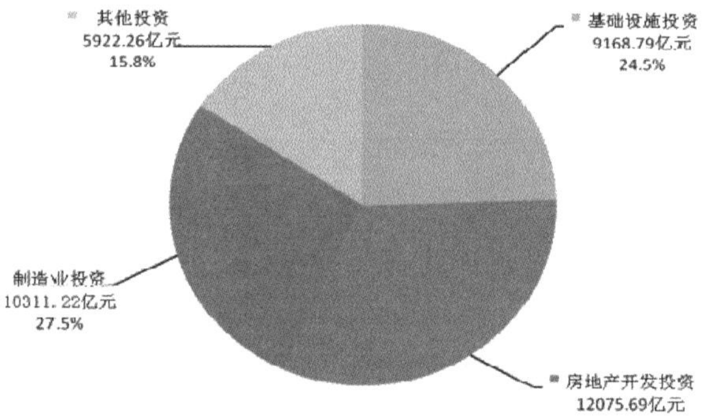

图2 2017年按领域分固定资产投资及其占比

表1 2017年固定资产投资新增主要生产能力
（新增生产能力）

指标	单位	新增生产能力
新增投产骨干电源装机	万千瓦	200
11 万伏及以上变电设备	万千伏安	2500
新建公路	公里	839.59
其中：高速公路	公里	654.88
港口万吨级码头泊位新增吞吐能力	万吨	1540
新建 4G 移动通信基站	万个	6.5

表2　2017年分行业固定资产投资及其增长速度

行业	投资额（亿元）	比上年增长（%）
固定资产投资	37477.96	13.5
农、林、牧、渔业	477.21	-8.0
采矿业	145.34	-11.2
其中：石油和天然气开采业	63.94	50.5
制造业	10311.22	7.5
其中：农副食品加工业	284.17	11.9
食品制造业	239.93	-5.3
石油加工、炼焦和核燃料加工业	242.86	-10.0
化学原料和化学制品制造业	455.98	-1.9
非金属矿物制品业	903.88	3.9
黑色金属冶炼和压延加工业	104.55	-34.3
有色金属冶炼和压延加工业	114.78	-7.2
金属制品业	788.55	6.8
通用设备制造业	405.66	12.9
专用设备制造业	555.27	12.9
汽车制造业	449.14	-8.0
铁路、船舶、航空航天和其他运输设备制造业	143.07	20.8
电气机械及器材制造业	759.55	-0.2
计算机、通信和其他电子设备制造业	1560.76	42.3
电力、热力、燃气及水的生产和供应业	1653.88	27.8
其中：电力、热力生产和供应业	1193.21	23.7
建筑业	33.88	-30.9
批发和零售业	708.77	-10.6
交通运输、仓储和邮政业	3796.63	23.0
住宿和餐饮业	311.65	-11.1
信息传输、软件和信息技术服务业	541.92	7.2
金融业	70.04	-25.5
房地产业	13623.59	15.8
租赁和商务服务业	610.94	38.3
科学研究、技术服务业	266.82	18.6
水利、环境和公共设施管理业	3548.85	25.3
居民服务、修理和其他服务业	47.23	14.8
教育	528.55	2.9
卫生和社会工作	333.57	54.9
文化、体育和娱乐业	304.05	-4.5
公共管理、社会保障和社会组织	163.82	-22.5

房地产开发

全年房地产开发投资12075.69亿元，比上年增长17.2%。按地区分，珠三角地区9827.78亿元，增长14.3%；东翼623.49亿元，增长30.4%；西翼630.77亿元，增长45.2%；山区993.66亿元，增长25.2%。按用途分，商品住宅开发投资8100.93亿元，增长16.1%；办公楼和商业营业用房投资1173.67亿元和 1445.15亿元，分别增长37.7%和3.9%。

表3　2017年房地产开发和销售主要指标完成情况

指标	单位	绝对数	比上年增长（%）
房地产开发投资	亿元	12075.69	17.2
其中：土地购置费	亿元	2898.45	29.2
其中：住宅	亿元	8100.93	16.1
房屋施工面积	万平方米	72492.10	12.9
其中：住宅	万平方米	49450.82	12.0
房屋新开工面积	万平方米	16775.55	13.0
其中：住宅	万平方米	11694.46	15.0
房屋竣工面积	万平方米	8196.34	24.3
其中：住宅	万平方米	5784.01	21.2
商品房销售面积	万平方米	15958.81	9.2
其中：住宅	万平方米	13522.51	3.8
商品房销售额	亿元	18792.76	15.9
其中：住宅	亿元	15437.89	8.4
商品房待售面积	万平方米	4988.58	-9.3
其中：住宅	万平方米	2414.75	-21.7
本年资金来源小计	亿元	19155.68	8.4
其中：国内贷款	亿元	4083.46	59.6
个人按揭贷款	亿元	2974.61	-16.7
本年购置土地面积	万平方米	1841.19	5.2

涉外经济

全年货物进出口总额68155.9亿元，比上年增长8.0%。其中，出口42186.8亿元，增长6.7%；进口25969.1亿元，增长10.1%。进出口差额（出口减进口）16217.7亿元，比上年增加276.3亿元。其中"一带一路"沿线国家进出口额15032.2亿元，增长14.9%。全省纳入统计的跨境电子商务进出口441.9亿元，增长93.8%。

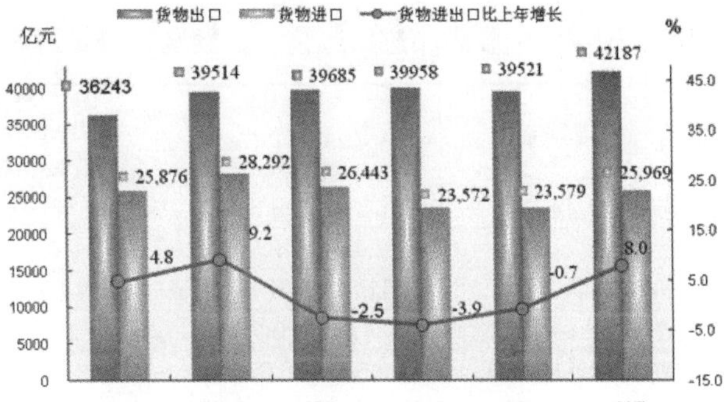

图3　2012—2017年货物进出口总额及其增长速度

表4　2017年货物进出口总额及其增长速度

指标	绝对数（亿元）	比上年增长（%）
货物进出口总额	68155.9	8.0
货物出口额	42186.8	6.7
其中：一般贸易	19291.1	12.1
加工贸易	16139.8	2.4
其中：机电产品	28608.8	6.6
其中：国有企业	2868.0	-0.9
外商投资企业	19467.5	2.2
其他企业	19851.3	13.0
货物进口额	25969.1	10.1
其中：一般贸易	12111.4	17.9
加工贸易	9123.8	4.7
其中：机电产品	17399.0	9.2
其中：国有企业	1841.0	10.9
外商投资企业	12453.8	3.8
其他企业	11674.3	16.6
货物进出口差额（出口减进口）	16217.7	1.7

表5　2017年主要商品出口数量、金额及其增长速度

商品名称	单位	数量	比上年增长（%）	金额（亿元）	比上年增长（%）
钢材	万吨	361.7	-10.3	259.0	12.6
纺织纱线、织物及制品				847.4	10.5
服装及衣着附件				2487.3	-0.7
鞋类				993.1	4.3
家具及其零件				1341.8	2.0
自动数据处理设备及其部件	万台	77386.5	-8.2	2470.0	-0.7
手持或车载无线电话	万台	64726.4	-14.9	3039.0	7.3
集装箱	万个	46.9	94.8	109.9	151.7
集成电路	百万个	36809.4	21.4	657.9	-18.0
液晶显示板	万个	113048.6	-0.8	725.5	1.5
汽车（包括整套散件）	万辆	3.2	69.2	42.9	2.8

表6　2017年主要商品进口数量、金额及其增长速度

商品名称	数量（万吨）	比上年增长(%)	金额（亿元）	比上年增长(%)
谷物及谷物粉	756.1	18.6	139.5	16.7
大豆	473.4	-7.1	133.0	-4.3
食用植物油	76.5	-6.7	38.1	4.7
天然橡胶（包括胶乳）	10.7	-6.3	11.4	19.1
合成橡胶（包括胶乳）	24.1	6.0	41.2	24.1
铁矿砂及其精矿	3412.8	34.6	174.0	73.2
氧化铝	50.0	208.3	12.1	262.9

续表

商品名称	数量（万吨）	比上年增长(%)	金额（亿元）	比上年增长(%)
原油	852.4	-9.0	219.8	25.6
成品油	268.8	4.2	91.0	31.1
初级形状的塑料	821.4	7.1	1014.9	16.9
纸浆	216.5	30.1	89.2	48.2
钢材	414.8	5.8	262.7	25.5
未锻造的铜及铜材	53.2	-16.9	287.7	6.4

表7　2017年主要国家和地区货物进出口总额及其增长速度

国家和地区	出口额（亿元）	比上年增长(%)	进口额（亿元）	比上年增长(%)
香港地区	11342.4	-5.4	284.0	1.5
美国	7320.8	11.6	1303.9	4.1
欧洲联盟（28国）	5924.6	10.8	1772.5	16.8
东盟	4294.0	11.2	4379.8	15.6
日本	1682.2	7.6	2578.4	5.6
韩国	1504.5	10.7	3016.5	10.9
中国台湾	513.2	9.0	3899.9	12.1
俄罗斯	468.4	35.8	29.3	5.6

全年新签外商直接投资项目15528个，比上年增长90.3%。实际使用外商直接投资金额1383.5 亿元，增长6.4%。其中“一带一路”沿线国家对广东直接投资金额31.3亿元，增长48.1%。

表8　2017年分行业外商直接投资及其增长速度

行业名称	合同外资金额（亿元）	比上年增长（%）	实际使用金额（亿元）	比上年增长（%）
总计	4594.7	-17.1	1383.5	6.4
农、林、牧、渔业	99.2	117.7	4.5	-39.3
采矿业	67.9	60.5	12.4	1424.4
制造业	534.4	-14.7	329.5	19.1
电力、燃气及水的生产和供应业	75.9	-51.2	38.1	111.9
建筑业	36.0	-9.2	21.0	-32.3
交通运输、仓储和邮政业	48.6	-11.0	24.3	-23.0
信息传输、计算机服务和软件业	321.5	-6.8	143.1	-34.0
批发和零售业	624.1	60.8	120.9	12.7
住宿和餐饮业	5.4	-87.4	7.3	43.6
金融业	1210.2	-56.6	75.1	-35.4
房地产业	229.8	4.0	222.7	-0.4
租赁和商务服务业	1024.0	75.7	285.1	21.6

全年经核准境外新增中方实际投资额87.5亿美

元，比上年下降57.7%。对外承包工程完成营业额181.0亿美元，下降0.4%；对外劳务合作新签劳务人员合同工资总额7.3亿美元，劳务人员实际收入总额8.7亿美元；承包工程和劳务合作年末在外人员共8.57万人。

表9 2017年分行业对外直接投资及其增长速度

行业名称	对外直接投资金额（亿美元）	比上年增长（%）
总计	87.5	-57.7
农、林、牧、渔业	0.2	-70.2

续表

行业名称	对外直接投资金额（亿美元）	比上年增长（%）
采矿业	0.9	-64.3
制造业	11.7	-56.7
电力、燃气及水的生产和供应业	0.04	34.1
建筑业	0.5	-73.9
交通运输、仓储和邮政业	0.5	-60.9
信息传输、计算机服务和软件业	11.5	76.3
批发和零售业	11.1	-74.9
住宿和餐饮业	0.2	-43.6
金融业	0.8	49.0
房地产业	3.5	-74.9
租赁和商务服务业	26.0	-54.2

2017年广西壮族自治区投资情况

固定资产投资

全年全区全社会固定资产投资20499.11亿元，比上年增长12.4%。其中，固定资产投资（不含农户）19908.27亿元，比上年增长12.8%。

在固定资产投资（不含农户）中，第一产业投资1202.26亿元，比上年增长26.7%；第二产业投资7004.23亿元，增长7.3%，其中工业投资6831.04亿元，增长6.7%；第三产业投资11701.78亿元，增长15.0%。基础设施投资6722.28亿元，增长13.7%，占固定资产投资（不含农户）的比重为33.8%。民间固定资产投资11797.47亿元，增长8.5%，占固定资产投资（不含农户）的比重为59.3%。高技术产业投资981.70亿元，增长17.6%，占固定资产投资（不含农户）的比重为4.9%。六大高耗能行业投资2291.10亿元，增长10.8%，占固定资产投资（不含农户）的比重为11.5%。

表1 2017年分行业固定资产投资（不含农户）及其增长速度

行业	投资额（亿元）	比上年增长（%）
总计	19908.27	12.8
农、林、牧、渔业	1202.26	26.7
采矿业	270.1	-2.5
制造业	5585.34	7.7
其中：农副食品加工业	430.78	17.3
造纸和纸制品业	118.57	-12.9
石油加工、炼焦和核燃料加工业	57.7	110.6
化学原料和化学制品制造业	285.28	11.8
非金属矿物制品业	878.51	1.8
黑色金属冶炼和压延加工业	121.37	21.6
有色金属冶炼和压延加工业	251.23	72.2
金属制品业	188.96	-6.7
通用设备制造业	187.78	6.8
专用设备制造业	218.89	-13.5
交通运输设备制造业	62.51	61.4

续表

行业	投资额（亿元）	比上年增长（%）
电气机械和器材制造业	217.63	1.8
通信设备计算机和其他电子设备制造业	290.37	58.5
电力、热力、燃气和水生产和供应业	975.61	3.8
其中：电力、热力的生产与供应业	697.00	3.0
建筑业	173.19	41.7
交通运输、仓储和邮政业	2026.02	9.9
信息传输、软件和信息技术服务业	245.80	10.1
批发和零售业	640.16	–15.3
住宿和餐饮业	252.23	24.8
金融业	53.33	–26
房地产业	3469.55	15.7
租赁和商务服务业	804.25	43.6
科学研究和技术服务业	153.49	持平
水利、环境和公共设施管理业	2539.91	21.7
居民服务、修理和其他服务业	88.54	–6.0
教育	520.93	9.1
卫生和社会工作	240.92	–10.0
文化、体育和娱乐业	310.99	38.3
公共管理、社会保障和社会组织	353.47	34.7

房地产开发

全年全区房地产开发投资2683.48亿元，比上年增长11.9%。其中，住宅投资1983.52亿元，增长15.0%；办公楼投资102.79亿元，增长9.9%；商业营业用房投资323.67亿元，增长1.1%。商品房销售面积5170.99万平方米，增长22.7%，其中住宅4687.41万平方米，增长21.3%。年末商品房待售面积1598.85万平方米，比上年末减少173.71万平方米。年末商品住宅待售面积989.74万平方米，比上年末减少197万平方米。

涉外经济

全年全区货物进出口总额3866.34亿元，比上年增长22.6%。其中，出口1855.20亿元，增长22.3%；进口2011.14亿元，增长22.9%。贸易逆差（出口小于进口）155.94亿元，比上年增加36.19亿元。对东盟国家进出口总额1893.85亿元，比上年增长3.7%。其中，出口1062.46亿元，增长6.7%；进口831.39亿元，与上年基本持平。

表2 2017年房地产开发和销售主要指标完成情况及其增长速度

指标	单位	绝对数	比上年增长（%）
投资额	亿元	2683.48	11.9
其中：住宅	亿元	1983.52	15.0
其中：90平方米及以下	亿元	562.29	2.2
房屋施工面积	万平方米	22689.62	7.4
其中：住宅	万平方米	16453.90	7.3
房屋新开工面积	万平方米	1912.21	–1.4
其中：住宅	万平方米	3662.39	2.4
房屋竣工面积	万平方米	1856.24	7.0
其中：住宅	万平方米	1478.96	7.7
商品房销售面积	万平方米	5170.99	22.7
其中：住宅	万平方米	4687.41	21.3
本年资金来源	亿元	3518.04	11.3
其中：国内贷款	亿元	486.62	3.9
其中：个人按揭贷款	亿元	787.87	24.5
本年购置土地面积	万平方米	675.49	5.6
土地成交价款	亿元	217.18	5.2

表3 2017年货物进出口总额及其增长速度

指标	绝对数（亿元）	比上年增长（%）
货物进出口总额	3866.34	22.6
其中：一般贸易	1423.59	70.4
其中：货物出口额	1855.2	22.3
其中：一般贸易	539.37	73.0
来料加工	82.88	–2.2
进料加工	345.15	41.6
边境小额贸易	799.02	5.8
货物进口额	2011.14	22.9

表4 2017年对主要国家和地区货物进出口总额及其增长速度

国家和地区	货物出口额（亿元）	比上年增长(%)	货物进口额（亿元）	比上年增长(%)
亚洲	1428.81	13.5	1190.53	6.9
其中：东盟	1062.46	6.7	831.39	0.0
越南	930.09	1.2	696.17	3.4
中国香港	250.77	38.4	10.54	661.9
日本	23.33	1.4	25.9	14.0
韩国	18.23	46.0	22.95	73.1
非洲	40.47	88.0	85.53	147.4
欧洲	114.67	72.7	55.80	0.3
其中：欧盟	103.88	71.4	39.70	11.1
拉丁美洲	44.26	46.0	385.74	70.5
北美洲	190.16	64.6	178.88	43.4
其中：美国	180.51	63.4	105.36	41.4
大洋洲	36.83	52.9	114.65	39.8

全年全区批准项目合同外资额(商务部口径，下

同)51.93亿美元，比上年增长124.0%；实际利用外资额8.23亿美元，下降7.4%。

全年全区对外承包工程和劳务合作完成营业额6.90亿美元，比上年下降18.9%。

2017年海南省投资情况

固定资产投资

全年全省固定资产投资(不含农户)完成4125.40亿元，比上年增长10.1%。其中，房地产开发完成投资2053.11亿元,增长14.9%。按产业分，第一产业投资53.25亿元，增长30.7%;第二产业投资283.21亿元，下降2.1%;第三产业投资3788.94亿元，增长10.9%。按地区分，海澄文一体化综合经济圈投资增长11.2%，大三亚旅游经济圈增长10.2%，东部地区增长10.6%，中部地区增长5.6%，西部地区增长9.3%。全部在建投资项目3759个，比上年增加369个，增长10.9%;其中，新开工项目1300个，下降1.9%。

全年省重点项目完成投资2310.3亿元，增长8.1%，完成年度投资计划101%。三亚亚特兰蒂斯、海口五源河文体中心、海口观澜湖度假区、海口长影海南“环球 100”、海南生态软件园、乐东县中医院、三亚凤凰机场三期改扩建、海口港马村港区三期散货码头、琼中至乐东高速公路、琼中抽水蓄能电站等210个项目超额完成年度投资计划。

房地产开发

全年全省房地产业完成增加值437.54亿元，比上年增长20.1%。全年房地产项目房屋施工面积9567.39万平方米，增长7.1%;竣工面积1267.16万平方米，下降24.3%;销售面积2292.61万平方米，增长52.0%;销售额2713.72亿元，增长82.1%。

涉外经济

全年全省对外贸易进出口总值702.37亿元，比上年下降6.5%。其中，出口总值295.66亿元，增长110.4%;进口总值406.71亿元，下降33.4%。在出口总值中，对香港出口29.66亿元，增长235.1%;对日本出口14.16亿元，下降39.1%;对美国出口17.36亿元，增长3.2%;对欧盟出口21.86亿元，增长182.9%;对东盟出口122.89亿元，增长361.1%。主要出口商品中，机电产品出口值22.56亿元，增长5.6%;高新技术产品出口值5.31亿元，下降59.5%;农产品出口值35.72亿元，增长3.8%;成品油出口值126.86亿元，增长1173.2%。

全年全省实际利用外资总额23.06亿美元，比上年增长4.1%;其中，外商直接投资23.06亿美元，增长8.2%。利用外资新设项目数90个，比上年增加2个。

2017年重庆市投资情况

固定资产投资

全年完成固定资产投资总额17440.57亿元，比上年增长9.5%。其中，基础设施建设投资5659.12亿元，增长15.8%，占全市固定资产投资的32.4%；民间投资9522.88亿元，增长13.5%，占全市固定资产投资的比重为54.6%。

房地产开发

全年房地产开发投资3980.08亿元，比上年增长6.8%。其中，住宅投资2632.88亿元，增长13.5%；办公楼投资157.28亿元，下降5.3%；商业营业用房投资671.80亿元，下降4.6%。

年末商品房待售面积2051.69万平方米，比上年末减少256.78万平方米。其中，商品住宅待售面积578.08万平方米，减少296.62万平方米。

全年全市建成公租房120万平方米。完成城市棚户区改造383.94万平方米。完成农村危旧房改造2.56万户。

涉外经济

全年实现货物进出口总额4508.25亿元，比上年增长8.9%。其中，出口2883.71亿元，增长7.8%；进口1624.54亿元，增长11.0%。按美元计价，实现货物进出口总额666.04亿美元，比上年增长6.1%。其中，出口425.99亿美元，增长4.8%；进口240.05亿美元，增长8.6%。全市货物出口前三位国家（地区）是美国、德国和韩国，分别出口781.72亿元、363.96亿元和137.37亿元，分别比上年增长21.4%、37.6%和24.7%。货物进口前三位国家（地区）是韩国、中国台湾和马来西亚，分别进口226.92亿元、166.91亿元和159.57亿元，分别比上年增长26.7%、下降25.7%、下降0.2%。

全年服务外包离岸执行额21.30亿美元，比上年增长3.8%。其中，知识流程外包13.42亿美元，增长8.8%。全年我市16个国际服务外包示范区累计执行额18.60亿美元。

全市新签订外资项目238个，比上年增长6.3%。合同外资额38.32亿美元，下降4.4%。全年实际利用外资金额101.83亿美元，下降10.2%。其中，外商直接投资22.20亿美元，下降20.4%。全年实际利用内资项目34644个，下降2.8%。实际利用内资金额9682.36亿元，增长3.6%。截至2017年底，累计有279家世界500强企业落户重庆。

全年对外承包工程签订合同额21.12亿美元，比上年下降23.3%；完成工程营业额17.01亿美元，增长27.4%。

中国（重庆）自由贸易试验区建设扎实推进。2017年，重庆自贸试验区新增注册企业11695户，其中外商及港澳台商投资企业220户。新增注册资本总额773.16亿元，其中外商及港澳台商投资企业注册资本15.81亿元。重庆自贸试验区引进项目692个，签订合同（协议）资金总额3007.50亿元，涉及总部经济、智能制造、大交通、大健康等领域。

2017年四川省投资情况

固定资产投资

全年全社会固定资产投资32097.3亿元，比上年增长10.2%。其中，固定资产投资（不含农户）31235.9亿元，增长10.6%。

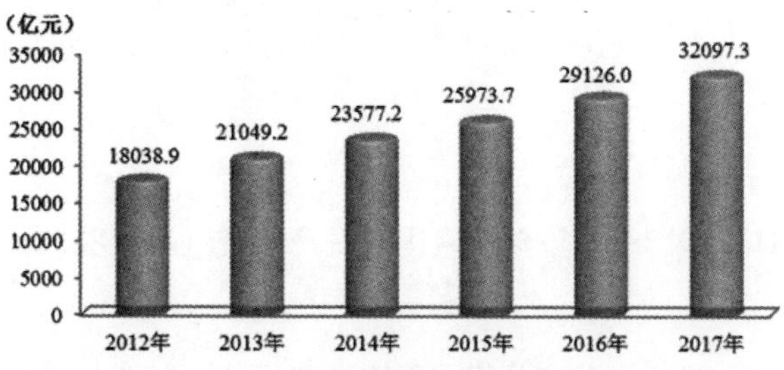

图1　2012—2017年全社会固定资产投资

分产业看，第一产业投资1345.9亿元，比上年增长20.7%；第二产业投资9286.7亿元，增长12.9%，其中工业投资9181.2亿元，增长12.5%；第三产业投资21464.7亿元，增长8.5%。全年制造业高技术产业投资1633.7亿元，增长75.7%。

分经济区看，成都平原经济区完成全社会固定资产投资16849.8亿元，增长8.8%；川南经济区完成投资5419.6亿元，增长12.7%；川东北经济区完成投资7146.8亿元，增长15.8%；攀西经济区完成投资1879.3亿元，增长4.0%；川西北生态经济区完成投资801.5亿元，下降3.7%。

房地产开发

全年房地产开发投资5149.9亿元，比上年下降2.5%。商品房施工面积41294.9万平方米，下降0.6%；商品房销售面积10869.1万平方米，增长16.9%。年末商品房待售面积2678.7万平方米，比上年末减少382.4万平方米。

涉外经济

全年实际利用外资586.0亿元，比上年增长5.6%。新批外商直接投资企业579家，累计批准11701家。外商投资实际到位资金561.0亿元，比上年增长7.5%。落户四川的境外世界500强企业235家。年末驻川外国领事机构17家。

全年对外承包工程新签合同金额79.2亿美元，比上年增长13.1%；完成营业额39.3亿美元，下降12.1%。新增境外投资企业95家，境外投资企业累计961家。

全年在履约的国内省外投资项目9357个（含往年结转项目），实际到位国内省外资金9977.0亿元，增长3.8%。

全年进出口总额4605.9亿元，比上年增长41.2%。其中，出口额2538.5亿元，增长37.4%；进口额2067.4亿元，增长46.2%。

以美元计价，2017年四川实现货物贸易进出口总值681.2亿美元，增长38.2%。其中，出口375.5亿美元，增长34.4%；进口305.7亿美元，增长43.1%。

全年以加工贸易方式进出口2588.0亿元，比上年增长43.5%，占全省进出口总额的56.2%；以一般贸易方式进出口1397.2亿元，增长28.8%，占全省进出口总额的30.3%。

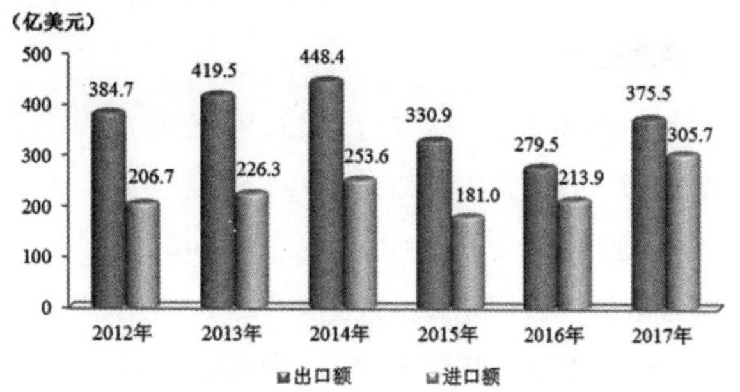

图2　2012—2017年进口额和出口额

2017年云南省投资情况

固定资产投资

全年固定资产投资（不含农户）[8]达18474.89亿元，增长18.0%。分三次产业看，第一产业投资896.00亿元，增长42.4%；第二产业投资2846.90亿元，下降0.1%，其中工业投资完成2846.40亿元，下降0.1%；第三产业投资完成14731.99亿元，增长20.9%。民间固定资产投资5974.87亿元，增长11.0%，占全省固定资产投资的比重为32.3%。基础设施投资完成7364.87亿元，增长32.3%，增速较上年回升3.3个百分点，占全省固定资产投资的比重达到39.9%。

房地产开发

全年房地产开发投资达2786.25亿元，比上年增长3.6%，其中，商品住宅投资1743.91亿元，增长6.6%；办公楼投资144.36亿元，下降9.7%；商业营业用房投资485.77亿元，下降2.3%。

全年商品房施工面积21085.35万平方米，比上年增长2.4%；商品房屋竣工面积2419.63万平方米，增长14.4%；商品房销售面积4327.18万平方米，增长18.9%；商品房销售额2561.19亿元，增长33.6%。

涉外经济

全年外贸进出口总额达233.94亿美元，比上年增长17.6%。其中出口总额114.30亿美元，下降0.5%；进口总额119.64亿美元，增长42.3%。全年对欧盟进出口9.72亿美元，下降2.3%；对东盟进出口130.90亿美元，增长10.7%；对南亚进出口5.87亿美元，增长10.5%。

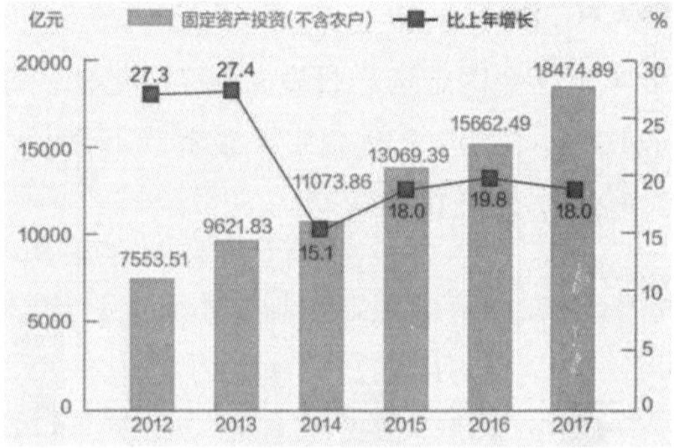

图1　2012—2017年云南固定资产投资（不含农户）及其增长速度

表1　2017年云南分行业固定资产投资及其增长速度

行业	投资额（亿元）	比上年增长（%）
全省	18474.89	18.0
农、林、牧、渔业	1209.03	38.2
采矿业	376.64	–0.6
制造业	1838.50	13.7
烟草制品业	11.93	–34.8
化学原料和化学制品制造业	81.36	–7.8
医药制造业	83.90	13.0
非金属矿物制品业	256.50	17.7
黑色金属冶炼和压延加工业	33.69	55.3
有色金属冶炼和压延加工业	145.42	73.2
电力、热力、燃气和水生产和供应业	631.25	–26.2
建筑业	1.72	143.2
交通运输、仓储和邮政业	3718.24	45.2
信息传输、软件和信息技术服务业	136.02	–40.5
批发和零售业	380.53	38.9
住宿和餐饮业	358.32	54.4
金融业	8.75	–14.4
房地产业	2786.25	3.6
租赁和商务服务业	70.26	18.2
科学研究和技术服务业	27.66	52.6
水利、环境和公共设施管理业	3035.39	50.1
居民服务和其他服务业	70.86	27.7
教育	584.85	33.3
卫生和社会工作	288.10	33.7
文化、体育和娱乐业	310.14	66.7
公共管理和社会组织	945.33	85.9

表2　2017年云南房地产业发展主要指标情况

指标	单位	绝对数	比上年增长（%）
房地产开发投资额	亿元	2786.25	3.6
其中：住宅	亿元	1743.91	6.6
其中：90平方米及以下	亿元	450.97	-4.6
房屋施工面积	万平方米	21085.35	2.4
其中：住宅	万平方米	13534.43	1.6
房屋新开工面积	万平方米	4017.34	16.3
其中：住宅	万平方米	2632.02	19.6
房屋竣工面积	万平方米	2419.63	14.4
其中：住宅	万平方米	1554.70	8.4
商品房销售面积	万平方米	4327.18	18.9
其中：住宅	万平方米	3484.49	18.8
本年资金来源	亿元	2808.18	8.4
其中：国内贷款	亿元	487.01	7.4
其中：个人按揭贷款	亿元	393.90	30.5
本年购置土地面积	万平方米	822.61	58.6
土地成交价款	亿元	279.01	90.8

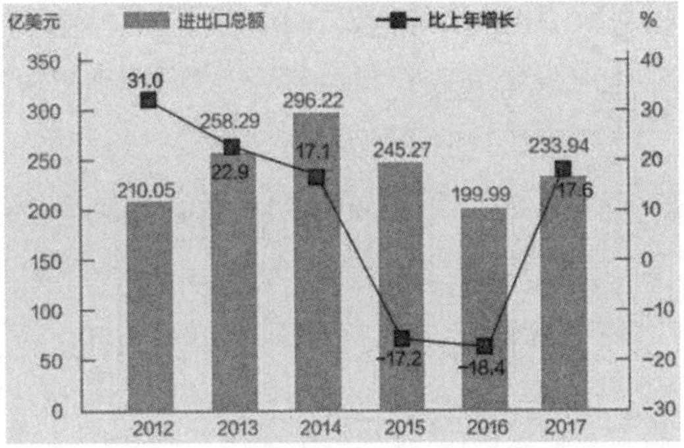

图2　2012—2017年云南进出口总额及其增长速度

全年共批准利用外资项目215个，比上年增长60.45%。合同利用外资51.6亿美元，增长94.5%。实际使用外商直接投资9.63亿美元。

全年非金融领域对外直接投资额18.23亿美元，比上年增长13.0%。

2017年西藏自治区投资情况

固定资产投资

全年完成全社会固定资产投资总额2051.04亿元，比上年增长23.9%。按产业分：第一产业完成78.21亿元，比上年下降19.6%；第二产业完成413.44亿元，增长40.2%；第三产业完成1559.38亿元，增长23.4%。按经济类型分：国有经济完成投资1556.00亿元，比上年增长20.2%；集体经济完成投资8.37亿元，增长262.3%；个体经济完成投资10.13亿元，下降50.3%；其他各种经济类型完成投资476.54亿元，增长41.1%。全年完成民间投资245.21亿元，下降7.3%。

在固定资产投资中，农林牧渔业投资完成121.93亿元，增长25.4%；采矿业投资完成21.00亿元，下降57.6%；制造业投资完成81.04亿元，增长105.2%；电力、燃气及水的生产和供应业投资完成300.66亿元，增长49.0%；建筑业投资完成11.25亿元，增长177.8%；批发和零售业投资完成33.62亿元，增长121.6%；交通运输、仓储和邮政业投资完成590.18亿元，增长7.6%；住宿和餐饮业投资完成26.74亿元，增长18.6%；信息传输、软件和信息技术服务业投资完成9.44亿元，下降19.5%；金融业投资完成1.82亿元，下降66.8%；房地产业投资完成187.01亿元，增长43.7%；租赁和商务服务业投资完成20.97亿元，增长15.1%；科学研究和技术服务业投资完成6.05亿元，下降21.8%；水利、环境和公共设施管理业投资完成285.75亿元，增长41.9%；居民服务、修理和其他服务业投资完成20.17亿元，增长116.8%；教育投资完成60.83亿元，增长26.6%；卫生和社会工作投资完成31.29亿元，增长53.0%；文化、体育和娱乐业投资完成35.67亿元，增长28.7%；公共管理、社会保障和社会组织投资完成165.27亿元，增长11.4%。

房地产开发

全年房地产开发投资40.36亿元，比上年下降16.9%。房地产开发施工房屋面积229.85万平方米，比上年下降34.1%；竣工房屋面积43.57万平方米，增长38.2%；商品房销售面积53.25万平方米，下降28.6%。商品房销售额35.28亿元，比上年下降7.5%。

涉外经济

全年进出口总额58.85亿元，比上年增长13.9%。其中：出口总额29.50亿元，下降5.5%；进口总额29.35亿元，增长43.6%。

在进出口贸易中，边境小额贸易23.39亿元，比上年下降21.7%，占39.7%。其中：出口总额23.18亿元，下降21.7%；进口总额0.21亿元，下降17.0%。

2017年，西藏自治区与68个国家和地区开展了双边贸易。其中：尼泊尔联邦民主共和国为最主要的贸易伙伴，与其贸易总额达到24.08亿元，与上年相比下降21.5%，占进出口总额的40.9%。除尼泊尔外，与西藏外贸交易居前三位的是法国、比利时和老挝，贸易额分别为11.98亿元、6.39亿元和2.77亿元，比上年分别增长34.3%、1.1倍和27.7倍。

2017年贵州省投资情况

固定资产投资

全年固定资产投资 1.55 万亿元，比上年增长20.1%。其中，第一产业投资比上年增长 29.9%，占全省固定资产投资比重为 2.5%；第二产业投资增长 5.8%，占全省固定资产投资比重为 16.7%；第三产业投资增长 23.3%，占全省固定资产投资比重为 80.8%。基础设施投资 6757.29 亿元，比上年增长 25.5%。高技术产业投资 263.87 亿元，比上年增长58.6%。六大高耗能行业投资 705.43 亿元，比上年下降3.2%。

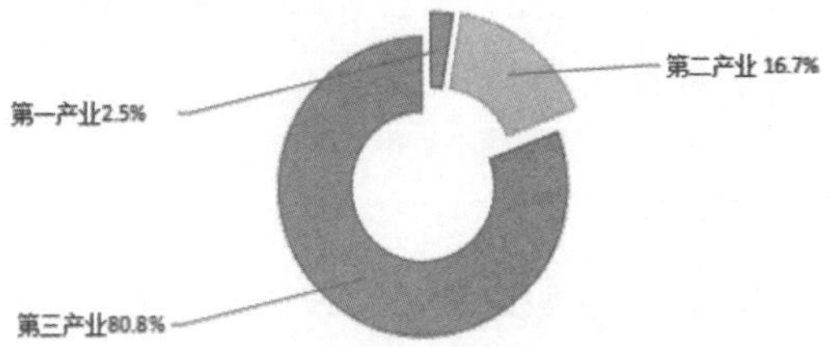

图1　2017年三次产业投资占固定资产投资比重

表1　2017年分行业固定资产投资及其增长速度

指标名称	绝对数（亿元）	比上年增长(%)
固定资产投资		
煤炭开采和洗选业	294.68	-8.7
酒、饮料和精制茶制造业	169.97	-9.9
化学原料和化学制品制造业	114.12	-9.1
医药制造业	70.34	14.4
黑色金属冶炼和压延加工业	43.37	7.4
有色金属冶炼和压延加工业	64.70	11.6
电力、热力、燃气及水生产和供应业	488.42	1.8
交通运输、仓储和邮政业	2362.30	7.7
信息传输、软件和信息技术服务业	180.89	69.4
科学研究和技术服务业	59.35	40.3
水利、环境和公共设施管理业	3908.22	44.5
教育	428.13	49.4
卫生和社会工作	189.42	79.1

房地产开发

全年房地产开发投资 2201.00 亿元，比上年增长 2.4%。其中，住宅投资 1365.33 亿元，增长 9.8%。房屋施工面积20385.43 万平方米，比上年增长 0.2%。竣工面积 1171.70万平方米，比上年下降 38.4%。销售面积 4696.90 万平方米，比上年增长 13.0%。全年新开工各类棚户区住房改造43.23万套。

表2　2017年房地产开发和销售主要指标及其增长速度

指标名称	绝对数	比上年增长（%）
房地产开发投资（亿元）	2201.00	2.4
其中：住宅	1365.33	9.8
房屋施工面积（万平方米）	20385.43	0.2
其中：住宅	12789.65	-0.4
房屋竣工面积（万平方米）	1171.70	-38.4
其中：住宅	785.00	-38.8
房屋销售面积（万平方米）	4696.90	13.0
其中：住宅	3897.65	13.7

涉外经济

全年进出口总额 81.28 亿美元，比上年增长 42.6%。其中，出口 57.77 亿美元，比上年增长 21.8%；进口 23.51 亿美元，增长 145.8%。出口市场中，对香港地区、俄罗斯、欧盟以及拉丁美洲出口分别增长 169.8%、24.0%、10.5%和8.1%，对美国、韩国出口分别下降 20.0%和 48.2%。主要出口商品中，机电产品 32.20 亿美元，比上年增长 76.5%；高新技术产品 25.21 亿美元，增长155.4%；烤烟 1.18 亿美元，增长 10.3%；茶叶0.25 亿美元，增长 24.6%。

表3　2017年进出口总额及其增长速度

指标名称	绝对数（亿美元）	比上年增长（%）
进出口总额	81.28	42.6
进口总额	23.51	145.8
一般贸易	8.91	60.9
加工贸易	12.18	344.9
出口总额	57.77	21.8
一般贸易	40.75	-0.7
加工贸易	16.11	195.4

全年实际利用外资总额 38.91 亿美元，比上年增长21.0%；对外经济技术合作营业额 11.00 亿美元，增长13.3%。瑞士（贵州）产业示范园启动建设，10 个项目签约落地。沿“一带一路”在瑞士、柬埔寨、印度、马来西亚、意大利、吉尔吉斯斯坦新设 6 家商务代表处。

2017年陕西省投资情况

固定资产投资

全年全社会固定资产投资23819.38亿元，比上年增长14.4%。其中，固定资产投资（不含农户）23468.21亿元，增长14.6%；农户投资351.17亿元，增长0.2%。

在固定资产投资（不含农户）中，第一产业投资1552.99亿元，比上年增长35.1%；第二产业投资5697.93亿元，增长1.8%，其中工业投资5688.36亿元，增长1.8%；第三产业投资16217.29亿元，增长18.1%。

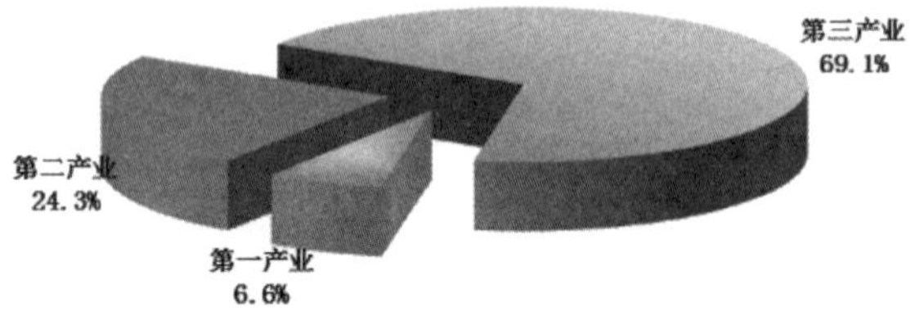

图1　2017年固定资产投资（不含农户）三次产业构成

全年民间投资9683.16亿元，比上年增长10.8%。基础设施投资8626.50亿元，增长29.1%。战略性新兴产业投资2824.74亿元，增长8.3%。文化产业投资1776.70亿元，增长21.3%。省级重点推进项目本年完成投资740.01亿元。

房地产开发

全年房地产开发投资3101.97亿元，比上年增长13.3%；房地产开发企业房屋施工面积23630.10万平方米，增长6.0%；商品房销售面积3890.40万平方米，增长19.2%；商品房待售面积936.86万平方米，增长5.0%。

涉外经济

全年外贸进出口总值2714.93亿元人民币，比上年增长37.4%。其中，出口1659.80亿元，增长58.8%；进口1055.13亿元，增长13.3%。在进出口总值中，进料加工贸易1727.73亿元，增长33.8%。

全年新批外商投资项目203个。合同外资100.29亿美元，比上年增长116.5%；实际利用外资58.94亿美元，增长17.6%。全年对外承包工程新签合同额37.07亿美元，增长5.0%；完成营业额39.09亿美元，增长60.9%。

2017年甘肃省投资情况

固定资产投资

全年固定资产投资5696.3亿元，比上年下降40.3%。按三次产业分，第一产业投资382.0亿元，下降43.7%；第二产业投资1188.3亿元，下降63.1%，其中工业投资999.4亿元，下降54.9%；第三产业投资4126.1亿元，下降26.8%。民间固定资产投资2463.6亿元，下降42.6%。高技术产业投资72.0亿元，下降52.0%。

全年项目投资4751.8亿元，下降45.3%。其中，制造业投资540.8亿元，下降58.9%；电力、热力、燃气及水的生产和供应业投资371.3亿元，下降48.6%；交通运输、仓储和邮政业投资956.6亿元，下降13.0%；水利、环境和公共设施管理业投资777.3亿元，下降27.6%。

房地产开发

全年房地产开发投资944.5亿元，比上年增长11.1%，其中住宅投资601.3亿元，增长6.7%。房屋施工面积9153.5万平方米，增长2.5%，其中住宅施工面积6087.9万平方米，下降1.7%。在房屋施工面积中，房屋新开工面积2374.6万平方米，增长1.8%，其中住宅新开工面积1443.0万平方米，下降9.1%。全年房屋竣工面积847.9万平方米，下降14.5%，其中住宅竣工面积619.4万平方米，下降15.2%；商品房销售面积1559.5万平方米，下降7.1%，其中住宅销售面积1386.0万平方米，下降6.3%。

表1　2017年甘肃省分行业项目投资及其增长速度

单位：亿元、%

行业	投资额	比上年增长
农、林、牧、渔业	382.0	-43.7
采矿业	87.3	-51.2
制造业	540.8	-58.9
电力、热力、燃气及水生产和供应业	371.3	-48.6
建筑业	189.0	-81.2
批发和零售业	177.1	-63.2
交通运输、仓储和邮政业	956.6	-13.0
住宿和餐饮业	102.7	-47.5
信息传输、软件和信息技术服务业	52.8	-49.7
金融业	6.2	-72.5
房地产业	332.5	-32.8
租赁和商务服务业	94.1	-35.1
科学研究和技术服务业	38.7	-51.0
水利、环境和公共设施管理业	777.3	-27.6
居民服务和其他服务业	76.0	-46.5
教育	151.7	-48.4
卫生和社会工作	105.3	-32.1
文化、体育和娱乐业	130.4	-55.3
公共管理和社会组织	180.0	-12.3

涉外经济

全年进出口总额341.7亿元，比上年下降23.9%。其中，出口123.7亿元，下降53.4%；进口218.0亿元，增长18.6%。

全年外商直接投资合同项目11个，外商直接投资实际使用金额0.44亿美元，比上年下降62.4%。对外承包工程完成营业额2.35亿美元，下降12.7%。对外承包工程新签合同金额1.95亿美元。

2017年青海省投资情况

固定资产投资

全年全省完成全社会固定资产投资3897.14亿元，比上年增长10.3%。按产业分，第一产业投资137.57亿元，增长4.8%；第二产业投资1308.71亿元，增长0.5%，其中工业投资1204.79亿元，增长1.0%；第三产业投资2450.86亿元，增长16.8%。基础设施投资1663.97亿元，增长15.9%。民间固定资产投资1226.50亿元，增长1.2%。水利、环境和公共设施管理业，卫生和社会工作等短板领域投资大幅增长。

表1　2017年分行业50万元及以上项目固定资产投资及增长速度

指标名称	投资额（亿元）	比上年增长（%）
农、林、牧、渔业	137.57	4.8
采矿业	98.51	1.0
制造业	734.21	13.0
电力、热力、燃气及水生产和供应业	372.07	−16.6
建筑业	103.92	−4.9
批发和零售业	32.64	10.7
交通运输、仓储和邮政业	736.46	23.5
住宿和餐饮业	42.46	26.9
信息传输、软件和信息技术服务业	89.34	16.4
金融业	1.03	−78.9
租赁和商务服务业	72.55	68.6
科学研究和技术服务业	12.32	−69.3
水利、环境和公共设施管理业	488.40	44.4
居民服务、修理和其他服务业	9.78	52.8
教育	64.28	−12.2
卫生和社会工作	42.81	51.5
文化、体育和娱乐业	67.06	43.5
公共管理和社会组织	127.92	−27.1

在全社会固定资产投资中，战略性新兴产业[11]投资1445.43亿元，比上年增长12.5%。高技术制造业投资101.09亿元，增长31.2%。新材料产业投资106.78亿元，增长25.1%。盐湖化工产业投资149.82亿元，增长18.9%。装备制造业投资55.40亿元，增长1.1倍。轻工纺织业投资109.35亿元，增长86.4%。高耗能行业[12]投资679.98亿元，下降7.7%。

房地产开发

全年全省房地产开发投资408.59亿元，比上年增长2.9%。其中，商品住宅投资213.66亿元，下降6.2%；商业营业用房投资97.08亿元，增长1.1%。

表2　2017年房地产开发和销售

指标名称	计量单位	绝对数	比上年增长（%）
房地产开发投资额	亿元	408.59	2.9
其中：住宅	亿元	213.66	−6.2
房屋施工面积	万平方米	2936.71	3.1
其中：住宅	万平方米	1735.76	−1.0
房屋竣工面积	万平方米	440.90	14.0
其中：住宅	万平方米	229.45	−0.8
商品房销售面积	万平方米	494.04	12.8
其中：住宅	万平方米	399.57	7.1

涉外经济

全年全省货物进出口总额44.42亿元，比上年下降55.9%。其中，出口额28.75亿元，下降68.2%；进口额15.67亿元，增长50.7%。

表3　2017年主要商品进出口额及增长速度

指标名称	绝对数（亿元）	比上年增长（%）
出口	28.75	−68.2
铁合金	7.40	142.9
纺织纱线、织物及制品	5.45	−53.5
未锻轧铝及铝材	3.36	346.1
焦炭、半焦炭	2.94	265.2
文化产品	2.90	−59.5
服装及衣着附件	2.58	−84.3
农产品	2.34	104.1
机电产品	1.09	−95.2
进口	15.67	50.7
机电产品	7.17	180.8
氧化铝	6.59	76.4

表4 2017年对主要国家进出口额及增长速度

指标名称	绝对数（亿元）	比上年增长（%）
出口	28.75	−68.2
美国	4.57	−45.7
巴基斯坦	3.33	−39.1
日本	2.90	−1.9
南非	2.79	210.5
吉尔吉斯斯坦	2.24	−75.5
进口	15.67	50.7
日本	5.48	1373.2
印度	2.50	348.6
澳大利亚	2.29	−28.5

全年全省新批外资项目14个，比上年增加8个。合同使用外商直接投资额1.60亿美元，增长66.7%；实际使用外商直接投资额0.18亿美元，增长20.0%。全年对外承包工程业务完成营业额3.90亿美元，增长26.1%，对外劳务合作派出各类劳务人员517人。

2017年宁夏回族自治区投资情况

固定资产投资

全年全区全社会固定资产投资3813.38亿元，比上年增长4.2%。其中，固定资产投资(不含农户)3725.12亿元，增长4.2%。

在固定资产投资(不含农户)中，第一产业投资214.59亿元，比上年增长60.7%；第二产业投资1372.49亿元，下降8.3%；第三产业投资2138.03亿元，增长10.0%。工业投资1356.97亿元，下降9.3%，占固定资产投资(不含农户)的比重为36.4%。基础设施投资[11]897.99亿元，增长26.1%，占固定资产投资(不含农户)的比重为24.1%。民间固定资产投资[12]2038.08亿元，增长5.5%，占固定资产投资(不含农户)的比重为54.7%。

表1 2017年全区分行业全社会固定资产投资及其增长速度

指标	投资额（亿元）	比上年增长（%）
全社会固定资产投资	3813.38	4.2
农、林、牧、渔业	260.67	39.0
采矿业	149.03	1.6 倍
制造业	815.81	−2.1
电力、热力、燃气及水的生产和供应业	392.53	−35.4
建筑业	15.52	26.9 倍
批发和零售业	42.04	−8.6
交通运输、仓储和邮政业	415.08	6.9
住宿和餐饮业	16.60	−19.1
信息传输、软件和信息技术服务业	72.57	16.3
金融业	2.95	2.1 倍
房地产业[13]	816.43	−6.6
租赁和商务服务业	27.49	39.6
科学研究和技术服务业	28.36	64.7
水利、环境和公共设施管理业	467.18	35.7
居民服务和其他服务业	7.60	−62.3
教育	68.10	20.0
卫生和社会工作	86.41	89.3
文化、体育和娱乐业	55.73	26.5
公共管理和社会组织	73.26	1.2 倍

房地产开发

全年全区房地产开发投资652.84亿元，比上年下降10.3%。其中，住宅投资387.75亿元，下降10.9%；办公楼投资37.01亿元，下降28.6%；商业营业用房投资152.42亿元，与上年持平。

表2 2017年全区房地产开发和销售主要指标完成情况及其增长速度

指标	单位	绝对数	比上年增长(%)
房地产开发投资	亿元	652.84	–10.3
房屋施工面积	万平方米	6836.71	–3.8
其中：住宅	万平方米	4346.91	–4.6
其中：本年新开工面积	万平方米	1187.61	–14.6
房屋竣工面积	万平方米	1328.62	2.6
其中：住宅	万平方米	883.54	–5.1
商品房销售面积	万平方米	1021.36	5.7
其中：住宅	万平方米	870.28	4.8
商品房待售面积	万平方米	1036.68	–16.9
其中：住宅	万平方米	482.25	–32.6
商品房销售额	亿元	464.13	13.3
其中：住宅	亿元	369.30	13.3
本年实际到位资金	亿元	678.50	0.0
其中：国内贷款	亿元	70.10	–27.6
自筹资金	亿元	241.57	–7.1
其他资金来源	亿元	366.83	14.0

涉外经济

据银川海关统计，全年全区货物进出口总额341.29亿元，比上年增长58.9%。其中，出口247.71亿元，增长50.5%；进口93.58亿元，增长86.7%。货物进出口差额(出口减进口)154.12亿元。对“一带一路”沿线国家进出口总额82.66 亿元，增长14.4%。其中，出口66.54亿元，增长21.7%；进口16.12亿元，下降8.3%。

全年全区实际使用外商直接投资3.11亿美元，比上年增长 22.8%。全区新批准外商直接投资项目24个，合同外资金额 25.40亿美元，增长3.5 倍。其中，租赁和商务服务业签订利用外商直接投资项目5个，合同额2.18亿美元，增长33.9%。

表3 2017年全区主要商品出口金额及其增长速度

商品名称	出口值（亿元）	比上年增长（%）
金首饰及零件	19.12	513.5
维生素C及其衍生物	3.70	330.1
新的充气橡胶轮胎	6.74	181.6
焦炭及半焦炭	1.68	96.5
果蔬汁	1.49	70.7
铁合金	4.32	88.1
赖氨酸酯及盐	3.98	58.2
机床及铸件	4.86	47.5

2017年新疆维吾尔自治区投资情况

固定资产投资

全年固定资产投资（不含农户）11795.64亿元，比上年增长20.0%。在固定资产投资中，第一产业投资552.33亿元，增长13.3%；第二产业投资3237.74亿元，下降15.1%，其中，工业投资3195.06亿元，下降13.1%；第三产业投资8005.57亿元，增长44.9%。

全年固定资产投资中，基础设施投资5313.90亿元，增长42.4%，占固定资产投资的比重为45.1%；民间投资3416.85亿元，增长1.3%，占固定资产投资的比重为29.0%；民生投资2493.33亿元，增长6.7%，占固定资产投资的比重为21.1%。六大高耗能行业投资1367.10亿元，下降28.0%，占固定资产投资的比重为11.6%。

房地产开发

全年房地产开发投资1037.86亿元，比上年增长12.4%。其中，住宅投资588.25亿元，增长13.4%；办公楼投资66.14亿元，增长14.8%；商业营业用房投资284.95亿元，增长6.9%。

涉外经济

全年货物进出口总额206.60亿美元，比上年增长17.1%。其中，出口177.29亿美元，增长13.8%；进口29.31亿美元，增长42.6%。货物进出口差额（出口减进口）147.98亿美元，比上年增加9.36亿美元。

全年拥有165个贸易伙伴国家和地区，其中，对哈萨克斯坦进出口额94.21亿美元，增长49.3%；吉尔吉斯斯坦42.04亿美元，增长6.8%；塔吉克斯坦10.82亿美元，下降14.2%；俄罗斯12.06亿美元，下降9.3%；美国4.69亿美元，下降55.1%。

按登记注册类型划分，国有企业进出口26.44亿美元，增长19.0%；集体企业2.36亿美元，增长1.5倍；外商投资企业1.45亿美元，下降25.9%；私营企业176.27亿美元，增长16.6%。

全年合同使用外商直接投资项目数165个，增长1.2倍；外商直接投资合同金额14.37亿美元，增长1.9倍；实际利用外商直接投资1.96亿美元，下降51.1%。

第四部分

利用外资与境外投资

2017年全国吸收外资情况

商务部外国投资管理司

2018年1月16日

2017年，全国新设立外商投资企业35652家，同比增长27.8%；实际使用外资8775.6亿元人民币，同比增长7.9%，实现平稳增长。12月当月，全国新设立外商投资企业4837家，同比增长36.5%；实际使用外资金额739.4亿元人民币，同比下降 9.2%。

2017年全年，吸收外资主要呈现以下特点：

一是外商投资环境持续优化。2017年我国吸收外资形势较为严峻。党中央、国务院高度重视，作出一系列重大部署，彰显了中国坚持对外开放、积极利用外资的坚强决心。国务院先后印发了两份重要文件，推出42条措施。各部门和各地方加大工作力度，出台配套政策细则，确保放宽准入、财税支持、权益保护等具体措施落实到位，积极营造优良的营商环境，优化招商引资方式，提升服务质量和水平，有效提振了外国投资者信心。

二是外资产业结构持续优化。高技术产业实际吸收外资同比增长61.7%，占比达28.6%，较2016年底提高了9.5个百分点。高技术制造业实际使用外资665.9亿元，同比增长11.3%。其中，电子及通信设备制造业、计算机及办公设备制造业、医疗仪器设备及仪器仪表制造业同比增长7.9%、71.1%和28%。高技术服务业实际使用外资1846.5亿元，同比增长93.2%。其中，信息服务、科技成果转化服务、环境监测及治理服务同比分别增长162%、41%和133.3%。

三是外资区域布局持续优化。中部地区实际使用外资561.3亿元，同比增长22.5%，增速领跑全国；西部地区新设立外商投资企业同比增长43.2%，市场主体活力进一步激发。11个自贸试验区新设外商投资企业6841家，其中以备案方式新设企业占99.2%；实际使用外资1039亿元人民币，同比增长18.1%，高于全国增幅10个百分点，改革开放试验田作用进一步显现。

过去5年，我国围绕探索实行准入前国民待遇加负面清单管理制度，深入推进外资领域“放管服”改革，管理体制实现重大变革，利用外资规模稳定增长，质量和水平稳步提升。2017年，全年利用外资规模创历史新高；与2012年相比，高技术产业吸收外资占比提高了14.5个百分点。外资企业以占全国不足3%的数量，创造了近一半的对外贸易、1/4的规模以上工业企业利润、1/5的税收收入，为促进国内实体经济发展、推进供给侧结构性改革发挥了重要作用。

当前，世界经济和跨国投资虽有回暖迹象，但增长依然缓慢，不稳定不确定因素较多，2018年吸收外资面临较大外部压力。我们将坚决贯彻党的十九大关于“推动形成全面开放新格局”的部署，按照中央经济工作会议要求，进一步拓展开放的范围和层次，进一步加大改革力度，进一步优化区域开放布局，进一步营造优良营商环境，最大限度赋予自贸试验区改革自主权，全力推进各项工作。我们有信心，2018年中国吸收外资规模保持总体稳定，产业结构进一步优化。

2017年全国吸收外商直接投资情况

商务部外资司

2018年1月29日

据统计，2017年1—12月，全国新设立外商投资企业35652家，同比增长27.8%；实际使用外资金额8775.6亿元人民币，同比增长7.9%（折1310.4亿美元，同比增长4%）。

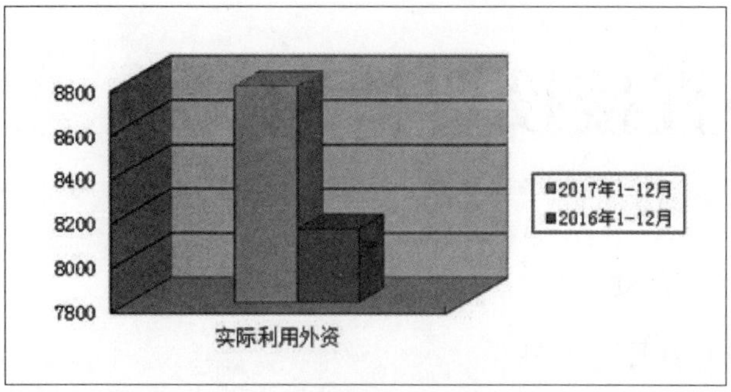

图1 2017年1—12月份实际外资图表（单位：亿元人民币）

12月当月，全国新设立外商投资企业4837家，同比增长36.5%；实际使用外资金额739.4亿元人民币，同比下降9.2%（折111.3亿美元，同比下降8.8%）。

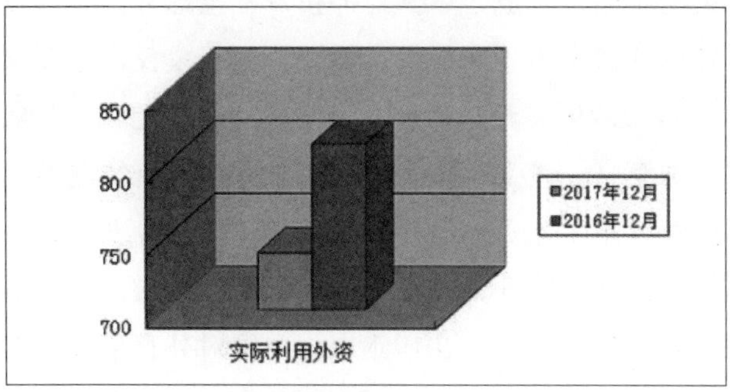

图2 2017年12月份实际外资图表（单位：亿元人民币）

1—12月，东盟对华投资新设立企业1287家，同比增长11%，实际投入外资金额52.1亿美元，同比下降22.6%。欧盟28国对华投资新设立企业1873家，同比增长7.6%，实际投入外资金额87.9亿美元，同比下降9.1%。“一带一路”沿线国家对华投资新设立企业3857家，同比增长32.8%，实际投入外资金额55.6亿美元，同比下降20.4%。长江经济带区域新设立外商投资企业11984家，同比增长2.6%，实际使用外资574.2亿美元，同比下降6%。

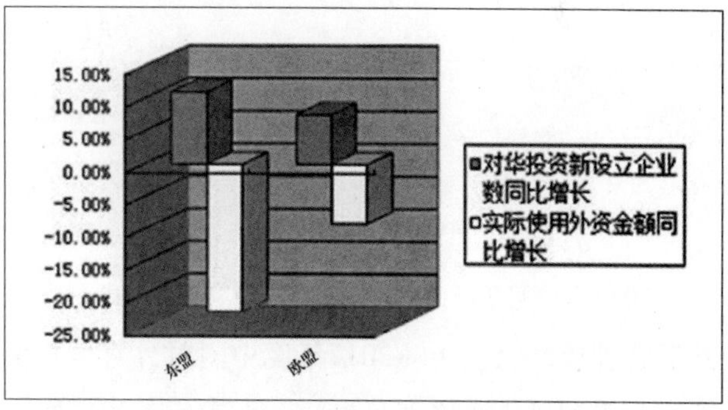

图3 2017年东盟、欧盟对外投资

1—12月，前十位国家/地区（以实际投入外资金额计）实际投入外资总额1246.1亿美元，占全国实际使用外资金额的95.1%，同比增长5.2%。对华投资前十位国家/地区依次为：香港（989.2亿美元）、新加坡（48.3亿美元）、台湾省（47.3亿美元）、韩国（36.9亿美元）、日本（32.7亿美元）、美国（31.3亿美元）、荷兰（21.7亿美元）、德国（15.4亿美元）、英国（15亿美元）、丹麦（8.2亿美元）。

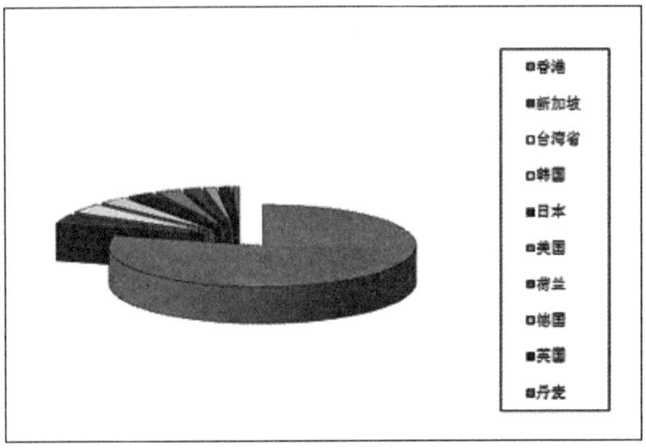

图4　2017年12月对华投资前十位国家/地区（以实际投入外资金额计）（单位：亿美元）

1—12月，农、林、牧、渔业新设立外商投资企业579家，同比增长29%；实际使用外资金额7.9亿美元，同比下降52.1%。制造业新设立外商投资企业4986家，同比增长24.3%；实际使用外资金额335.1亿美元，同比下降5.6%。服务业新设立外商投资企业30061家，同比增长28.4%；实际使用外资金额954.4亿美元，同比增长7.5%。

说明：上述国家/地区对华投资数据包括这些国家/地区通过英属维尔京、开曼群岛、萨摩亚、毛里求斯和巴巴多斯等自由港对华投资。

2017年中国对外直接投资情况

驻美国经商参处

2018年10月5日

2018年9月28日，商务部、国家统计局、国家外汇管理局联合发布《2017年度中国对外直接投资统计公报》以下简称《公报》，正式公布2017年中国对外直接投资统计数据。《公报》分中国对外直接投资概况、中国对外直接投资特点、中国对主要经济体的投资、对外直接投资者构成、对外直接投资企业的地区和行业分布、综合统计数据等六个部分，介绍了2017年中国对外直接投资情况。

根据《公报》，2017年中国对外直接投资主要呈现以下特点：

一是对外直接投资流量首次出现负增长，规模位居全球第三。2017年中国对外直接投资1582.9亿美元，同比下降19.3%，自2003年中国发布年度对外直接投资统计数据以来，首次出现负增长。但仍为历史第二高位（仅次于2016年），占全球比重连续两年超过一成，中国对外投资在全球外国直接投资中的影响力不断扩大。投资流量规模仅次于美国（3422.7亿美元）和日本（1604.5亿美元），位居全球第三，较上年下降一位。从双向投资情况看，中国对外直接投资流量已连续三年高于吸引外资。

二是对外投资存量规模升至全球第二，但与美国差距仍然较大。2017年末，中国对外直接投资存量18090.4亿美元，占全球外国直接投资流出存量份额的5.9%，分布在全球189个国家地区。存量规模较上年末增加4516.5亿美元，在全球存量排名跃升至第2位，较上年前进4位。中国与排名第一的美国（7.8万亿美元）存量规模差距仍然较大，仅相当于美国的23.2%，与位列前六的中国香港、德国、荷兰、英国比较接近。

三是行业分布广泛，门类齐全，6大行业存量规模超千亿美元。2017年，中国对外直接投资涵盖国民经济的18个行业大类，其中商务服务、制造、批发零售、金融领域的投资超过百亿美元，占比在八成以上；存量规模超过千亿美元的行业有6个，分别为租赁和商务服务业、批发和零售业、信息传输/软件和信息技术服务业、金融业、采矿业和制造业，占到中国对外直接投资存量的86.3%。

四是并购领域广泛，境外融资规模创历史之最。2017年，中国企业共实施对外投资并购431起，涉及56个国家地区，实际交易总额1196.2亿美元，其中直接投资334.7亿美元，占并购交易总额的28%；境外融资861.5亿美元，规模较上年高出七成，占并购总额的72%。并购涉及18个行业大类，其中对外制造业、采矿业、电力/热力/燃气及水的生产和供应业、住宿和餐饮业、租赁和商务服务业并购金额列前五。

五是对欧洲、非洲的投资快速增长，流向“一带一路”沿线国家投资增长三成。2017年，流向欧洲的投资184.6亿美元，创历史最高值，同比增长72.7%；流向非洲的投资41亿美元，同比增长70.8%。对“一带一路”沿线国家的直接投资流量为201.7亿美元，同比增长31.5%，占同期中国对外直接投资流量的12.7%。

六是人民币对外投资活跃，收益再投资占比超四成。2017年，中国对外直接投资流量的两成是以人民币方式出资，涉及中国境内企业数量超过800家，主要形成对境外企业股权和债务工具投资。从流量构成看，2017年新增股权投资679.9亿美元，占流量总额的42.9%；债务工具投资（仅涉及对外非金融类企业）为206.6亿美元，占13.1%；2017年中国境外企业收益再投资696.4亿美元，同比增长127%，占同期中国对外直接投资流量44%。

七是地方企业对外投资流量降幅较大，存量占比增加近1个百分点。2017年，地方企业对外非金融类直接投资流量为862.3亿美元，同比下降42.7%，占全国非金融类流量的61.8%，存量为7274.6亿美元，占45.3%，较上年增加近1个百分点；中央企业和单位在大型并购和增资项目拉动下对外投资532.7亿美元，同比增长73.4%。上海、广东、浙江位列2017年地方对外直接投资前三名。

八是境外企业对东道国税收和就业贡献明显，对外投资双赢效果显著。2017年境外企业向投资所在国缴纳的各种税金总额达376亿美元，雇用外方员工171万人，较上年末增加36.7万人。

2017年中国对外贸易发展情况

商务部综合司

2018年5月7日

2017年，全球经济温和增长，国际市场需求总体回暖，中国经济延续稳中有进、稳中向好态势。商务部会同各地区、各部门狠抓国务院出台的一系列促进外贸稳增长调结构政策落实，大力推进“五个优化”，加快“三项建设”，外贸发展取得显著成绩，进出口增长超出预期，结构进一步优化，质量效益继续提升，动力转换不断加快，为中国经济发展作出重要贡献，为世界贸易复苏作出重要贡献。

（一）进出口实现较快增长

2017年，中国货物贸易进出口总额27.80万亿元人民币，比2016年增长14.2%（下同）。其中，出口15.33万亿元，增长10.8%；进口12.47万亿元，增长18.7%；贸易顺差2.86万亿元，收窄14.5%。中国货物贸易扭转了连续两年负增长的局面，增速创6年来新高。分月度看，各月进出口均实现同比增长，除12月份受高基数影响仅增长4.5%外，其余月份当月进出口均增长10%以上，外贸回稳向好态势持续巩固。

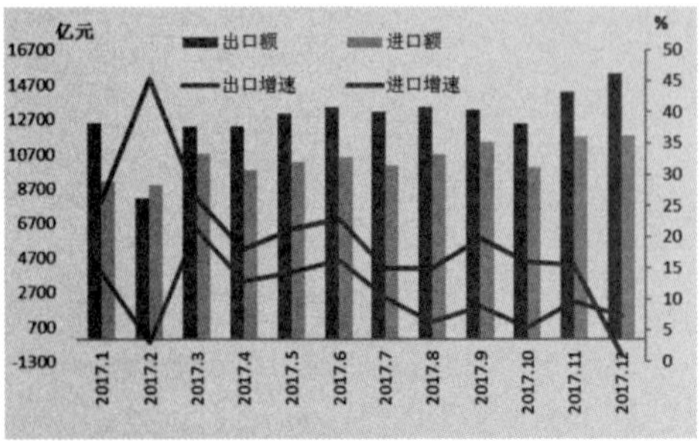

图1　2017年中国月度进、出口情况

注：人民币计价，下同。

（二）部分高附加值机电产品出口增长快于整体

2017年，中国机电产品出口8.95万亿元，增长12.1%，占中国出口总额的58.4%，比2016年提高0.7个百分点。高技术含量、高附加值的高新技术产品出口增长13.3%，快于总体增速2.5个百分点，占比提高0.6个百分点至29.4%。其中，汽车、计算机、手机出口分别增长27.2%、16.6%和11.3%。高新技术产品出口实现较快增长，反映出口商品结构进一步改善，源于出口企业自主创新能力不断增强。纺织品、服装、鞋类、箱包、玩具、家具、塑料制品等七大类劳动密集型产品出口3.08万亿元，增长6.9%，占出口总额的20.1%，比2016年下降0.7个百分点。

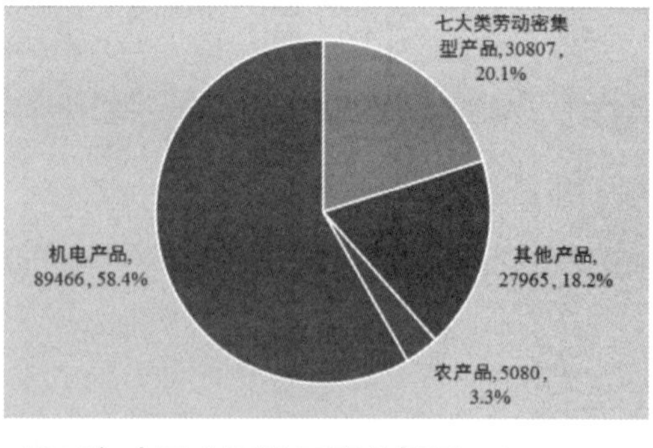

图2　2017年中国主要出口商品情况（单位：亿元）

（三）一般贸易在进出口中所占比重进一步提升

2017年，中国一般贸易进出口15.66万亿元，增长16.8%，占进出口总额的56.4%，比2016年提升1.3

个百分点。其中，出口8.33万亿元，增长 11.7%，占出口总额的54.3%；进口7.33万亿元，增长23.2%，占进口总额的58.8%，比2016年提升2.2 个百分点。

2017年，中国加工贸易进出口8.06万亿元，增长9.6%，占进出口总额的29.0%。其中，出口 5.14万亿元，增长8.7%，占出口总额的33.5%，比2016年下降0.6个百分点；进口2.92万亿元，增长11.3%，占进口总额的23.4%，比2016年下降1.5个百分点。

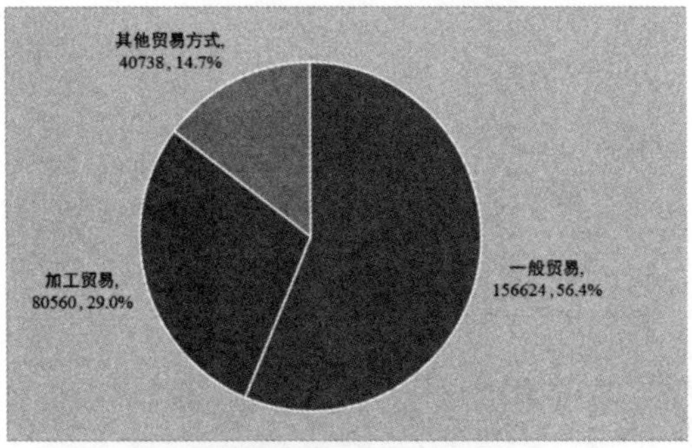

图3　2017年中国进出口贸易方式结构（单位：亿元）

（四）贸易主体结构继续优化

民营企业在中国对外贸易中地位进一步提升。2017年，民营企业进出口10.8万亿元，增长15.3%，占中国进出口总额的38.5%，比2016年提高0.4个百分点，对进出口增长的贡献率达41.2%。其中，出口7.14万亿元，增长12.2%，占出口总额的46.6%，比2016年高0.6个百分点；进口3.67万亿元，增长21.8%。

（五）国际市场和国内区域布局更加优化

2017年，中国对发达经济体进出口全面回升，其中对欧盟、美国进出口分别增长15.5%和15.2%，二者合计占中国进出口总额的29.3%。随着“一带一路”建设扎实推进，中国对“一带一路”沿线国家进出口增长17.8%，高出进出口总体增速3.6个百分点。其中，对俄罗斯、波兰和哈萨克斯坦等国进出口分别增长23.9%、23.4%和40.7%。新兴市场开拓取得积极成效，中国对东盟进出口增长16.6%，对金砖国家进出口增长 24.9%。

随着中西部地区开放型经济发展加快，中国外贸发展的国内区域布局更趋均衡。2017年，中西部地区出口增长18.1%，快于全国总体增速7.3个百分点，占中国出口总额的16.2%，比2016年提高1.0个百分点。

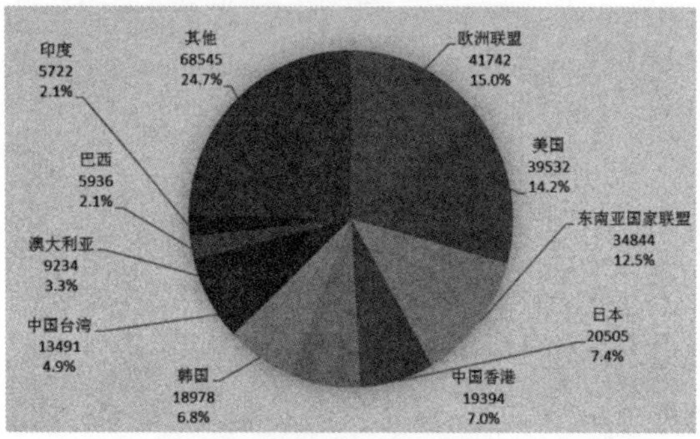

图4　2017年中国对主要贸易伙伴进出口金额及占比（单位：亿元）

（六）外贸发展新动能加速积聚

跨境电子商务、市场采购贸易等贸易新业态快速增长，成为外贸发展的新亮点。2017年，通过海关跨境电商管理平台零售进出口总额达到902.4亿元，增长80.6%。在外贸转型升级基地、贸易促进平台和国际营销网络等“三项建设”的带动下，一大批外贸企业从供给侧发力，加快转型升级，加大技术创新、管理创新力度，不断提升国际竞争力，具有自主品牌、自主知识产权、自主营销渠道以及高技术、高附加值、高效益的产品出口快速增长，有效满足甚至创造了市场需求。

（七）进口效益进一步提升

2017年，中国机电产品进口5.78万亿元，增长13.3%。部分重要设备和关键零部件、优质消费品进口较快增长，其中发动机、集成电路和数控机床进口分别增长17.6%、17.3%和13.8%。中国能源资源产品进口增长较快，保障了国内市场需求，缓解了经济发展面临的资源约束。原油、铁矿砂、天然气、钢材、铜精矿等十类大宗商品合计进口2.88万亿元，增长36.3%，占中国进口总额的23.1%，比 2016年提高3个百分点。中国是增长最快的全球主要进口市场，按美元计算，2017年中国进口增速比美国、德国、日本和全球分别高出8.9个、5.5个、5.4个和5.3个百分点，进口占全球份额提高0.5个百分点至10.2%。

（八）服务贸易出口增速高于进口

2017年，中国服务进出口总额46991.1亿元，增长6.8%。其中，出口15406.8亿元，增长10.6%，是2011年以来最高增速；进口31584.3亿元，增长 5.1%。随着服务业特别是生产性服务业发展水平提高，中国专业服务领域国际竞争力不断增强，服务出口增速7年来首次高于进口。服务贸易结构持续优化，高质量发展特征逐步显现。

国务院关于积极有效利用外资推动经济高质量发展若干措施的通知

国发〔2018〕19号

国务院　2018年6月10日

各省、自治区、直辖市人民政府，国务院各部委、各直属机构：

利用外资是我国对外开放基本国策和构建开放型经济新体制的重要内容。当前我国经济已由高速增长阶段转向高质量发展阶段，利用外资面临新形势新挑战。为贯彻落实党中央、国务院关于推动形成全面开放新格局的决策部署，实行高水平投资自由化便利化政策，对标国际先进水平，营造更加公平透明便利、更有吸引力的投资环境，保持我国全球外商投资主要目的地地位，进一步促进外商投资稳定增长，实现以高水平开放推动经济高质量发展，现将有关事项通知如下：

一、大幅度放宽市场准入，提升投资自由化水平

（一）全面落实准入前国民待遇加负面清单管理制度。2018 年 7 月 1 日前修订出台全国和自由贸易试验区外商投资准入特别管理措施（负面清单），与国际通行规则对接，全面提升开放水平，以开放促改革、促发展、促创新。负面清单之外的领域，各地区各部门不得专门针对外商投资准入进行限制。（国家发展改革委、商务部牵头，各有关部门、各省级人民政府按职责分工负责）

（二）稳步扩大金融业开放。放宽外资金融机构设立限制，扩大外资金融机构在华业务范围，拓宽中外金融市场合作领域。修订完善合格境外机构投资者（QFII）和人民币合格境外机构投资者（RQFII）有关规定，建立健全公开透明、操作便利、风险可控的合格境外投资者制度，吸引更多境外长期资金投资境内资本市场。大力推进原油期货市场建设，积极推进铁矿石等期货品种引入境外交易者参与交易。

深化境外上市监管改革，支持符合条件的境内企业到境外上市，稳妥有序推进在境外上市公司的未上市股份在境外市场上市流通。支持外资金融机构更多地参与地方政府债券承销。（财政部、商务部、人民银行、银保监会、证监会按职责分工负责）

（三）持续推进服务业开放。取消或放宽交通运输、商贸物流、专业服务等领域外资准入限制。加大自由贸易试验区范围内电信、文化、旅游等领域对外开放压力测试力度。（中央宣传部、中央网信办、国家发展改革委、工业和信息化部、交通运输部、农业农村部、商务部、文化和旅游部、国家粮食和储备局等有关部门按职责分工负责）

（四）深化农业、采矿业、制造业开放。取消或放宽种业等农业领域，煤炭、非金属矿等采矿业领域，汽车、船舶、飞机等制造业领域外资准入限制。（国家发展改革委、工业和信息化部、自然资源部、农业农村部、商务部等有关部门按职责分工负责）

二、深化“放管服”改革，提升投资便利化水平

（五）持续推进外资领域“放管服”改革。外商投资准入负面清单内投资总额10亿美元以下的外商投资企业设立及变更，由省级人民政府负责审批和管理。支持地方政府开展相对集中行政许可权改革试点。在全国推行负面清单以外领域外商投资企业商务备案与工商登记“一口办理”。（商务部、国家市场监管总局等有关部门、各省级人民政府按职责分工负责）

（六）提高外商投资企业资金运用便利度。进一步简化资金池管理，允许银行审核真实、合法的电子单证，为企业办理集中收付汇、轧差结算业务。放宽企业开展跨国公司外汇资金集中运营管理试点备案条件。支持跨国企业集团办理跨境双向人民币资金池业务。（人民银行、外汇局按职责分工负责）

（七）提升外国人才来华工作便利度。研究出台支持政策，依法保障在华工作外国人才享有基本公共服务。为符合国家支持导向的中国境内注册企业急需的外国人才提供更加便利的外国人来华工作许可管理服务。积极推进外国高端人才服务“一卡通”试点，进一步简化工作许可办理程序。（外交部、司法部、人力资源社会保障部、外专局等有关部门按职责分工负责）

（八）提升外国人才出入境便利度。中国境内注册企业选聘的外国人才，符合外国人才签证实施办法规定条件的，可凭外国高端人才确认函向驻外使馆、领馆或者外交部委托的其他驻外机构申请5～10年有效、多次入境，每次停留期限不超过180天的人才签证，免除签证费和急件费，可在2个工作日内获发签证。（外交部、外专局等有关部门按职责分工负责）

三、加强投资促进，提升引资质量和水平

（九）优化外商投资导向。积极吸引外商投资以及先进技术、管理经验，支持外商全面参与海南自由贸易港建设，强化自由贸易试验区在扩大开放吸引外资方面的先行先试作用。（商务部牵头，国务院自由贸易试验区工作部际联席会议成员单位按职责分工负责）引导外资更多投向现代农业、生态建设、先进制造业、现代服务业，投向中西部地区。进一步落实企业境外所得抵免、境外投资者以境内利润直接投资以及技术先进型服务企业的税收政策。（国家发展改革委、财政部、商务部、国家税务总局按职责分工负责）

（十）支持外商投资创新发展。积极落实外商投资研发中心支持政策，研究调整优化认定标准，鼓励外商投资企业加大在华研发力度。进一步落实高新技术企业政策，鼓励外资投向高新技术领域。（科技部、财政部、商务部、海关总署、国家税务总局按职责分工负责）

（十一）鼓励外资并购投资。鼓励地方政府根据市场化原则建立并购信息库，引导国内企业主动参与国际合作。允许符合条件的外国自然人投资者依法投资境内上市公司。比照上市公司相关规定，允许外商投资全国中小企业股份转让系统挂牌公司。完善上市公司国有股权监督管理制度，进一步提高国有控股上市公司及其国有股权流转的公开透明程度，为符合条件的国内外投资者参与国有企业改革提供公平机会。（国家发展改革委、商务部、国资委、证监会等有关

部门、各省级人民政府按职责分工负责）

（十二）降低外商投资企业经营成本。允许各地支持制造业企业依法按程序进行厂房加层、厂区改造、内部用地整理及扩建生产、仓储场所，提升集约化用地水平，不再增收地价款。支持外商投资企业科学用工，通过订立以完成一定工作任务为期限的劳动合同、短期固定期限劳动合同满足灵活用工需求。完善外商投资企业申请实行综合计算工时工作制和不定时工作制的审批流程，缩短审批时限。加快推进多双边社会保障协定商签工作，切实履行已签署社会保障协定的条约义务，依据协定内容维护在华外国劳动者的社会保障权益，免除企业和员工对协定约定社会保险险种的双重缴费义务。（人力资源社会保障部、自然资源部、住房城乡建设部按职责分工负责）

（十三）加大投资促进工作力度。鼓励各地提供投资促进资金支持，强化绩效考核，完善激励机制。支持各地在法定权限范围内制定专项政策，对在经济社会发展中作出突出贡献的外商投资企业及高层次人才给予奖励。充分运用因公临时出国管理有关政策，为重大项目洽谈、重大投资促进活动等因公出访团组提供便利。各地在招商引资过程中，应遵守国家产业政策、土地利用政策、城乡规划和环境保护等要求，注重综合改善营商环境，给予内外资企业公平待遇，避免恶性竞争。（中央外办、外交部、国家发展改革委、财政部、自然资源部、生态环境部、商务部、国家外专局、各省级人民政府按职责分工负责）

四、提升投资保护水平，打造高标准投资环境

（十四）加大知识产权保护力度。推进专利法等相关法律法规修订工作，大幅提高知识产权侵权法定赔偿上限。严厉打击侵权假冒行为，加大对外商投资企业反映较多的侵犯商业秘密、商标恶意抢注和商业标识混淆不正当竞争、专利侵权假冒、网络盗版侵权等知识产权侵权违法行为的惩治力度。严格履行我国加入世界贸易组织承诺，外商投资过程中技术合作的条件由投资各方议定，各级人民政府工作人员不得利用行政手段强制技术转让。加强维权援助和纠纷仲裁调解，推进纠纷仲裁调解试点工作，推动完善知识产权保护体系。（中央宣传部、最高人民法院、全国打击侵权假冒工作领导小组办公室、司法部、国家市场监管总局、国家知识产权局按职责分工负责）

（十五）保护外商投资合法权益。完善外商投资企业投诉工作部际联席会议制度，协调解决涉及中央事权的制度性、政策性问题。建立健全各地外商投资企业投诉工作机制，各部门要加强对地方对口单位的指导和监督，及时解决外商投资企业反映的不公平待遇问题。各地不得限制外商投资企业依法跨区域经营、搬迁、注销等行为。（商务部牵头，有关部门、各省级人民政府按职责分工负责）

五、优化区域开放布局，引导外资投向中西部等地区

（十六）拓宽外商投资企业融资渠道。允许西部地区和东北老工业基地的外商投资企业在境外发行人民币或外币债券，并可全额汇回所募集资金，用于所在省份投资经营。在全口径跨境融资宏观审慎管理框架内，支持上述区域金融机构或经批准设立的地方资产管理公司按照制度完善、风险可控的要求，向境外投资者转让人民币不良债权；在充分评估的基础上，允许上述区域的银行机构将其持有的人民币贸易融资资产转让给境外银行。（国家发展改革委、财政部、人民银行、银保监会、国家外汇管理局按职责分工负责）

（十七）降低外商投资企业物流成本。在中西部地区和东北老工业基地建设陆空联合开放口岸和多式联运枢纽，加快发展江海、铁空、铁水等联运。支持增加中西部和东北老工业基地国际国内航线和班次。加强中欧班列场站、通道等基础设施建设，优化中欧班列发展环境，促进中欧班列降本增效。完善市场调节机制，调整运输结构，提高运输效率，加强公路、铁路、航空、水运等领域收费行为监管，进一步降低西部地区物流成本。（国家发展改革委、交通运输部、海关总署、国家市场监管总局、国家铁路局、民航局、中国铁路总公司按职责分工负责）

（十八）加快沿边引资重点地区建设。鼓励地方

统筹中央有关补助资金和自有财力，支持边境经济合作区、跨境经济合作区、边境旅游试验区建设。鼓励政策性、开发性金融机构在业务范围内加大对边境经济合作区、跨境经济合作区企业的信贷支持力度。积极支持注册地和主要生产地均在边境经济合作区、跨境经济合作区，符合条件的内外资企业，申请首次公开发行股票并上市。（财政部、商务部、文化和旅游部、人民银行、银保监会、证监会、各省级人民政府按职责分工负责）

（十九）打造西部地区投资合作新载体。在有条件的地区高标准规划建设若干个具有示范引领作用的国际合作园区，试点探索中外企业、机构、政府部门联合整体开发，支持园区在国际资本、人才、机构、服务等领域开展便利进出方面的先行先试。（中央财办、外交部、国家发展改革委、科技部、人力资源社会保障部、商务部、人民银行、海关总署、国家市场监管总局、国家外专局等有关部门、各省级人民政府按职责分工负责）

六、推动国家级开发区创新提升，强化利用外资重要平台作用

（二十）促进开发区优化外资综合服务。省级人民政府依法赋予国家级开发区地市级经济管理权限，制定发布相应的赋权清单，在有条件的国家级开发区试点赋予适宜的省级经济管理审批权限，支持国家级开发区稳妥高效用好相关权限，提升综合服务能力。支持国家级开发区复制推广上海市浦东新区“证照分离”改革经验，创新探索事中事后监管制度措施。借鉴国际先进经验，鼓励外商投资企业参与区中园、一区多园等建设运营。（自然资源部、住房城乡建设部、商务部、国家市场监管总局等有关部门、各省级人民政府按职责分工负责）

（二十一）发挥开发区示范带动提高利用外资水平的作用。省级人民政府依法制定支持国家级开发区城市更新、工业区改造的政策，优化土地存量供给，引进高技术、高附加值外商投资企业和项目。各地在安排土地利用计划时，对国家级开发区主导产业引进外资、促进转型升级等用地予以倾斜支持。在国家级开发区招商引资部门、团队等实行更加灵活的人事制度，提高专业化、市场化服务能力。进一步提升国家级开发区建设的国际化水平。（人力资源社会保障部、自然资源部、住房城乡建设部、商务部、各省级人民政府按职责分工负责）

（二十二）加大开发区引资金融支持力度。引导各类绿色环保基金，按照市场化原则运作，支持外资参与国家级开发区环境治理和节能减排，为国家级开发区引进先进节能环保技术、企业提供金融支持。地方政府可通过完善公共服务定价、实施特许经营模式等方式，支持绿色环保基金投资国家级开发区相关项目。鼓励设立政府性融资担保机构，提供融资担保、再担保等服务，支持国家级开发区引进境外创新型企业、创业投资机构等，推进创新驱动发展。（国家发展改革委、科技部、工业和信息化部、财政部、生态环境部、商务部等有关部门按职责分工负责）

（二十三）健全开发区双向协作引资机制。在东部地区国家级开发区建设若干产业转移协作平台，推进产业项目转移对接合作。支持地方制定成本分担和利益分享、人才交流合作、产业转移协作等方面的措施，推动东部地区国家级开发区通过多种形式在西部地区、东北老工业基地建设产业转移园区。支持东部与中西部地区国家级开发区合作引入国际双元制职业教育机构，增加外商投资企业人力资源有效供给。（国家发展改革委、教育部、工业和信息化部、人力资源社会保障部、自然资源部、住房城乡建设部、商务部等有关部门、各省级人民政府按职责分工负责）

各地区、各部门要充分认识新时代推动扩大开放、积极有效利用外资对于建设现代化经济体系、促进经济升级的重要意义，高度重视，主动作为，狠抓落实，注重实效，确保各项措施与已出台政策有效衔接，形成合力。涉及修订或废止行政法规、国务院文件、经国务院批准的部门规章的，由原牵头起草部门或商务部会同有关部门报请国务院修订或废止。商务部、发展改革委要会同有关部门加强督促检查，重大问题及时向国务院请示报告。

国务院关于印发优化口岸营商环境促进跨境贸易便利化工作方案的通知

国发〔2018〕37号

各省、自治区、直辖市人民政府，国务院各部委、各直属机构：

现将《优化口岸营商环境促进跨境贸易便利化工作方案》印发给你们，请认真贯彻执行。

国务院

2018年10月13日

优化口岸营商环境促进跨境贸易便利化工作方案

为贯彻落实党中央、国务院决策部署，深化“放管服”改革，进一步优化口岸营商环境，实施更高水平跨境贸易便利化措施，促进外贸稳定健康发展，制定本工作方案。

一、总体要求

（一）指导思想

全面贯彻党的十九大和十九届二中、三中全会精神，以习近平新时代中国特色社会主义思想为指导，统筹推进“五位一体”总体布局和协调推进“四个全面”战略布局，按照党中央、国务院决策部署，坚持稳中求进工作总基调，坚持新发展理念，深入推进“放管服”改革，对标国际先进水平，创新监管方式，优化通关流程，提高通关效率，降低通关成本，营造稳定、公平、透明、可预期的口岸营商环境。

（二）基本原则

简政放权，改革创新。进一步削减进出口环节审批事项，规范审批行为，优化简化通关流程，取消不必要的监管要求，清理不合理收费，加快完善与我国经济社会发展要求相适应的跨境贸易管理体系。

对标国际，高效便利。充分利用信息化、智能化手段，提高口岸监管执法和物流作业效率。借鉴国际经验，建立符合我国口岸管理实际、与国际通行做法对接并可比的口岸营商环境评价机制。

目标导向，协同治理。充分发挥国务院口岸工作部际联席会议制度作用，加强各有关部门、各地方协作配合，找准制约口岸营商环境持续优化的短板，从企业和社会实际需要出发，着力压缩整体通关时间，降低进出口环节合规成本。

（三）工作目标

到2018年底，需在进出口环节验核的监管证件数量比2017年减少三分之一以上，除安全保密需要等特殊情况外，全部实现联网核查，整体通关时间压缩三分之一。到2020年底，相比2017年集装箱进出口环节合规成本降低一半。到2021年底，整体通关时间比2017年压缩一半，世界银行跨境贸易便利化指标排名提升30位，初步实现口岸治理体系和治理能力现代化，形成更有活力、更富效率、更加开放、更具便利的口岸营商环境。

二、工作任务

（一）简政放权，减少进出口环节审批监管事项

1.精简进出口环节监管证件。取消一批进出口环节监管证件，能退出口岸验核的全部退出。2018年11月1日前需在进出口环节验核的监管证件减至48种；除安全保密需要等特殊情况外，通过多种形式全部实现联网、在通关环节比对核查。（相关部门按职责分工负责）

2.优化监管证件办理程序。除安全保密需要等特殊情况外，2020年底前，监管证件全部实现网上申报、网上办理。（相关部门按职责分工负责）

（二）加大改革力度，优化口岸通关流程和作业方式

3.深化全国通关一体化改革。推进海关、边检、海事一次性联合检查。海关直接使用市场监管、商务等部门数据办理进出口货物收发货人注册登记。加强关铁信息共享，推进铁路运输货物无纸化通关。2018年底前，海关与检验检疫业务全面融合，实现“五统一”：统一申报单证、统一作业系统、统一风险研判、统一指令下达、统一现场执法。（海关总署牵头，商务部、市场监管总局、移民局、交通运输部、民航局、中国铁路总公司按职责分工负责）

4.全面推广“双随机、一公开”监管。从进出口货物一般监管拓展到常规稽查、保税核查和保税货物监管等全部执法领域。推进全链条监管“选、查、处”分离，提升“双随机”监管效能。（海关总署牵头，相关部门按职责分工负责）

5.推广应用“提前申报”模式。提高进口货物“提前申报”比例，鼓励企业采用“提前申报”，提前办理单证审核和货物运输作业，非布控查验货物抵达口岸后即可放行提离。（海关总署牵头，民航局、中国铁路总公司按职责分工负责）

6.创新海关税收征管模式。全面创新多元化税收担保方式，推进关税保证保险改革，探索实施企业集团财务公司、融资担保公司担保改革试点。全面推广财关库银横向联网，加快推进税单无纸化改革。（海关总署、银保监会、财政部、人民银行、税务总局按职责分工负责）

7.优化检验检疫作业。减少双边协议出口商品装运前的检验数量。推行进口矿产品等大宗资源性商品“先验放后检测”检验监管方式。创新检验检疫方法，应用现场快速检测技术，进一步缩短检验检疫周期。（海关总署负责）

8.推广第三方采信制度。引入市场竞争机制，发挥社会检验检测机构作用，在进出口环节推广第三方检验检测结果采信制度。（海关总署牵头，相关部门按职责分工负责）

（三）提升通关效率，提高口岸物流服务效能

9.提高查验准备工作效率。通过“单一窗口”、港口电子数据交换（EDI）中心等信息平台向进出口企业、口岸作业场站推送查验通知，增强通关时效的可预期性。进境运输工具到港前，口岸查验单位对申报的电子数据实施在线审核并及时向车站、码头及船舶代理反馈。（交通运输部、海关总署、国家移民局、中国铁路总公司按职责分工负责）

10.加快发展多式联运。研究制定多式联运服务规则。加快建设多式联运公共信息平台，加强交通运输、海关、市场监管等部门间信息开放共享，为企业提供资质资格、认证认可、检验检疫、通关查验、信用评价等一站式综合信息服务。推动外贸集装箱货物在途、舱单、运单、装卸等铁水联运物流信息交换共享，提供全程追踪、实时查询等服务。2019年底前，沿海及长江干线主要港口实现铁水联运信息交换和共享。2020年底前，基本建成多式联运公共信息平台。（交通运输部、国家发展改革委、商务部、中国铁路总公司牵头，海关总署、市场监管总局、民航局等相关部门按职责分工负责）

11.创新边境口岸通关管理模式。推进与毗邻国家和地区共同监管设施的建设和共用，推动工作制度和通关模式的协调，支持陆路边境口岸创新通关管理模式。在毗邻港澳口岸实施更便利的通关措施，在有条件的口岸推广粤港澳“客、货车一站式通关”模式。（相关省、自治区人民政府牵头，交通运输部、海关总署、国家移民局按职责分工负责）

12.加快鲜活商品通关速度。在风险可控的前提下优化鲜活产品检验检疫流程，加快通关放行。总结推广合作经验，与毗邻国家确定鲜活农副产品目录清单，加快开通农副产品快速通关“绿色通道”。（海关总署、交通运输部、国家移民局及各省、自治区、直辖市人民政府按职责分工负责）

（四）加强科技应用，提升口岸管理信息化智能化水平

13.加强国际贸易“单一窗口”建设。将“单一窗口”功能覆盖至海关特殊监管区域和跨境电子商务综合试验区等相关区域，对接全国版跨境电商线上综合服务平台。加强“单一窗口”与银行、保险、民航、铁路、港口等相关行业机构合作对接，共同建设跨境贸易大数据平台。推广国际航行船舶“一单多报”，实现进出境通关全流程无纸化。2018年底前，主要业务（货物、舱单、运输工具申报）应用率达到80%；2020年底前，达到100%；2021年底前，除安全保密需要等特殊情况外，“单一窗口”功能覆盖国际贸易管理全链条，打造“一站式”贸易服务平台。（海关总署牵头，相关部门按职责分工负责，各省、自治区、直辖市人民政府配合）

14.推进口岸物流信息电子化。制定完善不同运输方式集装箱、整车货物运输电子数据交换报文标准，推动在口岸查验单位与运输企业中应用。实现口岸作业场站货物装卸、仓储理货、报关、物流运输、费用结算等环节无纸化和电子化。推动海运提单换提货单电子化，企业在报关环节不再提交纸质提单或提货单。2019年6月底前，实现内外贸集装箱堆场的电子化海关监管。2019年底前，在主要远洋航线实现海关与企业间的海运提单、提货单、装箱单等信息电子化流转。（海关总署、交通运输部、民航局、中国铁路总公司按职责分工负责，各省、自治区、直辖市人民政府配合）

15.提升口岸查验智能化水平。加大集装箱空箱检测仪、高清车底探测系统、安全智能锁等设备的应用力度，提高单兵作业设备配备率。扩大“先期机检”“智能识别”作业试点，提高机检后直接放行比例。2021年底前，全部实现大型集装箱检查设备联网集中审像。（海关总署、国家移民局按职责分工负责）

（五）完善管理制度，促进口岸营商环境更加公开透明

16.加强口岸通关和运输国际合作。加快制修订国际运输双边、多边协定，推动与相关国家在技术标准、单证规则、数据交换等方面开展合作。扩大海关“经认证的经营者”（AEO）国际互认范围，支持指导企业取得认证，2020年底前，与所有已建立AEO制度且有意愿的“一带一路”国家海关实现AEO互认。加快实施检验检疫证书国际联网核查，重点推进与欧盟签署电子证书合作协议，2021年底前，与所有已签署电子证书合作协议且建有信息系统的国家实现联网核查。（交通运输部、海关总署、国家市场监管总局按职责分工负责）

17.降低进出口环节合规成本。严格执行行政事业性收费清单管理制度，未经国务院批准，一律不得新设涉及进出口环节的收费项目。清理规范口岸经营服务性收费，对实行政府定价的，严格执行规定标准；对实行市场调节价的，督促收费企业执行有关规定，不得违规加收其他费用。鼓励竞争，破除垄断，推动降低报关、货代、船代、物流、仓储、港口服务等环节经营服务性收费。加强检查，依法查处各类违法违规收费行为。2018年底前，单个集装箱进出口环节合规成本比2017年减少100美元以上。（财政部牵头，交通运输部、国家发展改革委、海关总署、国家市场监管总局、商务部、工业和信息化部等相关部门按职责分工负责，各省、自治区、直辖市人民政府配合）

18.实行口岸收费目录清单制度。建立价格、市场监管、商务、交通、口岸管理、查验等单位共同参加的口岸收费监督管理协作机制。2018年10月底前，对外公示口岸收费目录清单，清单之外不得收费。加强行业管理和行业自律，引导口岸经营服务企业诚信经营、合理定价。（各省、自治区、直辖市人民政府负责）

19.公开通关流程及物流作业时限。制定并公开通关流程及口岸经营服务企业场内转运、吊箱移位、掏箱和货方提箱等作业时限标准，便利企业合理安排生产、制定运输计划。公布口岸查验单位通关服务热线，畅通意见投诉反馈渠道。（各省、自治区、直辖市人民政府牵头，交通运输部、海关总署、移民局配合）

20.建立口岸通关时效评估机制。加强对整体通关时间的统计分析，每月通报各省（自治区、直辖市）整体通关时间。开展口岸整体通关时效第三方评估，适时向社会公布评估结果。将各省（自治区、直辖市）整体通关时间和成本纳入全国营商环境评价体系，科学设定评价指标和方法，初步建立常态化评价机制。（海关总署、国家发展改革委、发展研究中心按职责分工负责）

三、组织实施

（一）加强组织领导

充分发挥国务院口岸工作部际联席会议制度作用，明确各项任务的实施步骤和完成时限，统筹推进落实，协调解决推进过程中的重大问题。联席会议办公室要加强政策研究和协调，重大情况及时向国务院报告。优化口岸营商环境工作情况纳入国务院督查范围，督查考核结果向社会公布，对推进不力的地区和部门进行问责。

（二）强化责任落实

各有关部门要认真落实任务牵头和配合责任，加强协作配合，合理安排进度，确保各项任务有措施、能落实、可量化，并加快改革措施所涉法律法规的修改修订工作。各省（自治区、直辖市）人民政府要强化对本地区优化口岸营商环境工作的领导和统筹协调，研究制定配套措施，加大政策宣传力度，建立健全督导考核机制，确保各项任务落实到位。

关于引导对外投融资基金健康发展的意见

国家发展改革委　财政部　商务部　人民银行
中国银行保险监督管理委员会　证监会
2018年4月10日

各省、自治区、直辖市及计划单列市、新疆生产建设兵团发展改革委、财政厅（局）、商务部门、人民银行分行、银监局、证监局：

对外投融资基金是我企业积极稳妥实施对外投资、带动产品技术服务“走出去”的有效方式和募资渠道。近年来，我国各类主体在境内外募资设立了一批对外投融资基金，为推进“一带一路”建设、促进国际产能合作、深化我与相关国家和地区互利合作发挥了积极作用。但部分对外投融资基金也出现了资金来源不落实、经营管理不规范、业务方向不清晰等问题。为引导对外投融资基金健康发展，推动形成全面开放新格局，加快培育国际经济合作和竞争新优势，现提出以下意见：

一、总体要求

（一）指导思想

全面贯彻党的十九大和十九届二中、三中全会精神，以习近平新时代中国特色社会主义思想为指导，全面加强党对经济工作的领导，坚持稳中求进工作总基调，坚持新发展理念，紧扣我国社会主要矛盾变化，按照高质量发展的要求，统筹推进“五位一体”总体布局和协调推进“四个全面”战略布局，坚持以供给侧结构性改革为主线，在坚定维护自身主权、安全和发展利益的同时，坚持对外开放基本国策，坚定不移奉行互利共赢的开放战略，不断提高对外开放的质量和水平，以“一带一路”建设为重点，着力优化募资方式、提升运行效率、完善监管体系，引导对外投融资基金健康有序发展。

（二）基本原则

——坚持改革创新，服务开放大局。深化简政放权、放管结合、优化服务改革，鼓励创新对外投融资基金设立和运作方式，更好适应国际经济竞争与合作需要。着眼于推动形成全面开放新格局，引导各类对外投融资基金为推进“一带一路”建设和促进国际产能合作提供长期、稳定、可持续、风险可控的资金来源。

——坚持市场导向，强化政策引导。使市场在资源配置中起决定性作用，更好发挥政府作用。指导各类投融资基金遵循市场化原则，自主经营、自担风险、自负盈亏、自我约束，稳妥开展投融资业务。加强政府引导、协调和监管，支持对外投融资基金特色化、差异化发展，防止重复设立和同质化竞争。

——坚持完善监管，规范行为秩序。建立健全对外投融资基金监管体系，实施全口径归口管理，强化协同监管、补齐监管短板，推进事前、事中、事后监管全覆盖。引导各类对外投融资基金依法合规经营，自觉遵守国内外法律法规和国际惯例，遵循国家统一会计制度，履行社会责任，强化行业自律。

——坚持底线思维，防范各类风险。坚决打好防范化解重大风险的攻坚战，把主动防范化解对外投融资风险放在更加重要的位置，早识别、早预警、早应对，有效处置风险点，坚决守住不发生系统性风险的底线，切实维护国家利益和安全。

二、优化募资方式

（三）拓宽社会资本参与渠道

支持符合条件的对外投融资基金在境内外市场面向各类社会资本投资者募集资金，支持符合条件的各类所有制企业出资参与对外投融资基金，鼓励资金来源多元化。

（四）支持国内各类机构参与出资

支持主权财富基金依法合规出资参与对外投融资基金。商业性金融机构应按照市场化原则，在履行相关程序后，依法合规出资参与对外投融资基金。开发性政策性金融机构可根据职能定位和业务范围，在履行相关程序后，依法合规出资参与对外投融资基金。各类金融机构不得以信贷资金等方式违规出资参与对外投融资基金。地方各级人民政府不得以财政性资金在境外出资设立对外投融资基金。

（五）加强与国际金融组织合作

拓展对外投融资基金与国际金融组织的对接与合作，探讨世界银行、亚洲基础设施投资银行、金砖国家新开发银行、亚洲开发银行、泛美开发银行和非洲开发银行等出资参与我对外投融资基金，共同推进“一带一路”建设，促进国际产能合作。

三、提升运行效率

（六）推动基金业务创新

支持对外投融资基金在依法合规、风险可控和商业可持续的前提下开展境外股权投资、境外债务融资、跨境担保等业务。推动建立各类对外投融资基金间风险分担、利益共享机制。支持对外投融资基金与各类金融机构、各行业骨干企业合作开展业务。

（七）鼓励按政策导向开展业务

鼓励对外投融资基金开展有利于推进“一带一路”建设，深化国际产能合作，带动国内优势产能、优质装备、适用技术输出，提升我国技术研发和生产制造能力，弥补我国能源资源短缺，推动我国相关产业提质升级的业务。严格限制对外投融资基金开展与国家外交方针、发展战略以及宏观调控政策不尽相符的业务。禁止对外投融资基金开展危害或可能危害国家利益和国家安全等的业务。

（八）提升专业化管理水平

指导对外投融资基金完善治理结构和决策机制，在风险可控的前提下，对实际控制的境外资产实施专业化管理，加强对投资项目后续管理和增值服务，切实提高境外资产管理运营水平。强化资产负债匹配管理和风险控制，有效保障资金安全退出，实现基金资产保值增值。

四、完善监管体系

（九）加强统筹管理

国家发展改革委、财政部、商务部、人民银行、中国银行保险监督管理委员会、证监会会同有关部门统筹做好对外投融资基金管理工作。境内投资者赴境外设立对外投融资基金，境内设立的对外投融资基金开展对外投融资，应按有关规定履行相关手续。有关职能部门通过事前和事中事后监管制度及时掌握境外设立的对外投融资基金运作情况。相关部门要支持和指导行业协会定期汇总分析并通报境内设立的对外投融资基金运作情况。

（十）完善监管制度

加强对对外投融资基金募集资金、投融资运作的日常监管，要求设立、运营、退出各环节真实合规。研究制定对外投融资基金重点行业、重点国别业务指引，定期发布重点国别风险评估报告。建立部门间对外投融资基金信息共享制度，实时动态监测对外投融资基金业务开展情况，加强信息披露和风险提示。加大协调力度，规范行业秩序，避免出现无序恶性竞争。

（十一）建立健全激励惩戒机制

在对外经济合作领域失信惩戒机制下，建立对外投融资基金诚信记录制度。强化对外投融资基金契约意识和诚信意识，形成守信激励、失信惩戒的约束机制。

五、强化服务保障

（十二）充分发挥第三方机构作用

支持行业协会、中介机构为对外投融资基金提供资产评估、管理咨询、法律、会计、审计、税务、知识产权、风险评估和认证等服务，加强行业协会能力建设，提高中介机构服务质量。

（十三）大力培育管理人才

加大专业人才培养力度，提升对外投融资基金管理人、托管人、销售机构及其从业人员专业素质。积极引进海外高层次人才，建立人才国际化交流平台，为对外投融资基金发展提供人才支撑。

（十四）切实做好风险防范工作

引导对外投融资基金将子基金纳入全面风险管理框架，提高基金一体化风险管理水平。强化合规风险管理，加强反洗钱监管，督促对外投融资基金管理人、托管人、销售机构有效履行反洗钱和反恐怖融资义务。加强法律和社会风险管理，遵守当地法律法规，履行社会责任。政府出资设立的对外投融资基金要明确责任，防范化解潜在债务风险。

各地区要按照本意见要求，认真履行职责，加强组织领导和统筹协调，明确分工，密切协作，形成合力。抓紧制定出台配套政策措施，扎实推进相关工作，确保各项措施落实到位。

关于扩大境外投资者以分配利润直接投资暂不征收预提所得税政策适用范围的通知

财政部　税务总局　国家发展改革委　商务部

2018年9月29日

各省、自治区、直辖市、计划单列市财政厅（局）、发展改革委、商务主管部门，国家税务总局各省、自治区、直辖市、计划单列市税务局，新疆生产建设兵团财政局、发展改革委、商务局：

为贯彻落实党中央、国务院决策部署，进一步鼓励境外投资者在华投资，现就境外投资者以分配利润直接投资暂不征收预提所得税政策问题通知如下：

一、对境外投资者从中国境内居民企业分配的利润，用于境内直接投资暂不征收预提所得税政策的适用范围，由外商投资鼓励类项目扩大至所有非禁止外商投资的项目和领域。

二、境外投资者暂不征收预提所得税须同时满足以下条件：

（一）境外投资者以分得利润进行的直接投资，包括境外投资者以分得利润进行的增资、新建、股权收购等权益性投资行为，但不包括新增、转增、收购上市公司股份（符合条件的战略投资除外）。具体是指：

1.新增或转增中国境内居民企业实收资本或者资本公积；

2.在中国境内投资新建居民企业；

3.从非关联方收购中国境内居民企业股权；

4.财政部、税务总局规定的其他方式。

境外投资者采取上述投资行为所投资的企业统称为被投资企业。

（二）境外投资者分得的利润属于中国境内居民企业向投资者实际分配已经实现的留存收益而形成的股息、红利等权益性投资收益。

（三）境外投资者用于直接投资的利润以现金形式支付的，相关款项从利润分配企业的账户直接转入被投资企业或股权转让方账户，在直接投资前不得在境内外其他账户周转；境外投资者用于直接投资的利润以实物、有价证券等非现金形式支付的，相关资产所有权直接从利润分配企业转入被投资企业或股权转让方，在直接投资前不得由其他企业、个人代为持有或临时持有。

三、境外投资者符合本通知第二条规定条件的，应按照税收管理要求进行申报并如实向利润分配企业提供其符合政策条件的资料。利润分配企业经适当审核后认为境外投资者符合本通知规定的，可暂不按照企业所得税法第三十七条规定扣缴预提所得税，并向其主管税务机关履行备案手续。

四、税务部门依法加强后续管理。境外投资者已享受本通知规定的暂不征收预提所得税政策，经税务部门后续管理核实不符合规定条件的，除属于利润分配企业责任外，视为境外投资者未按照规定申报缴纳企业所得税，依法追究延迟纳税责任，税款延迟缴纳期限自相关利润支付之日起计算。

五、境外投资者按照本通知规定可以享受暂不征收预提所得税政策但未实际享受的，可在实际缴纳相关税款之日起三年内申请追补享受该政策，退还已缴纳的税款。

六、境外投资者通过股权转让、回购、清算等方式实际收回享受暂不征收预提所得税政策待遇的直接投资，在实际收取相应款项后7日内，按规定程序向税务部门申报补缴递延的税款。

七、境外投资者享受本通知规定的暂不征收预提所得税政策待遇后，被投资企业发生重组符合特殊性重组条件，并实际按照特殊性重组进行税务处理的，可继续享受暂不征收预提所得税政策待遇，不按本通知第六条规定补缴递延的税款。

八、本通知所称“境外投资者”，是指适用《企业所得税法》第三条第三款规定的非居民企业；本通知所称“中国境内居民企业”，是指依法在中国境内成立的居民企业。

九、本通知自2018年1月1日起执行。《财政部税务总局国家发展改革委商务部关于境外投资者以分配利润直接投资暂不征收预提所得税政策问题的通知》（财税〔2017〕88号）同时废止。境外投资者在2018年1月1日（含当日）以后取得的股息、红利等权益性投资收益可适用本通知，已缴税款按本通知第五条规定执行。

第五部分

生态文明建设投资

国务院关于印发打赢蓝天保卫战三年行动计划的通知

国发〔2018〕22号

各省、自治区、直辖市人民政府，国务院各部委、各直属机构：

现将《打赢蓝天保卫战三年行动计划》印发给你们，请认真贯彻执行。

国务院

2018年6月27日

打赢蓝天保卫战三年行动计划

打赢蓝天保卫战，是党的十九大作出的重大决策部署，事关满足人民日益增长的美好生活需要，事关全面建成小康社会，事关经济高质量发展和美丽中国建设。为加快改善环境空气质量，打赢蓝天保卫战，制定本行动计划。

一、总体要求

（一）**指导思想**。以习近平新时代中国特色社会主义思想为指导，全面贯彻党的十九大和十九届二中、三中全会精神，认真落实党中央、国务院决策部署和全国生态环境保护大会要求，坚持新发展理念，坚持全民共治、源头防治、标本兼治，以京津冀及周边地区、长三角地区、汾渭平原等区域（以下称重点区域）为重点，持续开展大气污染防治行动，综合运用经济、法律、技术和必要的行政手段，大力调整优化产业结构、能源结构、运输结构和用地结构，强化区域联防联控，狠抓秋冬季污染治理，统筹兼顾、系统谋划、精准施策，坚决打赢蓝天保卫战，实现环境效益、经济效益和社会效益多赢。

（二）**目标指标**。经过3年努力，大幅减少主要大气污染物排放总量，协同减少温室气体排放，进一步明显降低细颗粒物（PM2.5）浓度，明显减少重污染天数，明显改善环境空气质量，明显增强人民的蓝天幸福感。

到2020年，二氧化硫、氮氧化物排放总量分别比2015年下降15%以上；PM2.5未达标地级及以上城市浓度比2015年下降18%以上，地级及以上城市空气质量优良天数比率达到80%，重度及以上污染天数比率比2015年下降25%以上；提前完成“十三五”目标任务的省份，要保持和巩固改善成果；尚未完成的，要确保全面实现“十三五”约束性目标；北京市环境空气质量改善目标应在“十三五”目标基础上进一步提高。

（三）**重点区域范围**。京津冀及周边地区，包含北京市，天津市，河北省石家庄、唐山、邯郸、邢台、保定、沧州、廊坊、衡水市以及雄安新区，山西省太原、阳泉、长治、晋城市，山东省济南、淄博、济宁、德州、聊城、滨州、菏泽市，河南省郑州、开封、安阳、鹤壁、新乡、焦作、濮阳市等；长三角地区，包含上海市、江苏省、浙江省、安徽省；汾渭平原，包含山西省晋中、运城、临汾、吕梁市，河南省洛阳、三门峡市，陕西省西安、铜川、宝鸡、咸阳、渭南市以及杨凌示范区等。

二、调整优化产业结构，推进产业绿色发展

（四）**优化产业布局**。各地完成生态保护红线、环境质量底线、资源利用上线、环境准入清单编制工作，明确禁止和限制发展的行业、生产工艺和产业目录。修订完善高耗能、高污染和资源型行业准入条件，环境空气质量未达标城市应制订更严格的产业准入门槛。积极推行区域、规划环境影响评价，新、改、扩建钢铁、石化、化工、焦化、建材、有色等项目的环境影响评价，应满足区域、规划环评要求。（生态环境部牵头，国家发展改革委、工业和信息化部、自然资源部参与，地方各级人民政府负责落实。以下均需地方各级人民政府落实，不再列出）

加大区域产业布局调整力度。加快城市建成区重污染企业搬迁改造或关闭退出，推动实施一批水泥、平板玻璃、焦化、化工等重污染企业搬迁工程；重点区域城市钢铁企业要切实采取彻底关停、转型发展、就地改造、域外搬迁等方式，推动转型升级。重点区域禁止新增化工园区，加大现有化工园区整治力度。各地已明确的退城企业，要明确时间表，逾期不退城的予以停产。（工业和信息化部、国家发展改革委、生态环境部等按职责负责）

（五）**严控“两高”行业产能**。重点区域严禁新增钢铁、焦化、电解铝、铸造、水泥和平板玻璃等产能；严格执行钢铁、水泥、平板玻璃等行业产能置换实施办法；新、改、扩建涉及大宗物料运输的建设项目，原则上不得采用公路运输。（工业和信息化部、国家发展改革委牵头，生态环境部等参与）

加大落后产能淘汰和过剩产能压减力度。严格执行质量、环保、能耗、安全等法规标准。修订《产业结构调整指导目录》，提高重点区域过剩产能淘汰标准。重点区域加大独立焦化企业淘汰力度，京津冀及周边地区实施“以钢定焦”，力争2020年炼焦产能与钢铁产能比达到0.4左右。严防“地条钢”死灰复燃。2020年，河北省钢铁产能控制在2亿吨以内；列入去产能计划的钢铁企业，需一并退出配套的烧结、焦炉、高炉等设备。（国家发展改革委、工业和信息化部牵头，生态环境部、财政部、市场监管总局等参与）

（六）**强化“散乱污”企业综合整治**。全面开展“散乱污”企业及集群综合整治行动。根据产业政策、产业布局规划，以及土地、环保、质量、安全、能耗等要求，制定“散乱污”企业及集群整治标准。实行拉网式排查，建立管理台账。按照“先停后治”的原则，实施分类处置。列入关停取缔类的，基本做到“两断三清”（切断工业用水、用电，清除原料、产品、生产设备）；列入整合搬迁类的，要按照产业发展规模化、现代化的原则，搬迁至工业园区并实施升级改造；列入升级改造类的，树立行业标杆，实施清洁生产技术改造，全面提升污染治理水平。建立“散乱污”企业动态管理机制，坚决杜绝“散乱污”企业项目建设和已取缔的“散乱污”企业异地转移、死灰复燃。京津冀及周边地区2018年底前全面完成；长三角地区、汾渭平原2019年底前基本完成；全国2020年底前基本完成。（生态环境部、工业和信息化部牵头，国家发展改革委、国家市场监管总局、自然资源部等参与）

（七）**深化工业污染治理**。持续推进工业污染源全面达标排放，将烟气在线监测数据作为执法依

据，加大超标处罚和联合惩戒力度，未达标排放的企业一律依法停产整治。建立覆盖所有固定污染源的企业排放许可制度，2020年底前，完成排污许可管理名录规定的行业许可证核发。（生态环境部负责）

推进重点行业污染治理升级改造。重点区域二氧化硫、氮氧化物、颗粒物、挥发性有机物（VOCs）全面执行大气污染物特别排放限值。推动实施钢铁等行业超低排放改造，重点区域城市建成区内焦炉实施炉体加罩封闭，并对废气进行收集处理。强化工业企业无组织排放管控。开展钢铁、建材、有色、火电、焦化、铸造等重点行业及燃煤锅炉无组织排放排查，建立管理台账，对物料（含废渣）运输、装卸、储存、转移和工艺过程等无组织排放实施深度治理，2018年底前京津冀及周边地区基本完成治理任务，长三角地区和汾渭平原2019年底前完成，全国2020年底前基本完成。（生态环境部牵头，国家发展改革委、工业和信息化部参与）

推进各类园区循环化改造、规范发展和提质增效。大力推进企业清洁生产。对开发区、工业园区、高新区等进行集中整治，限期进行达标改造，减少工业集聚区污染。完善园区集中供热设施，积极推广集中供热。有条件的工业集聚区建设集中喷涂工程中心，配备高效治污设施，替代企业独立喷涂工序。（发展改革委牵头，工业和信息化部、生态环境部、科技部、商务部等参与）

（八）大力培育绿色环保产业。壮大绿色产业规模，发展节能环保产业、清洁生产产业、清洁能源产业，培育发展新动能。积极支持培育一批具有国际竞争力的大型节能环保龙头企业，支持企业技术创新能力建设，加快掌握重大关键核心技术，促进大气治理重点技术装备等产业化发展和推广应用。积极推行节能环保整体解决方案，加快发展合同能源管理、环境污染第三方治理和社会化监测等新业态，培育一批高水平、专业化节能环保服务公司。（国家发展改革委牵头，工业和信息化部、生态环境部、科技部等参与）

三、加快调整能源结构，构建清洁低碳高效能源体系

（九）有效推进北方地区清洁取暖。坚持从实际出发，宜电则电、宜气则气、宜煤则煤、宜热则热，确保北方地区群众安全取暖过冬。集中资源推进京津冀及周边地区、汾渭平原等区域散煤治理，优先以乡镇或区县为单元整体推进。2020年采暖季前，在保障能源供应的前提下，京津冀及周边地区、汾渭平原的平原地区基本完成生活和冬季取暖散煤替代；对暂不具备清洁能源替代条件的山区，积极推广洁净煤，并加强煤质监管，严厉打击销售使用劣质煤行为。燃气壁挂炉能效不得低于2级水平。（国家能源局、国家发展改革委、财政部、生态环境部、住房城乡建设部牵头，市场监管总局等参与）

抓好天然气产供储销体系建设。力争2020年天然气占能源消费总量比重达到10%。新增天然气量优先用于城镇居民和大气污染严重地区的生活和冬季取暖散煤替代，重点支持京津冀及周边地区和汾渭平原，实现“增气减煤”。“煤改气”坚持“以气定改”，确保安全施工、安全使用、安全管理。有序发展天然气调峰电站等可中断用户，原则上不再新建天然气热电联产和天然气化工项目。限时完成天然气管网互联互通，打通“南气北送”输气通道。加快储气设施建设步伐，2020年采暖季前，地方政府、城镇燃气企业和上游供气企业的储备能力达到量化指标要求。建立完善调峰用户清单，采暖季实行“压非保民”。（国家发展改革委、能源局牵头，生态环境部、财政部、住房城乡建设部等参与）

加快农村“煤改电”电网升级改造。制定实施工作方案。电网企业要统筹推进输变电工程建设，满足居民采暖用电需求。鼓励推进蓄热式等电供暖。地方政府对“煤改电”配套电网工程建设应给予支持，统筹协调“煤改电”“煤改气”建设用地。（国家能源局、国家发展改革委牵头，生态环境部、自然资源部参与）

（十）重点区域继续实施煤炭消费总量控制。到2020年，全国煤炭占能源消费总量比重下降到

58%以下；北京、天津、河北、山东、河南五省（直辖市）煤炭消费总量比2015年下降10%，长三角地区下降5%，汾渭平原实现负增长；新建耗煤项目实行煤炭减量替代。按照煤炭集中使用、清洁利用的原则，重点削减非电力用煤，提高电力用煤比例，2020年全国电力用煤占煤炭消费总量比重达到55%以上。继续推进电能替代燃煤和燃油，替代规模达到1000亿度以上。（国家发展改革委牵头，国家能源局、生态环境部参与）

制定专项方案，大力淘汰关停环保、能耗、安全等不达标的30万千瓦以下燃煤机组。对于关停机组的装机容量、煤炭消费量和污染物排放量指标，允许进行交易或置换，可统筹安排建设等容量超低排放燃煤机组。重点区域严格控制燃煤机组新增装机规模，新增用电量主要依靠区域内非化石能源发电和外送电满足。限时完成重点输电通道建设，在保障电力系统安全稳定运行的前提下，到2020年，京津冀、长三角地区接受外送电量比例比2017年显著提高。（国家能源局、国家发展改革委牵头，生态环境部等参与）

（十一）开展燃煤锅炉综合整治。加大燃煤小锅炉淘汰力度。县级及以上城市建成区基本淘汰每小时10蒸吨及以下燃煤锅炉及茶水炉、经营性炉灶、储粮烘干设备等燃煤设施，原则上不再新建每小时35蒸吨以下的燃煤锅炉，其他地区原则上不再新建每小时10蒸吨以下的燃煤锅炉。环境空气质量未达标城市应进一步加大淘汰力度。重点区域基本淘汰每小时35蒸吨以下燃煤锅炉，每小时65蒸吨及以上燃煤锅炉全部完成节能和超低排放改造；燃气锅炉基本完成低氮改造；城市建成区生物质锅炉实施超低排放改造。（生态环境部、国家市场监管总局牵头，国家发展改革委、住房城乡建设部、工业和信息化部、国家能源局等参与）

加大对纯凝机组和热电联产机组技术改造力度，加快供热管网建设，充分释放和提高供热能力，淘汰管网覆盖范围内的燃煤锅炉和散煤。在不具备热电联产集中供热条件的地区，现有多台燃煤小锅炉的，可按照等容量替代原则建设大容量燃煤锅炉。2020年底前，重点区域30万千瓦及以上热电联产电厂供热半径15公里范围内的燃煤锅炉和落后燃煤小热电全部关停整合。（能源局、发展改革委牵头，生态环境部、住房城乡建设部等参与）

（十二）提高能源利用效率。继续实施能源消耗总量和强度双控行动。健全节能标准体系，大力开发、推广节能高效技术和产品，实现重点用能行业、设备节能标准全覆盖。重点区域新建高耗能项目单位产品（产值）能耗要达到国际先进水平。因地制宜提高建筑节能标准，加大绿色建筑推广力度，引导有条件地区和城市新建建筑全面执行绿色建筑标准。进一步健全能源计量体系，持续推进供热计量改革，推进既有居住建筑节能改造，重点推动北方采暖地区有改造价值的城镇居住建筑节能改造。鼓励开展农村住房节能改造。（国家发展改革委、住房城乡建设部、国家市场监管总局牵头，国家能源局、工业和信息化部等参与）

（十三）加快发展清洁能源和新能源。到2020年，非化石能源占能源消费总量比重达到15%。有序发展水电，安全高效发展核电，优化风能、太阳能开发布局，因地制宜发展生物质能、地热能等。在具备资源条件的地方，鼓励发展县域生物质热电联产、生物质成型燃料锅炉及生物天然气。加大可再生能源消纳力度，基本解决弃水、弃风、弃光问题。（国家能源局、国家发展改革委、财政部负责）

四、积极调整运输结构，发展绿色交通体系

（十四）优化调整货物运输结构。大幅提升铁路货运比例。到2020年，全国铁路货运量比2017年增长30%，京津冀及周边地区增长40%、长三角地区增长10%、汾渭平原增长25%。大力推进海铁联运，全国重点港口集装箱铁水联运量年均增长10%以上。制定实施运输结构调整行动计划。（国家发展改革委、交通运输部、国家铁路局、中国铁路总公司牵头，财政部、生态环境部参与）

推动铁路货运重点项目建设。加大货运铁路建

设投入，加快完成蒙华、唐曹、水曹等货运铁路建设。大力提升张唐、瓦日等铁路线煤炭运输量。在环渤海地区、山东省、长三角地区，2018 年底前，沿海主要港口和唐山港、黄骅港的煤炭集港改由铁路或水路运输；2020 年采暖季前，沿海主要港口和唐山港、黄骅港的矿石、焦炭等大宗货物原则上主要改由铁路或水路运输。钢铁、电解铝、电力、焦化等重点企业要加快铁路专用线建设，充分利用已有铁路专用线能力，大幅提高铁路运输比例，2020 年重点区域达到 50% 以上。（国家发展改革委、交通运输部、国家铁路局、中国铁路总公司牵头，财政部、生态环境部参与）

大力发展多式联运。依托铁路物流基地、公路港、沿海和内河港口等，推进多式联运型和干支衔接型货运枢纽（物流园区）建设，加快推广集装箱多式联运。建设城市绿色物流体系，支持利用城市现有铁路货场物流货场转型升级为城市配送中心。鼓励发展江海联运、江海直达、滚装运输、甩挂运输等运输组织方式。降低货物运输空载率。（国家发展改革委、交通运输部牵头，财政部、生态环境部、国家铁路局、中国铁路总公司参与）

（十五）加快车船结构升级。推广使用新能源汽车。2020 年新能源汽车产销量达到 200 万辆左右。加快推进城市建成区新增和更新的公交、环卫、邮政、出租、通勤、轻型物流配送车辆使用新能源或清洁能源汽车，重点区域使用比例达到 80%；重点区域港口、机场、铁路货场等新增或更换作业车辆主要使用新能源或清洁能源汽车。2020 年底前，重点区域的直辖市、省会城市、计划单列市建成区公交车全部更换为新能源汽车。在物流园、产业园、工业园、大型商业购物中心、农贸批发市场等物流集散地建设集中式充电桩和快速充电桩。为承担物流配送的新能源车辆在城市通行提供便利。（工业和信息化部、交通运输部牵头，财政部、住房城乡建设部、生态环境部、国家能源局、国家铁路局、民航局、中国铁路总公司等参与）

大力淘汰老旧车辆。重点区域采取经济补偿、限制使用、严格超标排放监管等方式，大力推进国三及以下排放标准营运柴油货车提前淘汰更新，加快淘汰采用稀薄燃烧技术和“油改气”的老旧燃气车辆。各地制定营运柴油货车和燃气车辆提前淘汰更新目标及实施计划。2020 年底前，京津冀及周边地区、汾渭平原淘汰国三及以下排放标准营运中型和重型柴油货车 100 万辆以上。2019 年 7 月 1 日起，重点区域、珠三角地区、成渝地区提前实施国六排放标准。推广使用达到国六排放标准的燃气车辆。（交通运输部、生态环境部牵头，工业和信息化部、公安部、财政部、商务部等参与）

推进船舶更新升级。2018 年 7 月 1 日起，全面实施新生产船舶发动机第一阶段排放标准。推广使用电、天然气等新能源或清洁能源船舶。长三角地区等重点区域内河应采取禁限行等措施，限制高排放船舶使用，鼓励淘汰使用 20 年以上的内河航运船舶。（交通运输部牵头，生态环境部、工业和信息化部参与）

（十六）加快油品质量升级。2019 年 1 月 1 日起，全国全面供应符合国六标准的车用汽柴油，停止销售低于国六标准的汽柴油，实现车用柴油、普通柴油、部分船舶用油“三油并轨”，取消普通柴油标准，重点区域、珠三角地区、成渝地区等提前实施。研究销售前在车用汽柴油中加入符合环保要求的燃油清净增效剂。（国家能源局、财政部牵头，国家市场监管总局、商务部、生态环境部等参与）

（十七）强化移动源污染防治。严厉打击新生产销售机动车环保不达标等违法行为。严格新车环保装置检验，在新车销售、检验、登记等场所开展环保装置抽查，保证新车环保装置生产一致性。取消地方环保达标公告和目录审批。构建全国机动车超标排放信息数据库，追溯超标排放机动车生产和进口企业、注册登记地、排放检验机构、维修单位、运输企业等，实现全链条监管。推进老旧柴油车深度治理，具备条件的安装污染控制装置、配备实时排放监控终端，并与生态环境等有关部门联网，协同控制颗粒物和氮氧化物排放，稳定达标的可免于上线排放检验。有条件的城市定期更换出租车三元催化装置。（生态环境部、交通运输部牵头，公安部、工业和信息化部、国家市场监管总局等参与）

加强非道路移动机械和船舶污染防治。开展非道路移动机械摸底调查，划定非道路移动机械低排放控制区，严格管控高排放非道路移动机械，重点区域2019年底前完成。推进排放不达标工程机械、港作机械清洁化改造和淘汰，重点区域港口、机场新增和更换的作业机械主要采用清洁能源或新能源。2019年底前，调整扩大船舶排放控制区范围，覆盖沿海重点港口。推动内河船舶改造，加强颗粒物排放控制，开展减少氮氧化物排放试点工作。（生态环境部、交通运输部、农业农村部负责）

推动靠港船舶和飞机使用岸电。加快港口码头和机场岸电设施建设，提高港口码头和机场岸电设施使用率。2020年底前，沿海主要港口50%以上专业化泊位（危险货物泊位除外）具备向船舶供应岸电的能力。新建码头同步规划、设计、建设岸电设施。重点区域沿海港口新增、更换拖船优先使用清洁能源。推广地面电源替代飞机辅助动力装置，重点区域民航机场在飞机停靠期间主要使用岸电。（交通运输部、民航局牵头，国家发展改革委、财政部、生态环境部、国家能源局等参与）

五、优化调整用地结构，推进面源污染治理

（十八）实施防风固沙绿化工程。建设北方防沙带生态安全屏障，重点加强三北防护林体系建设、京津风沙源治理、太行山绿化、草原保护和防风固沙。推广保护性耕作、林间覆盖等方式，抑制季节性裸地农田扬尘。在城市功能疏解、更新和调整中，将腾退空间优先用于留白增绿。建设城市绿道绿廊，实施“退工还林还草”。大力提高城市建成区绿化覆盖率。（自然资源部牵头，住房城乡建设部、农业农村部、国家林草局参与）

（十九）推进露天矿山综合整治。全面完成露天矿山摸底排查。对违反资源环境法律法规、规划，污染环境、破坏生态、乱采滥挖的露天矿山，依法予以关闭；对污染治理不规范的露天矿山，依法责令停产整治，整治完成并经相关部门组织验收合格后方可恢复生产，对拒不停产或擅自恢复生产的依法强制关闭；对责任主体灭失的露天矿山，要加强修复绿化、减尘抑尘。重点区域原则上禁止新建露天矿山建设项目。加强矸石山治理。（自然资源部牵头，生态环境部等参与）

（二十）加强扬尘综合治理。严格施工扬尘监管。2018年底前，各地建立施工工地管理清单。因地制宜稳步发展装配式建筑。将施工工地扬尘污染防治纳入文明施工管理范畴，建立扬尘控制责任制度，扬尘治理费用列入工程造价。重点区域建筑施工工地要做到工地周边围挡、物料堆放覆盖、土方开挖湿法作业、路面硬化、出入车辆清洗、渣土车辆密闭运输“六个百分之百”，安装在线监测和视频监控设备，并与当地有关主管部门联网。将扬尘管理工作不到位的不良信息纳入建筑市场信用管理体系，情节严重的，列入建筑市场主体“黑名单”。加强道路扬尘综合整治。大力推进道路清扫保洁机械化作业，提高道路机械化清扫率，2020年底前，地级及以上城市建成区达到70%以上，县城达到60%以上，重点区域要显著提高。严格渣土运输车辆规范化管理，渣土运输车要密闭。（住房城乡建设部牵头，生态环境部参与）

实施重点区域降尘考核。京津冀及周边地区、汾渭平原各市平均降尘量不得高于9吨／月•平方公里；长三角地区不得高于5吨／月•平方公里，其中苏北、皖北不得高于7吨／月•平方公里。（生态环境部负责）

（二十一）加强秸秆综合利用和氨排放控制。切实加强秸秆禁烧管控，强化地方各级政府秸秆禁烧主体责任。重点区域建立网格化监管制度，在夏收和秋收阶段开展秸秆禁烧专项巡查。东北地区要针对秋冬季秸秆集中焚烧和采暖季初锅炉集中起炉的问题，制定专项工作方案，加强科学有序疏导。严防因秸秆露天焚烧造成区域性重污染天气。坚持堵疏结合，加大政策支持力度，全面加强秸秆综合

利用，到2020年，全国秸秆综合利用率达到85%。（生态环境部、农业农村部、国家发展改革委按职责负责）

控制农业源氨排放。减少化肥农药使用量，增加有机肥使用量，实现化肥农药使用量负增长。提高化肥利用率，到2020年，京津冀及周边地区、长三角地区达到40%以上。强化畜禽粪污资源化利用，改善养殖场通风环境，提高畜禽粪污综合利用率，减少氨挥发排放。（农业农村部牵头，生态环境部等参与）

六、实施重大专项行动，大幅降低污染物排放

（二十二）开展重点区域秋冬季攻坚行动。制定并实施京津冀及周边地区、长三角地区、汾渭平原秋冬季大气污染综合治理攻坚行动方案，以减少重污染天气为着力点，狠抓秋冬季大气污染防治，聚焦重点领域，将攻坚目标、任务措施分解落实到城市。各市要制定具体实施方案，督促企业制定落实措施。京津冀及周边地区要以北京为重中之重，雄安新区环境空气质量要力争达到北京市南部地区同等水平。统筹调配全国环境执法力量，实行异地交叉执法、驻地督办，确保各项措施落实到位。（生态环境部牵头，国家发展改革委、工业和信息化部、财政部、住房城乡建设部、交通运输部、能源局等参与）

（二十三）打好柴油货车污染治理攻坚战。制定柴油货车污染治理攻坚战行动方案，统筹油、路、车治理，实施清洁柴油车（机）、清洁运输和清洁油品行动，确保柴油货车污染排放总量明显下降。加强柴油货车生产销售、注册使用、检验维修等环节的监督管理，建立天地车人一体化的全方位监控体系，实施在用汽车排放检测与强制维护制度。各地开展多部门联合执法专项行动。（生态环境部、交通运输部、财政部、国家市场监管总局牵头，工业和信息化部、公安部、商务部、国家能源局等参与）

（二十四）开展工业炉窑治理专项行动。各地制定工业炉窑综合整治实施方案。开展拉网式排查，建立各类工业炉窑管理清单。制定行业规范，修订完善涉各类工业炉窑的环保、能耗等标准，提高重点区域排放标准。加大不达标工业炉窑淘汰力度，加快淘汰中小型煤气发生炉。鼓励工业炉窑使用电、天然气等清洁能源或由周边热电厂供热。重点区域取缔燃煤热风炉，基本淘汰热电联产供热管网覆盖范围内的燃煤加热、烘干炉（窑）；淘汰炉膛直径3米以下燃料类煤气发生炉，加大化肥行业固定床间歇式煤气化炉整改力度；集中使用煤气发生炉的工业园区，暂不具备改用天然气条件的，原则上应建设统一的清洁煤制气中心；禁止掺烧高硫石油焦。将工业炉窑治理作为环保强化督查重点任务，凡未列入清单的工业炉窑均纳入秋冬季错峰生产方案。（生态环境部牵头，国家发展改革委、工业和信息化部、市场监管总局等参与）

（二十五）实施VOCs专项整治方案。制定石化、化工、工业涂装、包装印刷等VOCs排放重点行业和油品储运销综合整治方案，出台泄漏检测与修复标准，编制VOCs治理技术指南。重点区域禁止建设生产和使用高VOCs含量的溶剂型涂料、油墨、胶粘剂等项目，加大餐饮油烟治理力度。开展VOCs整治专项执法行动，严厉打击违法排污行为，对治理效果差、技术服务能力弱、运营管理水平低的治理单位，公布名单，实行联合惩戒，扶持培育VOCs治理和服务专业化规模化龙头企业。2020年，VOCs排放总量较2015年下降10%以上。（生态环境部牵头，发展改革委、工业和信息化部、商务部、国家市场监管总局、国家能源局等参与）

七、强化区域联防联控，有效应对重污染天气

（二十六）建立完善区域大气污染防治协作机制。将京津冀及周边地区大气污染防治协作小组调整为京津冀及周边地区大气污染防治领导小组；建立汾渭平原大气污染防治协作机制，纳入京津冀及周边地区大气污染防治领导小组统筹领导；继续发挥长三角区域大气污染防治协作小组作用。相关协作机制负责研究审议区域大气污染防治实施方案、年度计划、目标、重大措施，以及区域重点产业发

展规划、重大项目建设等事关大气污染防治工作的重要事项，部署区域重污染天气联合应对工作。（生态环境部负责）

（二十七）加强重污染天气应急联动。强化区域环境空气质量预测预报中心能力建设，2019 年底前实现 7 ～ 10 天预报能力，省级预报中心实现以城市为单位的 7 天预报能力。开展环境空气质量中长期趋势预测工作。完善预警分级标准体系，区分不同区域不同季节应急响应标准，同一区域内要统一应急预警标准。当预测到区域将出现大范围重污染天气时，统一发布预警信息，各相关城市按级别启动应急响应措施，实施区域应急联动。（生态环境部牵头，国家气象局等参与）

（二十八）夯实应急减排措施。制定完善重污染天气应急预案。提高应急预案中污染物减排比例，黄色、橙色、红色级别减排比例原则上分别不低于 10%、20%、30%。细化应急减排措施，落实到企业各工艺环节，实施“一厂一策”清单化管理。在黄色及以上重污染天气预警期间，对钢铁、建材、焦化、有色、化工、矿山等涉及大宗物料运输的重点用车企业，实施应急运输响应。（生态环境部牵头，交通运输部、工业和信息化部参与）

重点区域实施秋冬季重点行业错峰生产。加大秋冬季工业企业生产调控力度，各地针对钢铁、建材、焦化、铸造、有色、化工等高排放行业，制定错峰生产方案，实施差别化管理。要将错峰生产方案细化到企业生产线、工序和设备，载入排污许可证。企业未按期完成治理改造任务的，一并纳入当地错峰生产方案，实施停产。属于《产业结构调整指导目录》限制类的，要提高错峰限产比例或实施停产。（工业和信息化部、生态环境部负责）

八、健全法律法规体系，完善环境经济政策

（二十九）完善法律法规标准体系。研究将 VOCs 纳入环境保护税征收范围。制定排污许可管理条例、京津冀及周边地区大气污染防治条例。2019 年底前，完成涂料、油墨、胶粘剂、清洗剂等产品 VOCs 含量限值强制性国家标准制定工作，2020 年 7 月 1 日起在重点区域率先执行。研究制定石油焦质量标准。修改《环境空气质量标准》中关于监测状态的有关规定，实现与国际接轨。加快制修订制药、农药、日用玻璃、铸造、工业涂装类、餐饮油烟等重点行业污染物排放标准，以及 VOCs 无组织排放控制标准。鼓励各地制定实施更严格的污染物排放标准。研究制定内河大型船舶用燃料油标准和更加严格的汽柴油质量标准，降低烯烃、芳烃和多环芳烃含量。制定更严格的机动车、非道路移动机械和船舶大气污染物排放标准。制定机动车排放检测与强制维修管理办法，修订《报废汽车回收管理办法》。（生态环境部、财政部、工业和信息化部、交通运输部、商务部、国家市场监管总局牵头，司法部、国家税务总局等参与）

（三十）拓宽投融资渠道。各级财政支出要向打赢蓝天保卫战倾斜。增加中央大气污染防治专项资金投入，扩大中央财政支持北方地区冬季清洁取暖的试点城市范围，将京津冀及周边地区、汾渭平原全部纳入。环境空气质量未达标地区要加大大气污染防治资金投入。（财政部牵头，生态环境部等参与）

支持依法合规开展大气污染防治领域的政府和社会资本合作（PPP）项目建设。鼓励开展合同环境服务，推广环境污染第三方治理。出台对北方地区清洁取暖的金融支持政策，选择具备条件的地区，开展金融支持清洁取暖试点工作。鼓励政策性、开发性金融机构在业务范围内，对大气污染防治、清洁取暖和产业升级等领域符合条件的项目提供信贷支持，引导社会资本投入。支持符合条件的金融机构、企业发行债券，募集资金用于大气污染治理和节能改造。将“煤改电”超出核价投资的配套电网投资纳入下一轮输配电价核价周期，核算准许成本。（财政部、国家发展改革委、人民银行牵头，生态环境部、银保监会、证监会等参与）

（三十一）加大经济政策支持力度。建立中央大气污染防治专项资金安排与地方环境空气质量改善绩效联动机制，调动地方政府治理大气污染积极

性。健全环保信用评价制度，实施跨部门联合奖惩。研究将致密气纳入中央财政开采利用补贴范围，以鼓励企业增加冬季供应量为目标调整完善非常规天然气补贴政策。研究制定推进储气调峰设施建设的扶持政策。推行上网侧峰谷分时电价政策，延长采暖用电谷段时长至10个小时以上，支持具备条件的地区建立采暖用电的市场化竞价采购机制，采暖用电参加电力市场化交易谷段输配电价减半执行。农村地区利用地热能向居民供暖（制冷）的项目运行电价参照居民用电价格执行。健全供热价格机制，合理制定清洁取暖价格。完善跨省跨区输电价格形成机制，降低促进清洁能源消纳的跨省跨区专项输电工程增送电量的输配电价，优化电力资源配置。落实好燃煤电厂超低排放环保电价。全面清理取消对高耗能行业的优待类电价以及其他各种不合理价格优惠政策。建立高污染、高耗能、低产出企业执行差别化电价、水价政策的动态调整机制，对限制类、淘汰类企业大幅提高电价，支持各地进一步提高加价幅度。加大对钢铁等行业超低排放改造支持力度。研究制定"散乱污"企业综合治理激励政策。进一步完善货运价格市场化运行机制，科学规范两端费用。大力支持港口和机场岸基供电，降低岸电运营商用电成本。支持车船和作业机械使用清洁能源。研究完善对有机肥生产销售运输等环节的支持政策。利用生物质发电价格政策，支持秸秆等生物质资源消纳处置。（国家发展改革委、财政部牵头，国家能源局、生态环境部、交通运输部、农业农村部、国家铁路局、中国铁路总公司等参与）

加大税收政策支持力度。严格执行环境保护税法，落实购置环境保护专用设备企业所得税抵免优惠政策。研究对从事污染防治的第三方企业给予企业所得税优惠政策。对符合条件的新能源汽车免征车辆购置税，继续落实并完善对节能、新能源车船减免车船税的政策。（财政部、国家税务总局牵头，交通运输部、生态环境部、工业和信息化部、交通运输部等参与）

九、加强基础能力建设，严格环境执法督察

（三十二）完善环境监测监控网络。加强环境空气质量监测，优化调整扩展国控环境空气质量监测站点。加强区县环境空气质量自动监测网络建设，2020年底前，东部、中部区县和西部大气污染严重城市的区县实现监测站点全覆盖，并与中国环境监测总站实现数据直联。国家级新区、高新区、重点工业园区及港口设置环境空气质量监测站点。加强降尘量监测，2018年底前，重点区域各区县布设降尘量监测点位。重点区域各城市和其他臭氧污染严重的城市，开展环境空气VOCs监测。重点区域建设国家大气颗粒物组分监测网、大气光化学监测网以及大气环境天地空大型立体综合观测网。研究发射大气环境监测专用卫星。（生态环境部牵头，国防科工局等参与）

强化重点污染源自动监控体系建设。排气口高度超过45米的高架源，以及石化、化工、包装印刷、工业涂装等VOCs排放重点源，纳入重点排污单位名录，督促企业安装烟气排放自动监控设施，2019年底前，重点区域基本完成；2020年底前，全国基本完成。（生态环境部负责）

加强移动源排放监管能力建设。建设完善遥感监测网络、定期排放检验机构国家—省—市三级联网，构建重型柴油车车载诊断系统远程监控系统，强化现场路检路查和停放地监督抽测。2018年底前，重点区域建成三级联网的遥感监测系统平台，其他区域2019年底前建成。推进工程机械安装实时定位和排放监控装置，建设排放监控平台，重点区域2020年底前基本完成。研究成立国家机动车污染防治中心，建设区域性国家机动车排放检测实验室。（生态环境部牵头，公安部、交通运输部、科技部等参与）

强化监测数据质量控制。城市和区县各类开发区环境空气质量自动监测站点运维全部上收到省级环境监测部门。加强对环境监测和运维机构的监管，建立质控考核与实验室比对、第三方质控、信誉评级等机制，健全环境监测量值传递溯源体系，加强

环境监测相关标准物质研制，建立“谁出数谁负责、谁签字谁负责”的责任追溯制度。开展环境监测数据质量监督检查专项行动，严厉惩处环境监测数据弄虚作假行为。对地方不当干预环境监测行为的，监测机构运行维护不到位及篡改、伪造、干扰监测数据的，排污单位弄虚作假的，依纪依法从严处罚，追究责任。（生态环境部负责）

（三十三）强化科技基础支撑。汇聚跨部门科研资源，组织优秀科研团队，开展重点区域及成渝地区等其他区域大气重污染成因、重污染积累与天气过程双向反馈机制、重点行业与污染物排放管控技术、居民健康防护等科技攻坚。大气污染成因与控制技术研究、大气重污染成因与治理攻关等重点项目，要紧密围绕打赢蓝天保卫战需求，以目标和问题为导向，边研究、边产出、边应用。加强区域性臭氧形成机理与控制路径研究，深化 VOCs 全过程控制及监管技术研发。开展钢铁等行业超低排放改造、污染排放源头控制、货物运输多式联运、内燃机及锅炉清洁燃烧等技术研究。常态化开展重点区域和城市源排放清单编制、源解析等工作，形成污染动态溯源的基础能力。开展氨排放与控制技术研究。（科技部、生态环境部牵头，卫生健康委、气象局、市场监管总局等参与）

（三十四）加大环境执法力度。坚持铁腕治污，综合运用按日连续处罚、查封扣押、限产停产等手段依法从严处罚环境违法行为，强化排污者责任。未依法取得排污许可证、未按证排污的，依法依规从严处罚。加强区县级环境执法能力建设。创新环境监管方式，推广“双随机、一公开”等监管。严格环境执法检查，开展重点区域大气污染热点网格监管，加强工业炉窑排放、工业无组织排放、VOCs 污染治理等环境执法，严厉打击“散乱污”企业。加强生态环境执法与刑事司法衔接。（生态环境部牵头，公安部等参与）

严厉打击生产销售排放不合格机动车和违反信息公开要求的行为，撤销相关企业车辆产品公告、油耗公告和强制性产品认证。开展在用车超标排放联合执法，建立完善环境部门检测、公安交管部门处罚、交通运输部门监督维修的联合监管机制。严厉打击机动车排放检验机构尾气检测弄虚作假、屏蔽和修改车辆环保监控参数等违法行为。加强对油品制售企业的质量监督管理，严厉打击生产、销售、使用不合格油品和车用尿素行为，禁止以化工原料名义出售调和油组分，禁止以化工原料勾兑调和油，严禁运输企业储存使用非标油，坚决取缔黑加油站点。（生态环境部、公安部、交通运输部、工业和信息化部牵头，商务部、国家市场监管总局等参与）

（三十五）深入开展环境保护督察。将大气污染防治作为中央环境保护督察及其“回头看”的重要内容，并针对重点区域统筹安排专项督察，夯实地方政府及有关部门责任。针对大气污染防治工作不力、重污染天气频发、环境质量改善达不到进度要求甚至恶化的城市，开展机动式、点穴式专项督察，强化督察问责。全面开展省级环境保护督察，实现对地市督察全覆盖。建立完善排查、交办、核查、约谈、专项督察“五步法”监管机制。（生态环境部负责）

十、明确落实各方责任，动员全社会广泛参与

（三十六）加强组织领导。有关部门要根据本行动计划要求，按照管发展的管环保、管生产的管环保、管行业的管环保原则，进一步细化分工任务，制定配套政策措施，落实“一岗双责”。有关地方和部门的落实情况，纳入国务院大督查和相关专项督查，对真抓实干成效明显的强化表扬激励，对庸政懒政怠政的严肃追责问责。地方各级政府要把打赢蓝天保卫战放在重要位置，主要领导是本行政区域第一责任人，切实加强组织领导，制定实施方案，细化分解目标任务，科学安排指标进度，防止脱离实际层层加码，要确保各项工作有力有序完成。完善有关部门和地方各级政府的责任清单，健全责任体系。各地建立完善“网格长”制度，压实各方责任，层层抓落实。生态环境部要加强统筹协调，定期调度，及时向国务院报告。（生态环境部牵头，各有关部

门参与）

（三十七）严格考核问责。将打赢蓝天保卫战年度和终期目标任务完成情况作为重要内容，纳入污染防治攻坚战成效考核，做好考核结果应用。考核不合格的地区，由上级生态环境部门会同有关部门公开约谈地方政府主要负责人，实行区域环评限批，取消国家授予的有关生态文明荣誉称号。发现篡改、伪造监测数据的，考核结果直接认定为不合格，并依纪依法追究责任。对工作不力、责任不实、污染严重、问题突出的地区，由生态环境部公开约谈当地政府主要负责人。制定量化问责办法，对重点攻坚任务完成不到位或环境质量改善不到位的实施量化问责。对打赢蓝天保卫战工作中涌现出的先进典型予以表彰奖励。（生态环境部牵头，中央组织部等参与）

（三十八）加强环境信息公开。各地要加强环境空气质量信息公开力度。扩大国家城市环境空气质量排名范围，包含重点区域和珠三角、成渝、长江中游等地区的地级及以上城市，以及其他省会城市、计划单列市等，依据重点因素每月公布环境空气质量、改善幅度最差的 20 个城市和最好的 20 个城市名单。各省（自治区、直辖市）要公布本行政区域内地级及以上城市环境空气质量排名，鼓励对区县环境空气质量排名。各地要公开重污染天气应急预案及应急措施清单，及时发布重污染天气预警提示信息。（生态环境部负责）

建立健全环保信息强制性公开制度。重点排污单位应及时公布自行监测和污染排放数据、污染治理措施、重污染天气应对、环保违法处罚及整改等信息。已核发排污许可证的企业应按要求及时公布执行报告。机动车和非道路移动机械生产、进口企业应依法向社会公开排放检验、污染控制技术等环保信息。（生态环境部负责）

（三十九）构建全民行动格局。环境治理，人人有责。倡导全社会“同呼吸共奋斗”，动员社会各方力量，群防群治，打赢蓝天保卫战。鼓励公众通过多种渠道举报环境违法行为。树立绿色消费理念，积极推进绿色采购，倡导绿色低碳生活方式。强化企业治污主体责任，中央企业要起到模范带头作用，引导绿色生产。（生态环境部牵头，各有关部门参与）

积极开展多种形式的宣传教育。普及大气污染防治科学知识，纳入国民教育体系和党政领导干部培训内容。各地建立宣传引导协调机制，发布权威信息，及时回应群众关心的热点、难点问题。新闻媒体要充分发挥监督引导作用，积极宣传大气环境管理法律法规、政策文件、工作动态和经验做法等。（生态环境部牵头，各有关部门参与）

国务院批转林业局关于全国“十二五”期间年森林采伐限额审核意见的通知

国发〔2011〕3号

各省、自治区、直辖市人民政府，国务院各部委、各直属机构：

国务院同意林业局《关于全国“十二五”期间年森林采伐限额的审核意见》，现转发给你们，请认真贯彻执行。

森林资源是国家重要的自然资源和战略资源，是满足经济社会发展对林产品需求的物质基础，是发展现代林业，维护国土生态安全，建设生态文明的重要载体。大力加强森林资源保护管理，依法实行采伐限额制度，严格控制森林资源消耗，提高森林资源的利用效益，推进森林经营方案的编制与实施，对于建设完善的林业生态体系、发达的林业产业体系和繁荣的生态文化体系，应对全球气候变化，促进经济社会可持续发展具有重要而深远的意义。

“十二五”期间年森林采伐限额是每年采伐消耗森林、林木蓄积的最大限量，地方各级人民政府和有关部门必须严格执行，不得突破。地方各级林业主管部门要编制省、县两级森林经营规划，引导森林经营者编制森林经营方案；加强对森林采伐限额执行情况的严格监督管理，对乱砍滥伐和超限额采伐的，要依法严肃处理。林业局要对各地执行情况组织定期检查，检查结果上报国务院并通报全国。

国务院

2018年6月27日

关于全国“十二五”期间年森林采伐限额的审核意见

林业局

根据《中华人民共和国森林法》及其实施条例的有关规定，各省（含自治区、直辖市和重点国有林区等单位，下同）完成了“十二五”期间年森林采伐限额的编制工作。现将本次采伐限额编制结果的审核意见和进一步加强森林资源保护管理的措施报告如下：

一、“十二五”期间年森林采伐限额的审核结果

“十二五”期间年森林采伐限额编制，以第七次全国森林资源清查和各地森林资源规划设计调查成果为依据，遵循“严格保护、积极发展、科学经营、持续利用”的基本方针，坚持分类管理、分区施策，做到与集体林权制度改革、森林资源培育、林业重点工程建设、国民经济和社会发展的实际需求有机结合。积极促进由采伐天然林为主向采伐人工林为主转变、由单一控制森林资源消耗向生态保护与林业产业发展并重转变、由森林资源低价值消耗向高价值利用转变、由单纯指标控制向调动广大森林经营者积极性转变，充分体现了发展现代林业、建设生态文明、推动科学发展的总体要求。

经审核汇总，全国“十二五”期间年森林采伐限额（不包括毛竹采伐限额）为27105.4万立方米。按采伐类型分项限额为：主伐14118.8万立方米，抚育采伐6965.0万立方米，更新采伐1628.7万立方米，其他采伐4392.9万立方米；按森林类别分项限额为：商品林采伐21835.9万立方米，公益林采伐（抚育、更新和其他）5269.5万立方米；按森林起源分项限额为：人工林采伐18830.1万立方米（其中，短轮伐期用材林7706.8万立方米），天然林采伐8275.3万立方米。严格执行“十二五”期间年森林采伐限额，既能够保证森林资源的持续增长，又可以兼顾经济社会发展的客观需求。

根据第七次全国森林资源清查结果，全国活立木总蓄积量145.54亿立方米，林木年均净生长量5.72亿立方米。“十二五”期间年森林采伐限额占全国活立木总蓄积量的1.9%，占林木年均净生长量的47.4%。“十二五”期间年森林采伐限额与“十一五”限额相比，增加了2289.9万立方米（其中，短轮伐期用材林采伐限额增加2283.9万立方米，占99.7%），增长9.2%。

根据森林资源保护和发展的要求，在林分起源和区域布局上，“十二五”期间年森林采伐限额作出了较大调整。与“十一五”相比，全国天然林年森林采伐限额减少846.1万立方米，降低9.3%；人工林年森林采伐限额增加3136.0万立方米，增长20.0%；东北、内蒙古重点国有林区采伐限额减少958.6万立方米；对基本完成集体林权制度主体改革的省，人工林年森林采伐限额增加870.8万立方米。

二、进一步加强森林资源保护管理的措施

进入21世纪以来，我国森林资源保护管理工作取得了显著成效，森林资源面积和蓄积保持着“双增长”的良好态势。但是，森林资源总量不足、质量不高、分布不均、结构不合理、效益低下等问题仍然突出。

“十二五”期间是深化改革开放，加快经济发展方式转变的攻坚时期，是发展现代林业、建设生态文明和应对气候变化的关键时期，要深刻认识新形势下森林资源保护管理的重要性和紧迫性。切实加强领导、强化措施、落实责任，建立健全森林资源保护管理的保障体系，不断提高森林资源保护管理的能力和水平。

（一）强化组织领导，落实森林资源保护管理责任。地方各级人民政府和有关部门要认真贯彻《中共中央　国务院关于加快林业发展的决定》（中发〔2003〕9号）和《中共中央　国务院关于全面推进集体林权制度改革的意见》（中发〔2008〕10号）精神，落实科学发展观，正确处理当前与长远、局部与全局的利益关系，加快转变经济发展方式，坚决摒弃以牺牲森林资源和生态环境为代价的发展模式。地方各级人民政府主要负责同志是保护和发展森林资源的第一责任人，分管负责同志是保护和发展森林资源的主要责任人。要把森林覆盖率、森林保有量、采伐限额执行、林地保护管理等纳入政府年度目标考核体系，严格监督考核。林业局派驻地方的森林资源监督机构，要加强对监督区域内森林资源保护发展责任制建立和执行情况的监督检查。

（二）改革和完善森林采伐管理制度，建立与现代林业和市场经济相适应的森林采伐监管机制。对于集体林，简化森林采伐审批环节，实行公示制度；改革森林采伐限额蓄积、材积双项控制，推行按蓄积量单项管理；引导经营者编制森林经营方案，逐步实现依据森林经营方案确定森林采伐限额；推行伐区简易设计，森林经营者对伐前、伐中和伐后自主管理，林业主管部门提供技术指导和服务；商品林的主伐年龄和农田防护林更新采伐年龄由省级林业主管部门确定，并报林业局备案。对于国有林，应编制并按照森林经营方案进行经营管理，执行伐前拨交、伐中检查、伐后验收等监管制度。除东北、内蒙古重点国有林区外，其他地区木材生产计划实行备案制，林业局不再下达木材生产计划。非规划林地上的林木，不纳入采伐限额管理，由经营者自主经营、自主采伐，具体管理办法由省级林业主管部门制定。

（三）强化森林采伐管理，严格执行“十二五”期间年森林采伐限额。国务院批准的“十二五”期间年森林采伐限额，是每年采伐胸径5厘米以上林木蓄积的最大限量，各地、各部门必须严格执行，不得突破。人工林采伐可以占用天然林采伐限额，商品林抚育采伐和其他采伐可以占用主伐限额，其他各分项限额严禁互相挪用、挤占。商品林采伐限额年度有结余的，可以在“十二五”期间向以后各年度结转使用；公益林采伐限额不允许结转使用。对于长江上游、黄河上中游及新疆天然林资源保护工程区，因自然灾害、工程建设征占用林地和森林经营保护等特殊情况，确需采伐天然林的，经林业局批准，可以占用人工林采伐限额。

省级林业主管部门和重点国有林区森工（林业）主管部门，可以预留不超过5%的采伐限额，并报林业局核定，用于解决因自然灾害、征占用林地、森林经营保护等对采伐限额的需要，其余采伐限额必须分解落实到编限单位，不得层层截留。因国家重点工程建设或重大自然灾害需要采伐林木且在本省限额内无法解决的，由省级人民政府上报国务院，由国务院授权林业局审批；重点国有林区由森工（林业）主管部门上报林业局审批。东北、内蒙古重点国有林区“十二五”期间严格按照天然林资源保护二期工程和《大小兴安岭林区生态保护与经济转型规划（2010—2020年）》确定的年森林采伐限额和木材产量执行。

（四）推进森林可持续经营，不断提高森林质量。要组织编制《全国森林可持续经营实施纲要》和《全国森林经营规划》，明确不同区域森林的主导功能和经营方向。要编制省、县两级森林经营规划，确定林业发展和森林经营战略目标，细化森林功能分区，

对不同类型的森林实施不同的采伐方式，以实现森林可持续经营。引导森林经营者编制森林经营方案，将森林经营措施落实到山头地块，科学开展森林经营活动和采伐管理。要总结推广先进实用的森林可持续经营模式和技术，切实发挥森林的多功能和多效益。

（五）加强木材运输和经营加工管理，保障林业产业健康有序发展。要依据《全国木材检查站建设规划（2010—2015 年）》，调整现有木材检查站布局。木材检查站由县级以上林业主管部门管理，全国实行统一式样的木材运输证。各地要制定木材经营加工规划，根据本行政区域内森林资源状况和木材供给能力，合理确定木材经营加工企业的布局、数量和规模。要建立健全市场准入规则，对以木材为原料的经营加工企业的规模、木材综合利用率、环境保护等指标提出严格要求。

（六）加强林地保护管理，保证林业发展空间。贯彻落实《全国林地保护利用规划纲要（2010—2020 年）》，编制省、县级林地保护利用规划，采用遥感等高新技术手段，以翔实的森林资源调查数据为基础，确保林地落界成图，建立监测、评估与统计制度，实现林地档案年度更新和动态管理。严格依据林地保护利用规划审查各类建设项目，完善占用、征收、征用林地程序和补偿办法。加强国有林地保护管理，任何单位和个人不得随意侵占国有林地和改变林地用途，不得擅自变更国有林业单位隶属关系、下放经营权、改变经营范围。

（七）推进重点国有林区森林资源管理体制改革。结合天然林资源保护二期工程和《大小兴安岭生态保护与经济转型规划（2010—2020 年）》的相关政策和配套措施，加快推进重点国有林区和森林资源管理体制改革，实行政企分开、社企分开、事企分开，将森工企业承担的社会管理、公共服务职能交由地方政府负责。国有森林资源管理与企业经营分开，企业进入市场，逐步建立国有林管理新体制。

（八）加强能力建设，提高森林资源保护管理水平。要稳定和健全林业行政管理体系，继续实行森林资源管理机构上管一级制度，提高森林资源行政管理的执行力。加强林业工作站、木材检查站、林政稽查队等基层林业执法队伍建设，切实解决人员经费问题。要完善森林资源监督机构建设，理顺东北、内蒙古重点国有林区派驻森工企业监督机构的管理体制。加强森林资源调查监测行业资质和从业资格管理，建立健全监测单位资质和从业人员资格审定制度、森林资源资产评估和评估师制度。要全面提升森林资源监测的科技含量和服务能力，加强对森林生态状况的监测和评价。强化林业数表、森林资源档案管理等基础性工作。切实加大对基础设施建设投入，确保森林资源保护管理工作有效落实。

（九）坚持依法治林，构建森林资源保护发展良好环境。修订《森林采伐更新管理办法》及相关规程规范。切实加强林业行政执法，提高执法人员素质，实行岗位培训、持证上岗制度，确保依法行政、规范执法。推行林业政务公开制度，主动接受上级机关和人民群众检查、监督。推进高新技术在执法检查中的应用，完善常规检查与专项行动相结合的执法检查机制。各地要对年森林采伐限额执行情况进行检查，实行检查结果通报制度。要加强林业普法和宣传工作，为森林资源的保护管理创造良好的社会氛围。

附件：

全国“十二五”期间年森林采伐限额汇总表

单位：万立方米

单位	合计	按采伐类型				按森林类别		按森林起源		
									人工林	
		主伐	抚育	更新	其他	公益林	商品林	天然林	小计	其中：短轮伐期用材林
全国	27105.4	14118.8	6965.0	1628.7	4392.9	5269.5	21835.9	8275.3	18830.1	7706.8
北京	40.0	8.5	2.0	17.5	12.0	26.7	13.3	0.8	39.2	7.5
天津	12.4	1.0	3.0	8.4	0.0	11.2	1.2	0.0	12.4	0.0
河北	225.2	112.3	49.4	48.0	15.5	88.0	137.2	56.1	169.1	9.4
山西	144.5	12.2	100.2	6.1	26.0	97.2	47.3	48.9	95.6	6.2
内蒙古地方	571.2	184.6	174.8	118.7	93.1	225.8	345.4	177.5	393.7	28.7
辽宁	536.2	217.5	175.7	62.6	80.4	205.8	330.4	104.9	431.3	53.4
吉林地方	793.5	223.4	370.3	131.1	68.7	288.1	505.4	383.4	410.1	5.4
黑龙江地方	628.0	138.2	279.1	134.1	76.6	344.2	283.8	275.5	352.5	0.0
上海	3.2	0.8	1.1	1.3	0.0	2.4	0.8	0.0	3.2	0.0
江苏	155.3	82.4	44.9	19.5	8.5	38.8	116.5	0.0	155.3	13.5
浙江	635.0	367.3	95.9	94.1	77.7	131.0	504.0	273.8	361.2	38.0
安徽	857.9	379.6	234.6	71.5	172.2	158.6	699.3	168.5	689.4	36.9
福建	2550.0	1657.2	428.1	125.4	339.3	310.7	2239.3	740.0	1810.0	672.1
江西	1996.8	669.2	892.6	6.5	428.5	357.8	1639.0	1178.6	818.2	157.6
山东	823.2	520.7	270.7	15.9	15.9	117.6	705.6	0.0	823.2	460.9
河南	577.8	228.6	234.1	32.5	82.6	126.1	451.7	38.2	539.6	76.5
湖北	1000.6	473.8	343.0	39.2	144.6	163.0	837.6	265.2	735.4	316.7
湖南	1809.4	1139.5	290.6	96.6	282.7	254.6	1554.8	314.6	1494.8	400.6
广东	2030.0	1606.0	284.6	59.2	80.2	172.0	1858.0	221.6	1808.4	1146.8
广西	3681.8	3231.6	173.7	30.9	245.6	142.5	3539.3	216.0	3465.8	2769.2
海南	400.0	259.8	67.9	7.0	65.3	15.8	384.2	0.0	400.0	215.5
重庆	119.7	51.7	37.4	0.0	30.6	0.0	119.7	38.2	81.5	0.0
四川	1226.1	772.0	149.9	0.0	304.2	0.0	1226.1	172.9	1053.2	498.0
贵州	842.3	421.4	246.1	11.7	163.1	82.6	759.7	157.2	685.1	208.0
云南	3399.1	1075.9	939.8	118.6	1264.8	667.4	2731.7	2024.3	1374.8	509.9
西藏	210.1	34.4	45.5	95.7	34.5	165.2	44.9	210.1	0.0	0.0
陕西	631.3	25.4	470.4	41.4	94.1	429.0	202.3	415.7	215.6	0.0
甘肃	111.2	0.0	56.6	7.6	47.0	111.2	0.0	47.8	63.4	0.0
青海	15.6	0.0	11.6	0.7	3.3	15.6	0.0	7.9	7.7	0.0
宁夏	8.3	3.1	4.5	0.7	0.0	4.6	3.7	0.1	8.2	3.1
新疆	160.5	0.0	11.7	109.9	38.9	160.5	0.0	22.0	138.5	0.0
新疆生产建设兵团	47.9	4.5	15.1	25.0	3.3	42.6	5.3	5.7	42.2	0.0
内蒙古森工集团	201.9	46.2	123.0	13.8	18.9	60.8	141.1	181.4	20.5	0.0
吉林森工集团	203.1	84.0	84.7	33.6	0.8	71.5	131.6	171.7	31.4	0.0
龙江森工集团	203.9	9.5	135.1	31.7	27.6	94.0	109.9	189.5	14.4	0.0
大兴安岭林业集团	170.0	0.0	115.1	11.8	43.1	84.7	85.3	166.6	3.4	0.0
中国林科院系统	12.4	6.5	2.2	0.4	3.3	1.9	10.5	0.6	11.8	2.9
中林集团	70.0	70.0	0.0	0.0	0.0	0.0	70.0	0.0	70.0	70.0

备注：由于四川省、重庆市整体纳入天保工程，公益林抚育采伐仅限于以病腐木清理为目的的卫生伐，其所需限额实行专项申报，由林业局征求有关部门意见后审批；两省市贫困、高山高原公益林区的林农自用材和薪材无法解决的，其所需限额实行专项申报，由林业局征求有关部门意见后审批。其他天保工程区的采伐按照天保工程有关政策措施执行。

国务院关于加强滨海湿地保护严格管控围填海的通知

国发〔2018〕24号

国务院 2018年7月14日

各省、自治区、直辖市人民政府，国务院各部委、各直属机构：

滨海湿地（含沿海滩涂、河口、浅海、红树林、珊瑚礁等）是近海生物重要栖息繁殖地和鸟类迁徙中转站，是珍贵的湿地资源，具有重要的生态功能。近年来，我国滨海湿地保护工作取得了一定成效，但由于长期以来的大规模围填海活动，滨海湿地大面积减少，自然岸线锐减，对海洋和陆地生态系统造成损害。为切实提高滨海湿地保护水平，严格管控围填海活动，现通知如下。

一、总体要求

（一）**重大意义**。进一步加强滨海湿地保护，严格管控围填海活动，有利于严守海洋生态保护红线，改善海洋生态环境，提升生物多样性水平，维护国家生态安全；有利于深化自然资源资产管理体制改革和机制创新，促进陆海统筹与综合管理，构建国土空间开发保护新格局，推动实施海洋强国战略；有利于树立保护优先理念，实现人与自然和谐共生，构建海洋生态环境治理体系，推进生态文明建设。

（二）**指导思想**。深入贯彻习近平新时代中国特色社会主义思想，深入贯彻党的十九大和十九届二中、三中全会精神，牢固树立绿水青山就是金山银山的理念，严格落实党中央、国务院决策部署，坚持生态优先、绿色发展，坚持最严格的生态环境保护制度，切实转变“向海索地”的工作思路，统筹陆海国土空间开发保护，实现海洋资源严格保护、有效修复、集约利用，为全面加强生态环境保护、建设美丽中国作出贡献。

二、严控新增围填海造地

（三）**严控新增项目**。完善围填海总量管控，取消围填海地方年度计划指标，除国家重大战略项目外，全面停止新增围填海项目审批。新增围填海项目要同步强化生态保护修复，边施工边修复，最大程度避免降低生态系统服务功能。未经批准或骗取批准的围填海项目，由相关部门严肃查处，责令恢复海域原状，依法从重处罚。

（四）**严格审批程序**。党中央、国务院、中央军委确定的国家重大战略项目涉及围填海的，由国家发展改革委、自然资源部按照严格管控、生态优先、节约集约的原则，会同有关部门提出选址、围填海规模、生态影响等审核意见，按程序报国务院审批。

省级人民政府为落实党中央、国务院、中央军委决策部署，提出的具有国家重大战略意义的围填海项目，由省级人民政府报国家发展改革委、自然资源部；

国家发展改革委、自然资源部会同有关部门进行论证，出具围填海必要性、围填海规模、生态影响等审核意见，按程序报国务院审批。原则上，不再受理有关省级人民政府提出的涉及辽东湾、渤海湾、莱州湾、胶州湾等生态脆弱敏感、自净能力弱海域的围填海项目。

三、加快处理围填海历史遗留问题

（五）全面开展现状调查并制定处理方案。自然资源部要会同国家发展改革委等有关部门，充分利用卫星遥感等技术手段，在2018年底前完成全国围填海现状调查，掌握规划依据、审批状态、用海主体、用海面积、利用现状等，查明违法违规围填海和围而未填情况，并通报给有关省级人民政府。有关省级人民政府按照“生态优先、节约集约、分类施策、积极稳妥”的原则，结合2017年开展的围填海专项督察情况，确定围填海历史遗留问题清单，在2019年底前制定围填海历史遗留问题处理方案，提出年度处置目标，严格限制围填海用于房地产开发、低水平重复建设旅游休闲娱乐项目及污染海洋生态环境的项目。原则上不受理未完成历史遗留问题处理的省（自治区、直辖市）提出的新增围填海项目申请。

（六）妥善处置合法合规围填海项目。由省级人民政府负责组织有关地方人民政府根据围填海工程进展情况，监督指导海域使用权人进行妥善处置。已经完成围填海的，原则上应集约利用，进行必要的生态修复；在2017年底前批准而尚未完成围填海的，最大限度控制围填海面积，并进行必要的生态修复。

（七）依法处置违法违规围填海项目。由省级人民政府负责依法依规严肃查处，并组织有关地方人民政府开展生态评估，根据违法违规围填海现状和对海洋生态环境的影响程度，责成用海主体认真做好处置工作，进行生态损害赔偿和生态修复，对严重破坏海洋生态环境的坚决予以拆除，对海洋生态环境无重大影响的，要最大限度控制围填海面积，按有关规定限期整改。涉及军队建设项目违法违规围填海的，由中央军委机关有关部门会同有关地方人民政府依法依规严肃处理。

四、加强海洋生态保护修复

（八）严守生态保护红线。对已经划定的海洋生态保护红线实施最严格的保护和监管，全面清理非法占用红线区域的围填海项目，确保海洋生态保护红线面积不减少、大陆自然岸线保有率标准不降低、海岛现有砂质岸线长度不缩短。

（九）加强滨海湿地保护。全面强化现有沿海各类自然保护地的管理，选划建立一批海洋自然保护区、海洋特别保护区和湿地公园。将天津大港湿地、河北黄骅湿地、江苏如东湿地、福建东山湿地、广东大鹏湾湿地等亟需保护的重要滨海湿地和重要物种栖息地纳入保护范围。

（十）强化整治修复。制定滨海湿地生态损害鉴定评估、赔偿、修复等技术规范。坚持自然恢复为主、人工修复为辅，加大财政支持力度，积极推进“蓝色海湾”“南红北柳”“生态岛礁”等重大生态修复工程，支持通过退围还海、退养还滩、退耕还湿等方式，逐步修复已经破坏的滨海湿地。

五、建立长效机制

（十一）健全调查监测体系。统一湿地技术标准，结合第三次全国土地调查，对包括滨海湿地在内的全国湿地进行逐地块调查，对湿地保护、利用、权属、生态状况及功能等进行准确评价和分析，并建立动态监测系统，进一步加强围填海情况监测，及时掌握滨海湿地及自然岸线的动态变化。

（十二）严格用途管制。坚持陆海统筹，将滨海湿地保护纳入国土空间规划进行统一安排，加强国土空间用途管制，提高环境准入门槛，严格限制在生态脆弱敏感、自净能力弱的海域实施围填海行为，严禁国家产业政策淘汰类、限制类项目在滨海湿地布局，实现山水林田湖草整体保护、系统修复、综合治理。

（十三）加强围填海监督检查。自然资源部要将加快处理围填海历史遗留问题情况纳入督察重点事项，督促地方整改落实，加大督察问责力度，压实地方政府主体责任。抓好首轮围填海专项督察发现问题的整改工作，挂账督改，确保整改到位、问责到位。2018 年下半年启动围填海专项督察“回头看”，确保国家严控围填海的政策落到实处，坚决遏制、严厉打击违法违规围填海行为。

六、加强组织保障

（十四）明确部门职责。国务院有关部门要提高对滨海湿地保护重要性的认识，强化围填海管控意识，明确分工，落实责任，加强沟通，形成管理合力。自然资源部要切实担负起保护修复与合理利用海洋资源的责任，会同国家发展改革委等有关部门，建立部省协调联动机制，统筹各方面力量，加大保护和管控力度，确保完成目标任务。

（十五）落实地方责任。各沿海省（自治区、直辖市）是加强滨海湿地保护、严格管控围填海的责任主体，政府主要负责人是本行政区域第一责任人，要切实加强组织领导，制定实施方案，细化分解目标任务，依法分类处置围填海历史遗留问题，加大海洋生态保护修复力度。

（十六）推动公众参与。要通过多种形式及时宣传报道相关政策措施和取得的成效，加强舆论引导和监督，及时回应公众关切，提升公众保护滨海湿地的意识，促进公众共同参与、共同保护，营造良好的社会环境。

关于开展新建规模化林场试点工作的通知

国家发展改革委办公厅　财政部办公厅
国土资源部办公厅　国家林业局办公室
2018年1月19日

河北省、内蒙古自治区、青海省发展改革委、财政厅、国土资源厅、林业厅：

为贯彻落实中央领导同志关于河北塞罕坝林场建设的重要批示精神，以及国务院关于研究河北塞罕坝林场建设和解决有关问题措施的会议纪要要求，经研究，确定在河北省雄安新区白洋淀上游、内蒙古自治区浑善达克沙地、青海省湟水流域开展新建规模化林场试点。现将有关事项通知如下。

一、试点目标

在重点生态功能区等关键地区，坚持从实际出发，统筹规划，合理布局，以规模化林场建设经营为载体，通过市场化运作吸引社会资本参与造林、营林、管护，探索形成推进新时期大规模国土绿化的成功经验。

二、试点原则

政府引导，市场运作。发挥政府引导和推动作用，加强组织协调，提供政策支持，以市场为导向，调动社会各方面力量，有效激发企业积极性，鼓励社会资本积极参与，营造有利于加快推进规模化林场建设经营的良好政策环境。

深化改革，创新机制。以改革促进规模化林场建设经营，综合运用政策工具，积极探索规模化林场多元发展，创新森林资源管理、投融资体制机制，扩大改革受益面，形成结构多元、规范高效、开放包容的多层次规模化林场建设经营管理机制。

合理布局、统筹推进。充分考虑降水、土地等自然环境条件，顺应自然、尊重规律，科学确定规模化林场空间布局。按照山水林田湖草系统治理理念，将培育森林作为规模化林场建设经营的中心任务，协调处理好森林生态系统和其他生态系统的关系、新建规模化林场和现有重点生态修复工程的关系，统筹兼顾，稳步推进。

绿色发展，惠民富民。通过规模化林场建设，增加生态护林员岗位，适度发展生态旅游、林下经济等绿色产业，带动区域经济发展，实现荒山荒地增绿，贫困人口增收脱贫。

三、试点期限

试点期限与规模化林场建设期一致，为2018—2025年。

四、试点内容

在已有工作的基础上，积极探索，在落实人工商品林处置权、吸引社会资本、合作建设经营等方面创新体制机制，吸引各方面力量参与新建规模化林场试点工作。

（一）**森林资源经营管理创新试点**。放活对人工商品林采伐和运输的管理，进一步简化采伐审批手续，改进采伐作业监管方式，规范木材运输检查执法行为，赋予新建规模化林场对商品林最大的经营自主权。对于长周期、大径级、珍贵树种商品林，鼓励林木所有权进入流通领域，通过转让、抵押或者其他方式进行流转，将长期收益短期化，有效盘活林木资源资产，实现增值变现，保证经营主体的经济利益和合法权益。

（二）**投融资机制创新试点**。按照国家扶持、市场运作、金融支持、多方参与的原则，鼓励利用林地经营权和林木所有权抵押、担保、入股，通过PPP、混合所有制等市场化运作方式，吸引企业、新型经营主体及其他社会力量参与，拓宽新建规模化林场投融资渠道。

（三）**建设经营管理体制创新试点**。结合当地实际，畅通企业参与规模化林场建设经营的渠道，开展多种形式的场外合作造林和森林保育经营。探索股份制、合作经营等建设管理模式，组建多方参与的规模化林场建设经营管理机构，负责造林、营林、管护等任务，专业化、规模化、集约化经营管理森林资源。

五、试点要求

（一）**加强组织领导**。国家发展改革委将商财政部、国土资源部、国家林业局建立沟通协调机制，协商解决新建规模化林场试点工作推进中的有关问题，加强对试点工作的指导。试点省区有关部门要高度重视新建规模化林场试点工作，结合实际建立健全工作机制，细化完善试点方案，尽快启动试点工作，明确时间表、路线图，分解落实责任，确保按时完成试点工作各项任务。

（二）**加强检查评估**。试点省区有关部门要建立督促检查机制，按照试点实施的计划进度，开展跟踪调研，及时了解情况，定期进行评估，在实践中不断完善政策。对于实施中需要突破的政策和规定，要充分论证，积极探索，稳妥操作。对于实施中可能存在的风险因素，要深入分析，做好预案，积极化解。对于实践中的好经验、好做法、好成果，要及时总结，组织交流，加以推广。

（三）**加大支持力度**。试点省区有关部门要结合自身实际，加强资金统筹，进一步加大对新建规模化林场试点的政策扶持和资金投入力度，注意防范新增地方政府债务风险，确保试点平稳推进，取得实效。国家有关部门将在安排现有渠道资金时，统筹考虑试点因素，对新建规模化林场试点予以支持。

请试点省区有关部门及时掌握试点工作进展情况、主要做法、存在问题和解决办法、取得的成效与经验等，并于每年年底前将试点工作情况报送国家发展改革委、财政部、国土资源部、国家林业局。

国家发展改革委关于扎实推进农村人居环境整治行动的通知

国家发展改革委

2018年2月26日

各省、自治区、直辖市及计划单列市、新疆生产建设兵团发展改革委：

党中央、国务院高度重视改善农村人居环境工作，党的十九大明确要求开展农村人居环境整治行动。习近平总书记强调，农村环境整治这个事，不管是发达地区还是欠发达地区，标准可以有高有低，但最起码要给农民一个干净整洁的生活环境；要实施好农村人居环境整治三年行动方案，明确目标，落实责任，作为实施乡村振兴战略的阶段性成果。李克强总理指出，改善农村人居环境承载了亿万农民的新期待，要从实际出发，统筹规划，因地制宜，量力而行。经第十九届中央全面深化改革领导小组第一次会议审议，日前，中共中央办公厅、国务院办公厅正式印发《农村人居环境整治三年行动方案》（以下简称《方案》），对2018—2020年开展农村人居环境整治行动作出专门部署。发展改革部门要进一步把思想、认识、行动统一到党中央、国务院决策部署上来，把这件广大农民群众最关心、最期盼的事做实做好，真正抓出成效。结合发展改革部门职责，现就扎实推进农村人居环境整治行动通知如下。

一、合理确定整治目标。《方案》总的要求是经过三年努力，实现农村人居环境明显改善，村庄环境基本干净整洁有序。同时，根据不同地区的基础和条件，提出了分层次的行动目标。其中，东部地区、中西部城市近郊区等有基础、有条件的地区，人居环境质量全面提升，基本实现农村生活垃圾处置体系全覆盖，基本完成农村户用厕所无害化改造，厕所粪污基本得到处理或资源化利用，农村生活污水治理率明显提高，村容村貌显著提升，管护长效机制初步建立。中西部有较好基础、基本具备条件的地区，人居环境质量较大提升，力争实现90%左右的村庄生活垃圾得到治理，卫生厕所普及率达到85%左右，生活污水乱排乱放得到管控，村内道路通行条件明显改善。地处偏远、经济欠发达等地区，在优先保障农民基本生活条件基础上，实现人居环境干净整洁的基本要求。各地要结合实际，合理确定本地区整治目标，集中力量解决急需的问题，做到既尽力而为，又量力而行。有条件的地方，可进一步提高建设标准，全面提升人居环境质量。条件不具备的地区也要结合实施乡村振兴战略持续推进农村人居环境整治，不搞一刀切。

二、明确整治主攻方向。《方案》要求，以建设美丽宜居村庄为导向，以农村垃圾、污水治理和村容村貌提升为主攻方向，动员各方力量，整合各种资源，强化各项举措，加快补齐农村人居环境突出短板。各地要围绕《方案》明确的方向，充分尊重农民意愿，科学确定本地区整治重点及建设优先序，严禁脱离农村实际建大公园、大广场、大牌坊以及无实际内容的村史馆等形象工程。其中，垃圾治理的主要任务是建立健全符合农村实际、方式多样的生活垃圾收运处置体系，推进垃圾就地分类和资源化利用，着力解决农村垃圾乱扔乱放的问题；污水治理的主要任务是推进厕所革命，开展厕所粪污治理，普及不同水平的卫生厕所，因地制宜梯次推进农村生活污水治理，着力解决农村污水横流、水体黑臭等问题；村容村貌提升则以通村组道路、入户道路为重点，基本解决农村通行不便、道路泥泞的问题，同时推进公共空间和庭院环境整治，加强传统村落民居和历史文化名村名镇保护。

三、扎实有序实施整治行动。《方案》强调，学习借鉴浙江等先行地区经验，坚持先易后难、先点后面，通过典型示范不断探索、不断积累经验；加强规划引导，合理安排整治任务和建设时序，采用适合本地实际的工作路径和技术模式，防止一哄而上和生搬硬套。各地要按照《方案》部署，进一步明确整治实施步骤，确保整治工作科学有序推进。一是编制实施方案。抓紧编制或修订省级农村人居环境整治实施方案，以县（市、区、旗）为单位，对具体目标和重点任务作出规划，明确年度建设任务。原则上各地要在3月底前完成省级实施方案编制，并报住房城乡建设部、环境保护部、国家发展改革委备核。二是开展典型示范。2018年，要着力推进典型示范，总结并提炼出一系列符合当地实际的环境整治技术方法，以及能复制、易推广的建设和运行管护机制。三是稳步推进整治任务。在总结示范经验基础上，2019-2020年在面上集中推广成熟做法、技术路线和建管模式，到2020年基本完成整治任务。有条件的地区可根据财力和工作实际加快整治工作进度。

四、健全工作推进机制。《方案》提出，完善中央部署、省负总责、县抓落实的工作推进机制。其中，省级党委和政府对本地区农村人居环境整治工作负总责，明确整治工作牵头责任部门和实施主体，提供组织和政策保障，做好监督考核；县级党委和政府承担主体责任，对实施效果负责；地市级党委和政府做好上下衔接、域内协调和督促检查等工作。各级发展改革部门要按照本级党委和政府部署，根据部门职责分工，积极做好《方案》的贯彻落实。在推进易地扶贫搬迁、农村危房改造等相关项目时，将农村人居环境整治统筹考虑、同步推进。

五、切实加大投入力度。《方案》要求，建立地方为主、中央补助的政府投入体系；地方各级政府要统筹整合相关渠道资金，合理保障农村人居环境基础设施建设和运行资金。各地要在切实加大政府投入力度的同时，积极推进投融资体制机制创新。鼓励以《方案》实施为平台，统筹整合使用相关渠道资金，调动社会力量积极参与农村人居环境整治。协调落实城乡建设用地增减挂钩所获土地增值收益，村庄整治增加耕地获得的占补平衡指标收益等资金，支持当地农村人居环境整治。引导有条件的地区将农村环境基础设施与特色产业、休闲农业、乡村旅游等有机结合，实现农村产业融合发展与人居环境改善互促互进。与此同时，始终把握尽力而为、量力而行的原则，切实防范化解地方债务风险。

六、完善建管长效机制。《方案》强调，坚持先建机制、后建工程，探索规模化、专业化、社会化运营机制，确保各类设施建成并长期稳定运行；坚持村民主体，保障村民决策权、参与权、监督权。各地要立足当前、着眼长远，在解决现阶段突出问题的同时，着力健全村庄人居环境管护长效机制，激发农民建设美丽家园的自觉性、主动性，确保建成设施长期稳定运行。在有条件的地区推行城乡垃圾污水处理统一规划、统一建设、统一运行和统一管理，探索建立垃圾污水处理农户付费制度。充分运用“一事一议”等民主决策机制，通过村民自建等方式组织实施农村人居环境整治项目，引导农民和村集体经济组织全程参与规划、建设、运营和管理。简化农村人居环境整治建设项目审批和招投标程序，降低建设成本，确保工程质量。

七、强化监督考核激励。《方案》要求，各省区要制定农村人居环境整治考核验收标准和办法；住房城乡建设部会同有关部门，根据省级实施方案及其明确的目标任务，定期组织督导评估。各地要结合省级实施方案的编制，明确可量化、可监测、可考核的具体指标，制定本省区考核验收办法，以县为单位进行检查验收，确保把各项整治任务落到实处。国家发展改革委将会同相关部门研究制定评估办法，配合做好《方案》实施督导评估工作，并将地方任务完成情况的评估结果与中央相关支持政策挂钩。

八、加强经验交流推广。《方案》要求，坚持示范先行，结合本地实际深入开展典型示范；加强经验总结交流，带动农村人居环境整体提升。各地要强化调查研究和经验总结，积极宣传和推广符合农村实际的好典型、好经验和好做法。健全上下联动工作机制，加强沟通联系和情况通报。省级发展改革委要密切跟踪本地区农村人居环境整治工作进展，了解项目建设和运营情况，及时反映存在的突出问题，提出相关意见建议，并请于每年年底前将省级实施方案落实进展情况报送我委。

关于加快推进长江两岸造林绿化的指导意见

国家发展改革委　水利部　自然资源部　国家林草局
2018年9月25日

上海市、江苏省、安徽省、江西省、湖北省、湖南省、重庆市、四川省、云南省发展改革委、国土资源厅、水利厅、林业厅（局）：

为全面贯彻落实习近平总书记在深入推动长江经济带发展座谈会上的重要讲话精神，着力解决长江干流两岸绿化缺株断带、森林生态功能脆弱等问题，加快构筑沿江森林生态廊道，经商推动长江经济带发展领导小组办公室，现就加快推进长江两岸造林绿化工作提出以下意见。

一、总体要求

（一）**指导思想**。全面贯彻落实习近平生态文明思想，牢固树立和践行绿水青山就是金山银山的理念，坚持生态优先、绿色发展，以增加长江两岸林草覆盖、提升森林质量为主攻方向，以机制创新和科技创新为动力，大力推进造林绿化和森林质量精准提升，积极实施沿线村镇绿化美化，加快构筑连续完整、结构稳定的森林生态系统，尽快建成长江两岸绿色生态廊道，让长江上下游、左右岸绿起来、美起来。

（二）**基本原则**。坚持人与自然和谐共生，落实保护优先、自然恢复为主的方针，统筹长江两岸山水林田湖草系统治理；坚持量质并重、以质为主，依靠科技进步，全面推进长江两岸造林绿化，提升森林质量；坚持因地制宜、分类施策，依据当地实际情况，在保障长江防洪安全的前提下，遵循森林生长演替自然规律，科学开展造林绿化；坚持政府主导、社会参与，通过创新机制，完善政策措施，鼓励和引导各方面力量参与造林绿化。

（三）**主要目标**。到2020年，全面实现长江两岸宜林地植树造林，整体提升绿化质量，基本建成沿江绿化带。到2025年，长江两岸造林绿化全面完成，实现应绿尽绿，森林质量明显提升，沿江生态防护体系基本完善，连续完整、结构稳定的森林生态系统初步形成，岸绿景美、绵延万里的沿江美丽生态带基本建成。

二、全面推进造林绿化

（四）**加快长江两岸护堤护岸林建设**。以人工造林为主，多树种配置，增加森林覆盖，扩大生态容量，构筑护堤护岸屏障，健全长江两岸生态防护体系，改善岸线生态景观。有堤防地段，长江干堤临水侧造林限于临水侧护堤地范围内，以发挥防浪护岸功能为主，选择耐水湿、浅根系乡土树种，营造防浪林带，稳固防洪堤坝。背水侧护堤地范围内，在不影响堤防等水利工程安全，留足工程管护、防汛抢险等交通通道，巡堤查险、防汛备料等空间的情况下，科学造林，健全护堤林带，防止风蚀对堤防工程的危害；鼓励各省在背水侧护堤地外通过土地流转租用等方式造林，扩大生态廊道空间，具体宽度由各地根据当地实际情况确定。无堤防地段，长江两岸第一山脊线以内区域，在不影响防洪安全情况下，结合实施新一轮退耕还林还草、重点防护林体系建设和天然林资源保护等重点工程，实施精准造林，消除现有林地中的“天窗”、宜林荒坡荒丘等裸露地，集中连片建设防护林带，防止水土流失，减少江岸冲刷。两岸第一山脊线不明显地段，防护林带的宽度由各省结合当地地形地貌，按照构筑生态屏障、防止水土流失、减轻环境污染的要求确定，防护林带宽度原则上应在设计洪水位以上且不少于 30 米。(2020 年前完成)

（五）全面实施岸线复绿。依据河道管理等相关法律法规，坚持宜林则林、宜草则草，全面推进岸线整治修复，恢复和增加两岸绿色覆盖。非法码头、采石塘口、船厂以及废弃厂矿和堆积地等侵占的岸线，要采取客土整地等措施，选择抗逆性好、具有固氮作用的深根性乡土树（草）种，进行乔、灌、草多层次栽植复绿，同时加强合法码头、口岸、港口等绿化工作，形成与岸线防护林带融为一体的自然景观。干流堤防临水侧护堤地范围以外的滩地、洲滩民垸要加强绿化，合理栽植耐水湿、净化水质、抑螺防病的草类植物进行复绿，禁止种植高秆农作物、芦苇、杞柳、荻柴等。对于库区消落带，要采取工程治理与生物防治相结合的方式，根据水位消落和土质情况，合理确定绿化范围，筛选耐旱、耐淹、抗冲刷且能固土的植物，沿湿度梯度方向草－灌－乔阶梯状配置近自然植物群落进行修复。(2020 年前完成)

（六）着力沿线城镇村庄道路绿化美化。以建设生态型、功能型城乡绿地生态系统为方向，以改善人居环境为目标，将山水林田湖草作为一个生命共同体，抓好长江两岸沿线城市江边、乡镇建成区、村屯居民区的绿化美化，大幅提升生态宜居水平。要充分挖掘绿化潜力，拓展绿化空间，实施规划建绿、见缝插绿、见空补绿、拆违还绿，科学配置阔叶树种、彩叶树种，在城市江岸建设防护绿地、风景林地，在路旁种植护路林，在水系周边种植护岸林，形成以片林为极、绿道为轴、林园为核、庭院为点的绿化景观格局，建设沿岸美丽城镇、美丽村庄。加快沿线公路、铁路两侧造林绿化，促进绿色通道断带合拢、改造更新，巩固和扩大绿色通道建设成果。(2020 年前完成)

（七）科学推进森林质量提升。坚持先急后缓、严格生境保护，自然修复和人工促进相结合，采取补植补造、更新改造等措施，对长江两岸沿线林分稳定性失调、林木生长发育迟滞、系统功能退化或丧失、景观破坏严重的防护林，选择没有共性病虫害树种，实施退化林分修复，改善林相和林分结构，精准提升林分质量，促进森林正向演替，恢复和提升生态防护功能。长江上游地区，重点对老化、生长衰退的护岸林和生态经果林进行提质增效，恢复和增强沿岸自然生态景观。长江中下游地区，重点对老化、病虫害严重的护堤纯林调整树种结构，培育混交林，设置隔离带，提升防浪护岸、生态保护能力。(2025 年前完成)

三、不断完善政策机制

（八）统筹国土空间规划。围绕长江经济带国土空间资源利用、开发保护和空间治理，坚持生态保护与经济社会发展并重，结合生态保护红线和永久基本农田划定，合理确定长江两岸造林绿化范围，保障长江两岸绿色生态廊道空间。大力推动土地综合整治，优化生产生活生态空间。要按照国务院退耕还林还草工作总体安排，依法逐步将长江两岸水土流失严重、地质灾害隐患大，土质差、粮食产量低的 25 度以上坡耕地、重要水源地中 15 ～ 25 度坡耕地、严重污染耕地等退耕，切实破解长江两岸生态修复任务重与绿色生态廊道空间不足的矛盾。

（九）完善资金投入机制。国家进一步加大投入力度，在安排天然林资源保护、重点防护林体系建设等重点工程任务和补助资金时，向长江两岸造林绿化和森林质量提升倾斜，并安排资金支持长江沿线非法码头、采石塘口复绿。各有关地方要建立多渠道投入、多部门协作、多方面参与的造林绿化投入新机制，积极整合各渠道资金，加大投入力度。要按照“政府主导、市场主体、社会参与、风险可控”的原则，通过推行先造后补、以奖代补、贴息贷款、购买服务等多种方式，积极利用国内政策性、开发性金融贷款，鼓励和支持利用国外金融组织和政府贷款，以及引导社会资本投入造林绿化。

（十）健全森林建管制度。推行集体林地所有权、承包权、经营权的“三权分置”运行机制，稳定农户承包权、放活林地经营权，引导林权规范有序流转，培育新型营造林主体，促进规模化经营。推行林地经营权质押、担保、入股，有效盘活林木资源资产，发展营造林主体混合所有制。充分发挥专业造林队伍在标准化、集约化、规范化营造林方面的骨干作用，大力推行专业化造林。完善森林管护机制，鼓励推行专业队伍管护、承包管护和家庭管护等灵活多样的管护模式，大幅提升管护水平。鼓励在长江两岸率先建立和推行“林长制”。严格长江两岸绿色生态廊道内林木采伐审批制度和限额管理，严厉打击乱砍滥伐、毁林开垦、非法占用林地等各种违法犯罪行为，全面加强森林资源保护。

四、保障措施

（十一）强化组织领导。有关省市要按照习近平总书记在深入推动长江经济带发展座谈会上的重要讲话精神，强化主体责任，将推进长江两岸造林绿化工作纳入重要议事日程，统一思想、提高认识，精心组织、加强领导，团结带领广大干部群众，扎实推进长江两岸造林绿化各项工作。要把中央的决策部署与当地实际结合起来，抓紧研究制定省级实施方案和配套措施，明确本地区长江两岸造林绿化的主要目标和任务，并将目标任务分解落实到有关市（州）、县（市、区）；建立目标责任制和造林绿化质量责任追究制度，确保各项工作落到实处。河道管理范围内护堤护岸林营造及管理工作，由河道管理单位牵头负责。长江支流造林绿化由各省结合自身实际统筹推进。

（十二）加强指导协调。国务院有关部门要各司其职、各负其责，密切配合、通力协作，加强对长江两岸造林绿化工作的指导。要加快编制长江经济带国土空间规划，协调划定生态保护红线、永久基本农田，优化和调整长江两岸绿色生态廊道空间用地，指导各地科学编制本地区国土空间规划。要督促长江两岸有关地方人民政府加快护堤地的确权勘界，加强长江干堤两侧护堤地造林绿化和经营管护，并指导有关地方做好长江干流堤防临水侧护堤地范围以外的滩地、洲滩民垸绿化工作。要指导和督促相关省（市）林业部门、河道管理部门强化规划设计、组织管理、协调服务和督导检查，强化技术指导和培训，完善造林绿化建设标准、技术规程，科学选择树种，高质量推进长江两岸造林绿化工作。

（十三）强化科技支撑。加强沿岸码头、废弃厂矿、污染土地、石质山地、库区消落带等生态修复技术攻关，总结、筛选和研发一批适宜长江两岸不同区域的营造林技术和模式，加强林草良种选育技术研发，加大示范推广力度，促进科技成果转化，提高造林成活率和保存率，推进森林质量精准提升。加强营造林创新平台建设，依托“互联网＋”，构建高水平的远程技术服务平台，提供直达林间地头的造林绿化技术与管理“配方”，精细化管理和服务，不断提升造林绿化科学管理水平。

印发《关于加快推进长江经济带农业面源污染治理的指导意见》的通知

上海市、江苏省、浙江省、安徽省、江西省、湖北省、湖南省、重庆市、四川省、贵州省、云南省发展改革委、环境保护厅（局）、农业（渔业）厅（局、委）、住房城乡建设厅（委员会）、城市管理部门、水利厅：

为贯彻落实深入推动长江经济带发展座谈会精神，根据推动长江经济带发展领导小组办公室会议部署，发展改革委、生态环境部、农业农村部、住房城乡建设部、水利部会同有关部门制定了《关于加快推进长江经济带农业面源污染治理的指导意见》，现印发你们，请认真贯彻执行。

附件：关于加快推进长江经济带农业面源污染治理的指导意见

国家发展改革委
生态环境部
农业农村部
住房城乡建设部
水利部
2018 年 10 月 26 日

关于加快推进长江经济带农业面源污染治理的指导意见

长江经济带是我国重要的粮油、畜禽和水产品等主产区，也是经济和人口相对集中、河流水系比较发达的区域。近年来，长江经济带相关省市不断加强农业农村面源污染治理工作，取得了一定成效。但由于资源开发强度大、生产经营方式不合理、历史欠账多等原因，农业农村面源污染仍是长江水体污染的重要来源之一。为加快推进长江经济带农业农村面源污染治理，持续改善长江水质，修复长江生态环境，推动农业农村绿色发展和长江经济带高质量发展，提出如下意见。

一、总体要求

（一）指导思想

以习近平新时代中国特色社会主义思想为指导，全面贯彻党的十九大和十九届二中、三中全会精神，牢固树立和践行绿水青山就是金山银山的理念，认真落实深入推动长江经济带发展座谈会精神，坚持共抓大保护、不搞大开发，坚持生态优先、绿色发展，正确把握生态环境保护和经济发展的关系，杜绝欠新账、逐步还旧账，结合实施乡村振兴战略和农村人居环境整治三年行动方案，提高思想认识，明确工作重点，落实各方责任，完善治理机制，强化政策举措，加快推进长江经济带农业农村面源污染治理，推行绿色生产生活方式，持续改善长江水质，实现农业农村发展与资源环境相协调，助力长江经济带高质量发展。

（二）基本原则

统筹推进，突出重点。统筹推进种植业、畜禽水产养殖业和农村生活污染防治，系统设计治理方案，合理确定不同地区、不同阶段的治理重点。紧扣关键环节和主要矛盾，优先解决沿江养殖污染和重点区域、敏感区域的污染问题，做到重点突破和统筹推进相统一。

转变方式，绿色发展。把转变农业发展方式作为根本途径，优化种养业布局和结构，大力发展绿色、生态、循环农业。全面推进源头减量、过程控制和末端治理，实现农业投入品减量化、生产清洁化、废弃物资源化、产业模式生态化。

政府引导，多元共治。强化政府在统筹规划、政策引导、组织动员等方面的作用，综合运用经济、法律和必要的行政手段，注重激励性措施与强制性措施相结合。广泛调动社会各界的积极性，共同参与建设美丽乡村，保护长江生态。

落实责任，健全机制。落实地方政府统筹推进和监管主体责任，明确部门职责分工，推动部门协同、齐抓共管。坚持“谁污染谁治理，谁受益谁付费”，强化规模化种养主体防治污染的首要责任，健全污染防治投入、建设、运行和管护机制。

（三）治理目标

长江经济带作为我国经济实现高质量发展的重点区域，要切实加大农业农村面源污染防治力度，加快治理进度，确保治理成效。同时，要充分认识到治理工作的复杂性和艰巨性，持续发力，久久为功，坚持不懈推进污染治理。总体目标是，到 2020 年，农业农村面源污染得到有效治理，种养业布局进一步优化，农业农村废弃物资源化利用水平明显提高，绿色发展取得积极成效，对流域水质的污染显著降低。其中，重要河流湖泊、水环境敏感区和长三角等经济发达地区，要进一步强化治理措施，提高治理要求。

农田污染治理方面，减少化肥农药使用量，实现主要农作物化肥农药使用量负增长。提高农业资源、投入品利用效率和废弃物回收利用水平，化肥农药利用率提高到 40% 以上，测土配方施肥技术覆盖率提高到 90% 以上，病虫害绿色防控覆盖率提高到 30% 以上，专业化统防统治率提高到 40% 以上，农田灌溉水有效利用系数提高到 0.55 以上，秸秆综合利用率提高到 85% 以上，农田残膜回收率提高到 80% 以上。

养殖污染治理方面，畜禽养殖污染得到严格控制，养殖废弃物处理和资源化利用水平显著提升。畜禽粪污综合利用率提高到 75% 以上，规模养殖场粪污处理设施装备配套率提高到 95% 以上，大型养殖场 2019 年底前达到 100%。水产生态健康养殖水平进一步提升，主产区水产养殖尾水实现有效处理或循环利用。

农村人居环境治理方面，行政村农村人居环境整治实现全覆盖，垃圾污水治理水平和卫生厕所普及率稳步提升。90% 左右的村庄生活垃圾得到治理，基本完成非正规垃圾堆放点整治，有较好基础的地区农村卫生厕所普及率提高到 85% 左右，农村生活污水治理水平明显提高，乱排乱放得到有效管控。

二、明确重点任务

（一）优化发展空间布局，加大重点地区治理力度

优化农业农村发展布局。加快划定和建设粮食生产功能区、重要农产品生产保护区，积极推进特色农产品优势区建设，实现重要农产品和特色农产品向资源环境较好、生态系统稳定的优势区集中。依据土地消纳粪污能力合理确定养殖规模，适度调减水网密集区的畜禽养殖，引导畜牧业向环境容量大的地区转移。严格落实禁养区管理。在确定水域滩涂承载力和环境容量的基础上，尽快出台养殖水域滩涂规划，依法开展规划环境影响评价，依法划定养殖区，布局限养区，明确禁养区。加强村庄规划管理，稳步推进村庄整治，在尊重农民意愿前提下，引导农民向规划保留的城镇周边地区、中心村和新型农村社区适度集中居住，有序搬迁撤并空心村和过于分散、条件恶劣、生态脆弱的村庄。（农业农村部、住房城乡建设部、生态环境部、国家发展改革委负责，沿江11省（市）落实。以下任务均需沿江11省（市）落实，不再列出）

强化重点区域污染治理要求。将长江干流和重要支流沿线，丹江口库区、南水北调水源及沿线、三峡库区及其上游等重大工程区域，鄱阳湖、洞庭湖、洱海、滇池、巢湖、太湖和千岛湖等汇水区，重要饮用水水源地等敏感区域作为重点治理区域，以县为单位集中连片开展农业农村面源污染全覆盖、“拉网式”治理。强化重点区域治理要求，主要农作物测土配方施肥覆盖率达到93%以上，大面积使用高效低毒低残留农药，到2020年化肥农药使用量比2015年减少3%～5%，鄱阳湖和洞庭湖周边地区化肥农药使用量比2015年减少10%以上；严格控制畜禽养殖污染，长江干流和重要支流岸线延伸至陆域200米范围内基本消除畜禽养殖场（小区），强化规模养殖场粪污处理设施装备建设，基本实现畜禽粪污资源化利用；全面依法清理非法网箱网围养殖；加强农村生活污水排放监管，位于饮用水源保护区的村庄，要全面采用水冲式厕所，建立管网集中收集处置系统，减少污水直排口，按相关环境质量管理目标实现达标排放。（农业农村部、住房城乡建设部、水利部、生态环境部负责）

加快经济发达地区治理进度。经济发达地区要合理保障投入，加快农业农村面源污染治理进度，力争提前完成治理目标。长三角地区2019年底前完成化肥农药减量目标。长三角、长江中上游城市近郊区，要实现农村生活垃圾收运和处置体系全覆盖，完成农村厕所无害化改造，基本实现厕所粪污的有效处理或资源化利用，显著提高农村生活污水治理水平。

严格管控河道堤防内农业污染。严格执行《防洪法》《河道管理条例》等法律法规，全面清理整顿在河道堤防内违法违规种养殖行为。严禁在河道堤防和护堤范围内进行垦地种植、放牧和畜禽养殖，严禁畜禽粪污等直接排入水体。严禁在河道管理范围内围湖造田，已经围垦的要限时退田还湖。严禁未经批准挖筑鱼塘。严禁倾倒垃圾和排放未经处理的农村生产生活污水。（水利部、生态环境部负责）

（二）综合防控农田面源污染，推动农业绿色发展

推进化肥减施增效。全面推进测土配方施肥。推广机械施肥、种肥同播、水肥一体化等高效施肥技术，推广缓控释肥料、水溶性肥、生物肥等新型高效肥料，提高利用效率。鼓励秸秆还田、种植绿肥、积造农家肥、开发商品有机肥。以果菜茶大县和畜牧大县等为重点，推动有机肥替代化肥。（农业农村部负责）

实行农药减量控害。提高重大病虫疫情监测预警的时效性和准确性。加快推广应用生物农药、高效低毒低残留农药，依法禁限用高毒农药。普及科学用药知识，推行精准施药。集成推广农作物病虫害绿色防控技术，大规模开展专业化统防统治，发展专业化防治服务组织。（农业农村部负责）

强化秸秆综合利用和禁烧管控。强化秸秆收储运体系建设，大力开展秸秆肥料化、饲料化、能源化、基料化、原料化利用。完善农作物秸秆还田技术模式，加大秸秆还田力度。因地制宜发展秸秆热解气化、秸秆沼气等农村清洁能源，推动秸秆高值化综合利用与农村人居环境改善的有机结合。切实加强秸秆禁烧管控，在重点区域建立网格化监管制度，严防因秸

秆露天焚烧造成区域性重污染天气。（发展改革委、农业农村部、生态环境部负责）

加强地膜等废弃物处理利用。合理应用地膜覆盖技术，降低地膜覆盖依赖度，严禁生产和使用未达到新国家标准的地膜，从源头上保障地膜减量和可回收利用。推进地膜捡拾机械化，推动废旧地膜回收加工再利用。开展全生物可降解地膜研发和试验示范。加强农用化学包装废弃物回收处理。（农业农村部、生态环境部负责）

控制和净化地表径流。大力发展节水农业，提高灌溉水利用效率。加强灌溉水质监测与管理，严禁用未经处理的工业和城市污水灌溉农田。充分利用现有沟、塘、窖等，建设生态缓冲带、生态沟渠、地表径流集蓄与再利用设施，有效拦截和消纳农田退水和农村生活污水中各类有机污染物，净化农田退水及地表径流。（水利部、农业农村部负责）

推行用养结合的耕作模式。在湖南长株潭重金属污染区继续实行多年休耕，修复治理污染耕地。在贵州、云南石漠化区的坡耕地和瘠薄地，实行生态修复型休耕。推动长江流域小麦稻谷低效低质区开展稻油、稻肥等轮作。鼓励其他地区推行用养结合、良性循环的种植模式。推进退耕还林还草还湿和退田还湖。（农业农村部、国家林草局、水利部负责）

（三）严格控制畜禽养殖污染，推进粪污资源化利用

促进畜牧业转型升级。大力发展畜禽标准化规模养殖，支持符合条件的规模养殖场改造圈舍和更新设备，建设粪污贮存处理利用设施，提高集约化、自动化、生态化养殖水平。推广节水、节料等清洁养殖工艺和干清粪、微生物发酵等实用技术，实现源头减量。推广精准配方饲料和智能化饲喂，规范兽药、饲料添加剂使用。落实畜禽疫病综合防控措施，强化病死畜禽无害化处理体系建设。（农业农村部负责）

推进畜禽粪污资源化利用。因地制宜采取就近就地还田、生产有机肥、发展沼气和生物天然气等方式，加大畜禽粪污资源化利用力度。规模养殖场要严格履行环境保护主体责任，根据土地消纳能力，自行或委托第三方进行粪污处理和资源化利用；周边土地消纳量不足的，要对固液分离后的污水进行深度处理，实现达标排放或消毒回用。支持散养密集区实行畜禽粪污分户收集、集中处理。培育壮大畜禽粪污治理专业化、社会化组织，形成收集、存储、运输、处理和综合利用全产业链。（农业农村部牵头负责）

加强养殖污染监管。将规模以上畜禽养殖场纳入重点污染源管理，依法执行环评和排污许可制度。巩固禁养区内的畜禽养殖场（小区）关闭、搬迁成果，全面依法取缔超标排放的畜禽养殖场。建立畜禽规模养殖场直联直报信息系统，构建统一管理、分级使用、共享直联的监管平台。畜禽养殖大县要将畜禽粪污综合利用率、规模养殖场粪污处理设施装备配套率等目标要求逐一分解落实到规模养殖场，明确防治措施和完成时限。执行《畜禽粪污土地承载力测算技术指南》，养殖规模超过土地承载能力的县要合理调减养殖总量。将畜禽废弃物治理与资源化利用量纳入污染物减排总量核算。（生态环境部、农业农村部负责）

（四）推进水产健康养殖，改善水域生态环境

强化渔业水域生态环境保护。开展养殖水域滩涂环境治理，全面清理非法养殖。加强养殖规划管理，规范河流、湖泊、水库等天然水域的水产养殖行为，禁止在饮用水水源一级保护区内从事网箱养殖，已批准养殖的区域按照养殖容量等相关要求调减投饵网箱网围养殖，发展不投饵滤食类、草食类网箱网围养殖。尽快撤出和转移禁养区内的水产养殖，合理确定限养区养殖规模和养殖品种。推进水产养殖节水减排，鼓励开展尾水处理等环保设施升级改造，加强养殖副产物及废弃物集中收置和资源化利用。推广以渔控草、以渔抑藻等净水模式，修复水域生态环境。（农业农村部、生态环境部负责）

转变水产养殖方式。推行标准化生态健康养殖，发展大水面生态增养殖、工厂化循环水养殖、多品种立体混养及稻田综合种养等养殖模式，推进水产养殖装备现代化、生产管理智能化。加快培育绿色生态特色品种，加强全价人工配合饲料的研发和推广。强化水生动物疫病防控和监测预警，加强渔业官方兽医队伍建设，推动开展水产苗种产地检疫和监督执法，推进无规定疫病水产苗种场建设。（农业农村部负责）

（五）加快农村人居环境整治，实现村庄干净整洁

全面治理农村生活垃圾。统筹考虑农村生活和生产废弃物，合理选择垃圾收运处理方式，有条件的地区推广村收集、镇转运、县处理模式，对适合在农村消纳的有机垃圾，开展就地就近资源化利用。建立村庄保洁制度。抓紧开展非正规垃圾堆放点排查整治，重点整治垃圾山、垃圾围村、垃圾围坝、工业污染“上山下乡”。扩大垃圾分类制度覆盖范围，推行垃圾源头减量。

大力开展厕所革命。加快普及不同类型的卫生厕所，优先对江河湖泊水库周边村庄、一般村庄中的简易露天圈厕进行无害化卫生厕所改造。在中小学校、乡镇卫生院、集贸市场等公共场所和人口集中区域，加快建设卫生公厕。加强农村改厕与生活污水治理的有效衔接，鼓励同步进行、一步到位。有条件的地方要将厕所粪污、畜禽养殖废弃物一并处理和资源化利用。

加强农村生活污水治理。根据村庄区位、人口规模和密度、地形条件等因素，因地制宜采用集中与分散相结合、工程措施与生态措施相结合、污染治理与资源利用相结合的治理模式。积极推动城镇污水管网向周边村庄延伸覆盖。加强生活污水源头减量和尾水回收利用。以房前屋后河塘沟渠为重点实施清淤疏浚，采取综合措施恢复水生态，逐步消除农村黑臭水体。

完善建设和管护机制。统筹城乡垃圾污水处理规划布局，整县推进农村垃圾污水处理设施建设和管理。探索实行农村环保设施市场化建设和运营管理，鼓励有条件的地区建立财政补贴、村集体自筹和农户付费合理分担机制。在已实行垃圾处理制度的农村地区，建立农村垃圾处理收费制度。在已建成污水集中处理设施的农村地区，探索建立农户付费制度。建立长效管护机制，明确管理主体，加强资金保障，稳定管护队伍，健全规章制度，确保垃圾污水处理设施“建成一个、运行一个、见效一个”。

农村人居环境整治工作按照中央确定的部门职责分工负责。

三、加强政策支持

（一）建立多元化投入机制

构建公共财政支持、责任主体自筹和社会资金参与的多元化投入格局。中央有关部门结合现有资金渠道，以中西部地区为重点，支持地方加快农业农村面源污染治理。地方政府要合理安排资金投入，确保完成治理目标。鼓励地方按规定加强相关渠道资金和项目统筹整合。规模化种养大户、农业企业等排污主体要按照有关法律法规和政策要求，承担治污主体责任。规范政府和社会资本合作，引导社会资本投向农业废弃物资源化利用、农村垃圾污水治理等领域。有效利用绿色金融政策，加大绿色信贷、绿色债券、绿色基金、绿色保险对农业农村面源污染防治的支持力度。按照市场化和商业可持续原则，在符合条件的地区探索开展绿色金融支持畜禽养殖废弃物处置和无害化处理试点。

（二）加大财税支持力度

深入推进农业水价综合改革，加大农业节水工作力度。落实有机肥产品生产销售和批发、零售免征增值税政策。完善化肥农药减量、有机肥替代化肥补贴政策，对以畜禽粪便为主要原料的有机肥，以及新型经营主体和社会化服务组织等开展有机肥积造、运输、施用等服务，按规定予以支持，地方要配套出台补贴政策。对畜禽水产禁养区关闭搬迁的养殖场，地方政府要给予合理补偿。落实沼气发电上网标杆电价和上网电量全额保障性收购政策，推动符合标准的生物天然气并入城镇燃气管网，落实沼气和生物天然气增值税即征即退政策。鼓励各地将符合条件的施肥机械、水产机械纳入农机购置补贴范围，按规定申请开展植保无人飞机规范应用试点。鼓励地方政府对畜禽养殖废弃物资源化利用装备实行敞开补贴。积极探索建立农业主要污染物排污权有偿使用和交易机制。

（三）完善用地用电等政策

完善畜禽规模养殖设施用地政策，适当提高规模养殖场粪污资源化利用和有机肥生产积造设施用地占比及规模上限。农村生活垃圾污水收运处理设施，以畜禽养殖废弃物、农作物秸秆为主要原料的规模化生物天然气工程、大型沼气工程、有机肥厂、集中处理中心等，其建设用地纳入土地利用总体规划，在年度用地计划中优先安排。支持水产养殖工厂化循环水、养殖尾水和废弃物处理等环保设施建设用地。落实畜禽养殖场（小区）污染防治设施运行、水产养殖绿色发展的农业用电政策。

四、强化保障措施

（一）加强组织领导

健全中央统筹、省负总责、市县抓落实的农业农村面源污染防治工作机制。中央有关部门按照职责分工加强对长江经济带农业农村面源污染治理的指导和督导检查。各省（市）对本行政区内农业农村面源污染治理工作负总责，要将本指导意见确定的目标任务分解落实到市、县，明确各地区、各阶段的治理重点，同时及时跟踪掌握治理情况、协调解决有关问题。各市、县要明确污染治理路径和政策措施，建立工作台账和时间表，落实治理责任，实行挂图作战。

（二）强化考核督查

农业农村面源污染治理是长江经济带“三水共治”的重要组成部分，将作为沿江省市领导班子和领导干部综合考核评价的重要内容，由推动长江经济带发展领导小组办公室统一组织考核，考核结果报领导小组、国务院办公厅和中央组织部。将农业农村面源污染治理突出问题纳入中央生态环保督察范畴，对治理工作推进不力、污染问题严重的地区党政领导干部进行移交问责，督促限期整改。对治理成效明显的地区，通过表彰等方式予以激励。

（三）提高监测监管能力

尽快建立完善农业农村面源污染的监测和评价体系，实现监测预报与预警的常态化、规范化。结合现有环境监测网络和农村环境质量监测试点工作，加强对农村饮用水源地、一定规模以上的农村生活污水处理设施出水和畜禽规模养殖场排污口的监测。加强政府监管队伍建设，运用卫星遥感、大数据等技术，切实提高政府监管能力，及时发现农业农村环境问题。

（四）完善污染防治标准和法规体系

制定完善农业生产、农业面源污染监测和治理等标准及技术规范。严格执行《畜禽养殖业污染排放标准》，推动出台水产养殖尾水排放标准。研究制定农村生活垃圾分类和收运处理规范，指导各地加快制定农村生活污水治理排放标准。鼓励地方特别是水环境敏感地区出台高于国家标准的地方标准。严格执行《环境保护法》《水污染防治法》《畜禽规模养殖污染防治条例》，完善农业农村面源污染防治方面的法律法规。加强生态环境、农业农村、水利、公安等部门执法协作，依法严肃查处违法违规行为。

（五）加强公众参与和社会监督

加强农业农村面源污染防治的科学普及和舆论宣传，提高全社会的环境保护意识。将农业农村环境保护纳入村规民约，调动广大农民发展清洁生产、爱护环境卫生、建设美丽家园的主动性、积极性。鼓励公众对污染农业农村环境的行为进行监督举报，及时解决群众反映强烈的环境问题。完善农业农村面源污染防治信用约束机制，地方人民政府归集并公开环保信用评价、污染源监测等信息。落实环保领域联合惩戒合作备忘录要求，依法依规对规模化种养大户、农业企业中的失信主体实施惩戒和限制等约束性措施。

第六部分

自主创新投资

国务院关于推动创新创业高质量发展打造“双创”升级版的意见

国发〔2018〕32号

国务院

2018年9月18日

各省、自治区、直辖市人民政府，国务院各部委、各直属机构：

创新是引领发展的第一动力，是建设现代化经济体系的战略支撑。近年来，大众创业万众创新持续向更大范围、更高层次和更深程度推进，创新创业与经济社会发展深度融合，对推动新旧动能转换和经济结构升级、扩大就业和改善民生、实现机会公平和社会纵向流动发挥了重要作用，为促进经济增长提供了有力支撑。当前，我国经济已由高速增长阶段转向高质量发展阶段，对推动大众创业万众创新提出了新的更高要求。为深入实施创新驱动发展战略，进一步激发市场活力和社会创造力，现就推动创新创业高质量发展、打造“双创”升级版提出以下意见。

一、总体要求

推进大众创业万众创新是深入实施创新驱动发展战略的重要支撑、深入推进供给侧结构性改革的重要途径。随着大众创业万众创新蓬勃发展，创新创业环境持续改善，创新创业主体日益多元，各类支撑平台不断丰富，创新创业社会氛围更加浓厚，创新创业理念日益深入人心，取得显著成效。但同时，还存在创新创业生态不够完善、科技成果转化机制尚不健全、大中小企业融通发展还不充分、创新创业国际合作不够深入以及部分政策落实不到位等问题。打造“双创”升级版，推动创新创业高质量发展，有利于进一步增强创业带动就业能力，有利于提升科技创新和产业发展活力，有利于创造优质供给和扩大有效需求，对增强经济发展内生动力具有重要意义。

（一）指导思想

以习近平新时代中国特色社会主义思想为指导，全面贯彻党的十九大和十九届二中、三中全会精神，坚持新发展理念，坚持以供给侧结构性改革为主线，按照高质量发展要求，深入实施创新驱动发展战略，通过打造“双创”升级版，进一步优化创新创业环境，大幅降低创新创业成本，提升创业带动就业能力，增强科技创新引领作用，提升支撑平台服务能力，推动形成线上线下结合、产学研用协同、大中小企业融合的创新创业格局，为加快培育发展新动能、实现更充分就业和经济高质量发展提供坚实保障。

（二）主要目标

创新创业服务全面升级。创新创业资源共享平台更加完善，市场化、专业化众创空间功能不断拓展，创新创业服务平台能力显著提升，创业投资持续增长并更加关注早中期科技型企业，新兴创新创业服务业态日趋成熟。

创业带动就业能力明显提升。培育更多充满活力、持续稳定经营的市场主体，直接创造更多就业岗位，带动关联产业就业岗位增加，促进就业机会公平和社会纵向流动，实现创新、创业、就业的良性循环。

科技成果转化应用能力显著增强。科技型创业加快发展，产学研用更加协同，科技创新与传统产业转型升级结合更加紧密，形成多层次科技创新和产业发展主体，支撑战略性新兴产业加快发展。

高质量创新创业集聚区不断涌现。“双创”示范基地建设扎实推进，一批可复制的制度性成果加快推广。有效发挥国家级新区、国家自主创新示范区等各类功能区优势，打造一批创新创业新高地。

大中小企业创新创业价值链有机融合。一批高端科技人才、优秀企业家、专业投资人成为创新创业主力军，大企业、科研院所、中小企业之间创新资源要素自由畅通流动，内部外部、线上线下、大中小企业融通发展水平不断提升。

国际国内创新创业资源深度融汇。拓展创新创业国际交流合作，深度融入全球创新创业浪潮，推动形成一批国际化创新创业集聚地，将“双创”打造成为我国与包括“一带一路”相关国家在内的世界各国合作的亮丽名片。

二、着力促进创新创业环境升级

（三）简政放权释放创新创业活力

进一步提升企业开办便利度，全面推进企业简易注销登记改革。积极推广“区域评估”，由政府组织力量对一定区域内地质灾害、水土保持等进行统一评估。推进审查事项、办事流程、数据交换等标准化建设，稳步推动公共数据资源开放，加快推进政务数据资源、社会数据资源、互联网数据资源建设。清理废除妨碍统一市场和公平竞争的规定和做法，加快发布全国统一的市场准入负面清单，建立清单动态调整机制。（国家市场监管总局、自然资源部、水利部、发展改革委等按职责分工负责）

（四）放管结合营造公平市场环境

加强社会信用体系建设，构建信用承诺、信息公示、信用分级分类、信用联合奖惩等全流程信用监管机制。修订生物制造、新材料等领域审查参考标准，激发高技术领域创新活力。引导和规范共享经济良性健康发展，推动共享经济平台企业切实履行主体责任。建立完善对“互联网＋教育”、“互联网＋医疗”等新业态新模式的高效监管机制，严守安全质量和社会稳定底线。（国家发展改革委、国家市场监管总局、工业和信息化部、教育部、卫生健康委等按职责分工负责）

（五）优化服务便利创新创业

加快建立全国一体化政务服务平台，建立完善国家数据共享交换平台体系，推行数据共享责任清单制度，推动数据共享应用典型案例经验复制推广。在市县一级建立农村创新创业信息服务窗口。完善适应新就业形态的用工和社会保险制度，加快建设“网上社保”。积极落实产业用地政策，深入推进城镇低效用地再开发，健全建设用地“增存挂钩”机制，优化用地结构，盘活存量、闲置土地用于创新创业。（国务院办公厅、国家发展改革委、国家市场监管总局、农业农村部、人力资源社会保障部、自然资源部等按职责分工负责）

三、加快推动创新创业发展动力升级

（六）加大财税政策支持力度

聚焦减税降费，研究适当降低社保费率，确保总体上不增加企业负担，激发市场活力。将企业研发费用加计扣除比例提高到75%的政策由科技型中小企业扩大至所有企业。对个人在二级市场买卖新三板股票比照上市公司股票，对差价收入免征个人所得税。将国家级科技企业孵化器和大学科技园享受的免征房产税、增值税等优惠政策范围扩大至省级，符合条件的众创空间也可享受。（财政部、国家税务总局等按职责分工负责）

（七）完善创新创业产品和服务政府采购等政策措施

完善支持创新和中小企业的政府采购政策。发挥采购政策功能，加大对重大创新产品和服务、核心关键技术的采购力度，扩大首购、订购等非招标方式的应用。（国家发展改革委、财政部、工业和信息化部、科技部等和各地方人民政府按职责分工负责）

（八）加快推进首台（套）重大技术装备示范应用

充分发挥市场机制作用，推动重大技术装备研发创新、检测评定、示范应用体系建设。编制重大技术装备创新目录、众创研发指引，制定首台（套）评定办法。依托大型科技企业集团、重点研发机构，设立重大技术装备创新研究院。建立首台（套）示范应用基地和示范应用联盟。加快军民两用技术产品发展和推广应用。发挥众创、众筹、众包和虚拟创新创业社区等多种创新创业模式的作用，引导中小企业等创新主体参与重大技术装备研发，加强众创成果与市场有效对接。（国家发展改革委、科技部、工业和信息化部、财政部、国资委、卫生健康委、国家市场监管总局、国家能源局等按职责分工负责）

（九）建立完善知识产权管理服务体系

建立完善知识产权评估和风险控制体系，鼓励金融机构探索开展知识产权质押融资。完善知识产权运营公共服务平台，逐步建立全国统一的知识产权交易市场。鼓励和支持创新主体加强关键前沿技术知识产权创造，形成一批战略性高价值专利组合。聚焦重点领域和关键环节开展知识产权“雷霆”专项行动，进行集中检查、集中整治，全面加强知识产权执法维权工作力度。积极运用在线识别、实时监测、源头追溯等“互联网 +”技术强化知识产权保护。（国家知识产权局、财政部、银保监会、人民银行等按职责分工负责）

四、持续推进创业带动就业能力升级

（十）鼓励和支持科研人员积极投身科技创业

对科教类事业单位实施差异化分类指导，出台鼓励和支持科研人员离岗创业实施细则，完善创新型岗位管理实施细则。健全科研人员评价机制，将科研人员在科技成果转化过程中取得的成绩和参与创业项目的情况作为职称评审、岗位竞聘、绩效考核、收入分配、续签合同等的重要依据。建立完善科研人员校企、院企共建双聘机制。（科技部、教育部、人力资源社会保障部等按职责分工负责）

（十一）强化大学生创新创业教育培训

在全国高校推广创业导师制，把创新创业教育和实践课程纳入高校必修课体系，允许大学生用创业成果申请学位论文答辩。支持高校、职业院校（含技工院校）深化产教融合，引入企业开展生产性实习实训。（教育部、人力资源社会保障部、共青团中央等按职责分工负责）

（十二）健全农民工返乡创业服务体系

深入推进农民工返乡创业试点工作，推出一批农民工返乡创业示范县和农村创新创业典型县。进一步发挥创业担保贷款政策的作用，鼓励金融机构按照市场化、商业可持续原则对农村“双创”园区（基地）和公共服务平台等提供金融服务。安排一定比例年度土地利用计划，专项支持农村新产业新业态和产业融合发展。（人力资源社会保障部、农业农村部、国家发展改革委、人民银行、银保监会、财政部、自然资源部、共青团中央等按职责分工负责）

（十三）完善退役军人自主创业支持政策和服务体系

加大退役军人培训力度，依托院校、职业培训机构、创业培训中心等机构，开展创业意识教育、创业素质培养、创业项目指导、开业指导、企业经营管理等培训。大力扶持退役军人就业创业，落实好现有税收优惠政策，根据个体特点引导退役军人向科技服务业等新业态转移。推动退役军人创业平台不断完善，支持退役军人参加创新创业大会和比赛。（退役军人部、教育部、人力资源社会保障部、税务总局、财政部等按职责分工负责）

（十四）提升归国和外籍人才创新创业便利化水平

深入实施留学人员回国创新创业启动支持计划，遴选资助一批高层次人才回国创新创业项目。健全留学回国人才和外籍高层次人才服务机制，在签证、出入境、社会保险、知识产权保护、落户、永久居留、子女入学等方面进一步加大支持力度。（人力资源社会保障部、外交部、公安部、国家移民局、国家知识产权局等和各地方人民政府按职责分工负责）

（十五）推动更多群体投身创新创业

深入推进创新创业巾帼行动，鼓励支持更多女性投身创新创业实践。制定完善香港、澳门居民在内地发展便利性政策措施，鼓励支持港澳青年在内地创新创业。扩大两岸经济文化交流合作，为台湾同胞在大陆创新创业提供便利。积极引导侨资侨智参与创新创业，支持建设华侨华人创新创业基地和华侨大数据中心。探索国际柔性引才机制，持续推进海外人才离岸创新创业基地建设。启动少数民族地区创新创业专项行动，支持西藏、新疆等地区创新创业加快发展。推行终身职业技能培训制度，将有创业意愿和培训需求的劳动者全部纳入培训范围。（全国妇联、港澳办、台办、侨办、人力资源社会保障部、中国科协、国家发展改革委、国家民委等按职责分工负责）

五、深入推动科技创新支撑能力升级

（十六）增强创新型企业引领带动作用

在重点领域和关键环节加快建设一批国家产业创新中心、国家技术创新中心等创新平台，充分发挥创新平台资源集聚优势。建设由大中型科技企业牵头，中小企业、科技社团、高校院所等共同参与的科技联合体。加大对“专精特新”中小企业的支持力度，鼓励中小企业参与产业关键共性技术研究开发，持续提升企业创新能力，培育一批具有创新能力的制造业单项冠军企业，壮大制造业创新集群。健全企业家参与涉企创新创业政策制定机制。（国家发展改革委、科技部、中国科协、工业和信息化部等按职责分工负责）

（十七）推动高校科研院所创新创业深度融合

健全科技资源开放共享机制，鼓励科研人员面向企业开展技术开发、技术咨询、技术服务、技术培训等，促进科技创新与创业深度融合。推动高校、科研院所与企业共同建立概念验证、孵化育成等面向基础研究成果转化的服务平台。（科技部、教育部等按职责分工负责）

（十八）健全科技成果转化的体制机制

纵深推进全面创新改革试验，深化以科技创新为核心的全面创新。完善国家财政资金资助的科技成果信息共享机制，畅通科技成果与市场对接渠道。试点开展赋予科研人员职务科技成果所有权或长期使用权。加速高校科技成果转化和技术转移，促进科技、产业、投资融合对接。加强国家技术转移体系建设，鼓励高校、科研院所建设专业化技术转移机构。鼓励有条件的地方按技术合同实际成交额的一定比例对技术转移服务机构、技术合同登记机构和技术经纪人（技术经理人）给予奖补。（国家发展改革委、科技部、教育部、财政部等按职责分工负责）

六、大力促进创新创业平台服务升级

（十九）提升孵化机构和众创空间服务水平

建立众创空间质量管理、优胜劣汰的健康发展机制，引导众创空间向专业化、精细化方向升级，鼓励具备一定科研基础的市场主体建立专业化众创空间。推动中央企业、科研院所、高校和相关公共服务机构建设具有独立法人资格的孵化机构，为初创期、早中期企业提供公共技术、检验检测、财税会计、法律政策、教育培训、管理咨询等服务。继续推进全国创业孵化示范基地建设。鼓励生产制造类企业建立工匠工作室，通过技术攻关、破解生产难题、固化创新成果等塑造工匠品牌。加快发展孵化机构联盟，加强与国外孵化机构对接合作，吸引海外人才到国内创新创业。研究支持符合条件的孵化机构享受高新技术企业相关人才激励政策，落实孵化机构税收优惠政策。（科技部、国资委、教育部、人力资源社会保障部、工业和信息化部、财政部、国家税务总局等按职责分工负责）

（二十）搭建大中小企业融通发展平台

实施大中小企业融通发展专项行动计划，加快培育一批基于互联网的大企业创新创业平台、国家中小企业公共服务示范平台。推进国家小型微型企业创业创新示范基地建设，支持建设一批制造业“双创”技术转移中心和制造业“双创”服务平台。推进供应链创新与应用，加快形成大中小企业专业化分工协作的产业供应链体系。鼓励大中型企业开展内部创业，鼓励有条件的企业依法合规发起或参与设立公益性创业基金，鼓励企业参股、投资内部创业项目。鼓励国有企业探索以子公司等形式设立创新创业平台，促进混合所有制改革与创新创业深度融合。（工业和信息化部、商务部、财政部、国资委等按职责分工负责）

（二十一）深入推进工业互联网创新发展

更好发挥市场力量，加快发展工业互联网，与智能制造、电子商务等有机结合、互促共进。实施工业互联网三年行动计划，强化财税政策导向作用，持续利用工业转型升级资金支持工业互联网发展。推进工业互联网平台建设，形成多层次、系统性工业互联网平台体系，引导企业上云上平台，加快发展工业软件，培育工业互联网应用创新生态。推动产学研用合作建设工业互联网创新中心，建立工业互联网产业示范基地，开展工业互联网创新应用示范。加强专业人才支撑，公布一批工业互联网相关二级学科，鼓励搭建工业互联网学科引智平台。（工业和信息化部、国家发展改革委、教育部、科技部、财政部、人力资源社会保障部等按职责分工负责）

（二十二）完善“互联网+”创新创业服务体系

推进“国家创新创业政策信息服务网”建设，及时发布创新创业先进经验和典型做法，进一步降低各类创新创业主体的政策信息获取门槛和时间成本。鼓励建设“互联网+”创新创业平台，积极利用互联网等信息技术支持创新创业活动，进一步降低创新创业主体与资本、技术对接的门槛。推动“互联网+公共服务”，使更多优质资源惠及群众。（国家发展改革委、科技部、工业和信息化部等按职责分工负责）

（二十三）打造创新创业重点展示品牌

继续扎实开展各类创新创业赛事活动，办好全国大众创业万众创新活动周，拓展“创响中国”系列活动范围，充分发挥“互联网+”大学生创新创业大赛、中国创新创业大赛、“创客中国”创新创业大赛、“中国创翼”创业创新大赛、全国农村创业创新项目创意大赛、中央企业熠星创新创意大赛、“创青春”中国青年创新创业大赛、中国妇女创新创业大赛等品牌赛事活动作用。对各类赛事活动中涌现的优秀创新创业项目加强后续跟踪支持。（发展改革委、中国科协、教育部、科技部、工业和信息化部、人力资源社会保障部、农业农村部、国资委、共青团中央、全国妇联等按职责分工负责）

七、进一步完善创新创业金融服务

（二十四）引导金融机构有效服务创新创业融资需求

加快城市商业银行转型，回归服务小微企业等实体的本源，提高风险识别和定价能力，运用科技化等手段，为本地创新创业提供有针对性的金融产品和差异化服务。加快推进村镇银行本地化、民营化和专业化发展，支持民间资本参与农村中小金融机构充实资本、完善治理的改革，重点服务发展农村电商等新业态新模式。推进落实大中型商业银行设立普惠金融事业部，支持有条件的银行设立科技信贷专营事业部，提高服务创新创业企业的专业化水平。支持银行业金融机构积极稳妥开展并购贷款业务，提高对创业企业兼并重组的金融服务水平。（银保监会、人民银行等按职责分工负责）

（二十五）充分发挥创业投资支持创新创业作用

进一步健全适应创业投资行业特点的差异化监管体制，按照不溯及既往、确保总体税负不增的原则，抓紧完善进一步支持创业投资基金发展的税收政策，营造透明、可预期的政策环境。规范发展市场化运作、专业化管理的创业投资母基金。充分发挥国家新兴产业创业投资引导基金、国家中小企业发展基金等引导基金的作用，支持初创期、早中期创新型企业发展。加快发展天使投资，鼓励有条件的地方出台促进天使投资发展的政策措施，培育和壮大天使投资人群体。完善政府出资产业投资基金信用信息登记，开展政府出资产业投资基金绩效评价和公共信用综合评价。（国家发展改革委、证监会、国家税务总局、财政部、工业和信息化部、科技部、人民银行、银保监会等按职责分工负责）

（二十六）拓宽创新创业直接融资渠道

支持发展潜力好但尚未盈利的创新型企业上市或在新三板、区域性股权市场挂牌。推动科技型中小企业和创业投资企业发债融资，稳步扩大创新创业债试点规模，支持符合条件的企业发行“双创”专项债务融资工具。规范发展互联网股权融资，拓宽小微企业和创新创业者的融资渠道。推动完善公司法等法律法规和资本市场相关规则，允许科技企业实行“同股不同权”治理结构。（证监会、国家发展改革委、科技部、人民银行、财政部、司法部等按职责分工负责）

（二十七）完善创新创业差异化金融支持政策

依托国家融资担保基金，采取股权投资、再担保等方式推进地方有序开展融资担保业务，构建全国统一的担保行业体系。支持保险公司为科技型中小企业知识产权融资提供保证保险服务。完善定向降准、信贷政策支持再贷款等结构性货币政策工具，引导资金更多投向创新型企业和小微企业。研究开展科技成果转化贷款风险补偿试点。实施战略性新兴产业重点项目信息合作机制，为战略性新兴产业提供更具针对性和适应性的金融产品和服务。（财政部、银保监会、科技部、知识产权局、人民银行、工业和信息化部、国家发展改革委、证监会等按职责分工负责）

八、加快构筑创新创业发展高地

（二十八）打造具有全球影响力的科技创新策源地

进一步夯实北京、上海科技创新中心的创新基础，加快建设一批重大科技基础设施集群、世界一流学科集群。加快推进粤港澳大湾区国际科技创新中心建设，探索建立健全国际化的创新创业合作新机制。（有关地方人民政府牵头负责）

（二十九）培育创新创业集聚区

支持符合条件的经济技术开发区打造大中小企业融通型、科技资源支撑型等不同类型的创新创业特色载体。鼓励国家级新区探索通用航空、体育休闲、养老服务、安全等产业与城市融合发展的新机制和新模式。推进雄安新区创新发展，打造体制机制新高地和京津冀协同创新重要平台。推动承接产业转移示范区、高新技术开发区聚焦战略性新兴产业构建园区配套及服务体系，充分发挥创新创业集群效应。支持有条件的省市建设综合性国家产业创新中心，提升关键核心技术创新能力。依托中心城市和都市圈，探索打造跨区域协同创新平台。（财政部、工业和信息化部、科技部、国家发展改革委等和各地方人民政府按职责分工负责）

（三十）发挥“双创”示范基地引导示范作用

将全面创新改革试验的相关改革举措在“双创”示范基地推广，为示范基地内的项目或企业开通总体规划环评等绿色通道。充分发挥长三角示范基地联盟作用，推动建立京津冀、西部等区域示范基地联盟，促进各类基地融通发展。开展“双创”示范基地十强百佳工程，鼓励示范基地在科技成果转化、财政金融、人才培养等方面积极探索。（国家发展改革委、生态环境部、银保监会、科技部、财政部、工业和信息化部、人力资源社会保障部等和有关地方人民政府及大众创业万众创新示范基地按职责分工负责）

（三十一）推进创新创业国际合作

发挥中国—东盟信息港、中阿网上丝绸之路等国际化平台作用，支持与“一带一路”相关国家开展创新创业合作。推动建立政府间创新创业多双边合作机制。充分利用各类国际合作论坛等重要载体，推动创新创业领域民间务实合作。鼓励有条件的地方建立创新创业国际合作基金，促进务实国际合作项目有效落地。（国家发展改革委、科技部、工业和信息化部等和有关地方人民政府按职责分工负责）

九、切实打通政策落实“最后一公里”

（三十二）强化创新创业政策统筹

完善创新创业信息通报制度，加强沟通联动。发挥推进大众创业万众创新部际联席会议统筹作用，建立部门之间、部门与地方之间的高效协同机制。鼓励各地方先行先试、大胆探索并建立容错免责机制。促进科技、金融、财税、人才等支持创新创业政策措施有效衔接。建立健全“双创”发展统计指标体系，做好创新创业统计监测工作。（国家发展改革委、统计局等和各地方人民政府按职责分工负责）

（三十三）细化关键政策落实措施

开展“双创”示范基地年度评估，根据评估结果进行动态调整。定期梳理制约创新创业的痛点堵点问题，开展创新创业痛点堵点疏解行动，督促相关部门和地方限期解决。对知识产权保护、税收优惠、成果转移转化、科技金融、军民融合、人才引进等支持创

新创业政策措施落实情况定期开展专项督查和评估。（国家发展改革委、中国科协等和各地方人民政府按职责分工负责）

（三十四）做好创新创业经验推广

建立定期发布创新创业政策信息的制度，做好政策宣讲和落实工作。支持各地积极举办经验交流会和现场观摩会等，加强先进经验和典型做法的推广应用。加强创新创业政策和经验宣传，营造良好舆论氛围。（各部门、各地方人民政府按职责分工负责）

各地区、各部门要充分认识推动创新创业高质量发展、打造“双创”升级版对于深入实施创新驱动发展战略的重要意义，把思想、认识和行动统一到党中央、国务院决策部署上来，认真落实本意见各项要求，细化政策措施，加强督查，及时总结，确保各项政策措施落到实处，进一步增强创业带动就业能力和科技创新能力，加快培育发展新动能，充分激发市场活力和社会创造力，推动我国经济高质量发展。

国务院关于支持自由贸易试验区深化改革创新若干措施的通知

国发〔2018〕38号

国务院

2018年11月7日

各省、自治区、直辖市人民政府，国务院各部委、各直属机构：

建设自由贸易试验区（以下简称自贸试验区）是党中央、国务院在新形势下全面深化改革和扩大开放的战略举措。党的十九大报告强调要赋予自贸试验区更大改革自主权，为新时代自贸试验区建设指明了新方向、提出了新要求。为贯彻落实党中央、国务院决策部署，支持自贸试验区深化改革创新，进一步提高建设质量，现将有关事项通知如下：

一、营造优良投资环境

（一）借鉴北京市服务业扩大开放综合试点经验，放宽外商投资建设工程设计企业外籍技术人员的比例要求、放宽人才中介机构限制。（负责部门：人力资源社会保障部、住房城乡建设部、商务部；适用范围：所有自贸试验区，以下除标注适用于特定自贸试验区的措施外，适用范围均为所有自贸试验区）

（二）编制下达全国土地利用计划时，考虑自贸试验区的实际情况，合理安排有关省（市）的用地计划；有关地方应优先支持自贸试验区建设，促进其健康有序发展。（负责部门：自然资源部）

（三）将建筑工程施工许可、建筑施工企业安全生产许可等工程审批类权限下放至自贸试验区。（负责部门：住房城乡建设部）

（四）授权自贸试验区开展试点工作，将省级及以下机关实施的建筑企业资质申请、升级、增项许可改为实行告知承诺制。（负责部门：住房城乡建设部）

（五）将外商投资设立建筑业（包括设计、施工、监理、检测、造价咨询等所有工程建设相关主体）资质许可的省级及以下审批权限下放至自贸试验区。（负责部门：住房城乡建设部）

（六）自贸试验区内的外商独资建筑业企业承揽本省（市）的中外联合建设项目时，不受建设项目的中外方投资比例限制。（负责部门：住房城乡建设部）

（七）在《内地与香港关于建立更紧密经贸关系的安排》《内地与澳门关于建立更紧密经贸关系的安排》《海峡两岸经济合作框架协议》下，对自贸试验区内的港澳台资建筑业企业，不再执行《外商投资建筑业企业管理规定》中关于工程承包范围的限制性规定。（负责部门：住房城乡建设部）

（八）对于自贸试验区内为本省（市）服务的外商投资工程设计（工程勘察除外）企业，取消首次申请资质时对投资者的工程设计业绩要求。（负责部门：住房城乡建设部）

（九）卫生健康行政部门对自贸试验区内的社会办医疗机构配置乙类大型医用设备实行告知承诺制。（负责部门：卫生健康委）

（十）自贸试验区内医疗机构可根据自身的技术能力，按照有关规定开展干细胞临床前沿医疗技术研究项目。（负责部门：卫生健康委）

（十一）允许自贸试验区创新推出与国际接轨的税收服务举措。（负责部门：国家税务总局）

（十二）省级市场监管部门可以将外国（地区）企业常驻代表机构登记注册初审权限下放至自贸试验区有外资登记管理权限的市场监管部门。（负责部门：国家市场监管总局）

（十三）支持在自贸试验区设置商标受理窗口。（负责部门：知识产权局）

（十四）在自贸试验区设立受理点，受理商标权质押登记。（负责部门：国家知识产权局）

（十五）进一步放宽对专利代理机构股东的条件限制，新设立有限责任制专利代理机构的，允许不超过五分之一不具有专利代理人资格、年满18周岁、能够在专利代理机构专职工作的中国公民担任股东。（负责部门：国家知识产权局）

（十六）加强顶层设计，在自贸试验区探索创新政府储备与企业储备相结合的石油储备模式。（负责部门：国家发展改革委、国家粮食和储备局，适用范围：浙江自贸试验区）

二、提升贸易便利化水平

（十七）研究支持对海关特殊监管区域外的“两头在外”航空维修业态实行保税监管。（负责部门：商务部、海关总署、财政部、税务总局）

（十八）支持有条件的自贸试验区研究和探索赋予国际铁路运单物权凭证功能，将铁路运单作为信用证议付票据，提高国际铁路货运联运水平。（负责部门：商务部、银保监会、国家铁路局、中国铁路总公司）

（十九）支持符合条件的自贸试验区开展汽车平行进口试点。（负责部门：商务部）

（二十）授予自贸试验区自由进出口技术合同登记管理权限。（负责部门：商务部）

（二十一）支持在自贸试验区依法合规建设能源、工业原材料、大宗农产品等国际贸易平台和现货交易市场。（负责部门：商务部）

（二十二）开展艺术品保税仓储，在自贸试验区内海关特殊监管区域之间，以及海关特殊监管区域与境外之间进出货物的备案环节，省级文化部门不再核发批准文件。支持开展艺术品进出口经营活动，凭省级文化部门核发的准予进出口批准文件办理海关验放手续；省级文化部门核发的批准文件在有效期内可一证多批使用，但最多不超过六批。（负责部门：文化和旅游部、海关总署）

（二十三）支持自贸试验区开展海关税款保证保险试点。（负责部门：海关总署、银保监会）

（二十四）国际贸易“单一窗口”标准版增加航空、铁路舱单申报功能。（负责部门：海关总署、国家民航局、中国铁路总公司）

（二十五）支持自贸试验区试点汽车平行进口保税仓储业务。（负责部门：海关总署）

（二十六）积极探索通过国际贸易“单一窗口”与“一带一路”重点国家和地区开展互联互通和信息共享，推动国际贸易“单一窗口”标准版新项目率先在自贸试验区开展试点，促进贸易便利化。（负责部门：海关总署）

（二十七）在符合国家口岸管理规定的前提下，优先审理自贸试验区内口岸开放项目。（负责部门：海关总署）

（二十八）在自贸试验区试点实施进口非特殊用途化妆品备案管理。（负责部门：国家药监局）

（二十九）支持平潭口岸建设进境种苗、水果、食用水生动物等监管作业场所。（负责部门：海关总署，适用范围：福建自贸试验区）

（三十）在对外航权谈判中支持郑州机场利用第五航权，在平等互利的基础上允许外国航空公司承载经郑州至第三国的客货业务，积极向国外航空公司推荐并引导申请进入中国市场的国外航空公司执飞郑州机场。（负责部门：国家民航局，适用范围：河南自贸试验区）

（三十一）在对外航权谈判中支持西安机场利用第五航权，在平等互利的基础上允许外国航空公司承载经西安至第三国的客货业务，积极向国外航空公司推荐并引导申请进入中国市场的国外航空公司执飞西安机场。（负责部门：国家民航局，适用范围：陕西自贸试验区）

（三十二）进一步加大对西安航空物流发展的支持力度。（负责部门：国家民航局，适用范围：陕西自贸试验区）

（三十三）支持利用中欧班列开展邮件快件进出口常态化运输。（负责部门：国家邮政局、中国铁路总公司，适用范围：重庆自贸试验区）

（三十四）支持设立首次进口药品和生物制品口岸。（负责部门：国家药监局、海关总署，适用范围：重庆自贸试验区）

（三十五）将台湾地区生产且经平潭口岸进口的第一类医疗器械的备案管理权限下放至福建省药品监督管理部门。（负责部门：国家药监局，适用范围：福建自贸试验区）

三、推动金融创新服务实体经济

（三十六）进一步简化保险分支机构行政审批，建立完善自贸试验区企业保险需求信息共享平台。（负责部门：银保监会）

（三十七）允许自贸试验区内银行业金融机构在依法合规、风险可控的前提下按相关规定为境外机构办理人民币衍生产品等业务。（负责部门：人民银行、银保监会、国家外汇局）

（三十八）支持坚持市场定位、满足监管要求、符合行政许可相关业务资格条件的地方法人银行在依法合规、风险可控的前提下开展人民币与外汇衍生产品业务，或申请与具备资格的银行业金融机构合作开展远期结售汇业务等。（负责部门：人民银行、银保监会、国家外汇局）

（三十九）支持自贸试验区依托适合自身特点的账户体系开展人民币跨境业务。（负责部门：人民银行）

（四十）鼓励、支持自贸试验区内银行业金融机构基于真实需求和审慎原则向境外机构和境外项目发放人民币贷款，满足“走出去”企业的海外投资、项目建设、工程承包、大型设备出口等融资需求。自贸试验区内银行业金融机构发放境外人民币贷款，应严格审查借款人资信和项目背景，确保资金使用符合要求。（负责部门：人民银行、外交部、国家发展改革委、商务部、国资委、银保监会）

（四十一）允许银行将自贸试验区交易所出具的纸质交易凭证（须经交易双方确认）替代双方贸易合同，作为贸易真实性审核依据。（负责部门：银保监会）

（四十二）支持自贸试验区内符合条件的个人按照规定开展境外证券投资。（负责部门：证监会、人民银行）

（四十三）支持在有条件的自贸试验区开展知识产权证券化试点。（负责部门：证监会、国家知识产权局）

（四十四）允许平潭各金融机构试点人民币与新台币直接清算，允许境外机构境内外汇账户办理定期存款业务。（负责部门：人民银行、国家外汇局，适用范围：福建自贸试验区）

（四十五）推动与大宗商品出口国、“一带一路”国家和地区在油品等大宗商品贸易中使用人民币计价、结算，引导银行业金融机构根据“谁进口、谁付汇”原则办理油品贸易的跨境支付业务，支持自贸试验区保税燃料油供应以人民币计价、结算。（负责部门：人民银行等部门，适用范围：浙江自贸试验区）

（四十六）允许自贸试验区内银行业金融机构按相关规定向台湾地区金融同业跨境拆出短期人民币资金。（负责部门：人民银行，适用范围：福建自贸试验区）

（四十七）支持“海峡基金业综合服务平台”根据规定向中国证券投资基金业协会申请登记，开展私募投资基金服务业务。支持符合条件的台资保险机构在自贸试验区内设立保险营业机构。（负责部门：银保监会、证监会，适用范围：福建自贸试验区）

四、推进人力资源领域先行先试

（四十八）增强企业用工灵活性，支持自贸试验区内制造企业生产高峰时节与劳动者签订以完成一定工作任务为期限的劳动合同、短期固定期限劳动合同；允许劳务派遣员工从事企业研发中心研发岗位临时性工作。（负责部门：人力资源社会保障部）

（四十九）将在自贸试验区内设立中外合资和外商独资人才中介机构审批权限下放至自贸试验区，由自贸试验区相关职能部门审批并报省（市）人力资源社会保障部门备案。（负责部门：人力资源社会保障部）

（五十）研究制定外国留学生在我国境内勤工助学管理制度，由自贸试验区制定有关实施细则，实现规范管理。（负责部门：教育部）

（五十一）鼓励在吸纳非卫生技术人员在医疗机构提供中医治未病服务、医疗机构中医治未病专职医师职称晋升、中医治未病服务项目收费等方面先行试点。（负责部门：中医药局）

（五十二）授权自贸试验区制定相关港澳专业人才执业管理办法（国家法律法规暂不允许的除外），允许具有港澳执业资格的金融、建筑、规划、专利代理等领域专业人才，经相关部门或机构备案后，按规定范围为自贸试验区内企业提供专业服务。（负责部门：人力资源社会保障部、住房城乡建设部、银保监会、证监会、国家知识产权局，适用范围：广东自贸试验区）

（五十三）支持自贸试验区开展非标准就业形式下劳动用工管理和服务试点。（负责部门：人力资源社会保障部，适用范围：上海自贸试验区）

五、切实做好组织实施

坚持党的领导。坚持和加强党对改革开放的领导，把党的领导贯穿于自贸试验区建设全过程。要以习近平新时代中国特色社会主义思想为指导，全面贯彻党的十九大和十九届二中、三中全会精神，深刻认识支持自贸试验区深化改革创新的重大意义，贯彻新发展理念，鼓励地方大胆试、大胆闯、自主改，进一步发挥自贸试验区全面深化改革和扩大开放试验田作用。

维护国家安全。各有关地区和部门、各自贸试验区要牢固树立总体国家安全观，在中央国家安全领导机构统筹领导下，贯彻执行国家安全方针政策和法律法规，强化底线思维和风险意识，维护国家核心利益和政治安全，主动服务大局。各有关省（市）人民政府依法管理本行政区域内自贸试验区的国家安全工作。各有关部门依职责管理指导本系统、本领域国家安全工作，可根据维护国家安全和核心利益需要按程序调整有关措施。

强化组织管理。各有关地区和部门要高度重视、密切协作，不断提高自贸试验区建设和管理水平。国务院自由贸易试验区工作部际联席会议办公室要切实发挥统筹协调作用，加强横向协作、纵向联动，进行差别化指导。各有关部门要加强指导和服务，积极协调指导自贸试验区解决发展中遇到的问题。各有关省（市）人民政府要承担起主体责任，完善工作机制，构建精简高效、权责明晰的自贸试验区管理体制，加强人才培养，打造高素质管理队伍。

狠抓工作落实。各有关地区和部门要以钉钉子精神抓好深化改革创新措施落实工作。国务院自由贸易试验区工作部际联席会议办公室要加强督促检查，对督查中发现的问题要明确责任、限时整改，及时总结评估，对效果好、风险可控的成果，复制推广至全国其他地区。各有关部门要依职责做好改革措施的细化分解，全程过问、一抓到底。各有关省（市）要将落实支持措施作为本地区重点工作，加强监督评估、压实工作责任，推进措施落地生效，同时研究出台本省（市）进一步支持自贸试验区深化改革创新的措施。需调整有关行政法规、国务院文件和部门规章规定的，要按法定程序办理。重大事项及时向党中央、国务院请示报告。

国家发展改革委
关于创新和完善促进绿色发展价格机制的意见

国家发展改革委

2018 年 6 月 21 日

各省、自治区、直辖市发展改革委、物价局：

绿色发展是建设生态文明、构建高质量现代化经济体系的必然要求，是发展观的一场深刻革命，核心是节约资源和保护生态环境。为深入学习贯彻习近平生态文明思想，认真落实全国生态环境保护大会精神，助力打好污染防治攻坚战，促进生态文明和美丽中国建设，现就创新和完善促进绿色发展的价格机制提出以下意见。

一、重要意义

党的十八大以来，在以习近平同志为核心的党中央坚强领导下，各级价格主管部门认真落实党中央、国务院决策部署，积极推进资源环境价格改革。出台支持燃煤机组超低排放改造、北方地区清洁供暖价格政策，对高耗能、高污染、产能严重过剩行业用电实行差别化电价政策，全面推行居民用电、用水、用气阶梯价格制度，完善水资源费、污水处理费、垃圾处理费政策，出台奖惩结合的环保电价和收费政策，为加强生态环境保护做出了积极贡献。但与生态文明建设的时代要求和打好污染防治攻坚战的迫切需要相比，还存在价格机制不够完善、政策体系不够系统、部分地区落实不到位等问题，资源稀缺程度、生态价值和环境损害成本没有充分体现，激励与约束相结合的价格机制没有真正建立。需要通过进一步深化价格改革、创新和完善价格机制加以解决。

当前，我国生态文明建设正处于压力叠加、负重前行的关键期，已进入提供更多优质生态产品以满足人民日益增长的优美生态环境需要的攻坚期，也到了有条件有能力解决生态环境突出问题的窗口期。面对新时代生态文明建设和生态环境保护的新形势、新要求，要充分运用市场化手段，推进生态环境保护市场化进程，不断完善资源环境价格机制，更好发挥价格杠杆引导资源优化配置、实现生态环境成本内部化、促进全社会节约、加快绿色环保产业发展的积极作用，进而激发全社会力量、共同促进绿色发展和生态文明建设。

二、总体要求

（一）指导思想

全面贯彻落实党的十九大和十九届二中、三中全会精神，以习近平新时代中国特色社会主义思想为指导，牢固树立和落实新发展理念，按照高质量发展要求，坚持节约资源和保护环境的基本国策，加快建立健全能够充分反映市场供求和资源稀缺程度、体现生态价值和环境损害成本的资源环境价格机制，完善有利于绿色发展的价格政策，将生态环境成本纳入经济运行成本，撬动更多社会资本进入生态环境保护领域，促进资源节约、生态环境保护和污染防治，推动形成绿色发展空间格局、产业结构、生产方式和生活方式，不断满足人民群众日益增长的优美生态环境需要。

（二）基本原则

坚持问题导向。重点针对损害群众健康的突出环境问题，紧扣打赢蓝天保卫战、城市黑臭水体治理、农业农村污染治理等标志性战役，着力创新和完善污水垃圾处理、节水节能、大气污染治理等重点领域的价格形成机制，理顺利益责任关系，引导市场，汇聚资源，助力打好污染防治攻坚战。

坚持污染者付费。按照污染者使用者付费、保护者节约者受益的原则，创新资源环境价格机制，实现生态环境成本内部化，抑制不合理资源消费，鼓励增加生态产品供给，使节约资源、保护生态环境成为市场主体的内生动力。

坚持激励约束并重。针对城乡、区域、行业、不同主体实际，在价格手段可以发挥作用的领域和环节，健全价格激励和约束机制，使节约能源资源与保护生态环境成为单位、家庭、个人的自觉行动，形成共建共享生态文明的良好局面。

坚持因地分类施策。支持各地结合本地资源禀赋条件、污染防治形势、产业结构特点，以及社会承受能力等，研究制定符合绿色发展要求的具体价格政策；鼓励有条件的地区制定基于更严格环保标准的价格政策，更好促进生态文明建设和绿色发展。

（三）主要目标

到 2020 年，有利于绿色发展的价格机制、价格政策体系基本形成，促进资源节约和生态环境成本内部化的作用明显增强；到 2025 年，适应绿色发展要求的价格机制更加完善，并落实到全社会各方面各环节。

三、完善污水处理收费政策

加快构建覆盖污水处理和污泥处置成本并合理盈利的价格机制，推进污水处理服务费形成市场化，逐步实现城镇污水处理费基本覆盖服务费用。

（一）建立城镇污水处理费动态调整机制

按照补偿污水处理和污泥处置设施运营成本（不含污水收集和输送管网建设运营成本）并合理盈利的原则，制定污水处理费标准，并依据定期评估结果动态调整，2020 年底前实现城市污水处理费标准与污水处理服务费标准大体相当；具备污水集中处理条件的建制镇全面建立污水处理收费制度，并同步开征污水处理费。

（二）建立企业污水排放差别化收费机制

鼓励地方根据企业排放污水中主要污染物种类、浓度、环保信用评级等，分类分档制定差别化收费标准，促进企业污水预处理和污染物减排。各地可因地制宜确定差别化收费的主要污染物种类，合理设置污染物浓度分档和差价标准，有条件的地区可探索多种污染物差别化收费政策。工业园区要率先推行差别化收费政策。

（三）建立与污水处理标准相协调的收费机制

支持提高污水处理标准，污水处理排放标准提高至一级A或更严格标准的城镇和工业园区，可相应提高污水处理费标准，长江经济带相关省份要率先实施。水源地保护区、地下水易受污染地区、水污染严重地区和敏感区域特别是劣V类水体以及城市黑臭水体污染源所在地，要实行更严格的污水处理排放标准，并相应提高污水处理费标准。

（四）探索建立污水处理农户付费制度

在已建成污水集中处理设施的农村地区，探索建立农户付费制度，综合考虑村集体经济状况、农户承受能力、污水处理成本等因素，合理确定付费标准。

（五）健全城镇污水处理服务费市场化形成机制

推动通过招投标等市场竞争方式，以污水处理和污泥处置成本、污水总量、污染物去除量、经营期限等为主要参数，形成污水处理服务费标准。鼓励将城乡不同区域、规模、盈利水平的污水处理项目打包招投标，促进城市、建制镇和农村污水处理均衡发展。建立污水处理服务费收支定期报告制度，污水处理企业应于每年3月底前，向当地价格主管部门报告上年度污水处理服务费收支状况，为调整完善污水处理费标准提供参考。

四、健全固体废物处理收费机制

全面建立覆盖成本并合理盈利的固体废物处理收费机制，加快建立有利于促进垃圾分类和减量化、资源化、无害化处理的激励约束机制。

（一）建立健全城镇生活垃圾处理收费机制

按照补偿成本并合理盈利的原则，制定和调整城镇生活垃圾处理收费标准。2020年底前，全国城市及建制镇全面建立生活垃圾处理收费制度。鼓励各地创新垃圾处理收费模式，提高收缴率。鼓励各地制定促进垃圾协同处理的综合性配套政策，支持水泥、有机肥等企业参与垃圾资源化利用。

（二）完善城镇生活垃圾分类和减量化激励机制

积极推进城镇生活垃圾处理收费方式改革，对非居民用户推行垃圾计量收费，并实行分类垃圾与混合垃圾差别化收费等政策，提高混合垃圾收费标准；对具备条件的居民用户，实行计量收费和差别化收费，加快推进垃圾分类。鼓励城镇生活垃圾收集、运输、处理市场化运营，已经形成充分竞争的环节，实行双方协商定价。

（三）探索建立农村垃圾处理收费制度

在已实行垃圾处理制度的农村地区，建立农村垃圾处理收费制度，综合考虑当地经济发展水平、农户承受能力、垃圾处理成本等因素，合理确定收费标准，促进乡村环境改善。

（四）完善危险废物处置收费机制

按照补偿危险废物收集、运输、贮存和处置成本并合理盈利的原则，制定和调整危险废物处置收费标准，提高危险废物处置能力。综合考虑区域内医疗机构总量和结构、医疗废物实际产生量及处理总成本等因素，合理核定医疗废物处置定额、定量收费标准，收费方式由医疗废物处置单位和医疗机构协商确定。加强工业危险废物和社会源危险废物处置成本调查，合理确定并动态调整收费标准；在确保危险废物收集、运输、贮存、处置全流程监控，违法违规行为可追溯的前提下，处置收费标准可由双方协商确定。

五、建立有利于节约用水的价格机制

建立健全补偿成本、合理盈利、激励提升供水质量、促进节约用水的价格形成和动态调整机制，保障供水工程和设施良性运行，促进节水减排和水资源可持续利用。

（一）深入推进农业水价综合改革

农业水价综合改革试点地区要将农业水价一步或分步提高到运行维护成本水平，有条件的地区提高到完全成本水平，全面实行超定额用水累进加价，并同步建立精准补贴和节水奖励机制。完成农业节水改造的地区，要充分利用节水腾出的空间提高农业水价。2020年底前，北京、上海、江苏、浙江等省份，农田水利工程设施完善的缺水和地下水超采地区，以及新增高效节水灌溉项目区、国家现代农业产业园要率先完成改革任务。

（二）完善城镇供水价格形成机制

建立充分反映供水成本、激励提升供水质量的价格形成和动态调整机制，逐步将居民用水价格调整至不低于成本水平，非居民用水价格调整至补偿成本并合理盈利水平；进一步拉大特种用水与非居民用水的价差，缺水地区二者比价原则上不低于3:1。适时完善居民阶梯水价制度。

（三）全面推行城镇非居民用水超定额累进加价制度

对标先进企业，科学制定用水定额并动态调整，合理确定分档水量和加价标准，2020年底前要全面落实到位。缺水地区要从紧制定或修订用水定额，提高加价标准，充分反映水资源稀缺程度。对“两高一剩”等行业实行更高的加价标准，加快淘汰落后产能，促进产业结构转型升级。

（四）建立有利于再生水利用的价格政策

按照与自来水保持竞争优势的原则确定再生水价格，推动园林绿化、道路清扫、消防等公共领域使用再生水。具备条件的可协商定价，探索实行累退价格机制。

六、健全促进节能环保的电价机制

充分发挥电力价格的杠杆作用，推动高耗能行业节能减排、淘汰落后，引导电力资源优化配置，促进产业结构、能源结构优化升级。

（一）完善差别化电价政策

全面清理取消对高耗能行业的优待类电价以及其他各种不合理价格优惠政策。严格落实铁合金、电石、烧碱、水泥、钢铁、黄磷、锌冶炼等7个行业的差别电价政策，对淘汰类和限制类企业用电（含市场化交易电量）实行更高价格。各地应及时评估差别电价、阶梯电价政策执行效果，可根据实际需要扩大差别电价、阶梯电价执行行业范围，提高加价标准，促进相关行业加大技术改造力度、提高能效水平、加速淘汰落后产能。鼓励各地探索建立基于单位产值能耗、污染物排放的差别化电价政策，推动清洁化改造。各地出台的差别电价、阶梯电价政策应及时报国家发展改革委备案。

（二）完善峰谷电价形成机制

加大峰谷电价实施力度，运用价格信号引导电力削峰填谷。省级价格主管部门可在销售电价总水平不变的前提下，建立峰谷电价动态调整机制，进一步扩大销售侧峰谷电价执行范围，合理确定并动态调整峰谷时段，扩大高峰、低谷电价价差和浮动幅度，引导用户错峰用电。鼓励市场主体签订包含峰、谷、平时段价格和电量的交易合同。利用峰谷电价差、辅助服务补偿等市场化机制，促进储能发展。利用现代信息、车联网等技术，鼓励电动汽车提供储能服务，并通过峰谷价差获得收益。完善居民阶梯电价制度，推行居民峰谷电价。

（三）完善部分环保行业用电支持政策

2025年底前，对实行两部制电价的污水处理企业用电、电动汽车集中式充换电设施用电、港口岸电运营商用电、海水淡化用电，免收需量（容量）电费。

在推进上述改革任务的同时，鼓励各地积极探索生态产品价格形成机制、碳排放权交易、可再生能源强制配额和绿证交易制度等绿色价格政策，对影响面大、制约因素复杂的政策措施可先行试点，摸索经验，逐步推广。

七、狠抓政策落地

创新和完善促进绿色发展价格机制，是当前和今后一个时期价格工作的一项重要任务，各地要加强组织领导，采取有力措施，确保各项政策落地生根。

（一）强化政策落实

各地价格主管部门要全面梳理现行资源环境价格政策落实情况，发现问题及时改进，对落实不力的要强化问责。对新出台的政策要建立落实台账，逐项明确时间表、路线图、责任人，扎实推进。规范市场交易价格行为，强化价格信用体系建设，督促市场主体严格履行价格合约。加强对政策落实情况的跟踪评估，找准政策执行中的痛点、难点、堵点，及时调整完善政策，以“钉钉子”的精神抓好落实。

（二）加强部门协作

推进绿色发展，需要全社会共同参与。各级价格主管部门要主动与相关部门加强协作，统筹运用价格、环保、财政、金融、投资、产业等政策措施，形成政策合力，共推绿色发展。

（三）兜住民生底线

正确处理推进绿色发展与保障群众生活的关系，充分考虑社会承受能力尤其是低收入群体承受能力，完善并执行好社会救助和保障标准与物价上涨挂钩的联动机制，采取有效措施，对冲价格调整对困难群众生活的影响。

（四）注重宣传引导

切实做好宣传引导工作，将宣传工作与政策制定放在同等重要位置，同研究、同部署、同落实，最大限度凝聚社会共识，强化全社会节约资源、保护环境、促进绿色发展的共同责任，提高执行促进绿色发展价格政策的积极性、主动性，推动将绿色发展的要求转化为自觉行动，共同建设美丽中国。

第七部分 发展建设规划

国家发展改革委关于印发三江源国家公园总体规划的通知

国家发展改革委

2018 年 1 月 12 日

青海省人民政府，国务院有关部委、直属机构：

《三江源国家公园总体规划》（以下简称《总体规划》）已经国务院同意，现印发你们，并就有关事项通知如下。

一、请青海省人民政府切实加强组织领导，完善工作机制，落实工作责任，确保完成《总体规划》提出的各项目标任务。要按照《总体规划》确定的基本原则、总体布局、功能定位和管理目标，加快体制机制创新，加强生态系统保护和配套体系建设，抓紧制定专项规划，推动各项管控措施落地实施。

二、请国务院有关部门结合职能分工，切实加强对三江源国家公园体制试点和建设发展的支持指导。要按照《总体规划》要求，制定和完善本部门支持三江源国家公园体制试点和建设发展的政策措施，做好与本部门相关规划的衔接，在体制创新、政策配套、资金安排等方面给予积极支持。请各部门进一步加强沟通协调，指导和帮助地方解决《总体规划》实施中遇到的困难和问题，为促进三江源国家公园建设创造良好的政策环境。

三、我委将按照党中央、国务院决策部署，会同有关部门加强对《总体规划》实施情况的跟踪了解和督促检查，注意研究新情况、新问题，重大问题及时向国务院报告。

附件

三江源国家公园总体规划（节选）

一、重大意义

江河是大地的血脉，长江、黄河是中华民族的母亲河，孕育了璀璨的华夏文明；澜沧江是重要的国际河流，一江通六国，是国家和民族友谊的纽带。作为“中华水塔”的三江源是生命之源、文明之源，保护好三江源，对中华民族发展至关重要。

在三江源地区开展国家公园体制试点，在体制试点基础上设立和建设三江源国家公园，是党中央、国务院统筹推进“五位一体”总体布局的重大战略决策，是贯彻创新、协调、绿色、开放、共享发展理念的重要举措，是加快生态文明体制改革、建设美丽中国的重要抓手，是践行“绿水青山就是金山银山”的重要行动，是生态文明制度建设的重要内容，是实现人与自然和谐共生的现代化的具体实践。三江源国家公园体制试点肩负着为全国生态文明制度建设积累经验，为国家公园建设提供示范的使命。

三江源国家公园是美丽中国建设的宏伟篇章，是展现中国形象的重要窗口，是中国为全球生态安全做出贡献的伟大行动，是理论自信、道路自信、制度自信和文化自信的具体体现。建立三江源国家公园有利于创新体制机制，破解“九龙治水”体制机制藩篱，从根本上实现自然资源资产管理与国土空间用途管制的“两个统一行使”；有利于实行最严格的生态保护，加强对“中华水塔”、地球“第三极”和山水林田湖草重要生态系统的永续保护，筑牢国家生态安全屏障；有利于处理好当地牧民群众全面发展与资源环境承载能力的关系，促进生产生活条件改善，全面建成小康社会，形成人与自然和谐发展新模式。

二、规划概要

（一）、规划范围

三江源国家公园体制试点区域总面积12.31万平方公里，涉及治多、曲麻莱、玛多、杂多四县和可可西里自然保护区管辖区域，共12个乡镇、53个行政村。

（二）、规划期限

规划基准年为2015年，规划期到2025年，展望到2035年。

三、主要目标

努力将三江源国家公园打造成中国生态文明建设的名片、生态系统原真保护样板、高寒生物自然种质资源库、野生动物天堂、生态体验和环境教育平台、生态环境科研基地、应对和适应气候变化窗口、留予子孙后代的一方净土，向全世界展示面积最大、海拔最高、自然风貌大美、生态功能稳定、民族文化独特、人与自然和谐的国家公园。

总体目标。山水林田湖草生态系统得到严格保护，满足生态保护第一要求的体制机制创新取得重大进展，国家公园科学管理体系形成，有效行使自然资源资产所有权和监管权，水土资源得到有效保护，生态服务功能不断提升；野生动植物种群增加，生物多样性明显恢复；绿色发展方式逐步形成，民生不断改善，将三江源国家公园建成青藏高原生态保护修复示范区，共建共享、人与自然和谐共生的先行区，青藏高原大自然保护展示和生态文化传承区。

近期目标。至2020年正式设立三江源国家公园。国家公园体制全面建立，法规和政策体系逐步完善，标准体系基本形成，管理运行顺畅。绿色发展方式成为主体，生态产业规模不断扩大，转产转业牧民有序增加，国家公园内居住人口有所下降。山水林田湖草生态系统得到全面保护，生物多样性明显恢复，江河径流量持续稳定，长江、黄河、澜沧江水质稳定保持优良，生态系统步入良性循环。国家公园服务、管理和科研体系初步形成，生态文化传承弘扬。基本建成青藏高原生态保护修复示范区，共建共享、人与自然和谐共生的先行区，青藏高原大自然保护展示和生态文化传承区。

中期目标。到2025年，保护和管理体制机制不断健全，法规政策体系、标准体系趋于完善，管理运行有序高效。全面形成绿色发展方式，继续带动牧民转产转业，国家公园内居住人口不增加。山水林田湖草生态系统良性循环，生物多样性丰富，应对和适应气候变化能力增强，江河径流量持续稳定，长江、黄河、澜沧江水质更加优良。形成独具特色的国家公园服务、管理和科研体系，生态文化发扬光大。青藏高原生态保护修复示范区，共建共享、人与自然和谐共生的先行区，青藏高原大自然保护展示和生态文化传承区的示范带动作用进一步彰显。

远期目标。到2035年，保护和管理体制机制完善，行政管理范围与生态系统相协调，实现对三大江河源头自然生态系统的完整保护，园区范围和功能优化，山水林田湖草生态系统良性循环，生物多样性更加丰富，建立起生态保护的典范；国家公园规划体系、政策体系、制度体系、标准体系、机构运行体系、人力资源体系、多元投入体系、科技支撑体系、监测评估考核体系、项目建设体系、经济社会发展评价体系全面建立，成为体制机制创新的典范；可持续的绿色发展方式更加成熟，基础设施配套完善，生态体验特色明显，是我国乃至世界重要的环境教育基地，文化先进、社会和谐、人民幸福，社会繁荣稳定，成为我国国家公园的典范，建成现代化国家公园。

四、资金保障

建立以财政投入为主，社会积极参与的资金筹措保障机制。试点期间由青海省财政统筹，中央财政通过现有渠道加大支持力度。

（一）、财政资金

三江源国家公园原则上属中央事权，园区建设、管理和运行等所需资金要逐步纳入中央财政支出范围。现阶段，中央财政通过现有渠道对园区及为公园提供支撑服务的基础设施和公共服务设施建设予以支持。中央财政将在继续完善现有生态补偿制度基础上，从完善重点生态功能区转移支付制度、研究建立长江生态补偿机制和完善国家公园财政保障机制三个方面，加强对三江源地区的财力保障。待三江源国家公园正式设立后，进一步理顺财政支持渠道，加大园区生态保护、公益管护岗位设置支持力度，核定园区建设运营经费支出需求并由中央财政出资保障。

（二）、生态补偿

研究建立生态综合补偿制度，创新现有生态补偿机制落实办法，推动健全全省财政对省以下转移支付制度，引导建立流域生态补偿等横向补偿关系，探索建立碳汇交易等市场化生态补偿机制。以治多、曲麻莱、玛多、杂多 4 县和可可西里自然保护区为主体，整合转移支付、横向补偿和市场化补偿等渠道资金，结合当地实际制定有针对性的综合性补偿办法。构建科学有效的监测评估考核体系，把生态补偿资金支付与生态保护成效紧密结合起来，让当地农牧民在参与生态保护中获得应有的补偿。

（三）、金融支撑

发挥开发性、政策性金融机构作用，鼓励其在业务范围内，对符合条件的三江源国家公园生态保护、生态旅游、基础设施建设等领域项目提供信贷支持。完善商业性金融支撑保障，依托综合化运营平台，通过 PPP 等方式参与融资。积极构建绿色金融体系，不断加大绿色信贷投放。鼓励社会资本发起设立绿色产业基金，撬动社会资本加大对绿色产业的投入力度。推进绿色保险发展。

国家发展改革委 住房城乡建设部关于印发关中平原城市群发展规划的通知

国家发展改革委　住房城乡建设部
2018 年 2 月 2 日

陕西、山西、甘肃省人民政府，国务院有关部委、直属机构，中国铁路总公司、国家电网公司：

经国务院同意，现将《关中平原城市群发展规划》（以下简称《规划》）印发你们，并就有关事项通知如下：

一、关中平原是华夏文明重要发祥地和古丝绸之路的起点，在国家现代化建设大局和全方位开放格局中具有独特战略地位。培育发展关中平原城市群，发挥其承东启西、连接南北的区位优势，推动全国经济增长和市场空间由东向西、由南向北拓展，有利于引领和支撑西北地区开发开放，有利于推进西部大开发，有利于纵深推进“一带一路”建设。陕西、山西、甘肃省人民政府和国务院有关部门要认真贯彻落实《国务院关于关中平原城市群发展规划的批复（国函〔2018〕6 号）》精神，提高认识、紧密合作、扎实推进，共同推动《规划》的落实，努力把关中平原城市群建设成为具有国际影响力的国家级城市群、内陆改革开放新高地。

二、请陕西、山西、甘肃省人民政府切实加强对《规划》实施的组织领导，健全协作机制，明确责任分工，制定实施方案，做好与相关专项规划的衔接，确保各项目标任务落到实处。《规划》实施中涉及的重大事项、重大政策和重大项目按规定程序报批。

三、请国务院有关部门按照职能分工，研究制定支持关中平原城市群发展的具体政策措施，在有关规划编制、体制创新、重大项目建设、优化行政区划设置等方面给予积极支持。

四、国家发展改革委、住房城乡建设部将按照国务院批复精神，加强对《规划》实施情况的跟踪分析和督促检查，会同陕西、山西、甘肃省人民政府适时组织开展《规划》实施情况评估，重大问题及时向国务院报告。

附件

关中平原城市群发展规划（节选）

全面贯彻落实党的十九大精神，以习近平新时代中国特色社会主义思想为指导，统筹推进“五位一体”总体布局和协调推进“四个全面”战略布局，坚持以人民为中心的发展思想，牢固树立和贯彻落实新发展理念，以供给侧结构性改革为主线，加快培育发展新动能，拓展发展新空间，以建设具有国际影响力的国家级城市群为目标，以深度融入“一带一路”建设为统领，以创新驱动发展、军民融合发展为动力，以延续中华文脉、体现中国元素的风貌塑造为特色，加快高端要素和现代产业集聚发展，提升人口和经济集聚水平，打造内陆改革开放新高地，充分发挥关中平原城市群对西北地区发展的核心引领作用和我国向西开放的战略支撑作用。

统筹规划，协同发展。根据资源环境承载能力、现有基础及发展潜力，科学确定城市群边界和空间结构，统筹经济社会发展、生态环境保护、基础设施建设和对内对外开放。从提升城市群整体竞争力出发，发挥各城市比较优势，明确功能定位，建立健全城乡发展一体化体制机制，强化错位协同发展。

创新驱动，文化传承。挖掘利用和滋养好创新资源的核心优势，加快军民融合发展，强化科技成果就地转化，推动科技和经济紧密结合、创新成果和产业发展紧密对接。发挥深厚文化积淀的最大特色，找准历史和现实结合点，溯源寻根、传承创新，留住文化根脉，彰显中国元素，塑造文化标识，体现城市底蕴和特色。

深化改革，扩大开放。围绕补齐发展短板，瞄准体制机制瓶颈，深入推进供给侧结构性改革，持续推进“放管服”改革，加快人才、金融、技术等要素市场改革，激发和释放市场主体活力。找准开放合作定位，主动融入“一带一路”建设大格局，构建国际合作新平台，广泛开展多领域交流合作，走出一条内陆地区改革开放新路子。

生态文明，绿色发展。树立和践行绿水青山就是金山银山的理念，围绕“山青水净坡绿”目标，将生态文明理念全面融入城市群建设全过程，以山、河、江、坡综合治理为重点，系统推进自然生态保护修复、环境污染综合治理、资源节约集约利用，形成节约资源和保护环境的空间格局、产业结构、生产方式、生活方式，推动城市群绿色永续发展。

市场主导，政府引导。遵循城市群发展规律，充分发挥市场配置资源的决定性作用，更好发挥政府在空间开发管制、基础设施布局、公共服务供给、体制机制建设等方面的作用，促进资源要素充分流动和高效配置，有力有效加快城市群建设进程，全面提升发展质量。

向西开放的战略支点。立足古丝绸之路起点，发挥区位交通连接东西、经济发展承东启西、文化交流东西互鉴的独特优势，依托中国（陕西）自由贸易试验区等高层次开放平台，畅通向西开放、向东合作通道，强化交通商贸、科技教育、文化旅游和国际产能合作，构建全方位开放格局。

引领西北地区发展的重要增长极。以西安国家中心城市和区域性重要节点城市建设为载体，以沟通西北主要经济区的综合性运输通道建设为支撑，加快人口、资本、科技等发展要素集聚，加快培育发展新动能，打造全国重要的先进制造业、战略性新兴产业和现代服务业基地，辐射带动西北及周边地区发展。

以军民融合为特色的国家创新高地。以西安全面创新改革试验为牵引，围绕产业链布局创新链，围绕创新链培育产业链，统筹推进军工、科研创新机制改革，加快军工、科技资源优势向创新优势、产业优势转化，推动大众创业、万众创新，打造军民深度融合发展示范区，努力在创新驱动发展方面走在全国前列。

传承中华文化的世界级旅游目的地。依托秦岭黄河自然山水、周秦汉唐历史遗存和文化资源多元富集等优势，打造一批具有世界影响力的历史文化旅游品牌，推动中华文化传承创新，提升中华文化的魅力和国际影响力，建设自然山水和历史人文交相辉映的世界级旅游目的地。

内陆生态文明建设先行区。立足相对脆弱、要素多元的生态本底，尊重自然山水格局，遵循以水定城、以水定产，优化国土空间开发，有序构建城乡水系格局，以科学发展和合理开发促进生态环境保护，转变产业发展方式，积极发展绿色经济，建设美丽城镇和乡村，打造显山露水、透绿见蓝、人与自然和谐共生的新型城市群。

西安国家中心城市和功能完备的城镇体系全面。建成。西安综合经济实力和发展活力明显增强，参与国际竞争的功能显著提升，在全国区域发展格局和国家治理体系中的地位更加凸显。宝鸡、运城、天水等重要节点城市辐射带动能力持续增强，中小城市和特色镇加快发育，城市间联系更加密切。城市历史文化得到有效保护，城市特色风貌充分彰显。

创新型产业体系和基础设施支撑体系日趋健全。以军民融合为特色的创新型产业体系基本建成，科技成果转化能力显著增强，研发经费投入强度稳定在3%以上，军民融合产业总收入超过1.5万亿元，建成国家创新高地。连通城市群内外的多层次交通运输网络全面形成，通信、水利设施保障能力明显提升。生态安全格局全面建立，生态环境质量根本好转，集约紧凑式开发模式成为主导。

对内对外开放新格局有效构建。面向中亚的立体化国际大通道更加完善，市场化、法治化、国际化的制度环境和开放合作新机制比较健全，国际竞争新优势更加突出，向西开放战略支点作用进一步显现，东西互动、南北协同、引领西北、服务全国的开发开放格局进一步形成，开放型经济向更广领域和更高层次迈进。

一体化发展体制机制不断完善。阻碍生产要素自由流动的行政壁垒和体制机制障碍基本消除，市场一体化、公共服务共建共享、生态共建环境共保、成本共担利益共享机制基本建立。

建设西安国家中心城市。加快西安中心城市建设步伐，加强西咸新区、西安高新区国家自主创新示范区、西安国家级经济技术开发区等建设，强化面向西北地区的综合服务和对外交往门户功能，提升维护西北繁荣稳定的战略功能，打造西部地区重要的经济中心、对外交往中心、丝路科创中心、丝路文化高地、内陆开放高地、国家综合交通枢纽。保护好古都风貌，统筹老城、新区发展，加快大西安都市圈立体交通体系建设，形成多轴线、多组团、多中心格局，建成具有历史文化特色的国际化大都市。

做强重要节点城市。进一步提升宝鸡、铜川、渭南、杨凌、商洛、运城、临汾、天水、平凉、庆阳等重要节点的综合承载能力，适度扩大城市人口规模，提升综合服务功能，壮大特色优势产业，增强对城市群发展的支撑作用。推进基础设施互联互通，加强经济协作，推动富平－阎良、杨凌－武功－周至、韩城－河津－万荣、彬县－旬邑－长武－泾川等协同发展，形成新增长极。

培育发展中小城市。提升兴平、华阴、侯马、霍州、河津、永济等城市基础设施和公共服务发展水平，增强人口聚集能力，因地制宜发展特色产业。推动彬县、蒲城、三原、华亭、秦安、甘谷等具备条件的县有序设市，增加城市数量。积极推动蔡家坡等特大镇探索新型设市模式。

加快发展特色小（城）镇。根据区域要素禀赋和比较优势，聚焦特色产业，夯实产业基础，完善服务功能，优化生态环境，提升发展品质，创建一批文化旅游、广播影视、商贸物流、电子信息、先进制造、科技教育等美丽特色小（城）镇，成为产业转型升级、辐射带动农村发展的新载体。

构建城市群对外运输大通道。以高速铁路、普速铁路、国家高速公路为骨干，加快构建“四纵四横”的对外运输大通道。推进银川—西安、西安—十堰、西安－重庆等高速铁路及兰州（定西）—平凉—庆阳—黄陵铁路建设，形成覆盖广泛、辐射周边的铁路网，进一步增强连通西南西北地区的运输能力。全面建成区域内国家高速公路网，强化局部重点路段通行保障能力。

提升综合运输服务能力和水平。加快交通运输与旅游、文化、产业、物流、信息多领域融合发展，依托秦岭山区高速公路、沿黄公路等发展一批“交通+旅游+文化”示范工程，推进一批旅游轨道小火车示范线路。强化陆港联动，构建现代货运物流体系，拓展多式联运、铁路快运物流、无人机物流等组织模式。推进各运输方式间智能协同调度，实现信息对接、运力匹配、时刻衔接，推动旅客客票向“一票制”、货物运单向“一单制”发展。

建设城市信息服平台。加快建设西安国家级互联网骨干直联点、下一代互联网示范城市，积极推进中国—中亚跨境陆缆建设，为丝绸之路经济带建设提供综合信息服务。构建高速、移动、安全、泛在的新一代信息基础设施，推动西安、宝鸡、渭南、咸阳、临汾、运城、天水等设区城市率先实现光纤网络全覆盖，持续提升网络接入能力。加快推进区域无线网络全覆盖，提升移动宽带速率。加快建设“云网端”新基础设施，建设一批政务数据中心和基于云计算的创新服务公共平台。

建设智慧城市群。建立城市群政务信息共享和业务协同机制，推动电子政务平台跨部门、跨城市横向对接和数据共享。全面提升移动宽带用户普及率和网络接入覆盖率，加大物联网技术在城市基础设施、国土资源、江河湖泊管理等领域的推广应用力度，建设“泛在关中”“智慧关中”。建立城市群统一的地理信息公共服务平台，积极推进市县数字城市地理空间框架建设与应用，加快智慧城市时空大数据与云平台建设，推进建设信息惠民试点城市。

构建立体开放通道。依托航线联通、铁路贯通、公路畅通的综合交通网络，强化向西向北开放合作，打造新亚欧大陆桥和中蒙俄经济走廊衔接互动的重要平台。以陆桥通道为主轴，建设东西双向国际贸易大通道。密切与京津冀、长三角地区的综合交通联系，完善东向出海大通道。畅通连接成渝、珠三角、北部湾等城市群交通物流网络，形成南向国际贸易大通道。

建设人文交流高地。深化产学研结合、人才培养、科技成果转化等领域的国际交流合作，与中亚国家在能源化工、现代农业等领域联合开展技术攻关。发挥丝绸之路大学联盟的带头作用，加强教育国际合作交流，推进面向丝绸之路沿线国家的教育培训基地建设，发挥传统文化资源优势，搭建国际文化交流平台。制定外籍高层次人才认定标准，共建开放包容的国际性创新创业基地。与新疆、甘肃、宁夏等省（区）以及丝绸之路经济带沿线国家和地区联合打造丝绸之路经济带国际精品旅游线路。支持在西安设立外国领事机构，推动地区对外交往和各领域合作。

推进中国（陕西）自由贸易试验区建设。围绕建设全面改革开放试验田、内陆型改革开放新高地、“一带一路”经济合作和人文交流重要支点，以制度创新为核心，以可复制可推广为基本要求，建立与国际投资贸易通行规则相衔接的制度体系，营造和完善国际化、市场化、法治化营商环境，建成投资贸易便利、高端产业集聚、金融服务完善、人文交流深入、建管高效便捷、法治环境规范的高水平、高标准自由贸易试验区。

加快国际合作产业园建设。做实中美省州合作，深化与中东欧国家和地区经贸合作，提升与日、韩、澳等亚太国家经贸合作，密切与非洲和拉美地区的产能与经贸合作。推行“一园两地”合作模式，重点建设中俄丝路创新园、中哈人民苹果友谊园。加快中以创新示范园等境内国际合作产业园区建设，积极推动印尼陕西钢铁产业园、非洲安哥拉农业高技术园区等境外园区建设。

持续打造国际交流平台。充分利用既有平台，继续办好中国杨凌农业高新科技成果博览会、丝绸之路国际博览会暨中国东西部合作与投资贸易洽谈会、欧亚经济论坛等具有重大国际影响力的论坛展会，建好丝绸之路国际艺术节、国际电影节等人文平台，深入实施丝绸之路影视桥、丝路书香等工程，不断推进务实合作。进一步丰富论坛、展会、会晤机制、技术联盟等形式，提高交流合作层次，构建服务“一带一路”建设的国际合作新平台。

强化与东部沿海城市群对接。把向东与京津冀、长三角、粤港澳地区对接合作放在突出位置，依托陆桥通道和出海大通道，大力加强与东部地区在技术研发、生态环保、公共服务、投资、金融等领域的合作。强化与天津港、青岛港、连云港港等东部重要港口合作，推动海、陆、空港口连接，实现陆海联动，加快通关一体化进程。扩大对港澳台开放合作。

加强与周边城市群合作。大力推动向西、向南、向北交流合作，加强与西北地区城市群协调互动，探索建立与长江中游城市群、成渝城市群合作机制，推进与中原城市群、山西中部城市群、呼包鄂榆城市群联动发展，实现与丝绸之路经济带沿线省（区）在战略规划、文化旅游、基础设施、产业发展方面的互惠协作。

带动周边欠发达地区加快发展。加强与秦巴山、六盘山、吕梁山等集中连片特困地区以及陕甘宁、川陕革命老区的合作交流，加强扶贫开发、基础设施、公共服务、特色产业等对接，增强辐射带动作用，共同加快脱贫致富步伐。

建立一体化区域市场。全面清理和废除妨碍统一市场形成和公平竞争的各种地方性法规政策，加快构建统一开放、竞争有序、充满活力的区域市场体系。加强社会信用体系建设，强化依法公开与共享行政执法信息，培育发展区域信用服务市场，建立和完善失信联合惩戒制度。健全市场监管体系和跨区域市场监管协调机制，联合打击侵权假冒行为，共同维护企业和消费者合法权益。

推进区域金融市场和公共资源交易市场发展。不断完善金融基础设施建设，完善区域金融服务网络，依法强化金融监管合作。依托现有交易场所依法开展关中知识产权、技术成果、林权等交易，统筹发展碳排放权、排污权、水权等交易平台，整合纳入统一的公共资源交易平台。依托现有合规交易场所，根据当地产业背景和设施条件，探索发展面向西部的大宗商品现货交易平台。

推动技术市场一体化。建设关中科技资源共享与服务平台。发展跨地区的知识产权交易中介服务，鼓励金融机构开展知识产权质押融资业务，鼓励联合培育技术联盟、孵化器等创新组织。清理和消除城市间因技术标准不统一形成的各种内部障碍。

探索土地、劳动力等要素合理配置。坚持最严格的耕地保护制度和最严格的节约用地制度，各类用地必须符合国土规划、土地利用总体规划，推进城市群一体化土地市场建设。完善城乡建设用地增减挂钩政策，条件成熟时适度扩大挂钩规模和范围。支持西安市高陵区深化农村土地三项制度改革试点。完善居住证制度，加强统一的就业服务平台建设，推行各类专业标准的城市间统一认证认可，促进城市群内劳动力自由迁徙和流动。

探索建立城市群一体化发展基金。根据城市群建设实际需求，鼓励地方研究筹建以社会资本为主导、市场化方式运作的关中平原城市群一体化发展基金，积极引入各类社会资本，重点支持跨地区基础设施建设、生态联防联治、重大公共服务平台建设等。

建立城市群生态保护协同机制。推进城市群生态屏障一体化建设，重点推进秦岭、黄河及渭河一体保护治理，加大生物多样性保护、水源涵养和黄河沿岸土石山区治理投入力度，联手创建黄河生态经济带。在城市群内鼓励采取发展“飞地经济”、共享公共资源等方式，建立生态受益地区对生态保护地区的横向补偿机制。

建立成本共担和利益共享机制。建立跨地区重大基础设施、公共服务和生态环境建设项目成本分担机制。推动交通、通讯、水利等基础设施共建共享，实行公共交通智能“一卡通”。建立统一的科技资源开放共享平台，建立科技创新协调机制，推动科技创新政策一体化。

国家发展改革委关于印发呼包鄂榆城市群发展规划的通知

国家发展改革委

2018 年 2 月 27 日

内蒙古自治区、陕西省人民政府，国务院有关部委、直属机构：

根据《国务院关于呼包鄂榆城市群发展规划的批复》（国函〔2018〕16 号），现将《呼包鄂榆城市群发展规划》（以下简称《规划》）印发你们，并就有关事项通知如下：

一、《规划》实施要全面贯彻党的十九大精神，以习近平新时代中国特色社会主义思想为指导，统筹推进“五位一体”总体布局和协调推进“四个全面”战略布局，坚持以人民为中心的发展思想，牢固树立和贯彻落实新发展理念，坚持质量第一、效益优先，以供给侧结构性改革为主线，推动经济发展质量变革、效率变革、动力变革，着力推进生态环境共建共保，着力构建开放合作新格局，着力创新协同发展体制机制，着力引导产业协同发展，着力加快基础设施互联互通，努力提升人口和经济集聚水平，将呼包鄂榆城市群培育发展成为中西部地区具有重要影响力的城市群。

二、请内蒙古自治区、陕西省人民政府切实加强组织领导，制定实施方案，深化细化配套政策措施，确保目标任务如期完成。切实加强地方政府债务管理，防范化解重大风险。《规划》实施中涉及的重大事项、重大政策和重大项目按规定程序报批。

三、请国务院有关部门按照职能分工，研究制定支持呼包鄂榆城市群发展的具体政策措施，在有关规划编制、体制创新、重大项目建设、优化行政区划设置等方面给予积极支持。

四、我委将按照国务院批复精神，会同有关部门加强对《规划》实施情况的跟踪分析，适时组织开展实施情况督查评估，研究新情况，总结新经验，解决新问题。重大问题及时向国务院报告。

附件

呼包鄂榆城市群发展规划（节选）

呼包鄂榆城市群位于全国“两横三纵”城市化战略格局包昆通道纵轴的北端，在推进形成西部大开发新格局、推进新型城镇化和完善沿边开发开放布局中具有重要地位。依据《中华人民共和国国民经济和社会发展第十三个五年规划纲要》《国家新型城镇化规划（2014—2020年）》，按照党的十九大报告精神，特制定本规划。规划是培育发展呼包鄂榆城市群的纲领性文件和编制相关专项规划、布局重大项目的重要依据。

呼包鄂榆城市群规划范围包括内蒙古自治区呼和浩特市、包头市、鄂尔多斯市和陕西省榆林市，国土面积17.5万平方公里，2016年常住人口1138.4万人，地区生产总值14230.2亿元，分别约占全国的1.8%、0.8%和1.9%。规划期到2035年。

城市群雏形初步显现。拥有呼和浩特、包头两座大城市和鄂尔多斯、榆林两座中等城市，一批小城市和小城镇正在加快发育，城市和城镇间互动密切，协同发展态势明显。2016年常住人口城镇化率达69.3%，比全国平均水平高约12个百分点。

产业合作基础较好。以能源、化工、冶金、新材料、装备制造、农畜产品加工等为主的工业体系基本形成，旅游、商贸、金融、大数据等服务业发展较快，城市间能源、旅游等产业合作密切，产业分工协作体系逐步建立。

交通设施相互连接。京藏、京新、荣乌、青银等高速公路和京兰、太中银等铁路横贯东西，包茂高速公路和包西铁路纵穿南北，建有呼和浩特、鄂尔多斯2个国际机场和包头、榆林2个支线机场，现代交通枢纽正在形成。

资源合作利用潜力大。煤炭、石油、天然气和稀土、石墨、岩盐、铁矿等能源矿产资源富集，风、光资源充足，草原、沙漠、湿地和黄河、长城、古城等自然人文资源丰富，城市间资源互补、合作利用蕴藏着很大的潜力。

人文交流底蕴深厚。历史上农耕文明与游牧文明深度交融，人缘相亲、民俗相近、文化同源、交流密切、认同感较强，近年来毗邻区域合作不断深化，城市协同发展条件较好。

发展机遇。党的十九大对决胜全面建成小康社会，开启全面建设社会主义现代化国家新征程作出了战略部署，为培育发展呼包鄂榆城市群指明了方向。国家新型城镇化战略加快实施，中西部城市群布局形态调整优化，为呼包鄂榆城市群加快发展增添了强劲动力。西部大开发深入推进，重大基础设施、公共资源投入持续增加，为城市群提升发展水平提供了有力支撑。“一带一路”建设成效显著，中蒙俄经济走廊建设不断推进，为城市群扩大开放搭建了广阔平台。改革红利不断释放，“放管服”改革向纵深发展，为城市群转型发展营造了有利环境。

面临挑战。我国经济已由高速增长阶段转向高质量发展阶段，正处在转变发展方式、优化经济结构、转换增长动力的攻关期，城市群发展不平衡不充分问题突出。呼包鄂榆城市群中心城市辐射带动能力不强，城市间协同发展体制机制建设尚处于起步阶段。资源型产业转型升级任务艰巨，战略性新兴产业和现代服务业发展相对滞缓。城际基础设施互联互通欠账较多，公共服务共建共享水平亟待提高。生态系统比较脆弱，环境容量较为有限，生态修复和环境治理任务艰巨。

全国高端能源化工基地。以保障国家能源安全为目标，坚持高端、清洁、环保、安全的发展方向，延伸产业链，提升附加值，推动协同发展，实施创新驱动，加快转型升级，建成高端能源化工基地。

向北向西开放战略支点。充分发挥区位优势，加大对外开放力度，全方位推进与蒙古国、俄罗斯的务实合作，加快推进中蒙俄经济走廊建设，强化基础设施互联互通，深化人文交流合作，加快外向型经济发展，建设向北向西开放战略支点。

西北地区生态文明合作共建区。尊重自然、顺应自然、保护自然，科学有力实施荒漠化防治、水土流失治理等工程，加强水资源和林草资源保护，重点在生态保护修复、资源开发补偿、区域生态补偿、生态经济发展等体制机制方面积极探索、先行先试，保障黄河中游生态安全，建成西北地区生态空间共建共享、生态环境共治共管、人与自然和谐共生的宜居城市群。

民族地区城乡融合发展先行区。实施乡村振兴战略，推进农业农村现代化，全面加强新农村、新牧区建设，提升人居环境水平，充分发挥区域中心城市的承载能力和辐射作用，加快产城融合和多元文化交融，探索民族地区城乡融合发展新路子，实现民族团结和边疆稳定。

发展区域中心城市。发挥呼和浩特区域中心城市作用，强化科技创新、金融服务、文化教育、开放合作等城市功能，推进要素集聚，持续提升综合承载和辐射带动能力。发挥特色产业优势，建设国家级乳业生产加工基地和大数据产业基地。

壮大重要节点城市。完善城市功能，加大城市开发开放力度，加强城市间协作联动，实现集约、互补发展。

包头市。坚持绿色低碳循环发展，积极推进产城融合、军民融合，大力开展国家新型城镇化综合试点和“中国制造 2025”试点示范，建设宜居宜业宜游的现代工业城市。着力发展稀土新材料、新型冶金、现代装备制造、绿色农畜产品精深加工等产业，打造城市群创新型企业孵化基地和具有全球影响的“稀土+”产业中心。

鄂尔多斯市。坚持生态优先、绿色发展，加快东胜区、康巴什区和伊金霍洛旗阿勒腾席热镇一体化步伐，建成要素聚集、生态宜居的现代化城市和生态文明先行示范区。实施科技创新战略，推进鄂尔多斯国家高新技术产业园区、装备制造基地、空港园区、综合保税区建设，打造资源精深加工中心和一流的能源化工产业示范基地。

榆林市。推进榆林老城区、高新区、空港区等统筹发展，建设黄土高原生态文明示范区、国家历史文化名城和陕甘宁蒙晋交界特色城市。提升现代特色农业，发展高端能源化工产业，建设现代特色农业基地和高端能源化工基地。

培育一批中小城市。强化城市空间连接、功能传导作用，加强与区域中心城市和重要节点城市的统筹规划、功能配套，发展特色县域经济，逐步将托克托县、土默特左旗、武川县、土默特右旗、达尔罕茂明安联合旗、达拉特旗、准格尔旗、神木市、靖边县、绥德县等县（市、旗）政府驻地培育成为功能相对完善、产业和人口集聚水平较高的城市。支持合条件的县“撤县设市”，加大对新设市的支持指导力度。加大对旗府所在城镇的政策支持。

有序推进特色小镇建设。按照控制数量、提高质量，节约用地、体现特色的要求，建设一批美丽特色小（城）镇。根据区域要素禀赋和比较优势，立足小镇功能需要，提升小镇基础设施和公共服务水平，完善小镇体制机制和政策体系，搭建城市群结构调整和转型升级新平台，为农牧业转移人口就近城镇化和产业发展提供支撑。

推进城乡融合发展。实施乡村振兴战略，协调推动新型城镇化和新农村新牧区建设，着力增强农村牧区发展活力。统筹城乡布局，完善县域乡村建设规划，合理安排产业集聚、村落分布、生态涵养、农田保护等空间布局，形成布局合理、功能完善、协调有序的村庄新格局。加快推进农村牧区基础设施和公共服务设施建设，实现水电路气等基础设施城乡联网和医疗卫生、文化教育等基本公共服务城乡共享。打好精准脱贫攻坚战，统筹推进产业扶贫、易地搬迁、生态补偿、教育脱贫、社保兜底等各项扶贫工作，切实解决深度贫困地区脱贫攻坚问题。

着力构建产业协作平台。依托各类现有国家级、省级园区，构建区域产业分工协作平台和载体。深化跨区域产业分工协作，合作共建产业园区和合作试验区，逐步形成横向错位发展、纵向分工协作新格局。加快蒙西产业转型升级，支持准（格尔）托（克托）清（水河）工业园区开展城市间产业合作试点，支持内蒙古乌兰木伦镇与陕西大柳塔镇共建蒙陕合作试验区，探索建立利益共享、责任共担的合作新机制。支持国家新型工业化产业示范基地建设，促进产业集聚集群发展。

打造区域分工协作产业链条。探索在装备制造、新材料、电子信息、循环经济等领域打造区域分工协作产业链条。着力提升包头、鄂尔多斯关键零部件研发制造和装备组装能力，支持包头、榆林共建稀土新材料、镁铝生产及综合开发利用基地，引导呼和浩特、榆林在光伏新材料研发制造领域开展合作。发挥呼和浩特大数据产业引领带动作用，在包头配套发展电子信息元器件及电子信息高端材料制造，在鄂尔多斯、榆林发展云计算相关应用产业。鼓励鄂尔多斯、榆林发展循环经济，为金属材料加工、新型建材等产业提供粉煤灰、煤矸石等原材料。

高端能源化工产业集群。合理配置资源，优化产业布局，加快推进以清洁能源、煤基精细化工为核心的能源化工产业集群高端化发展。以煤化电热一体化为重点，推进煤炭清洁高效利用，有序发展风能、太阳能、生物质能等新能源。在充分考虑生态环境容量和水资源承载能力的前提下，稳妥推进煤制油、煤制气产业化示范工程，加快发展煤基高端精细化学品，推进兰炭特色产业转型升级，支持鄂尔多斯、榆林建设一流现代煤化工产业示范区。

金属加工和装备制造产业集群。推动包头钢铁基地转型升级。以包头、榆林为主体，重点打造煤－兰炭－硅铁－镁－镁加工等有色金属生产加工产业链。以包头和鄂尔多斯为重点，建设现代装备制造基地，大力发展工程机械、矿山机械、煤炭机械、化工装备、新能源设备等特色装备制造，积极发展载重汽车、乘用车、新能源汽车、智能机械、轨道交通装备，支持发展模具、零部件等配套产业。

战略性新兴产业集群。以呼和浩特为中心，深入实施“互联网＋”发展战略，加快大数据综合试验区和光伏基地建设，建成重要的云计算数据中心、备份中心和开发应用中心。大力发展服务外包。支持包头依托军工基础重点发展稀土新材料和核电燃料元件、石墨（烯）等，建设国家级稀土新材料基地和技术研发中心。支持鄂尔多斯、榆林、包头依托煤化工产业基础，发展化工新材料和高品质镁合金、铝合金、多晶硅等新材料。支持榆林打造成为新能源、新材料产业基地。绿色农畜产品生产加工产业集群。立足独特的农牧资源优势，重点打造乳、肉、绒、薯、林果、蔬菜、杂粮等特色农产品优势区，推进农业“产－加－销”一体化发展。支持内蒙古和林格尔经济开发区建设以乳肉为重点的绿色农畜产品加工基地。加快榆林、鄂尔多斯国家农业科技园区建设。切实转变农牧业发展方式，培育壮大新型农牧业经营主体，培养新型家庭农牧场和职业农牧民，推进农村承包地“三权”分置，支持有条件的乡村建设田园综合体，发展观光休闲农业、创意农业等新业态。适度发展现代沙漠农业，大力发展旱作农业。开展农产品检测互认，建设农产品绿色通道，培育一批著名、驰名商标和特色农业品牌。发展有机农业、生态农业、沙产业、草牧业、林下经济、生态旅游等生态经济。

商贸流通业。加快呼和浩特、包头物流节点城市和呼和浩特、包头、榆林物流园区布局城市建设，推进物流基础设施互联互通，打造辐射西北、连接蒙俄的现代物流平台和区域性商贸中心。完善货运服务网络，合理布局城市配送中心、冷链物流中心，搭建农牧区双向流通综合物流平台，大力培育第三方物流、连锁配送企业。积极发展国际物流，深化呼和浩特沙良公铁物流港和出口加工区、包头公铁海铁物流港、鄂尔多斯综合保税区和空港物流园区、满都拉口岸物流中心等建设。提高物流信息化水平，支持运输配载、跟踪追溯、库存监控等专业化、特色化物流信息平台发展，推动物流信息平台互联互通。统筹推进大宗商品、建材、快递等专业物流交易中心和综合型物流园区建设。支持包头建立稀土交易中心和国家级储备中心，支持鄂尔多斯、榆林建立化工产品交易中心和重要的区域煤炭交易中心。

金融业。有序发展金融租赁和融资租赁，按照风险可控、商业可持续原则开展大型成套能源化工装备、专用物流车辆等设备融资租赁业务。提升金融业对外服务能力。强化金融风险监测和金融安全防护，加大不良资产处置力度。

信息服务业。大力发展云计算、物联网、电子商务和地理信息等产业。加强鄂尔多斯、榆林现代工业信息服务平台建设，重点发展能源互联网、智能交通、食品安全等“云应用平台”。推进包头广告产业试点园区建设，积极培育新业态新模式。

构建协同创新发展新格局。建立协同创新体系，加强重点实验室、工程研究中心等科技创新基地的统筹协调，完善公共科技资源共建共享机制。深化科技管理体制机制改革，构建普惠型创新支持体系，创新科技服务模式，积极发展新兴业态。紧密对接西安、上海、珠三角等国家自主创新示范区和全面创新改革试验区的创新资源，共建知识产权服务平台和技术交易市场。强化城市群知识产权基础能力建设，加大知识产权投入，提高知识产权创造、保护、运用水平。

共建产业科技创新平台。支持榆林和鄂尔多斯创建国家级煤炭清洁高效利用创新中心。依托白云鄂博稀土资源研究与综合利用国家重点实验室，研究在包头、榆林设立镁、铝合金综合利用技术创新平台。建设一批产业科技创新公共服务平台。

推进科技成果产业化。建立以企业为主体、市场为导向、产学研深度融合的技术创新体系，引导优势企业与高等院校、科研院所等共建产业技术创新战略联盟，重点在煤化工、新材料、新一代信息技术、高端装备制造等领域联合开展科技攻关和科技成果转化。积极推动建立“标准统一、流程规范、资质互认”的技术交易市场和技术转移联盟。

推动全社会创新创业。倡导创新文化，加强创新资源共享和创业培育服务，激发全社会创新创业活力。建立统一的人力资源市场，整合各类培训资源，打造一批职业技能培训基地和培训品牌。依托呼和浩特创业园、榆林创业园等创新创业平台，培育一批掌握行业“专精特新”技术的科技“小巨人”企业；依托科技园区、高校、职业学校、科研院所，培育一批低成本、便利化、全要素、开放式的众创空间、星创天地；围绕特色优势和新兴产业，加快发展“互联网 +”创业网络体系。

提升城市群内部联通水平。构建完善的综合运输通道骨架，优化干线铁路、城际铁路和专支线铁路网络。完善公路运输网络，有序实施国家高速公路建设，推进国省干线公路升级改造，加大农牧区交通基础设施建设力度，提升公路交通安全设施防护能力。

畅通对外陆路交通通道。有序推进京包（头）、包（头）银（川）、包（头）西（安）等铁路建设，改造提升包茂高速、荣乌高速、青银高速以及国省干道，畅通通往二连浩特、满都拉等边境口岸和秦皇岛、曹妃甸、黄骅港等沿海港口的公铁、铁海联运通道，重点建设大能力货运铁路和重载公路，改造繁忙干线、主要枢纽及客货站场，促进与京津冀、关中平原、宁夏沿黄、山西中部等城市群紧密连接。

打造综合航空运输体系。培育呼和浩特的区域航空枢纽功能，增强对周边的辐射能力。提升包头、鄂尔多斯、榆林等其他机场发展水平，支持加密呼和浩特、鄂尔多斯与蒙俄两国主要城市的直达航班。加快呼和浩特新机场建设，推动包头、鄂尔多斯机场改扩建，规划建设支线机场、通用机场和直升机起降点，加快推进靖边通用机场建设。优化航线网络，提高航班密度，拓展短途运输、通航包机飞行和空中游览等航空业务。

加快综合交通枢纽建设。加强以机场、高铁站、公路客货站场为中心的综合交通枢纽建设，优化枢纽内部交通组织，优先发展城市公共交通，实现客运“零距离”换乘和货运“无缝化”衔接。提升呼和浩特全国性综合交通枢纽城市的功能，推进包头、榆林建设全国性综合交通枢纽城市，推进鄂尔多斯建设区域性综合交通枢纽城市。

积极参与“一带一路”建设。充分发挥包（头）兰（州）—临（河）哈（密）、包（头）茂（名）、包（头）满（洲里）、集（宁）二（连浩特）等交通干线和二连浩特、满都拉口岸的作用，推进能源、装备、服务、商品进出口，做大做强一批骨干外经贸企业，扶持发展一大批中小外经贸企业。建设电子商务平台，发展面向蒙、俄、中亚及欧洲的电子商务。

打造对外开放合作平台。积极推进呼和浩特铁路口岸建设，推进鄂尔多斯综合保税区建设，支持呼和浩特出口加工区在条件成熟时整合优化为综合保税区。支持有条件的地区建设面向蒙俄的经济合作区、进出口商品加工区和旅游经济合作区。积极推进内陆港和配套物流园区建设，大力发展铁海联运国际集装箱运输，打造辐射、服务整个区域的综合性港区。加强呼和浩特、鄂尔多斯航空口岸建设，支持榆林创建航空口岸，支持符合条件的地区建设海关特殊监管区域，完善通关全流程一体化管理机制和运行模式。推进国家级经济技术开发区转型升级创新发展。

构建外向型经济体系。积极拓展物流和供应链功能，推动机械制造、电子信息、食品、纺织、水果、蔬菜等出口加工产业基地化、链条化发展。强化区域装备制造业配套协作。以榆林为主体，建设丝绸之路“金属镁”生产供应中心。提升进口资源落地加工能力，以煤炭为重点打造国家重要的能源进出口通道、战略资源精深加工和储备基地。引导企业联合开展与蒙俄经贸合作，加强与发达国家和地区交流合作。

强化与京津冀对接合作。深化京蒙对口帮扶，完善合作平台与协作机制，推进科技、教育、医疗、卫生和产业互补对接。承接京津冀地区产业转移。加强与天津、河北省在港口资源使用和内陆港方面的合作。

加强与东部沿海城市群合作。深化同东部沿海城市群在资金、技术、项目、产能和市场等方面的合作对接，共同探索“园区共建、项目共管、收益共享”的合作模式，深化苏陕对口帮扶。探索与相关省市开展优质优势产能置换转移试点。积极发展飞地经济，主动承接东部地区产业转移。

强化与邻近省区和周边城市协作。进一步增强与宁夏、甘肃的对接和协作。加强与西安、延安、乌兰察布、巴彦淖尔、乌海、大同等周边城市在基础设施、重点产业、科技创新、市场开发、生态建设、公共服务等方面的协作，辐射带动内蒙古中西部、陕西北部、山西北部加快发展。

推进交通物流协同管理。促进交通运输联动共享，推进客票一体联程和货物多式联运。探索物流管理体制改革，打破现有的物流业务条块分割和地区封锁，推进综合交通运输信息资源互通共享，研究在有条件的地区建设一批公路港。

加强人才交流合作。完善人才评价激励机制和服务保障体系，优化各类人才的创新创业条件和生活环境。加快培养各类高层次人才，重点引进和培养能源化工产业亟须的高等技术人才、高级管理人才和高级技术工人等。搭建产学研用合作平台，开展多层次多渠道交流，吸引国内外知名专家学者、企业家和社会人士合作创新创业。鼓励主要城市之间互派干部挂职锻炼。加强劳动人事争议调解仲裁机构交流协作，切实保障跨地区就业劳动者权益。

国家发展改革委 住房城乡建设部关于印发兰州－西宁城市群发展规划的通知

国家发展改革委 住房城乡建设部

2018 年 3 月 13 日

甘肃、青海省人民政府，国务院有关部委、直属机构，中国铁路总公司、国家电网公司：

经国务院同意，现将《兰州－西宁城市群发展规划》（以下简称《规划》）印发你们，并就有关事项通知如下：

一、兰州—西宁城市群是我国西部重要的跨省区城市群，自古以来就是国家安全的战略要地，在维护我国国土安全和生态安全大局中具有不可替代的独特作用。培育发展兰州—西宁城市群，有利于保障国家生态安全，有利于维护国土安全和促进国土均衡开发，有利于促进“一带一路”建设和长江经济带发展互动，有利于带动西北地区实现“两个一百年”奋斗目标。甘肃、青海省人民政府和国务院有关部门要认真贯彻落实《国务院关于兰州－西宁城市群发展规划的批复（国函〔2018〕38 号）》精神，提高认识、紧密合作、扎实工作，共同推动《规划》的落实，着眼国家安全，立足西北内陆，面向中亚西亚，把兰州－西宁城市群培育发展成为支撑国土安全和生态安全格局、维护西北地区繁荣稳定的重要城市群。

二、请甘肃、青海省人民政府切实加强对《规划》实施的组织领导，健全协作机制，明确责任分工，制定实施方案，做好与相关专项规划的衔接，形成工作合力，确保各项目标任务落到实处。《规划》实施中涉及的重大事项、重大政策和重大项目按规定程序报批。

三、请国务院有关部门按照职能分工，研究制定支持兰州－西宁城市群发展的具体政策措施，在有关规划编制、体制创新、重大项目建设、优化行政区划设置等方面给予积极支持。

四、国家发展改革委、住房城乡建设部将按照国务院批复精神，加强对《规划》实施情况的跟踪分析和督促检查，会同甘肃、青海省人民政府适时组织开展《规划》实施情况评估，重大问题及时向国务院报告。

附件

兰州－西宁城市群发展规划（节选））

兰州－西宁城市群（以下简称“兰西城市群”）是我国西部重要的跨省区城市群，人口和城镇相对比较密集，水土资源条件相对较好，自古以来就是国家安全的战略要地，在维护我国国土安全和生态安全大局中具有不可替代的独特作用。依据《中华人民共和国国民经济和社会发展第十三个五年规划纲要》《全国主体功能区规划》《国家新型城镇化规划（2014—2020年）》，制订本规划，作为培育发展兰西城市群的指导性文件。

区位优势明显。地处新亚欧大陆桥国际经济合作走廊，是中国－中亚－西亚经济走廊的重要支撑，以兰州、西宁为核心的放射状综合通道初步形成，座中四联的枢纽地位日益突出，稳藏固疆战略要地功能进一步凸显。

资源禀赋较好。属于西北水土资源组合条件较好地区，黄河、湟水谷地建设用地条件较好；有色金属、非金属等矿产资源和水能、太阳能、风能等能源资源富集，是我国西气东输、西油东送的骨干通道，也是重要的新能源外送基地。

经济基础较好。石油化工、盐湖资源综合利用、装备制造等优势产业体系基本形成，新能源新材料和循环经济基地加快建设。人口密度达125人／平方公里，分布较为密集，高于周边地区平均水平，兰州、西宁城区常住人口已超百万。科技力量较强，物理、生物、资源环境研究具有优势。

生态地位突出。处于第一阶梯地形向第二阶梯地形的过渡带，北仗祁连余脉，中拥河湟谷地，南享草原之益，周边有国家生态屏障，最大的价值在生态，最大的责任在生态，最大的潜力在生态，既有承担生态保护的重大责任，也有潜在生态优势转化为现实经济优势的良好条件。

培育发展兰西城市群，有利于保障国家生态安全。兰西城市群位于黄河上游地区，地处青藏高原生态屏障和我国北方防沙带之间，与“两屏三带”为主体的国家生态安全战略格局密切相关，对保护好“中华水塔”、阻止西部荒漠化地区向东蔓延具有独特的战略支撑作用。

培育发展兰西城市群，有利于维护国土安全和促进国土均衡开发。兰西城市群是进藏入疆的“锁钥之地”，培育发展一批布局合理、功能完善的城镇，对于巩固西部边防、维护国土安全和促进民族交往交流交融具有战略意义。

培育发展兰西城市群，有利于促进“一带一路”建设和长江经济带发展互动。兰西城市群是成渝城市群乃至长江经济带连接欧亚大陆的主要桥梁，通过优势互补、协同发展，可以有效促进西北西南地区开发开放，加快长江经济带发展和我国向西开放步伐。

培育发展兰西城市群，有利于带动西北地区实现“两个一百年”奋斗目标。兰西城市群是西北发展条件较好、发展潜力较大的地区，促进人口和经济要素进一步集聚和优化配置，有利于带动周边脱贫攻坚、促进西北地区经济社会发展水平提升，如期全面建成小康社会、开启现代化建设新征程。

生态文明，绿色发展。树立和践行绿水青山就是金山银山的理念，将生态文明建设放在首要位置并全面融入城市群建设全过程，以理顺资源开发关系为突破口，推进生态环境保护收益共享、成本共担，建立健全生态文明制度体系，共守黄河上游生态安全。

优势互补，协同发展。强化兰州、西宁的带动作用，提升辐射周边中小城市功能，体现各城市特色，强化大中小城市和小城镇产业协作协同，逐步形成横向错位发展、纵向分工协作的发展格局，促进城乡区域协调发展。

市场主导，政府引导。充分发挥市场在城市群形成发展中的决定性作用，更好发挥政府在空间开发管制、基础设施支撑布局、一体化体制机制建设等方面的作用，促进资源要素充分流动和高效配置，有效加快城市群建设进程。

维护国家生态安全的战略支撑。围绕支撑青藏高原生态屏障建设和北方防沙带建设，引导人口向城市群适度集聚，建立稳固的生态建设服务基地，形成城市群集约高效开发、大区域整体有效保护的大格局。统筹推进山水林田湖草综合治理，努力改善生态环境质量，切实维护黄河上游生态安全。

优化国土开发格局的重要平台。支持和推动兰西城市群经济社会持续健康发展，合理布局建设一批特色鲜明、集聚能力较强的城镇，增强综合承载力和公共服务保障水平，积极推动人口经济格局优化，着力推动国土均衡开发，进一步发挥维护国土安全和生态安全的重要作用。

促进我国向西开放的重要支点。依托沟通沿海内地、联通西部边疆和欧亚大陆的地缘优势，提升参与“一带一路”建设的能力和水平，重点面向中西亚和东南亚广阔市场，强化国际产能合作和经贸文化交流，打造高层次开放平台，加快发展外向型经济，提高对外开放水平。

支撑西北地区发展的重要增长极。发挥老工业基地产业基础较强和资源禀赋优势，加快技术进步和体制机制创新，完善市场环境，发展特色产业。强化与关中平原、天山北坡、宁夏沿黄等城市群协调互动，辐射带动周边地区脱贫攻坚，为西北地区现代化建设提供更强的支撑作用。

沟通西北西南、连接欧亚大陆的重要枢纽。发挥区位优势，推进陆桥通道的功能性调整和结构性补缺，加快建设沟通川渝滇黔桂的综合性通道，积极推进铁路国际班列物流平台建设，强化兰州、西宁的综合枢纽功能，完善综合交通运输体系，加快提升内通外联能力。

对内对外开放水平显著提升。城市群开放平台作用进一步发挥，与周边区域的协同合作能力持续增强，深度融入“一带一路”建设，开放型经济向更广领域、更深层次、更高水平迈进，文化影响力显著提升，基本建成面向中西亚、东南亚商贸物流枢纽、重要产业和人文交流基地。

区域协调发展机制建立健全。阻碍生产要素自由流动的行政壁垒和体制机制障碍基本消除，区域市场一体化步伐加快，交通基础设施互联互通、公共服务设施共建共享、生态环境联防联控联治、创新资源高效配置的机制不断完善，城市群成本共担和利益共享机制不断创新，一体化发展格局基本形成。

构筑区域生态安全格局。依托三江源、祁连山等生态安全屏障，强化城市群内群外生态联动，共同维护区域生态安全。加快构建以黄河上游生态保护带，湟水河、大通河、洮河和达坂山、拉脊山等生态廊道构成的生态安全格局。系统整治黄河流域，连通江河湖库水系。严格保护湟水、大通河、洮河及渭河源等河湖水域、岸线水生态空间。强化与周边青海湖、甘南高原等重要生态区保护建设的联动。

严守生态功能保障基线。加强河湖、湿地、森林、草原、荒漠、山体等重要生态空间管制，引导区域绿色发展格局建设。2020年底前，全面完成生态保护红线勘界定标，基本建立生态保护红线制度，强化跨区域生态保护红线的衔接与协调，实现一条红线管控重要生态空间。

实施重大生态保护与修复工程。坚持保护优先、自然恢复为主，推进重点区域和重要生态系统保护与修复，系统实施以环青海湖地区、青海东部干旱山区、共和盆地、环祁连山地区、沿黄河地区和环甘南高原地区为重点的“六大生态治理区”山水林田湖草生态保护和修复工程，全面提升山体、森林、河湖、湿地、草原、荒漠等自然生态系统稳定性和生态服务功能。加强人为水土流失防治。

推进水环境质量分区管控。优先保护青海湖流域和黄河流域上游水生态功能。重点实施青海湖入湖河流生态修复工程，着力推进生态良好湖泊保护。实施黄河上游生态综合治理工程，推进河岸带生态环境修复。开展入河排污口综合整治，重点保障大通河、洮河流域水环境安全。集中治理湟水流域水环境污染，实施全流域综合治理工程，到2020年湟水河出省断面Ⅲ类水质达标率达到50%。全面推行河长制，在湖泊实施湖长制。

推进大气污染联防联控。综合治理工业、生活、农业、自然扬尘等各类排放源，加强二氧化硫、氮氧化物、颗粒物、挥发性有机物、氨等多污染物协同控制。集中整治石化、火电、

有色冶金、建材等重点行业，产业集聚区周边预留生态环境隔离空间。优化能源利用结构，降低生活用煤炭比重，因地制宜、积极稳妥推广散煤清洁化治理、煤改气和煤改电工程。对风沙源、城市周边裸露土地开展生态绿化修复。确保2030年空气质量稳定达标，优良天气比例大幅提升，重污染天气基本消除。

加强土壤污染防治和固体废物治理。以冶炼、石化、电镀、煤化工等行业企业遗留污染地块为重点，强化污染地块风险管控、治理修复和开发监督。加强污染源监管，推进危险废物处置能力建设。优化环境基础设施布局，强化配套设施建设，完善医疗废物、危险废物收集运输和处理处置体系，鼓励跨区域合作共建危险废物处理设施。

推进城乡环境综合整治。广泛开展“家园美化行动”和城镇清洁环境行动，实施农牧区环境拉网式全覆盖综合整治，建成覆盖城乡的污水垃圾收集、转运、处置体系。加强农业面源污染防治，推进农业清洁生产，鼓励发展生态农业和有机农业。加强畜禽养殖污染防治，养殖密集区推行粪污集中处理和资源化综合利用。建立农作物秸秆收储、综合利用体系。

加强绿色低碳城市建设。严格城市规划管理，合理安排城市生态用地。加强城市自然山水格局保护，构建连通城际、覆盖城乡的绿色生态网络。推进森林城市、海绵城市建设和再生水利用工程建设。建立健全消防、人防、防洪、防震和防地质灾害的城市群综合防灾减灾救灾体系。发展绿色能源，推广绿色建筑和绿色建材，构建绿色交通体系。

加强资源节约利用。以节水、节地和节能为重点，优化城市资源利用结构，控制资源用量增速。根据区域功能定位和人口聚集趋势，适当优化流域水资源配置方案，加强对火电、冶金、化工等重点行业节水技术改造，推进高效农业节水灌溉，合理确定水资源开发利用控制红线。严格土地用途管制，落实建设用地总量和强度双控，推进城镇低效用地再开发和低丘缓坡荒滩等未利用地综合开发利用。强化能源消纳、转化利用和煤炭清洁高效利用，建立健全并落实能源消耗总量和强度双控制度。大力发展跨区域再生资源回收利用产业体系。

完善工业体系。巩固提升循环经济发展水平，推进循环经济示范区建设。积极延伸石油化工、有色冶金产业链，鼓励高端产品生产，提高产品附加值和市场竞争力，增强精品特钢研发生产能力，打造国内重要的有色金属产业集群。加大装备制造业技术创新和新产品开发，提高关键零部件制造和装备整机智能化水平，推动企业提质增效。发挥特色资源优势，发展壮大以农产品加工、民族用品为重点的轻工产业，推动规模化精深加工，强化品牌建设，培育一批带动力强的龙头企业，建设高原绿色有机食品生产基地。

着力发展现代生态农牧业。坚持特色化、集约化、品牌化，加快转变农林牧业发展方式，走出一条农业与牧业循环、规模经营与品牌效益兼得、一二三产业融合发展特色之路。大力发展富硒农业、旱作农业、设施农业、草地生态畜牧业、中草药种植，提高农产品加工转化水平，推动建立现代农业产业体系。以国家级现代农业示范区、特色产业种植基地、草地生态畜牧业试验区及都市现代农业示范区建设为重点，大力提升农业集约化水平。加强绿色、有机和国家地理标志保护产品开发认证。

发展壮大新兴支柱产业。立足原材料产业基础，加快新型功能、高端结构等新材料发展，打造国家重要的新材料产业基地，培育锂电、水性材料等一批重点产业集群。围绕风、光等资源转化利用，积极发展新能源及新能源装备制造业，打造新能源基地和全国重要的光伏光热设备制造基地。突出生物技术、核技术和特色资源禀赋优势，做大做强生物医药产业，打造国家重要的

生物医药产业基地。促进信息技术、航空航天等军民科技成果双向转化，构建高效益配套产业体系。

发展现代服务业。依托丰富的历史、人文、民族、自然等资源，大力发展文化旅游、文化创意产业，加快热贡国家级文化生态保护区建设，规划建设一批民族文化生态保护区，提升“绚丽甘肃”“大美青海”等品牌国际影响力。加快自驾车房车旅游发展，创建全域旅游示范区。发挥区位优势，发展壮大商贸物流业，优化物流园区布局，推广应用信息技术，提升商贸物流业发展水平。培育发展健康旅游、体育健身、休闲养老等服务业，促进保健养生与医疗卫生、旅游文化体育互动交融。

提升创新支撑能力。坚持创新驱动，着力提升自主创新能力，实施重大产业创新工程，强化关键技术研发和成果应用，建立产业和科技对接体系。强化重大创新平台建设，提升国家级高新区、国家农业科技园区发展水平，加快建设兰白科技创新改革试验区，开展创新政策先行先试。加快兰州、西宁创新型城市建设。深化跨区域科技合作，推动张江兰白科技创新改革试验区技术转移中心、西宁中关村科技成果产业化基地、青海中关村高新技术产业基地建设。

提升城市产业发展水平。发挥兰州、西宁等城市技术、人才、产业基础等优势，加大创新力度，加快发展一批技术含量高、产品竞争力强的特色加工制造业和现代服务业。结合产业升级改造，鼓励兰州市主城区企业向兰州新区、白银工业集中区转移，进一步推动西宁、海东产业错位分工、融合互动、相互支撑。围绕区域特色资源开发转化，改善中小城市发展条件，积极发展高附加值产品加工、旅游文化体育、数字创意等产业，提升中小城市公共服务水平。深入推进兰州榆中、临夏和西宁产城融合示范区建设。

打造承接产业转移平台。依托产业基础、资源优势和东西部对口帮扶机制，采取补链承接、提升承接、延伸承接、链条对接等多种方式，建设一批“园中园”“飞地园”“共管园”等产业转移园区，具备条件的逐步纳入对口帮扶年度重点工作和考核。加快建设兰白承接产业转移示范区，支持西宁、海东承接东中部适宜产业转移。发挥地缘优势和文化优势，强化与发达地区和企业产业合作，将兰西城市群整体打造为面向中西亚的出口加工和贸易基地。

积极推进园区优化整合。进一步支持兰州新区健康发展，改善发展条件，创新体制机制，打造西北地区重要的经济增长极、国家重要的产业基地、向西开放的重要战略平台、承接产

业转移示范区。优化整合各类开发区，鼓励产业向国家级、省级开发区集聚，鼓励区位相邻的开发区整合发展。改造提升现有制造业集聚区。加快完善开发区基础设施，深化管理体制改革，激发内生动力和活力。积极推动海东工业园区在符合条件的情况下升级为国家级经济技术开发区。

畅通对外综合运输通道。充分发挥陇海—兰新通道作用，加快青藏铁路扩能改造，规划建设兰州（中川机场）—张掖铁路，打造沟通我国东西部、连通我国和中亚地区的东西向大通道。充分利用兰渝铁路通道，推进西宁（兰州）—成都铁路、兰州—中卫高速铁路建设，规划研究西宁—玉树—昌都、格尔木—成都铁路，打造沟通西南西北、连通南亚和东南亚的南北向大通道。优化中川、曹家堡机场航线结构，积极开拓面向中西亚的国际航线，强化航空枢纽功能，带动周边支线机场发展，打造连通国内外重要城市的“空中丝绸之路”。

完善城市群内综合运输网络。加强主要城市和重点城镇的交通连接，打通节点城市间公路联系，改善公路通行条件，完善安全设施，构建形成以高速公路为骨架、国省干线公路为基础、县乡和农村公路为补充的外通内畅、快速高效、便捷安全的公路网络。以兰州、西宁为核心，形成城市群客运铁路骨架。以高速铁路、高速公路、市域（郊）铁路为重点，建设兰州、西宁都市圈城际综合快速路网。

强化综合交通枢纽建设。以兰州、西宁全国性综合交通枢纽建设为核心，加快兰州国际港务区、西宁曹家堡综合交通枢纽建设，强化铁路、公路、民航、管道等运输方式有机衔接，强化与综合保税区、开发区、物流园区等重点区域有效对接，加强干线公路与

城市道路有效衔接，优化枢纽内部交通组织，积极推进客运枢纽“零距离换乘”、货物换装“无缝化衔接”。推进临夏、定西、青海湖等支线机场以及一批通用机场建设。

提高能源生产能力。稳定传统能源生产，加强清洁能源开发利用，积极推进国家清洁能源基地建设。在确保消纳前提下，积极发展太阳能发电，建设共和等太阳能发电基地，合理布局抽水蓄能电站，推动水、光、风互补发电。加快天然气、地热建设能源外送通道。统筹能源开发、本地消纳与打捆外送，加快构建安全高效能源输送通道。提升“西电东送”骨干通道能力，推进青海特高压直流输电通道建设。着力优化补强主网架结构，加强水、光、风等清洁电源和储能设施互济互补，提高电力系统的调节能力和运行效率。加快西气东输四五线等区际油气干线管道建设，完善区域内油气输配管网系统，强化管道互联互通和建设运营机制创新。

完善储能系统。加强储能技术研发应用，创建光储一体、发存结合的新型高效光伏电站，配合直流外送，保障大规模清洁能源接入电网安全稳定。统筹推进大型石油、液化天然气（LNG）储备基地建设，健全油气储备应急机制，提高油气应急处置能力。

共建对外开放大通道。充分发挥沟通西南西北交通枢纽优势，打造兰州—西宁全国性综合开放门户。依托重大交通干线和能源运输管线，强化大能力运输通道建设，构建经新疆向西向北的新亚欧大陆桥通道，经川渝滇黔桂至东盟的南向出海陆路新通道。鼓励开辟兰州、西宁直飞“一带一路”沿线国家的国际航班和货运航线。

深化经贸合作交流。扩大向西开放，重点与中亚、中东及东欧国家开展能矿资源、高端装备制造、绿色食品加工及农业综合开发等领域的合作。积极探索向北开放，加强与相关国家在农牧业、矿产资源等领域的合作。努力拓展向南开放，积极融入中巴、孟中印缅等经济走廊，着力推进经贸合作。深化向东开放，重点促进与东亚国家及我国港澳台地区在农业、旅游、环保、文体、生物资源开发等相关领域的合作交流。联合举办丝绸之路经济带沿线国家经贸合作圆桌会议。

促进文化合作交流。加快甘肃华夏文明传承创新区建设，打造青海丝绸之路历史文化旅游区，建设对外展示中华文化的窗口。扩大丝路花雨、丝路花儿等艺术节影响力，建立丝绸之路非物质文化遗产交流展示项目库，有序举办以共建“一带一路”倡议为主题、具有鲜明地域特色的国际艺术节、博览会和综合性论坛。深化高校联合办学、青少年交流互访，开展高原医学、生态环境保护修复、可再生能源发展和应对气候变化等方面的交流合作。

提升开放平台层次和水平。加快建设兰州新区综合保税区，支持青海符合条件的地区按程序申请设立综合保税区。依托兰州铁路国际班列物流平台，积极参与中国—新加坡战略性互联互通示范项目建设。积极发展跨境电子商务，培育贸易新业态新模式和海关特殊监管区域。推进国家级经济技术开发区转型升级创新发展。

打造多元开放平台。提高中国兰州投资贸易洽谈会、环青海湖国际公路自行车赛、中国（青海）藏毯国际展览会、中国（甘肃）国际新能源博览会等大型活动知名度。支持两省研究举办面向“一带一路”沿线国家的大型展会。鼓励与国外城市缔结友好城市。

加强对口支援合作。进一步完善对口支援、东西部扶贫协作机制，拓展合作领域，深化援受双方在基础设施、公共服务、产业园区、城市规划建设管理、创新驱动和产业转型升级等领域的合作，鼓励以“飞地经济”模式推动产业园建设。创新人才交流合作机制，在支援省市高校、科研院所、产业园区探索建立离岸研发中心，通过派驻、培训、远程服务等手段建立“人才飞地”，为兰西城市群培养本土人才。

深化与周边地区交流合作。深化与关中平原、成渝等城市群合作，共同打造飞地园区，积极承接科技创新成果转移。以交通、旅游、扶贫、生态为重点，加强与宁夏沿黄城市群、陕甘宁革命老区间的区域合作。深化与新疆、西藏地区在生态环境保护建设、能源资源开发转化方面的交流合作。积极推进川甘青交界地区文化、教育、旅游、交通等合作开发。

国家发展改革委 农业农村部关于印发全国沿海渔港建设规划（2018—2025年）的通知

国家发展改革委　农业农村部

2018年4月19日

有关省（自治区、直辖市）发展改革委、农业（渔业）厅：

为贯彻落实《国务院关于促进海洋渔业持续健康发展的若干意见》（国发〔2013〕11号）、《全国农业现代化规划（2016—2020年）》，进一步提高渔业防灾减灾能力，促进海洋渔业持续健康发展，加快形成渔港经济区，国家发展改革委、农业农村部联合编制了《全国沿海渔港建设规划（2018—2025年）》。现予印发，请结合本地实际，认真组织实施。

附件

全国沿海渔港建设规划（2018—2025年）（节选）

渔港是推动海洋渔业发展的重要基础设施

渔港是集渔船停泊与避风、鱼货装卸、物资补给、冷藏加工、流通贸易、船网工具修造为一体的渔业综合生产基地，是渔区人流、物流、资金流、信息流的重要集散地，是现代渔业综合管理的核心。一方面，通过渔港建设提升生产服务能力，有力促进渔业生产、流通、消费的有机结合，推动渔业与水产品冷藏加工、配送、休闲渔业等相关产业的融合发展，成为推动我国海洋渔业发展的重要抓手；另一方面，通过渔港建设构建集渔港安全监控、灾害预警、信息服务、渔船签证、渔船检验、船员培训、渔政执法等为一体的渔港综合服务与管理平台，集成互联网和物联网技术，推动实现对港、船、人、渔获物的规范化管理。

渔港是推进沿海经济社会发展的重要平台

我国经济已由高速增长阶段转向高质量发展阶段，正处在转变发展方式、优化经济结构、转换增长动力的攻关期。依托渔港建设，完善渔港功能，建设集多种功能于一体的渔港经济区，不仅可以促进渔业提质增效、减量增收、绿色发展、富裕渔民，而且在补短板、调结构、推进渔区新型城镇化等方面发挥重要的作用，是构建现代农业产业体系、生产体系、经营体系的重要内容。

渔港是加快建设海洋强国的重要支点

党的十九大提出坚持陆海统筹、加快建设海洋强国，海洋渔业在拓展蓝色经济空间、维护国家海洋权益等方面具有不可替代的地位。加强渔港建设，推动形成沿海渔港经济区、保税渔港和南海渔港群，一方面可为渔民、渔船和远洋渔业发展提供后方基地和安全保障，另一方面，也为推动海上丝绸之路建设、加强国际渔业合作、促进海洋渔业的可持续发展提供有效支撑。

促进渔区经济快速发展

渔港建设和设施完善带动了渔区水产品交易流通、冷藏加工、生产补给、休闲渔业等二、三产业迅速发展，为渔民从事水产品加工、流通和餐饮服务业创造了条件和就业机会。渔港的建设为渔港陆域产业聚集创造了平台，带动了民间投资和银行融资。据测算，1998 年以来，渔港的建设带动了地方和社会投资近 50 亿元，保障了 850 万吨的鱼货装卸交易和 85 万吨的水产品加工，提供了 15 万个就业机会，综合经济效益超过 240 亿元。渔港所在地

区通过建设渔港经济区，兴市场、抓配套、拓街道、建小区，推动了港区城镇化和渔民转产转业，促进了渔民增收，辐射带动了沿海重要渔区经济的发展。

新时期渔港建设的必要性

尽管近年来，各地建设了一批中心渔港和一级渔港，在渔业防灾减灾、发展渔区经济等方面发挥了重要作用，但由于历史欠账多、投资渠道单一等原因，渔港基础设施依然相对薄弱，与周边国家和地区相比都存在较大差距，与渔业安全生产、渔区繁荣稳定和沿海社会经济发展的要求不相适应，迫切需要在现有基础上进一步加强渔港建设，为现代渔业和沿海经济社会持续健康发展创造条件。

加强渔港建设是改善渔船停泊条件的需要

渔港是渔业生产和渔业管理的核心区域和重要平台，目前我国大多数渔港建设标准偏低，码头、锚地、航道等设施不能有效地满足渔船装卸、补给、避风锚泊的需求，通讯导航、消防、照明和管理等设施缺乏，而伏季休渔期间大量渔船又蜂拥至中心、一级渔港，导致超容量停泊，极易造成碰撞、火灾等安全隐患，制约了渔业生产的发展。近年来，海洋开发力度不断加大，渔业传统岸线不断缩小，部分传统避风岙口、锚地被侵占，渔船停泊安全受到严重威胁。同时，部分渔港设施老化失修，港池淤积和水域污染严重，渔船无法锚泊或处于无序状态，渔港“脏乱差”情况较为突出。迫切需要对部分渔港的基础设施进行改扩建，不断提高渔港的防台减灾能力。

建设原则

统筹规划，合理布局。根据渔港现有设施情况，明确渔港功能定位，全面统筹规划渔港经济区建设，并与主体功能区划、海洋功能区划、海洋经济发展规划、渔业发展规划、沿海港口（船舶航道及锚地）规划、近岸海域环境功能区划、城乡规划和旅游规划等相衔接，与海洋经济示范区建设相协调，优化渔港和渔港经济区建设的空间布局。

突出重点，分步推进。综合考虑各地渔港资源、渔业发展状况，将防灾减灾需求突出、建设条件适宜、对周边经济和社会发展具有拉动辐射作用的渔港作为建设重点。在实际建设过程中，根据资源及资金条件，进一步落实开发时序和功能区块，做到近期开发与中远期发展相结合，分步推进。

完善功能，协同发展。着眼于渔业安全管理和防灾减灾功能的同时，突破传统渔港建设模式，促进渔港综合开发，拓展沿海经济社会发展空间，延伸产业链，提升渔港多元化功能和现代化水平，依港兴产、以产带城、以城促港，实现港、产、城一体化，繁荣发展沿海经济。

依港兴业。依托渔港经济区平台，吸引和集聚各类生产要素，推动沿海二、三产业发展，合理布局生产力，转变经济发展方式，调整优化产业结构，推动海洋渔业经济转型升级。

依港兴城。统筹考虑各种资源要素，加快沿海土地滩涂开发，在集聚产业的同时促进人口集聚，建设特色渔乡小镇，推动产城融合，建设美丽渔区。

辽东半岛沿海渔港群

辽东半岛沿海渔港群涉及辽宁省丹东市、大连市、营口市、盘锦市、锦州市、葫芦岛市，大陆岸线长 2110 公里。区域内海水产品总产量 431.98 万吨，拥有海洋渔船 38153 艘，分布有大小渔港 239 座，其中中心渔港 6 座，一级渔港 12 座，二级渔港 20 座，三级及以下渔港 201 座，目前渔船安全避风容量 19800 艘，有效避风率为 43.25%。规划期内支持建设中心渔港 5 座（其中新建中心渔港 3 座，由现有中心渔港扩建 1 座，由现有一级渔港升级为中心渔港 1 座），新建一级渔港 6 座，渔船安全避风容量达到 27600 艘，有效避风率达到 64.46%，推动形成丹东、庄河、长山列岛、旅顺口、金州－普兰店、瓦房店、营口、盘锦、锦州、葫芦岛 10 个渔港经济区。

渤海湾沿海渔港群

渤海湾沿海渔港群涉及天津市、河北省秦皇岛市、唐山市和沧州市。天津市大陆岸线长 153 公里，河北省大陆岸线长 485 公里。区域内海水产品总产量 83.66 万吨，拥有海洋渔船 9631 艘，分布有大小渔港 33 座，其中中心渔港 3 座，一级渔港 4 座，二级渔港 10 座，三级及以下渔港 16 座，目前渔船安全避风容量 6850 艘，有效避风率为 59.27%。规划支持建设中心渔港 1 座、一级渔港 1 座，渔船安全避风容量达到 8650 艘，有效避风率达到 80.94%，推动形成秦皇岛、唐山、沧州 3 个渔港经济区。

山东半岛沿海渔港群

山东半岛沿海渔港群涉及山东省滨州市、东营市、潍坊市、烟台市、威海市、青岛市、日照市，大陆岸线长 3345 公里。区域内海水产品总产量 774.70 万吨，拥有海洋渔船 44588 艘，分布有大小渔港 274 座，其中中心渔港 14 座，一级渔港 12 座，二级渔港 13 座，三级及以下渔港 235 座，目前渔船安全避风容量 21350 艘，有效避风率为 39.90%。规划支持建设中心渔港 5 座（其中新建中心渔港 2 座，由现有中心渔港扩建 1 座，由现有一级渔港升级为中心渔港 2 座），新建一级渔港 10 座，渔船安全避风容量达到 31700 艘，有效避风率达到 63.19%，推动形成滨州、东营、潍坊、莱州湾东岸、长岛－蓬莱、烟台北部、威海远遥、荣成、威海南部、海阳、即墨－崂山、胶州湾、青岛西海岸、日照黄海、岚山 15 个渔港经济区。

江苏沿海渔港群

江苏沿海渔港群涉及江苏省连云港市、盐城市、南通市、苏州市，大陆岸线长 744 公里。区域内海水产品总产量 148.18 万吨，拥有海洋渔船 9069 艘，分布有大小渔港 50 座，其中中心渔港 6 座，一级渔港 5 座，二级渔港 5 座，三级及以下渔港 34 座，目前渔船安全避风容量 8800 艘，有效避风率为 80.86%。规划期内支持建设中心渔港 3 座（其中由现有中心渔港扩建 2 座，由现有一级渔港升级为中心渔港 1 座），新建一级渔港 3 座，渔船安全避风容量达到 13050 艘，有效避风率达到 100%，推动形成赣榆、连云、灌云－响水、射阳、大丰、东台、如东、海门、吕四－浏河 9 个渔港经济区。

上海–浙江沿海渔港群

上海－浙江沿海渔港群涉及上海市和浙江省宁

波市、舟山市、台州市、温州市，大陆岸线长 2329 公里。区域内海水产品总产量 504.04 万吨，拥有海洋渔船 30377 艘，分布有大小渔港 256 座，其中中心渔港 10 座，一级渔港 17 座，二级渔港 19 座，三级及以下渔港 210 座，目前渔船安全避风容量 24750 艘，有效避风率 71.66%。规划支持建设中心渔港 11 座（其中新建中心渔港 1 座，由现有中心渔港扩建 7 座，由现有一级渔港升级为中心渔港 3 座），建设一级渔港 12 座（其中新建一级渔港 3 座、改扩建现有一级渔港 9 座），渔船安全避风容量达到 29250 艘，有效避风率达到 93.21%，推动形成横沙、芦潮港、嵊泗、岱山、定海、普陀、奉化、象山、台州中北部、台州南部、洞头、瑞安、巴曹、霞关 14 个渔港经济区。

东南沿海渔港群

东南沿海渔港群涉及福建省宁德市、福州市、平潭综合实验区、莆田市、泉州市、厦门市、漳州市，大陆岸线长 3752 公里。区域内海水产品总产量 695.84 万吨，拥有海洋渔船 58420 艘，分布有大小渔港 245 座，其中中心港 9 座，一级渔港 13 座，二级渔港 39 座，三级及以下渔港 184 座，目前渔船安全避风容量 28650 艘，有效避风率 40.87%。规划支持建设中心渔港 19 座（其中新建中心渔港 3 座、由现有中心渔港扩建 7 座，由现有一级渔港升级为中心渔港 9 座），新建一级渔港 21 座，渔船安全避风容量达到 45600 艘，有效避风率达到 68.93%，推动形成福鼎、三沙湾、三都澳东冲半岛、黄岐半岛、平潭岛群、莆田、泉港、惠安、石狮、晋江、厦门、龙海、漳浦－云霄、东山、诏安 15 个渔港经济区。

广东沿海渔港群

广东沿海渔港群涉及广东省潮州市、汕头市、揭阳市、汕尾市、惠州市、深圳市、东莞市、广州市、中山市、珠海市、江门市、阳江市、茂名市、湛江市，大陆岸线长 4114 公里。区域内海水产品总产量 459.23 万吨，拥有海洋渔船 51568 艘，分布有大小渔港 104 座，其中中心港 8 座，一级渔港 11 座，二级渔港 25 座，三级及以下渔港 60 座，目前渔船安全避风容量 19500 艘，有效避风率 31.51%。规划期内支持建设中心渔港 11 座（其中新

建中心渔港 3 座、由现有中心渔港扩建 5 座，由现有一级渔港升级为中心渔港 3 座），建设一级渔港 16 座（其中改扩建现有一级渔港 1 座、新建一级渔港 15 座），渔船安全避风容量达到 32450 艘，有效避风率达到 57.80%，推动形成饶平、南澳岛、汕头海门、揭阳、陆丰、汕尾（马宫）、惠州－深圳、珠江口、珠海、江门、阳东、海陵岛－阳西、茂名、湛江湾、遂溪－廉江、雷州、徐闻 17 个渔港经济区。

北部湾沿海渔港群

北部湾沿海渔港群涉及广西壮族自治区北海市、钦州市和防城港市，大陆岸线长 1629 公里。区域内海水产品总产量 179.72 万吨，拥有海洋渔船 10752 艘，分布有大小渔港 23 座，其中中心港 4 座，一级渔港 4 座，二级渔港 2 座，三级及以下渔港 13 座，目前渔船安全避风容量 6200 艘，有效避风率 48.05%。规划期内支持建设中心渔港 4 座（其中由现有中心渔港扩建 3 座，由现有一级渔港升级为中心渔港 1 座），建设一级渔港 8 座（其中新建一级渔港 6 座，改扩建现有一级渔港 2 座），渔船安全避风容量达到 10650 艘，有效避风率达到 92.53%，推动形成北海、南 、钦州、防城港 4 个渔港经济区。

海南岛沿海渔港群

海南岛沿海渔港群涉及海南省海口市、文昌市、琼海市、万宁市、陵水县、三亚市、乐东县、东方市、昌江县、儋州市、临高县、澄迈县，海岸线长 1823 公里。区域内海水产品总产量达 207.29 万吨，拥有海洋渔船 26429 艘，分布有大小渔港 68 座，其中中心港 6 座，一级渔港 4 座，二级渔港 8 座，三级及以下渔港 50 座，目前渔船安全避风容量 9450 艘，有效避风率 29.80%。规划期内支持建设中心渔港 5 座（其中新建中心渔港 1 座、由现有中心渔港扩建 3 座，由现有一级渔港升级为中心渔港 1 座），新建一级渔港

8 座，渔船安全避风容量达到 15400 艘，有效避风率达到 51.09%，推动形成海澄文、琼海－万宁、大三亚圈、东方－昌江、儋州、临高 6 个渔港经济区。

建设内容

公益性设施建设内容：主要建设防波堤、拦沙堤、码头、护岸、港区道路、渔港综合管理设施、卸鱼棚等水陆域建筑物和港池航道锚地疏浚、陆域形成及通讯助航、系泊、监控、供电、照明、给排水、消防、公共卫生等配套设施。码头岸线布置需预留渔政执法船艇泊位。做好和船舶与港口污染防治专项行动方案的衔接，配套建设渔船含油污水、化学品洗舱水、生活污水和垃圾等接收设施，并做好与城市市政公共处理设施的衔接，实现船舶污染物按规定处置。

经营性设施建设内容：水产品交易市场、冷藏制冰厂、水产品加工厂、绳网厂、修船厂、油库、物资供应设施、渔船修造设施、休闲旅游设施等。在总平面布置设计时应将经营性建设内容一并列入总体布局，做好与城镇建设、综合交通、产业发展等规划的衔接。

投融资模式

创新渔港建设投融资体制机制，采取政府投资和社会投资相结合的模式，并依托渔港经济区内经营收入和周边土地增值收益，广泛吸引社会资本投入，推进渔港和渔港经济区基础设施建设，提高渔港建设和运营效率。

经济效益

一是有利于推动渔业转方式、调结构，促进现代渔业发展。通过规划建设渔港经济区，实现渔船科学管理，规范渔业捕捞行为，合理开发利用海洋生物资源，促进捕捞业的转型升级；大力发展水产品精深加工和冷链物流，延长产业链；推进渔港和相关产业、城镇建设的融合发展，提升价值链，推动渔业转方式、调结构，促进现代渔业发展。

二是有利于培育新的增长极，促进沿海地区经济发展提质增效。通过规划建设渔港经济区，可以集聚生产要素，扩大有效投资，从供给侧和需求侧两端发力，提升海洋渔业发展水平，推动沿海经济发展提质增效。据测算，到 2025 年将形成十大沿海渔港群、93 个渔港经济区，新增万亿元产值。

三是有利于提升综合服务能力，加快推进渔业管理现代化。通过配套建设渔港综合管理中心、渔船识别、港口监控、通讯导航、消防等设施，有效促进渔港管理的信息化、精准化和智能化，提升渔港的综合服务能力和渔业的科学管理水平，加快推进渔业管理现代化。

国家发展改革委关于印发《沈抚改革创新示范区建设方案》的通知

国家发展改革委

2018 年 9 月 30 日

辽宁省人民政府，国务院各部委、各直属机构：

《沈抚改革创新示范区建设方案》（以下简称《方案》）已经国务院批复同意，现印发你们，请认真贯彻实施，并就有关事项通知如下。

一、请辽宁省人民政府按照《国务院关于沈抚改革创新示范区建设方案的批复》（国函〔2018〕116 号）精神和《方案》要求，加强组织领导，抓紧完善工作机制，尽快制定配套措施，落实工作责任，确保《方案》确定的目标任务如期实现，形成对辽宁振兴乃至东北振兴强有力的带动作用。

二、请国务院有关部门按照职责分工，加强对沈抚改革创新示范区建设的指导，在政策实施、资金安排、体制机制创新、重大项目建设等方面给予积极支持，帮助解决《方案》实施中遇到的问题和困难，为沈抚改革创新示范区建设创造良好的政策环境。

三、我委将按照国务院批复精神，会同有关部门加强对沈抚改革创新示范区建设的指导，强化对《方案》实施情况的跟踪分析，适时组织开展《方案》实施情况评估，重大问题及时向国务院报告。

附件

沈抚改革创新示范区建设方案

为深入贯彻落实党的十九大关于深化改革加快东北等老工业基地振兴的重要精神，按照党中央、国务院关于全面振兴东北地区等老工业基地、推动辽宁沿海经济带发展的决策部署，现就辽宁沈抚改革创新示范区建设提出如下方案。

一、发展条件和重要意义

当前和今后一个时期，是推进东北等老工业基地全面振兴的关键时期，立足现实发展基础，在辽宁省沈阳、抚顺市加快建设沈抚改革创新示范区（以下简称示范区），事关辽宁振兴发展，对于探索东北振兴新路径也具有重要意义。

（一）发展条件

——依托沈阳雄厚的产业基础、发达的交通网络、丰富的人力资源，基础设施和产业培育初见成效，科技教育等公共服务初具规模。

——依托沈阳全面创新改革试验、中国（辽宁）自由贸易试验区、沈阳经济区新型工业化综合配套改革试验区、沈大国家自主创新示范区等改革创新平台，建立了完善的省级协调推进机制，改革创新潜力突出。

（二）重要意义。

——有利于进一步推进沈抚同城化和沈阳经济区建设。通过示范区建设，能够充分发挥沈阳中心城市的带动作用，促进抚顺资源枯竭城市转型发展，提升沈阳经济区整体实力和综合竞争力。

——有利于推动辽宁高质量发展。通过示范区建设，营造优越的投资营商环境和创新创业氛围，激发各类市场主体活力，打造产业链、创新链、人才链、资金链、政策链衔接贯通的发展生态，培育辽宁振兴发展新引擎。

——有利于探索东北振兴新路径。通过示范区建设，统筹衔接国家已批准在沈抚地区开展的各类试点示范，率先深化改革和创新体制机制，为东北地区全面深化改革开放提供可复制可推广的经验。

二、总体要求

（一）指导思想

以习近平新时代中国特色社会主义思想为指导，全面贯彻党的十九大和十九届二中、三中全会精神，坚持稳中求进工作总基调，坚持新发展理念，按照高质量发展的要求，坚持以供给侧结构性改革为主线，全面落实新一轮东北地区等老工业基地振兴战略，以改革创新为引领，着力推进体制机制改革，深入实施创新驱动发展战略，培育现代产业体系，推进绿色低碳发展，建设东北地区改革开放的先行区、优化投资营商环境的标杆区、创新驱动发展的引领区和辽宁振兴发展的新引擎。

（二）发展目标

到2022年，示范区管理体制基本理顺，供给侧结构性改革扎实推进，重点领域改革取得阶段性进展，初步建立起以企业为主体、以市场为导向、产学研深度融合的技术创新体系。综合实力显著提高，在经济发展质量显著提高的基础上，主要经济指标增速显著高于辽宁全省平均水平。转型升级迈向新台阶，新动能持续快速增长，在转变发展方式、转换增长动力、优化经济结构、创新体制机制等方面初步具备对辽宁省的引领示范作用。

到2035年，示范区管理体制进一步完善，国内一流水平的投资营商环境和创新驱动发展环境基本形成，转型升级内生动力机制基本建立，建成体制机制新、创新能力强、开放程度高、营商环境好、生态环境优的示范区，形成对辽宁乃至东北强有力的辐射和带动作用，成为支撑东北全面振兴的新引擎。

三、重点任务

（一）大力推进体制机制改革

创新管理模式。在不改变行政区划前提下，探索示范区跨行政区统一建设和管理的新模式。在现行法律法规和政策规定范围内，研究赋予示范区省级经济管理权限，建立健全相应的规划、财政、土地等管理体制。深化“放管服”改革，加快转变政府职能，完善政府守信践诺机制，提高服务质量和服务水平。以完善产权制度和要素市场化配置为重点，全面建立示范区行政审批清单管理制度，做到清单外无审批。深化“一站式”行政服务改革，全面实施企业投资项目承诺制改革试点。鼓励示范区建立科学高效的管理模式和自主灵活的用人机制，创新干部管理体制和激励机制。深入推进商事制度、“多规合一”“多证合一”等改革，实行“一支队伍管执法”，进一步完善配套监管措施。

创新开发模式。创新互利合作机制，以共建、托管、“飞地经济”等方式积极推进“一区多园”建设，发展一批主业突出、特色鲜明、集约集聚的产业园区，形成分工明确、协作配套的产业链条。依托东北地区与东部地区对口合作机制，支持示范区与北京市和苏州工业园区深入开展对口合作，积极吸引东部地区社会资本参与示范区建设。充分利用央企在技术、资金、市场、人才等方面优势，推动共建高起点、高水平、高质量的央企地方合作产业园。大力发展军民两用技术和军民融合产业。借鉴中德、中新、中英合作共建产业园模式，研究支持示范区建立面向发达国家的开放合作平台。

深化重点领域改革。深入推进示范区国企国资改革，按照以管资本为主的要求加快转变国有资产监管机构职能，改革国有资本授权经营体制。健全城乡融合发展体制机制，推进全域统一规划建设。加快落实户籍制度改革措施，增强对农业转移人口的吸引力和承载力。支持示范区发展专业化、机构化住房租赁企业，促进房地产市场平稳健康发展。支持示范区在降成本等方面先行先试，探索实施组建售电公司等政策。

（二）大力推进科技创新

完善科技创新机制。创新中高端人才推选制度、科研成果评价制度和职称评定制度。探索政府支持企业技术创新、管理创新、商业模式创新的新机制，建立以企业为主体、市场为导向、产学研深度融合的技术创新体系，支持有实力的企业牵头组建产业与技术创新联盟，开展行业共性关键技术攻关。依托开发开放优势，集聚高水平科技创新资源要素，推进与发达国家和国内发达地区开展科技创新合作。

创新科技成果转化机制。深化科技成果转移转化和激励制度改革，完善科研人员成果转化收益分配机制，实施股权和分红激励政策。落实高等学校、科研机构科技成果处置权、收益权等改革措施，探索建立高等学校、职业院校、科研机构与企业间技术转移和人才双向流动机制。推动高等学校和科研院所与下属公司剥离，支持科研机构下属的科技成果转化型企业进行股份制改造。完善知识产权创造和保护机制。发展技术市场，加大力度培育技术转移服务机构，支持国际技术合作与贸易机构落户示范区，支持国家技术转移东北中心建设。

构建区域创新生态体系。加快发展生产性服务业和科技服务业，支持示范区内创业孵化、知识产权服务、第三方检验检测认证等专业机构建设。大力发展科技金融，推动完善科技金融服务体系，促进科技型企业创新发展。研究建立科技型企业融资风险补偿机制。支持依法合规设立各类科技金融专营机构，鼓励发展创业投资基金，培育天使投资人群体。构建创新创业孵化载体，建设一批产业整合、金融协作、技术创新、资源共享的“双创”基地，尽快形成示范区自主创新支撑体系。

加快创新平台建设。以大数据、大健康、人工智能与智能制造、新材料、高端装备、军民融合等为重点，引导企业与高校和科研机构建立机制灵活、互惠高效的产业技术创新战略联盟。加快大学科技园、留学人员创业园、大学生创业孵化基地、科技型企业孵化器等创新载体建设，孵化培育早期项目。鼓励示范区与中科院等研究机构、高等学校、企业联合建设研发平台和创新平台，按程序申请设立国家重点实验室、国家企业技术中心等，探索建立产业技术创新研究院、产业协同创新中心。

加强创新人才队伍建设。依托国家和辽宁省人才计划，广泛吸引海内外高层次人才，加快造就一批具有国际水平的战略科技人才、科技领军人才、青年科技人才和高水平创新团队。持续推进国家装备制造业职业教育沈阳试验区建设，深化产教融合、校企合作，培养培训一批高素质技术技能人才队伍，探索开展人才管理改革试验。建立职称评审绿色通道，实施高层次和紧缺人才安居工程，保障随迁子女平等就近入学，为人才提供宜居宜业的创新创业环境。鼓励高端人才和特殊人才创办企业，在贷款担保、优惠租房、薪酬补贴、培训补贴等方面给予支持。

（三）加快推进开放创新。

创新对外开放合作平台。积极参与和主动融入“一带一路”建设，加强与相关国家和地区合作，积极引进一批利用外资项目，有序开展国际产能合作。鼓励有条件的单位参与大型国际合作计划，鼓励企业与跨国公司构建战略联盟，搭建技术合作平台，提升企业

研发能力。支持在条件成熟时按程序申请设立综合保税区。

积极主动扩大对外开放。全面实行准入前国民待遇加负面清单管理制度，推进金融、教育、文化、医疗等服务业领域对外开放，按规定放开建筑设计、商贸物流、电子商务等服务业领域外资准入限制，推动对外开放迈出更大步伐，形成新的竞争优势。

打造一流营商环境。对标国际国内营商环境一流城市（地区），引入国际规则、惯例和管理标准，建设法治化、国际化、便利化的营商环境，提高各类主体对示范区营商环境的满意度。营造尊重创新、保护创新、鼓励创新人才脱颖而出的政策制度环境。在口岸管理相关部门信息互换、监管互认、执法互助的“三互”框架之下，按规定全面适用全国通关一体化管理模式。

（四）加快构建创新型产业体系

建设现代产业基地。把握新一轮东北振兴的战略机遇，支持示范区大力培育新动能、改造提升传统动能，重点发展能促进产业分工和功能互补、带动企业集聚和要素整合的主导产业。围绕高端装备制造、新一代信息技术、新材料、生物医药及医学工程、新兴服务业、应急装备，培育一批具有创新能力的排头兵企业，打造特色鲜明的现代产业集群，建设创新能力强、附加值高、可持续发展、具有国际竞争力的产业基地。

搭建产业升级平台。优化资源配置，强化创新驱动，全力打造新兴产业发展平台，增强实体经济竞争力，促进有效投资特别是民间投资合理增长。依托沈阳国家大数据综合试验区等平台，发展集成电路、物联网、大数据、云计算以及共享经济，开展5G应用研究，探索开展大数据整合和交易。搭建大健康产业平台，重点发展健康食品、生物治疗、康复辅具、高性能医疗器械、新型制药设备制造，打造国内先进的精准医疗产业和高端健康服务业集群。发展智能制造、智能机器人、3D打印设备、集成电路、信息技术，建设人工智能与智能制造产业基地。建设功能磁性材料产业平台，研究设立磁应用技术研究院，形成全球最新磁应用技术发源地。推动能源装备、煤矿安全装备、应急装备等产业升级，大力推进国家应急产业示范基地建设，打造具有国际竞争力的高端装备产业集聚带。加快军民融合产业平台建设，加强与国内龙头企业合作，鼓励开展国际协作，重点发展航空航天装备、环保设备、电子信息、新材料等产业。

（五）大力推动绿色发展

加大生态环境保护力度。牢固树立和践行绿水青山就是金山银山的理念，结合示范区生态现状和产业、能源、交通运输、用地结构，深化大气、水、土壤污染防治。深入开展工业区和矿区生态治理，培育从事生态修复和工业遗产再利用的专业化企业。统筹示范区山水林田湖草系统治理，开展国土绿化行动，实施好生态修复工程。积极探索绿色金融引导示范区经济结构转型升级的有效模式。划定生态保护红线、永久基本农田、城镇开发边界三条控制线。坚持最严格的耕地保护制度和节约用地制度。落实最严格水资源管理制度，坚持以水定城、以水定产，严格水资源消耗总量和强度双控。坚定走生产发展、生活富裕、生态良好的文明发展道路。

促进产城融合发展。坚持经济、社会、环境效益相统一，生产、生活、生态空间相协调，产业集聚与人口集聚相协同的理念，加强基本公共服务供给，强化基本民生保障，促进示范区产城融合发展。支持示范区市政交通基础设施建设，加强与沈阳市区公共交通和轨道交通衔接。支持提升教育、医疗卫生、商务服务水平，推进生态城市、海绵城市、智慧城市建设，全面提升示范区内在品质，营造生态宜居环境。

四、营造改革创新政策环境

（一）财政和金融政策

中央财政积极研究通过财力补助等渠道加大对示范区的支持力度，示范区内符合条件的企业依法享受相关税收优惠政策。鼓励示范区加快推进金融改革创新，优化金融生态环境，加快推进信用体系建设，充分发挥东北振兴金融合作机制作用，支持示范区建设发展，更好为实体经济服务。支持符合条件的境内外金融机构按规定在示范区设立分支机构，支持东部地区金融机构和股权投资基金等参与示范区建设。积极推动区域性股权市场规范发展。支持示范区按规定设立股权投资基金，鼓励银行业金融机构加强与创投机构合作，探索创新科技金融服务模式。支持一批成长性好、发展潜力大、符合条件的科技型企业上市融资或在“新三板”挂牌。支持保险资金在依法合规、风险可控的前提下投资基础设施建设和重点产业项目。鼓励政策性、开发性金融机构结合职能定位和业务范围，加大对示范区重点项目建设的支持力度。

（二）创新和产业政策

支持示范区率先探索支持科技成果转化的有效途径，国有企业科研成果转化、服务收益中用于人员激励的部分可不计入绩效工资总额基数。以科技成果作价入股企业所得的股权，可按比例直接分配给科研人员和团队，并按股权分红。完善中央预算内投资支持方式，辽宁沿海经济带和沈抚地区新动能培育专项对示范区内战略性新兴产业和企业创新能力项目建设给予倾斜支持。在基础设施、生态建设、环境保护、扶贫开发和社会事业等方面安排中央预算内投资时，对示范区内项目比照西部地区补助标准执行。对示范区内符合国家发展战略方向、具有明显特色和优势的项目，在规划布局、项目审核、市场融资、产业准入等方面给予相关政策支持。

（三）环保和土地政策

鼓励以示范区规划环评为基础，依法合规简化具体项目环评的程序和内容。支持示范区推进城乡建设用地增减挂钩与农村土地整治，有序开展村庄迁并和存量用地挖潜改造。根据示范区建设实际情况，辽宁省在安排土地利用年度计划、城乡建设用地增减挂钩指标等方面，可对示范区进行适当倾斜。依法合规开展土地储备工作。辽宁省土地利用指标优先保障示范区合理用地需求，对示范区建设用地计划实行单列，示范区内耕地在符合有关规定的前提下，占补平衡在全省范围内统筹解决。

五、完善组织保障体系

（一）落实地方政府主体责任

辽宁省要加强组织领导，明确任务分工，出台配套政策，完善对示范区建设的监督、考评、奖惩等工作机制，充分调动各方面干事创业的积极性。要进一步完善省级层面领导协调机制，把握好示范区建设工作节奏，加大对重点领域和项目的支持力度，切实加强地方政府债务管理，及时研究解决示范区改革创新发展中的重大问题，确保示范区建设取得实效。要定期总结示范区建设工作进展、主要做法和可复制可推广的经验成果，率先在重点领域取得突破。

（二）加强部门指导

国务院有关部门要结合各自职能，按照本方案确定的目标任务，制定支持示范区建设的具体政策，在政策实施、资金安排、体制机制创新、各类改革试点、重点园区和项目建设等方面给予倾斜支持。国家发展改革委要会同有关部门加强对示范区建设的指导，协调解决重点和难点问题，重大事项及时向国务院报告。

国家发展改革委关于印发《淮河生态经济带发展规划》的通知

国家发展改革委

2018 年 11 月 2 日

江苏、安徽、山东、河南、湖北省人民政府，教育部、科技部、工业和信息化部、民政部、财政部、人力资源社会保障部、自然资源部、生态环境部、住房城乡建设部、交通运输部、水利部、农业农村部、商务部、文化和旅游部、卫生健康委、人民银行、国资委、海关总署、税务总局、市场监管总局、广电总局、银保监会、证监会、能源局、林草局、铁路局、民航局、药监局：

经国务院批准，现将《淮河生态经济带发展规划》（以下简称《规划》）印发你们，并就有关事项通知如下：

一、《规划》实施要以习近平新时代中国特色社会主义思想为指导，全面贯彻党的十九大和十九届二中、三中全会精神，落实党中央、国务院决策部署，坚持稳中求进工作总基调，坚持新发展理念，按照高质量发展的要求，统筹推进“五位一体”总体布局和协调推进“四个全面”战略布局，以供给侧结构性改革为主线，坚决打好防范化解重大风险、精准脱贫、污染防治三大攻坚战，着力推进绿色发展，改善淮河流域生态环境，实施创新驱动发展战略，深化体制机制改革，构建全方位开放格局，促进区域协调发展，推动经济发展质量变革、效率变革、动力变革，建设现代化经济体系，增进民生福祉，加快建成美丽宜居、充满活力、和谐有序的生态经济带。

二、请江苏、安徽、山东、河南、湖北省人民政府切实加强组织领导，制定工作方案，明确责任分工，完善工作机制，将《规划》确定的重大工程、重大项目、重大政策、重要改革任务与本地区经济社会发展紧密衔接起来，确保各项目标任务落到实处。《规划》实施中涉及的重大事项、重大政策和重大项目按规定程序批报。

三、请国务院有关部门和单位按照职责分工加强指导，围绕《规划》确定的总体目标和重点任务，研究制定具体政策，在体制机制创新、政策措施实施、重点项目安排等方面给予积极支持；同时，注重调动社会力量参与，为《规划》实施创造良好环境，为增强淮河流域经济发展动力提供有力支撑。

四、我委将按照国务院批复精神，加强综合协调与服务，研究解决《规划》实施中的重点难点问题，会同有关部门加强跟踪分析和督促检查，适时组织开展《规划》实施情况评估，推动《规划》目标任务落实。重大问题及时向国务院报告。

附件

淮河生态经济带发展规划（节选）

区位条件优越。淮河生态经济带贯通黄淮平原、连接中东部，通江达海，与长江经济带地域相连、水系相通，京沪、京九、京广、陇海等国家骨干铁路和长深、沈海等高速公路在此交汇，淮河水系通航里程约 2300 公里，京杭大运河、淮河干流及主要支流航运较为发达。

发展潜力巨大。人力资源丰富，城镇化和消费市场潜力大。产业体系较为完备，装备制造、有色金属、食品加工等产业集群优势明显，高技术产业和战略性新兴产业发展迅速，军民融合发展势头良好。毗邻长江三角洲等经济发达地区，承接产业转移的基础条件较好。

节约资源，保护环境。牢固树立和践行绿水青山就是金山银山的理念，尊重自然规律，坚持节约优先、保护优先、自然恢复为主的方针，着力解决突出环境问题，推动形成节约资源和保护环境的空间格局、产业结构、生产方式、生活方式，还自然以宁静、和谐、美丽，促进人与自然和谐共生。

改革引领，创新驱动。全面深化供给侧结构性改革，促进发展方式创新，以完善产权制度和要素市场化配置为重点，推进科技体制、流域综合治理体制、跨区域环保机制、公共服务合作共享机制等重要领域改革取得新的突破，增强自主创新能力，加快新旧动能转换，推动产业转型升级，实现创新驱动发展。

互联互通，共建共享。统筹推进重大基础设施建设，提升互联互通和现代化水平，构建沿淮综合交通运输走廊，促进上中下游要素合理流动、产业分工协作，优化城镇功能布局，着力推动城乡居民收入增长与经济发展同步，坚决打赢脱贫攻坚战，提升基本公共服务均等化水平，保障和改善民生，不断增强人民群众获得感和幸福感。

深化合作，扩大开放。全方位拓展合作发展潜力和对外开放空间，积极融入“一带一路”建设、长江经济带发展，全面加强与周边区域的联动发展，促进东西双向开放、南北深度融合，加快培育合作竞争新优势，提升开放型经济水平。

特色产业创新发展带。加快实施创新驱动发展战略，加强分工协作，联手推进科技创新，着力培育新技术、新产业、新业态、新模式，推动产业跨界融合发展和军民融合发展，加快传统产业转型升级，壮大提升战略性新兴产业，培育一批先进制造业龙头企业和优势产业集群，巩固提升全国重要粮食生产基地的地位，探索推进资源枯竭城市、老工业基地转型升级的有效途径，促进新旧动能转换和产业转型升级。

新型城镇化示范带。构建大中小城市和小城镇协调发展的城镇格局，增强区域中心城市综合实力，促进大中小城市、特色小镇和美丽乡村协调发展，积极推进新型城镇化综合试点，分类引导农业转移人口市民化，实现产、城、人、文融合发展，完善城镇基础设施，增强公共服务供给能力，推进城乡基本公共服务一体化，全面提高城镇化水平和质量，努力在宜居宜业、城乡统筹发展方面探索新模式新路径。

中东部合作发展先行区。立足上中下游区域比较优势，发挥淮河水道和新亚欧大陆桥经济走廊纽带作用，促进基础设施对接、合作平台共建、基本公共服务共享，全面深化区域合作交流，引导资金技术向内陆腹地转移，营造与国内外市场接轨的制度环境，加快构建全方位、多层次、宽领域的开放合作新格局，形成联动中东部、协调南北方的开放型经济带。

打造沿海滩涂湿地生态走廊。加大江苏大丰麋鹿国家级自然保护区、盐城湿地珍禽国家级自然保护区保护力度，加强苏北沿海重要渔业水域保护。完善盐城沿海滩涂湿地保育工作，提升“蓝色国土”生态功能。加强海域滩涂污染综合防治，严格控制排污总量和排污强度，强化陆海污染源头防治，加强环境监测体系建设。严控自然岸线保有率，加大生态修复力度，实施湿地保护与恢复工程。支持建设海域无人机监管应用基地，实现对东海海区海域、沿海滩涂湿地无人机常态化监测。

提升伏牛山－桐柏山－大别山生态保育功能。大力开展森林质量精准提升工程，构建以森林生态系统为主体，以水土保持、水源涵养、生物多样性维护为主要生态服务功能的流域上游生态安全屏障。伏牛山生态区要营造水源涵养林和水土保持林，加强南水北调中线源头区水土流失治理，保护生物多样性，充分发挥森林的综合效益。桐柏山生态区要大力植树造林，提高混交林比例，提高林地生产力。加强南湾水库、出山店水水源涵养和保护，打造绿色生态发展示范区。大别山生态区要建立原物种就地保护基地，加强亚热带向暖温带过渡区域生物多样性保护，完善生态保护基础设施及监控体系，增强生物多样性和生态系统稳定性。

创建节水型社会。强化节水考核管理，大力推进节水型社会建设，开展水资源消耗总量和强度双控行动，提高用水效率和效益。以水定城、以水定产，推广节约用水新技术、新工艺，发展节水型工业、农业和服务业。推进农业水价综合改革，推广节水灌溉水肥一体化技术，提高农业灌溉水利用率。在缺水地区试行退地减水，有序调整种植业结构与布局。加快产业升级，降低单位工业增加值用水量，大力开展节水型载体建设。提高城镇水资源重复利用率，促进再生水利用。

加快水污染防治。大力实施《水污染防治行动计划》，以改善水环境质量为核心，强化源头控制，实施分流域、分区域、分阶段科学治理，系统推进水污染防治、水生态保护和水资源管理，形成政府统领、企业施治、市场驱动、公众参与的水污染防治新机制。实施流域环境和近岸海域综合治理，重点加强工业污水治理，严格环境准入，在水污染防治重点控制单元的区域内，限制新建耗水量大、废水排放量大的项目和单纯扩大产能的项目。严格控制缺水地区、水污染严重地区和敏感区域高耗水、高污染行业发展。全面排查并淘汰经整改环保仍不达标的落后产能，集中治理产业集聚区水污染，全面建成污水集中处理及重污染企业污水预处理设施。实施重污染行业专项整治，加强清洁生产审核和工业用水循环利用。加强船舶港口污染控制，增强港口码头污染防治能力。

推进大气污染防治。加快实施《打赢蓝天保卫战三年行动计划》，坚持全民共治、源头防治，打赢蓝天保卫战。以淮安、徐州、济宁、蚌埠、信阳、驻马店为重点，完善大气污染物排放总量控制制度，加强对工业烟尘、粉尘、城市扬尘和有毒有害空气污染物排放的协同控制。严控煤炭消费总量，增加清洁能源供给和使用，力争实现煤炭消费负增长。强化机动车尾气治理，优先发展公共交通，严禁秸秆露天焚烧，推进秸秆综合利用，全面推行“绿色施工”。强化大气污染源监测监控，建立重污染天气监测预警体系，完善应急响应体系，强化大气污染区域联防联控联治。

建设通江达海的航道网络。打通淮河出海通道，推进淮河出海二级航道、滨海港直连工程、连云港港30万吨级航道建设，开展滨海港区30万吨级深水码头建设研究。加快淮河航道整治与疏浚工程建设，推进航道船闸升级扩容，提升航道等级。加快淮河干支线、京杭运河航道航运开发，推进引江济淮工程建设，提升蚌埠、徐州、济宁内河主要港口枢纽作用，形成通江达海、干支相连、铁水联运、港航配套的现代航运体系。

促进港口合理布局。进一步提升港口专业化、集约化与现代化水平，积极发展主要港口，适度在淮河支线发展一般港口，推进河流、湖泊内河渔港建设，实现沿海、沿淮主要港口与内河航道、内河港口协调发展，推进淮安、徐州、宿迁、枣庄、济宁、菏泽、阜阳、蚌埠、淮南、亳州、周口、漯河、固始、淮滨等内河港口二类口岸建设。支持信阳淮滨、蚌埠、淮安、连云港、盐城滨海港等临港经济区建设，推进有条件的海港建设煤电油气生产储运基地。

建成现代内河集装箱运输体系。调整航运结构，大力推进内河航运船舶标准化，加快老旧船舶更新，推广使用标准化船型。充分发挥淮河水道作用，积极培育淮安等内河航运市场，打造集物流仓配、水运、综合性口岸为一体的淮河水运中心，大力发展内河大宗散货和内河集装箱运输，支持淮安港大力发展内河集装箱运输，开辟与上海、连云港等沿海港口中转的集装箱航线。

推进沿淮铁路建设。以信阳、阜阳、驻马店、蚌埠、淮安、临沂为枢纽，建设横贯东西、连接南北的铁路大动脉。提升信阳、蚌埠、淮安、徐州铁路枢纽地位，完善铁路网结构，增加铁路网密度，扩大铁路网覆盖面，加快融入全国高速铁路网络。

优化公路运输网络。加快建设高等级、广覆盖公路网，推动京沪高速江苏段扩容，有序推进地方高速公路建设，优先建设国省干线市际未贯通路段和瓶颈路段，提高国省干线公路技术等级和安全服务水平。加快资源开发路、旅游景区路、山区扶贫路建设，实现具备条件的乡镇和建制村通沥青（水泥）路。

完善航空运输网络。优化运输机场布局，在机场密度较低且需求潜力较大的地区，规划新建一批支线机场。加快通用机场建设，大力发展通用航空业，形成沿淮通用航空作业走廊。协调沿淮各运输机场分工定位，强化各机场业务合作，实现协同发展，促进空域资源有效利用。

合理布局管道运输网络。以现有油气输送管网为基础，积极接入全国主干管网，加强与相邻区域互联互通。加强天然气储气库和主管网建设，加大长输管线及输气支管网建设力度，结合国家“西气东输”工程，布局建设全流域的主干管网输送体系，加快天然气干网管线和配套支线、储气调峰设施建设，加快建设淮安地下储气库，规划建设连云港原油储备库。

完善交通集疏运系统。按照“零距离换乘、无缝化衔接”要求，加强水运、铁路、公路、航空和管道的有机衔接，提高交通运输体系的运行效率，实现干线铁路、城际铁路、干线公路、机场等与城市轨道交通、地面公共交通、市郊铁路、私人交通的紧密衔接。完善货运枢纽集疏运功能，建设能力匹配的铁路、公路连接线和换装设施。

共建信息网络设施体系。加快第四代移动通信(4G)网络布局与应用普及，实现主要公共区域免费高速无线局域网全面覆盖，积极推进“三网融合”、第五代移动通信(5G)等新技术应用。加快信息通信管道工程、通信铁塔与天线工程、数据库、数据中心、数据存储基础设施建设。加强信息通信网络核心交换能力，推动与中原经济区、皖江城市带、长江三角洲城市群开展新一代移动通信网络等信息基础设施协同建设。

打造信息共享服务平台。搭建高性能的信息网络基础传输平台、电子政务与公共信息网络平台、开放式多媒体综合服务平台、企业信息管理平台和电子商务与物流快递平台。建立淮河生态经济带数据中心，利用传感与射频识别、全球定位系统和云智能等技术实施智能环境监测，对排污企业和大气、土壤等状况实时监控。协同推进信阳、驻马店、平顶山、商丘、阜阳、亳州、淮北、淮南、宿州、滁州、蚌埠、淮安、盐城、徐州、扬州、枣庄、济宁、临沂、菏泽等“智慧城市”建设，统一建设标准，开放数据接口，实现信息互联互通，提升水利、交通、物流等领域管理体系的智慧化应用水平。

联手推动传统产业优化升级。强化各地区、各行业分工合作和产业配套，共同提升产业和产品竞争力。支持企业瞄准行业先进水平推进新一轮技术改造升级，全面提高产业技术、工艺装备、产品质量、能效环保等水平，加快推广和应用新一代信息技术，促进工业化和信息化融合发展，培育一批具有创新能力的排头兵企业。推动冶金、煤电、化工、纺织、机械、轻工、建材、食品等传统优势产业绿色化、智能化改造升级，鼓励企业跨区域兼并重组。严禁新增钢铁产能，依法依规淘汰落后产能。注重延伸产业链条，提升价值链，面向全球积极拓展市场空间，建设一批特色和优势突出、产业链协同高效、核心竞争力强、公共服务体系健全的新型工业化产业示范基地。以盐城乘用车制造基地为龙头，联合有关地区发展新能源汽车、专用车，打造沿淮汽车产业走廊。推动徐州、淮安、盐城、临沂、济宁、枣庄、蚌埠等市通过产业链协同、专业化整合，打造世界级工程机械产业集群，培育新型农机、石化装备、纺织机械、矿山机械等产业集群。因地制宜发展绿色有机食品产业，推动食品产业集聚区和特色农产品深加工产业集群建设。以质量提升促转型升级，推动产业集聚区建设出口商品质量安全示范区。

共同培育壮大战略性新兴产业。充分利用区域创新资源及科技研发成果，依托现有产业基础条件，发展壮大新一代信息技术、高端装备制造、新能源、新材料、节能环保、生物医药、数字创意、高技术船舶和海洋工程装备等战略性新兴产业，做大做强新兴产业集群。瞄准全球科技革命新方向新趋势，围绕物联网、机器人及自动化系统、生命健康、新能源、新材料等前沿领域，发展工业互联网平台，推进跨地区协作，实现跨越发展。鼓励组织实施重大科技专项，推进科技研发、产业化和应用示范，积极抢占新兴产业发展制高点。

加快文化产业发展。打破层级和区域限制，加快图书、报刊、广播、电影、电视等资源聚合、产业融合。支持符合条件的新闻出版广播影视企业通过资本市场上市融资、再融资和并购重组做大做强。深入实施文化惠民工程，培育新型文化业态。加快发展数字内容产业，巩固提升图书、报纸、期刊产业，大力繁荣电影、电视剧、影视动画、纪录片、网络剧、微电影产业。促进文化与科技融合，加快发展新媒体等新兴文化产业。推动印刷产业向绿

色化、数字化、智能化、融合化方向发展。加强新闻出版广播影视产业基地（园区）建设，着力打造特色文化产业集群。

联手推进产业技术创新。打破地区行政分割，整合沿淮各城市的创新资源，围绕生态环保、生物科技、新能源、新材料、装备制造等重点领域，鼓励有基础条件和优势的城市牵头，以企业为主体，联合高校、科研院所等，共建产业技术创新战略联盟和科技创新平台，开展技术联合攻关。支持区域内有条件的企业、高校、科研院所依托国家科技创新基地、国家制造业创新中心、国家级企业技术中心等创新平台，完善产业链、创新链，强化跨地区合作。支持淮安、蚌埠、信阳、盐城、济宁等创建国家创新型城市，推动产业转型升级取得新突破，加快新旧动能转换。推动江苏、山东国家科技成果转移转化示范区建设，统筹规划建设一批创新成果转移转化中心、知识产权运营中心和专利联盟。

加快发展壮大新动能。坚持质量第一、效益优先，积极探索新旧动能转换模式，深度挖掘特色优势资源，发挥龙头企业和各类创新创业主体作用，积极开展平台经济、分享经济、数字经济、创意经济、创客经济等试点示范，培育创新创业生态系统，激发社会创新活力。鼓励各地区联手实施大数据发展行动，加强新一代人工智能研发应用，加快发展智能产业，拓展智能生活。在医疗、养老、教育、文化、体育等多项领域推进“互联网＋”。探索优化存量资源配置和扩大优质增量供给并举的动能转换路径，建立新旧动能转换的体制机制，以全面开放推动新动能快速成长，促进产业发展与生态环境协调共进。支持“双创”发展，鼓励发展新技术、新产业、新业态和新模式，形成一批新的经济增长点，加快建设实体经济、科技创新、现代金融、人力资源协同发展的产业体系。实施创新型领军企业培育行动，选择若干创新特色明显、引领带动作用强、发展潜力大的骨干企业，引导企业围绕产业转型升级、新产业培育开展务实创新，培育一批创新型领军企业，为转型发展增添新动力。

着力发展生产性服务业。重点推进现代物流、金融、商贸服务、科技服务、信息服务、设计服务、人力资源和节能环保等服务业发展，着力提升专业化、集成化水平，规划建设一批特色现代服务业基地或集聚区。促进服务业向制造业全流程、全产业链渗透并融合发展，推进服务型制造示范，培育一批示范企业。统筹沿淮物流园区、物流中心和物流信息平台等重点物流基础设施布局，积极发展多式联运，构建沿淮现代物流服务体系。推动区域商贸物流融合发展。

拓宽融资渠道，鼓励和引导社会资本以多种方式发展生产性服务业。鼓励地方金融机构因地制宜支持淮河生态经济带发展，逐步实现金融服务同城化。

提高生活性服务业品质。加快发展健康养老、家政服务、体育健身、文化创意、教育培训等生活性服务业，推动向便利化、精细化、品质化发展。鼓励发展针对个性化需求的定制服务，促进专业化、规模化和网络化发展。推动生活消费方式由生存型、传统型、物质型向发展型、现代型、服务型转变，促进和带动其他生活性服务业领域发展。积极推动服务业融合发展，支持信阳、驻马店、淮安、桐柏等地建设康养产业示范区。鼓励社会资本进入生活性服务业领域。

促进旅游业联动发展。成立旅游发展战略联盟，合作开发特色旅游产品，共同推出若干精品旅游线路，进一步提升淮河旅游的知名度和影响力。完善旅游服务设施，提升旅游接待服务、组织管理水平。以企业为主体，以“互联网+”为重要手段，积极发展生态旅游、文化旅游、红色旅游、工业旅游、休闲体验旅游、乡村旅游，支持旅游业与文化创意、体育健康、美食购物、休闲娱乐等业态融合发展。大力推动旅游产品和服务的信息化、数字化，共同搭建旅游信息服务平台和电子商务平台，促进信息共享、营销合作、客源互送，构建无障碍旅游环境。鼓励具备条件的地区积极创建全域旅游示范区、旅游业改革创新先行区，建设全国重要旅游目的地。

发展中小城市。以县级市为重点，优化产业和公共服务资源布局，提升基础设施和公共服务供给能力，推动基础条件好、发展潜力大、经济实力强的县级市发展成为50万人口以上的中等城市，有条件的县城发展成为20万人口以上的小城市。鼓励中小城市因地制宜发展生态产业、特色产业，提升吸纳外来人口就业能力，促进农业转移人口就近城镇化。深化省直管县（市）改革，支持具备条件的县有序改市。

引导特色小镇和小城镇健康发展。结合产业空间布局优化，循序渐进发展文化旅游、商贸物流、资源加工、交通枢纽、新闻出版广播影视、生态宜居等特色小城镇，打造创新创业发展平台和新型城镇化载体。选择一批区位条件优越、基础好、潜力大的小城镇，完善市政基础设施和公共服务设施，加强生态环境保护，打造成为连接城乡和带动农村地区发展的支点。开展经济发达镇行政管理体制改革试点。

提升城镇特色品质。塑造城镇特色，深入挖掘淮河文化内涵，积极推进人文城镇建设，加强历史文化遗产保护和传承，延续城镇历史文脉，注重保护城镇文化风格和传统风貌。注重自然山水保护、历史文化挖掘、景观形象设计、功能结构完善，大力提升城镇品质，增强吸引力和凝聚力。

加快推进农村现代化。按照产业兴旺、生态宜居、乡风文明、治理有效、生活富裕的总要求，统筹推进农村经济建设、政治建设、文化建设、社会建设、生态文明建设和党的建设。巩固和完善农村基本经营制度，深化农村土地制度改革，完善承包地“三权”分置制度。落实乡村振兴战略规划，优化村落布局，突出乡村特色，传承历史文化。加快农村公路、供水、供气、环保、电网、物流、信息、广播电视等基础设施建设，推动农村基础设施提档升级。加强农村社会保障体系建设，提高农村教育、卫生、文化等基本公共服务水平。建立有效激励机制，鼓励社会各界投入乡村建设。结合承接产业转移，实施农民工返乡创业促进计划，

鼓励外出务工经商人员带资金、带技术、带项目回乡创业发展。深入开展农村人居环境整治行动，推进农村垃圾、污水治理，提升村容村貌，坚持不懈推进农村“厕所革命”，实施乡村绿化行动，持续改善农村人居环境。全面开展健康村镇建设，建成一批整洁有序、健康宜居的健康村镇。

着力改善生产生活条件。加快信阳、驻马店、桐柏、六安等集中连片特困地区跨区域交通路网、防洪抗旱水利设施等重大基础设施建设。大力推进苏北、皖北、大别山、沂蒙山革命老区与贫困地区新能源、光伏开发扶贫，实施道路畅通、饮水安全、农村电力保障、农田水利等基础设施建设。对大别山等生存条件恶劣的地区，符合搬迁条件的建档立卡贫困人口，加快易地扶贫搬迁步伐。开展教育扶贫、健康扶贫，

对完全或部分丧失劳动能力且无法依靠产业扶持和就业帮助脱贫的贫困人口，加大救助力度，实行政策性保障兜底。

推进对外开放平台创新升级。支持淮安打造台资集聚高地，推进苏滁现代产业园建设，支持符合条件的省级开发区升级为国家级开发区。推进淮安综合保税区建设，支持其他符合条件的地区按程序申报设立综合保税区。提升连云港徐圩、赣榆、灌河港区和盐城滨海、射阳、响水港区对外开放水平。支持信阳、驻马店、漯河、淮安、蚌埠、菏泽、临沂、阜阳等建设区域性物流中心。依托合肥、徐州、淮安、盐城、菏泽、临沂、阜阳等机场和淮安港、蚌埠港、淮南港、淮滨港、漯河港、周口港、固始港、霍邱港、菏泽港、凤阳港等内河港口，建设内河、空港物流园区。推进徐州国际邮件互换局和中国（漯河）食品博览会等建设。

积极参与“一带一路”建设。依托“新亚欧大陆桥”和连云港、徐州、临沂、济宁、菏泽、商丘等节点城市，拓展与俄罗斯、中亚、东亚、东南亚、南亚及欧洲、非洲的贸易往来，深化与“一带一路”沿线国家在能源资源、农业、装备制造、现代物流、服务外包、环境保护、科技、旅游、文化、公共卫生等领域的合作，推动企业、产品、技术、标准、品牌、装备和劳务“引进来”“走出去”。

推动国际产能和装备制造合作。充分发挥区域内大型工程机械、石油机械、专用装备、特高压电气装备、汽车制造等重大装备制造领域和轻纺、石化、冶金、建材等传统行业的优势，以企业为主体、境外园区为载体、信息服务为保障，分类有序推进国际产能和装备制造合作，加快优势企业和产能“走出去”步伐，积极在境外投资建设生产加工基地和贸易服务中心。

加强与国外有关机构交流合作。建立和拓展与莱茵河、塞纳河、田纳西河等大河流域管理机构的交流合作，积极推进与外国政府、国际组织和知名环保企业在污染防治体系建设、节能环保、循环型城市建设等方面的合作，争取在生态保护与建设等方面获得更多的资金和技术援助。

加强与长江等大河流域的合作。积极借鉴我国长江、珠江等流域综合发展的经验，提升淮河流域整体开发水平和质量。深化与长江三角洲、皖江城市带、长江中游、成渝等沿江城市群的合作，主动承接高端产业和优质要素转移，促进产业分工与协作发展。进一步加强与上海、南京、合肥等城市的合作交流，促进科技、人才、知识、金融等创新要素向淮河流域辐射。

全面深化与周边地区合作。鼓励经济带各地区与发达地区按照市场化原则和方式发展“飞地经济”，合作共建产业园区。推动利用盐城丰富的盐田土地资源建设河海联动开发示范区。加强与长江三角洲、中原城市群等合作对接，在产业转移、要素配置、人文交流等方面开展协作，促进资源共享、共同发展。着力推动苏鲁皖豫交界地区联动发展，打造省际协同合作示范样板。

拓展与国内其他地区合作。推进与港澳台的经贸合作和人文交流，发挥台商产业园、华侨华人中原经济合作论坛等平台作用，共同举办重大经贸文化交流活动，积极承接产业转移。深化与东北等老工业基地合作交流，探索国有企业改革等体制机制创新，促进资源型城市转型发展。

国家发展改革委关于印发《湘南湘西承接产业转移示范区总体方案》的通知

国家发展改革委

2018 年 11 月 10 日

湖南省人民政府：

你省报来《关于呈报〈湘南湘西承接产业转移示范区建设总体方案〉的函》（湘委〔2018〕66 号）收悉。我委会同国务院有关部门对湘南湘西承接产业转移示范区建设有关问题进行了认真研究，制定了《湘南湘西承接产业转移示范区总体方案》（以下简称《总体方案》），现印发你们。

一、《总体方案》实施要以习近平新时代中国特色社会主义思想为指导，全面贯彻党的十九大和十九届二中、三中全会精神，认真落实中央经济工作会议和政府工作报告各项部署，坚持稳中求进工作总基调，坚持新发展理念，按照高质量发展的要求，紧扣我国社会主要矛盾变化，统筹推进“五位一体”总体布局和协调推进“四个全面”战略布局，坚持以供给侧结构性改革为主线，坚决打好防范化解重大风险、精准脱贫、污染防治攻坚战，按照产业承接方向，着力优化营商环境，着力深化开放合作，着力建设承接平台，着力提升承接能力，着力推动绿色发展，有力有序有效承接国内外产业转移，构建产业结构优化、开放体系完善、区域协同联动、行政服务高效、示范效应明显的承接产业新格局，把示范区建设成为中西部地区承接产业转移高地。

二、请湖南省人民政府切实加强对示范区建设的组织领导，完善工作机制、明确推进机构、落实工作责任、强化督促检查，依据《总体方案》组织编制实施示范区发展规划，确保总体方案提出的目标任务落到实处。《总体方案》实施中涉及的重大事项、重大政策和重大项目按规定程序报批。

三、我委将加强协调指导、跟踪分析和督促检查，适时组织开展总体方案实施情况评估，协调解决示范区建设中的困难和问题，重大问题及时向国务院报告。

附件

湘南湘西承接产业转移示范区总体方案（节选）

市场主导、创新发展。遵循市场规律，充分发挥市场配置资源的决定性作用，突出企业创新主体地位，强化规划和政策引导，完善产业转移推进机制，积极开展先行先试，增强创新驱动发展能力，实现在承接中创新、在创新中发展。

分类指导、协调发展。发挥各地比较优势，优化产业空间布局，合理确定产业承接重点，建立和完善利益共享机制，推动区内产业科学布局、有序承接和错位发展，促进与周边地区良性竞争、互利共赢，形成发展合力。

生态优先、绿色发展。牢固树立和践行绿水青山就是金山银山的理念，依据区域生态保护红线、环境质量底线、资源利用上线和生态环境准入清单，科学确定产业准入标准，坚决防止高耗能、高排放等落后生产能力转入，加快传统产业改造升级，推进绿色发展，建立健全绿色低碳循环发展的经济体系。

深化改革、开放发展。着力优化营商环境，加大“放管服”改革力度，进一步优化审批、成本、法治、信用、创新、服务和通关环境，深入实施开放崛起专项行动，全面复制推广自由贸易试验区改革试点经验，不断推动全方位、深层次对外开放。

区域联动、共享发展。不断创新合作方式、拓展合作领域，探索建立示范区与转出地无缝对接的合作机制，加强产业转移政策与精准扶贫政策对接，为贫困人口提供更多的就业机会、致富门路，让贫困人口同全国一道进入全面小康社会。

中西部地区承接产业转移领头雁。坚持质量第一、效益优先，以供给侧结构性改革为主线，努力实现在发展中承接、在承接中提升，探索产业合理布局、要素优化配置、资源节约集约利用的承接产业转移新模式新路径，为中西部地区有力有序承接国内外产业转移发挥示范作用。

内陆地区开放合作示范区。着力优化营商环境，完善开放合作机制，积极融入“一带一路”建设、长江经济带发展和粤港澳大湾区建设，全面拓展与东部沿海地区的合作领域，进一步加强与中西部地区省份合作联动，加大对外开放力度，加快培育国际经济合作和竞争新优势。

国家重要先进制造业基地。大力实施创新驱动发展战略和加快制造强国建设，瞄准前沿领域、聚焦重点行业，严把产业准入门槛，增强创新驱动能力，积极承接发展先进制造业和加工贸易产业，培育形成一批具有国际水平的先进制造龙头企业和产业集群，力争在部分领域引领全国先进制造业发展。

支撑中部地区崛起重要增长极。推进产业集聚发展，促进结构优化升级，因地制宜承接和发展一批规模和水平居中部地区前列的优势特色产业集群，稳步推进新型城镇化，把示范区建设成为承接东部、辐射中西部的重要平台和促进中部地区全面崛起的重要引擎，为促进区域协调发展作出新的更大贡献。

到 2035 年，示范区全面建成。综合实力和竞争力进一步提升，产业分工协作格局和全面开放新格局不断巩固，经济质量优势显著增强，承接发展形成一批规模和水平居中西部地区前列的产业集群，引进 150 家以上的世界 500 强企业，产业迈向全球价值链中高端，生态环境根本好转，人民生活更加宽裕，基本实现社会主义现代化。

加强示范区与沿海地区的人才、技术、设备等创新要素对接，推进创新资源向示范区集聚，提升创新驱动发展能力。积极引进具有较强创新能力的企业，支持转移企业加大研发投入，在承接地建设产品研发、技术创新基地，持续增强自主创新能力。支持符合条件的企业建设国家和省级工程（技术）研究中心、重点实验室、技术创新中心、企业技术中心、工业设计中心，承担国家科技计划项目。引导高等院校在示范区建设一批大学创新港或科技园。鼓励企业与国内外高校和科研院所对接，联合设立研发机构或技术转移机构，通过研发合作、技术转让、技术许可、作价投资等多种形式，实现产学研协同合作。依托国家和地方重点实验室、工程（技术）研究中心、技术创新中心、企业技术中心等创新平台，面向产业创新发展需求，开放从实验研究、中试放大到产业化所需的仪器设备、共享车间、大型软件等资源，完善科技服务体系，鼓励发展面向大众、服务企业的低成本、便利化、开放式服务平台。大力发展技术评估、产权交易等中介机构，构建技术转移服务平台。

按照权责一致原则，建立行政权责清单制度，明确政府职能边界。加大简政放权力度，深化行政审批制度改革，进一步取消和调整行政审批项目，健全行政审批服务体系，提升行政审批效率。支持探索简政放权跨省统筹合作，确保区域间行政审批政策联动、改革同步。加强检查核实，把各项减税降费措施切实落实到位，决不允许拖延和打折扣，决允许自行其是。要按照国务院明确的“总体上不增加企业负担”的部署，确保社保费现有征收政策稳定，严禁自行对企业历史欠费进行集中清缴，坚决查处征管中的违法违纪行为。抓紧研究提出降低社保费率方案，与征收体制改革同步实施。

进一步压减进口和出口整体通关时间、进出口监管证件，降低通关费用，削减进出口环节审批，在今年 11 月 1 日前对需在口岸验核的监管证件原则上全部实现联网、在通关环节比对核查。推进海关、边检、海事一次性联合检查和铁路运输货物无纸化通关，推进进口矿产品等大宗资源性商品“先验收后检测”。开通农副产品快速通关“绿色通道”。全面落实全国海关通关一体化政策，大力推广国际贸易“单一窗口”，精简业务单证，实现“一次申报、一次查验、一次放行”。清理规范涉企收费，今年底前公示口岸政府性收费目录清单，清单外一律不得收费。进一步降低进出口企业成本，完善出口退税政策，加快出口退税进度，降低出口查验率，扩大出口信用保险覆盖面，鼓励金融机构增加出口信用保险保单融资和出口退税账户质押融资、加大对外贸企业尤其是中小微企业信贷投放市场。鼓励和支持企业开拓多元化市场。扩大国内企业需要的原材料进口。

扩展示范区与东南亚、中亚、西亚、欧洲的国际物流通道，加快与渝新欧班列、湘欧快线对接，构建北向中亚、欧洲国际贸易大通道。以焦柳铁路、怀邵衡铁路、包茂高速为基础，依托广西防城港实现通江达海，力争打通南向东盟、东南亚国际贸易大通道。依托沪昆高铁、沪昆铁路、沪昆高速公路大通道，力争打通缅甸、印度等南亚次大陆大通道和越南等东南亚通道。充分发挥邵阳商人开拓东南亚市场的积极作用，通过共建工业园区等方式，积极参与东盟湄公河流域开发、大湄公河次区域合作。加强与德国、法国、意大利、荷兰等国在工程机械、环保机械、汽车、农业产业等方面的合作。扩大发制品、小五金、电子产品、机电产品、农业机械等产品出口。

按照优势互补、协同发展原则，构建示范区与珠三角地区特别是粤港澳大湾区合理分工的产业体系，建设面向珠三角地区的优质农产品基地、能源原材料基地、交通物流基地、旅游休闲基地和康养基地；推进与珠三角地区在交通、能源等基础设施建设以及科技、金融、信息平台、生态保护等重点领域的合作，加快构建一体化的区域综合交通运输体系，建立相对稳定的能源供需关系，加强科技要素、人力资源、信用体系、市场准入、质量互认和政府服务等方面的对接，构建统一开放的市场体系；深化泛珠三角区域合作，完善合作机制、落实合作事项，鼓励示范区内各级政府、产业园区和科研机构等与珠三角地区建立交流合作机制。加快融入长江经济带发展，积极对接上海自由贸易试验区、长三角城市群，充分利用各类招商平台，加强与长三角地区在贸易、金融领域的合作。

进一步拓展与成渝城市群、京津冀等地区合作领域，提升合作层次。密切与中西部地区合作，利用“中部论坛”和“中国中部投资贸易博览会”“中国西部国际博览会”等经贸合作平台，促进示范区与中西部联动发展。打破示范区各市州行政壁垒，建立常态化沟通协调机制，重点围绕产业布局、园区合作、要素供给、机制创新等方面进行协作，制定颁布各市州承接产业转移目录，避免恶性竞争。加强与长株潭城市群、洞庭湖生态经济区等的对接，推动产业协同，促进联动发展。

依托现有开发区等各类产业园区，在促进产业集聚发展的同时，节约集约利用土地，科学规划空间发展布局，统筹规划各类功能分区，推进城乡基础设施建设和公共服务设施建设，发挥产业集聚优势，不断优化产业结构，打造各具特色的产业集群，加快构建现代产业体系，提升城市综合服务功能，实现产业发展、城市建设和人口集聚相互促进、融合发展，走以产兴城、以城带产、产城融合、城乡一体的发展道路，支持发展条件较好的产业园区从单一的生产型园区经济向综合型城市经济转型，促进工业化和新型城镇化相融合。

统筹信息基础设施建设，加强干线网络、基站等基础设施共建共享，加快信息基础设施向农村和偏远地区延伸覆盖。全面推进城乡“光进铜退”改造，提升骨干网传输和交换能力，不断扩大无线宽带网络覆盖范围，并加快下一代互联网规模化部署，加强示范区城市间重要信息基础设施的共享。依托湖南省统一的政务信息资源共享交换系统，加快构建区域一体化“互联网＋政务服务”体系，实现跨层级、跨地域、跨系统、跨部门、跨业务的协同管理和服务，提高政府公共服务信息化水平。加强区域性电子商务平台和公共信息平台建设，推进区域信息共享。加快示范区与珠三角、长三角地区在电子口岸、信用建设、交通信息、空间地理信息、应急指挥联动等领域合作，推进教育、文化、卫生、旅游等领域信息资源的合作开发与共享。

以郴州经济技术开发区、衡阳松木工业园、常宁水口山经济技术开发区等产业园区为重点，严格根据区域环境承载力、资源能源禀赋、产业基础、市场空间、物流运输等条件，建立科学严谨的项目准入机制，严控高污染、高耗能及产能过剩行业新增产能，淘汰落后产能，推动清理取缔园区内不符合产业政策、严重污染环境的生态项目；支持开展综合节能、污染集中治理、综合管廊建设、循环化改造和低碳园区试点建设，合理规划布局园区企业结构和产业链条，提高大宗工业固体废物综合利用率和利用水平，努力实现近零排放。园区污水集中处理设施及配套管网等污染治理基础设施不健全或长期运行不正常的园区，不得新建、扩建增加相应污染物排放的项目。严格执行耕地保护和建设用地控制标准，完善推广“两型”标准，严格实行水资源消耗总量和强度双控，严格落实环境保护工作责任和生态环境损害赔偿责任，强化节能减排指标监测考核，加大企业清洁生产审核力度，积极支持企业清洁生产改造，鼓励企业采用节能、节水、节材、环保先进适用技术，降低单位产出能源资源消耗和污染物排放水平。

第八部分

银行信贷与证券投资

2017年四季度金融机构贷款投向统计报告

中国人民银行

2018年1月19日

人民银行统计，2017年末，金融机构人民币各项贷款余额120.1万亿元，同比增长12.7%，增速比上年末低0.8个百分点；全年增加13.5万亿元，同比多增8782亿元。当年贷款投向呈现以下特点：

一、企业中长期贷款增速提高

2017年末，本外币非金融企业及机关团体贷款余额81万亿元，同比增长8.8%，增速比上年末高0.5个百分点；全年增加6.6万亿元，同比多增8454亿元。

分期限看，年末非金融企业及机关团体短期贷款及票据融资余额33万亿元，同比下降0.02%，增速比上年末低4.6个百分点，全年增加676亿元，同比少增1.4万亿元；中长期贷款余额45.9万亿元，同比增长15.9%，增速比上年末高4.8个百分点，全年增加6.2万亿元，同比多增2.2万亿元。

从用途看，年末非金融企业及机关团体固定资产贷款余额34.6万亿元，同比增长12.2%，增速比上年末高4.9个百分点；经营性贷款余额36.2万亿元，同比增长11.6%，增速比上年末高5个百分点。

二、小微企业贷款增长较快

2017年末，人民币小微企业贷款余额24.3万亿元，同比增长16.4%，增速比上年末高0.4个百分点，比同期大型和中型企业贷款增速分别高3.8个和5.8个百分点。

2017年末，小微企业贷款余额占企业贷款余额的33%，占比比上年末高0.9个百分点。全年小微企业贷款增加3.4万亿元，同比多增3967亿元，增量占同期企业新增贷款的39.9%，比上年占比水平低9.2个百分点。

三、工业和服务业中长期贷款增速上升

2017年末，本外币工业中长期贷款余额8.1万亿元，同比增长5.1%，增速比上年末高2个百分点；全年增加3944亿元，同比多增1648亿元。其中，重工业中长期贷款余额7.2万亿元，同比增长5.1%，增速比上年末高2.1个百分点；轻工业中长期贷款余额9389亿元，同比增长5.2%，增速比上年末高1.9个百分点。

2017年末，本外币服务业中长期贷款余额30.8万亿元，同比增长18.2%，增速比上年末高7个百分点。其中，交通运输、仓储和邮政业中长期贷款余额同比增长10.3%，增速比上年末高4个百分点；水利环境和公共设施管理业中长期贷款余额同比增长25.9%，增速比上年末高14.6个百分点。

四、农村和农业贷款增速上升

2017年末，本外币农村（县及县以下）贷款余

额25.1万亿元，同比增长9.3%，增速比上年末高2.8个百分点，全年增加2.5万亿元，同比多增6060亿元；农户贷款余额8.1万亿元，同比增长14.4%，增速比上年末低0.8个百分点，全年增加1万亿元，同比多增880亿元；农业贷款余额3.9万亿元，同比增长5.7%，增速比上年末高1.5个百分点，全年增加2187亿元，同比多增394亿元。

五、房地产贷款增速回落

2017年末，人民币房地产贷款余额32.2万亿元，同比增长20.9%，增速比上年末低6.1个百分点；全年增加5.6万亿元，同比少增1087亿元。

2017年末，房产开发贷款余额7万亿元，同比增长21.7%，增速比上年末高9.5个百分点，其中，保障性住房开发贷款余额3.3万亿元，同比增长32.6%，比上年末低5.7个百分点，全年增加8203亿元，增量占同期房产开发贷款的61.8%，比上年占比低51.7个百分点（上年保障性住房开发贷款增量占同期房产开发贷款增量的113.5%）；地产开发贷款余额1.3万亿元，同比下降8%，降幅比上年末扩大3.1个百分点。个人住房贷款余额21.9万亿元，同比增长22.2%，增速比上年末低14.5个百分点。

六、住户消费性贷款增速减缓，经营性贷款增速提升

2017年末，本外币住户贷款余额40.5万亿元，同比增长21.4%，增速比上年末低2.1个百分点；全年增加7.1万亿元，同比多增8010亿元。

2017年末，本外币住户消费性贷款余额31.5万亿元，同比增长25.8%，增速比上年末低6.4个百分点，全年增加6.5万亿元，同比多增3693亿元；住户经营性贷款余额9万亿元，同比增长8.1%，增速比上年末高5个百分点，全年增加6625亿元，同比多增4316亿元。

2017年中国建设银行贷款与投资

中国建设银行

2018年4月26日

2017年末，本集团资产总额22.12万亿元，增幅5.54%，其中客户贷款总额12.90万亿元，较上年增加11464.09亿元，增幅9.75%。负债总额20.33万亿元，增幅4.93%，其中客户存款总额16.36万亿元，较上年增加9608.39亿元，增幅6.24%。坚持稳健审慎的流动性管理策略，统筹精细安排资金来源运用，有效发挥市场稳定器作用，全年流动性持续平稳。

客户贷款和垫款

下表列出于所示日期本集团客户贷款和垫款总额及构成情况。

表1　2017年12月31日本集团客户贷款和垫款总额及构成情况一览表

（人民币百万元，百分比除外）

项目	2017年12月31日	
	金额	占比（%）
公司类贷款和垫款	6443524	49.94
短期贷款	2050273	15.89
中长期贷款	4393251	34.05
个人贷款和垫款	5193853	40.25
个人住房贷款	4213067	32.65
信用卡贷款	563613	4.37
个人消费贷款	192652	1.49
个人助业贷款	36376	0.28
其他贷款[1]	188145	1.46
票据贴现	122495	0.95
海外和子公司	1143569	8.86
客户贷款和垫款总额	12903441	100.00

[1]. 包括个人商业用房贷款、个人住房抵押额度贷款、个人助学贷款等。

于2017年12月31日，本集团客户贷款和垫款总额129034.41亿元，较上年增加11464.09亿元，增幅为9.75%，主要是本行境内个人及公司类贷款和垫款增长推动。

公司类贷款和垫款64435.24亿元，较上年增加5786.29亿元，增幅为9.87%，主要投向基础设施行业、小微企业等领域。其中，短期贷款增加2638.31亿元，增幅14.77%；中长期贷款增加3147.98亿元，增幅7.72%。

个人贷款和垫款51938.53亿元，较上年增加8555.04亿元，增幅19.72%。其中，个人住房贷款42130.67亿元，较上年增加6274.20亿元，增幅17.50%；信用卡贷款5636.13亿元，较上年增加1216.12亿元，增幅27.51%；个人消费贷款1926.52亿元，较上年增加1176.13亿元，增幅156.74%，主要是“建行快贷”快速发展；个人助业贷款余额363.76亿元，较上年减少100.19亿元，主要是为加强风险控制，调整了产品结构。

票据贴现1224.95亿元，主要是为满足实体经济非贴现贷款需求，较上年减少3726.45亿元，降幅75.26%。

海外和子公司客户贷款和垫款11435.69亿元，较上年增加849.21亿元，增幅8.02%，主要是海外机构业务增加。

本集团坚持审慎原则，充分评估宏观经济及调控政策等外部环境变化对信贷资产质量的影响，足额计提客户贷款和垫款损失准备。于2017年12月31日，客户贷款和垫款损失准备余额3289.68亿元，较上年增加602.91亿元；拨备覆盖率为171.08%，较上年上升20.72个百分点；减值准备对贷款总额比率为2.55%，较上年上升0.26个百分点。

投资

表 2 列出于所示日期按金融资产性质划分的投资构成情况。

表2 2017年12月31日按金融资产性质划分的投资构成情况一览表

（人民币百万元，百分比除外）

项目	2017年12月31日	
	金额	占比（%）
债券投资	4714014	90.97
权益工具和基金	113244	2.19
其他债务工具	354390	6.84
投资总额	5181648	100.00
投资总额	5181648	100.00

2017 年，本集团按照年度投资交易策略和风险政策要求，积极应对监管及市场环境变化，合理把握风险与收益的平衡，不断优化投资组合的结构。于 2017 年 12 月 31 日，投资总额 51816.48 亿元，较上年增加 1130.64 亿元，增幅为 2.23%。其中，债券投资较上年增加 2688.00 亿元，增幅 6.05%，在投资总额中的占比为 90.97%，较上年上升 3.27 个百分点；权益工具和基金较上年减少 1901.54 亿元，在投资总额中的占比为 2.19%，较上年下降 3.80 个百分点。

表 3 列出于所示日期所示日期本集团按持有目的划分的投资构成情况。

表3 2017年12月31日本集团按持有目的划分的投资构成情况一览表

（人民币百万元，百分比除外）

项目	2017年12月31日	
	金额	占比（%）
以公允价值计量且其变动计入当期损益的金融资产	578436	11.16
可供出售金融资产	1550680	29.93
持有至到期投资	2586722	49.92
应收款项类投资	465810	8.99
投资总额	5181648	100.00
合计	4554722	100.00

2017 年中国银行贷款与投资

中国银行

2018 年 3 月 30 日

2017 年集团实现净利润 1850 亿元，比上年增长 0.51%；实现归属于母公司所有者的净利润 1,724 亿元，比上年增长 4.76%。年末集团资产总额、负债总额、所有者权益合计分别达到 19.47 万亿元、17.89 万亿元和 1.58 万亿元，分别比上年末增长 7.27%、7.38%、6.02%。不良贷款率为 1.45%，比上年末下降 0.01 个百分点。

客户贷款

本行紧紧围绕实体经济需求，坚决贯彻国家宏观政策，合理安排投放节奏，贷款规模保持平稳适度增长。持续优化信贷结构，支持重点投资领域，促进区域经济协调发展，服务供给侧结构性改革，支持“一带一路”金融大动脉建设和新兴产业、高端制造业、生产性服务业发展，严格限制高污染、高能耗行业和严重产能过剩行业贷款投放，发展绿色金融。年末集团客户贷款总额 108965.58 亿元，比上年末增加 9231.96 亿元，增长 9.26%。其中，人民币贷款总额 83250.13 亿元，比上年末增加 7172.83 亿元，增长 9.43%。外币贷款总额折合 3935.52 亿美元，比上年末增加 525.35 亿美元，增长 15.41%。

本行进一步完善风险管理体系，密切关注宏观经济形势变化，加强重点领域风险识别和管控， 加大不良资产清收力度，资产质量保持相对稳定。年末集团贷款减值准备余额 2,522.54 亿元，比上年末增加 145.38 亿元。重组贷款总额为 81.37 亿元，比上年末减少 15.62 亿元。

投资

本行密切跟踪金融市场动态，加大人民币利率债券投资力度，持续优化投资结构，合理摆布投资久期，综合平衡风险收益。

年末集团投资总额 45547.22 亿元，比上年末增加 5818.38 亿元，增长 14.65%。其中，人民币投资总额 35306.73 亿元，比上年末增加 5297.38 亿元，增长 17.65%。外币投资总额 折合 1567.21 亿美元，比上年末增加 166.10 亿美元，增长 11.85%。

下表列出于所示日期集团投资结构情况。

表1 2017年12月31日集团投资结构情况一览表

（人民币百万元，百分比除外）

项目	2017年12月31日	
	金额	占比（%）
以公允价值计量且其变动计入当期损益的金融资产	193611	4.25
可供出售金融资产	1857222	40.78
持有至到期投资	2089864	45.88
应收款项类投资	414025	9.09
合计	4554722	100.00

下表列出于所示日期按发行人划分的投资情况。

表2 2017年12月31日按发行人划分的投资情况一览表

（人民币百万元，百分比除外）

项目	2017年12月31日	
	金额	占比（%）
债券		
中国内地发行人		
政府	2403536	52.77
公共实体及准政府	64016	1.40
政策性银行	519245	11.40
金融机构	322827	7.09
公司	188811	4.15
东方资产管理公司	158806	3.49
小计	3657241	80.30
香港澳门台湾及其他国家和地区发行人		
政府	377196	8.28
公共实体及准政府	92211	2.02
金融机构	191321	4.20
公司	115164	2.53
小计	775892	17.03
权益工具及其他	121589	2.67
合计	4554722	100.00

表 3　按货币划分的投资情况一览表

（人民币百万元，百分比除外）

项目	2017年12月31日	
	金额	占比（%）
人民币	3530673	77.52
美元	645339	14.17
港币	185368	4.07
其他	193342	4.24
合计	4554722	100.00

表 4　集团持有规模最大的十支金融债券情况一览表

（人民币百万元，百分比除外）

债券名称	面值	年利率（%）	到期日	减值
2016 年政策性银行债券	13650	2.65	2019-10-20	–
2017 年政策性银行债券	8916	3.88	2020-4-19	–
2017 年非银行金融机构普通债	8600	6.10	2018-5-15	–
2014 年政策性银行债券	8416	5.44	2019-4-8	–
2017 年政策性银行债券	6440	3.54	2020-1-6	–
2017 年政策性银行债券	5030	4.02	2022-4-17	–
2017 年非银行金融机构普通债	5000	5.60	2018-5-29	–
2017 年非银行金融机构普通债	5000	4.60	2018-3-2	
2017 年非银行金融机构普通债	5000	5.30	2018-5-23	
2017 年非银行金融机构普通债	5000	4.80	2018-3-8	

注：金融债券指金融机构法人在债券市场发行的有价债券，包括政策性银行发行的债券、同业及非银行金融机构发行的 债券，但不包括重组债券及央行票据。

2017年中国农业银行贷款与投资

中国农业银行

2018年4月20日

截至2017年末，集团总资产达到21.05万亿元，比上年末增加1.48万亿元，增速7.6%；全年实现净利润1931.33亿元，增速4.9%。存贷款市场位次稳定，贷款增加10009.72亿元，增速10.3%；存款增加11562.78亿元，增速7.7%，其中个人存款余额和增量均保持同业领先。拨备覆盖率208.37%，较上年末提升34.97个百分点。成本收入比32.96%，同比下降1.63个百分点。

发放贷款和垫款

截至2017年12月31日，本行发放贷款和垫款总额107206.11亿元，较上年末增加10009.72亿元，增长10.3%。

表1 按业务类型划分的发放贷款和垫款分布情况一览表

（人民币百万元，百分比除外）

项目	2017年12月31日	
	金额	占比（%）
境内分行贷款	10335359	96.4
公司类贷款	6147584	57.4
票据贴现	187502	1.7
个人贷款	4000273	37.3
境外及其他	385252	3.6
合计	10720611	100.0

公司类贷款61475.84亿元，较上年末增加7793.34亿元，增长14.5%，主要是由于本行积极服务供给侧结构性改革，加大对棚户区改造、城市基础设施建设、交通设施、战略性新兴产业等领域的信贷支持力度。个人贷款40002.73亿元，较上年末增加6593.94亿元，增长19.7%，主要是由于本行积极支持个人住房、个人综合消费等民生领域信贷需求，个人贷款实现较快增长。票据贴现1875.02亿元，较上年末减少3824.46亿元，下降67.1%，主要是由于本行调整信贷投放结构，压缩票据融资

规模，优先保障实体贷款需求。境外及其他贷款3852.52亿元，较上年末减少553.10亿元，下降12.6%，主要是由于境外分行贸易融资业务规模有所减少。

表2　按产品期限划分的公司类贷款分布情况一览表

（人民币百万元，百分比除外）

项目	2017年12月31日	
	金额	占比（%）
短期公司类贷款	2311991	37.6
中长期公司类贷款	3835593	62.4
合计	6147584	100.0

短期公司类贷款增加1420.42亿元，增长6.5%。中长期公司类贷款增加6372.92亿元，增长19.9%，占比较上年末上升2.8个百分点至62.4%。

表3　按行业划分的公司类贷款分布情况一览表

（人民币百万元，百分比除外）

项目	2017年12月31日	
	金额	占比（%）
制造业	1241537	20.2
电力、热力、燃气及水生产和供应业	801355	13.1
房地产业[1]	513512	8.4
交通运输、仓储和邮政业	1223618	19.9
批发和零售业	356353	5.8
水利、环境和公共设施管理业	367775	6.0
建筑业	223058	3.6
采矿业	224098	3.6
租赁和商务服务业	797744	13.0
金融业	137590	2.2
信息传输、软件和信息技术服务业	45054	0.7
其他行业[2]	215890	3.5
合计	6147584	100.0

注：1. 本表按照借款人所在的行业对贷款进行划分。房地产业贷款包括发放给主营业务为房地产行业企业的房地产 开发贷款、经营性物业抵押贷款和其他发放给房地产行业企业的非房地产用途的贷款。

2. 其他行业主要包括农、林、牧、渔业，教育业以及住宿和餐饮业。

2017年，本行继续加强行业深度研究和精准指导。修订了火电、纺织、风电、造纸、焦化、教育、医疗卫生等行业信贷政策。积极支持经济增长新动能，制定战略性新兴产业信贷政策指引，明确积极支持、择优支持的领域和方向。继续加强对产能过剩行业的管控，进一步压缩用信规模。

截至2017年12月31日，本行五大主要贷款行业包括：（1）制造业；（2）交通运输、仓储和邮政业；（3）电力、热力、燃气及水生产和供应业；（4）租赁和商务服务业；（5）房地产业。五大行业贷款余额合计占公司类贷款总额的74.6%，较上年末上升2个百分点。全年贷款占比上升最多的行业为租赁和商务服务业，制造业贷款占比下降最多。

表4 按产品类型划分的个人贷款分布情况一览表

（人民币百万元，百分比除外）

项目	2017年12月31日	
	金额	占比（%）
个人住房贷款	3133474	78.4
个人消费贷款	137525	3.4
个人经营贷款	204681	5.1
个人卡透支	317547	7.9
农户贷款	206044	5.2
其他	1002	–
合计	4000273	100.0

截至2017年12月31日，个人住房贷款31334.74亿元，较上年末增加5753.58亿元，增长22.5%。主要是由于本行积极贯彻落实国家房地产调控政策，支持居民合理购房需求。

个人消费贷款1375.25亿元，较上年末增加184.37亿元，增长15.5%，主要是由于“网捷贷”、个人自助质押贷款等中短期线上消费贷款增长较快。

个人经营贷款2046.81亿元，较上年末减少235.33亿元，下降10.3%，主要是由于本行适应个人信贷市场变化，调整个人信贷业务结构。

个人卡透支3175.47亿元，较上年末增加750.96亿元，增长31.0%，主要是由于信用卡发卡量和消费额增加。

农户贷款2060.44亿元，较上年末增加142.58亿元，增长7.4%，主要是由于本行加大支持新型农业经营主体。

表5 按地域划分的贷款分布情况一览表

（人民币百万元，百分比除外）

项目	2017年12月31日	
	金额	占比（%）
总行	246197	2.3
长江三角洲地区	2415289	22.5
珠江三角洲地区	1635306	15.2
环渤海地区	1682564	15.7

（续表）

项目	2017年12月31日	
	金额	占比（%）
中部地区	1519322	14.2
东北地区	428538	4.0
西部地区	2408143	22.5
境外及其他	385252	3.6
合计	10720611	100.0

报告期内，本行进一步优化信贷规模区域配置，对“一带一路”建设及京津冀协同发展、长江经济带等国家重大区域发展战略地区及自贸区配置战略性信贷资源，重点支持产业向中西部和东北地区转移以及中西部地区基础设施，促进信贷业务区域协调发展。

投资

截至2017年12月31日，本行投资净额61527.43亿元，较上年末增加8192.08亿元，增长15.4%。

表6　按产品类型划分的投资情况一览表

（人民币百万元，百分比除外）

项目	2017年12月31日	
	金额	占比（%）
非重组类债券	5490804	89.2
重组类债券	367314	6.0
权益工具	19025	0.3
其他[1]	275600	4.5
合计	6152743	100.0

注：［1］、主要包括本行通过发行理财产品募集资金并按约定进行投资而形成的资产。

截至2017年12月31日，非重组类债券投资较上年末增加7011.07亿元，主要是2017年债券市场收益率经历了多次较大幅度的上行，本行加强趋势研判，较好把握市场走势，在利率高点加大债券配置力度，债券投资组合规模有所扩大。

表7　按产品类型划分的投资情况一览表

（人民币百万元，百分比除外）

项目	2017年12月31日	
	金额	占比（%）
政府	2485220	45.3
政策性银行	1526936	27.8

（续表）

项目	2017年12月31日	
	金额	占比（%）
同业及其他金融机构	889472	16.2
公共实体	188414	3.4
公司	400762	7.3
合计	5490804	100.0

2017年，本行深入分析国内外宏观经济形势，密切跟踪债券市场变化，把握投资节奏，加强风险控制，适度加大地方债的投资力度。

表8 按产品类型划分的投资情况一览表

（人民币百万元，百分比除外）

项目	2017年12月31日	
	金额	占比（%）
已逾期	–	–
3个月内	489001	8.9
3～12个月	515278	9.4
1～5年	2815757	51.3
5年以上	1670768	30.4
合计	5490804	100.0

2017年，本行准确把握债券市场收益率波动特征，根据收益期限相配比的原则，合理调整投资组合期限结构。在债券市场收益率较高时，本行适度扩大中长期限债券品种的配置规模，灵活调整短期限品种投资规模。

表9 按产品类型划分的投资情况一览表

（人民币百万元，百分比除外）

项目	2017年12月31日	
	金额	占比（%）
人民币	5233831	95.3
美元	190976	3.5
其他外币	65997	1.2
合计	5490804	100.0

2017年，本行非重组类债券投资以人民币债券为主，同时根据国内外债券市场情况，适度配置国外主权和非主权实体发行的美元债券和其他外币债券，优化债券投资组合的币种结构。

表10 按持有目的划分的投资分布情况况一览表

（人民币百万元，百分比除外）

项目	2017年12月31日	
	金额	占比（%）
以公允价值计量且其变动计入当期损益的金融资产	577965	9.4
可供出售金融资产	1426420	23.2
持有至到期投资	3489135	56.7
应收款项类投资	659223	10.7
合计	6152743	100.0

2017年中国工商银行贷款与投资

中国工商银行

2018年4月25日

2017年实现净利润2875亿元，比上年增长3.0%，增速较上年上升2.5个百分点，净利润总量保持全球银行业最好水平。反映经营成长性的拨备前利润达到4924亿元，增长9.1%。

贷款

2017年，本行坚持将自身经营有效融入国家战略，围绕服务实体经济和供给侧结构性改革，注重提升金融支持经济发展的有效性和针对性。加大对国家重点项目和重大工程的支持力度，在支持小微、“三农”、“双创”、扶贫等领域践行大行担当，积极支持居民合理住房融资需求。2017年末，各项贷款142334.48亿元，比上年末增加11766.02亿元，增长9.0%。其中，境内分行人民币贷款124313.26亿元，增加9883.85亿元，增长8.6%。

表1 按业务类型划分的贷款结构情况一览表

（人民币百万元，百分比除外）

项目	2017年12月31日	
	金额	占比（%）
公司类贷款	8936864	62.8
票据贴现	351126	2.5
个人贷款	4945458	34.7
合计	14233448	100.0

表2 按期限划分的公司类贷款结构情况一览表

（人民币百万元，百分比除外）

项目	2017年12月31日	
	金额	占比（%）
短期公司类贷款	2802542	31.4
中长期公司类贷款	6134322	68.6
合计	14233448	100.0

公司类贷款比上年末增加7961.80亿元，增长9.8%。其中短期公司类贷款增加726.69亿元，增长2.7%；中长期公司类贷款增加7235.11亿元，增长13.4%。随着供给侧结构性改革持续推进，实体经济更具活力和韧力，回暖迹象增多，企业 短期和中长期融资需求均有所上升。

票据贴现比上年末减少3688.67亿元， 主要是为满足资产负债组合管理需要， 平衡信贷投放。

表3 按产品类型划分的个人贷款结构情况一览表

（人民币百万元，百分比除外）

项目	2017年12月31日	
	金额	占比（%）
个人住房贷款	3938689	79.6
个人消费贷款	255783	5.2
个人经营性贷款	216210	4.4
信用卡透支	534776	10.8
合计	4945458	100.0

个人贷款比上年末增加7492.89亿元，增长17.9%，其中个人住房贷款增加6978.51亿元，增长21.5%，主要是根据国家房地产调控政策，积极支持居民自住及改善型合理购房融资需求；个人消费贷款增加87.63亿元，增长3.5%，主要是抓住互联网金融发展的有利契机，“融e借”品牌业务实现高质量快速发展；信用卡透支增加827.37亿元，增长18.3%，主要是信用卡分期付款业务持续发展以及信用卡消费交易额稳定增长。

投资

2017 年，本行结合金融市场走势，适时调整投资策略，积极支持实体经济发展，提高资金使用效率与效益。2017 年末，投资 57,567.04 亿元，比上年末增加 2755.30 亿元，增长 5.0%。

表4　投资情况一览表

（人民币百万元，百分比除外）

项目	2017年12月31日	
	金额	占比（%）
债务工具	5431805	94.4
债券	5373733	93.4
其他债务工具	58072	1.0
权益工具及其他	324899	5.6
合计	5756704	100.0

债务工具 54318.05 亿元，比上年末增加 2352.70 亿元，增长 4.5%，其中债券增加 2117.08 亿元，增长 4.1%。

表5　按发行主体划分的债券结构情况一览表

（人民币百万元，百分比除外）

项目	2017年12月31日	
	金额	占比（%）
政府债券	3286729	61.2
中央银行债券	18902	0.4
政策性银行债券	996669	18.5
其他债券	1071433	19.9
合计	5373733	100.0

从发行主体结构上看，政府债券比上年末增加 8022.66 亿元，增长 32.3%； 中央银行债券减少 391.22 亿元，下降 67.4%；政策性银行债券减少 3227.81 亿元，下降 24.5%；其他债券减少 2286.55 亿元，下降 17.6%。为支持实体经济发展，本行适度加大对地方政府债和国债的配置力度；报告期内受债券正常到期兑付、债券市场供给结构变化影响，中央银行债券、政策性银行债券和其他债券余额出现不同程度下降。

表6　按币种划分的债券结构情况一览表

（人民币百万元，百分比除外）

项目	2017年12月31日	
	金额	占比（%）
人民币债券	4945340	92.0

（续表）

项目	2017年12月31日	
	金额	占比（%）
美元债券	295590	5.5
其他外币债券	132803	2.5
合计	5373733	100.0

从币种结构上看，人民币债券增加 1249.70 亿元，增长 2.6%。美元债券折合人民币增加 493.15 亿元，增长 20.0%；其他外币债券折合人民币增加 374.23 亿元，增长 39.2%，报告期内本行平衡外币债券投资组合的风险收益情况，适时加大外币债券的投资力度。

表7 按持有目的划分的投资结构情况一览表

（人民币百万元，百分比除外）

项目	2017年12月31日	
	金额	占比（%）
以公允价值计量且其变动计入当期损益的金融资产	440938	7.7
可供出售金融资产	1496453	26.0
持有至到期投资	3542184	61.5
应收款项类投资	277129	4.8
合计	5756704	100.0

2017 年交通银行贷款与投资

交通银行

2018 年 03 月 30 日

截至 2017 年末，交银集团资产总额突破人民币 9 万亿元，达人民币 90382.54 亿元，较年初增长 7.56%，全年实现净利润（归属于母公司）人民币 702.23 亿元，同比增长 4.48%。资本充足率和核心一级资本充足率分别为 14.00% 和 10.79%，继续保持较高水平。

客户贷款

本集团合理把握信贷投放总量、投向和节奏，贷款实现均衡平稳增长。报告期末，本集团客户贷款余额为人民币 44569.14 亿元，较年初增加人民币 3539.55 亿元，增幅 8.63%。其中，境内银行机构人民币贷款较年初增加人民币 3,078.78 亿元，增幅 8.78%。

行业集中度

本集团积极支持产业结构升级和实体经济发展，大力推动业务结构优化。

表 1 列示了本集团在所示日期客户贷款按行业分布的情况。

表1　2017年12月31日客户贷款按行业分布的情况一览表

（除另有标明外，人民币百万元）

项目	2017年12月31日	
	金额	占比（%）
采矿业	109215	2.45
制造业		
石油化工	106999	2.40
电子	76261	1.71
钢铁	34893	0.78
机械	96092	2.16

（续表）

项目	2017年12月31日	
	金额	占比（%）
纺织及服装	30043	0.67
其他制造业	224368	5.04
电力、燃气及水的生产和供应业	162821	3.65
建筑业	106679	2.39
交通运输、仓储和邮政业	523339	11.74
电信、计算器服务和软件业	25769	0.58
批发和零售业	281689	6.32
住宿和餐饮业	35143	0.79
金融业	117923	2.65
房地产业	186784	4.19
服务业	353325	7.93
水利、环境和公共设施管理业	248641	5.58
科教文卫	81812	1.84
其他	106278	2.38
贴现	138958	3.12
公司贷款总额	3047032	68.37
个人贷款总额	1409882	31.63
贷款和垫款总额	4456914	100.00

本集团公司贷款余额为人民币30470.32亿元，较年初增加人民币1302.60亿元，增幅4.47%。其中，贷款分布最多的四个行业是制造业，交通运输、仓储和邮政业，服务业以及批发和零售业，占全部公司贷款的56.68%。

报告期末，本集团个人贷款余额为人民币14098.82亿元，较年初增加人民币2236.95亿元，增幅18.86%，在客户贷款中的占比较年初上升2.72个百分点至31.63%。

借款人集中度

本集团对最大单一客户的贷款总额占集团资本净额的2.63%，对最大十家客户的贷款总额占集团资本净额的12.90%，均符合监管要求。

下表列示了在所示日期本集团向十大借款人提供的贷款余额情况。

表2　2017年12月31日本集团向十大借款人提供的贷款余额情况一览表

（除另有标明外，人民币百万元）

项目		2017年12月31日	
		金额	占比（%）
客户A	交通运输、仓储和邮政业	20770	0.47
客户B	交通运输、仓储和邮政业	16976	0.38
客户C	交通运输、仓储和邮政业	12302	0.28
客户D	交通运输、仓储和邮政业	9983	0.22
客户E	交通运输、仓储和邮政业	9105	0.20
客户F	交通运输、仓储和邮政业	7184	0.16
客户G	批发和零售业	6740	0.15
客户H	制造业－其他制造业	6500	0.15
客户I	交通运输、仓储和邮政业	6286	0.14
客户J	交通运输、仓储和邮政业	6122	0.14
十大客户合计		101968	2.29

地域集中度

本集团贷款主要集中在长江三角洲、环渤海经济圈和珠江三角洲地区。报告期末，上述三个地区贷款余额占比分别为31.77%、17.02%和7.90%，贷款余额较年初分别增长8.94%、3.43%和10.56%。

贷款质量

本集团减值贷款率为1.50%，较年初下降0.02个百分点；拨备覆盖率为153.08%，较年初上升2.58个百分点。

表3列示了在所示日期本集团向十大借款人提供的贷款余额情况。

表3　本集团向十大借款人提供的贷款余额情况一览表

（除另有标明外，人民币百万元）

项目	2017年12月31日	2016年12月31日
减值贷款	66902	62400
逾期90天以上的贷款	76423	86782
减值贷款占贷款余额的百分比(%)	1.50	1.52

2017年中信银行贷款与投资

中信银行

2018年3月26日

2017年，中信银行集团经营效益稳步提升，全年实现营业净收入1567.08亿元，同比增长1.86%；继续保持较高的拨备计提力度，全年计提贷款减值损失501.70亿元，增长9.75%；资产质量趋势向好，年末不良率1.68%，同比略有下降，拨备覆盖率169.44%，提高13.94个百分点，贷款拨备率2.84%，上升0.22个百分点；实现归属于本行股东的净利润425.66亿元，同比增长2.25%。

客户贷款及垫款

本集团客户贷款及垫款总额31968.87亿元，比上年末增长11.08%。客户贷款及垫款净额占总资产比例为54.7%，比上年末上升7.5个百分点。本集团公司类贷款（不含票据贴现）余额达18,578.47亿元，比上年末增加115.73亿元，增长0.63%；个人贷款余额为12,315.84亿元，比上年末增加2,749.78亿元，增长28.75%。本集团个人贷款余额占比达到38.5%，比上年末提升5.3个百分点。

表1 本集团客户贷款及垫款情况一览表

（人民币百万元）

项目	2017年12月31日	
	金额	占比（%）
公司贷款	1857847	58.1
贴现贷款	107456	3.4
个人贷款	1231584	38.5
客户贷款及垫款总额	3196887	100.0
客户贷款及垫款减值准备	(90903)	
客户贷款及垫款净额	3105984	

应收款项类投资

本集团应收款项类投资总额5340.61亿元，比上年末减少5034.23亿元，下降48.52%，其中，同业及他行理财类资产减少3271.20亿元，下降68.06%；银行票据类资产减少1693.28亿元，下降68.69%。

本集团应收款项类投资按基础资产分类情况如表2所示：

表2　本集团应收款项类投资按基础资产分类情况一览表

（人民币百万元）

项目	2017年12月31日	
	金额	占比（%）
同业及他行理财类资产	153510	28.7
信贷类资产	303386	56.8
票据类资产	77165	14.5
应收款项类投资总额	534061	100.0
应收款项类投资减值准备	(2943)	
应收款项类投资净额	531118	

2017年中国民生银行贷款与投资

中国民生银行

2018年03月30日

2017年，全集团实现归属于母公司股东的净利润498.13亿元，比上年增长4.12%；基本每股收益1.35元，比上年增加0.04元；归属于母公司普通股股东每股净资产10.12元，增加1.00元。持续推进降本增效，本集团全年业务及管理费总额457.61亿元，比上年减少23.25亿元，成本收入比控制在年度预算目标范围内。业务和收入结构继续优化，零售、金融市场和网络金融收入占比上升，消费升级的服务能力和服务效率进一步提升；本集团非利息净收入占营业收入比重由38.97%上升至40.01%。

发放贷款和垫款

本集团发放贷款和垫款总额为28043.07亿元，比上年末增加3427.21亿元，增幅13.92%，发放贷款和垫款总额在资产总额中的占比为47.51%，比上年末上升5.75个百分点。

按产品类型划分的发放贷款和垫款分布情况如表1所示：

表1 按产品类型划分的发放贷款和垫款分布情况一览表

（人民币百万元）

项目	2017年12月31日	
	金额	占比（%）
公司贷款和垫款	1698480	50.57
其中：票据贴现	82650	2.95
个人贷款和垫款	1105827	39.43
合计	2804307	100.0

其中，个人贷款和垫款的结构分布如表 2 所示：

表2 个人贷款和垫款的结构分布情况一览表

（人民币百万元）

项目	2017年12月31日	
	金额	占比（%）
小微企业贷款	373262	33.75
住房贷款	350986	31.74
信用卡透支	294019	26.59
其他	87560	7.92
合计	1105827	100.0

交易和银行账户投资

本集团交易和银行账户投资净额为 21358.97 亿元，比上年末减少 710.12 亿元，降幅 3.22%，在资产总额中的占比为 36.19%，比上年末下降 1.24 个百分点。

本集团按持有目的划分的交易和银行账户投资结构如表 3 所示：

表3 本集团按持有目的划分的交易和银行账户投资结构一览表

（人民币百万元）

项目	2017年12月31日	
	金额	占比（%）
应收款项类投资	974163	45.61
持有至到期投资	708244	33.16
可供出售金融资产	378889	17.74
以公允价值计量且其变动计入当期损益的金融资产	74601	3.49
合计	2135897	100.0

2017 年招商银行贷款与投资

招商银行

2018 年 3 月 23 日

2017 年，招商银行实现营业收入 2208.97 亿元，同比增长 5.33%；实现归属于本行股东的净利润 701.50 亿元，同比增长 13.00%。年末总资产超 6.29 万亿元，较上年末增长 5.98%；不良贷款余额和不良贷款率“双降”，资产质量趋稳向好。

贷款和垫款

截至 2017 年 12 月 31 日，本集团贷款和垫款总额 35650.44 亿元，较上年末增长 9.30%；贷款和垫款总额占资产总额的比例为 56.61%，较上年末上升 1.72 个百分点。有关本集团贷款和垫款的详情，请参阅本章“贷款质量分析”一节。

投资证券及其他金融资产

本集团投资证券及其他金融资产包括以人民币和外币计价的上市和非上市金融工具。

表 1 按会计分类列出本集团投资组合构成情况如下：

表1 按会计分类列出本集团投资组合构成情况一览表

（人民币百万元，百分比除外）

项目	2017年12月31日	
	金额	占比（%）
以公允价值计量且其变动计入当期损益的金融资产	64796	4.04
可供出售金融资产	383101	23.91
持有至到期投资	558218	34.84
应收款项类投资	572241	35.71
长期股权投资	5079	0.32
衍生金融资产	18916	1.18
投资证券及其他金融资产总额	1602351	100.00

以公允价值计量且其变动计入当期损益的金融资产

截至 2017 年 12 月 31 日，本集团以公允价值计量且其变动计入当期损益的金融资产 647.96 亿元，较上年末增长 15.77%，该类投资主要是把握债券市场交易机会的需要。2017 年，受去杠杆及宏观形势回暖、通胀预期回升和市场环境变化影响，交易账户债券市值受到一定冲击。本集团通过加强市场研究，采取与市场形势相匹配的稳健型交易策略，前瞻性地降低交易账户久期和规模，并采用利率衍生工具进行对冲，在适度减少交易敞口的同时积极进行债券及利率互换的波段操作，整体冲击程度可控。

可供出售金融资产

截至 2017 年 12 月 31 日，本集团可供出售金融资产净额 3831.01 亿元，较上年末下降 1.55%。该类投资主要是基于提高经营绩效的需要。2017 年，中国经济保持了良好的发展态势，经济增长的稳定性和质量较以往提高。受市场环境变化影响，人民币债券市场利率全面上行，信用利差震荡放宽。本公司密切跟踪市场变化，积极把握中期波段机会，利率上行后适当拉长久期，并适时调整存量组合的品种结构，优化了资产负债配置构成。

持有至到期投资

截至 2017 年 12 月 31 日，本集团持有至到期投资净额 5582.18 亿元，较上年末增长 17.01%。该类投资是基于银行账户利率风险管理及流动性管理的需要，兼顾收益与风险，作为本集团资产负债的战略性配置而长期持有，主要类别为中国政府债券、政策性银行债券等。2017 年，为配合地方政府债务置换，同时出于全行综合经营需要考虑，本集团持有至到期投资增量以地方政府债券为主。

应收款项类投资

应收款项类投资为本集团持有的无活跃市价债券投资和非标准债权投资。截至 2017 年 12 月 31 日，本集团应收款项类投资净额为 5722.41 亿元，比上年末增加 8.23%，主要是非标准债权投资增加。

长期股权投资

截至 2017 年 12 月 31 日，本集团长期股权投资净额 50.79 亿元，较上年末增长 36.83%。其中，对合营公司投资 50.59 亿元，较上年末增长 39.37%，主要是 2017 年本集团对合营公司招联消费金融有限公司增资 6 亿元，及享有的合营公司权益的增加。报告期末，本集团长期股权投资减值准备余额为零。

2017年光大银行贷款与投资

光大银行

2018年03月28日

2017年末，资产总额4.09万亿元，增长1.70%；各项贷款总额2.03万亿元，增长13.19%；存款余额2.27万亿元，增长7.16%。实现归属于本行股东的净利润315.45亿元。资本充足率13.49%，核心一级资本充足率9.56%，均比上年明显提升。不良贷款率1.59%，拨备覆盖率158.18%。实现手续费及佣金净收入307.74亿元，同比增长9.47%，在营业收入中占比提升3.61个百分点。

贷款和垫款

本集团贷款和垫款总额20320.56亿元，比上年末增加2367.78亿元，增长13.19%；贷款和垫款净额在资产总额中占比48.45%，比上年末上升4.88个百分点。

表1列示本集团贷款和垫款主要构成：

表1　本集团贷款和垫款主要构成情况一览表

（人民币百万元）

项目	2017年12月31日	
	金额	占比（%）
企业贷款	1179663	58.05
零售贷款	830004	40.85
贴现	22389	1.10
贷款和垫款总额	2032056	100.00

投资证券及其他金融资产

本集团投资证券及其他金融资产13024.49亿元，比上年末减少206.01亿元，在资产总额中占比31.86%，比上年末下降1.05个百分点。

表 2 列示本集团投资证券及其他金融资产主要构成：

表2　本集团投资证券及其他金融资产主要构成情况一览表

（人民币百万元）

项目	2017年12月31日	
	金额	占比（%）
以公允价值计量且其变动计入当期损益的金融资产	24196	1.86
衍生金融资产	4513	0.35
可供出售金融资产	414547	31.83
持有至到期投资	344617	26.46
应收款项类投资	514576	39.50
投资证券及其他金融资产总额	1302449	100.00

2017 年华夏银行贷款与投资

华夏银行

2018 年 04 月 28 日

2017 年末，本集团总资产规模达到 25089.27 亿元，比年初增加 1526.92 亿元，增长 6.48%；贷款总额 13940.82 亿元，比年初增加 1774.28 亿元，增长 14.58%；存款余额 14339.07 亿元，比年初增加 656.07 亿元，增长 4.79%。归属于上市公司股东的净利润 198.19 亿元，同比增加 1.42 亿元；实现中间业务收入 207.63 亿元，同比增加 44.82 亿元，增长 27.53%；资产收益率 0.82%，净资产收益率 13.54%。

贷款投放情况

表 1 列示本集团贷款投放按行业分布情况：

表1 贷款投放按行业分布情况一览表

（人民币百万元）

行业分布	2017年12月31日	
	金额	占比（%）
制造业	214979	15.42
租赁和商务服务业	203138	14.57
批发和零售业	169237	12.14
房地产业	100249	7.19
建筑业	88779	6.37
水利、环境和公共设施管理业	62046	4.45
交通运输、仓储和邮政业	49754	3.57
电力、热力、燃气及水生产和供应业	43149	3.10
采矿业	32208	2.31
其他对公行业	90889	6.52
票据贴现	16507	1.18
个人贷款	323147	23.18
合计	1394082	100.00

本集团持续加大行业分析和监测力度，积极支持实体经济发展，积极介入主流经济和优质项目，加大绿色信贷、战略新兴等产业领域的资源配置，压缩控制严重过剩行业中的落后产能、传统工艺和低端制造业，加快发展个人信贷业务，行业信贷结构得到进一步优化。

表2 贷款投放按地区分布情况一览表

（人民币百万元）

地区分布	2017年12月31日	
	金额	占比（%）
华北及东北	525878	37.72
华东	382613	27.45
华南及华中	305926	21.94
西部	179665	12.89
合计	1394082	100.00

本集团按照“立足京津冀、深耕中东部、服务全中国”的发展思路，积极服务京津冀协同发展、“一带一路”、长江经济带建设、东部地区率先发展、中部地区崛起、西部大开发、东北振兴等国家战略和区域经济社会发展规划，推动不同区域的分行因地制宜，不断优化客户结构，积极融入当地主流经济，区域信贷结构保持了均衡增长态势。

2017 年金融市场运行情况

中国人民银行

2018 年 1 月 30 日

2017 年，债券市场发行规模继续保持增长，交易量有所减少，债券收益率曲线上移，市场投资者结构进一步多元化；货币市场利率有所上行，交易量小幅下降；互换利率小幅上行；股指震荡走升，成交量同比下降。

一、债券发行量保持增长

2017 年，债券市场共发行各类债券 40.8 万亿元，较上年增长 12.9%。其中，银行间债券市场发行债券 36.8 万亿元，同比增长 14.2%。截至 2017 年 12 月末，债券市场托管余额为 74.0 万亿元，其中银行间债券市场托管余额为 65.4 万亿元。

2017 年，国债发行 3.9 万亿元，地方政府债券发行 4.4 万亿元，金融债券[1]发行 5 万亿元，政府支持机构债券发行 2860 亿元，资产支持证券发行 1.5 万亿元，同业存单发行 20.2 万亿元，公司信用类债券发行 5.5 万亿元。

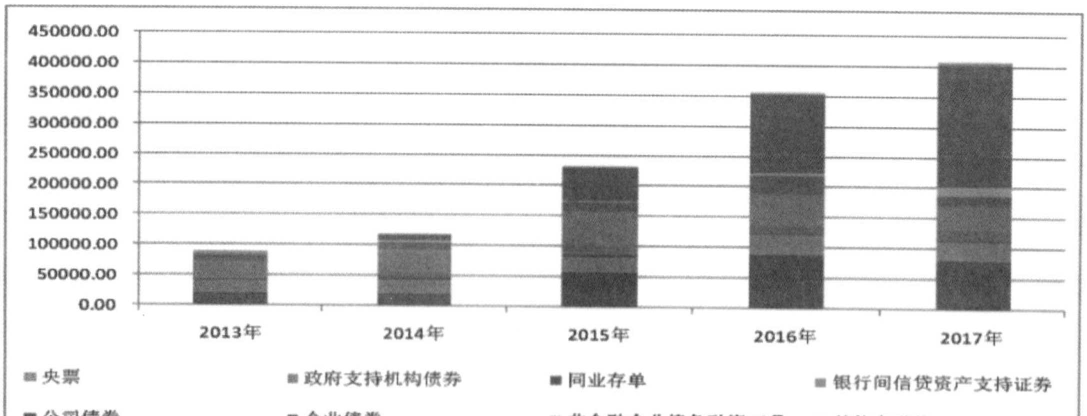

图 1　近年来债券市场主要债券品种发行量变化情况

资料来源：中央结算公司、上海清算所、上交所、深交所。

二、银行间市场成交量有所减少

2017年，银行间市场信用拆借、回购交易成交总量695.3万亿元，同比下降0.3%。其中，同业拆借累计成交79.0万亿元，同比下降17.7%；质押式回购累计成交588.3万亿元，同比增长3.5%；买断式回购累计成交28.1万亿元，同比下降14.9%。

2017年，债券市场现券交易量108.4万亿元，同比下降18.0%。其中，银行间市场现券累计成交102.8万亿元，日均成交4097亿元，同比下降19.1%。交易所现券累计成交5.6万亿元，日均成交227.9亿元，同比增长9.8%。

三、货币市场利率和债券收益率上行

2017年12月份，银行间货币市场同业拆借月加权平均利率为2.91%；质押式回购月加权平均利率为3.11%。

2017年，债券收益率曲线整体上移。12月末，1年、3年、5年、7年、10年期国债收益率分别为3.79%、3.78%、3.84%、3.90%、3.88%；5年期AAA级、AA+级和AA级中短期票据收益率分别为5.42%、5.67%、5.87%；中债综合全价指数为113.37点；交易所上证国债指数为160.85点。

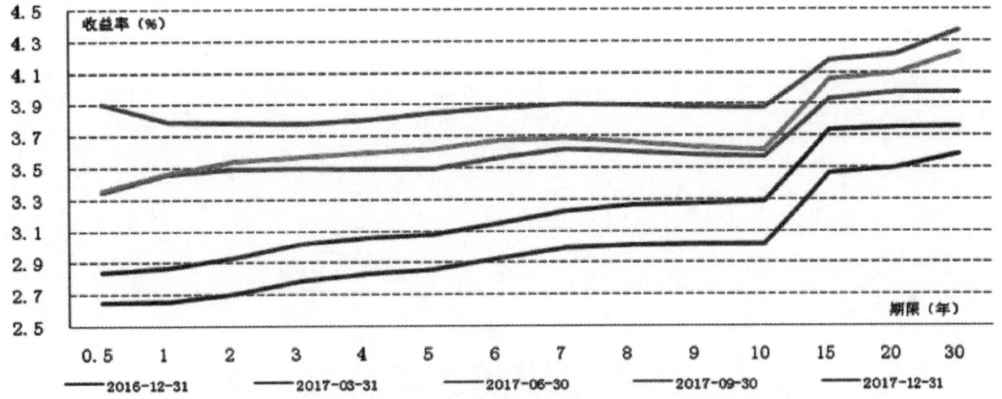

图2 2017年银行间市场国债收益率曲线变化情况

资料来源：中央国债登记结算有限责任公司

四、投资者结构进一步多元化

截至2017年末，银行间市场各类参与主体共计18681家，较上年末增加3437家。其中，境内法人类机构2665家，较上年末增加235家；境内非法人类机构15458家，较上年末增加2999家；境外机构投资者617家，较上年末增加210家。

2017年末，银行间市场存款类金融机构持有债券余额38.01万亿元，持债占比58.1%，较上年末下降0.6个百分点；非法人机构投资者持债规模18.54万亿元，占比为28.3%，较上年末提高0.9个百分点。公司信用类债券持有者中存款类机构继续下降，存款类金融机构、非银行金融机构、非法人机构投资者和其他投资者的持有债券占比分别为21.7%、7.1%、71.2%。

五、利率衍生品交易量同比增长，互换利率小幅上行

2017年，银行间人民币利率衍生品市场累计成交14.4万亿元，同比增长45.2%。其中，利率互换成交名义本金总额14.4万亿元，同比增长45.2%；债券远期成交12亿元，信用违约互换成交7亿元。利率互换期限品种主要以短期品种为主，1年期及以下交易名义本金额占总成交量的76.9%；浮动端参考利率为7天回购定盘利率（FR007），占比为79.1%。

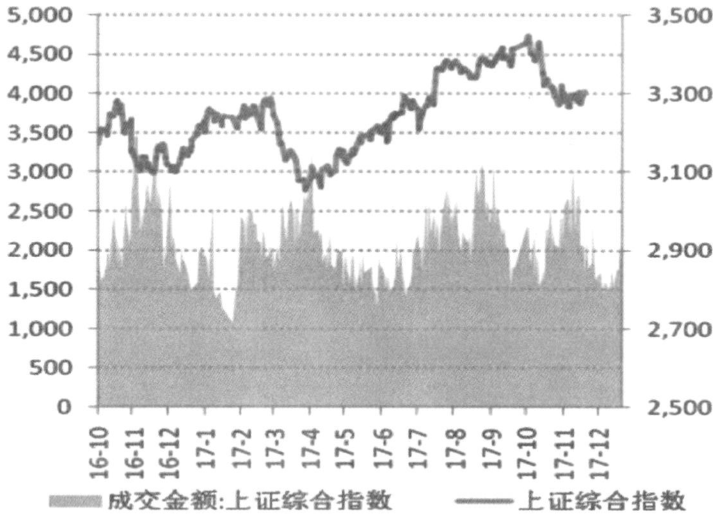

图 3　上交所股票成交量价走势

资料来源：上海证券交易所、深圳证券交易所。

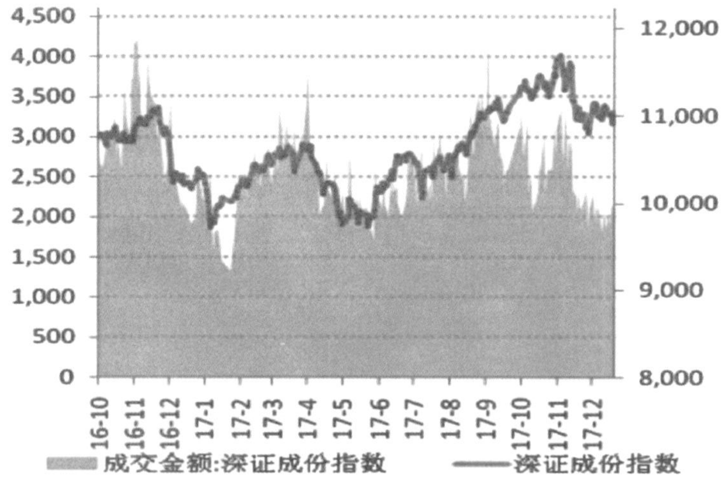

图 4　深交所股票成交量价走势

资料来源：上海证券交易所、深圳证券交易所。

互换利率小幅上行。2017 年末，1 年期 FR007 互换利率为 3.70%，5 年期 FR007 互换利率为 4.04%。

六、股票市场股指震荡走升

2017 年，股票市场整体震荡走升，上证综指创 2016 年以来新高。上证综指一度突破 3400 点，创 2016 年以来新高，最后收于 3307 点，较上年末上涨 6.56%；深圳成指收于 11040 点，较上年末上涨 8.48%。两市全年成交额 112.8 万亿元，同比下降 11.71%。

注：

[1] 包括国开行金融债、政策性银行债、普通金融债、二级资本债、资本补充债、证券公司短期融资券和交易所金融债。

（资料来源：中国证券监督管理委员会、中央国债登记结算有限责任公司、全国银行间同业拆借中心、银行间市场清算所股份有限公司、上海证券交易所和深圳证券交易所）。

2017 年金融统计数据报告

中国人民银行

2018 年 1 月 12 日

一、广义货币增长8.2%，狭义货币增长11.8%

12 月末，广义货币（M2）余额 167.68 万亿元，同比增长8.2%，增速分别比上月末和上年同期低0.9 个和 3.1 个百分点；狭义货币（M1）余额 54.38 万亿元，同比增长 11.8%，增速分别比上月末和上年同期低 0.9 个和 9.6 个百分点；流通中货币（M0）余额 7.06 万亿元，同比增长 3.4%。全年净投放现金 2342 亿元。

二、全年人民币贷款增加13.53万亿元，外币贷款增加522亿美元

12 月末，本外币贷款余额 125.61 万亿元，同比增长 12.1%。月末人民币贷款余额 120.13 万亿元，同比增长 12.7%，增速分别比上月末和上年同期低 0.6 个和 0.8 个百分点。全年人民币贷款增加 13.53 万亿元，同比多增 8782 亿元。分部门看，住户部门贷款增加 7.13 万亿元，其中，短期贷款增加 1.83 万亿元，中长期贷款增加 5.3 万亿元；非金融企业及机关团体贷款增加 6.71 万亿元，其中，短期贷款增加 1.63 万亿元，中长期贷款增加 6.38 万亿元，票据融资减少 1.58 万亿元；非银行业金融机构贷款减少 3183 亿元。12 月份，人民币贷款增加 5844 亿元，同比少增 4600 亿元。12 月末，外币贷款余额 8379 亿美元，同比增长 6.6%。全年外币贷款增加 522 亿美元，同比多增 967 亿美元。12 月份，外币贷款增加 48 亿美元，同比多增 214 亿美元。

三、全年人民币存款增加13.51万亿元，外币存款增加779亿美元

12 月末，本外币存款余额 169.27 万亿元，同比增长 8.8%。月末人民币存款余额 164.1 万亿元，同比增长 9%，增速分别比上月末和上年同期低 0.6 个和 2 个百分点。全年人民币存款增加 13.51 万亿元，同比少增 1.36 万亿元。其中，住户存款增加 4.6 万亿元，非金融企业存款增加 4.09 万亿元，财政性存款增加 5684 亿元，非银行业金融机构存款增加 1.23 万亿元。12 月份，人民币存款减少 7929 亿元，同比多减 9564 亿元。12 月末，外币存款余额 7910 亿美元，同比增长 11.1%。全年外币存款增加 779 亿美元，同比少增 66 亿美元。12 月份，外币存款增加 65 亿美元，同比少增 28 亿美元。

四、12月份银行间人民币市场同业拆借月加权平均利率为2.91%，质押式债券回购月加权平均利率为3.11%

2017 年银行间人民币市场以拆借、现券和回购方式合计成交 798.18 万亿元，日均成交 3.18 万亿元，日均成交比上年下降 3.2%。其中，同业拆借

日均成交同比下降 17.7%，现券日均成交同比下降 19.1%，质押式回购日均成交同比上升 3.5%。12 月份同业拆借加权平均利率为 2.91%，比上月低 0.01 个百分点，比上年同期高 0.47 个百分点；质押式回购加权平均利率为 3.11%，分别比上月和上年同期高 0.11 个和 0.55 个百分点。

五、国家外汇储备余额3.14万亿美元

12 月末，国家外汇储备余额为 3.14 万亿美元。12 月末，人民币汇率为 1 美元兑 6.5342 元人民币。

六、2017年跨境贸易人民币结算业务发生4.36万亿元，直接投资人民币结算业务发生1.64万亿元

2017 年，以人民币进行结算的跨境货物贸易、服务贸易及其他经常项目、对外直接投资、外商直接投资分别发生 3.27 万亿元、1.09 万亿元、4568.8 亿元、1.18 万亿元。

2017年社会融资规模增量统计数据报告

中国人民银行

2018年1月12日

初步统计，2017年社会融资规模增量累计为19.44万亿元，比上年多1.63万亿元。其中，对实体经济发放的人民币贷款增加13.84万亿元，同比多增1.41万亿元；对实体经济发放的外币贷款折合人民币增加18亿元，同比多增5658亿元；委托贷款增加7770亿元，同比少增1.41万亿元；信托贷款增加2.26万亿元，同比多增1.4万亿元；未贴现的银行承兑汇票增加5364亿元，同比多增2.49万亿元；企业债券净融资4495亿元，同比少2.55万亿元；非金融企业境内股票融资8734亿元，同比少3682亿元。12月份社会融资规模增量为1.14万亿元，比上年同期少4999亿元。

从结构看，2017年对实体经济发放的人民币贷款占同期社会融资规模的71.2%，同比高1.4个百分点；对实体经济发放的外币贷款占比0.01%，同比高3.2个百分点；委托贷款占比4%，同比低8.3个百分点；信托贷款占比11.6%，同比高6.8个百分点；未贴现的银行承兑汇票占比2.8%，同比高13.8个百分点；企业债券占比2.3%，同比低14.6个百分点；非金融企业境内股票融资占比4.5%，同比低2.5个百分点。

2017年社会融资规模存量统计数据报告

中国人民银行

2018年1月12日

初步统计，2017年社会融资规模存量为174.64万亿元，同比增长12%。其中，对实体经济发放的人民币贷款余额为119.03万亿元，同比增长13.2%；对实体经济发放的外币贷款折合人民币余额为2.48万亿元，同比下降5.8%；委托贷款余额为13.97万亿元，同比增长5.9%；信托贷款余额为8.53万亿元，同比增长35.9%；未贴现的银行承兑汇票余额为4.44万亿元，同比增长13.7%；企业债券余额为18.37万亿元，同比增长2.5%；非金融企业境内股票余额为6.65万亿元，同比增长15.1%。

从结构看，2017年对实体经济发放的人民币贷款余额占同期社会融资规模存量的68.2%，同比高0.8个百分点；对实体经济发放的外币贷款余额占比1.4%，同比低0.3个百分点；委托贷款余额占比8%，同比低0.5个百分点；信托贷款余额占比4.9%，同比高0.9个百分点；未贴现的银行承兑汇票余额占比2.5%，同比持平；企业债券余额占比10.5%，同比低1个百分点；非金融企业境内股票余额占比3.8%，同比高0.1个百分点。

第九部分

投资政策法规

国务院关于推进国有资本投资、运营公司改革试点的实施意见

国发〔2018〕23号

国务院

2018年7月14日

各省、自治区、直辖市人民政府，国务院各部委、各直属机构：

改组组建国有资本投资、运营公司，是以管资本为主改革国有资本授权经营体制的重要举措。按照《中共中央 国务院关于深化国有企业改革的指导意见》《国务院关于改革和完善国有资产管理体制的若干意见》有关要求和党中央、国务院工作部署，为加快推进国有资本投资、运营公司改革试点工作，现提出以下实施意见。

一、总体要求

（一）指导思想

全面贯彻党的十九大和十九届二中、三中全会精神，以习近平新时代中国特色社会主义思想为指导，坚持社会主义市场经济改革方向，坚定不移加强党对国有企业的领导，着力创新体制机制，完善国有资产管理体制，深化国有企业改革，促进国有资产保值增值，推动国有资本做强做优做大，有效防止国有资产流失，切实发挥国有企业在深化供给侧结构性改革和推动经济高质量发展中的带动作用。

（二）试点目标

通过改组组建国有资本投资、运营公司，构建国有资本投资、运营主体，改革国有资本授权经营体制，完善国有资产管理体制，实现国有资本所有权与企业经营权分离，实行国有资本市场化运作。发挥国有资本投资、运营公司平台作用，促进国有资本合理流动，优化国有资本投向，向重点行业、关键领域和优势企业集中，推动国有经济布局优化和结构调整，提高国有资本配置和运营效率，更好服务国家战略需要。试点先行，大胆探索，及时研究解决改革中的重点难点问题，尽快形成可复制、可推广的经验和模式。

（三）基本原则

坚持党的领导。建立健全中国特色现代国有企业制度，把党的领导融入公司治理各环节，把企业党组织内嵌到公司治理结构之中，明确和落实党组织在公司法人治理结构中的法定地位，充分发挥党组织的领导作用，确保党和国家方针政策、重大决策部署的贯彻执行。

坚持体制创新。以管资本为主加强国有资产监管，完善国有资本投资运营的市场化机制。科学合理界定政府及国有资产监管机构，国有资本投资、运营

公司和所持股企业的权利边界，健全权责利相统一的授权链条，进一步落实企业市场主体地位，培育具有创新能力和国际竞争力的国有骨干企业。

坚持优化布局。通过授权国有资本投资、运营公司履行出资人职责，促进国有资本合理流动，优化国有资本布局，使国有资本投资、运营更好地服务于国家战略目标。

坚持强化监督。正确处理好授权经营和加强监督的关系，明确监管职责，构建并强化政府监督、纪检监察监督、出资人监督和社会监督的监督体系，增强监督的协同性、针对性和有效性，防止国有资产流失。

二、试点内容

（一）功能定位

国有资本投资、运营公司均为在国家授权范围内履行国有资本出资人职责的国有独资公司，是国有资本市场化运作的专业平台。公司以资本为纽带、以产权为基础依法自主开展国有资本运作，不从事具体生产经营活动。国有资本投资、运营公司对所持股企业行使股东职责，维护股东合法权益，以出资额为限承担有限责任，按照责权对应原则切实承担优化国有资本布局、提升国有资本运营效率、实现国有资产保值增值等责任。

国有资本投资公司主要以服务国家战略、优化国有资本布局、提升产业竞争力为目标，在关系国家安全、国民经济命脉的重要行业和关键领域，按照政府确定的国有资本布局和结构优化要求，以对战略性核心业务控股为主，通过开展投资融资、产业培育和资本运作等，发挥投资引导和结构调整作用，推动产业集聚、化解过剩产能和转型升级，培育核心竞争力和创新能力，积极参与国际竞争，着力提升国有资本控制力、影响力。

国有资本运营公司主要以提升国有资本运营效率、提高国有资本回报为目标，以财务性持股为主，通过股权运作、基金投资、培育孵化、价值管理、有序进退等方式，盘活国有资产存量，引导和带动社会资本共同发展，实现国有资本合理流动和保值增值。

（二）组建方式

按照国家确定的目标任务和布局领域，国有资本投资、运营公司可采取改组和新设两种方式设立。根据国有资本投资、运营公司的具体定位和发展需要，通过无偿划转或市场化方式重组整合相关国有资本。

划入国有资本投资、运营公司的资产，为现有企业整体股权（资产）或部分股权。股权划入后，按现行政策加快剥离国有企业办社会职能和解决历史遗留问题，采取市场化方式处置不良资产和业务等。股权划入涉及上市公司的，应符合证券监管相关规定。

（三）授权机制

按照国有资产监管机构授予出资人职责和政府直接授予出资人职责两种模式开展国有资本投资、运营公司试点。

1. 国有资产监管机构授权模式。政府授权国有资产监管机构依法对国有资本投资、运营公司履行出资人职责；国有资产监管机构根据国有资本投资、运营公司具体定位和实际情况，按照“一企一策”原则，授权国有资本投资、运营公司履行出资人职责，制定监管清单和责任清单，明确对国有资本投资、运营公司的监管内容和方式，依法落实国有资本投资、运营公司董事会职权。国有资本投资、运营公司对授权范围内的国有资本履行出资人职责。国有资产监管机构负责对国有资本投资、运营公司进行考核和评价，并定期向本级人民政府报告，重点说明所监管国有资本投资、运营公司贯彻国家战略目标、国有资产保值增值等情况。

2. 政府直接授权模式。政府直接授权国有资本投资、运营公司对授权范围内的国有资本履行出资人职责。国有资本投资、运营公司根据授权自主开展国有资本运作，贯彻落实国家战略和政策目标，定期向政府报告年度工作情况，重大事项及时报告。政府直接对国有资本投资、运营公司进行考核和评价等。

（四）治理结构

国有资本投资、运营公司不设股东会，由政府或国有资产监管机构行使股东会职权，政府或国有资产监管机构可以授权国有资本投资、运营公司董事会行使股东会部分职权。按照中国特色现代国有企业制度的要求，国有资本投资、运营公司设立党组织、董事会、经理层，规范公司治理结构，建立健全权责对等、运转协调、有效制衡的决策执行监督机制，充分发挥党组织的领导作用、董事会的决策作用、经理层的经营管理作用。

1. 党组织。把加强党的领导和完善公司治理统一起来，充分发挥党组织把方向、管大局、保落实的作用。坚持党管干部原则与董事会依法产生、董事会依法选择经营管理者、经营管理者依法行使用人权相结合。按照“双向进入、交叉任职”的原则，符合条件的党组织领导班子成员可以通过法定程序进入董事会、经理层，董事会、经理层成员中符合条件的党员可以依照有关规定和程序进入党组织领导班子。党组织书记、董事长一般由同一人担任。对于重大经营管理事项，党组织研究讨论是董事会、经理层决策的前置程序。国务院直接授权的国有资本投资、运营公司，应当设立党组。纪检监察机关向国有资本投资、运营公司派驻纪检监察机构。

2. 董事会。国有资本投资、运营公司设立董事会，根据授权，负责公司发展战略和对外投资，经理层选聘、业绩考核、薪酬管理，向所持股企业派出董事等事项。董事会成员原则上不少于9人，由执行董事、外部董事、职工董事组成。保障国有资本投资、运营公司按市场化方式选择外部董事等权利，外部董事应在董事会中占多数，职工董事由职工代表大会选举产生。董事会设董事长1名，可设副董事长。董事会下设战略与投资委员会、提名委员会、薪酬与考核委员会、审计委员会、风险控制委员会等专门委员会。专门委员会在董事会授权范围内开展相关工作，协助董事会履行职责。

国有资产监管机构授权的国有资本投资、运营公司的执行董事、外部董事由国有资产监管机构委派。其中，外部董事由国有资产监管机构根据国有资本投资、运营公司董事会结构需求，从专职外部董事中选择合适人员担任。董事长、副董事长由国有资产监管机构从董事会成员中指定。

政府直接授权的国有资本投资、运营公司执行董事、外部董事（股权董事）由国务院或地方人民政府委派，董事长、副董事长由国务院或地方人民政府从董事会成员中指定。其中，依据国有资本投资、运营公司职能定位，外部董事主要由政府综合管理部门和相关行业主管部门提名，选择专业人士担任，由政府委派。外部董事可兼任董事会下属专门委员会主席，按照公司治理结构的议事规则对国有资本投资、运营公司的重大事项发表相关领域专业意见。

政府或国有资产监管机构委派外部董事要注重拓宽外部董事来源，人员选择要符合国有资本投资、运营公司定位和专业要求，建立外部董事评价机制，确保充分发挥外部董事作用。

3. 经理层。国有资本投资、运营公司的经理层根据董事会授权负责国有资本日常投资运营。董事长与总经理原则上不得由同一人担任。

国有资产监管机构授权的国有资本投资、运营公司党组织隶属中央、地方党委或国有资产监管机构党组织管理，领导班子及其成员的管理，以改组的企业集团为基础，根据具体情况区别对待。其中，由中管企业改组组建的国有资本投资、运营公司，领导班子及其成员由中央管理；由非中管的中央企业改组组建或新设的国有资本投资、运营公司，领导班子及其成员的管理按照干部管理权限确定。

政府直接授权的国有资本投资、运营公司党组织隶属中央或地方党委管理，领导班子及其成员由中央或地方党委管理。

国有资本投资、运营公司董事长、董事（外部董事除外）、高级经理人员，原则上不得在其他有限责任公司、股份有限公司或者其他经济组织兼职。

（五）运行模式

1. 组织架构。国有资本投资、运营公司要按照市场化、规范化、专业化的管理导向，建立职责清晰、精简高效、运行专业的管控模式，分别结合职能定位具体负责战略规划、制度建设、资源配置、资本运营、财务监管、风险管控、绩效评价等事项。

2. 履职行权。国有资本投资、运营公司应积极推动所持股企业建立规范、完善的法人治理结构，并通过股东大会表决、委派董事和监事等方式行使股东权利，形成以资本为纽带的投资与被投资关系，协调和引导所持股企业发展，实现有关战略意图。国有资本投资、运营公司委派的董事、监事要依法履职行权，对企业负有忠实义务和勤勉义务，切实维护股东权益，不干预所持股企业日常经营。

3. 选人用人机制。国有资本投资、运营公司要建立派出董事、监事候选人员库，由董事会下设的提名委员会根据拟任职公司情况提出差额适任人选，报董事会审议、任命。同时，要加强对派出董事、监事的业务培训、管理和考核评价。

4. 财务监管。国有资本投资、运营公司应当严格按照国家有关财务制度规定，加强公司财务管理，防范财务风险。督促所持股企业加强财务管理，落实风险管控责任，提高运营效率。

5. 收益管理。国有资本投资、运营公司以出资人身份，按照有关法律法规和公司章程，对所持股企业的利润分配进行审议表决，及时收取分红，并依规上交国有资本收益和使用管理留存收益。

6. 考核机制。国有资本投资公司建立以战略目标和财务效益为主的管控模式，对所持股企业考核侧重于执行公司战略和资本回报状况。国有资本运营公司建立财务管控模式，对所持股企业考核侧重于国有资本流动和保值增值状况。

（六）监督与约束机制

1. 完善监督体系。整合出资人监管和审计、纪检监察、巡视等监督力量，建立监督工作会商机制，按照事前规范制度、事中加强监控、事后强化问责的原则，加强对国有资本投资、运营公司的统筹监督，提高监督效能。纪检监察机构加强对国有资本投资、运营公司党组织、董事会、经理层的监督，强化对国有资本投资、运营公司领导人员廉洁从业、行使权力等的监督。国有资本投资、运营公司要建立内部常态化监督审计机制和信息公开制度，加强对权力集中、资金密集、资源富集、资产聚集等重点部门和岗位的监管，在不涉及国家秘密和企业商业秘密的前提下，依法依规、及时准确地披露公司治理以及管理架构、国有资本整体运营状况、关联交易、企业负责人薪酬等信息，建设阳光国企，主动接受社会监督。

2. 实施绩效评价。国有资本投资、运营公司要接受政府或国有资产监管机构的综合考核评价。考核评价内容主要包括贯彻国家战略、落实国有资本布局和结构优化目标、执行各项法律法规制度和公司章程，重大问题决策和重要干部任免，国有资本运营效率、保值增值、财务效益等方面。

三、实施步骤

国有资本投资、运营公司试点工作应分级组织、分类推进、稳妥开展，并根据试点进展情况及时总结推广有关经验。中央层面，继续推进国有资产监管机构授权的国有资本投资、运营公司深化试点，并结合本实施意见要求不断完善试点工作。同时推进国务院直接授权的国有资本投资、运营公司试点，选择由财政部履行国有资产监管职责的中央企业以及中央党政机关和事业单位经营性国有资产集中统一监管改革范围内的企业稳步开展。地方层面，试点工作由各省级人民政府结合实际情况组织实施。

四、配套政策

（一）推进简政放权。围绕落实出资人职责的定位，有序推进对国有资本投资、运营公司的放权。将包括国有产权流转等决策事项的审批权、经营班子业绩考核和薪酬管理权等授予国有资本投资、运营公司，相关管理要求和运行规则通过公司组建方案和公司章程予以明确。

（二）综合改革试点。国有资本投资、运营公司所持股国有控股企业中，符合条件的可优先支持同时开展混合所有制改革、混合所有制企业员工持股、推行职业经理人制度、薪酬分配差异化改革等其他改革试点，充分发挥各项改革工作的综合效应。

（三）完善支持政策。严格落实国有企业重组整合涉及的资产评估增值、土地变更登记和国有资产无偿划转等方面税收优惠政策。简化工商税务登记、变更程序。鼓励国有资本投资、运营公司妥善解决历史遗留问题、处置低效无效资产。制定国有资本投资、运营公司的国有资本经营预算收支管理政策。

五、组织实施

加快推进国有资本投资、运营公司改革试点，是深化国有企业改革的重要组成部分，是改革和完善国有资产管理体制的重要举措。国务院国有企业改革领导小组负责国有资本投资、运营公司试点工作的组织协调和督促落实。中央组织部、国家发展改革委、财政部、人力资源社会保障部、国务院国资委等部门按照职责分工制定落实相关配套措施，密切配合、协同推进试点工作。中央层面的国有资本投资、运营公司试点方案，按程序报党中央、国务院批准后实施。

各省级人民政府对本地区国有资本投资、运营公司试点工作负总责，要紧密结合本地区实际情况，制定本地区国有资本投资、运营公司改革试点实施方案，积极稳妥组织开展试点工作。各省级人民政府要将本地区改革试点实施方案报国务院国有企业改革领导小组备案。

国务院关于促进天然气协调稳定发展的若干意见

国发〔2018〕31号

国务院

2018年8月30日

各省、自治区、直辖市人民政府，国务院各部委、各直属机构：

天然气是优质高效、绿色清洁的低碳能源。加快天然气开发利用，促进协调稳定发展，是我国推进能源生产和消费革命，构建清洁低碳、安全高效的现代能源体系的重要路径。当前我国天然气产供储销体系还不完备，产业发展不平衡不充分问题较为突出，主要是国内产量增速低于消费增速，进口多元化有待加强，消费结构不尽合理，基础设施存在短板，储气能力严重不足，互联互通程度不够，市场化价格机制未充分形成，应急保障机制不完善，设施建设运营存在安全风险等。为有效解决上述问题，加快天然气产供储销体系建设，促进天然气协调稳定发展，现提出以下意见。

一、总体要求

（一）指导思想

以习近平新时代中国特色社会主义思想为指导，全面贯彻党的十九大和十九届二中、三中全会精神，统筹推进“五位一体”总体布局和协调推进“四个全面”战略布局，按照党中央、国务院关于深化石油天然气体制改革的决策部署和加快天然气产供储销体系建设的任务要求，落实能源安全战略，着力破解天然气产业发展的深层次矛盾，有效解决天然气发展不平衡不充分问题，确保国内快速增储上产，供需基本平衡，设施运行安全高效，民生用气保障有力，市场机制进一步理顺，实现天然气产业健康有序安全可持续发展。

（二）基本原则

产供储销，协调发展。促进天然气产业上中下游协调发展，构建供应立足国内、进口来源多元、管网布局完善、储气调峰配套、用气结构合理、运行安全可靠的天然气产供储销体系。立足资源供应实际，统筹谋划推进天然气有序利用。

规划统筹，市场主导。落实天然气发展规划，加快天然气产能和基础设施重大项目建设，加大国内勘探开发力度。深化油气体制机制改革，规范用气行为和市场秩序，坚持以市场化手段为主做好供需平衡。

有序施策，保障民生。充分利用天然气等各种清洁能源，多渠道、多途径推进煤炭替代。“煤改气”要坚持“以气定改”、循序渐进，保障重点区域、领域用气需求。落实各方责任，强化监管问责，确保民生用气稳定供应。

二、加强产供储销体系建设，促进天然气供需动态平衡

（三）加大国内勘探开发力度。深化油气勘查开采管理体制改革，尽快出台相关细则。（自然资源部、国家发展改革委、国家能源局按职责分工负责）各油气企业全面增加国内勘探开发资金和工作量投入，确保完成国家规划部署的各项目标任务，力争到2020年底前国内天然气产量达到2000亿立方米以上。（各油气企业负责，国家发展改革委、国务院国资委、自然资源部、国家能源局加强督导检查）严格执行油气勘查区块退出机制，全面实行区块竞争性出让，鼓励以市场化方式转让矿业权，完善矿业权转让、储量及价值评估等规则。建立完善油气地质资料公开和共享机制。（自然资源部、国家发展改革委、国务院国资委、国家能源局按职责分工负责）建立已探明未动用储量加快动用机制，综合利用区块企业内部流转、参照产品分成等模式与各类主体合资合作开发、矿业权企业间流转和竞争性出让等手段，多措并举盘活储量存量。（国家发展改革委、自然资源部、国务院国资委、国家能源局按职责分工负责）统筹国家战略和经济效益，强化国有油气企业能源安全保障考核，引导企业加大勘探开发投入，确保增储上产见实效。（国务院国资委、国家发展改革委、国家能源局按职责分工负责）统筹平衡天然气勘探开发与生态环境保护，积极有序推进油气资源合理开发利用，服务国家能源战略、保障天然气供应安全。（生态环境部、自然资源部、国家发展改革委、国家能源局按职责分工负责）

（四）健全天然气多元化海外供应体系。加快推进进口国别（地区）、运输方式、进口通道、合同模式以及参与主体多元化。天然气进口贸易坚持长约、现货两手抓，在保障长期供应稳定的同时，充分发挥现货资源的市场调节作用。加强与重点天然气出口国多双边合作，加快推进国际合作重点项目。在坚持市场化原则的前提下，在应急保供等特殊时段加强对天然气进口的统筹协调，规范市场主体竞争行为。（各油气企业落实，国家发展改革委、外交部、商务部、国家能源局指导协调）

（五）构建多层次储备体系。建立以地下储气库和沿海液化天然气（LNG）接收站为主、重点地区内陆集约规模化LNG储罐为辅、管网互联互通为支撑的多层次储气系统。供气企业到2020年形成不低于其年合同销售量10%的储气能力。（各供气企业负责，国家发展改革委、国家能源局指导并督促落实）城镇燃气企业到2020年形成不低于其年用气量5%的储气能力，各地区到2020年形成不低于保障本行政区域3天日均消费量的储气能力。统筹推进地方政府和城镇燃气企业储气能力建设，实现储气设施集约化规模化运营，避免“遍地开花”，鼓励各类投资主体合资合作建设储气设施。（各省级人民政府负责，国家发展改革委、住房城乡建设部、国家能源局指导）

作为临时性过渡措施，储气能力暂时不达标的企业和地区，要通过签订可中断供气合同等方式弥补调峰能力。（国家发展改革委、住房城乡建设部、国家能源局、各省级人民政府按职责分工负责）加快放开储气地质构造的使用权，鼓励符合条件的市场主体利用枯竭油气藏、盐穴等建设地下储气库。配套完善油气、盐业等矿业权转让、废弃核销机制以及已开发油气田、盐矿作价评估机制。（国家发展改革委、自然资源部、国家能源局按职责分工负责）按照新的储气能力要求，修订《城镇燃气设计规范》。加强储气能力建设情况跟踪，对推进不力、违法失信的地方政府和企业等实施约谈问责或联合惩戒。（国家发展改革委、住房城乡建设部、国家能源局、各省级人民政府按职责分工负责）

（六）强化天然气基础设施建设与互联互通。加快天然气管道、LNG 接收站等项目建设，集中开展管道互联互通重大工程，加快推动纳入环渤海地区 LNG 储运体系实施方案的各项目落地实施。（相关企业负责，国家发展改革委、国家能源局等有关部门与地方各级人民政府加强协调支持）注重与国土空间规划相衔接，合理安排各类基础设施建设规模、结构、布局和时序，加强项目用地用海保障。（自然资源部负责）抓紧出台油气管网体制改革方案，推动天然气管网等基础设施向第三方市场主体公平开放。深化“放管服”改革，简化优化前置要件审批，积极推行并联审批等方式，缩短项目建设手续办理和审批周期。（国家发展改革委、国家能源局等有关部门与地方各级人民政府按职责分工负责）根据市场发展需求，积极发展沿海、内河小型 LNG 船舶运输，出台 LNG 罐箱多式联运相关法规政策和标准规范。（交通运输部、国家铁路局负责）

三、深化天然气领域改革，建立健全协调稳定发展体制机制

（七）建立天然气供需预测预警机制。加强政府和企业层面对国际天然气市场的监测和预判。统筹考虑经济发展、城镇化进程、能源结构调整、价格变化等多种因素，精准预测天然气需求，尤其要做好冬季取暖期民用和非民用天然气需求预测。根据预测结果，组织开展天然气生产和供应能力科学评估，努力实现供需动态平衡。建立天然气供需预警机制，及时对可能出现的国内供需问题及进口风险作出预测预警，健全信息通报和反馈机制，确保供需信息有效对接。（国家发展改革委、外交部、生态环境部、住房城乡建设部、国家能源局、中国气象局指导地方各级人民政府和相关企业落实）

（八）建立天然气发展综合协调机制。全面实行天然气购销合同制度，鼓励签订中长期合同，积极推动跨年度合同签订。按照宜电则电、宜气则气、宜煤则煤、宜油则油的原则，充分利用各种清洁能源推进大气污染防治和北方地区冬季清洁取暖。“煤改气”要坚持“以气定改”、循序渐进，突出对京津冀及周边地区和汾渭平原等重点区域用气需求的保障。（各省级人民政府和供气企业负责，国家发展改革委、生态环境部、住房城乡建设部、国家能源局指导并督促落实）建立完善天然气领域信用体系，对合同违约及保供不力的地方政府和企业，按相关规定纳入失信名单，对严重违法失信行为实施联合惩戒。（国家发展改革委、国家能源局负责）研究将中央财政对非常规天然气补贴政策延续到“十四五”时期，将致密气纳入补贴范围。对重点地区应急储气设施建设给予中央预算内投资补助支持，研究中央财政对超过储备目标的气量给予补贴等支持政策，在准确计量认定的基础上研究对垫底气的支持政策。研究根据 LNG 接收站实际接收量实行增值税按比例返还的政策。（财政部、国家发展改革委、国家能源局按职责分工负责）将天然气产供储销体系重大工程建设纳入相关专项督查。（国家发展改革委、国家能源局负责）

（九）建立健全天然气需求侧管理和调峰机制。新增天然气量优先用于城镇居民生活用气和大气污染严重地区冬季取暖散煤替代。研究出台调峰用户管理办法，建立健全分级调峰用户制度，按照确保安全、提前告知、充分沟通、稳妥推进的原则启动实施分级调峰。鼓励用户自主选择资源方、供气路径及形式，

大力发展区域及用户双气源、多气源供应。鼓励发展可中断大工业用户和可替代能源用户，通过季节性差价等市场化手段，积极引导用户主动参与调峰，充分发挥终端用户调峰能力。（各省级人民政府负责，国家发展改革委、生态环境部、住房城乡建设部、国家能源局加强指导支持）

（十）建立完善天然气供应保障应急体系。充分发挥煤电油气运保障工作部际协调机制作用，构建上下联动、部门协调的天然气供应保障应急体系。（煤电油气运保障工作部际协调机制成员单位负责）落实地方各级人民政府的民生用气保供主体责任，严格按照“压非保民”原则做好分级保供预案和用户调峰方案。（地方各级人民政府负责）建立天然气保供成本合理分摊机制，相应应急支出由保供不力的相关责任方全额承担，参与保供的第三方企业可获得合理收益。（国家发展改革委、地方各级人民政府按职责分工负责）

（十一）理顺天然气价格机制。落实好理顺居民用气门站价格方案，合理安排居民用气销售价格，各地区要采取措施对城乡低收入群体给予适当补贴。（各省级人民政府负责，国家发展改革委指导并督促落实）中央财政利用现有资金渠道加大支持力度，保障气价改革平稳实施。（财政部负责）加快建立上下游天然气价格联动机制，完善监管规则、调价公示和信息公开制度，建立气源采购成本约束和激励机制。推行季节性差价、可中断气价等差别化价格政策，促进削峰填谷，引导企业增加储气和淡旺季调节能力。加强天然气输配环节价格监管，切实降低过高的省级区域内输配价格。加强天然气价格监督检查，严格查处价格违法违规行为。（各省级人民政府负责，国家发展改革委、市场监管总局指导并督促落实）推动城镇燃气企业整合重组，鼓励有资质的市场主体开展城镇燃气施工等业务，降低供用气领域服务性收费水平。（住房城乡建设部、国家发展改革委负责）

（十二）强化天然气全产业链安全运行机制。各类供气企业、管道运营企业、城镇燃气企业等要切实落实安全生产主体责任，建立健全安全生产工作机制和管理制度，严把工程质量关，加强设施维护和巡查，严格管控各类风险，及时排查消除安全隐患。地方各级人民政府要切实落实属地管理责任，严格日常监督检查和管理，加强重大风险安全管控，指导督促企业落实安全生产主体责任。地方各级人民政府和相关企业要建立健全应急处置工作机制，完善应急预案。制定完善天然气产业链各环节质量管理和安全相关法律法规、标准规范及技术要求。针对农村“煤改气”等重点领域、冬季采暖期等特殊时段，国务院各有关部门要视情组织专项督查，指导督促地方和相关企业做好安全生产工作。（相关企业承担主体责任，地方各级人民政府承担属地管理责任，国家发展改革委、自然资源部、生态环境部、住房城乡建设部、应急部、市场监管总局、国家能源局按职责分工加强指导和监督）

关于推进高铁站周边区域合理开发建设的指导意见

国家发展改革委　自然资源部　住房城乡建设部　中国铁路总公司

2018 年 4 月 24 日

各省、自治区、直辖市人民政府，新疆生产建设兵团：

随着我国高速铁路快速发展，沿线地区人民群众出行服务水平得到显著提升。依托高铁车站推进周边区域开发建设，有利于城市空间有效拓展和内部结构整合优化，有利于调整完善产业布局，促进交通、产业、城镇融合发展。近年来，一些地方依托高铁建设的有利条件，积极探索推进高铁车站周边区域开发建设，取得了一定发展成效，有的高铁车站周边区域已经成为城市最具人气和活力、发展最快的地区。但总体上看，我国高铁车站周边区域整体开发建设仍处于起步阶段，各方面对高铁建设和城镇化融合发展研究还不深入，个别地方高铁车站周边开发建设不同程度地存在初期规模过大、功能定位偏高、发展模式较单一、综合配套不完善等问题，对人口和产业吸引力不够，持续健康发展的基础不够牢固，潜藏着一定的社会经济风险。为推进高铁车站周边区域合理开发建设，提出如下意见。

一、总体要求

（一）指导思想

深入学习贯彻习近平新时代中国特色社会主义思想和党的十九大精神，坚持以人民为中心，坚持稳中求进工作总基调，坚持新发展理念，按照高质量发展要求，深化供给侧结构性改革，加强规划统筹和衔接，严控金融和地方政府债务风险，遵循城镇化发展规律，因地制宜、规范有序推进高铁车站周边区域开发建设，不断提升设施服务、产业发展、人口集聚、政策配套等支撑能力，促进高铁沿线城镇空间合理布局和城市空间结构优化，推动高铁建设与城市发展良性互动、有机协调。

（二）基本原则

规划协调、布局合理。统一规划，整体部署，严格依据城市总体规划、土地利用总体规划、综合交通规划等编制高铁车站周边开发建设规划，合理确定开发规模和边界，优化车站选址方案及车站周边区域空间结构、人口产业分布，杜绝边建设、边规划。

量力而行、有序建设。结合城市功能区划、区位优势、财力可能、人口资源环境条件等发展实际，根据规划确定开发目标、建设任务，兼顾当前和长远，合理把握建设节奏和时序，量力而行、循序渐进、有序发展，防止盲目追求规模和大干快上。

站城一体、综合配套。充分发挥高铁车站的辐射带动作用，围绕人的城镇化，统筹生产、生活、生态空间布局，走特色化、差异化发展之路，完善基础设施及公共服务设施配套，促进产城融合、宜居宜业，避免高铁沿线产业布局同质化和单一房地产功能开发。

市场运作、防范风险。按照市场化原则运作，创新投资、建设、运营、管理体制机制，强化政策支持保障，充分调动企业和社会资本的积极性，推进项目共建、资源共享，提升开发建设质量水平和效益，防范各种隐患、风险和损失。

二、重点任务

（三）强化规划引导和管控作用

坚持规划引领，充分论证高铁车站周边开发建设可行性、必要性，因城施策、因站而异推进高铁车站周边区域合理有序开发建设。对于既有站改造的高铁车站、位于中心城区或与既有产业园区等结合较好的高铁车站，有关城市要严格按照既有城市规划，结合城市功能提升和结构布局优化做好车站周边综合开发。对于城市外围新建的高铁车站周边具有开发潜力的，相关城市要依据城市总体规划、土地利用总体规划等统一布局，合理确定车站周边开发建设的功能定位、规模和边界，做好规划预留和控制，按照规划规范有序推进开发建设。要严格审查规划的合理性，定期评估规划实施情况和综合开发效益，把评估结果作为控制建设时序和分期建设的依据。

（四）合理确定高铁车站选址和规模

高铁车站选址要符合土地利用总体规划和城市总体规划，切实处理好高铁通达性和高铁车站周边开发建设之间的关系，既要满足技术标准条件，又要服务地方发展。铁路总公司和地方政府要依据相关规范要求，在城市枢纽总图规划编制及项目实施阶段，深入研究论证高铁车站与城市发展衔接问题，合理确定建设标准、线路走向、车站分布和建设规模。新建铁路选线应尽量减少对城市的分割，新建车站选址尽可能在中心城区或靠近城市建成区，确保人民群众乘坐高铁出行便利。高铁车站建设要规模适当、经济适用，切忌贪大求洋、追求奢华。

（五）严格节约集约用地

高铁车站周边开发建设要落实最严格的耕地保护制度和节约用地制度，依法办理建设用地审批手续。有关城市要综合考虑人口集聚规模和吸纳就业情况，按照城镇建设用地增加规模同吸纳农业转移人口落户数量相挂钩要求，合理确定高铁车站周边用地规模、结构、布局及土地开发和供应时序，坚决防控单纯房地产化倾向。统筹地上地下空间复合利用，积极推广地下空间开发利用、轨道交通上盖物业综合开发等节地技术和模式，提升节约集约用地水平。要按照“框定总量、限定容量、盘活存量、做优增量、提高质量”要求，依据城市规划、土地利用总体规划和土地使用标准对高铁站周边建设用地加强审查，严格土地用途管制。

（六）促进站城一体融合发展

高铁车站周边开发建设要突出产城融合、站城一体，与城市建成区合理分工，在城市功能布局、综合交通运输体系建设、基础设施共建共享等方面同步规划、协调推进。有关城市要结合自身资源禀赋、优势特色、发展定位等，甄选出发展基础条件优越、城市特色鲜明和发展潜力较大的产业，构建枢纽偏好型产业体系，避免沿线临近站点形成无序竞争、相互制约的局面。大城市高铁车站周边可研究有序发展高端服务业、商贸物流、商务会展等产业功能，中、小城市高铁车站应合理布局周边产业，稳妥发展商业零售、酒店、餐饮等产业功能。

（七）提升综合配套保障能力

高铁车站周边开发建设必须贯彻落实以人为本的新型城镇化发展理念，营造宜居宜业环境，提高交通便利性和公共服务能力，增强产业、人口集聚效应。强化城市内外交通衔接，加强新建高铁车站城市公共交通配套线路和换乘设施建设，实现与城市建成区、城市其他重要综合交通枢纽之间的快速连接、便捷直达。同时，完善公共服务体系，配套建设医疗、教育、休闲、娱乐等场所和设施，增强生活服务功能，使人“愿意来”“留得下”“活得好”，不断提升人民群众的幸福感和获得感。

（八）合理把握开发建设时序

尊重城市发展的客观规律，树立正确的政绩观和功成不必在我的理念，不追求短期的形象效果，量力而行，尽力而为，严禁借高铁车站周边开发建设名义盲目搞城市扩张。有关城市要根据相关规划、发展实际和财力可能，分阶段、分步骤地有序推进高铁车站周边区域开发建设，做到开发一片、成熟一片、成功一片。大城市初期应重点开发新建高铁车站周边2公里以内区域，可适当控制预留远期发展空间，避免摊子铺得过大、粗放低效发展。中小城市不宜过高预估高铁带动作用，避免照搬照抄大城市开发经验，硬造特色、盲目造城。新建铁路站场实施土地综合开发的，应当严格执行土地综合开发的边界和规模要求，扣除站场用地后，同一铁路建设项目的综合开发用地总量按单个站场平均规模不超过50公顷控制，少数站场综合开发用地规模不超过100公顷。

（九）防范地方政府债务风险

充分认识防范化解地方政府债务风险的重要性和紧迫性，牢牢守住不发生系统性金融风险的底线，切实防范高铁车站周边开发建设带来的地方政府债务风险。有关地方要进一步完善高铁车站周边开发建设项目和资金管理，加强成本收益分析评估，合理控制建设规模和节奏，防止脱离地方财力实际搞开发；严格执行预算法和担保法，落实地方政府债务限额管理和预算管理制度，依法规范举债，坚决遏制隐性债务增量，列入地方政府债务风险预警范围的高风险地区原则上不得举债搞建设。

（十）创新开发建设体制机制

进一步理顺政府与市场关系，充分发挥市场对资源配置的决定性作用，支持地方政府引入社会资本参与高铁车站周边开发建设。鼓励地方政府牵头建立投资建设主体、管理运营主体、综合开发主体等多方合作开发机制，完善支持高铁建设投资主体及出资人参与高铁车站周边区域综合开发的政策措施，发挥政府规划引导、政策支持、搭建发展平台、提供公共服务等作用，加强对市场的引导，切忌政府大包大揽。理清权责关系，完善综合开发、运营管理及收益分配机制，形成促进发展的多种合力。

三、组织实施

（十一）明确责任主体

地方政府要强化主体责任意识，各有关方面要严格按照本意见要求，进一步梳理既有高铁车站周边开发建设情况，对存在的问题加快整改落实，优化新建高铁车站选址，规范有序推进高铁周边开发建设，提升发展质量和综合效益。

（十二）严格监督管理

自然资源、住房城乡建设主管部门要依法依规对高铁车站周边开发建设严格进行管理，适时组织评估，严控建设规模和时序，加强用地监测，严肃查处违法违规批地用地行为和建设行为，并进一步做好房地产市场监督和管理。

（十三）强化协同联动

发展改革委、自然资源部、住房城乡建设部将与铁路总公司、相关地方政府和有关部门加强沟通协调和纵横联动，认真总结和梳理高铁车站周边开发建设中存在的困难和问题，及时规范纠偏，完善相关政策措施。

（十四）加强宣传引导

地方政府有关部门要准确把握高铁对经济社会发展的带动作用，主动加强政策解读，充分发挥媒体的舆论引导作用，及时总结和推广典型经验，形成客观、公正的舆论导向和氛围。

关于印发加强实训基地建设组合投融资支持的实施方案的通知

国家发展改革委　教育部　人力资源社会保障部　国家开发银行

2018 年 10 月 10 日

各省、自治区、直辖市及计划单列市、新疆生产建设兵团发展改革委、教育厅（教委）、人力资源社会保障厅（局），国家开发银行各分行：

为贯彻落实《国务院关于促进海洋渔业持续健康发展的若干意见》（国发〔2013〕11 号）、《全国农业现代化规划（2016—2020 年）》，进一步提高渔业防灾减灾能力，促进海洋渔业持续健康发展，加快形成渔港经济区，国家发展改革委、农业农村部联合编制了《全国沿海渔港建设规划（2018—2025 年）》。现予印发，请结合本地实际，认真组织实施。

附件

关于加强实训基地建设组合投融资支持的实施方案

实训基地建设是加强技术技能人才培养的关键环节。为贯彻落实党中央、国务院关于加快发展现代职业教育，推行终身职业技能培训制度的决策部署，深化产教融合、校企合作，加快建设实体经济、科技创新、现代金融、人力资源协同发展的产业体系，国家发展改革委、教育部、人力资源社会保障部、国家开发银行围绕加强实训基地建设组合投融资支持，制定本实施方案。

一、总体要求

坚持以习近平新时代中国特色社会主义思想为指导，深入贯彻落实党的十九大报告关于“完善职业教育和培训体系，深化产教融合、校企合作”的重要决策部署，紧扣实训基地特别是生产性实训基地建设关键环节，聚焦产教融合实训基地和公共实训基地两个重点，利用“补贷债”组合模式，坚持政策统筹、资源共建、开放共享，综合运用中央预算内投资、地方财政投入、开发性金融、债券融资和吸引社会资本等手段，多措并举拓宽投融资渠道，引导地方政府、行业企业与职业学校、高等学校全面加强合作，大力加强实训平台载体建设，切实提升技术技能人才实训能力。

二、建设任务

（一）产教融合实训基地（院校主导建设）。支持职业学校（含技工院校）加强支撑基本教学型技能实训基地建设；支持职业学校以 PPP（政府与社会资本合作）或校企合作模式建设生产性实训基地或兼具生产、教学功能的专业化实训基地；支持依托职业学校建设区域性、行业性开放实训中心，突出模块化实训特色，推动职业教育东西协作，服务脱贫攻坚和就业创业；支持应用型本科高校加强专业技术实习实训基地建设，依托实训基地向全社会劳动者提供多种形式的继续教育；支持职业学校建设世界技能大赛实训基地。

（二）产教融合实训基地（企业主导建设）。支持国有企业、民营企业联合职业学校、高等学校，面向产业转型升级急需的重大技术技能需求，加强校企合作，以企业为主导建设服务自身员工培训和职业学校、高等学校学生生产性实习的高水平、专业化实训基地。

（三）公共实训基地（政府主导建设）。支持地方政府主导建设、面向城乡各类劳动者以及职业学校、职业培训机构、企业等提供技能训练、技能竞赛、技能鉴定、创业孵化、师资培训、课程研发等服务的公共性、公益性、综合性的职业技能实训场所。

三、支持政策

（一）投资补助政策。国家发展改革委调整和优化投资结构，通过组织实施教育现代化推进工程等专项，加大中央预算内投资对实训基地建设项目支持力度。其中，支持职业教育和应用型本科建设的中央预算内投资应重点用于产教融合实训基地建设项目，具体办法按“十三五”教育现代化推进工程实施方案和中央预算内投资项目管理办法等有关规定执行；公共实训基地建设项目，按公共实训基地中央预算内投资专项管理办法等有关规定执行。建立中央预算内投资分配奖励机制，对项目带动性强、开工率高、建设成效明显的省份予以倾斜支持。结合开展产教融合建设试点，鼓励试点城市统筹规划，编制实施产教融合实训基地

项目建设方案。建立部省共建试验区的省份，要将实训基地建设作为推进职业教育改革发展的重要任务。省级政府分解落实年度中央预算内投资计划，加大对试点城市的倾斜支持。鼓励制造业企业为新增先进产能和新上技术改造项目，配套建设产教融合实训基地，纳入相应政府投资项目支持范围。

（二）信贷融资政策。充分发挥开发性金融在重点领域、薄弱环节的金融支持引导作用，将支持实训基地建设作为深化产教融合的重点领域。鼓励各地方与国家开发银行加强机制合作，在确保合规、风险可控的前提下，通过构建校企股份制或混合所有制主体，创新结构化融资模式，统筹资源“以丰补歉”等方式，支持培育一批产教融合实训基地示范建设项目。国家发展改革委统筹安排国际金融组织、外国政府贷款支持的地方教育项目，优先安排产教融合实训基地建设项目。

（三）债券融资政策。落实《国家发展改革委办公厅关于印发〈社会领域产业专项债券发行指引〉的通知》（发改办财金〔2017〕1341 号），支持符合条件的发行人申请发行教育培训产业专项债券，重点用于实训基地建设项目。结合实训基地长周期投资回报特点，支持合理灵活设置债券期限、选择权及还本付息方式，鼓励发行可续期债券。鼓励发行人以第三方担保方式，或法律法规允许的出让、租赁建设用地抵质押担保方式为债券提供增信。在“加快和简化审核类”债券审核程序基础上，提供专项服务支持，进一步提高审核效率。

（四）配套政策。鼓励地方政府在职业教育支出中，向符合条件的实训基地购买技能培训服务，根据实训成本支出适度给予补助。对实训基地组织开展的职业技能培训，符合条件的，落实职业培训补贴政策。在确保国有资产安全前提下，支持符合条件的企业与职业学校深化产教融合，以股份制、混合所有制等方式创新产权制度，探索设立产权共有的实训基地（机构）。

四、组织实施

（一）建立部门协同工作机制。国家发展改革委、教育部、人力资源社会保障部、国家开发银行等建立工作协同机制，各负其责，加强对实训基地建设的政策指导、工作协调和监督检查。

（二）加强建设项目全过程管理。充分利用国家重大建设项目，做好三年滚动投资计划动态入库管理。各地要根据产业发展需求和财政实际承受能力，合理规划布局项目，避免政府隐性债务。省级发展改革部门要会同有关部门全面梳理掌握实训基地建设项目情况，做到开工一批，储备一批，谋划一批，滚动实施。要打造精品，树立典型，重点支持一批产业带动性强的示范项目。对于重大集中性投资项目，要紧密跟进，及时报国家发展改革委。通过开展自查抽查、实地调研、网上调度、项目评价等多种方式，实现项目建设常态化监管，确保建设质量和效益。

（三）加强舆论宣传引导。加强政策宣传，引导各地和企业优化投资结构，把实训基地建设作为夯实企业内生发展能力和产业核心竞争力的优先项目。加强各地信息流共享，发掘地方首创经验，发挥示范带动作用，营造各方大力支持、积极参与实训基地建设的良好社会氛围。

第十部分

投融资统计

一、宏观经济与全社会固定资产投资

表1-1 国民经济和社会发展总量与速度指标

指 标		总量指标				指数(%)(2016为以下各年)			平均增长速度(%)	
		1978	2000	2016	2017	1978	2000	2016	1979—2017	2001—2017
人口	(万人)									
总人口(年末)		96259	126743	138271	139008	144.4	109.7	100.5	0.9	0.5
城镇人口		17245	45906	79298	81347	471.7	177.2	102.6	4.1	3.4
乡村人口		79014	80837	58973	57661	73.0	71.3	97.8	-0.8	-2.0
就业	(万人)									
就业人员数		40152	72085	77603	77640	193.4	107.7	100.0	1.7	0.4
第一产业		28318	36043	21496	20944	74.0	58.1	97.4	-0.8	-3.1
第二产业		6945	16219	22350	21824	314.2	134.6	97.6	3.0	1.8
第三产业		4890	19823	33757	34872	713.1	175.9	103.3	5.2	3.4
城镇登记失业人数		530	595	982	972	183.4	163.4	99.0	1.6	2.9
国民经济核算										
国民总收入	(亿元)	3678.7	99066.1	740598.7	824828.4	3442.5	458.4	107.0	9.5	9.4
国内生产总值	(亿元)	3678.7	100280.1	743585.5	827121.7	3452.1	454.1	106.9	9.5	9.3
第一产业		1018.5	14717.4	63672.8	65467.6	537.2	195.1	103.9	4.4	4.0
第二产业		1755.2	45664.8	296547.7	334622.6	5328.9	496.8	106.1	10.7	9.9
第三产业		905.1	39897.9	383365	427031.5	4835.4	504.4	108.0	10.5	10.0
人均国内生产总值	(元)	385	7942	53935	59660	2380.8	413.5	106.3	8.5	8.7
人民生活										
全国居民人均可支配收入	(元)	171	3721	23821	25974	2378.4	475.0	107.3	8.5	9.6
城镇居民人均可支配收入	(元)	343	6256	33616	36396	1541.6	403.3	106.5	7.3	8.5
农村居民人均可支配收入	(元)	134	2282	12363	13432	1825.5	372.9	107.3	7.7	8.0
财政	(亿元)									
一般公共预算收入		1132	13395	159605	172593	14726.5	1244.7	107.4	13.7	16.0
一般公共预算支出		1122	15887	187755	203085	17486.1	1238.5	107.6	14.2	16.0
环境、灾害										
废水中化学需氧量排放量	(万吨)			1047	1022			97.6		
废气中二氧化硫排放量	(万吨)			1103	875			79.4		
能源	(万吨标准煤)									
能源生产总量		62770	138570	346037	359000	571.9	259.1	103.6	4.6	5.8
能源消费总量		57144	146964	435819	449000	785.7	305.5	102.9	5.4	6.8

续表

指标	总量指标				指数(%)(2016为以下各年)			平均增长速度(%)	
	1978	2000	2016	2017	1978	2000	2016	1979—2017	2001—2017
固定资产投资									
全社会固定资产投资总额 (亿元)		32918	606466	641238			107.0		21.0
房地产开发		4984	102581	109799		2203.0	107.0		22.6
全社会住宅投资		7594	83660	86985					
对外经济贸易									
货物进出口总额 (亿元)	355.0	39273.3	243386.5	278101.0	78338.3	708.1	114.3	18.6	12.2
出口额	167.6	20634.4	138419.3	153311.2	91474.5	743.0	110.8	19.1	12.5
进口额	187.4	18638.8	104967.2	124789.8	66590.1	669.5	118.9	18.1	11.8
外商直接投资 (亿美元)		407.2	1260.0	1310.4		321.8	104.0		7.1
农业									
农林牧渔业总产值 (亿元)	1397.0	24915.8	106478.7	109331.7	848.8	216.8	104.0	5.6	4.7
主要农产品产量 (万吨)									
粮 食	30476.5	46217.5	66043.5	66160.7	217.1	143.2	100.2	2.0	2.1
棉 花	216.7	441.7	534.3	565.3	260.9	128.0	105.8	2.5	1.5
油 料	521.8	2954.8	3400.0	3475.2	666.0	117.6	102.2	5.0	1.0
肉 类	943.0	6013.9	8628.3	8654.4	917.8	143.9	100.3	5.8	2.2
水产品	465.4	3706.2	6379.5	6445.3	1385.0	173.9	101.0	7.0	3.3
工业									
主要工业产量									
原 煤 (亿吨)	6.2	13.8	34.1	35.2	570.2	254.6	103.3	4.6	5.7
原 油 (万吨)	10405.0	16300.0	19968.5	19150.6	184.1	117.5	95.9	1.6	1.0
天然气 (亿立方米)	137.3	272.0	1368.7	1480.3	1078.2	544.2	108.2	6.3	10.5
水 泥 (亿吨)	6524.0	59700.0	241031.0	233084.1	3572.7	390.4	96.7	9.6	8.3
粗 钢 (万吨)	3178.0	12850.0	80760.9	83138.1	2616.1	647.0	102.9	8.7	11.6
钢 材 (万吨)	2208.0	13146.0	104813.5	104642.1	4739.2	796.0	99.8	10.4	13.0
汽 车 (万辆)	14.9	207.0	2811.9	2901.8	19462.2	1401.8	103.2	14.5	16.8
发电机组 (万千瓦)	483.8	1249.0	13119.8	11822.9	2443.8	946.6	90.1	8.5	14.1
金属切削机床 (万台)	18.3	17.7	67.3	60.9	332.2	344.6	90.4	3.1	7.5
发电量 (亿千瓦小时)	2566.0	13556.0	61331.6	64951.4	2531.2	479.1	105.9	8.6	9.7
规模以上工业企业									
主要指标 (亿元)									
资产总计		126211	1085866	1121910					
主营业务收入		84152	1158999	1133161					
利润总额		4393	71921	74916					
建筑业									
建筑业总产值 (亿元)		12498	193567	213944		1711.9	110.5		18.2
房地产业									
房地产企业房屋施工面积 (万平方米)		65897	758975	781484		1185.9	103.0		15.7
房地产企业房屋竣工面积 (万平方米)		25105	106128	101486		404.3	95.6		8.6
房地产企业商品房销售面积(万平方米)		18637	157349	169408			107.7		
住宅		16570	137540	144789			105.3		

续表

指 标	总量指标				指数(%)(2016为以下各年)			平均增长速度(%)	
	1978	2000	2016	2017	1978	2000	2016	1979—2017	2001—2017
房地产企业商品房销售额 (亿元)		3935	117627	133701			113.7		
住宅		3229	99064	110240			111.3		
批发、零售和旅游业									
社会消费品零售总额 (亿元)	1558.6	39106.0	332316.3	366261.6	23499.4	936.6	110.2	15.0	14.1
入境旅客 (万人次)	180.9	8344.4	13844.4	13948.2	7709.6	167.2	100.8	11.8	3.1
#外国人 (万人次)	23.0	1016.0	2815.1	2916.5	12702.7	287.0	103.6	13.2	6.4
国内旅客 (亿人次)		7.4	44.4	50.0		672.2	112.6		11.9
国际旅游收入 (亿美元)	2.6	162.2	1200.0	1234.2	46926.6	760.7	102.8	17.1	12.7
国内旅游总花费 (亿元)		3175.5	39390.0	45660.8		1437.9	115.9		17.0
交通运输业									
客运量 (万人)	253993	1478573	1900194	1848620	727.8	125.0	97.3	5.2	1.3
铁 路	81491	105073	281405	308379	378.4	293.5	109.6	3.5	6.5
公 路	149229	1347392	1542759	1456784	976.2	108.1	94.4	6.0	0.5
水 运	23042	19386	27234	28300	122.8	146.0	103.9	0.5	2.3
民 航	231	6722	48796	55156	23877.1	820.5	113.0	15.1	13.2
货运量 (万吨)	319431	1358682	4386763	4804850	1504.2	353.6	109.5	7.2	7.7
铁 路	110119	178581	333186	368865	335.0	206.6	110.7	3.1	4.4
公 路	151602	1038813	3341259	3686858	2431.9	354.9	110.3	8.5	7.7
水 运	47357	122391	638238	667846	1410.2	545.7	104.6	7.0	10.5
民 航	6.4	196.7	668.0	705.9	11029.6	358.9	105.7	12.8	7.8
管 道	10347	18700	73411	80576	778.7	430.9	109.8	5.4	9.0
沿海规模以上港口货物吞吐量(万吨)	19834	125603	810933	865464	4363.5	689.0	106.7	10.2	12.0
民用汽车拥有量 (万辆)	135.8	1608.9	18574.5	20906.7	15390.7	1299.4	112.6	13.8	16.3
私人汽车		625.3	16330.2	18515.1		2960.9	113.4		22.1
邮政、电信和信息软件业									
邮政业务总量 (亿元)	14.9	232.8	7397.2	9763.7					
电信业务总量 (亿元)	19.2	4559.9	15617.0	27596.7					
移动电话用户 (万户)		8453.3	132193.4	141748.7		1676.8	107.2		18.0
固定电话用户 (万户)	192.5	14482.9	20662.4	19375.7	10063.0	133.8	93.8	12.6	1.7
局用交换机容量 (万门)	405.9	17825.6	22441.6	18398.7	4533.1	103.2	82.0	10.3	0.2
互联网宽带接入用户 (万户)			29720.7	34854.0			117.3		
软件业务收入 (亿元)			48232.2	55103.1			114.2		
金融业									
社会融资规模增量 (万亿元)			17.8	19.4					
货币和准货币(M2) (万亿元)		13.5	155.0	169.0		1197.3	108.1		15.7
货币(M1) (万亿元)		5.3	48.7	54.4		1005.6	111.8		14.5
流通中现金(M0) (万亿元)		1.5	6.8	7.1		482.6	103.4		15.7
金融机构人民币各项存款余额(万亿元)	0.1	12.4	150.6	164.1		1325.5	109.0		16.4
金融机构人民币各项贷款余额(万亿元)	0.2	9.9	106.6	120.1		1208.9	112.7		15.8
境内股票发行金额 (亿元)		1515.8	20435.4	16613.6		1096.0	81.3		15.1
保险公司保费金额 (亿元)		1598.0	30904.2	36577.8		2289.0	118.4		20.2
保险公司赔款及给付金额 (亿元)		526.0	10515.7	11178.4		2125.2	106.3		19.7

续表

指标	总量指标				指数(%)(2016为以下各年)			平均增长速度(%)	
	1978	2000	2016	2017	1978	2000	2016	1979—2017	2001—2017
科学技术									
研究与试验发展经费支出 (亿元)		895.7	15676.7	17606.1		1965.6	112.3		19.1
发明专利申请授权数 (万件)		1.3	40.4	42.0		3231.9	103.9		22.7
技术市场成交额 (亿元)		650.8	11407.0	13424.0		2062.7	117.7		19.5
教育									
专任教师数 (万人)									
普通高等学校	20.6	46.3	160.2	163.3	777.7	346.0	101.9	5.4	7.6
普通高中	74.1	75.7	173.3	177.4	233.9	228.9	102.4	2.2	5.0
初中	244.1	328.7	348.8	354.9	142.9	106.1	101.7	0.9	0.3
普通小学	522.6	586.0	578.9	594.5	110.8	98.8	102.7	0.3	−0.1
在校学生数 (万人)									
普通本、专科	85.6	556.1	2695.8	2753.6	3216.8	495.2	102.1	9.3	9.9
普通高中	1553.1	1201.3	2366.6	2374.5	152.9	197.7	100.3	1.1	4.1
初中	4995.2	6256.3	4329.4	4442.1	88.9	71.0	102.6	−0.3	−2.0
普通小学	14624.0	13013.2	9913.0	10093.7	69.0	77.6	101.8	−0.9	−1.5
教育经费支出 (亿元)		3849.1	38888.4						
卫生									
医院 (个)	9293.0	16318.0	29140.0	31056.0	334.2	190.3	106.6	3.1	3.9
医院床位数 (万张)	110.0	216.7	568.9	612.0	556.4	282.5	107.6	4.5	6.3
执业(助理)医师 (万人)	97.8	207.6	319.1	339.0	346.6	163.3	106.2	3.2	2.9
卫生总费用 (亿元)	110.2	4586.6	46344.9	52598.3	47725.5	1146.8	113.5	17.1	15.4
文化									
图书出版总印数 (亿册、亿张)	37.7	62.7	90.4	92.4	245.1	147.4	102.2	2.3	2.3
电视节目制作时间 (万小时)		58.5	350.7	365.2		624.2	104.1		11.4
故事影片产量 (部)	46.0	91.0	772.0	798.0	1734.8	876.9	103.4	7.6	13.6
社会保险									
社会保险基金收入 (亿元)		2644.9	53562.7	67154.2		2539.0	125.4		21.0
社会保险基金支出 (亿元)		2385.6	46888.4	57145.0		2395.4	121.9		20.5
参加基本养老保险人数 (万人)		13617.4	88776.8	91548.3		672.3	103.1		11.9
参加城镇基本医疗保险人数 (万人)		3786.9	74391.6	117681.4		3107.6	158.2		22.4
参加失业保险人数 (万人)		10408.4	18088.8	18784.2		180.5	103.8		3.5

注：本表速度指标中，国民总收入、国内生产总值、农林牧渔业总产值、城乡居民收入指标均按可比价格计算；固定资产投资类指标平均增长速度按累计法计算；货币供应量、财政收入和支出的平均增长速度按年度增速计算；其他指标按绝对数计算。

表1-2 国民经济和社会发展结构指标

单位：%

指 标	1978	1990	2000	2017
人口				
性别				
男	51.5	51.5	51.6	51.2
女	48.5	48.5	48.4	48.8
年龄				
0～14岁		27.7	22.9	16.8
15～64岁		66.7	70.1	71.8
65岁及以上		5.6	7.0	11.4
城乡				
城镇	17.9	26.4	36.2	58.5
乡村	82.1	73.6	63.8	41.5
国民经济核算				
国内生产总值(生产法)				
第一产业	27.7	26.6	14.7	7.9
第二产业	47.7	41.0	45.5	40.5
第三产业	24.6	32.4	39.8	51.6
国内生产总值(支出法)				
消费支出	61.4	62.9	63.3	53.6
固定资本形成	38.9	34.4	34.3	44.4
净出口	-0.3	2.7	2.4	2.0
就业				
第一产业	70.5	60.1	50.0	27.0
第二产业	17.3	21.4	22.5	28.1
第三产业	12.2	18.5	27.5	44.9
人民生活				
城镇居民人均消费支出				
食品烟酒			38.6	28.6
衣 着			9.7	7.2
居 住			13.5	22.8
生活用品及服务			7.4	6.2
交通通信			8.2	13.6
教育文化娱乐			12.9	11.6
医疗保健			6.4	7.3
其他用品及服务			3.2	2.7
农村居民人均消费支出				
食品烟酒			48.3	31.2
衣 着			5.7	5.6
居 住			15.8	21.5
生活用品及服务			4.5	5.8

续表

指　标	1978	1990	2000	2017
交通通信			5.6	13.8
教育文化娱乐			11.9	10.7
医疗保健			5.2	9.7
其他用品及服务			3.0	1.8
财政				
一般公共预算收入				
中央	15.5	33.8	52.2	47.0
地方	84.5	66.2	47.8	53.0
一般公共预算支出				
中央	47.4	32.6	34.7	14.7
地方	52.6	67.4	65.3	85.3
一般公共预算收入中				
税收收入	45.9	96.1	93.9	83.6
#国内增值税		13.6	34.0	32.7
国内消费税			6.4	5.9
企业所得税		24.4	7.5	18.6
个人所得税			4.9	6.9
关　税	2.5	5.4	5.6	1.7
能源				
能源生产				
原煤	70.3	74.2	72.9	69.6
原油	23.7	19.0	16.8	7.6
天然气	2.9	2.0	2.6	5.4
一次电力及其他能源	3.1	4.8	7.7	17.4
能源消费				
煤炭	70.7	76.2	68.5	60.4
石油	22.7	16.6	22.0	18.8
天然气	3.2	2.1	2.2	7.0
一次电力及其他能源	3.4	5.1	7.3	13.8
固定资产投资				
实际到位资金				
国家预算资金		8.7	6.4	6.1
国内贷款		19.6	20.3	11.3
利用外资		6.3	5.1	0.3
自筹和其他投资		65.4	68.2	82.3
全社会固定资产投资				
建筑安装工程		66.6	62.4	70.0
设备工器具购置		25.8	23.7	18.0
其他费用		7.6	13.9	11.9
货物进出口				
出口				
初级产品		25.6	10.2	5.2
工业制成品		74.4	89.8	94.8

续表

指　标	1978	1990	2000	2017
进口				
初级产品		18.5	20.8	31.4
工业制成品		81.5	79.2	68.6
农业				
农林牧渔业总产值				
农业	80.0	64.7	55.7	53.1
林业	3.4	4.3	3.8	4.6
牧业	15.0	25.7	29.7	26.9
渔业	1.6	5.4	10.9	10.6
工业(规模以上)				
工业企业资产				
采矿业				8.4
制造业				76.9
电力、热力、燃气及水生产和供应业				14.7
工业企业资产				
大型企业			56.3	47.6
中型企业			12.9	23.5
小型企业			30.8	28.9
交通运输业				
货运量				
铁　路	34.5	15.5	13.1	7.7
公　路	47.5	74.6	76.5	76.7
水　运	14.8	8.3	9.0	13.9
民　航	0.002	0.004	0.014	0.015
管　道	3.2	1.6	1.4	1.7
科技				
研究与试验发展经费支出				
基础研究			5.2	5.5
应用研究			17.0	10.5
试验发展			77.8	84.0
政府资金				19.8
企业资金				76.5
教育				
教育经费				
国家财政性教育经费			66.6	80.7*
#公共财政教育经费			56.9	71.2*
卫生				
卫生技术人员				
执业(助理)医师	39.7	45.2	46.2	37.7
注册护士	16.4	25.0	28.2	42.3
药师(士)	10.8	10.4	9.2	5.0

续表

指标	1978	1990	2000	2017
卫生费用				
政府卫生支出	32.2	25.1	15.5	28.9
社会卫生支出	47.4	39.2	25.6	42.3
个人现金卫生支出	20.4	35.7	59.0	28.8
社会保障				
社会保险基金收入				
基本养老保险		95.7	86.1	69.4
失业保险		3.9	6.1	1.7
城镇基本医疗保险			6.4	26.7
工伤保险			0.9	1.3
生育保险			0.4	1.0
社会保险基金支出				
基本养老保险		98.3	88.7	70.7
失业保险		1.7	5.2	1.6
城镇基本医疗保险			5.2	25.2
工伤保险			0.6	1.2
生育保险			0.3	1.3
生育保险			0.3	1.1

注：教育经费为2016年数据。

表1—3 国民经济和社会发展比例和效益指标

指标	1978	2000	2016	2017
人口与就业				
出生率 (‰)	18.25	14.03	12.95	12.43
死亡率 (‰)	6.25	6.45	7.09	7.11
自然增长率 (‰)	12.00	7.58	5.86	5.32
总抚养比 (%)		42.6	37.9	39.2
少儿抚养比 (%)		32.6	22.9	23.4
老年抚养比 (%)		9.9	15.0	15.9
城镇登记失业率 (%)	5.3	3.1	4.02	3.90
国民经济核算				
人均国内生产总值 (元)	385	7942	53935	59660
人民生活				
城乡收入比(农村居民收入为1)	2.57	2.74	2.72	2.71
基尼系数			0.465	0.467
农村贫困发生率(2010年标准) (%)	97.5	49.8	4.5	3.1
财政				
一般公共预算收入与国内生产总值之比(%)	30.8	13.4	21.5	20.9
一般公共预算支出与国内生产总值之比(%)	30.5	15.8	25.2	24.6
外债				
偿债率 (%)		9.2	6.1	6.9
负债率 (%)		12.1	12.7	14.0
债务率 (%)		52.1	64.6	70.6
能源				
能源生产弹性系数		0.59		0.52
电力生产弹性系数		1.11	0.84	0.86
能源消费弹性系数		0.54	0.21	0.42
电力消费弹性系数		1.12	0.84	0.96
万元国内生产总值能源消费量(吨标准煤/万元)		1.47	0.59	0.57
能源加工转换总效率 (%)		69.38	73.85	
资源环境				
万元国内生产总值用水量 (立方米)		548	82	77
万元工业增加值用水量 (立方米)		283	52	48
工业固体废物综合利用率 (%)		45.9	59.5	54.6
环境污染治理投资与国内生产总值之比 (%)			1.24	1.15
固定资产投资				
固定资产(不含农户)项目建成投产率 (%)		60.9	68.5	69.7
固定资产(不含农户)交付使用率 (%)		79.0	59.3	60.5
对外贸易				
进出口总额与国内生产总值之比 (按人民币计算) (%)	9.7	39.2	32.7	33.6
农业				
每公顷播种面积农产品产量 (公斤)				
谷物		4753	6004	6105
棉花	445	1093	1671	1769

续表

指　标	1978	2000	2016	2017
工业				
资产负债率　(%)		60.81	55.87	55.98
流动资产周转次数　(次/年)		1.62	2.36	2.17
成本费用利润率　(%)		5.56	6.57	7.01
建筑业				
建筑业劳动生产率　(元／人)(按增加值计算)		15929	65507	64675
交通运输业				
铁路网密度　(公里／万平方公里)	53.9	71.6	129.2	132.3
公路网密度　(公里／万平方公里)	927	1750	4892	4972
邮电通信业				
电话普及率(含移动电话)(部/百人)	0.4	19.1	110.5	115.9
移动电话普及率　(部/百人)		6.7	95.6	102.0
金融业				
货币和准货币(M2)与国内生产总值之比　(%)		134.2	208.5	204.4
金融机构存款与国内生产总值之比　(%)	31.4	123.5	202.5	198.4
金融机构贷款与国内生产总值之比　(%)	51.4	99.1	143.4	145.2
房地产业				
房地产开发企业房屋建筑面积竣工率(%)		38.1	14.0	13.0
资产负债率　(%)			78.3	79.1
科技				
研究与试验发展经费内部支出与国内生产总值之比　(%)		0.89	2.11	2.13
教育				
小学学龄儿童净入学率　(%)	95.5	99.1	99.9	99.9
小学升学率　(%)	87.7	94.9	98.7	98.8
初中升学率　(%)	40.9	51.2	93.7	94.9
高中升学率　(%)		73.2	94.5	
卫生				
每万人口执业(助理)医师数 (人)	10.8	16.8	23.1	24.4
每万人口医疗卫生机构床位数(张)			53.7	57.2
医疗卫生机构病床使用率　(%)		60.8	85.3	85.0
城市市政建设				
用水普及率　(%)		63.9	98.4	98.3
燃气普及率　(%)		45.4	95.8	96.3
人均公园绿地面积　(平方米)		3.7	13.7	14.0

注：1.本表人均可支配收入2016、2017年数据来源于住户收支与生活状况调查，1978、2000年数据是根据历史数据按住户收支与生活状况调查可比口径推算获得。可支配收入绝对数按当年价计算。

2.计算万元国内生产总值能源消费量、万元国内生产总值用水量、万元工业增加值用水量2000年按2000年可比价计算，2015年、2016年、2017年按2015年可比价计算。

表1-4 国内生产总值

本表按当年价格计算

年 份	国民总收入	国内生产总值	第一产业	第二产业	第三产业	农林牧渔业	工业
1978	3678.7	3678.7	1018.5	1755.2	905.1	1027.5	1621.5
1979	4100.5	4100.5	1259.0	1925.4	916.1	1270.2	1786.5
1980	4587.6	4587.6	1359.5	2204.7	1023.4	1371.6	2014.9
1981	4933.7	4935.8	1545.7	2269.1	1121.1	1559.4	2067.7
1982	5380.5	5373.4	1761.7	2397.7	1214.0	1777.3	2183.0
1983	6043.8	6020.9	1960.9	2663.0	1397.0	1978.3	2399.1
1984	7314.2	7278.5	2295.6	3124.8	1858.1	2316.0	2815.9
1985	9123.6	9098.9	2541.7	3886.5	2670.7	2564.3	3478.3
1986	10375.4	10376.2	2764.1	4515.2	3096.9	2788.6	4000.8
1987	12166.6	12174.6	3204.5	5274.0	3696.2	3232.9	4621.3
1988	15174.4	15180.4	3831.2	6607.4	4741.8	3865.2	5814.1
1989	17188.4	17179.7	4228.2	7300.9	5650.6	4265.8	6525.7
1990	18923.3	18872.9	5017.2	7744.3	6111.4	5061.8	6904.7
1991	22050.3	22005.6	5288.8	9129.8	7587.0	5341.9	8138.2
1992	27208.2	27194.5	5800.3	11725.3	9668.9	5866.2	10340.5
1993	35599.2	35673.2	6887.6	16473.1	12312.6	6963.3	14248.8
1994	48548.2	48637.5	9471.8	22453.1	16712.5	9572.1	19546.9
1995	60356.6	61339.9	12020.5	28677.5	20641.9	12135.1	25023.9
1996	70779.6	71813.6	13878.3	33828.1	24107.2	14014.7	29529.8
1997	78802.9	79715.0	14265.2	37546.0	27903.8	14440.8	33023.5
1998	83817.6	85195.5	14618.7	39018.5	31558.3	14816.4	34134.9
1999	89366.5	90564.4	14549.0	41080.9	34934.5	14768.7	36015.4
2000	99066.1	100280.1	14717.4	45664.8	39897.9	14943.6	40259.7
2001	109276.2	110863.1	15502.5	49660.7	45700.0	15780.0	43855.6
2002	120480.4	121717.4	16190.2	54105.5	51421.7	16535.7	47776.3
2003	136576.3	137422.0	16970.2	62697.4	57754.4	17380.6	55363.8
2004	161415.4	161840.2	20904.3	74286.9	66648.9	21410.7	65776.8
2005	185998.9	187318.9	21806.7	88084.4	77427.8	22416.2	77960.5
2006	219028.5	219438.5	23317.0	104361.8	91759.7	24036.4	92238.4
2007	270844.0	270232.3	27788.0	126633.6	115810.7	28623.7	111693.9
2008	321500.5	319515.5	32753.2	149956.6	136805.8	33699.1	131727.6
2009	348498.5	349081.4	34161.8	160171.7	154747.9	35223.3	138095.5
2010	411265.2	413030.3	39362.6	191629.8	182038.0	40530.0	165126.4
2011	484753.2	489300.6	46163.1	227038.8	216098.6	47483.0	195142.8
2012	539116.5	540367.4	50902.3	244643.3	244821.9	52368.7	208905.6
2013	590422.4	595244.4	55329.1	261956.1	277959.3	56973.6	222337.6
2014	644791.1	643974.0	58343.5	277571.8	308058.6	60165.7	233856.4
2015	686449.6	689052.1	60862.1	282040.3	346149.7	62911.8	236506.3
2016	740598.7	743585.5	63672.8	296547.7	383365.0	65975.7	247877.7
2017	824828.4	827121.7	65467.6	334622.6	427031.5	68008.7	279996.9

续表

单位：亿元

年 份	建筑业	批发和零售业	交通运输、仓储和邮政业	住宿和餐饮业	金融业	房地产业	其他	人均国内生产总值(元)
1978	138.9	242.3	182.0	44.6	76.5	79.9	265.5	385
1979	144.6	200.9	193.7	44.0	75.9	86.3	298.4	423
1980	196.3	193.8	213.4	47.4	85.8	96.4	368.1	468
1981	208.0	231.1	220.8	54.1	91.6	99.9	403.2	497
1982	221.6	171.4	246.9	62.3	130.6	110.8	469.3	533
1983	271.7	198.7	275.0	72.5	168.9	121.8	535.0	588
1984	317.9	363.5	338.6	96.8	230.5	162.3	637.0	702
1985	419.3	802.4	421.8	138.3	293.8	215.2	765.5	866
1986	527.3	852.6	499.0	163.2	401.0	298.1	845.6	973
1987	667.5	1059.6	568.5	187.1	506.0	382.6	949.2	1123
1988	811.8	1483.4	685.9	241.4	658.6	473.8	1146.1	1378
1989	796.1	1536.2	812.9	277.4	1079.6	566.2	1319.9	1536
1990	861.7	1268.9	1167.2	301.9	1143.7	662.2	1500.7	1663
1991	1017.7	1834.6	1420.5	442.3	1194.7	763.7	1852.1	1912
1992	1417.9	2405.0	1689.2	584.6	1481.5	1101.3	2308.3	2334
1993	2269.9	2816.6	2174.3	712.1	1902.6	1379.6	3206.0	3027
1994	2968.8	3773.4	2788.2	1008.5	2556.5	1909.3	4513.7	4081
1995	3733.7	4778.6	3244.7	1200.1	3209.7	2354.0	5660.0	5091
1996	4393.0	5599.7	3782.6	1336.8	3698.3	2617.6	6841.3	5898
1997	4628.3	6327.4	4149.1	1561.3	4176.1	2921.1	8487.4	6481
1998	4993.0	6913.2	4661.5	1786.9	4314.3	3434.5	10140.9	6860
1999	5180.9	7491.1	5175.9	1941.2	4484.9	3681.8	11824.5	7229
2000	5534.0	8158.6	6161.9	2146.3	4836.2	4149.1	14090.8	7942
2001	5945.5	9119.4	6871.3	2400.1	5195.3	4715.1	16980.9	8717
2002	6482.1	9995.4	7494.3	2724.8	5546.6	5346.4	19816.0	9506
2003	7510.8	11169.5	7914.8	3126.1	6034.7	6172.7	22749.2	10666
2004	8720.5	12453.8	9306.5	3664.8	6586.8	7174.1	26746.1	12487
2005	10400.5	13966.2	10668.8	4195.7	7469.5	8516.4	31725.0	14368
2006	12450.1	16530.7	12186.3	4792.6	9951.7	10370.5	36881.9	16738
2007	15348.0	20937.8	14605.1	5548.1	15173.7	13809.7	44492.1	20505
2008	18807.6	26182.3	16367.6	6616.1	18313.4	14738.7	53063.2	24121
2009	22681.5	29001.5	16522.4	6957.0	21798.1	18966.9	59835.2	26222
2010	27259.3	35904.4	18783.6	7712.0	25680.4	23569.9	68464.3	30876
2011	32926.5	43730.5	21842.0	8565.4	30678.9	28167.6	80763.9	36403
2012	36896.1	49831.0	23763.2	9536.9	35188.4	31248.3	92629.2	40007
2013	40896.8	56284.1	26042.7	10228.3	41191.0	35987.6	105302.8	43852
2014	44880.5	62423.5	28500.9	11158.5	46665.2	38000.8	118322.7	47203
2015	46626.7	66186.7	30487.8	12153.7	57872.6	41701.0	134605.5	50251
2016	49702.9	71290.7	33058.8	13358.1	61121.7	48190.9	153008.9	53935
2017	55689.0	77743.7	36802.7	14594.1	65748.9	53850.7	174687.1	59660

注：1980年以后国民总收入(原称国民生产总值)与国内生产总值的差额为来自国外的初次分配收入净额。

表1—5　国内生产总值构成

本表按当年价格计算　　单位：%

年份	国内生产总值	第一产业	第二产业	第三产业	农林牧渔业	工业	建筑业	批发和零售业	交通运输、仓储和邮政业	住宿和餐饮业	金融业	房地产业	其他
1978	100.0	27.7	47.7	24.6	27.9	44.1	3.8	6.6	4.9	1.2	2.1	2.2	7.2
1979	100.0	30.7	47.0	22.3	31.0	43.6	3.5	4.9	4.7	1.1	1.9	2.1	7.3
1980	100.0	29.6	48.1	22.3	29.9	43.9	4.3	4.2	4.7	1.0	1.9	2.1	8.0
1981	100.0	31.3	46.0	22.7	31.6	41.9	4.2	4.7	4.5	1.1	1.9	2.0	8.2
1982	100.0	32.8	44.6	22.6	33.1	40.6	4.1	3.2	4.6	1.2	2.4	2.1	8.7
1983	100.0	32.6	44.2	23.2	32.9	39.8	4.5	3.3	4.6	1.2	2.8	2.0	8.9
1984	100.0	31.5	42.9	25.5	31.8	38.7	4.4	5.0	4.7	1.3	3.2	2.2	8.8
1985	100.0	27.9	42.7	29.4	28.2	38.2	4.6	8.8	4.6	1.5	3.2	2.4	8.4
1986	100.0	26.6	43.5	29.8	26.9	38.6	5.1	8.2	4.8	1.6	3.9	2.9	8.1
1987	100.0	26.3	43.3	30.4	26.6	38.0	5.5	8.7	4.7	1.5	4.2	3.1	7.8
1988	100.0	25.2	43.5	31.2	25.5	38.3	5.3	9.8	4.5	1.6	4.3	3.1	7.5
1989	100.0	24.6	42.5	32.9	24.8	38.0	4.6	8.9	4.7	1.6	6.3	3.3	7.7
1990	100.0	26.6	41.0	32.4	26.8	36.6	4.6	6.7	6.2	1.6	6.1	3.5	8.0
1991	100.0	24.0	41.5	34.5	24.3	37.0	4.6	8.3	6.5	2.0	5.4	3.5	8.4
1992	100.0	21.3	43.1	35.6	21.6	38.0	5.2	8.8	6.2	2.1	5.4	4.0	8.5
1993	100.0	19.3	46.2	34.5	19.5	39.9	6.4	7.9	6.1	2.0	5.3	3.9	9.0
1994	100.0	19.5	46.2	34.4	19.7	40.2	6.1	7.8	5.7	2.1	5.3	3.9	9.3
1995	100.0	19.6	46.8	33.7	19.8	40.8	6.1	7.8	5.3	2.0	5.2	3.8	9.2
1996	100.0	19.3	47.1	33.6	19.5	41.1	6.1	7.8	5.3	1.9	5.1	3.6	9.5
1997	100.0	17.9	47.1	35.0	18.1	41.4	5.8	7.9	5.2	2.0	5.2	3.7	10.6
1998	100.0	17.2	45.8	37.0	17.4	40.1	5.9	8.1	5.5	2.1	5.1	4.0	11.9
1999	100.0	16.1	45.4	38.6	16.3	39.8	5.7	8.3	5.7	2.1	5.0	4.1	13.1
2000	100.0	14.7	45.5	39.8	14.9	40.1	5.5	8.1	6.1	2.1	4.8	4.1	14.1
2001	100.0	14.0	44.8	41.2	14.2	39.6	5.4	8.2	6.2	2.2	4.7	4.3	15.3
2002	100.0	13.3	44.5	42.2	13.6	39.3	5.3	8.2	6.2	2.2	4.6	4.4	16.3
2003	100.0	12.3	45.6	42.0	12.6	40.3	5.5	8.1	5.8	2.3	4.4	4.5	16.6
2004	100.0	12.9	45.9	41.2	13.2	40.6	5.4	7.7	5.8	2.3	4.1	4.4	16.5
2005	100.0	11.6	47.0	41.3	12.0	41.6	5.6	7.5	5.7	2.2	4.0	4.5	16.9
2006	100.0	10.6	47.6	41.8	11.0	42.0	5.7	7.5	5.6	2.2	4.5	4.7	16.8
2007	100.0	10.3	46.9	42.9	10.6	41.3	5.7	7.7	5.4	2.1	5.6	5.1	16.5
2008	100.0	10.3	46.9	42.8	10.5	41.2	5.9	8.2	5.1	2.1	5.7	4.6	16.6
2009	100.0	9.8	45.9	44.3	10.1	39.6	6.5	8.3	4.7	2.0	6.2	5.4	17.1
2010	100.0	9.5	46.4	44.1	9.8	40.0	6.6	8.7	4.5	1.9	6.2	5.7	16.6
2011	100.0	9.4	46.4	44.2	9.7	39.9	6.7	8.9	4.5	1.8	6.3	5.8	16.5
2012	100.0	9.4	45.3	45.3	9.7	38.7	6.8	9.2	4.4	1.8	6.5	5.8	17.1
2013	100.0	9.3	44.0	46.7	9.6	37.4	6.9	9.5	4.4	1.7	6.9	6.0	17.7
2014	100.0	9.1	43.1	47.8	9.3	36.3	7.0	9.7	4.4	1.7	7.2	5.9	18.4
2015	100.0	8.8	40.9	50.2	9.1	34.3	6.8	9.6	4.4	1.8	8.4	6.1	19.5
2016	100.0	8.6	39.9	51.6	8.9	33.3	6.7	9.6	4.4	1.8	8.2	6.5	20.6
2017	100.0	7.9	40.5	51.6	8.2	33.9	6.7	9.4	4.4	1.8	7.9	6.5	21.1

表1–6 不变价国内生产总值

单位：亿元

年 份	国内生产总值	第一产业	第二产业	第三产业	农林牧渔业	工业	建筑业	批发和零售业	交通运输、仓储和邮政业	住宿和餐饮业	金融业	房地产业	其他
按1970年价格计算													
1978	3593.0	927.8	1776.5	888.8	936.0	1659.5	122.0	253.3	179.7	44.8	77.0	65.0	255.5
1979	3865.8	984.7	1922.6	958.5	993.4	1803.6	124.5	275.4	194.6	49.8	75.5	67.6	281.2
1980	4168.6	970.1	2181.9	1016.6	978.7	2030.5	157.7	270.3	202.9	51.7	81.0	73.0	322.8
按1980年价格计算													
1980	4587.6	1359.5	2204.7	1023.4	1371.6	2014.9	196.3	193.8	213.4	47.4	85.8	96.4	368.1
1981	4822.1	1454.4	2246.3	1121.5	1467.3	2050.0	202.6	251.0	217.4	55.7	89.8	93.0	395.3
1982	5257.0	1622.1	2371.5	1263.4	1636.5	2168.7	209.5	249.1	242.1	73.3	128.5	101.5	447.7
1983	5823.1	1757.1	2617.8	1448.2	1772.7	2379.9	245.2	302.0	265.1	87.5	162.6	106.7	501.3
1984	6707.8	1983.5	2995.3	1729.0	2001.1	2731.9	271.8	376.7	304.6	94.6	212.6	136.3	578.2
1985	7608.7	2020.0	3546.5	2042.1	2038.0	3224.5	331.9	503.0	346.6	100.6	249.0	170.4	644.7
1986	8289.6	2087.1	3908.9	2293.7	2105.6	3535.2	384.6	550.5	394.6	116.3	324.3	214.4	664.1
1987	9256.0	2185.3	4440.3	2630.4	2204.7	3999.5	453.1	631.6	432.6	127.5	397.5	277.2	732.3
1988	10294.7	2240.8	5077.0	2976.9	2260.8	4603.3	489.2	705.9	486.7	159.5	477.8	312.4	799.3
1989	10727.8	2309.8	5267.3	3150.7	2330.3	4835.5	448.0	630.3	507.2	175.4	601.1	362.2	837.9
1990	11148.3	2479.0	5434.5	3234.8	2501.0	4997.9	453.4	597.1	549.5	181.5	614.1	384.8	869.1
按1990年价格计算													
1990	18872.9	5017.2	7744.3	6111.4	5061.8	6904.7	861.7	1268.9	1167.2	301.9	1143.7	662.2	1500.7
1991	20621.0	5135.3	8811.9	6673.8	5183.2	7892.2	944.0	1334.6	1290.4	326.5	1176.1	741.4	1732.6
1992	23554.3	5374.1	10665.4	7514.8	5426.9	9552.7	1142.1	1474.9	1420.2	414.7	1252.1	938.7	1932.0
1993	26824.5	5624.0	12771.2	8429.3	5682.0	11459.2	1347.3	1601.5	1598.2	448.9	1393.2	1039.7	2254.4
1994	30321.5	5845.9	15088.1	9387.5	5909.3	13611.8	1531.2	1732.6	1734.4	570.7	1528.8	1164.1	2538.6
1995	33642.9	6134.8	17174.1	10334.0	6204.7	15515.9	1720.8	1875.2	1924.8	629.1	1663.7	1308.9	2799.7
1996	36981.2	6444.0	19250.8	11286.4	6521.2	17454.0	1867.2	2018.4	2137.3	672.1	1795.2	1361.7	3154.0
1997	40397.0	6665.5	21267.9	12463.7	6749.4	19429.9	1916.4	2195.4	2333.9	745.7	1957.3	1418.0	3651.1
1998	43566.6	6894.3	23161.4	13510.9	6985.5	21157.6	2089.1	2338.3	2581.0	828.2	2057.4	1526.9	4002.5
1999	46904.5	7082.6	25061.4	14760.5	7181.1	22969.7	2179.1	2541.9	2895.2	892.1	2167.5	1617.6	4460.1
2000	50886.7	7247.5	27435.6	16203.5	7353.5	25234.0	2303.4	2781.3	3143.7	975.4	2318.5	1732.6	5044.4
按2000年价格计算													
2000	100280.1	14717.4	45664.8	39897.9	14943.6	40259.7	5534.0	8158.6	6161.9	2146.3	4836.2	4149.1	14090.8
2001	108639.2	15105.6	49542.4	43991.2	15362.0	43769.3	5910.3	8900.6	6704.6	2310.4	5175.1	4605.1	15902.0
2002	118561.9	15513.5	54444.5	48604.0	15807.4	48164.5	6431.0	9684.7	7182.5	2590.9	5563.7	5061.4	18075.7
2003	130463.2	15881.4	61341.1	53240.7	16202.5	54306.1	7208.2	10647.2	7622.6	2911.0	5977.0	5557.6	20031.0
2004	143657.8	16851.0	68178.1	58628.6	17223.2	60580.5	7795.6	11346.4	8726.1	3270.2	6256.0	5885.5	22574.2
2005	160027.0	17706.0	76447.0	65873.9	18124.5	67635.9	9043.2	12824.4	9703.9	3671.2	7140.0	6605.7	25278.2
按2010年价格计算													
2010	413030.3	39362.6	191629.8	182038.0	40530.0	165126.4	27259.3	35904.4	18783.6	7712.0	25680.4	23569.9	68464.3
2011	452429.9	41006.9	212112.4	199310.5	42253.1	183197.4	29910.4	40379.7	20598.3	8106.2	27647.9	25312.3	75024.7
2012	487976.2	42839.8	229852.7	215283.7	44174.0	198081.9	32827.7	44538.3	21852.4	8629.3	30258.8	26499.3	81114.5

续表

年份	国内生产总值	第一产业	第二产业	第三产业	农林牧渔业	工业	建筑业	批发和零售业	交通运输、仓储和邮政业	住宿和餐饮业	金融业	房地产业	其他
2013	525835.4	44473.5	248211.4	233150.5	45923.5	213401.7	36004.7	49221.6	23294.2	8966.1	33455.3	28409.0	87159.2
2014	564194.4	46277.5	266564.1	251352.9	47849.3	228420.8	39279.9	54015.4	24807.0	9485.8	36776.7	28990.9	94568.7
2015	603124.9	48084.5	283086.3	271954.1	49786.7	242210.0	41955.8	57318.2	25812.8	10071.6	42675.0	29915.7	103379.1
按2015年价格计算													
2015	689052.1	60862.1	282040.3	346149.7	62911.8	236506.3	46626.7	66186.7	30487.8	12153.7	57872.6	41701.0	134605.5
2016	735355.0	62863.8	299706.2	372785.0	65083.6	250723.1	49998.0	70909.9	32495.2	13049.9	60481.8	45298.3	147315.3
2017	785770.0	65332.3	318008.9	402428.8	67726.6	266798.1	52133.6	75976.3	35431.3	13982.9	63195.1	47846.9	162679.2

注：1.更换基期的年份有两个不变价数据，一个按上一基期价格计算，一个按新基期价格计算。

2.有关不变价国内生产总值的解释见简要说明。

表1-7 国内生产总值指数（上年＝100）

本表按不变价格计算

年份	国民总收入	国内生产总值	第一产业	第二产业	第三产业	农林牧渔业	工业	建筑业	批发和零售业	交通运输、仓储和邮政业	住宿和餐饮业	金融业	房地产业	其他	人均国内生产总值
1978	111.7	111.7	104.1	115.0	113.6	104.1	116.4	99.5	123.1	108.9	118.1	110.1	105.7	111.2	110.2
1979	107.6	107.6	106.1	108.2	107.8	106.1	108.7	102.0	108.7	108.3	111.1	98.0	104.1	110.1	106.2
1980	107.8	107.8	98.5	113.5	106.1	98.5	112.6	126.6	98.1	104.3	103.9	107.3	107.9	114.8	106.5
1981	105.1	105.1	107.0	101.9	109.6	107.0	101.7	103.2	129.5	101.9	117.5	104.7	96.5	107.4	103.8
1982	109.2	109.0	111.5	105.6	112.7	111.5	105.8	103.4	99.3	111.4	131.6	143.1	109.1	113.3	107.4
1983	111.0	110.8	108.3	110.4	114.6	108.3	109.7	117.0	121.2	109.5	119.4	126.5	105.2	112.0	109.2
1984	115.3	115.2	112.9	114.4	119.4	112.9	114.8	110.8	124.7	114.9	108.1	130.7	127.7	115.3	113.7
1985	113.2	113.4	101.8	118.4	118.1	101.8	118.0	122.1	133.5	113.8	106.3	117.1	125.0	111.5	111.9
1986	108.6	108.9	103.3	110.2	112.3	103.3	109.6	115.8	109.4	113.9	115.6	130.2	125.9	103.0	107.3
1987	111.6	111.7	104.7	113.6	114.7	104.7	113.1	117.8	114.7	109.6	109.7	122.6	129.3	110.3	109.9
1988	111.3	111.2	102.5	114.3	113.2	102.5	115.1	108.0	111.8	112.5	125.1	120.2	112.7	109.1	109.4
1989	104.3	104.2	103.1	103.7	105.8	103.1	105.0	91.6	89.3	104.2	109.9	125.8	115.9	104.8	102.6

续表

年份	国民总收入	国内生产总值	第一产业	第二产业	第三产业	农林牧渔业	工业	建筑业	批发和零售业	交通运输、仓储和邮政业	住宿和餐饮业	金融业	房地产业	其他	人均国内生产总值
1990	104.1	103.9	107.3	103.2	102.7	107.3	103.4	101.2	94.7	108.3	103.5	102.2	106.2	103.7	102.4
1991	109.2	109.3	102.4	113.8	109.2	102.4	114.3	109.6	105.2	110.6	108.2	102.8	112.0	115.4	107.8
1992	114.1	114.2	104.7	121.0	112.6	104.7	121.0	121.0	110.5	110.1	127.0	106.5	126.6	111.5	112.8
1993	113.6	113.9	104.6	119.7	112.2	104.7	120.0	118.0	108.6	112.5	108.2	111.3	110.8	116.7	112.6
1994	113.1	113.0	103.9	118.1	111.4	104.0	118.8	113.6	108.2	108.5	127.1	109.7	112.0	112.6	111.8
1995	109.4	111.0	104.9	113.8	110.1	105.0	114.0	112.4	108.2	111.0	110.2	108.8	112.4	110.3	109.8
1996	110.1	109.9	105.0	112.1	109.2	105.1	112.5	108.5	107.6	111.0	106.8	107.9	104.0	112.7	108.8
1997	109.6	109.2	103.4	110.5	110.4	103.5	111.3	102.6	108.8	109.2	110.9	109.0	104.1	115.8	108.1
1998	107.3	107.8	103.4	108.9	108.4	103.5	108.9	109.0	106.5	110.6	111.1	105.1	107.7	109.6	106.8
1999	108.0	107.7	102.7	108.2	109.2	102.8	108.6	104.3	108.7	112.2	107.7	105.4	105.9	111.4	106.7
2000	108.6	108.5	102.3	109.5	109.8	102.4	109.9	105.7	109.4	108.6	109.3	107.0	107.1	113.1	107.6
2001	108.1	108.3	102.6	108.5	110.3	102.8	108.7	106.8	109.1	108.8	107.6	107.0	111.0	112.9	107.6
2002	109.6	109.1	102.7	109.9	110.5	102.9	110.0	108.8	108.8	107.1	112.1	107.5	109.9	113.7	108.4
2003	110.5	110.0	102.4	112.7	109.5	102.5	112.8	112.1	109.9	106.1	112.4	107.4	109.8	110.8	109.4
2004	110.5	110.1	106.1	111.1	110.1	106.3	111.6	108.2	106.6	114.5	112.3	104.7	105.9	112.7	109.5
2005	110.9	111.4	105.1	112.1	112.4	105.2	111.6	116.0	113.0	111.2	112.3	114.1	112.2	112.0	110.7
2006	113.3	112.7	104.8	113.5	114.1	105.0	112.9	117.2	119.5	110.0	112.6	123.7	115.5	110.8	112.1
2007	114.7	114.2	103.5	115.1	116.1	103.7	114.9	116.2	120.2	111.8	109.6	125.8	124.4	111.5	113.6
2008	110.1	109.7	105.2	109.8	110.5	105.4	110.0	109.5	115.9	107.3	109.6	112.1	101.0	111.1	109.1
2009	108.5	109.4	104.0	110.3	109.6	104.2	109.1	118.9	111.9	103.4	103.8	116.4	111.8	108.5	108.9
2010	110.3	110.6	104.3	112.7	109.7	104.3	112.6	113.8	114.6	109.5	108.2	108.9	107.5	108.0	110.1
2011	109.0	109.5	104.2	110.7	109.5	104.3	110.9	109.7	112.5	109.7	105.1	107.7	107.4	109.6	109.0
2012	108.6	107.9	104.5	108.4	108.0	104.5	108.1	109.8	110.3	106.1	106.5	109.4	104.7	108.1	107.3
2013	107.1	107.8	103.8	108.0	108.3	104.0	107.7	109.7	110.5	106.6	103.9	110.6	107.2	107.5	107.2
2014	108.3	107.3	104.1	107.4	107.8	104.2	107.0	109.1	109.7	106.5	105.8	109.9	102.0	108.5	106.8
2015	106.4	106.9	103.9	106.2	108.2	104.0	106.0	106.8	106.1	104.1	106.2	116.0	103.2	109.3	106.4
2016	106.7	106.7	103.3	106.3	107.7	103.5	106.0	107.2	107.1	106.6	107.4	104.5	108.6	109.4	106.1
2017	107.0	106.9	103.9	106.1	108.0	104.1	106.4	104.3	107.1	109.0	107.1	104.5	105.6	110.4	106.3

表1-8 国内生产总值指数（1978=100）

本表按不变价格计算

年 份	国民总收入	国内生产总值	第一产业	第二产业	第三产业	农林牧渔业	工业
1978	100.0	100.0	100.0	100.0	100.0	100.0	100.0
1979	107.6	107.6	106.1	108.2	107.8	106.1	108.7
1980	116.0	116.0	104.6	122.8	114.4	104.6	122.4
1981	121.9	122.0	111.9	125.1	125.3	111.9	124.5
1982	133.1	132.9	124.8	132.1	141.2	124.8	131.7
1983	147.8	147.3	135.1	145.8	161.9	135.1	144.5
1984	170.5	169.6	152.6	166.9	193.3	152.6	165.9
1985	192.9	192.4	155.4	197.6	228.3	155.4	195.8
1986	209.6	209.6	160.5	217.8	256.4	160.5	214.7
1987	233.9	234.1	168.1	247.4	294.0	168.1	242.9
1988	260.3	260.4	172.3	282.8	332.7	172.3	279.5
1989	271.4	271.3	177.6	293.4	352.2	177.6	293.6
1990	282.7	281.9	190.7	302.8	361.6	190.7	303.5
1991	308.7	308.1	195.2	344.5	394.8	195.2	346.9
1992	352.1	351.9	204.2	416.9	444.6	204.4	419.9
1993	399.9	400.7	213.7	499.3	498.7	214.0	503.7
1994	452.1	453.0	222.2	589.8	555.4	222.6	598.3
1995	494.5	502.6	233.1	671.4	611.4	233.7	682.0
1996	544.5	552.5	244.9	752.6	667.7	245.6	767.2
1997	596.6	603.5	253.3	831.4	737.4	254.2	854.1
1998	640.3	650.8	262.0	905.5	799.3	263.1	930.0
1999	691.4	700.7	269.2	979.7	873.3	270.5	1009.7
2000	751.0	760.2	275.4	1072.6	958.6	277.0	1109.2
2001	811.8	823.6	282.7	1163.6	1057.0	284.7	1205.9
2002	889.7	898.8	290.3	1278.8	1167.8	293.0	1327.0
2003	982.9	989.0	297.2	1440.8	1279.2	300.3	1496.2
2004	1086.2	1089.0	315.4	1601.3	1408.7	319.2	1669.1
2005	1204.6	1213.1	331.4	1795.6	1582.8	336.0	1863.5
2006	1364.9	1367.4	347.1	2037.1	1806.5	352.8	2104.4
2007	1565.6	1562.0	359.3	2343.7	2096.8	366.0	2418.9
2008	1723.4	1712.8	377.9	2574.3	2316.5	385.6	2660.1
2009	1870.6	1873.8	393.0	2839.2	2538.6	401.8	2901.9
2010	2064.2	2073.1	409.7	3199.3	2784.0	418.9	3266.9
2011	2249.7	2270.8	426.8	3541.3	3048.2	436.8	3624.4
2012	2443.6	2449.2	445.9	3837.5	3292.4	456.6	3918.9
2013	2617.9	2639.2	462.9	4144.0	3565.7	474.7	4221.9
2014	2835.4	2831.8	481.7	4450.4	3844.1	494.6	4519.1
2015	3015.7	3027.2	500.5	4726.2	4159.1	514.6	4791.9
2016	3217.6	3230.6	516.9	5022.2	4479.2	532.4	5079.9
2017	3442.5	3452.1	537.2	5328.9	4835.4	554.0	5405.6

续表

年 份	建筑业	批发和零售业	交通运输、仓储和邮政业	住宿和餐饮业	金融业	房地产业	其他	人均国内生产总值(元)
1978	100.0	100.0	100.0	100.0	100.0	100.0	100.0	100.0
1979	102.0	108.7	108.3	111.1	98.0	104.1	110.1	106.2
1980	129.2	106.7	112.9	115.5	105.2	112.3	126.3	113.1
1981	133.3	138.2	115.0	135.6	110.2	108.4	135.6	117.3
1982	137.9	137.2	128.1	178.5	157.6	118.2	153.7	126.0
1983	161.3	166.3	140.2	213.1	199.5	124.3	172.0	137.6
1984	178.8	207.4	161.1	230.3	260.8	158.7	198.4	156.4
1985	218.4	277.0	183.3	244.8	305.4	198.4	221.3	175.1
1986	253.0	303.2	208.8	283.1	397.8	249.7	227.9	187.9
1987	298.1	347.8	228.8	310.5	487.6	322.9	251.3	206.5
1988	321.8	388.7	257.5	388.5	586.1	363.8	274.3	226.0
1989	294.8	347.1	268.3	426.9	737.4	421.8	287.5	231.9
1990	298.3	328.8	290.7	441.8	753.3	448.2	298.2	237.5
1991	326.8	345.8	321.4	477.9	774.6	501.7	344.3	256.0
1992	395.4	382.2	353.7	607.0	824.7	635.3	383.9	288.8
1993	466.4	414.9	398.0	657.0	917.6	703.6	448.0	325.1
1994	530.0	448.9	432.0	835.3	1006.9	787.8	504.5	363.4
1995	595.7	485.9	479.4	920.8	1095.8	885.8	556.4	398.9
1996	646.4	523.0	532.3	983.8	1182.4	921.6	626.8	433.9
1997	663.4	568.8	581.3	1091.4	1289.2	959.6	725.6	469.1
1998	723.2	605.9	642.8	1212.2	1355.1	1033.3	795.4	501.1
1999	754.3	658.6	721.1	1305.7	1427.6	1094.7	886.4	534.8
2000	797.3	720.7	782.9	1427.7	1527.0	1172.5	1002.5	575.7
2001	851.5	786.2	851.9	1536.8	1634.0	1301.4	1131.3	619.1
2002	926.6	855.5	912.6	1723.4	1756.7	1430.3	1286.0	671.2
2003	1038.5	940.5	968.5	1936.4	1887.2	1570.5	1425.1	734.0
2004	1123.2	1002.2	1108.8	2175.3	1975.3	1663.2	1606.0	803.4
2005	1302.9	1132.8	1233.0	2442.0	2254.4	1866.7	1798.4	889.7
2006	1527.4	1353.3	1355.9	2748.9	2789.7	2155.7	1993.1	997.3
2007	1774.7	1626.9	1516.0	3013.3	3510.2	2680.7	2222.1	1133.3
2008	1943.5	1884.7	1627.0	3302.6	3935.0	2706.4	2469.3	1236.3
2009	2311.8	2109.1	1681.9	3426.6	4578.6	3026.2	2678.0	1345.8
2010	2631.4	2417.0	1841.1	3708.3	4987.6	3253.4	2891.0	1481.8
2011	2887.3	2718.2	2019.0	3897.9	5369.8	3493.9	3168.0	1615.4
2012	3168.9	2998.2	2141.9	4149.4	5876.9	3657.8	3425.2	1733.8
2013	3475.6	3313.4	2283.2	4311.4	6497.7	3921.4	3680.4	1859.1
2014	3791.8	3636.1	2431.5	4561.3	7142.7	4001.7	3993.3	1984.7
2015	4050.1	3858.5	2530.1	4843.0	8288.3	4129.4	4365.4	2110.9
2016	4342.9	4133.8	2696.7	5200.1	8662.0	4485.6	4777.5	2240.6
2017	4528.4	4429.2	2940.3	5571.9	9050.6	4738.0	5275.8	2380.8

表1–9 三次产业和主要行业贡献率

本表按不变价格计算

单位：%

年 份	国内生产总值	第一产业	第二产业	第三产业	工业	批发和零售业	金融业
1978	100.0	9.8	61.8	28.4	62.2	12.7	1.9
1979	100.0	20.9	53.6	25.6	52.8	8.1	−0.6
1980	100.0	−4.8	85.6	19.2	74.9	−1.7	1.8
1981	100.0	40.5	17.7	41.8	15.0	24.4	1.7
1982	100.0	38.6	28.8	32.6	27.3	−0.4	8.9
1983	100.0	23.9	43.5	32.7	37.3	9.3	6.0
1984	100.0	25.6	42.7	31.7	39.8	8.4	5.6
1985	100.0	4.1	61.2	34.8	54.7	14.0	4.0
1986	100.0	9.8	53.2	36.9	45.6	7.0	11.1
1987	100.0	10.2	55.0	34.8	48.0	8.4	7.6
1988	100.0	5.4	61.3	33.4	58.1	7.2	7.7
1989	100.0	15.9	44.0	40.1	53.6	−17.5	28.5
1990	100.0	40.2	39.8	20.0	38.6	−7.9	3.1
1991	100.0	6.8	61.1	32.2	56.5	3.8	1.8
1992	100.0	8.1	63.2	28.7	56.6	4.8	2.6
1993	100.0	7.6	64.4	28.0	58.3	3.9	4.3
1994	100.0	6.3	66.3	27.4	61.6	3.8	3.9
1995	100.0	8.7	62.8	28.5	57.3	4.3	4.1
1996	100.0	9.3	62.2	28.5	58.1	4.3	3.9
1997	100.0	6.5	59.1	34.5	57.8	5.2	4.7
1998	100.0	7.2	59.7	33.0	54.5	4.5	3.2
1999	100.0	5.6	56.9	37.4	54.3	6.1	3.3
2000	100.0	4.1	59.6	36.2	56.9	6.0	3.8
2001	100.0	4.6	46.4	49.0	42.0	8.9	4.1
2002	100.0	4.1	49.4	46.5	44.3	7.9	3.9
2003	100.0	3.1	57.9	39.0	51.6	8.1	3.5
2004	100.0	7.3	51.8	40.8	47.6	5.3	2.1
2005	100.0	5.2	50.5	44.3	43.1	9.0	5.4
2006	100.0	4.4	49.7	45.9	42.3	11.4	7.4
2007	100.0	2.7	50.1	47.3	43.8	11.2	7.9
2008	100.0	5.2	48.6	46.2	43.4	13.7	6.0
2009	100.0	4.0	52.3	43.7	40.7	11.1	8.6
2010	100.0	3.6	57.4	39.0	49.6	12.3	4.4
2011	100.0	4.2	52.0	43.8	45.9	11.4	5.0
2012	100.0	5.2	49.9	44.9	41.9	11.7	7.3
2013	100.0	4.3	48.5	47.2	40.5	12.4	8.4
2014	100.0	4.7	47.8	47.5	39.2	12.5	8.7
2015	100.0	4.6	42.4	52.9	35.4	8.5	15.2
2016	100.0	4.3	38.2	57.5	30.7	10.2	5.6
2017	100.0	4.9	36.3	58.8	31.9	10.0	5.4

注：贡献率指三次产业或主要行业增加值增量与GDP增量之比。

表1–10　三次产业和主要行业对国内生产总值增长的拉动

本表按不变价格计算　　　　单位：百分点

年 份	国内生产总值						
		第一产业	第二产业	第三产业	工业	批发和零售业	金融业
1978	11.7	1.1	7.2	3.3	7.3	1.5	0.2
1979	7.6	1.6	4.1	1.9	4.0	0.6	
1980	7.8	–0.4	6.7	1.5	5.9	–0.1	0.1
1981	5.1	2.1	0.9	2.1	0.8	1.2	0.1
1982	9.0	3.5	2.6	2.9	2.5		0.8
1983	10.8	2.6	4.7	3.5	4.0	1.0	0.6
1984	15.2	3.9	6.5	4.8	6.0	1.3	0.9
1985	13.4	0.5	8.2	4.7	7.3	1.9	0.5
1986	8.9	0.9	4.8	3.3	4.1	0.6	1.0
1987	11.7	1.2	6.4	4.1	5.6	1.0	0.9
1988	11.2	0.6	6.9	3.7	6.5	0.8	0.9
1989	4.2	0.7	1.8	1.7	2.3	–0.7	1.2
1990	3.9	1.6	1.6	0.8	1.5	–0.3	0.1
1991	9.3	0.6	5.7	3.0	5.2	0.3	0.2
1992	14.2	1.2	9.0	4.1	8.1	0.7	0.4
1993	13.9	1.1	8.9	3.9	8.1	0.5	0.6
1994	13.0	0.8	8.6	3.6	8.0	0.5	0.5
1995	11.0	1.0	6.9	3.1	6.3	0.5	0.4
1996	9.9	0.9	6.2	2.8	5.8	0.4	0.4
1997	9.2	0.6	5.5	3.2	5.3	0.5	0.4
1998	7.8	0.6	4.7	2.6	4.3	0.4	0.2
1999	7.7	0.4	4.4	2.9	4.2	0.5	0.3
2000	8.5	0.4	5.1	3.1	4.8	0.5	0.3
2001	8.3	0.4	3.9	4.1	3.5	0.7	0.3
2002	9.1	0.4	4.5	4.2	4.0	0.7	0.4
2003	10.0	0.3	5.8	3.9	5.2	0.8	0.3
2004	10.1	0.7	5.2	4.1	4.8	0.5	0.2
2005	11.4	0.6	5.8	5.0	4.9	1.0	0.6
2006	12.7	0.6	6.3	5.8	5.4	1.5	0.9
2007	14.2	0.4	7.1	6.7	6.2	1.6	1.1
2008	9.7	0.5	4.7	4.5	4.2	1.3	0.6
2009	9.4	0.4	4.9	4.1	3.8	1.0	0.8
2010	10.6	0.4	6.1	4.2	5.3	1.3	0.5
2011	9.5	0.4	5.0	4.2	4.4	1.1	0.5
2012	7.9	0.4	3.9	3.5	3.3	0.9	0.6
2013	7.8	0.3	3.8	3.7	3.1	1.0	0.7
2014	7.3	0.3	3.5	3.5	2.9	0.9	0.6
2015	6.9	0.3	2.9	3.7	2.4	0.6	1.0
2016	6.7	0.3	2.6	3.9	2.1	0.7	0.4
2017	6.9	0.3	2.5	4.0	2.2	0.7	0.4

注：拉动指GDP增长速度与三次产业或主要行业贡献率之乘积。

表1-11 支出法国内生产总值

本表按当年价格计算

年 份	支出法国内生产总值(亿元)				最终消费率(消费率)(%)	资本形成率(投资率)(%)
		最终消费支出	资本形成总额	货物和服务净出口		
1978	3634	2233	1413	-11	61.4	38.9
1979	4078	2578	1520	-20	63.2	37.3
1980	4575	2967	1623	-15	64.8	35.5
1981	4957	3277	1663	17	66.1	33.5
1982	5426	3576	1760	91	65.9	32.4
1983	6079	4060	1968	51	66.8	32.4
1984	7346	4784	2560	1	65.1	34.9
1985	9180	5918	3630	-367	64.5	39.5
1986	10474	6727	4002	-255	64.2	38.2
1987	12294	7639	4645	11	62.1	37.8
1988	15332	9423	6060	-151	61.5	39.5
1989	17360	11033	6512	-186	63.6	37.5
1990	19067	12001	6555	510	62.9	34.4
1991	22124	13614	7893	618	61.5	35.7
1992	27334	16225	10834	276	59.4	39.6
1993	35900	20797	15783	-679	57.9	44.0
1994	48823	28272	19916	634	57.9	40.8
1995	61539	36198	24343	999	58.8	39.6
1996	72102	43087	27557	1459	59.8	38.2
1997	80025	47509	28966	3550	59.4	36.2
1998	85486	51460	30397	3629	60.2	35.6
1999	90824	56622	31666	2537	62.3	34.9
2000	100577	63668	34526	2383	63.3	34.3
2001	111250	68547	40379	2325	61.6	36.3
2002	122292	74068	45130	3094	60.6	36.9
2003	138315	79513	55837	2965	57.5	40.4
2004	162742	89086	69421	4236	54.7	42.7
2005	189190	101448	77534	10209	53.6	41.0
2006	221207	114729	89823	16655	51.9	40.6
2007	271699	136229	112047	23423	50.1	41.2
2008	319936	157466	138243	24227	49.2	43.2
2009	349883	172728	162118	15037	49.4	46.3
2010	410708	198998	196653	15057	48.5	47.9
2011	486038	241022	233327	11688	49.6	48.0
2012	540989	271113	255240	14636	50.1	47.2
2013	596963	300338	282073	14552	50.3	47.3
2014	647182	328313	302717	16152	50.7	46.8
2015	699109	362267	312836	24007	51.8	44.7
2016	745632	399910	329138	16585	53.6	44.1
2017	812038	435453	360627	15958	53.6	44.4

注：最终消费率指最终消费支出占支出法国内生产总值的比重；资本形成率指资本形成总额占支出法国内生产总值的比重。

表1–12 支出法国内生产总值及构成

本表按当年价格计算

年份	最终消费支出(亿元)				资本形成总额(亿元)		货物和服务净出口(亿元)		最终消费支出=100		居民消费支出=100		资本形成总额=100		货物和服务净出口=100	
	居民消费支出			政府消费支出	固定资本形成总额	存货变动	出口	进口	居民消费支出	政府消费支出	城镇居民	农村居民	固定资本形成总额	存货变动	出口	进口
		城镇居民	农村居民													
1978	1759	667	1092	474	1109	304			78.8	21.2	37.9	62.1	78.5	21.5		
1979	2014	759	1255	564	1194	326			78.1	21.9	37.7	62.3	78.6	21.4		
1980	2337	922	1415	630	1346	277			78.8	21.2	39.5	60.5	82.9	17.1		
1981	2628	1017	1610	650	1382	281			80.2	19.8	38.7	61.3	83.1	16.9		
1982	2867	1050	1817	708	1559	201			80.2	19.8	36.6	63.4	88.6	11.4		
1983	3221	1197	2024	839	1743	226			79.3	20.7	37.1	62.9	88.5	11.5		
1984	3690	1438	2251	1095	2192	368			77.1	22.9	39.0	61.0	85.6	14.4		
1985	4627	1841	2787	1290	2844	786			78.2	21.8	39.8	60.2	78.4	21.6		
1986	5294	2180	3113	1433	3300	702			78.7	21.3	41.2	58.8	82.5	17.5		
1987	6048	2576	3472	1591	3821	823			79.2	20.8	42.6	57.4	82.3	17.7		
1988	7532	3381	4152	1891	4842	1218			79.9	20.1	44.9	55.1	79.9	20.1		
1989	8778	3913	4865	2255	4519	1993			79.6	20.4	44.6	55.4	69.4	30.6		
1990	9435	4194	5241	2566	4636	1919			78.6	21.4	44.5	55.5	70.7	29.3		
1991	10544	4971	5573	3070	5795	2098			77.5	22.5	47.1	52.9	73.4	26.6		
1992	12312	6366	5947	3913	8461	2373			75.9	24.1	51.7	48.3	78.1	21.9		
1993	15696	8695	7001	5101	13574	2209			75.5	24.5	55.4	44.6	86.0	14.0		
1994	21446	12274	9172	6826	17188	2728			75.9	24.1	57.2	42.8	86.3	13.7		
1995	28073	16535	11538	8125	20357	3985			77.6	22.4	58.9	41.1	83.6	16.4		
1996	33660	19505	14155	9426	23320	4237			78.1	21.9	57.9	42.1	84.6	15.4		
1997	36626	21665	14961	10882	25363	3603			77.1	22.9	59.2	40.8	87.6	12.4		
1998	38822	23947	14875	12639	28751	1645			75.4	24.6	61.7	38.3	94.6	5.4		
1999	41915	27104	14811	14707	30241	1424			74.0	26.0	64.7	35.3	95.5	4.5		
2000	46988	31376	15612	16680	33528	998			73.8	26.2	66.8	33.2	97.1	2.9		
2001	50709	34411	16297	17838	38064	2315			74.0	26.0	67.9	32.1	94.3	5.7		
2002	55076	38060	17017	18992	43797	1333			74.4	25.6	69.1	30.9	97.0	3.0		
2003	59344	41569	17775	20169	53964	1872			74.6	25.4	70.0	30.0	96.6	3.4		
2004	66587	47354	19233	22499	65670	3751			74.7	25.3	71.1	28.9	94.6	5.4		
2005	75232	54320	20912	26215	75810	1724			74.2	25.8	72.2	27.8	97.8	2.2		
2006	84119	61480	22640	30609	87223	2600			73.3	26.7	73.1	26.9	97.1	2.9		
2007	99793	74205	25589	36436	105052	6995			73.3	26.7	74.4	25.6	93.8	6.2		
2008	115338	86498	28841	42128	128002	10241			73.2	26.8	75.0	25.0	92.6	7.4		
2009	126661	95995	30666	46067	156735	5383			73.3	26.7	75.8	24.2	96.7	3.3		
2010	146058	112447	33610	52940	185827	10826			73.4	26.6	77.0	23.0	94.5	5.5		
2011	176532	135457	41075	64490	219671	13656			73.2	26.8	76.7	23.3	94.1	5.9		
2012	198537	153314	45223	72576	244601	10639			73.2	26.8	77.2	22.8	95.8	4.2		
2013	219763	170330	49432	80575	270924	11149			73.2	26.8	77.5	22.5	96.0	4.0		
2014	242540	188174	54366	85773	290053	12664			73.9	26.1	77.6	22.4	95.8	4.2		
2015	265980	206837	59143	96286	301503	11333			73.4	26.6	77.8	22.2	96.4	3.6		
2016	293443	229111	64332	106467	318084	11054	146177	129592	73.4	26.6	78.1	21.9	96.6	3.4		
2017	317510	249256	68253	117944	346441	14186	162826	146868	72.9	27.1	78.5	21.5	96.1	3.9		

表1-13　三大需求对国内生产总值增长的贡献率和拉动

本表按不变价格计算

年份	最终消费支出		资本形成总额		货物和服务净出口	
	贡献率(%)	拉动(百分点)	贡献率(%)	拉动(百分点)	贡献率(%)	拉动(百分点)
1978	38.3	4.5	67.0	7.8	-5.3	-0.6
1980	77.3	6.1	20.9	1.6	1.8	0.1
1985	71.1	9.5	79.8	10.7	-50.9	-6.8
1990	91.7	3.6	-74.6	-2.9	82.9	3.2
1995	46.2	5.1	46.6	5.1	7.2	0.8
2000	78.1	6.6	22.4	1.9	-0.5	0.0
2001	49.0	4.1	64.0	5.3	-13.0	-1.1
2002	55.6	5.1	39.8	3.6	4.6	0.4
2003	35.4	3.6	70.0	7.0	-5.4	-0.6
2004	42.6	4.3	61.6	6.2	-4.2	-0.4
2005	54.4	6.2	33.1	3.8	12.5	1.4
2006	42.0	5.3	42.9	5.5	15.1	1.9
2007	45.3	6.4	44.1	6.3	10.6	1.5
2008	44.2	4.3	53.2	5.1	2.6	0.3
2009	56.1	5.3	86.5	8.1	-42.6	-4.0
2010	44.9	4.8	66.3	7.1	-11.2	-1.3
2011	61.9	5.9	46.2	4.4	-8.1	-0.8
2012	54.9	4.3	43.4	3.4	1.7	0.2
2013	47.0	3.6	55.3	4.3	-2.3	-0.1
2014	48.8	3.6	46.9	3.4	4.3	0.3
2015	59.7	4.1	41.6	2.9	-1.3	-0.1
2016	66.5	4.5	43.1	2.9	-9.6	-0.7
2017	58.8	4.1	32.1	2.2	9.1	0.6

注：1.三大需求指支出法国内生产总值的三大构成项目，即最终消费支出、资本形成总额、货物和服务净出口。

2.贡献率指三大需求增量与支出法国内生产总值增量之比。

3.拉动指国内生产总值增长速度与三大需求贡献率的乘积。

表1-14 地区生产总值（2017年）

本表绝对数按当年价格计算，指数按不变价格计算

单位：亿元

地 区	地区生产总值	三次产业增加值			分行业增加值					
		第一产业	第二产业	第三产业	农林牧渔业	工 业	建筑业	批发和零售业	交通运输、仓储和邮政业	住宿和餐饮业
北 京	28014.94	120.42	5326.76	22567.76	122.82	4274.00	1140.76	2486.80	1208.40	413.81
天 津	18549.19	168.96	7593.59	10786.64	174.00	6863.98	745.66	2306.98	780.40	309.10
河 北	34016.32	3129.98	15846.21	15040.13	3297.76	13757.84	2109.03	2833.01	2497.88	492.66
山 西	15528.42	719.16	6778.89	8030.37	764.06	5771.22	1019.84	1078.54	1052.14	401.77
内蒙古	16096.21	1649.77	6399.68	8046.76	1677.71	5109.00	1291.45	1815.47	1050.02	732.29
辽 宁	23409.24	1902.28	9199.80	12307.16	2000.40	7302.41	1999.28	3002.13	1310.02	476.87
吉 林	14944.53	1095.36	6998.51	6850.66	1137.71	6057.29	964.14	1208.30	603.12	374.84
黑龙江	15902.68	2965.25	4060.60	8876.83	3036.88	3332.59	852.78	1857.41	801.33	566.81
上 海	30632.99	110.78	9330.67	21191.54	115.10	8392.84	970.79	4393.36	1344.54	412.33
江 苏	85869.76	4045.16	38654.87	43169.73	4314.53	34013.60	4651.75	8070.23	3097.67	1406.82
浙 江	51768.26	1933.92	22232.08	27602.26	1972.84	19474.48	2845.48	6217.29	1938.17	1218.51
安 徽	27018.00	2582.27	12838.28	11597.45	2706.74	10916.31	1943.56	1910.47	875.38	500.57
福 建	32182.09	2215.13	15354.29	14612.67	2294.43	12674.89	2707.82	2392.78	1889.69	465.07
江 西	20006.31	1835.26	9627.98	8543.07	1898.49	7789.59	1838.95	1415.12	866.30	465.58
山 东	72634.15	4832.71	32942.84	34858.60	5114.70	28705.69	4276.97	9283.73	3268.01	1665.39
河 南	44552.83	4139.29	21105.52	19308.02	4310.55	18452.06	2694.11	3263.06	2162.85	1314.65
湖 北	35478.09	3528.96	15441.75	16507.38	3690.30	13060.08	2459.68	2682.21	1420.01	814.18
湖 南	33902.96	2998.40	14145.49	16759.07	3165.28	11879.94	2278.65	2666.71	1496.01	705.38
广 东	89705.23	3611.44	38008.06	48085.73	3712.71	35291.83	2818.82	8976.59	3580.94	1646.85
广 西	18523.26	2878.30	7450.85	8194.11	2964.65	5822.93	1635.69	1326.17	955.70	436.13
海 南	4462.54	962.84	996.35	2503.35	993.25	528.28	470.01	496.72	248.94	221.44
重 庆	19424.73	1276.09	8584.61	9564.03	1300.33	6587.08	1997.53	1595.88	939.46	424.78
四 川	36980.22	4262.35	14328.13	18389.74	4365.11	11576.16	2838.35	2574.15	1595.80	1023.46
贵 州	13540.83	2032.27	5428.14	6080.42	2139.97	4260.48	1169.47	812.74	1070.22	439.19
云 南	16376.34	2338.37	6204.97	7833.00	2388.55	4089.37	2123.68	1567.79	366.59	523.58
西 藏	1310.92	122.72	513.65	674.55	125.90	102.16	411.49	75.10	34.08	35.27
陕 西	21898.81	1741.45	10882.88	9274.48	1830.62	8691.79	2217.97	1762.33	832.62	497.62
甘 肃	7459.90	859.75	2561.79	4038.36	896.00	1763.44	811.41	563.23	293.50	229.91
青 海	2624.83	238.41	1162.41	1224.01	242.04	777.56	384.85	169.15	103.69	48.96
宁 夏	3443.56	250.62	1580.57	1612.37	266.27	1096.30	484.36	160.92	199.31	58.66
新 疆	10881.96	1551.84	4330.89	4999.23	1640.33	3254.18	1159.51	702.18	668.15	180.03

续表

地区	分行业增加值			人均地区生产总值(元)	构成(地区生产总值=100)			指数(上年=100)				
	金融业	房地产业	其他		第一产业	第二产业	第三产业	地区生产总值	第一产业	第二产业	第三产业	人均地区生产总值
北京	4655.37	1766.20	11946.78	128994	0.4	19.0	80.6	106.7	94.1	104.7	107.3	106.7
天津	1951.75	783.27	4634.05	118944	0.9	40.9	58.2	103.6	102.8	101.1	106.0	103.3
河北	2053.44	1690.31	5284.39	45387	9.2	46.6	44.2	106.6	103.9	103.0	111.3	105.9
山西	1320.05	798.73	3322.07	42060	4.6	43.7	51.7	107.1	103.1	106.7	107.8	106.5
内蒙古	1099.85	458.59	2861.83	63764	10.2	39.8	50.0	104.0	103.3	101.5	106.2	103.6
辽宁	1964.58	1132.18	4221.37	53527	8.1	39.3	52.6	104.2	103.6	103.2	105.0	104.3
吉林	709.64	525.58	3363.91	54838	7.3	46.8	45.8	105.3	103.3	103.8	107.6	106.0
黑龙江	932.35	656.34	3866.19	41916	18.6	25.5	55.8	106.4	105.4	102.8	108.8	106.7
上海	5330.54	1873.05	7800.44	126634	0.4	30.5	69.2	106.9	99.2	105.8	107.5	106.8
江苏	6783.87	5016.54	18514.75	107150	4.7	45.0	50.3	107.2	100.4	106.5	108.5	106.8
浙江	3533.05	3222.54	11345.90	92057	3.7	42.9	53.3	107.8	102.7	106.6	109.2	106.6
安徽	1663.59	1390.48	5110.90	43401	9.6	47.5	42.9	108.5	104.1	108.2	109.9	107.5
福建	2055.53	1768.48	5933.40	82677	6.9	47.7	45.4	108.1	103.7	106.8	110.2	107.1
江西	1107.12	890.55	3734.61	43424	9.2	48.1	42.7	108.8	104.4	108.2	110.5	108.1
山东	3651.56	3091.37	13576.73	72807	6.7	45.4	48.0	107.4	103.6	106.3	109.1	106.5
河南	2509.19	2222.21	7624.15	46674	9.3	47.4	43.3	107.8	104.3	107.2	109.4	107.4
湖北	2640.86	1642.98	7067.79	60199	9.9	43.5	46.5	107.8	103.7	107.1	109.5	107.3
湖南	1610.31	1019.35	9081.33	49558	8.8	41.7	49.4	108.0	103.6	106.7	110.3	107.4
广东	6853.01	7635.96	19188.52	80932	4.0	42.4	53.6	107.5	103.6	106.5	108.7	106.0
广西	1273.40	885.48	3223.11	38102	15.5	40.2	44.2	107.1	104.2	105.5	109.6	106.3
海南	308.94	434.90	760.06	48430	21.6	22.3	56.1	107.0	103.6	102.7	110.3	106.2
重庆	1813.73	1048.25	3717.69	63442	6.6	44.2	49.2	109.3	104.0	109.3	109.9	108.2
四川	3203.27	2039.83	7764.09	44651	11.5	38.7	49.7	108.1	103.8	107.5	109.8	107.5
贵州	787.88	283.05	2577.83	37956	15.0	40.1	44.9	110.2	106.3	110.1	111.5	109.4
云南	1194.67	345.50	3776.61	34221	14.3	37.9	47.8	109.5	106.1	110.7	109.5	108.8
西藏	110.20	33.49	383.23	39267	9.4	39.2	51.5	110.0	104.1	111.7	109.9	107.9
陕西	1300.10	861.53	3904.23	57266	8.0	49.7	42.4	108.0	104.6	107.8	108.9	107.3
甘肃	553.59	274.30	2074.52	28497	11.5	34.3	54.1	103.6	105.4	99.0	106.5	103.0
青海	274.60	60.89	563.09	44047	9.1	44.3	46.6	107.3	104.9	107.2	107.9	106.4
宁夏	314.69	120.84	742.21	50765	7.3	45.9	46.8	107.8	104.4	107.0	109.2	106.7
新疆	623.53	323.16	2330.89	44941	14.3	39.8	45.9	107.6	104.8	106.4	109.5	105.7

注：表中数据根据第三次全国农业普查结果进行修订。

表1-15 支出法地区生产总值（2017年）

本表按当年价格计算

地 区	支出法地区生产总值(亿元)				最终消费率(消费率)(%)	资本形成率(投资率)(%)
		最终消费支出	资本形成总额	货物和服务净流出		
北 京	28014.9	16842.1	10946.3	226.5	60.1	39.1
天 津	18549.2	8424.2	10467.2	-342.2	45.4	56.4
河 北	34016.3	16055.7	19083.2	-1122.5	47.2	56.1
山 西	15528.4	8756.4	7154.7	-382.7	56.4	46.1
内蒙古	16096.2	8463.4	10298.3	-2665.5	52.6	64.0
辽 宁	23409.2	13777.3	10127.5	-495.5	58.9	43.3
吉 林	14944.5	5799.9	9980.1	-835.5	38.8	66.8
黑龙江	15902.7	10122.5	9735.0	-3954.9	63.7	61.2
上 海	30633.0	17551.0	12193.1	888.9	57.3	39.8
江 苏	85869.8	43020.8	37353.4	5495.7	50.1	43.5
浙 江	51768.3	25479.0	22764.5	3524.8	49.2	44.0
安 徽	27018.0	13498.9	13723.4	-204.3	50.0	50.8
福 建	32182.1	13150.9	18509.3	521.9	40.9	57.5
江 西	20006.3	10223.2	10025.1	-242.1	51.1	50.1
山 东	72634.2	35185.9	36412.6	1035.7	48.4	50.1
河 南	44552.8	23129.6	31047.7	-9624.5	51.9	69.7
湖 北	35478.1	17171.8	20853.6	-2547.3	48.4	58.8
湖 南	33902.7	18076.0	17585.4	-1758.8	53.3	51.9
广 东	89705.2	45129.0	39657.5	4918.8	50.3	44.2
广 西	18523.3	10505.4	9364.5	-1346.6	56.7	50.6
海 南	4462.5	2781.8	2815.7	-1135.0	62.3	63.1
重 庆	19424.7	9290.6	10380.7	-246.6	47.8	53.4
四 川	36980.2	19365.7	18021.2	-406.7	52.4	48.7
贵 州	13540.8	7506.4	9356.5	-3322.0	55.4	69.1
云 南	16376.3	10506.1	15487.0	-9616.7	64.2	94.6
西 藏	1310.9	1045.1	1376.1	-1110.4	79.7	105.0
陕 西	21898.8	9675.3	14414.8	-2191.3	44.2	65.8
甘 肃	7459.9	5148.3	3804.6	-1493.0	69.0	51.0
青 海	2624.8	1815.4	3897.0	-3087.6	69.2	148.5
宁 夏	3443.6	2113.2	3806.9	-2476.5	61.4	110.6
新 疆	10882.0	7272.1	10852.1	-7242.2	66.8	99.7

表1–16 分地区资本形成总额及构成(2017年)

本表按当年价格计算

地 区	资本形成总额(亿元)			构成 (资本形成总额=100)	
		固定资本形成总额	存货变动	固定资本形成总额	存货变动
北 京	10946.3	10375.3	571.0	94.8	5.2
天 津	10467.2	10137.5	329.7	96.8	3.2
河 北	19083.2	19035.4	47.7	99.7	0.3
山 西	7154.7	6700.1	454.6	93.6	6.4
内蒙古	10298.3	10391.9	–93.6	100.9	–0.9
辽 宁	10127.5	9639.0	488.5	95.2	4.8
吉 林	9980.1	10013.9	–33.8	100.3	–0.3
黑龙江	9735.0	9651.4	83.7	99.1	0.9
上 海	12193.1	11507.2	685.9	94.4	5.6
江 苏	37353.4	36416.8	936.6	97.5	2.5
浙 江	22764.5	21861.5	903.0	96.0	4.0
安 徽	13723.4	13569.2	154.3	98.9	1.1
福 建	18509.3	17637.9	871.4	95.3	4.7
江 西	10025.1	9738.4	286.7	97.1	2.9
山 东	36412.6	34704.0	1708.6	95.3	4.7
河 南	31047.7	30415.3	632.5	98.0	2.0
湖 北	20853.6	20586.5	267.1	98.7	1.3
湖 南	17585.4	17159.5	425.9	97.6	2.4
广 东	39657.5	38390.9	1266.7	96.8	3.2
广 西	9364.5	9034.5	329.9	96.5	3.5
海 南	2815.7	2808.5	7.1	99.7	0.3
重 庆	10380.7	9907.3	473.4	95.4	4.6
四 川	18021.2	17689.3	331.8	98.2	1.8
贵 州	9356.5	9085.8	270.6	97.1	2.9
云 南	15487.0	14825.5	661.5	95.7	4.3
西 藏	1376.1	1372.9	3.3	99.8	0.2
陕 西	14414.8	14144.1	270.8	98.1	1.9
甘 肃	3804.6	3557.1	247.5	93.5	6.5
青 海	3897.0	3918.3	–21.3	100.5	–0.5
宁 夏	3806.9	3835.7	–28.8	100.8	–0.8
新 疆	10852.1	10695.3	156.8	98.6	1.4

表1–17 全社会固定资产投资主要指标

指　　标	2016	2017	2017年比上年增长(%)
投资总额　　(亿元)	606465.7	641238.4	7.0
按构成分			
建筑安装工程	423107.2	449119.3	7.4
设备工具器具购置	113389.0	115647.4	3.7
其他费用	69969.5	76471.6	9.5
按三次产业分			
第一产业	20917.6	22962.0	10.5
第二产业	232001.9	236049.3	3.3
第三产业	353546.2	382227.1	9.2
本年实际到位资金(亿元)	616933.5	639369.4	4.7
国家预算资金	36211.7	38741.7	7.8
国内贷款	67200.3	72435.1	8.7
利用外资	2270.3	2146.3	-3.1
自筹资金	413828.6	417700.0	2.2
其他资金	97422.6	108346.2	11.5
房屋建筑面积　(万平方米)			
施工面积	1292371.7	1264395.3	-2.2
住宅	669297.1	660662.1	-1.3
竣工面积	350973.0	312119.0	-11.1
住宅	179737.8	171471.3	-4.6

注：1.本年实际到位资金为财务拔款数，各项相加不等于投资总额。

2.增长速度未扣除价格因素（以下各表同）。

3.根据第三次农业普查结果，对2016年全社会固定资产投资数据进行了修订，增速按修订后数据计算。

1–18 全社会固定资产投资和全社会住宅投资

单位：亿元

年 份/地 区	全社会投资	城 镇		全社会住宅投资	城 镇	
			房地产开发			房地产开发
1995	20019.3	15643.7	3149.0	4736.7	3278.2	1753.1
2000	32917.7	26221.8	4984.1	7594.1	5435.3	3312.0
2005	88773.6	75095.1	15909.2	15427.2	12825.8	10860.9
2006	109998.2	93368.7	19422.9	19333.1	16305.5	13638.4
2007	137323.9	117464.5	25288.8	25005.0	21238.3	18005.4
2008	172828.4	148738.3	31203.2	30881.2	26516.0	22440.9
2009	224598.8	193920.4	36241.8	36428.2	30512.7	25613.7
2010	(278121.9)	(241430.9)	(48259.4)	(45936.1)	(39473.7)	(34026.2)
	251683.8	243797.8	48259.4	45027.0	39763.1	34026.2

续表

年 份/地 区	全社会投资	城 镇		全社会住宅投资	城 镇	
			房地产开发			房地产开发
2011	311485.1	302396.1	61796.9	57824.4	51773.4	44319.5
2012	374694.7	364854.1	71803.8	64412.8	57844.3	49374.2
2013	446294.1	435747.4	86013.4	74870.7	67483.4	58950.8
2014	512020.7	501264.9	95035.6	80615.1	72888.4	64352.2
2015	561999.8	551590.0	95978.8	80247.7	72746.0	64595.2
2016	606465.7	596500.8	102580.6	83660.2	76649.9	68703.9
2017	641238.4	631684.0	109798.5	86985.3	80561.0	75147.9
北 京	8370.4	8307.3	3692.5	1820.3	1764.1	1694.7
天 津	11288.9	11274.7	2233.4	1647.9	1642.4	1559.7
河 北	33406.8	33012.2	4823.9	4131.9	3847.5	3657.0
山 西	6040.5	5722.2	1166.3	1143.2	946.0	846.4
内蒙古	14013.2	13827.9	889.7	837.1	746.4	645.9
辽 宁	6676.7	6444.7	2289.7	1783.4	1681.9	1673.9
吉 林	13283.9	13130.9	910.1	710.0	667.9	633.5
黑龙江	11292.0	11079.7	815.6	628.6	592.8	554.7
上 海	7246.6	7240.9	3856.5	2159.1	2153.9	2152.4
江 苏	53277.0	53000.2	9629.1	7777.8	7611.7	7315.3
浙 江	31696.0	31126.0	8226.8	6510.2	6020.0	5646.0
安 徽	29275.1	28816.4	5612.5	4590.1	4278.9	4007.0
福 建	26416.3	26110.3	4794.2	3625.3	3387.6	3236.5
江 西	22085.3	21770.4	2014.0	1891.6	1646.6	1391.8
山 东	55202.7	54236.0	6637.2	5870.6	5416.5	4929.5
河 南	44496.9	43890.4	7090.2	6098.0	5634.2	5330.8
湖 北	32282.4	31872.6	4574.9	3865.3	3555.2	3235.4
湖 南	31959.2	31328.1	3426.1	2851.0	2345.3	2194.4
广 东	37761.7	37403.9	12075.7	8536.7	8232.5	8100.9
广 西	20499.1	19908.3	2683.5	2504.4	2083.5	1983.5
海 南	4244.4	4125.4	2053.1	1612.9	1503.0	1477.5
重 庆	17537.0	17440.6	3980.1	2829.8	2759.1	2632.9
四 川	31902.1	31235.9	5149.9	4024.9	3568.7	3182.3
贵 州	15503.9	15288.0	2201.0	1616.8	1478.5	1365.3
云 南	18936.0	18474.9	2786.3	2610.4	2329.3	1743.9
西 藏	1975.6	1975.6	40.4	71.1	71.1	20.1
陕 西	23819.4	23468.2	3102.0	2719.2	2452.9	2145.6
甘 肃	5827.8	5696.3	944.5	744.6	676.2	601.3
青 海	3883.6	3819.9	408.6	335.2	287.5	213.7
宁 夏	3728.4	3640.1	652.8	469.6	408.1	387.8
新 疆	12089.1	11795.6	1037.9	968.4	771.4	588.2
不分地区	5220.3	5220.3				

注：1.1995—1996年，除房地产投资、农村集体投资、个人投资以外，投资统计的起点为5万元；自1997年起，除房地产投资、农村集体投资、个人投资以外，投资统计的起点由5万元提高到50万元；自201年起，除房地产投资、农村个人投资外，固定资产投资的统计起点由50万元提高至500万元；城镇固定资产投资数据发布口径改为固定资产投资(不含农户)，固定资产投资(不含农户)等于原口径的城镇固定资产投资加上农村企事业组织的项目投资(以下有关各表同)。

2.为便于比较，对1996年、2010年的相应数据作了调整，这两年数据中括号内为原口径数，未加括号的为调整后的新口径数。新口径数据中，1996年为50万元起点以上数；2010年为500万元起点以上数，同时其中的城镇固定资产投资数据发布口径改为固定资产投资(不含农户)(以下有关各表同)。

表1-19 全社会固定资产投资实际到位资金和按构成分固定资产投资

年 份	实际到位资金				投资按构成分		
	国家预算资金	国内贷款	利用外资	自筹和其他资金	建筑安装工程	设备工器具购置	其他费用
总量(亿元)							
1981	269.8	122.0	36.4	532.9	689.8	223.6	47.5
1982	279.3	176.1	60.5	714.5	871.1	291.4	67.9
1983	339.7	175.5	66.6	848.3	993.3	358.3	78.4
1984	421.0	258.5	70.7	1082.7	1217.6	509.2	106.1
1985	407.8	510.3	91.5	1533.6	1655.5	718.1	169.7
1986	455.6	658.5	137.3	1869.2	2059.7	852.0	209.0
1987	496.6	872.0	182.0	2241.1	2475.7	1038.8	277.3
1988	432.0	977.8	275.3	2968.7	3099.7	1305.4	348.8
1989	366.1	763.0	291.1	2990.3	2994.6	1115.8	300.0
1990	393.0	885.5	284.6	2954.4	3008.7	1165.5	342.7
1991	380.4	1314.7	318.9	3580.4	3647.7	1460.2	486.6
1992	347.5	2214.0	468.7	5050.0	5163.4	2125.1	791.6
1993	483.7	3072.0	954.3	8562.4	8201.2	3315.9	1555.2
1994	529.6	3997.6	1769.0	11531.0	10786.5	4328.3	1928.1
1995	621.1	4198.7	2295.9	13409.2	13173.3	4262.5	2583.5
1996	(629.7)	(4576.5)	(2747.4)	(15465.4)	(15153.4)	(4940.8)	(2879.8)
	625.9	4573.7	2746.6	15412.4	15109.3	4926.0	2878.3
1997	696.7	4782.6	2683.9	17096.5	15614.0	6044.8	3282.3
1998	1197.4	5542.9	2617.0	19359.6	17874.5	6528.5	4003.1
1999	1852.1	5725.9	2006.8	20169.7	18795.9	7053.0	4005.7
2000	2109.5	6727.3	1696.3	22577.4	20536.3	7785.6	4595.9
2001	2546.4	7239.8	1730.7	26470.0	22954.9	8833.8	5424.8
2002	3161.0	8859.1	2085.0	30941.9	26578.9	9884.5	7036.6
2003	2687.8	12044.4	2599.4	41284.8	33447.2	12681.9	9437.5
2004	3254.9	13788.0	3285.7	54236.3	42803.6	16527.0	11146.8
2005	4154.3	16319.0	3978.8	70138.7	53382.6	21422.9	13968.1
2006	4672.0	19590.5	4334.3	90360.2	66775.8	25563.9	17658.4
2007	5857.1	23044.2	5132.7	116769.7	83518.3	31574.8	22230.9
2008	7954.8	26443.7	5311.9	143204.9	104958.9	40594.1	27275.5
2009	12685.7	39302.8	4623.7	193617.4	138758.3	50844.2	34996.2
2010	(14677.8)	(47258.0)	(4986.8)	(244041.7)	(171351.8)	(61681.5)	(45088.5)
	13012.7	44020.8	4703.6	224042.0	155580.5	53842.8	42260.5
2011	14843.3	46344.5	5062.0	279734.4	200195.7	65152.3	46137.1
2012	18958.7	51593.5	4468.8	334654.7	243617.5	77724.1	53353.1
2013	22305.3	59442.0	4319.4	405545.8	298424.2	91074.4	56795.5
2014	26745.4	65221.0	4052.9	447461.2	349789.0	101005.2	61226.4
2015	30924.3	61054.0	2854.4	489366.0	388163.5	111110.2	62726.1
2016	36211.7	67200.3	2270.3	511251.2	423107.2	113389.0	69969.5
2017	38741.7	72435.1	2146.3	526046.3	449119.3	115647.4	76471.6

续表

年 份	实际到位资金				投资按构成分		
	国家预算资金	国内贷款	利用外资	自筹和其他资金	建筑安装工程	设备工器具购置	其他费用
构成(%)							
1981	28.1	12.7	3.8	55.4	71.8	23.3	4.9
1982	22.7	14.3	4.9	58.1	70.8	23.7	5.5
1983	23.8	12.3	4.7	59.2	69.5	25.1	5.4
1984	23.0	14.1	3.9	59.0	66.4	27.8	5.8
1985	16.0	20.1	3.6	60.3	65.1	28.2	6.7
1986	14.6	21.1	4.4	59.9	66.0	27.3	6.7
1987	13.1	23.0	4.8	59.1	65.3	27.4	7.3
1988	9.3	21.0	5.9	63.8	65.2	27.5	7.3
1989	8.3	17.3	6.6	67.8	67.9	25.3	6.8
1990	8.7	19.6	6.3	65.4	66.6	25.8	7.6
1991	6.8	23.5	5.7	64.0	65.2	26.1	8.7
1992	4.3	27.4	5.8	62.5	63.9	26.3	9.8
1993	3.7	23.5	7.3	65.5	62.7	25.4	11.9
1994	3.0	22.4	9.9	64.7	63.3	25.4	11.3
1995	3.0	20.5	11.2	65.3	65.8	21.3	12.9
1996	2.7	19.6	11.8	66.0	66.0	21.5	12.5
1997	2.8	18.9	10.6	67.7	62.6	24.2	13.2
1998	4.2	19.3	9.1	67.4	62.9	23.0	14.1
1999	6.2	19.2	6.7	67.8	63.0	23.6	13.4
2000	6.4	20.3	5.1	68.2	62.4	23.7	13.9
2001	6.7	19.1	4.6	69.6	61.7	23.7	14.6
2002	7.0	19.7	4.6	68.7	61.1	22.7	16.2
2003	4.6	20.5	4.4	70.5	60.2	22.8	17.0
2004	4.4	18.5	4.4	72.7	60.7	23.5	15.8
2005	4.4	17.3	4.2	74.1	60.1	24.1	15.7
2006	3.9	16.5	3.6	76.0	60.7	23.2	16.1
2007	3.9	15.3	3.4	77.4	60.8	23.0	16.2
2008	4.3	14.5	2.9	78.3	60.7	23.5	15.8
2009	5.1	15.7	1.8	77.4	61.8	22.6	15.6
2010	4.7	15.2	1.6	78.5	61.6	22.2	16.2
2011	4.3	13.4	1.5	80.9	64.3	20.9	14.8
2012	4.6	12.6	1.1	81.7	65.0	20.7	14.2
2013	4.5	12.1	0.9	82.5	66.9	20.4	12.7
2014	4.9	12.0	0.7	82.3	68.3	19.7	12.0
2015	5.3	10.5	0.5	83.8	69.1	19.8	11.2
2016	5.9	10.9	0.4	82.9	69.8	18.7	11.5
2017	6.1	11.3	0.3	82.3	70.0	18.0	11.9

表1-20　全社会固定资产投资实际到位资金

单位：亿元

年份/地区	实际到位资金小计	国家预算资金	国内贷款	利用外资	自筹资金	其他资金
1995	20524.9	621.1	4198.7	2295.9	10647.9	2761.3
2000	33110.3	2109.5	6727.3	1696.3	16317.3	6260.1
2005	94590.8	4154.3	16319.0	3978.8	55105.8	15033.0
2006	118957.0	4672.0	19590.5	4334.3	71076.5	19283.7
2007	150803.6	5857.1	23044.2	5132.7	91373.2	25396.4
2008	182915.3	7954.8	26443.7	5311.9	118510.4	24694.4
2009	250229.7	12685.7	39302.8	4623.7	153514.8	40102.6
2010	(310964.2)	(14677.8)	(47258.0)	(4986.8)	(197099.2)	(46942.4)
	285779.2	13012.7	44020.8	4703.6	178744.3	45297.7
2011	345984.2	14843.3	46344.5	5062.0	229346.8	50387.5
2012	409675.6	18958.7	51593.5	4468.8	277792.4	56862.4
2013	491612.5	22305.3	59442.0	4319.4	334280.0	71265.8
2014	543480.6	26745.4	65221.0	4052.9	379737.8	67723.4
2015	584198.8	30924.3	61054.0	2854.4	414802.4	74563.6
2016	616933.5	36211.7	67200.3	2270.3	413828.6	97422.6
2017	639369.4	38741.7	72435.1	2146.3	417700.0	108346.2
北　京	10918.5	1092.1	2595.4	21.5	3600.9	3608.5
天　津	12826.1	187.5	2016.7	32.0	7803.2	2786.7
河　北	31947.2	1185.1	1951.8	74.7	25815.2	2920.5
山　西	5507.9	337.8	536.9	9.2	3516.1	1108.0
内蒙古	12887.5	1176.9	1399.0	3.5	9830.3	477.8
辽　宁	7154.1	305.6	845.7	191.9	3925.0	1885.9
吉　林	12989.8	432.5	651.2	21.2	11037.9	847.0
黑龙江	11399.4	533.6	434.1	28.4	9350.6	1052.8
上　海	8182.3	811.6	2013.0	18.8	2834.9	2504.1
江　苏	57282.8	1044.6	6397.8	376.1	37932.4	11532.0
浙　江	34737.5	2736.3	4173.7	73.8	19180.4	8573.4
安　徽	28847.1	1783.9	2122.7	92.8	19693.0	5154.7
福　建	25790.6	1819.0	2370.1	71.5	17013.7	4516.3
江　西	21511.0	1151.3	1641.9	62.2	15816.6	2838.9
山　东	54944.8	1316.9	5658.6	274.3	40696.3	6998.6
河　南	43208.9	1616.7	4095.4	83.6	34422.5	2990.8
湖　北	31376.0	2260.2	2998.5	63.7	21198.6	4855.0
湖　南	31836.7	1611.7	2863.2	118.6	22899.9	4343.3
广　东	42836.9	2482.0	6832.7	259.7	22038.1	11224.4
广　西	20315.2	1954.5	2675.6	17.5	12484.2	3183.3
海　南	4915.1	359.8	745.3	3.5	1828.9	1977.5
重　庆	18326.1	1011.8	2563.3	68.7	10610.0	4072.4
四　川	32106.8	2250.0	2739.2	22.7	20550.7	6544.2
贵　州	13455.1	1085.2	2324.6	29.5	7607.8	2408.0
云　南	13940.4	1782.2	2185.3	8.7	7025.8	2938.5
西　藏	1599.0	1037.3	80.6	3.5	371.0	106.7
陕　西	22294.0	1614.5	2201.5	61.8	16137.5	2278.6
甘　肃	5245.5	791.3	770.5	4.8	2777.8	901.2
青　海	3410.1	639.7	903.5	4.0	1597.4	265.5
宁　夏	2914.8	254.7	601.2	4.6	1514.5	539.8
新　疆	10606.6	1831.9	1769.7	21.7	5455.7	1527.6
不分地区	4055.5	243.6	1276.4	17.9	1133.3	1384.3

表1-21 按主要行业分的全社会固定资产投资

单位：亿元

年份 地区	合 计	农、林、牧、渔业	采矿业	制造业	电力、热力、燃气及水生产和供应业	建筑业	批发和零售业	交通运输、仓储和邮政业	住宿和餐饮业	信息传输、软件和信息技术服务业
2003	55566.6	1652.3	1775.2	14689.5	3962.4	924.4	922.7	6289.4	423.0	1660.7
2004	70477.4	1890.7	2395.9	19585.5	5795.1	964.0	1273.0	7646.2	560.8	1657.7
2005	88773.6	2323.7	3587.4	26576.0	7554.4	1119.0	1716.4	9614.0	808.8	1581.8
2006	109998.2	2749.9	4678.4	34089.5	8585.7	1125.5	2265.3	12138.1	1095.7	1875.9
2007	137323.9	3403.5	5878.8	44505.1	9467.6	1302.3	2880.3	14154.0	1519.4	1848.1
2008	172828.4	5064.5	7705.8	56702.4	10997.2	1555.9	3741.8	17024.4	1959.2	2162.6
2009	224598.8	6894.9	9210.8	70612.9	14434.6	1992.5	5132.8	24974.7	2625.4	2589.0
2010	278121.9	7923.1	11000.9	88619.2	15679.7	2802.2	6032.2	30074.5	3366.8	2454.5
2011	311485.1	8757.8	11747.0	102712.9	14659.7	3357.1	7439.4	28291.7	3956.6	2174.4
2012	374694.7	10996.4	13300.8	124550.0	16672.7	3739.0	9810.7	31444.9	5153.5	2692.0
2013	446294.1	13478.8	14650.8	147705.0	19634.7	3669.8	12720.5	36790.1	6041.1	3084.9
2014	512020.7	16573.8	14538.9	167025.3	22829.7	4125.8	15800.2	43215.7	6230.1	4110.0
2015	561999.8	21042.7	12970.8	180370.4	26722.8	4956.6	18924.9	49200.0	6546.7	5521.9
2016	606465.7	24853.1	10320.3	187962.1	29747.7	4614.9	18166.9	53890.4	5976.2	6325.5
2017	641238.4	26708.0	9210.1	193710.0	29805.6	3838.9	16779.9	61449.9	6145.0	6997.4
北 京	8370.4	99.0	3.1	381.9	476.5	6.5	30.7	1129.1	10.8	282.0
天 津	11288.9	293.0	173.9	2830.2	349.2	138.2	740.7	537.0	74.0	209.4
河 北	33406.8	1873.2	381.1	13875.9	1919.9	4.5	798.2	2135.5	209.0	327.4
山 西	6040.5	607.3	470.0	885.0	757.5	9.5	104.0	425.5	27.6	28.0
内蒙古	14013.2	1152.9	924.2	3234.7	1380.3	20.6	374.1	1180.2	98.8	190.9
辽 宁	6676.7	231.2	145.3	1529.2	543.6	26.4	113.4	602.0	72.9	55.9
吉 林	13283.9	955.3	319.7	5254.2	544.7	232.8	554.7	1211.7	183.6	396.0
黑龙江	11292.0	1429.7	389.3	3133.3	437.3	159.2	838.2	1200.5	248.4	252.6
上 海	7246.6	1.6	0.9	793.3	237.4	1.9	19.8	960.3	13.8	123.5
江 苏	53277.0	547.6	108.8	24433.6	1674.4	235.2	1652.4	2891.0	418.9	611.2
浙 江	31696.0	368.9	32.5	7993.1	1280.9	37.6	276.1	2967.5	331.8	336.9
安 徽	29275.1	896.1	231.8	11434.2	1278.4	92.7	605.6	1667.8	193.5	274.0
福 建	26416.3	1112.6	172.7	7566.9	1063.6	64.9	713.5	2808.9	214.1	364.5
江 西	22085.3	662.7	226.2	10791.3	765.4	43.7	877.4	734.6	215.3	204.8
山 东	55202.7	1609.6	517.7	22704.1	2886.9	857.7	1899.9	3955.0	425.5	321.7
河 南	44496.9	2675.9	506.9	16742.1	1942.7	42.1	1267.8	2498.5	435.1	310.0
湖 北	32282.4	1118.5	260.1	11257.7	1194.8	562.0	632.8	2939.9	257.4	149.3
湖 南	31959.2	1579.4	437.0	9472.2	1131.1	362.8	1341.1	2104.3	355.9	392.2
广 东	37761.7	527.8	145.3	10311.2	1616.9	35.6	709.2	3759.6	312.1	541.9
广 西	20499.1	1328.7	269.1	5582.3	973.9	267.3	663.7	2005.6	248.8	245.8
海 南	4244.4	60.6	6.9	134.7	107.2	34.4	47.3	486.0	84.1	108.2
重 庆	17537.0	510.8	158.8	5257.2	465.5	6.8	218.4	1954.8	153.6	106.2
四 川	31902.1	1491.9	423.8	6916.5	1707.1	75.8	463.6	4492.6	410.3	286.7
贵 州	15503.9	928.7	336.6	1713.2	488.5	36.8	317.5	2334.3	221.0	139.5
云 南	18936.0	1268.0	376.9	1840.7	631.3	93.8	382.8	3741.7	358.6	136.0
西 藏	1975.6	111.6	20.6	79.1	299.3	11.2	32.8	581.7	26.2	9.0
陕 西	23819.4	1831.4	685.0	3782.9	1220.5	30.8	655.7	1891.2	286.7	225.0
甘 肃	5827.8	406.5	87.3	540.8	371.3	192.5	184.6	956.6	102.8	53.1
青 海	3883.6	128.0	98.2	731.1	369.2	97.4	41.0	730.5	40.5	88.9
宁 夏	3728.4	260.7	149.0	815.8	392.5	15.5	42.0	330.1	16.6	72.6
新 疆	12089.1	638.9	545.1	1691.4	958.6	42.7	181.0	1978.5	97.4	154.2
不分地区	5220.3		606.3		339.1			4257.3		

续表

年 份/地 区	金融业	房地产业	租赁和商务服务 业	科学研究和技术服务业	水利、环境和公共设施管理业	居民服务、修理和其他服务业	教 育	卫生和社会工作	文化、体育和娱乐业	公共管理、社会保障和社会组织	国际组织
2003	90.2	13143.4	375.5	285.8	4365.8	241.6	1671.1	405.8	531.5	2153.7	2.5
2004	136.0	16678.9	420.8	333.1	5071.7	313.7	2024.8	516.7	773.4	2437.4	2.0
2005	109.5	19505.3	549.6	435.1	6274.3	363.5	2209.2	661.8	857.0	2926.8	0.2
2006	121.4	24524.4	725.6	495.3	8152.7	389.5	2270.2	769.0	955.4	2990.5	0.1
2007	157.6	32438.9	949.3	560.0	10154.3	434.7	2375.6	885.0	1243.4	3166.1	
2008	260.6	40441.8	1355.9	782.0	13534.3	522.0	2523.8	1155.6	1589.9	3748.5	0.3
2009	360.2	49358.5	2036.2	1200.8	19874.4	801.9	3521.2	1858.6	2383.4	4735.9	0.2
2010	489.4	64877.3	2692.6	1379.3	24827.6	1114.1	4033.6	2119.0	2959.4	5676.6	
2011	638.7	81686.1	3382.8	1679.8	24523.1	1443.3	3894.6	2330.3	3162.0	5647.8	
2012	923.9	99159.3	4700.4	2475.8	29621.6	1905.0	4613.0	2617.1	4271.3	6047.4	
2013	1242.0	118809.4	5893.2	3133.2	37663.9	2099.3	5433.0	3139.3	5231.1	5874.1	
2014	1363.0	131348.2	7965.2	4219.1	46225.0	2371.7	6708.7	3991.5	6178.4	7200.5	
2015	1367.2	134284.3	9447.9	4752.0	55679.6	2730.3	7726.8	5175.6	6728.3	7851.1	
2016	1310.2	142359.4	12341.9	5567.8	68647.6	2750.9	9326.7	6282.1	7834.2	8187.7	
2017	1121.5	146225.5	13357.1	5932.5	82106.1	2752.6	11104.3	7327.9	8734.8	7931.5	
北 京	28.4	4482.1	284.0	73.4	758.9	0.2	129.3	66.2	108.5	20.1	
天 津	14.1	2826.9	763.7	458.9	1385.2	188.8	118.0	45.4	92.3	50.1	
河 北	58.8	5810.7	557.0	426.8	3554.2	100.2	317.8	334.9	511.2	210.5	
山 西	1.5	1618.3	55.8	31.5	738.6	11.5	76.5	70.0	61.6	60.7	
内蒙古	21.8	1578.2	117.9	104.9	2818.1	53.3	163.1	154.1	231.2	213.6	
辽 宁	12.9	2421.7	95.1	30.2	449.5	29.8	79.9	91.7	96.0	50.0	
吉 林	70.1	1184.7	293.4	138.3	1268.6	108.9	168.1	144.3	156.1	98.7	
黑龙江	40.3	1061.0	290.3	241.7	845.4	134.2	159.5	175.6	142.0	113.4	
上 海	16.8	3863.5	145.7	58.6	785.4	1.4	96.4	51.1	56.9	18.4	
江 苏	121.7	10977.0	1596.8	768.5	4692.8	311.2	677.4	534.4	546.8	477.5	
浙 江	57.7	10959.2	704.4	131.8	4702.5	88.1	517.5	275.8	484.9	148.8	
安 徽	62.1	6863.0	612.8	280.6	3299.1	108.8	443.4	255.5	254.3	421.4	
福 建	17.6	5815.6	335.0	115.6	4486.7	99.1	387.3	265.3	432.4	380.1	
江 西	62.5	2933.3	579.3	135.9	2544.7	84.3	234.9	202.4	198.5	588.2	
山 东	136.9	10077.4	1381.1	953.0	3753.9	248.5	1168.1	651.4	976.0	678.3	
河 南	43.0	9971.4	428.7	295.2	4982.0	153.3	763.4	594.5	657.4	187.1	
湖 北	49.0	6794.0	788.4	242.3	4371.6	149.4	363.6	344.2	390.4	417.0	
湖 南	60.9	5355.4	897.8	434.4	5421.3	163.9	692.7	483.9	650.2	622.6	
广 东	70.0	13928.2	610.9	266.8	3548.9	47.2	528.5	333.6	304.0	163.8	
广 西	54.3	3875.7	802.3	146.0	2515.8	99.8	517.7	237.8	310.4	354.2	
海 南	0.7	2285.2	27.9	32.3	472.6	8.8	81.9	84.8	150.4	30.3	
重 庆	8.3	4412.1	239.7	45.4	3295.6	38.7	292.7	138.9	135.6	97.9	
四 川	27.7	8366.9	535.5	92.5	4784.2	69.5	711.2	479.3	319.1	247.6	
贵 州	17.9	3644.8	420.5	44.1	3653.3	71.4	507.6	253.4	319.8	54.8	
云 南	8.8	4764.6	70.3	27.7	3035.4	71.1	584.9	288.1	310.1	945.3	
西 藏	1.5	224.2	20.1	5.5	276.0	18.8	48.2	28.0	33.1	148.6	
陕 西	19.6	5342.7	328.2	203.5	5705.5	148.6	584.8	347.4	391.8	138.4	
甘 肃	6.2	1366.5	94.1	38.7	777.3	81.5	151.7	105.3	130.9	180.0	
青 海	1.0	709.4	71.9	11.6	475.4	8.2	56.2	39.8	63.0	122.3	
宁 夏	3.0	816.4	27.5	28.4	467.2	7.6	68.1	86.4	55.7	73.3	
新 疆	26.6	1895.4	181.1	68.3	2222.7	46.5	413.9	164.5	164.1	618.2	
不分地区					2.4					669.0	

表1-22　分地区按登记注册类型分全社会固定资产投资(2017年)

单位：亿元

地区	总计	内资										港、澳、台商投资	外商投资
			国有	集体	股份合作	联营	有限责任公司	股份有限公司	私营	个体	其他		
全国总计	641238.4	616322.2	139073.3	7678.5	910.4	664.1	211642.8	17304.4	203474.9	11804.0	23769.7	13604.0	11312.2
北　京	8370.4	7462.8	1494.2	30.4	84.0	0.1	5193.7	236.4	341.5	63.1	19.3	649.0	258.6
天　津	11288.9	10598.9	1140.1	393.5	8.2	51.9	4573.5	330.4	3639.3	47.7	414.4	241.6	448.4
河　北	33406.8	32536.4	4117.5	111.7	42.1	7.1	9628.8	942.8	15910.8	487.8	1287.8	438.6	431.8
山　西	6040.5	5916.5	1169.2	57.2	2.7	3.0	1686.4	90.4	2168.7	379.6	359.3	80.6	43.4
内蒙古	14013.2	13913.1	5713.9	66.9	19.2	16.3	4397.7	312.6	2830.1	225.5	331.0	40.7	59.3
辽　宁	6676.7	5927.3	955.5	9.8	8.0	0.3	2254.5	328.0	2041.4	237.3	92.5	273.1	476.4
吉　林	13283.9	13121.2	2249.6	45.2	7.3	9.2	4277.4	459.3	4940.8	422.3	710.1	83.3	79.4
黑龙江	11292.0	11181.7	2284.4	91.4	49.3	2.9	3761.5	165.7	3327.9	400.0	1098.5	42.1	68.2
上　海	7246.6	6207.4	1409.5	21.5	2.0	0.7	3475.7	235.1	1054.1	5.7	3.2	651.0	388.2
江　苏	53277.0	48794.3	6943.3	694.8	29.7	105.6	12147.4	1197.9	26674.0	333.8	667.7	2248.7	2234.1
浙　江	31696.0	29960.7	5330.1	508.7	41.0	31.7	10797.1	795.4	11140.4	639.6	676.7	1131.4	603.9
安　徽	29275.1	28618.9	6058.6	131.2	35.8	18.8	8792.6	722.2	11493.3	480.4	886.0	368.9	287.3
福　建	26416.3	25159.6	4780.5	912.1	12.3	47.9	8827.7	616.5	7957.2	522.9	1482.6	768.3	488.4
江　西	22085.3	21585.2	3708.7	53.8	49.3	31.2	7815.8	559.0	8408.1	351.3	607.9	341.2	159.0
山　东	55202.7	52993.8	7781.4	1449.2	39.8	15.7	15031.0	1693.4	22235.1	1039.4	3708.6	786.5	1422.4
河　南	44496.9	43863.3	5807.5	442.5	41.6	46.6	19630.5	1439.0	12740.7	670.7	3044.2	447.2	186.4
湖　北	32282.4	31309.3	6987.2	339.7	178.9	47.0	10908.4	930.5	10108.1	450.3	1359.3	496.9	476.2
湖　南	31959.2	31486.8	6958.2	344.5	46.9	51.6	9424.0	724.3	11879.3	772.3	1285.8	311.6	160.8
广　东	37761.7	33657.6	5642.5	916.2	52.7	63.5	15043.8	1179.8	8558.9	700.5	1499.6	2457.8	1646.4
广　西	20499.1	20009.9	4218.7	125.0	18.7	11.6	6404.4	337.2	7205.8	791.0	897.5	255.8	233.5
海　南	4244.4	3965.4	616.2	2.5	7.2	7.6	2382.5	324.4	465.4	120.4	39.1	174.1	104.9
重　庆	17537.0	16759.6	3179.2	90.1	28.8	10.7	6407.2	525.2	5540.4	114.8	863.3	452.8	324.7
四　川	31902.1	31264.4	8893.8	117.6	25.5	19.2	12500.1	972.7	7360.1	736.8	638.6	293.1	344.6
贵　州	15503.9	15331.2	4935.2	54.0	13.1	9.9	6850.1	194.5	2770.9	229.6	274.0	146.4	26.3
云　南	18936.0	18763.5	9181.4	300.6	3.8	2.9	4931.5	355.2	3260.7	562.0	165.4	111.4	61.0
西　藏	1975.6	1971.9	1486.5	7.9	0.8	6.0	320.7	15.2	105.0	9.1	20.8	3.5	0.2
陕　西	23819.4	23403.5	9602.1	296.3	37.0	15.1	7544.6	619.6	4157.7	369.8	761.3	165.5	250.4
甘　肃	5827.8	5819.5	2169.9	46.2	4.8	8.4	1849.1	150.4	1228.9	140.1	221.9	3.5	4.8
青　海	3883.6	3852.4	1855.1	7.2	7.4		946.6	227.2	667.8	73.4	67.8	16.4	14.7
宁　夏	3728.4	3632.0	1042.4	5.2	1.0	15.7	928.4	67.1	1429.2	92.0	51.1	86.0	10.3
新　疆	12089.1	12033.9	6251.6	5.6	11.6	5.9	2799.2	557.4	1833.2	334.9	234.5	37.1	18.2
不分地区	5220.3	5220.3	5109.3				111.0						

表1-23　新增主要产品生产能力

能力名称	2013	2014	2015	2016	2017
原煤开采　(万吨/年)	39915	29545	22642	12870	19873
焦炭　(万吨/年)	6692	4996	2622	1541	1853
天然气开采 (亿立方米/年)	146	157	176	158	168
铁矿开采 (原矿) (万吨/年)	23684	13337	12740	7534	7635
生铁　(万吨/年)	1443	1263	898	159	161
粗钢　(万吨/年)	2487	2258	1948		
电解铜　(吨/年)	611067	429100	460920	141750	155000
电解铝　(吨/年)	2866584	1645297	1619410	550000	658162
发电装机容量　(万千瓦)	10650	11098	13667	12222	12501
水力发电　(万千瓦)	3581	2396	1476	1680	1282
火力发电　(万千瓦)	3943	4374	6023	4520	3266
水泥　(万吨/年)	34030	24996	11711	6938	6728
氮肥　(吨/年)	5980099	5833138	4282678	3305405	2314006
磷肥　(吨/年)	1565680	1196202	1470362	1627477	1302941
钾肥　(吨/年)	1097975	1123140	1435297	1447199	687166
塑料树脂及共聚物 (吨/年)	7239904	6828288	5975396	3204489	3255547
轮胎外胎　(万条/年)	9118	8656	7627	5354	6227
载货汽车制造　(辆/年)	112830	124200	192514	120836	77321
客车制造　(辆/年)	191322	190200	217640	296311	152611
轿车制造　(辆/年)	1716975	2119281	1312160	1583461	2313530
其他汽车制造　(辆/年)	191345	84238	107216	103956	120155
化学纤维　(吨/年)	4607954	6442328	4084155	2799085	2509787
棉纺锭　(锭)	9970292	8401945	9407274	11099694	12487229
啤酒　(万吨 / 年)	267	275	342	179	126
白酒　(万吨 / 年)	202	143	133	134	138
其他酒　(万吨 / 年)	113	101	49	46	38
卷烟　(箱 / 年)	1630800	1750000	1254134	1287601	1179908
机制纸浆　(万吨/年)	148	114	170	235	174
新建公路　(公里)	61589	65352	70902	66194	72529
新(扩)建港口码头					
年吞吐量　(万吨/年)	29342	39239	28563	14582	22710
泊位　(个)	298	337	226	145	162
城市自来水供水能力(万吨/日)	1131	1400	1721	3418	2802
卷烟 (箱 / 年)	1320000	1630800	1750000	1254134	1287601
机制纸浆 (万吨/年)	190	148	114	170	235
家用电冰箱　(万台/年)	1673	803	315	936	190
新建公路　(公里)	68846	61589	65352	70902	66194
新(扩)建港口码头					
年吞吐量　(万吨/年)	43936	29342	39239	28563	14582
泊位　(个)	269	298	337	226	145
城市自来水供水能力(万吨/日)	1942	1131	1400	1721	3418

表1-24 固定资产投资价格指数

年 份	上年=100				1990年=100			
	固定资产投资	建筑安装工程	设备工器具购置	其他费用	固定资产投资	建筑安装工程	设备工器具购置	其他费用
1990	108.0	106.9	109.1	112.4	100.0	100.0	100.0	100.0
1991	109.5	109.7	106.1	116.8	109.5	109.7	106.1	116.8
1992	115.3	116.8	109.4	120.9	126.3	128.1	116.1	141.2
1993	126.6	131.3	119.7	123.4	159.8	168.2	138.9	174.3
1994	110.4	110.4	109.5	112.1	176.5	185.7	152.1	195.3
1995	105.9	104.7	106.3	112.4	186.9	194.5	161.7	219.6
1996	104.0	105.1	101.6	104.3	194.3	204.4	164.3	229.0
1997	101.7	102.9	98.1	102.9	197.6	210.3	161.2	235.6
1998	99.8	100.5	97.5	100.4	197.3	211.4	157.2	236.6
1999	99.6	100.3	97.5	99.9	196.5	212.0	153.2	236.3
2000	101.1	102.4	97.4	101.0	198.6	217.1	149.2	238.7
2001	100.4	101.4	97.0	101.0	199.4	220.1	144.8	241.1
2002	100.2	101.0	97.0	101.2	199.8	222.3	140.4	244.0
2003	102.2	104.2	97.0	101.6	204.2	231.7	136.2	247.9
2004	105.6	108.2	99.4	103.5	215.7	250.7	135.4	256.6
2005	101.6	101.8	99.4	103.2	219.1	255.2	134.6	264.8
2006	101.5	101.3	100.7	103.3	222.4	258.5	135.5	273.5
2007	103.9	105.1	100.2	104.2	231.1	271.8	135.7	284.9
2008	108.9	112.9	100.6	105.4	251.8	306.9	136.4	300.3
2009	97.6	96.3	97.6	102.4	245.8	295.5	133.1	307.5
2010	103.6	104.9	100.3	103.1	254.6	310.0	133.5	317.0
2011	106.6	109.2	101.1	104.0	271.4	338.5	135.0	329.7
2012	101.1	101.6	98.9	102.2	274.4	343.9	133.5	337.0
2013	100.3	100.3	99.0	101.7	275.2	344.9	132.2	342.7
2014	100.5	100.6	99.7	101.4	276.6	347.0	131.8	347.5
2015	98.2	97.3	99.3	100.7	271.6	337.6	130.9	349.9
2016	99.4	99.4	98.9	100.5	270.0	335.6	129.5	351.6
2017	105.8	108.0	100.6	101.0	285.7	362.4	130.3	355.1

表1-25　分地区固定资产投资价格指数(上年=100)

地区	2016				2017			
	固定资产投资	建筑安装工程	设备工器具购置	其他费用	固定资产投资	建筑安装工程	设备工器具购置	其他费用
全国	99.4	99.4	98.9	100.5	105.8	108.0	100.6	101.0
北京	99.7	98.8	99.0	100.7	104.7	110.5	100.1	100.0
天津	99.4	98.9	98.8	101.2	104.3	106.6	100.5	100.7
河北	99.4	99.4	98.7	100.8	106.7	109.5	100.5	101.6
山西	100.0	100.5	98.9	99.9	106.3	109.4	100.6	100.1
内蒙古	99.5	99.6	98.9	100.6	103.4	104.5	100.6	101.4
辽宁	99.2	99.1	98.8	100.9	104.0	105.3	100.3	101.1
吉林	98.7	98.6	98.7	100.0	104.7	107.4	100.6	100.5
黑龙江	99.4	99.4	99.0	100.7	103.4	104.5	100.4	101.2
上海	99.6	99.3	99.7	100.2	106.7	110.9	100.2	100.9
江苏	98.8	98.3	98.7	102.1	107.6	112.9	100.6	102.1
浙江	99.5	99.3	98.9	100.5	105.8	109.3	100.7	101.2
安徽	99.2	99.3	98.5	100.2	107.4	109.9	100.6	100.8
福建	100.0	99.8	100.0	100.7	105.6	107.6	100.9	101.1
江西	100.0	100.3	98.7	100.5	106.1	108.6	100.8	100.7
山东	99.1	99.1	98.7	100.0	105.8	108.7	100.6	101.4
河南	99.2	99.1	98.6	100.7	107.4	110.9	100.8	100.8
湖北	100.1	100.2	99.1	100.7	105.9	108.0	100.8	101.9
湖南	100.4	100.7	99.4	100.7	105.7	107.7	100.0	100.6
广东	100.3	100.4	99.3	100.7	105.3	107.4	100.9	101.1
广西	99.5	99.4	99.4	100.0	104.4	106.2	100.8	100.0
海南	100.1	100.4	98.9	99.6	104.1	105.2	100.6	101.8
重庆	98.9	98.5	98.8	100.6	105.3	106.9	100.6	100.4
四川	99.8	100.1	98.9	99.8	107.7	112.3	101.3	100.3
贵州	98.6	98.3	99.2	100.9	106.1	107.3	100.7	100.7
云南	100.1	100.1	98.6	101.0	104.9	105.8	101.4	100.6
西藏								
陕西	99.9	99.8	98.9	101.3	105.3	107.4	100.0	102.2
甘肃	98.7	98.5	99.4	100.4	105.9	107.0	101.4	100.6
青海	99.6	99.6	99.1	101.0	106.1	107.4	100.6	102.7
宁夏	99.6	99.5	99.0	100.8	105.9	107.6	100.3	100.0
新疆	99.9	99.9	99.3	101.7	103.5	104.5	100.8	100.3

表1-26 建筑安装工程价格指数(上年=100)

年份	建筑安装工程价格指数	人工费	材料费			
				钢材	木材	水泥
2007	105.1	108.9	104.5	106.0	104.1	103.9
2008	112.9	113.8	114.1	120.1	108.3	110.4
2009	96.3	106.6	92.8	85.3	101.5	100.4
2010	104.9	109.1	104.3	105.0	103.8	103.1
2011	109.2	113.5	108.7	109.8	106.6	109.2
2012	101.6	109.7	98.0	94.4	102.6	97.8
2013	100.3	108.1	97.6	94.1	101.6	98.6
2014	100.6	106.1	98.5	94.9	101.8	100.7
2015	97.3	104.6	94.0	88.1	100.7	96.7
2016	99.4	103.5	97.6	96.3	100.2	96.7
2017	108.0	103.9	110.9	120.7	102.6	106.8

二、固定资产投资（不含农户）与城市建设

表2-1 固定资产投资（不含农户）实际到位资金和按隶属关系分固定资产投资（不含农户）

单位：亿元

年份/地区	实际到位资金					投资按隶属关系分	
	国家预算资金	国内贷款	利用外资	自筹资金	其他资金	中央项目	地方项目
1995	569.0	3511.9	2114.1	7940.8	2013.7	4274.5	11369.2
2000	1795.0	6245.8	1526.2	11227.5	5620.0	6275.6	19946.2
2005	3637.9	15363.9	3386.4	44154.5	14369.7	9111.0	65984.1
2006	4438.7	18814.8	3811.0	56547.5	18147.0	10856.5	82512.2
2007	5464.1	22136.1	4549.0	74520.9	24073.3	13165.3	104299.2
2008	7377.0	25466.0	4695.8	97846.5	23194.4	17172.5	131565.8
2009	11493.6	37634.1	3983.5	127557.7	38117.7	20697.4	173223.0
2010	13104.7	45104.7	4339.6	165752.0	44823.6	22790.6	218640.2
2011	14843.3	46034.8	5062.0	220860.2	50094.8	21797.2	280598.8
2012	18958.7	51292.4	4468.8	268560.2	56555.0	23763.8	341090.4
2013	22305.3	59056.3	4319.4	324431.5	70953.3	24658.1	411089.4
2014	26745.4	64512.2	4052.9	369964.7	67449.6	26448.6	474816.2
2015	30924.3	60756.6	2854.4	405008.7	74244.9	25942.3	525647.8
2016	36211.7	66767.1	2270.3	404766.8	96952.7	26727.9	569772.9
2017	38741.7	72148.9	2146.3	408822.9	107955.1	25892.8	605791.1
北 京	1092.1	2595.4	21.5	3537.8	3608.5	866.4	7441.0
天 津	187.5	2016.7	32.0	7789.0	2786.7	614.6	10660.1
河 北	1185.1	1934.2	74.7	25480.4	2878.3	821.3	32190.9
山 西	337.8	500.6	9.2	3235.9	1106.1	243.9	5478.3

续表

年份/地区	实际到位资金					投资按隶属关系分	
	国家预算资金	国内贷款	利用外资	自筹资金	其他资金	中央项目	地方项目
内蒙古	1176.9	1376.3	3.5	9672.2	473.2	381.0	13446.9
辽宁	305.6	845.7	191.9	3693.0	1885.9	539.4	5905.4
吉林	432.5	650.9	21.2	10891.0	841.1	379.8	12751.1
黑龙江	533.6	433.0	28.4	9153.4	1038.7	811.2	10268.5
上海	811.6	2013.0	18.8	2829.2	2504.1	746.9	6494.1
江苏	1044.6	6387.0	376.1	37666.8	11531.5	894.7	52105.5
浙江	2736.3	4172.4	73.8	18657.8	8527.2	652.1	30473.9
安徽	1783.9	2122.3	92.8	19261.0	5128.4	515.1	28301.3
福建	1819.0	2359.5	71.5	16722.9	4511.7	629.7	25480.6
江西	1151.3	1641.5	62.2	15507.2	2833.8	213.7	21556.7
山东	1316.9	5655.1	274.3	39733.5	6998.3	1508.8	52727.2
河南	1616.7	4069.6	83.6	33846.8	2985.7	384.1	43506.3
湖北	2260.2	2991.3	63.7	20799.9	4851.0	964.0	30908.5
湖南	1611.7	2816.4	118.6	22325.7	4333.1	420.4	30907.6
广东	2482.0	6831.0	259.7	21753.3	11153.1	1957.1	35446.8
广西	1954.5	2657.5	17.5	11919.0	3175.8	434.0	19474.3
海南	359.8	745.0	3.5	1710.6	1977.2	236.2	3889.2
重庆	1011.8	2562.7	68.7	10520.8	4065.7	619.6	16820.9
四川	2250.0	2735.8	22.7	19968.7	6463.4	1295.2	29940.7
贵州	1085.2	2318.2	29.5	7401.6	2404.8	336.0	14952.0
云南	1782.2	2176.7	8.7	6578.2	2933.6	769.3	17705.5
西藏	1037.3	80.6	3.5	371.0	106.7	51.1	1924.5
陕西	1614.5	2186.6	61.8	15804.4	2275.5	1097.0	22371.2
甘肃	791.3	761.1	4.8	2658.8	898.1	182.5	5513.8
青海	639.7	892.9	4.0	1556.6	253.4	229.9	3590.0
宁夏	254.7	594.1	4.6	1433.5	539.6	214.8	3425.3
新疆	1831.9	1749.4	21.7	5209.7	1500.5	1662.6	10133.0
不分地区	243.6	1276.4	17.9	1133.3	1384.3	5220.3	

注：表中2010年及以前年份数据统计口径为城镇固定资产投资(以下有关各表同)。

表2-2 按构成和建设性质分固定资产投资（不含农户）

单位：亿元

年 份/地 区	投资额	按构成分			按建设性质分		
		建筑安装工程	设备工器具购置	其他费用	新建	扩建	改建和技术改造
1995	15643.7	9395.1	3758.2	2490.4	4661.7	4488.2	1878.1
2000	26221.8	16346.0	5846.7	4029.1	8484.5	6390.5	3827.0
2005	75095.1	46154.1	16439.2	12501.8	34126.6	13154.5	8721.1
2006	93368.7	57099.4	20397.6	15871.7	41514.2	16761.3	11075.5
2007	117464.5	71595.3	25694.8	20174.4	51963.1	19705.4	14136.0
2008	148738.3	90361.9	33572.3	24804.1	65727.3	24371.0	19138.3
2009	193920.4	119780.4	42333.8	31806.2	89993.2	30303.8	27171.9
2010	241430.9	148601.3	51692.6	41137.0	113860.0	33694.9	33375.8
2011	302396.1	193644.6	63580.0	45171.4	143604.9	42242.3	41696.4
2012	364854.1	236601.1	75938.3	52314.8	251045.6	47983.1	52413.6
2013	435747.4	290334.0	89296.4	56117.1	302909.1	54024.0	62332.8
2014	501264.9	341154.9	99387.5	60722.5	350782.8	60391.3	71061.4
2015	551590.0	379728.4	109522.8	62338.9	380958.9	67268.8	81857.7
2016	596500.8	415196.3	111859.9	69444.6	421160.3	68981.9	85391.5
2017	631684.0	441771.5	114057.5	75854.9	452483.3	67597.4	91873.3
北 京	8307.3	3082.0	1303.0	3922.3	6638.1	291.1	428.6
天 津	11274.7	6853.3	2543.5	1878.0	8415.5	515.3	1104.8
河 北	33012.2	23804.7	6483.7	2723.8	20455.4	4636.6	7182.0
山 西	5722.2	4168.0	870.7	683.5	4473.4	475.1	612.7
内蒙古	13827.9	9949.8	2672.6	1205.4	10571.8	1193.4	1723.3
辽 宁	6444.7	4546.1	1143.5	755.2	5558.3	409.9	387.1
吉 林	13130.9	8695.9	3611.1	823.9	7041.5	2257.5	2885.1
黑龙江	11079.7	7552.0	2926.3	601.3	6371.0	1789.2	1626.0

续表

年份/地区	投资额	按构成分			按建设性质分		
		建筑安装工程	设备工器具购置	其他费用	新建	扩建	改建和技术改造
上海	7240.9	3960.0	885.2	2395.8	5974.4	382.3	486.2
江苏	53000.2	30261.0	16915.3	5823.9	31281.6	7464.4	11919.4
浙江	31126.0	18085.0	5172.5	7868.5	20703.6	3577.7	5683.0
安徽	28816.4	20482.7	5789.9	2543.8	19502.1	2831.7	6017.6
福建	26110.3	18487.9	3769.3	3853.1	17088.0	5164.5	3145.1
江西	21770.4	16987.7	3179.0	1603.7	16383.2	1849.9	3063.5
山东	54236.0	36739.0	13266.5	4230.5	29450.7	9488.3	14063.6
河南	43890.4	30119.1	9643.2	4128.0	38421.0	3161.5	1547.7
湖北	31872.6	23773.0	4891.0	3208.6	23775.2	3182.4	4213.8
湖南	31328.1	24057.9	4229.6	3040.7	22183.3	2959.3	5812.8
广东	37403.9	23939.8	6425.1	7039.1	29009.7	3306.2	3747.1
广西	19908.3	14304.1	3566.7	2037.5	14121.7	1750.4	3571.9
海南	4125.4	3035.9	317.4	772.1	3821.8	175.6	89.4
重庆	17440.6	13399.9	1863.0	2177.8	14770.0	946.4	1540.9
四川	31235.9	24378.6	3569.9	3287.4	22899.4	1438.2	5950.2
贵州	15288.0	12858.6	786.5	1643.0	13716.0	668.4	698.3
云南	18474.9	15782.7	660.3	2032.0	12979.2	3601.8	1547.1
西藏	1975.6	1706.3	173.1	96.2	1676.2	99.3	159.4
陕西	23468.2	18098.0	2850.9	2519.3	20426.3	1432.7	1207.6
甘肃	5696.3	4728.1	463.0	505.3	5085.3	237.0	280.6
青海	3819.9	2980.3	558.8	280.7	3212.0	240.5	277.9
宁夏	3640.1	2504.3	757.1	378.7	3045.5	289.1	273.7
新疆	11795.6	9457.4	1290.2	1048.1	9961.6	1089.6	617.2
不分地区	5220.3	2992.6	1479.8	748.0	3470.5	692.1	9.5

表2–3　按行业分固定资产投资（不含农户）

单位：亿元

年份/地区	合计	农、林、牧、渔业	采矿业	制造业	电力、热力、燃气及水生产和供应业	建筑业	批发和零售业	交通运输、仓储和邮政业	住宿和餐饮业	信息传输、软件和信息技术服务业	金融业
2003	45811.7	535.0	1551.9	10744.0	3803.9	528.0	791.4	5669.0	321.3	1645.7	86.2
2004	59028.2	645.1	2126.3	14657.2	5525.1	526.3	1117.2	7091.5	438.1	1638.0	97.6
2005	75095.1	842.8	3234.3	20406.6	7286.6	664.3	1532.1	8860.4	675.9	1561.6	105.6
2006	93368.7	1118.2	4152.5	26336.0	8260.7	795.7	1896.5	11224.5	938.7	1772.0	118.7
2007	117464.5	1460.0	5256.1	35476.7	9088.9	992.5	2450.6	12997.1	1329.9	1819.4	151.9
2008	148738.3	2250.4	6846.8	46368.3	10489.1	1195.8	3193.0	15700.5	1735.0	2131.3	252.8
2009	193920.4	3356.4	8170.8	58706.1	13545.4	1569.1	4491.0	23271.3	2328.6	2543.5	348.5
2010	241430.9	3926.2	9694.7	74485.2	14591.3	2241.7	5233.4	27883.1	2980.2	2392.9	477.7
2011	302396.1	6819.2	11746.8	102566.3	14659.2	3239.9	7379.7	27765.9	3918.8	2174.2	638.7
2012	364854.1	8772.4	13298.8	124403.9	16671.9	3685.3	9762.9	30881.4	5107.6	2691.3	923.9
2013	435747.4	11401.2	14648.8	147584.4	19628.9	3532.3	12601.1	36329.4	6012.4	3084.9	1242.0
2014	501264.9	14574.0	14537.2	166897.7	22825.0	4034.0	15552.5	42889.5	6188.7	4103.0	1363.0
2015	551590.0	19062.3	12970.2	180233.4	26709.6	4896.7	18681.4	48974.8	6504.2	5516.4	1367.2
2016	596500.8	22773.9	10319.7	187836.0	29736.0	4577.4	17939.1	53628.5	5947.4	6318.7	1310.2
2017	631684.0	24638.3	9208.9	193615.7	29794.1	3647.9	16541.8	61185.8	6106.6	6987.4	1121.5
北　京	8307.3	96.6	3.1	380.6	475.1	5.8	30.7	1128.4	10.6	282.0	28.4
天　津	11274.7	290.6	173.9	2829.7	348.7	138.0	740.4	532.0	74.0	209.4	14.1
河　北	33012.2	1796.2	381.1	13871.3	1914.3	4.5	795.3	2116.3	208.9	327.4	58.8
山　西	5722.2	536.3	470.0	884.7	757.5	8.7	97.5	393.8	25.2	28.0	1.5
内蒙古	13827.9	1074.0	924.2	3234.7	1380.3	20.6	372.0	1180.2	97.7	189.8	21.8
辽　宁	6444.7	125.3	145.3	1529.2	543.6	26.4	95.2	595.9	72.5	55.9	12.9
吉　林	13130.9	852.9	319.7	5254.1	544.7	232.8	554.6	1205.0	182.1	396.0	70.1
黑龙江	11079.7	1262.9	389.3	3133.3	437.3	153.4	837.7	1198.3	248.4	252.6	40.3
上　海	7240.9	1.1	0.9	793.3	237.4	1.9	19.8	960.3	13.8	123.5	16.8
江　苏	53000.2	471.8	108.8	24418.1	1674.4	231.6	1649.5	2883.2	418.8	611.2	121.7
浙　江	31126.0	353.9	32.5	7988.8	1280.7	18.7	276.1	2966.0	331.4	336.9	57.7
安　徽	28816.4	777.0	231.8	11433.2	1277.4	72.9	602.8	1664.6	193.5	274.0	62.1
福　建	26110.3	1079.6	172.5	7565.7	1062.5	64.1	706.3	2805.5	213.1	364.5	17.6
江　西	21770.4	607.2	226.2	10791.3	765.4	41.9	876.0	723.8	215.2	204.8	62.5
山　东	54236.0	1294.2	517.7	22658.7	2886.3	855.9	1804.6	3955.0	419.5	317.7	136.9
河　南	43890.4	2574.1	506.9	16738.8	1942.0	41.5	1252.4	2487.5	434.1	310.0	43.0
湖　北	31872.6	1071.0	260.1	11257.5	1194.8	561.8	630.2	2892.7	256.4	149.3	49.0
湖　南	31328.1	1496.1	437.0	9469.9	1131.1	355.6	1320.3	2104.3	353.3	388.7	60.9
广　东	37403.9	477.2	145.3	10311.2	1616.9	33.9	708.8	3759.6	311.6	541.9	70.0
广　西	19908.3	1203.0	269.1	5579.9	973.9	266.5	660.8	1981.6	248.5	245.8	54.3
海　南	4125.4	53.3	6.9	134.7	107.2	34.4	45.7	486.0	84.1	108.2	0.7
重　庆	17440.6	492.8	158.1	5257.2	465.4	6.6	218.1	1954.6	147.9	106.2	8.3
四　川	31235.9	1350.8	423.8	6907.8	1707.1	68.6	457.8	4467.0	401.9	286.7	27.7
贵　州	15288.0	897.0	336.6	1712.4	488.5	16.6	299.6	2334.3	218.0	138.6	17.9
云　南	18474.9	1209.0	376.6	1838.5	631.3	1.7	380.5	3718.2	358.3	136.0	8.8
西　藏	1975.6	111.6	20.6	79.1	299.3	11.2	32.8	581.7	26.2	9.0	1.5
陕　西	23468.2	1777.2	685.0	3782.9	1220.5	27.9	652.2	1869.4	285.7	225.0	19.6
甘　肃	5696.3	382.0	87.3	540.8	371.3	189.0	177.1	956.6	102.7	52.8	6.2
青　海	3819.9	124.0	98.2	731.1	369.2	97.2	30.8	730.5	40.5	88.9	1.0
宁　夏	3640.1	247.4	149.0	815.8	392.5	15.5	41.1	317.7	16.6	72.6	3.0
新　疆	11795.6	552.3	545.1	1691.4	958.6	42.7	175.2	1978.5	96.1	154.1	26.6
不分地区	5220.3		606.3		339.1			4257.3			

续表

年份/地区	房地产业	租赁和商务服务业	科学研究和技术服务业	水利、环境和公共设施管理业	居民服务、修理和其他服务业	教育	卫生和社会工作	文化、体育和娱乐业	公共管理、社会保障和社会组织	国际组织
2003	11105.3	309.8	281.7	4220.2	65.6	1474.1	357.7	479.6	1841.2	0.3
2004	14547.0	361.7	311.8	4890.8	107.6	1803.0	446.9	531.2	2165.6	0.3
2005	17098.2	486.2	424.5	6097.9	135.5	1966.9	591.8	685.8	2438.1	
2006	21586.2	662.6	465.1	7506.7	183.6	2128.8	708.0	858.2	2655.8	0.1
2007	28619.2	860.7	521.2	9276.0	235.8	2220.9	809.4	1129.8	2768.4	
2008	35914.2	1255.1	717.6	12279.1	312.7	2355.4	1065.9	1436.5	3239.0	
2009	43127.6	1880.4	1084.0	17878.9	518.6	3242.5	1698.0	2125.4	4034.2	
2010	57633.1	2486.4	1269.2	22333.7	757.1	3718.1	1959.5	2605.9	4761.6	
2011	75663.7	3379.9	1679.8	24520.7	1219.1	3890.4	2330.2	3155.6	5647.8	
2012	92639.4	4694.7	2475.8	29618.4	1685.8	4608.2	2617.0	4268.1	6047.4	
2013	111379.6	5874.6	3133.2	37662.7	1994.4	5399.9	3138.3	5225.5	5873.7	
2014	123558.2	7953.5	4219.1	46224.4	2275.6	6705.6	3991.0	6174.1	7198.6	
2015	126706.2	9435.8	4751.5	55679.0	2628.2	7723.2	5174.7	6724.1	7850.9	
2016	135283.7	12315.7	5567.8	68647.2	2676.6	9323.7	6281.6	7830.1	8187.5	
2017	139733.5	13304.2	5932.5	82105.3	2686.2	11083.5	7327.4	8731.9	7931.3	
北 京	4425.9	283.8	73.4	758.9	0.1	129.3	66.2	108.5	20.1	
天 津	2821.4	763.7	458.9	1385.2	188.8	118.0	45.4	92.3	50.1	
河 北	5526.4	556.8	426.8	3554.2	99.6	317.8	334.9	511.2	210.5	
山 西	1421.1	53.3	31.5	738.6	8.2	74.7	69.5	61.4	60.6	
内蒙古	1477.5	117.9	104.9	2818.1	52.0	163.1	154.1	231.2	213.6	
辽 宁	2320.3	95.1	30.2	449.5	29.7	79.9	91.7	96.0	50.0	
吉 林	1142.6	293.2	138.3	1268.6	108.9	168.1	144.3	156.1	98.7	
黑龙江	1025.2	290.3	241.7	845.4	133.3	159.3	175.6	142.0	113.4	
上 海	3858.3	145.7	58.6	785.4	1.4	96.4	51.1	56.9	18.4	
江 苏	10810.8	1595.9	768.5	4692.8	307.1	677.4	534.4	546.8	477.5	
浙 江	10468.6	668.3	131.8	4702.5	85.5	517.5	275.8	484.6	148.8	
安 徽	6551.6	612.8	280.6	3299.1	108.3	443.4	255.5	254.3	421.4	
福 建	5577.9	333.6	115.6	4486.7	97.7	369.6	265.3	432.4	380.1	
江 西	2688.3	579.3	135.9	2544.7	84.0	234.9	202.4	198.5	588.2	
山 东	9592.0	1380.2	953.0	3753.9	239.0	1167.2	651.4	974.6	678.3	
河 南	9507.2	422.5	295.2	4981.2	151.6	763.4	594.5	657.4	187.1	
湖 北	6483.9	788.2	242.3	4371.6	148.7	363.6	344.2	390.2	417.0	
湖 南	4849.7	897.7	434.4	5421.3	158.3	692.6	483.9	650.2	622.6	
广 东	13623.6	610.9	266.8	3548.9	47.2	528.5	333.6	304.0	163.8	
广 西	3454.8	801.9	146.0	2515.8	86.3	517.7	237.8	310.4	354.2	
海 南	2175.3	27.9	32.3	472.6	8.7	81.9	84.8	150.4	30.3	
重 庆	4341.5	239.3	45.4	3295.6	38.6	292.7	138.8	135.6	97.9	
四 川	7910.8	532.9	92.5	4784.2	59.3	711.2	479.3	318.8	247.6	
贵 州	3504.5	420.0	44.1	3653.3	71.0	507.6	253.4	319.8	54.8	
云 南	4483.3	70.3	27.7	3035.4	70.9	584.9	288.1	310.1	945.3	
西 藏	224.2	20.1	5.5	276.0	18.8	48.2	28.0	33.1	148.6	
陕 西	5076.4	328.1	203.5	5705.5	147.0	584.8	347.4	391.8	138.4	
甘 肃	1277.1	94.1	38.7	777.3	76.0	151.7	105.3	130.4	180.0	
青 海	660.3	71.9	11.6	475.4	8.2	56.2	39.8	63.0	122.3	
宁 夏	754.9	27.5	28.4	467.2	7.5	68.1	86.4	55.7	73.3	
新 疆	1698.0	181.1	68.3	2222.7	44.3	413.9	164.5	164.1	618.2	
不分地区				17.6						

表2-4 按项目规模分固定资产投资（不含农户）

单位：亿元

年份/地区	500万～1亿元	1亿～5亿元	5亿～10亿元	10亿元以上
1995	3696.7	2493.9	1029.0	3807.5
2000	6627.2	4485.1	1706.4	6219.1
2005	19892.7	14564.0	5206.1	17835.3
2006	27426.5	17001.4	6190.8	21604.9
2007	35938.3	20513.0	7918.3	25853.8
2008	47807.9	23486.1	10056.0	34181.1
2009	67205.8	29222.3	13992.9	45210.4
2010	73973.1	38334.1	19120.4	58885.2
2011	103680.5	52773.6	23147.6	60997.5
2012	117218.8	74461.3	32804.3	68565.9
2013	134287.8	93779.9	42668.0	78998.4
2014	156426.6	109897.5	52140.8	87764.4
2015	209276.3	101771.0	55612.8	88951.1
2016	211891.5	116448.2	61713.7	103866.8
2017	214354.0	122626.9	66867.5	118037.1
北 京	353.0	747.6	498.6	3015.6
天 津	5961.3	816.8	498.0	1765.3
河 北	6139.5	8653.8	5146.9	8248.2
山 西	1757.1	1340.8	451.4	1006.6
内蒙古	6739.2	1499.4	991.7	3707.8
辽 宁	841.8	1115.4	576.1	1621.8
吉 林	8186.1	1634.0	700.8	1699.8
黑龙江	7629.5	943.2	317.3	1374.0
上 海	443.9	722.9	716.5	1501.2
江 苏	23218.7	8798.4	3741.4	7612.6
浙 江	8385.6	6032.1	2888.1	5593.4
安 徽	11002.6	5875.1	2959.2	3367.0
福 建	11832.6	3318.7	1820.2	4344.6
江 西	5919.4	7061.6	3684.5	3091.0
山 东	18905.4	13296.9	5540.2	9856.2
河 南	9746.1	11522.8	10592.4	4938.8
湖 北	6903.7	8997.0	4527.2	6869.7
湖 南	15401.2	5503.9	3004.9	3992.0
广 东	10729.2	4685.5	1964.6	7948.9
广 西	11176.8	2259.5	1250.9	2537.5
海 南	262.0	376.3	255.1	1178.8
重 庆	5346.4	2553.4	2522.3	3038.4
四 川	9820.7	6859.2	3868.0	5538.1
贵 州	3402.1	4336.7	1829.3	3518.8
云 南	7810.9	2504.4	1277.7	4095.8
西 藏	709.5	456.8	222.2	546.8
陕 西	7878.5	5475.7	2639.8	4372.3
甘 肃	2237.2	1040.0	469.7	1004.9
青 海	946.1	665.8	349.1	1450.3
宁 夏	771.6	646.2	386.6	1182.9
新 疆	3896.5	2887.1	1176.7	2797.5
不分地区				5220.3

注：本表不含房地产投资。

表2-5 各行业按建设性质和构成分固定资产投资(不含农户)(2017年)

单位：亿元

指　标	投资额	新 建	扩 建	改建和技术改造	建筑安装工程投资	设备工器具购置	其他费用
全 国 总 计	631684.0	452483.3	67597.4	91873.3	441771.5	114057.5	75854.9
农、林、牧、渔业	24638.3	20211.0	3044.2	1097.0	18973.0	3074.8	2590.5
农业	11833.3	10034.7	1291.7	420.8	9085.1	1421.7	1326.5
林业	2222.3	1802.4	297.8	100.1	1510.7	190.8	520.8
畜牧业	5631.6	4603.6	780.9	220.9	4454.1	760.8	416.7
渔业	1205.2	906.2	150.9	81.3	898.7	219.1	87.4
农、林、牧、渔服务业	3746.0	2864.1	522.8	273.9	3024.5	482.3	239.1
采矿业	9208.9	5112.8	1178.4	2735.6	6366.9	2012.4	829.7
煤炭开采和洗选业	2648.4	1227.3	315.5	976.6	1565.1	793.5	289.7
石油和天然气开采业	2648.9	2254.0	95.0	290.4	2199.8	250.9	198.1
黑色金属矿采选业	751.2	240.2	92.8	416.8	460.6	209.3	81.3
有色金属矿采选业	1109.1	427.0	259.9	414.4	787.9	198.2	123.0
非金属矿采选业	1754.6	807.7	374.0	547.1	1152.4	483.4	118.8
开采辅助活动	237.7	132.3	26.5	71.6	163.4	61.3	13.0
其他采矿业	59.1	24.3	14.7	18.7	37.6	15.7	5.8
制造业	193615.7	90835.6	33691.6	60374.3	109741.5	73220.3	10653.9
农副食品加工业	11986.0	6190.6	2288.7	3237.1	7971.1	3367.5	647.4
食品制造业	5842.8	2939.1	1090.8	1627.6	3697.7	1848.7	296.4
酒、饮料和精制茶制造业	3833.9	1910.6	697.3	1057.0	2594.4	1015.6	224.0
烟草制品业	185.2	79.0	11.2	86.5	128.4	47.8	9.0
纺织业	6936.1	2516.5	1784.6	2284.9	3433.8	3147.7	354.6
纺织服装、服饰业	4976.8	2246.4	1126.3	1439.3	2928.9	1811.6	236.3
皮革、毛皮、羽毛及其制品和制鞋业	2368.1	1128.2	530.1	628.9	1436.7	787.1	144.2
木材加工和木、竹、藤、棕、草制品业	4456.5	1884.1	960.2	1512.5	2628.2	1558.2	270.1
家具制造业	3729.4	2037.2	636.1	924.7	2326.7	1152.0	250.8
造纸及纸制品业	3091.0	1321.0	566.5	1086.0	1726.0	1210.3	154.6
印刷和记录媒介复制业	1797.1	640.3	373.4	653.2	971.8	744.3	80.9
文教、工美、体育和娱乐用品制造业	2830.4	1320.6	567.0	838.4	1688.1	939.2	203.1
石油加工、炼焦及核燃料加工业	2676.8	1235.7	465.6	938.9	1402.9	1027.0	246.9

续表

指　　标	投资额	新　建	扩　建	改建和技术改造	建筑安装工程投资	设备工器具购置	其他费用
化学原料及化学制品制造业	13903.2	6232.2	2274.7	4930.0	7707.1	5336.0	860.0
医药制造业	5986.3	3123.9	937.4	1719.5	3757.2	1885.0	344.0
化学纤维制造业	1330.4	620.0	282.4	384.7	733.8	531.1	65.5
橡胶和塑料制品业	6979.4	2814.6	1454.6	2381.1	3706.0	2947.3	326.1
非金属矿物制品业	16952.8	8223.2	2785.9	5469.8	10201.0	5799.4	952.3
黑色金属冶炼和压延加工业	3804.2	1275.3	476.9	1881.2	2039.5	1542.9	221.7
有色金属冶炼和压延加工业	5038.4	2654.6	829.9	1416.5	2660.5	2060.7	317.2
金属制品业	10389.9	4574.1	1961.5	3317.7	5969.8	3932.1	488.0
通用设备制造业	13246.8	5063.6	2454.4	4818.3	6885.0	5745.8	616.1
专用设备制造业	12346.6	5756.8	1967.4	3894.9	6921.0	4792.9	632.8
汽车制造业	13099.9	6156.0	1910.0	4195.8	6687.8	5607.4	804.7
铁路、船舶、航空航天和其他运输设备制造业	2985.7	1731.3	347.2	742.3	1759.2	1000.1	226.4
电气机械和器材制造业	13346.7	6498.7	2201.2	3982.4	7158.1	5535.2	653.4
计算机、通信和其他电子设备制造业	12913.9	7223.0	1603.6	3196.7	6407.8	5869.2	636.9
仪器仪表制造业	1975.1	883.4	310.8	665.0	1109.5	748.9	116.8
其他制造业	2633.9	1538.2	535.3	409.8	1852.0	617.2	164.7
废弃资源综合利用业	1694.9	887.2	219.3	567.1	1066.5	534.2	94.3
金属制品、机械和设备修理业	277.6	130.1	41.3	86.6	185.0	77.8	14.8
电力、热力、燃气及水生产和供应业	29794.1	20502.6	3765.5	5114.6	18278.5	9167.5	2348.2
电力、热力生产和供应业	22055.2	15220.7	2666.5	3874.9	12265.1	7947.2	1842.9
燃气生产和供应业	2229.8	1491.6	316.5	392.1	1627.4	476.6	125.7
水的生产和供应业	5509.2	3790.4	782.6	847.6	4386.0	743.7	379.5
建筑业	3647.9	2638.7	386.8	375.6	2911.0	510.2	226.7
房屋建筑业	770.5	579.9	60.6	54.5	608.8	121.5	40.1
土木工程建筑业	2173.5	1628.6	246.4	199.0	1801.4	224.5	147.6
建筑安装业	263.4	166.2	30.5	47.0	188.4	62.1	12.9
建筑装饰和其他建筑业	440.6	264.0	49.4	75.1	312.5	102.0	26.1
批发和零售业	16541.8	11562.5	2240.8	2092.1	12559.5	2905.4	1076.9
批发业	8452.3	5634.7	1265.1	1144.9	6290.3	1677.4	484.5
零售业	8089.5	5927.8	975.8	947.1	6269.2	1227.9	592.4
交通运输、仓储和邮政业	61185.8	46043.6	6898.2	5118.3	46674.0	6191.7	8320.1
铁路运输业	8006.2	5767.3	960.7	233.5	5347.7	1313.9	1344.6

续表

指　标	投资额	新　建	扩　建	改建和技术改造	建筑安装工程投资	设备工器具购置	其他费用
道路运输业	40303.6	30846.8	4459.6	4321.6	32513.0	1964.0	5826.6
水上运输业	1886.4	1385.6	203.8	96.7	1345.2	364.8	176.4
航空运输业	2394.9	908.0	376.3	47.3	859.4	1246.5	289.0
管道运输业	347.9	263.2	20.6	62.9	228.6	67.5	51.7
装卸搬运和运输代理业	1115.1	901.0	105.9	59.0	821.8	217.9	75.4
仓储业	6855.8	5759.0	742.1	282.9	5362.9	956.2	536.7
邮政业	276.0	212.7	29.3	14.4	195.4	60.9	19.7
住宿和餐饮业	6106.6	4662.5	683.9	683.4	5061.2	615.9	429.6
住宿业	4289.1	3479.8	397.0	369.5	3593.5	364.1	331.4
餐饮业	1817.6	1182.7	286.9	313.8	1467.6	251.7	98.2
信息传输、软件和信息技术服务业	6987.4	4368.6	623.0	1179.4	3848.5	2651.3	487.6
电信、广播电视和卫星传输服务	2489.3	1386.7	236.9	706.8	1253.7	1116.5	119.2
互联网和相关服务	1080.7	729.3	59.4	102.7	590.9	422.7	67.1
软件和信息技术服务业	3417.4	2252.6	326.8	369.9	2003.9	1112.2	301.3
金融业	1121.5	880.9	78.3	92.1	840.2	157.4	123.9
货币金融服务	467.6	340.4	32.9	38.7	332.6	92.4	42.6
资本市场服务	357.6	292.1	24.5	33.0	292.2	34.9	30.5
保险业	123.4	106.8	4.0	9.8	85.9	12.9	24.6
其他金融业	172.8	141.7	16.9	10.6	129.4	17.2	26.2
房地产业	139733.5	135408.1	1761.1	1467.4	103461.3	2418.1	33854.1
租赁和商务服务业	13304.2	10279.8	907.4	979.3	9668.2	2193.4	1442.5
租赁业	1319.2	343.8	61.5	64.9	297.2	1001.0	21.1
商务服务业	11985.0	9936.0	845.8	914.4	9371.1	1192.5	1421.4
科学研究和技术服务业	5932.5	4483.6	560.9	549.5	4186.2	1341.2	405.0
研究和试验发展	1525.1	1238.8	131.5	104.7	1075.6	309.8	139.8
专业技术服务业	1880.9	1367.1	175.6	207.3	1362.4	407.2	111.3
科技推广和应用服务业	2526.4	1877.7	253.8	237.4	1748.3	624.2	153.9
水利、环境和公共设施管理业	82105.3	66228.5	7516.4	7441.3	68101.6	3892.8	10110.9
水利管理业	10020.8	7859.4	940.8	1122.1	8434.2	338.6	1248.0
生态保护和环境治理业	3822.3	2842.0	322.4	559.8	2901.3	438.8	482.2
公共设施管理业	68262.1	55527.1	6253.1	5759.4	56766.1	3115.4	8380.6
居民服务、修理和其他服务业	2686.2	1926.9	309.7	337.2	2077.0	417.0	192.1

续表

指标	投资额						
		新建	扩建	改建和技术改造	建筑安装工程投资	设备工器具购置	其他费用
居民服务业	1583.8	1186.2	173.2	182.2	1264.8	193.3	125.7
机动车、电子产品和日用产品修理业	539.3	332.5	89.8	86.6	391.6	123.2	24.6
其他服务业	563.0	408.2	46.7	68.4	420.6	100.5	41.9
教育	11083.5	8596.9	1471.1	562.4	9330.6	819.7	933.3
卫生和社会工作	7327.4	5368.0	860.1	458.5	5792.2	1036.1	499.1
卫生	5243.3	3610.1	668.1	362.4	4041.3	868.5	333.5
社会工作	2084.1	1758.0	192.0	96.1	1750.9	167.6	165.6
文化、体育和娱乐业	8731.9	7432.7	683.0	469.7	7026.2	793.1	912.6
新闻和出版业	89.5	70.3	7.9	7.6	68.7	11.3	9.5
广播、电视、电影和影视录音制作业	534.3	444.5	32.1	31.8	441.9	75.3	17.0
文化艺术业	3787.4	3141.8	315.0	253.8	3095.2	292.1	400.1
体育	1809.7	1593.7	128.7	71.5	1506.8	125.4	177.5
娱乐业	2511.0	2182.4	199.3	105.0	1913.6	288.9	308.4
公共管理、社会保障和社会组织	7931.3	5940.0	936.9	745.7	6874.0	639.2	418.1
中国共产党机关	45.1	25.0	13.9	2.9	40.5	2.7	1.9
国家机构	5303.3	4149.4	444.8	474.6	4472.4	525.1	305.8
人民政协、民主党派	6.7	5.4	0.5	0.8	5.4	0.6	0.7
社会保障	393.1	360.2	15.7	11.6	352.6	9.7	30.8
群众团体、社会团体和其他	381.6	271.5	66.1	29.2	325.0	32.0	24.5
成员组织							
基层群众自治组织	1801.5	1128.4	395.9	226.6	1678.0	69.1	54.4
国际组织							

表2-6 各行业按隶属关系、登记注册类型和控股情况分固定资产投资（不含农户）(2017年)

单位：亿元

指　　标	投资额	中　央	地　方	内　资	港澳台商投资	外商投资	国有控股	集体控股	私人控股
全 国 总 计	631684.0	25892.8	605791.1	606767.8	13604.0	11312.2	233586.2	15450.9	306615.0
农、林、牧、渔业	24638.3	155.3	24483.1	24518.7	75.1	44.6	5861.0	965.9	14230.9
农业	11833.3	53.6	11779.7	11785.7	36.3	11.3	2152.4	475.1	7300.2
林业	2222.3	12.2	2210.1	2216.5	5.7	0.1	1048.7	76.7	894.0
畜牧业	5631.6	18.3	5613.2	5573.7	30.2	27.6	621.1	136.9	3926.1
渔业	1205.2	1.4	1203.7	1201.7	1.9	1.6	104.2	88.2	816.8
农、林、牧、渔服务业	3746.0	69.7	3676.3	3741.1	1.0	3.9	1934.6	188.9	1293.7
采矿业	9208.9	2336.2	6872.7	9048.4	112.4	48.1	4208.2	251.0	4067.9
煤炭开采和洗选业	2648.4	131.7	2516.6	2618.4	20.4	9.6	1156.3	82.3	1246.2
石油和天然气开采业	2648.9	2101.9	547.0	2566.3	65.5	17.1	2430.3	0.6	97.7
黑色金属矿采选业	751.2	45.3	705.9	744.6	5.9	0.6	184.2	9.4	482.1
有色金属矿采选业	1109.1	37.6	1071.5	1080.7	13.9	14.6	253.7	105.4	660.3
非金属矿采选业	1754.6	5.1	1749.5	1744.7	5.4	4.5	93.2	46.2	1411.7
开采辅助活动	237.7	14.1	223.6	235.5	0.5	1.7	82.7	6.7	130.2
其他采矿业	59.1	0.5	58.6	58.3	0.7		7.8	0.4	39.7
制造业	193615.7	2813.4	190802.3	180579.3	5332.2	7704.2	15704.8	2051.1	149061.1
农副食品加工业	11986.0	34.0	11952.0	11576.9	120.4	288.7	574.8	130.6	9911.3
食品制造业	5842.8	14.9	5827.9	5465.7	163.0	214.1	298.7	53.3	4734.7
酒、饮料和精制茶制造业	3833.9	12.1	3821.8	3591.7	102.6	139.6	189.5	35.9	3019.4
烟草制品业	185.2	39.7	145.6	182.0	2.9	0.3	147.6	6.4	22.6
纺织业	6936.1	7.1	6929.1	6564.0	240.0	132.2	238.9	50.3	5851.3
纺织服装、服饰业	4976.8	6.0	4970.8	4685.5	190.4	100.9	159.5	21.9	4221.3
皮革、毛皮、羽毛及其制品和制鞋业	2368.1	8.8	2359.3	2225.5	88.4	54.1	47.5	17.0	2057.2
木材加工和木、竹、藤、棕、草制品业	4456.5	14.9	4441.6	4395.3	31.1	30.1	108.8	23.5	3910.6
家具制造业	3729.4		3729.4	3604.0	58.7	66.8	88.8	12.3	3230.6

续表

指　　标	投资额	中 央	地 方	内 资	港澳台商投资	外商投资	国有控股	集体控股	私人控股
造纸及纸制品业	3091.0	3.9	3087.0	2855.9	122.6	112.4	70.2	43.5	2484.4
印刷和记录媒介复制业	1797.1	6.2	1790.9	1729.2	45.3	22.6	54.6	21.6	1517.8
文教、工美、体育和娱乐用品制造业	2830.4	0.3	2830.1	2626.3	110.1	93.9	88.9	26.1	2297.4
石油加工、炼焦及核燃料加工业	2676.8	476.6	2200.2	2538.4	52.8	85.6	881.9	28.6	1454.4
化学原料及化学制品制造业	13903.2	244.3	13658.9	12836.4	501.6	565.1	1488.1	166.0	10163.8
医药制造业	5986.3	18.8	5967.4	5589.1	158.0	239.1	494.7	106.3	4520.4
化学纤维制造业	1330.4	34.0	1296.4	1219.7	56.8	53.9	83.9	8.1	991.7
橡胶和塑料制品业	6979.4	21.9	6957.5	6623.1	171.7	184.6	132.5	54.9	5938.8
非金属矿物制品业	16952.8	199.7	16753.0	16479.8	292.7	180.3	891.1	147.3	14150.7
黑色金属冶炼和压延加工业	3804.2	122.2	3682.0	3570.0	122.9	111.3	704.6	32.7	2581.5
有色金属冶炼和压延加工业	5038.4	154.2	4884.1	4834.4	102.7	101.3	800.7	66.8	3424.6
金属制品业	10389.9	101.2	10288.7	9967.7	267.6	154.6	323.5	71.1	8831.4
通用设备制造业	13246.8	53.7	13193.1	12714.0	180.5	352.3	544.8	143.9	11044.6
专用设备制造业	12346.6	126.7	12220.0	11801.1	241.2	304.3	841.7	98.9	10000.3
汽车制造业	13099.9	330.6	12769.4	11126.1	344.6	1629.3	1782.0	205.9	8928.1
铁路、船舶、航空航天和其他运输设备制造业	2985.7	258.3	2727.3	2771.6	56.7	157.4	653.4	63.5	1946.9
电气机械和器材制造业	13346.7	67.9	13278.8	12444.2	393.8	508.7	903.7	173.7	10354.9
计算机、通信和其他电子设备制造业	12913.9	356.5	12557.5	10272.6	995.6	1645.8	2165.1	167.9	6791.0
仪器仪表制造业	1975.1	14.5	1960.6	1806.2	56.6	112.3	108.1	11.8	1571.0
其他制造业	2633.9	56.7	2577.2	2591.2	24.4	18.3	646.8	45.7	1570.1
废弃资源综合利用业	1694.9	9.5	1685.4	1628.0	31.9	35.1	138.9	12.3	1358.6
金属制品、机械和设备修理业	277.6	18.3	259.3	263.7	4.6	9.3	51.5	3.4	179.7
电力、热力、燃气及水生产和供应业	29794.1	5922.5	23871.7	28475.8	830.4	487.9	17670.7	648.6	8622.5
电力、热力生产和供应业	22055.2	5774.2	16281.0	21114.3	642.6	298.2	12866.6	431.1	6667.1
燃气生产和供应业	2229.8	86.6	2143.2	1974.9	126.4	128.5	785.9	31.7	1048.1
水的生产和供应业	5509.2	61.7	5447.5	5386.5	61.4	61.2	4018.3	185.8	907.3
建筑业	3647.9	93.9	3554.0	3630.5	6.1	11.3	2004.8	202.8	1017.5

续表

指　标	投资额								
		中　央	地　方	内　资	港澳台商投资	外商投资	国有控股	集体控股	私人控股
房屋建筑业	770.5	9.3	761.1	769.3		1.2	321.4	54.7	295.0
土木工程建筑业	2173.5	82.8	2090.7	2161.8	5.7	6.0	1546.6	99.9	311.4
建筑安装业	263.4	0.1	263.2	261.1	0.5	1.8	62.0	19.7	139.9
建筑装饰和其他建筑业	440.6	1.6	439.0	438.3		2.3	74.9	28.6	271.3
批发和零售业	16541.8	106.0	16435.8	16338.7	109.9	93.2	1800.7	587.6	12060.8
批发业	8452.3	73.1	8379.2	8350.6	58.1	43.6	670.6	216.1	6493.9
零售业	8089.5	32.9	8056.6	7988.1	51.8	49.6	1130.1	371.6	5567.0
交通运输、仓储和邮政业	61185.8	8314.0	52871.8	60223.2	684.5	278.1	48479.3	834.9	8830.2
铁路运输业	8006.2	5707.9	2298.3	8000.5	1.9	3.8	7812.0	13.2	96.3
道路运输业	40303.6	1031.8	39271.8	40230.9	63.1	9.5	35622.5	612.4	2763.8
水上运输业	1886.4	184.1	1702.3	1809.7	41.7	35.0	1266.4	32.3	430.2
航空运输业	2394.9	1097.9	1297.1	2177.4	212.3	5.2	1956.5	9.8	210.7
管道运输业	347.9	134.2	213.7	313.0	28.8	6.0	272.5	10.2	48.8
装卸搬运和运输代理业	1115.1	12.6	1102.4	1090.2	21.7	3.2	171.1	10.5	808.2
仓储业	6855.8	135.4	6720.4	6328.2	312.3	215.3	1317.1	144.3	4283.3
邮政业	276.0	10.0	266.0	273.1	2.8	0.1	61.1	2.1	188.7
住宿和餐饮业	6106.6	27.9	6078.7	6003.9	57.7	45.0	844.7	199.2	4344.3
住宿业	4289.1	26.0	4263.0	4194.5	56.5	38.0	666.8	151.7	2971.1
餐饮业	1817.6	1.9	1815.7	1809.3	1.2	7.0	178.0	47.6	1373.1
信息传输、软件和信息技术服务业	6987.4	1343.2	5644.3	6352.3	401.8	233.4	2720.1	83.5	3062.2
电信、广播电视和卫星传输服务	2489.3	1236.3	1253.0	2171.5	198.0	119.8	1926.8	37.7	145.1
互联网和相关服务	1080.7	49.9	1030.8	924.0	126.8	29.9	294.9	12.4	558.4
软件和信息技术服务业	3417.4	57.0	3360.4	3256.8	76.9	83.7	498.4	33.4	2358.8
金融业	1121.5	107.4	1014.1	1087.4	13.1	21.0	483.8	82.8	341.6
货币金融服务	467.6	61.7	406.0	451.8	10.9	4.9	239.5	73.5	79.5
资本市场服务	357.6	19.2	338.4	356.1	1.4	0.1	138.7	2.2	152.5
保险业	123.4	25.7	97.7	107.3		16.0	32.4	1.4	41.1
其他金融业	172.8	0.8	172.0	172.1	0.8		73.2	5.6	68.4
房地产业	139733.5	2701.3	137032.2	132447.1	5299.5	1986.9	38510.6	4277.7	73011.5
租赁和商务服务业	13304.2	246.0	13058.2	12815.4	332.8	156.0	5230.0	478.9	5868.1
租赁业	1319.2	111.5	1207.7	1005.4	224.5	89.3	438.6	11.0	515.7
商务服务业	11985.0	134.5	11850.5	11810.0	108.3	66.7	4791.5	468.0	5352.4
科学研究和技术服务业	5932.5	223.6	5708.9	5818.4	46.0	68.0	1695.3	143.0	3337.1

续表

指 标	投资额	中 央	地 方	内 资	港澳台商投资	外商投资	国有控股	集体控股	私人控股
研究和试验发展	1525.1	118.9	1406.2	1455.4	30.0	39.8	486.7	35.6	819.1
专业技术服务业	1880.9	77.4	1803.6	1865.7	3.9	11.3	713.6	66.8	907.2
科技推广和应用服务业	2526.4	27.3	2499.1	2497.4	12.1	17.0	495.0	40.6	1610.8
水利、环境和公共设施管理业	82105.3	896.4	81208.9	81865.9	178.2	61.1	63815.9	3014.5	10339.1
水利管理业	10020.8	167.8	9853.1	10006.6	6.6	7.6	8827.0	345.2	426.0
生态保护和环境治理业	3822.3	39.5	3782.9	3761.5	38.7	22.1	2675.0	136.4	796.1
公共设施管理业	68262.1	689.2	67573.0	68097.8	133.0	31.4	52314.0	2533.0	9116.9
居民服务、修理和其他服务业	2686.2	13.8	2672.3	2658.7	22.1	5.4	995.3	126.1	1279.9
居民服务业	1583.8	11.1	1572.7	1562.0	18.0	3.9	787.2	100.0	503.9
机动车、电子产品和日用产品修理业	539.3	0.4	538.9	537.5	0.8	0.9	42.1	9.1	450.0
其他服务业	563.0	2.3	560.7	559.1	3.3	0.6	166.0	17.0	326.1
教育	11083.5	270.4	10813.2	11070.9	7.4	5.2	8408.6	348.1	1539.2
卫生和社会工作	7327.4	93.1	7234.3	7283.3	21.4	22.7	4320.8	246.9	2081.6
卫生	5243.3	82.0	5161.3	5203.8	21.4	18.1	3475.4	165.9	1148.6
社会工作	2084.1	11.1	2073.0	2079.5		4.6	845.5	81.0	933.0
文化、体育和娱乐业	8731.9	119.0	8612.9	8619.0	72.9	40.0	4143.3	344.7	3312.5
新闻和出版业	89.5	1.8	87.7	89.5			64.5	1.7	20.6
广播、电视、电影和影视录音制作业	534.3	43.4	490.9	523.7	9.4	1.1	177.8	4.5	313.2
文化艺术业	3787.4	21.9	3765.5	3761.4	24.1	1.9	2281.4	186.9	930.6
体育	1809.7	10.4	1799.3	1791.2	13.7	4.8	1071.7	65.0	506.5
娱乐业	2511.0	41.5	2469.5	2453.1	25.6	32.2	547.9	86.6	1541.6
公共管理、社会保障和社会组织	7931.3	109.6	7821.7	7931.0	0.3	0.0	6688.0	563.7	206.9
中国共产党机关	45.1		45.1	45.1			43.1	0.3	0.3
国家机构	5303.3	102.4	5200.9	5303.2	0.2		4957.0	115.2	77.3
人民政协、民主党派	6.7		6.7	6.7			3.8	0.5	2.0
社会保障	393.1	2.4	390.8	393.1			337.0	11.5	20.1
群众团体、社会团体和其他成员组织	381.6	1.5	380.0	381.4	0.1		145.7	47.0	68.1
基层群众自治组织	1801.5	3.3	1798.1	1801.5		0.0	1201.4	389.3	39.2
国际组织									
成员组织									
基层群众自治组织	1643.3	9.3	1634.0	1643.3					
国际组织									

表2-7 固定资产投资(不含农户)各行业实际到位资金和新增固定资产(2017年)

单位：亿元

指　标	本年实际到位资金小计	国家预算资金	国内贷款	利用外资	自筹资金	其他资金	投资额	新增固定资产	固定资产交付使用率(%)
全国总计	606968.6	36211.7	66767.1	2270.3	404766.8	96952.7	596500.8	353530.5	59.3
农、林、牧、渔业	21862.7	1749.4	880.3	41.3	18098.3	1093.5	22773.9	17451.3	76.6
农业	9829.0	449.5	414.6	18.7	8524.1	422.0	10232.6	7643.5	74.7
林业	2075.5	327.6	91.6	4.4	1509.7	142.2	2175.7	1651.0	75.9
畜牧业	5149.4	114.7	209.0	11.5	4614.4	199.9	5344.9	4225.9	79.1
渔业	1058.3	14.5	31.2	1.6	965.9	45.1	1085.2	838.0	77.2
农、林、牧、渔服务业	3750.4	843.1	133.9	5.1	2484.1	284.2	3935.6	3092.9	78.6
采矿业	9759.3	106.3	1036.5	29.5	8286.5	300.6	10319.7	7525.0	72.9
煤炭开采和洗选业	2795.3	20.7	378.9	0.5	2277.2	118.0	3037.7	2356.5	77.6
石油和天然气开采业	2297.7	53.2	359.9	23.9	1805.7	55.0	2331.0	1406.4	60.3
黑色金属矿采选业	910.6	2.1	54.4	0.0	834.4	19.7	978.3	812.9	83.1
有色金属矿采选业	1346.3	6.3	117.0	3.3	1176.5	43.3	1428.7	954.8	66.8
非金属矿采选业	2041.0	5.4	110.3	1.5	1867.1	56.7	2126.2	1666.1	78.4
开采辅助活动	294.6	17.9	13.4		256.7	6.6	342.8	271.4	79.2
其他采矿业	73.8	0.8	2.6	0.2	68.9	1.3	75.0	57.0	75.9
制造业	180841.8	640.4	12655.9	1584.7	162215.8	3745.1	187836.0	128756.1	68.6
农副食品加工业	11419.1	56.9	673.8	56.5	10333.5	298.4	11786.4	8546.1	72.5
食品制造业	5661.1	15.5	321.7	44.9	5173.0	106.0	5824.8	4103.9	70.5
酒、饮料和精制茶制造业	3955.1	19.4	227.1	28.7	3575.4	104.7	4106.0	2816.8	68.6
烟草制品业	209.6	6.9	6.8		192.5	3.4	209.2	105.4	50.4
纺织业	6427.0	17.1	446.9	22.3	5813.1	127.5	6642.6	4905.5	73.9
纺织服装、服饰业	4665.9	19.0	225.9	31.3	4296.2	93.6	4780.9	3518.3	73.6
皮革、毛皮、羽毛及其制品和制鞋业	2259.4	4.1	149.4	19.7	2025.0	61.2	2305.9	1758.1	76.3
木材加工和木、竹、藤、棕、草制品业	4188.2	15.2	247.3	5.8	3820.3	99.5	4307.7	3381.0	78.5
家具制造业	2991.2	7.4	169.9	13.3	2742.0	58.6	3067.6	2267.9	73.9

续表

指标	本年实际到位资金小计	国家预算资金	国内贷款	利用外资	自筹资金	其他资金	投资额	新增固定资产	固定资产交付使用率(%)
造纸及纸制品业	3019.5	4.3	223.4	39.5	2686.3	65.9	3091.3	2236.5	72.4
印刷和记录媒介复制业	1815.1	6.2	92.5	5.9	1679.6	31.0	1853.8	1396.2	75.3
文教、工美、体育和娱乐用品制造业	2574.1	8.5	209.0	40.2	2270.9	45.6	2641.9	1903.0	72.0
石油加工、炼焦及核燃料加工业	2462.4	30.5	376.0	6.3	1983.9	65.7	2696.2	1399.0	51.9
化学原料及化学制品制造业	13975.5	26.6	1412.7	117.8	12163.3	255.2	14753.1	9740.4	66.0
医药制造业	6094.1	29.0	384.5	33.3	5531.6	115.6	6299.2	3946.1	62.6
化学纤维制造业	1073.2	4.5	106.4	3.6	924.6	34.1	1116.0	602.3	54.0
橡胶和塑料制品业	6802.4	6.7	495.8	60.5	6114.4	125.0	7015.0	5161.8	73.6
非金属矿物制品业	16187.7	55.2	953.7	34.5	14753.9	390.4	16869.3	12621.6	74.8
黑色金属冶炼和压延加工业	4086.0	5.2	437.0	4.0	3596.8	43.0	4161.5	2939.6	70.6
有色金属冶炼和压延加工业	4970.7	10.4	452.1	16.8	4279.2	212.2	5258.5	3088.2	58.7
金属制品业	9797.5	10.9	597.7	47.9	8960.2	180.8	10111.3	7607.9	75.2
通用设备制造业	12667.3	31.8	891.0	77.9	11453.9	212.7	13060.7	9573.6	73.3
专用设备制造业	11519.1	55.8	734.5	87.4	10429.3	212.0	12037.0	8455.5	70.3
汽车制造业	11609.4	22.1	688.5	102.0	10534.0	262.8	12036.9	7280.7	60.5
铁路、船舶、航空航天和其他运输设备制造业	2811.0	21.9	174.3	9.7	2530.7	74.5	2929.6	1741.6	59.5
电气机械和器材制造业	12230.9	32.5	890.4	100.1	11038.7	169.2	12781.5	8172.4	63.9
计算机、通信和其他电子设备制造业	10061.4	40.5	730.3	530.3	8593.7	166.6	10464.4	5526.5	52.8
仪器仪表制造业	1698.1	10.7	113.1	35.9	1507.5	31.0	1746.3	1207.3	69.1
其他制造业	2028.9	37.8	109.2	6.7	1808.3	66.9	2205.2	1528.6	69.3
废弃资源综合利用业	1300.9	12.3	94.7	1.8	1167.3	24.8	1375.4	1005.4	73.1
金属制品、机械和设备修理业	280.2	15.8	20.4		236.8	7.3	300.5	219.0	72.9
电力、热力、燃气及水	27059.1	1968.9	5499.0	62.4	18362.8	1165.9	29736.0	17669.8	59.4

续表

指　标	本年实际到位资金小计	国家预算资金	国内贷款	利用外资	自筹资金	其他资金	投资额	新增固定资产	固定资产交付使用率(%)
生产和供应业									
电力、热力生产和供应业	20613.2	1158.7	4913.9	52.8	13732.6	755.2	22637.7	12898.1	57.0
燃气生产和供应业	1966.9	70.8	144.1	3.1	1692.4	56.5	2134.8	1497.3	70.1
水的生产和供应业	4479.1	739.5	441.1	6.5	2937.8	354.2	4963.5	3274.3	66.0
建筑业	4430.1	675.1	229.8	2.0	3208.5	314.7	4577.4	3137.7	68.6
房屋建筑业	1270.2	178.0	54.6	0.1	974.9	62.6	1284.9	925.6	72.0
土木工程建筑业	2251.2	462.8	149.6	1.4	1429.2	208.2	2376.9	1571.7	66.1
建筑安装业	278.0	15.1	5.8		250.4	6.7	272.7	196.1	71.9
建筑装饰和其他建筑业	630.7	19.1	19.8	0.5	554.1	37.2	642.9	444.3	69.1
批发和零售业	17347.6	170.9	963.3	48.1	15551.4	613.9	17939.1	12986.2	72.4
批发业	8963.4	62.1	468.9	19.9	8078.4	334.1	9220.7	6802.0	73.8
零售业	8384.2	108.8	494.4	28.2	7473.0	279.8	8718.3	6184.2	70.9
交通运输、仓储和邮政业	47732.3	8234.2	9855.3	116.9	24165.1	5360.8	53628.5	25037.8	46.7
铁路运输业	7020.7	1062.8	1863.8	13.7	2293.2	1787.2	7748.1	836.0	10.8
道路运输业	28515.3	6468.0	6248.0	49.1	12684.7	3065.5	32937.3	16882.5	51.3
水上运输业	1967.4	205.5	354.6	3.7	1291.5	112.1	2163.3	987.5	45.7
航空运输业	2156.7	300.2	740.2		949.9	166.3	2219.6	1294.4	58.3
管道运输业	287.5	22.9	27.7	0.6	227.5	8.8	262.7	142.9	54.4
装卸搬运和运输代理业	1024.7	26.3	79.1	2.9	887.5	28.9	1089.4	633.0	58.1
仓储业	6545.2	146.3	535.2	46.7	5632.5	184.5	6983.5	4150.1	59.4
邮政业	214.9	2.2	6.7	0.3	198.2	7.5	224.4	111.4	49.6
住宿和餐饮业	5654.6	72.0	373.4	18.1	4967.6	223.6	5947.4	3976.5	66.9
住宿业	3905.8	59.2	308.7	14.5	3346.9	176.5	4137.8	2573.5	62.2
餐饮业	1748.8	12.7	64.7	3.6	1620.7	47.1	1809.6	1403.0	77.5
信息传输、软件和信息技术服务业	6103.8	130.5	307.2	9.5	5500.8	155.7	6318.7	3789.1	60.0
电信、广播电视和卫星传输服务	2579.5	80.6	53.4	0.7	2382.2	62.6	2647.0	1549.6	58.5
互联网和相关服务	907.7	20.1	29.1	1.5	824.8	32.2	938.4	609.0	64.9
软件和信息技术服务业	2616.6	29.8	224.7	7.3	2293.9	60.9	2733.2	1630.5	59.7
金融业	1285.2	26.9	85.6	0.1	1137.4	35.2	1310.2	721.8	55.1
货币金融服务	544.3	16.0	16.4	0.0	492.7	19.2	560.0	351.0	62.7
资本市场服务	425.0	8.1	57.1		345.5	14.3	430.7	215.8	50.1
保险业	124.3	0.6	0.6		122.8	0.2	118.1	42.1	35.7
其他金融业	191.6	2.2	11.5	0.1	176.4	1.4	201.4	113.0	56.1
房地产业	174212.0	3637.5	25383.6	171.3	69057.0	75962.6	135283.7	59020.2	43.6
租赁和商务服务业	11643.0	403.2	1349.6	25.2	9326.7	538.3	12315.7	7322.1	59.5

续表

指标	本年实际到位资金小计	国家预算资金	国内贷款	利用外资	自筹资金	其他资金	投资额	新增固定资产	固定资产交付使用率(%)
租赁业	1442.6	15.2	323.8	8.4	1079.1	16.2	1594.5	1328.8	83.3
商务服务业	10200.4	388.0	1025.8	16.9	8247.6	522.1	10721.2	5993.3	55.9
科学研究和技术服务业	5516.6	337.4	475.6	30.3	4485.0	188.3	5567.8	3636.9	65.3
研究和试验发展	1262.5	63.5	88.9	5.6	1064.5	39.9	1359.2	749.4	55.1
专业技术服务业	2075.8	213.9	233.6	14.8	1516.7	96.8	1950.7	1336.5	68.5
科技推广和应用服务业	2178.3	60.0	153.1	9.8	1903.8	51.5	2257.9	1551.0	68.7
水利、环境和公共设施管理业	61505.0	11460.0	5729.5	85.4	39317.5	4912.6	68647.2	41096.9	59.9
水利管理业	7851.6	2816.1	588.9	6.1	3528.5	912.0	8725.4	5371.0	61.6
生态保护和环境治理业	2828.3	618.8	155.5	10.2	1813.4	230.3	3145.6	1909.8	60.7
公共设施管理业	50825.1	8025.1	4985.1	69.1	33975.6	3770.2	56776.3	33816.1	59.6
居民服务、修理和其他服务业	2529.5	179.2	139.6	5.0	2100.4	105.4	2676.6	1958.5	73.2
居民服务业	1389.5	144.5	85.4	4.0	1090.7	65.0	1490.7	989.3	66.4
机动车、电子产品和日用产品修理业	562.4	5.0	22.6	0.3	518.7	15.8	577.6	486.3	84.2
其他服务业	577.7	29.7	31.6	0.7	491.1	24.5	608.3	482.9	79.4
教育	8750.4	2505.7	501.8	9.7	5069.0	664.2	9323.7	6025.4	64.6
卫生和社会工作	5842.6	906.4	387.6	10.7	4169.6	368.4	6281.6	3649.4	58.1
卫生	4268.7	719.1	291.7	9.1	2974.2	274.6	4601.4	2646.7	57.5
社会工作	1573.9	187.3	95.9	1.6	1195.3	93.8	1680.1	1002.7	59.7
文化、体育和娱乐业	7338.5	753.3	656.8	17.9	5419.4	491.1	7830.1	4308.6	55.0
新闻和出版业	101.8	3.5	13.3		82.8	2.2	99.8	49.5	49.6
广播、电视、电影和影视录音制作业	558.5	27.0	22.9		479.5	29.1	619.1	364.3	58.9
文化艺术业	3211.7	466.2	294.8	1.8	2174.9	274.0	3407.9	1950.3	57.2
体育	1304.0	175.2	102.5	12.7	914.1	99.5	1421.3	808.5	56.9
娱乐业	2162.5	81.4	223.3	3.3	1768.2	86.3	2282.0	1136.0	49.8
公共管理、社会保障和社会组织	7554.4	2254.3	256.8	2.3	4328.2	712.8	8187.5	5461.2	66.7
中国共产党机关	30.9	10.7	1.6		17.1	1.6	31.8	24.1	75.9
国家机构	5294.2	1900.9	188.7	1.9	2778.3	424.4	5770.7	3631.9	62.9
人民政协、民主党派	3.5	0.6			2.9		3.9	2.9	74.7
社会保障	260.1	64.8	6.8		125.5	63.0	261.3	172.5	66.0
群众团体、社会团体和其他成员组织	454.7	44.9	8.1	0.3	358.4	42.9	476.5	347.4	72.9
基层群众自治组织	1510.9	232.4	51.6	0.0	1046.0	180.9	1643.3	1282.3	78.0
国际组织									

表2-8 能源工业固定资产投资(不含农户)

单位：亿元

年 份/地 区	合 计	煤炭开采和洗选业	石油和天然气开 采 业	石油和炼焦加 工 业	电力、热力、燃气及水生产和供应业
2003	5508.4	436.4	946.0	322.0	3803.9
2004	7504.8	690.4	1112.3	637.9	5064.2
2005	10205.6	1162.9	1463.6	801.3	6777.8
2006	11826.3	1459.0	1822.2	939.3	7605.8
2007	13698.6	1804.6	2225.5	1415.4	8253.2
2008	16345.5	2399.2	2675.1	1827.5	9443.7
2009	19477.9	3056.9	2791.5	1839.8	11789.7
2010	21627.1	3784.7	2928.0	2035.1	12879.4
2011	23045.6	4907.3	3022.0	2268.5	12847.9
2012	25499.8	5370.2	3076.5	2500.5	14552.6
2013	29008.9	5212.6	3820.6	3039.1	16936.6
2014	31514.9	4684.5	3947.9	3208.5	19674.1
2015	32562.1	4006.7	3424.9	2538.6	22591.9
2016	32837.4	3037.7	2331.0	2696.2	24772.5
2017	32259.1	2648.4	2648.9	2676.8	24285.0
北 京	417.7			3.6	414.1
天 津	492.8	0.7	169.6	17.3	305.2
河 北	2170.3	45.0	19.0	375.4	1730.9
山 西	1182.0	374.9	32.1	44.8	730.2
内蒙古	2010.6	590.0	111.5	104.3	1204.8
辽 宁	768.6	5.5	94.3	174.1	494.7
吉 林	683.3	24.8	159.0	32.2	467.2
黑龙江	734.6	98.4	232.1	33.5	370.7
上 海	158.0			13.3	144.7
江 苏	1569.7	7.6	27.1	121.6	1413.4
浙 江	1030.1	0.1		82.7	947.3
安 徽	1081.0	50.1	0.8	30.0	1000.2
福 建	948.9	18.3		118.2	812.4
江 西	622.9	24.0		29.8	569.1
山 东	3382.5	89.9	157.9	542.2	2592.5
河 南	1922.0	124.4	19.0	95.8	1682.8
湖 北	928.3	17.1	6.8	51.1	853.4
湖 南	827.6	119.0	0.4	17.5	690.6
广 东	1540.4		63.9	242.9	1233.6
广 西	810.1	3.9	2.7	57.7	745.8
海 南	106.2		5.8	12.1	88.4
重 庆	392.7	14.2	58.4	8.5	311.6
四 川	1563.5	92.7	145.4	78.8	1246.7
贵 州	536.9	195.7	34.5	5.3	301.4
云 南	688.6	158.8		9.8	520.0
西 藏	285.1	0.1		0.6	284.4
陕 西	1799.5	335.4	238.5	221.6	1004.0
甘 肃	357.1	28.8	12.1	14.4	301.7
青 海	409.8	11.3	47.3	2.5	348.8
宁 夏	548.6	131.2	1.5	47.7	368.3
新 疆	1344.4	86.5	402.8	88.0	767.1
不分地区	945.4		606.3		339.1

表2-9 固定资产投资(不含农户)新增固定资产及交付使用率

年份/地区	固定资产投资额(亿元)	新增固定资产(亿元)	固定资产交付使用率(%)
1995	15643.7	10146.2	64.9
2000	26221.8	20715.2	79.0
2005	75095.1	45206.6	60.2
2006	93368.7	56290.9	60.3
2007	117464.5	67367.5	57.4
2008	148738.3	84545.3	56.8
2009	193920.4	113943.9	58.8
2010	241430.9	136970.3	56.7
2011	302396.1	184353.9	61.0
2012	364854.1	222399.8	61.0
2013	435747.4	269780.3	61.9
2014	501264.9	333339.0	66.5
2015	551590.0	386200.1	70.0
2016	596500.8	353530.5	59.3
2017	631684.0	382267.7	60.5
北 京	8307.3	3182.0	38.3
天 津	11274.7	6690.2	59.3
河 北	33012.2	21681.9	65.7
山 西	5722.2	3654.8	63.9
内蒙古	13827.9	10692.9	77.3
辽 宁	6444.7	2994.1	46.5
吉 林	13130.9	10097.4	76.9
黑龙江	11079.7	8953.0	80.8
上 海	7240.9	3953.2	54.6
江 苏	53000.2	38199.4	72.1
浙 江	31126.0	18278.2	58.7
安 徽	28816.4	17555.6	60.9
福 建	26110.3	18009.6	69.0
江 西	21770.4	12080.2	55.5
山 东	54236.0	32084.4	59.2
河 南	43890.4	26321.3	60.0
湖 北	31872.6	17254.6	54.1

续表

年份／地区	固定资产投资额（亿元）	新增固定资产（亿元）	固定资产交付使用率（%）
湖 南	31328.1	20551.7	65.6
广 东	37403.9	18931.5	50.6
广 西	19908.3	11961.4	60.1
海 南	4125.4	1068.9	25.9
重 庆	17440.6	11658.0	66.8
四 川	31235.9	18414.5	59.0
贵 州	15288.0	8884.1	58.1
云 南	18474.9	11394.1	61.7
西 藏	1975.6	977.2	49.5
陕 西	23468.2	12508.8	53.3
甘 肃	5696.3	3040.0	53.4
青 海	3819.9	2458.3	64.4
宁 夏	3640.1	2205.7	60.6
新 疆	11795.6	6530.9	55.4
不分地区	5220.3		

表2–10 固定资产投资（不含农户）按行业分新增固定资产

单位：亿元

年份／地区	合 计	农、林、牧、渔业	采矿业	制造业	电力、热力、燃气及水生产和供应业	建筑业	批发和零售业	交通运输、仓储和邮政业	住宿和餐饮业	信息传输、软件和信息技术服务业	金融业
2003	28663.9	375.0	1182.9	6646.9	2228.4	344.3	535.5	3531.4	204.5	1053.0	71.4
2004	34731.4	458.9	1398.0	9023.3	3110.0	364.6	717.4	4237.8	267.6	1153.3	111.4
2005	45206.6	608.8	2015.8	13276.5	3429.3	374.8	1019.4	5235.8	431.7	958.2	81.5
2006	56290.9	807.0	2853.9	17268.0	4683.6	475.3	1266.7	5751.0	580.4	1082.4	78.9
2007	67367.5	1094.8	3438.5	21654.6	6151.5	584.2	1604.8	6527.9	813.8	1077.7	114.6
2008	84545.3	1694.1	3981.8	28335.2	6042.5	788.5	2238.9	7802.7	1106.8	1197.8	178.6
2009	113943.9	2529.3	5781.3	40317.0	7001.9	963.3	3250.9	9593.1	1624.1	1567.3	247.1
2010	136970.3	2865.0	5847.7	48751.7	8435.2	1363.9	3495.2	12387.4	1849.4	1514.7	226.3
2011	184353.9	5381.6	8139.1	70849.0	8940.8	2204.8	4921.5	13074.9	2539.3	1337.2	450.8
2012	222399.8	6731.5	9290.9	86517.3	10495.4	2600.7	6448.4	15033.9	3178.6	1838.0	458.5
2013	269780.3	9035.3	10413.8	103244.6	12601.2	2592.7	8308.2	20080.7	3925.8	2030.6	688.8

续表

年份/地区	合计	农、林、牧、渔业	采矿业	制造业	电力、热力、燃气及水生产和供应业	建筑业	批发和零售业	交通运输、仓储和邮政业	住宿和餐饮业	信息传输、软件和信息技术服务业	金融业
2014	333339.0	11892.0	10341.8	124992.0	16032.7	3015.3	11695.2	25088.7	4828.7	3044.9	865.3
2015	386200.1	16594.9	9980.3	144434.7	18465.5	3738.2	15296.7	29471.7	5148.7	3981.2	912.5
2016	353530.5	17451.3	7525.0	128756.1	17669.8	3137.7	12986.2	25037.8	3976.5	3789.1	721.8
2017	382267.7	19051.2	6352.0	137436.4	19178.5	2606.0	12382.8	29645.4	4399.5	4784.4	649.4
北 京	3182.0	53.8	0.1	249.9	382.9	7.4	8.3	414.8	39.1	282.5	11.1
天 津	6690.2	206.8	157.9	1687.8	120.5	106.4	493.1	289.9	69.4	125.5	3.8
河 北	21681.9	1407.0	301.0	10248.0	1303.1	2.8	604.6	1155.1	165.5	182.2	36.3
山 西	3654.8	404.6	374.6	609.4	439.9	8.4	74.3	222.3	16.1	24.1	0.8
内蒙古	10692.9	809.8	716.0	2206.7	1200.4	21.1	367.7	791.4	83.6	172.1	13.9
辽 宁	2994.1	61.5	115.1	576.5	188.5	16.3	57.4	299.8	26.6	59.1	7.1
吉 林	10097.4	716.1	281.2	4437.8	379.9	218.2	471.0	1045.7	130.5	358.0	33.1
黑龙江	8953.0	1161.2	353.9	2687.9	314.9	142.2	773.5	714.1	219.2	179.3	36.2
上 海	3953.2	1.5		423.1	171.0	3.3	39.7	400.8	7.0	68.0	5.6
江 苏	38199.4	395.1	86.6	19982.6	1115.4	201.5	1380.1	2069.9	355.8	411.8	66.7
浙 江	18278.2	301.9	35.1	5560.9	828.4	11.1	215.8	1215.4	183.4	182.5	63.6
安 徽	17555.6	599.8	223.7	8044.2	862.1	57.2	500.6	1042.5	143.2	205.6	31.1
福 建	18009.6	952.3	162.7	6037.2	867.1	51.1	557.0	1773.4	186.2	290.6	10.7
江 西	12080.2	320.9	135.2	6261.4	513.3	38.0	676.4	310.6	129.4	141.9	42.1
山 东	32084.4	907.4	417.9	15092.2	1403.4	558.6	1336.5	1885.8	236.2	185.2	69.7
河 南	26321.3	1843.4	357.8	12178.0	1288.9	11.6	835.8	1399.4	306.9	161.1	23.9
湖 北	17254.6	806.1	154.9	6828.9	660.1	376.9	403.5	1588.4	170.3	106.8	31.9
湖 南	20551.7	1159.4	357.6	6867.4	785.5	256.9	958.8	1532.4	257.6	306.2	49.8
广 东	18931.5	387.7	71.7	8154.5	903.9	25.1	475.9	1116.9	228.8	342.6	11.2
广 西	11961.4	957.2	220.5	4204.1	577.6	192.4	484.3	987.6	175.1	183.0	30.5
海 南	1068.9	24.7		30.1	23.8	13.3	6.6	46.3	49.7	14.1	0.5
重 庆	11658.0	382.5	161.7	3941.9	297.5	2.3	146.9	1417.0	137.1	37.7	17.1
四 川	18414.5	1054.0	313.1	4340.3	1558.9	42.2	340.3	2418.7	281.4	236.7	10.9
贵 州	8884.1	765.5	242.8	1191.4	402.8	11.8	202.4	1205.7	160.2	72.3	7.8
云 南	11394.1	1009.7	362.3	1163.5	276.7	1.2	273.5	1551.8	271.1	88.9	7.6
西 藏	977.2	77.6	11.9	52.0	141.3	5.2	16.9	190.1	18.0	5.7	2.0
陕 西	12508.8	1252.3	352.6	2166.9	652.1	12.3	378.9	1061.4	161.9	126.4	13.5
甘 肃	3040.0	307.4	49.0	312.0	241.8	114.5	129.9	286.1	87.2	48.3	4.4
青 海	2458.3	98.7	47.1	459.2	233.4	75.1	19.9	585.2	29.4	54.5	0.7
宁 夏	2205.7	187.3	55.2	382.4	396.4	5.2	40.0	125.1	11.2	47.1	0.7
新 疆	6530.9	438.0	232.9	1058.0	647.1	16.1	113.6	501.9	62.3	84.5	4.9
不分地区											

续表

年份/地区	房地产业	租赁和商务服务业	科学研究和技术服务业	水利、环境和公共设施管理业	居民服务、修理和其他服务业	教育	卫生和社会工作	文化、体育和娱乐业	公共管理、社会保障和社会组织	国际组织
2003	7242.0	171.7	146.7	2222.2	43.2	994.5	263.3	219.9	1186.7	0.3
2004	7893.3	160.6	200.4	2406.5	74.4	1209.5	308.5	243.3	1392.4	0.2
2005	10419.3	268.5	196.2	3068.2	75.4	1430.4	391.6	374.7	1550.5	
2006	12968.5	279.0	258.5	3707.0	121.1	1379.6	475.6	473.8	1780.6	0.1
2007	14483.2	383.3	327.8	4390.7	175.6	1573.9	566.8	541.0	1862.9	
2008	18385.7	623.5	437.4	6122.1	244.5	1613.0	683.7	815.2	2253.4	
2009	22553.3	948.4	690.8	9361.2	372.2	2098.2	1055.0	1134.1	2855.7	
2010	27643.0	1323.5	749.9	11959.6	411.6	2364.2	1222.6	1448.1	3111.1	
2011	37294.8	1757.6	1060.4	15238.4	810.5	2864.3	1551.0	1868.3	4069.6	
2012	45705.3	2387.3	1566.3	17571.8	1087.9	3189.0	1761.3	2366.9	4170.8	
2013	53134.0	3208.8	2198.0	23344.2	1414.0	3831.9	2157.4	3347.2	4223.2	
2014	61874.6	5207.1	3072.6	32390.2	1929.4	5095.7	2814.6	3806.5	5351.8	
2015	63883.2	6402.5	3770.2	41168.5	2085.2	6037.7	3828.6	4652.7	6347.2	
2016	59020.2	7322.1	3636.9	41096.9	1958.5	6025.4	3649.4	4308.6	5461.2	
2017	57764.1	8622.2	3931.6	50218.0	2054.8	7341.1	4460.2	5415.1	5975.2	
北 京	1010.0	232.1	19.6	288.0	0.1	91.2	65.9	18.0	7.1	
天 津	1156.3	706.6	341.2	781.0	176.4	125.7	31.7	74.1	36.1	
河 北	1975.8	394.9	273.4	2581.7	65.3	232.3	231.1	372.0	149.7	
山 西	832.2	24.0	9.2	459.6	5.6	36.0	38.7	45.1	30.0	
内蒙古	989.6	89.6	87.5	2425.7	48.0	149.0	123.1	197.0	200.7	
辽 宁	1054.0	44.8	18.5	274.2	16.7	64.4	29.5	43.4	40.7	
吉 林	571.1	178.9	112.5	678.8	91.4	124.8	99.3	90.5	78.5	
黑龙江	621.1	245.0	231.2	653.6	111.7	141.9	138.2	124.6	103.3	
上 海	2133.5	38.8	41.8	518.1	0.3	52.4	25.8	12.5	10.0	
江 苏	5304.0	1303.1	561.4	3333.9	221.1	442.9	308.1	310.2	349.1	
浙 江	5494.7	403.5	93.8	2779.2	56.9	302.5	195.8	221.7	132.1	
安 徽	2210.1	384.7	194.6	2082.0	85.9	280.8	169.6	140.2	297.9	
福 建	2324.7	248.6	96.1	3147.3	80.1	305.7	172.5	409.9	336.3	
江 西	910.7	479.2	118.6	1253.2	66.8	148.7	98.7	107.7	327.4	
山 东	4200.1	833.6	604.8	2160.2	159.2	642.2	301.3	607.1	483.1	
河 南	2932.7	232.5	178.9	3066.3	114.0	508.0	385.0	373.2	124.1	
湖 北	2239.8	387.2	119.9	2332.7	115.1	256.9	200.2	213.9	261.1	
湖 南	2068.0	527.6	321.0	3320.3	122.3	456.2	350.5	430.4	423.9	
广 东	4055.8	265.2	94.7	1912.3	41.3	317.7	176.9	225.8	123.7	
广 西	988.3	444.6	114.8	1405.9	57.1	323.6	158.0	179.0	277.7	
海 南	654.9	1.7	10.8	90.9	0.9	27.8	17.7	35.5	19.6	
重 庆	2256.7	194.3	21.1	2248.9	28.9	166.1	67.6	71.6	61.1	
四 川	3635.0	303.1	42.5	2644.7	54.7	459.2	295.5	199.8	183.5	
贵 州	1197.4	216.0	30.3	2393.6	60.9	340.9	139.7	192.1	50.7	
云 南	2592.5	43.2	19.2	1925.9	56.1	420.1	210.6	213.1	906.9	
西 藏	100.0	6.4	4.7	191.0	15.7	32.5	22.0	11.5	72.6	
陕 西	2014.8	153.1	98.6	3044.8	87.2	378.5	203.6	250.7	99.3	
甘 肃	441.1	64.4	16.5	483.8	66.5	111.1	54.9	88.5	132.7	
青 海	305.3	36.5	5.3	245.7	7.9	35.0	18.9	36.5	164.0	
宁 夏	503.8	14.0	17.2	242.4	6.0	55.1	27.8	28.1	60.6	
新 疆	990.1	125.2	31.8	1252.3	34.9	312.1	102.1	91.2	431.9	
不分地区										

表2-11　固定资产投资（不含农户）施工、投产项目个数

年份/地区	施工项目(个)	新开工项目(个)	全部建成投产项目(个)	项目建成投产率(%)
1995	169163	103305	102115	60.4
2000	170430	113225	103749	60.9
2005	261535	190755	148753	56.9
2006	283920	203963	162383	57.2
2007	326204	231531	187525	57.5
2008	359213	257075	220418	61.4
2009	451262	339795	288033	63.8
2010	463608	329321	289585	62.5
2011	471376	327348	298499	63.3
2012	462633	323062	286605	62.0
2013	520732	363492	331781	63.7
2014	585093	413004	399808	68.3
2015	663683	494602	490964	74.0
2016	788959	616496	540462	68.5
2017	889437	647305	619572	69.7
北 京	3630	1504	1166	32.1
天 津	16070	13539	8928	55.6
河 北	24382	17887	18485	75.8
山 西	10719	6983	5829	54.4
内蒙古	21884	17404	18110	82.8
辽 宁	6311	3810	3190	50.6
吉 林	25021	21559	20445	81.7
黑龙江	21069	17557	17112	81.2
上 海	3907	1840	1566	40.1
江 苏	70675	55979	58071	82.2
浙 江	50136	34086	29638	59.1
安 徽	44515	31712	30406	68.3
福 建	45435	34494	29427	64.8
江 西	24842	16027	16774	67.5
山 东	62118	48347	48161	77.5
河 南	41325	32403	29406	71.2
湖 北	34446	24485	23087	67.0
湖 南	58178	43966	42556	73.2
广 东	51037	34335	33970	66.6

续表

年份/地区	施工项目(个)	新开工项目(个)	全部建成投产项目(个)	项目建成投产率(%)
广 西	48298	36696	36496	75.6
海 南	2676	1138	907	33.9
重 庆	25872	15720	17459	67.5
四 川	49515	28830	29566	59.7
贵 州	17061	11643	12066	70.7
云 南	40319	28456	29679	73.6
西 藏	5646	3826	3123	55.3
陕 西	36324	27601	22448	61.8
甘 肃	13261	9220	8944	67.5
青 海	6230	4002	4112	66.0
宁 夏	4770	3409	3323	69.7
新 疆	23692	18847	15122	63.8
不分地区	73			

注：本表不含房地产投资。

表2–12 固定资产投资(不含农户)按行业分施工、投产项目个数（2017年）

行 业	施工项目(个)	新开工项目(个)	全部建成投产项目(个)	项目建成投产率(%)
全国总计	889437	647305	619572	69.7
农、林、牧、渔业	72044	56562	53467	74.2
农业	32332	25285	23573	72.9
林业	5812	4601	4324	74.4
畜牧业	17564	13997	13148	74.9
渔业	3524	2784	2564	72.8
农、林、牧、渔服务业	12812	9895	9858	76.9
采矿业	13504	9988	10133	75.0
煤炭开采和洗选业	4229	3087	3113	73.6
石油和天然气开采业	826	586	585	70.8
黑色金属矿采选业	1232	919	888	72.1
有色金属矿采选业	1946	1378	1447	74.4
非金属矿采选业	4532	3461	3515	77.6
开采辅助活动	581	443	468	80.6
其他采矿业	158	114	117	74.1

续表

行 业	施 工 项 目 (个)	新开工项目 (个)	全部建成投产项目 (个)	项目建成投产率 (%)
制造业	314883	237536	229927	73.0
农副食品加工业	24254	18359	18008	74.3
食品制造业	10389	7741	7610	73.3
酒、饮料和精制茶制造业	7579	5502	5335	70.4
烟草制品业	197	91	91	46.2
纺织业	12858	10194	9980	77.6
纺织服装、服饰业	10643	8444	8354	78.5
皮革、毛皮、羽毛及其制品和制鞋业	5168	4042	3748	72.5
木材加工和木、竹、藤、棕、草制品业	10624	8572	8246	77.6
家具制造业	6926	5335	5189	74.9
造纸及纸制品业	5360	4165	3994	74.5
印刷和记录媒介复制业	3870	3026	3013	77.9
文教、工美、体育和娱乐用品制造业	5841	4619	4366	74.8
石油加工、炼焦及核燃料加工业	2358	1626	1528	64.8
化学原料及化学制品制造业	19289	14086	14023	72.7
医药制造业	7832	5124	4865	62.1
化学纤维制造业	1121	785	771	68.8
橡胶和塑料制品业	13889	10644	10435	75.1
非金属矿物制品业	32575	25042	24622	75.6
黑色金属冶炼和压延加工业	4671	3490	3311	70.9
有色金属冶炼和压延加工业	5529	4037	3812	69.0
金属制品业	18855	14674	14327	76.0
通用设备制造业	24199	18937	18207	75.2
专用设备制造业	20272	15258	14906	73.5
汽车制造业	15114	10364	10088	66.8
铁路、船舶、航空航天和其他运输设备制造业	3718	2646	2612	70.3
电气机械和器材制造业	18900	13916	13286	70.3
计算机、通信和其他电子设备制造业	11569	8079	7296	63.1
仪器仪表制造业	3327	2470	2327	69.9
其他制造业	4511	3576	3365	74.6

续表

行业	施工项目（个）	新开工项目（个）	全部建成投产项目（个）	项目建成投产率（%）
废弃资源综合利用业	2863	2246	1780	62.2
金属制品、机械和设备修理业	582	446	432	74.2
电力、热力、燃气及水生产和供应业	39929	27288	26076	65.3
电力、热力生产和供应业	23605	16140	15450	65.5
燃气生产和供应业	4299	2972	2865	66.6
水的生产和供应业	12025	8176	7761	64.5
建筑业	8900	7021	6559	73.7
房屋建筑业	2152	1673	1612	74.9
土木工程建筑业	4975	3926	3566	71.7
建筑安装业	620	492	488	78.7
建筑装饰和其他建筑业	1153	930	893	77.5
批发和零售业	35851	28088	27023	75.4
批发业	17955	14289	13550	75.5
零售业	17896	13799	13473	75.3
交通运输、仓储和邮政业	66472	45585	42423	63.8
铁路运输业	939	407	422	45.1
道路运输业	51970	36204	33287	64.1
水上运输业	1356	648	656	48.4
航空运输业	425	187	160	37.7
管道运输业	370	240	259	70.0
装卸搬运和运输代理业	1353	883	911	67.3
仓储业	9577	6677	6392	66.7
邮政业	482	339	336	69.7
住宿和餐饮业	13761	10305	9960	72.4
住宿业	8486	6033	5749	67.8
餐饮业	5275	4272	4211	79.8
信息传输、软件和信息技术服务业	9830	7299	6822	69.4
电信、广播电视和卫星传输服务	3267	2438	2053	62.8
互联网和相关服务	1724	1272	1288	74.7
软件和信息技术服务业	4839	3589	3481	71.9
金融业	1651	1071	1155	70.0
货币金融服务	820	496	566	69.0
资本市场服务	464	308	324	69.8
保险业	140	102	115	82.1
其他金融业	227	165	150	66.1

续表

行业	施工项目（个）	新开工项目（个）	全部建成投产项目（个）	项目建成投产率（%）
房地产业	39238	22426	25446	64.9
租赁和商务服务业	17078	11908	11353	66.5
租赁业	1009	808	807	80.0
商务服务业	16069	11100	10546	65.6
科学研究和技术服务业	10475	7733	7153	68.3
研究和试验发展	2136	1423	1288	60.3
专业技术服务业	3923	2833	2738	69.8
科技推广和应用服务业	4416	3477	3127	70.8
水利、环境和公共设施管理业	156571	111128	102005	65.1
水利管理业	22864	15598	15241	66.7
生态保护和环境治理业	8045	5960	5169	64.3
公共设施管理业	125662	89570	81595	64.9
居民服务、修理和其他服务业	7168	5686	5519	77.0
居民服务业	4240	3262	3173	74.8
机动车、电子产品和日用产品修理业	1596	1306	1269	79.5
其他服务业	1332	1118	1077	80.9
教育	27262	18606	17694	64.9
卫生和社会工作	14838	9854	8931	60.2
卫生	10040	6546	5876	58.5
社会工作	4798	3308	3055	63.7
文化、体育和娱乐业	15398	10898	10210	66.3
新闻和出版业	112	65	72	64.3
广播、电视、电影和影视录音制作业	849	587	614	72.3
文化艺术业	7790	5544	5104	65.5
体育	3366	2337	2199	65.3
娱乐业	3281	2365	2221	67.7
公共管理、社会保障和社会组织	24584	18323	17716	72.1
中国共产党机关	122	99	93	76.2
国家机构	14723	10588	9890	67.2
人民政协、民主党派	29	24	23	79.3
社会保障	1045	811	750	71.8
群众团体、社会团体和其他成员组织	1245	882	908	72.9
基层群众自治组织	7420	5919	6052	81.6
国际组织				

注：本表不含房地产投资。

表2–13 城市公用事业基本情况

项 目	1990	1995	2000	2010	2015	2016
城市建设						
城区面积 (平方公里)	1165970	1171698	878015	178692	191776	198357
建成区面积 (平方公里)	12856	19264	22439	40058	52102	56225
城市建设用地面积 (平方公里)	11608	22064	22114	39758	51584	55155
城市人口密度 (人/平方公里)	279	322	442	2209	2399	2477
城市供水、燃气及集中供热						
全年供水总量 (亿立方米)	382.3	481.6	469.0	507.9	560.5	593.8
生活用水	100.1	158.1	200.0	238.8	287.3	315.4
人均生活用水 (吨)	67.9	71.3	95.5	62.6	63.7	65.3
用水普及率 (%)	48.0	58.7	63.9	96.7	98.1	98.3
人工煤气供气量 (亿立方米)	174.7	126.7	152.4	279.9	47.1	27.1
家庭用量	27.4	45.7	63.1	26.9	10.8	7.4
天然气供气量 (亿立方米)	64.2	67.3	82.1	487.6	1040.8	1263.8
家庭用量	11.6	16.4	24.8	117.2	208.0	282.5
液化石油气供气量 (万吨)	219.0	488.7	1053.7	1268.0	1039.2	998.8
家庭用量	142.8	370.2	532.3	633.9	587.1	544.8
供气管道长度 (万公里)	2.4	4.4	8.9	30.9	52.8	64.1
燃气普及率 (%)	19.1	34.3	45.4	92.0	95.3	96.3
集中供热面积 (亿平方米)	2.1	6.5	11.1	43.6	67.2	83.1
城市市政设施						
年末实有道路长度 (万公里)	9.5	13.0	16.0	29.4	36.5	39.8
每万人拥有道路长度 (公里)	3.1	3.8	4.1	7.5	7.9	8.1
年末实有道路面积(亿平方米)	10.2	16.5	23.8	52.1	71.8	78.9
人均拥有道路面积 (平方米)	3.1	4.4	6.1	13.2	15.6	16.1
城市排水管道长度 (万公里)	5.8	11.0	14.2	37.0	54.0	63.0
城市公共交通						
年末公共交通车辆运营数(万辆)	6.2	13.7	22.6	38.3	50.3	58.3
每万人拥有公交车辆 (标台)	2.2	3.6	5.3	11.2	13.3	14.7
出租汽车数 (万辆)	11.1	50.4	82.5	98.6	109.2	110.3
城市绿化和园林						
城市绿地面积 (万公顷)	47.5	67.8	86.5	213.4	267.0	292.1
人均公园绿地面积 (平方米)	1.8	2.5	3.7	11.2	13.3	14.0
公园个数 (个)	1970	3619	4455	9955	13834	15633
公园面积 (万公顷)	3.9	7.3	8.2	25.8	38.4	44.5
城市环境卫生						
生活垃圾清运量 (万吨)	6767	10671	11819	15805	19142	21521
粪便清运量 (万吨)	2385	3066	2829	1951	1437	
每万人拥有公厕 (座)	3.0	3.0	2.7	3.0	2.7	2.8

注：1.2006年以前“城区面积”为“城市面积”。
2.计算人均和普及率指标所使用的人口数2006年以前为城市人口，2006年起为城区人口与城区暂住人口之和，以公安部门的户籍统计和暂住人口统计为准。
3.自2017年起，粪便清运量不再统计。

表2-14 分地区城市建设情况（2017年）

地 区	城区面积(平方公里)	建成区面积(平方公里)	城市建设用地面积(平方公里)	本年征用土地面积(平方公里)	城市人口密 度(人/平方公里)
全 国	198357.2	56225.4	55155.5	1934.4	2477
北 京	16410.0	1445.5	1465.3	17.6	1144
天 津	2585.2	1087.6	995.0	14.6	3276
河 北	6907.3	2120.2	2014.2	63.8	2675
山 西	3297.8	1178.3	1140.1	17.7	3454
内蒙古	4884.5	1269.2	1202.7	74.4	1824
辽 宁	12799.8	2643.8	2748.5	22.6	1770
吉 林	5105.6	1452.2	1407.5	65.0	2284
黑龙江	2582.9	1819.7	1813.2	8.9	5515
上 海	6340.5	998.8	1910.7	23.0	3814
江 苏	15368.4	4426.5	4431.7	165.2	2092
浙 江	11590.5	2829.3	2682.5	133.4	2109
安 徽	6082.5	2039.3	2001.9	148.3	2535
福 建	4473.9	1516.9	1472.8	70.5	2854
江 西	2421.6	1454.1	1402.6	94.0	4740
山 东	22733.7	4971.5	4660.2	140.4	1554
河 南	5131.5	2685.3	2530.8	45.6	4871
湖 北	8084.1	2340.8	2499.4	95.4	2746
湖 南	4592.0	1709.4	1635.9	69.5	3883
广 东	16834.7	5911.1	5577.4	117.9	3253
广 西	5789.4	1413.7	1372.1	118.5	1950
海 南	1444.7	323.8	256.8	21.1	2070
重 庆	7440.0	1423.1	1213.2	108.3	2017
四 川	8359.0	2832.3	2660.1	109.5	2962
贵 州	3184.4	986.4	945.3	18.7	2302
云 南	3157.4	1142.1	1087.7	51.1	3000
西 藏	603.2	147.6	124.8	12.0	1232
陕 西	2620.9	1287.1	1229.9	38.0	4101
甘 肃	1590.7	868.7	861.1	34.8	4066
青 海	688.2	199.9	178.7	5.4	2777
宁 夏	2159.2	458.1	402.6	14.4	1388
新 疆	3093.7	1243.6	1230.8	15.0	2436

表2-15 分地区城市供水情况（2017年）

地 区	年末供水综合生产能力（万立方米/日）	年末供水管道长度（公里）	全年供水总 量（万立方米）	生活用水	生产用水	用水人口（万人）	人均日生活用水量（升）
全 国	30475.0	797355	5937591	3153968	1606674	48303.5	178.9
北 京	2178.7	27491	188278	128780	26806	1876.6	188.0
天 津	468.3	18553	92769	45105	29767	846.9	145.9
河 北	885.9	18713	161280	81771	50265	1830.5	122.4
山 西	457.4	10548	94129	52297	30335	1114.0	128.6
内蒙古	427.3	9304	82591	36894	26539	882.7	114.5
辽 宁	1110.7	35335	250143	113715	54215	2229.9	139.7
吉 林	622.9	12001	104639	47530	26268	1105.9	117.8
黑龙江	786.6	15885	142011	61681	45130	1403.6	120.4
上 海	1184.0	37643	310063	176817	48189	2418.3	200.3
江 苏	3445.2	93317	540034	252530	202144	3214.9	215.2
浙 江	1769.8	69183	357435	178592	125773	2444.0	200.2
安 徽	906.3	27139	189895	105258	52447	1533.0	188.1
福 建	766.2	21142	172957	94519	32843	1271.4	203.7
江 西	550.8	18621	124762	70018	25041	1126.2	170.3
山 东	1860.2	53964	385519	163133	169031	3526.7	126.7
河 南	1150.4	24419	208604	113127	59909	2396.6	129.3
湖 北	1453.1	32796	294906	160528	74141	2204.0	199.6
湖 南	1024.2	25083	194817	113235	35824	1721.1	180.3
广 东	4071.3	103270	896774	501433	208561	5356.4	256.5
广 西	701.4	18528	183563	103462	55015	1102.2	257.2
海 南	161.7	6015	48220	28798	4210	294.2	268.2
重 庆	599.9	17789	138012	81434	32957	1471.3	151.6
四 川	1213.0	40197	255921	173300	37566	2349.8	202.1
贵 州	313.0	14453	71414	45800	9645	707.8	177.3
云 南	415.2	13258	89552	43267	23815	916.0	129.4
西 藏	67.5	1640	11094	6690	1537	69.0	265.7
陕 西	447.7	9520	137919	62725	59842	1031.3	166.6
甘 肃	361.0	5803	50960	29386	13666	639.1	126.0
青 海	101.3	2709	27287	12577	9796	189.1	182.3
宁 夏	235.6	2833	33486	18766	9090	286.8	179.3
新 疆	738.9	10206	98555	50800	26308	744.3	187.0

表2–16 分地区城市燃气情况（2017年）

地 区	人工煤气生产能力(万立方米/日)	管道长度(公里)			全年供气总量			用气人口(万人)		
		人工煤气	天然气	液化石油气	人工煤气(万立方米)	天然气(万立方米)	液化石油气(吨)	人工煤气	天然气	液化石油气
全 国	1158.1	11716	623253	6200	270882	12637546	9988088	751.7	33933.9	12615.7
北 京			26186	411		1641696	492288		1445.0	431.6
天 津			20706			422860	57567		811.5	35.4
河 北	98.0	1673	23533	165	69573	485113	241230	58.5	1500.2	266.7
山 西	95.1	851	14774	121	59857	316260	90792	42.7	1002.7	74.6
内蒙古		502	9680	8	4581	181191	52364	11.2	622.6	221.4
辽 宁	271.7	4767	25043	363	43621	308119	654818	401.3	1417.1	381.9
吉 林	8.1	337	10060	63	3051	148205	179750	40.0	739.9	304.3
黑龙江	13.0	305	9610	19	3235	141437	189183	35.2	867.7	347.4
上 海			30387	263		808141	344534		1720.5	697.8
江 苏			71881	201		1087514	577137		2625.7	581.4
浙 江	1.5	112	39097	1728	429	484008	691203	4.3	1445.1	993.9
安 徽			23763	141		311230	131054		1342.0	177.8
福 建	8.0	91	9513	253	2689	197249	308113	12.0	567.7	664.7
江 西	18.0	550	12553	121	17972	118153	218325	10.1	684.5	423.2
山 东			55981	158		816265	347511		3015.2	502.8
河 南	224.5	241	22683	15	36405	454874	214764	0.2	1865.0	483.7
湖 北			31819	253		423990	336102		1574.3	582.3
湖 南			17025	27		236293	203024		1022.8	644.4
广 东			31346	1307		1247389	3636182		2303.5	3002.2
广 西	10.6	470	5513	2	3495	69676	264066	40.0	478.6	585.6
海 南			3046			24611	82108		187.1	106.9
重 庆			22320			466511	73458		1356.6	89.4
四 川	13.0	685	49338	394	17004	718967	195862	49.1	2080.5	128.9
贵 州			6414	101		70939	114085		337.3	305.9
云 南	5.0	687	5947	80	5017	28746	129316	25.7	430.4	263.1
西 藏			3450	2		2772	6059		24.0	18.2
陕 西			16567	3		385643	27949		940.4	65.8
甘 肃	345.6	385	3140		2195	203741	44473	14.1	444.4	127.3
青 海			2244			146460	7497		157.5	22.5
宁 夏			6279	1		182460	8911		231.9	43.1
新 疆	46.0	61	13358	0	1757	507035	68363	7.2	692.4	41.6

表2–17 分地区城市集中供热情况（2017年）

地 区	供热能力		供热总量		管道长度		供热面积（万平方米）
	蒸 汽（吨/小时）	热 水（兆瓦）	蒸 汽（万吉焦）	热 水（万吉焦）	蒸 汽（公里）	热 水（公里）	
全 国	98328	647827	57985	310300	276288	830858	738663
北 京		123814		25043		65466	61136
天 津	2696	28654	1134	14862	24951	47567	41833
河 北	8268	39839	7733	21874	30355	74462	68067
山 西	3920	31035	2793	17016	12403	51586	57432
内蒙古	2769	42776	1648	26584	12998	54003	50537
辽 宁	17536	68876	11774	48113	49467	118236	108760
吉 林	1960	43276	746	26466	25682	57722	51864
黑龙江	6003	50157	3127	39369	19477	73217	67781
上 海							
江 苏							
浙 江							
安 徽	2681	90	1475	117	681	2933	2891
福 建							
江 西							
山 东	30332	54372	16346	32916	60975	126587	107113
河 南	6110	20522	3440	9207	10143	38898	26506
湖 北	1596	220	744	5	289	1433	1797
湖 南							
广 东							
广 西							
海 南							
重 庆							
四 川							
贵 州		169		175	9	107	49
云 南		148		43	255	125	
西 藏		402		80	34		22
陕 西	7359	22083	3318	10544	3472	39579	27919
甘 肃	700	15648	480	10307	4822	20360	17435
青 海		4717		4958	1934	7845	462
宁 夏	2538	66351	1526	4453	6632	12978	11011
新 疆	3860	34678	1701	18168	11709	37755	36050

注：2017年北京市集中供热管道长度数据暂缺，全国合计数中不包含北京。

表2-18 分地区城市市政设施（2017）

地 区	年末实有道路长度(公里)	年末实有道路面积(万平方米)	城市桥梁(座)	城市排水管道长度(公里)	城市污水日处理能力(万立方米)	城市道路照明灯(千盏)
全 国	397830	788853	69816	630304	17036.7	25936.3
北 京	8437	13960	2276	16794	687.6	236.1
天 津	7942	14742	1007	21240	293.5	369.8
河 北	15747	34888	1523	18332	587.3	935.0
山 西	8201	18132	1298	7645	257.1	545.5
内蒙古	10035	21277	386	12923	248.1	584.4
辽 宁	17079	30980	1741	20372	823.2	1287.6
吉 林	9083	16671	904	10932	409.3	438.0
黑龙江	12369	19781	1139	11990	429.2	632.1
上 海	5224	10896	2688	19766	821.0	579.1
江 苏	47112	82379	15250	76886	1773.6	3538.4
浙 江	21773	42229	10957	45674	1007.2	1555.7
安 徽	13997	34208	1601	29108	544.2	946.6
福 建	11427	22238	1902	15335	421.6	813.1
江 西	10289	20547	918	15469	278.1	706.1
山 东	43580	88799	5440	60278	1156.4	1941.8
河 南	13876	34735	1425	23624	743.8	948.3
湖 北	19021	34937	2082	25857	697.1	800.3
湖 南	10882	24470	923	16479	566.0	666.2
广 东	39274	70422	7056	70242	2179.6	2557.5
广 西	9064	19821	973	12305	696.6	695.6
海 南	2806	5448	205	4399	102.9	174.3
重 庆	9364	19015	1720	17335	319.0	584.2
四 川	16077	33979	2557	28502	670.5	1344.9
贵 州	4345	8930	705	7194	201.6	493.5
云 南	6062	11856	756	13616	254.7	500.1
西 藏	688	1093	34	651	26.2	26.1
陕 西	7886	17538	801	9704	304.0	723.6
甘 肃	4890	10678	629	6428	142.9	318.3
青 海	1117	2753	210	1907	44.4	131.2
宁 夏	2324	6545	216	1904	92.5	247.6
新 疆	7864	14908	494	7411	257.5	615.2

表2–19 分地区城市公共交通情况（2017）

地区	年末公共交通车辆运营数(辆)	公共汽、电车	轨道交通	运营线路总长度(公里)	公共汽、电车	轨道交通	公共交通客运总量(万人次)	公共汽、电车	轨道交通	出租汽车（辆）
全国	583437	554820	28617	795935	791365	4570	8470688	6627688	1843000	1102823
北京	30966	25624	5342	19898	19290	608	713396	335595	377801	68484
天津	13528	12686	842	19058	18883	175	173279	138124	35155	31940
河北	24706	24508	198	37390	37362	28	181829	177792	4037	53871
山西	9252	9252		14291	14291		127183	127183		30492
内蒙古	8013	8013		11898	11898		108390	108390		39062
辽宁	23675	22723	952	27077	26842	235	432824	383993	48831	82067
吉林	11823	11215	608	14589	14506	83	177218	167632	9586	56356
黑龙江	17741	17633	108	20721	20699	22	255084	247405	7679	63569
上海	22214	17461	4753	24827	24161	666	573841	220072	353769	46397
江苏	44137	41558	2579	69678	69100	578	582024	449242	132782	53465
浙江	35373	34281	1092	75654	75474	180	392857	347638	45219	38435
安徽	16477	16171	306	15718	15666	52	176245	171973	4272	39490
福建	17572	17224	348	24651	24596	55	211379	206505	4874	21466
江西	9908	9614	294	19695	19646	49	118395	107424	10971	14361
山东	50907	50642	265	95696	95642	54	396777	390128	6649	61678
河南	26216	25778	438	21856	21762	94	259421	234191	25230	46863
湖北	21809	20453	1356	22871	22637	234	413335	320652	92683	36748
湖南	21051	20706	345	19320	19251	69	261597	238250	23347	25768
广东	68535	63698	4837	100961	100219	742	1098428	648287	450141	66777
广西	10339	10219	120	15484	15452	32	118925	109281	9644	17532
海南	3717	3717		6097	6097		30635	30635		6979
重庆	13944	12768	1176	16428	16164	264	322446	248136	74310	21871
四川	28502	27086	1416	31216	31041	175	413213	360209	53004	32611
贵州	7018	7018		10277	10277		141536	141536		21249
云南	11134	10642	492	21459	21373	86	153795	141312	12483	19061
西藏	640	640		1538	1538		9120	9120		2218
陕西	13309	12559	750	11612	11523	89	281740	221206	60534	25468
甘肃	5850	5850		7392	7392		124946	124946		23737
青海	2339	2339		3177	3177		36710	36710		8637
宁夏	3823	3823		6154	6154		40744	40744		12765
新疆	8919	8919		9254	9254		143378	143378		33406

表2–20 分地区城市绿地和园林（2017）

地 区	城　市 绿地面积(公顷)	公园绿地	公 园 (个)	公园面积 (公顷)	建成区 绿化覆盖率(%)
全 国	2921346	688441	15633	444622	40.9
北 京	83501	31019	300	31019	48.4
天 津	44309	11982	135	2839	36.8
河 北	88273	26833	713	20414	41.8
山 西	63987	13647	316	10797	40.6
内蒙古	67171	17511	296	14929	40.2
辽 宁	122999	27339	496	16621	40.7
吉 林	48070	13257	306	9816	35.8
黑龙江	69711	16780	371	11450	35.5
上 海	136327	19805	224	2409	39.1
江 苏	285981	48060	1107	30141	43.0
浙 江	159214	32544	1252	19111	40.4
安 徽	102402	22075	432	14454	42.2
福 建	69755	18049	636	13957	43.7
江 西	63747	16646	468	10601	45.2
山 东	235690	63042	1090	37721	42.1
河 南	101171	30002	438	14242	39.4
湖 北	86713	24421	420	13950	38.4
湖 南	67669	17817	337	12607	41.2
广 东	455838	99885	3219	71798	43.5
广 西	88789	14025	254	10296	39.1
海 南	15343	3636	85	2594	40.1
重 庆	61575	25584	418	13742	40.3
四 川	107505	30912	588	16370	40.0
贵 州	47360	11182	168	10634	37.0
云 南	45173	10895	775	8620	38.9
西 藏	5238	435	36	355	34.8
陕 西	69219	13586	259	7819	39.9
甘 肃	26851	9617	156	5002	33.3
青 海	6426	2137	45	1453	32.6
宁 夏	26418	5747	79	3049	40.4
新 疆	68921	9972	214	5814	40.0

注：公园绿地面积包括综合公园、社区公园、专类公园、带状公园和街旁绿地。

表2-21 分地区城市设施水平（2017）

地 区	城市用水普及率(%)	城市燃气普及率(%)	每万人拥有公共交通车辆(标台)	人均城市道路面积(平方米)	人均公园绿地面积(平方米)	每万人拥有公共厕所(座)
全 国	98.30	96.26	14.73	16.05	14.01	2.77
北 京	100.00	100.00	26.55	7.44	16.20	2.81
天 津	100.00	100.00	19.64	17.41	14.15	1.74
河 北	99.05	98.78	15.34	18.88	14.52	2.95
山 西	97.81	98.34	9.74	15.92	11.98	2.09
内蒙古	99.10	96.01	10.65	23.89	19.66	7.24
辽 宁	98.45	97.14	13.23	13.68	12.07	1.84
吉 林	94.85	92.99	11.15	14.30	11.37	2.93
黑龙江	98.53	87.77	14.09	13.89	11.78	4.01
上 海	100.00	100.00	13.94	4.51	8.19	2.57
江 苏	99.98	99.73	17.42	25.62	14.95	4.02
浙 江	100.00	99.97	16.93	17.28	13.32	3.23
安 徽	99.43	98.57	13.61	22.19	14.32	2.25
福 建	99.56	97.45	15.85	17.41	14.13	3.07
江 西	98.11	97.38	12.55	17.90	14.50	1.95
山 东	99.82	99.57	16.36	25.13	17.84	1.85
河 南	95.88	93.96	12.28	13.90	12.00	3.44
湖 北	99.27	97.13	12.38	15.74	11.00	2.33
湖 南	96.52	93.50	14.43	13.72	9.99	2.01
广 东	97.80	96.88	15.30	12.86	18.24	1.93
广 西	97.63	97.80	10.74	17.56	12.42	1.37
海 南	98.40	98.32	13.54	18.22	12.16	2.33
重 庆	98.05	96.37	11.50	12.67	17.05	2.74
四 川	94.91	91.22	14.46	13.72	12.48	2.38
贵 州	96.54	87.74	11.02	12.18	15.25	2.88
云 南	96.71	75.93	13.60	12.52	11.50	5.38
西 藏	92.80	56.77	10.43	14.70	5.85	4.84
陕 西	95.95	93.61	15.63	16.32	12.64	4.98
甘 肃	98.81	90.56	10.52	16.51	14.87	2.62
青 海	98.93	94.19	14.37	14.40	11.18	3.65
宁 夏	95.66	91.71	15.26	21.83	19.17	2.53
新 疆	98.75	98.32	14.58	19.78	13.23	3.04

注：人均和普及率指标按城区人口与暂住人口之和计算，以公安部门的户籍统计和暂住人口统计为准。

表2–22 分地区县城市政公用设施水平(2017年)

地 区	人口密度(人/平方公里)	人均日生活用水量(升)	用水普及率(%)	燃气普及率(%)	建成区供水管道密度(公里/平方公里)	人均道路面积(平方米)	建成区排水管道密度(公里/平方公里)
全 国	2183	120.17	92.87	81.35	10.49	17.18	8.56
北 京							
天 津							
河 北	2635	101.20	98.51	94.17	10.18	23.30	8.78
山 西	3210	83.10	98.38	82.62	11.22	16.30	9.47
内蒙古	834	88.07	97.48	84.13	10.36	29.58	7.03
辽 宁	1696	95.82	90.65	74.72	10.85	11.98	5.85
吉 林	3186	101.72	78.93	70.88	13.11	10.41	7.46
黑龙江	2716	90.53	85.63	51.06	9.64	12.71	5.76
上 海							
江 苏	2008	143.32	99.57	99.35	13.66	19.92	11.47
浙 江	890	183.13	100.00	99.04	22.64	21.43	14.67
安 徽	1749	128.32	94.90	88.54	11.86	22.77	10.22
福 建	2460	172.65	98.70	97.47	12.96	17.40	11.79
江 西	4809	119.19	95.76	90.09	12.35	19.00	10.92
山 东	1360	120.35	98.85	95.48	7.46	21.63	9.27
河 南	2538	104.09	83.41	71.21	6.31	16.47	8.14
湖 北	2932	124.91	95.01	88.13	10.06	17.88	8.26
湖 南	3397	140.72	86.51	74.65	11.72	12.46	8.34
广 东	1617	152.14	90.13	88.80	16.14	11.53	5.28
广 西	2407	156.12	96.24	92.42	11.65	16.34	10.46
海 南	3457	160.76	94.53	93.00	10.59	20.92	5.28
重 庆	2709	113.97	96.43	93.76	12.25	8.96	14.93
四 川	1843	127.48	88.74	79.50	10.09	11.05	7.60
贵 州	2460	104.52	89.10	56.61	7.29	12.89	2.94
云 南	3941	109.25	93.24	48.36	11.99	14.17	10.66
西 藏	2016	209.27	84.95	67.62	5.92	21.01	5.18
陕 西	3702	89.77	92.93	80.74	6.68	14.53	6.97
甘 肃	4827	77.87	91.44	61.16	8.23	13.84	7.31
青 海	2021	97.98	96.71	53.47	10.31	18.80	7.55
宁 夏	3109	113.83	96.01	71.38	7.45	27.54	7.50
新 疆	3071	126.07	95.65	90.27	9.10	20.66	5.65

续表

地 区	污水处理率(%)	污水处理厂集中处理率	人均公园绿地面积(平方米)	建成区绿化覆盖率(%)	建成区绿地率(%)	生活垃圾处理率(%)	生活垃圾无害化处理率
全 国	90.21	88.89	11.86	34.60	30.74	96.11	91.00
北 京							
天 津							
河 北	96.06	96.06	12.16	40.21	35.89	98.16	97.69
山 西	92.26	92.26	11.11	38.11	33.79	84.06	81.26
内蒙古	95.05	95.05	22.42	35.85	32.88	97.40	97.40
辽 宁	93.40	93.40	9.92	16.59	14.63	95.65	95.65
吉 林	87.87	87.87	9.50	29.47	26.21	97.23	77.07
黑龙江	88.36	88.23	12.05	23.20	19.72	77.89	57.99
上 海							
江 苏	86.27	83.55	12.56	41.53	39.00	100.00	100.00
浙 江	93.60	91.38	14.07	40.41	36.46	100.00	100.00
安 徽	94.14	93.36	12.74	36.02	32.07	98.90	98.34
福 建	87.22	86.87	14.62	42.11	38.83	96.98	96.98
江 西	85.22	84.89	14.69	42.20	37.61	100.00	100.00
山 东	96.20	96.08	15.01	38.92	34.44	99.91	99.91
河 南	93.65	93.65	9.42	31.38	27.50	95.57	82.15
湖 北	89.49	87.38	10.08	33.91	30.13	98.59	93.95
湖 南	93.28	89.19	9.51	38.28	32.70	97.97	97.97
广 东	87.63	87.43	14.82	33.15	31.50	98.13	94.94
广 西	93.21	85.33	11.00	33.99	29.89	99.48	97.85
海 南	90.49	90.49	8.27	37.26	30.48	99.81	99.81
重 庆	93.71	93.71	11.85	41.64	36.72	99.18	99.18
四 川	76.53	72.96	10.75	33.06	29.14	94.89	87.69
贵 州	80.10	80.10	10.28	27.31	24.63	83.99	83.99
云 南	87.34	87.34	9.86	33.84	29.52	97.75	80.40
西 藏	18.77	17.47	1.61	3.15	4.31	86.65	85.20
陕 西	87.82	87.82	10.44	34.04	29.82	96.65	92.10
甘 肃	89.51	89.51	8.42	19.76	16.00	98.23	95.40
青 海	73.98	73.98	4.74	18.61	15.30	92.99	74.58
宁 夏	92.77	92.77	17.44	37.00	32.41	96.38	96.38
新 疆	87.05	85.62	11.68	32.03	28.75	96.07	54.63

注：新疆数据包括新疆生产建设兵团师团部驻地情况。

三、住宅投资与房地产开发

表3-1 房地产开发企业主要指标

指 标	2012	2013	2014	2015
企业个数 (个)	91444	94197	93426	94948
内资	86379	89218	88773	90408
国有	1739	1476	1329	1093
集体	570	457	409	364
港、澳、台投资	3391	3414	3235	3232
外商投资	1674	1565	1418	1308
平均从业人数 (万人)	259.18	276.01	273.85	275.23
内资企业	239.78	256.18	255.15	257.65
国有	6.61	6.15	5.73	4.71
集体	1.30	1.14	1.08	0.99
港、澳、台投资企业	12.18	12.93	12.45	11.85
外商投资企业	7.22	6.90	6.25	5.73
本年土地购置面积 (万平方米)	38814.38	33383.03	22810.79	22025.25
本年完成投资 (亿元)	86013.38	95035.61	95978.85	102580.61
住宅	58950.76	64352.15	64595.24	68703.87
本年实际到位资金小计 (亿元)	122122.47	121991.48	125203.06	144214.05
国内贷款	19672.66	21242.61	20214.38	21512.40
利用外资	534.17	639.26	296.53	140.44
自筹资金	47424.95	50419.80	49037.56	49132.85
房屋建筑面积 (万平方米)				
施工面积	665571.89	726482.34	735693.37	758974.80
竣工面积	101434.99	107459.05	100039.10	106127.71
本年新开工面积	201207.84	179592.49	154453.68	166928.13
住宅	145844.80	124877.00	106651.30	115910.60
商品房销售面积 (万平方米)	130550.59	120648.54	128494.97	157348.53
住宅	115722.69	105187.79	112412.29	137539.93
商品房平均销售价格(元/平方米)	6237	6324	6793	7476
住宅	5850	5933	6473	7203
实收资本合计 (亿元)	59987.59	76566.04	78329.42	79278.30
资产负债率 (%)	76.0	77.0	77.7	78.3
主营业务收入 (亿元)	70706.67	66463.80	70174.34	90091.51
土地转让收入	671.42	571.95	600.54	666.32

注：商品房平均销售价格由报告期内新建商品房销售额除以销售面积计算而成。不同时期的商品房平均销售价格可能会受商品房区域、房屋类型等各种因素的影响(以下相关表同)。

表3–2　房地产开发企业个数

单位：个

年 份/ 地 区	企业个数	内资企业			港、澳、台 投资企业	外商投资 企　业
			国　有	集　体		
1998	24378	19960	7958	4538	3214	1204
2000	27303	23277	6641	3492	2899	1127
2005	56290	50957	4145	1796	3443	1890
2006	58710	53268	3797	1586	3519	1923
2007	62518	56965	3617	1430	3524	2029
2008	87562	81282	3941	1520	3916	2364
2009	80407	74674	3835	1361	3633	2100
2010	85218	79489	3685	1220	3677	2052
2011	88419	83011	3427	1023	3565	1843
2012	89859	84695	3354	904	3451	1713
2013	91444	86379	1739	570	3391	1674
2014	94197	89218	1476	457	3414	1565
2015	93426	88773	1329	409	3235	1418
2016	94948	90408	1093	364	3232	1308
2017	95897	91608	943	319	3066	1223
北 京	2400	2203	37	15	115	82
天 津	1249	1164	35	4	45	40
河 北	3317	3269	6		27	21
山 西	2379	2362	56	5	12	5
内蒙古	1803	1799	4		2	2
辽 宁	3119	2819	14	2	213	87
吉 林	1782	1761	4	1	16	5
黑龙江	1968	1941	27	1	18	9
上 海	2637	2253	32	13	268	116
江 苏	6530	5980	47	21	385	165
浙 江	6336	6020	36	9	221	95
安 徽	3889	3817	30	4	55	17
福 建	3240	2899	63	12	254	87
江 西	2452	2377	32		58	17
山 东	7126	6909	81	48	155	62
河 南	7205	7116	56	3	65	24
湖 北	4059	3954	48	12	78	27
湖 南	3898	3811	48	4	66	21
广 东	8203	7381	74	130	639	183
广 西	2541	2458	32	7	48	35
海 南	1251	1189	17	2	48	14
重 庆	2316	2191	10		96	29
四 川	4010	3893	23	4	73	44
贵 州	2674	2632	24	1	33	9
云 南	2605	2568	28	5	31	6
西 藏	49	49	1			
陕 西	2326	2288	42	8	24	14
甘 肃	1716	1701	27	7	11	4
青 海	321	318			2	1
宁 夏	561	556	1		3	2
新 疆	1935	1930	8	1	5	

表3–3　房地产开发企业土地开发及购置

年 份/地 区	待开发土地面积（万平方米）	本年土地购置面积（万平方米）	本年土地成交价款（亿元）	土地购置费用（亿元）
1998	13530.70	10109.32		375.40
2000	14754.77	16905.24		733.99
2005	27522.00	38253.73	3269.32	2904.37
2006	37523.65	36573.57	3318.04	3814.49
2007	41483.97	40245.85	4573.18	4873.25
2008	48161.07	39353.43	4831.68	5995.62
2009	32816.54	31909.45	5150.14	6023.71
2010	31457.95	39953.10	8206.71	9999.92
2011	40220.76	44327.44	8894.03	11527.25
2012	40195.99	35666.80	7409.64	12100.15
2013	42280.47	38814.38	9918.29	13501.73
2014	42136.28	33383.03	10019.88	17458.53
2015	36638.48	22810.79	7621.61	17675.44
2016	35121.01	22025.25	9129.31	18778.68
2017	35747.29	25508.29	13643.39	1921.89
北 京	694.63	413.30	815.90	579.75
天 津	662.56	225.99	177.72	337.84
河 北	1351.10	1033.84	260.05	169.57
山 西	468.04	269.39	95.55	77.89
内蒙古	295.25	283.98	44.34	258.10
辽 宁	1222.33	510.61	117.10	139.52
吉 林	307.49	668.12	176.33	83.27
黑龙江	195.72	246.23	50.32	1208.28
上 海	409.94	179.73	384.53	1835.03
江 苏	3627.86	2160.65	1645.77	2634.37
浙 江	1139.94	2248.87	2102.79	622.08
安 徽	3229.79	3776.54	1664.38	1107.32
福 建	858.45	916.44	758.88	200.74
江 西	701.31	576.17	186.52	937.66
山 东	2668.56	2090.36	503.17	681.51
河 南	2307.03	1015.47	534.87	570.12
湖 北	1226.91	676.44	364.06	312.97
湖 南	1656.44	1033.39	242.87	2243.98
广 东	3443.86	1841.19	1575.51	398.75
广 西	970.97	675.19	217.18	271.50
海 南	767.08	126.53	53.29	562.48
重 庆	2232.68	1112.22	568.45	832.27
四 川	1393.55	800.76	322.53	82.03
贵 州	670.77	438.87	130.49	301.11
云 南	979.76	822.61	279.01	1.98
西 藏	10.36	26.57	3.40	177.96
陕 西	874.63	560.14	227.01	56.49
甘 肃	317.85	111.04	17.28	49.83
青 海	60.56	44.86	16.23	62.61
宁 夏	185.45	164.66	20.04	59.76
新 疆	816.43	458.16	87.83	

表3-4　房地产开发企业投资总规模及完成情况（2017年）

单位：亿元

地 区	计划总投资	自开始建设至本年底累计完成投资	本年完成投资				
				建筑安装工程	设备工器具购置	其他费用	
							土地购置费
全 国	656617.38	479080.01	109798.53	78577.69	1550.70	29670.13	23169.47
北 京	27721.07	21029.63	3692.54	1161.53	22.43	2508.58	1711.49
天 津	16709.07	11378.10	2233.39	1148.45	5.81	1079.14	759.71
河 北	21004.40	14906.30	4823.91	4171.45	113.73	538.73	373.02
山 西	9612.97	6236.71	1166.28	880.49	14.55	271.24	189.85
内蒙古	8396.79	5685.44	889.72	773.46	15.52	100.75	68.55
辽 宁	21645.00	16242.40	2289.67	1871.30	34.42	383.95	304.34
吉 林	7352.22	5287.34	910.14	743.55	10.64	155.94	119.30
黑龙江	6274.76	4313.53	815.60	692.58	10.17	112.85	87.51
上 海	28332.93	20657.78	3856.53	2104.85	28.66	1723.02	1523.05
江 苏	61844.03	43629.92	9629.11	6566.11	126.17	2936.83	2586.99
浙 江	38684.70	30288.05	8226.78	4185.80	82.45	3958.53	3353.67
安 徽	33463.64	23261.86	5612.47	4242.48	78.91	1291.09	1120.37
福 建	26444.07	23351.57	4794.23	3126.26	39.52	1628.45	1404.15
江 西	12507.78	8397.04	2013.98	1668.94	45.76	299.28	224.17
山 东	41981.04	29495.77	6637.25	5367.17	87.76	1182.32	959.71
河 南	34381.00	21115.44	7090.25	5511.54	158.61	1420.10	951.90
湖 北	25209.45	18466.37	4574.89	3232.22	102.53	1240.14	944.77
湖 南	20958.28	15084.08	3426.13	2832.27	57.05	536.81	378.58
广 东	68438.40	53621.00	12075.69	8328.87	120.46	3626.36	2898.45
广 西	15797.06	11542.65	2683.48	2058.57	35.21	589.70	438.18
海 南	13315.20	9542.66	2053.11	1577.41	17.37	458.33	226.55
重 庆	23910.39	19277.57	3980.08	2949.50	62.01	968.57	709.96
四 川	25497.86	18736.34	5149.89	4073.92	102.44	973.53	787.73
贵 州	14455.97	10917.29	2201.00	1898.91	23.69	278.40	107.64
云 南	16479.06	12197.71	2786.25	2315.03	28.78	442.44	302.92
西 藏	149.73	114.12	40.36	34.22	0.72	5.42	4.87
陕 西	19300.08	12568.95	3101.97	2516.67	71.97	513.34	344.79
甘 肃	4850.69	3174.13	944.52	786.78	13.06	144.67	85.91
青 海	1968.09	1406.62	408.59	345.32	12.78	50.49	33.03
宁 夏	4223.91	3250.44	652.84	561.53	9.08	82.23	62.11
新 疆	5707.74	3903.20	1037.86	850.50	18.44	168.92	106.21

表3–5 按用途分房地产开发企业完成投资

单位：亿元

年 份 地 区	本年完成 投 资	住 宅	#别 墅、 高档公寓	办公楼	商业营业 用 房	其 他
1998	3614.23	2081.56	181.85	433.80	475.83	623.04
2000	4984.05	3311.98	270.01	297.85	579.99	794.23
2005	15909.25	10860.93	1049.41	763.07	2039.53	2245.72
2006	19422.92	13638.41	1445.00	928.06	2353.88	2502.57
2007	25288.84	18005.42	1807.12	1035.04	2785.65	3462.73
2008	31203.19	22440.87	2032.31	1167.17	3354.48	4240.67
2009	36241.81	25613.69	2073.34	1377.21	4180.66	5070.25
2010	48259.40	34026.23	2829.81	1807.38	5648.40	6777.39
2011	61796.89	44319.50	3424.16	2558.79	7424.05	7494.55
2012	71803.79	49374.21	3448.37	3366.61	9312.00	9750.96
2013	86013.38	58950.76	3637.90	4652.45	11944.83	10465.34
2014	95035.61	64352.15	3844.72	5641.19	14346.25	10696.02
2015	95978.85	64595.24	3481.37	6209.74	14607.49	10566.37
2016	102580.61	68703.87	3478.74	6532.60	15837.53	11506.61
2017	109798.53	75147.88	4015.44	6761.36	15639.90	12249.39
北 京	3692.54	1694.67	157.16	742.93	357.65	897.29
天 津	2233.39	1559.70	70.07	92.58	189.39	391.72
河 北	4823.91	3656.98	40.78	215.22	594.49	357.22
山 西	1166.28	846.38	7.47	35.60	147.79	136.51
内蒙古	889.72	645.85	9.18	17.28	147.59	79.00
辽 宁	2289.67	1673.91	66.67	70.40	364.53	180.83
吉 林	910.14	633.55	17.74	44.77	151.80	80.02
黑龙江	815.60	554.70	12.34	27.38	156.30	77.22
上 海	3856.53	2152.40	540.75	642.20	506.71	555.21
江 苏	9629.11	7315.28	535.03	423.70	1209.62	680.51
浙 江	8226.78	5645.98	386.80	439.65	942.08	1199.07
安 徽	5612.47	4007.00	87.69	194.59	1011.06	399.82
福 建	4794.23	3236.51	151.31	282.37	555.87	719.48
江 西	2013.98	1391.79	43.49	93.50	384.87	143.82
山 东	6637.25	4929.53	169.60	361.06	841.28	505.37
河 南	7090.25	5330.80	72.97	226.38	882.70	650.38
湖 北	4574.89	3235.42	89.43	280.17	610.90	448.40
湖 南	3426.13	2194.41	85.74	151.74	638.22	441.77
广 东	12075.69	8100.93	515.34	1173.67	1445.15	1355.95
广 西	2683.48	1983.52	69.27	102.79	323.67	273.50
海 南	2053.11	1477.53	169.88	37.85	255.05	282.67
重 庆	3980.08	2632.88	224.79	157.28	671.80	518.12
四 川	5149.89	3182.34	138.61	262.81	1094.22	610.52
贵 州	2201.00	1365.33	50.04	104.35	492.54	238.78
云 南	2786.25	1743.91	168.77	144.36	485.77	412.21
西 藏	40.36	20.10	1.51	0.70	7.78	11.79
陕 西	3101.97	2145.56	68.36	242.09	439.42	274.91
甘 肃	944.52	601.25	3.86	57.32	197.20	88.74
青 海	408.59	213.66	0.99	33.46	97.08	64.38
宁 夏	652.84	387.75	15.52	37.01	152.42	75.66
新 疆	1037.86	588.25	44.30	66.14	284.95	98.53

表3-6 房地产开发企业实际到位资金

单位：亿元

年份 地区	本年实际到位资金	国内贷款	利用外资	自筹资金	定金及预收款	个人按揭贷款	其他到位资金
1998	4414.94	1053.17	361.76	1166.98			
2000	5997.63	1385.08	168.70	1614.21			
2005	21397.84	3918.08	257.81	7000.39	6954.23	1341.18	1926.15
2006	27135.55	5356.98	400.15	8597.09	8192.65	2588.38	2000.30
2007	37477.96	7015.64	641.04	11772.53	10663.20	5080.43	2305.12
2008	39619.36	7605.69	728.22	15312.10	9756.68	3886.04	2330.63
2009	57799.04	11364.51	479.39	17949.12	16217.49	8561.65	3226.88
2010	72944.04	12563.70	790.68	26637.21	19275.15	9523.77	4153.53
2011	85688.73	13056.80	785.15	35004.57	22470.32	8678.37	5693.53
2012	96536.81	14778.39	402.09	39081.96	26558.02	10523.78	5192.57
2013	122122.47	19672.66	534.17	47424.95	34498.97	14033.26	5958.47
2014	121991.48	21242.61	639.26	50419.80	30237.51	13665.45	5786.85
2015	125203.06	20214.38	296.53	49037.56	32520.34	16661.65	6472.61
2016	144214.05	21512.40	140.44	49132.85	41952.14	24402.94	7073.29
2017	156052.62	25241.76	168.19	50872.22	48693.57	23906.31	7170.58
北 京	6988.28	1947.08	18.48	1732.12	2408.71	654.98	226.91
天 津	4366.66	1186.03	0.02	783.86	1569.30	356.44	471.00
河 北	5184.96	532.68	2.01	3133.32	867.86	455.95	193.15
山 西	1677.54	150.38		652.23	510.61	300.99	63.33
内蒙古	1021.53	78.28		579.06	210.40	74.60	79.18
辽 宁	3285.12	381.33	4.02	1116.37	1194.13	439.19	150.09
吉 林	1090.05	105.55		445.14	315.35	162.68	61.33
黑龙江	1199.12	103.77		585.37	336.80	162.87	10.31
上 海	5384.65	1393.78	5.22	1549.20	1647.58	433.33	355.54
江 苏	16563.47	3029.54	29.07	3278.81	6161.31	3321.39	743.34
浙 江	13034.21	2052.03	13.15	3485.93	5124.46	2071.00	287.64
安 徽	7636.98	965.77	1.36	2686.50	2126.21	1469.29	387.85
福 建	6426.29	780.62	18.28	2321.35	1726.14	1202.70	377.20
江 西	2923.34	419.81		760.26	846.73	726.44	170.10
山 东	9472.45	1186.09	5.05	3431.76	3141.61	1347.49	360.46
河 南	7090.57	897.12	0.99	4171.17	1165.47	754.04	101.78
湖 北	6438.19	976.97	1.15	2257.39	1900.74	936.54	365.39
湖 南	4763.93	629.58		1296.89	1616.54	975.74	245.18
广 东	19155.68	4083.46	52.66	5341.58	5988.25	2974.61	715.12
广 西	3518.04	486.62	0.34	1065.01	991.38	787.87	186.81
海 南	3244.23	439.26	2.24	1017.68	1404.78	165.56	214.72
重 庆	5755.97	917.21	9.32	1482.81	1867.31	1063.34	415.99
四 川	7430.97	890.39	0.55	2779.07	2372.91	1174.66	213.40
贵 州	2296.50	149.60		779.40	680.63	537.63	149.24
云 南	2808.18	487.01	4.08	1172.89	570.91	393.90	179.40
西 藏	53.58	16.11		17.51	13.03	6.59	0.34
陕 西	3886.58	495.42	0.22	1631.29	1004.39	502.68	252.58
甘 肃	1158.01	227.04		436.04	304.54	150.44	39.94
青 海	412.02	70.09		199.13	89.38	50.15	3.28
宁 夏	678.50	70.10		241.57	216.89	88.59	61.36
新 疆	1107.01	93.03		441.52	319.21	164.62	88.63

表3-7　房地产开发企业建设房屋建筑面积和造价

年份/地区	房屋施工面积(万平方米)	房屋竣工面积(万平方米)	房屋建筑面积竣工率(%)	房屋竣工价值(亿元)	房屋竣工造价(元/平方米)
1998	50770.14	17566.60	34.6	2139.19	1218
2000	65896.92	25104.86	38.1	2859.35	1139
2005	166053.26	53417.04	32.2	7752.24	1451
2006	194786.42	55830.92	28.7	8729.35	1564
2007	236318.24	60606.68	25.6	10039.89	1657
2008	283266.20	66544.80	23.5	11947.57	1795
2009	320368.20	72677.40	22.7	14689.37	2021
2010	405356.40	78743.90	19.4	17542.73	2228
2011	506775.48	92619.94	18.3	21975.91	2373
2012	573417.52	99424.96	17.3	24836.62	2498
2013	665571.89	101434.99	15.2	26805.38	2643
2014	726482.34	107459.05	14.8	30261.99	2816
2015	735693.37	100039.10	13.6	30552.38	3054
2016	758974.80	106127.71	14.0	32252.13	3039
2017	781483.73	101486.41	13.0	31512.46	3105
北　京	12412.74	1466.67	11.8	600.35	4093
天　津	8795.82	2023.41	23.0	741.34	3664
河　北	30318.32	3416.00	11.3	971.32	2843
山　西	16473.40	1969.92	12.0	529.46	2688
内蒙古	15815.41	1714.24	10.8	429.31	2504
辽　宁	25906.89	2788.28	10.8	846.80	3037
吉　林	11887.33	1478.85	12.4	335.82	2271
黑龙江	10328.47	1651.17	16.0	396.22	2400
上　海	15362.25	3387.56	22.1	2054.31	6064
江　苏	59464.23	9581.73	16.1	3429.35	3579
浙　江	41236.24	6884.18	16.7	2809.74	4081
安　徽	39169.24	4747.71	12.1	1269.60	2674
福　建	31939.55	4266.69	13.4	1305.56	3060
江　西	18806.79	1854.40	9.9	441.22	2379
山　东	63563.24	8429.06	13.3	1987.46	2358
河　南	49942.29	6201.71	12.4	1270.17	2048
湖　北	30510.48	3219.72	10.6	993.68	3086
湖　南	31691.19	4084.05	12.9	1070.93	2622
广　东	72492.10	8196.34	11.3	2871.97	3504
广　西	22689.62	1856.24	8.2	518.13	2791
海　南	9567.39	1267.16	13.2	515.61	4069
重　庆	25960.99	5055.73	19.5	1721.01	3404
四　川	41294.89	5620.73	13.6	1571.40	2796
贵　州	20385.43	1171.70	5.7	256.31	2188
云　南	21085.35	2419.63	11.5	681.22	2815
西　藏	229.85	43.57	19.0	8.32	1911
陕　西	23630.10	2392.05	10.1	741.77	3101
甘　肃	9153.46	847.91	9.3	236.52	2789
青　海	2936.71	440.90	15.0	137.48	3118
宁　夏	6836.71	1328.62	19.4	353.20	2658
新　疆	11597.26	1680.48	14.5	416.85	2481

表3–8 按用途分房地产开发企业房屋新开工面积

单位：万平方米

年 份/地 区	本年房屋新开工面积	住 宅	别 墅、高档公寓	办公楼	商业营业用 房	其 他
1998	20387.90	16637.50	638.60	871.50	1938.65	940.25
2000	29582.64	24401.15	1169.09	898.81	3034.77	1247.91
2005	68064.44	55185.07	2834.97	1671.10	7675.47	3532.79
2006	79252.83	64403.80	4058.32	2134.94	8473.23	4240.86
2007	95401.53	78795.51	4914.41	2141.44	9093.89	5370.70
2008	102553.37	83642.12	4336.97	2471.95	10040.69	6398.62
2009	116422.05	93298.41	3649.80	2860.76	12415.03	7847.84
2010	163646.87	129359.31	5080.05	3668.07	17472.58	13146.91
2011	191236.87	147163.11	5653.01	5399.20	20730.78	17943.77
2012	177333.62	130695.42	4228.31	5986.46	22006.85	18644.89
2013	201207.84	145844.80	4454.59	6887.24	25902.00	22573.80
2014	179592.49	124877.00	4275.01	7349.10	25047.73	22318.66
2015	154453.68	106651.30	3318.41	6569.12	22530.29	18702.96
2016	166928.13	115910.60	3662.14	6415.29	22316.63	22285.61
2017	178653.77	128097.78	4282.68	6139.66	20483.93	23932.41
北 京	2361.51	1159.64	60.65	364.61	156.30	680.95
天 津	2334.62	1822.72	65.59	67.49	166.68	277.74
河 北	8417.21	6568.03	50.99	142.51	810.22	896.45
山 西	3305.84	2411.22	27.43	73.93	329.29	491.40
内蒙古	2359.70	1734.67	14.19	37.03	333.75	254.25
辽 宁	3806.88	2942.01	77.57	66.37	457.38	341.12
吉 林	1907.88	1412.47	12.85	36.11	270.81	188.49
黑龙江	2219.72	1677.77	39.22	32.20	306.45	203.30
上 海	2618.00	1402.91	251.70	368.84	297.68	548.57
江 苏	13739.10	10263.87	512.86	626.70	1283.04	1565.50
浙 江	10117.49	6653.70	375.89	467.18	893.53	2103.08
安 徽	11398.66	8601.75	108.77	270.11	1302.52	1224.28
福 建	5528.75	3826.31	106.41	241.34	432.02	1029.08
江 西	4954.33	3712.08	94.87	110.73	704.69	426.83
山 东	14424.99	10918.39	227.40	502.61	1367.65	1636.35
河 南	13628.78	10439.82	110.94	360.93	1568.69	1259.34
湖 北	7771.87	5961.79	202.24	267.58	903.24	639.25
湖 南	8235.91	6089.67	112.71	145.74	995.25	1005.25
广 东	16775.55	11694.46	454.54	883.58	1481.36	2716.15
广 西	4912.21	3662.39	108.01	67.49	574.18	608.15
海 南	2109.74	1649.76	199.15	15.60	236.29	208.10
重 庆	5680.04	3759.63	309.72	94.86	768.10	1057.45
四 川	11521.59	7604.00	279.96	315.09	1631.17	1971.33
贵 州	3310.77	2208.59	67.91	76.19	583.36	442.62
云 南	4017.34	2632.02	265.65	104.38	593.19	687.75
西 藏	61.07	31.58	2.99	0.05	11.12	18.32
陕 西	4279.08	3102.33	42.39	161.32	497.32	518.11
甘 肃	2374.63	1442.96	10.03	71.85	492.58	367.25
青 海	714.37	381.29	8.00	45.31	174.24	113.53
宁 夏	1187.61	815.15	15.37	21.85	203.41	147.21
新 疆	2578.54	1514.81	66.66	100.08	658.44	305.21

表3-9 按用途分商品房销售面积

单位：万平方米

年 份/地 区	商品房销售面 积	住 宅		办公楼	商业营业用 房	其 他
			别 墅、高档公寓			
1998	12185.30	10827.10	345.30	400.60	810.80	146.80
2000	18637.13	16570.28	640.72	436.98	1399.31	230.56
2005	55486.22	49587.83	2818.44	1096.23	4081.38	720.78
2006	61857.07	55422.95	3672.44	1231.04	4337.79	865.29
2007	77354.72	70135.88	4581.31	1465.23	4644.61	1109.01
2008	65969.83	59280.35	2865.25	1157.05	4206.06	1326.37
2009	94755.00	86184.89	4626.05	1544.43	5328.03	1697.65
2010	104764.65	93376.60	4219.10	1889.97	6994.84	2503.24
2011	109366.75	96528.41	3729.93	2004.97	7868.65	2964.71
2012	111303.65	98467.51	3476.00	2253.65	7759.28	2823.21
2013	130550.59	115722.69	3632.03	2883.35	8469.22	3475.33
2014	120648.54	105187.79	3047.35	2505.45	9076.93	3878.37
2015	128494.97	112412.29	3487.40	2912.59	9254.79	3915.29
2016	157348.53	137539.93	4470.00	3826.22	10811.96	5170.43
2017	169407.82	144788.77	4743.44	4756.21	12838.14	7024.70
北 京	869.95	608.78	88.80	108.34	74.63	78.20
天 津	1482.12	1342.87	75.09	43.28	77.42	18.55
河 北	6425.91	5576.99	93.22	144.11	496.13	208.68
山 西	2415.92	2246.28	30.02	42.60	80.73	46.30
内蒙古	2067.60	1726.16	26.91	48.63	176.43	116.38
辽 宁	4148.45	3797.05	84.13	36.55	227.25	87.61
吉 林	1885.21	1602.06	34.09	51.15	176.17	55.82
黑龙江	2255.81	1868.14	27.76	45.58	252.74	89.35
上 海	1691.60	1341.62	212.04	124.10	79.33	146.55
江 苏	14211.12	12486.66	679.26	385.97	967.72	370.77
浙 江	9599.67	7669.70	412.01	493.48	698.37	738.12
安 徽	9200.71	7949.28	107.39	179.47	872.00	199.96
福 建	5854.05	4526.13	146.14	354.25	412.26	561.41
江 西	5841.93	4964.97	108.08	140.69	573.67	162.60
山 东	12813.18	11201.04	238.94	273.36	823.87	514.91
河 南	13313.89	11707.26	94.34	236.90	1148.24	221.49
湖 北	8155.21	7363.67	157.14	176.65	483.27	131.61
湖 南	8532.25	7368.27	165.26	147.77	714.69	301.52
广 东	15958.81	13522.51	543.25	659.40	885.74	891.15
广 西	5170.99	4687.41	66.03	81.57	221.94	180.07
海 南	2292.61	2173.12	217.86	18.10	68.42	32.96
重 庆	6711.00	5452.65	325.64	168.47	634.37	455.51
四 川	10869.07	8786.61	253.15	299.29	1004.42	778.75
贵 州	4696.90	3897.65	93.41	113.00	573.22	113.03
云 南	4327.18	3484.49	292.94	110.58	418.08	314.04
西 藏	53.25	44.96		2.14	6.16	
陕 西	3890.40	3419.84	82.27	153.11	225.31	92.14
甘 肃	1559.51	1386.04	12.70	29.25	106.84	37.40
青 海	494.04	399.57	0.41	26.98	58.28	9.21
宁 夏	1021.36	870.28	24.89	16.29	103.77	31.01
新 疆	1598.11	1316.70	50.29	45.14	196.68	39.58

表3-10 按用途分商品房销售额

单位：亿元

年 份/地 区	商品房销售额	住 宅		办公楼	商业营业用 房	其 他
			别 墅、高档公寓			
1998	2513.30	2006.87	158.70	222.41	257.06	26.97
2000	3935.44	3228.60	274.75	207.63	456.23	42.98
2005	17576.13	14563.76	1644.27	758.87	2049.57	203.94
2006	20825.96	17287.81	2418.28	991.33	2275.87	270.95
2007	29889.12	25565.81	3422.81	1269.91	2681.72	371.68
2008	25068.18	21196.00	2235.07	969.36	2475.85	426.97
2009	44355.17	38432.90	4469.76	1638.41	3660.67	623.20
2010	52721.24	44120.65	4613.11	2155.71	5418.82	1026.07
2011	58588.86	48198.32	4100.66	2471.58	6679.08	1239.88
2012	64455.79	53467.18	3983.56	2773.43	6999.57	1215.60
2013	81428.28	67694.94	4573.19	3747.35	8280.48	1705.52
2014	76292.41	62410.95	3950.86	2962.93	8910.62	2007.91
2015	87280.84	72769.82	5286.00	3761.42	8852.78	1896.81
2016	117627.05	99064.17	7112.42	5483.81	10580.80	2498.26
2017	133701.31	110239.51	7098.43	6441.36	13252.71	3767.73
北 京	2796.03	2077.01	443.36	374.21	271.42	73.39
天 津	2272.30	2032.93	134.80	79.32	133.87	26.19
河 北	4628.37	3925.37	95.57	148.92	452.22	101.87
山 西	1357.48	1225.90	32.72	37.53	74.37	19.68
内蒙古	956.81	731.69	18.25	33.80	137.49	53.83
辽 宁	2771.69	2452.23	93.56	39.99	222.42	57.05
吉 林	1135.18	920.85	35.31	39.96	145.93	28.44
黑龙江	1459.72	1134.47	33.47	52.16	220.39	52.69
上 海	4026.67	3336.09	1153.49	394.07	208.23	88.28
江 苏	13066.85	11325.84	951.62	421.61	1125.80	193.60
浙 江	12339.99	10300.34	650.11	674.13	971.17	394.35
安 徽	5865.77	4878.56	95.92	144.77	765.69	76.75
福 建	5705.19	4202.00	227.35	622.06	506.23	374.91
江 西	3592.52	2879.66	84.01	120.74	505.30	86.83
山 东	8096.97	6891.65	259.88	267.54	724.71	213.07
河 南	7129.40	5897.68	95.80	226.34	879.31	126.06
湖 北	6258.92	5380.31	142.00	255.69	521.65	101.27
湖 南	4460.66	3570.76	133.68	134.49	634.45	120.95
广 东	18792.76	15437.89	900.33	1394.74	1286.90	673.23
广 西	3016.64	2635.74	59.06	77.81	212.17	90.91
海 南	2713.72	2473.18	392.31	31.38	129.44	79.73
重 庆	4557.85	3601.56	361.70	162.13	629.66	164.51
四 川	6757.11	5173.60	281.97	270.61	1029.81	283.09
贵 州	2240.77	1623.37	82.38	75.34	499.81	42.24
云 南	2561.19	1973.72	181.43	88.89	351.44	147.14
西 藏	35.28	25.19		1.24	8.85	
陕 西	2661.08	2215.17	89.65	161.05	233.59	51.26
甘 肃	890.31	738.22	11.94	40.99	94.43	16.67
青 海	296.50	211.71	0.54	21.65	59.64	3.50
宁 夏	464.13	369.30	16.57	13.23	70.67	10.93
新 疆	793.45	597.52	39.65	34.96	145.68	15.29

表3-11　按用途分商品房平均销售价格

单位：元/平方米

年份/地区	商品房平均销售价格	住宅	别墅、高档公寓	办公楼	商业营业用房	其他
1998	2063	1854	4596	5552	3170	1837
2000	2112	1948	4288	4751	3260	1864
2005	3168	2937	5834	6923	5022	2829
2006	3367	3119	6585	8053	5247	3131
2007	3864	3645	7471	8667	5774	3351
2008	3800	3576	7801	8378	5886	3219
2009	4681	4459	9662	10608	6871	3671
2010	5032	4725	10934	11406	7747	4099
2011	5357	4993	10994	12327	8488	4182
2012	5791	5430	11460	12306	9021	4306
2013	6237	5850	12591	12997	9777	4907
2014	6324	5933	12965	11826	9817	5177
2015	6793	6473	15157	12914	9566	4845
2016	7476	7203	15911	14332	9786	4832
2017	7892	7614	14965	13543	10323	5364
北　京	32140	34117	49926	34539	36370	9385
天　津	15331	15139	17951	18327	17291	14117
河　北	7203	7039	10253	10334	9115	4882
山　西	5619	5457	10899	8810	9211	4251
内蒙古	4628	4239	6783	6950	7793	4625
辽　宁	6681	6458	11121	10943	9787	6512
吉　林	6021	5748	10357	7811	8283	5095
黑龙江	6471	6073	12057	11444	8720	5897
上　海	23804	24866	54399	31753	26249	6024
江　苏	9195	9070	14010	10923	11633	5222
浙　江	12855	13430	15779	13661	13906	5343
安　徽	6375	6137	8932	8067	8781	3838
福　建	9746	9284	15557	17560	12279	6678
江　西	6150	5800	7773	8582	8808	5340
山　东	6319	6153	10876	9787	8796	4138
河　南	5355	5038	10155	9555	7658	5691
湖　北	7675	7307	9037	14474	10794	7695
湖　南	5228	4846	8089	9101	8877	4011
广　东	11776	11416	16573	21151	14529	7555
广　西	5834	5623	8945	9540	9560	5049
海　南	11837	11381	18008	17334	18918	24187
重　庆	6792	6605	11107	9623	9926	3612
四　川	6217	5888	11138	9042	10253	3635
贵　州	4771	4165	8820	6667	8719	3737
云　南	5919	5664	6193	8039	8406	4685
西　藏	6626	5604		5798	14374	
陕　西	6840	6477	10897	10519	10368	5564
甘　肃	5709	5326	9403	14016	8839	4457
青　海	6001	5298	13132	8025	10235	3795
宁　夏	4544	4243	6658	8119	6810	3526
新　疆	4965	4538	7885	7745	7407	3862

表3-12 分地区按项目规模分房地产开发完成投资（2017年）

单位：亿元

地区	500万元以下	500万～1000万元	1000万～3000万元	3000万～5000万元	5000万～1亿元	1亿～5亿元	5亿～10亿元	10亿元以上
全国	0.45	6.87	132.71	318.99	1589.55	20088.61	22460.22	65201.12
北京		0.03		0.14	2.16	56.79	223.44	3409.98
天津			0.00	0.19	2.19	215.99	489.25	1525.77
河北		0.09	5.98	14.22	78.30	1424.63	1189.41	2111.28
山西		0.20	4.17	10.65	40.54	343.98	246.54	520.21
内蒙古	0.02	0.59	6.18	14.47	47.24	293.65	169.30	358.28
辽宁	0.04	0.39	6.62	11.03	53.41	627.69	593.02	997.48
吉林	0.00	0.21	2.83	6.76	24.67	249.69	162.35	463.61
黑龙江	0.03	0.15	3.29	7.92	33.63	211.76	171.58	387.23
上海		0.00	0.17	0.04	3.45	156.48	401.98	3294.40
江苏		0.08	2.41	10.04	79.68	1135.89	1958.90	6442.13
浙江		0.13	4.06	11.10	60.65	1069.40	1657.43	5424.02
安徽	0.01	0.21	3.59	9.29	42.56	946.54	1505.29	3104.99
福建		0.23	2.96	5.64	29.47	569.74	887.55	3298.65
江西		0.29	7.45	12.85	53.04	590.77	488.94	860.66
山东	0.05	0.27	7.77	25.28	163.06	1809.22	1553.91	3077.68
河南		0.29	3.53	11.27	76.64	1536.75	2097.12	3364.64
湖北	0.00	0.13	6.08	11.53	56.55	826.61	832.18	2841.81
湖南	0.06	0.32	10.55	26.62	155.46	978.48	665.01	1589.62
广东	0.03	0.72	13.96	28.45	125.65	1736.37	2070.98	8099.53
广西		0.26	4.51	16.82	60.71	641.74	484.86	1474.58
海南	0.02	0.04	0.33	2.44	21.43	290.00	404.27	1334.58
重庆	0.01	0.21	4.25	6.25	26.98	537.41	608.69	2796.29
四川	0.02	0.31	3.79	11.50	70.92	1104.43	1460.53	2498.40
贵州		0.05	1.63	4.87	24.49	591.94	386.53	1191.49
云南		0.45	4.68	12.51	50.03	487.36	407.78	1823.45
西藏			0.23	0.33	1.11	23.46	15.23	
陕西		0.02	3.21	9.32	43.26	532.47	567.59	1946.10
甘肃	0.02	0.12	3.80	8.40	44.18	315.52	223.98	348.49
青海			0.06	0.49	8.15	101.17	96.45	202.26
宁夏			1.85	5.61	15.32	225.73	194.35	209.98
新疆	0.15	1.06	12.75	23.00	94.63	456.96	245.76	203.54

表3-13 房地产开发企业成套住宅竣工与销售情况

年 份/地 区	住宅竣工套数合计(套)	别 墅、高档公寓	住宅销售套数合计(套)	别 墅、高档公寓
2000	2139702	59880		
2005	3682523	135276	4235372	152339
2006	4005305	139632	5049094	219982
2007	4401203	159423	6251263	257776
2008	4939189	144618	5565827	157455
2009	5548897	143621	8040470	240129
2010	6019767	163207	8817526	223596
2011	7219163	155923	9139672	191881
2012	7642379	161899	9446424	184001
2013	7493133	126444	11046279	202081
2014	7659418	145182	10104351	167469
2015	7050109	126972	10578898	191594
2016	7455409	218297	12822565	258582
2017	6770598	153900	13361411	294616
北 京	62796	1183	57950	2763
天 津	149400	3340	125150	5536
河 北	259478	3524	513767	6017
山 西	129811	383	196486	2602
内蒙古	126256	749	158195	1921
辽 宁	253544	5782	410420	6434
吉 林	111715	6451	164319	1491
黑龙江	133632	1057	200367	1702
上 海	180347	22154	139628	14161
江 苏	618260	19176	1077200	33582
浙 江	375051	9906	634063	16543
安 徽	320280	3335	735435	7061
福 建	272532	3124	417153	8650
江 西	123554	4711	442196	7767
山 东	563453	5716	979142	17309
河 南	411871	4381	1039431	6635
湖 北	218337	3574	682464	9516
湖 南	260069	4957	639220	13142
广 东	512495	13401	1212690	33581
广 西	142705	1130	494930	4230
海 南	119210	7652	268435	20223
重 庆	385456	6047	582851	21893
四 川	374735	5672	884861	19699
贵 州	72255	523	347650	5013
云 南	132794	5722	286841	13980
西 藏	2950		4143	
陕 西	187120	320	306586	6189
甘 肃	59780	42	126937	430
青 海	22568	4	34938	21
宁 夏	80390	6174	76202	3549
新 疆	107754	3710	121761	2976

表3-14　35个大中城市主要指标完成情况（2017年）

城市	本年完成投资(亿元)	住宅	办公楼	商业营业用房	房屋施工面积(万平方米)	房屋竣工面积(万平方米)	住宅	商品房销售面积(万平方米)	住宅	商品房平均销售价格(元/平方米)	住宅	本年土地购置面积(万平方米)
总计	54865.07	34723.16	5216.98	7361.28	299990.36	37913.69	24517.80	55676.48	45539.17	11289	11048	7798.72
北京	3692.54	1694.67	742.93	357.65	12412.74	1466.67	604.04	869.95	608.78	32140	34117	413.30
天津	2233.39	1559.70	92.58	189.39	8795.82	2023.41	1433.24	1482.12	1342.87	15331	15139	225.99
石家庄	1212.27	867.67	110.70	138.08	4242.72	376.05	319.64	1027.34	816.94	10170	9738	124.14
太原	470.63	329.21	24.22	40.72	5565.06	393.68	249.13	786.41	722.10	9017	8827	98.70
呼和浩特	238.40	179.85	6.41	36.17	4170.59	379.83	240.14	316.51	249.97	6510	5662	16.03
沈阳	814.24	620.45	27.18	104.13	6967.08	823.03	688.26	1300.24	1191.25	8062	7944	113.20
大连	566.64	404.45	28.44	80.68	4477.89	294.10	236.56	839.84	758.17	10315	10019	61.68
长春	573.78	376.60	40.88	93.61	6687.31	905.66	592.77	1147.19	951.83	7017	6811	480.98
哈尔滨	498.59	315.08	21.41	101.48	4482.15	678.24	474.68	1269.54	1089.16	8339	7861	133.72
上海	3856.53	2152.40	642.20	506.71	15362.25	3387.56	1862.74	1691.60	1341.62	23804	24866	179.73
南京	2170.21	1569.52	150.15	263.08	8163.04	1077.49	805.85	1429.61	1208.98	15653	15259	288.62
杭州	2734.20	1713.13	245.57	328.63	11527.37	2085.61	1170.81	2054.11	1520.17	20354	21225	147.17
宁波	1374.47	932.47	64.23	129.85	6833.12	1032.62	622.09	1543.64	1283.72	13324	14145	278.64
合肥	1557.41	1095.45	113.58	219.74	8283.56	1179.34	779.88	1283.40	960.46	10751	11442	684.87
福州	1694.18	1176.99	113.17	198.64	7947.59	1155.74	765.17	1685.46	1276.80	11057	10547	158.69
厦门	879.86	550.36	83.25	68.78	4287.70	426.36	228.78	527.88	237.28	22599	28053	82.44
南昌	790.69	486.38	66.03	167.97	5948.81	558.97	389.41	1610.43	1289.79	8527	8106	148.46
济南	1232.63	822.84	105.81	190.79	8014.94	631.29	491.10	1216.27	974.72	9644	9712	144.77
青岛	1330.54	925.51	112.49	185.78	9532.69	1486.53	968.60	1900.74	1633.84	10518	10052	187.63
郑州	3358.84	2418.66	140.03	312.71	16394.83	1537.06	1025.56	3097.81	2735.37	8631	8323	444.27
武汉	2686.34	1840.31	254.52	288.90	11912.98	776.30	597.82	3532.61	3085.78	11744	11453	104.80
长沙	1493.44	809.32	129.95	301.25	9814.09	1159.87	805.06	2260.79	1823.81	7691	7287	205.85
广州	2702.89	1769.49	330.23	298.50	10658.49	1320.66	831.83	1757.75	1367.48	17633	17685	162.77
深圳	2130.86	1009.65	535.82	339.67	5676.07	285.06	183.79	671.03	520.97	47936	48622	152.61
南宁	958.09	679.13	65.95	77.49	7171.62	578.22	440.47	1544.13	1307.68	7776	7700	165.95
海口	603.25	412.59	25.96	81.45	3336.61	548.10	316.94	549.59	487.37	11988	11694	33.68
重庆	3980.08	2632.88	157.28	671.80	25960.99	5055.73	3316.37	6711.00	5452.65	6792	6605	1112.22
成都	2492.65	1300.46	215.73	573.23	19396.65	1857.47	1075.10	3925.91	2976.47	8733	8595	162.28
贵阳	1024.09	595.06	79.85	200.46	5790.77	313.63	201.92	1068.67	868.98	7269	6552	221.71
昆明	1683.33	1058.90	121.95	222.73	10090.20	680.33	394.52	1827.25	1387.77	8010	8197	408.90
西安	2234.84	1505.03	218.12	288.74	15408.82	1571.73	1231.43	2459.35	2105.94	8513	8166	328.07
兰州	418.26	264.71	42.62	64.98	4140.20	192.98	135.18	697.93	609.40	7634	7137	58.71
西宁	351.33	171.17	32.92	87.80	2235.27	342.82	177.97	388.22	305.11	6642	5890	42.71
银川	402.82	240.25	27.15	74.95	4144.19	859.64	526.89	595.22	519.99	5177	4892	74.42
乌鲁木齐	422.74	242.82	47.68	74.72	4156.16	471.90	334.08	606.94	525.97	6668	6188	151.00

四、涉外投资与环保投资

表4-1 利用外资概况

项目单位：个；　金额单位：亿美元

年　份	总　计		外商直接投资		外商其他投资额
	项　目	金　额	项　目	金　额	
合同利用外资					
1979—1984	3841	281.26	3724	97.50	13.98
1985	3145	102.69	3073	63.33	4.02
1986	1551	122.33	1498	33.30	4.96
1987	2289	121.36	2233	37.09	6.10
1988	6063	160.04	5945	52.97	8.94
1989	5909	114.79	5779	56.00	6.94
1990	7371	120.86	7273	65.96	3.91
1991	13086	195.83	12978	119.77	4.45
1992	48858	694.39	48764	581.24	6.12
1993	83595	1232.73	83437	1114.36	5.31
1994	47646	937.56	47549	826.80	4.08
1995	37184	1032.05	37011	912.82	6.35
1996	24673	816.10	24556	732.76	3.71
1997	21138	610.58	21001	510.03	41.82
1998	19850	632.01	19799	521.02	27.14
1999	17022	520.09	16918	412.23	24.26
2000	22347	711.30	22347	623.80	87.50
2001	26140	719.76	26140	691.95	27.81
2002	34171	847.51	34171	827.68	19.82
2003	41081	1169.01	41081	1150.69	18.32
2004	43664	1565.88	43664	1534.79	31.09
2005	44001	1925.93	44001	1890.65	35.28
2006	41473	1982.16	41473	1937.27	44.89
2007	37871		37871		
2008	27514		27514		
2009	23435		23435		
2010	27406		27406		
2011	27712		27712		
2012	24925		24925		

续表

年 份	总 计		外商直接投资		外商其他投资额
	项 目	金 额	项 目	金 额	
2013	22773		22773		
2014	23778		23778		
2015	26575		26575		
2016	27900		27900		
2017	35652		35652		
实际使用外资					
1979–1984		181.87		41.04	10.42
1985		47.60		19.56	2.98
1986		76.28		22.44	3.70
1987		84.52		23.14	3.33
1988		102.26		31.94	5.45
1989		100.60		33.92	3.81
1990		102.89		34.87	2.68
1991		115.54		43.66	3.00
1992		192.03		110.08	2.84
1993		389.60		275.15	2.56
1994		432.13		337.67	1.79
1995		481.33		375.21	2.85
1996		548.05		417.26	4.10
1997		644.08		452.57	71.30
1998		585.57		454.63	20.94
1999		526.59		403.19	21.28
2000		593.56		407.15	86.41
2001		496.72		468.78	27.94
2002		550.11		527.43	22.68
2003		561.40		535.05	26.35
2004		640.72		606.30	34.42
2005		638.05		603.25	34.80
2006		670.76		630.21	40.55
2007		783.39		747.68	35.72
2008		952.53		923.95	28.58
2009		918.04		900.33	17.71
2010		1088.21		1057.35	30.86
2011		1176.98		1160.11	16.87
2012		1132.94		1117.16	15.78
2013		1187.21		1175.86	11.34
2014		1197.05		1195.62	1.44
2015		1262.67		1262.67	
2016		1260.01		1260.01	
2017		1310.35		1310.35	

注：1.本表资料由商务部提供。
2.2000年及以前，外商投资合同金额和实际使用外资额均含对外借款；从2007年起商务部不再对外公布外资合同金额数据。

表4—2 按国别(地区)分外商直接投资额

单位：万美元

国别(地区)	2015	2016
总计	12600142	13103513
亚洲	9883103	10919387
阿富汗	35	73
巴林		30
孟加拉国	7	10
文莱	6567	2573
缅甸	2	170
柬埔寨		1505
塞浦路斯	216	1192
中国香港	8146508	9450901
印度	5181	15772
印度尼西亚	6399	4076
伊朗	382	
伊拉克	223	182
以色列	5008	773
日本	309585	326100
约旦	155	19
科威特	152	1474
老挝		1082
黎巴嫩	160	19
中国澳门	81756	63738
马来西亚	22113	10836
蒙古		308
尼泊尔		1
阿曼	6	599
巴基斯坦	65	99
巴勒斯坦	8	73
菲律宾	7760	500
沙特阿拉伯	1345	1493
新加坡	604668	476318
韩国	475112	367253
斯里兰卡	20	22
叙利亚	105	934
泰国	5615	11023
土耳其	3205	674
阿联酋	3933	1357
也门共和国	251	33
越南		353
中国台湾	196280	177247
哈萨克斯坦	275	561
吉尔吉斯斯坦	3	12
塔吉克斯坦		2
乌兹别克斯坦	3	
非洲	112720	65746
阿尔及利亚	3	3
安哥拉	359	120

续表

国别(地区)	2015	2016
喀麦隆	4	
刚果(布)		2
埃及	269	75
埃塞俄比亚	6	
冈比亚	7	390
加纳		950
几内亚		2
几内亚比绍		103
科特迪瓦	2	2
肯尼亚	6	309
利比里亚	572	50
利比亚	18	38
马里	4	8
毛里求斯	86176	34368
莫桑比克		1473
尼日利亚	87	625
塞舌尔	24593	20409
索马里	34	
南非	382	6518
苏丹	50	
坦桑尼亚	112	51
多哥	-56	
突尼斯		80
津巴布韦		150
非洲其他国家(地区)	92	20
欧洲	943439	883619
比利时	14765	14759
丹麦	16281	81947
英国	135368	100333
德国	271046	154163
法国	86975	79018
爱尔兰	3308	14881
意大利	22317	19482
卢森堡	138635	59587
荷兰	55586	217398
希腊	9	85
葡萄牙	1042	1499
西班牙	19815	14246
奥地利	4271	9488
保加利亚	133	9
芬兰	25804	5385
匈牙利	325	148
冰岛	58	734
列支敦士登		24
马耳他	5740	246
摩纳哥	11	27
挪威	366	732
波兰	585	289

续表

国别(地区)	2015	2016
罗马尼亚	204	711
瑞典	74697	50695
瑞士	54749	45961
拉脱维亚	10	
立陶宛	1554	2372
阿塞拜疆	8	
白俄罗斯	4	824
俄罗斯	7343	2384
乌克兰	172	2707
斯洛文尼亚	55	37
克罗地亚	37	
捷克	1148	797
斯洛伐克	66	44
塞尔维亚		7
欧洲其他国家(地区)	952	2600
拉丁美洲	1221618	636273
安提瓜和巴布达		2272
阿根廷	3	
巴哈马	4271	
巴巴多斯	17902	4103
伯利兹	1988	931
玻利维亚	64	
巴西	4667	4228
开曼群岛	515133	217690
智利	300	516
哥伦比亚	6	5
多米尼克	4	
古巴	761	
墨西哥	74	1204
巴拿马	2427	2137
秘鲁	1	
圣文森特和格林纳丁斯	15	
乌拉圭		4087
委内瑞拉	3	2
维尔京群岛	673957	399076
圣基茨和尼维斯	35	22
拉丁美洲其他国家 (地区)	7	
北美洲	310421	428552
加拿大	26240	29269
美国	238601	264905
百慕大	45580	134213
北美洲其他国家 (地区)		165
大洋洲及太平洋岛屿	126794	160950
澳大利亚	26264	27618
瓦努阿图	2920	
新西兰	3182	2116
萨摩亚	87248	122943
马绍尔群岛	4825	4863
大洋洲其他国家 (地区)	2355	3410
其他	2047	8986

表4-3 按方式分外商投资额

金额单位：亿美元

指 标	2016		2017	
	项目(个)	实际使用金额	项目(个)	实际使用金额
总 计	27900	1260.01	35652	1310.35
外商直接投资	27900	1260.01	35652	1310.35
合资经营企业	6662	302.04	8364	297.41
合作经营企业	126	8.30	124	8.05
外资企业	21024	861.26	27007	913.44
外商投资股份制企业	86	88.42	125	64.75
合作开发			2	11.80
合伙企业			30	14.90
其他	2			
外商其他投资				
对外发行股票				
国际租赁				
补偿贸易				
加工装配				

表4-4 按行业分外商直接投资（2017年）

行 业	合同项目(个)	实际使用金额(万美元)
总 计	35652	13103513
农、林、牧、渔业	706	107492
采矿业	26	130198
制造业	4986	3350619
电力、燃气及水的生产和供应业	372	352132
建筑业	633	261940
交通运输、仓储和邮政业	517	558803

续表

行　业	合同项目（个）	实际使用金额（万美元）
信息传输、计算机服务和软件业	3169	2091861
批发和零售业	12283	1147808
住宿和餐饮业	703	41914
金融业	1742	792119
房地产业	737	1685559
租赁和商务服务业	5087	1673855
科学研究、技术服务和地质勘查业	3391	684373
水利、环境和公共设施管理业	156	56951
居民服务和其他服务业	349	56723
教育	203	7747
卫生、社会保障和社会福利业	114	30516
文化、体育和娱乐业	476	69846
公共管理和社会组织	2	3057

注：本表中的行业分类执行2002年版的国民经济行业分类标准。

表4–5　按行业分外商投资企业年底注册登记情况（2017年）

行　业	企业数（户）	投资总额（亿美元）	注册资本（亿美元）	外　方
总　计	539345	68992	37107	28266
农、林、牧、渔业	6832	9136	711	589
采矿业	767	215	123	89
制造业	147547	21576	11425	8936
电力、热力、燃气及水生产和供应业	5156	2985	1306	800
建筑业	5791	1251	800	457
批发和零售业	141322	4140	2405	2008

续表

行　业	企业数（户）	投资总额（亿美元）	注册资本（亿美元）	外　方
交通运输、仓储和邮政业	12685	1971	1147	727
住宿和餐饮业	32027	549	369	319
信息传输、软件和信息技术服务业	41940	2154	1208	1100
金融业	16638	3220	3028	1842
房地产业	17777	7975	4632	3800
租赁和商务服务业	64479	8112	6701	5020
科学研究和技术服务业	33558	4276	2441	1935
水利、环境和公共设施管理业	1308	481	247	181
居民服务、修理和其他服务业	5134	244	142	117
教育	635	74	28	26
卫生和社会工作	441	192	97	73
文化、体育和娱乐业	4929	402	273	228
其他	379	39	25	19

注：本表数据来自国家市场监督管理总局(下表同)。

表4–6　分地区外商投资企业年底注册登记情况

地　区	企业数(户)		投资总额(亿美元)		注册资本(亿美元)			
							外　方	
	2016	2017	2016	2017	2016	2017	2016	2017
全　国	505151	539345	51240	68992	31243	37107	23918	28266
北　京	30401	31442	4274	4864	2755	3124	1895	2174
天　津	13339	13938	2226	2548	1485	1763	1092	1276
河　北	7286	7956	848	958	427	467	320	354
山　西	3699	3437	422	497	229	262	111	136
内蒙古	3362	3453	411	460	197	207	126	133
辽　宁	16949	16883	2133	3159	1318	1754	1057	1391

续表

地区	企业数(户)		投资总额(亿美元)		注册资本(亿美元)		外方	
	2016	2017	2016	2017	2016	2017	2016	2017
吉林	3853	4044	356	389	121	142	76	88
黑龙江	4227	4444	283	337	149	200	110	148
上海	79410	84007	7342	7982	5087	5473	3922	4174
江苏	55938	58577	8799	9658	4718	5226	3952	4364
浙江	34442	37422	3199	3734	1921	2286	1519	1756
安徽	5549	6135	673	866	346	489	255	352
福建	28351	28264	2263	2607	1321	1503	1051	1161
江西	6918	6059	777	808	551	566	439	424
山东	28527	29512	2519	3042	1476	1820	1152	1381
河南	8058	7827	822	1045	449	555	332	409
湖北	8976	10962	993	1151	544	611	420	461
湖南	6677	7733	580	1634	309	684	221	533
广东	119688	135869	7816	17622	5086	6432	3728	4792
广西	4485	4872	437	562	230	299	190	240
海南	2660	2442	760	761	607	610	549	555
重庆	5555	5739	881	946	549	602	427	454
四川	10370	11462	942	1128	553	658	411	448
贵州	1511	1671	237	313	131	167	100	135
云南	4087	4366	330	374	187	214	133	160
西藏	236	252	23	30	17	21	12	15
陕西	5953	5629	561	800	310	473	209	350
甘肃	2079	2061	75	202	32	160	22	152
青海	440	470	75	77	29	30	13	15
宁夏	651	738	87	304	53	229	31	180
新疆	1474	1679	97	133	56	81	41	57

表4-7　按主要国别（地区）分对外直接投资

单位：万美元

国家（地区）	对外直接投资净额		截至2016年对外直接投资存量
	2016	2017	
合计	19614943	15828830	180903652
亚洲	13026769	11003986	113932379
中国香港	11423259	9115278	98126568
印度	9293	28998	474733
印度尼西亚	146088	168225	1053880
日本	34401	44405	319734
中国澳门	82150	-102447	968029
新加坡	317186	631990	4456809
韩国	114837	66080	598347
泰国	112169	105759	535847
越南	127904	76440	496536
非洲	239873	410500	4329650
阿尔及利亚	-9989	-14053	183366
苏丹	-68994	25487	120156
几内亚	3667	623	7639
马达加斯加	-655	7120	76630
尼日利亚	10850	13795	286153
南非	84322	31736	747277
欧洲	1069323	1846319	11085468
英国	148039	206630	2031817
德国	238058	271585	1216320
法国	149957	95215	570271
俄罗斯	129307	154842	1387160
拉丁美洲	2722705	1407659	38689230
巴西	12477	42627	320554
开曼群岛	1352283	-660596	24968219
墨西哥	21184	17133	89802
英属维尔京群岛	1228849	1930117	12206075
北美洲	2035096	649827	8690597
加拿大	287150	32083	1093686
美国	1698081	642549	6738100
大洋洲	521177	510539	4176327
澳大利亚	418688	424196	3617531
新西兰	90585	59661	249180

表4-8　按行业分对外直接投资

单位：万美元

行　业	对外直接投资净额		截至2016年对外直接投资存量
	2016	2017	
总　计	19614943	15828830	180903652
农、林、牧、渔业	328715	250769	1656194
采矿业	193020	-370152	15767026
制造业	2904872	2950737	14030075
电力、热力、燃气及水生产和供应业	353599	234401	2499090
建筑业	439248	652772	3770399
批发和零售业	2089417	2631102	22642713
交通运输、仓储和邮政业	167881	546792	5476795
住宿和餐饮业	162549	-18509	351305
信息传输、软件和信息技术服务业	1866022	443024	21889737
金融业	1491809	1878544	20279304
房地产业	1524674	679506	5375505
租赁和商务服务业	6578157	5427321	61577349
科学研究和技术服务业	423806	239065	2168399
水利、环境和公共设施管理业	84705	21892	238996
居民服务、修理和其他服务业	542429	186526	1901733
教育	28452	13372	328616
卫生和社会工作	48719	35267	138880
文化、体育和娱乐业	386869	26401	811536
公共管理、社会保障和社会组织			

表4-9 环境污染治理投资

指　标	2013	2014	2015	2016	2017
环境污染治理投资总额(亿元)	9037.2	9575.5	8806.3	9219.8	9539.0
城镇环境基础设施建设投资	5223.0	5463.9	4946.8	5412.0	6085.7
燃气	607.9	574.0	463.1	532.0	566.7
集中供热	819.5	763.0	687.8	662.5	778.3
排水	1055.0	1196.1	1248.5	1485.5	1727.5
园林绿化	2234.9	2338.5	2075.4	2170.9	2390.2
市容环境卫生	505.7	592.2	472.0	561.1	623.0
工业污染源治理投资	849.7	997.7	773.7	819.0	681.5
当年完成环保验收项目环保投资	2964.5	3113.9	3085.8	2988.8	2771.7
环境污染治理投资总额占国内生产总值比重(%)	1.52	1.49	1.28	1.24	1.15

注：城镇环境基础设施建设投资中增加了县城基础设施建设投资。

表4-10 工业污染治理投资完成情况

单位：万元

年份/地区	工业污染治理完成投资	治理废水	治理废气	治理固体废物	治理噪声	治理其他
2000	2347895	1095897	909242	114673	13692	214390
2005	4581909	1337147	2129571	274181	30613	810396
2006	4839485	1511165	2332697	182631	30145	782848
2007	5523909	1960722	2752642	182532	18279	606838
2008	5426404	1945977	2656987	196851	28383	598206
2009	4426207	1494606	2324616	218536	14100	374349
2010	3969768	1295519	1881883	142692	14193	620021
2011	4443610	1577471	2116811	313875	21623	413831
2012	5004573	1403448	2577139	247499	11627	764860
2013	8496647	1248822	6409109	140480	17628	680608
2014	9976511	1152473	7893935	150504	10950	768649
2015	7736822	1184138	5218073	161468	27892	1145251

续表

年 份／地 区	工业污染治理完成投资	治理废水	治理废气	治理固体废物	治理噪声	治理其他
2016	8190041	1082395	5614702	466733	6236	1019974
2017	6815345	763760	4462628	127419	12862	1448676
北 京	156666	1565	78542			76559
天 津	78305	2145	59536	4	12	16609
河 北	342738	17680	262270		19	62770
山 西	515241	18862	430967	1234	1228	62950
内蒙古	421211	59866	263758	3044		94542
辽 宁	130471	8247	100891	1745	312	19275
吉 林	90702	3219	84892	470	82	2039
黑龙江	91220	18780	69017			3423
上 海	448240	99490	133451	66443	62	148794
江 苏	447999	80959	229915	29207	1317	106601
浙 江	369011	62112	240301	434	1601	64563
安 徽	258955	19816	197684	4183	1828	35443
福 建	147394	12146	114470	2923	5	17850
江 西	106395	25987	72928	280	240	6960
山 东	1130995	105626	813429	850	695	210395
河 南	504559	8632	280371	540	561	214456
湖 北	174632	31296	124206	5542	637	12951
湖 南	86090	14036	66139	212	610	5093
广 东	420272	45205	260675	314	481	113598
广 西	75847	9019	43792	167		22870
海 南	34253	896	31305	377	1500	175
重 庆	60702	1508	49957	66	242	8929
四 川	126934	21085	87975	4840	555	12479
贵 州	53360	13694	31706	1244	65	6651
云 南	59617	5584	33682	1775	548	18028
西 藏	694	280	40			374
陕 西	172274	21936	110400	1322	263	38353
甘 肃	74957	4749	32296	50		37862
青 海	15285	3793	5837	32		5623
宁 夏	85551	12801	71115			1635
新 疆	134775	32745	81081	123		20826

表4-11　林业投资完成情况(2017年)

单位：万元

地 区	本年完成投资				
		生态建设与保护	林业支撑与保障	林业产业发展	其他投资
全 国	48002639	20162948	6143511	20077573	1618607
北 京	2074256	1670571	286063	103789	13833
天 津	426095	413315	12682	98	
河 北	1222530	876811	160494	171547	13678
山 西	1140098	936013	155760	34625	13700
内蒙古	1534901	1259491	239992	11724	23694
辽 宁	395110	247492	106748	40051	819
吉 林	932160	566176	151172	161290	53522
黑龙江	1527454	1156347	163297	86802	121008
上 海	180560	113335	26017	36376	4832
江 苏	1382175	552320	85814	739578	4463
浙 江	846310	479409	191010	150900	24991
安 徽	967897	504820	178385	265215	19477
福 建	2324943	117260	231749	1962550	13384
江 西	1558707	563074	310728	342109	342796
山 东	3041117	806210	391107	1826253	17547
河 南	922295	684237	120835	112345	4878
湖 北	1974281	575888	198060	1190165	10168
湖 南	2716636	850487	362049	1438317	65783
广 东	816578	451912	274735	46254	43677
广 西	10418614	1378281	516939	8001089	522305
海 南	131481	84670	31818	11344	3649
重 庆	606762	283296	135181	170407	17878
四 川	2757320	1040776	159228	1505223	52093
贵 州	1503286	601284	209003	673933	19066
云 南	1247752	800894	276295	135333	35230
西 藏	360247	72539	262108	12105	13495
陕 西	1293529	824993	147830	294976	25730
甘 肃	1065849	556496	266823	233737	8793
青 海	427591	254357	54496	90329	28409
宁 夏	240567	192676	14856	24035	9000
新 疆	1177899	694256	236462	204535	42646
大兴安岭	348659	329815	7386		11458

注：全国合计数包括国家林业局直属单位数据。

表4-12 造林面积

单位：公顷

年份/地区	造林总面积	按造林方式分				
		人工造林	飞播造林	新封山育林	退化林修复	人工更新
2000	5105138	4345008	760130			
2005	5403791	3231556	416386	1755849		
2006	3838794	2446122	271803	1120869		
2007	3907711	2738521	118671	1050519		
2008	5354387	3684913	154065	1515409		
2009	6262330	4156293	226337	1879700		
2010	5909919	3872762	195948	1841209		
2011	5996613	4065693	196931	1733989		
2012	5595791	3820704	136409	1638678		
2013	6100057	4209686	154400	1735971		
2014	5549612	4052912	108055	1388645		
2015	7683695	4362589	128390	2152877	739334	300505
2016	7203509	3823656	162322	1953638	991088	272805
2017	7680711	4295890	141220	1657169	1280993	305439
北 京	40339	9280		12666	18333	60
天 津	12224	9557		2667		
河 北	481271	371770	20239	84790	1672	2800
山 西	311968	279968		32000		
内蒙古	680453	346309	68313	138068	125597	2166
辽 宁	144223	56929		55330	25014	6950
吉 林	153038	80840			62495	9703
黑龙江	97591	36579		42250	18688	74
上 海	2680	2680				
江 苏	36572	33968			143	2461
浙 江	44054	8450		2223	24936	8445
安 徽	144926	56667		41905	40241	6113
福 建	233585	8094		144338	20024	61129
江 西	282407	89405		68592	118066	6344
山 东	142195	92306		534	17882	31473
河 南	180929	126281	13733	19836	21079	
湖 北	400840	162328		67459	167049	4004
湖 南	554139	186088		160876	198630	8545
广 东	270588	80739		89007	66025	34817
广 西	176081	54578		26095	2740	92668
海 南	12879	4626			200	8053
重 庆	228052	100792		63263	63364	633
四 川	658370	483900		61548	107986	4936
贵 州	678300	584549		82151	11600	
云 南	387158	277716		72461	36972	9
西 藏	82667	37480		45187		
陕 西	334786	163099	34002	58403	75057	4225
甘 肃	325431	280346		35419	9666	
青 海	198809	56631		138844	3334	
宁 夏	78238	45531		19062	7198	6447
新 疆	282384	165737	4933	92195	16135	3384
大兴安岭	23534	2667			20867	

注：自2015年起造林面积包括人工造林、飞播造林、新封山育林、退化林修复和人工更新。

表4-13 分地区废水中主要污染物排放情况（2017年）

地 区	废水排放总量（万吨）	废水中主要污染物排放量					
		化学需氧量(万吨)	氨氮(万吨)	总氮(万吨)	总磷(万吨)	石油类(吨)	挥发酚(吨)
全 国	6996610	1021.97	139.51	216.46	11.84	5202.1	233.1
北 京	133188	8.18	0.58	1.93	0.10	19.9	1.0
天 津	90790	9.26	1.42	2.24	0.14	163.0	0.1
河 北	253685	48.68	7.12	10.32	0.45	237.5	8.2
山 西	135057	19.52	3.09	4.66	0.25	113.6	18.1
内蒙古	104251	14.97	1.90	2.64	0.16	141.8	18.6
辽 宁	237971	25.36	4.81	7.59	0.24	344.0	13.4
吉 林	121464	17.45	2.38	3.36	0.15	313.7	1.6
黑龙江	138121	24.82	3.77	5.56	0.22	149.4	1.4
上 海	211951	14.18	3.70	7.76	0.27	493.0	1.1
江 苏	575196	74.42	10.12	17.08	0.93	348.4	35.3
浙 江	453935	41.86	6.67	12.02	0.51	188.5	0.5
安 徽	233838	49.56	5.76	8.40	0.45	222.3	12.3
福 建	238279	39.49	5.38	7.87	0.52	54.7	0.2
江 西	189362	51.95	5.77	8.08	0.50	159.7	6.2
山 东	499884	52.08	7.99	14.14	0.73	266.6	25.1
河 南	409107	43.07	6.21	9.35	0.53	174.4	2.4
湖 北	272694	51.93	7.20	10.83	0.59	165.9	5.4
湖 南	300563	57.58	8.30	10.33	0.57	331.5	3.6
广 东	882020	100.09	13.75	21.90	0.99	201.9	1.7
广 西	198144	45.59	4.83	8.88	0.49	67.8	0.7
海 南	44081	7.82	1.09	1.52	0.08	17.1	0.0
重 庆	200677	25.27	3.49	5.00	0.31	117.9	0.3
四 川	362438	67.51	7.94	11.50	0.85	162.5	9.3
贵 州	118017	27.25	3.41	4.67	0.42	163.6	0.3
云 南	185112	33.07	4.14	5.92	0.47	40.0	10.2
西 藏	7176	2.50	0.33	0.42	0.03	0.1	
陕 西	175955	19.64	2.65	3.73	0.28	149.2	13.7
甘 肃	64514	13.24	1.95	2.44	0.26	76.5	24.6
青 海	27115	5.75	0.84	1.70	0.05	101.2	2.3
宁 夏	30735	10.02	0.65	1.12	0.05	36.3	6.7
新 疆	101291	19.87	2.27	3.49	0.25	180.1	8.8

续表

地区	废水中主要污染物排放量					
	铅(千克)	汞(千克)	镉(千克)	六价铬(千克)	总铬(千克)	砷(千克)
全 国	38348.2	880.2	7126.9	27711.5	100052.2	34317.0
北 京	3.7	0.1	0.6	47.1	52.1	4.9
天 津	66.1	10.8	7.1	22.0	85.5	1.2
河 北	315.9	7.2	5.3	2054.0	9269.7	22.9
山 西	79.9	8.5	7.8	17.8	54.0	1304.0
内蒙古	2349.1	34.2	111.5	57.5	342.8	657.4
辽 宁	63.0	2.9	6.8	200.0	2274.8	11.9
吉 林	203.3	6.7	77.5	95.0	243.2	1683.9
黑龙江	25.5	0.7	2.7	40.6	164.1	1.6
上 海	89.5	31.8	19.5	382.4	2313.2	219.5
江 苏	588.4	1.0	32.6	5599.2	24134.5	110.3
浙 江	549.9	7.5	76.5	4166.9	14703.5	302.5
安 徽	639.6	29.4	83.5	472.0	1529.1	340.6
福 建	1277.0	8.7	97.2	429.8	1847.8	557.8
江 西	7004.1	128.9	2941.6	2572.0	5967.0	10055.4
山 东	1074.6	5.4	31.9	481.3	5585.2	199.5
河 南	451.4	14.7	60.9	152.3	1586.4	51.5
湖 北	1462.1	4.4	100.9	6239.4	10824.9	1022.9
湖 南	2975.8	39.5	701.6	585.6	1799.6	6766.3
广 东	3232.3	152.9	526.9	1221.9	7408.6	814.4
广 西	1398.8	17.0	250.8	558.1	881.3	1670.7
海 南	3.7	3.6	2.0	15.4	60.0	15.9
重 庆	64.3	0.6	3.8	312.0	574.1	12.0
四 川	1378.2	86.5	132.4	588.7	2314.3	970.4
贵 州	209.3	3.4	29.6	397.1	973.5	65.7
云 南	7656.9	197.9	869.9	137.5	1095.5	4104.3
西 藏	14.3	0.5	2.9		5.6	117.9
陕 西	807.0	18.6	326.5	109.5	2095.2	572.0
甘 肃	3416.8	23.9	533.8	356.4	1005.8	927.9
青 海	599.5	13.9	61.0	0.9	85.5	808.8
宁 夏	42.1	5.3	1.3	383.2	460.6	52.4
新 疆	306.1	13.7	20.7	15.7	314.8	870.7

表4—14 主要城市废水中主要污染物排放情况（2017年）

城 市	工业废水排放量(万吨)	工业化学需氧量排放量(吨)	工业氨氮排放量(吨)	城镇生活污水排放量(万吨)	生活化学需氧量排放量(吨)	生活氨氮排放量(吨)
北 京	8494	2232	97	124505	70312	5571
天 津	18107	9041	620	72578	71558	13434
石家庄	7470	11567	1969	34503	54211	7673
太 原	3739	989	72	26520	8519	2386
呼和浩特	2372	2719	160	16890	12178	2711
沈 阳	5407	3497	489	45270	35611	10149
长 春	2501	3215	323	42507	24233	3655
哈尔滨	2358	2443	258	37837	64872	11558
上 海	31586	12890	889	179910	125842	35826
南 京	14922	5309	286	69102	88158	10203
杭 州	24559	12639	507	68051	41314	7292
合 肥	4389	1583	161	40232	68819	6213
福 州	4390	2229	91	39407	61185	9011
南 昌	3861	4162	373	27891	50848	5939
济 南	5949	2594	197	28692	26088	4057
郑 州	7317	4721	196	80899	21335	7835
武 汉	11931	3219	249	79472	65635	13167
长 沙	4066	5021	403	73881	19748	8109
广 州	20605	8814	467	151795	105380	19092
南 宁	4199	6705	367	32086	63629	4660
海 口	598	156	13	15471	6439	2957
重 庆	19304	15606	1111	181252	235812	33606
成 都	8319	3992	265	139670	92907	9132
贵 阳	4452	2148	150	32258	14926	2808
昆 明	2761	3444	218	71494	2063	1590
拉 萨	601	482	17	3477	10482	1467
西 安	4248	1247	77	72021	23684	2556
兰 州	3530	2169	68	17773	6578	1153
西 宁	1478	1793	177	11889	6820	3148
银 川	2310	2458	329	10041	12452	2237
乌鲁木齐	3337	3288	407	17105	9742	3473

表4-15 分地区废气中主要污染物排放情况（2017年）

单位：万吨

地 区	二氧化硫	氮氧化物	烟(粉)尘
全 国	875.40	1258.83	796.26
北 京	2.01	14.45	2.04
天 津	5.56	14.23	6.52
河 北	60.24	105.60	80.37
山 西	57.31	52.10	43.38
内蒙古	54.63	50.55	53.62
辽 宁	38.97	60.51	55.75
吉 林	16.61	25.54	19.57
黑龙江	29.37	40.96	40.22
上 海	1.85	19.39	4.70
江 苏	41.07	90.72	39.08
浙 江	19.05	43.20	15.34
安 徽	23.54	49.00	28.08
福 建	13.39	27.72	17.02
江 西	21.55	35.54	27.95
山 东	73.91	115.86	54.96
河 南	28.63	66.29	22.34
湖 北	22.01	37.67	18.80
湖 南	21.46	36.47	20.71
广 东	27.68	82.97	26.08
广 西	17.73	34.56	20.91
海 南	1.43	6.01	2.09
重 庆	25.34	20.40	8.33
四 川	38.91	45.76	22.40
贵 州	68.75	35.97	19.68
云 南	38.44	26.88	22.42
西 藏	0.35	3.02	0.66
陕 西	27.94	33.98	23.67
甘 肃	25.88	21.25	17.71
青 海	9.24	7.23	12.95
宁 夏	20.75	16.17	18.77
新 疆	41.82	38.84	50.15

表4–16　主要城市废气中主要污染物排放情况（2017年）

单位：吨

城市	工业二氧化硫排放量	工业氮氧化物排放量	工业烟(粉)尘排放量	生活二氧化硫排放量	生活氮氧化物排放量	生活烟尘排放量
北　京	3799	15405	4282	16286	7510	6506
天　津	42323	73249	44480	13308	4390	14843
石家庄	33252	58643	23289	26632	4032	13697
太　原	9759	29416	21858	83913	6719	25152
呼和浩特	31024	30384	111036	26306	4909	19896
沈　阳	25904	37721	20489	20655	4517	30716
长　春	14300	31293	18269	7344	2130	7100
哈尔滨	19168	35398	34857	84427	29364	131426
上　海	12651	38335	30262	5838	3703	3091
南　京	15404	46249	44651	170	351	90
杭　州	26497	31123	16343	428	226	305
合　肥	9379	20099	13599	2166	547	1771
福　州	34138	28579	48554	2329	324	1096
南　昌	12128	10605	23416	245	222	599
济　南	16545	21254	25060	15934	2021	7715
郑　州	16472	20706	14012	10345	6404	8494
武　汉	14077	42107	42329	6936	2935	1800
长　沙	3532	9825	7577	4827	612	284
广　州	15285	18920	8614	73	268	24
南　宁	8384	16936	9918	9477	1128	
海　口	502	259	113	10	97	0
重　庆	139880	86658	68731	113309	8286	4672
成　都	11181	22075	9936	10366	3400	1402
贵　阳	50631	20122	12983	28703	1956	8442
昆　明	44515	35258	19673	5100	688	2428
拉　萨	642	1942	620	490	63	222
西　安	3904	7403	2758	38352	6480	25380
兰　州	20095	27618	15786	10796	2374	4302
西　宁	24120	10865	24144	9065	2323	8390
银　川	13728	19528	21023	15810	2131	8398
乌鲁木齐	37483	41110	39751	5840	2474	4294

表4-17 分地区固体废物处理利用情况（2017年）

单位：万吨

地区	一般工业固体废物产生量	一般工业固体废物综合利用量	一般工业固体废物处置量	一般工业固体废物贮存量	一般工业固体废物倾倒丢弃量	危险废物产生量	危险废物综合利用量	危险废物处置量	危险废物贮存量
全国	331592	181187	79798	78397	73.04	6936.89	4043.42	2551.56	870.87
北京	630	467	164	0.19	0.01	18.18	7.72	10.35	0.20
天津	1495	1479	20	0.14	0.04	24.38	3.17	21.13	0.08
河北	32721	18741	11668	2399		189.82	127.32	64.56	5.05
山西	34162	12190	16684	5877	3.11	70.86	38.34	33.53	1.11
内蒙古	27953	10422	8259	9654	3.33	320.11	143.53	394.76	12.27
辽宁	27466	11346	4407	13514	1.52	106.21	57.43	43.84	9.46
吉林	5143	2300	1496	1381	0.65	178.72	91.70	80.71	32.65
黑龙江	7070	3159	1827	2284	32.65	65.08	25.85	40.65	6.31
上海	1630	1533	100	2	0.00	110.44	24.36	85.81	1.91
江苏	12002	11298	591	167	2.98	435.52	170.95	242.22	49.96
浙江	4485	4226	259	57	0.001	342.26	138.16	201.33	21.82
安徽	12002	11157	592	561		127.69	69.12	60.90	4.59
福建	5462	3404	1956	163	0.41	95.46	58.79	51.56	9.13
江西	12341	4594	839	6940	0.72	84.50	59.74	26.13	5.58
山东	23925	19026	1900	3164	0.05	2043.40	1660.68	295.11	140.40
河南	15685	11537	2769	1604	0.89	188.96	141.19	46.77	21.32
湖北	8112	4812	1021	2624	0.58	115.28	50.80	66.40	1.72
湖南	4354	3597	222	586	0.01	328.12	306.95	28.02	13.77
广东	6340	5311	682	399	1.03	264.31	117.17	136.43	17.81
广西	6503	3693	1009	1994	0.45	214.01	147.48	62.22	14.35
海南	437	186	250	3	0.01	13.03	2.63	6.19	4.66
重庆	1943	1372	457	124	0.82	60.49	30.08	23.69	9.27
四川	13756	5466	3007	6634	2.68	341.19	176.91	152.28	19.44
贵州	9353	5201	3139	1275	2.69	43.05	13.28	29.37	1.42
云南	13725	5364	6155	2553	4.29	245.62	135.29	59.92	67.14
西藏	382	7	5	371		0.0013	0.0014	0.0002	0.0009
陕西	10081	3586	5394	1961	0.08	111.56	34.65	74.43	8.92
甘肃	5334	2453	1276	1679	0.10	162.60	86.46	32.43	47.35
青海	12996	7152	32	5954	0.01	295.69	12.04	16.61	268.30
宁夏	4877	1905	2010	988		82.73	56.02	23.63	5.34
新疆	9223	4207	1608	3483	13.95	257.64	55.60	140.56	69.53

表4—18　主要城市固体废物处理利用情况(2017年)

单位：万吨

城　市	一般工业固体废物产生量	一般工业固体废物综合利用量	一般工业固体废物处置量	一般工业固体废物贮存量
北　京	630.35	466.76	163.94	0.19
天　津	1495.44	1478.58	19.97	0.14
石家庄	1588.37	1481.20	59.19	81.91
太　原	2440.70	1043.05	1193.08	222.30
呼和浩特	1195.90	437.27	715.38	55.86
沈　阳	890.57	646.42	164.00	171.88
长　春	438.28	309.88	132.75	0.12
哈尔滨	433.38	378.83	44.50	11.98
上　海	1630.48	1532.71	99.98	2.37
南　京	1995.42	1798.49	78.14	119.59
杭　州	389.39	300.47	112.43	5.19
合　肥	846.42	713.58	15.86	117.68
福　州	623.58	607.10	9.67	8.09
南　昌	170.88	156.33	14.24	0.56
济　南	793.09	712.52	82.94	0.19
郑　州	1141.85	886.33	260.98	0.49
武　汉	1360.35	1205.98	164.72	42.47
长　沙	113.13	78.32	17.86	16.99
广　州	535.21	511.28	23.22	3.14
南　宁	164.58	136.80	27.64	1.74
海　口	5.21	4.80	0.58	0.00
重　庆	1943.20	1371.92	456.91	123.74
成　都	260.74	211.10	48.83	2.80
贵　阳	1629.25	555.47	1083.45	1.49
昆　明	1998.88	717.63	1255.72	29.48
拉　萨	154.47	1.17	0.09	153.22
西　安	185.03	158.60	27.63	2.49
兰　州	307.80	279.22	28.74	0.48
西　宁	338.04	314.91	19.61	6.97
银　川	1108.11	359.59	386.26	362.48
乌鲁木齐	935.75	876.69	57.34	1.75

注：本表数据为初步数。

表4–19　环保重点城市空气质量情况（2017年）

城　市	二氧化硫年平均浓度(μg/m^3)	二氧化氮年平均浓度(μg/m^3)	可吸入颗粒物(PM2.5)年平均浓度(μg/m^3)	一氧化碳日均值第95百分位浓度(mg/m^3)	臭氧(O_3)日最大8小时第90百分位浓度(μg/m^3)	细颗粒物(PM10)年平均浓度(μg/m^3)	空气质量达到及好于二级的天数(天)
北　京	8	46	84	2.1	193	58	226
天　津	16	50	94	2.8	192	62	209
石家庄	33	54	154	3.6	201	86	151
唐　山	40	59	119	3.8	205	66	205
秦皇岛	26	49	82	2.9	170	44	268
邯　郸	36	51	154	3.4	195	86	142
保　定	29	50	135	3.6	218	84	159
太　原	54	54	131	2.5	185	65	176
大　同	44	32	73	3.0	154	36	301
阳　泉	49	48	116	2.5	198	61	193
长　治	43	41	103	3.1	188	60	195
临　汾	79	37	122	4.1	214	79	128
呼和浩特	29	45	95	2.8	167	43	255
包　头	28	42	93	2.7	159	44	277
赤　峰	23	20	70	2.3	133	34	318
沈　阳	37	40	85	1.9	166	50	256
大　连	17	28	58	1.4	163	34	300
鞍　山	30	36	85	2.4	158	48	263
抚　顺	24	34	81	1.7	144	47	275
本　溪	27	31	71	2.3	116	40	318
锦　州	45	38	78	2.0	172	48	255
长　春	26	40	78	1.9	142	46	276
吉　林	18	29	79	1.8	147	52	259
哈尔滨	25	44	84	2.0	133	58	271
齐齐哈尔	22	22	65	1.5	112	38	319
牡丹江	10	26	65	1.3	105	36	329
上　海	12	44	55	1.2	181	39	275
南　京	16	47	76	1.5	179	40	264
无　锡	13	46	77	1.6	184	44	247
徐　州	22	44	119	1.7	187	66	176
常　州	18	45	76	1.5	184	48	249
苏　州	14	48	64	1.4	173	42	261
南　通	21	38	64	1.4	179	39	266
连云港	18	33	73	1.5	153	45	289
扬　州	18	40	93	1.4	192	54	228
镇　江	15	43	88	1.2	182	55	232
杭　州	11	45	72	1.3	173	45	271
宁　波	10	38	60	1.1	158	37	311

续表

城市	二氧化硫年平均浓度(μg/m^3)	二氧化氮年平均浓度(μg/m^3)	可吸入颗粒物(PM2.5)年平均浓度(μg/m^3)	一氧化碳日均值第95百分位浓度(mg/m^3)	臭氧(O_3)日最大8小时第90百分位浓度(μg/m^3)	细颗粒物(PM10)年平均浓度(μg/m^3)	空气质量达到及好于二级的天数(天)
温州	12	41	65	1.0	145	38	329
湖州	15	38	64	1.3	187	42	250
绍兴	12	35	70	1.2	170	45	275
合肥	12	52	80	1.4	170	56	224
芜湖	15	49	82	1.6	177	49	249
马鞍山	17	39	83	1.8	188	50	238
福州	6	29	51	0.9	141	27	349
厦门	11	32	48	0.8	117	27	362
泉州	12	28	53	0.9	148	28	345
南昌	15	37	76	1.6	148	41	300
九江	20	29	70	1.2	148	48	287
济南	25	48	128	2.1	193	65	181
青岛	15	38	78	1.3	166	39	283
淄博	41	47	120	2.8	194	65	188
枣庄	30	28	125	1.4	175	63	192
烟台	18	33	68	1.6	163	35	294
潍坊	25	35	116	1.8	186	59	210
济宁	26	41	106	1.9	200	56	217
泰安	25	39	97	1.9	213	58	197
日照	15	37	85	1.4	158	47	273
郑州	21	54	118	2.2	199	66	166
开封	20	39	103	2.2	182	62	188
洛阳	25	42	117	2.4	204	69	166
平顶山	24	40	106	2.1	180	63	185
安阳	31	50	132	4.1	210	79	154
焦作	25	44	125	3.1	208	73	168
三门峡	22	41	98	2.1	181	57	217
武汉	10	50	85	1.6	151	52	255
宜昌	12	35	88	1.7	137	58	258
荆州	18	36	92	1.7	140	56	273
长沙	13	40	69	1.3	153	52	262
株洲	19	36	81	1.4	142	52	272
湘潭	20	37	80	1.3	142	51	267
岳阳	14	25	70	1.4	142	49	305
常德	12	22	77	1.8	147	54	275
张家界	8	22	67	1.9	129	42	324
广州	12	52	56	1.2	162	35	294
韶关	17	29	52	1.4	152	38	326
深圳	8	30	45	1.0	147	28	343
珠海	7	32	43	1.0	160	30	322

续表

城　市	二氧化硫年平均浓度 ($\mu g/m^3$)	二氧化氮年平均浓度 ($\mu g/m^3$)	可吸入颗粒物 (PM2.5)年平均浓度 ($\mu g/m^3$)	一氧化碳日均值第95百分位浓度 (mg/m^3)	臭氧(O_3)日最大8小时第90百分位浓度 ($\mu g/m^3$)	细颗粒物 (PM10)年平均浓度 ($\mu g/m^3$)	空气质量达到及好于二级的天数 (天)
汕　头	12	21	49	1.1	140	29	353
湛　江	10	15	42	1.1	153	29	327
南　宁	11	35	56	1.4	119	35	337
柳　州	19	26	66	1.5	127	45	308
桂　林	15	25	60	1.3	139	44	308
北　海	9	13	45	1.4	138	28	336
海　口	6	12	37	0.8	127	20	352
重　庆	12	46	72	1.4	163	45	277
成　都	11	53	88	1.7	171	56	235
自　贡	15	37	89	1.6	150	66	227
攀枝花	35	36	67	2.7	119	34	359
泸　州	17	35	80	1.0	147	53	273
德　阳	9	30	84	1.3	166	51	247
绵　阳	9	32	71	1.4	134	48	295
南　充	12	34	72	1.3	150	46	289
宜　宾	18	34	80	1.7	146	57	261
贵　阳	13	27	53	1.1	121	32	347
遵　义	12	28	54	1.1	109	33	344
昆　明	15	32	58	1.2	124	28	360
曲　靖	18	23	54	1.4	126	28	357
玉　溪	16	22	47	1.9	125	23	362
拉　萨	8	23	54	1.1	128	20	361
西　安	19	59	126	2.8	185	73	180
铜　川	20	35	91	2.2	165	52	242
宝　鸡	12	41	102	2.1	155	58	247
咸　阳	21	54	132	2.4	201	79	154
渭　南	18	56	129	2.3	183	70	165
延　安	32	52	90	3.0	146	42	313
兰　州	20	57	111	2.8	161	49	232
金　昌	27	16	74	1.0	138	24	322
西　宁	24	40	83	2.8	136	34	294
银　川	48	42	106	2.5	169	48	232
石嘴山	55	32	97	2.0	162	43	243
乌鲁木齐	13	49	105	3.4	122	70	241
克拉玛依	8	23	69	1.6	131	34	318

表4–20 分地区城市生活垃圾清运和处理情况（2017年）

地区	生活垃圾清运量（万吨）	无害化处理厂数（座）				无害化处理能力（吨/日）			
			卫生填埋	焚烧	其他		卫生填埋	焚烧	其他
全国	21520.9	1013	654	286	73	679889	360524	298062	21303
北京	924.8	24	13	5	6	24341	10341	9200	4800
天津	306.9	9	4	5		10600	5100	5500	
河北	699.6	53	40	9	4	24606	14156	9700	750
山西	479.1	25	18	5	2	14081	9719	4062	300
内蒙古	369.2	27	24	3		12399	9049	3350	
辽宁	864.5	39	34	3	2	26903	22229	2780	1894
吉林	495.0	16	10	6		11280	5678	5602	
黑龙江	553.2	33	27	5	1	17201	12858	4000	343
上海	743.1	15	4	9	2	24650	10350	13300	1000
江苏	1734.7	67	28	32	7	60267	19960	38979	1328
浙江	1454.6	71	22	38	11	62052	19287	40985	1780
安徽	612.2	39	18	17	4	24020	9510	13860	650
福建	786.4	29	11	14	4	22268	5418	15100	1750
江西	451.5	21	18	3		13008	11468	1540	
山东	1591.3	83	39	36	8	50185	19005	29330	1850
河南	985.6	47	40	6	1	25747	19847	5850	50
湖北	908.0	47	33	10	4	25028	11907	11721	1400
湖南	764.9	32	27	5		24920	20320	4600	
广东	2644.5	80	49	25	6	78185	43337	33438	1410
广西	438.3	26	19	6	1	13206	8206	4800	200
海南	213.1	11	6	5		6145	2240	3905	
重庆	529.7	25	20	4	1	12103	7065	5000	38
四川	989.9	48	31	15	2	25822	11262	13960	600
贵州	323.5	21	14	6	1	11473	6958	4300	215
云南	409.1	28	19	9		11698	4098	7600	
西藏	46.5	5	4	1		1049	349	700	
陕西	379.2	22	22			18254	18254		
甘肃	254.6	23	20	2	1	7859	4959	2600	300
青海	77.7	8	7		1	1779	1659		120
宁夏	119.0	12	9	1	2	4531	2871	1500	160
新疆	371.4	27	24	1	2	14229	13064	800	365

续表

地区	无害化处理量(万吨)	卫生填埋	焚烧	其他	生活垃圾无害化处理率(%)
全国	21034.2	12037.6	8463.3	533.2	97.7
北京	923.7	438.0	326.5	159.2	99.9
天津	289.8	152.2	137.6		94.4
河北	698.0	391.1	284.8	22.1	99.8
山西	454.5	333.1	114.9	6.5	94.9
内蒙古	367.0	305.5	61.5		99.4
辽宁	856.3	728.2	65.5	62.6	99.1
吉林	355.3	193.8	161.5		71.8
黑龙江	457.7	352.7	100.0	5.0	82.7
上海	743.1	369.8	360.8	12.5	100.0
江苏	1734.7	415.5	1287.7	31.4	100.0
浙江	1454.6	598.1	824.4	32.1	100.0
安徽	611.9	267.0	334.9	10.0	99.9
福建	781.5	269.4	486.7	25.3	99.4
江西	440.5	387.0	53.5		97.6
山东	1591.3	656.2	897.3	37.8	100.0
河南	982.1	821.6	159.1	1.3	99.7
湖北	907.0	479.6	393.0	34.4	99.9
湖南	763.0	637.3	125.7		99.8
广东	2591.2	1625.8	910.6	54.8	98.0
广西	438.0	306.5	123.9	7.5	99.9
海南	213.0	66.3	146.8		100.0
重庆	526.7	310.2	214.0	2.5	99.4
四川	975.4	508.6	456.8	10.0	98.5
贵州	308.1	234.2	71.4	2.4	95.2
云南	379.4	153.9	225.5		92.7
西藏	44.4	43.4	1.0		95.4
陕西	375.3	375.3			99.0
甘肃	250.5	151.2	88.5	10.8	98.4
青海	73.7	72.9		0.8	94.8
宁夏	117.9	82.2	34.6	1.2	99.1
新疆	328.9	311.1	14.8	3.0	88.6

表4-21　全海域未达到第一类海水水质标准的海域面积(2017年)

单位：平方公里

项 目	第二类水质海域面积	第三类水质海域面积	第四类水质海域面积	劣于第四类水质海域面积
总 计	49830	28540	18240	33720
渤 海	8940	3970	2120	3710
黄 海	17280	7090	2610	1240
东 海	17610	9260	11400	22210
南 海	6000	8220	2110	6560

五、金融概况

表5–1　资金流量表(非金融交易，2016年)

单位：亿元

机构部门 交易项目	非金融企业部门		金融机构部门		政府部门		住户部门	
	运　用	来　源	运　用	来　源	运　用	来　源	运　用	来　源
一、净出口								
二、增加值		439384.6		61121.7		62150.5		180928.6
三、劳动者报酬	185224.5		19448.5		53966.9		126551.7	386563.6
四、生产税净额	74999.3		6813.4		342.4	86545.4	4390.3	
五、财产收入	62002.8	24849.7	50834.7	53599.1	9498.1	22236.2	9959.7	27251.5
(一)利息	29289.3	20020.2	45495.3	52735.9	7802.6	7259.5	9927.9	19739.6
(二)红利	25860.3	4696.1	1901.0	863.3		8054.5		2525.7
(三)地租	6845.6					6877.4	31.8	
(四)其他	7.6	133.4	3438.4		1695.5	44.9		4986.2
六、初次分配总收入		142007.6		37624.3		107124.8		453842.0
七、经常转移	25152.9	1587.0	13446.9	5439.6	67156.3	92400.0	55634.0	61326.7
(一)所得税、财产税等经常税	20131.6		8719.7			39004.5	10153.2	
(二)社会保险缴款					11088.6	50112.5	39023.9	
(三)社会保险福利					43604.8			43604.8
(四)社会补助	334.6				12230.1			12564.7
(五)其他	4686.7	1587.0	4727.2	5439.6	232.8	3283.0	6456.9	5157.2
八、可支配总收入		118441.7		29616.9		132368.5		459534.7
九、最终消费支出					106467.0		293443.1	
(一)居民消费支出							293443.1	
(二)政府消费支出					106467.0			
十、总储蓄		118441.7		29616.9		25901.5		166091.6
十一、资本转移		9002.0			9045.8	21.0		
(一)投资性补助		9002.0			9002.0			
(二)其他					43.8	21.0		
十二、资本形成总额	228317.7		635.2		47513.3		52671.4	
(一)固定资本形成总额	219125.2		635.2		46592.7		51730.5	
(二)存货增加	9192.5				920.6		940.9	
十三、其他非金融资产获得减处置	29322.8				–10234.8		–19088.0	
十四、净金融投资	–130196.7		28981.7		–20401.7		132508.2	

续表

机构部门 交易项目	国内合计		国外部门		合　计	
	运　用	来　源	运　用	来　源	运　用	来　源
一、净出口				−16975.6		−16975.6
二、增加值		743585.5				
三、劳动者报酬	385191.7	386563.6	1784.5	412.6	386976.2	386976.2
四、生产税净额	86545.4	86545.4			86545.4	86545.4
五、财产收入	130754.1	126395.4	13202.3	17561.1	143956.5	143956.5
(一)利息	90973.9	98214.0	8468.9	1228.8	99442.8	99442.8
(二)红利	27761.4	16139.6	4696.1	16317.9	32457.5	32457.5
(三)地租	6877.4	6877.4			6877.4	6877.4
(四)其他	5141.5	5164.4	37.3	14.3	5178.8	5178.8
六、初次分配总收入		740598.7				
七、经常转移	161390.1	160753.3	2050.0	2686.8	163440.1	163440.1
(一)所得税、财产税等经常税	39004.5	39004.5			39004.5	39004.5
(二)社会保险缴款	50112.5	50112.5			50112.5	50112.5
(三)社会保险福利	43604.8	43604.8			43604.8	43604.8
(四)社会补助	12564.7	12564.7			12564.7	12564.7
(五)其他	16103.6	15466.7	2050.0	2686.8	18153.5	18153.5
八、可支配总收入		739961.9				739961.9
九、最终消费支出	399910.1				399910.1	
(一)居民消费支出	293443.1				293443.1	
(二)政府消费支出	106467.0				106467.0	
十、总储蓄		340051.8		−13352.0		326699.8
十一、资本转移	9045.8	9023.0	21.0	43.8	9066.8	9066.8
(一)投资性补助	9002.0	9002.0			9002.0	9002.0
(二)其他	43.8	21.0	21.0	43.8	64.8	64.8
十二、资本形成总额	329137.6				329137.6	
(一)固定资本形成总额	318083.6				318083.6	
(二)存货增加	11054.0				11054.0	
十三、其他非金融资产获得减处置						
十四、净金融投资	10891.4		−13329.2		−2437.8	

表5-2 资金流量表（金融交易，2016年）

单位：亿元

机构部门 交易项目	非金融企业部门		金融机构部门		政府部门		住户部门	
	运 用	来 源	运 用	来 源	运 用	来 源	运 用	来 源
净金融投资	-16007		-10759		-8084		47870	
资金运用合计	124237		450762		36041		118698	
资金来源合计		140243		461521		44125		70828
通货	458			5087	102		4517	
存款	83242		1728	172182	31936		59334	
活期存款	41300			86508	16324		28884	
定期存款	31191			64764	11978		21595	
财政存款				805	805			
外汇存款	5079		-287	5615	-73		2413	
其他存款	5671		2016	14490	2903		6441	
证券公司客户保证金	-1609		-1381	-6227	-1050		-2106	
贷款		110003	158129	6585		-34903		70791
短期贷款与票据融资		30365	37407					7043
中长期贷款		57673	114485					56813
外汇贷款		-7566	-2957	9		-1080		8
委托贷款		18553	21339	91		-3843		6555
其他贷款		10979	-12146	6485		-29981		372
未贴现的银行承兑汇票	-19531	-19531	-19531	-19531				
保险准备金	939			10030		7906	16998	
金融机构往来			12245	9692				
准备金			26778	26572				
证券	6361	49751	160984	50104	2470	71207	4743	
债券	1031	36337	157364	48951	226	71207	241	
国债	-7		70173		-30	71207	245	
金融债券	-26		54710	53173	-1		-44	
中央银行债券			-3834	-4222				
企业债券	1064	36337	36315		257		41	
股票	5330	13414	3620	1153	2244		4501	
证券投资基金份额	3037		2606	11754	1982		3975	
库存现金			-74	-89				
中央银行贷款			38686	38686				
其他（净）	29705	1835	95430	155722	601	-620	31238	37
直接投资	14427	11329						
其他对外债权债务	7207	1649	4632	953		534		
国际储备资产			-29469					
国际收支错误与遗漏		-14793						

续表

机构部门 交易项目	国内合计		国外部门		合 计	
	运 用	来 源	运 用	来 源	运 用	来 源
净金融投资	13021		−13021			
资金运用合计	729738		1421		731160	
资金来源合计		716717		14442		731160
通货	5076	5087	11		5087	5087
存款	176240	172182	−936	3122	175304	175304
活期存款	86508	86508			86508	86508
定期存款	64764	64764			64764	64764
财政存款	805	805			805	805
外汇存款	7132	5615	1605	3122	8738	8738
其他存款	17031	14490	−2541		14490	14490
证券公司客户保证金	−6145	−6227	−82		−6227	−6227
贷款	158129	152476	−2955	2697	155173	155173
短期贷款与票据融资	37407	37407			37407	37407
中长期贷款	114485	114485			114485	114485
外汇贷款	−2957	−8628	−2955	2715	−5913	−5913
委托贷款	21339	21357		−18	21339	21339
其他贷款	−12146	−12146			−12146	−12146
未贴现的银行承兑汇票	−39062	−39062			−39062	−39062
保险准备金	17936	17936			17936	17936
金融机构往来	12245	9692	3133	5686	15378	15378
准备金	26778	26572	−206		26572	26572
证券	174558	171063	2630	6126	177188	177188
债券	158863	156495	1198	3566	160061	160061
国债	70381	71207	1801	975	72183	72183
金融债券	54639	53173	130	1596	54769	54769
中央银行债券	−3834	−4222	−367	21	−4201	−4201
企业债券	37677	36337	−367	974	37310	37310
股票	15695	14567	1433	2560	17127	17127
证券投资基金份额	11600	11754	154		11754	11754
库存现金	−74	−89		15	−74	−74
中央银行贷款	38686	38686			38686	38686
其他（净）	156975	156975			156975	156975
直接投资	14427	11329	11329	14427	25756	25756
其他对外债权债务	11839	3136	3136	11839	14975	14975
国际储备资产	−29469			−29469	−29469	−29469
国际收支错误与遗漏		−14793	−14793		−14793	−14793
国际收支错误与遗漏		−8544	−8544		−8544	−8544

表5-3 国际收支平衡表（2017年）

单位：万美元

项目	2017
1. 经常账户	16488665
贷方	270886516
借方	−254397851
1.A 货物和服务	21072844
贷方	242291100
借方	−221218256
1.A.a 货物	47614571
贷方	221645786
借方	−174031216
1.A.b 服务	−26541727
贷方	20645314
借方	−47187041
1.A.b.1 加工服务	1793079
贷方	1810669
借方	−17590
1.A.b.2 维护和维修服务	367478
贷方	595021
借方	−227543
1.A.b.3 运输	−5605983
贷方	3724262
借方	−9330246
1.A.b.4 旅行	−22511548
贷方	3261734
借方	−25773282
1.A.b.5 建设	361783
贷方	1221051
借方	−859269
1.A.b.6 保险和养老金服务	−740239
贷方	407061
借方	−1147300
1.A.b.7 金融服务	180160
贷方	340071
借方	−159911
1.A.b.8 知识产权使用费	−2388189
贷方	477873
借方	−2866062
1.A.b.9 电信、计算机和信息服务	768096
贷方	2697677
借方	−1929581
1.A.b.10 其他商业服务	1607560
贷方	5863835
借方	−4256274
1.A.b.11 个人、文化和娱乐服务	−198473
贷方	75942
借方	−274415
1.A.b.12 别处未提及的政府服务	−175450
贷方	170118
借方	−345568
1.B 初次收入	−3444429
贷方	25733553
借方	−29177982
1.B.1 雇员报酬	1499271
贷方	2168258
借方	−668987
1.B.2 投资收益	−4991346
贷方	23491996
借方	−28483343
1.B.3 其他初次收入	47647

续表

项　目	2017
贷方	73300
借方	-25653
1.C 二次收入	-1139750
贷方	2861862
借方	-4001613
2. 资本和金融账户	5700259
2.1 资本账户	-9361
贷方	23069
借方	-32431
2.2 金融账户	5709620
资产	-37824697
负债	43534317
2.2.1 非储备性质的金融账户	14861194
资产	-28673122
负债	43534317
2.2.1.1 直接投资	6630948
2.2.1.1.1 资产	-10191410
2.2.1.1.1.1 股权	-9970025
2.2.1.1.1.2 关联企业债务	-221385
2.2.1.1.2负债	16822358
2.2.1.1.2.1 股权	14218156
2.2.1.1.2.2 关联企业债务	2604202
2.2.1.2 证券投资	743131
2.2.1.2.1 资产	-10938663
2.2.1.2.1.1 股权	-3769690
2.2.1.2.1.2 债券	-7168973
2.2.1.2.2 负债	11681794
2.2.1.2.2.1 股权	3395413
2.2.1.2.2.2 债券	8286381
2.2.1.3 金融衍生工具	47117
2.2.1.3.1 资产	147373
2.2.1.3.2 负债	-100256
2.2.1.4 其他投资	7439998
2.2.1.4.1 资产	-7690422
2.2.1.4.1.1 其他股权	4044
2.2.1.4.1.2 货币和存款	-3703339
2.2.1.4.1.3 贷款	-3973194
2.2.1.4.1.4 保险和养老金	-1087
2.2.1.4.1.5 贸易信贷	-1940000
2.2.1.4.1.6 其他	1923154
2.2.1.4.2 负债	15130420
2.2.1.4.2.1 其他股权	
2.2.1.4.2.2 货币和存款	10545454
2.2.1.4.2.3 贷款	4957067
2.2.1.4.2.4 保险和养老金	66553
2.2.1.4.2.5 贸易信贷	-120000
2.2.1.4.2.6 其他	-318655
2.2.1.4.2.7 特别提款权	
2.2.2 储备资产	-9151574
2.2.2.1 货币黄金	
2.2.2.2 特别提款权	-73936
2.2.2.3 在国际货币基金组织的储备头寸	219040
2.2.2.4 外汇储备	-9296678
2.2.2.5 其他储备资产	
3. 净误差与遗漏	-22188923

注：1.根据《国际收支和国际投资头寸手册》(第六版)编制，资本和金融账户中包含储备资产。
2.“贷方”按正值列示，“借方”按负值列示，差额等于“贷方”加上“借方”。本表除标注“贷方”和“借方”的项目外，其他项目均指差额。
3.本表计数采用四舍五入原则。

表5-4 货币供应量（年底余额）

单位：亿元

年 份	货币和准货币	货 币			准货币			
			流通中货币	单位活期存款		单位定期存款	个人存款	其他存款
1990	15293.4	6950.7	2644.4	4306.3	8342.7			
1991	19349.9	8633.3	3177.8	5455.5	10716.6			
1992	25402.2	11731.5	4336.0	7395.2	13670.7			
1993	34879.8	16280.4	5864.7	10415.7	18599.4	1247.9	15203.5	2148.0
1994	46923.5	20540.7	7288.6	13252.1	26382.8	1943.1	21518.8	2920.9
1995	60750.5	23987.1	7885.3	16101.8	36763.4	3324.2	29662.2	3777.0
1996	76094.9	28514.8	8802.0	19712.8	47580.1	5041.9	38520.8	4017.4
1997	90995.3	34826.3	10177.6	24648.7	56169.1	6738.5	46279.8	3150.7
1998	104498.5	38953.7	11204.2	27749.5	65544.9	8301.9	53407.5	3835.5
1999	119897.9	45837.3	13455.5	32381.8	74060.6	9476.8	59621.8	4962.0
2000	134610.3	53147.2	14652.7	38494.5	81463.1	11261.1	64332.4	5869.7
2001	158301.9	59871.6	15688.8	44182.8	98430.3	14180.1	73762.4	10487.8
2002	185007.0	70881.8	17278.0	53603.8	114125.2	16433.8	86910.7	10780.7
2003	221222.8	84118.6	19745.9	64372.6	137104.3	20940.4	103617.7	12546.2
2004	254107.0	95969.7	21468.3	74501.4	158137.2	25382.2	119555.4	13199.7
2005	298755.7	107278.8	24031.7	83247.1	191476.9	33100.0	141051.0	17325.9
2006	345577.9	126028.1	27072.6	98955.4	219549.9	38715.9	161587.3	19246.7
2007	403442.2	152560.1	30375.2	122184.9	250882.1	46932.5	172534.2	31415.4
2008	475166.6	166217.1	34219.0	131998.2	308949.5	60103.1	217885.4	30961.1
2009	610224.5	221445.8	38247.0	183198.8	388778.7	84819.5	260752.7	43206.5
2010	725851.8	266621.5	44628.2	221993.4	459230.3	105858.7	303302.5	50069.1
2011	851590.9	289847.7	50748.5	239099.2	561743.2	166616.0	352797.5	42329.7
2012	974148.8	308664.2	54659.8	254004.5	665484.6	195940.1	411362.6	58181.9
2013	1106525.0	337291.1	58574.4	278716.6	769233.9	232696.6	467031.1	69506.2
2014	1228374.8	348056.4	60259.5	287796.9	880318.4	264055.7	508878.1	107384.6
2015	1392278.1	400953.4	63216.6	337736.9	991324.7	288240.7	552073.5	151010.5
2016	1550066.7	486557.2	68303.9	418253.4	1063509.4	307989.6	603504.2	152015.6
2017	1690235.3	543790.1	70645.6	473144.5	1146445.2	320196.2	649341.5	176907.4

注：1.2001年6月起，将证券公司客户保证金计入货币供应量(M2)，含在其他存款项内。
2.自2011年10月起，货币供应量已包含住房公积金中心存款和非存款类金融机构在存款类金融机构的存款。
3.2017年货币和准货币数据为统计方法完善后的数据，与之前不可比(以下相关表同)。

表5-5 货币供应量同比增长率

单位：%

年 份	货币和准货币	货 币	流通中货币	单位活期存款	准货币	单位定期存款	个人存款	其他存款
1991	26.5	24.2	20.2	26.7	28.5			
1992	31.3	35.9	36.4	35.6	27.6			
1993								
1994	34.5	26.2	24.3	27.2	41.9	55.7	41.5	36.0
1995	29.5	16.8	8.2	21.5	39.4	71.1	37.9	29.3
1996	25.3	18.9	11.6	22.4	29.4	51.7	29.9	6.4
1997	17.3	16.5	15.6	16.9	17.8	24.5	19.3	–8.9
1998	14.8	11.9	10.1	12.6	16.7	23.2	15.4	21.7
1999	14.7	17.7	20.1	16.7	13.0	14.2	11.6	29.3
2000	12.3	16.0	8.9	18.9	10.0	18.8	7.9	18.3
2001	14.4	12.7	7.1	14.8	15.5	25.9	14.7	9.1
2002	16.8	16.8	10.1	19.2	16.8	21.8	17.8	2.8
2003	19.6	18.7	14.3	20.3	20.1	27.4	19.2	16.4
2004	14.7	13.6	8.7	15.1	15.3	21.2	15.4	5.2
2005	17.6	11.8	11.9	11.7	21.1	30.4	18.0	31.3
2006	16.9	17.5	12.7	18.9	16.6	17.1	14.6	36.2
2007	16.7	21.1	12.2	23.5	14.3	21.2	6.8	63.2
2008	17.8	9.1	12.7	8.2	23.2	28.1	26.3	–1.5
2009	28.5	33.2	11.8	38.8	26.0	42.0	19.7	39.6
2010	19.7	21.2	16.7	22.1	18.9	28.7	16.3	16.0
2011	13.6	7.9	13.8	6.7	16.8	18.1	16.2	17.7
2012	13.8	6.5	7.7	6.2	17.6	17.6	16.6	25.1
2013	13.6	9.3	7.2	9.7	15.6	18.8	13.5	19.5
2014	12.2	3.2	2.9	3.3	14.4	13.5	9.0	54.5
2015	13.3	15.2	4.9	17.4	12.6	9.2	8.5	40.6
2016	11.3	21.4	8.1	23.8	7.3	6.9	9.3	0.7
2017	8.1	11.8	3.4	13.1	6.4	4.0	7.6	6.5

注：1.同比增长率按可比口径计算。1993年口径调整，故1993年未计算增长率。

2.2001年6月起，将证券公司客户保证金计入货币供应量(M2)，含在其他存款内。

3.1997年初，中国人民银行对金融统计制度进行了调整，因此自1997年起的数据与历史数据不完全可比。

表5–6 社会融资规模增量及构成

单位：亿元

年 份	社会融资规模增量	人民币贷款	外币贷款(折合人民币)	委托贷款	信托贷款	未贴现银行承兑汇票	企业债券	非金融企业境内股票融资
2002	20112	18475	731	175		–695	367	628
2003	34113	27652	2285	601		2010	499	559
2004	28629	22673	1381	3118		–290	467	673
2005	30008	23544	1415	1961		24	2010	339
2006	42696	31523	1459	2695	825	1500	2310	1536
2007	59663	36323	3864	3371	1702	6701	2284	4333
2008	69802	49041	1947	4262	3144	1064	5523	3324
2009	139104	95942	9265	6780	4364	4606	12367	3350
2010	140191	79451	4855	8748	3865	23346	11063	5786
2011	128286	74715	5712	12962	2034	10271	13658	4377
2012	157631	82038	9163	12838	12845	10499	22551	2508
2013	173169	88916	5848	25466	18404	7756	18111	2219
2014	158761	97452	1235	21740	5174	–1198	24329	4350
2015	154063	112693	–6427	15911	434	–10567	29388	7590
2016	178159	124372	–5640	21854	8593	–19514	30025	12416
2017	194445	138432	18	7770	22555	5364	4421	8759

注：社会融资规模增量是指一定时期内实体经济(境内非金融企业和住户)从金融体系获得的资金总额。

表5–7 社会融资规模存量及增长率

年 份	社会融资规模存量(亿元)	社会融资规模存量同比增速(%)	人民币贷款	外币贷款(折合人民币)	委托贷款	信托贷款	未贴现银行承兑汇票	企业债券	非金融企业境内股票融资
2002	148532								
2003	181655	22.3	21.4	26.6	13.3		126.0	132.9	8.0
2004	204143	14.9	14.3	16.8	61.6		–8.0	4.0	8.5
2005	224265	13.5	13.3	11.0	11.8		0.7	129.1	4.2
2006	264500	18.1	16.3	9.0	20.0		44.9	68.7	12.5
2007	321326	21.5	16.4	21.9	29.9	84.0	138.4	41.0	45.8
2008	379765	20.5	18.7	5.1	29.1	84.3	9.2	78.7	17.7
2009	511835	34.8	31.3	55.5	35.8	63.4	36.5	86.2	18.3
2010	649869	27.0	19.9	15.9	44.2	34.4	135.5	42.3	30.9
2011	767791	18.3	16.1	13.1	21.2	13.5	25.6	36.2	17.7
2012	914675	19.1	15.0	27.2	17.1	75.0	21.0	44.4	8.6
2013	1075217	17.6	14.2	7.2	39.7	61.1	12.7	24.2	6.7
2014	1229386	14.3	13.6	4.1	29.2	10.8	–1.1	25.8	11.8
2015	1382824	12.5	13.9	–13.0	18.0	2.0	–14.8	25.1	20.2
2016	1560044	12.8	13.4	–12.9	19.8	15.8	–33.3	22.5	27.6
2017	1747069	12.0	13.2	–5.8	5.9	35.9	13.7	2.9	15.2

注：1.社会融资规模存量是指一定时期末(月末、季末或年末)实体经济(境内非金融企业和住户)从金融体系获得的资金余额。

2.同比增速为可比口径数据。

表5–8 证券市场基本情况

项 目	2016	2017
境内上市公司数(A、B股) (家)	3052	3485
境内上市外资股公司数(B股)(家)	100	100
境外上市公司数(H股) (家)	241	259
股票总发行股本 (亿股)	48750	53747
#流通股本 (亿股)	41136	45045
股票市价总值 (亿元)	507686	567086
#股票流通市值 (亿元)	393402	449298
股票成交量 (亿股)	95525.43	87780.84
股票成交金额 (亿元)	1277680	1124625
上证综合指数(收盘)	3103.64	3307.17
深证综合指数(收盘)	1969.11	1899.34
期末投资者数 （万个）	11811	13398
静态市盈率(平均市盈率)		
上海	15.94	16.30
深圳	41.21	36.21
年换手率(平均换手率) (%)		
上海	158.43	180.47
深圳	541.76	412.88
交易所债券发行额 (亿元)	28736.67	14393.31
债券成交额 (亿元)	2387096.06	2657768.00
债券现货成交金额 (亿元)	51269.93	55597.00
债券回购成交金额 (亿元)	2335826.13	2602171.07
证券投资基金只数 (只)	3873	4848
证券投资基金规模 (亿份)	88428.32	110182.12
证券投资基金成交金额 (亿元)	111444.32	98051.89
期货总成交量 (万手)	413781.27	307102.17
期货总成交额 (亿元)	1956339.41	1878925.88
期货总成交额 (亿元)	5542346.94	1956339.41

注：1.股票总发行股本中含(A+H)股公司发行的H股。

2.换手率=全年成交金额/[（本年末流通市值+上年末流通市值)/2]x100%

3.交易所债券包含公司债（非金融）、可转债（非金融）、可交换债（非金融）、可分离债（非金融）和资产证券化产品（非金融）。

4.债券成交数据为交易所债券市场数据。

5.期末投资者数量指持有未注销、未休眠的A股、B股、信用账户、衍生品合约账户的一码通账户数量。

表5–9　证券市场发行情况

年 份	境内发行金额			境外股票发行金额	新三板股票发行金额	合 计
	小 计	股票发行金额	交易所债券发行金额			
1992	68.91	68.91				68.91
1993	245.02	245.02		60.84		305.86
1994	213.63	213.63		188.75		402.38
1995	99.78	99.78		31.52		131.31
1996	308.04	308.04		100.57		408.61
1997	859.98	859.98		387.91		1247.89
1998	787.44	787.44		37.83		825.28
1999	873.63	873.63		47.11		920.74
2000	1515.82	1515.82		562.08		2077.90
2001	1238.14	1238.14		73.00		1311.14
2002	720.05	720.05		192.28		912.33
2003	665.51	665.51		537.32		1202.83
2004	650.53	650.53		647.72		1298.24
2005	339.03	339.03		1666.25		2005.29
2006	2374.49	2374.49		3072.57		5447.06
2007	8222.02	7814.74	407.28	927.47		9149.49
2008	4310.44	3312.39	998.05	311.38		4621.83
2009	5645.85	4834.34	811.51	1067.66		6713.50
2010	11120.10	9799.80	1320.30	2343.11		13463.21
2011	8884.13	7154.43	1729.70	732.42	6.48	9623.02
2012	7313.28	4542.40	2770.88	997.82	8.59	8319.69
2013	8238.63	4283.69	3954.94	1063.89	10.02	9312.54
2014	12672.09	8498.45	4173.64	2253.40	132.09	15057.58
2015	38078.46	16456.72	21621.74	2679.71	1216.17	41974.34
2016	57103.75	20435.39	36668.36	1271.01	1390.89	59765.65
2017	55760.48	16613.57	39146.91	1829.19	1336.25	58925.92

注：1.境内股票发行金额包括首发筹资金额和再筹资金额，首发筹资在2014年之前按上市日统计，在2014年(含)之后按发行日统计，再筹资包含公开增发、定向增发、配股、权证和优先股，其中权证为2008年之后开展的业务，优先股为2014年之后开展的业务。

2.境外股票发行金额指在港交所上市的H股的筹资金额，不含可转债。

3.新三板股票发行金额中不含优先股。

表5-10 股票交易情况

项　目	2010	2011	2012	2013	2014	2015	2016	2017
上市公司数(家)	2063	2342	2494	2489	2613	2827	3052	3485
上市股票数(只)	2149	2428	2579	2574	2696	2909	3134	3567
A股	2041	2320	2472	2468	2592	2808	3034	3467
B股	108	108	107	106	104	101	100	100
股票总发行股本(亿股)	26984	29745	31834	33822	36795	43024	48750	53747
A股	26702	29449	31551	33538	36518	42753	48468	53462
B股	283	297	282	284	277	271	282	285
流通股本	19442	22500	24778	29997	32289	37043	41136	45045
A股	19160	22205	24497	29715	32013	36774	40855	44761
B股	282	295	281	283	276	270	281	283
股票市价总值(亿元)	265423	214758	230358	239077	372547	531463	507686	567086
A股	263221	213310	228775	237403	370823	529252	505773	565255
B股	2202	1448	1582	1674	1724	2211	1913	1831
股票流通市值	193110	164921	181658	199580	315624	417881	393402	449298
A股	190917	163479	180083	197916	313910	415681	391499	447476
B股	2193	1442	1575	1664	1714	2200	1903	1822
股票成交金额(亿元)	545634	421645	314583	468071	742385	2550541	1277680	1124625
A股	543466	420339	313715	466632	741378	2546838	1276194	1123648
B股	2168	1305	868	1439	1007	3704	1486	977
总成交股数 (亿股)	42152	33957	32861	48218	73383	171039	94691	87781
A股	41806	33749	32682	47954	73188	170541	94481	87629
B股	346	208	179	264	195	498	210	152
上证综合指数								
最高	3306.75	3067.46	2478.38	2444.80	3239.36	5178.19	3538.69	3450.50
最低	2319.74	2134.02	1949.46	1849.65	1974.38	2850.71	2638.30	3016.53
收盘	2808.08	2199.42	2269.13	2115.98	3234.68	3539.18	3103.64	3307.17
深证综合指数								
最高	1412.64	1316.19	1020.29	1106.27	1504.48	3156.96	2304.49	2054.02
最低	890.24	828.83	724.97	815.89	1004.93	1408.99	1618.12	1753.53
收盘	1290.86	866.65	881.17	1057.67	1415.19	2308.91	1969.11	1899.34

注：1.本表股票总发行股本不含(A+H)股公司发行的H股。

2.2012、2013年股票总成交金额中包含约定购回式证券成交金额，故总成交金额大于A股B股成交金额之和。

表5–11 黄金和外汇储备

年 份	黄金储备(万盎司)	外汇储备(亿美元)	年 份	黄金储备(万盎司)	外汇储备(亿美元)
1978	1280	1.67	1998	1267	1449.59
1979	1280	8.40	1999	1267	1546.75
1980	1280	−12.96	2000	1267	1655.74
1981	1267	27.08	2001	1608	2121.65
1982	1267	69.86	2002	1929	2864.07
1983	1267	89.01	2003	1929	4032.51
1984	1267	82.20	2004	1929	6099.32
1985	1267	26.44	2005	1929	8188.72
1986	1267	20.72	2006	1929	10663.44
1987	1267	29.23	2007	1929	15282.49
1988	1267	33.72	2008	1929	19460.30
1989	1267	55.50	2009	3389	23991.52
1990	1267	110.93	2010	3389	28473.38
1991	1267	217.12	2011	3389	31811.48
1992	1267	194.43	2012	3389	33115.89
1993	1267	211.99	2013	3389	38213.15
1994	1267	516.20	2014	3389	38430.18
1995	1267	735.97	2015	5666	33303.62
1996	1267	1050.29	2016	5924	30105.17
1997	1267	1398.90	2017	5924	31399.49

表5–12 人民币汇率（年平均价）

单位：人民币元

年 份	100美元	100日元	100港元	100欧元
1985	293.67	1.2457	37.57	
1986	345.28	2.0694	44.22	
1987	372.21	2.5799	47.74	
1988	372.21	2.9082	47.70	
1989	376.51	2.7360	48.28	
1990	478.32	3.3233	61.39	

续表

年 份	100美元	100日元	100港元	100欧元
1991	532.33	3.9602	68.45	
1992	551.46	4.3608	71.24	
1993	576.20	5.2020	74.41	
1994	861.87	8.4370	111.53	
1995	835.10	8.9225	107.96	
1996	831.42	7.6352	107.51	
1997	828.98	6.8600	107.09	
1998	827.91	6.3488	106.88	
1999	827.83	7.2932	106.66	
2000	827.84	7.6864	106.18	
2001	827.70	6.8075	106.08	
2002	827.70	6.6237	106.07	800.58
2003	827.70	7.1466	106.24	936.13
2004	827.68	7.6552	106.23	1029.00
2005	819.17	7.4484	105.30	1019.53
2006	797.18	6.8570	102.62	1001.90
2007	760.40	6.4632	97.46	1041.75
2008	694.51	6.7427	89.19	1022.27
2009	683.10	7.2986	88.12	952.70
2010	676.95	7.7279	87.13	897.25
2011	645.88	8.1050	82.97	900.11
2012	631.25	7.9037	81.38	810.67
2013	619.32	6.3323	79.85	822.19
2014	614.28	5.8196	79.22	816.51
2015	622.84	5.1543	80.34	691.41
2016	664.23	6.1243	85.58	734.26
2017	675.18	6.0244	86.64	763.03

表5-13 中央财政债务余额情况

单位：亿元

年 份	合计	国内债务	国外债务
2005	32614.21	31848.59	765.52
2006	35015.28	34380.24	635.02
2007	52074.65	51467.39	607.26
2008	53271.54	52799.32	472.22
2009	60237.68	59736.95	500.73
2010	67548.11	66987.97	560.14
2011	72044.51	71410.80	633.71
2012	77565.70	76747.91	817.79
2013	86746.91	85836.05	910.86
2014	95655.45	94676.31	979.14
2015	106599.59	105467.48	1132.11
2016	120066.75	118811.24	1255.51
2017	134770.15	133447.43	1322.72

表5-14 按部门划分的外债总额头寸

单位：亿美元

债务类型	2016末	2017末
广义政府	1239	1687
短期	122	170
货币与存款		
债务证券	122	170
贷款		
贸易信贷与预付款		
其他债务负债		
长期	1117	1516
SDR分配		
货币与存款		
债务证券	697	1006
贷款	421	510
贸易信贷与预付款		
其他债务负债		
中央银行	555	234

续表

债务类型	2016末	2017末
短期	89	108
货币与存款	89	108
债务证券		
贷款		
贸易信贷与预付款		
其他债务负债		
长期	466	126
SDR分配	94	100
货币与存款		
债务证券		
贷款		
贸易信贷与预付款		
其他债务负债	372	27
其他接受存款公司	6042	8455
短期	4677	6696
货币与存款	3022	4249
债务证券	460	709
贷款	1194	1722
贸易信贷与预付款		
其他债务负债	0	15
长期	1364	1760
货币与存款		
债务证券	800	1147
贷款	562	606
贸易信贷与预付款		
其他债务负债	2	7
其他部门	4277	4555
短期	3126	3332
货币与存款	1	1
债务证券	4	28
贷款	285	350
贸易信贷与预付款	2833	2821
其他债务负债	4	133
长期	1151	1223
货币与存款		
债务证券	217	319
贷款	782	726
贸易信贷与预付款	50	50
其他债务负债	101	127
直接投资：公司间贷款	2045	2175
直接投资企业对直接投资者的债务负债	1505	1515
直接投资者对直接投资企业的债务负债	18	44
对关联企业的债务负债	523	616
外债总额头寸	14158	17106

注：1.本表按照签约期限划分长期、短期外债。

2.本表统计采用四舍五入法。

表5-15　外债风险指标

单位：%

年　份	偿　债　率	负　债　率	债　务　率
1985	2.7	5.1	56.0
1986	15.4	7.2	72.1
1987	9.0	9.3	77.1
1988	6.5	9.9	87.1
1989	8.3	9.1	86.4
1990	8.7	13.4	91.6
1991	8.5	14.7	91.9
1992	7.1	14.1	87.9
1993	10.2	13.6	96.5
1994	9.1	16.5	78.0
1995	7.6	14.6	72.4
1996	6.0	13.5	67.7
1997	7.3	13.7	63.2
1998	10.9	14.2	70.4
1999	11.2	13.9	68.7
2000	9.2	12.1	52.1
2001	7.5	15.3	67.9
2002	7.9	13.9	55.5
2003	6.9	13.3	45.2
2004	3.2	13.5	40.2
2005	3.1	13.1	35.4
2006	2.1	12.4	31.9
2007	2.0	11.0	29.0
2008	1.8	8.6	24.7
2009	2.9	8.5	32.2
2010	1.6	9.1	29.2
2011	1.7	9.3	33.3
2012	1.6	8.7	32.8
2013	1.6	9.1	35.6
2014	2.6	17.2	69.9
2015	5.0	12.5	58.6
2016	6.1	12.7	64.6
2017	6.9	14.0	70.6

注：1.2015年，我国按照国际货币基金组织数据公布特殊标准(SDDS)调整了外债统计口径并对外公布全口径外债数据，将人民币外债纳入统计，并按照签约期限划分中长期和短期外债。为保证数据的可比性，将2014年末外债数据相应调整为全口径外债数据，之前年份未做调整。

2.负债率是指年末外债余额与当年国内生产总值的比率；债务率是指年末外债余额与当年国际收支统计口径的货物与服务贸易出口收入的比率；偿债率是指当年外债还本付息额(中长期外债还本付息额加上短期外债付息额)与当年国际收支统计口径的货物与服务贸易出口收入的比率。

表5-16　货币当局资产负债表（年底余额）

单位：亿元

项　目	2014	2015	2016
总资产	317837.0	343711.6	362931.6
国外资产	253830.7	229795.8	221164.1
外汇	248537.6	219425.3	214788.3
货币黄金	2329.5	2541.5	2541.5
其他国外资产	2963.6	7829.0	3834.3
对政府债权	15312.7	15274.1	15274.1
对其他存款性公司债权	26626.4	84739.0	102230.4
对其他金融性公司债权	6656.6	6324.4	5986.6
对非金融性公司债权	71.7	81.0	101.9
其他资产	15338.9	7497.3	18174.5
总负债	317837.0	343711.6	362931.6
储备货币	276377.5	308979.6	321870.8
货币发行	69886.0	74884.4	77073.6
其他存款性公司存款	206491.6	234095.2	243802.3
非金融机构存款			994.9
不计入储备货币的金融性公司存款	2826.4	6485.0	5019.2
发行债券	6572.0	500.0	
国外负债	1807.3	3195.1	880.0
政府存款	27179.0	25062.7	28626.0
自有资金	219.8	219.8	219.8
其他负债	2855.0	–730.6	6315.8

注：1. 自2017年起，对国际金融组织相关本币账户以净头寸反映。

2. “非金融机构存款”为支付机构交存人民银行的客户备付金存款。

表5–17　其他存款性公司资产负债表（年底余额）

单位：亿元

项　　目	2015	2016	2017
总资产	1991556.5	2303755.7	2497223.8
国外资产	41594.5	50019.6	53482.4
储备资产	219330.1	246447.2	256108.1
准备金存款	212660.7	239866.6	249680.1
库存现金	6669.3	6580.6	6428.0
对政府债权	110163.3	172140.2	218244.1
对中央银行债权	6229.2	525.2	0.0
对其他存款性公司债权	314186.5	315878.2	296042.9
对其他金融性公司债权	176579.4	265298.6	280616.8
对非金融性公司债权	783762.1	836467.9	889011.4
对其他居民部门债权	267325.9	329543.7	399669.1
其他资产	72385.5	87435.1	104048.9
总负债	1991556.5	2303755.7	2497223.8
对非金融机构及住户负债	1249742.7	1420678.7	1531978.6
纳入广义货币的存款	1178051.0	1329747.2	1442682.3
单位活期存款	337736.9	418253.4	473144.5
单位定期存款	288240.7	307989.6	320196.2
个人存款	552073.5	603504.2	649341.5
不纳入广义货币的存款	36439.9	44874.5	47043.4
可转让存款	10806.2	14028.4	15266.5
其他存款	25633.7	30846.1	31776.9
其他负债	35251.9	46057.0	42252.9
对中央银行负债	33638.1	87879.7	105470.1
对其他存款性公司负债	131306.0	144836.8	126116.1
对其他金融性公司负债	155914.9	157274.9	168350.5
计入广义货币的存款	151010.5	152015.6	162445.8
国外负债	12978.4	12672.7	20479.1
债券发行	160003.7	201110.9	225877.0
实收资本	42994.7	46946.8	51828.5
其他负债	204978.0	232355.2	267123.9

表5-18　外资银行资产负债表（年底余额）

单位：亿元

项　目	2015	2016	2017
总资产	27684	31670	42483
国外资产	2391	2071	2222
储备资产	2899	4060	3766
准备金	2889	4051	3758
库存现金	10	9	7
对政府债权	1793	1958	2230
对中央银行债权	105		
对其他存款性公司债权	4689	5698	6505
对其他金融性公司债权	2590	2738	3694
对非金融性公司债权	10267	10254	11020
对其他居民部门债权	980	1081	1234
其他资产	1969	3809	11812
总负债	27684	31670	42483
对非金融机构及住户负债	14593	17153	18357
纳入广义货币的存款	11214	12731	13802
单位活期存款	3751	4425	4886
单位定期存款	5959	6996	7645
个人存款	1504	1310	1270
不纳入广义货币的存款	2774	3478	3373
可转让存款	1563	1845	1761
其他存款	1211	1633	1612
其他负债	605	945	1182
对中央银行负债	5	168	284
对其他存款性公司负债	2019	2611	2612
对其他金融性公司负债	1524	1241	941
计入广义货币的存款	1315	1027	772
国外负债	4241	3247	4884
债券发行	257	184	226
实收资本	1744	1761	1835
其他负债	3301	5305	13344

表5-19 金融机构人民币信贷收支表（年底余额）（资金来源）

单位：亿元

项 目	2015	2016	2017
资金来源合计	1541204	1759952	1931934
各项存款	1357022	1505864	1641044
境内存款	1345783	1497169	1630577
住户存款	546078	597751	643768
非金融企业存款	430247	502178	542405
政府存款	241832	270379	304853
非银行业金融机构存款	127625	126860	139552
其他存款			
境外存款	11239	8695	10467
金融债券	10062	31579	48000
流通中货币	63217	68304	70646
对国际金融机构负债	823	2407	9
其他	110081	151799	172236

注：1.2015年起，由于修订金融统计制度，《金融机构人民币信贷收支》分类项目发生较大调整，部分数据与2015年以前不可比(以下相关表同)。

2.本表机构包括中国人民银行、银行业存款类金融机构、银行业非存款类金融机构(以下相关表同)

3.银行业存款类金融机构包括银行、信用社和财务公司。银行业非存款类金融机构包括信托投资公司、金融租赁公司、汽车金融公司和贷款公司等银行业非存款类金融机构。银行业存款类金融机构包括银行、信用社和财务公司(以下相关表同)。

4.自2015年起，“各项存款”含非银行业金融机构存放款项，“各项贷款”含拆放给非银行业金融机构款项(以下相关表同)。

表5-20 金融机构人民币信贷收支表（年底余额）（资金运用）

单位：亿元

项 目	2015	2016	2017
资金运用合计	1541204	1759952	1931934
各项贷款	939540	1066040	1201321
境内贷款	936387	1061667	1196900
住户贷款	270214	333615	405045
非金融企业及机关团体贷款	657633	718521	785496
非银行业金融机构贷款	8539	9532	6359
境外贷款	3153		4421
债券投资	197636	247604	294382
股权及其他投资	134326	220820	217589
黄金占款	2330	2542	2541
外汇买卖	265859		
中央银行外汇占款		219425	214788
在国际金融机构资产	1513	3521	1313

表5-21 金融机构人民币法定存款基准利率

单位：年利率%

项 目	2010.10.20	2010.12.26	2011.02.09	2011.04.06	2011.07.07	2012.06.08	2012.07.06	2014.11.22	2015.03.01	2015.05.11	2015.06.28	2015.08.26	2015.10.24
活期	0.36	0.36	0.40	0.50	0.50	0.40	0.35	0.35	0.35	0.35	0.35	0.35	0.35
定期													
三个月	1.91	2.25	2.60	2.85	3.10	2.85	2.60	2.35	2.10	1.85	1.60	1.35	1.10
半年	2.20	2.50	2.80	3.05	3.30	3.05	2.80	2.55	2.30	2.05	1.80	1.55	1.30
一年	2.50	2.75	3.00	3.25	3.50	3.25	3.00	2.75	2.50	2.25	2.00	1.75	1.50
二年	3.25	3.55	3.90	4.15	4.40	4.10	3.75	3.35	3.10	2.85	2.60	2.35	2.10
三年	3.85	4.15	4.50	4.75	5.00	4.65	4.25	4.00	3.75	3.50	3.25	3.00	2.75
五年	4.20	4.55	5.00	5.25	5.50	5.10	4.75						

注：1.2014年11月22日，金融机构存款利率浮动区间由存款基准利率的1.1倍调整为1.2倍。

2.自2014年11月22日起，人民银行不再公布金融机构人民币五年期定期存款基准利率。

表5-22 金融机构人民币法定贷款基准利率

单位：年利率%

项 目	2010.12.26	2011.02.09	2011.04.06	2011.07.07	2012.06.08	2012.07.06	2014.11.22	2015.03.01	2015.05.11	2015.06.28	2015.08.26	2015.10.24
短期贷款												
六个月	5.35	5.60	5.85	6.10	5.85	5.60	5.60	5.35	5.10	4.85	4.60	4.35
一年	5.81	6.06	6.31	6.56	6.31	6.00	5.60	5.35	5.10	4.85	4.60	4.35
中长期贷款												
一年以上至三年	5.85	6.10	6.40	6.65	6.40	6.15	6.00	5.75	5.50	5.25	5.00	4.75
三年以上至五年	6.22	6.45	6.65	6.90	6.65	6.40	6.00	5.75	5.50	5.25	5.00	4.75
五年以上	6.40	6.60	6.80	7.05	6.80	6.55	6.15	5.90	5.65	5.40	5.15	4.90

表5–23　社会保险基本情况

单位：万人

年份	年末参加基本养老保险人数	城镇职工基本养老保险						城乡居民基本养老保险
		合计	职工		离退休人员			
				执行企业制度		执行企业制度		
1989	5710.3	5710.3	4816.9	4816.9	893.4	893.4		
1990	6166.0	6166.0	5200.7	5200.7	965.3	965.3		
1991	6740.3	6740.3	5653.7	5653.7	1086.6	1086.6		
1992	9456.2	9456.2	7774.7	7774.7	1681.5	1681.5		
1993	9847.6	9847.6	8008.2	8008.2	1839.4	1839.4		
1994	10573.5	10573.5	8494.1	8494.1	2079.4	2079.4		
1995	10979.0	10979.0	8737.8	8737.8	2241.2	2241.2		
1996	11116.7	11116.7	8758.4	8758.4	2358.3	2358.3		
1997	11203.9	11203.9	8670.9	8670.9	2533.0	2533.0		
1998	11203.1	11203.1	8475.8	8475.8	2727.3	2727.3		
1999	12485.4	12485.4	9501.8	8859.2	2983.6	2863.8		
2000	13617.4	13617.4	10447.5	9469.9	3169.9	3016.5		
2001	14182.5	14182.5	10801.9	9733.0	3380.6	3171.3		
2002	14736.6	14736.6	11128.8	9929.4	3607.8	3349.2		
2003	15506.7	15506.7	11646.5	10324.5	3860.2	3556.9		
2004	16352.9	16352.9	12250.3	10903.9	4102.6	3775.0		
2005	17487.9	17487.9	13120.4	11710.6	4367.5	4005.2		
2006	18766.3	18766.3	14130.9	12618.0	4635.4	4238.6		
2007	20136.9	20136.9	15183.2	13690.6	4953.7	4544.0		
2008	21891.1	21891.1	16587.5	15083.4	5303.6	4868.0		
2009	23549.9	23549.9	17743.0	16219.0	5806.9	5348.0		
2010	35984.1	25707.3	19402.3	17822.7	6305.0	5811.6		10276.8
2011	61573.3	28391.3	21565.0	19970.0	6826.2	6314.0		33182.0
2012	78796.3	30426.8	22981.1	21360.9	7445.7	6910.9		48369.5
2013	81968.4	32218.4	24177.3	22564.7	8041.0	7484.8		49750.1
2014	84231.9	34124.4	25531.0	23932.3	8593.4	8013.6		50107.5
2015	85833.4	35361.2	26219.2	24586.8	9141.9	8536.5		50472.2
2016	88776.8	37929.7	27826.3	25239.6	10103.4	9023.9		50847.1
2017	91548.3	40293.3	29267.6	25856.3	11025.7	9460.4		51255.0

续表

单位：万人

年份	失业保险			城镇基本医疗保险			工伤保险		年末参加生育保险人数(万人)
	年末参保人数(万人)	全年发放失业保险金人数(万人)	全年发放失业保险金(亿元)	年末参保人数(万人)	年末参保城镇职工	年末参保城镇居民	年末参保人数(万人)	年末享受工伤待遇的人数(万人)	
1989									
1990									
1991									
1992									
1993									
1994	7967.8	196.5	5.1	400.3	400.3		1822.1	5.8	915.9
1995	8237.7	261.3	8.2	745.9	745.9		2614.8	7.1	1500.2
1996	8333.1	330.8	13.9	855.7	855.7		3102.6	10.1	2015.6
1997	7961.4	319.0	18.7	1762.0	1762.0		3507.8	12.5	2485.9
1998	7927.9	158.1	20.4	1877.6	1877.6		3781.3	15.3	2776.7
1999	9852.0	271.4	31.9	2065.3	2065.3		3912.3	15.1	2929.8
2000	10408.4	329.7	56.2	3786.9	3786.9		4350.3	18.8	3001.6
2001	10354.6	468.5	83.3	7285.9	7285.9		4345.3	18.7	3455.1
2002	10181.6	657.0	116.8	9401.2	9401.2		4405.6	26.5	3488.2
2003	10372.9	741.6	133.4	10901.7	10901.7		4574.8	32.9	3655.4
2004	10583.9	753.5	137.5	12403.6	12403.6		6845.2	51.9	4383.8
2005	10647.7	677.8	132.4	13782.9	13782.9		8478.0	65.1	5408.5
2006	11186.6	598.1	125.8	15731.8	15731.8		10268.5	77.8	6458.9
2007	11644.6	538.5	129.4	22311.1	18020.0	4291.1	12173.3	96.0	7775.3
2008	12399.8	516.7	139.5	31821.6	19995.6	11826.0	13787.2	117.8	9254.1
2009	12715.5	483.9	145.8	40147.0	21937.4	18209.6	14895.5	129.6	10875.7
2010	13375.6	431.6	140.4	43262.9	23734.7	19528.3	16160.7	147.5	12335.9
2011	14317.1	394.4	159.9	47343.2	25227.1	22116.1	17695.9	163.0	13892.0
2012	15224.7	390.1	181.3	53641.3	26485.6	27155.7	19010.1	190.5	15428.7
2013	16416.8	416.7	203.2	57072.6	27443.1	29629.4	19917.2	195.2	16392.0
2014	17042.6	422.0	233.3	59746.9	28296.0	31450.9	20639.2	198.2	17038.7
2015	17326.0	456.8	269.8	66581.6	28893.1	37688.5	21432.5	201.9	17771.0
2016	18088.8	483.9	309.4	74391.6	29531.5	44860.0	21889.3	196.0	18451.0

表5-24 社会保险基金收支及累计结余

单位：亿元

年 份	合 计	基本养老保险	失业保险	城镇基本医疗保险	工伤保险	生育保险
基金收入						
1990	186.8	178.8	7.2			
1995	1006.0	950.1	35.3	9.7	8.1	2.9
2000	2644.9	2278.5	160.4	170.0	24.8	11.2
2001	3101.9	2489.0	187.3	383.6	28.3	13.7
2002	4048.7	3171.5	213.4	607.8	32.0	21.8
2003	4882.9	3680.0	249.5	890.0	37.6	25.8
2004	5780.3	4258.4	290.8	1140.5	58.3	32.1
2005	6975.2	5093.3	340.3	1405.3	92.5	43.8
2006	8643.2	6309.8	402.4	1747.1	121.8	62.1
2007	10812.3	7834.2	471.7	2257.2	165.6	83.6
2008	13696.1	9740.2	585.1	3040.4	216.7	113.7
2009	16115.6	11490.8	580.4	3671.9	240.1	132.4
2010	19276.1	13872.9	649.8	4308.9	284.9	159.6
2011	25153.3	18004.8	923.1	5539.2	466.4	219.8
2012	30738.8	21830.2	1138.9	6938.7	526.7	304.2
2013	35252.9	24732.6	1288.9	8248.3	614.8	368.4
2014	39827.7	27619.9	1379.8	9687.2	694.8	446.1
2015	46012.1	32195.5	1367.8	11192.9	754.2	501.7
2016	53562.7	37990.8	1228.9	13084.3	736.9	521.9
2017	67154.2	46613.8	1112.6	17931.6	853.8	642.5
基金支出						
1990	151.9	149.3	2.5			
1995	877.1	847.6	18.9	7.3	1.8	1.6
2000	2385.6	2115.5	123.4	124.5	13.8	8.3
2001	2748.0	2321.3	156.6	244.1	16.5	9.6
2002	3471.5	2842.9	182.6	409.4	19.9	12.8
2003	4016.4	3122.1	199.8	653.9	27.1	13.5
2004	4627.4	3502.1	211.3	862.2	33.3	18.8
2005	5400.8	4040.3	206.9	1078.7	47.5	27.4
2006	6477.4	4896.7	198.0	1276.7	68.5	37.5
2007	7887.8	5964.9	217.7	1561.8	87.9	55.6

续表

年　份	合　计	基本养老保险	失业保险	城镇基本医疗保险	工伤保险	生育保险
2008	9925.1	7389.6	253.5	2083.6	126.9	71.5
2009	12302.6	8894.4	366.8	2797.4	155.7	88.3
2010	15018.9	10755.3	423.3	3538.1	192.4	109.9
2011	18652.9	13363.2	432.8	4431.4	286.4	139.2
2012	23331.3	16711.5	450.6	5543.6	406.3	219.3
2013	27916.3	19818.7	531.6	6801.0	482.1	282.8
2014	33002.7	23325.8	614.7	8133.6	560.5	368.1
2015	38988.1	27929.4	736.4	9312.1	598.7	411.5
2016	46888.4	34004.3	976.1	10767.1	610.3	530.6
2017	57145.0	40423.8	893.8	14421.7	662.3	743.5
累计结余						
1990	117.3	97.9	19.5			
1995	516.8	429.8	68.4	3.1	12.7	2.7
2000	1327.5	947.1	195.9	109.8	57.9	16.8
2001	1622.8	1054.1	226.2	253.0	68.9	20.6
2002	2423.4	1608.0	253.8	450.7	81.1	29.7
2003	3313.8	2206.5	303.5	670.6	91.2	42.0
2004	4493.4	2975.0	385.8	957.9	118.6	55.9
2005	6073.7	4041.0	519.0	1278.1	163.5	72.1
2006	8255.9	5488.9	724.8	1752.4	192.9	96.9
2007	11236.6	7391.4	979.1	2476.9	262.6	126.6
2008	15225.6	9931.0	1310.1	3431.7	384.6	168.2
2009	19006.5	12526.1	1523.6	4275.9	468.8	212.1
2010	23407.5	15787.8	1749.8	5047.1	561.4	261.4
2011	30233.1	20727.8	2240.2	6180.0	742.6	342.5
2012	38106.6	26243.5	2929.0	7644.5	861.9	427.6
2013	45588.1	31274.8	3685.9	9116.5	996.2	514.7
2014	52462.3	35644.5	4451.5	10644.8	1128.8	592.7
2015	59532.5	39937.1	5083.0	12542.8	1285.3	684.4
2016	66349.7	43965.2	5333.3	14964.3	1410.9	675.9
2017	77311.6	50202.2	5552.4	19385.6	1606.9	564.5

注：1.2007年及以后城镇基本医疗保险基金中包括城镇职工基本医疗保险和城镇居民基本医疗保险。

2.2010年及以后基本养老保险基金中包括城镇职工基本养老保险和城乡居民基本养老保险。

3.工伤保险累计结余中含储备金。

表5-25 保险公司资金运用情况

单位：亿元

年 份	资金运用余 额	银行存款	国 债	金融债券	企业债券	证券投资基金
2004	10778.62	5071.10	2618.44	1026.25	639.73	666.32
2005	14092.69	5165.55	3590.65	1804.71	1204.55	1107.00
2006	17785.40	5989.11	3647.01	2754.25	2121.56	912.08
2007	26647.81	6503.44	3956.56	4897.84	2799.76	2519.41
2008	30552.83	8087.49	4208.26	8754.06	4598.46	1646.46
2009	37417.12	10519.68	4053.82	8746.10	6074.56	2758.78
2010	46046.62	13909.97	4815.78	10038.75	7935.69	2620.73
2011	55192.98	17692.69	4741.90	12418.80	8755.86	2909.92
2012	68542.58	23446.00	4795.02	14832.57	10899.98	3625.58
2013	76873.41	22640.98	4776.73	14811.84	13727.75	3575.52
2014	93314.43	25310.73	5009.88	15067.12	15465.13	4714.28
2015	111795.49	24349.67	5831.12	15215.31	17307.38	8856.50
2016	133910.67	24844.21	7796.24	16260.35	18627.99	8554.46
2017	149206.21	19274.07	10167.99	19153.05	19436.76	7524.77

表5-26 分地区原保险保费收入和赔付支出情况（2017年）

单位：亿元

地 区	原保险保费收入			赔付支出		
	小计	财产险业务	人身险业务	小计	财产险业务	人身险业务
全 国	36577.77	9834.57	26743.20	11178.36	5086.09	6092.27
北 京	1972.96	405.64	1567.32	577.72	212.47	365.25
天 津	564.96	141.57	423.39	154.90	74.10	80.81
山 西	823.21	194.10	629.11	259.88	96.73	163.15
河 北	1713.89	487.36	1226.53	547.54	225.38	322.16
内蒙古	570.06	179.83	390.23	186.50	113.26	73.24
辽 宁	946.00	238.01	707.99	279.85	135.00	144.85
大 连	329.77	78.95	250.82	95.57	40.91	54.67

续表

地区	原保险保费收入			赔付支出		
	小计	财产险业务	人身险业务	小计	财产险业务	人身险业务
吉 林	641.39	155.33	486.06	175.11	82.18	92.93
黑龙江	931.44	169.54	761.90	240.51	92.79	147.72
上 海	1587.19	429.00	1158.19	548.73	233.69	315.04
江 苏	3449.27	814.00	2635.27	983.66	455.63	528.04
浙 江	1844.41	620.33	1224.08	540.07	350.06	190.01
宁 波	302.83	138.93	163.91	113.32	80.70	32.62
安 徽	1107.36	366.28	741.09	397.70	187.04	210.67
福 建	831.84	227.81	604.03	253.99	115.91	138.08
厦 门	200.32	73.56	126.76	71.69	45.64	26.05
江 西	727.29	213.74	513.55	216.87	106.90	109.98
山 东	2341.09	586.37	1754.72	710.78	296.56	414.22
青 岛	395.52	107.78	287.74	120.39	57.27	63.12
河 南	2019.92	443.59	1576.33	625.58	217.46	408.13
湖 北	1347.28	308.53	1038.75	406.48	153.29	253.19
湖 南	1109.70	314.19	795.51	376.70	165.22	211.48
广 东	3275.81	823.05	2452.76	885.33	407.11	478.22
深 圳	1029.84	282.31	747.53	257.13	141.99	115.15
广 西	565.11	195.98	369.13	181.83	84.98	96.85
海 南	164.83	57.14	107.69	49.08	27.11	21.98
重 庆	744.00	183.87	560.13	256.83	96.46	160.37
四 川	1937.64	496.35	1441.28	583.29	241.09	342.20
贵 州	389.31	179.26	210.05	153.80	91.37	62.43
云 南	612.66	255.14	357.52	218.11	115.06	103.05
西 藏	28.01	16.85	11.16	12.39	8.72	3.67
陕 西	869.01	214.21	654.80	260.06	107.66	152.40
甘 肃	366.38	112.31	254.06	119.18	54.91	64.27
青 海	80.20	33.34	46.86	29.25	16.50	12.75
宁 夏	165.29	56.04	109.25	49.55	26.96	22.59
新 疆	523.48	169.90	353.58	173.44	89.10	84.34
集团、总公司本级	68.50	64.40	4.10	65.51	38.91	26.60

注：1.本表数据为各公司上报中国保险统计信息系统年报数据，未经审计。

2.全国本级是指集团、总公司直接开展的业务，不计入任何地区。

六、香港、澳门、台湾省生产总值与投资

表6−1 香港本地生产总值

年 份	本地生产总值(以当年价格计算)		本地生产总值与上年比较的实际增长(%)	人均本地生产总值(以当年价格计算)	
	(亿港元)	(亿美元)		(港元)	(美元)
1990	5993	769	3.8	105050	13487
1991	6913	890	5.7	120188	15466
1992	8071	1043	6.2	139148	17975
1993	9310	1203	6.2	157772	20395
1994	10496	1358	6.0	173909	22504
1995	11190	1446	2.4	181772	23497
1996	12353	1597	4.3	191951	24819
1997	13731	1774	5.1	211592	27330
1998	13081	1689	−5.9	199898	25810
1999	12859	1658	2.5	194649	25090
2000	13375	1717	7.7	200675	25757
2001	13211	1694	0.6	196765	25230
2002	12973	1663	1.7	192367	24666
2003	12567	1614	3.1	186704	23976
2004	13169	1691	8.7	194140	24928
2005	14121	1816	7.4	207263	26651
2006	15034	1935	7.0	219240	28223
2007	16508	2116	6.5	238676	30596
2008	17075	2193	2.1	245406	31515
2009	16592	2140	−2.5	237960	30697
2010	17763	2286	6.8	252887	32551
2011	19344	2485	4.8	273549	35142
2012	20371	2626	1.7	284899	36733
2013	21383	2757	3.1	297860	38404
2014	22600	2915	2.8	312609	40316
2015	23983	3094	2.4	328924	42431
2016	24908	3209	2.2	339500	43739
2017	26610	3414	3.8	359996	46189

表6–2 香港支出法本地生产总值

单位：亿港元，另有注明除外

本地生产总值组成部分	2013	2014	2015	2016	2017
按当年价格计算					
私人消费开支	14131	15028	15931	16497	17826
政府消费开支	1986	2142	2313	2476	2621
固定资本形成总额	5155	5309	5372	5360	5810
存货增减	–17	75	–206	4	111
货物出口(离岸价)[1]	39261	39868	38892	38929	41913
减：货物进口(离岸价)[1]	41427	42377	40665	40226	43779
服务出口[1]	8126	8291	8089	7648	8114
减：服务进口[1]	5832	5735	5743	5781	6005
本地生产总值	21383	22600	23983	24908	26610
人均本地生产总值(港元)	297860	312609	328924	339500	359996
按2016年环比物量计算[2]					
私人消费开支	14941	15440	16175	16497	17411
政府消费开支	2249	2318	2397	2476	2560
固定资本形成总额	5547	5541	5364	5360	5546
存货增减	–13	83	–212	4	125
货物出口(离岸价)[1]	38680	39005	38332	38929	41234
货物进口(离岸价)[1]	40444	41040	39943	40226	43023
服务出口[1]	7774	7899	7926	7648	7891
服务进口[1]	5520	5400	5668	5781	5893
本地生产总值	23172	23812	24380	24908	25852
人均本地生产总值(港元)	322776	329370	334377	339500	349745

注：[1] 货物出口及进口与服务出口及进口数字，是根据《2008年国民经济核算体系》的标准，采用所有权转移原则记录外地加工货品及转手商贸活动编制而成的。

[2]以环比物量计算的本地生产总值及其组成部分的参照年，已由2015年重订为2016年。重订参照年会影响以环比物量计算的数值，但不会影响其变动率。整体物量数值与其组成部分相加的总和可能存在差额。不可相加性是环比物量计算的一个技术属性。

表6–3 香港本地居民总收入

单位：亿港元，另有注明除外

项目	2013	2014	2015	2016	2017#
以2016年环比物量计算[1]					
本地生产总值	23172	23812	24380	24908	25852
对外初次收入流量净值	431	481	448	626	1078
实质本地居民总收入[2]	23230	23847	24743	25534	26957
人均本地生产总值(港元)	322776	329370	334377	339500	349745
人均实质本地居民总收入(港元)	323592	329858	339344	348032	364687
按当年价格计算					
本地生产总值	21383	22600	23983	24908	26610
对外初次收入流量净值	405	466	444	626	1107
本地居民总收入	21788	23066	24427	25534	27717
人均本地生产总值(港元)	297860	312609	328924	339500	359996
人均本地居民总收入(港元)	303504	319056	335010	348032	374977
私人消费开支	14941	15440	16175	16497	17411
政府消费开支	2249	2318	2397	2476	2560
固定资本形成总额	5547	5541	5364	5360	5546
存货增减	–13	83	–212	4	125
货物出口(离岸价)[1]	38680	39005	38332	38929	41234
货物进口(离岸价)[1]	40444	41040	39943	40226	43023
服务出口[1]	7774	7899	7926	7648	7891
服务进口[1]	5520	5400	5668	5781	5893
本地生产总值	23172	23812	24380	24908	25852
人均本地生产总值(港元)	322776	329370	334377	339500	349745

注：[1] 以环比物量计算的本地生产总值、对外初次收入流量净值及实质本地居民总收入的参照年，已由2015年重订为2016年。

[2]实质本地居民总收入是把贸易价格比率变动的调整及实质对外初次收入流量净值加进实质本地生产总值而得出。

表6-4 香港国际投资头寸（期末头寸）

单位：亿港元

概括组成部分	2012	2013	2014	2015	2016	2017
资产	268580	291248	323915	338245	357388	427351
直接投资	98726	104835	123585	132308	135269	159056
证券投资	76515	86936	90777	97555	106015	134904
金融衍生工具	6615	5680	6235	6411	8581	6201
其他投资	63420	69669	77842	74161	77577	93469
储备资产	23305	24128	25475	27809	29946	33721
负债	212662	232478	256427	260497	267921	318415
直接投资	105090	113467	127145	136973	141422	171901
证券投资	37435	40458	40858	35922	33908	44646
金融衍生工具	6387	5121	5503	5757	8270	5682
其他投资	63750	73432	82921	81845	84321	96185
国际投资头寸净值[1]	55918	58770	67488	77747	89468	108937

注：[1]国际投资头寸净值是对外金融资产总值与对外金融负债总值之间的差额。

表6-5 香港按选定主要投资者国家/地区划分的外来直接投资头寸及流动

单位：亿港元

主要投资者国家/地区	以市值计算的外来直接投资					
	年底头寸			年间流入		
	2014	2015	2016	2014	2015	2016
英属维尔京群岛	41234	43255	43160	4767	4375	2407
中国内地	34935	32703	32414	2218	2008	2568
开曼群岛	3971	8617	9700	167	4043	1360
荷兰	7459	7787	7953	448	344	504
百慕大	6129	5697	5865	-47	594	149
美国	3850	3146	3137	83	30	476
新加坡	3185	3431	2915	590	233	-181
英国	1319	2564	2822	444	559	649
日本	2265	2258	2207	108	225	144
中国台湾	686	794	1089	8	-26	-13
其他	10994	13106	14819	-20	1131	1048
总计	116029	123359	126081	8765	13515	9112

注：根据香港近年从个别投资者国家/地区的外商直接投资头寸选取。

表6–6　香港按选定主要接受投资国家／地区划分的对外直接投资头寸及流动

单位：亿港元

主要接受投资国家/地区	以市值计算的向外直接投资					
	年底头寸			年间流出		
	2014	2015	2016	2014	2015	2016
中国内地	45600	47018	48227	6379	3066	2349
英属维尔京群岛	45981	48405	46582	1509	–164	1566
开曼群岛	2447	4552	4952	649	2245	382
百慕大	2833	2270	2250	262	240	281
英国	2420	2485	1605	22	171	–686
澳大利亚	1303	1354	1353	156	6	–99
新加坡	847	714	948	113	–82	73
美国	781	857	899	36	–170	7
卢森堡	781	700	776	–17	–4	68
加拿大	739	745	725	§	2	–27
其他	8737	9594	11612	514	256	721
总计	**112469**	**118694**	**119928**	**9622**	**5567**	**4634**

注：根据香港近年对个别接受投资国家／地区的对外直接投资头寸选取。

表6–7 香港按楼宇种类划分的新落成私人楼宇

楼宇类别	2013	2014	2015	2016	2017
住宅楼宇					
楼宇数目　(栋)	396	181	283	262	355
实用楼面面积 (万平方米)①	20.5	42.3	27.6	33.0	39.5
商住两用楼宇					
楼宇数目　(栋)	96	51	113	67	128
实用楼面面积(万平方米)					
住宅	12.2	20.7	29.4	28.4	23.1
非住宅	2.7	3.2	2.8	6.8	3.4
商业楼宇					
楼宇数目　(栋)	16	19	16	21	24
实用楼面面积 (万平方米)	11.7	13.2	21.3	19.3	23.9
工业楼宇					
楼宇数目　(栋)	10	17	18	13	22
实用楼面面积 (万平方米)	9.8	17.2	5.3	9.1	19.5
其他用途楼宇					
楼宇数目　(栋)	160	198	182	193	174

续表

楼宇类别	2013	2014	2015	2016	2017
实用楼面面积 (万平方米)					
住宅	2.1	1.5	1.6	2.3	0.6
非住宅	24.0	11.8	15.3	23.9	27.3
总计					
楼宇数目 (栋)	678	466	612	556	703
实用楼面面积 (万平方米)					
住宅[1]	34.8	64.5	58.5	63.7	63.2
非住宅	48.3	45.4	44.8	59.2	74.1

注：[1]包括住宅楼宇内用作非住宅用途的实用楼面面积，例如：会所/娱乐设施、管理员办事处/宿舍、电机房等。

表6-8 香港按楼宇种类划分的获批准可动工兴建私人楼宇

年份	住宅楼宇		商住两用楼宇		
	楼宇数目 (栋)	实用楼面面积 (万平方米)[1]	楼宇数目 (栋)	实用楼面面积 (万平方米)	
				住宅	非住宅
2012					
初次呈交	102	27.2	69	35.0	5.8
重大修改	86	14.9	2	0.6	0.1
2013					
初次呈交	329	18.1	54	20.1	2.8
重大修改	445	21.1	53	21.1	1.8
2014					
初次呈交	254	24.0	41	22.0	6.2
重大修改	200	9.6	5	6.0	2.7
2015					
初次呈交	261	36.9	99	19.2	5.1
重大修改	65	1.4	66	28.5	7.0
2016					
初次呈交	262	31.7	53	9.6	5.3
重大修改	110	18.8	36	4.0	1.3
2017					
初次呈交	165	29.6	35	11.3	11.4
重大修改	151	11.8	28	33.6	12.1

续表

年　份	商业楼宇		其他用途楼宇			总　计		
	楼宇数目(栋)	实用楼面面积(万平方米)	楼宇数目(栋)	实用楼面面积(万平方米)		楼宇数目(栋)	实用楼面面积(万平方米)	
				住宅	非住宅		住宅[1]	非住宅
2012								
初次呈交	19	15.1	68	0.9	39.2	266	63.0	64.8
重大修改			23	1.1	3.7	114	16.6	6.2
2013								
初次呈交	21	23.1	35	0.1	12.7	448	38.4	48.8
重大修改	2	3.2	18	1.0	0.9	522	43.2	9.6
2014								
初次呈交	16	16.9	45	2.8	14.2	362	48.8	47.7
重大修改	1	3.2	12	0.2	7.5	219	15.9	13.6
2015								
初次呈交	20	19.8	85	2.8	38.2	486	59.0	83.7
重大修改	1	0.3	26	0.2	17.3	159	30.1	26.5
2016								
初次呈交	9	18.7	47	0.4	16.4	383	41.8	46.7
重大修改	6	5.9	8		7.2	163	22.8	15.6
2017								
初次呈交	14	24.4	46	1.0	18.5	269	41.9	59.7
重大修改	3	1.0	9	§	4.2	192	45.4	18.1

注：[1]包括住宅楼宇内用作非住宅用途的实用楼面面积，例如：会所/娱乐设施、管理员办事处/宿舍、电机房等。

表6-9 澳门本地生产总值（当年价格）

年 份	本地生产总值		实际增长率 (%)	人均本地生产总值	
	(亿澳门元)	(亿美元)		(澳门元)	(美元)
1993	448.2	56.3	5.2	116729	14650
1994	498.8	62.7	4.3	125708	15792
1995	557.4	70.0	3.3	136192	17093
1996	567.4	71.2	−0.4	136693	17159
1997	575.1	72.1	−0.3	137821	17282
1998	538.0	67.4	−4.6	127386	15966
1999	518.7	64.9	−2.4	121363	15186
2000	539.4	67.2	5.7	125271	15608
2001	547.2	68.1	2.9	126107	15698
2002	588.3	73.2	8.9	134181	16703
2003	657.3	81.9	11.7	148182	18473
2004	849.2	105.9	26.8	186776	23281
2005	968.7	120.9	8.1	204607	25541
2006	1183.4	147.9	13.3	238057	29755
2007	1473.8	183.4	14.4	282962	35212
2008	1677.6	209.2	3.4	312149	38918
2009	1714.7	214.8	1.3	318611	39905
2010	2250.5	281.2	25.3	419153	52380
2011	2943.5	367.1	21.7	536178	66867
2012	3438.2	430.3	9.2	603525	75536
2013	4118.7	515.5	11.2	692501	86680
2014	4420.7	553.5	−1.2	710895	89005
2015	3622.1	453.6	−21.6	564635	70712
2016	3622.7	453.1	−0.9	560913	70160
2017	4042.0	503.6	9.1	622803	77596

表6-10 澳门支出法本地生产总值

单位：亿澳门元

本地生产总值组成部分	2013	2014	2015	2016	2017
按当年价格计算					
私人消费支出	791.2	885.6	945.3	955.1	980.1
政府最终消费支出	267.7	311.3	347.8	377.3	399.7
固定资本形成总额	549.3	831.0	890.8	785.9	747.9
存货增加	29.7	36.1	19.3	–1.0	–1.1
货物出口	119.3	142.7	156.4	123.3	138.5
减:货物进口	961.8	1087.7	1083.9	923.4	925.3
服务出口	3613.8	3612.1	2665.7	2632.5	3070.6
减:服务进口	290.4	310.4	319.2	327.0	368.5
本地生产总值	4118.7	4420.7	3622.1	3622.7	4042.0
人均本地生产总值 (澳门元)	692501	710895	564635	560913	622803
以环比物量(2016年)计算					
私人消费支出	893.1	945.8	965.8	955.1	970.3
政府最终消费支出	326.0	346.8	361.3	377.3	383.7
固定资本形成总额	616.9	845.6	891.2	785.9	707.4
存货增加	28.8	35.3	19.0	–1.0	–1.1
货物出口	116.7	140.8	155.1	123.3	138.5
减:货物进口	924.9	1056.8	1067.3	923.4	927.1
服务出口	3901.5	3694.9	2658.4	2632.5	3038.8
减:服务进口	302.8	323.1	328.4	327.0	358.3
本地生产总值	4717.3	4660.6	3654.2	3622.7	3952.2
人均本地生产总值 (澳门元)	793155	749478	569632	560913	608963

表6-11　台湾省本地居民总收入

年份	本地居民总收入			人均本地居民总收入	
	新台币亿元	实际年增长率 %	亿美元[1]	新台币元	美元[1]
2006	129525	4.6	3982	567508	17446
2007	137398	6.1	4184	599536	18256
2008	134656	−2.0	4269	585519	18564
2009	133757	−0.7	4046	579574	17531
2010	145489	8.8	4597	628706	19864
2011	147006	1.0	4988	633822	21507
2012	151411	3.0	5112	650660	21967
2013	156546	3.4	5259	670585	22526
2014	165824	5.9	5460	708540	23330
2015	173014	4.3	5422	737393	23109
2016	176824	2.2	5469	751934	23258
2017	178744	1.1	5873	758903	24936

注：[1]按当年汇率折算。

表6-12　台湾省本地生产总值支出构成

单位：%

年份	本地生产总值(新台币亿元)	居民消费	政府消费	固定资本形成总额	存货增加	货物及服务出口	减：货物及服务进口
2006	126408	55.0	14.7	24.2	0.4	65.8	60.0
2007	134071	53.7	14.3	23.9	0.1	69.7	61.8
2008	131510	55.2	15.1	23.2	1.3	70.2	65.0
2009	129617	55.4	15.9	21.3	−1.4	60.4	51.5
2010	141192	53.1	14.9	23.6	1.3	70.9	63.9
2011	143122	54.5	15.1	23.4	0.3	72.8	66.1
2012	146869	54.7	15.3	22.3	0.1	70.4	63.0
2013	152307	54.2	14.7	22.2	−0.1	69.5	60.4
2014	161119	53.3	14.5	21.7	0.2	69.8	59.6
2015	167707	52.2	14.0	20.8	0.1	64.3	51.4
2016	171521	52.7	14.4	20.9	−0.1	62.8	50.6
2017	174447	53.0	14.1	20.5	−0.3	65.2	52.5

表6-13 台湾省本地生产总值产业构成

单位：%

年份	本地生产总值(新台币亿元)	农业	工业	制造业	水电燃气及污染治理业	建筑业	服务业	批发及零售业	金融及保险业	不动产业	咨讯及通讯传播业
2006	126408	1.56	32.38	27.72	1.87	2.63	66.06	17.37	7.13	8.20	3.38
2007	134071	1.43	32.54	28.08	1.65	2.64	64.74	17.23	7.04	8.13	3.33
2008	131510	1.53	30.98	27.13	0.97	2.70	66.44	17.64	6.94	8.43	3.46
2009	129617	1.66	31.13	26.41	2.12	2.47	66.02	17.15	6.15	8.86	3.50
2010	141192	1.59	33.67	28.97	1.96	2.60	64.42	16.77	6.17	8.42	3.30
2011	143122	1.72	33.02	28.66	1.56	2.68	65.27	17.07	6.39	8.47	3.23
2012	146869	1.65	32.39	28.06	1.61	2.62	64.86	16.69	6.35	8.46	3.15
2013	152307	1.68	33.32	28.63	1.99	2.60	64.58	16.90	6.39	8.46	3.07
2014	161119	1.80	34.80	30.00	2.14	2.56	63.42	16.41	6.53	8.20	2.96
2015	167707	1.68	35.15	30.10	2.45	2.51	62.82	16.27	6.52	8.11	2.92
2016	171521	1.79	35.48	30.63	2.38	2.38	62.62	16.06	6.52	8.10	2.91
2017	174447	1.70	35.37	30.80	2.09	2.39	62.82	16.21	6.68	8.13	2.76

表6-14 台湾省按用途分批准动工的建筑物面积

单位：万平方米

年份	总计	商业类	工业、仓储类	休闲、文教类	办公、服务类	住宿类	
						宿舍	住宅
2008	2617	90	554	144	212	31	1391
2009	1992	77	336	187	180	24	1009
2010	3117	101	640	174	247	13	1674
2011	3415	76	613	129	208	21	1979
2012	3288	106	562	118	197	18	1932
2013	3976	164	584	109	198	21	2542
2014	3863	196	630	96	253	29	2223
2015	3260	87	660	84	172	28	1823
2016	2624	105	559	89	146	17	1326
2017	2988	145	624	120	136	24	1525

表6-15 台湾省政府公债

单位：新台币亿元

年 份	合计			台湾省级政府发行			市级发行		
	发行额	偿还额	余额	发行额	偿还额	余额	发行额	偿还额	余额
2007	4022	2670	35198	3932	2225	34100	90	446	1098
2008	4387	2224	37362	4100	2103	36097	287	121	1265
2009	4956	2608	39709	4700	2502	38296	256	107	1414
2010	6293	2659	43343	6100	2520	41876	193	140	1467
2011	6400	3299	46444	6200	2980	45096	200	319	1348
2012	6884	3983	49345	6650	3982	47763	234	1	1581
2013	6419	3668	52095	6419	3500	50682		168	1413
2014	6753	4446	54402	6753	4050	53385		396	1017
2015	6135	4843	55694	6053	4650	54788	82	193	906
2016	5635	5276	56053	5635	5000	55423		276	631
2017	4000	3690	56363	4000	3475	55948		215	416

表6-16 台湾省金融概况

年 份	货币供应量M1(新台币亿元)	流动性负债(新台币亿元)	储备货币(新台币亿元)	主要金融机构存款(新台币亿元)	主要金融机构放款与投资(新台币亿元)	再贴现率(年息%)	汇率(卖出价)(新台币/美元)
2008	81537	388270	21254	278702	213315	2.00	32.91
2009	105116	416730	23040	294486	214823	1.25	32.08
2010	114571	445203	25018	310063	228037	1.63	30.42
2011	118302	469541	27209	323022	241729	1.88	30.32
2012	124184	496032	29021	333004	255488	1.88	29.08
2013	134708	530162	31208	350624	267206	1.88	29.82
2014	143101	568299	32633	371339	281106	1.88	31.68
2015	152926	607126	34524	393558	294063	1.63	32.88
2016	161777	638980	36303	407174	305492	1.38	32.30
2017	167414	672411	37765	420940	320227	1.38	29.85

表6–17 台湾省股票交易

单位：新台币亿元

年 份	上 市 股 票			总成交额	日平均成交额	股价指数(年平均)(1966年=100)
	上市公司数 (家)	总面值[1]	总市值[1]			
2008	718	56904	117065	261154	1049	7024.06
2009	741	57729	210336	296805	1182	6459.56
2010	758	58113	238114	282187	1124	7949.63
2011	790	60268	192162	261974	1061	8155.79
2012	809	62580	213522	202382	810	7481.34
2013	838	64880	245196	189409	770	8092.77
2014	854	66653	268915	218985	883	8992.01
2015	874	68493	245036	201915	828	8959.35
2016	892	69370	272479	167711	687	8763.26
2017	907	70558	318319	239722	974	10208.12

注：[1] 年底数。

优秀企业展示篇

开拓创新 深化转型 工商银行描绘智慧银行新蓝图

中国工商银行

中国工商银行成立于1984年，经过持续努力和稳健发展，已经迈入世界领先大银行行列。一直以来，中国工商银行始终坚持以客户为中心，不断推进经营转型和改革创新。2018年以来，又启动实施了e-ICBC 3.0智慧银行战略升级，努力以互联网金融的新创造、新实践，开创经营发展的新境界、新气象。

应运而生：紧抓时代变革新机遇

2015年3月工行正式发布e-ICBC发展战略，之后工行互联网金融布局逐步展开、发展逐步加快，在互联网金融领域的探索与实践不断深入，e-ICBC战略也经历了从1.0到2.0的升级。在e-ICBC 1.0和2.0时代，工行聚焦于自身服务能力的提升，基本完成了在资金流、信息流、商品流三大领域以及支付、融资、理财三大产品线的业务布局，通过自建平台、打造场景、优化体验，以竞争姿态在各重点市场抢占份额，建立与客户的接触点。随着战略的快速推进，截至2016年末，融e行、融e联、融e购的用户规模已分别达到2.5亿、6000万和5600万，三大平台已经初步具备了对内聚集用户流量进行综合化运营、对外输出金融服务开展场景共建的能力。

面对当前互联网金融市场日新月异的变化，结合工行推进战略传承与创新、加快转型发展的新要求，工行领导层研究认为有必要在当前互联网金融取得阶段性成效、与传统业务的融合与碰撞叠加显现的新局面下，进一步审视和思考工行互联网金融发展所面临的新形势、新挑战，深层次探究下一阶段深化e-ICBC创新发展的新思路、新举措。

工行清醒地意识到，虽然快速集聚了亿级互联网金融用户，但对标国内知名互联网企业，工行互联网金融业务的认知度和影响力仍有一定差距，尚未形成开放、合作、共赢的金融生态圈；工行互联网金融业务增长缺少线上直接获客、活客，尚未形成真正基于线上的业务增长模式；工行互联网金融产品创新研发流程较长，用户体验尚待进一步提升。这些问题不仅影响e-ICBC战略的持续深入推进，也难以带动传统业务转型。

与此同时，人们生活、生产活动快速网络化、信息化、智能化，社会各个层面的运行方式和逻辑都在发生翻天覆地的变化，金融服务也必将随之转型发展。大数据、区块链、人工智能、生物识别、云计算等技术兴起并在金融领域应用普及，在为客户带来更简单、更高效、更随心的极致体验的同时，也正在对商业银行的组织架构、商业模式、业务流程、征信方式、定价模型、风控模式和市场营销等产生巨大影响。互联网企业快速将生产、生活的场景网络化，进而抢占场景，占据场景背后的支付、融资、投资等金融服务市场，使传统金融从直接接触客户变为管道化的产品和服务提供商。面对互联网金融的全新发展态势，我行研究认为，未来3～5年是重要的发展窗口期，工行必须认真谋划并推进互联网金融战略的升级，通过金融服务的智能重构和体制机制的深刻变革适应社会未来发展的需要，为全行未来赢得更大发展空间。e-ICBC 3.0智慧银行战略正式在这样的背景下应运而生。

开拓创新：打造智慧银行新格局

e-ICBC 3.0智慧银行战略的发展愿景是秉持传承与创新的宗旨，推进传统金融服务的智能化改造，构建开放、合作、共赢的金融服务生态圈，建设智能化的营销、产品、服务、风控体系，重塑银行信息和信用中介的中心地位，形成线上线下一体化的经营发展模式，打造线上线下一体化获客、活客、黏客的新型客户关系管理体系，推进全行向服务无所不在、创新无所不包、应用无所不能的“智慧银行”转型。

工行希望通过全行上下的共同努力和开拓创新，用几年时间实现e-ICBC 3.0战略的四大目标。一是建立线上线下一体化的销售模式，构建开放、融合的服务生态，提升场景聚合获客能力，形成线上线下双擎驱动的销售模式。二是持续打造极致体验的网络金融产品，建立业务、需求、研发、测试、投产人员一体化，适应互联网金融创新快速、迭代、容错需要的敏捷创新机制，持续推出拥有极致体验，能够打市场、赢口碑的撒手锏产品。三是构建数据驱动和智能服务的业务模式，建设资金流、物流、信息流三流合一、行为和结果数据相融合的多元化数据平台，加快大数据和智能应用人才队伍建设，建设数据和智能技术驱动的营销、创新、风控和服务体系。四是构建具有智慧银行特色的体制机制，以产品极致和场景创造为核心，以提升获客能力为目的，改革用人和分配机制，形成强大的市场推动能力、运营能力和风险控制能力。

齐心协同：激发战略实施新活力

为推动e-ICBC 3.0智慧银行发展愿景与目标的实现，工行制定了三方面的发展策略。

一是要坚持“全行做、专业干、合作办”。这一策略的核心是要在工行内部理顺网络金融发展的体制机制，厘清总行与分行之间，线上与线下之间，牵头部门与业务部门、创新研发部门和资源保障部门之间的职责，明晰各自的角色定位和责权关系，培养工行互联网基因，凝聚全行合力，发挥专业优势，形成合作氛围，统筹协同推进智慧银行战略的实施，进而带动工行整体经营转型。

二是要坚持“开放、合作、共赢”。这一策略的关键是要遵循互联网发展规律，以开放的心态强化工行内部的联动协作和与外部的互通互补、合作共赢，通过内部协同、战略合作、资本运作等多种手段快速构建起良性互动、优势互补、共赢发展的生态圈。

三是要做到“整体规划、分步实施、重点突破”。既要强化e-ICBC 3.0智慧银行战略的整体规划和顶层设计，明晰发展方向、目标和业务布局，又要坚持传承创新、分步实施、重点突破的原则，找准网络金融产品突破口和场景切入点，在确保既有业务平稳有序运营的前提下，从差异化市场入手，发挥自身优势，聚焦发展重点，以渐进滚动方式推进智慧银行战略的实施。

秉要执本：紧扣战略发展新脉搏

e-ICBC 3.0战略的成功实现需要长期、持续的扎实推进，也需要根据进展情况不断调整优化。当前，工行将重点围绕四大方面工作突破、展开。

首先，将做好互联网金融发展的传承与创新，推动融e行、融e购、融e联三大平台的转型。融e行平台将按照专业化网络金融交易服务平台的定位，围绕移动化、智能化，着力提升线上获客能力，打造极致的产品功能。融e购平台将按照规模适中、品质领先、特色鲜明的发展定位，积极打造综合化、多层次的电商平台。融e联平台将按照信息平台、开放平台和服务平台的发展定位，成为场景接入和用户引流的入口。

其次，将尽快在支付、财富管理、消费金融、产业金融等产品线取得突破，努力提升市场竞争力。一是优化完善支付业务产品和职能。支付具有连接一切的特性，是金融服务连接场景的入口和纽带。抓住支付，也就抓住了网络金融未来发展的牛鼻子，失去支付，也就动摇了网络金融未来发展的根基。二是布局线上财富管理市场。当前国内财富管理市场已逐步进入数字化时代，根据BCG的调查，国内80%的人群接受网络财富管理产品，比例高于美国。工行将以个人和企业日益增长的财富管理为突破口，发挥工行品牌、信誉、同业合作、专业人才等优势，打造全方位的财富管理平台，成为线上获客的增长极和经营转型的突破口。三是抓住消费金融发展机遇。近年来国内消费金融市场快速发展，年复合增长率达到20%，未来预计将继续保持高增长态势。为此工行必须加快布局消费金融市场，以融e借为抓手，打造个人线上纯信用消费贷款精品，使融e借成为资产端获客、活客、黏客的重要工具。四是快速拓展产业金融市场。当前消费端的变革正向产业链上游不断延伸，各类B2B平台通过撮合产业链供销两端，减少中间环节，提升交易效率，采集真实、有效的交易信息，在提供基本的支付结算服务的基础上，通过对全链条信息的采集、分析，提供全线上的融资服务。未来工行将探索利用互联网和大数据技术手段，积极推动优质供应链融资业务向线上迁徙。

再次，将抓紧构建开放、合作、共赢的金融服务生态圈。以"批量引流、客群拓展"为导向，围绕客户痛点需求搭建服务场景，通过与外部用户聚集、金融需求旺盛的互联网企业联动合作，提升工行线上获客能力，持续增强工行客户基础，实现行内外客户及产品的线上化，加快金融服务生态圈的建设。

最后，将夯实工行网络金融持续创新的基础。一方面探索创建全新的IT系统架构，布局下一代IT技术，引入分布式技术和系统，构建开放化、松耦合的云服务模式IT架构；另一方面，创建全新的个人账户体系，按照以客户为中心的原则，加快推进线上线下、不同类别、行内外账户的互联、互通、互信，夯实工行网络金融发展的创新基础。

革故鼎新：建立互联网金融新机制

在e-ICBC 3.0智慧银行战略的推进实施过程中，非常重要和关键的一点就是要实现对工行原有互联网金融发展机制体制的创新，为此，全行给予了大力支持。

一是强化组织机构保障。工行成立了由董事长为主任的网络金融推进委员会，作为智慧银行战略实施推进的决策机构。同时，工行已于近期在电子银行部基础上改组成立了网络金融部，网络金融部将负责e-ICBC 3.0战略的落地实施，统筹全行网络金融业务发展与管理，组织推动全行执行落实相关发展规划、实施路径和管理措施，统筹全行网络金融平台的用户发展、运营支持和创新研发，统筹全行网络金融的合作和联动，牵头建立与互联网企业合作的内部联动机制和对外合作策略。工行将努力在各业务部门、各分行之间建立起凝聚合力、分工明确、职能协同、适度竞争的工作机制，形成统一的利益传导机制推动网络金融发展，构建线上线下一体化发展模式。

二是创新产品研发机制。工行将在现有银行业内领先的科技开发力量基础上，遵循互联网产品创新敏捷、迭代、容错、追求极致体验的定律，按照体验至上、市场优先的原则，在风险可控、成本可担的基础上，允许适当试错，建立业务、需求、研发、测试、体验、投产人员一体化，以项目制为核心的敏捷、迭代、容错研发机制。

三是创新资源配置机制。工行将探索建立与智慧银行战略发展相匹配的资源配置机制，保证充足的资源投入，优化传统资源配置方式，重点以用户拓展和流量运营为考量指标，并探索更为灵活的费用管理模式。

四是创新人员管理机制。为满足网络金融业务的发展需求，工行将进一步加强网络金融人才队伍建设，探索更加丰富多元的选人用人方式，对稀缺人才实行市场化的薪酬激励，提升人才竞争力和吸引力，重点加快充实系统架构设计、项目实施与管理、移动互联网应用研发以及平台营销、运营、风控等各方面的人才。

未来，中国工商银行将在经济发展新常态的大背景下，坚持市场发展规律，持续推动战略升级和跨越发展，积极谋进、扎实前行，努力实现自身健康可持续发展。

善行城建，建设美好城市

中国建设银行

曾几何时，城市很小，小到似乎禁锢了人们的梦想。那时候，与胡同里飘出的饭菜香味混杂在一起的是恣意横流的污水味道，老旧社区里人们谈论最多的是什么时候能搬进干净明亮的新建小区，新市民们盼望着有更多的发展机会和更好的配套服务，而上班族总是免不了抱怨在拥挤的公交车上被挤成相片。随着时间的流淌，人们发现自己居住的城市正在悄然发生着变化，过去对城市的种种美好想象正在变成现实。

城市变得越来越漂亮了。密密麻麻的握手楼在“棚户区改造”的洗礼下摇身一变，成为环境宜人的现代化居住社区；靠收取低廉房租为计的城中村经过“拆迁”和规划重建，发展成为充满商业潜能的商业地标；日渐凋零的百年古村在修旧如旧后，文脉和传承得以延续。宽阔平整的城市道路告别了逼仄拥挤，充盈清澈的河流水系告别了污水注入，密布杂乱的空中电缆被隐蔽的地下管道所代替，城市正在履行让生活更美好的许诺。

城市变得越来越聪明了。排水系统的优化升级实现了雨水的收集赋存，使城市既有“面子”，更有“里子”；智能路灯的自适应启闭，既提供了城市道路全天候、全天气状况的行车安全保障，又降低了电能消耗；无人值守停车场通过车牌自动识别和无感支付，实现出入车辆的智能化管理，降低排队缴费车辆的尾气排放；建筑楼宇借助物联网传感器布设实现了对温度、湿度、空气质量的实时监测、控制，为业主提供适宜工作和生活的环境；通过智能手机、平板电脑等智能终端，市民足不出户即可进行医疗咨询、接收在线教育、办理市政业务。

城市变得越来越宜居了。城市是人类走向成熟和文明的标志，也是人们秉持信念，追寻梦想的地方。城市的居住条件越来越好，不论是买房还是租房，人们越来越容易住进心仪而又温暖的新家。城市的交通越来越便利，轨道交通线路越来越密集，公交车不再拥挤不堪。城市配套越来越完善，居民就医、就学、养老越来越方便。公共绿地越来越多，公共服务设施越来越多，城市也越来越有家的感觉。

这一切的变化，是新时代的必然要求，是实现中国梦的必经之路。党的十九大报告指出，中国特色社会主义进入新时代，我国社会主要矛盾已经转化为人民日益增长的美好生活需要和不平衡不充分的发展之间的矛盾。城市建设在助力城市创新治理、塑造城市新魅力、实现人民对美好生活的向往等方面，正发挥着更加重要的作用。

这一切的实现，离不开每一位建设者的努力，也离不开金融的支持。城市建设的提速，得益于融资渠道的不断拓宽，融资方式的便利；城市运营的进步，少不了金融科技的参与；城市生活的便利，更体现在金融服务的每个细节。

城市建设主体应该如何安排建设资金，如何设计运营方案，如何增益市民服务，应该寻找什么样的合作伙伴，城市未来应向什么方向发展？这是摆在每一个城市管理者面前的问题。而答案，就隐藏在“善行城建”之中。

“善行城建”是中国建设银行推出的城市建设领域专业金融品牌，一眼看去，既能看到“善建者行”的建行形象，也能看到城建这个关键词。这一品牌诞生在建设银行并非偶然。中国建设银行可以说是干“建设”起家的。新中国许多标志性的建筑，背后都有建设银行支持国家经济建设的坚强臂膀。“哪里有建设，哪里就有建设银行”成了建行家喻户晓的名片，也成为建行人对国民的一份庄严承诺。近年来，建设银行发扬传统优势，不断加大在城市建设领域的支持投入和创新力度。在已有的基础设施建设贷款基础上，结合新型城镇化建设需要，陆续推出了城镇化建设贷款、PPP贷款、海绵城市建设贷款、综合管廊建设贷款等多个专业金融产品，加上子公司的投融资联动、上下游对公对私客户的协同，已经形成了完整的产品体系和金融生态，得到市场的广泛认可。

汇聚六十多年金融智慧，总结多年来在城市建设、运营和服务领域的丰富经验，才有了今天“善行城建”金融品牌的横空出世。这一品牌囊括了建设银行一切有关“城建”的产品和服务，涵盖了从城市建设开发、运营管理到居民服务的各个环节，无论是政府主管部门，还是城市建设开发运营主体，抑或城市新老市民，都可以从中找到适合的产品和服务。“善行城建”品牌以中国传统建筑代表“瓦当”为形象代言，表达了建设银行慎终追远、不忘初心，凝聚古今智慧服务城市建设的美好愿望。

品牌旗下“融资建城”“融智兴城”和“服务益城”三大系列，分别致力于解决城市建设发展、运营管理和居民服务中的各类金融需求。针对城市建设项目的融资需求，“融资建城”可以进行一揽子融资安排，提供信贷、基金、债券、投行等一系列融资产品，筑牢城市建设基础，满足城市基础设施改造和升级换代需要，提升城市人居环境。着眼城市智慧运营和未来发展，“融智兴城”通过“金融+科技”的融智服务，建设智慧城市平台，运用大数据与人工智能，为城市运营管理的智能化提供解决方案，让城市交通、资源循环、住宅楼宇、政务服务、生活家居等各个领域都变得聪明起来。立足城市新老市民金融需求，“服务益城”把触角从城市建设运营向下游延伸，致力于全方位地服务好每一位城市居民，居住、养老、就医、就业、消费、理财，你能想到的都在这里。

如果说过去城市建设是“大拆大建”、追求规模与数量的1.0阶段，那么进入新时代以来，城市建设已经是规模与质量并重、建设与运营并重的2.0版本了。这一阶段的最大特点是在追求智能、高效的同时，强调可持续发展，实现产业、城市与人的融合。让产业更强大，经济更有活力，同时城市更宜居，居民更加安居乐业。这对城市从规划设计到建设、运营都提出了更高的挑战。

如何让城市建设继续承担推动社会经济发展、增进人民福祉的重任，如何提升城市宜居水平，增强人民幸福感，从而更好地服务社会民生，这是每一座城面临的问题，也是每一家金融机构持续思考的课题。在向“两个一百年”宏伟目标迈进的途中，建设银行将始终走在时代前列，“善行城建”将继续在新时代美丽城市建设中发挥自己独特的作用，让“哪里有建设，哪里就有建行”的形象在这片沃土的培育下更加根深叶茂。

记住“善行城建”，记住建设银行这一城市建设专业金融服务商对新时代的承诺。

创新金融服务 赋能实体经济

——浙商银行服务实体经济特色金融模式

金融是经济的血脉，是实现资源优化配置的最有效途径，当金融科技创新赋能先进生产力，输血实体经济，国民经济将焕发出新的能量和活力。

作为一家“00后银行”，浙商银行主动拥抱新经济，围绕企业“降低融资成本、提升服务效率”两大核心需求，借助大数据、区块链、云计算、人工智能等金融“黑科技”，不断推动金融产品和服务的迭代更新，陆续推出了池化融资、易企银、应收款链等金融服务平台及至臻贷、超短贷、点易贷等创新产品；打造“流动性服务银行”，通过“一次都不用跑”的全线上化业务模式，帮助企业整合自身金融资产和客户资源，解决票据、应收账款等流动资产管理难、盘活难，帮助其“去杠杆、降成本”，同时缓解中小企业融资难、融资贵等难题，诠释了金融服务实体经济的真正含义。

池化融资助力“去杠杆、降成本”

如何让企业闲置资产“转起来”?以盘活沉淀的票据资产为例，实体企业在经营过程中常常积累大量票据，“趴”在账上难以流通，成为企业的“甜蜜负担”。

2014年，浙商银行创新推出涌金票据池，不仅提供票据的托管托收、异常票据查询功能，而且能将企业沉淀的票据资产质押入池生成池融资额度，企业可在该额度内随时获得各项银行融资（如贷款、银票、信用证、保函等），从而减少资金备付和传统融资，实现“去杠杆、降成本”。

在此基础上，浙商银行将可入池质押资产进一步扩容至票据资产、货币资金、大额存单、理财产品、信用证、应收账款等各类可货币化流动资产，创新推出包括票据池、资产池、出口池在内的涌金系列池化融资平台。企业可将持有的各类资产分类入池质押生成池融资额度，满足任意时点的流动性需求。

据测算，企业通过池化融资方式盘活沉淀资产，约可减少20%左右的传统融资，从而大幅降低利息成本。截至2018年6月末，涌金资产池（票据池）服务企业12000多户，融资余额近2000亿元；出口池服务企业1500多户，池内应收账款余额逾10亿美元。

以浙江化工行业巨化集团为例。长期以来，公司票据结算量较大且散落在各成员公司，难以有效盘活。自从运用浙商银行池化融资平台进行票据管理，不仅盘活了沉淀资源，还通过随时提款、实时到账的超短贷业务，有效降低了备付金压力，每年可节约流动资金约13亿元、减少财务成本2000余万元。

应收款链善舞　重构供应链生态圈

长期以来，应收账款登记/确认手续烦琐、账期长短不一、质押杠杆率高以及买卖双方不均势等问题，严重制约着应收账款流转，使其成为企业流动资金占用的又一难题，企业不得不通过增加负债来维持日常经营。

应收账款规模高企严重制约了企业发展。统计显示，截至2017年末，我国规模以上工业类企业的应收账款余额为13.48万亿元，平均约占企业流动资产的25.2%。长久以来应收账款积压催生的“三角债”最让企业头疼。

为加大创新支持力度，国务院办公厅于2017年9月印发了《国务院办公厅关于推广支持创新相关改革举措的通知》，将“以关联企业从产业链核心龙头企业获得的应收账款为质押的融资服务”作为科技金融创新的首要改革举措。而就在1个月前（2017年8月），浙商银行正式推出了业内首款基于区块链技术的“应收款链平台”。通过该平台，企业可将应收账款转化为高效安全的电子支付结算和融资工具，有效盘活上下游的应收账款，减少现金流出和资金占压，降低融资成本。

浙商银行之所以利用区块链技术构建这一平台，是因为它具有去中心化、公开透明、智能合约和不可篡改的特性，可以最大程度保证应收款信息安全，保证应收款各类交易根据智能合约规则自动、无条件履约，是盘活应收账款的技术首选。

基于这一技术创新，浙商银行应收款链平台上的应收款签发、承兑、支付、转让、质押、兑付等业务，全面实现了线上化操作，可以任意分拆，满足支付、质押、转让等需求，从而促进企业应收账款快速流转、增强流动性。

截至2018年6月末，浙商银行应收款链平台落地558个，服务产业链上下游企业1848户，累计签发2600多笔应收款，金额合计260多亿元。

以浙江超威动力能源有限公司（以下简称“超威”）为例，作为电池行业的明星企业，浙商银行为其提供了“池化融资平台+应收款链平台”的全方位综合金融服务方案。具体来看，超威向上游供应商签发并承兑应收款，用以采购原材料，同时以超威为核心设立涌金票据池，入池的商票、电子票据可生成额度向浙商银行申请应收款保兑；上游供应商在收到经浙商银行保兑的应收款后，可将应收款质押入池或转让给浙商银行，提前获得融资，大大增加了企业流动性，实现了企业“去杠杆、降成本”。

开通应收款链平台半年多来，超威集团的业务发生额已达3.01亿元。浙商银行帮助超威充分挖掘集团成员单位及上下游优质企业的商业信用价值，上游企业可依托超威的商业信用盘活应收账款，减少资金占压，降低融资成本，从而缓解融资难融资贵问题，营造良好的供应链生态圈。

大量实践证明，浙商银行以池化融资、易企银、应收款链三大平台为核心的流动性金融服务，在帮助企业“去杠杆、降成本”的过程中成效显著。

近年来，运用这些金融创新，浙商银行不仅为中船重工、中航工业、格力集团、物产中大等大中型企业集团提供了优质服务，而且通过供应链金融业务延展“微笑曲线”，为依托于这些企业集团的小微企业解决了融资难、融资贵问题，并逐步扩展到个人和家庭财富管理金融服务中，开辟了金融服务实体经济全新路径。

纾解“短、小、频、急” 打造“小微金融超市”

针对小微客户“短、小、频、急”的融资“特点”，浙商银行从担保方式、效率、期限、还款方式等多维度创新，累计打造了40多个产品，形成信贷、投资、结算一体化综合服务，为小微企业构筑了一家“金融超市”。其中，浙商银行针对资金需求急的“一日贷”系列产品，承诺办理时间，实行柜面化、标准化操作，当天受理、当天审批、当天发放，将银行的审批、放款时间极大缩短，带动了业内效率革命；针对小微客户资金使用频繁的“随

e贷”产品，按日计息，在贷款有效期和额度内，客户可自助提款、还款；针对小微企业贷款资料烦琐的问题推出的“便利贷”产品，无须提供财务报表等多项资料，可循环使用，使企业贷款像个人贷款一样方便；针对小微企业贷款期限与资金周转周期不匹配导致转贷成本高问题的“三年贷”产品，手续只要办一次、贷款循环用三年。凭借着不断创新，这些小微贷款产品连续三年被中国银行业协会评为“服务小企业及三农十佳特色金融产品”。

随着金融科技蓬勃发展，浙商银行亦加快数字普惠金融布局，以“数据多跑步”“客户少跑腿”为设计核心，重构小微金融服务流程，逐步把纸质申请转为线上24小时申请。

特别是全线上操作产品——“点易贷”，小微客户7×24小时都可以通过手机APP快速完成贷款申请，无需反复跑网点，填资料，只需手机点点，刷一刷脸，1小时就可获知审批结果，并可随时通过手机提/还款，小微客户仅凭一部手机即可获得贴心的金融服务。目前，“点易贷”已为5000多户小微客户提供了资金支持。

绍兴某绣品有限公司得益于浙商银行“智造贷”的资金支持，购买了智能绣花机，企业最近订单不断；来自杭州的大学生农创客，在浙商银行拿到人生第一笔创业贷款用来批量种植三叶青草药。“高精尖”人才李博士，在浙商银行支持下，将环保“黑科技”投入运用，走向市场。

这样的事例正在浙商银行金融“催化”下不断上演。从“三农”到“创客”，从传统到智能，从“智慧变现”到“阶梯成长”，在浙商银行小微产品库里总能满足他们的需要。据统计，截至2008年6月末，浙商银行国标小微贷款余额2038.80亿元，较年初增长了11.90%，扶持带动小微企业创业、就业超300万人；其中新兴行业贷款占比33.72%，在其服务的创新型小微客户中，成功挂牌新三板的高达157家。

植根乡村 贴近民生 普惠金融惠入京郊

京郊地区的贴心金融服务模式——乡村便利店

引言

北京农商银行作为一家植根于农村地区，服务首都60余年的普惠金融主力军，始终秉承服务三农、服务城乡百姓的理念，深入贯彻落实北京市委、市政府建设“农村基本金融服务村村通”的战略部署和市金融局有关工作要求，把提供农村基本金融服务、改善农村地区支付环境作为助农、惠农的重要战略目标。在人民银行和银保监会的政策扶持下，我行积极践行普惠金融的发展理念，结合我行实际情况和北京郊区区域发展特点，我行积极创新服务模式——乡村便利店。该创新型服务模式借助金融电子化和互联网技术手段，为改善首都农村地区支付服务环境，促进北京市城乡经济社会一体化建设提供了强有力的支持。

一、乡村便利店的诞生

近年来，随着首都经济的快速发展和城乡一体化建设步伐的提速，北京农村地区的经济发展速度也在不断加快。随之而来的是农村居民生活水平不断提高，金融服务需求逐步增加。但目前，京郊农村地区的金融服务设施仍然存在建设不足，服务不到位的情况。尤其偏远地区的农村居民，还不能得到基本的金融服务。现有农村金融机构的设置对缓解整个农村金融服务问题的作用较有限，呈现出结构性供给不足的特点。现阶段，不同区域的金融服务需求满足程度严重不均，特点是：镇及镇以上区域金融需求基本可得到满足，而镇以下行政村等区域，银行业金融服务严重不足，甚至在某些区域，金融服务处于空白状态。

为有效改善农村地区支付服务环境，促进北京市城乡经济社会一体化建设，作为首都农村金融服务的主力军，北京农商银行始终坚持“改制不改向，服务三农，服务中小企业”的宗旨，高度重视改善农村地区金融服务环境建设。针对京郊偏远农村地区银行金融服务现状，北京农商银行积极履行社会责任，成立了专门的工作团队，多次深入农村地区实地考察调研，对农村地区金融服务进行了服务渠道整合，并于2010年7月推出服务农村地区的新型金融服务模式——乡村便利店。北京农商银行乡村便利店旨在解决京郊行政村一级的日常金融服务需求，提高农村地区的金融服务覆盖水平，避免农村地区客户长途往返于行政村与银行网点之间的奔波之苦，也免除了客户在网点长时间排队等候办理业务的无奈。乡村便利店随着多年的发展，已逐步通过电子渠道业务办理能力的快速发展，填补了远郊地区金融服务的空白。并逐渐成为北京农商银行服务城乡一体化建设、服务首都新农村的一种有益实践。

二、乡村便利店扎根乡村

“乡村便利店”的建设，主要在无金融覆盖的千人以上偏远农村地区的行政村。为了方便农村客户办理业务，店址通常选择村民活动较为集中的村委会，通过布放自助机具提供自助服务，加人工辅导的模式，为村民提供了便捷的基本金融服务。乡村便利店的推广真正实现了在农户家门口办理存、取、转、汇等基本金融业务办理，是一种成本相对低廉、服务延伸面广的新型农村金融服务模式。乡村便利店的服务模式，有效解决了农村地区客户的绝大部分金融需求，弥补了现有金融物理网点在农村地区金融服务上的盲区。

针对农村地区客户年龄结构偏大、文化层次偏低的特点，乡村便利店专门聘请村委会的工作人员作为便利店辅导员，为村民进行手把手的辅导，并负责宣传便利店的金融服务。同时，为适应多数村民使用存折的习惯，便利店配备的多功能自助终端机可以通过存折登录，办理各项银行业务，较好地满足了农村地区客户的需要。

乡村便利店配备了多功能自助终端机、96198直通电话机和网银自助服务机。经测算，乡村便利店的全部功能可满足农村地区客户约82%的基本金融需求，使偏远农村地区居民足不出村就能支取各种补贴等现金，避免长途奔波于乡村与银行网点之间，以及长时间排队等候办理业务的现实困难，受到了当地村民的普遍欢迎和赞誉。乡村便利店可提供小额助农取现、缴费充值、转账汇款、定活互转、医保转账、补登存折、查询等业务，并提供电话银行、网上银行等多渠道化的金融服务。

乡村便利店的建设成本、维护成本和人工成本相对于纯物理网点较低，前期投入较小，在条件允许的情况下，可实现规模建设。此外，低成本的自助银行服务在一定程度上减轻了附近营业网点的柜面压力，间接降低了农村地区银行营业网点的运营成本。

乡村便利店建设在有人值守、有较高安全保障的村委会，同时加装一套可保留30天以上影像资料的监控录像设备，发生安全风险案件的可能性极大降低。此外，我行还制定了《北京农商银行“乡村便利店”运营管理规定》，要求附近支行定期巡检，确保业务持续健康发展。

三、乡村便利店建设开花结果

2018年，我行持续加大乡村便利店的建设力度，在建设规模、行政村覆盖率等方面均有显著提高。截至三季度末，我行新建乡村便利店185家，总量达614家，实现交易量147.11万笔，交易额6.69亿元。其中，助农取现等现金业务达51.41万笔，交易额3.84亿元，占到了全部业务量的⅓。

截至目前，通过以点带面的服务模式，我行乡村便利店已覆盖全市近2000个村庄，使得当地村民不必再跑十几里甚至几十里路去镇上银行网点办理业务，真正实现了“足不出村”便可办理银行业务。广大村民普遍表示北京农商银行为农村居民服务办了一件大实事。同时，乡村便利店也对我行在农村地区网点的渠道转型工作起到了重要作用。通过持续的建设，乡村便利店有效分流了我行乡镇网点大量基本金融业务，节约了网点资源，有效解决了农村地区基层网点的人力资源问题，为基层网点从业务操作型向营销服务型进行转型，提供了充足的保证。

四、典型乡村便利店

石垡村地处大兴区榆垡镇西北角，村里交通十分不便，村民如果要想办理金融业务，需要坐2个小时左右的公交车才能够到达我行在榆垡镇开设的服务网点。赶上人多的时候，还要再等上几个小时。这种情况，给村里留守的大多数老年客户造成了极大的困扰。

在了解到该村客户面临的困难后，我行经过前期多次走访调研，决定在该村建设乡村便利店。村委会也对我行的建设工作给予了大力支持，推选该村会计担任便利店的辅导员。随着便利店的开通，村民的基本金融服务需求得到了解决，以前村民最急需的现金存取款业务，现在足不出村就能办理。2017年，随着村子完成了煤改电工程，以前买电要到镇里去买，现在直接去便利店就可购买。除此之外，像话费、电费、燃气费、TC充值等，包括今年刚开通的养老助残卡延期功能，村民基本的金融需求都可以满足。便利店自开通后，月均交易量就一直保持在1000笔以上，前10个月的交易额高达481万元。

便利店的开设，为石堡村村民带来了极大的便利，受到了村民的广泛认可与欢迎。村委会更是牵头将村民之前由邮局或者其他银行代发的补助统一转到我行便利店进行代发，这种做法随后也在榆垡镇其他村纷纷效仿实施。

乡村便利店经过多年的摸索实践，目前已形成我行在农村地区的新型金融服务模式，成为我行乡镇一级物理网点的有效补充和延伸，对我行服务渠道的建设工作起到了持续性的推动效应。乡村便利店是北京农商银行电子银行业务发展的新举措，是北京农商银行全方位多层次服务基层群众的一次全新升级。随着京郊地区支农惠农工程的深入开展，乡村便利店将不断补充，而其承担的业务功能也将更加全面，为助力农村金融服务、普惠地方金融，发挥重要的作用。

应用物联网技术助推智慧农业防灾减灾

马浚诚　杜克明　郑飞翔　孙忠富

（中国农业科学院农业环境与可持续发展研究所）

一、智慧农业的发展趋势

智慧农业的概念是由智慧地球这一概念衍生而来。2008年IBM公司首次提出“智慧地球”概念。之后，智慧概念被广泛采纳应用，基于这一全新的理念，结合具体的领域和行业特征，衍生出了很多领域，如智慧交通、智慧城市、智慧政府等，智慧农业正是在这种潮流下应运而生。在农业应用领域，智慧农业可细分为智慧管理、智慧生产、智慧组织、智慧科技、智慧生活等多个方面，此外，从自动化和智能化的角度，还可进一步衍生出智能设施农业、智能农情、智能市场管理等系统。我国已进入传统农业向现代农业加快转变的关键阶段，但是，我国是人口众多而耕地严重不足的国家，农业机械化综合水平尚较低，在农业生产领域，电子、计算机和信息等现代技术的应用还远未普及，由于耕地面积不断减少和环境恶化，依靠品种改进，大量投入劳动力，大量施用化肥等传统手段来提高农业产出的方法已经不再适用，农业发展需要更智慧的技术来打破传统农业面临的资源与环境困境。智慧型现代农业可使土地实现充分的科学利用，可节省时间和资源，提高工作效率，实现农业精细化、高效化、绿色化发展。因此，发展智慧农业在许多国家已经成为一种共识，具有长远和现实意义。目前，随着农业4.0时代的到来，以互联网、移动互联网、物联网、云计算等技术为代表的现代信息技术，正向着数字化、网络化、智能化的方向发展，为我国农业现代化建设提供了强有力的工具。通过“互联网+”农业的模式，将现代信息技术与传统农业产业结合，通过网络将农业的各种要素整合起来，提高农业的智慧水平，是突破资源与环境对农业发展制约的创新思维。

农业物联网技术的研究应用是现代智慧农业发展的需要，也是衡量一个国家综合科技实力与农业发展水平的重要标志。目前，农业物联网面向集约、高产、高效、生态、安全的现代农业发展需求，综合运用无线传感器技术、移动通信技术、自动化技术、作物安全生产与高效栽培技术、病虫害综合防治技术、土壤肥料资源高效利用技术等，实现跨学科、多领域高新技术综合应用支撑下的环境信息精确监测、生产过程精准管理、肥-水-药智能实施、病虫害智能诊断与监控预警、农产品质量安全监管与追溯等目标。随着传感器终端设备在农业生产环境中的大量应用，农业生产环境变量被转化成数字信号，进行传输、存储、分析、处理，数据量逐渐变大，数据结构日益复杂大数据环境下，全面感知、可靠传输和智能处理等物联网技术创新了农业物联网应用模式，各种农业资源利用效率大幅度提高，农业能耗和成本最大限度地降低农业生态环境破坏最大限度减少，提高农业全链条、全产业、全过程的智能化、泛在化程度，实现农业生产环境的实时监测、自动控制、数字化管理，农业生产管理系统达到整体最优化，这也是农业物联网未来发展的必然趋势。

我国是一个农业大国，农业分布广，环境变化复杂，种植制度多样性，同时也是各种灾害频发的国家，每年都有相当程度的损失，因此农业环境质量监测、防灾减灾、灾害监测预警也是农业可持续发展中的重大问题。近年来在国家有关项目的大力支持下，针对上述领域和重大问题，孙忠富博士带领科研团队开展了基于物联网和大数据等关键技术的研究，取得了一些科研成果，并进行了推广应用。

二、物联网关键技术研发与应用

（一）作物生长环境与灾害监控系统硬件设备

1．多功能数据采集模块

农田环境信息专用采集模块是一个现场测控中枢设备，在分布式数据采集与监控系统中用以传输采集数据至上位机，和下达来自上位机的控制指令至其连接的对象。作物生长环境与灾害监控系统采用自主设计的嵌入式可编程ARM-Linux RTU，通过嵌入式程序开发，实现从无线传感器网络中获取传感器采集的数据；通过通信网络远程传输至监控中心平台（CMP，Central Monitoring Platform）服务器；接收来自监控中心平台的控制指令，包括采集时间步长设置、发送时间步长设置、摄像头参数调整、系统重启和故障远程检测等。

基于嵌入式系统和网络技术，开发了兼容多种通信协议的网络监控装置(见图1)，具有节能、数据本地存储、远程续传的功能。该模块可接入各类有关气象、土壤和作物等重要参数的传感器，实现远程传输和管理。

图1 农田环境信息专用采集模块

2．数据图像一体化远程监控系统研发

通过微电子技术、传感技术、4G无线传输技术与网络数据库技术的集成，研制开发了基于现场的远程监控装备。通过该设备，实现了田间现场各种气象与环境数据、图像视频的实时采集与远程传输，使用该设备，用户可对作物长势进行远程监控和管理，大幅度提高了防灾减灾的时效性(见图2)。

图2 数据图像一体化远程监控设备

（二）作物生长环境与灾害监控系统平台

1．作物长势与灾害远程监控系统研发

基于作物长势表征信息和主要农业气象灾害和病虫害特征的图像识别技术，设计研发了智能化多维度移动图像（视频）识别与诊断设备系统。智能化灾害图形识别与诊断可以通过气象监控系统实时监测各种气象数据，并且可以通过对移动监控系统的控制，实现对农作物的各个部位和角度的拍照和视频记录，这些图像信息和视频信息自动存储到网络平台云服务器上，网络平台可以通过气象数据分析与图像识别对这些图像信息进行识别和分析，从而对灾害的发生做出预测，最终实现对作物病虫害的诊断（见图3）。

灾害图像识别与诊断系统是由移动视频监控系统、气象监测系统、网络平台、图像识别系统构成。移动视频监控系统实时接收网络平台发送的指令，接收到网络平台的控制指令后相应控制云台摄像头的运动，到达作物的相应位置，然后云台摄像头接收到网络平台的相应指令，调整云台摄像头的角度，实现对农作物预定部位的图像和视频的提取，获取到的图像和视频信息通过网络传到云服务器上。气象监测系统通过配置相应的气象传感器，实现对相应气象数据的监测，监测到数据通过网络传到云服务器。网络平台是系统的大脑，通过对气象数据的统计分析，现实对病虫害的预测，然后通过控制移动监控系统对农作物

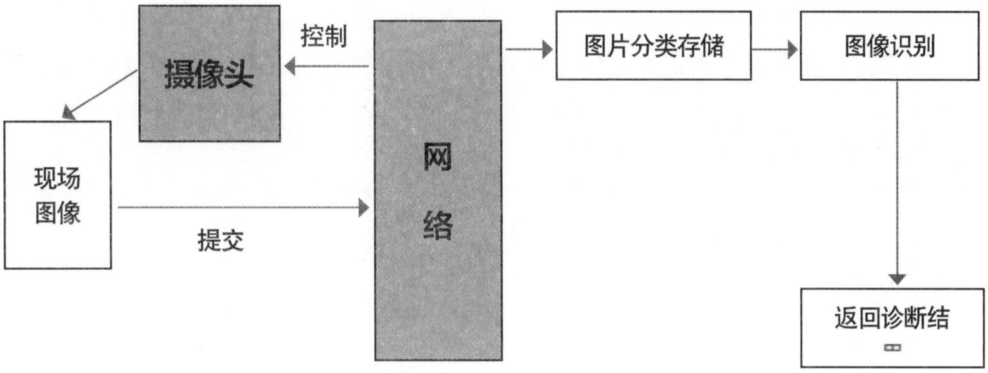

图3 图像采集与诊断识别流程图

的某部位和角度进行相应的拍照和视频提取，获取的图像信息通过图像识别系统进行图像识别和分析，实现农作物病虫害的诊断，诊断后的信息通过互联网或移动网络发送给用户。图像识别系统采用机器视觉与图像处理技术，提取受灾植株的图纹理和病灶形态特征，进行诊断识别和分析，分析的结果可以随时由网络平台调用。

2.小麦长势与气象灾害远程监控物联网系统

基于物联网实时动态监测与农业气象灾害诊断模型的耦合技术，设计开发了基于Web的小麦气象灾害诊断系统，包括干旱诊断、干热风诊断和低温冻害诊断。该小麦长势与气象灾害诊断系统，通过物联网监控中心平台面向终端用户提供应用和服务。

系统采用面向对象的设计思想，对存储于监控中心数据库中的动态采集的小麦田间气象数据、基本苗情数据信息和小麦灾害指标等数据，耦合接入小麦气象灾害诊断模拟模型，以表内容为对象进行操作，结合SQL 2005数据库的存储过程和视图完成对复杂数据的处理，得出灾害图表分析和文字分析结果。用户选择要诊断灾害的地区和站点，诊断时间以及气象诊断种类，系统根据用户输入，确定灾害诊断指标以及动态数据库中的数据，然后根据诊断指标对动态采集的数据进行筛选分析，得出灾害诊断结果、生成调优方案以及气象数据趋势图线。统计分析结果可以多种形式（如柱状图、折线图、饼图等）展示，包括输出记录数据最大值、最小值、平均值、累计值等状况，使用户可以直观看到数据的总体变化趋势。

（1）干旱灾害

用户登录系统后可选择指定的监测站点，首先可以查看到来自物联网自动获取的田间土壤墒情数据，包括实时数据和指定时间段的历史数据，然后基于干旱诊断指标与模型，自动诊断输出小麦当前时期或指定历史时段是否存在干旱以及干旱的严重程度。

（2）低温灾害诊断

同样，直接和经计算间接来自物联网监测数据的低温灾害诊断的关键因子数据（空气温度、空气湿度、当日空温降幅、最低温度持续时间），基于低温灾害诊断指标与模型，自动诊断后输出小麦当前时期或指定历史时段是否存在低温灾害以及低温灾害的严重程度。

（3）干热风诊断

同样，基于物联网实时采集的小麦冠层位置空气温湿度和风速数据，基于干热风灾害诊断指标与模型，自动诊断后输出小麦当前时期或指定历史时段是否存在干热风灾害以及低温灾害的严重程度。

3. 北方果树气象灾害物联网监控系统

针对北方果树主产区主要气象灾害（霜冻和干旱等），开发了基于物联网技术的远程监控与诊断系统、智能手机报警系统，构建了普适性的公共网络化平台，实现了气象灾害实时监控、综合分析管理和远程诊断等综合功能；系统设计先进、技术可靠、实用性和可操作性强；实现了远程监测、多点互联、点面结合、全程监管。

所开发建立的北方果树监测系统，在山东、宁夏、陕西的主要生产区域，进行了示范推广应用，对提高果园综合管理水平和防灾减灾能力，取得显著成效（见图4）。应用本系统，管理者不仅可实时查看果树生长环境数据、图像及视频，且可获得果树发生各种灾害的实况，为生产决策管理提供了现场数据支持。

图4 果树气象数据与图像视频一体化监控系统

4. 设施农业物联网监控系统

近年来我国设施农业取得飞速发展，设施园艺种植面积已成为世界第一。设施农业是现代农业的重要发展趋势，其单位面积创造的产值远远高于传统大农业，是发展农村经济、农民致富的重要途径，环境优化控制管理和灾害监测预警也是决定设施园艺作物产量和品质的关键。本团队多年来，也在这一领域开展了关键技术的研发，开发了环境监测和控制的物联网系统，并在生产中得到了一定的推广应用（见图 5）。

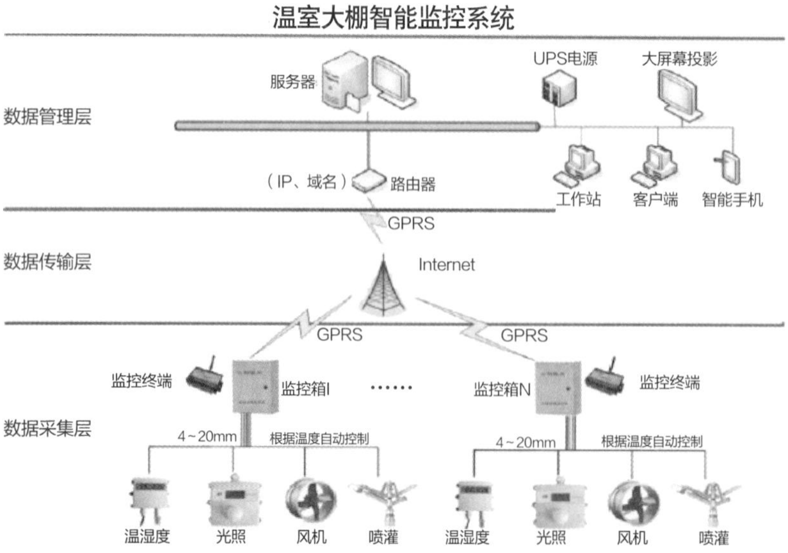

图5 设施大棚监控示意图

三、未来展望

智慧农业将是又一场信息技术革命，是由于引入新技术而引发的一场信息革命，它更关注由新技术催生的新价值，而且将实现一场全新的农业变革。因此，对于我国经济发达、规模化程度高和技术密集型的农业领域和地区，引导农业逐步推广智慧农业技术，逐步建立适合我国国情的智慧农业技术体系，是我国发展现代农业的必经之路，同时也将带动不发达地区的快速转型发展。

智慧农业的发展需要促进不同学科间的交叉融合，也需要多方的投入和支持才能实现。课题团队今后将紧紧围绕农业环境监控、农业防灾减灾领域，进一步加强物联网、大数据、云计算等新一代信息技术的融合应用，不断突破关键技术，实现技术创新，促进智慧农业的综合发展和提高。

经过多年的发展和积累，研究所在现代信息技术农业应用领域取得了很多成果，近年来基于国家重大项目的支持，中国农业科学院创新工程的辅佐，还成立了农业物联网工程技术实验室。2015年被农业部评为全国农业信息化创新示范单（基地），曾两次获得国家产学研合作创新奖。“十三五”期间，继续承担国家重大专项的研发，重点实施农业灾害物联网关键技术，重大农业气象灾害监测预警与时空规律分析等关键技术的研发，目前已取得了阶段性的成果。基于上述的基础和成果，课题团队期望能与相关企业和有关部门寻求合作，包括技术合作、融金支持、推广应用等，争取更大规模的成果转化和应用，实现共同发展。

善行城建
敬古 建今 筑明天
城市建设专业金融服务商
善行城建
中国建设银行
China Construction Bank
建设银行以建设为本，不忘初心，致力新时代城市建设金融服务。联结传统智慧与现代金融，提供基础设施
资、咨询顾问、城市运营与居民服务一揽子金融解决方案，共同打造和谐宜居、智慧互联、绿色生态的美丽
家园。
客户服务热线：95533
网址：www.ccb.com

UnionPay 银联
云闪付 UnionPay
支付先看云闪付
用云闪付的优惠多买了瓶水
回报今天多流的汗水
推荐使用云闪付APP

Bank 中国光大银行
Bank 中国光大银行

光大信用卡
CEB CREDIT CARD
刷 新 每 一 天

中国光大银行信用卡中心简介

中国光大银行信用卡中心是直属于中国光大银行总行，在国有控股、国际金融组织参股全国性股份制商业银行的框架内，服务于广大消费者的信用卡中心。

自发卡以来，信用卡中心始终秉承“以客户为中心”的宗旨，通过促进产品创新、提升服务品质，实现了规模化发展，取得了令人瞩目的成就。截至2018年上半年，光大银行信用卡累计发卡量突破5000万张，是国内银行业中第一家经银监会批准，同时获得ISO27001信息安全质量认证和ISO9001质量管理认证的机构，实现了“效益、质量、规模”的协调发展，走出了一条独具特色的光大信用卡经营之路。

经过广泛而深入的市场分析与探索，光大信用卡推出了一系列差异化的特色产品，如“福”信用卡、阳光商旅卡、存贷合一卡、母亲水窖爱心卡、绿色零碳卡、旅游主题信用卡等，逐步建立起了一个层级分明的产品体系。同时，还通过向持卡人提供多样化、高附加值的联名特色服务，满足了不同客户的分层化需求。

多年来，光大信用卡始终坚持打造“最具创新能力银行”的理念，倡导“奖励创新、勉励失败、惩罚不作为”的创新文化，通过创新事件评选、员工创意大赛、创新课题研究等创新机制，激发员工创造潜力，推出O2O发卡项目、瞬时贷、乐惠金卡等系列创新产品，迅速抢占了行业制高点，收获了累累硕果。

为更好地支撑发展，光大信用卡建成了国际领先的以VisionPLUS和CONNEX系统实时双活体系为核心、十余个子系统为外围的系统集群，实现了7x24小时的不间断服务。基于先进的技术系统支持，光大信用卡成为国内首家建立以数据仓库为基础、以商业智能为核心的科学决策支持体系，实现了信用卡业务的精准化管理和营销，并创立了基于模型技术的“信贷工厂”作业模式，资源配置效率和风控水平同业领先。

作为我国第一批“模范职工之家”授牌单位，光大信用卡创立了“党政工团四位一体”的工作模式，通过推行“一本书、一首歌、一句话”，打造阳光文化、举办阳光活动，构建学习型组织，培养阳光型员工，实现了“阳光下的和谐”，多次荣获包括全国金融工委颁发的“全国金融模范职工之家”、“职工职业道德建设十佳单位”和国家体育总局颁发的“全民健身先进单位”等多项荣誉称号。

未来，光大信用卡将继续保持力争上游的竞争态势，坚持“同业可比，效益优先”的总体思路，不断改善服务质量，提高盈利能力，扩大产品领先和创新优势，为推动业务实现新的飞跃而努力奋斗！

台玻集团
TAIWANGLASS

平板玻璃 | Flat Glass

低辐射玻璃 Low-E Glass | 真空低辐射玻璃 Low-E Vacuum Glass
反射玻璃 Reflective Glass | 钢化玻璃 Tempered Glass | 热处理增强玻璃 Heat Strengthened Glass
胶合玻璃 Laminated Glass | 高性能隔音胶合玻璃 Sound Control Laminated Glass
网印漆板玻璃 Ceramic Silkscreen Glass | 弯曲玻璃 Bent Glass | 弯曲钢化玻璃 Bent Tempered Glass
银镜玻璃 Silver Mirror | 优白玻璃 Super Clear Glass | 超白光伏玻璃 Low Iron Photovoltaic Cover Glass

玻璃纤维纱、布 | Fiberglass Yarn & Fabric
FRP 玻璃纤维增强丝 | Fiberglass Reinforced

切股 Chopped Strand | 切股毡 Chopped Strand Mat
直卷纱束 Direct Roving | 并股纱束 Conventional Roving | 编纱束 Woven Roving |

微薄玻璃 | Ultra-Thin Glass

容器玻璃 | 食器玻璃 | 厨器玻璃 | Container | Tableware | Kitchenware

汽车玻璃 | Automotive Glass

桃园厂

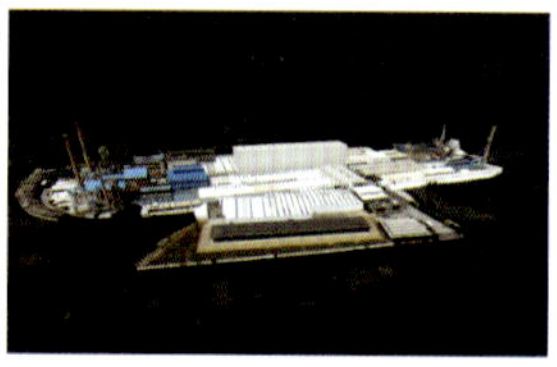
新竹厂

台中厂

鹿港厂

彰滨厂

台玻长江/昆山玻璃公司

台嘉玻璃纤维公司

台玻成都玻璃公司

台嘉成都玻璃纤维公司

台玻华南玻璃公司

台玻青岛玻璃公司

台玻天津玻璃公司

台玻东海玻璃公司

台玻咸阳玻璃公司

台玻安徽玻璃公司

台玻太仓工程玻璃公司

台玻武汉工程玻璃公司

台玻福建光伏玻璃公司

台玻悦达太阳能镜板公司

台玻悦达汽车玻璃公司

台湾玻璃工业股份有限公司 **Taiwan Glass Ind. Corp**
10550 台北市南京东路 3 段 261 号 TEL：886-2-2713 0333
Taiwan Glass Bldg., No.261, Sec.3, Nanjing E.Rd. Taipei, 10550, Taiwan
E-mail：tgi@taiwanglass.com http：//www.taiwanglassgroup.cn http：//www.taiwanglass.com

题升装卸服务(上海)有限公司

精密设备搬运

公司简介

成立于2003年、主要客户涵盖半导体晶圆厂、太阳能光电厂、面板(TFT)厂、光罩厂及全国各大工业区之高科技厂。为客户提供最专业、最快速、最安全、高品质的服务。

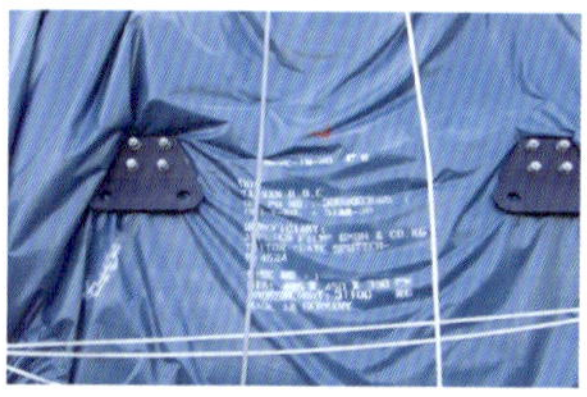

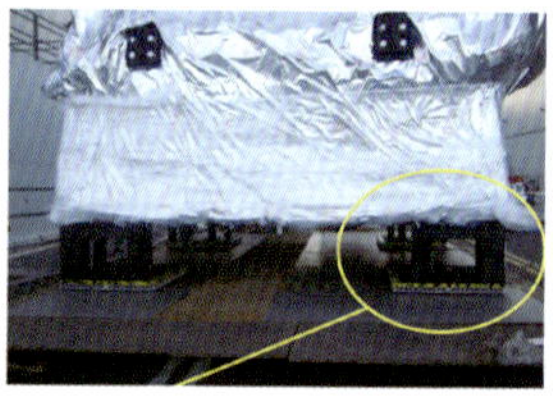

上海公司地址：松江区小昆山镇崇南公路455弄180号
电话：(021)57854935
传真：(021)57854992
南京公司地址：浦口区浦经济开发区兰花路15号10幢
电话：(025)58296380
传真：(025)58296320
昆山公司地址：黑龙江中路191号
电话：(0512)57395071
传真：(0512)57395073
母公司地址：新竹市武陵路61巷3弄23号
电话：(03)5282669
传真：(03)5282655
网址：http://ts.104h.net/index1.htm
E-mail：tian820220@163.com

台湾藍海生技有限公司荣获

“中国商界改革十大领军品牌企业”奖

2018中国改革与品牌发展秋季峰会暨中国改革人物巡礼活动于2018年9月16日在深圳隆重举办，邀请到社会政要、商界精英和国内外主流媒体，共襄盛举。活动以“新时代、新起点、新突破”为主议题，秉承“弘扬改革业绩，讴歌改革人物”为宗旨。峰会通过高端论坛、圆桌对话、主题演讲、案例析、系列访谈等形式，此次活动在中国改革开放40周年的背景下举办，旨在向改革领军人物及军企业致敬；向改革创新领跑者致敬!台湾藍海生技有限公司凭借其优势研创能力和独特产品竞能力，备受主办单位高度关注与青睐，为此次活动中唯一受邀参加的台湾生物科技界企业，更颁“中国商界改革十大领军品牌企业”奖。藍海生技能获此殊荣，不但集结家族的辛劳，海内产、官、学、生技医学各界的智慧以及大众的认可，更感谢主办单位的厚爱，公司会将这份激化为企业动力，继续为发扬养生医学健康概念，贡献一己之力!

藍海生技所独家研发且风靡全球顶级养生首选臻品—“甲藍宝”甲鱼干细胞萃取营养素软胶囊，全球唯一严选甲鱼精华中之精华—甲鱼3天～5天内的受精卵，应用高端生医科技所萃取甲鱼胚胎干细而成，为保存甲鱼胚胎素营养素及鲜度，采用最新尖端科技萃取其中最优质可启动人体各器官干细胞发挥细胞最原始生长因子的多肽类活化因子，绝非一般用整只甲鱼磨制而成的甲鱼粉，萃取过程中保所有营养，维持四十多种营养素最饱和状态，同时在不破坏单一成分天然结构下，以小分子方式制成产品，可经口腔黏膜8分钟立即作用，让丰富的营养素更快速被人体吸收，效能达针剂97%，安全、无副作用。“养生医学”，希望能补充生长因子群来活化提升或再生固有的干细胞，虽然不会让人生不老，但可以让人提升免疫力，活化老旧细胞，贡献给现代人于养生、养寿、养命、养颜…等多方领域需求，是不亚于银杏、人参、灵芝及冬虫夏草的高优蛋白质萃取素!

灆海生技有限公司

科技养生—食的新主张，3~5天甲鱼授精卵干细胞

甲鱼场简介

进食中

公司简介 Company Profile

自从生物科技学术界成功研发出干细胞再生技术，随即带动全球生物科技产业往此方向研究开发有益人体健康青春之产品和延伸应用。

“灆海生技”在公司尚未成立之前，虽为传统鳖只养殖业，但已是业界的前锋领导者，养殖业经营由公司创始人也是甲鱼养殖业奇人苏文科将本身丰厚的天文地理知识融合天、地、人三和的观念且顺应天地四时变化所累积60多年的养殖经验及专业技术亲自率领整个家族除了饲养甲鱼之外并已开始生产“甲鱼精”。有鉴于台湾养殖业升级前景无限，尔后经台湾工研院指导，汇集国内外顶尖研究人才，再由其女苏秋蓉总经理多年辛苦奔走各方结合产、官、学界应用高端生物科技成功研发“甲鱼胚胎干细胞”萃取素，将家族甲鱼养殖业发扬光大。如今“灆海生技有限公司”已跳脱一般传统的甲鱼养殖业，让台湾传统养殖渔业升级，造福现代人，实为台湾渔业生技之光。

饲养中

电话:0086-978-139-399

地址:台湾台北信义路五段7号

甲鱼厂养殖基地：屏东县里港乡里港

网址:www.biobluesea.com.tw

灆海生技

——「甲灆宝」品牌产品介绍

:0086-978-139-399　网址:www.biobluesea.com.tw　地址:台湾台北信义路五段7号

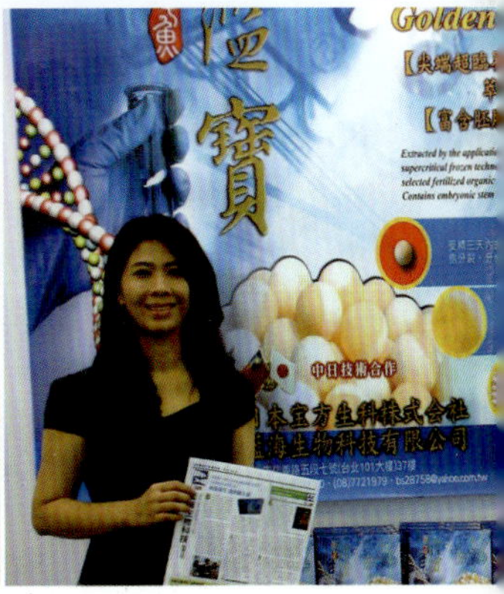

“甲灆宝”是完整的一颗均衡理想营养食品，由台湾灆海生物科技公司研发，系以珍贵天然原料甲鱼胚胎及应用高端生物技术萃取而成，运用独特、珍贵的干细胞营养素疗法。

“甲灆宝”是来自食补及食疗的观念，完整的一颗“甲灆宝”富含胚胎干细胞活化因子MeSH以及高含量抗氧化物超氧物歧化酶(SOD)、18种胺基酸、硒、锌、铁等矿物质、维生素群、不饱和脂肪酸DHA、EPA、DPA，及超过人类60兆细胞不可或缺的40种以上的营养素。

因现代人饮食习惯与生活方式环境的不同，造成饮食失衡，导致人体生理变化，诱发许多慢性病、心血管疾病，严重甚至细胞病变危急生命，因此灆海生技致力于研发“甲灆宝”，萃取胚胎干细胞丰富的活性因子及完整营养素，并通过国际原杜夫莱茵食品实验室**TÜV**德国腾德姆斯集团Tentamus Group动物食品安全检测认证，完全不含中、西药成份，安全性高，受到医界肯定并被报导刊登在欧美各国医学期刊上，被列为一种低热量、高优质蛋白质，堪称距离健康最近的均衡理想食品。

灆海生技应用自有60年农业养殖技术再加上专业高端生医技术，从胚胎优良育种、配对、授精、养殖、尖端萃取纯化技术，选定在台湾屏东里港颇具规模的养殖基地在纯净无污染的水质与最合适甲鱼生长的气候下养殖，严选五至六年甲鱼进行交配，并且只使用交配后72小时内立即启动所有生命活动，促进细胞分裂、分化及生长的受精卵进行制作，交配期365天只有3天可进行细胞活性酵素萃取，取得甲鱼内最精华优质的成分，绝非一般使用无受精甲鱼卵或整只甲鱼研磨制成的甲鱼粉。坚持不使用抗生素、严密把关生产过程，质量值得保证与信赖。不管是技术性、时间性、稀有性还是困难性，都是业界高标准的稀珍产品。

福懋兴业股份有限公司

FORMOSA TAFFETA CO., LTD.

福懋公司是从织布、染整、印花及各类高科技整理加工的一条龙垂直化化纤布大生产厂，主要供应高机能之运动服、休闲服、流行都会服、野外休闲器材用布、工业安全服、高性能防护服、工业用电磁波遮蔽布料、伞布等各式用布，领导市场流行，40余年来，本着与上下游客户合作共荣之信念，深获全球品牌客户之肯定。

福懋公司以高科技制程高透湿防水膜，并以优异的贴合技术，生产全球知名的高机能透湿防水布料Abletex ®及各种奈米复合机能等布料，在恶劣环境气候下仍可保持身体干爽舒适，广受运动休闲者选用。福懋公司也生产销售高品质轮胎帘子布、复合材料碳纤布、防火服用布、防弹布、PE塑料袋等，欢迎选用。

总公司

地址：台湾省云林县斗六市640榴中里石榴路317号

Add：317, SHU LIU ROAD, TOULIU 640, TAIWAN

网站：http://www.ftc.com.tw

TEL：886-5-5573966

FAX：886-5-5573969

台北办事处

地址：台北市105敦化北路201号台塑大楼前栋11楼

Add：11/F., No.201 TUN-HWA N.ROAD, TAIPEI 105, TAIWAN

网站：http://www.ftc.com.tw

TEL：886-2-87701688

FAX：886-2-27131329

晶心科技

第一家兼容RISC-V的主流CPU IP公司

- 亚洲唯一 CPU IP上市公司
- 自主研发创新架构的高效能/低功耗嵌入式处理器
- 商用主流CPU IP公司中，第一家纳入美国加州大学柏克利分校所开发的开源RISC-V指令集架构
- RISC-V基金会创始会员

晶心科技经过多年耕耘，已巩固主体市场，现正放眼64位高阶市场积极布局。晶心科技最新第五代指令集架构AndeStar™ V5纳入RISC-V架构，推出一系列基于RISC-V架构，支持浮点运算及Linux的V5处理器核：32位的N25、N25(F)、A25，以及64位的NX25、NX25(F)、AX25，已获全球多家客户采用，使开放、精简、模块化及可扩充的RISC-V架构正式进入主流SoC应用。

晶心屡创佳绩

- 全球授权客户超过145家，包括联发科、卓荣科技等等
- 客户遍及大陆、台湾、韩国、日本、欧洲及美国
- 嵌入晶心处理器之系统芯片累计出货量达25亿颗(截至2017年底)

最新晶心V5处理器核

N25 NX25
N25F NX25F
A25 AX25

什么是RISC-V?

RISC-V是由美国加州大学柏克利分校团队所开发的开源指令集架构，全球已有上百家公司加入RISC-V阵营，为至今为止最具备革命性意义的开放处理器架构。

联系我们

晶心科技(武汉)有限公司 sales.wh@andestech.com

扫一扫 关注晶心

·tokuyo
实用新型专利证书
实用新型专利证书
专利AVS助眠
睡摩智眠椅
TC-730_AVS
智眠光导引SYSTEM
双耳频差技术BinauraiBeat
台湾精品2018
TAIWAN EXCELLENCE
荣获台湾精品奖银质奖
AVS = Audio-Visual-Stimulation
将特殊频率的光波+声音刺激大脑，导入tokuyo专利设计按摩椅，
透过精密数值演算，使人体脑波至深睡状态。
督洋睡摩智眠椅
「诚征全国经销商」
SL型长导轨
按摩宽度调节
零至零
环绕音响
助眠模组
一键启动
滚轮指压按摩
气压按摩
督洋国际贸易（上海）有限公
上海市虹口区西江湾路175号
021-62117035
www.tokuyochina.com